TRAITÉ

DE

DROIT COMMERCIAL

PAR

ς126

CH. LYON-CAEN
Membre de l'Institut,
Professeur à la Faculté de Droit de Paris
et à l'Ecole des Sciences politiques.

L. RENAULT
Membre de l'Institut,
Professeur à la Faculté de Droit de Paris
et à l'Ecole des Sciences politiques.

4ᵉ édition

La première édition a été couronnée par l'Institut (prix Wolowski)

TOME SIXIÈME

Des avaries et de leur règlement. — Des abordages.
Du sauvetage et de l'assistance.
Des assurances maritimes.
Du prêt à la grosse. — De l'hypothèque maritime.
Des privilèges sur les navires.

PARIS

LIBRAIRIE GÉNÉRALE DE DROIT ET DE JURISPRUDENCE
Ancienne Librairie Chevalier-Marescq et Cⁱᵉ et ancienne Librairie F. Pichon réunies.
F. PICHON ET DURAND-AUZIAS, ADMINISTRATEURS
Librairie du Conseil d'Etat et de la Société de Législation comparée
20, RUE SOUFFLOT (5ᵉ ARRᵗ)

1912

TRAITÉ

DE

DROIT COMMERCIAL

VI

Chaque exemplaire doit porter la signature de l'un des auteurs et celle de l'éditeur.

TRAITÉ

DE

DROIT COMMERCIAL

PAR

CH. LYON-CAEN
Membre de l'Institut,
Professeur à la Faculté de Droit de Paris
et à l'Ecole des Sciences politiques.

L. RENAULT
Membre de l'Institut,
Professeur à la Faculté de Droit de Paris
et à l'Ecole des Sciences politiques.

4ᵉ édition

La première édition a été couronnée par l'Institut (prix Wolowski)

TOME SIXIÈME

Des avaries et de leur règlement. — Des abordages.
Du sauvetage et de l'assistance.
Des assurances maritimes.
Du prêt à la grosse. — De l'hypothèque maritime.
Des privilèges sur les navires.

PARIS

LIBRAIRIE GÉNÉRALE DE DROIT ET DE JURISPRUDENCE

Ancienne Librairie Chevalier-Marescq et Cⁱᵉ et ancienne Librairie F. Pichon réunies
F. PICHON ET DURAND-AUZIAS, ADMINISTRATEURS
Librairie du Conseil d'Etat et de la Société de Législation comparée
20, RUE SOUFFLOT (5ᵉ ARRᵗ)

1912

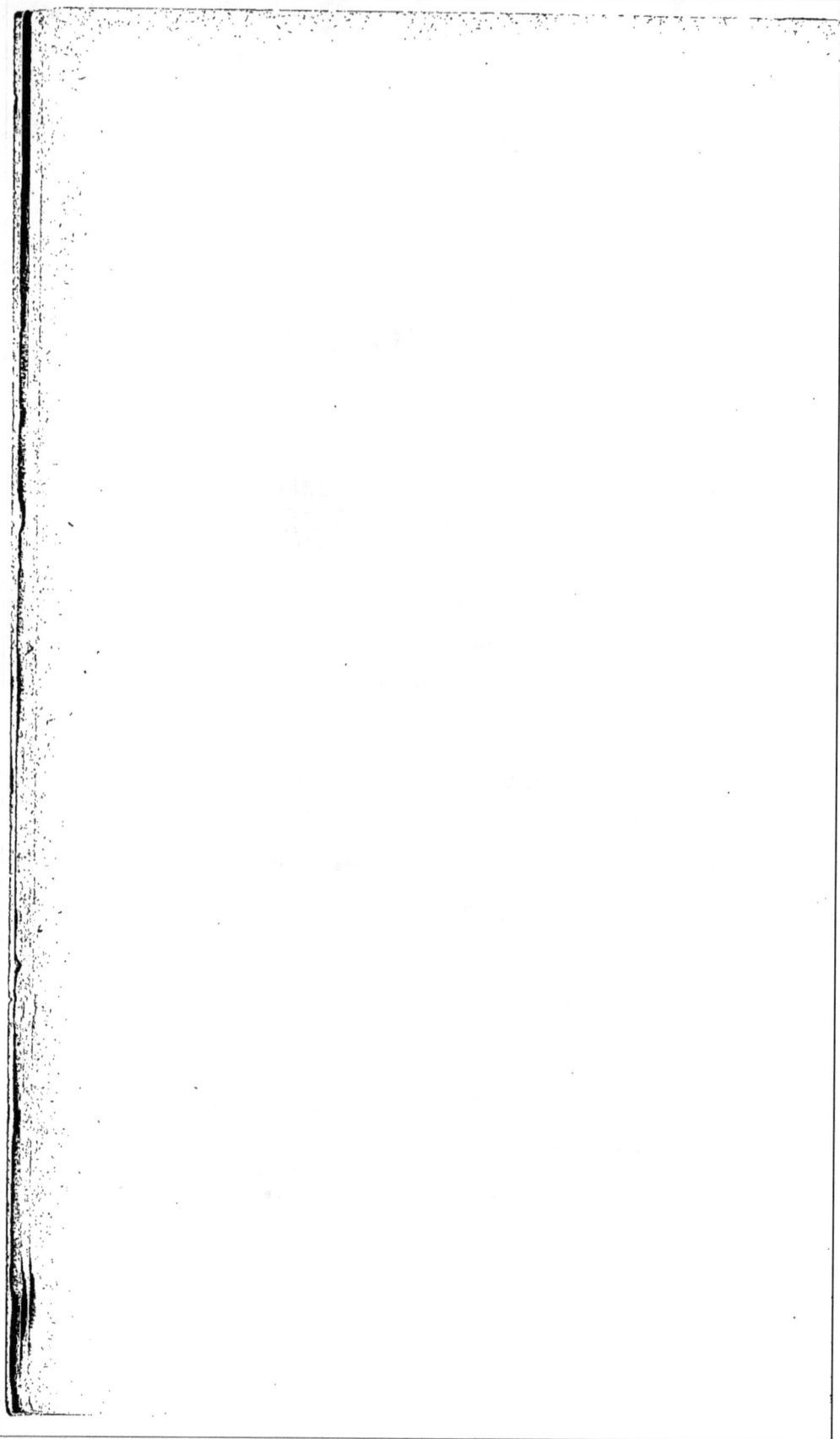

CINQUIEME PARTIE.

Du Commerce maritime.

(Suite).

CHAPITRE V.

DES AVARIES ET DE LEUR RÈGLEMENT (1). — DES ABORDAGES (2). DU SAUVETAGE ET DE L'ASSISTANCE (3).

---

858. Les navires et leurs cargaisons sont exposés à des dangers nombreux. Ces dangers proviennent, soit des événements de la nature, soit des fautes de l'homme (fautes de l'armateur, du capitaine et des gens de l'équipage du bâtiment transporteur, du capitaine et des gens de l'équipage d'un autre bâtiment, des propriétaires des marchandises eux-mêmes), soit des règles spéciales du droit des gens maritime qui, en cas de guerre, ne protègent pas la propriété privée ennemie, comme le font les règles du droit des gens terrestre. La réalisation de ces risques qu'on désigne sous le nom collectif de risques ou fortunes de mer (art. 350, C. com.), peut être la cause, soit de dommages matériels pour le bâtiment ou les

---

(1) Art. 397 à 429, art. 433, C. com.

(2) Art. 407, C. com. (modifié par la loi du 14 décembre 1897) et art. 436, C. com. (modifié par la loi du 24 mars 1891); L. 10 mars 1891 *sur les accidents et les collisions en mer*; D. 21 février 1897 *portant règlement ayant pour objet de prévenir les abordages en mer* (en vigueur depuis le 1er juillet 1897).

(3) *Ordonnance de* 1681, livre IV, titre 9, art. 27; *Déclaration* du 15 juin 1735; L. 10 mars 1891, art. 4.

marchandises, soit de dépenses extraordinaires : ces dommages ou ces dépenses sont désignés sous le nom d'*avaries* (1). Les risques attachés à la navigation sont tels que le nombre des personnes qui, comme propriétaires ou comme chargeurs, exposent des navires ou des marchandises à ces risques, serait bien réduit si, grâce au contrat d'assurance, les uns et les autres ne pouvaient se mettre à l'abri du préjudice pécuniaire qu'ils peuvent éprouver (2).

Quand une avarie se produit, il importe de déterminer celui des intéressés à l'expédition maritime qui doit la supporter ; selon la nature de l'avarie, elle est supportée par le propriétaire du navire seul ou par celui de certaines marchandises seul, ou, à la fois, par les propriétaires du navire et des marchandises (3). La question se pose également, que le navire et la cargaison aient été ou naient pas été assurés. Mais, pour bien comprendre les règles de l'assurance maritime et se rendre compte de l'importance de ce contrat, il faut préalablement savoir qui supporte les avaries en l'absence de toute assurance. Aussi les rédacteurs du Code de commerce ont-ils commis une erreur de méthode en ne traitant des avaries (art. 397 à 429) qu'après s'être occupés des assurances (art. 332 à 396) (4). Du reste, en suivant cet ordre vicieux, les rédacteurs du Code de commerce n'ont fait que reproduire l'Ordonnance de 1681 (V. livre III, titres VI, VII, et VIII). Cette critique de l'ordre suivi par le Code s'applique aussi à la place assignée au prêt à la grosse (art. 311 à 331). Il sera expliqué (chapitre VII) que, dans ce prêt, le prêteur joue le rôle d'un assureur ; il supporte les risques auxquels est exposée sur mer la chose (navire ou marchandises, par exemple)

(1) V. sur l'étymologie du mot *avaries*, n° 862.

(2) V. sur les *assurances maritimes*, n° 1086 et suiv.

(3) Le navire et les marchandises formant la cargaison sont les principales choses et non les seules choses que peuvent atteindre les avaries. V. n° 859.

(4) Le projet de 1867 n'avait pas, à cet égard, modifié l'ordre suivi par le Code de commerce. Le même ordre vicieux est suivi par les Codes de commerce *italien*, *roumain*, *espagnol*, *portugais*, *argentin*. Les Codes de commerce *allemand* et *chilien*, les Codes maritimes *suédois*, *danois* et *norvégien*, traitent, au contraire, des avaries avant de s'occuper des assurances maritimes. Il en est de même de la loi *belge* du 21 août 1879.

affectée au remboursement de la somme prêtée. Par suite, la matière du prêt à la grosse doit, dans un Code méthodique, suivre et non précéder celle des avaries. L'ordre du Code sera donc renversé dans cet ouvrage : ce chapitre (chapitre V) sera consacré aux avaries et à leur règlement, le chapitre suivant (chapitre VI) sera réservé aux assurances maritimes (1).

Les avaries proviennent fréquemment de nos jours d'un abordage ou collision en mer (collision at sea). Les abordages maritimes sont régis par des règles spéciales au point de vue, soit des personnes qui ont à supporter les avaries qu'ils causent (art. 407, C. com.), soit du délai dans lequel les personnes lésées doivent intenter leurs actions en indemnité (art 436, C. com.), soit de la compétence relative des tribunaux appelés à connaître des actions en dommages-intérêts nées des abordages (art. 407, C. com., modifié par la loi du 14 décembre 1897).

Quand, par suite de fortune de mer, un navire est réduit à l'état de débris, des droits spéciaux variant selon les circonstances, sont accordés à ceux qui les trouvent et les sauvent. En dehors du cas de sauvetage, il est possible qu'un navire menacé de périr soit assisté par le capitaine et par l'équipage d'un autre bâtiment, de telle façon qu'il échappe au péril. Des questions multiples que nos lois, à la différence de plusieurs lois étrangères, n'ont pas, sauf une exception, tranchées, se posent en cas d'assistance maritime.

Le présent chapitre sera divisé en trois sections : Section I. DES AVARIES ET DE LEUR RÈGLEMENT. — Section II. — DE L'ABORDAGE. — Section III. DU SAUVETAGE ET DE L'ASSISTANCE MARITIME.

SECTION 1re.

Des avaries et de leur règlement.

859. Le mot avaries n'est pas seulement employé dans la langue du Droit maritime. Ce mot est usité aussi en matière de transport

---

(1) Il sera traité du prêt à la grosse dans le chapitre VII consacré notamment aux moyens de crédit maritime (nos 1512 et suiv.).

par terre ; on le trouve dans plusieurs articles du Code de commerce lui-même relatifs à ce sujet (art. 98, 103, 105. et 108). Il y désigne les détériorations, par opposition à la perte totale ou à la perte partielle des marchandises (1). En Droit maritime, le sens de ce mot est plus large. Une définition des avaries est donnée par l'article 397 en ces termes : *Toutes dépenses extraordinaires faites pour le navire et les marchandises, conjointement ou séparément, tout dommage qui arrive aux navires et aux marchandises, depuis leur chargement et départ jusqu'à leur retour et déchargement, sont réputées avaries.*

Il résulte de cette définition que les avaries ne sont pas seulement des dommages matériels, soit perte totale ou partielle, soit détérioration, comme la rupture des câbles ou des mâts, la dégradation de la cargaison par l'eau de mer, la prise des marchandises par des vaisseaux de guerre ou par des pirates, etc..., mais aussi des dépenses extraordinaires faites pour le bâtiment ou les marchandises. Ainsi, il y a avaries lorsque, par suite d'une voie d'eau, il faut, en s'arrêtant dans un port pour la réparer, payer les frais d'entrée et de sortie du port, de débarquement, de magasinage et de réembarquement des marchandises qui ne sont pas en sûreté à bord pendant le temps des réparations ; lorsque des marchandises sont vendues en cours de route, à raison de l'arrêt du navire, pour un prix inférieur à celui du port de départ ou de destination (2), etc... On distingue, par suite, *les avaries-dommages et les avaries-frais* (n° 863 B). Cette distinction n'a pas qu'un simple intérêt théorique. En matière d'assurance, les avaries de ces deux espèces ne sont pas traitées absolument de la même manière (n° 1301). Le sens large du mot *avaries* est aussi celui des expressions correspondantes employées dans les pays étrangers (n° 862) (3).

---

(1) Le mot *avaries*, employé par opposition au mot *perte*, comprend les détériorations (art. 103, C. com.) ; mais, employé seul, il s'applique même à la perte totale ou partielle.

(2) C'est là un des cas où l'on peut dire qu'il y a *mévente*.

(3) V. Codes de commerce *allemand*, art. 700 et 701 ; *italien*, art. 642 ; *roumain*, art. 654 ; *portugais*, art. 635 ; *chilien*, art. 1034 ; *argentin*, art. 1312.

Sous un certain rapport, la définition de l'article 397, bien qu'elle soit très large, est trop étroite. Les marchandises et le navire ne sont pas les seules choses exposées aux risques de mer et pouvant, par suite, subir des avaries. Il en est de même du fret. Lorsque l'armateur perd, en tout ou en partie, le fret par suite de fortune de mer (art. 296, 302 et 303), on peut dire qu'il y a une avarie du fret.

Il y a aussi des pertes qui atteignent les loyers des gens de mer, le droit des prêteurs à la grosse au remboursement des sommes prêtées et aux intérêts (*profit maritime*). Par suite d'accidents de mer, ces droits sont perdus en tout ou en partie (nos 422 et suiv.).

~ **860.** Tous les dommages matériels subis par le navire et par les marchandises, toutes les dépenses faites pour eux ne sont pas des avaries. Il faut que ces dommages ou ces dépenses, pour qu'ils constituent des avaries, soient occasionnés par une cause extraordinaire, qu'ils ne soient pas une conséquence nécessaire et, par suite, prévue à l'avance, de la navigation maritime. Ainsi, l'on ne peut dire d'un navire que le voyage a usé et qui a diminué, par conséquent, de valeur, qu'il a subi une avarie. De même, les frais ordinaires de navigation ne sont pas des avaries; ils sont, sauf convention contraire, à la charge du navire, c'est-à-dire que le fréteur doit les payer et les supporte sur son fret. L'article 406 consacre cette dernière solution en disposant : *les lamanages* (1), *touages* (2), *pilotages* (3), *pour entrer dans les havres ou rivières, ou pour en sortir, les droits de congés* (4), *visites* (5), *rapports* (6), *tonnes* (7), *bali-*

(1) Ce sont les droits payés aux pilotes qui dirigent la marche des navires à l'entrée ou à la sortie; ces pilotes sont souvent appelés *pilotes-lamaneurs.* V. sur le pilotage, no* 594 et suiv., et sur cette expression, Valin, art. 8, liv. III, tit. VII de l'Ordonnance de 1681.

(2) Ce sont les droits payés pour remorquer les bâtiments.

(3) V. note 1.

(4) No 558.

(5) Nos 540 et suiv.

(6) Nos 605 et suiv.

(7) Il s'agit de droits proportionnels au tonnage, perçus dans beaucoup de pays pour des buts divers, notamment pour l'entretien des ports.

ses (1), *ancrages* (2) *et autres droits de navigation, ne sont point avaries; mais ils sont de simples frais à la charge du navire.* C'est donc la cause d'une dépense, ce n'est pas sa nature qui la fait considérer comme une avarie ou comme une charge ordinaire de la navigation. Ainsi, les dépenses dont il est parlé dans l'article 406 sont de simples frais à la charge du navire, lorsqu'elles sont faites à l'occasion de l'entrée d'un navire soit dans le port de destination soit dans un port d'échelle dans lequel le capitaine devait s'arrêter ou est entré volontairement; mais ce sont des avaries, si elles sont faites par suite de l'entrée dans un port où un navire se réfugie pour permettre de faire des réparations au bâtiment ou à l'emballage de marchandises, pour échapper au mauvais temps qui pourrait amener la perte du navire et de la cargaison ou à la poursuite de l'ennemi qui pourrait conduire à la prise.

La disposition de l'article 406 aurait été inutile si l'Ordonnance de 1681 n'avait admis à certains égards une règle différente. L'article 8 (livre III, titre VII) décidait que les lamanages, touages, pilotages, pour entrer dans les havres ou rivières et pour en sortir étaient de menues avaries qui devaient être payées un tiers par le navire et les deux tiers par les marchandises, tandis que les droits de congé, visite, rapport, tonnes, balises et ancrages n'étaient pas réputés avaries et étaient acquittés par le navire seul (art. 9). Cette distinction entre deux classes de dépenses prévues ne pouvait se justifier et il était nécessaire de revenir, comme l'a fait l'article 406, aux véritables principes en faisant de toutes les dépenses ordinaires une charge du fret (3). Mais rien n'empêche les parties de déroger à cette disposition; il est parfois stipulé dans les chartes-parties ou dans les connaissements que les dépenses ordinaires de navigation seront, pour une certaine portion, supportées par les marchandises. C'est là le

(1) Les *balises* sont des perches surmontées de quelque objet, ordinairement d'un petit baril, et servant d'indice à la navigation. Les droits de balises sont des droits payés pour couvrir les frais de balisage.

(2) Ce sont des droits payés pour mettre à l'ancre dans un port.

(3) La règle de l'article 406, C. com., est consacrée aussi expressément par les Codes de commerce *allemand*, art. 622; *italien*, art. 642, 3e alin.; *portugais*, art. 634, 2e alin.; *espagnol*, art. 807; *hollandais*, art. 708; *chilien*, art. 1085; *argentin*, art. 1315.

résultat de la clause, *les avaries selon les us et coutumes de la mer*, insérée dans la charte-partie ou dans le connaissement. V. n°s 657 et 786 et suivants.

Par abus de mots, on appelle parfois *menues avaries* (1) les dépenses de navigation qui, en réalité, ne sont nullement des avaries.

Au surplus, c'est surtout au point de vue des assurances qu'il importe de distinguer des avaries les dommages et les dépenses ne résultant pas de causes extraordinaires. Des avaries, l'assureur est responsable envers l'assuré, tandis que celui ci supporte les dommages et les dépenses ne constituant pas des avaries, sans avoir contre son assureur aucun recours ; elles ne proviennent pas de fortunes de mer et c'est seulement contre les fortunes de mer que l'assureur garantit l'assuré (art. 350, C. com.). V. n°s 1219 et suivants.

861. L'article 397 paraît exiger une condition spéciale de temps pour qu'il y ait *avarie ;* il parle des dommages soufferts ou des dépenses faites *depuis le chargement et départ jusqu'au retour et déchargement.* Mais il ne faut pas s'attacher à cette disposition ; un navire qui se trouve dans un port et qui n'est pas encore chargé ou la cargaison d'un navire non encore parti peut subir un dommage ; ainsi, un navire et sa cargaison sont parfois avant le départ endommagés dans un port par suite d'un abordage. On ne voit pas pour quelle raison on ne considérerait pas en pareil cas le dommage subi comme une avarie. On doit seulement observer que certaines avaries ne peuvent se produire ni avant le chargement ni après le déchargement, ce sont les avaries *communes ;* elles supposent que le navire et les marchandises sont exposés en commun aux risques de mer au moment où l'avarie s'est produite. En outre, en matière d'assurance maritime ou de prêt à la grosse, quand il s'agit de savoir si l'assureur ou le prêteur est responsable du dommage ou de la dépense, le moment soit où il a été subi soit où elle a été faite, doit être considéré, par cela même que l'assureur et le prêteur à la grosse

---

(1) En anglais, on appelle fréquemment ces dépenses *petty charges* (petites charges o1 petites dépenses).

ne courent les risques que pendant un temps limité (art. 328 et 341, C.° com.). V. nᵒˢ 1247 et suiv. et 1566.

862. Les *avaries* sont, en général, désignées dans les principales langues étrangères par des mots ayant avec le mot français beaucoup d'analogie. On dit en allemand, *Haverei ;* en anglais, *Average ;* en italien, *Avaria ;* en espagnol, *Averia ;* en portugais, *Avaria ;* en hollandais, *Averij*.

On est loin de s'accorder sur l'étymologie du mot *avarie*. Emérigon constatait déjà les grands dissentiments existant à cet égard. Il dit (*Traité des assurances*, chapitre XII, section XXXIX) : « Les « docteurs que je viens de citer ont tâché de découvrir l'étymologie « du mot avarie. Ce point n'a pas encore été éclairci ; et peut-être il « ne le sera jamais ». La diversité des opinions est demeurée très grande (1). On a prétendu que le mot *avarie* vient des mots allemands *Hafen* (port) ou *haben* (avoir) (2). On lui a trouvé aussi une origine soit arabe, soit grecque, soit hébraïque. L'étymologie suivante est, au moins, assez spécieuse :

Au xıᵉ et au xıııᵉ siècle, les nations maritimes de la Méditerranée appelaient généralement les marchandises composant le chargement, l'*avere*, l'*aver*, la *haver*, l'*avoir ;* au pluriel, *havers* ou *avers*. Il était alors admis que certains frais de navigation devaient être supportés en commun par les chargeurs de marchandises. Cela donnait lieu à la tenue d'un compte appelé compte des *avers* ou de l'*averie ;* le montant en était réparti entre les divers chargeurs en proportion de l'*aver* de chacun. L'expression de compte de l'*averie* présenta ainsi l'idée d'une contribution ; on s'habitua à dire qu'un chargeur avait à payer tant pour *averie*. On finit par appeler *averies* les dommages donnant lieu à un recours des chargeurs ou du propriétaire du navire contre leurs assureurs, puis tout dommage ou toute dépense extraordinaire en l'absence même d'une assurance.

----

(1) Govare, *Traité des avaries communes et de leur règlement*, nᵒ 2 ; Richard Lowndes, *The law of general average english and foreign*, p. 11 à 13 ; Frémery, *Etudes de droit commercial*, p. 298 et suiv. ; Arth. Desjardins, IV, nᵒ 951.

(2) Glück, *Erlaeuterung der Pandekten*.

863. Les avaries sont d'une très grande variété, on peut, selon le point de vue sous lequel on les considère, en faire différentes classifications.

Les classifications les plus usuelles des avaries sont les suivantes :

A. — Il y a des *avaries-dommages* et des *avaries-frais*. Les premières consistent dans des dommages matériels, les secondes dans des dépenses extraordinaires n'impliquant aucune détérioration matérielle (n° 859).

La distinction entre ces deux classes d'avaries, outre son importance de fait, est utile à faire à différents points de vue, qu'il s'agisse des rapports respectifs du propriétaire du navire et des propriétaires des marchandises de la cargaison (n°s 962) ou des rapports de ces personnes comme assurés avec leurs assureurs (n°s 859 et 1301).

B. — On distingue les *avaries* et les *sinistres majeurs*. Dans un sens large, on comprend parmi les avaries les dommages consistant même dans la perte ou l'anéantissement complet du navire ou des marchandises ; mais parfois, on oppose les avaries aux sinistres majeurs qui consistent dans la perte totale ou presque totale, réelle ou présumée, du bâtiment ou des marchandises. Ce langage n'est usité qu'en matière d'assurances maritimes : la distinction des sinistres majeurs et des avaries y est d'un grand intérêt pratique au point de vue des obligations de l'assureur et des droits de l'assuré ; le *délaissement* n'est admis que dans les cas de sinistres majeurs. V. n° 1325.

C. — La principale division des avaries, celle qui présente l'intérêt pratique le plus grand consiste à distinguer les avaries *simples* ou *particulières* d'un côté et les *avaries grosses* ou *communes* de l'autre côté. Cette distinction est énoncée dans l'article 399 du Code de commerce. Elle est très ancienne ; elle était admise par le Droit grec (1) et elle fut empruntée par les Romains au droit de l'île de Rhodes (2). Elle a passé dans les coutumes du moyen-âge et des

_____

(1) Le plaidoyer de Démosthène contre Lacritus prouve l'existence de la distinction des avaries en avaries communes et en avaries particulières dans le Droit grec. V. *les Plaidoyers civils de Démosthène* (traduction R. Dareste), I, p. 114 et suiv., spécialement p. 317 et 319.

(2) Le titre du Digeste, *Ad legem Rhodiam de jactu* (XIV, 2), traite, en

temps modernes (3) ; puis, elle a été consacrée par l'Ordonnance de 1681 (livre III, titre VII) et par toutes les législations contemporaines, écrites ou coutumières (4).— C'est à cette distinction qu'avec e Code de commerce, il faut s'attacher.

864. La division des avaries en avaries *particulières* (ou *simples*) et avaries *communes* (ou *grosses*) présente un intérêt pratique considérable quand il s'agit de déterminer par qui les avaries sont supportées. En effet, les avaries *simples* ou *particulières* sont supportées par celui dont la chose (navire ou marchandises) est endommagée ou pour la chose duquel une dépense extraordinaire a été faite, conformément à la règle *res perit domino* (art 404. C. com.). Les avaries *simples* ou *particulières* sont celles qui ont leur cause, soit dans un cas fortuit, soit dans la faute du capitaine ou des gens de l'équipage, soit dans la faute de tiers dont le propriétaire du navire n'est pas responsable (1). Il va de soi seulement que lorsque l'avarie est causée

réalité, des avaries communes par opposition aux avaries particulières ; seulement, dans la rubrique du titre, le cas le plus ordinaire d'avarie commune, le jet maritime, est seul visé.

(3) Rôles d'Oléron, art. 8 et 9 (Pardessus, *Lois maritimes*, I, p. 328 et 329) ; *Consulat de la mer*, chap. LIII. LXVII, CL et CLI. CCLI (Pardessus, *op. cit.*, II. p. 102, 114, 166, 168, 355) ; *Guidon de la mer*, chap. V, *Des avaries* (Pardessus, *op. cit.*, II, p 386 et suiv.).

(4) Codes de commerce *hollandais*, art. 698 ; *allemand*, art. 700 et 701; *italien*, art. 642, 2e alin.: *portugais*, art. 635 ; *espagnol,* art. 808 ; *roumain*, art. 654, 2e alin. ; *chilien*, art. 1088 ; *argentin*, art. 1314 ; L. *belge* du 21 août 1879, art. 146; Codes maritimes *suédois, danois, norvégien,* art. 187 et suiv.; *finlandais*, art. 133 et suiv. : *japonais*, art. 638. — En *Grande-Bretagne* et dans les *Etats-Unis d'Amérique*, la grande division des avaries en avaries grosses (*general averages*) et avaries particulières (*particular averages*) est consacrée par la jurisprudence et admise par les auteurs. V. Richard Lowndes, *The law of general average english and foreign* ; Abbott's, *Law of merchant ships and seamen*, p. 497 et suiv. ; Robert Desty, *A Manual of the law relating to shipping and admiralty,* v⁰ *general average*, p. 290.

Dans la doctrine, quelques auteurs fort peu nombreux ont protesté contre cette division, en demandant la suppression des avaries communes. Les motifs de cette opinion législative sont indiqués et réfutés plus loin. V. n° 872.

(1) Les fautes des tiers dont le propriétaire du navire ne répond pas, constituent des cas fortuits pour le navire ou les marchandises subissant des avaries.

par une faute, celui qui supporte cette avarie a un recours contre
l'auteur de la faute (art. 405, C. com.) et contre la personne qui
est civilement responsable de celui-ci ; c'est l'application des principes généraux du droit (art. 1382 et 1383, C. civ.).

Au contraire, les avaries *grosses* ou *communes* sont supportées en
commun par le propriétaire du navire et par les propriétaires des
différentes marchandises composant la cargaison. Il arrive souvent
qu'en présence d'un péril qui menace à la fois le navire et la cargaison, le capitaine fait, pour y échapper, dans l'intérêt du salut
commun, un sacrifice volontaire atteignant, soit le navire, soit une
partie des marchandises. Cela a lieu, par exemple, lorsque, pour
alléger un navire et lui permettre, en se réfugiant promptement dans
un port, d'échapper à la poursuite de l'ennemi ou à la tempête, un
capitaine a jeté à la mer certaines marchandises de la cargaison ; ou
quand, pour remettre à flot un navire échoué et en danger de périr
avec sa cargaison, des dépenses extraordinaires sont faites. Dans
des cas de ce genre, tous ceux qui ont profité du sacrifice ou de la
dépense, c'est-à-dire le propriétaire du navire et les propriétaires
des marchandises, doivent contribuer. Ces avaries sont appelées
grosses, parce qu'elles sont supportées par le *gros,* c'est-à-dire par
la totalité des choses exposées aux risques maritimes ; elles sont qua-
lifiées aussi de *communes*, parce qu'elles sont supportées *en commun.* On dit qu'il y a lieu à *contribution* entre les divers intéressés,
que ceux-ci doivent *contribuer* aux avaries communes.

Ce qui permet de distinguer les avaries grosses de l'avarie simple,
c'est donc leur cause ; ce n'est ni la nature ni la gravité du dommage
ni l'importance de la dépense. Une avarie grosse peut être, selon les
cas, plus ou moins grave qu'une avarie simple. Selon sa cause, un
même dommage ou une même dépense appartient à l'une ou à l'autre
des deux classes d'avaries.

865. Quand les avaries se sont produites durant un voyage, il
faut en déterminer le montant en argent, puis en faire le *classement,* c'est-à-dire déterminer si ce sont des avaries particulières ou
des avaries communes, puis, quand il y avarie commune, il faut
arriver à fixer la part contributive de chacun dans cette avarie. **Les**
opérations ayant ces divers buts sont d'ordinaire faites par des **experts**

spéciaux et constituent ce qu'on appelle un *règlement d'avaries*.

866. Il sera traité successivement : A. *Des avaries communes* (ou *grosses*). B. *Des avaries particulières* (ou *simples*). A propos de chacune des deux classes d'avaries, il y a à déterminer leurs caractères distinctifs et à indiquer les principales d'entre elles. Pour les avaries communes. il faut, de plus, poser les règles d'après lesquelles on fixe la part contributive à supporter par chacun.

867. Au surplus, les règles posées par le Code de commerce en matière d'avaries communes et d'avaries simples ne sont pas impératives. Elles sont interprétatives de la volonté des parties ; celles-ci peuvent donc y déroger et elles ne manquent pas d'user de cette faculté. Selon l'article 398, C. com., *à défaut de conventions spéciales entre toutes les parties, les avaries sont réglées conformément aux dispositions ci-après*. Il y a seulement quelque difficulté sur les limites à apporter à la faculté de déroger à ces règles. V. n° 966.

Les règles posées en cette matière par les lois étrangères, ont le même caractère que celles du Code de commerce français. Elles l'indiquent, pour la plupart, expressément comme notre Code de commerce. V. notamment Codes de commerce *hollandais*, art. 697 ; *espagnol*, art. 642, dernier alinéa ; *portugais*, art. 634, §2 ; *chilien*, art. 1086 ; *argentin*, art. 1313 ; loi *belge* du 21 août 1879. art. 145.

A. — DES AVARIES COMMUNES.

868. ORIGINE ET FONDEMENT DE LA THÉORIE DES AVARIES COMMUNES. — Le principe, selon lequel tous les intéressés à une expédition maritime doivent contribuer au sacrifice fait volontairement par le capitaine pour le salut commun, paraît remonter au moins aux lois grecques, spécialement aux lois rhodiennes, dont le Droit romain s'était approprié les dispositions (n° 863). La loi Rhodia *de jactu*, comme son titre l'indique, s'était occupée spécialement du cas de jet de marchandises fait pour le salut commun : mais la règle consacrée par elle fut étendue à tous les cas analogues où soit un sacrifice matériel, soit une dépense extraordinaire est fait par le capitaine dans l'intérêt commun du navire et de la cargaison. Le principe est posé, à propos du jet, dans la loi 1 de Paul au Digeste (XIV, 2) : *Lege Rhodiâ cavetur ut, si, levandæ navis gratiâ, jactus mercium factus est, omnium contributione sarciatur, quod pro omnibus datum est;* mais il est appliqué par d'autres textes du même titre à d'autres hypothèses (1). Les littérateurs latins font aussi allusion à des cas d'avaries communes (2).

869. Il n'est pas douteux que l'obligation, pour les intéressés, de contribuer aux avaries communes est conforme à l'équité. Il y a là une idée incontestable que les textes du Droit romain proclament. On lit dans la loi 2 *princip.*, Dig., XIV, 2 : *Æquissimum enim est commune detrimentum fieri eorum qui propter res alienas consecuti sunt ut merces suas salvas haberent.*

Il ne suffit pas, toutefois, de constater qu'il y a là un principe équitable. Il faut encore prendre partie sur deux questions : 1o L'obligation de contribuer aux avaries communes est-elle une obligation contractuelle dérivant du contrat d'affrètement ou une obligation quasi-contractuelle ? 2o La théorie des avaries communes est-elle spéciale au Droit maritime ou, cette théorie se rattachant à un principe général du Droit, faut il, même sur terre, dans des cas analogues à ceux où il y a en mer des avaries communes, admettre l'obligation de contribuer ?

870. 1° On a soutenu que l'obligation de contribuer aux avaries communes dérive pour les parties du contrat d'affrètement. Tel paraît avoir été le système du Droit romain. Quand un sacrifice volontaire des marchandises avait été fait par le capitaine le propriétaire des marchandises sacrifiées avait contre le capitaine l'action dérivant de l'affrètement, sauf au capitaine à agir à son tour par une action née du même contrat contre les propriétaires des marchandises sauvées (3). Les actions exercées étaient les actions *locati* et *conducti*, par cela même que l'affrètement était considéré comme un louage d'ouvrage (*locatio operis*).

Cette doctrine doit être repoussée. L'obligation de contribuer aux avaries communes dérive du principe général d'équité selon lequel

---

(1) V. notamment L. 2, § 3; L. 5, § 1 (*Dig.*, XIV, 2).
(2) Juvénal, satire XII; Quinte Curce, livre IV, chap. IX.
(3) L. 2, princip. — *Dig.*, XIV, 2.

nul ne doit s'enrichir au préjudice d'autrui, de telle façon que cette obligation est quasi-contractuelle (1). Quand des marchandises sont sacrifiées par le capitaine dans l'intérêt du salut commun, le propriétaire du navire et les propriétaires des marchandises sauvées grâce au sacrifice s'enrichiraient au préjudice du propriétaire des marchandises sacrifiées, s'ils n'étaient pas tenus de contribuer au dommage subi par ces marchandises. De même, sans l'obligation de contribuer, les propriétaires des marchandises sauvées s'enrichiraient au préjudice du propriétaire du navire, quand c'est sur le navire qu'est tombé le sacrifice (mât rompu, ancre abandonnée, etc.), ou quand le propriétaire du navire a fait une dépense extraordinaire dans l'intérêt commun.

Une solution, admise sans difficulté aujourd'hui contrairement au Droit romain, implique bien, du reste, qu'il n'y a pas là une obligation résultant du contrat d'affrètement. Il est reconnu qu'en cas de sacrifice de marchandises dans l'intérêt commun, le propriétaire de celles-ci n'a action contre le capitaine (ou le propriétaire représenté par lui) que pour sa part contributive et qu'il peut agir directement contre les propriétaires des marchandises sauvées afin de les faire contribuer pour les parts mises à leur charge. Or, les propriétaires des marchandises ont chacun contracté avec l'armateur ou le capitaine qui l'a représenté, mais ils n'ont pas contracté les uns avec les autres et, dans nos usages actuels, ils n'accompagnent pas leurs marchandises sur le navire et ne sont pas, par suite, en situation de consentir au sacrifice et de s'obliger à en supporter chacun leur part. V. nº 892 (2).

Seulement, il est vrai, qu'en fait et en principe, pour qu'il y ait avarie commune et qu'en conséquence une contribution soit due, il faut supposer qu'il a été conclu un ou plusieurs contrats d'affrètement en vertu desquels des marchandises appartenant à d'autres

---

(1) De Courcy, *Questions de droit maritime* (1re série, p. 238 et suiv.).— Consulter Lauterbach, *Disputatio juridica de æquitate et extensione legis Rhodiæ* (Tübingen, 1671).

(2) Les articles 400, dern. al., et 410, C. com., en parlant d'intéressés au chargement qui se trouvent sur le navire, font allusion à un usage généralement abandonné depuis longtemps.

personnes qu'au propriétaire d'un navire sont transportées sur ce bâtiment (1). C'est là le motif purement pratique qui peut sans doute expliquer que la loi *belge* du 21 août 1879 consacre aux avaries un chapitre (chapitre III du titre II) comprenant les articles 144 à 164 qui traite de la *charte partie* ou du *contrat de louage maritime.*

871. 2° On a prétendu qu'il y a là une théorie spéciale au Droit maritime que la loi a consacrée pour favoriser le commerce de mer. Sans le principe, de la contribution, le capitaine, qui est le préposé de l'armateur, en présence d'un péril auquel il est possible de se soustraire, ou bien ne sacrifierait rien, ce qui pourrait causer la perte du navire ou de la cargaison, ou bien sacrifierait toujours de préférence une partie de la cargaison qui n'appartient pas au propriétaire du navire dont il est le préposé. Grâce au principe de la contribution, le propriétaire du navire n'a pas, en général, d'intérêt à ce que le capitaine, son préposé, fasse tomber le sacrifice sur des marchandises de la cargaison plutôt que sur le navire. Le résultat pécuniaire définitif est toujours le même grâce à la contribution.

Il n'est pas douteux qu'en matière maritime, la théorie de la contribution aux avaries communes a le grand avantage pratique signalé. Ce n'est pas à dire pour cela que cette théorie doive être restreinte à la navigation maritime. Il en est autrement par cela même qu'elle constitue l'application d'un principe général de droit, *nul ne doit s'enrichir au préjudice d'autrui* (n° 870). Ce principe a une portée très étendue ; il n'y a aucun motif pour le restreindre aux matières maritimes.

De là résultent deux conséquences, l'une purement théorique l'autre ayant une certaine portée pratique :

(1) Nous disons que cela est vrai en principe, parce que, dans le cas où un navire et une cargaison appartenant à la même personne ont été assurés par deux assureurs distincts, en cas de sacrifice de marchandises ou d'accessoires du navire, il y a lieu à contribution entre les assureurs. Le sacrifice de marchandises profite à l'assureur du navire ou, à l'inverse, le sacrifice d'une partie du navire profite à l'assureur des marchandises. Cpr. Haute Cour de Justice d'Angleterre, 25 mars 1901, *Revue internationale du Droit maritime*, XVII, p. 771. V. analog. en matière d'assistance maritime, n° 1072 *c.*

a. Dans le silence même de nos lois, la contribution aux avaries communes aurait dû être admise. Le législateur a seulement posé des règles parfois quelque peu artificielles qu'on n'aurait pu suppléer sur le mode de fixation de la part contributive de chaque intéressé. Des auteurs, mécontents des difficultés qui résultent de la rédaction obscure des dispositions légales, des contradictions existant parfois entre elles, du caractère arbitraire de quelques-unes, ont été jusqu'à dire qu'il eût été préférable que la loi gardât le silence sur les avaries communes et que le principe de la contribution à ces navires n'en n'eût pas moins existé. Il y a là une évidente exagération ; il était utile, pour éviter les controverses, que le législateur fixât la manière dont on détermine la part contributive de chaque intéressé.

b. Même sur terre, quand tout ou partie d'un bien est sacrifié volontairement pour assurer le salut d'autres biens, les propriétaires de ceux-ci doivent contribuer au dommage, de façon à ce qu'il soit supporté en commun. Il est seulement vrai, en fait, que des cas de ce genre, qui se présentent souvent sur mer, sont sur terre d'une grande rareté (1).

C'est en s'attachant à ce caractère général de la théorie des avaries communes qu'on doit décider qu'en cas d'incendie dans un port, lorsqu'un navire est coulé ou sacrifié de toute autre façon pour empêcher la propagation du feu, les propriétaires des autres navires et de leurs cargaisons doivent supporter entre eux le dommage causé au propriétaire du navire sacrifié. Ce cas ne rentre, pourtant, pas dans les limites de l'espèce visée par notre Code de commerce, qui suppose le sacrifice d'une partie du navire fait dans l'intérêt de son chargement, non le sacrifice d'un navire fait dans l'intérêt d'autres navires et des chargements de ceux-ci (2). Quelques Codes étran-

---

(1-2) Les auteurs, qui restreignent au Droit maritime la théorie des avaries communes, citent à l'appui de leur doctrine un arrêt de la Cour de Paris du 17 janv. 1862, D. 1862. 2. 30 (Cauvet, *op. cit.*, I, nº 338). Cet arrêt écarte, en effet, l'application de cette théorie en dehors de la navigation maritime. Mais un examen attentif de l'espèce curieuse dans laquelle il a été rendu, prouve que, même en adoptant notre opinion, on aurait dû, dans cette espèce, écarter la contribution, comme l'a fait la Cour de Paris, parce que les caractères constitutifs de l'avarie commune ne se trouvaient

gers, pour éviter toute difficulté, ont pris soin de prévoir l'hypothèse dont il s'agit et admettent expressément la contribution des
navires et des cargaisons sauvés. V. Codes de commerce *espagnol*,
article 818 ; *chilien*, art. 1127 1° ; *argentin*, art. 1317.

La même idée générale doit conduire à décider que des avaries
communes peuvent exister en matière de navigation fluviale et donnent lieu à contribution (1).

pas réunis. Voici quels étaient les faits : quatre hommes masqués avaient
arrêté une diligence près de Draguignan, en enjoignant au conducteur de
leur livrer l'argent qu'il avait près de lui à sa gauche. Il leur jeta deux
sacs contenant l'un 2.400 francs, l'autre 1.500 francs ; après quoi, il s'éloi-
gnèrent : il y avait encore sur l'impériale un group de 28.000 francs qui
fut sauvé. Les destinataires des deux sacs jetés aux voleurs prétendirent
qu'il y avait lieu à contribution ; leur prétention était mal fondé. Le sauvetage des 28.000 francs était dû à un cas fortuit, c'est à dire à l'ignorance
où les voleurs étaient de l'existence de cette somme dans la diligence et à
leur précipitation à s'esquiver Dans des circonstances de ce genre, se produisant même sur mer, il n'y aurait pas avarie commune donnant lieu à
contribution Ainsi, dans le cas où des pirates se bornent à s'emparer
d'une partie de la cargaison, parce que tel est leur caprice ou parce qu'ils
ignorent la présence à bord d'autres marchandises, aucune contribution
n'est due par les propriétaires de celles-ci (n° 912). Au contraire, il y
aurait avarie commune donnant lieu à contribution si, en vertu d'une
convention, des pirates avaient consenti à ne pas prendre ou à relâcher la
cargaison moyennant l'abandon à eux fait de certaines marchandises. On
se trouve alors dans le cas de choses données par composition et à titre de
rachat du navire et des marchandises (art. 400 1° C. com.). Il y aurait lieu
à contribution aussi à l'occasion d'une convention de cette sorte conclue
sur terre même avec des voleurs dans un cas analogue à celui sur lequel
a statué l'arrêt précité de la Cour de Paris du 17 janv. 1862.

(1) Le Code de commerce *hollandais* (art. 760 et 761) admet l'application
des règles sur les avaries communes dans les rivières et dans les eaux
intérieures tout au moins pour le cas de jet et de perte de marchandises
chargées sur des allèges pour sauver le navire et le chargement. En *Allemagne*, la loi du 15 juin 1895 (modifiée par la loi du 20 mai 1898) sur la
navigation intérieure admet la théorie des avaries communes (art. 78 et
suiv.). V. *Annuaire de législation étrangère*, 1896, p. 89, et 1899,
p. 130 (traduction et analyse de Ch. Lyon-Caen). — En *Belgique*, la loi
du 21 août 1879 modifiée par la loi du 10 février 1908 (art. 264) admet que
les dispositions de cette loi relatives aux avaries s'appliquent aux bateaux,
c'est-à-dire aux bâtiments qui font ou sont destinés à faire habituellement
dans les eaux territoriales, le transport des personnes ou des choses, la
pêche, le remorquage, le dragage ou toute autre opération lucrative de

872. Tout ce qui vient d'être dit sur le fondement de la théorie
des avaries communes implique que cette théorie doit être approuvée
au point de vue rationnel et qu'elle est de nature à rendre service à
la marine marchande et aux diverses personnes intéressées dans les
expéditions maritimes, en laissant au capitaine, en présence d'un
péril, une grande liberté quant aux choses sur lesquelles il a à faire
tomber un sacrifice dans l'intérêt commun.

Cependant, quelques voix se sont parfois élevées pour demander
la suppression de la théorie des avaries communes (1). En faveur de
cette réforme, on insiste surtout sur les difficultés que présente souvent le classement des avaries et sur les fraudes que commettent parfois les capitaines pour faire considérer comme communes des avaries qui, en réalité, sont particulières et devraient être supportées,
en conséquence, par le propriétaire du navire. Mais ces raisons ne
sont pas décisives et elles n'ont encore convaincu aucun législateur.
La théorie des avaries communes est fondée sur l'équité et les inconvénients pratiques qu'elle peut présenter parfois dans l'application
sont supprimés, ou, tout au moins, notablement diminués par le
soin que prend le législateur de déterminer nettement les caractères
des avaries communes et de mentionner, à titre d'exemples, les principales d'entre elles dans la loi même.

873. A propos des avaries communes, trois questions principales
sont à résoudre :

1° Quels sont les caractères distinctifs des avaries communes?
2° D'après quelles règles se détermine la part contributive à supporter dans les avaries communes par chaque intéressé? Sur ces
deux points, les lois des divers pays diffèrent (2). Aussi des conflits

navigation (art. 260°. V., pour la solution admise en Belgique avant la loi
belge du 10 février 1908, *Trib. com. Anvers*, 31 mars 1906, D. 1906. 5. 49.

(1) Elle fut réclamée dès 1823 par un assureur de Hambourg. En 1877,
le Lloyd anglais adoptait cette opinion qui a été également soutenue dans
la brochure suivante : Schneider, *Seerechtliche Fragen nebst einer Abhand-
lung betreffend die überlebte Institution der gemeinen Haverei* (Berlin,
1879). V. également l'article de M. Franz Wittemans intitulé *De la réforme
de l'avarie commune, Revue internat. du Droit marit.*, 1897-1898, p. 826
et suiv.

(2) Sur les législations des principaux Etats relatives aux avaries com-

de lois s'élèvent. 3° De quel pays doit-on appliquer la loi pour déterminer si une avarie est commune ou particulière et de quel pays la loi sert-elle à fixer la part contributive de chacun des intéressés?

Ces conflits de lois peuvent, ici comme partout, occasionner des procès, par suite des pertes de temps et des frais. Aussi est-ce particulièrement en cette matière que des efforts ont été faits pour arriver à l'uniformité des lois. L'*Association pour la réforme et la codification du Droit des gens* (1) a, en 1877, dans sa session d'Anvers, adopté des règles qui, selon elle, doivent régir les avaries communes (elles avaient été préparées par l'association nationale anglaise pour le progrès de la science sociale dans un congrès tenu à York en 1864). Ces règles ont été modifiées par la première de ces associations en 1890 dans la session qu'elle a tenue à Liverpool (2); puis une règle complémentaire a été admise dans la session tenue en 1903 à Anvers.

Les règles d'York et d'Anvers n'ont encore été adoptées complètement dans la législation d'aucun pays. Elles n'en ont pas moins une grande importance pratique. D'abord, dans tous les pays où l'on touche à la législation maritime, ces règles sont au moins consultées et le législateur subit souvent leur influence et leur fait des emprunts parfois assez nombreux. Puis, usant de la liberté des

munes il existe un ouvrage considérable de M. Rudolph Ulrich publié en seconde édition à Berlin (1903). Il est intitulé : *Grosse Haverei. Die Havarie grosse. Rechte der wichtigsten Staaten im Originaltext und in Uebersetzung nebst Kommentar und einer vergleichenden Zusammenstellung der verschiedenen Rechte* (3 volumes in-8°).

(1) Cette association, qui a son siège à Londres, a pris, depuis quelques années, un nom plus court, elle s'appelle : *International law association* (association de Droit international).

(2) Les règles primitives d'York et d'Anvers sont reproduites et appréciées dans les *Questions de droit maritime* (2ᵉ série), p. 263 et suiv., de M. de Courcy. Les règles nouvelles adoptées en 1890, à Liverpool, se trouvent dans la *France judiciaire*, 1891, p. 376 et suiv. V. aussi sur ces dernières règles : *York-Antwerp Rules* 1890, *Erlaeuternde Bemerkungen* von Jacob Ahlen (Hambourg, 1890); Léon Van Peborgh, *Règles d'York et d'Anvers*, 1890, rapport sur la 14ᵉ conférence internationale de l'Association pour la réforme et la codification du droit des gens (Anvers, 1890); Adrien Bousquet, *Commentaire pratique des règles d'York et d'Anvers et de la règle d'Anvers de 1903* (1906).

conventions, les parties stipulent fréquemment en tous pays dans les chartes-parties et dans les connaissements que les avaries seront réglées selon les règles d'York et d'Anvers (1). Aussi citerons-nous les règles d'York et d'Anvers à côté de celles des principales législations étrangères à propos des différentes questions auxquelles elles se réfèrent.

Du reste, la clause d'après laquelle les avaries seront régies par les règles d'York et d'Anvers ne supprime pas complètement les règles consacrées par les lois. Ces règles fournissent seulement des solutions pour les cas les plus usuels. D'après la règle VIII, *sauf dans les cas prévus par les règles, le règlement sera établi conformément aux lois et usages qui eussent été appliqués si le contrat d'affrètement n'avait pas contenu la clause que le règlement serait fait conformément aux règles d'York et d'Anvers* (2).

874. CARACTÈRES DISTINCTIFS DES AVARIES COMMUNES. — Le Code de commerce (art. 400) a donné, comme la plupart des Codes étrangers, à la fois une énumération des avaries communes (3) et une défi-

(1) Des travaux du même genre ont été faits, soit par le *Congrès international de droit commercial de Bruxelles* (1888) (*Actes du Congrès de Bruxelles*, p. 418 et suiv.), soit par le *Congrès de droit maritime de Gênes* (1892). V. sur ces congrès, n° 92.

(2) La clause déclarant applicable les règles d'York et d'Anvers s'applique même quand, s'agissant d'une navigation entre ports de France, la loi française eût été, à défaut de cette clause, certainement applicable. Cass., 27 novembre 1901, S. et *J. Pal*, 1903. 1. 267; D. 1902. 1. 476.

(3) C. com. *hollandais*, art. 699; *allemand*, art. 700, 702, 703, 704, 705, 706, 708; *italien*, art. 643; *roumain*, art. 655; *espagnol*, art. 811; Codes maritimes *suédois, danois, norvégien*, art. 187 et 188; *finlandais*, art. 133; *chilien*, art. 1089 et 1090; *argentin*, art. 1316 Le Code de commerce *portugais* (art. 635, 1er alin.) se borne à définir les avaries communes. La loi *belge* du 21 août 1879 (art. 147) donne une définition générale et classe quelques avaries sur le caractère desquelles il y a controverse (art. 143). Le Congrès international de Droit commercial de Bruxelles (1888) a procédé comme le font la plupart des lois du continent; il a, dans le projet de loi voté par lui et recommandé à l'adoption de toutes les nations, défini les avaries communes et donné une énumération des principales d'entre elles. V. *Actes du Congrès international de droit commercial de Bruxelles*, p. 418 et suiv.

Quant aux règles d'York, d'Anvers et de Liverpool, elles ne définissent

nition de ces avaries. Cette énumération n'est pas limitative ; l'article 400 contient dans le dernier alinéa une formule générale ou définition qui l'indique suffisamment. Aussi est-il indispensable de déterminer, en général, les caractères constitutifs de l'avarie commune, afin de pouvoir se prononcer sur la nature des avaries que le Code de commerce n'a pas formellement classées. C'est seulement après avoir déterminé ces caractères qu'il sera parlé soit des avaries rangées expressément par l'article 400 parmi les avaries communes, soit des avaries que le Code de commerce ne mentionne pas et sur le classement (1) desquelles s'élèvent parfois des difficultés.

875. Malgré le caractère non limitatif de l'énumération faite par la loi, elle a une utilité pratique incontestable. Grâce à elle, le caractère des avaries les plus fréquentes n'est pas douteux et les exemples mêmes donnés par la loi font mieux comprendre la portée des conditions dont la réunion est exigée pour qu'il y ait avarie commune. Mais il est certain que cette énumération n'a pas été faite dans toutes ses parties par notre Code de commerce avec une suffisante clarté. Aussi quelques dispositions de l'article 400, rapprochées de l'article 403, C. com., qui énumère les principaux cas d'avaries particulières, ont donné naissance à des difficultés.

876. Les avaries communes sont, comme il a été dit plus haut (n° 864), des dommages soufferts volontairement ou des dépenses extraordinaires faites dans l'intérêt commun du navire et de la cargaison. C'est bien là l'idée générale qu'en donne l'article 400 *in fine*, en disposant que sont avaries communes... *en général, les dommages soufferts volontairement et les dépenses faites d'après délibérations motivées, pour le bien et salut commun du navire et des marchandises, depuis leur chargement et départ jusqu'à leur retour et déchargement.* Mais cette disposition ne donne assurément pas une idée complète et exacte des conditions dont la réunion est

aucunement les avaries communes, mais donnent des solutions au sujet d'un certain nombre d'avaries assez fréquentes sur le classement desquelles il y a, soit des difficultés dans quelques pays, soit des conflits entre les différentes lois.

(1) Quand on parle d'une question de *classement* en matière d'avaries, il s'agit du point de savoir si une avarie constitue une avarie particulière ou une avarie commune.

exigée pour qu'une avarie soit commune. Elle manque de précision, elle indique des conditions qui ne sont pas essentielles et elle en omet, au contraire, qui le sont, ainsi que cela résulte d'autres articles du Code de commerce lui-même. En outre, la jurisprudence ajoute une condition très contestable (n° 894) à celles que mentionne la définition finale de l'article 400.

876 *bis*. Il faut évidemment ne pas considérer comme une condition essentielle de l'avarie commune ce qui est dit dans l'article 400 *in fine* de l'époque à laquelle doit se placer le sacrifice ou la dépense pour constituer une avarie commune (*depuis leur chargement et départ* jusqu'à leur retour et déchargement). Il n'y a sur ce point qu'à se référer aux observations faites plus haut (n° 861), pour écarter ce qui est dit d'une semblable mention faite dans l'article 397, C. com., au sujet de la définition générale des avaries.

877. En combinant ensemble l'article 400, dern. alin., C. com., avec d'autres dispositions du Code de commerce et en laissant de côté la condition spéciale exigée par la jurisprudence (n° 894), on peut dire que les conditions constitutives de l'avarie commune se réduisent à trois. Il faut, pour qu'une avarie soit commune :

1° Qu'il y ait eu un acte de volonté du capitaine en vertu duquel un dommage a été causé, soit au navire, soit à des marchandises de la cargaison, ou une dépense extraordinaire a été faite. On fait allusion à cette condition quand on dit que l'avarie commune suppose essentiellement un *sacrifice volontaire ou un acte de volonté.*

2° Que le sacrifice ait été motivé par l'intérêt *commun* du navire et de la cargaison :

3° *Qu'un résultat utile ait été obtenu*, c'est-à-dire que les intéressés aient tiré un profit pécuniaire du sacrifice, que celui-ci n'ait pas été fait en pure perte.

En résumant ces trois conditions, on peut donner de l'avarie commune la définition suivante :

L'avarie commune est un dommage matériel causé volontairement par le capitaine, soit au navire, soit à des marchandises de la cargaison, ou une dépense extraordinaire faite par le capitaine dans l'intérêt commun du navire et de la cargaison, dommage ou dépense qui a eu un résultat utile.

Chacune des trois conditions constitutives de l'avarie commune doit être examinée séparément.

878. 1° *Acte de volonté.* — La nécessité d'un acte de volonté de la part du capitaine est la condition la plus caractéristique de l'avarie commune. Celle-ci ne saurait exister quand le dommage est subi ou que la dépense est faite par suite d'un cas fortuit ou de force majeure, d'une faute du capitaine ou des gens de l'équipage. Il résulte de là que, si des marchandises sont emportées ou que des mâts sont rompus par le vent, le dommage n'est pas une avarie commune.

Peu importe même qu'au moment où ces accidents se produisent, le capitaine ait eu la volonté de jeter les marchandises ou de couper les mâts pour essayer de sauver le reste de la cargaison et le bâtiment. La volonté du capitaine ne suffit point, il faut qu'elle ait en quelque sorte reçu son exécution par le sacrifice. De même, il n'y a pas avarie commune quand les marchandises sont, pendant une tempête, mouillées par l'eau de mer qui s'introduit dans la cale, ni quand, par suite de la force du vent ou d'une faute du capitaine, un navire échoue sur une côte et est détérioré, soit seul, soit avec des marchandises du chargement.

878 *bis.* Toutes les législations s'accordent sur la nécessité d'un acte de volonté comme cause de l'avarie pour qu'elle soit commune. M. Mac Arthur (*The contract of marine insurance*, p. 165) dit très bien : « A loss, in order to be the subject of general average, must be voluntary, id est the consequence of an act and not the effect of a physical cause » (1).

879. Cette première condition d'un acte volontaire existe, alors même que le navire et la cargaison sont exposés à un danger si grand que, sans le sacrifice, l'un et l'autre doivent périr certainement. Il y a bien eu, en pareil cas, un acte de volonté du capitaine ; il a fait une sorte d'option ; de deux maux il a choisi le moindre. On peut appliquer ici l'adage latin : *Qui mavult vult.* Du reste, si l'on n'admettait pas cette opinion, on arriverait à ce singulier résultat de nier le caractère d'avarie commune et de refuser, par suite, la contribution dans

_____

(1) V. aussi Lowndes, *The law of general average* ; Arnould, *On law of maritime insurance*, II, p. 758.

les cas où la gravité du péril justifiait le plus le sacrifice (1) (2).

Mais, par cela même que l'acte volontaire doit consister dans un sacrifice, il ne faut pas qu'il porte sur un objet qui était destiné à une perte certaine, perte que l'acte du capitaine a seulement avancée (3) ou sur un débris. Ainsi, il n'y a pas de sacrifice volontaire, quand un navire se trouvant en mer et privé de tout secours est entouré de flammes et que le capitaine jette des marchandises à la mer : il n'y a, pour celles-ci, qu'une mesure de préservation. De même, on ne saurait considérer comme avarie commune le dommage que cause à des marchandises atteintes par les flammes l'eau qu'on a jetée sur elles. V. n° 924.

880. Pour qu'un dommage ou une dépense constitue une avarie commune, il ne suffit assurément pas qu'il y ait eu d'abord un acte de volonté du capitaine, puis un dommage subi ou une dépense faite (4) ; il faut qu'il y ait un lien entre ce dommage ou cette dépense et l'acte de volonté du capitaine.

Ainsi, le dommage que le capitaine a eu directement en vue en faisant le sacrifice est assurément avant tout une avarie commune. Il faut reconnaître aussi le même caractère à toutes les suites nécessaires de la résolution prise par le capitaine, qu'elles aient été prévues ou non par lui. Ainsi, que le jet de certaines marchandises soit décidé et que, pour le préparer, elles soient sorties du navire et chargées sur le pont, si un coup de vent les emporte avant le jet, il y aura une avarie commune. Le capitaine ne savait pas que cet accident se produirait ; mais, dans le but d'opérer le jet, les marchandises dont il s'agit ont été exposées à un péril plus grand que le reste

---

(1) Benecke (*Traité des principes d'indemnité en matière d'assurances maritimes*, traduction de Dubernad) adopte l'opinion contraire. Mais elle est contredite par des auteurs anglais eux-mêmes. V. Arnould, *On the law of marine insurance*, II, p. 759 et 760 ; Lowndes, *The law of general average*, p. 40 et 41.

(2) Rennes, 28 déc. 1863, D. 1864. 5. 27 ; *Journ. de jurisprud. de Marseille*, 1865. 2. 9.

(3) V. Trib. comm. Marseille, 6 juillet 1903, *Revue intern. du Droit marit.*, XIX. p. 240 ; *Journ. de jurisprud. de Marseille*, 1903. 1. 335.

(4) V. Trib. comm. Marseille, 10 janvier 1907, *Revue intern. de Droit marit.*, XXII, p. 637.

de la cargaison. De même, les marchandises sont chargées sur des allèges, afin de permettre au navire déchargé en partie de gagner plus promptement un port de refuge, il y a avarie commune si elles périssent (art. 427, al. 1); le capitaine n'avait pas leur perte en vue, mais, dans un intérêt commun, il les a placées dans une situation plus dangereuse que celle dans laquelle sont restées les marchandises laissées dans le navire. C'est en vertu de ces idées que les dépenses faites à la suite de la résolution prise d'entrer dans un port, pour réparer des avaries communes, ont elles-mêmes ce caractère (1); que le dommage causé au navire par la rupture d'un mât opérée dans l'intérêt commun, que le dommage causé par les marchandises jetées aux marchandises restées dans le navire sont des avaries communes (art. 400 3°, C. com.). Corrélativement, les conséquences des avaries particulières constituent elles-mêmes des avaries particulières (2).

Si le dommage est une avarie commune, alors même que le capitaine ne l'a pas eu directement en vue, du moins faut-il qu'il ait sa cause directe dans la résolution du capitaine. Dans les hypothèses précitées, les marchandises n'auraient pas péri s'il n'avait résolu de les jeter ou de les placer sur des allèges ; les dépenses extraordinaires de navigation n'auraient pas été faites, si l'on ne s'était décidé à entrer dans un port. Mais, si le capitaine se résout, pour réparer une avarie commune, à entrer dans un port et si le navire et la cargaison périssent ensuite dans une tempête ou sont frappés par la foudre, la perte de l'un ou de l'autre est une avarie particulière (3). La cause s'en trouve dans un cas fortuit, non dans la décision du capitaine d'entrer dans un port de relâche (4).

On résume souvent les règles qui viennent d'être expliquées en

(1) Cass., 18 déc. 1867, D. 1868. 1. 145.
(2) Cass., 10 août 1880, D. 1880. 1. 448.
(3) Cass., 27 déc. 1781, D. 1781. 1. 36 ; *Pand. fr. chr.*
(4) L'article 189 des Codes maritimes *suédois, danois* et *norvégien* consacre expressément ces idées en disposant : « Ne sont pas réputés avaries « communes les dommages éprouvés par cas fortuit pendant l'exécution « des mesures prises pour le salut du navire et de la charge, ni les dom- « mages ou les pertes qui n'ont qu'un rapport indirect ou accidentel avec « de pareilles mesures ».

disant que les conséquences directes et nécessaires d'une avarie commune sont classées aussi en avaries communes (1).

881. 2° Le sarcifice volontaire ou la dépense doit être motivé, et il faut certainement que le motif s'en trouve dans l'intérêt *commun* du navire et de la cargaison (2) : c'est même cette communauté d'intérêt qui justifie la contribution. La loi 2, Dig. XIV, 2 (*ad legem Rhodiam de jactu*) fait précisément allusion à cette condition, en parlant de *quod pro omnibus datum est*. L'article 400, dern. alin., C. com., exprime la même idée, quand il parle des dommages soufferts volontairement et des dépenses faites pour le bien et salut *commun* du navire et des marchandises.

En conséquence, il n'y a pas d'avarie commune, si la mesure a été prise par le capitaine dans l'intérêt du navire seul ou dans celui de la cargaison seule. Ainsi, quand, par suite d'une voie d'eau qui ne fait courir aucun danger à la cargaison ou d'un emballage défectueux qui ne fait courir aucun danger au navire, le capitaine se décide à faire relâche dans un port pour réparer la voie d'eau ou pour remettre l'emballage en bon état, les frais d'entrée, de séjour et de sortie ne sont pas à classer comme avaries communes, mais comme avaries particulières au navire ou à la cargaison. En vertu de la même idée, les dommages causés au navire qui n'a plus sa cargaison à bord, ne sont donc pas avaries communes, alors même qu'ils l'auraient été si le déchargement n'avait pas eu lieu (3). Il n'en serait autrement que dans le cas où le dommage causé au navire proviendrait exclusivement de la situation dans laquelle il a été placé pour le salut commun. Ainsi, pour éviter que le navire ne soit projeté sur des rochers et ne périsse avec la cargaison, le capitaine le fait volontairement échouer sur une plage voisine. Les dommages produits par cet échouement volontaire sont des avaries communes ; il en est même ainsi de ceux de ces dommages qui

(1) V. de Courcy, *Questions de droit maritime* (1re série), p. 260 et 261.
(2) Cpr. Trib. com. Dunkerque, 17 février 1903, *Revue intern. du Droit marit.*, XIX, p. 208.
(3) Par identité de raison, il n'y a pas avarie commune donnant lieu à contribution quand un navire a subi des dommages alors que les marchandises destinées à être chargées sont encore à terre. V. Codes de commerce *portugais*, art. 944 ; *argentin*, art. 1323.

n'auraient été subis qu'après que les marchandises ont été mises en sûreté à terre ; car ils sont toujours une conséquence du sacrifice volontaire fait par le capitaine pour le salut commun.

882. Tout le monde est d'accord pour reconnaître qu'il n'y a pas avarie commune sans intérêt commun motivant l'acte du capitaine. Mais quelle doit être la nature de cet intérêt commun ? Sur ce point, des systèmes divers sont soutenus.

On a été jusqu'à prétendre qu'il n'y a intérêt commun justifiant la contribution qu'autant que le navire et la cargaison courent un *péril imminent* auquel le capitaine veut les faire échapper. Emérigon paraissait adopter cette opinion sous l'empire de l'Ordonnance de 1681. Dans le *Traité des assurances* (chapitre XII, section 39, § 6), il dit : « Il faut qu'il ait été question d'éviter un péril immi- « nent, *Periculi imminentis evitandi causá* ». Les mêmes expressions se retrouvent dans quelques arrêts rendus sous l'empire du Code de commerce (1).

Cette opinion doit être rejetée. Selon la doctrine dominante, il faut et il suffit que le capitaine ait eu en vue la sécurité commune, c'est-à-dire qu'en présence d'un danger commun il ait cherché à sauver le navire et la cargaison en faisant un sacrifice et une dépense (2).

Il est hors de doute qu'aucune cause ne justifie mieux un sacrifice ou une dépense qu'un péril *imminent*. Mais la formule exigeant l'imminence du péril est trop restrictive. Le danger commun doit suffire (3) ; les précédents ne sont pas contraires à cette opinion, le texte du Code de commerce la confirme et il y aurait de graves inconvénients à ne pas s'y attacher. Emérigon, à la suite du passage invoqué à l'appui de l'opinion contraire, se borne à parler de *danger réel* et fait observer que *la prudence ne permet pas d'attendre la dernière extrémité*. L'article 400, dern. alin., C. com., n'exige pas l'imminence du danger, il parle de sacrifices faits *pour le bien et salut commun du navire et de la cargaison*. Cela n'implique nullement

(1) Cass., 29 mars 1892, *Pand. fr.*, 1893. 1. 10 ; *Journal de jurisprud. de Marseille*, 1892. 2. 173.

(2) Aix, 19 août 1874, D. 1877. 1. 115. — De Valroger, V. nº 1998.

(3) Aix, 4 décembre 1901, *Revue intern. du Droit marit.*, XVII, p. 411. ;

que le navire soit sur le point de couler et l'équipage en présence de
la mort. Bien plus, l'article 400, dern. alin., suppose que le
sacrifice ou la dépense a été précédé d'une délibération des principaux de l'équipage et l'on ne délibère pas en présence d'un péril
imminent.

On ne voit, du reste, pas pourquoi il n'y aurait pas lieu à contribution par cela seul qu'il y a eu danger commun, sans que ce danger
soit imminent : les intéressés auxquels le sacrifice a profité s'enrichiraient sans cause. Ce n'est pas tout : il y aurait un grave inconvénient à exiger que le péril soit imminent : le capitaine hésiterait
parfois, au grand préjudice du propriétaire du navire et des chargeurs, à faire un sacrifice utile ; il attendrait, et le danger pourrait
s'aggraver au point de devenir inévitable. Dans la pratique, on
admet sans difficulté dans certains cas l'existence d'une avarie
commune, bien que les circonstances mêmes excluent l'idée d'un
péril *imminent*. Ainsi, quand le navire a une simple voie d'eau et
que le capitaine se décide à une relâche donnant lieu à des
dépenses qui, comme cela sera dit plus bas (n°s 919 et suiv.), sont
classées en avaries communes, le capitaine reste souvent plusieurs
jours ou plusieurs semaines avant de prendre le parti de relâcher,
il ne le fait que lorsqu'il est éloigné de sa destination et rapproché
d'un port où se trouvent des ressources : il n'y a dons pas de danger
imminent.

883. On est même allé jusqu'à soutenir qu'un danger commun
n'est pas nécessaire, qu'un intérêt commun, sans qu'il y ait danger,
suffit (1). L'équité qui sert de base à la théorie des avaries communes,
semble, dit on, exiger que, même dans des cas de cette sorte, il y
ait contribution. Ainsi, un navire est en relâche dans un port de
peu de ressources ; une réparation complète de ses avaries entraînerait un long retard et de grands frais. On lui enlève une partie de
son chargement qu'on fait parvenir à destination par un autre bâtiment affrété exprès. Le navire allégé peut enfin reprendre la mer
après des réparations provisoires. Le fret du bâtiment auxiliaire est

_____

(1) De Courcy, *Questions de droit maritime* (1re série). p. 263 et 264 ;
Govare, *Traité des avaries communes*, n° 4.

une avarie commune. Il y a là une dépense extraordinaire qui peut éviter aux intéressés, en même temps qu'un long retard, des dépenses plus considérables.

La jurisprudence n'est pas favorable à cette opinion (1). Il faut reconnaître que les dispositions du Code relatives à la contribution y paraissent contraires : elles sont déduites, en général, de l'idée que, sans l'acte du capitaine, le navire et la cargaison auraient péri.

On a dit que l'article 400, dern. alinéa, n'est pas opposé à cette doctrine ; il ne parle pas seulement du *salut commun*, mais aussi du *bien commun*. L'argument est bien affaibli quand on constate que ces deux mots sont unis par la conjonctive *et;* aussi, dans le projet de 1867, avait-on pris soin de la remplacer par la disjonctive *ou* (2).

Il est loisible, d'ailleurs, aux parties de stipuler dans la charte-partie ou le connaissement que toutes dépenses et tous sacrifices faits dans l'intérêt du navire et de la cargaison, même en dehors du cas de péril, seront considérés comme avaries communes et réglés comme tels.

884. Du reste, si, quand une dépense extraordinaire ou un sacrifice a été fait par le capitaine dans l'intérêt commun sans qu'il y ait péril, l'avarie n'est pas commune, ce n'est pas à dire qu'il n'y ait aucun recours pour la personne qui a fait la dépense ou dont la chose a été atteinte par le sacrifice. On peut considérer cette personne

(1) On peut citer à cet égard un jugement du tribunal de Marseille du 1er mai 1880 (*Journal de jurisprud. de Marseille*, 1880. 1. 155). Dans l'espèce de ce jugement, le capitaine, voyant que son navire était arrêté par les glaces, sans qu'il y eût aucun danger, dans le seul but d'éviter un retard, avait fait creuser un chenal pour y continuer sa route. Le jugement refuse d'admettre en avaries communes les frais occasionnés par ce travail, en s'appuyant sur ce *qu'il ne s'agit point de dispositions caractérisées par la volonté d'échapper à un danger actuel ou à une situation périlleuse*. Cpr. Cass., 17 février 1904, D. 1904. 1. 263 ; *Pand. fr.*, 1905. 1. 30 ; *Revue intern. du Droit marit.*, XIX, 823 ; *Journal de jurispru i. de Marseille*, 1904. 2. 50. Dans l'espèce, il n'y avait pas eu de péril pour le navire et pour la cargaison. — V., en ce sens, Desjardins, IV, n° 976 ; de Valroger, V. n° 1978.

(2) Art. 403, 1er alin., du projet de 1867.

comme un gérant d'affaires ayant en cette qualité le droit de réclamer, d'après les principes généraux du droit, le remboursement des dépenses utiles qu'il a pu faire (art. 1375, C. civ.) (1).

884 *bis*. Droit étranger. — Des lois étrangères font mention de l'existence d'un péril commun ou du salut obtenu grâce au sacrifice ou à la dépense, ce qui implique bien l'idée d'un danger à éviter. V. Codes de commerce *allemand*, art. 700 et 703 ; *hollandais*, art. 699 23° ; *portugais*, art. 635 1° ; *espagnol*, art. 811, 1er alin. ; *argentin*, art. 1316 ; loi *belge* de 1879, art. 147. Le Code de commerce *italien* (art. 643) mentionne, comme le Code de commerce français, le bien et le salut commun (*per il bene e per la salvezza commune*). Les Codes maritimes *suédois*, *danois*, *norvégien* (art. 187) ; *finlandais* (art. 133 1°) parlent d'un péril commun. La nécessité d'un danger commun est aussi exigée par la jurisprudence *anglaise* (2) et par celle des *États-Unis d'Amérique* (3). Le Code de commerce *argentin* (art. 1089) parle de péril *imminent*.

885. Le danger doit évidemment être réel. Le dommage causé ou la dépense faite par un capitaine pusillanime qui redoute un danger dérisoire ou n'existant pas effectivement, ne constitue pas une avarie commune. Il y a alors faute du capitaine ; aussi est-il seul tenu des conséquences de son acte et le propriétaire du navire en est-il responsable.

En fait, il est bien difficile de savoir exactement la vérité à cet égard. Pour être éclairé, on consulte le rapport de mer et le livre de bord ; ceux-ci sont rédigés par le capitaine. Il est toujours disposé, pour échapper avec le propriétaire du navire à toute responsabilité, à présenter les choses sous le jour le plus favorable, de façon à ce que les avaries soient considérées comme des avaries communes.

---

(1) Arth. Desjardins, *Traité de Droit commercial maritime*, IV, n° 976 ; de Valroger, V, n° 1998.

(2) Lowndes, *op. cit.*, p. 39 (*b*) s'exprime ainsi : *Danger, there can be no doubt, is a necessary condition of a general average* ; M. Marc Arthur (p. 166 et 167) dit : *The starting point of a general average act is danger, and its objective point is safety.*

(3) Desty, *Shipping and admiralty*, v° *General Average*, § 290.

Mais ce sont là des difficultés de fait qui ne portent pas atteinte aux principes en eux-mêmes.

886. 3° La dernière condition exigée pour qu'il y ait avarie commune est que le sacrifice ait atteint son but, qu'un résultat utile ait été obtenu par suite de ce sacrifice. La théorie de la contribution aux avaries communes est une application du principe selon lequel nul ne doit s'enrichir au détriment d'autrui (n° 870), et non des règles de la gestion d'affaires d'après lesquelles l'utilité d'un acte s'apprécie au moment où il est accompli, indépendamment de son résultat effectif (1).

Par cela même que c'est le danger commun qui a motivé le sacrifice volontaire ou la dépense extraordinaire, le résultat utile consiste dans le salut.

On parle quelquefois du salut *commun*. C'est là une formule vicieuse (2). Avec elle, si on la prenait à la lettre, il n'y aurait pas avarie commune et, partant, il n'y aurait pas lieu à contribution quand le navire entier a été sacrifié pour sauver la cargaison ou quand, au contraire, le sacrifice de toute la cargaison a été fait pour sauver le navire. Ainsi, la contribution serait exclue dans les cas où le sacrifice a été le plus considérable et où, par suite, elle serait le plus équitable (3).

887. Le Code de commerce ne pose nulle part en termes généraux la règle selon laquelle il faut, pour qu'il y ait avarie commune, qu'un résultat utile soit obtenu? il se borne à consacrer cette règle à propos du cas de jet. D'après l'article 423, al. 1, C. com., *si le jet ne sauve le navire, il n'y a lieu à aucune contribution*. Peu importerait, alors que le navire n'est pas sauvé, que les marchandises le fussent, si leur salut a été dû à des efforts spéciaux ou au hasard et non au jet qui a allégé le navire. C'est là le sens de l'article 423, al. 2 :

---

(1) Ulpien, L. 10, § 1, Dig., *de negotiis gestis* (III, 5).

(2) La formule repoussée au texte se trouve notamment dans Cauvet, *Traité sur les assurances maritimes*, II, n°s 355 et suiv. Elle est critiquée par de Courcy, *Questions de droit maritime*, 1re série, p. 235 et suiv.

(3) DROIT ÉTRANGER. — Les Codes maritimes *suédois, danois* et *norvégien*, art. 143, indiquent expressément qu'il y a lieu à contribution même si le navire ou le chargement a été complètement sacrifié ou si le navire seul ou le chargement seul a été sauvé.

*les marchandises sauvées ne sont point tenues du paiement ou du
dédommagement de celles qui ont été jetées ou endommagées.*
Toutefois, cela cesserait d'être vrai si le jet, tout en ne sauvant pas
le navire, avait contribué à assurer le sauvetage d'une partie de la
cargaison. A défaut du navire, les marchandises, au moins, devraient
contribuer.

Si la règle concernant le résultat utile obtenu n'a été consacrée
qu'à propos du jet, c'est par suite d'un défaut de méthode du législateur ; les règles sur les avaries communes ont été réparties dans le
titre des *avaries* et dans le titre du *jet*, alors que celui-ci n'est qu'un
cas spécial d'avarie commune, et des règles générales applicables à
toutes les avaries communes ont été posées seulement à propos du
jet. Il faut donc généraliser la règle sur le résultat utile contenue
dans l'article 423, C. com.

On peut faire des applications nombreuses de cette règle. En voici
quelques-unes :

a. Une partie de la cargaison a été placée sur des allèges, afin de
permettre au navire d'échapper à la tempête ou à la poursuite de
l'ennemi en entrant plus promptement dans un port ; les marchandises placées sur les allèges périssent, mais il y a aussi perte ou
prise du navire et le restant de la cargaison n'a été sauvé, en tout
ou en partie, que grâce à des efforts spéciaux.

b. Des voiles ont été coupées pour empêcher que le bâtiment ne
coule bas, et le sinistre n'est pas prévenu. Mais on parvient à sauver des marchandises.

c. Un échouement volontaire a lieu, le navire périt, mais on a
pu sauver des marchandises par des procédés extraordinaires auxquels on a eu recours. Le sauvetage de ces marchandises n'est en
rien dû à l'échouement volontaire.

Dans ces trois cas, comme dans tous les cas analogues, il n'y a
pas avarie commune donnant lieu à contribution, faute de résultat
utile obtenu.

887 *bis*. Droit étranger. — L'idée d'un résultat utile comme
condition essentielle de l'avarie commune se retrouve bien dans les
diverses législations, mais avec des différences parfois assez notables. La règle du Droit français, qui exige à la fois qu'il y ait un

résultat utile et que ce résultat ait sa cause dans le sacrifice volontaire ou dans la dépense, est consacrée par la loi *belge* du 21 août 1879, art. 156 ; par les Codes de commerce *hollandais*, art. 734 ; *espagnol*, art. 860 ; *italien*, art. 650 ; *argentin*, art. 134 ; les Codes maritimes *suédois*, *danois* et *norvégien*, art. 193. Les Codes de commerce *allemand*, art. 703, et *portugais*, art. 639 et 642, veulent que le navire *et* la cargaison aient été sauvés en tout ou en partie. En *Grande-Bretagne*, (1) aux *États-Unis d'Amérique* (2) et en *Allemagne* (3), il faut sans doute que des choses soient sauvées pour qu'il y ait avarie commune donnant lieu à contribution ; seulement, on n'exige pas que le salut se rattache au sacrifice comme un effet à sa cause, de telle sorte qu'en cas de jet, si le navire périt, mais qu'on parvienne à sauver des marchandises, il y a avarie commune (4). L'idée est, en effet, que les propriétaires des objets sacrifiés ne doivent pas être laissés dans une situation pire que les autres intéressés (5).

888. Une fois que le résultat utile a été obtenu, le caractère de l'avarie est définitivement fixé et il ne peut être modifié par des événements posterieurs. Aussi le droit à contribution subsiste-t-il, quels que puissent être ces événements. C'est là ce qui arrive notamment quand, après avoir été sauvé une première fois par un jet, le navire périt dans une tempête postérieure ou est pris par l'ennemi. En pareil cas, la contribution est due. Sans doute elle ne l'est que par

(1) Lowndes, *op. cit.*, p. 38 et 39 ; Arnould, *op. cit.*, II, 763.
(2) Desty, *op. cit*, § 292.
(3) V., pour l'*Allemagne*, arrêt du Tribunal hanséatique, 23 décembre 1904, *Revue intern. du Droit marit.*, XX, p. 755.
(4) La nécessité du sauvetage provient de ce que les marchandises contribuent en proportion de leur valeur au port de destination. Les marchandises qui ont péri ne peuvent être soumises à une contribution dont la base ferait complètement défaut.
(5) Frémery (*Études de Droit commercial*, p. 229 et suiv) soutient qu'il en doit être ainsi.
C'est la doctrine anglaise qu'en 1888, le Congrès international de Droit commercial de Bruxelles a recommandée à l'adoption de tous les États, en décidant qu' « importe peu que le salut, au lieu de procéder directement du sacrifice se produise par suite de circonstances indépendantes ».

les marchandises sauvées (art. 424), mais cela tient, comme l'explication en sera donnée plus loin (n° 948), à ce que les choses sauvées contribuent d'après leur valeur à destination et qu'on ne peut connaître la valeur à destination d'un navire qui a péri avant d'y parvenir.

Il résulte bien de là que, lorsqu'après le sacrifice il y a eu perte du navire ou des marchandises, il importe au plus haut point de déterminer si cette perte provient de la réalisation du risque que le sacrifice avait pour but d'écarter ou d'un accident postérieur. Dans le premier cas, il n'y a pas d'avarie commune faute de résultat utile obtenu (n° 886) ; dans le second, il y a avarie commune et, par suite, pour les marchandises sauvées du second accident, il y a lieu à contribution (art. 424, C. com.) (1). En fait, la distinction peut être d'une grande difficulté. La doctrine contraire admise en Angleterre est moins rationnelle, mais a l'avantage d'éviter les difficultés.

889. Si la perte survenue postérieurement à l'avarie commune n'empêche pas que la contribution ne soit due par le propriétaire des effets sauvés, par contre les choses sacrifiées dans l'intérêt commun n'ont pas à contribuer aux dommages subis par les marchandises ou par le navire postérieurement au sacrifice.

Ainsi, en présence d'une tempête, des marchandises ont été jetées à la mer et ce sacrifice a assuré le salut du navire et du restant de la cargaison. Si une nouvelle tempête cause des avaries aux marchandises sauvées, le propriétaire des marchandises sacrifiées n'a pas à y contribuer, que ces marchandises aient été ou non recouvrées.

C'est ce que décide : 1° pour les dommages survenus aux marchandises, l'article 425, al. 1, C. com., en disposant : *les effets jetés ne contribuent en aucun cas au paiement des dommages arrivés depuis le jet aux marchandises sauvées;* ces dommages sont, en effet, des avaries particulières ; 2° pour les dommages survenus au navire, l'article 425, al. 2, C. com., suivant lequel *les marchandises*

---

(1) Emérigon (*Traité des assurances*, chap. XII, sect. 41) fait cette distinction à propos de l'article 16, livre III, titre 8, de l'Ordonnance de 1681, dont l'article 424, C. com., reproduit la disposition.

*ne contribuent pas au paiement du navire perdu ou réduit à l'état
d'innavigabilité.*

889 *bis.* Cette dernière disposition a donné naissance, en tant
qu'elle vise l'innavigabilité, à une difficulté. Quand l'avarie consiste
dans un dommage causé au navire, par exemple dans la rupture des
mâts, il y a avarie commune et la contribution est due si le navire
est sauvé et conduit les marchandises à destination. Au contraire,
l'avarie n'est pas commune si le navire périt et que les marchandises
soient, pourtant, sauvées, grâce à des efforts étrangers au sacrifice
lui-même. Mais il est possible que le navire, ainsi privé de parties
essentielles par suite du sacrifice qui a été fait, parvienne à gagner
avec peine le port de déchargement des marchandises et y soit
déclaré innavigable. Les marchandises sauvées doivent-elles, même
en ce cas, contribuer à l'avarie causée au navire ? On a cru pouvoir
le nier, en s'attachant littéralement au texte de l'article 425, al. 2,
C. com., selon lequel *les marchandises ne contribuent pas au
paiement du navire perdu ou réduit à l'état d'innavigabilité* (1).
Cette doctrine serait inique et dénaturerait le sens de l'article 425,
al. 2, C. com. (2). En définitive, malgré l'innavigabilité déclarée, le
navire a rempli sa tâche ; il a transporté les marchandises. Le sacrifice qui a atteint le navire, a profité aux propriétaires de celles-ci.
Sans ce sacrifice, ces marchandises auraient péri. Pour les marchandises, le navire n'est pas innavigable, puisqu'il les a conduites
au port où elles devaient être déchargées. Il est vrai qu'un navire
innavigable est réputé perdu, mais cela n'est pas vrai d'une façon
absolue, cela l'est seulement en matière d'assurance, dans les rapports entre l'assureur et l'assuré, au point de vue du délaissement.
(V. art. 369, C. com.). Du reste, l'article 425, al. 2, ne vise nullement cette hypothèse ; il prévoit le cas où, après un sacrifice de

---

(1) Trib. comm. Marseille, 6 août 1851, *Journal de jurisprud. de Marseille*, 1851. 1. 327; Trib. comm. Bordeaux, 21 juin 1855, D. 1856. 1. 314.

(2) Cass., 23 juill. 1856, D. 1856. 1. 313 ; *Pand. fr. chr.* ; Cass., 18 déc.
1867, D. 1867. 1. 145 ; Trib. com. de Marseille, 23 déc. 1873, *Journal de
jurisprud. de Marseille*, 1874. 1. 75. — De Courcy, *Questions de Droit
maritime* (1re série), p. 240 et suiv.; *D'une réforme internationale du Droit
maritime*, p. 183 et suiv.

marchandises constituant une avarie commune, le navire a péri ou
est devenu innavigable par suite d'un fait postérieur au sacrifice et il
décide que les marchandises ne contribuent pas au dommage subi
par le navire ; il y a une corrélation étroite entre l'alinéa 2 de
l'article 425 et l'alinéa 1 du même article, qui prévoit le cas où des
dommages postérieurs à l'avarie commune ont été subis par des marchandises sauvées (1).

890. Au reste, si les objets sacrifiés ne contribuent pas aux dommages subis depuis le sacrifice par le navire ou par les marchan lises
sauvées (art. 425, alin 1 et 2, C com.), cela n'est vrai assurément
qu'autant que les dommages postérieurs sont des avaries particulières. Quand ils constituent des avaries communes, il y a lieu à
contribution pour les objets précédemment sacrifiés. Le second sacrifice a profité aux propriétaires de ceux ci ; car, sans ce second sacrifice, les objets sauvés une première fois, auraient péri dans le
second accident, et, par suite, ils ne pourraient pas être soumis à
contribution.

890 *bis*. En définitive, les dispositions des articles 424 et 425,
C. com., n'étaient pas utiles ; on les suppléerait aisément à l'aide des
principes généraux : elles avaient été supprimées dans le projet
de 1867.

891. Aux trois conditions indiquées précé lemment pour qu'il y
ait avarie commune, le Code de commerce (art. 400, dernier alin.,
et 410. paraît en ajouter une quatrième, et la jurisprudence, avec la
plupart des auteurs, exige une autre condition qu'aucun texte de nos
lois ne requiert expressément.

La condition que paraît exiger le Code de commerce (art. 400,
dern. alin. et 410), est la délibération du capitaine et des principaux
de l'équipage et des intéressés au chargement, prise avant le sacrifice
ou la dépense. En outre, il est admis par la jurisprudence que, pour
qu'il y ait avarie commune, il faut que le danger commun ait eu sa
cause dans un cas fortuit ou de force majeure, de telle sorte qu'il y
aurait avarie particulière quand ce danger provenait, soit de la faute

---

(1) V. à propos de l'article 17. livre III, titre VIII de l'Ordonnance de
1681, auquel correspond l'article 425, C. com., Emérigon, *Traité des assu-*
rances, chap. XII, sect. 41 ; Pothier, n° 124.

du capitaine ou d'un chargeur de marchandises, soit du vice propre
du navire ou des marchandises.

Il est impossible de prendre à la lettre les textes du Code de commerce concernant la première de ces conditions. Puis, selon nous, on
ajoute arbitrairement à la loi et on méconnaît les principes sur lesquels repose la théorie des avaries communes en exigeant la seconde.
Ces deux points vont être établis (nos 892 et suiv.).

892. L'article 400, dern. alin., parle de dommages soufferts volontairement ou de dépenses faites d'après des délibérations motivées,
et l'article 410 prescrit de prendre, au cas de jet, l'avis des intéressés au chargement qui se trouvent dans le vaisseau et celui des principaux de l'équipage. Mais il est bien des cas où l'imminence du péril
empêche qu'on ait le temps de convoquer ces personnes et de délibérer. Du reste, dans les usages actuels, les propriétaires des marchandises formant la cargaison n'accompagnent pas celles-ci sur le
navire et, par suite, il est impossible de les consulter (n° 870). Le
capitaine doit seulement se conformer, autant que possible, à cette
prescription. Malgré son inobservation, il peut y avoir avarie commune (1). Il n'y a là qu'une sorte de moyen de preuve n'ayant rien
d'exclusif.

La délibération, déjà mentionnée dans l'Ordonnance de 1681
(livre III, titre VIII, art. 1), notamment à propos du jet, a donné lieu
à une distinction entre le *jet régulier* et le *jet irrégulier* ; le
premier est celui qui est précédé d'une délibération et le second
celui qui est fait sans délibération préalable. Les anciens auteurs
constataient que le *jet régulier* était rare. A cet égard, Emérigon
(*Traité des assurances*, chapitre XII, section 40, § 2) donne
des indications intéressantes et reproduit des observations curieuses

(1) Rennes, 28 déc. 1863, S. 1864. 2. 168 : *J. Pal.*, 1864. 878 : Paris,
27 mai 1885, *Revue intern. de Droit marit.*, 1885-86, p. 594 ; Trib. comm.
Havre, 21 janv. 1900, 2 déc. 1890, *Revue intern. du Droit marit.*, 1889-90,
p. 637 ; 1890-91, p. 537 ; Cass., 12 juin 1894, S. et *J. Pal.*, 1895. 1. 161 ;
Pand. fr., 1895. V. 41 ; Aix, 28 janv. 1903, *Revue intern. du Droit marit.*,
XVIII, p. 638 ; *Journal de jurisprud. de Marseille*, 1903. 1. 129. — V. aussi
Trib. comm. Dunkerque, 9 avril 1888, *Revue intern. du Droit marit.*,
1888-89, p. 26. — Arth. Desjardins, *op. cit.*, IV, n° 973, p. 175 et suiv. ; de
Valroger, V, n° 2005, p. 34.

du jurisconsulte italien Targa. Emérigon s'exprime ainsi : « On dis-
« tingue deux sortes de jet, *le régulier* et *l'irrégulier*. Le jet
« régulier est celui qui se fait, non dans le moment même qu'on va
« périr, mais pour prévenir le danger qui s'approche. Quelque peu
« de temps reste encore pour délibérer si on fera le jet, comment et
« de quoi. On prend l'avis des marchands et de l'équipage. Tout
« s'opère avec ordre et sans confusion. — Le jet irrégulier est celui
« qui se fait dans l'instant même du danger. Les formalités et les
« discours sont hors de saison. On va périr. Tout moyen de salut est
« légitime. Chacun jette ce qui se présente sous la main. — Targa
« observe que, pendant soixante ans qu'il a été magistrat du consulat
« de la mer à Gênes, il n'a vu que quatre ou cinq exemples de jet
« régulier, lesquels furent suspects de fraude, par cela seul que les
« formalités avaient trop bien été observées. — Voilà pourquoi le jet
« est toujours présumé avoir été de la classe des *jets irréguliers* ».
Aussi ne faut-il pas s'étonner de ce que le projet de 1867 ne repro-
duisait pas la mention de la délibération préalable et que les Codes
étrangers n'en font généralement pas non plus mention.

893. Si l'absence de délibération préalable n'empêche pas qu'il y
ait avarie commune, l'existence d'une délibération ne fait pas, nécessairement, qu'un sacrifice ou une dépense constitue une avarie commune. Le juge a toujours, malgré la délibération, à rechercher,
quand il y a contestation, si les conditions constitutives de l'avarie
commune étaient bien réunies (1). Autrement, il dépendrait d'un
capitaine peu scrupuleux de faire considérer tous les dommages et
toutes les dépenses comme des avaries communes, s'il était d'accord
avec les principaux de l'équipage pour prendre une délibération.
L'observation de Targa, rapportée par Emérigon dans le passage
cité plus haut (n° 892), montre bien quel serait le danger d'une doctrine opposée.

893 *bis*. DROIT ÉTRANGER. — Quelques Codes mentionnent,
pourtant, encore la délibération préalable à prendre. Il en est ainsi

_____

(1) Cass , 10 août 1880, S. 1880. 1. 421 : *J. Pal.*, 1880. 1035 ; Cass., 8 juin
1891, S. 1892. 1. 241 et *J. Pal.*, 1892. 1. 241 (note de Ch. Lyon-Caen) ;
Pand. fr., 1892. 1. 156.

des Codes de commerce *espagnol*, art. 813 et 814 (1) ; *italien*, art. 657 ; *hollandais*, art. 699 23° ; *argentin*, art. 1316, 1er alin. ; des Codes maritimes *finlandais*, art. 139 ; *suédois, danois* et *norvégien*, art. 194.

Mais le Code de commerce *allemand* (art. 700) ne fait aucune mention d'une délibération préalable. La loi *belge* du 21 août 1879 et le Code de commerce *portugais* sont également muets sur cette délibération. La loi *belge* (art. 161 et 162) se borne à prescrire au capitaine de rédiger par écrit le procès-verbal du jet et des autres sacrifices faits, aussitôt qu'il en a les moyens, et d'affirmer les faits contenus dans ce procès-verbal au premier port où le navire abordera.

En *Grande-Bretagne*, la nécessité d'une délibération n'est pas admise ; on reconnaît qu'il y a là un ancien usage se rattachant à l'habitude, depuis longtemps disparue, qu'avaient les chargeurs d'accompagner leurs marchandises sur le navire qui les transportait (2).

894. Le danger commun à raison duquel le capitaine s'est décidé à faire le sacrifice ou la dépense, peut provenir de causes diverses. Il est incontesté qu'il y a avarie commune, lorsqu'il provient d'un cas fortuit ou de force majeure, par exemple de la tempête ou de la poursuite de l'ennemi, comme le suppose, du reste, expressément l'article 410, C. com. Mais doit-on aussi admettre qu'il y a avarie commune donnant lieu à une contribution, lorsque le danger commun venait, soit de la faute du capitaine ou d'un chargeur, soit d'un vice propre du navire ou des marchandises de la cargaison ?

La jurisprudence exige que le danger commun ait sa cause dans un cas fortuit ou de force majeure. Quand le danger commun a une autre cause, elle admet, avec la plupart des auteurs, que l'avarie est particulière et doit être supportée par la personne qui, par sa faute, a causé le danger ou dont la chose était atteinte du vice propre qui l'a occasionné (3). Une quatrième condition se trouve ainsi ajoutée

(1) V., sur l'article 814 du Code *espagnol*, Trib. comm., Rouen, 3 juin 1904, *Revue intern. du Droit marit.*, XX, p. 218.

(2) Mac Arthur, *op. cit.*, p. 165.

(3) Cass., 16 mai 1881, D. 1882. 1. 349 ; Cass., 16 nov. 1881, S. 1882. 1.

par la jurisprudence à celles qui ont été précédemment indiquées.

Selon nous, cette quatrième condition doit être écartée et, quelle que soit la cause du danger commun, dès l'instant où ce danger a existé et où il a été fait soit un sacrifice, soit une dépense extraordinaire qui, ayant pour but d'y échapper, a eu un résultat utile, il y a avarie commune et, par suite, il y a lieu à contribution (1).

250; *J. Pal.*, 1882. 1. 608 : D. 1882. 1. 399 ; Cass., 6 juin 1882, S. 1892. 1. 49 ; *J. Pal.*, 1882. 1. 1020 (note en sens contraire de Ch. Lyon-Caen); D. 1883. 1. 185 (note approbative de M. Levillain) ; Trib. comm. Havre, 5 mai 1886 ; Trib. comm. Marseille, 9 janv. 1888 ; Trib. comm. Dunkerque, 20 mars 1888 : *Revue intern. du Droit marit.*, 1886-87, p. 170 : 1887-88, p. 594 ; 1888-89, p. 25 ; Rouen, 29 déc. 1891, Cass., 29 mars 1892 ; *Pand. fr.*, 1893. 1. 10 ; *Journal de jurisprud. de Marseille*, 1893. 2. 88 ; 1892. 2. 173 (d'après ce dernier arrêt, une décision qui admet l'existence d'une avarie commune sans indiquer la cause du danger commun, est insuffisamment motivée, en ce qu'elle ne permet pas à la Cour de cassation d'exercer son pouvoir d'appréciation), Cass., 28 octobre 1901, S. 1901. 1. 520 ; D. 1902. 1. 126 ; *Pand. fr.*, 1901. 1. 113 : *Revue intern. du Droit marit.*, XVII, p. 13.

Dans les différentes espèces sur lesquelles ont statué ces arrêts, le danger commun provenait de la faute du capitaine. L'arrêt de la Cour de la Réunion du 27 mars 1881 a statué sur une espèce dans laquelle le danger commun dérivait de la faute d'un chargeur.

V., pour le cas de danger commun provenant du vice propre du navire, Trib. comm. Havre, 20 déc. 1892, *Revue intern. du Droit marit.*, 1892-93, p. 353.

C'est à cette opinion que paraît s'être rangé le projet de 1867. D'après l'article 404 de ce projet, si la relâche est motivée par une avarie provenant d'un vice propre, les dépenses sont des avaries particulières au navire ou aux marchandises, selon que le vice propre existait pour le navire ou pour les marchandises. La note explicative (p. 127 qui sert d'exposé de motifs au projet de 1867, dit : « Si la dépense est commune, « l'auteur du mal est connu et doit être seul responsable des conséquences « qu'il entraîne ».

Locré, *Esprit du Code de commerce*, IV, p. 359 ; Arth. Desjardins, IV, n° 1019 : Govare, *Traité des avaries communes et de leur règlement*, n° 17; Morel, *Des avaries*, p. 22 et 23 ; Droz, *Traité des assurances maritimes*, I, n°s 386, 404 et 506.

(1) Aix, 1er août 1892, *Revue internat. du Droit marit.*, 1892-93, p. 48. — V. Lyon-Caen, note dans le *Recueil de Sirey*, 1882. 1. 149 et dans le *Journal du Palais*, 1882. 1. 1020 ; de Courcy, *Revue critique de législation et de jurisprudence comparée*, 1883, p. 634 et *Questions de Droit maritime*, *Une doctrine fantaisiste en matière d'avarie commune* (3e série, p. 181); de Valroger, V, n° 2002.

Les arguments produits en faveur du système de la jurisprudence sont très spécieux. A propos du jet, l'article 410, C com., prévoit un danger résultant de la tempête ou de la poursuite de l'ennemi. Il n'y a pas, dit on, de raisons pour ne pas généraliser cette disposition et pour ne pas l'appliquer à tous les cas de sacrifice ou de dépense extraordinaire ayant pour but d'échapper à un danger commun provenant d'un cas fortuit ou de force majeure. En ce qui concerne spécialement le cas d'un danger commun provenant d'une faute, on fait remarquer qu'aucune disposition légale ne le prévoit et qu'il est à la fois naturel et juste que le dommage subi en pareil cas retombe sur l'auteur de la faute, qu'en conséquence, celui dont la chose a été atteinte par le sacrifice ne doit avoir de recours que contre lui. A l'appui de cette idée, on cite l'article 405, C. com., selon lequel les dommages arrivés aux marchandises par tous accidents provenant de la négligence du capitaine ou de l'équipage, sont des avaries particulières supportées par le propriétaire des marchandises, mais pour lesquelles il a son recours contre le capitaine, le navire et le fret. On invoque aussi l'article 403, 1°, C. com., qui classe parmi les avaries particulières le dommage arrivé à des marchandises par le vice propre.

Dans cette opinion, on dénature, selon nous, le sens des dispositions légales qu'on invoque et on méconnaît les considérations d'équité qui servent de base à l'obligation de contribuer aux avaries communes. Il est vrai que l'article 410, C. com., vise seulement les cas où le jet a eu pour cause un danger de perte ou de prise provenant de la tempête ou de la poursuite de l'ennemi. Mais l'article 410, C. com., n'est pas limitatif ; il indique seulement, à titre d'exemples, les cas les plus ordinaires. Du reste, l'article 410 ne définit pas les avaries communes ; c'est dans l'article 400, der. alin., C. com., que s'en trouve une définition. Or, cette dernière disposition parle de dommages soufferts volontairement ou de dépenses faites pour le bien et salut commun, sans faire aucune allusion à la cause du danger commun auquel le capitaine a voulu échapper. Cela paraît bien impliquer que cette cause n'est point à considérer pour distinguer les avaries communes des avaries particulières. Cette indifférence de la cause du danger commun est, du reste, seule conforme aux idées d'équité servant de base à la théorie des avaries communes. Dès l'instant où il y a eu danger commun, il est juste que le sacrifice ou la dépense qui a été fait pour l'éviter et qui a atteint son but, soit supporté en commun. Autrement, ceux qui ont profité du sacrifice ou de la dépense réaliseraient un profit injuste au préjudice de celui dont la chose a été atteinte par le sacrifice ou qui a fait la dépense. Cela n'a nullement pour conséquence, en cas de danger commun causé par une faute, de faire échapper à la responsabilité celui qui l'a commise ; c'est sur lui que les conséquences de la faute doivent, en définitive, retomber. D'abord, la personne atteinte par le sacrifice, ou ayant fait la dépense, peut, si elle le préfère, s'en prendre directement à l'auteur de la faute, sans réclamer la contribution. Celui-ci n'a pas alors de recours contre les divers intéressés pour les faire contribuer. Dans le cas où la contribution aurait lieu, tous les contribuables pourraient ainsi recourir contre lui pour se faire rembourser par lui le montant de leur part contributive. Enfin, lorsque c'est l'auteur de la faute qui a fait la dépense ou dont la chose a subi le dommage volontaire, il est certain que ni lui ni la personne responsable de cette faute ne peut prétendre qu'il y a une avarie commune à laquelle les divers intéressés dans l'expédition sont tenus de contribuer (1).

L'article 405, C. com., ne peut être invoqué contre cette opinion. Il vise les cas où le dommage a sa cause directe et immédiate dans une faute du capitaine. Dans les espèces à propos desquelles s'élève la question qui vient d'être examinée, le dommage provient directement de la décision prise par le capitaine pour éviter un danger commun, de faire une dépense ou de causer un dommage. C'est le danger qui provenait d'une faute, mais cette faute n'est pas la cause directe du dommage. De même, l'article 403 1° suppose un dommage causé directement par le vice propre à des marchandises et non un dommage causé par le capitaine à des marchandises pour les faire échapper à un danger résultant d'un vice propre d'autres marchandises ou du navire.

(1) On discute sur le point de savoir s'il en doit être ainsi même quand, en vertu d'une clause du connaissement, le propriétaire ne répond pas des fautes du capitaine. V. n° 895.

895. Les clauses des chartes-parties ou des connaissements, devenues si fréquentes, qui excluent la responsabilité du propriétaire du
navire à raison des fautes du capitaine (n° 744), ont fait naître une
question se rattachant aux solutions précédemment données. Lorsque le danger commun provenait d'une faute du capitaine, il est certain, même si avec nous on reconnaît à l'avarie le caractère d'avarie
commune, que le propriétaire n'a pas, en principe, le droit de réclamer une contribution aux chargeurs pour la dépense faite par le
capitaine ou le dommage causé par celui-ci au navire (n° 894).
Faut-il, au contraire, accorder ce droit au propriétaire du navire dans
le cas fréquent où, en vertu d'une clause du connaissement ou de la
charte-partie, il n'est pas responsable des fautes du capitaine ? Cette
question suppose naturellement qu'avec la jurisprudence, on admet
la validité des clauses de non-responsabilité (n° 744). Pour accorder
au propriétaire le droit de réclamer la contribution, on allègue que,
le propriétaire n'étant pas responsable des fautes du capitaine, les
événements provenant directement ou indirectement de ces fautes
doivent être traités en droit comme provenant de cas fortuits ou de
force majeure (1). Il y a là, selon nous, une exagération de la portée
des clauses de non-responsabilité. Malgré elles, le propriétaire du
navire ne peut demander aux intéressés de contribuer au sacrifice,
fait dans l'intérêt commun, qui a atteint le navire quand le danger
évité provenait de la faute du capitaine (2). Le but de ces clauses est
de donner au propriétaire du navire un moyen de défense contre
l'action des propriétaires de la cargaison, non de lui conférer un droit

(1) Cass., 2 avril 1878, D. 1878. 1. 474 ; *Pand. fr. chr.* ; Cass , 12 juin
1894, *Pand. fr.*, 1895. V. 41 ; *Journal de jurisprud. de Marseille*, 1895. 2.
44 ; S. et *J. Pal.*, 1895. 1. 101 ; Cass., 6 février 1895, *Pand. fr.*, 1896. 1.
388 ; *Journal de jurisprud. de Marseille*, 1895. 2. 117 ; Cass., 28 octobre
1901, S. 1901. 1. 520 ; D. 1902. 1. 126 ; *Pand fr.*, 1904. 1. 113 ; *Revue
intern. du Droit marit.*, XVII, p 13 ; Cass., 18 janvier 1909, S. et *J. Pal.*,
1910. 1. 65 ; *Pand. fr.*, 1910. 1. 65 ; *Revue intern. du Droit marit .*, XXIV,
p. 601. — V. aussi Aix, 1er août 1892, *Revue intern. du Droit marit.*,
1892-93, p. 48.
(2) Rouen, 2 nov. 1891, *Revue intern. du Droit marit.*, 1891-92, p, 659.
— *Journal de jurisprud. de Marseille*, 1893. 2. 88. — O. Marais, *Revue
internat. du Droit marit.*, 1891-92. p. 606. Cpr. Cour de district sud de
New-York, 10 juillet 1905, *Revue intern. du Droit marit.*, XXI. p. 678.

d'action qu'il n'aurait pas sans elles. Nonobstant ces clauses, la faute du capitaine existe et ne peut être assimilée à un cas fortuit ou de force majeure Seulement, cette faute n'a pas sa conséquence ordinaire quant à la responsabilité du propriétaire du navire envers les affréteurs.

Du reste, la jurisprudence apporte à la solution qu'elle consacre une atténuation qui, sans la rendre exacte. écarte une conséquence inique à laquelle son application absolue pourrait conduire : elle refuse d'admettre la contribution quand les avaries sont la conséquence d'une faute dont le propriétaire du navire a tiré profit (1).

896. Dans le même cas où le propriétaire est, par une clause de la charte-partie ou du connaissement, dispensé de répondre des fautes du capitaine, une autre question est encore à résoudre pour les partisans de la jurisprudence qui exige, pour qu'il y ait avarie commune, que le danger n'ait pas eu sa cause dans une faute. Le propriétaire des marchandises sacrifiées peut-il faire considérer le dommage comme une avarie commune et faire contribuer les propriétaires des autres parties de la cargaison, malgré l'existence d'une faute du capitaine, si le propriétaire n'est pas responsable de celle-ci en vertu d'une clause du connaissement ou de la charte-partie ? Selon nous. si l'on admet avec la jurisprudence et contrairement à notre opinion (n° 894), que la faute du capitaine soit exclusive de la contribution, celle-ci doit être écartée malgré les clauses de non-responsabilité. Cette clause ne peut avoir d'effets que dans les rapports entre le propriétaire du navire et chaque affréteur. Un affréteur ne peut l'invoquer contre les autres, pour lesquels elle est *res inter alios acta*

896 *bis*. Droit étranger (2). — Les différentes législations ne

(1) Trib. comm. Marseil.e. 1ᵉʳ juin 1900 ; Aix, 21 février 1901, *Revue intern du Droit marit.*, 1900-1901 (XVI, p. 213 et 640 ; *Journal de jurisprud. de Marseille*. 1901. 1. 218. Le jugement du tribunal de commerce de Marseille. dont l'arrêt de la Cour d'appel d'Aix s'est approprié les motifs, va jusqu'à dire que le principe consacré par la jurisprudence « ne « peut s'appliquer qu'aux fautes courantes du capitaine, fautes nautiques « ou erreurs de jugements si communes dans la pratique journalière de « la navigation ; mais qu'il ne peut que laisser en dehors les fautes lourdes. « dolosives, délictueuses ou quasi délictueuses ».

(2) V. dans l'*Eco di Giurisprudenza commerciale italiana* (numéro du

s'accordent pas sur la question de savoir si l'existence d'une faute ou d'un vice propre, ayant causé le danger commun, met obstacle à ce qu'il y ait avarie commune.

Le Code de commerce *allemand* admet qu'il y a avarie commune même au cas de faute. L'article 702 de ce Code dispose, en effet : « L'application des règles sur les avaries grosses n'est pas exclue par la circonstance que le danger provenait de la faute, soit d'un tiers, soit d'une partie intéressée. — La partie intéressée, à qui une pareille faute est imputable, est non seulement privée de tout recours à raison des dommages qu'elle a éprouvés (1), mais, en outre, responsable, envers tous ceux qui doivent la contribution à l'avarie grosse, du préjudice résultant pour eux de ce que le dommage est considéré comme avarie grosse. — Toutefois, si le danger provient de la faute d'une personne de l'équipage, l'armateur en supporte aussi les conséquences, conformément aux articles 485 et 486. » La même doctrine est consacrée par les Codes maritimes *finlandais* (art. 135), *suédois*, *danois* et *norvégien* (article 191, 1er alin.).

Les Codes de commerce *italien* (art. 643) et *roumain* (art. 655) refusent, au contraire, de considérer comme avaries communes même les avaries subies pour le bien et salut commun, quand le danger provenait, soit du vice propre ou de la vétusté du navire, soit d'une faute du capitaine ou de l'équipage (2). Il en est de même des Codes de commerce *hollandais* (art. 780) et *argentin* (art. 1518). C'est ce système que consacre également la loi *belge* du 21 août 1879. Sans doute, elle ne l'énonce nulle part en termes généraux, mais elle

---

15 février 1885) un article de M. Berlingeri intitulé : *Se la colpa d'una delle parti o d'un terzo esclude il carattere d'avaria comune dal sacrifizio incontrato per la comune salvezza.*

(1) Mais la solution favorable au droit de réclamer la contribution est admise quand le propriétaire qui la demande est déchargé de la responsabilité des fautes du capitaine par une clause du connaissement. Tribunal supérieur hanséatique, 15 octobre 1904, 21 juin 1907, *Revue intern. du Droit marit.*, XX, p. 137 ; XXIII, p. 675 ; Trib. de l'Empire d'Allemagne, 12 avril 1903. *Revue intern. du Droit marit.*, XXI, p. 215.

(2) Cpr. Cour de cassation de Turin, 19 avril 1887, *Revue intern. du Droit marit.*, 1887-88, p. 372.

donne des solutions d'espèces qui en impliquent nécessairement l'adoption. Après avoir indiqué que *sont considérées comme avaries communes les dépenses de toute relâche effectuée à la suite de fortune de mer qui mettrait le navire et la cargaison, si la navigation était continuée, en état de péril commun*, la loi *belge*, ajoute les restrictions suivantes : *si la relâche est motivée par des avaries qui soient reconnues provenir du vice propre du navire ou d'une faute imputable au capitaine ou à l'équipage, les dépenses sont avaries particulières au navire. Si la relâche est motivée par la fermentation spontanée ou par d'autres vices propres de la marchandise, toutes les dépenses sont avaries particulières à la marchandise* (1).

En *Grande-Bretagne*, la jurisprudence admet que celui dont la chose a été atteinte par le sacrifice et qui n'a pas participé à la faute peut demander la contribution, ce qui implique la reconnaissance d'une avarie commune (2) Tout au moins, la contribution est admise facilement quand l'auteur de la faute est insolvable, parce qu'alors, le recours existant contre lui est inefficace.

Le système du Code de commerce *allemand*, qui, selon nous mais contrairement à la jurisprudence, est celui du Code de commerce *français*, a été recommandé à l'adoption des Etats par le Congrès international de Droit commercial de Bruxelles (1888) dans une résolution ainsi conçue : « Les règles relatives à l'avarie com- « mune doivent s'appliquer même lorsque le danger, cause directe « du sacrifice ou de la dépense, a été amené, soit par la faute du capi- « taine, de l'équipage ou d'une personne intéressée au chargement, « soit par le vice propre du navire ou de la marchandise. — Le « recours que donne la faute ou le vice propre, est indépendant du « règlement de l'avarie commune ».

(1) La Cour de cassation de *Belgique* admet que, lorsqu'il y a une clause de non responsabilité du propriétaire du navire à raison des fautes du capitaine, le propriétaire du navire peut réclamer la contribution aux avaries causées au navire. Cass. Belgique 11 octobre 1906, *Revue intern. du droit marit.*, XXII, p. 534.

(2) Lowndes, *The law of general average*, p. 23 et suiv. ; Charles Mac-Arthur, *The contract of marine insurance*, p. 165.

Une règle ajoutée aux règles d'York et d'Anvers par l'*International law Association* dans une session tenue à Anvers en 1903 admet qu'*une avarie ou une dépense constituant une avarie commune ne perd pas ce caractère même si le danger qui a motivé cette dépense ou ce sacrifice, a été causé par la faute d'une des parties intéressées dans le voyage, sans préjudice du recours à exercer contre l'auteur de la faute* (1).

897. On peut rapprocher du cas où le danger commun provenait de la faute du capitaine, celui où, le danger ayant été occasionné par un cas fortuit, le capitaine a fait une dépense exagérée ou un sacrifice excessif pour y échapper. Il n'est pas douteux que le capitaine n'a pas, en pareil cas, d'action pour l'excédent contre les divers intéressés. Mais ce n'est pas à dire que celui dont la marchandise a été l'objet d'un sacrifice excessif n'ait pas le droit de faire contribuer pour le tout les autres intéressés. Il serait injuste de le priver d'une partie de la contribution, alors qu'il n'y a aucune faute à lui reprocher. Seulement tous les contribuables ont un recours contre le capitaine pour l'excédent de leur part contributive sur celle qu'ils auraient eu à supporter si le sacrifice n'avait pas été excessif (2).

898. DES PRINCIPALES AVARIES COMMUNES. — Les avaries communes sont d'une très grande variété. Le Code de commerce en a énuméré un certain nombre dans l'article 400, comme l'ont fait, du reste, aussi, la plupart des lois étrangères. Il est utile de parcourir l'énumération du Code, elle soulève parfois des difficultés. Il importe aussi de mentionner des avaries non visées par un texte légal, surtout celles sur le classement desquelles il y a controverse. Il sera parlé d'abord des avaries communes figurant dans l'énumération de l'article 400, C. com.

899. En considérant les avaries communes en elles-mêmes, on peut en distinguer trois catégories : 1° les unes consistent dans des dommages causés à des marchandises de la cargaison ; 2° les autres

(1) Cpr. Cour d'appel de Gênes, 18 décembre 1906. *Revue internat. du Droit marit.*, XXII, p. 848.

(2) DROIT ÉTRANGER. — Ces solutions sont données par les Codes maritimes *suédois, danois* et *norvégien*, art. 194.

dans des dommages causés à un navire ou à ses accessoires ; 3º les
autres, enfin, dans des dépenses extraordinaires. Les avaries des deux
premières sortes sont des *avaries-dommages*, celles de la troisième
sorte sont des *avaries-frais*. Cette division tripartite est suivie
ci-après, soit pour les avaries mentionnées dans le Code de commerce (nᵒˢ 900 et suiv.), soit pour les avaries dont le Code ne fait
point mention (nᵒˢ 922 et suiv.).

900. Dommages causés aux marchandises. — *Du jet.* — Le
type des avaries communes est le jet des marchandises. On entend
par là le fait par le capitaine de précipiter dans la mer tout ou partie
de la cargaison pour assurer le salut, soit du navire et du restant de
la cargaison, soit du navire seul. Par cela même que le jet constitue
une avarie commune, les rédacteurs du Code auraient dû en traiter
dans le titre des avaries et ne pas lui consacrer un titre spécial
(art. 410 à 429). Ainsi que cela a été dit (nº 887), ce défaut de
méthode a fait poser à propos du jet des règles générales qui s'appliquent à toutes les avaries communes (1).

901. Le jet est le plus souvent déterminé par la tempête ou par la
chasse de l'ennemi qui fait courir au navire et aux marchandises un
grave danger de perte ou de prise. Mais ces deux causes du jet, indiquées par le Code de commerce (art. 410), ne sont pas les seules. Il
pourrait y avoir un jet constituant une avarie commune dans le cas
où le capitaine se croirait obligé de le faire pour relever le navire
échoué, soit par suite d'un cas fortuit, soit par toute autre cause,
même par la faute du capitaine ou des gens de l'équipage, si l'on
admet, contrairement à la jurisprudence et conformément à l'opinion
adoptée plus haut (nº 894), que l'existence d'une faute du capitaine
ayant causé le péril commun n'exclut pas la contribution.

902. C'est particulièrement à propos du jet que la loi prescrit une

---

(1 Les rédacteurs du projet de 1867 n'avaient pas commis cette faute de
méthode. Un seul titre (le titre XI, art. 400 à 419) était consacré aux avaries et à leur règlement, y compris le jet. — Dans la loi *belge* du 21 août
1879, le chapitre III du titre III (art. 144 à 164) comprend aussi toutes les
dispositions sur les avaries. *Sic*, Code *italien* de 1882 (titre II du livre VII);
Code *allemand* (titre VII du livre IV).

délibération préalable du capitaine, des chargeurs et des principaux de l'équipage (art. 410). Aussi les anciens auteurs appelaient-ils *jet régulier* celui qui est précédé d'une délibération et *jet irrégulier* celui qui est opéré sans délibération préalable (1). Conformément à ce qui a été dit précédemment (n° 892, la délibération n'est pas une des conditions essentielles de l'avarie commune ; le jet irrégulier est de beaucoup le plus fréquent et donne lieu à contribution. A l'inverse, l'existence d'une délibération ne suffit pas pour qu'il y ait une avarie commune, si le dommage souffert ou la dépense faite n'en réunit pas tous les caractères (n° 893).

903. A l'imitation des lois anciennes, le Code de commerce n'abandonne pas au capitaine le libre choix des objets à jeter. Aux termes de l'article 411, *les choses les moins nécessaires, les plus pesantes et de moindre prix, sont jetées les premières, et ensuite les marchandises du premier pont au choix du capitaine, et par l'avis des principaux de l'équipage.* Cet ordre doit seulement être suivi autant que possible ; il n'y a rien de rigoureux. Le trouble que cause un danger, surtout quand il est imminent, empêche souvent que l'on s'y conforme. L'obstacle peut aussi provenir des circonstances : ainsi, l'on comprend que le capitaine ne jette pas d'abord les marchandises lourdes, lorsqu'elles se trouvent à fond de cale et qu'elles ne peuvent être retirées qu'avec difficulté.

Peu importe, du reste, que le jet ait porté sur une partie de la cargaison ou sur la cargaison entière. Dans ce dernier cas même, il y a avarie commune (n° 886).

Emérigon (*Traité des assurances*, chapitre XII, sect. XL, §§ 5 et s.) donnait d'assez longs détails sur l'ordre à suivre pour le jet, mais il prenait soin d'ajouter : « Ce choix... n'a lieu que lorsque la « délibération est praticable. Mais il arrive souvent qu'en pareil cas, « on n'a le temps ni de choisir, ni de délibérer, et qu'on jette tout ce « qui se présente sous la main ». Aussi la plupart des Codes récents gardent-ils le silence sur l'ordre dans lequel les marchandises doivent être jetées. V., cependant, C. *italien* de 1882, art. 645 : C. *espagnol*,

---

(1) Emérigon, *Traité des assurances*, chap. XII. sect. XL. — V. le passage cité plus haut, n° 892.

art. 815 ; C. *finlandais*, art. 140. Si, en fait, le capitaine avait jeté
des choses précieuses alors que, d'après les circonstances, il aurait
pu atteindre le même résultat en sacrifiant des choses de moindre
valeur, il y aurait une faute du capitaine et l'on appliquerait les solutions admises plus haut (n° 897) pour le cas où le sacrifice a été
excessif (1).

904. Le jet n'est pas un abandon de propriété ; du reste, le propriétaire des marchandises jetées, ne voyageant pas d'ordinaire avec
elles, ne participe pas au jet en y donnant son assentiment (n° 892).
Aussi, dans le cas où les marchandises jetées seraient retrouvées,
appartiendraient-elles à leur ancien propriétaire qui n'a pas cessé de
l'être. Les textes du Droit romain faisaient déjà cette observation ;
ils indiquaient qu'en cas de jet de marchandises, il n'y a pas *dere-
lictio*, parce que l'intention d'abdiquer la propriété n'existe pas, et
ils en concluaient que la personne, qui s'emparait de marchandises
jetées à la mer *levandæ navis causâ*, commettait le délit de *fur-
tum* (2).

Il est possible que les effets jetés dans l'intérêt commun, soient
recouvrés en tout ou en partie. Il y a alors à déterminer les
conséquences de ce recouvrement sur l'obligation de contribuer,
qu'elle ait été ou non déjà exécutée. V. n° 971.

---

(1) Emérigon constate que jamais on n'a admis que le jet pût porter sur
des esclaves. Il s'exprime ainsi dans le *Traité des assurances* chapitre XII,
section XL, § 5 : « De ce que les nègres sont considérés comme des choses,
« on n'a jamais poussé le déraisonnement jusqu'à dire qu'on peut les jeter
« à la mer pour décharger le navire, tout comme on jette les autres mar-
« chandises. — Si, par rapport au Droit civil, les esclaves sont nuls, il n'en
« est pas de même par rapport au Droit naturel, selon lequel tous les
« hommes sont égaux. On doit plutôt jeter tous les effets du navire,
« même les plus précieux, que de jeter le moindre des esclaves. S'il fallait
« supposer qu'on fût dans la nécessité absolue de jeter partie des hommes,
« Kuricke et Devicq disent qu'on devrait recourir au sort. — Mais une
« pareille théorie ne serait jamais adoptée en justice. Ceux qui, sous pré-
« texte de sauver le navire, auraient jeté des hommes à la mer, libres ou
« esclaves, par le sort ou sans le sort, seraient coupables d'homicide ; car,
« pour sauver ma vie, il ne m'est jamais permis de donner la mort à des
« hommes qui ne m'attaquent point ».

(2) *Institutes de Justinien*, § 48, *De rerum divisione*, II, 1 ; *Dig*. Paul,
L. 2, § 3, Julien, L. 8, *Ad legem Rhodiam de jactu*, XIV, 2.

905. *Cas exceptionnel où le jet ne constitue pas une avarie commune.* — Le jet n'est pas toujours une avarie commune, bien qu'il réunisse les conditions générales qui viennent d'être indiquées. A raison de circonstances spéciales, le Code de commerce exclut en quelques cas exceptionnels la contribution à raison du jet et laisse supporter le jet par le propriétaire des marchandises sacrifiées, conformément à la règle admise pour les avaries particulières.

906 *a.* Ne donnent pas lieu à contribution les marchandises chargées sans connaissement ou déclaration du capitaine (art. 420) (1). Le législateur a voulu ainsi réprimer les chargements frauduleux de marchandises. On peut ajouter que les marchandises chargées sans connaissement pouvant être aisément dissimulées, échappent ainsi à la contribution quand elles sont sauvées. L'égalité ne serait donc pas maintenue entre les diverses parties de la cargaison, s'il y avait lieu à contribution pour le jet de telles marchandises (2).

L'absence de connaissement est un fait d'autant plus rare que la loi du 30 mars 1872 (art. 3 et suiv.) exige un connaissement pour tout transport de marchandises opéré dans le rayon de l'inscription maritime (n° 704). Au reste, il résulte du texte même de l'article 420, C. com., que, malgré l'absence de connaissement, le jet de marchandises donne lieu à contribution quand il y a une déclaration écrite du capitaine, comme il peut parfois en être fait une sur le livre de bord. Cela concorde bien avec le principe posé précédem-

---

(1) Reproduction de l'article 12, livre III, titre 8, de l'Ordonnance de 1681.

(2) Droit étranger. — L'exception de l'article 420, C. com., relative aux marchandises chargées sans connaissement, se retrouve dans les législations étrangères : Codes de commerce *allemand*, art. 708 2° (cette disposition vise les marchandises pour lesquelles il n'y a pas de connaissement ni indication dans le manifeste ou le registre de chargement); *italien*, art. 646 ; *hollandais*, art. 732 ; *portugais*, art. 640. Codes maritimes *suédois, norvégien* et *danois,* art. 203 ; *japonais,* art 643 ; loi *belge* du 21 août 1879, art. 154).

En *Grande-Bretagne*, on n'exclut la contribution en cas de jet de marchandises chargées sans connaissement qu'autant que le chargement a eu lieu frauduleusement (*fraudulently*), non quand il a été opéré de bonne foi (*honestly*). V. Arnould, *On the law of marine insurance*, II, p. 767 et suiv.

ment (n° 711), d'après lequel le connaissement est le mode de preuve le plus ordinaire, mais non le seul mode de preuve du chargement (1).

Il est, toutefois, des cas où il semble qu'on doive se montrer plus rigoureux quant à la preuve du chargement des marchandises, preuve nécessaire pour que le jet en donne lieu à contribution. Lorsque les marchandises jetées appartiennent au capitaine ou à des gens de l'équipage, il faut, pour que la contribution soit due, que les formalités des articles 344 et 345 aient été observées (n° 712); on ne saurait admettre qu'un capitaine puisse se faire un titre à lui-même ou en créer un à ses subordonnés, en énonçant pour la première fois l'existence des marchandises à propos du jet. C'est cette considération qui doit faire appliquer les articles 344 et 345, C. com., au point de vue de la contribution aux avaries communes, bien qu'ils ne visent textuellement que les rapports entre assureurs et assurés.

907. *b*. Ne donne pas lieu non plus à contribution le jet des marchandises chargées sur le pont (art. 421, al. 2). Il est défendu au capitaine de charger les marchandises sur le pont, sans le consentement par écrit du chargeur (art. 229) (n°s 688 à 693). Ce mode de chargement gêne les manœuvres et peut compromettre le sort du navire en déplaçant l'équilibre. En outre, les marchandises ainsi chargées sont plus exposées que celles qui sont placées dans le navire; notamment, quand un jet devient nécessaire, c'est sur elles qu'on fait de préférence tomber le sacrifice. Si le capitaine a ainsi chargé, sans le consentement du chargeur, des marchandises qui ont été ensuite jetées à la mer, celui-ci n'a qu'un recours en responsabilité contre le capitaine art. 421, 2ᵉ al.). Quand le chargeur a consenti au chargement sur le pont, ce recours contre le capitaine n'existe pas; il n'y a pas faute de sa part, mais la contribution n'en est pas moins exclue. L'article 421, 2ᵉ al., ne fait pas de distinction; du reste, les motifs de cette disposition s'appliquent dans tous les cas et l'on ne concevrait pas que le consentement d'un chargeur

_____

(1) V., dans la note précédente, ce qui est dit de la disposition de l'article 708 2° du Code de commerce *allemand*.

pût empirer la situation des autres en les obligeant à contribuer dans un cas où ils n'y seraient pas tenus sans ce consentement (1).

Par cela même que les marchandises chargées sur le pont ne sont pas, en cas de jet, classées en avaries communes, le jet de ces marchandises est pour les intéressés préférable à celui de toutes les autres, puisque, quand les marchandises chargées sur le pont sont sacrifiées dans l'intérêt commun, ils n'ont pas à contribuer. En conséquence, s'il était prouvé que le capitaine a sans motif suffisant jeté les marchandises chargées sous couverte (2 , les intéressés obligés par là à contribuer auraient contre lui un recours en dommages-intérêts (n° 894). Mais, comme cela a été dit (n° 903), il n'y a pas en cette matière d'ordre rigoureux à suivre ; le capitaine a un large pouvoir d'appréciation (3). Il est d'autant plus naturel de le lui accorder que le jet des marchandises chargées sur le pont prive l'armateur d'un gain que le jet d'autres marchandises ne l'empêche pas de réaliser. En effet, le jet de marchandises ne met pas d'ordinaire obstacle à ce que le fret entier ne soit dû pour elles (art. 301, C. com.), par cela même que le propriétaire en reçoit la valeur par voie de contribution (n° 776 B). Mais, au contraire, le fret n'est pas

(1) Bordeaux, 2 fév. 1846, D. 1846. 2. 167 ; Trib. comm. Marseille, 23 mars 1902, *Revue intern. du Droit marit.*, XVII, p. 602 ; *Journ de jurisprud. de Marseille.* 1902. 1. 239.

DROIT ÉTRANGER. — On retrouve, en général, dans les législations étrangères, des dispositions qui correspondent à l article 421, al. 2. V. art. 708 1° C. *allemand* ; loi *belge* du 21 août 1879 (art. 154) ; C. *italien* de 1882 (art. 650, 2e al.) ; C *japonais* (art. 663) ; C. *portugais* (art. 641) ; C. *espagnol* (art. 855) ; C. *argentin* (art. 1344). Il faut seulement constater qu'il résulte des articles des deux derniers Codes que, lorsqu'il y a consentement du chargeur, le jet des marchandises chargées sur le pont donne lieu à contribution entre le navire, le fret et les autres marchandises chargées sur le pont dans les mêmes conditions. En *Grande Bretagne*, on ne classe pas comme avarie commune le jet des marchandises chargées sur le pont (*deck cargo*), à moins que le chargement sur le pont ne soit conforme à un usage constant : Arnould, *On marine insurance*, II, 766. — La jurisprudence des *Etats-Unis d'Amérique* paraît être plus absolue et ne pas tenir compte des usages, sauf pour les bâtiments à vapeur. V. Dixon, *The law of shipping*, p. 465 et suiv.

(2) C'est-à-dire dans le navire autrement que sur le pont.

(3) Trib. comm. Marseille, 27 janv. 1880, *Journal de Marseille*, 1880. 1. 101.

dû en cas de jet de marchandises chargées sur le pont, par cela
même qu'alors, il n'y a ni réception au port de destination des marchandises elles-mêmes ni paiement de leur valeur par voie de contribution.

La disposition qui exclut la contribution au cas de jet de marchandises chargées sur le pont, ne s'applique pas lorsqu'il s'agit de
la navigation au petit cabotage (1). L'article 421, en parlant de
recours contre le capitaine, ne peut pas viser cette sorte de navigation ; car, au petit cabotage, le capitaine peut, à moins de convention contraire, charger sur le pont (n° 692). Quand le chargement
sur le pont est interdit au capitaine dans la navigation au petit cabotage, la contribution doit être exclue. Le doute n'est pas possible à
cet égard lorsqu'il a été stipulé que le chargement aurait lieu *sur le
pont aux risques du chargeur* (2).

En dehors de la France continentale, pour les navigations ayant
leur point de départ dans les colonies, l'article 421, C. com., s'applique. Il faut, pour déterminer les limites du petit cabotage, s'attacher, à défaut de texte, aux usages et aux distances ordinairement
admises dans les colonies (3).

(1) Cass , 20 mai 1845, S. 1845. 1. 243 ; Cass., 25 juill. 1892, *Pand. fr.*,
1894. 1. 89 : *Revue intern. du Droit marit.*, 1892-93, p. 19 ; D. 1892. 1. 532.
DROIT ÉTRANGER. — Cette exception est consacrée expressément par
les Codes de commerce *allemand*, art. 708 1° [c'est aux lois de chaque Etat
de l'Allemagne qu'il appartient de décider si le chargement sur le pont
est autorisé pour la navigation côtière) ; *italien*, art. 650 2°. V. aussi
C. *espagnol*, art. 855 ; C. *argentin*, art. 1344, et 911 2e alin. Cette solution
est aussi conforme à celle que consacre la jurisprudence *anglaise* en présence d'usages autorisant le chargement sur le pont.
La loi *belge* du 21 août 1879 (art. 66) n'admet pas d'exception de ce genre
au principe selon lequel le jet de marchandises chargées sur le pont ne
constitue pas une avarie commune.
La règle I d'York, d'Anvers et de Liverpool dispose aussi, sans faire
d'exception pour aucune navigation, qu'*aucun jet de marchandises chargées sur le pont ne sera admis en avarie commune*. A Liverpool, on pro-
posa une exception pour les marchandises qu'on est dans l'usage de
charger sur le pont. Cette proposition fut retirée après discussion.
(2) Cass., 24 juin 1884, *Revue intern. du Droit marit.*, 1885-86, p. 344 ;
Le Droit, n° du 1er oct. 1884.
(3) Cass., 25 juill. 1892, *Pand. fr.*, 1894. 1. 89 ; *Revue internat. du Droit
marit.*, 1892-93, p. 19.

908. *Dommages causés par le jet des marchandises*. — Lorsqu'un jet est opéré, le dommage n'est pas toujours restreint aux marchandises jetées. Le jet est parfois la cause d'autres dommages, soit pour les autres parties de la cargaison, soit pour le navire. Ces dommages doivent être eux-mêmes classés en avaries communes dès qu'il est reconnu qu'ils dérivent directement du jet des marchandises (n° 880).

L'article 400 5° range expressément parmi les avaries communes *les dommages occasionnés par le jet aux marchandises restées dans le navire*. En conséquence, lorsqu'en ouvrant les écoutilles pour opérer le jet, l'eau pénètre dans la cale et détériore une partie de la cargaison, le dommage causé par l'eau est une avarie commune (1) (2).

908 *bis*. Un dommage causé au navire peut aussi se rattacher à un jet de marchandises. En ce qui concerne ce dommage, l'article 422 décide qu'*il n'y a lieu à contribution que dans le cas où le dommage a été fait pour faciliter le jet*. Cette disposition, prise à la lettre, semble exiger que le dommage ait été causé volontairement au navire. Mais on ne peut s'attacher rigoureusement à ce texte ; les principes généraux conduisent à classer en avaries communes les dommages causés au navire même accidentellement en cas de jet ; il y a là un dommage résultant directement d'une avarie commune (n° 880). Il y aurait donc lieu à contribution, soit dans le cas où l'on aurait sabordé le navire pour en extraire les marchandises à jeter (art. 426), soit même dans le cas où l'on aurait, en opérant le jet, détérioré sans le vouloir les cloisons mobiles (3).

---

(1) Trib. comm. Marseille, 29 déc. 1873, *Journal de Marseille*, 1874. 1. 77.

(2) La règle II d'York et d'Anvers est conforme à la solution ici admise.

(3) Voici, du reste, ce que dit Emérigon, sur l'article 14, livre III, titre 8 de l'Ordonnance de 1681 qu'a reproduit le Code de commerce dans l'article 422 : « A prendre même à la lettre la fin de cet article, le droit du « propriétaire du navire se trouverait fort restreint, et il en faudrait conclure qu'il ne pourrait demander raison du dommage arrivé à son bâtiment qu'autant qu'il y aurait eu jet et que le dommage aurait été fait « exprès pour le faciliter ; mais nulle apparence d'admettre cette interprétation, comme ne pouvant s'accorder ni avec l'équité naturelle ni avec « la disposition de l'article 6 du titre des avaries ». Valin rapportait l'article de l'Ordonnance au cas de naufrage ou d'échouement fortuit où les

908 *ter. Chargements sur des allèges.* — On peut rapprocher du cas de jet une hypothèse spéciale prévue par l'article 427, al. 1, et dans laquelle il s'agit aussi d'un sacrifice ayant pour objet les marchandises.

Il se peut qu'afin d'échapper à la tempête à un autre risque de mer ou à la poursuite d'un ennemi (1), en entrant dans un port ou dans une rivière, le capitaine se décide à alléger son navire en chargeant une partie des marchandises sur des barques ou allèges. Si ces marchandises périssent et si le navire est sauvé, leur perte constitue une avarie commune (art. 427, al. 1). Sans doute, la volonté du capitaine n'a pas été, comme dans le cas de jet, la cause directe et immédiate de la perte, mais, dans l'intérêt du salut commun, le capitaine a placé les marchandises dans une situation spéciale qui a occasionné leur perte (2). Les frais faits pour transborder les marchandises sur les allèges, sont également des avaries communes (art. 400 2°, C. com.).

Dans cette même hypothèse, si le navire périt avec le reste de son chargement, les marchandises placées dans des allèges ne doivent pas de contribution; bien qu'elles arrivent à bon port (art. 427, al. 2). On ne saurait dire que, pour les marchandises restées à bord, il y a eu un sacrifice volontaire (3).

---

dommages causés étant bien des avaries particulières, on ouvre le navire pour en extraire les marchandises. Selon lui, l'article 14 (correspondant à l'article 422, C. com.) visait donc le cas même sur lequel il y avait dans l'Ordonnance une disposition expresse, celle de l'article 13 (livre III, titre 6) qu'a reproduit l'article 426, C. com.

(1) Trib. comm. Marseille, 6 juin 1887, *Revue internat. du Droit marit.*, 1887-88, p. 67.

(2-3) M. de Courcy (*Questions de Droit maritime*), 1ʳᵉ série, p. 285 et 286, critique le classement en avaries communes de la perte des marchandises mises dans les barques pour alléger le navire entrant dans un port de relâche. « La perte des marchandises mises dans des allèges est, dit-il, « fortuite et n'a nullement le caractère de sacrifice volontaire. Le navire, « bien qu'allégé, pourrait se perdre avec sa cargaison en franchissant le « banc, tandis que les marchandises mises dans les allèges seraient la « seule chose sauvée ». Le motif donné au texte nous paraît prouver que la critique du regretté et savant auteur est mal fondée. La solution consacrée par notre Code et par les Codes étrangers était, du reste, déjà admise par le Droit romain (L. 4 *princ.*, Callistrate, Dig. XIV-2). V., pour-

Il va de soi, par identité de motif, que la perte des marchandises chargées sur des allèges constituerait aussi une avarie commune, si ce chargement avait eu lieu à la sortie et non à l'entrée d'un port ou d'une rivière, au passage d'une barre, d'un détroit ou d'un bas-fond, pour échapper à un danger commun (1).

909. Dommages causés au navire ou a ses accessoires.— Des dommages à classer en avaries communes peuvent être subis par la coque même du navire. Si, par exemple, le navire est sabordé pour en extraire des marchandises qu'on veut sauver (art. 426), il y a avarie commune. Il en est de même quand, dans un but de ce genre, le pont est coupé.

910. D'autres sacrifices assez fréquents consistent à couper les câbles ou cordages qui retiennent les mâts ; parfois même, à couper les mâts, pour alléger ou redresser le navire (art. 400 3°). L'avarie commune s'étend en pareil cas aux dommages causés par la chute des mâts ; il y a là une conséquence du sacrifice fait par le capitaine (n° 880).

911. Parfois, la violence du vent fait courir à un navire ancré dans un port ou dans une rade un danger tel que le capitaine se décide, pour partir plus vite, à abandonner l'ancre et la chaîne qui le retient ; l'abandon de l'ancre et de la chaîne constitue une avarie commune (art. 400 4°) (2). Mais il n'y aurait, au contraire, qu'une avarie simple ou particulière, si le capitaine, sans qu'il y eût un danger commun à éviter, se décidait, pour ne pas retarder le départ, à un abandon de ce genre à raison des difficultés qu'il y a à retirer l'ancre.

Les capitaines doivent, quand ils abandonnent une ancre, y attacher, autant que les circonstances le leur permettent, un crin et une bouée (Décret du 12 décembre 1806, art. 39) qui signalent l'endroit

tant, dans le motif d'un jugement du tribunal de commerce de Marseille du 11 février 1887 (*Journal de jurisprud. de Marseille*, 1897. 1. 136), une appréciation qui considère l'article 427, C. com., comme constituant une disposition exceptionnelle. V. aussi Trib. comm. Marseille, 12 juillet 1909, *Journal de jurisprud. de Marseille*, 1909. 1. 8.

(1) Trib. comm. Marseille, 11 février 1897, 12 juillet 1909, *Journal de jurisprud. comm. et marit. de Marseille*, 1897. 1. 136; 1909. 1. 8.

(2) C. de commerce *allemand*, art. 706 1° ; *italien*, art. 643 3° et 4° ; *espagnol*, art. 811 3°.

où l'on pourra la retrouver. Le capitaine qui néglige de se conformer à cette prescription, peut être déclaré non recevable à réclamer le classement en avarie commune de la perte de l'ancre (1).

912. Dépenses extraordinaires faites dans l'intérêt du navire et de la cargaison. — *Choses données par composition et à titre de rachat du navire et des marchandises.* — Lorsque le navire et la cargaison sont sur le point d'être capturés ou même le sont par des vaisseaux ennemis en temps de guerre ou par des pirates, le capitaine peut, afin d'assurer le salut commun, faire avec les capteurs une convention, en vertu de laquelle ils ne capturent pas le navire et la cargaison ou les restituent moyennant une somme qui leur est payée ou de marchandises qui leur sont abandonnées, à titre de rançon ou de rachat (2). Il y a là une avarie commune (article 400 1°) (3).

Il va de soi qu'au contraire, il y aurait avarie particulière, dans e cas où soit un ennemi, soit un pirate, après s'être emparé d'un bâtiment, le laisserait aller en se bornant à s'approprier quelques marchandises (4), et dans celui où, manquant à la foi promise, malgré le paiement de la rançon, il s'emparerait du navire et de la cargaison. Dans ces deux cas un des éléments essentiels à l'existence d'une avarie commune fait défaut dans le premier, il n'y a pas de sacrifice volontaire ; dans le second, le sacrifice n'a pas eu de résultat utile (n°s 886 et suiv.).

(1) Trib. comm. Marseille, 17 mars 1857 et 21 avril 1857, *Journal de Marseille*, 1857. 1. 137 et suiv.

(2) Les instructions du ministre de la Marine défendent aux commandants des vaisseaux de guerre de l'Etat de consentir des traités de rançon.

(3) Disposition semblable dans les Codes *allemand* (art. 706 6°); *italien* de 1882 (art. 643 1°) ; *argentin* (art. 1316 1°) ; V. aussi L. 2, p. 3, Dig. (XIV-2). — En *Angleterre*, la même solution est admise pour la rançon payée aux pirates. Mais, à l'égard des ennemis, la rançon n'est pas admise en avaries communes en vertu de lois anciennes. Cela donne intérêt au capitaine à se défendre. — V. plus loin (n° 946) la question de savoir si, dans les cas de rançon ou de rachat, il n'y a pas des règles spéciales pour la contribution.

(4) V. ce qui est dit plus haut (note 1 de la page 16) à propos d'une espèce dans laquelle il s'agissait de savoir si le principe de la contribution, en cas d'un sacrifice fait dans l'intérêt commun, s'applique en dehors de la navigation maritime.

913. *Échouement volontaire. Frais de renflouement.* — Le capitaine se croit quelquefois obligé, pour échapper à l'ennemi ou pour éviter que son navire poussé sur des rochers ne soit brisé et que la cargaison ne soit détériorée, de faire échouer son navire à un endroit qu'il choisit ; il y a alors *échouement volontaire.* Les dommages matériels causés par cet échouement au navire détérioré et à la cargaison, sont assurément des avaries communes. Le Code de commerce ne les vise pas dans l'article 400, C. com., mais ces dommages réunissent bien les conditions exigées pour constituer des avaries communes (1) (2). Une fois que le navire est échoué, il faut le relever ou renflouer et le relèvement ou renflouement occasionne lui-même des dommages. Ceux-ci sont également des avaries communes. Il en est de même des dépenses de relèvement ou renflouement. V. art. 400 8°, C. com.

914. Les *frais de pansement et de nourriture des matelots blessés en défendant le navire contre des ennemis ou des pirates* sont des avaries communes (art. 263 et 400 6°) ; ils proviennent de ce que les matelots se sont exposés à de graves dangers dans l'intérêt commun Il en est de même, soit des frais de nourriture des matelots blessés (art. 263 et 400 6°), soit du loyer dû depuis le jour où ils ont cessé leur service jusqu'à la fin du voyage (3). On devrait

---

(1) V. Arth. Desjardins, IV, n° 978 ; de Valroger, V, n° 2040 ; de Courcy, *Questions de Droit maritime* (1re série), p. 254 ; J. Cauvet, II, n° 356, p. 129.

(2) Droit étranger. — Les dommages causés par un échouement volontaire sont rangés expressément au nombre des avaries communes par un grand nombre de Codes étrangers. V. Codes de commerce *hollandais,* art. 699 ; *allemand,* art. 706 3° ; *chilien,* art. 1090 16° ; *argentin,* art. 1316 16° ; Code maritime *finlandais,* art. 133. En *Grande-Bretagne,* les opinions sont divisées sur le point de savoir si les dommages résultant d'un échouement volontaire sont des avaries communes : Lowndes, *op. cit.,* p. 120 à 146 ; Mac Arthur, p. 193.

Dans les règles d'York, d'Anvers et de Liverpool, la règle V range parmi les avaries communes les pertes et dommages qui sont la conséquence d'un échouement volontaire, à moins que la résolution n'ait été prise dans des circonstances où le navire aurait inévitablement sombré ou se serait échoué.

(3) L'article 706 5° du Code de commerce *allemand* range parmi les avaries communes, quand le navire a été défendu contre l'ennemi ou contre

assimiler à ces dépenses, en cas de mort du matelot blessé dans ces circonstances, les frais d'inhumation, et, en cas de retour de ce matelot, les frais de rapatriement.

915. *Loyers et frais de nourriture des gens de mer.* — Les loyers des gens de mer et leurs frais de nourriture sont parfois classés en avaries communes et supportés, en conséquence, par les chargeurs et par l'armateur en dehors même du cas où les matelots ont été blessés. Cela se présente quand le navire est obligé d'interrompre son voyage par suite d'un arrêt de puissance ou par suite d'une relâche rendue nécessaire pour réparer des dommages soufferts volontairement pour le salut commun. Le Code (art. 400 6°), mettant ces deux cas sur la même ligne, décide que le loyer et la nourriture des matelots pendant l'interruption de voyage sont des avaries communes, mais seulement lorsque le navire est affrété au mois ; comme ce genre d'affrètement est fort rare (n° 629). le plus souvent il y a là des avaries particulières. La disposition de l'article 400 6° est très critiquable sous plusieurs rapports. Pour en apprécier la portée et en juger les vices, il y a lieu d'examiner distinctement les deux cas prévus et de déterminer, pour chacun d'eux, si, à raison de l'interruption de voyage, il est dû un supplément soit de fret, soit de loyers.

916. *Cas de détention par arrêt de puissance.* — Lorsqu'un navire est arrêté dans un port par ordre d'une puissance, les loyers des gens de mer subissent ou ne subissent pas de modification selon la nature de l'engagement. S'il a été conclu au voyage ou au profit et au fret, les loyers demeurent invariables, car il y a eu un forfait ou une sorte d'association qui exige que les conséquences des cas fortuits soient supportées en commun (n° 432). Mais, en cas d'engagement au mois, les loyers courent pendant la détention ; ils sont seulement, tant qu'elle dure, réduits de moitié à raison de ce que les gens de l'équipage ne rendent pas les mêmes services que durant la navigation

des pirates, les frais de maladie, frais de funérailles et indemnités à payer quand des gens de mer ont été blessés ou tués. V. même disposition dans les Codes de commerce *italien*, art. 643 8° ; *roumain*, art. 655 8° ; V. aussi C. de com. *espagnol*, art. 811 8° ; *chilien*, art. 1050 5° ; *argentin*, art. 1316 7°.

(art. 254, 3e alin.) (n° 432). Quant à l'affrètement, la détention n'a aucun effet sur lui. Si le fret est stipulé au voyage, il a été fixé à forfait et demeure, par suite, invariable. En cas d'affrètement au mois, l'arrêt empêche le fret de courir pendant sa durée (art. 300, C. com.) (n° 782).

Pour décider qui supporte les loyers et les frais de nourriture supplémentaires des gens de mer pendant la détention, la loi s'attache à la nature de l'affrètement. Est-il au voyage? Ces loyers et ces frais constituent une avarie particulière que l'armateur seul supporte. Le législateur suppose que, le fret ayant été fixé à forfait, l'armateur a entendu s'engager à payer toutes les dépenses qu'il a pu prévoir. Mais, en cas d'affrètement au mois, on a pensé qu'il serait trop dur de faire supporter les loyers et les frais de nourriture supplémentaires par un armateur qui ne touche aucun fret pendant la durée de la détention; aussi ces dépenses sont-elles alors classées par la loi en avaries communes. En réalité, il y a plutôt là des dépenses *réputées avaries communes*, comme le disait l'Ordonnance de 1681 (art. 16, livre III, titre III, et art. 7, livre II, titre VII), que des avaries communes proprement dites. Car, en cas d'arrêt de puissance, il n'y a point de sacrifice volontaire fait par le capitaine.

Au reste, l'existence de l'obligation de contribuer à un dommage ou à des dépenses n'implique pas toujours nécessairement qu'il y a une avarie commune. C'est ainsi qu'au cas de vente de marchandises faite par le capitaine pour subvenir à des besoins urgents, il y a contribution entre tous les propriétaires des marchandises de la cargaison pour qu'ils supportent en commun le dommage provenant de la faculté d'abandon exercée par le propriétaire du navire pour se soustraire à l'obligation de rembourser le prix des marchandises (art. 298, dern. alin., C. com.). V. n° 587.

917. *Relâche ayant pour but de réparer des avaries communes.* — Quand un navire s'arrête dans un port de relâche pour subir des réparations rendues nécessaires par une avarie commune, il y a à déterminer l'effet produit par cet arrêt soit sur les loyers, soit sur le fret. Sur l'un et l'autre point, il règne un grand désaccord. Il paraît juste de décider que les loyers des gens de mer engagés au mois sont réduits à moitié pendant le temps de la relâche, comme dans le cas d'arrêt par ordre de puissance. Dans les deux cas, c'est également un cas fortuit qui oblige à ne pas continuer le voyage pendant un certain temps. V. n° 434. — Quant au fret, il est certain qu'il n'est pas augmenté en cas d'affrètement au voyage. Mais on discute sur le point de savoir si le fret stipulé au mois court pendant la relâche. L'affirmative, soutenue par des auteurs, a été précédemment écartée (n° 783) en faveur de l'opinion qui suspend le cours du fret, comme cela a lieu dans le cas d'arrêt par ordre de puissance.

S'attachant à la nature de l'affrètement, le Code ne considère les loyers et les frais de nourriture supplémentaires comme des avaries communes que lorsque l'affrètement est au mois. Le législateur a voulu déduire une conséquence de l'idée selon laquelle les dépenses occasionnées par une avarie commune sont supportées avec elle. Mais la solution est fâcheuse, dit-on généralement ; les cas d'arrêt de puissance et d'interruption de voyage pour réparations ne sont pas assimilables. Dans le dernier cas, le fret stipulé au mois continue de courir ; il est injuste de faire supporter une partie des dépenses résultant des loyers et frais de nourriture supplémentaires par l'affréteur qui paie déjà l'intégralité du fret pendant l'interruption du voyage (1).

Cette critique n'est pas, selon nous, admissible. Car, d'après notre opinion, le fret stipulé au mois ne court pas plus pendant une relâche rendue nécessaire par des réparations que pendant la détention résultant d'un arrêt de puissance (n° 783). Mais il s'en faut, pourtant, que la disposition de l'article 406 6° doive être approuvée.

Lorsqu'il y a relâche pour réparer des dommages constituant des avaries communes, les loyers supplémentaires dûs aux matelots devraient, dans une bonne législation, être toujours classés en avaries communes, sans qu'il y eût à faire une distinction fondée sur la nature de l'affrètement. Cela paraît bien résulter du principe selon lequel toutes les dépenses extraordinaires se rattachant à une avarie commune, ont le même caractère que celle-ci (n° 920). Cette solution est, au point de vue législatif, recommandée par tous les auteurs. Le projet de 1867 (art. 403 4°) la consacrait. Elle est admise par le

(1) Frémery, *op. cit.*, p. 214 ; Arth. Desjardins, IV, n° 1014.

Code de commerce *italien*, art. 643 11° ; par la loi *belge* du 21 août 1879, art. 148, 2e alin. L'adoption de cette solution en France aurait une grande importance pratique. Car, par cela même que les affrètements sont presque tous au voyage, les loyers dûs aux gens de mer pendant le temps de la relâche nécessaire pour réparer des avaries communes, sauf dans des cas fort rares, classés, d'après les dispositions du Code de commerce, en avaries particulières à la charge des propriétaires du navire (1).

918. *Loyers et frais de nourriture supplémentaires dûs pendant la relâche ayant pour but de réparer des avaries particulières.* — Il est possible qu'un navire relâche dans un port à raison de la réparation d'avaries *particulières*. Les solutions admises ci-dessus (n° 917), quant aux loyers et au fret pour le cas d'avaries communes à réparer, s'appliquent également. Mais qui supporte les loyers et les frais de nourriture supplémentaires? Aucun texte ne résout la question expressément. L'article 406 6° suppose des réparations de dommages volontairement soufferts pour le salut commun. Mais l'on peut déduire de l'article 403 4° qu'en cas de réparation d'avaries particulières, les loyers et les frais supplémentaires de nourriture des gens de mer sont supportés comme des avaries communes lorsque le navire est affrété au mois. En effet, l'article 403 4°, C. com., suppose qu'on est obligé de faire des réparations au navire, sans distinguer selon qu'il s'agit d'avaries particulières ou d'avaries communes et il ne range le loyer et la nourriture des gens de mer parmi les avaries particulières que *si le navire est affrété au voyage.* Cela paraît impliquer qu'il y a là des avaries communes quand l'affrètement est au mois (2). Il serait, du reste, inique de faire supporter les frais de nourriture et les loyers supplémentaires par l'armateur pendant un laps de temps où le loyer, bien que stipulé à temps, ne court pas à son profit. En réalité, il y a encore dans ce cas des dépenses réputées avaries communes, non des avaries communes proprement dites, puisqu'elles ont leur cause dans des avaries particulières. qu'il s'agit de réparer (3).

---

(1) Cass., 30 janv. 1856. D. 1856. 1. 133.
(2) V., en sens contraire, Arth. Desjardins, IV, n° 1032).
(3) Nous laissons de côté le cas où, une avarie particulière mettant en

919. *Dépenses diverses occasionées par des relâches.* — Les relâches peuvent être causées par des événements très divers et donnent lieu à des dépenses variées en dehors des loyers supplémentaires et des frais de nourriture des matelots (n°s 917 et 198). Il n'est pas toujours facile de déterminer si ces dépenses constituent des avaries particulières ou des avaries communes.

920. Il faut laisser de côté le cas où la relâche a lieu sans aucune cause extraordinaire, en vertu d'une clause de la charte-partie ou du connaissement. Les dépenses y afférentes ne sont pas des avaries, mais des frais de navigation à supporter par les chargeurs ou par l'armateur, selon qu'elles sont relatives aux marchandises ou au navire et par suite, des avaries particulières aux premières ou au second (art. 406). V. n° 868. Mais, en dehors de ce cas normal, des relâches imprévues ont souvent lieu dans le but de faire réparer des avaries, ce sont des relâches *forcées*. Outre les loyers et frais de nourriture supplémentaires dont il a été question ci-dessus (n°s 197 et 198), ces relâches occasionnent de nombreuses dépenses extraordinaires. On peut en distinguer deux catégories, ce sont : 1° les frais d'entrée au port, de séjour et de sortie; 2° les frais de déchargement, de magasinage et de rechargement des marchandises que parfois on ne peut pas conserver à bord pendant la durée des réparations.

Il va de soi que les dépenses faites pour ces réparations sont supportées, soit en commun, soit par le propriétaire du navire ou le propriétaire des marchandises, selon que les dommages à réparer sont des avaries communes ou des avaries particulières au navire ou aux marchandises.

Mais que décider pour les deux sortes de dépenses qui viennent d'être indiquées?

Il est certain que, quand les dommages à réparer sont des avaries communes, toutes les dépenses qu'elles occasionnent ont le même caractère (1-2).

---

danger le navire et la cargaison, le capitaine se décide à relâcher dans un port pour la faire réparer. Ce cas donne lieu à une question examinée plus loin (n° 920).

(1-2) Nous avons, au n° 917, critiqué l'article 400 6°, C. com., à raison de

Il est plus difficile de se prononcer sur le classement de ces dépenses lorsque la relâche a lieu pour réparer des avaries particulières. Deux cas sont à cet égard à distinguer. Les avaries particulières à raison desquelles la relâche a été décidée par le capitaine, pouvaient n'être pas de nature à mettre ou, au contraire, être de nature à mettre en danger commun le navire et la cargaison.

Dans le premier cas, c'est-à-dire quand le capitaine a relâché à raison d'avaries particulières ne mettant pas en danger commun le navire et la cargaison, les dépenses de relâche ne se rattachent en rien à une détermination prise dans l'intérêt commun. Aussi ces dépenses doivent-elles être supportées comme avaries particulières par le navire seul ou par la cargaison seule, selon qu'elles se rattachent à l'un ou à l'autre.

Mais il y a difficulté pour le classement des dépenses lorsque, l'avarie particulière mettant en danger par sa gravité le navire et la cargaison, le capitaine s'est décidé dans l'intérêt commun à s'arrêter dans un port de relâche pour faire réparer l'avarie particulière? C'est là ce qui a lieu, par exemple, lorsqu'une voie d'eau constituant une avarie particulière, risque d'amener la perte du navire et des marchandises.

La question relative au classement des dépenses n'a pas donné lieu à moins de trois systèmes différents.

D'après un premier système, toutes les dépenses devraient alors être considérées comme des avaries particulières au navire (1). On argumente en faveur de cette opinion de ce que les dépenses se rattachant à des avaries particulières doivent être traitées comme

---

ce qu'il n'applique pas cette règle aux loyers supplémentaires et aux frais de nourriture supplémentaires des gens de mer occasionnés par une relâche faite pour réparer des avaries communes.

Par application du principe général posé au texte, on doit classer en avaries communes les dépenses supplémentaires de charbon faites pour entrer dans le port de relâche où le navire s'est arrêté, en se détournant de sa route pour réparer les avaries communes.

(1) Arth. Desjardins, IV, nos 1011 à 1013 ; Boistel, n° 1287.

Le Droit romain paraît avoir admis cette solution : L. 6, Julien, *Ad legem Rhodiam de jactu*, Dig. XIV. 2. — Emérigon, *Traité des assurances*, chap. XII, sect. XLI, donne un commentaire de cette loi du Digeste, mais il n'approuve pas la solution qui y est contenue.

celles-ci. En outre, on invoque l'article 403, selon lequel *sont ava-ries particulières... 3° les dépenses résultant de toutes relâches occasionnées par voie d'eau à réparer.* Il y a là, dit-on, une décision qu'il est logique de généraliser et d'appliquer dans tous les cas où une avarie particulière quelconque décide le capitaine à faire une relâche imprévue dans le but de la réparer.

D'après un second système, toutes les dépenses seraient bien en pareil cas des avaries particulières, mais les unes le seraient pour le navire, les autres pour les marchandises (1). On rangerait dans la première catégorie les droits d'entrée et de sortie, tandis qu'on placerait dans la seconde les dépenses de déchargement, de magasinage et de rechargement. Les partisans de cette distinction font observer que l'article 403 3° dit bien que toutes les dépenses occasionnées par la relâche sont des avaries particulières, mais sans ajouter *au navire.* La formule générale qui termine cet article, est, disent-ils, favorable à la distinction, puisqu'il y est question de dépenses faites, soit pour le navire seul, soit pour les marchandises seules.

Ces deux opinions doivent être écartées. Il faut reconnaître avec la jurisprudence (2), avec la plupart des auteurs (3) et avec presque toutes les législations étrangères (4), que toutes dépenses dont il

(1) Lemonnier, *Commentaire des polices d'assurances maritimes,* II, n° 303.

(2) Civ. rej., 16 juill. 1861, S. 1861. 1. 696 ; D. 1861. 1. 316 ; *Pand. fr. chr.* ; 18 déc. 1867, 9 nov. 1868, D. 1868. 1. 145 et 480 ; Ch. req., 10 août 1880, D. 1880. 1. 448 ; Cass., 29 mars 1892, *Pand. fr.,* 1893. 1. 10 ; *Journal de jurisp. de Marseille,* 1892. 2. 173 ; Rouen, 14 février 1900, D. 1901. 2. 30.

(3) Emérigon (ch. XII, section XLI) adoptait cette opinion en réfutant la décision contenue au Digeste dans la loi 6, *Ad legem Rhodiam de jactu* (XIV-2) et il constate que telle était la jurisprudence des Amirautés du royaume. — Frémery, *op. cit.,* p. 215 et s. ; de Courcy, *D'une réforme internationale du Droit maritime,* p. 166 et s.; *Questions de Droit maritime,* 2ᵉ série, p. 274 et 275 ; Govare, *op. cit.,* n° 20, p. 110 et s. ; Droz, *Traité des assurances maritimes,* II, n° 428 ; J.-V. Cauvet, *Traité des assurances maritimes,* nᵒˢ 365 et s. — Cette doctrine était admise par le projet de 1867 (art. 403 8°).

(4) C. *hollandais* de 1838, art. 699 14° ; C. *allemand,* art. 706 4° ; loi *belge* du 21 août 1879, art. 148 ; C. *italien* de 1882, art. 643 10° et 11°. — Aux *États-Unis d'Amérique,* la jurisprudence admet la même doctrine, V. Dixon,

s'agit sont des avaries communes. Il en est d'abord ainsi des frais
d'entrée et de sortie du navire. Il est de principe que toutes les
dépenses se rattachant à une résolution prise par le capitaine dans
l'intérêt du salut commun doivent être rangées dans cette catégorie. C'est dans l'intérêt du salut commun que la relâche a été décidée ; les frais d'entrée et de sortie en sont une conséquence directe ;
on ne saurait les considérer comme un accessoire des réparations
des avaries particulières du navire ; car ces frais n'auraient pas
été faits si l'on n'avait pas renoncé, dans l'intérêt commun, à retarder les réparations des avaries particulières jusqu'à l'arrivée au port
de destination (1).

Le classement parmi les avaries communes des frais de déchargement, de magasinage et de rechargement des marchandises, est
aussi conforme à une règle qu'on peut ainsi formuler : toutes les fois
que le navire et la cargaison courent un danger commun et qu'on ne
peut les en préserver qu'en les séparant, les frais de l'opération par
laquelle on effectue la séparation sont des avaries communes. Ce
principe s'applique notamment dans les cas suivants : *a*, lorsqu'à la
suite d'un échouement volontaire, on décharge les marchandises

---

Law of shipping, n° 586. En Grande-Bretagne les principes ne paraissent
pas fixés ; d'après certains auteurs, les dépenses faites pour les marchandises sont classées en avaries communes jusques et y compris le déchargement ; les frais de magasinage sont avaries particulières à la cargaison
et les frais de rechargement sont supportés par le fret : *Law Times*, 18 nov.
1850, p. 50 et s. et *Journal du Droit intern. privé*, 1877, p. 137 ; d'autres
adoptent le système des Codes précités et de la jurisprudence française ;
c'est cette dernière doctrine qui semble prévaloir : Abbott, *Law of merchants ships and seamen*, part. VI, n° 3, p. 508 et s. *Les règles d'York,
d'Anvers et de Liverpool* (règle X) ont adopté les solutions admises au
texte et consacrées par la plupart des législations. — Ces règles (règle XII)
admettent aussi que les dommages subis par les marchandises pendant le
déchargement ou le rechargement sont des avaries communes, s'ils en
sont une conséquence inévitable. Cette solution est conforme aux principes généraux et devrait être admise même si les règles d'York et d'Anvers n'étaient pas applicables, le droit français devait être appliqué.

(1) Les dépenses supplémentaires afférentes au charbon qu'on a brûlé
en plus grande quantité à raison de ce que le navire s'est détourné de sa
route, sont à comprendre parmi les dépenses à classer en avaries communes.

dans le but de relever le navire, les frais de déchargement, ceux de magasinage et de rechargement sont classés en avaries communes ; *b.* lorsqu'une partie de la cargaison est transbordée sur des allèges pour faciliter, en présence d'un danger imminent, l'entrée d'un navire dans un port. les frais de transbordement constituent des avaries communes (art. 400 7°, C. com.) (n° 908 *ter*). On peut aussi, pour classer comme avaries communes les frais de déchargement, de magasinage et de rechargement, invoquer une considération pratique d'une grande valeur. Ces frais sont ordinairement de 1 à 5 0/0 de la valeur de la cargaison; ils sont donc fort élevés quand la valeur de la cargaison est grande. Au contraire, le fret ne varie pas, en général, en proportion de la valeur des marchandises, mais à raison de leur poids et de leur volume, de telle sorte que, si l'on classait les frais dont il s'agit en avaries particulières, ils pourraient absorber presque complètement le fret. Si donc ce classement était admis, un capitaine préférerait souvent exposer son navire, la cargaison, la vie des hommes de l'équipage et des passagers, plutôt que de faire une relâche qui serait pour l'armateur une cause de ruine. Avec le classement de ces dépenses en avaries communes, on évite ce grave danger. La richesse de la cargaison augmente sans doute les frais de déchargement et de rechargement; mais, par contre, elle diminue le montant de la contribution du navire. Ainsi, l'on n'arrive point à cette anomalie d'une cargaison sauvée grâce à la relâche et qui rend cette relâche d'autant plus désastreuse pour l'armateur qu'elle vaut plus et que, par suite, il y avait plus d'intérêt à la conserver.

L'article 403 3°, dont on se prévaut pour classer en avaries particulières toutes les dépenses, n'est pas, en réalité, contraire à cette doctrine. On peut le considérer comme se référant exclusivement au cas où les avaries du navire à réparer n'étaient pas assez importantes pour mettre le bâtiment et sa cargaison en danger. Cette disposition spéciale doit être combinée avec la disposition générale qui termine l'article 400 et qui entraîne le classement en avaries communes de toutes les dépenses faites dans l'intérêt commun.

921. Une question spéciale s'élève encore dans le cas où une avarie particulière, mettant en danger le navire et la cargaison, a déterminé le capitaine à relâcher, pour la faire réparer, dans un port intermédiaire. Les dommages subis et, par suite, les frais de réparation constituent certainement des avaries particulières (n° 920).

Presque toujours ces frais sont plus élevés dans un port de relâche qu'ils ne l'auraient été au port de destination. Y a-t-il lieu, du moins, de classer en avaries communes l'excédent des dépenses ? Emérigon (*Traité des assurances*, chapitre XII, section XLI. I, § 6) l'admettait, en disant : « Mais on n'y admet (*en avaries grosses*) ni « les frais de radoub, ni le coût des réparations, ni le prix des mâts, « voiles et autres agrès qu'il a fallu acheter. Si, cependant, il y « avait excès dans la valeur de tous ces objets, soit par la rareté « des ouvriers, soit par la cherté des bois, agrès et autres maté- « riaux, le surcroît du prix entrerait en avarie grosse. » Cette opinion est avec raison repoussée : même pour l'excédent de frais qui provient de ce que les réparations ont été faites dans un port de relâche, les dépenses sont des avaries particulières. L'armateur, représenté par le capitaine, doit entretenir le navire en bon état jusqu'à la fin du voyage. En faisant réparer les avaries particulières en cours de route dans un port de relâche, au lieu d'attendre l'arrivée au port de destination, il ne fait que remplir cette obligation.

922. Cas divers d'avaries communes non prévus par le Code de commerce. — En dehors même des cas expressément prévus par le Code de commerce, beaucoup d'avaries peuvent être communes par cela seul qu'elles réunissent les conditions générales exigées pour avoir ce caractère. On peut aussi, pour ces avaries, distinguer celles qui consistent dans des dommages subis par des marchandises, dans des dommages subis par le navire ou par ses accessoires, dans des dépenses extraordinaires.

923. *Emploi de marchandises à titre de combustible.* — En présence d'un danger commun, dans le but d'y échapper, des marchandises sont parfois employées par le capitaine à un usage autre que celui auquel elles étaient destinées. Le dommage qui en résulte constitue une avarie commune (1). C'est ainsi qu'il y a avarie com-

(1) La règle générale est posée spécialement dans les Codes maritimes *suédois, danois et norvégien.* art. 188 8°.

mune lorsque, le charbon venant à manquer, pour assurer le salut
du navire et du restant de la cargaison, le capitaine s'est décidé à
employer des marchandises à titre de combustible (1).

Il en est certainement ainsi lorsque l'insuffisance du combustible
provient d'un prolongement du voyage causé par un cas de force
majeure. Mais faut-il admettre la même solution lorsque cette insuffisance provient de l'imprévoyance du capitaine ou de l'armateur? La
solution à donner à cette question dépend du parti qu'on adopte sur
le point de savoir s'il n'y a pas avarie commune dès que le danger
commun provient de la faute du capitaine (n° 894). Ce qui est certain,
c'est que le capitaine, qui serait coupable d'imprévoyance, ne pourrait
se refuser à indemniser entièrement le chargeur dont les marchandises
ont été employées comme combustible en alléguant qu'il y a une
avarie commune (2).

Il va de soi que l'on doit aussi considérer comme constituant une
avarie commune l'emploi à titre de combustible d'accessoires du
navire (3).

Toutefois, il y a nécessairement lieu de déduire de la valeur des
objets ainsi sacrifiés celle du charbon qui eût été consommé si l'on
en avait eu à bord ; car les dépenses de combustible sont supportées
comme charge du fret par l'armateur (4).

---

(1) Trib. comm. de Marseille, 1er déc. 1874, *Journal de jurisprud. de
Marseille*, 1875. 1. 66 ; Trib. comm. de Marseille, 2 mai 1888, *Revue
intern. du Droit marit.*, 1888 89, p. 78.

(2) Trib. comm de Marseille, 10 juill. 1874, *Journal de Marseille*, 1874.
1. 223 ; 21 avr. 1891, 10 déc. 1891, 28 mars 1893, *Revue intern. du Droit
marit.*, 1890-91, p. 693. 1891-92, p. 321 ; 1893 94, p. 53.

(3) V. les décisions judiciaires citées à la note précédente.

(4) La règle IX des règles d'York, d'Anvers et de Liverpool est ainsi
conçue : « La cargaison, les accessoires du navire et les provisions ou
« l'un de ces objets seulement qu'il aura fallu brûler comme combustible
« pour le salut commun au moment du danger, seront admis en avarie
« commune seulement et quand un ample approvisionnement de combus-
« tible avait été embarqué ; mais la quantité estimée de charbon qui aurait
« été consommée, calculée à la valeur courante au dernier port de départ
« du navire et à la date de son départ, sera portée en compte à l'arma-
« teur du navire et portée au crédit de l'avarie commune ». — Le tribunal
de commerce de Marseille, dans un jugement du 10 déc. 1891, *Revue
intern. du Droit marit,*, 1891-92, p. 321, a interprété cette règle comme

924. *Incendies. Dommages causés pour les éteindre.* — Les incendies sont fréquents à bord des navires. Ils ont des causes variées, ils sont causés notamment par l'imprudence des passagers ou des gens de l'équipage, par la foudre, par l'échauffement des marchandises, etc. Les dommages qu'occasionne le feu, sont évidemment des avaries particulières. Mais l'eau employée pour éteindre le feu détériore parfois les marchandises ; ces détériorations sont-elles des avaries communes ? Il paraît conforme aux principes de faire une distinction entre les détériorations causées aux marchandises atteintes par le feu et les détériorations causées aux autres marchandises. Les premières ne peuvent être que des avaries particulières ; les marchandises sont perdues irrémédiablement, le sacrifice n'en est pas volontaire ; les secondes sont des avaries communes, elles proviennent d'une mesure prise dans l'intérêt du salut commun (1). Mais la jurisprudence ne fait pas, en général, cette distinction et admet que, dans le cas d'incendie, les dommages causés par l'eau jetée même sur les marchandises déjà atteintes par le feu, sont des avaries communes (2).

La jurisprudence, en s'attachant à la doctrine générale repoussée

refusant au capitaine qui n'a pas embarqué un approvisionnement de combustible suffisant, le droit de réclamer la contribution, mais comme ne refusant pas ce droit au propriétaire des marchandises sacrifiées en cas d'insuffisance de cet approvisionnement. Cette doctrine est conforme à celle que nous avons admise au n° 894.

(1) Arth. Desjardins, IV, n° 994 ; de Courcy, *Questions de Droit maritime,* (2e série), p. 270 ; Govare, *op. cit,* n° 10, p. 82.

La solution donnée au texte est consacrée expressément par le Code de commerce *italien,* art. 643 7° ; par les Codes maritimes *finlandais,* art. 133 7° ; *suédois, danois* et *norvégien,* art. 188 3°. Elle l'était aussi par le projet de 1867, art. 403 6°.

La règle III des règles d'York, d'Anvers et de Liverpool est ainsi conçue : « Le dommage causé au navire et à la cargaison, conjointement ou séparément, par l'eau ou autrement, y compris le dommage résultant de « l'échouement ou du sabordement d'un navire en fer, en vue d'éteindre « un incendie à bord, sera réputé avarie commune ; toutefois, aucune « bonification ne sera faite pour dommages aux parties du navire, aux « parties de la cargaison en vrac ou aux colis des marchandises qui « auraient été en feu ».

(2) Trib. comm. Marseille, 10 juin 1902, Aix, 28 janv. 1903, *Revue intern. du Droit marit.,* XVII, p. 763 ; XVIII, p. 638 ; *Journal de jurisprud. de Marseille,* 1902. 1. 311 ; 1903. 1. 129.

plus haut (n° 894), admet qu'il n'en est ainsi que lorsque l'incendie n'est pas dû à la faute du capitaine ou des gens de l'équipage (1). C'est une solution que nous rejetons, puisque, selon nous, l'existence d'une faute ayant produit le danger commun n'est pas exclusive de l'avarie commune.

Les dommages causés au navire, par l'eau en cas d'incendie ayant atteint les marchandises, sont aussi des avaries communes. Mais il va de soi que le capitaine qui, par sa faute, a causé l'incendie, ne peut réclamer la contribution (n° 894).

925. *Échouement fortuit. Frais de renflouement.* — En cas d'échouement fortuit, les dommages matériels subis par le navire ou par des marchandises sont sans doute des avaries particulières, à la différence de ce qui a lieu en cas d'échouement volontaire (n° 913) ; mais on doit classer comme avaries communes les frais de renflouement que le capitaine se décide à faire pour le salut commun (2). C'est à tort qu'on a voulu contre cette solution se prévaloir de ce que les suites d'une avarie particulière revêtent le caractère de celle-ci et de ce que l'article 400 3°, C. com., ne range parmi les avaries communes que *les frais faits pour remettre à flot le navire échoué, dans l'intention d'éviter la perte totale ou la prise* (3). Cela

---

(1) Trib. comm. Havre, 5 mai 1886, *Revue intern. du Droit marit.*, 1886-87, p. 170.

(2) Marseille, 13 juill. 1871, 12 mai 1879, *Journal de Marseille*, 1871. 1. 177. et 1879. 1. 193 ; Aix, 16 déc 1872, même recueil, 1873. 1. 214 (C'est à tort qu'on a cité en sens contraire l'arrêt de la Chambre des requêtes du 3 fév. 1864, D. 1864. 1. 57. Cet arrêt est, en réalité, plutôt favorable à notre doctrine ; car il décide seulement que les frais de renflouement sont des avaries particulières du navire, quand il n'est pas prouvé qu'ils ont été faits dans l'intérêt du salut commun du bâtiment et de la cargaison). Aix, 6 août 1893, *Journal de jurisprud. commer. et marit. de Marseille*, 1893. 1. 60. — Govare, *op. cit.*, n° 17, p. 103 ; J.-V. Cauvet, II, p. 230.

C'est en ce sens que se prononçait formellement le projet de 1867 ; l'article 103 5° de ce projet réputait avaries communes les frais faits dans l'intérêt commun pour remettre à flot le navire échoué. Il ne distinguait pas entre les causes d'échouement.

(3) Rennes, 27 avril 1860, D. 1861. 2. 38 ; Bordeaux, 2 juin 1869, D. 1870. 2. 39 ; Cass., 27 déc. 1871, D. 1872. 1. 36 ; *Pand. fr. chr.* V. aussi Trib. comm. de Rouen, 2 août 1891 ; *le Droit*, n° des 14-15 sept. 1891. — Boistel, n° 1281 ; Desjardins, IV, n° 1005.

n'est vrai que des suites directes et inévitables de l'avarie particulière. Les frais de renflouement ne sont pas inévitables, on pouvait abandonner le navire échoué avec sa cargaison. Ces dépenses proviennent donc d'une résolution spéciale, c'est elle qui sert à les caractériser.

Il faut ranger parmi les avaries communes, non seulement les frais mêmes du renflouement, mais les frais de remorquage, de déchargement du navire, les dépenses de charbon faites pour la machine en vue du renflouement.

926. *Défense du navire. Dommages causés au navire ou aux marchandises.* — Les navires de commerce sont parfois attaqués par des navires ennemis en temps de guerre ou par des pirates. Il est certain que les dommages causés à un navire ainsi attaqué ou à sa cargaison, alors qu'il prend la fuite et qu'on ne tente aucune défense, sont des avaries particulières. Mais que décider pour les dommages soufferts pendant un combat auquel le capitaine s'est résolu? Le Code de commerce s'est prononcé pour les frais de traitement et de pansement des gens de mer blessés en défendant le navire (nos 461 et 914); il est muet sur les dommages subis par le navire ou par les marchandises. Aussi les auteurs modernes, comme déjà les anciens commentateurs, sont-ils très divisés sur le classement à faire de ces dommages. On a dit qu'il y avait là des avaries particulières (1); la résolution de se défendre aurait pu n'entraîner aucun dommage et le hasard seul fait que le feu de l'ennemi endommage le navire plutôt que la cargaison, telles marchandises plutôt que telles autres. Mais, en raisonnant ainsi, on semble oublier que, pour qu'il y ait avarie commune, il n'est pas nécessaire que la résolution prise dans l'intérêt commun ait pour objet de causer un dommage ou de faire une dépense; il suffit qu'elle amène à placer le navire ou la cargaison (ou l'un et l'autre) dans une situation qui lui fait courir des dangers

(1) Emérigon, *Traité des assurances*, chap. XII, sect. 41, § 1 (*Dommage causé par le feu de l'ennemi*), dit : « Le dommage occasionné par le feu « de l'ennemi est une avarie simple. La rencontre des ennemis est une « fortune de mer, tout comme l'écueil ou la tempête ». Valin était d'une opinion opposée. V. la note suivante.

spéciaux qui n'auraient pas existé sans cette résolution. V. nᵒˢ 880 et 909 *bis* (1) (2).

927. *Forcement de voiles ou de vapeur.* — Un cas qui donne lieu à de grandes difficultés, est celui qu'on désigne sous le nom de *forcement de voiles* ou de *forcement de vapeur* (3). Quand un navire est près d'être jeté à la côte par des vents contraires, doit doubler une pointe dangereuse, ou bien est poursuivi par l'ennemi ou par les pirates, ou enfin court tout autre risque auquel il a chance d'échapper par une vitesse exceptionnelle, le capitaine se résout parfois à déployer les voiles d'une façon extraordinaire ou fait donner à la machine un mouvement inaccoutumé. Sous cette pression excessive, souvent les voiles se déchirent, les mâts craquent ou même le navire se disloque. Ce forcement de voiles ou de vapeur est-il une avarie commune? La négative est soutenue par beaucoup d'auteurs (4) et expressément admise par plusieurs lois étrangères (5). Il n'y a pas, dit-on, dans une pareille manœuvre de sacrifice volontaire. Le

---

(1) Valin, sur l'article VI, livre III, titre 7 de l'Ordonnance de 1681, s'exprime ainsi : « Par identité de raison, le dommage souffert par le navire et « par quelques marchandises, en combattant pour éviter la prise, est « aussi avarie commune, quoique Kuriche, Targa et Casaregis soient « d'avis contraire ». — Pothier (*Traité des louages maritimes,* nᵒ 144) adoptait la même opinion que Valin. Il indiquait fort justement que les raisons qui font classer en avaries communes les nourriture et pansements des marins blessés dans un combat pour la défense du navire doivent faire classer aussi en avaries communes les dommages soufferts par le navire dans le combat.

(2) DROIT ÉTRANGER. — Les dommages subis durant la défense du navire sont classés en avaries communes par le Code de commerce *allemand,* art. 706 5ᵒ, par les Codes maritimes *finlandais,* art. 133 4ᵒ, *suédois, danois* et *norvégien,* art. 188 4ᵒ.

La question est discutée en *Grande-Bretagne.* Lowndes, *op. cit.,* p. 96, § 25, décide que les dommages sont des avaries particulières : il combat sur ce point l'opinion de Benecke. L'opinion de Lowndes est admise aussi par Mac Arthur: *The contract of marine insurance,* p. 187.

(3) On dit aussi *forcement de pression.*

(4) De Courcy, *Questions de Droit maritime,* (1ʳᵉ série) p. 258 et suiv.; (2ᵉ série), p. 272 et 273.

(5) DROIT ÉTRANGER. — Code de commerce *allemand,* art. 707 3ᵒ. Mais on reconnaît que la solution du Code de commerce *allemand* qui considère les dommages causés par le forcement de voiles (*Prangen*) comme des

capitaine n'a pas eu la volonté de sacrifier ses voiles, sa mâture ou le navire ; il a seulement essayé de conjurer un péril par un autre péril qu'il juge moindre. Si ce moindre péril cause des dommages, soit au navire, soit même (ce qui est possible) à la cargaison, ce n'est pas une raison pour qu'il y ait lieu à contribution. Cependant, nous croyons, conformément à la doctrine de nos anciens auteurs (1) et à la jurisprudence (2), que les dommages provenant du forcement de voiles ou de vapeur sont des avaries communes. Dès l'instant où il est constaté qu'en présence d'un danger commun le capitaine a recouru, dans un esprit de sacrifice, à une manœuvre outrée qui place le navire dans une situation particulièrement périlleuse, toutes les conditions constitutives de l'avarie commune sont réunies. La difficulté est seulement de distinguer ce cas de celui dans lequel il n'y a qu'une manœuvre ordinaire de navigation. Peut-être la jurisprudence n'a-t-elle pas toujours bien fait cette distinction. Cela a donné lieu à des abus, et c'est par réaction que les lois étrangères récentes écartent des avaries communes les dommages provenant du forcement de voiles ou de vapeur (3).

avaries particulières, ne doit pas empêcher de classer en avaries communes les dommages causés par le forcement de vapeur. V. Ulrich, *Grosse Haverei*, I, p. 123 ; arrêt du *Reichsgericht* du 6 déc. 1884.

Au contraire, les dommages causés par le *forcement de voiles* sont rangés parmi les avaries communes par le Code de commerce *argentin*, art. 1316 3°.

(1) L'Ordonnance de 1681 (livre III, titre VII, art. 1) parlait expressément du cas où le capitaine *force ses mâts*. C'était sous le nom de *forcement de mâts* qu'était connue autrefois la manœuvre extraordinaire appelée aujourd'hui *forcement de voiles*. — Émérigon, *Traité des assurances* (chap. XII, sect. XLI, § 5).

(2) Trib. comm., Marseille, 18 mars 1862, 30 avr. 1862, 23 sept. 1863, 17 janv. 1866, *Journal de jurisprud. de Marseille*, 1862. 1. 132 et 54 ; 1863. 1. 276 ; 1866. 1. 131. Rouen, 28 déc. 1874, D. 1878. 5. 58 ; Trib. comm., Marseille, 13 mars 1889, *Revue intern. du Droit marit.*, 1888-89, p. 696 ; Poitiers, 13 mars 1895, *Revue intern. du Droit marit.*, 1895-96, p. 314 ; Trib. comm., Marseille, 3 janv. 1901, *Journal de jurisprud. de Marseille*, 1901. 1. 140. V. Morel, *Des avaries*, p. 103 et suiv. ; Govare, *op. cit.*, n° 15, p. 95 et suiv. — Le projet de 1867 (art. 406) avait adopté la solution opposée.

(3) Les règles d'York, d'Anvers et de Liverpool n'admettent pas, en principe, que les dommages causés par le forcement de voiles soient des

928. *Prise. Frais faits pour la libération du navire et de la cargaison.* — Les dépenses faites pour obtenir la mainlevée du navire et de la cargaison capturés par l'ennemi sont des avaries communes si elles aboutissent à l'obtention de la mainlevée (1) V. analog. art. 400, 1°.

928 *bis. Frais de remorquage.* — En vertu des principes généraux, les frais de remorquage, qui, en principe, sont des dépenses ordinaires à la charge de l'armateur, constituent des avaries communes quand, un navire étant hors d'état de naviguer seul, le capitaine s'est décidé, pour assurer le salut de son bâtiment et des marchandises, à le faire remorquer (2).

Il en est de même des frais extraordinaires du pompage auquel le capitaine a eu recours pour pourvoir à la sécurité commune (3).

929. *Frais d'assistance.* — Parfois, le capitaine recourt, en présence d'un danger commun, à l'aide du capitaine et des gens de l'équipage d'un autre bâtiment; il y a alors ce qu'on appelle *assistance maritime* (n° 1066 et suiv.). Quand une rémunération est due à l'assistant, elle est à classer en avaries communes, et la charge doit, par suite, en être répartie entre le navire assisté et les marchandises qui en forment la cargaison. Il est aussi conforme aux principes généraux de ranger parmi les avaries communes les dommages causés au navire assisté et à son chargement par le navire assistant au moment où le second a abordé le premier (4).

---

avaries communes ; mais elles apportent à ce principe une exception contenue dans les règles VI et VII pour le cas où le forcement de voiles ou de vapeur a lieu à la suite d'un échouement pour renflouer le navire. V. Trib. comm., Marseille, 18 mai 1903 ; Aix. 12 mars 1902, *Revue intern. du Droit marit.*, XIX, p. 98 : XVII. p. 565; *Journal de jurisprud. de Marseille*, 1903 1. 291 ; 1902. 1. 43.

(1) Cass., 18 janvier 1909, S. et J. P., 1910. 1. 65 (note de Ch. Lyon-Caen); *Pand. fr.*, 1910. 1. 65 ; *Revue intern. du Droit marit.*, XXIV, p. 604 ; *Journal de jurisprud. de Marseille*, 1909. 2. 158.

(2-3) Arth. Desjardins, IV, n° 1002. p. 265 à 267. Trib. comm. Nantes, 16 juillet 1904. *Revue intern. du Droit marit.*, XX, p. 566; Conseil d'Etat, 14 avril 1905, S. et J. Pal., 1907. 3. 45 ; D. 1906. 3. 97 ; *Revue intern. du Droit marit.*, XXII, p. 602.

(4) V. Rouen, 6 fév. 1878, *Journal du Havre*, 1878. 2. 102 ; Caen, 5 décembre 1893, *Revue intern. du Droit marit.*, 1894-95, p. 25. Cpr. Arth.

Peu importe que le danger commun provînt d'une avarie commune ou d'une avarie particulière. Car il est toujours exact de dire que les dépenses faites ou les dommages causés dérivent du recours qu'a eu le capitaine au navire assistant. V., analog., n° 920.

· Mais cela n'est certainement vrai que lorsque le navire n'a ni fait naufrage ni été abandonné en mer. Quand il y a eu naufrage, l'aide donnée par des sauveteurs n'a pas eu pour but de prévenir un sinistre, mais d'en atténuer les conséquences, une fois qu'il s'est réalisé. Quand un navire a été abandonné par le capitaine et l'équipage, puis recueilli par des sauveteurs avec sa cargaison, les conditions constitutives de l'avarie commune font aussi défaut pour la rémunération réclamée par les sauveteurs. Il n'y a pas d'acte de volonté du capitaine: le sauvetage ultérieur a été fortuit (1). Il est donc contraire aux principes de la matière de comprendre parmi les avaries communes la rémunération payée dans ces circonstances aux sauveteurs (2).

Mais de ce qu'il n'y a pas d'avarie commune, il ne faut pas conclure que la rémunération payée aux sauveteurs doit être supportée exclusivement par le propriétaire du navire; il en résulte seulement qu'elle n'est pas répartie par voie de contribution conformément aux articles 401 et 417, C. com. Mais il y a eu, tout au moins, gestion d'affaires de la part des sauveteurs pour les propriétaires de la cargaison et du navire; il est juste que chacun supporte une part de la rémunération due aux sauveteurs (3). La répartition paraît devoir se faire en proportion de la valeur des effets sauvés dans le lieu où le sauvetage est opéré (4).

Desjardins, IV, n° 1006. Ces solutions sont formellement données par les Codes maritimes *suédois, danois* et *norvégien*, art. 188 4°.

(1) De Courcy, *Questions de Droit maritime* (1re série), p. 251 et 252 ; Arth. Desjardins. IV, n° 1006, p. 276 à 278.

(2) V., pourtant, Caen, 13 fév. 1861, D. 1861. 5. 41 ; Cass., 16 avr. 1863, D. 1863. 1. 346 ; Rouen, 14 juin 1876, D. 1877. 2. 68 ; Cass., 2 avr. 1878, D. 1878. 1. 479 ; *Pand. fr. chr.*

(3) V. Arth. Desjardins, IV, n° 1006, p. 278. — Trib. comm., Marseille, 15 nov. 1880, *Journal de jurisprud. de Marseille*, 1881. 1. 47.

(4) Trib. comm., Alger, 16 janvier 1905, *Revue intern. du Droit marit,*, XX, p. 896. Arth. Desjardins, IV, n° 1030, p. 355.

930. *Frais de sauvetage des objets sacrifiés.* — Quand des objets qui auraient dû être remboursés à titre d'avaries communes, sont sauvés, les frais de sauvetage doivent-ils être classés en avaries communes ? On le soutient en disant que le sauvetage a pour conséquence de supprimer ou de réduire la contribution due par les divers intéressés (1). Mais cette solution n'est exacte que si l'on admet que le motif justifiant le sacrifice ou la défense peut être un intérêt commun autre que le salut du navire et de la cargaison (n° 882). Car, dans l'espèce, le sauvetage des effets remboursables est fait dans l'intérêt commun, mais n'assure pas le salut.

931. *Pertes sur le fret.* — Dans notre législation, la perte totale ou partielle du fret ne constitue jamais une avarie commune. Le sacrifice fait par le capitaine ne tombe naturellement jamais sur le fret et, d'après la règle admise dans nos lois, la perte du fret pour l'armateur n'est jamais une conséquence du sacrifice des marchandises, puisque, nonobstant ce sacrifice, le fret est dû, par cela seul que le propriétaire des marchandises en obtient la valeur par voie de contribution. V. art. 301 (n° 776.)

Il n'en est pas ainsi dans les pays où il est admis que le fret n'est pas dû pour les marchandises sacrifiées : la perte du fret pour l'armateur est une conséquence du sacrifice ; aussi est-ce une avarie commune donnant lieu à contribution (2).

932. RÈGLEMENT D'AVARIES. CONTRIBUTION. — Quand des avaries se sont produites en cours de voyage, il est nécessaire de procéder à un *règlement d'avaries*.

Un *règlement d'avaries* est un ensemble d'opérations ayant des buts multiples : il est destiné à fixer le montant des avaries en argent, à en déterminer la nature, par suite, à les classer comme avaries particulières ou communes et, quand il s'agit d'avaries communes, à en faire la répartition.

Selon les circonstances le règlement d'avaries constate soit qu'il

---

(1) V. Code maritime *finlandais*, art. 133 5°.

(2) Codes maritimes *finlandais*, art. 131 ; *suédois, danois* et *norvégien*, art. 188 11°. V., pour la *Grande-Bretagne*, Lowndes, p. 86, § 28 ; pour les *Etats-Unis d'Amérique*, Dixon, *Law of shipping*, n° 560, p. 473.

n'y a que des avaries particulières, soit que toutes les avaries sont communes, soit qu'il y a à la fois des avaries particulières et des avaries communes.

Le règlement d'avaries est plus compliqué quand il y a des avaries communes que lorsque toutes les avaries sont particulières. Car, lorsqu'il y a des avaries communes, il y a à résoudre une question qui ne se pose pas en présence d'avaries particulières, le règlement doit fixer la part contributive de chacun.

Le règlement d'avaries est nécessaire, qu'il y ait ou non des assurances. Seulement, quand il y a des assurances, le règlement d'avaries est utile dans les rapports, soit entre les propriétaires du navire et les propriétaires des marchandises de la cargaison, soit entre chacun des propriétaires assurés et ses assureurs.

Il ne faut donc pas confondre avec le règlement *d'avaries* le règlement *par* avaries ; ce dernier se rattache à une assurance maritime qu'il présuppose nécessairement et est opposé au *délaissement* (nos 1270 et suiv.).

Le règlement d'avaries pourrait, sans doute, être fait par les parties intéressées elles-mêmes ; mais, comme elles sont rarement toutes présentes au même endroit et n'ont généralement pas les connaissances juridiques et techniques nécessaires, il est procédé au règlement par des experts appelés *dispacheurs* (1), qui peuvent être choisis par les parties, mais qui, à moins d'une stipulation contraire très fréquente, sont nommés par les tribunaux ou par le consul. Le règlement est parfois aussi appelé *dispache* (2).

933. *Divisions ordinaires des règlements d'avaries.* — Les règlements d'avaries qui se font par écrit relatent généralement avant tout les faits de la navigation, c'est-à-dire les circonstances dans lesquelles les avaries se sont produites, afin qu'on puisse bien apprécier d'après ces circonstances les caractères des avaries sur le classement desquelles les experts donnent, du reste, leur avis. Quand il n'y a que des avaries particulières, le règlement se borne à faire l'évaluation de ces avaries en argent. Lorsqu'il y a des avaries com-

---

(1-2) Les mots *dispache* et *dispacheur* ont leurs analogues dans un grand nombre de langues diverses. Le mot *dispache* vient sans doute de *l'italien dispaccio* ; on dit en *anglais dispatch* et *dispatcher* en *espagnol*.

munes, le travail se divise, d'après son but même, en dehors de la
relation des faits, en trois parties principales. *a*. La première comprend la masse *active* ou *créancière*, c'est-à-dire l'énumération et
l'évaluation des dommages ou des dépenses à supporter en commun
à titre d'avaries communes. *b*. La seconde partie indique la masse
contribuable ou *passive*. Celle-ci contient l'énumération et l'évaluation des choses ayant profité du sacrifice fait par le capitaine à raison
desquelles, par suite, la contribution est due (1). *c*. Enfin, en comparant la masse contribuable et la masse active, le règlement fixe la
proportion dans laquelle chaque intéressé doit contribuer; c'est là
l'objet de la troisième partie du règlement.

La composition de la masse active et de la masse passive ou contribuable et l'évaluation de chacun des éléments qui composent
chacune d'elles. constituent le fond du règlement d'avaries. Une
fois que les deux masses sont formées, la répartition n'est plus
qu'une affaire de calcul, étrangère aux règles de droit.

934. FORMATION DE LA MASSE ACTIVE ET DE LA MASSE PASSIVE.
PRINCIPES GÉNÉRAUX. — Deux principes fondamentaux régissent la
formation des deux masses.

a. Chacun de ceux dont la propriété a été sacrifiée ou qui ont fait
une dépense dans l'intérêt du salut commun, doit être placé dans la
même situation pécuniaire que si le sacrifice avait porté sur une
autre chose ou si la dépense avait été faite par un autre intéressé.

b. L'armateur et chacun des chargeurs doivent contribuer au
sacrifice ou à la dépense en proportion de l'avantage pécuniaire
qu'ils en retirent.

Par cela même que les divers intéressés contribuent en proportion du profit réalisé par eux et que ce profit est proportionné, en
principe, à la valeur des biens qui, exposés aux risques de mer,
auraient péri sans l'avarie commune, on dit (et nous emploierons

---

(1) M. Govare prend les expressions *masse active* et *masse passive* dans
un sens opposé au sens ordinaire qui est indiqué au texte. V. Govare,
Traité des avaries et de leur règlement, p. 138, n° 3. Il fait remarquer
qu'il est singulier d'appeler actif la somme des dettes et passif l'avoir.
L'observation est juste. Mais, pour éviter les confusions, il est préférable
de se conformer au langage usuel consacré par la tradition.

nous-mêmes ces locutions) que les marchandises, que le navire, que le fret *contribuent*, ou bien encore que telle somme est due à titre de contribution par le navire, telle autre par les marchandises, quoiqu'évidemment, ce soient des personnes, l'armateur et les chargeurs, qui supportent la charge de la contribution.

Du reste, aucun des deux principes qui régissent la composition des deux masses n'est absolu ; l'un et l'autre sont soumis à des exceptions.

935. MASSE ACTIVE OU CRÉANCIÈRE. — Dans la masse active ou créancière, on comprend, en général : les marchandises sacrifiées à l'exception de celles dont, à titre exceptionnel, le sacrifice ne donne pas lieu à contribution (nos 905 et suiv.), les dommages subis par le navire, les dépenses extraordinaires faites dans l'intérêt commun, les frais du règlement d'avarie. L'addition du montant de ces dommages et du montant de ces diverses dépenses donne, comme total, la somme à répartir à titre d'avaries communes entre les contribuables. Des règles spéciales s'appliquent à chacun des éléments de cette masse, au point de vue de l'estimation à en faire pour fixer la part contributive de chacun.

936. *Estimation des marchandises sacrifiées.* — Les marchandises jetées ou, d'une façon plus générale, les marchandises sacrifiées (nos 923 et 924) sont estimées d'après le prix courant de marchandises semblables au lieu du déchargement (art. 415). C'est, en effet, là le prix que le propriétaire de ces marchandises aurait touché sans le sacrifice et dont le sacrifice l'a privé, c'est celui que touchent les propriétaires de marchandises sauvées. Si, au contraire, on estimait les marchandises d'après la valeur qu'elles avaient au port de départ, on priverait le chargeur atteint par le sacrifice, du bénéfice sur lequel il comptait légitimement, dans le cas, qui est le plus fréquent, où les marchandises auraient eu au port de déchargement une valeur supérieure à celle qu'elles avaient au port de départ ; au contraire, on empêcherait le chargeur d'éprouver la perte qu'il aurait subie dans le cas exceptionnel où les marchandises auraient eu au port de déchargement une valeur inférieure à celle du port de départ.

937. Mais le prix de marchandises semblables au port de déchargement, pour lequel les marchandises sacrifiées figurent dans la masse active, n'y doit pas être porté sans déduction. Ce prix ne représente pas exactement la perte pécuniaire éprouvée, par suite du sacrifice, par le propriétaire des marchandises.

La somme, pour laquelle se vendent des marchandises parvenues au port de destination, se compose de quatre éléments principaux : 1° le prix d'achat et les frais d'embarquement ; 2° le fret ; 3° les frais de débarquement et les droits de douane ; 4° puis, le plus souvent, un excédent qui constitue le bénéfice du vendeur (1).

Le chargeur perd, par l'effet du sacrifice, le prix d'achat et les frais d'embarquement, il perd même le fret, puisque celui-ci est dû pour les marchandises sacrifiées (art. 301). Pour indiquer qu'il n'y a pas à déduire le fret de la valeur des marchaedises prise au port de destination, on dit parfois que les marchandises sacrifiées figurent dans la masse créancière pour leur *valeur brute* prise au port de destination (2). Mais il y a certaines déductions à faire : le chargeur est privé de l'excédent qui devait constituer son bénéfice, mais il n'a pas à débourser les frais de débarquement et les droits de douane. Aussi ces frais et ces droits doivent-ils être déduits du prix des marchandises semblables au port de destination. Autrement, le chargeur, dont les marchandises ont été sacrifiées, serait placé dans une situation meilleure que si ses marchandises étaient parvenues à bon port ; il recevrait des autres intéressés, par voie de contribution, des sommes que, par suite de la non-arrivée des marchandises, il n'a pas déboursées. Le but d'équité de la théorie des avaries communes ne serait pas atteint.

Ce qui vient d'être dit du chargeur, qui a expédié les marchandises par mer dans le but de les vendre au port de déchargement, est, du reste, aussi exact du destinataire pour le cas où les marchandises transportées appartiennent à celui-ci. La circonstance que c'est le chargeur ou le destinataire qui a la propriété des marchandises sacrifiées, n'exerce aucune influence sur l'évaluation de celles-ci dans la masse active ou créancière.

938. On doit, en principe, pour fixer le prix courant des marchan-

---

(1-2) C'est cet excédent qui constitue le *bénéfice espéré*, selon l'expression consacrée en matière d'assurances maritimes. V. art. 334, C. com.

dises semblables au port de déchargement, les considérer à l'état sain. Il en serait autrement s'il était prouvé que, lors du sacrifice, les marchandises sacrifiées étaient en mauvais état. On doit présumer qu'il en était ainsi quand les marchandises sauvées, d'espèce semblable, ne sont pas arrivées en bon état (1). Mais il n'y a là évidemment qu'une présomption de fait que les circonstances peuvent faire écarter.

939. Afin de connaître exactement la qualité et l'espèce des marchandises sacrifiées, on se réfère aux connaissements et aux factures (art. 415, C. com.). Aussi comprend-on que, pour avoir droit à une indemnité plus forte en cas de sacrifice, un chargeur déguise la véritable qualité des marchandises, de manière à en augmenter la valeur. Il pourrait se faire qu'à l'inverse, afin d'éviter de contribuer dans une proportion égale à la valeur réelle des marchandises (n° 952), un chargeur eût amoindri leur qualité dans le connaissement. Pour déjouer ces fraudes, le législateur a admis que l'on fait abstraction du déguisement ou que l'on en tient compte dans la masse contribuable, lorsque l'un ou l'autre parti est plus défavorable au chargeur, auteur de la fraude. D'après l'article 418, 2e et 3e alinéas, si la qualité des marchandises sacrifiées a été déguisée par le connaissement et qu'elles se trouvent d'une plus grande valeur, elles sont payées d'après la qualité inférieure désignée par le connaissement. Au contraire, dans le cas où les marchandises sacrifiées sont d'une qualité inférieure à celle qui est indiquée par le connaissement, elles sont payées sur le pied de leur valeur.

939 bis. DROIT ÉTRANGER. — Les règles qui viennent d'être posées et qu'en France on déduit des principes généraux à défaut de textes légaux qui les consacrent, sont admises expressément par les lois étrangères (2). Elles le sont aussi par les usages en *Grande-Bretagne* (3) et aux *États-Unis d'Amérique* (4). Mais les déductions

---

(1) De Courcy, *Questions de Droit maritime* (1re série), p. 261 et suiv.

(2) Codes *allemand*, art. 711 et 712; *hollandais*, art. 729 et 730; *argentin*, art. 1340; Codes maritimes *suédois, danois et norvégien*, art. 200; *finlandais*, art. 144.

(3) R. Lowndes, *The law of general average*, p. 291 et 295.

(4) Desty, *op. cit.*, n°s 299 et 300.

à faire sur la valeur brute ne sont pas identiques partout. Ainsi, il va de soi que, comme il y a lieu de déduire de la valeur qu'ont les objets sacrifiés au port de déchargement les dépenses que le sacrifice même a fait épargner, dans les pays où le fret n'est pas dû pour les marchandises sacrifiées (n° 776 B), celles-ci s'évaluent dans la masse active pour leur valeur au port de déchargement, déduction faite spécialement du montant du fret ; en d'autres termes, les marchandises sacrifiées sont comprises dans la masse active pour leur *valeur nette* (1).

940. *Dommages subis par le navire ou par ses accessoires.* — Lorsque le sacrifice a atteint le navire ou ses accessoires, on s'attache au chiffre de la dépense effectivement faite pour les réparations ou pour le remplacement des objets sacrifiés. Mais ce chiffre ne peut être admis dans la masse active que sous certaines déductions, afin que le propriétaire du bâtiment soit mis seulement dans la situation pécuniaire où il eût été au port de destination sans la mesure de salut commun et non pas dans une situation pécuniaire meilleure. Il faut tout d'abord déduire le prix pour lequel les objets sacrifiés (mât, voile, ancre, etc.) ou les débris remplacés (vieux cuivre, etc.) ont pu être vendus. Autrement, le propriétaire du bâtiment ferait un bénéfice illégitime. Une déduction plus importante est celle qui est connue sous le nom de *déduction pour différence du neuf au vieux*. Le navire et ses accessoires se détériorent par l'usage, tellement que certaines pièces du navire ou certains de ses accessoires ont besoin d'être renouvelés plusieurs fois pendant le temps de sa durée. Si le propriétaire du navire pouvait se faire rembourser intégralement, il aurait des objets neufs pour des vieux et réaliserait un bénéfice au préjudice des autres intéressés soumis à la contribution. Aussi y a-t-il lieu de déduire du prix des objets remplacés une somme égale à ce bénéfice, c'est ce qu'on appelle la *déduction pour différence du neuf au vieux*. Afin d'en déterminer avec exactitude le montant, il faudrait connaître le degré d'usure du

(1) Dans ces pays, les marchandises sacrifiées sont évaluées dans la masse créancière et dans la masse contribuable pour la même somme. Il en est autrement en France. V. n° 951.

navire ou de ses accessoires au moment du sacrifice et la perte de valeur en résultant. Une détermination exacte à cet égard n'est pas possible, lorsque des objets ont été sacrifiés, ou est, tout au moins, fort difficile. Aussi, à défaut de règle légale, l'usage a-t-il introduit une sorte de forfait qui est du tiers du prix ou de la dépense ; généralement, cette déduction ne se fait pas sur les objets tels que les ancres et les chaînes dont l'usure est imperceptible Dans des cas exceptionnels, du reste, on conçoit que la déduction opérée soit moins forte ou plus forte (1). Ainsi, il est évident qu'une déduction du tiers est excessive lorsqu'il s'agit d'un navire qui faisait son premier voyage au moment où l'avarie commune s'est produite (2). Dans un système rationnel, la déduction devrait être graduée selon que le navire est construit en fer, en acier, en bois ou qu'il a une construction mixte ; elle devrait l'être aussi suivant l'âge du bâtiment et la nature des objets sacrifiés. C'est un système de ce genre qu'admettent les règles d'York, d'Anvers et de Liverpool (3) et des Codes étrangers (4). Les polices d'assurances de navire (sur corps) établissent aussi d'ordinaire une gradation de cette sorte (5) pour la déduction pour différence du neuf au vieux à faire sur l'indemnité due par l'assureur à l'assuré. V. n° 1275.

La déduction s'opère sur les sommes payées pour remplacer des objets du bord ou certaines parties du navire comme des mâts ou des voiles sacrifiés, mais non sur des dépenses qui, faites pour réparer des dommages causés au navire, n'ont fait que lui rendre la valeur qu'il avait avant le sacrifice (6).

940 bis. Il faut comprendre aussi parmi les déductions à faire

(1) Rouen, 2 fév. 1849, D. 1851. 2. 202 ; Marseille, 6 sept. 1860, *Journal de Marseille*, 1860. 1. 259.

(2) Rouen, 5 mars 1880, *Journal du Havre*, 1880. 2. 116. — Arth. Desjardins, IV, p. 412.

(3) *Règle* XIII.

(4) Codes de commerce *allemand*, art. 710 ; *espagnol*, art 854 6° ; Codes maritimes *finlandais*, art. 143 ; *suédois*, *danois* et *norvégien*. art. 198

(5) *Police française d'assurance sur corps*, art. 20. V. de Courcy, *Commentaire des polices françaises d'assurance maritime*, p. 131 et suiv.

(6) Trib. comm , Marseille, 27 déc. 1888, *Revue intern. du Droit marit.*, 1889-90, p. 60. — Arth. Desjardins, *op. cit.*, IV, p. 442.

l'excédent du fret auquel peut donner lieu indirectement l'avarie, lorsque le capitaine a pris de nouvelles marchandises en remplacement des marchandises sacrifiées. Cet excédent de fret vient en déduction du préjudice éprouvé si on l'attribue au propriétaire de ces marchandises.

941. DE LA MASSE PASSIVE OU MASSE CONTRIBUABLE. — Après avoir déterminé le montant des avaries communes dans la *masse créancière* ou *active*, il faut former une seconde masse des objets soumis à contribution, c'est la *masse contribuable* ou *passive*.

En principe, tout ce qui a profité du sacrifice ou de la dépense doit contribuer (1), pourvu que le profit soit susceptible d'être estimé en argent, et cette contribution doit, en règle générale, être proportionnelle au profit pécuniaire que chaque intéressé a tiré du sacrifice ou de la dépense. Aussi faut-il évaluer, pour déterminer ce profit, chacune des choses comprises dans la masse contribuable. Toutefois, d'après le système quelque peu arbitraire adopté par notre Code de commerce, la règle de la contribution proportionnelle au profit ne s'applique pas réellement au navire. V. nos 953 et suiv.

942. Il résulte évidemment de ces règles que les propriétaires des marchandises sauvées doivent contribuer, et que, par conséquent, ces marchandises doivent figurer dans la masse contribuable. Une contribution est due aussi par le propriétaire du navire ; grâce à l'avarie commune, il obtient le salut de son bâtiment et la conservation du fret puisqu'il le perd, sauf convention contraire, en cas de perte du navire et des marchandises (art. 302, C. com.). V. nos 765 et suiv.

On doit même comprendre dans la masse contribuable les marchandises ou les accessoires du navire sacrifiés. L'article 417, C. com., le décide spécialement pour les marchandises jetées, et cette disposition doit certainement être généralisée, par identité de raisons (2). Si les objets sacrifiés n'étaient pas soumis à contribution, le sacrifice qui en a eu lieu ferait réaliser un bénéfice à leurs

---

(1) Cette règle était déjà posée en Droit romain : *Placuit omnes quorum interfuisset jacturam fieri conferre oportere.* Paul, L. 2, § 2, Dig., *de lege Rhodia de jactu* (XIV-2).

(2) Il a été dit (n° 887) que les dispositions qui se trouvent dans le titre du jet et de la contribution, sont applicables à toutes les avaries.

propriétaires, ils seraient remboursés par voie de contribution de la valeur entière des choses sacrifiées; ils ne supporteraient, à la différence des autres intéressés, aucune portion du préjudice causé. Cela serait contraire, sous un double rapport, à la théorie des avaries communes. Elle a pour but de placer tous les intéressés dans la même situation pécuniaire, quelle que soit la chose atteinte par le sacrifice. En outre, en réalité, celui dont la chose a été sacrifiée dans l'intérêt commun, a lui-même profité du sacrifice. Sans le sacrifice, la chose aurait péri par suite de la réalisation du danger commun sans que le propriétaire eût à en réclamer la valeur par voie de contribution, car, alors, l'avarie eût été particulière (1).

Les propriétaires du navire détérioré ou marchandises sacrifiées sont donc à la fois créanciers et débiteurs, à raison de l'avarie commune. Aussi font-ils confusion sur eux-mêmes jusqu'à due concurrence. V. n° 964.

943. Les motifs mêmes qui viennent d'être donnés pour comprendre dans la masse contribuable les marchandises et les accessoires du navire sacrifiés, doivent empêcher de comprendre dans la masse contribuable distinctement les dépenses qui, faites pour réparer les dommages causés au navire, n'ont eu pour but et pour résultat que de lui conserver la valeur qu'il avait lors du sacrifice (2).

944. Malgré la force des raisons qui doivent faire comprendre dans la masse contribuable même les objets sacrifiés, il ne semble pas qu'en Droit romain, on admît que ces objets dussent contribuer. Les textes du Droit romain ne parlent jamais que de la contribution des objets sauvés. Cette solution est fort critiquable, mais elle peut, dans une certaine mesure, se justifier par cette considération qu'en Droit romain, les objets sacrifiés n'étant admis dans la masse active que pour leur prix d'achat (3) et non pour leur valeur prise au port de

---

(1) DROIT ÉTRANGER. — Beaucoup de lois étrangères font expressément mention des marchandises sacrifiées parmi les éléments à comprendre dans la masse contribuable ou passive. V. Codes de commerce *allemand,* art. 718 2° ; *italien,* art. 647, 3° alin. ; *espagnol,* art. 812; *roumain,* art. 659, 3° alin. ; *chilien,* art. 1092; *argentin,* art. 1348 ; Codes maritimes *finlandais,* art. 146; *suédois, danois* et *norvégien,* art. 207.

(2) Trib. comm., Marseille, 27 déc. 1888, *Revue intern. du Droit marit.,* 1889-90, p. 60.

(3) Paul, L. 2, § 4, Dig., *ad legem Rhodiam de jactu* (XIV-2).

déchargement, comme cela a lieu d'après les règles des législations modernes (n° 936), le propriétaire de ces objets était privé du bénéfice sur lequel il comptait à raison du prix plus élevé qu'ont d'ordinaire les marchandises au port de déchargement. Une certaine perte restait donc, le plus souvent, à sa charge, sans qu'il fût soumis à l'obligation de contribuer aux avaries communes.

945. Par application du principe selon lequel il faut, pour être tenu de contribuer, que ce qui a été sauvé puisse être évalué en argent, les personnes dont la vie a été sauvée grâce au sacrifice ou à la dépense n'ont pas à contribuer (1). Cela n'est évidemment vrai que pour les hommes libres. Les esclaves considérés comme des marchandises devaient figurer dans la masse contribuable, afin que les propriétaires des esclaves contribuassent aux avaries communes.

945 *bis*. Les principes qui viennent d'être posés, ont fait naître une question intéressante pour les *coolies*. L'affranchissement des esclaves a eu pour résultat d'enlever un grand nombre de bras à la culture. Aussi recrute-t-on dans l'Inde et en Chine, des travailleurs libres, appelés *coolies*, pour les introduire dans les colonies. Ces travailleurs sont engagés, moyennant un prix fixe, par des sortes d'entrepreneurs; ceux-ci comptent réaliser des bénéfices en cédant ces engagements aux propriétaires qui ont besoin d'ouvriers agricoles. En cas d'avarie commune, ces entrepreneurs doivent-ils contribuer ? On serait tenté au premier abord d'admettre la négative, en argumentant de ce que le salut d'hommes libres ne donne pas lieu à contribution. Mais, en réalité, le principe : *corporum liberorum æstimationem nullam fieri posse*, est ici hors de cause. Ce qu'il y a à estimer, ce n'est pas la valeur des coolies, c'est le prix de cession de

---

(1) C'était la décision du Droit romain : *Corporum liberorum nullam æstimationem fieri oportere*, Paul, L. 2, § 2, Dig. (XIV, 2).

Il est vrai que ce principe ne s'applique pas d'une façon très rigoureuse, en ce sens du moins qu'on évalue parfois le dommage causé par la mort d'une personne : c'est ce qui a lieu notamment quand une personne est tuée et que des dommages-intérêts sont réclamés à celui qui, par sa faute, a causé la mort de cette personne. Mais, en matière d'avarie commune, une difficulté spéciale très grande résulterait de ce qu'il faudrait évaluer, à la fois, le profit tiré par des personnes et par des marchandises de l'avarie commune.

leurs engagements. L'entrepreneur, en cas de perte du navire, eût perdu ses avances et eut été privé du profit sur lequel il comptait. Il est juste qu'il contribue au sacrifice grâce auquel il a évité cette perte pécuniaire (1).

946. *Exceptions à l'obligation de contribuer.* — Il y a quelques exceptions à la règle générale, consacrées par le Code de commerce ou par l'usage : certaines choses auxquelles a profité le sacrifice volontaire ou la dépense, ne contribuent, pourtant, pas. Ainsi, il n'est pas dû de contribution pour les munitions de guerre et de bouche, ni pour les hardes des gens de l'équipage, bien que, d'ailleurs, la valeur de ces objets soit payée par contribution quand ils sont jetés (art. 419). Ces exceptions se justifient par des raisons diverses. Les munitions de guerre forment elles-mêmes l'instrument du salut commun et peuvent d'un instant à l'autre être employées à ce titre. De même les munitions de bouche sont destinées à être consommées et assurent la nourriture de ceux par les soins de qui le navire doit être conduit jusqu'à destination. Cette exception s'appliquerait, par identité de raison, aux vivres appartenant aux passagers ; ceux-ci peuvent être tenus de les mettre en commun (art. 249, C. com.). Mais les objets servant à la nourriture de l'homme doivent évidemment, comme toutes autres marchandises, contribuer, lorsqu'ils sont transportés à titre de marchandises.

La faveur dont le législateur entoure les gens de mer, fait exclure leurs hardes de la contribution (art. 419). C'est aussi elle qui a toujours empêché d'admettre que les gens de mer contribuent à raison de leurs loyers que le sacrifice a sauvés. Dans l'ancien Droit français, il était, toutefois, généralement admis que, dans le cas spécial de rachat, les gens de mer contribuaient au prix du rachat à raison de leurs loyers (2). Aussi l'article 304, C. com., exclut-il d'une

---

(1) Morel, *Des avaries*, p. 225 et suiv. La Cour de la Réunion a, d'après cet auteur, admis la contribution de l'armateur en proportion de la valeur des engagements qui avaient été l'objet de la spéculation.

(2) Ordonnance de 1681 (liv. III, tit. III, art. 20); Émérigon, *op. cit.*, chap. XII, sect. XLII; Pothier, *Louages maritimes*, nos 137 et 141. — M. Bugnet (édit. de Pothier, IV, p. 437, note 1) commet une singulière erreur : il prétend que, même dans notre législation actuelle, en cas de rachat, les gens de mer contribuent à raison de leurs loyers qui ont été

façon spéciale la contribution des loyers des gens de mer pour le rachat. Mais il en est certainement de même pour toutes les avaries communes.

Un usage constant fait aussi exempter. de la contribution les bagages des passagers, bien qu'aucun texte ne consacre cette exception (1).

947. Il ne suffit pas de savoir quels objets doivent être compris dans la masse contribuable comme soumis à contribution. Il faut encore fixer pour quelle valeur ils y figurent. C'est ainsi qu'à propos de la masse active, il y a à la fois à déterminer les choses entrant dans sa composition et le mode d'évaluation de chacune d'elles. V. nos 936 et suiv.

948. Les marchandises contribuent à raison de leur valeur au lieu de déchargement (art. 402 et 417, C. com.). Elles doivent donc être comprises dans la masse contribuable pour cette valeur. Celle-ci représente, en effet, l'avantage pécuniaire que le propriétaire des marchandises a tiré du sacrifice ; sans celui-ci, c'est de cette valeur qu'il aurait été privé par suite de la réalisation du danger ; c'est cette valeur qui, grâce au sacrifice, lui a été conservée.

949. Pour fixer la valeur des marchandises soumises à contribution il y a lieu de considérer, soit le prix pour lequel les marchandises ont été vendues, soit, si elles n'ont pas été vendues, le prix courant des marchandises semblables, en tenant compte, dans ce dernier cas, de leur état au moment de leur arrivée, ou de recourir

---

sauvés. Le savant auteur n'était évidemment pas aussi familier avec les textes de nos lois commerciales qu'avec ceux de nos lois civiles. Il oubliait que l'article 304, C. com., déclare expressément à propos du rachat que *les loyers des matelots n'entrent point en contribution*. — En *Grande-Bretagne*, la règle de l'Ordonnance de 1681 est encore consacrée par l'usage.

(1) Droit étranger. — Les exceptions à l'obligation de contribuer indiquées au texte se trouvent aussi dans les législations étrangères : V. Codes de commerce *allemand*, art. 723 ; *italien*, 648 ; *roumain*, art. 660 ; *espagnol*, art. 856 ; *portugais*, art. 639, § 2 ; *argentin*, art. 1362 ; loi *belge* du 21 août 1879, art. 106 ; Codes maritimes *finlandais*, art. 147 ; *suédois*, *danois* et *norvégien*, art. 212 ; *japonais*, art. 642. V., pour la *Grande-Bretagne*, Lowndes, *op. cit.*, p. 224 et suiv., § 76 ; pour les *Etats-Unis d'Amérique*, Desty, *Shipping and Admiralty*, v° *General Average*, §§ 298 et 299.

à une expertise, s'il n'y a ni vente ni prix courant pour les marchandises de la même espèce. Il résulte de là que la part contributive du chargeur dans les avaries communes diminue avec leur valeur. Par suite, si elles périssent après le sacrifice par suite d'une cause nouvelle étrangère au péril auquel les a fait échapper l'avarie commune, elles ne contribuent pas, encore que le sacrifice les ait sauvées; leur contribution manque de base.

950. La valeur des marchandises, à raison de laquelle elles contribuent, n'est pas leur *valeur brute*; car ce n'est pas elle que le sacrifice a sauvée. Il y a lieu de déduire de cette valeur les sommes qu'en cas de perte résultant de la réalisation du danger qu'on a évité le propriétaire des marchandises n'aurait pas eu à débourser, c'est-à-dire les frais de débarquement, les droits de douane et, en principe, le fret (art. 302). C'est en faisant allusion à la déduction du fret qu'on dit d'ordinaire que les marchandises ne sont comprises dans la masse contribuable que pour leur *valeur nette*.

Mais la déduction du fret de la valeur brute des marchandises implique que le fret n'aurait pas été dû en cas de perte. En conséquence, elle ne devrait pas être faite dans la mesure où le fret avancé aurait été stipulé non restituable ou payable à tout évènement. Dans ce cas, on ne peut pas dire que, sans le sacrifice, le fret n'aurait pas été dû; tout au contraire, c'est grâce au sacrifice que le fret n'a pas été payé en pure perte. Toutefois, cette solution est contestée et il est soutenu que la déduction du fret doit s'opérer sur la valeur des marchandises sauvées, alors même que le fret n'est pas restituable ou est payable à tout évènement. V. n° 958.

951. Les règles qui viennent d'être posées, s'appliquent à l'évaluation des marchandises sacrifiées en tant qu'elles figurent dans la masse contribuable (n° 942), comme à l'évaluation des marchandises sauvées. Il résulte de là que la valeur des marchandises sacrifiées ne s'estime pas dans la masse contribuable comme celle des mêmes marchandises sacrifiées dans la masse active. Les marchandises sacrifiées figurent dans les deux masses; mais, tandis que, dans la masse active, on ne déduit pas le fret de leur valeur brute (n° 937), cette déduction s'opère dans la masse contribuable (1).

(1) Il a été fait observer plus haut (n° 939 *bis* et note 1 de la page 84

952. On se réfère souvent au connaissement pour déterminer la qualité des marchandises sauvées ou sacrifiées ; mais des fraudes peuvent être commises dans le but d'en déguiser la qualité réelle. Les marchandises, en cas de déguisement de ce genre, contribuent d'après la plus haute valeur, soit réelle, soit indiquée au connaissement (art. 418, 1er et 2e alin.). Cpr. n° 939.

953. *Contribution du propriétaire du navire.* — Le propriétaire du navire doit contribuer aux avaries communes ; il en profite ; grâce à elles, il a sauvé son navire et n'a pas perdu son fret. Le principe de la contribution du propriétaire du navire a toujours été admis dans tous les pays. Mais les législations diffèrent beaucoup sur le point de savoir en proportion de quelle valeur le propriétaire du navire contribue et, par suite, quelles choses figurent de son chef dans la masse contribuable. Toutes les législations, du moins, s'accordent en un point : aucune n'admet que le propriétaire du bâtiment contribue à la fois en proportion de la valeur du navire au moment et dans le lieu du départ et de l'entier montant du fret (ou fret brut). La raison en est qu'avec un tel système, la part contributive du propriétaire du navire dépasserait le profit tiré par lui de l'avarie commune. En effet, l'avarie commune ne sauve qu'un navire déjà plus ou moins usé par la navigation et le fret doit supporter certaines dépenses qui auraient été évitées si, le sacrifice n'ayant pas été fait, le navire avait péri en cours de route, spécialement les loyers des gens de l'équipage, au moins pour le temps postérieur à la perte (art. 258, C. com.). Il résulte de là que, dans la rigueur des principes, le propriétaire du bâtiment devrait contribuer en proportion à la fois de la valeur du navire au port de déchargement et du montant du fret net, c'est-à-dire du montant du fret sous déduction des sommes que la perte du navire et de sa cargaison aurait fait épargner au propriétaire du bâtiment, si le sacrifice volontaire ou la dépense extraordinaire qui a assuré le salut, n'avait pas eu lieu (1). C'est, du reste, là le système adopté par plusieurs législations, avec

qu'il y a des pays, spécialement la *Grande-Bretagne* et les *Etats-Unis d'Amérique*, où les marchandises figurent pour leur valeur nette dans les deux masses.

(1) Arth. Desjardins, IV, n° 1062.

cette variante que, dans quelques-unes, pour éviter les difficultés de calcul et d'évaluation, les dépenses à déduire du fret brut sont fixées à forfait, de telle sorte que le fret brut contribue, par exemple, en proportion de la moitié ou des deux tiers de son montant (n° 957). Ce n'est pas du tout le système de notre Code de commerce (n° 955).

954. *Droit romain* et *ancien Droit*. — Les textes du Droit romain ne parlent expressément que de la contribution du navire, non de celle du fret (1).

D'après les jugements d'Oléron (art. 8) et l'Ordonnance de Wisby (art. 40), la contribution portait sur le navire ou sur le fret, l'un à l'exclusion de l'autre ; les premiers laissaient sur ce point le choix au capitaine, la seconde au marchand ou chargeur. Le Consulat de la mer (chap. 50 et suiv.) adoptait un système plus compliqué : d'après lui, le navire contribuait pour moitié de sa valeur et le fret pour le tout ; mais le maître pouvait s'affranchir de cette dernière contribution en abandonnant le fret des marchandises sacrifiées. A Marseille, selon Cleirac (*Us et Coutumes de la mer*), il y avait un usage particulier, d'après lequel le maître était libre de contribuer pour la moitié de la valeur du navire ou pour le montant du fret, mais s'exonérait de toute contribution par l'abandon du fret entier.

Ces divers systèmes avaient l'inconvénient de faire une situation par trop favorable à celui auquel l'option était laissée (2). L'Ordonnance de 1681 (livre III, titre VIII, art. 7) consacra un système nouveau selon lequel le propriétaire du navire contribuait en proportion de la moitié de la valeur du navire prise au port de départ et de la moitié du fret brut (3). Les anciens auteurs s'efforçaient d'expliquer cette règle toute spéciale. Valin s'exprimait ainsi sur l'article de l'Ordonnance qui la consacrait : « Il était juste, par une règle unique, de ne « faire contribuer ces deux objets ensemble que pour moitié ; car

(1) Dig. XIV, 2, *Ad legem Rhodiam de jactu*, Paul, L. 2, § 2.
(2) Valin, sur l'article VII, livre III, titre 8, de l'Ordonnance de 1681.
(3) L'article de l'Ordonnance était ainsi conçu : *La répartition pour le vaiement des pertes et dommages sera faite sur les effets sauvés et jetés et* SUR MOITIÉ DU NAVIRE ET DU FRET, *au marc la livre de leur valeur.*

« enfin, s'il y a un fret, c'est aux dépens du propriétaire ou du maître,
« tant à raison des victuailles consommées et des loyers des matelots
« que de la diminution que souffre nécessairement le navire dans sa
« valeur durant le voyage, par le dépérissement inévitable de son corps
« et de ses agrès et apparaux ; à quoi il faut joindre l'intérêt de toute
« la dépense de la mise hors. Ainsi, nulle apparence de faire con-
« tribuer le fret pour le tout et le navire en même temps aussi pour
« le tout, puisque le fret ne fait que le remplacement de ce que le
« navire est censé avoir perdu de sa valeur pour le gagner. — En-
« core une fois, rien de plus juste que cette contribution des deux
« objets ré unis pour moitié seulement. » Pothier exprime des idées
semblables. Il dit dans son *Traité des louages maritimes* (n° 119) :
« Comme le fret ne leur est dû qu'à raison de leur navire et que
« c'est une espèce de remplacement de ce que le navire perd de sa
« valeur dans le voyage et des dépenses qu'il faut faire, on a trouvé
« que ce serait un double emploi que de les faire contribuer, tout à la
« fois, et pour la valeur entière du navire, et pour tout le fret. C'est
« pourquoi les anciennes lois maritimes ne les faisaient contribuer
« que pour l'un ou pour l'autre, ou pour le navire ou pour le fret ;
« les jugements d'Oléron, art. 8, leur en donnaient le choix ;
« l'ordonnance de Wisby, art. 4, donnait ce choix aux marchands. —
« Notre Ordonnance, au titre *du jet*, art. 7, a pris un autre tempé-
« rament : elle fait contribuer à la vérité les propriétaires du navire
« tout à la fois pour le navire et pour le fret ; mais elle ne les fait
« contribuer que pour la moitié de la valeur du navire et pour la
« moitié du fret. »

955. SYSTÈME DU CODE DE COMMERCE. — Le Code de commerce
(401 et 417) a reproduit la règle de l'Ordonnance de 1681 avec une
modification : les avaries communes se répartissent sur la moitié du
fret et sur la moitié du navire en proportion de sa valeur prise au
port de *déchargement*, non au port de *départ*, comme l'admettait
l'Ordonnance ; sur ce dernier point, l'article 417, C. com., est
formel.

Le système de l'Ordonnance qui faisait contribuer le navire en
proportion de la moitié de sa valeur au port de départ, était déjà
exorbitant ; un navire ne perd guère dans une seule traversée la

moitié de sa valeur. Mais on pouvait, à la rigueur, dire qu'il y avait là une sorte de forfait. Le système du Code de commerce ne peut plus même s'expliquer par une idée de ce genre, puisqu'on s'attache, pour en prendre la moitié, à la valeur du navire au port de déchargement, c'est-à-dire à la valeur du navire diminué par suite du voyage. Il y a là une faveur non justifiée faite au propriétaire du navire; il ne contribue pas, en réalité, en proportion du profit tiré par lui du sacrifice ou de la dépense. Cette faveur tourne au préjudice des propriétaires des marchandises qui ont à payer la part dans l'avarie commune que supporte en moins le propriétaire du navire. Les motifs parfois allégués pour défendre le système du Code de commerce ne sont nullement décisifs. On a dit notamment qu'il fallait se montrer favorable au capitaine, souvent propriétaire ou copropriétaire du navire, qui a le mérite de concevoir et d'exécuter la mesure de salut, et ne pas le décourager de se résoudre à un sacrifice volontaire. On a justement répondu que les capitaines n'ont pas besoin d'être excités à se débarrasser d'un excès de charge et que, le plus souvent, ils sont déjà trop enclins à donner à des pertes fortuites le caractère de sacrifices volontaires. Valin déclarait « qu'il « n'y a rien de plus juste que cette contribution de deux objets « réunis, pour moitié », et il défendait le système de l'Ordonnance en disant qu'il y avait un forfait relativement aux dépenses de navigation supportées par le fret et au *dépérissement* du navire causé par le voyage (1). Ces explications n'étaient pas exactes; car il est rare, comme cela a été dit plus haut, qu'un navire perde en un seul voyage la moitié de sa valeur: elles sont surtout inadmissibles sous l'empire du Code de commerce, qui s'attache à la valeur du navire *au port d'arrivée* (2).

(1) V. le passage de Valin cité au n° 954.

(2) M. de Courcy critique vivement la loi française (*Questions de Droit maritime*, 1re série, p. 229 et suiv.). Il constate qu'elle aboutit parfois à des conséquences véritablement révoltantes; elles se produisent spécialement quand la cargaison se compose de marchandises de peu de valeur. Voici ce que suppose à cet égard M. de Courcy : un navire valant avec son fret 100.000 francs a un chargement de charbon ou de minerai de fer d'une valeur de 5.000 francs. Après le sacrifice de la mâture et des réparations dispendieuses faites à l'étranger, on constate une avarie commune

Aussi le système du Code de 1807 était-il repoussé par le projet de 1867 qui admettait (art. 413 et 414) que le propriétaire du navire devait contribuer en proportion de la valeur du navire au port de déchargement et de la moitié du fret. Le système de notre Code est aussi écarté par le plus grand nombre des législations étrangères V. n° 957.

956. Il est certain que le prix de passage doit, en matière de contribution aux avaries communes, être traité comme le fret et, par suite, être compris dans la masse contribuable pour la moitié de son montant brut. Le prix du passage cesse, en principe, comme le fret, d'être dû en cas de perte du navire (n° 836, V, p. 610). L'avarie commune sauve donc le prix de passage aussi bien que le fret. Le propriétaire doit contribuer, par suite, pour l'un comme pour l'autre, et il serait déraisonnable de le faire contribuer pour ces deux sortes de fruits civils du navire dans des proportions différentes.

956 *bis*. DROIT ÉTRANGER. — La plupart des lois étrangères ont adopté un système différent de celui du Code de commerce français. Mais il s'en faut qu'il y ait uniformité entre elles, surtout en ce qui concerne la contribution du fret. En *Grande-Bretagne*, le navire contribue d'après sa valeur au port de destination, et le fret pour son montant brut, déduction faite des dépenses que la perte du navire aurait épargnées (1). Aux *États-Unis d'Amérique*, le navire contribue aussi en proportion de sa valeur à l'arrivée (2); mais, d'après les usages, on fait une déduction à forfait d'une certaine portion du fret pour fixer sa part contributive; ainsi, dans les États de *New-York*, de *Virginie*, de *Californie*, etc., le fret contribue pour moitié; dans les

du chiffre de 55.000 francs. Si le règlement a eu lieu en France, le capital contribuable sera de 55 000 francs c'est-à-dire précisément égal à l'avarie. Le taux de la contribution sera de 100 0/0 pour le chargeur qui perdra tout et ne profitera ainsi nullement du sacrifice, tandis que le propriétaire du navire ne supporte, en réalité, l'avarie commune que pour 50 0/0 des valeurs lui appartenant. M. de Courcy (*loc. cit.*) ajoute même : « J'ai vu « mieux, et plus d'une fois j'ai vu des taux de contribution qui dépassaient « 100 0/0 pour les chargeurs ».

(1) Abbott, *Law of merchant ships and seamen*, part. VI, n° 527 ; Lowndes, *op. cit.*, §§ 69 et 75.

(2) Dixon, *Law of shipping*, p. 519 et suiv.

États de Massachusetts, de *Pensylvanie* et de *Louisiane*, il contribue pour les deux tiers (1). Le Code *allemand* admet la contribution du navire pour sa valeur à l'arrivée (art. 717), celle du fret pour les deux tiers du montant brut acquis, mais il réserve aux législations particulières des divers Etats de réduire les deux tiers à la moitié (art. 721). La loi *belge* du 21 août 1879 décide que le navire contribue pour sa valeur au lieu de déchargement et le fret pour la moitié de son montant (art. 150 et 155). Ce dernier système est aussi celui du Code de commerce *espagnol* (art. 854), des Codes maritimes *finlandais* (art. 146), *suédois, danois, norvégien* (articles 207, 208 et 211) et *japonais* (art. 639 et 640). Les Codes *italien* (art. 647), *roumain* (art. 659) et *portugais* (art. 636) ont, pourtant, consacré les règles du Code français.

Les règles d'York, d'Anvers et de Liverpool (art. xvii) ont adopté le système anglais (2).

957. Le seul fret soumis à contribution est celui qui était en risque lors du sacrifice et qui a été sauvé grâce à lui. En conséquence, le fret déjà acquis au moment du sacrifice par suite du débarquement des marchandises, n'est pas à comprendre dans la masse contribuable (3).

958. *Cas où le fret est stipulé non restituable ou payable à tout événement.* — Le propriétaire du navire doit contribuer certainement en proportion de la valeur de la moitié du navire et de la moitié du

---

(1) Dixon, *op. cit*, p. 522 et suiv.

(2) La règle XVII est ainsi conçue : *La contribution à l'avarie commune sera établie sur les valeurs réelles des propriétés à la fin de l'expédition, en y ajoutant le montant bonifié en avarie commune pour les objets sacrifiés. — Du fret et du prix de passage en risque pour l'armateur seront déduits les frais de port et les gages de l'équipage qui n'auraient pas été encourus si le navire et la cargaison s'étaient totalement perdus au moment de l'acte d'avarie commune ou du sacrifice (1), mais pour autant seulement qu'ils n'auront pas été bonifiés en avarie commune. — De la valeur des propriétés seront également déduits tous les frais y relatifs devant l'événement qui donne ouverture à l'avarie commune, mais pour autant seulement qu'ils n'auront pas été bonifiés en avarie commune.*

(3) Arth. Desjardins, IV, nº 1062, p. 463 ; de Valroger. IV, nº 2182.

(1) Aix, 23 février 1905, *Revue intern. du Droit marit.*, XX, p. 704 ; *Journal de jurisprud. de Marseille*, 1906. 1. 74.

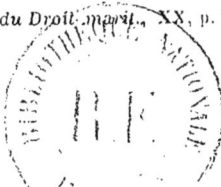

fret quand il est exposé à perdre le fret en cas de perte du navire et
des marchandises, ce qui, d'après l'article 302, C. com., est le cas
normal, c'est-à-dire le cas qui se présente en l'absence de toute convention spéciale. V. n°ˢ 766 et suiv.

Mais la solution doit-elle changer ou le propriétaire a-t-il à contribuer pour le fret en proportion de la moitié de son montant, même
quand le fret a été stipulé payable à tout événement ou non restituable ?

Selon nous, le propriétaire du navire n'a pas à contribuer pour la
moitié du fret lorsque celui-ci est non restituable ou payable à tout
événement ; il contribue seulement alors pour la moitié de la valeur
du navire (1). Chaque intéressé doit contribuer en proportion du
profit réalisé par lui. Or, le sacrifice ou la dépense n'a été dans
l'espèce la cause d'aucun profit quant au fret pour le propriétaire
du bâtiment ; en vertu de la convention, le fret eût été payé ou n'eût
pas été restitué même en cas de perte du navire. Ce n'est pas à dire
qu'en pareil cas, le fret ne figure pas dans la masse contribuable. Il
y figure et cela pour le tout comme compris dans la valeur des marchandises (2). Quand le fret est exposé à être perdu, on le déduit de
la valeur des marchandises soumises à contribution (n° 950), parce
que jusqu'à concurrence du montant du fret, le propriétaire des marchandises soumises à contribution n'a pas tiré profit de l'avarie commune ; sans le sacrifice ou la dépense, elles auraient péri, et le fret
n'aurait pas été dû pour elles. Au contraire, en cas de fret, payable à
tout événement ou non restituable en cas de perte, le sacrifice profite au propriétaire des marchandises soumises à contribution, en ce
que celui-ci échappe au préjudice résultant de l'obligation de payer
le fret pour des marchandises qui, ayant péri, n'auraient pas été délivrées à destination. Ainsi, les résultats suivants sont produits : le fret
figure bien dans la masse contribuable comme lorsqu'il est en risque
pour l'armateur, mais il y figure pour le tout et dans le but de fixer la
part contributive du propriétaire des marchandises, non celle de l'armateur. Par suite, le total de la masse contribuable est augmenté de

_____

(1) De Valroger, IV, n° 2184. V. l'arrêt cité à la note suivante.
(2) Trib. comm. Rouen, 18 avril 1890 ; Aix, 20 juin 1898, *Revue intern. du
Droit marit.*, VI, p. 42 ; XIV, p. 345.

la moitié du fret ; en outre, la part contributive de l'armateur, calculée seulement en proportion de la moitié de la valeur du navire, est moindre, tandis que celle du propriétaire des marchandises est plus grande. Ces résultats se justifient aisément. Aucune disposition légale n'autorise à ne faire figurer le fret que pour moitié lorsqu'étant en risque pour le propriétaire des marchandises, le fret est compris dans la masse contribuable pour fixer la part contributive de celles-ci. Au reste, l'idée de dépenses qu'on a faites et qu'on aurait évitées en cas de perte, ne peut être invoquée dans ce dernier cas pour ne tenir compte du fret que pour moitié ; c'est l'armateur qui supporte ces dépenses ; elles ne sont nullement à la charge des propriétaires de marchandises. Par cela même que la clause de paiement du fret à tout événement diminue les risques pour l'armateur et les augmente pour le propriétaire des marchandises, il est juste et conforme aux principes formant la théorie des avaries communes, que, par suite de l'existence de cette clause, les éléments entrant dans la masse contribuable diminuent pour le premier et augmentent pour le second

On soutient, dans une opinion tout opposée, que la composition de la masse contribuable et, par suite, le total ne sont, en rien, modifiés par la clause de non-restitution du fret en cas de perte ou de paiement du fret à tout événement. La règle, selon laquelle le propriétaire du navire doit contribuer en proportion de la moitié de la valeur du navire prise au port de déchargement et de la moitié du fret, consacre, dit-on, un forfait dans lequel le navire et le fret sont identifiés et solidarisés. Cela donne à l'obligation de l'armateur de contribuer au fret le caractère d'une indivisibilité *solutione* ; cette indivisibilité empêche qu'on ne puisse déplacer les éléments contribuables. Du reste, une dérogation à la règle générale ne pourrait s'induire que d'une stipulation claire ; celle qui se borne à déclarer le fret payable à tout événement, ne vise nullement la question de contribution (1).

(1) Trib. comm. Marseille, 10 déc. 1867 ; Trib. comm. du Havre, 11 juill. 1882, *Journal de jurisprud. de Marseille*, 1868. 1. 62 ; 1882. 2. 208 ; Bordeaux, 2 juin 1869, D. 1870. 2. 36 ; Bordeaux, 4 avr. 1892, D. 1894. 2. 108 ; *Revue intern. du Droit marit.*, 1892-93 p. 41 ; *Journal de jurisprud.*

On oublie, en faisant valoir ces raisons, qu'une convention doit produire, outre les effets mêmes qu'elle vise expressément, ceux qui en sont une suite naturelle et logique. Dès que le fret est non-restituable ou payable à tout événement, il est en risque pour l'affréteur, non pour l'armateur ; c'est donc le premier, non le second, qui profite du sacrifice, et il y aurait injustice à ne pas faire contribuer l'affréteur de ce chef. Si les parties veulent écarter cette conséquence logique de leur convention, c'est à elles à l'indiquer. Elles peuvent toujours le faire ; aucune disposition légale n'est en cette matière impérative (art. 398, C. com.). V. n° 966. Il est vrai qu'à raison de l'espèce de forfait établi par le Code de commerce pour la contribution de l'armateur, celui-ci est très avantagé s'il ne contribue que pour la moitié de la valeur du navire. Mais il l'est même lorsqu'il contribue en sus en proportion de la moitié du fret. Il n'est pas étonnant que la stipulation qui empêche le fret d'être en risque pour lui, rende sa situation meilleure encore. Il ne sert de rien de parler d'une obligation indivisible pour l'armateur envers l'affréteur. Il est vrai qu'en principe, l'armateur doit une contribution pour le navire et pour le fret et qu'il ne peut se libérer qu'en payant la part contributive afférente à l'un et à l'autre. Mais on ne saurait nier que la convention contraire est possible : l'article 398, C. com., indique que les règles légales ne sont applicables qu'autant que la convention des intéressés n'y déroge pas. Les conventions tacites ont la même force que les conventions expresses. Dans notre espèce, la convention tacite imposant à l'affréteur l'obligation de contribuer pour le fret et en dispensant l'armateur, se déduit de la stipulation de non-restitution ou de paiement du fret à tout événement, combinée avec les principes généraux sur la contribution aux avaries communes.

Une opinion intermédiaire a été défendue. D'après elle, l'unique effet de la stipulation dont il s'agit serait de faire changer la place du fret dans la contribution des intéressés, de telle sorte que le chargeur contribuerait aux lieu et place de l'armateur *pour la moitié du*

de *Marseille*, 1893. **2**. 155 ; Trib. comm. Bordeaux, 29 juin 1908, *Revue intern. du Droit marit.*, XXIV, p. 233. Un pourvoi en cassation formé contre ce dernier jugement a été admis par la Chambre des Requêtes le 20 octobre 1909.

fret, tandis que l'armateur ne contribuerait que pour la moitié de la
valeur du navire. Avec ce système, le total de la masse active n'est
pas changé; il est identique, que le fret soit en risque pour l'armateur ou pour l'affréteur. C'est même là aux yeux de ses partisans ce
qui doit recommander ce système (1). Ce système, sans doute, ne
méconnaît pas l'idée selon laquelle l'armateur ne doit pas contribuer
à raison d'un fret qu'il n'est pas exposé à perdre ; mais il tombe dans
l'arbitraire, en déduisant de la valeur brute des marchandises à
destination la moitié du fret y afférent. Le fret entier est en risque
pour l'affréteur, quand il est stipulé payable à tout événement
ou non restituable. Il n'y a, comme cela a été dit plus haut,
aucune raison pour ne faire contribuer le propriétaire des marchandises que pour la moitié du fret sauvé pour lui en totalité grâce
à l'avarie commune.

958 bis. Droit étranger. — L'opinion, selon laquelle le propriétaire du navire n'a pas à contribuer en proportion du fret quand
celui-ci n'est pas en risque pour lui, était adoptée par le projet
de 1867 (art. 414); elle est consacrée expressément par de nombreuses lois étrangères (2) et admise par le droit coutumier de la
Grande-Bretagne (3) et des *États-Unis d'Amérique* (4).

959. Souvent, c'est une partie seulement du fret qui est
avancée et stipulée non restituable, ce n'est pas le fret entier.
Alors, ce qui vient d'être dit n'est applicable qu'à la portion avancée, c'est-à-dire que le propriétaire du navire ne contribue pas pour
la moitié de cette portion et que celle-ci n'est pas déduite de la
valeur des marchandises prises au port de déchargement. Pour l'excédent du fret, le propriétaire du navire contribue à raison de la
moitié de son montant, conformément au principe général. et cet
excédent est à déduire de la valeur des marchandises.

960. Il est fréquent qu'un navire soit affrété à la fois pour l'aller

(1) Arth. Desjardins, *Traité de Droit commercial et maritime*, IV,
n° 1062. p. 463.
(2) Loi *belge* du 21 août 1879, art. 150 et 152; Codes de commerce *italien*, art. 654, 2° alin.; *roumain*, art. 66, 2° alin.; Codes maritimes *suédois, danois* et *norvégien*, art. 210.
(3) Lowndes, *op. cit.*, n° 74.
(4) Desty, *op. cit.*, n° 296.

et pour le retour. A raison de quoi le fret contribue-t-il alors, soit
que l'avarie commune se produise durant le voyage d'aller, soit
qu'elle se produise pendant le voyage de retour? Il faut, pour résoudre cette question, distinguer selon qu'un fret est payable distinctement pour chaque voyage ou qu'il a été convenu que le fret ne serait
dû qu'au retour en cas d'heureuse arrivée. Dans le premier cas, le
fret soumis pour la moitié à contribution est celui afférent au voyage
dans lequel s'est produite l'avarie commune. Dans le second cas, le
fret entier contribue à raison de la moitié de son montant, si l'avarie
a eu lieu dans le voyage de retour; car, sans l'avarie commune,
aucune partie du fret n'aurait été due ; mais il n'est point dû de contribution pour le fret quand il y a eu avarie commune dans le voyage
d'aller; alors, en effet, l'avarie n'a sauvé aucune partie du fret, puisque rien ne sera dû sur le fret, même pour l'aller, si le navire périt
pendant le voyage de retour (1).

961. Lorsque l'avarie commune concerne le navire, il y a lieu de
faire figurer la valeur des objets sacrifiés, des dépenses faites ou à
faire pour les réparations, dans la masse contribuable comme dans
la masse active. Autrement, les objets sacrifiés ou la valeur du navire
qui correspond au dommage souffert seraient seuls exempts de la
contribution. Telle est la raison qui justifie la contribution due par
les marchandises sacrifiées (nº 912) (2). Mais, de ce chef, la contribution est-elle due pour moitié seulement comme pour le navire
lui-même? La question est discutée. On a soutenu, d'un côté, qu'il
faut joindre à la moitié de la valeur du navire à l'état d'avarie au port
de reste le montant intégral des dépenses faites ou à faire pour les
réparations. En faveur de cette doctrine, on a dit que, dans le cas
où les réparations ne sont pas encore faites lors du règlement, il n'y
a aucune raison de texte pour faire contribuer le navire pour la moitié de sa valeur et seulement pour la moitié des réparations à faire,

---

(1) Govare, *op. cit.*, nº 15, p. 161 et suiv. : Arth. Desjardins, IV, nº 1062,
p. 465.
(2) Le Code de commerce *allemand* (art. 729 2°) consacre expressément
cette solution, en disposant que le navire contribue « 2° à raison du dom-
« mage qu'il a éprouvé avec ses agrès et apparaux et qui entre en ligne
« de compte comme avarie grosse ».

puisque, d'après l'article 417, C. com., c'est uniquement pour le navire et pour le fret que la contribution est réduite à moitié ; que la même solution doit évidemment être donnée lorsque les réparations ont eu lieu avant l'arrivée au port de reste, la date à laquelle elles sont faites ne pouvant faire varier la part contributive du navire (1).

Selon nous, au contraire, le montant des réparations classées en avaries communes ne doit contribuer que pour moitié (2). On peut d'abord en quelque sorte retourner l'argument produit dans le sens de l'opinion opposée. Lorsque les réparations de l'avarie commune ont été faites avant l'arrivée au port de reste, on ne se conforme pas à la loi (art. 417, C. com.), si l'on ne prend pas la moitié de la valeur du navire y compris les réparations. Or, ainsi qu'on le fait observer dans la doctrine contraire, on ne peut admettre deux solutions variant avec le moment où les dommages constituant des avaries communes ont été réparés. Du reste, on arrive autrement à une véritable anomalie ; on impose au propriétaire du navire une contribution plus forte, quand ce sont ses propres biens qui ont été sacrifiés, que dans celui où ce sont les marchandises des chargeurs. En effet, qu'on suppose un jet d'agrès de 10.000 fr., fait d'un navire qui sans avarie eût été estimé 30.000 fr. et qui, par suite de l'avarie, ne peut l'être que pour 20.000 fr. Ce navire contribuerait pour la moitié, soit 10.000 fr., qu'on augmenterait des 10.000 fr., montant de la valeur des agrès sacrifiés, de telle sorte que le navire contribuerait au total à raison de 20.000 fr. S'il y avait eu seulement un jet de marchandises, la contribution ne serait due qu'à raison de la moitié de la valeur du navire, soit 15.000 fr.

962. A la différence des dommages subis par le navire ou par des marchandises de la cargaison, les dépenses extraordinaires n'ont évidemment pas à figurer dans la masse contribuable. Leur exclusion de cette masse n'a pas pour conséquence de placer dans une situation privilégiée le propriétaire du navire qui a fait ces dépenses, il y

---

(1) Morel, *op. cit.*, p. 244.

(2 Rouen, 6 fév. 1843, *Journal Pal.*, 1843, p. 657. — Bordeaux, 15 mai 1866, Cass., 18 déc. 1867, D. 1868. 1. 145. — J.-V. Cauvet, *op. cit.*, n° 426, p. 237 et 238 ; de Valroger, V, n° 2182 ; Arth. Desjardins, IV, n° 1061.

a contribué en proportion de la moitié de la valeur du navire et de la moitié du fret. C'est là un des points de vue auxquels, en dehors de toute assurance maritime (1) (n° 862), il importe de distinguer les avaries-frais des avaries-dommages (2).

963. *Frais du règlement et autres frais accessoires.* — La confection d'un règlement d'avaries entraîne généralement avec elle des frais divers ; car des hommes spéciaux sont désignés non seulement pour dresser le règlement, mais encore parfois pour procéder à l'évaluation du navire et des marchandises (3). Ces frais sont évidemment des accessoires des avaries communes et, comme tels, ils doivent être compris dans la masse active, afin d'être répartis proportionnellement entre les intéressés comme les avaries communes elles-mêmes.

Il en est de même des frais faits pour se procurer l'argent nécessaire aux dépenses constituant des avaries communes (primes d'emprunts à la grosse, frais de négociation de lettres de change, etc ..) et des pertes pouvant s'y rattacher (ventes à perte de marchandises, par exemple) (4).

964. Après que les deux masses active (ou créancière) et passive (ou contribuable) ont été formées suivant les règles précédentes, le règlement d'avaries fait la répartition entre les divers intéressés. Pour cela, il n'y a qu'à faire une règle de proportion. Si, par exemple, le montant de la masse des avaries communes à répartir est de 20.000 fr. et si la masse contribuable a une valeur totale de 200.000 fr., chaque élément de cette dernière masse contribue pour 10 0/0 de sa valeur fixée conformément aux règles précédentes.

Il ne faut pas oublier qu'il y a des décomptes à opérer pour ceux qui sont en même temps créanciers et débiteurs, qui ont à recevoir

---

(1) Au point de vue des assurances maritimes, la distinction a quelque intérêt pratique. V. n° 1301.

(2) Frémery, *Etudes de Droit commercial*, p. 242, note 1.

(3) Trib. comm. d'Anvers, *Revue intern. du Droit marit*, 1889-90, p. 110.

(4) V., sur ces points, des dispositions expresses dans les Codes de commerce *hollandais*, art. 699 19°; *italien*, art. 643 18° et 19° *espagnol*, art 811 12° ; Codes maritimes *finlandais*, art. 134 ; *suédois, danois* et *norvégien*, a t. 188 18°.

en même temps qu'ils doivent contribuer. Il en est ainsi des propriétaires des marchandises sacrifiées et du propriétaire du navire qui
a subi des dommages constituant une avarie commune On dit de
ces personnes qu'elles font confusion sur elles-mêmes pour la part
de l'avarie commune qui ne leur est pas remboursée, parce qu'elle
représente leur propre contribution (n° 942).

965. *Insolvabilité des contribuables.* — Les différents contribuables ne sont pas tenus solidairement ; chacun n'est, en principe,
tenu de payer que la part mise à sa charge par le règlement. La solidarité, qui, d'après l'usage, est de droit commun en matière commerciale (1), est implicitement exclue par les dispositions légales
fixant la part de chaque contribuable. Toutefois, d'après un usage
très ancien, les contribuables sont considérés comme se garantissant réciproquement leur solvabilité. La part afférente à un contribuable est. quand il ne peut pas la payer, répartie entre les autres
contribuables au *prorata* de leur intérêt (2). L'insolvabilité est en
quelque sorte un risque accessoire des avaries communes. A cet
égard, la même règle s'applique que s'il y avait solidarité entre les
contribuables.

966. Dérogations aux dispostions légales sur les avaries
communes. — Les règles relatives aux avaries communes et à la
contribution sont-elles d'ordre public, de telle façon qu'il ne puisse
y être dérogé par des clauses des chartes-parties ou des connaissements ? L'article 398, C. com , touche à cette question en disposant
que : à *défaut de conventions spéciales entre toutes les parties*, les
avaries sont réglées conformément aux dispositions ci-après. Cette
disposition implique, tout au moins, que les intéressés peuvent, par
une convention préalable, faire dépendre le classement des avaries
en avaries communes de conditions différentes de celles déterminées
par le Code de commerce, ou modifier les règles de la contribution.
C'est ainsi qu'assez souvent, il est stipulé, dans les chartes-parties ou
dans les connaissements, que les avaries communes seront réglées

(1) V. *Traité de Droit commercial*, III, n° 38.
(2) Valin, sur l'article 7, livre III, titre VIII de l'Ordonnance de 1681 ;
Emérigon, *op. cit* , chap. XII, sect. 43, § 7. — Frémery, *op. cit* , p. 227.
V. pourtant Morel, *op. cit.*, p. 258.

d'après le système de telle ou telle législation étrangère, d'après les usages du Lloyd anglais ou d'après les règles d'York et d'Anvers (1). Mais une pareille clause ne peut avoir un plein effet qu'autant qu'elle a été acceptée par tous les intéressés. Autrement elle ne peut valoir que dans les rapports entre le capitaine et ceux qui l'ont acceptée (art. 1165, C. civ.) (2).

Les intéressés peuvent-ils aller jusqu'à convenir qu'il n'y aura pas de contribution aux avaries communes, que chaque partie supportera seule les pertes qu'elle aura éprouvées ou les dépenses qu'elle aura faites dans l'intérêt commun? On a soutenu la nullité d'une pareille clause (3), en alléguant qu'elle nuit aux intérêts de la navigation, parce qu'elle dispose le capitaine à sacrifier toujours de préférence la cargaison. Mais il n'y a là qu'une simple considération; elle ne saurait prévaloir contre la disposition de l'article 398, qui semble autoriser, sans aucune distinction, toutes les dérogations aux règles du Code de commerce sur les avaries communes. Les termes de l'article 398 sont très généraux et il précède immédiatement l'article qui fait la division des avaries en avaries particulières et en avaries communes (art 399). D'ailleurs, c'est aux intéressés à peser les avantages et les inconvénients que présente, pour eux, une pareille clause. Son annulation serait d'autant plus exorbitante que le plus souvent une réduction du fret compense le désavantage ou le danger qu'elle présente incontestablement pour ceux auxquels appartient la cargaison (4).

---

(1) Cass., 2 avr. 1872, D. 1873. 1. 132. Trib comm. Rouen, 18 avr. 1890, *Revue intern. du Droit marit.*, 1890-91. p. 42.

(2) Trib. comm. du Havre, 4 juin 1890, *Revue intern. du Droit marit.*, 1890-91, p. 166 ; Trib. comm. Rouen, 18 avr. 1890, *Revue intern. du Droit marit.*, 1890 91, p. 662 ; Trib. comm. Rouen, 2 août 1891, *le Droit*, n° des 14-15 sept. 1891.

(3) Trib. comm. Marseille, 13 déc. 1861, *Journal de Marseille*, 1862. 1. 7 (Ce jugement a été infirmé par un arrêt de la Cour d'Aix mentionné dans la note suivante). — Govare, *op. cit.*, n° 20 p. 192.

(4) En ce sens, Aix, 30 janv. 1862, *Journal de Marseille*, 1862. 1. p. 9 et suiv. (cet arrêt infirme le jugement rapporté à la note précédente). V. aussi Marseille, 7 fév. 1878, 13 nov. 1883, *Journal de Marseille*, 1878. 1. 98 ; 1884. 1. 45. Des jugements antérieurs du tribunal de commerce de Marseille avaient déjà admis la doctrine consacrée par la Cour d'Aix en

967. *Formes des règlements d'avaries.* — Les parties peuvent, en principe, faire procéder au règlement des avaries communes où bon leur semble et par des experts choisis par elles (art. 398, C. com.). Mais un règlement purement amiable a l'inconvénient n'être opposable qu'à ceux qui ont consenti à ce qu'il y fût procédé (art. 1165, C. civ.) ; aussi, quand il existe des assurances, faut-il que les assureurs y soient appelés ou y consentent, si les intéressés ne veulent pas courir le risque grave de voir le règlement méconnu par eux. La loi elle-même a pris soin de déterminer les formes du règlement d'avaries communes et le lieu dans lequel il doit être dressé pour être opposable à tous les intéressés, même aux assureurs, à défaut de conventions admettant le règlement amiable ; ces conventions sont fréquentes (1) (art. 414 et 416).

Le capitaine a la mission, comme représentant les divers intérêts engagés dans l'expédition, de faire nommer par l'autorité compétente des experts (*dispacheurs*) (n° 932), chargés de dresser le règlement (2). Si le capitaine néglige de remplir cette obligation, les autres intéressés (propriétaire du navire, affréteur ou destinataire) peuvent poursuivre la confection du règlement, mais le capitaine peut être déclaré responsable de sa négligence à le faire dresser (3).

1862 : Marseille, 15 mai 1820, *Journal de Marseille*, 1820. 1. 209 ; 24 nov. 1853, même recueil 1862. 1. 5 et 6 (en note). — Arth. Desjardins, IV, n° 958 ; de Valroger, V. n° 1985. J.-V. Cauvet, *op. cit.*, I, p. 80 et suiv., n° 339. Cet auteur insiste en faveur de notre doctrine sur ce que l'obligation de contribuer aux avaries communes dérive du contrat d'affrètement et non de l'équité. Nous sommes, sur le fondement de la théorie des avaries communes, d'un avis tout opposé. Néanmoins, nous sommes d'accord avec M. J.-V. Cauvet, sur la faculté pour les intéressés d'exclure complètement les avaries communes. Cela montre que, pour la solution de notre question, l'idée générale à laquelle on rattache cette théorie est indifférente. Quelle que soit cette idée générale, l'argument tiré de l'article 398, C. com., a toute sa force et, du reste, aucun principe de droit ne s'oppose à ce que les parties intéressées excluent par une convention volontaire l'application de règles d'équité.

(1) Bordeaux, 27 mai 1885, *Revue intern. du Droit marit.*, 1885-86, p. 594.

(2) Il y a, dans les principaux ports de mer, auprès des tribunaux de commerce, des experts auxquels ils renvoient d'ordinaire les règlements d'avaries à faire. Cpr. art. 729, C. allemand.

(3) L'article 728 du Code de commerce *allemand* consacre expressément ces règles.

968 *Où se fait le règlement.* — Le règlement se fait, sauf convention contraire, dans le lieu du déchargement ; c'est, en effet, là que sont, en général, les principaux intéressés et qu'on a les éléments nécessaires pour le dresser. Le lieu du déchargement est celui de la destination, à moins que, par suite d'un accident, le navire n'ait été arrêté en cours de voyage et qu'on n'ait pu trouver un autre bâtiment pour achever le transport des marchandises (1). Le retrait des marchandises opéré volontairement par le chargeur ou fait d'un commun accord entre lui et le capitaine, ne peut changer le lieu de la confection du du règlement, en ce sens que le règlement opéré dans le lieu où les marchandises ont été, en fait, déchargées, ne serait pas opposable à ceux qui n'y auraient pas consenti (2). Mais rien n'empêche tous les intéressés de convenir entre eux que le règlement d'avaries se fera ailleurs qu'au port de déchargement, et il est fait souvent usage de cette faculté. La règle posée par le Code de commerce à cet égard n'est pas plus impérative (3) que les autres règles concernant les avaries (art. 398, C. com.).

969. *Par qui sont nommés les experts dispacheurs.* — La nomination des experts chargés de dresser le règlement est faite, à défaut de convention contraire, en France par le Tribunal de commerce, ou, à défaut, par le juge de paix du port de déchargement ; en pays

(1) Quand la cargaison a pu être transbordée sur un autre navire, le lieu du déchargement et, par suite, du règlement est celui où cet autre navire les conduit : Trib. comm. Marseille, 20 juin 1878, *Journal de Marseille*, 1878. 1. 200. — Cette solution était celle qu'admettait Valin sur l'article 6, livre III, titre 8 de l'Ordonnance de de 1681. Il disait, à propos de la règle selon laquelle l'état des pertes et dommages devait se faire dans le lieu de la décharge du bâtiment : « Que ce soit le port de la destination « ou tout autre où il y aura nécessité de faire le déchargement du navire, « ce qui ne peut arriver, toutefois, qu'au cas que le navire n'ait pu être « radoubé pour continuer sa route et qu'en même temps il ne soit pas « trouvé d'autre bâtiment que pour porter les marchandises à leur desti- « nation ».

(2) Marseille, 20 juin 1878, *Journal de Marseille*, 1878. 1. 200.

(3) Bordeaux, 21 janv. 1875, D. 1876. 5. 48 ; Bordeaux, 23 nov. 1885, *Revue intern. du Droit marit.*, 1886-87, p. 16 ; Trib. comm. Marseille, 16 sept. 1890, *Revue intern. du Droit marit.*, 1890-91, p. 565. — V. aussi Trib. comm. Marseille, 18 août 1887, *Revue intern. du Droit marit.*, 1887-88, p. 320.

étranger, par le consul de France, et, à son défaut, par le magistrat du lieu (art. 414, C. com.). Les articles 28 et 29 de l'Ordonnance du 29 octobre 1833 *sur les rapports des consuls avec la marine marchande* prescrivent les règles à suivre par nos consuls en cas de règlement d'avaries.

970. Ces règles de compétence, quant à l'autorité chargée de nommer les experts dispacheurs, s'appliquent aisément quand les intéressés sont tous de nationalité française. Mais il n'en est pas toujours ainsi ; parfois ils sont tous des étrangers ou il y a parmi eux des étrangers et des Français. Il va de soi que l'on ne peut obliger les étrangers, à moins qu'une exception ne résulte de conventions diplomatiques, à accepter la compétence du consul de France (1). Il faut alors s'adresser au magistrat du lieu (2).

971. Mais cela ne tranche pas la question de savoir quel est l tribunal compétent pour statuer sur les contestations auxquelles peu donner lieu le règlement d'avaries. Il y a là des actions personnelle puisqu'elles sont relatives à une question d'obligation. Aussi pou rait-on croire qu'il faut appliquer la règle *actor sequitur foru rei*, sauf l'exception qu'y apporte l'article 14, C. civ., pour le cas où l demandeur est Français et le défendeur étranger. Mais l'attributio de compétence faite, pour la nomination des experts (3), au consu ou au magistrat du lieu de déchargement, doit faire supposer que l législateur a entendu reconnaître aussi, sauf convention contraire compétence au tribunal de ce lieu pour les procès qui peuven naître entre les intéressés. Au surplus, n'est-ce pas ce tribunal qu est le mieux à même de connaître les faits dont l'examen est néces saire pour rendre une décision éclairée ?

---

(1) Mais les intéressés même étrangers pourraient accepter la compétenc d'un consul français. Cela résulte de la liberté des conventions admise e cette matière par toutes les législations comme par la nôtre (art. 398 C. com.). Il resterait seulement à déterminer en pareil cas si le règlemen d'avaries est opposable aux tiers, spécialement aux assureurs, alors mêm qu'ils n'auraient pas consenti à l'intervention du consul français.

(2) V. Arth. Desjardins, IV, n° 965.

(3) V. pour l'homologation du règlement, ci-après, n° 972.

(4) V. Arth. Desjardins, IV, n° 965. Cpr. Cass., 28 août 1866 ; Cass. 2 avr. 1884, D. 1884. 1. 449.

Des auteurs qualifient de *réelle* l'action en règlement (4). Il y aurait
là, si l'on prenait cette expression dans son sens ordinaire, une
véritable erreur, puisque l'action en règlement ne tend pas à la
reconnaissance d'un droit réel. La qualification dont il s'agit n'est
exacte qu'en tant qu'on veut indiquer, en l'employant, que l'obligation de contribuer aux avaries ne peut dépasser, pour chacun de ceux
qui en sont tenus, la valeur des choses à raison desquelles ils contribuent (1). Mais cette limitation n'empêche pas que l'action ne soit
personnelle, en ce sens qu'elle tend à faire reconnaître l'existence
d'une obligation à la charge de ceux qui ont à contribuer aux avaries communes.

972. *Exécution du règlement. Homologation.* — Une fois que
la répartition des pertes a été faite par les experts, le règlement ne
peut pas être, par cela seul, exécuté contre tous les intéressés : il
faut qu'il soit revêtu de l'homologation de l'autorité qui a nommé
les experts (art. 416, C. com.).

Le règlement ainsi opéré n'a évidemment pas l'autorité de la chose
jugée, car il ne statue pas sur une contestation entre les intéressés ;
c'est un acte de juridiction gracieuse que fait l'autorité compétente,
soit en nommant les dispacheurs, soit en accordant son homologation au règlement d'avaries (2). Chaque contribuable a la faculté de
contester le règlement, en s'opposant à l'homologation.

Voici comment le plus ordinairement les choses se passent quand
il n'y a pas de stipulations spéciales. A son arrivée au port de reste,
le capitaine dépose son rapport de mer (nos 605 et suiv.), et, s'il
croit qu'il y a des avaries à faire classer en avaries communes,
il signifie ce rapport aux réclamateurs des marchandises. Il peut
alors intervenir entre les intéressés un règlement amiable. Mais, à
défaut de règlement amiable, le capitaine assigne les réclamateurs
pour voir nommer un dispacheur par le tribunal ou par le cnosul et
voir dire que tel dommage ou telle dépense sera classé en avarie

---

(1) Cpr. Aix, 23 déc. 1902, *Revue intern. du Droit marit.*, XVIII,
p. 525 ; *Journal de jurisprud. de Marseille*, 1903. 1. 117. V. ce qui est
dit plus loin (n° 975) de l'action en contribution.

(2) Au reste, sauf dans les pays d'Orient, les consuls n'ont pas de juridiction contentieuse.

commune. Une fois le règlement dressé, le capitaine assigne à nouveau ses réclamateurs pour faire homologuer le règlement qui devient
exécutoire. Les destinataires ont un représentant au lieu de reste ou
se font représenter par des commissionnaires porteurs des connaissements. Tout intéressé peut former opposition à l'homologation.
La question litigieuse doit alors être portée devant le tribunal
compétent (nº 971).

973. Quand un règlement d'avaries communes est devenu définitif, soit par l'acceptation de tous les intéressés, soit par l'homologation de l'autorité compétente au port de déchargement, soit enfin, en
cas d'opposition à l'homologation, par un jugement rendu sur les
contestations des intéressés et passé en force de chose jugée, chaque
contribuable doit payer la part contributive qui lui a été assignée.

En principe, ce qui a été payé en vertu du règlement ne peut être
répété. Il y a, cependant, un cas exceptionnel dans lequel une répétition au moins partielle est admise, c'est celui où des objets jetés
sont recouvrés. Ainsi que cela a été dit plus haut (nº 904), ils n'ont
pas cessé d'appartenir à celui qui en était propriétaire lors du jet ;
en conséquence, par suite du recouvrement des objets sacrifiés, il
n'a pas subi la perte à raison de laquelle la contribution a eu lieu.
Aussi, en pareil cas, le propriétaire de ces objets doit-il rapporter
aux intéressés ce qu'il a reçu dans la contribution. Mais, comme les
objets jetés ont été endommagés et que leur recouvrement a occasionné des frais, il y a lieu de procéder à un nouveau règlement
comprenant seulement ces dommages et ces frais (art. 429). Il
va de soi que, si les objets jetés étaient recouvrés avant que le
règlement n'eût été fait ou exécuté, il n'y aurait pas lieu à répétition ; il serait procédé à un règlement ne comprenant que les dommages et les frais de recouvrement et ce règlement recevrait seul
son exécution (1) (2).

(1-2) Cette hypothèse du recouvrement des objets jetés est prévue par la
loi 2, § 7, Dig. (XIV, 2) ; le cas où il a lieu après que le règlement a été
exécuté et le cas contraire y sont très nettement distingués : *Si res quæ
jactæ sunt, apparuerint, exoneratur collatio ; quodsi jam contributio
facta sit, tunc hi, qui solverint, agent ex locato cum magistro, ut is ex
conducto experiatur, et quod exegerit, reddat.* Seulement, le Droit romain

974. DE L'ACTION EN CONTRIBUTION. — Une fois que le règlement est revêtu de l'homologation, celui auquel est due la contribution peut agir pour s'en faire payer le montant contre les divers contribuables. Cette action par laquelle l'exécution du règlement est
réclamée, reçoit le nom *d'action en contribution*. Elle peut être
exercée, non seulement par le capitaine contre un affréteur ou par
un affréteur contre le capitaine, mais encore par l'un des affréteurs
contre chacun des autres affréteurs (n° 870).

Sous ce rapport, la procédure est plus simple qu'elle ne l'était
d'après les règles du Droit romain. L'obligation de contribuer aux
avaries communes était considérée comme dérivant du contrat d'affrètement. Aussi le capitaine avait une action dérivant de ce contrat
contre les affréteurs et chaque affréteur avait une action ayant la
même source contre le capitaine, mais les affréteurs ne pouvaient
pas, par cela même qu'ils n'avaient pas contracté ensemble, agir les
uns contre les autres. Cela conduisait à un circuit d'actions. L'affréteur, dont les marchandises avaient été sacrifiées, ne pouvait agir que
contre le capitaine, sauf à celui-ci à recourir contre les autres affréteurs (1). Pothier reproduit encore ces règles (2). Mais Emérigon,
plus au courant que Pothier de la pratique maritime, après avoir
rappelé les règles du Droit romain, constate qu'elles ne sont plus
observées de son temps (3).

n'admettant pas qu'il y eût des rapports entre les affréteurs (n° 974), ceux
qui avaient payé indûment n'avaient pas d'action contre les autres propriétaires de marchandises ; ils ne pouvaient agir que contre le capitaine
qui agissait à son tour contre celui dont les marchandises avaient été
recouvrées ; c'est ce qu'explique le texte qui vient d'être cité.

DROIT ÉTRANGER — Beaucoup de Codes étrangers prévoient, comme
le Code de commerce français (art. 429), le cas de recouvrement des
marchandises sacrifiées. V. notamment : Codes de commerce *espagnol*
art. 863 et 864; *portugais*, art. 646; *argentin*, art. 1349; Codes maritimes
suédois, *danois* et *norvégien*, art. 149: *japonais*, art. 646.

(1) Dig. Paul, L. 2 pr. (XIV. — 2. *De lege Rhodiâ de jactu*). — *Si labo-
rante nave jactus factus est, amissarum mercium domini, si mercedes
vehendas locaverant, ex locato cum magistro navis agere debent ; is
deinde cum reliquis quorum merces salvœ sunt, ex conducto ut detrimentum pro portione communicetur, agere potest.*

(2) Pothier, *Du contrat de charte-partie*, n° 12.

(3) Emérigon (*Du contrat d'assurance*, chap. XII, sect. 43) s'exprime

975. *Caractère réel de l'action en contribution.* — L'action en contribution est souvent qualifiée d'action *réelle* (1). Cette qualification a ici un sens tout particulier. Sans doute, à prendre les mots dans leur acception ordinaire, il y a là une action personnelle ; elle tend, en effet, à l'exécution d'une obligation, celle de contribuer aux avaries communes (n° 971). Mais cette action a un caractère spécial qui fait dire qu'elle est réelle. Elle s'attache aux objets soumis à contribution. Ceux-ci doivent contribuer en proportion de leur valeur. Aussi l'obligation de contribuer disparaît-elle en cas de perte de ces objets. En outre le montant de la contribution ne peut dépasser la valeur de ceux-ci. Les propriétaires, soit du navire, soit des marchandises, peuvent échapper à cette obligation en faisant abandon des choses à raison desquelles ils doivent contribuer. Cette dernière solution est certaine à raison de l'article 216, C. com., pour le propriétaire du navire. Elle doit être aussi adoptée pour les propriétaires de marchandises : il serait déraisonnable que ceux qui n'ont pas participé au choix du capitaine, fussent tenus plus rigoureusement à raison d'un acte du capitaine que celui qui l'a choisi. V. n° 277 (2).

Au reste, cela cesse d'être vrai à partir du moment où le propriétaire de marchandises les a reçues. Depuis lors, il est tenu sur tous ses biens de payer sa part contributive. La perte des marchandises ne peut pas faire disparaître cette obligation. Il y a eu un fait du propriétaire, la réception des marchandises, par suite duquel il n'a plus la faculté, par l'abandon de celles-ci, de mettre sa fortune de terre à l'abri (3).

ainsi : « Parmi nous, si le capitaine négligeait de requérir la contribution, « elle pourrait être demandée, soit par les armateurs, soit par des char- « geurs particuliers ; car il suffit d'avoir intérêt pour être écouté en « justice ».

(1) C'est la qualification que donnait à l'action en contribution Emérigon (*Traité des assurances*, chap. XII, sect. 43). C'est aussi celle que lui donne la Cour de cassation : Cass., 2 avr. 1884, S. 1885. 1. 25 : *J. Pal.*, 1885. 1. 39 (note de Ch. Lyon-Caen) ; D. 1884. 1. 449 ; *Pand. fr. chr.*

(2) Rennes, 8 avril 1897, *Journal de jurisprud. commerc. et marit. de Marseille*, 1898. 2. 33 ; *Revue intern. du Droit marit.*, 1897-98. p. 27.

(3) DROIT ÉTRANGER. — Le Code de commerce *allemand* (art. 726) consacre le caractère réel de l'action en contribution dans le sens déter-

976. *Garanties attachées à l'obligation de contribuer. Privilè-*
ges. — Afin d'assurer l'exécution de l'obligation de contribuer, le
Code de commerce accorde au propriétaire du navire un privilège
sur les marchandises et le prix en provenant pour le montant de la
contribution (art. 308 et 428, C. com.). Réciproquement, on doit
reconnaître au propriétaire des marchandises sacrifiées un privilège
sur le navire par application de l'article 191 7°, C. com., qui admet
un privilège sur le navire pour toutes les avances faites pour la conservation de celui-ci (1).

977. *Droit de rétention.* — L'armateur représenté par le capitaine n'a-t-il pas, en outre, le droit de retenir les marchandises, lorsque le réceptionnaire qui en réclame la délivrance ne paie pas sa
part contributive ou ne donne pas une garantie estimée suffisante ?
Les principes généraux du droit, selon lesquels, d'après l'opinion la
plus répandue, le droit de rétention, même en l'absence de texte
formel, est admis au profit de tout détenteur d'un bien à l'occasion
duquel celui auquel ce bien doit être restitué est obligé envers le
détenteur (2), paraîtraient devoir faire reconnaître ici le droit de
rétention au capitaine. Mais les motifs qui ont fait exclure le droit de
rétention pour le paiement du fret (art. 309, 1er alin., C. com.), (n°808)
doivent empêcher aussi de l'admettre pour le paiement des parts
contributives des affréteurs dans les avaries communes. Il faut seulement reconnaître, par analogie de ce que décide, au sujet du fret,
l'article 306, 2e alin., C. com., que le capitaine peut faire ordonner
le dépôt des marchandises en mains tierces ou, au besoin même,
faire avec autorisation de justice procéder à la vente des marchandises pour prendre sur le prix le montant de la contribution à la charge
de ceux auxquels elles appartiennent (3).

Le Droit romain admettait le droit de rétention (4). L'Ordonnance

miné au texte pour le Droit français. V. aussi Codes maritimes *finlandais*,
art. 148 ; *suédois, danois* et *norvégien* ; art. 216 ; Codes de commerce *hollandais*, art. 738 ; *argentin*, art. 1348 ; *japonais*, art. 641.

(1) J.-V. Cauvet, II, n° 491, p. 372 et 373.
(2) V. Demante et Colmet de Santerre, *Cours analytique du Code civil*,
IX, n°s *bis*, III, IV et V ; Aubry et Rau, III. § 625 *bis*.
(3) Cpr. de Valroger, V, n° 2215.
(4) L. pr., Dig., *de lege Rhodia de jactu* (XIV, 2).

de 1681 (livre III, titre VIII, art. 21) disposait formellement que le capitaine pouvait retenir des marchandises appartenant à des contribuables qui refusaient de payer leur contribution, jusqu'à concurrence de leur contribution. On discutait sur le point de savoir si, pour la contribution, à la différence de ce qui était admis par l'Ordonnance pour le paiement du fret, le capitaine pouvait retenir dans son navire les marchandises, ou s'il n'avait pas seulement le droit, comme pour le fret, de les faire saisir dans des allèges (art. 23, livre III. titre III). Généralement, on prenait à la lettre l'article 21, titre VIII, livre III, de l'Ordonnance (1). Le projet de Code de commerce portait aussi que le capitaine pourrait retenir les marchandises ou en faire ordonner la vente. Mais le Conseil et le Tribunal de commerce d'Anvers firent remarquer qu'il convenait de n'autoriser le capitaine à user de ce droit qu'avec l'autorisation du juge. Sur ces observations, on se borna à faire mention du privilège (2).

Le capitaine a, du moins, la faculté de demander une caution au propriétaire des marchandises auquel il délivre les marchandises. Par une juste corrélation une caution peut être demandée au capitaine par le propriétaire de la cargaison, s'il résulte des faits en présence d'un jugement ordonnant qu'il sera procédé à un règlement d'avaries, que la perte des marchandises et le dommage subi par le navire pourront être classés en avaries communes (3).

977 bis. Droit étranger. — Beaucoup de lois étrangères admettent expressément le droit de rétention du capitaine quand des propriétaires de marchandises ont à payer une part contributive dans des avaries communes. Le Code de commerce *allemand* (art. 615) le lui accorde comme pour le paiement du fret. L'article 731 dispose que « le capitaine ne peut délivrer des marchandises grevées de « contributions pour avaries grosses avant que celles-ci soient « acquittées ou garanties. S'il contrevient à cette défense, il devient « personnellement responsable du montant des contributions, sans

---

(1) V. sur la controverse, Pothier, *Traité des louages maritimes,* n° 134.
(2) V. Locré, *Esprit du Code de commerce,* IV, p. 421.
(3) Trib. comm. Marseille, 3 avril 1907, *Revue intern. du Droit marit.,* XXII, p. 812.

« préjudice de la garantie fournie par les marchandises ». D'après l'article 730 du même Code, une garantie doit être fournie avant que le navire soumis à contribution puisse quitter le port où le règlement doit être fait. — La loi *belge* du 21 août 1879 (art. 159) implique que le capitaine a le droit de rétention jusqu'au paiement de la contribution quand le contribuable ne fournit pas caution, bien que cette loi (art. 124) n'admette pas le droit de rétention pour assurer le paiement du fret. D'après l'article 868 du Code de commerce *espagnol*, si l'intéressé, au moment où il reçoit les effets sauvés, ne donne pas caution suffisante pour répondre de la part qui lui incombe dans l'avarie grosse, le capitaine pourra différer la remise desdits objets jusqu'au paiement de l'avarie. Les Codes maritimes *finlandais* (art. 153). *suédois, danois* et *norvégien* (art. 217) décident en même temps que le navire soumis à contribution ne pourra pas quitter le port de déchargement et que les marchandises soumises à contribution ne pourront pas être retirées avant le paiement de la contribution, à moins qu'il ne soit donné une garantie.

978 *Fin de non-recevoir. Prescription.* — L'action en contribution et, par voie de conséquence, l'action en confection du règlement d'avaries, quand il n'en a pas été dressé, sont soumises à des fins de non-recevoir et à une prescription spéciales.

979. Le droit de réclamer la contribution aux avaries communes existe, quelque minime que puisse être l'avarie dont il s'agit par rapport à la valeur totale du navire et de la cargaison. Le contraire semblerait pourtant résulter de l'article 408, selon lequel *une demande pour avaries n'est point recevable si l'avarie commune n excède pas un pour cent de la valeur cumulée du navire et des marchandises.* Mais cette disposition, quoique placée dans le titre des avaries, ne s'applique que dans les rapports entre assurés et assureurs (n° 1297). Ce qui le prouve, c'est que l'article 408 parle aussi bien des avaries particulières, pour lesquelles il n'y a pas lieu à contribution que des avaries communes. Il suffit, du reste, de prendre un exemple pour faire apercevoir combien il serait exorbitant et injustifiable d'exclure de la contribution les avaries communes n'atteignant pas la quotité fixée par l'article 408. Soit un navire valant 1.500.000 fr. et une cargaison d'une valeur de 500.000 fr. Si des marchandises ne valant

pas plus de 20.000 fr. étaient sacrifiées, la perte devrait retomber
entièrement sur le propriétaire. Avec ce système, jamais il n'y aurait
lieu à contribution pour les marchandises de peu de valeur, par cela
seul que la valeur du navire et celle de la cargaison seraient élevées.
On peut, en outre, invoquer les précédents. La disposition correspondante de l'Ordonnance de 1681, à laquelle l'article 408, C. com.,
a été emprunté, était placée dans le titre des *Assurances* (livre III,
titre VI). L'article 47 de ce titre disposait que : *on ne pourra
faire... ni aucune demande d'avarie, si elle n'excède un pour
cent* (1). Il y a là ce qu'on appelle, en matière d'assurance, une
franchise. V. n° 1296 et suiv.

980. Si l'exiguïté du montant de l'avarie commune n'est pas une
fin de non-recevoir contre l'action en règlement, cette action est, du
moins, soumise à des fins de non-recevoir spéciales fondées sur la
grande difficulté que présentent, au bout même d'un assez court laps
de temps, la vérification des avaries et les évaluations que le règlement rend nécessaires. Le consignataire est déchu de son action
contre le capitaine, lorsqu'il a reçu la marchandise sans protestation
(art. 435, 1er al.). Toute action contre l'affréteur est aussi non-recevable lorsque le capitaine a livré les marchandises et reçu son fret
sans avoir protesté (art. 435, 2e al.) (2). Ces protestations doivent
être faites dans les vingt-quatre heures et suivies, dans le mois de
leur date, d'une demande en justice (art. 435).

De ce que la réception des marchandises est une condition essentielle des deux fins de non-recevoir dont il s'agit, il résulte qu'elles
sont inapplicables au cas où il y a eu jet et qu'elles ne sont applicables qu'en partie, lorsqu'il y a réception d'une portion seulement du
chargement (3).

---

(1) Cependant, un arrêt de la Cour de Bordeaux du 2 juin 1869 (*Journal
de Marseille*, 1869. 2. 191) a appliqué l'article 408, C. com., à la contribution aux avaries communes. Cet arrêt a été cassé : Cass., 27 déc. 1871.
Pand. fr. chr., Journal de Jurisprud. de Marseille, 1872. 2. 102.

(2) Il faut, pour que la fin de non-recevoir soit opposable au capitaine,
qu'il ait touché le fret entier. Trib. comm. Marseille, 21 nov. 1907,
Journal de jurisprud. de Marseille, 1908. 1. 103.

(3) Trib. comm. Marseille, 23 déc 1873, *Journal de jurisprud. de Marseille*, 1874. 1. 75.

En ce qui concerne la seconde fin de non-recevoir (contre le capitaine), elle suppose à la fois le paiement du fret et la réception des marchandises : elle ne serait donc pas admissible si l'une de ces conditions seulement était remplie (1).

981. *Prescription*. — Lorsque les fins de non-recevoir de l'article 435, C. com., sont inapplicables, le droit de réclamer la contribution aux avaries communes n'est, pourtant, pas soumis à la prescription ordinaire de trente ans; on peut soutenir qu'il est soumis à une prescription annale (2). Cette courte prescription n'est pas établie expressément pour les avaries communes par le Code de commerce, mais on peut arriver à en reconnaître l'existence, en combinant l'article 433 avec les dispositions de l'article 435, C. com., concernant les fins de non-recevoir.

Le droit de réclamer une contribution est éteint un an après la fin du voyage. En effet, si, après ce délai, le capitaine réclamait une contribution, il pourrait lui être répondu que son action est non-recevable, par cela même qu'il est présumé avoir livré les marchandises et avoir reçu le fret, l'action en délivrance et l'action en paiement du fret étant éteintes un an après le voyage fini (art. 433, C. com.) (3). De même, le capitaine pourrait opposer à l'action en contribution d'un destinataire qu'il est présumé avoir reçu les marchandises.

Grâce à cette prescription, l'action s'éteint assez promptement même dans les cas où les fins de non-recevoir ne sont pas opposables, soit que la protestation ait été faite et signifiée en temps utile, soit que, par suite du sacrifice des marchandises, il n'y ait pas eu réception.

On a, pourtant, voulu écarter la prescription d'un an. En l'adoptant, on créerait, dit-on, une présomption légale (4) en dehors des

---

(1) Trib. comm. Marseille, 17 juin 1880, *Journal de Marseille*, 1880. 1. 237 ; Trib. comm. Marseille, 1er déc. 1899, *Journal de jurisprud. de Marseille*, 1900. 1. 71. — De Courcy, *Questions de Droit maritime* (1re série), p. 201 et suiv.

(2) J.-V. Cauvet, II, p. 214, n° 406.

(3) V. nos 820 et suiv.

(4) Arth. Desjardins, *op. cit.*, VIII, n° 1708 *bis*, p. 185 et 186.

cas déterminés par la loi. Il est vrai qu'il n'y a pas une disposition légale consacrant expressément cette prescription ; mais elle paraît se déduire nécessairement de la combinaison des dispositions concernant la prescription annale de l'article 433, C. com., avec les dispositions relatives à la fin de non-recevoir contre l'action en contribution.

Avec le dernier système, on arriverait à la conséquence fâcheuse, au point de vue pratique, de ne soumettre l'action en contribution qu'à la prescription de trente ans (1).

982. L'avarie commune a pour conséquence nécessaire une contribution entre les intéressés. On ne peut admettre avec des auteurs que, dans le cas où aucun résultat utile n'a été obtenu, il y a avarie commune sans que, cependant, il y ait lieu à contribution. Il paraît ressortir de toutes les dispositions du Code de commerce que l'idée d'avarie commune et celle de contribution sont indissolublement liées.

Au reste, il y a là un point ne présentant aucun intérêt pratique ; c'est une simple question de langage.

Mais une répartition de dépenses par voie de contribution n'implique pas l'existence d'une avarie commune.

Ainsi, dans le cas où, conformément à l'article 298, des marchandises ont été vendues pour se procurer des victuailles ou pour subvenir à des nécessités urgentes (nº 537), si le propriétaire du navire abandonne aux propriétaires des marchandises vendues le navire et le fret, la perte qui résulte de l'abandon se répartit entre tous les propriétaires de la cargaison (art. 298) ; il n'y a, pourtant, pas d'avarie commune, car les marchandises ont été vendues pour subvenir à des dépenses concernant le navire seul (2). Cette décision est équi-

(1) Le projet de 1867 (art. 430) déclarait non-recevables toutes actions à fin de contribution des réclamateurs de marchandises non livrées, si la demande n'est pas faite en justice dans les trois mois de l'arrivée du navire au port de destination.

(2) Il pourrait se faire que des marchandises fussent vendues pour subvenir à des dépenses faites dans l'intérêt commun. Il y aurait alors une avarie commune ; on serait en dehors du cas prévu expressément par l'article 298, C. com.

table (1). La nécessité de vendre une partie du chargement a frappé en quelque sorte la totalité des marchandises ; chaque objet composant la cargaison a été menacé par cette mesure, et le propriétaire sur qui elle est tombée, n'a pu sacrifier ses biens et libérer les autres qu'à la condition qu'ils partageraient sa perte, s'il n'était pas remboursé : le capitaine, obligé de donner ses soins à toutes les marchandises, n'a pas pu en vendre une partie à d'autres conditions. — Il va de soi qu'ici, à la différence de ce qui a lieu pour les avaries communes, le navire et le fret n'ont pas à contribuer. La contribution n'a, en effet, qu'un caractère subsidiaire ; elle n'est due par les autres chargeurs que lorsque celui dont les marchandises ont été vendues n'est pas remboursé de leur prix par l'abandon du navire et du fret.

Il n'y a pas non plus réellement avarie commune en cas d'arrêt par ordre d'une puissance, bien que les loyers et nourriture des matelots soient supportés en commun, si le navire est affrété au mois (art. 400 6°, C. com.) (2). Dans cette hypothèse, il n'y a pas, en effet, un acte de volonté du capitaine, ayant été la cause des dépenses, condition essentielle de l'avarie commune (3).

De même, il n'y a pas avarie commune dans le cas prévu par l'article 46 du décret du 2 décembre 1806 sur le pilotage. Cet article suppose que, lors d'un gros temps, la chaloupe, en abordant un navire à la mer, reçoit quelques avaries ; il décide qu'elle sera réparée aux frais du navire et de la cargaison et qu'il en est de même si la chaloupe se perd en totalité. La condition initiale de toute avarie commune qui est un acte de volonté du capitaine, fait complètement défaut dans ce cas.

(1) Elle n'a été consacrée expressément que par la loi du 14 juin 1841 modifiant les articles 216, 298, etc. ; mais, à raison même des motifs d'équité qui la justifient, elle était déjà admise antérieurement par des auteurs (V. Frémery, *op. cit.*, p. 227). — V. une disposition semblable dans le Code de commerce *allemand* (art. 732).

(2) V. ci-dessus, n° 916.

(3) V. un autre cas où il y a répartition de certains frais entre les propriétaires des marchandises de la cargaison, bien qu'il n'y ait pas d'avarie commune, Trib. comm. Marseille, 24 février 1908, *Revue intern. du Droit marit.*, XXIII, p. 665 ; *Journal de jurisprud. de Marseille*, 1908. 1. 232.

·**983**. CONFLITS DE LOIS EN MATIÈRE D'AVARIES. — Si, dans tous les pays, on distingue les avaries communes des avaries particulières et si partout on admet la contribution aux avaries communes, il s'en faut que cette matière soit régie par des règles uniformes. Les différences entre les lois maritimes se réfèrent à deux points principaux : *a*. certaines avaries, traitées comme particulières dans un pays, le sont comme communes dans un autre ou, à l'inverse, soit en vertu de principes généraux différents soit en vertu de solutions particulières divergentes ; *b*. les règles de la contribution quant à l'évaluation du capital contribuable, spécialement du navire et du fret, ne sont pas les mêmes (n°s 953 et suiv.).

Ces divergences législatives font naître des conflits de lois par suite de ce que les intéressés appartiennent à des nationalités différentes ou de ce que le pays auquel appartient le navire et le pays du port ·de déchargement sont différents.

De quel pays doit-on appliquer la législation, quand il s'agit de classer les avaries ou de déterminer les règles de la contribution ?

D'après l'opinion de presque tous les auteurs (1) que confirme la jurisprudence à peu près constante de tous les pays (2), la législation applicable est celle du port de reste. En faveur de cette opinion, on invoque des arguments divers. On a dit principalement qu'il

---

(1) Asser, *Des internationale Privatrecht*, p. 130 et 131 ; Asser et. Rivier, *Eléments du Droit intern. privé*, n° 119 ; Govare, *op. cit.*, n° 7, p. 185 et suiv.

(2) Trib. comm. Rouen, 12 août 1891 ; Trib comm. Dunkerque, 23 déc. 1890 ; *Journal du Droit intern. privé*, 1891, p. 1175 ; 1898, p. 1139 ; Aix, 28 janvier 1903, *Revue intern. du Droit marit.*, XVIII, p. 638 ; *Journal de jurisprud. de Marseille*, 1903, p. 129. V., pour la *Hollande*, arrêt de la Cour de La Haye du 11 févr. 1878, *Journal du Droit intern. privé*, 1879, p. 311 ; — pour l'*Allemagne*, jugement du Tribunal supérieur de commerce de Leipzig du 23 déc. 1872, *Journal du Droit intern. privé*, 1874. p. 133 ; Tribunal hanséatique, 11 mars 1901, *Revue intern du Droit marit.*, XVI. p. 823 ; Consult. traduction du Code de commerce allemand de 1861 publiée par le Code de législation étrangère, note 1 de la page 313 sous l'article 729.

Le Code de commerce *portugais* tranche expressément la question en ce sens dans l'article 650 ainsi conçu : « Les avaries grosses ou communes « seront réglées et réparties selon la loi du lieu où la cargaison aura été « livrée ».

s'agit d'obligations se rattachant à l'affrètement et que, au moins
pour tout ce qui concerne son exécution, ce contrat est régi par la
loi du pays de destination. On a aussi fait valoir qu'il s'agit de questions relatives à des biens mobiliers, au navire et aux marchandises
composant sa cargaison, et qu'il y a lieu, par suite, de se référer à
la *lex rei sitæ* qui est celle du port de reste, et que, d'ailleurs, il est
naturel d'appliquer, au point de vue du fond, au règlement d'avaries
communes, la législation qui en régit certainement les formes, sauf
stipulation contraire des intéressés (n° 984).

Selon nous, le système préférable consiste à appliquer à la contribution aux avaries communes, d'une façon invariable, la législation du pays auquel le navire appartient (1). Il n'y a pas de lien
indissoluble entre les règles de forme et les règles de fond ; l'application de la *lex rei sitæ* doit être écartée dans un grand nombre
de cas (n°s 86 et 268), en matière de Droit maritime. Il n'y a point à
s'occuper de la législation applicable à l'affrètement, puisque l'obligation de contribuer aux avaries communes présuppose ce contrat,
mais n'en dérive pas (n° 870). Aucun principe n'est contraire à
l'application de la loi du pavillon et, grâce à elle, en appliquant une
loi certaine à l'avance, on pourrait éviter bien des singularités auxquelles conduit le système usuel. En effet, le port de reste d'un
navire n'est pas toujours connu par avance des intéressés ; sa détermination dépend en partie du hasard ; il y a, dans les usages actuels,
beaucoup de navires ayant une destination alternative (n° 654), et,
en tout cas, un événement imprévu peut obliger le navire à s'arrêter
en cours de route, sans que la cargaison puisse être conduite au
port fixé pour le déchargement. Il n'est pas rationnel que la volonté
de celui qui détermine le port de déchargement, en cas de destination alternative, ou le hasard, en cas d'accident de mer, puisse

(1) V. Ch. Lyon-Caen, *Etudes de Droit international privé maritime*,
n°s 35 à 39, p. 49 à 54. — L'Institut de Droit international a, dans sa session de Bruxelles de 1885, admis l'application de la loi du pavillon. V. *Annuaire de l'Institut de Droit international*, VIII, p. 124. M. de Bar (*Theorie
und Praxis des internationalen Privatrechts*, n° 331) admet que, si, en principe, la loi du port de destination est applicable, il y a lieu d'appliquer la
loi du pavillon du navire quand le navire transporte des marchandises
pour des destinations différentes.

déterminer la loi applicable. Il est naturel de supposer que, pour éviter toutes les incertitudes auxquelles conduit le système opposé, les parties ont entendu s'en remettre à la loi du pays du navire.

Bien que la doctrine favorable à l'application de la loi du pays de destination ne soit pas sérieusement contestée dans la pratique (1), les inconvénients ne peuvent en être niés (2). Ils sont, toutefois, diminués par ce fait que les intéressés sont le plus souvent, non les affréteurs, mais les consignataires des marchandises, de telle sorte qu'on ne peut parler, en général, de l'incertitude des propriétaires des marchandises sur leurs parts contributives en cas de destination alternative. Ce sont, au surplus, ces inconvénients qui ont fait émettre le vœu d'une législation uniforme sur les avaries. V. n° 873. On peut éviter ces inconvénients, et on le fait assez fréquemment, en stipulant que les avaries seront réglées conformément à la législation d'un pays déterminé ou aux règles d'York et d'Anvers (3). V. n°s 873 et 906.

(1) Les Congrès de Droit commercial d'Anvers (1885) et de Bruxelles (1888) ont repoussé l'application de la loi du pavillon, même pour le cas de destination alternative.

(2) Ils résultent surtout de ce que la loi française, quant à la contribution de l'armateur, diffère de celle de la plupart des grandes nations maritimes (n°s 953 et suiv.). Voici ce que dit à cet égard M. de Courcy (*Questions de Droit maritime*, 1re série, p. 232-234), en critiquant le système du Code de 1807 : « Le pire désordre est que la loi française diffère de celle « de la plupart des autres nations maritimes, notamment des Etats-Unis « et de l'Angleterre. Ce désordre est surtout intolérable depuis que s'est « répandu l'usage des destinations alternatives. Ainsi, le capitaine, qui « aura jeté des marchandises à la mer avant d'atteindre la rade de Belle- « Isle ou de Queenstown, où doit être fixée sa destination, contribuera aux « avaries communes, pour la valeur entière de son navire s'il est dirigé « sur Liverpool, pour la moitié seulement s'il est dirigé sur le Havre ».

(3) Une difficulté se produit quand il a été stipulé que le classement des avaries serait fait conformément aux règles d'York et d'Anvers seulement pour une partie de la cargaison. On ne peut appliquer des règles différentes aux diverses parties de la cargaison. A ce point de vue l'on peut dire que le règlement d'avaries est indivisible. Il semble qu'alors, il faut en revenir au droit commun. D'après l'opinion qui prévaut, le droit commun est formé par la loi du port de destination. Aix, 28 janv. 1903, *Revue intern. du Droit marit.*, XVIII, p. 638.

En outre, les règles d'York et d'Anvers sont loin de résoudre toutes les questions relatives aux avaries. Pour les questions non résolues par elles,

984 La grave question examinée dans le numéro précédent concerne le fond même du règlement d'avaries. Elle est relative à la loi à appliquer au classement des avaries, à la formation des masses active et passive et à l'estimation de chacun des éléments qui les composent. Mais des conflits de lois peuvent aussi s'élever quant à la forme des règlements d'avaries et aux autorités compétentes pour nommer les experts dispacheurs et homologuer les règlements. Il va de soi qu'à la forme on doit appliquer simplement la règle *locus regit actum* ; elle est donc régie par la loi du pays de la confection du règlement, c'est-à-dire du port de déchargement En ce qui concerne les autorités compétentes, on s'accorde, en général, à appliquer la loi du pavillon (1). C'est là, tout au moins, le système adm's par le Code de commerce français, par cela même qu'il détermine les autorités compétentes même pour le cas où le règlement se fait en pays étranger (art. 414, C. com.). V. n° 969. Mais, comme il a été dit plus haut (n° 970), la nationalité des intéressés doit jouer un certain rôle dans la solution à donner à cette dernière question, puisque les consuls ne peuvent avoir de compétence qu'à l égard de leurs nationaux.

B. — DES AVARIES PARTICULIÈRES.

985. Aux avaries grosses ou communes on oppose les avaries simples ou particulières (art. 399, C. com.). A la différence des avaries communes qui sont supportées par les différents intéressés à l'expédition entre lesquels on les répartit, les avaries particulières sont supportées ou payées par le propriétaire de la chose qui a subi le dommage ou pour laquelle la dépense a été faite, conformément à la règle *res perit domini* (art. 404, C. com.). On peut, par suite, dire qu'il y a des avaries particulières au navire et des avaries particulières à la cargaison ou à certaines des marchandises qui la composent (2).

on se réfère à la loi du pays qui aurait été applicable si l'on n'avait pas stipulé que les avaries seraient régies par les règles d'York et d'Anvers.

(1) V. de Valroger, V, n° 2173.

(2) Il sera expliqué plus loin (n° 994) qu'il y a aussi des avaries particulières au fret.

986. Les avaries particulières sont des dommages matériels ou des dépenses causés, soit par un cas fortuit, soit par la faute du capitaine ou des gens de l'équipage (1), soit par le vice propre de la chose. C'est par leurs causes que les avaries particulières diffèrent essentiellement des avaries communes (n° 864).

987. Les avaries particulières ont des causes variées. La recherche de la cause d'une avarie particulière présente un intérêt pratique à plusieurs points de vue. D'abord, en cas de faute du capitaine, le propriétaire des marchandises a contre lui et, par suite, contre le propriétaire du navire, un recours (art. 405). V. n° 678. Puis, en matière d'assurances, l'assureur répond ou ne répond pas des avaries particulières selon leur cause. Ainsi, l'assureur répond des avaries provenant de fortunes de mer (art. 350, C. com.), mais il ne répond pas, sauf clause contraire, des avaries provenant, soit du vice propre, soit des fautes du capitaine ou des gens de l'équipage. Il ne peut pas répondre des avaries provenant des fautes lourdes de l'assuré, même des fautes quelconque de l'assuré, selon la doctrine la plus répandue. V. art. 351, 352 et 353, C. com. V. n°s 1229 et suiv.

988. L'article 403, C. com., fait des principales avaries particulières une énumération, qui correspond à celle que l'article 400, C. com., fait des avaries communes. L'énumération de l'article 403 n'est, d'ailleurs, pas plus limitative que celle de l'article 400 (2) ; l'article 403 se termine comme l'article 400 par une formule générale : *Sont avaries particulières... et, en général, les dépenses faites et le dommage souffert pour le navire seul ou pour les marchandises seules, depuis leur chargement et départ jusqu'à leur retour et déchargement.*

Ainsi que cela a été dit à propos de la définition générale, soit des avaries en général (art. 397, C. com.) (3), soit des avaries communes (art. 400, dern. alin., C. com.) (4), la dernière partie de la définition concernant l'époque à laquelle les dommages doivent s'être produits

(1) La faute des tiers, dont le propriétaire du navire ne répond pas, est évidemment assimilable à un cas fortuit.

(2) V. n°s 874 et 898.

(3) V. n° 861.

(4) V. n° 876 *bis*.

ou les dépenses avoir été faites, est inexacte. Des avaries particulières peuvent se produire pour le navire avant le chargement des marchandises et soit pour le navire soit pour les marchandises avant le départ.

989. Les dommages matériels suivants sont, d'après l'article 403, 1°, avaries particulières aux marchandises : les dommages causés aux marchandises par la tempête, le naufrage, l'échouement, la prise, le vice propre, la faute du capitaine ou des gens de l'équipage. Les mêmes causes peuvent produire des dommages constituant des avaries particulières pour le navire. L'article 403 3°. suppose seulement que, par une de ces causes, des câbles, ancres, mâts, voiles, cordages, sont perdus ; il va de soi qu'il, s'ils produisent aussi des dommages à la coque même du bâtiment, ce sont des avaries particulières à celui-ci.

On entend par *tempête* l'agitation violente des flots produite par le vent. Le *naufrage* est la submersion du navire disparaissant sous les flots. Il y a *échouement*, quand un navire touche sur un fond qui ne présente pas assez d'eau pour permettre au navire de marcher (1). Il faut, d'après les principes posés ci-dessus, pour qu'il y ait avarie particulière en cas d'échouement du navire, que le capitaine ne l'ait pas fait échouer volontairement en vue du salut commun. Mais, même en cas d'échouement fortuit, les sacrifices faits postérieurement pour remettre le navire à flot, constituent des avaries communes (n° 925) ; il en est spécialement ainsi du jet des marchandises opéré pour alléger le bâtiment et le relever alors qu'il est en danger de périr avec la cargaison. La *prise* est le fait en vertu duquel un navire ennemi ou des pirates s'emparent d'un navire et de sa cargaison. Le *vice propre* est un principe de détérioration inhérent à certaines marchandises et provenant soit de leur défectuosité soit de leur nature : ainsi l'échauffement des grains, le coulage des liquides, la fermentation des fruits, etc., sont des avaries provenant d'un vice propre. Pour le navire, le *vice propre* résulte de la mauvaise qualité des matériaux qui le composent ou de sa vétusté (n° 1238). Du reste,

---

(1) V., sur la définition de l'échouement, Rouen, 5 novembre 1902, *Revue intern. du Droit marit.*, XVIII, p. 491.

il arrive souvent que les avaries sont causées à la fois par le vice propre et par des accidents de navigation qui ont contribué à le développer. C'est ce qui a lieu, par exemple, lorsque par suite du mauvais temps, le voyage a été prolongé et que l'avarie, due en partie au vice propre, se produit pendant la prolongation.

990. Des accidents ayant pour cause la *faute du capitaine ou des gens de l'équipage,* peuvent occasionner des avaries, soit aux marchandises seules, soit au navire seul, soit aux marchandises et au navire ; ces avaries sont particulières. En même temps qu'il pose ce principe général, l'article 405 mentionne plusieurs cas d'avaries particulières aux marchandises provenant de la faute du capitaine : *dommages arrivés aux marchandises, faute par le capitaine d'avoir bien fermé les écoutilles.* On appelle écoutilles les ouvertures pratiquées dans le pont du navire, pour y introduire les marchandises formant le chargement : elles sont closes par des panneaux que l'on ferme hermétiquement lors du départ : lorsqu'elles ne sont pas bien fermées, les marchandises peuvent être détériorées par la pluie ou par l'eau de mer. — *Dommages causés aux marchandises, faute par le capitaine d'avoir amarré le navire.* Un navire se trouvant dans un port doit être amarré au quai ; les dommages pouvant se produire par suite du défaut d'amarrage ou de l'amarrage défectueux, sont des avaries particulières. — *Dommages causés aux marchandises, faute par le capitaine d'avoir fourni de bons guindages.* On appelle guindages les cordages qui servent à charger les marchandises dans le navire ; si ces cordages sont de mauvaise qualité, les marchandises peuvent tomber dans la mer ou sur le pont et se détériorer.

Le capitaine peut, dans d'autres cas très variés, causer par sa faute des dommages au navire. Cela se présente notamment quand il dirige mal les manœuvres et occasionne ainsi un accident, quand il prend un chargement excessif, lorsqu'il ne se trouve pas sur son bâtiment à l'entrée ou à la sortie d'un port, comme le prescrit l'article 227, C. com.

Dans le cas où l'avarie particulière provient de la faute du capitaine ou des gens de l'équipage, la personne lésée a un recours contre le capitaine et contre le propriétaire du navire, sauf, pour-

celui-ci, la faculté d'abandonner le navire et le fret (art. 405 *in fine* et art. 216, C. com.) (1).

990 *bis.* Parmi les dépenses extraordinaires qui sont avaries particulières aux marchandises, le Code mentionne : les frais faits pour sauver les marchandises (art. 403 2°). Il résulte du rapprochement entre cette disposition et l'article 403 1°, qu'il s'agit là de frais faits pour préserver ou sauver les marchandises des accidents prévus par l'article 403 1°. Ainsi, lorsqu'il se produit une tempête, un naufrage, un échouement, et que des frais de sauvetage des marchandises sont faits, leur propriétaire les supporte à titre d'avaries particulières. Il en est de même des sommes payées à des ennemis ou à des pirates pour éviter la prise de certaines marchandises ou pour les racheter ; des dépenses faites dans une relâche destinée à prendre les mesures nécessaires pour éviter le développement d'un vice propre aux marchandises.

Dans l'hypothèse où, le navire ayant été déclaré innavigable, il en a été loué un autre afin d'achever le voyage, et cela pour un fret supérieur au fret primitif, l'excédent du second fret sur le premier constitue une avarie particulière aux marchandises, si l'on admet, selon la doctrine qui a justement prévalu, que cet excédent doit être supporté par l'affréteur. V. n° 678.

991. Trois catégories de dépenses sont indiquées par l'article 403, C. com., comme avaries particulières aux navires :

a. Les dépenses résultant de toutes relâches occasionnées, soit par perte fortuite des câbles, ancres, voiles, mâts et cordages, soit par le besoin d'avitaillement, soit par une voie d'eau à réparer. Il a été expliqué plus haut (n° 920) que ces dépenses ne sont classées en avaries particulières au navire qu'autant que la résolution de relâcher n'a pas été prise en présence d'un danger commun menaçant le navire et sa cargaison.

b. La nourriture et les loyers des matelots pendant la détention, quand le navire est arrêté en voyage par ordre d'une puissance, et pendant les réparations qu'on est obligé d'y faire, si le navire est affrété au voyage (art. 403 4°). Cette disposition correspond à celle

(1) V., sur la responsabilité du capitaine, n°• 518 et suiv.

de l'article 400 6°, relative au classement parmi les avaries communes des frais de nourriture et des loyers des gens de l'équipage, lorsque le navire est affrété au mois. V. nos 915 et 916.

c. La nourriture et les loyers des matelots pendant la quarantaine,
que le navire soit loué au voyage ou au mois (art. 403 5°, C com.).
V. n° 784.

992. Il a été admis précédemment (nos 894 et suiv.) que les sacrifices et les dépenses extraordinaires faits dans un intérêt commun
sont des avaries communes, alors même que le danger commun que
le capitaine a eu pour but d'éviter provenait d'un vice propre ou de
la faute soit du capitaine, soit du propriétaire de marchandises. Mais
telle n'est pas la jurisprudence ; elle range ces dommages ou ces
dépenses parmi les avaries particulières. Ce système entraîne naturellement, en fait, une augmentation assez notable du nombre des
avaries particulières (n° 894).

993. Les deux grandes classes d'avaries différant par la nature de
leur cause, il va de soi qu'une même avarie ne saurait être à la fois
particulière et commune. Cependant, on parle quelquefois d'*avaries
mixtes*. Cette expression, qui ne se trouve, du reste. dans aucun
texte de loi, est employée dans l'usage pour indiquer que, dans un
même événement de mer, il y a à la fois des avaries particulières et
des avaries communes, mais les unes et les autres sont distinctes.
Ainsi, le navire a subi des dommages qui constituent une avarie
particulière, mais cette avarie met en danger le navire et la cargaison. Pour échapper à ce danger commun, le capitaine se décide à
faire relâche dans un port où les dommages du navire seront réparés.
Les dommages sont des avaries particulières au navire, tandis que
les dépenses extraordinaires occasionnées par la relâche sont des
avaries communes. Dans un cas de ce genre, on dit que les avaries
sont mixtes.

994. Le fret subit des avaries toutes les fois qu'il n'est pas dû ou
qu'il l'est seulement en partie (nos 764 et suiv.). Les avaries du fret
sont toutes particulières, c'est-à-dire qu'elles sont supportées par le
propriétaire du navire seul, à moins que le fret n'ait été stipulé payable à tout événement (n° 769). Il n'y a pas d'avaries communes pour
le fret ; car, en cas de sacrifice des marchandises fait dans l'intérêt

commun, le fret est dû, comme si elles arrivaient à bon port (art. 301,
C. com.). Il en est autrement dans les pays, comme la *Grande-
Bretagne*, où le fret des marchandises sacrifiées n'est pas dû (1). Il
est perdu pour le propriétaire du navire, et, la perte du fret étant une
conséquence du sacrifice, le montant du fret est réparti à titre d'avarie commune entre les contribuables. V. n° 939 *bis*.

995. Il n'a pas été parlé jusqu'ici, parmi les avaries, des dommages causés par les abordages. Ce sont là, sauf dans un cas exceptionnel (n° 1017), des avaries particulières. Mais des règles spéciales s'appliquent aux abordages : en certains cas les dommages qui
en résultent ne sont traités, ni comme avaries particulières, ni
comme avaries communes, au point de vue des personnes qui les
supportent. En outre, il y a des règles particulières sur la compétence pour les actions en dommages-intérêts dérivant des abordages
et sur la prescription de ces actions. Aussi la Section suivante
sera-t-elle consacrée aux abordages.

SECTION II.

Des abordages maritimes (2).

996. Le mot *abordage* a, dans la langue maritime, des sens variés,
Il sert parfois à désigner le fait par un navire de se jeter sur un
autre navire dans un combat pour faire couler celui-ci ou le fait,
par deux ou plusieurs navires, de se heurter l'un contre l'autre par
suite d'un accident de mer (cas fortuit) ou d'une faute de manœuvre (3). C'est en ce second sens que le mot *abordage* est pris dans

---

(1) V. *Traité de Droit commercial*, V, n° 776 B. et note 2 de la page 625.
(2) Code de commerce, art. 407 (modifié par la loi du 14 décembre 1897)
et 435 (modifié par la loi du 24 mars 1891); L. 10 mars 1891 *sur les accidents et collisions en mer*; décret du 21 février 1897 (*règlement ayant pour
objet de prévenir les abordages en mer*).
(3) On dit aussi qu'un navire *aborde* pour indiquer qu'il touche à terre;
qu'il entre dans un port.

le Code de commerce et qu'il est employé dans cette *Section* (1). On peut considérer comme synonyme l'expression *collision en mer*, traduite de l'expression anglaise, *Collision at sea* (2), qui se trouve, du reste, dans la rubrique d'une de nos lois, celle du 10 mars 1891 (3).

997. Un abordage donne naissance à des questions de droit diverses. Il entraîne souvent des avaries pour les navires et pour les cargaisons; il est parfois même la cause de morts ou de blessures. Les principales questions à résoudre à propos d'un abordage sont les suivantes :

a. Qui supporte les dommages causés par un abordage? *b*. Dans quel délai les actions en indemnité pour abordage doivent-elles être exercées? Les intéressés ont-ils, pour la conservation de leurs droits, à remplir certaines formalités et en quoi consistent-elles? *c*. Quels sont les tribunaux compétents *ratione materiæ* ou *ratione personæ* pour connaître des actions relatives à un abordage? *d*. Ces questions ne sont pas tranchées de la même manière dans tous les pays. Aussi des conflits de lois naissent fréquemment en cette matière. Ils s'élèvent lorsque l'abordage s'est produit entre navires de nationalités différentes ou même entre navires de la même nationalité dans les eaux d'un État autre que celui dont ils portent le pavillon.

Les trois premières de ces questions sont résolues en partie par le Code de commerce; mais nos lois ne contiennent aucune disposition sur les conflits de lois en matière d'abordages maritimes.

998. La matière de l'abordage est aujourd'hui d'une grande importance pratique; il n'en a pas toujours été ainsi.

Les abordages étaient autrefois rares en pleine mer; ils ne se produisaient guère que dans les ports ou dans les rades par suite de l'encombrement. Valin le constate sur l'article 10, livre III, titre VII, de l'Ordonnance en disant :

(1) V. n° 999 sur le sens précis du mot *abordage* dans le Code de commerce.

(2) Les expressions employées pour désigner l'abordage sont en allemand *Zusammenstoss von Schiffen*, en italien *urto di navi*.

(3) La loi du 10 mars 1891 est intitulée : *Loi sur les accidents et collisions en mer*. V., sur les dispositions de cette loi, n°° 1019 à 1022.

« *Les abordages en mer sont fort rares ; ceux en rade le sont*
« *moins ; mais, au port, ils sont assez communs par la quantité de*
« *navires qui abordent au quai ou qui le quittent.* »

En outre, les abordages ne causaient le plus souvent que des
détériorations et non la perte des navires et de leurs cargaisons. Il
n'en est plus ainsi depuis que la navigation à vapeur s'est développée. Les navires sont devenus plus nombreux, ils suivent en grand
nombre les mêmes routes et leur force d'impulsion est telle qu'il est
difficile de les arrêter ou de les détourner subitement. Aussi les
abordages sont-ils fréquents même en pleine mer et occasionnent-ils
souvent la perte entière des navires et des cargaisons ainsi que les
blessures ou la mort de nombreux passagers ou de gens de l'équipage.

La fréquence des abordages et la gravité des dommages qu'ils
causent souvent expliquent que les lois étrangères plus récentes que
notre Code s'en soient occupées avec détails (1), que de nombreux
ouvrages aient été consacrés à ce sujet, surtout dans les dernières
années, soit en France (2), soit à l'étranger (3), et que des mesures
diverses aient été prises pour prévenir les abordages ou pour punir
ceux qui, par leurs fautes, les ont occasionnés.

(1) Pour le Droit *anglais* : Marsden, *The law of collisions at sea* (1885,
Londres) ; Abbott, *Law of merchants ships and seamen*, p. 173 et suiv. ;
pour le Droit *américain* : Dixon, *op. cit.*, p. 634 et suiv. ; Desty, *op. cit.*,
p. 353 à 406, p. 359 à 446 (1879) ; pour le Droit *italien* : Giacomo Grasso,
L'urto di navi (1886-1887).

(2) Codes de commerce *allemand*, art. 734 à 739 ; *hollandais*, art. 534 à
544 ; *italien*, art 660 à 665 ; *roumain*, art. 672 à 677 ; *espagnol*, art. 826 à
830 ; *portugais*, art. 664 à 675 ; *chilien*, art. 1129 à 1131 ; *argentin*,
art. 1261 à 1273 ; loi *belge* du 21 août 1879, art. 251 à 254 ; Codes maritimes
finlandais, art. 154 à 158 ; *suédois, danois* et *norvégien*, art. 219 à 223 ;
japonais, art. 647.

Le titre XI du projet français de 1867 (art. 420 à 428) s'occupait des abordages et modifiait sur des points importants les dispositions du Code de
1807, en même temps qu'il en comblait les lacunes.

(3) Sibille, *Jurisprudence et doctrine en matière d'abordage* (1853) ;
Deloynes, *Questions pratiques en matière d'abordage* (étude extraite de la
Revue critique de législ. et de jurispr., 1878) ; de Courcy, *l'Abordage*
(1876) et *Questions de Droit maritime*, 1re série, p. 183 à 223 ; Autran, *Code
international de l'abordage, de l'assistance et du sauvetage maritimes*
(2e édit., 1902) ; Henri Rolin, *De l'abordage, étude d'histoire du Droit et de
Droit comparé* (1899, Bruxelles).

999. *Sens du mot abordage dans le Code de commerce.* — A raison des dérogations que le Code de commerce apporte en matière d'abordage aux règles du droit commun, il importe de bien préciser le sens qu'a ce mot dans le Code.

Il ne s'y agit que de l'abordage *maritime*.

L'abordage est le choc entre deux navires. Aussi les règles qui vont être posées ne sont pas faites pour le cas où un navire heurte une jetée (1), un ponton de bâtiment à vapeur (2) ou même un autre navire réduit à l'état de débris ou d'épave (3).

Ces diverses hypothèses n'ont été expressément prévues par aucune de nos lois. Aussi, quand elles se produisent, il y a lieu d'écarter les règles spéciales à l'abordage maritime et de s'en tenir aux principes généraux du droit.

Tout abordage entre navires n'est même pas régi par les règles spéciales du Code de commerce. L'abordage peut être *fluvial* ou *maritime*. L'abordage *fluvial*, qui n'est pas visé par le Code, est soumis aux règles du droit commun. Le Code de commerce et les lois qui l'ont complété, ne s'occupent que de l'*abordage maritime*. V. n°s 1017 et 1031.

Mais à quoi doit-on s'attacher pour déterminer la nature maritime ou non maritime d'un abordage ? Deux systèmes sont, à cet égard, soutenus.

D'après l'un d'eux, on devrait examiner si les navires entre lesquels s'est produite la collision sont des navires de mer ou des bâtiments d'intérieur, en faisant abstraction du lieu de cette collision (4). On fait valoir en ce sens que les dispositions du livre II du Code de commerce ne sont faites que pour ceux qui font le commerce maritime, que le patron d'un bateau d'intérieur n'est qu'un voiturier par

---

(1) Douai, 13 mai 1859.

(2) Trib. comm. de Nantes, *Journal de Marseille*, 1882. 2. 112. — V. aussi Trib. comm. Marseille, 17 janv. 1871, *Journal de Marseille*, 1871. 1. 65 ; Cass., 29 janv. 1880. *Pand. fr. chr.*, *Journal de Marseille*, 1880. 2. 117.

(3) Bordeaux, 13 nov. 1860, *Journal de Marseille*. 1861. 2. 112 ; Paris, 14 décembre 1899, *Revue intern. du Droit marit.*, XVI, p. 11.

(4) Cour de Gand, 10 avril 1895, *la Loi*, numéros des 4 et 5 septembre 1895. Jacobs, *le Droit maritime belge*, II, n° 912, p. 499 ; Tribunal supérieur hanséatique, 17 février 1902, *Revue intern. du Droit marit.*, XVII, p. 609.

eau et que son commerce ne change pas de nature parce que son
bateau est entré dans les eaux maritimes.

C'est, au contraire, au lieu dans lequel l'abordage s'est produit
qu'on doit s'attacher, selon nous, pour déterminer si l'abordage est
maritime ou fluvial, en ne considérant nullement si les bâtiments
sont des bâtiments de mer ou des bâtiments de l'intérieur (1). On ne
peut comprendre rationnellement qu'on soumette à des règles différentes, au point de vue de l'abordage, des navires naviguant dans
les mêmes eaux, en prenant en considération leur destination habituelle. La doctrine opposée conduit à des complications très grandes
dans le cas où l'abordage a lieu en mer entre deux bâtiments, dont
l'un est un bâtiment de mer, l'autre un bâtiment de l'intérieur. On
dit alors que l'abordage est maritime pour le premier et fluvial pour
le second et que, par suite, le premier ne peut invoquer contre le
second les règles spéciales à l'abordage maritime, mais que le second
peut s'en prévaloir contre le premier (2).

L'abordage maritime est donc, d'après nous, la collision qui se
produit dans les eaux maritimes entre deux bâtiments, quelle que
soit leur destination habituelle, tandis que l'abordage fluvial est celui
qui se produit dans les eaux intérieures, fût-ce entre des bâtiments se
livrant d'ordinaire à la navigation maritime (3).

Mais on comprend que quelque doute existe sur le sens dans lequel
on doit prendre, au point de vue de l'abordage, l'expression *navigation maritime*. Comprend-elle, outre la navigation en mer, celle qui
se fait dans les limites de l'inscription maritime (L. 24 décembre 1896,
art. 1) ou celle qui a lieu dans les fleuves jusqu'aux premiers ponts
fixes ? La première solution a des partisans. Nous ne la croyons pas
exacte. La loi sur l'inscription maritime ne définit la navigation
maritime qu'au point de vue de cette institution, pour déterminer les

_____

(1) Arth. Desjardins, V, n° 1077 ; Rouen, 25 mai 1860, *Journal de Marseille*, 1862. 2. 174.

(2) V. l'arrêt de la Cour d'appel de Gand cité à la note de la page précédente. *Pandectes belges* v° *Abordage de navires*, n°s 7 à 23.

(3) Amiens, 4 mai 1858, *Journal de Marseille* 1858. 2. 152 ; Rouen,
30 juin 1875, *le Droit* numéro du 26 octobre 1875 ; Paris, 3 janvier 1884,
la Loi, numéro du 28 janvier 1885.

limites dans lesquelles elle s'applique. Dès l'instant où l'inscription maritime n'est pas en cause et où l'on ne se trouve pas en présence d'une définition spéciale, il est naturel de s'attacher à une définition de la navigation maritime qui est dépourvue de tout caractère arbitraire. V. nos 89 et 90.

999 *bis*. Le sens qui vient d'être attribué au mot *abordage*, n'est pas seulement celui qu'a ce mot dans le Code de commerce et dans les lois complémentaires, il a le même sens dans les polices d'assurances maritimes où il est souvent employé (1).

1000. PAR QUI SONT SUPPORTÉS LES DOMMAGES CAUSÉS PAR UN ABORDAGE. — Des dommages peuvent être causés par un abordage à l'un ou l'autre des navires entre lesquels s'est produite la collision, à des marchandises que l'un ou l'autre transporte ou enfin à des personnes (passagers ou gens de l'équipage tués ou blessés). Le Code de commerce (art. 407) ne s'est occupé de la question qu'au point de vue des dommages causés aux navires. Cela tient sans doute à ce qu'au début du XIXᵉ siècle, les abordages, du reste, assez rares, ne causaient guère de dommages qu'aux navires (n° 998). Le Code de commerce (art. 407) distingue, pour résoudre la question, trois espèces d'abordages, qu'on appelle dans l'usage : abordage *fortuit*, abordage *fautif* et abordage *mixte* ou abordage *douteux*.

1001. L'*abordage fortuit* est celui qui a sa cause dans un cas fortuit ou de force majeure, comme par exemple, la force du vent ou l'intensité du brouillard. Il implique l'absence de toute faute de la part des capitaines et des gens composant les équipages des navires entre lesquels il s'est produit.

L'*abordage fautif* est celui qui est causé par la faute d'un capitaine ou des gens de l'équipage d'un navire (2). Il est possible qu'il y ait faute des capitaines des deux navires ou de leurs équipages. C'est un cas très fréquent que notre Code de commerce n'a nullement prévu (nos 1010 et 1011 *bis*).

---

(1) Trib. comm. Seine, 2 juin 1887, *Pand. fr.*, 1887. 2 396 ; *Revue intern. du Droit marit.*, III, p. 183.

(2) On dit en Belgique abordage *culpeux*, ce qui n'est pas français.

Dans la réalité des choses, un abordage ne peut être que fortuit ou fautif. Mais il arrive assez souvent qu'il y a incertitude sur la cause réelle de l'abordage, soit qu'on ne sache pas s'il y a eu cas fortuit ou faute, soit que les juges, tout en ayant la preuve que l'abordage n'est pas fortuit, ne puisse déterminer quel est le capitaine en faute. On dit alors que l'abordage est *mixte* ou *douteux* (1). Cet abordage est traité par le Code de commerce d'une façon toute spéciale au point de vue des personnes qui ont à supporter les dommages causés aux navires.

La distinction entre ces trois sortes d'abordages maritimes, a une grande importance pratique au point de vue de la détermination des personnes qui supportent les dommages causés par eux.

1002. *Abordage fortuit.* — Dans le cas d'abordage fortuit, chaque propriétaire de navire supporte, sans aucun droit de répétition, le dommage causé à son bâtiment (art. 407, 1er alin.) Il y a là une avarie particulière. Aussi la loi y applique-t-elle la règle *res perit domino* qui régit les avaries particulières (art. 404, C. com.).

Sans doute, quand le navire qui a subi un dommage par suite de l'abordage fortuit est assuré, le propriétaire du navire a un recours contre l'assureur. L'abordage constitue une fortune de mer et est compris à ce titre parmi les risques dont répond l'assureur, à moins de convention contraire (art. 350, C. com.). Mais ce recours contre

---

(1) Il y a quelque incertitude sur ce qu'on doit entendre au juste par abordage *mixte* ou *douteux*. L'opinion indiquée au texte, a été consacrée notamment par un arrêt de cassation du 30 juin 1875 (Rapport de M. Massé), *J. Pal*, 1875, 1164 ; S. 1875. 1. 45. V. aussi Trib. comm. Marseille, 23 déc. 1887, *Revue intern du Droit marit*, 1887-88, p. 589. Mais des auteurs soutiennent que l'abordage est douteux, dans le sens légal, seulement quand l'existence d'une faute paraît certaine, sans qu'on puisse déterminer qui l'a commise. Dans ce système, l'abordage devrait être traité comme fortuit dans le cas où il y a incertitude sur l'existence d'un cas fortuit ou d'une faute : Sibille, *op. cit*, n° 66, p. 79 ; Dalloz, *Répertoire* v° *Droit maritime*, n° 1138 ; Delvincourt, *Institutes de Droit commercial*, I, note 1 de la page 175. — Le texte de l'article 407, 3e al., C. com., nous semble bien condamner cette opinion. Il est conçu en termes très généraux : *s'il y a doute*, dit-il, *sur les causes de l'abordage*, etc. Cette formule convient plus encore au cas où l'on ne sait s'il y a faute ou cas fortuit qu'à celui où, alors qu'il existe une faute certaine, il y a seulement incertitude sur le point de savoir quel est l'auteur de la faute.

l'assureur dérive du contrat d'assurance, non de l'abordage (1).

1003. *Abordage fautif*. — En cas d'abordage causé par la faute d'un capitaine (2), le dommage est supporté par celui qui l'a occasionné (art. 407, 2° alin., C. com.). Il y a encore ici une application des règles du droit commun. L'abordage causé par la faute d'un capitaine est un délit ou un quasi-délit, selon qu'il y a eu intention mauvaise ou simple négligence du capitaine (3). La loi maritime ne fait qu'appliquer à ce cas particulier les articles 1382 et 1383, C. com.

· D'après le principe général de l'article 216, C. com., le propriétaire du navire dont le capitaine est en faute, est responsable sauf faculté pour lui de faire au propriétaire de l'autre navire lésé, l'abandon du navire et du fret (4). Il va de soi que le propriétaire du navire a un recours contre son capitaine.

1004. En vertu des principes du droit commun, on doit comprendre dans les dommages-intérêts non seulement les dommages matériels soufferts par le navire (*damnum emergens*) et toutes les dépenses que l'abordage a occasionnées, mais encore les bénéfices dont le propriétaire, le capitaine et les gens de l'équipage du bâtiment endommagé ont été privés (*lucrum cessans*) (art. 1149, C. civ.) (5). Ainsi, il faut tenir compte : 1° du fret que le proprié-

---

(1) Aussi cette action n'est pas soumise à la prescription d'un an qui, d'après l'article 436, C. com., s'applique à toutes actions en indemnité pour dommage provenant d'abordage, mais à la prescription de cinq ans qui court de la date de la police d'assurance, prescription applicable, en principe, à toute action résultant du contrat d'assurance (art. 432, C. com). V. n°ˢ 1028 et suiv., 1316 et suiv.

(2) V., pour le cas de faute commune des capitaines, n°ˢ 1011 et 1011 *bis*.

(3) Dans la plupart des cas, depuis la loi du 10 mars 1891, l'abordage est un délit *pénal*, qu'il soit, au point de vue civil, un délit ou un quasi-délit. V. n° 1019.

(4) Le cas d'abordage est actuellement le cas le plus fréquent où les propriétaires de navire font usage de la faculté d'abandon.

(5) Trib. civ. Saint-Nazaire, 21 nov. 1901, *Revue intern. du Droit marit.*, XVII, p. 832. L'indemnité due pour le chômage se calcule, d'après les usages les plus répandus, au taux des surestaries (n°ˢ 293 et suiv.) : Rouen, 24 janv. 1876, *Journal de Marseille*, 1877. 2. 62 ; S. 1876. 2. 65 ; Aix, 20 nov. 1876, *Journal de Marseille*, 1877. 1. 175; Trib. comm. Rouen, 3 fév. 1908, *Revue intern. du Droit marit.*, XXIV, p. 55.

Mais ce n'est pas là une règle admise partout sans contestation : Bor

taire a pu perdre par suite de l'interruption du voyage nécessitée par les réparations, en déduisant les frais épargnés pendant la durée du chômage : 2° des loyers que le capitaine aurait touchés, s'il n'y avait pas eu perte totale du bâtiment (1).

Il a, pourtant, été soutenu que, pour fixer le montant de l'indemnité, il ne doit être tenu compte que du dommage matériel. On a invoqué en ce sens le texte de la loi qui paraît, dit-on, impliquer que le législateur s'est seulement préoccupé des conséquences matérielles de la collision, puis on invoque une considération spéciale. Le système opposé, prétend-on, donnerait aux gros bâtiments un avantage très grand ; la collision ne leur cause le plus souvent que des dommages matériels peu importants : le chômage de quelques jours cause un préjudice considérable qui pourrait absorber la valeur du petit navire abordé.

Mais ces arguments ne sont point décisifs. Il n'y a pas à se prévaloir de l'article 407. Il parle, il est vrai, seulement du *dommage* causé, et le mot dommage comprend le *lucrum cessans* d'après le principe général de l'article 1149, C. civ. (2). Pour autoriser une dérogation à ce principe, un texte formel serait nécessaire : une simple considération pratique ne saurait suffire (3).

Mais il va de soi que les dommages-intérêts ne comprennent pas le préjudice indirect causé au navire abordé (4).

1004 *bis*. Droit étranger. — Les règles relatives aux personnes qui supportent les dommages en cas d'abordage, soit fortuit, soit fautif (causé par la faute d'un des capitaines), sont les mêmes dans

deaux, 28 juill. 1885. *Revue intern. du Droit marit.*, 1886-87, p. 654 ; Trib. comm. Marseille, 11 février 1904, *Rev. intern. du Droit marit.*, XIX, p. 886 ; *Journal de jurisprud. de Marseille*, 1904. 1. 150. Il est arbitraire d'appliquer, en dehors du cas de retard dans le chargement ou le déchargement, les usages relatifs à la quotité des surestaries.

(1) Trib. comm. Marseille, 30 mai 1873, *Journal de Marseille*, 1873. 1. 175.

(2) L'article 1149, C. civ., ne s'occupe de la fixation des dommages-intérêts qu'en cas de faute contractuelle. Mais la règle qu'il consacre s'applique certainement aussi en cas de faute délictuelle ou quasi délictuelle.

(3) De Fresquet, *Des abordages maritimes* p. 53 et suiv.

(4) Alger, 6 déc. 1905 ; Trib. comm. du Havre, 20 juin 1906 ; Trib. comm. Rouen, 10 avril 1908, *Revue intern. du Droit marit.*, XXI, p. 435 ; XXII, p. 161 ; XXIV, p. 216.

toutes les législations, parce qu'elles sont conformes aux principes du droit commun identiques partout (1).

1005. *Abordage mixte ou douteux.* — D'après les principes du droit commun (art. 1315, C. civ.), tout abordage devrait être considéré comme fortuit par cela seul qu'aucune faute n'est prouvée à la charge d'un capitaine par les tiers lésés et, par suite, chaque propriétaire de navire devrait supporter le dommage causé à son bâtiment. En effet, en matière de faute délictuelle ou quasi délictuelle, c'est au demandeur à prouver l'existence de la faute qu'il reproche au défendeur, sous peine de rejet de la demande.

Mais, par dérogation à ces principes, le Code de commerce décide que, *s'il y a doute dans les causes de l'abordage, le dommage est réparé à frais communs et par égale portion par les navires qui l'ont fait et souffert.*

On fait donc une masse des dommages subis par les deux navires entrés en collision et on les répartit par moitié entre les propriétaires des deux navires. Il n'y a pas à tenir compte de la valeur respective de ceux-ci pour faire entre eux une répartition proportionnelle. Ainsi, dans le cas où le dommage causé à un des navires monte à 50.000 francs et où le dommage subi par l'autre est de 100.000 francs, on répartit par moitié le dommage total de 150.000 francs, de telle sorte que le propriétaire du navire qui a subi le plus fort dommage a le droit de réclamer 25.000 francs à l'autre. Ainsi, le dommage supporté par le propriétaire de chacun des deux navires s'élève à 75.000 francs.

1006. Dans la masse des dommages à répartir, on comprend les dommages matériels subis par les navires. On n'y comprend pas, au contraire, les dommages subis par les marchandises (n° 1012, 3). Cela résulte du texte même de l'article 407, 3ᵃ alin., qui parle du dommage fait et souffert *par les navires* (2).

---

(1) V. Codes de commerce *allemand*, art. 734 et 739 ; *italien*, art. 660 et 661 ; *portugais*, art. 664 et 665 ; *espagnol*, art. 826 et 830 ; *roumain*, art. 672 et 673 ; *chilien*, art. 1129 et 1130 ; *argentin*, art. 1161 et 1162 ; Codes maritimes *finlandais*, art. 154 et 155 ; *suédois, danois et norvégien*, art. 220 et 221.

(2) V. sur les règles à appliquer aux dommages subis par les marchandises ou par les personnes, ci-dessous, n°ˢ 1012 et suiv.

Doit-on dans la masse des dommages comprendre, outre le dommage matériel causé aux navires, le bénéfice dont chaque propriétaire de navire a été privé par suite de l'interruption de la navigation pendant la durée des réparations? Le texte de l'article 407, 3ᵉ alin., pris à la lettre, semblerait devoir faire exclure ce bénéfice ; il parle du dommage souffert par les navires (1). Mais c'est là un argument purement littéral contre lequel les principes doivent prévaloir. Il faut comprendre dans la masse à répartir les bénéfices dont les propriétaires ont été privés par suite de l'abordage, comme les pertes proprement dites qu'ils ont subies (2). Dans le langage légal, le dommage comprend le bénéfice dont la personne lésée est privée comme la perte qu'elle éprouve (art. 1149, C. civ.). Au reste, le texte lui-même n'a réellement aucune portée. Souvent, les navires, dans le langage usuel et dans celui de la loi, sont personnifiés, en ce sens qu'on parle du navire pour viser le propriétaire du bâtiment. V. analog. nᵒ 1003.

1007. Par cela même qu'il n'y a, en cas d'abordage douteux, ni faute prouvée ni même faute présumée, les capitaines n'encourent aucune responsabilité, et les propriétaires qui ont supporté leur part dans la masse des dommages n'ont pas de recours contre eux.

De la même idée, une autre conséquence doit être encore déduite. Si le propriétaire d'un navire se borne à réclamer des dommages-intérêts en se fondant sur un abordage *fautif*, sans avoir le soin de conclure, pour le cas de doute, au partage du dommage souffert, la demande doit être repoussée au cas où la preuve de la faute n'est pas faite. On ne saurait argumenter de ce que notre droit n'admet point les règles de la *plus petitio* du Droit romain et de ce que le plus comprend le moins. La demande fondée sur l'abordage fautif et l'action en partage du dommage dérivant de l'abordage douteux, sont deux actions distinctes, fondées sur des causes différentes, la première seule dérive des articles 1382-1383, C. civ. En réalité, le

(1) C'est là l'opinion que nous avions soutenue à tort dans notre première édition V. *Précis de Droit commercial*, II, nᵒ 2011, p. 279.

(2) Autran, *Code international des abordages*, nᵒ 407.

tribunal ou la cour qui méconnaitrait cette règle, statuerait *ultrà petita* (1) (2).

1008. D'après l'article 407, dern. alin., dans les cas d'abordage soit fautif, soit douteux, l'estimation du dommage est faite par experts. Cette disposition n'a rien d'impératif. Le montant des dommages subis peut se prouver par tous les moyens On n'est pas plus obligé de recourir ici à une expertise que notamment dans le cas de l'article 297, C. com. qui vise aussi une expertise V. n° 779. Quand le législateur veut exiger impérieusement une expertise, il s'exprime en termes très formels. V. article 1678, C. civ.

1009. La disposition spéciale relative à l'abordage mixte ou douteux, qui vient de l'ancien Droit (3), ne peut se justifier par aucune

(1) La Cour de cassation a, pourtant, admis une soluti u opposée : Ch, civ., 30 juin 1875, S. 1875. 1. 457 ; *J. Pal.*, 1875, 1164.

(2) Une autre conséquence certaine de la même idée doit être admise en matière d'assurance maritime. L'assureur ne répond pas des fautes du capitaine et des gens de l'équipage, connues sous le nom de baraterie de patron, sauf convention contraire (art. 353, C. com.). Il résulte bien de là qu'en principe, l'assureur n'est pas tenu en cas d'abordage causé par la faute du capitaine du navire assuré ou du navire qui transporte les marchandises assurées ; mais l'exclusion de la baraterie de patron de l'assurance ne met pas obstacle à la responsabilité de l'assureur en cas d'abordage douteux.

(3. La règle du partage par moitié vient des anciennes lois maritimes du moyen âge et de l'Ordonnance de 1681. Le Droit romain se bornait à distinguer entre le cas d'abordage fortuit où chacun supportait son dommage et le cas d'abordage fautif où l'action de la loi Aquilia pouvait être exercée contre le capitaine en faute : Ulpien, L. 29, § 2, 3 et 4 (Dig. IX. 2, *Ad legem Aquiliam*). Le Consulat de la mer consacrait la distinction du Droit romain. Mais les rôles d'Oléron admettaient le partage par moitié (*le domage doit estre apprisé et parti moitié entre les deux nefz*, art. 15), au cas où il n'y avait faute d'aucun côté et c'était généralement la règle admise dans le Nord. L'Ordonnance de 1681 contient sur l'abordage, dans le titre VII du livre III, les deux dispositions suivantes : Art. 10. *En cas d'abordage de vaisseau, le dommage sera payé également par les navires qui l'auront fait et souffert, soit en route, en rade ou au port.* — Art. 11. *Si toutefois l'abordage avait été fait par la faute de l'un des maistres, le dommage sera réparé par celui qui l'aura causé.* — Les deux principaux commentateurs de l'Ordonnance, Valin et Emérigon, étaient en désaccord sur la portée de la première de ces dispositions. Valin admettait qu'elle s'appliquait même au cas d'abordage fortuit. Il justifie ainsi la disposition de l'article 10 entendue de cette façon : « C'était le

bonne raison (1). Elle peut avoir le fâcheux inconvénient d'exciter le juge à la négligence, en lui permettant de fonder une décision sur un doute. Il y a là une règle très rudimentaire que les anciens auteurs ont parfois appelée *judicium rusticorum*. Cleirac (*Us et Coutumes de la mer*) compare cette règle au fameux jugement de Salomon : « Tel fut, dit-il, le jugement reconnu tout juridic du sage Roy Salomon qu'il donne sur la question d'entre deux mères ». — On a bien allégué que, par la disposition du Code de commerce sur l'abordage mixte ou douteux, on a voulu protéger les petits navires en excitant les capitaines de gros navires à être très prudents. Il peut se faire que cette prétendue protection nuise, au contraire, aux petits navires. Emérigon (*Traité des assurances*, chapitre XII, section XIV, § 3) disait : « De là il peut très fort arriver que l'entière « valeur d'un des navires soit absorbée par la demie du dommage, « tandis que l'autre navire, beaucoup plus important, supportera « avec aisance la demie restante ».

La plupart des législations ont repoussé la solution du Code de 1807 en cette matière et admis, par suite, en vertu des principes généraux du droit, qu'en cas d'abordage mixte ou douteux, chaque propriétaire de navire supporte le dommage causé à son bâtiment, de telle sorte qu'il n'y a pas de distinction entre l'abordage fortuit et

---

« moyen le plus propre à rendre les capitaines ou maîtres de navires « extrêmement attentifs à éviter tout abordage, surtout ceux des bâtiments « faibles et plus susceptibles d'être incommodés par le moindre choc, en « leur rendant toujours présente la crainte de supporter la moitié du dom- « mage qu'ils en pourraient recevoir. Et, si l'on dit qu'il aurait été plus sim- « ple et plus court de laisser pour le compte particulier de chacun le dom- « mage qu'il aurait reçu comme provenant d'un cas fortuit, la réponse est « qu'alors, les capitaines des gros navires n'auraient plus craint de « heurter les bâtiments d'une beaucoup moindre force que les leurs ; rien « donc de plus juste que la contribution par moitié ». Emérigon (*Traité des assurances*, chapitre XII, section XIV, § 3) référait l'article 10 au cas d'abordage douteux seulement et arrivait ainsi à distinguer trois espèces d'abordages. C'est ce dernier système que notre Code a adopté dans l'article 407.

(1) De Courcy, *Questions de droit maritime*, 1re série, p. 188 et suiv. ; Arth. Desjardins, V, n° 1129, p. 135 ; de Valroger, V, n° 2113.

l'abordage mixte ou douteux (1). C'était le système adopté par le
projet de 1867 (2).

1010. *Abordage douteux entre plus de deux navires.* — L'abordage n'a lieu ordinairement qu'entre deux navires, mais la collision
peut, dans des cas exceptionnels, se produire entre un plus grand
nombre ; on conçoit que le navire abordeur heurte à la fois plusieurs
bâtiments ou que le navire abordé soit lancé sur un autre bâtiment.
On applique toujours, en matière d'abordage douteux, les mêmes
règles, quel que soit le nombre des navires endommagés. En conséquence, si l'abordage douteux a eu lieu entre plus de deux navires,
le dommage total est réparti non par moitié, mais par égales parts
entre les navires, par tiers ou par quart, s'il y a trois ou quatre
navires. Au reste, le texte de l'article 407, 3ᵉ alin., est conçu en
des termes très généraux qui conviennent à tous les abordages
douteux, quel que soit le nombre des navires entre lesquels ils ont
lieu (réparation à *frais communs et par égale portion*).

1011. *Faute commune des capitaines.* — L'article 407, C. com.,
n'a pas prévu tous les cas possibles d'abordages même au point de

(1) DROIT ÉTRANGER. — L'abordage douteux n'est pas traité autrement
que l'abordage fortuit, en ce sens qu'en cas d'abordage douteux, chacun
supporte son dommage d'après les Codes de commerce *allemand*, art. 736
et 737 ; *italien*, art. 662 ; *roumain*, art. 674 ; *portugais*, art. 668 ; *espagnol*, art. 828 ; Codes maritimes *finlandais*, art. 155 ; *suédois, danois* et
norvégien, art. 224 ; loi *belge* du 21 août 1879, art. 251. On ne traite non
plus d'une façon spéciale l'abordage douteux ni en *Grande-Bretagne*, ni
dans les *États-Unis d'Amérique*. Marsden, *The law of collision at
sea*, p. 2.

Le Code de commerce *chilien* (art. 1133) admet encore la règle du partage par moitié. Le Code de commerce *hollandais* (art. 538) et le Code de
commerce *argentin* (art. 1264) adoptent un système tout particulier : ils
décident que les dommages causés aux navires et aux chargements sont
réunis en une seule masse et supportés par chaque navire en proportion
de sa valeur sauf à répartir ensuite ces dommages comme avarie grosse
sur chaque navire et sur chaque chargement.

Le Congrès international de Droit commercial de Bruxelles (1888) a voté
une résolution portant : « l'abordage douteux est traité comme abordage
fortuit ».

(2) L'article 420 de ce projet ne parle que de l'abordage fortuit et de
l'abordage fautif, ce qui implique qu'on devait appliquer les principes
généraux du droit au cas de doute sur les causes de l'abordage.

vue des dommages causés aux navires seuls. Il peut y avoir, et c'est là un cas assez fréquent, faute commune de la part des deux capitaines dont les navires sont entrés en collision. Qui doit supporter les dommages soufferts par les navires ? Dans le silence de nos lois, il faut s'en référer aux principes généraux. Or, d'après ces principes, quand deux personnes ont commis une faute commune, le dommage se répartit entre elles d'après le degré respectif de leurs fautes, sauf à faire la répartition par moitié, si l'on ne parvient pas à comparer exactement les fautes. En matière d'abordage, s'il y a faute commune, les propriétaires des navires supportent, par suite, les dommages dont il est fait masse en proportion du degré des fautes des capitaines (1) ; mais, si l'on ne parvient pas à fixer le degré respectif des fautes, la répartition se fait par moitié.

Il faut bien distinguer de la question de la répartition des dommages causés au navire en cas de faute commune la question toute différente de savoir comment sont tenus, dans le même cas de faute commune, les capitaines et, par voie de conséquence, les propriétaires de navires envers les tiers (propriétaires de marchandises, passagers, gens de mer) lésés par l'abordage. V., sur cette question, ci-après, nº 1012.

1011 *bis.* DROIT ÉTRANGER. — Les législations étrangères sont très divisées sur la solution à admettre en cas de faute commune.

La loi *belge* du 21 août 1879 (art. 252) et le Code de commerce *portugais* (art. 860) admettent le système consacré par la jurisprudence française (2). Le Code de commerce *allemand* de 1861 (article 737) admettait qu'en cas de faute commune, chacun supportait le dommage subi par son navire. Mais le Code de commerce *allemand* de 1897 (art. 735, 2º alin.) décide qu'en cas d'abordage causé par une faute commune, l'obligation à la réparation du dommage et l'éten-

---

(1) Aix, 15 déc. 1870, Cass., 15 nov. 1871, *Pand. fr. chr.*, *Journal de jurisprud de Marseille*, 1871. 1. 78 ; 1874. 2. 158 ; Bordeaux, 23 mars 1887. *Revue intern. du Droit marit.*, 1887-88, p. 26 ; Rouen, 14 novembre 1906, *Revue intern. du Droit marit.*, XXIII,. p. 17.

(2 Cas de fautes d'égale importance. Partage par moitié. Bruxelles, 7 février 1905, *Revue intern. du Droit marit.*, XXI, p. 355.

due de cette obligation dépendent des circonstances, spécialement de ce que l'abordage a été causé principalement par des gens de mer de l'un ou de l'autre des navires. — Deux autres systèmes principaux se partagent les législations. En *Angleterre*, les dommages se partagent par moitié sans considération du degré respectif des fautes (loi du 5 août 1873 sur *l'établissement d'une Haute Cour de justice* (art. 25, 9) (1). Les codes de commerce *italien* (art. 662), *roumain* (art. 674), *hollandais* (art. 535), *espagnol* (art. 827), *chilien* (article 1130). *argentin* (art. 1263), admettent une sorte de compensation entre les fautes, par suite de laquelle, sans qu'il y ait à se préoccuper de leur gravité respective, chacun supporte le dommage subi par son navire.

Le Code maritime *finlandais* (art. 155) reconnaît qu'en principe, chacun supporte son dommage, mais que, s'il est prouvé que l'un des capitaines est plus coupable que l'autre, il appartiendra au tribunal d'examiner les faits et la part de responsabilité de chacun, puis de décider dans quelle proportion le plus coupable doit dédommager l'autre. Les Codes maritimes *suédois*, *danois* et *norvégien* (art. 220) reconnaissent au juge le pouvoir de fixer l'indemnité à payer par l'une des parties en prenant en considération la nature des fautes de chacun ou de décider que chaque navire supportera les dommages qu'il a soufferts (2). Les dispositions de ces Codes maritimes se rapprochent de la règle admise en France.

De ces divers systèmes, le premier, adopté en *France* en *Allemagne* (Code de commerce de 1897), en *Belgique* et en *Portugal*, doit être préféré (3). On allègue contre lui qu'il donne au juge à

---

(1) V. *Annuaire de législation étrangère*, 1874. p. 43. — Conf. Marsden, *The law of collisions at sea*, p. 126 et suiv.

(2) Cpr. Cour suprême de Christiania, 10 septembre 1901, *Revue intern. du Droit marit.*, XVIII, p. 130 (Dans l'espèce, le partage du dommage a été admis par moitié entre les deux navires).

(3) Ce système était consacré par l'article 421 du projet de 1867. C'est aussi celui qu'a admis en 1888 le Congrès international de Droit commercial de Bruxelles dans les termes suivants : *S'il y a faute commune, il est fait masse des dommages causés : cette masse est supportée par chacun des navires proportionnellement à la gravité des fautes respectives.*

résoudre une question insoluble, en l'appelant à comparer les degrés
respectifs des fautes. Mais l'objection n'est pas décisive; on exagère
en parlant là d'une question insoluble. Il y a des cas où elle peut
être résolue et, lorsqu'elle ne peut pas l'être, le juge a la ressource
d'adopter le partage par moitié. Puis, il est exorbitant d'admettre
ou un partage par moitié ou l'obligation par chacun de supporter
le dommage souffert par son navire, quand la faute de l'un est très
légère et celle de l'autre très lourde.

1012. *Dommages causés aux marchandises et aux personnes.—*
Le Code de commerce ne contient aucune disposition sur le point de
savoir qui supporte les dommages causés par un abordage, soit aux
marchandises, soit aux personnes. Du silence de la loi il résulte
qu'on doit appliquer les règles du droit commun. Cela implique les
conséquences suivantes :

1. En cas d'abordage fortuit, le dommage est supporté par le propriétaire des marchandises endommagées ou par les personnes qui
ont subi le dommage, sans recours contre les capitaines et les propriétaires de navires.

2. En cas d'abordage provenant de la faute d'un capitaine, il
répond envers les tiers lésés des dommages causés.

3. A défaut de preuve d'une faute, l'abordage est traité comme
fortuit et, par suite, le dommage reste à la charge de celui qui l'a
souffert. A l'égard des dommages causés aux marchandises ou aux
personnes, il n'y a donc pas d'abordage mixte ou douteux. Cela concorde avec ce qui a été dit plus haut (n° 1005), qu'en cas d'abordage
mixte ou douteux, le montant des dommages causés aux marchandises
n'est pas à comprendre dans la masse des dommages à répartir par
égales portions entre les bâtiments (1). On comprend combien il est
irrationnel et compliqué de considérer l'abordage comme fortuit à
l'égard des marchandises et des personnes et de le traiter comme
douteux à l'égard des navires.

La preuve de la faute incombe au demandeur dont les marchandises ont été endommagées. Cela, du moins, est vrai, au cas où l'action est exercée par le propriétaire de marchandises contre le capi-

(1) Rouen, 24 janv. 1876, *Journal de Marseille*, 1877. 2. 54.

taine ou le propriétaire du navire sur lequel ses marchandises ne se trouvaient pas. Mais, quand un propriétaire de marchandises s'en prend au capitaine du navire qui les transportait ou au propriétaire de ce bâtiment, la preuve du cas fortuit incombe au capitaine, par cela même qu'il s'agit là d'une responsabilité contractuelle (art. 1147, 1302, 1784, C. civ.).

Le point de savoir s'il faut admettre une solution identique pour le cas où, à raison soit de morts, soit de blessures, une action est intentée contre le capitaine du navire sur lequel se trouvaient les personnes mortes ou blessées, dépend d'une question générale toujours discutée qui se présente aussi en matière de transport de personnes (1); la responsabilité du transporteur doit-elle être traitée, d'après les principes généraux du droit, même pour le transport de personnes, comme une responsabilité contractuelle existant, à moins qu'il y ait preuve d'un cas fortuit ou de force majeure.

4. En cas d'abordage causé par la faute commune des capitaines, il y a à résoudre deux questions qui doivent être soigneusement distinguées. *a*. Qu'est-ce que le propriétaire des marchandises avariées, la personne blessée ou l'héritier de la personne morte, peut réclamer aux capitaines et aux propriétaires de navires ? — *b*. Comment les dommages-intérêts à payer à ces personnes se répartissent-ils entre les capitaines ou les propriétaires des navires ?

a. Dans le cas où il y a délit correctionnel de la part des deux capitaines (2), il y a solidarité entre eux en vertu du principe général de l'article 55, C. pénal. Quand il n'y a pas délit correctionnel, mais un simple délit civil ou un quasi-délit, l'action en dommages-intérêts n'est donné contre chaque capitaine que pour la part pour laquelle chacun a contribué au dommage. Mais, si l'on ne peut pas déterminer cette part, et c'est là le cas qui se présente normalement, les tiers lésés peuvent agir *in solidum* contre les capitaines comme si chacun avait causé à lui seul le dommage entier (3) (4) (5).

(1) V. *Traité de Droit commercial*, III. nᵒˢ 709 et 709 *bis*; V. nᵒ 835-5ᵒ.
(2) C'est le cas le plus fréquent depuis la loi du 10 mars 1891. V. nᵒ 1019.
(3) V. sur le principe général à appliquer aux coauteurs d'un délit civil ou d'un quasi-délit, Aubry et Rau, IV (3ᵉ édit.), § 445, p. 749, et § 446, p. 755. Ces auteurs admettent, en principe, la solidarité.
(4-5) Cass., 11 juill. 1892, S. et *J. Pal.*, 1892. 1. 505 ; *Pand. fr.*, 1893. 1.

b. Le capitaine ou le propriétaire du navire qui a payé l'entier montant des dommages-intérêts, n'a certainement pas à les supporter définitivement. Il a. en principe, un recours contre l'autre propriétaire ou contre l'autre capitaine pour qu'en définitive les dommages-intérêts soient répartis entre eux.

On ne saurait contre ce recours se prévaloir de la règle *nemo auditur propriam turpitudinem allegans ;* car il dérive du paiement et non de la faute commise par celui qui prétend l'exercer.

Ce recours s'exerce, soit en vertu de l'action née dans la personne du demandeur, soit grâce à la subrogation légale fondée sur l'article 1251, 3°, C. civ., par cela même qu'il y a eu paiement d'une dette dont la personne qui l'a fait était tenue avec une autre.

Mais pour quelle partie de la somme payée le recours peut-il être exercé ou, en d'autres termes, comment se répartissent les dommages-intérêts entre les deux capitaines ou entre les deux propriétaires des navires?

Il ne peut être question de les répartir en proportion de la part que chacun a causée, dans le dommage, puisque, à raison de l'impossibilité de fixer cette proportion, l'obligation *in solidum* des capitaines ou des propriétaires de navires envers les tiers lésés a dû être admise. Il semble équitable d'admettre que la répartition se fait, pour les dommages causés aux marchandises et aux personnes, de la même manière que pour les dommages causés aux navires, c'est à-dire en proportion du degré de faute de chacun des capitaines (1).

1012 *bis*. L'application de ces solutions se heurte à quelques difficultés dans le cas très fréquent où il s'agit de dommages causés à des marchandises et où la responsabilité du propriétaire, à raison des fautes du capitaine, est exclue par une clause du connaissement ou de la charte-partie (2).

---

432 ; *Revue intern. du Droit marit.*, 1892-93, p. 258 ; Cass., 1er juill. 1892, *Revue intern. du Droit marit.*, 1892 93, p 6 ; Rouen, 15 juill. 1898, *Revue intern. du Dr. marit.*, 1887-1898, p. 334.

En aucun cas, quelle que soit la cause de l'abordage, il n'y a solidarité active entre les tiers lésés par l'abordage. Rennes, 17 déc. 1907, *Revue intern. du Droit marit.*, XXIII, p. 795.

(1) V. les arrêts cités à la note 1 de la page 144.

(2) Il est évident que les mêmes difficultés peuvent se présenter en cas

Une conséquence certaine de la validité de cette clause est qu'un propriétaire de marchandises ayant subi des avaries par suite de l'abordage, ne peut aucunement agir contre le propriétaire du navire qui les transportait. Mais rien n'empêche qu'une action en responsabilité puisse être exercée par lui pour le tout contre le capitaine et le propriétaire de l'autre navire avec lequel il n'a pas contracté. Ce dernier propriétaire est un tiers par rapport au contrat d'affrètement et ne peut, par suite, se prévaloir de la clause de non-responsabilité.

Le propriétaire qui a été ainsi actionné et qui a payé l'entier montant des dommages-intérêts, a-t-il, du moins, un recours contre le propriétaire de l'autre navire?

On l'a nié, en disant que, si la clause de non-responsabilité est sans effet entre les propriétaires des navires, on donne aux propriétaires de marchandises, qui ont accepté cette clause, un moyen d'y échapper. Mais cette opinion est inadmissible : si l'on décide que le propriétaire du navire protégé par la clause de non-responsabilité ne peut être actionné ni par les propriétaires de la cargaison qu'il a transportée ni par l'autre navire, au cas où celui-ci a payé tous les dommages-intérêts, on arrive à ce résultat exorbitant que l'un des navires supporte définitivement toutes les avaries subies par les marchandises de l'autre bâtiment.

La clause de non-responsabilité ne met nul obstacle à ce que les propriétaires des marchandises agissent contre le propriétaire d'un navire sur lequel celles-ci n'étaient pas transportées (1). Le recours du propriétaire de ce dernier navire contre le propriétaire de l'autre est fondé sur le paiement qu'a fait le propriétaire du navire actionné et condamné, non sur le contrat d'affrètement conclu par celui-ci avec le propriétaire des marchandises qui a obtenu la condamnation contre lui. Car le propriétaire du navire qui a indemnisé intégralement le propriétaire des marchandises, peut agir de son chef, sans

de mort ou de blessures de personnes lorsque le billet de passage contient une clause de non-responsabilité du propriétaire du navire à raison des fautes du capitaine.

(1) Rouen, 6 fév. 1901 : Paris, 14 mai 1903, D. 1901. 2. 353 ; *Revue intern. du Droit marit.*, XVI, p. 632 ; XIX, p. 15.

avoir à invoquer le bénéfice de la subrogation légale au propriétaire des marchandises indemnisé.

1012 *ter*. Quelque fondé que soit, au point de vue des principes, le droit d'agir pour le tout contre les propriétaires de l'un ou de l'autre navire, on ne saurait nier qu'il est rigoureux pour ceux-ci, qu'il peut avoir un assez grave inconvénient pour celui qui a dû payer l'intégralité des dommages-intérêts. Il peut se faire, en effet, que le recours se heurte à l'abandon du navire et du fret fait par celui contre lequel il est exercé. Alors, le fardeau de la responsabilité pèse définitivement, pour la totalité ou pour la plus grande partie, sur celui des deux propriétaires qui a dû acquitter les dommages-intérêts, et celui-ci n'est pas nécessairement le propriétaire à bord du navire de qui les marchandises étaient chargées (n° 1012 *bis*).

Aussi a-t-on souvent protesté contre la rigueur de la responsabilité *in solidum* pour recommander la répartition proportionnelle au degré respectif des fautes des capitaines (1).

1013. Il résulte de tout ce qui a été dit que, en cas d'abordage, il est fort important de savoir s'il y a cas fortuit ou faute, soit d'un capitaine, soit des deux capitaines. Tous les moyens de preuve sont admis, par cela même qu'il s'agit de délit ou de quasi-délit (article 1348 4°, C. civ.

Les difficultés qui peuvent s'élever quant à l'existence d'une faute, sont diminuées par une présomption de fait que les tribunaux admettent généralement. Afin d'éviter les collisions en mer, il a été établi, à la suite d'une entente entre les Etats maritimes, des règles communes. Il y a un règlement, rédigé en 1862, sur l'initiative de

---

(1) Ce système qui s'écarte des principes généraux du droit, exige qu'on prenne parti sur plusieurs questions qui s'y rattachent. Les deux principales de ces questions sont les suivantes : 1° L'action ne devrait-elle être admise que pour partie même contre le propriétaire du navire transporteur, encore que celui-ci soit responsable, en vertu même du contrat d'affrètement, si les marchandises ont péri ou ont subi des avaries ? 2° A qui incomberait le fardeau de la preuve quand le propriétaire d'un des navires est seul actionné ? On comprend, en outre, que, dans ce dernier cas, une difficulté relative à l'autorité de la chose jugée se présenterait.

la France et de la Grande-Bretagne, qui a été revisé pour la dernière fois en 1897 (1).

Lorsque les règles contenues dans ce règlement ont été observées, les juges présument le cas fortuit, tandis qu'ils présument la faute du capitaine qui les a violées. Il y a là, des présomptions de fait, car aucun texte n'admet en cette matière des présomptions légales (2) (3) (4).

1014. *Abordage au cas où un pilote obligatoire est à bord.* — C'est particulièrement au cas d'abordage que se pose la question de savoir si le capitaine, et par voie de conséquence, le propriétaire du navire demeurent responsables malgré la présence à bord d'un pilote obligatoire. Il a été dit précédemment (nos 590 et 591) que, d'après les idées admises en France, le pilote est un simple guide qui n'enlève pas au capitaine la direction du navire et qui, par suite, ne fait pas disparaître sa responsabilité, ni, par voie de conséquence, celle du propriétaire.

1015. *Abordage en cas de remorquage.* — Quand un abordage se produit entre un navire remorqué et un autre bâtiment, des questions spéciales se posent à raison même du lien qui existe entre le remorqueur et le remorqué.

Il n'est pas douteux que le remorqueur ou le remorqué en faute est responsable envers les tiers des dommages causés par l'abordage. Mais le remorqué est-il responsable envers les tiers lésés du dommage causé même par la faute du remorqueur ? Les principes généraux du droit semblent devoir faire admettre la responsabilité du remorqué. En effet, le remorqueur étant au service du remorqué, on peut dire que le capitaine du remorqueur devient le préposé du

---

(1) Le règlement est approuvé par un décret du 21 février 1897 en vigueur depuis le 1er juillet 1897 (publié dans le numéro du *Journal officiel* du 25 février 1897).

(2) Des Codes étrangers admettent des présomptions légales de faute dans les cas qu'ils déterminent. V. Code *chilien*, art. 1134.

(3) V. sur une autre présomption de fait analogue, no 1022.

(4) Il y a un très grand nombre de décisions judiciaires rendues sur des questions de faute en matière d'abordage. Comme il s'agit là de questions de fait, nous ne mentionnons pas ici ces décisions.

(5) Douai, 20 juin 1883, *Revue intern. du Droit marit.*, p. 117.

propriétaire du navire remorqué et que, par suite, il y a lieu à l'application de l'article 1384, C. civ. V. n° 191.

On conçoit qu'en cette matière, les faits, spécialement le lien plus ou moins étroit établi entre le remorqueur et le remorqué, aient sur la solution à donner une grande influence (1).

Mais le propriétaire du remorqué a un recours contre le capitaine et contre le propriétaire du remorqueur à raison de la faute que peut avoir commise ce capitaine, comme tout préposant responsable des fautes de son préposé a un recours contre celui-ci.

Est-ce au demandeur (propriétaire du remorqué) à prouver cette faute ou la preuve du cas fortuit est-elle à la charge du défendeur? V. n°s 191 et 191 *bis* (2).

1016. *Concours des créanciers pour dommages causés aux personnes et pour dommages causés aux navires et aux marchandises.* Quand il y a des dommages causés à la fois à des personnes, aux navires et aux marchandises, toutes les créances d'indemnité viennent en concours, par cela même qu'un privilège n'est accordé à aucune d'elles. A raison de l'abandon qui peut être fait par les propriétaires des navires responsables (art. 216, C. com.) ou de leur insolvabilité, les créanciers peuvent ne pas être complètement indemnisés (3).

1017. *Cas où les dommages causés par un abordage constituent des avaries communes.* — Conformément à l'observation faite précédemment (n° 995), les avaries causées par un abordage, qu'il soit fautif, fortuit ou douteux, sont toujours des avaries particulières. Il est, pourtant, des cas exceptionnels où les avaries provenant d'un abordage peuvent constituer des avaries communes. C'est ce qui a lieu lorsque, pour éviter que son navire ne soit projeté sur des rochers ou sur un autre navire et échapper à la perte de son bâtiment et de la cargaison, un capitaine a heurté son navire contre un

---

(1) V. Autran, *Code international des abordages* (2ᵉ édit.), n°s 479 et suiv., p. 480 et suiv.

(2) V. Pau, 12 mars 1878, D. 1880. 1. 401 ; *Pand. fr. chr.*

(3) Le projet de 1867 (art. 422) admettait que les indemnité allouées en cas de mort d'homme ou de blessures devaient être prélevées de préférence sur les produits du recours. Ce privilège est admis par un certain nombre de lois étrangères. V. Codes de commerce *italien*, art. 661 ; *roumain*, art. 673 ; *espagnol*, art. 838.

autre et a obtenu par là le résultat utile qu'il se proposait (1). Sans doute, le Code de commerce ne prévoit pas ces hypothèses un peu spéciales et rares ; mais les avaries sont alors des avaries communes par cela même que les conditions constitutives de ces avaries se trouvent réunies (n° 874).

Plusieurs Codes étrangers ont expressément prévu ces cas spéciaux et reconnu aux avaries qui se produisent alors le caractère d'avaries communes. V. Codes de commerce *argentin*, art. 1271 ; *brésilien*, art. 752.

1018. ABORDAGE FLUVIAL. — Les règles posées ne s'appliquent pas à l'abordage fluvial, en tant qu'elles dérogent au droit commun (n° 999). En conséquence, en matière d'abordage fluvial, il ne peut être question d'abordage mixte ou douteux ; lorsqu'il y a doute sur les causes de l'abordage, celui-ci est traité comme fortuit par cela même qu'aucune faute n'est prouvée et, par suite, chaque propriétaire de navire supporte le dommage subi par son bâtiment (2) (3).

1019. *Actions pénales.* Les fautes d'un capitaine n'ont pas pour unique conséquence de faire naître des actions en dommages-intérêts. Elles reçoivent aussi des sanctions pénales. Le nombre des cas où celles-ci s'appliquent a même été très augmenté par la loi du 10 mars 1891, *sur les accidents et collisions en mer.*

Avant cette loi, c'était seulement en cas de mort ou de blessures qu'il y avait un délit correctionnel, celui d'homicide ou de blessures par imprudence (art. 319 et 320, C pén.). En dehors de ce cas, aucune peine proprement dite n'était encourue, y eût-il eu perte d'un navire ou violation d'un règlement ; des peines disciplinaires seulement pouvaient être alors appliquées. Ces sanctions ont paru insuffisantes en présence du nombre toujours croissant des aborda-

---

(1) Aix, 23 février 1905, *Revue intern. du Droit marit.*, XX, p. 704 ; *Journal de jurisprud. de Marseille*, 1906, 1. 74.

(2) Cpr. une application du même principe, au n° 1032.

(3) En *Allemagne*, la loi du 15 juin 1895 (modifiée par la loi du 20 mai 1898) sur les rapports privés nés de la navigation intérieure (art. 92) traite les abordages qui ont lieu dans les fleuves et dans les autres eaux intérieures, comme les abordages maritimes. Il en est de même en *Belgique*. V. loi *belge* du 21 août 1879 modifiée par la loi du 10 février 1908 (art. 267).

ges et de l'aggravation de leurs conséquences dommageables. La loi du 10 mars 1891 a créé des délits nouveaux et édicté des peines pour les réprimer.

a. Tout capitaine, maître, patron ou officier de quart qui se rend coupable d'une infraction aux règles prescrites par les décrets en vigueur sur les feux à allumer la nuit et les signaux à faire en temps de brume, est puni d'une amende de 10 à 300 francs, d'un emprisonnement de trois jours à un mois ou de l'une de ces peines seulement (art. 1er).

b. Si l'infraction dont il s'agit ou toute autre infraction aux règles prescrites sur la route à suivre ou les manœuvres à exécuter en cas de rencontre d'un bâtiment, est suivie d'un abordage, l'amende peut être portée à 500 francs et l'emprisonnement à trois mois.

c. Si l'abordage a pour conséquence la perte ou l'abandon d'un des navires abordés ou s'il entraîne, soit des blessures, soit la mort pour une ou plusieurs personnes, le coupable est puni d'une amende de 500 à 1.000 francs et d'un emprisonnement de six jours à six mois ; le retrait de la faculté de commander peut, en outre, être prononcé pour trois ans au plus.

d. Tout homme de l'équipage qui se rend coupable d'un défaut de vigilance ou de tout autre manquement aux obligations de son service, suivi d'un abordage ou d'un naufrage, est puni d'une amende de 16 à 100 francs et d'un emprisonnement de 10 jours à quatre mois, ou de l'une de ces peines seulement (art. 3).

L'article 463 du Code pénal relatif aux circonstances atténuantes est applicable au cas prévu par la loi du 10 mars 1891 (art. 9).

Il résulte de ces dispositions diverses que la seule violation des règles sur les feux à allumer la nuit ou sur les signaux à faire en temps de brume est punie indépendamment de toutes conséquences dommageables (art. 1er), que l'infraction dont il s'agit ou toute autre infraction sur la route à suivre ou sur les manœuvres à exécuter en cas de rencontre d'un bâtiment, entraîne des peines variant avec leurs conséquences, plus ou moins graves. — La disposition qui vise le cas de mort ou de blessures, est utile, malgré les articles du Code pénal (art. 319 et 320), sur l'homicide et les blessures par imprudence. La jurisprudence n'admet pas toujours que l'imprudence soit suffisante pour que ce délit pénal existe. En cas d'abordage, en vertu de la loi du 10 mars 1891, le fait matériel de la mort ou de blessures d'une ou de plusieurs personnes par suite d'un abordage provenant d'une infraction aux règles sur les feux à allumer la nuit et sur les signaux à faire en temps de brume ou toute autre infraction aux règles prescrites sur la route à suivre ou les manœuvres à exécuter en cas de rencontre d'un bâtiment, suffit pour qu'il y ait lieu à l'application des peines que cette loi prononce.

1019 bis. La connaissance des délits prévus par la loi du 10 mars 1891 est attribuée aux tribunaux maritimes commerciaux institués par le Code disciplinaire et pénal de la marine marchande du 24 mars 1852. Ces tribunaux ne connaissent pas de l'action civile. V. L. 10 mars 1891, art. 10 à 23 (1). Mais les tribunaux correctionnels sont compétents pour statuer sur des poursuites pour homicide ou pour blessures par imprudence se rattachant à un abordage et sur les actions civiles qui en naissent (2). Il y a là un délit de droit commun (art. 319 et 320, C. pén.).

1020. *Assistance obligatoire en cas d'abordage.* — Quand un abordage se produit en mer, les capitaines s'éloignent parfois du lieu de l'accident, en évitant même de donner le nom de leur navire. Ils espèrent ainsi échapper à toute action en responsabilité. Cette espérance détermine parfois un capitaine à s'éloigner le plus promptement possible, sans prêter assistance à un autre navire compris

(1) Il faut appliquer à l'action en dommages-intérêts intentée devant le tribunal civil (ou de commerce) les règles ordinaires sur l'autorité de la chose jugée lorsqu'un tribunal maritime commercial a précédemment statué sur des poursuites. Aussi, l'acquittement d'un capitaine par un tribunal commercial maritime n'empêche pas qu'il puisse être condamné par un tribunal civil (ou de commerce) à des dommages-intérêts. Cass. crim., 30 novembre 1898, S. 1908. 1. 31 ; *Pand. fr.*, 1899. 1. 293 ; Cass. req., 8 mars 1899, S. 1903. 1. 143. A l'inverse, le tribunal civil (ou de commerce) ne peut rejeter l'action en dommages-intérêts portée devant lui quand, à raison des mêmes faits, le capitaine a été condamné par un tribunal commercial maritime. Rennes, 22 déc. 1902; Aix, 28 janv. 1907, *Pand. fr.*, 1903. 2. 248 ; *Revue intern. du Droit marit.*, XVIII, p. 516 ; XXII, p. 788.

(2) Cass. crim., 26 mai 1905, D. 1906. 1. 817 ; *Pand. fr.*, 1906. 1. 134 ; *Revue intern. du Droit marit.*, XXI, p. 8 ; *Journal de jurisprud. de Marseille*, 1906. 2. 53.

dans l'abordage, alors que ce navire est peut-être sur le point de périr avec sa cargaison, son équipage et ses passagers. Jusqu'à la loi du 10 mars 1891, un capitaine pouvait ainsi s'éloigner impunément. Cette loi a mis un terme à cet abus funeste, en imposant aux capitaines des obligations nouvelles sanctionnées par des peines.

D'après l'article 5 de la loi du 10 mars 1891, *après un abordage, le capitaine, maître ou patron des navires abordés, est tenu, s'il le peut sans danger pour son navire, son équipage et ses passagers, de faire connaître au capitaine de l'autre bâtiment les noms de son propre navire et des ports d'attache, de départ et de destination de celui-ci, sous peine d'une amende de 50 à 500 francs et d'un emprisonnement de six jours à trois mois* (1).

L'article 4 de la loi du 10 mars 1891 est relatif à l'obligation d'assistance. Il est ainsi conçu : *Après un abordage, le capitaine, maître ou patron de chacun des navires abordés, est tenu, autant qu'il peut le faire sans danger pour son navire, son équipage et ses passagers, d'employer tous les moyens dont il dispose pour sauver l'autre bâtiment, son équipage et ses passagers du danger créé par l'abordage. Hors le cas de force majeure, il ne doit pas s'éloigner du lieu du sinistre avant de s'être assuré qu'une plus longue assistance leur est inutile, et si ce bâtiment a sombré, avant d'avoir fait tous ses efforts pour recueillir les naufragés. — Tout capitaine, maître ou patron qui enfreint les prescriptions précédentes, est puni d'une amende de 200 à 3.000 francs, d'un emprisonnement d'un mois à un an et du retrait temporaire ou définitif de la faculté de commander. — L'emprisonnement peut être porté à deux ans, si une ou plusieurs personnes ont péri dans le naufrage.*

1021. La disposition de l'article 4 qui vient d'être reproduite,

_____

(1) On peut rapprocher de cette disposition spéciale à la navigation maritime la loi du 17 juillet 1908 qui édicte des peines contre *tout conducteur d'un véhicule quelconque qui, sachant que ce véhicule vient de causer ou d'occasionner un accident, ne se sera pas arrêté et aura ainsi tenté d'échapper à la responsabilité pénale ou civile qu'il peut avoir encourue.*

mérite surtout d'être remarquée. L'assistance en mer est, en
principe, purement facultative en France, en ce sens qu'il n'y
a pour elle qu'une obligation morale. A titre exceptionnel, elle
est légalement obligatoire en cas d'abordage. Il y a donc là une de
ces hypothèses assez rares où une personne est tenue d'agir dans
l'intérêt d'autres personnes envers lesquelles elle n'est liée par
aucun contrat. Ordinairement, nous ne sommes tenus, envers
les tiers avec lesquels nous n'avons pas contracté, que de nous
abstenir d'actes dommageables (1). V. sur l'assistance maritime,
nos 1066 et suiv.

1022. En vertu des principes généraux du droit (art. 1382 et 1383,
C. civ.), les personnes lésées par le défaut d'assistance d'un capitaine dans les cas où elle est obligatoire, ont le droit de lui demander
des dommages-intérêts (2) : il y a, de sa part, un délit ou un quasi-
délit (3).

Mais aucune présomption *légale* de faute n'est admise par la loi du
10 mars 1891 à la charge du capitaine qui a manqué aux obligations
que cette loi impose en cas d'abordage. On ne saurait donc décider
que l'abordage est légalement présumé provenir de la faute de ce
capitaine (4). Toutefois, il va de soi qu'en fait, le juge est facilement
amené à supposer la faute du capitaine qui, en violation de la loi du
10 mars 1891, s'est enfui avec son navire du lieu de l'abordage (5).

(1 2) V. les principes posés, à propos des articles 1382 et 1383, C civ.,
par Aubry et Rau, IV (4ᵉ édit.), § 444, p. 746.

(3) Il est des cas où le capitaine n'est pas civilement responsable pour
s'être éloigné du lieu du sinistre sans porter secours au navire avec
lequel son bâtiment est entré en collision. V. Cass.. 26 mars 1901, *Pand.
fr.*, 1901. 1. 440; *Revue intern. du Droit marit.*, 1900-1901, p. 630 ; Aix,
22 janv. 1907, *Revue intern. du Droit marit*, XXII. p. 788.

(4) Au reste, la commission de la Chambre des députés avait d'abord
adopté une disposition consacrant une présomption légale que cette commission a ensuite écartée, sous le prétexte un peu futile qu'on ne devait
pas introduire une règle de droit civil dans une loi pénale.

DROIT ÉTRANGER. — En *Grande Bretagne* et aux *Etats Unis d'Amérique*, le capitaine qui, après un abordage, s'éloigne du lieu du sinistre
sans porter secours à l'abordé, est présumé légalement être en faute :
Merchant shipping Act (57 et 58 Vict. ch. 60), art. 422 loi des *Etats Unis
d'Amérique* du 4 septembre 1890.

(5) V. une présomption de fait analogue mentionnée au nº 1013.

1203. Droit étranger. — Les dispositions de la loi de 1891 qui viennent d'être rappelées, ont été empruntées à des lois étrangères. Le *Merchant shipping act* de 1894 (57 et 58 Vict. Ch. 60, article 422), reproduisant une disposition d'une loi de 1873, impose aux capitaines les mêmes obligations que notre loi du 10 mars 1891, pour le cas d'abordage. Le Code *italien* pour la marine marchande (art. 120) impose au capitaine l'obligation d'assistance dans tous les cas où un navire est en danger de se perdre et pas seulement au cas d'abordage.

Le Code de commerce *argentin* (art. 1273) admet l'obligation d'assistance en cas d'abordage et décide que le capitaine qui ne s'y conforme pas est présumé avoir causé l'abordage par sa faute (1). Les Codes maritimes *suédois, danois* et *norvégien* (art. 223) (2) se bornent à admettre l'obligation d'assistance en cas d'abordage et celle de faire connaître le nom du navire.

1024. Il résulte de tout ce qui vient d'être dit sur les conséquences juridiques des abordages que ces événements de mer font naître d'assez nombreuses actions. En cas d'abordage *fautif*, les propriétaires des navires endommagés qui ont péri, des marchandises détériorées ou perdues, les personnes blessées ou les héritiers des personnes tuées ont des actions contre le capitaine en faute et contre le propriétaire qui l'a préposé à la direction du navire. Celui-ci a un recours contre son capitaine mais ce recours résulte du contrat par lequel il l'a chargé de ses fonctions et non de l'abordage (3). En cas d'abordage *douteux*, les propriétaires des navires ont action l'un contre l'autre pour faire répartir par égale portion le dommage causé

---

(1) V. la fin de la note 4, p. 157, sur la présomption légale admise en *Grande-Bretagne* et dans les *Etats-Unis d'Amérique*.

(2) V. ces codes traduits par M. Beauchet, sous le titre de *lois maritimes scandinaves*, dans la *Collection des principaux Codes étrangers*, publié par le *Comité de Législation étrangère* du ministère de la justice.

(3) Cette remarque n'a pas une portée purement théorique. Car, au point de vue des obligations dérivant du contrat d'engagement du capitaine, c'est à celui-ci à prouver le cas fortuit qu'il allègue, tandis qu'en principe, en cas d'abordage, la preuve de la faute du capitaine incombe à la personne qui agit contre lui. V. n° 519.

par l'abordage aux bâtiments (1). L'abordage *fortuit* ne donne naissance à aucune action, puisque chacun supporte sans recours le
dommage qu'il a souffert. Sans doute, les propriétaires de navires
ou de marchandises ont des actions pour se faire indemniser, contre
leurs assureurs, mais, ces actions dérivant du contrat d'assurance et non de l'abordage (n° 1002) (2), il n'y a pas à en traiter dans
ce chapitre.

1025. En fait, les actions pour abordage intentées par les propriétaires de navires s'entre-croisent, c'est-à-dire que ceux-ci, n'étant
pas d'accord sur le point de savoir quel est le capitaine par la faute
duquel l'abordage a eu lieu, intentent souvent les uns contre les
autres en sens contraire des actions en dommages-intérêts. La
seconde demande intentée contre le premier demandeur dont le
procès est encore pendant, joue par rapport à la première demande
le rôle d'une demande reconventionnelle.

1026. Prescriptions des actions nées des abordages maritimes. Fin de non-recevoir admise par les anciens articles 435
et 436, C. com. Modification faite par la loi du 24 mars 1891.
— Si la loi ne contenait sur la durée des actions nées des abordages
maritimes aucune disposition spéciale, elles seraient soumises à la
prescription de trente ans (art. 2262, C. civ.). Une aussi longue
prescription présenterait en cette matière de graves inconvénients
pratiques. Les avaries résultant d'événements de mer peuvent se
renouveler fréquemment. Si, après un abordage, les personnes qui
se prétendent lésées n'agissaient pas promptement, on serait parfois
dans l'incertitude sur le point de savoir si des avaries sont dûes à
l'abordage ou proviennent de faits postérieurs (3). Du reste, il importe

(1) Le propriétaire du navire qui prétend que son bâtiment a subi le
dommage le plus important, agit contre l'autre.

(2) Par suite, en cas d'abordage, comme dans tous les autres cas où des
avaries sont causées par des risques de mer, l'action de l'assuré contre
l'assureur est soumis, non à la prescription d'un an applicable aux actions
nées de l'abordage (art. 436, C. com.), mais à la prescription de cinq ans
applicable aux actions dérivant du contrat d'assurance maritime.

(3) Valin dit sur l'article 8, livre I, titre XII de l'Ordonnance de 1681 :
« Les accidents maritimes sont si fréquents qu'il se pourrait qu'un navire,
« après avoir été abordé par un autre, souffrit, dans un intervalle assez

qu'on soit éclairé sur la cause réelle de l'abordage et cette cause est souvent d'autant plus difficile à démêler qu'un temps assez long s'est écoulé.

Pour éviter un aussi fâcheux résultat, l'Ordonnance de 1681 (livre I, titre XII, art. 3) avait admis que *toute demande pour raison d'abordage sera formée 24 heures après le dommage reçu, si l'accident arrive dans un port, havre ou autre lieu où le maître puisse agir* (1).

En s'inspirant de cette disposition de l'Ordonnance, le Code de commerce admettait une fin de non-recevoir résultant de l'ancien article 435, dernier alinéa, et de l'ancien article 436, qui étaient ainsi conçus : *Sont non-recevables... toutes actions en indemnité pour dommages causés par l'abordage dans un lieu où le capitaine a pu agir, s'il n'a point fait de réclamation. — Ces protestations et réclamations sont nulles si elles ne sont pas faites et signifiées dans les vingt-quatre heures, et, si, dans le mois de leur date, elles ne sont suivies d'une demande en justice.* Ainsi, pour que des actions en indemnité pour abordages fussent recevables, il fallait que le capitaine eût fait et signifié une réclamation dans les 24 heures et qu'une demande en justice eût été formée dans le mois de sa date. A défaut d'observation d'une de ces formalités ou d'un de ces délais, les actions en indemnité pouvaient être repoussées par une fin de non-recevoir.

1027. Ces dispositions et la jurisprudence qui les avait interprétées, étaient l'objet de vives et légitimes critiques (2). Elles avaient

« court, d'autres avaries dont on dissimulerait la cause, pour les faire « regarder comme une suite naturelle ou même comme un effet direct « de l'abordage. Tel est le motif de la brièveté de l'action concernant « l'abordage, et rien, assurément, n'est plus juste, pour éviter les sur- « prises ».

(1) L'Ordonnance ne prévoyait donc pas expressément le cas d'abordage en pleine mer, sans doute parce que c'était un cas assez rare (n° 998). Mais Valin n'en appliquait pas moins à ce cas la disposition de l'Ordonnance. Il dit : « Si l'abordage s'est fait en pleine mer ou tellement hors « du port qu'il ne soit pas possible au maître d'intenter son action dans « les vingt-quatre heures après le dommage reçu, le délai ne courra que « du jour de l'arrivée de son navire dans le port ».

(2) M. de Courcy va jusqu'à dire en parlant de la jurisprudence : « Elle

été édictées, à ce qu'il semble, en vue d'abordages se produisant dans des ports et causant aux navires des avaries plus ou moins légères (1). Elles avaient de graves inconvénients quand on les appliquait aux abordages ayant lieu en pleine mer et entraînant la perte même des bâtiments et des cargaisons.

Les délais donnés au capitaine étaient très courts (24 heures) pour la signification d'une réclamation et un mois pour la formation d'une demande en justice.

La réclamation exigée du capitaine ne se serait justifiée que si elle avait impliqué une constatation des circonstances dans lesquelles l'abordage s'était produit et des dommages avaient été subis. Mais il n'en était nullement ainsi : un capitaine se bornait à signifier à un autre, en termes généraux, qu'il se réservait, comme il réservait à tous les intéressés, le droit d'agir en indemnité contre celui-ci (2).

La fin de non recevoir était d'une excessive rigueur. Les intéressés, ne se trouvant pas, en général, sur les lieux, ne pouvaient pas agir pour la conservation de leurs droits. Le capitaine, en agissant conservait sans doute les droits de tous, mais la négligence du capitaine compromettait les droits de tous les intéressés ; la fin de non-recevoir était opposable aux chargeurs de marchandises comme aux propriétaires du navire, quoique les premiers n'eussent pas participé au choix du capitaine. Celui-ci était aisément entraîné à ne pas agir en temps utile, lorsqu'à sa connaissance, le navire était assuré pour une somme suffisante.

La rigueur de ce système était surtout grande dans le cas de la perte d'un navire causée par l'abordage. En pareil cas, en effet, le capitaine du navire qui a péri est souvent recueilli sur l'autre bâtiment. La reconnaissance empêchait parfois ce capitaine de protester dans les 24 heures et il était facilement circonvenu (3 4).

« révolte chez moi le sens moral en même temps que le sens juridique ». *Questions de Droit maritime* (1re série), p. 209.

(1) Cpr. nos 998 et 1026 et note 1 de la page 166.

(2) Les anciens articles 435 et 436, C. com., n'exigeaient point une protestation *motivée*, comme le fait l'article 105, C. com. (modifié par la loi du 11 avril 1888). Cpr. *Traité de Droit commercial*, III, no 655.

(3-4) La question de savoir si les anciens articles 435 et 436 C. com.,

1028. Le législateur a reconnu la justesse des critiques dirigées contre la fin de non-recevoir des articles 435 et 436, C. com. La loi du 24 mars 1891, modifiant ces deux articles, a remplacé la fin de non-recevoir qu'ils admettaient par une prescription annale. Aux termes de l'article 436, C. com., modifié par cette loi, *toutes actions en indemnité pour dommage provenant d'abordage, sont non recevables si elles n'ont été intentées dans le délai d'un an à compter du jour de l'abordage.*

L'intérêt des personnes lésées doit les pousser à agir prompte-

◆

s'appliquaient au cas de perte totale d'un navire causée par l'abordage, comme au cas de simples avaries, était quelque peu discutée. En cas de perte totale, on n'a pas à craindre que, par suite du retard apporté aux réclamations, on fasse payer comme provenant d'abordage des dommages causés, en réalité, par des événements postérieurs ; mais les anciens articles 435 et 436 ne faisaient aucune distinction. Puis, la non-application de la fin de non-recevoir au cas de perte totale aurait conduit à une conséquence exorbitante : les actions en indemnité auraient duré trente ans. Ces actions auraient pu être intentées à un moment si tardif que la cause réelle de l'abordage eût été impossible ou très difficile à démêler. La jurisprudence était fixée dans ce sens : Cass., 21 avr. 1874, S. 1875. 1. 147 (note de M. Labbé) ; *Pand. fr. chr.* ; Cass., 12 août 1878, S. 1879. 1. 1 ; *J. Pal.*, 1879. 1. 1. La Cour de Rennes, après avoir admis l'opinion contraire, avait adopté le système de la Cour suprême : Rennes, 11 déc. 1861, *Journal de Marseille*, 1866. 2. 48. — Sous l'empire de l'Ordonnance de 1681, Emérigon (*Traité des assurances*, ch. XIX, section, 16, § 2) n'admettait pas de fin de non-recevoir spéciale au cas de perte totale d'un navire. Mais la Cour de cassation avait repoussé cette opinion même avant la promulgation du Code de commerce, en s'appuyant notamment sur la généralité des termes de l'article 2, titre XII, livre I, de l'Ordonnance de 1681. — M. de Courcy (*Questions de Droit maritime*, 1re série, p. 209 et suiv.) soutenait que les anciens articles 435 et 436 étaient étrangers au cas de perte totale. V., en sens contraire, Arth. Desjardins, VII, n° 1745.

La rigueur excessive de la fin de non recevoir des anciens articles 435 et 436, C. com., avait, par une sorte de réaction, amené parfois des tribunaux à l'écarter arbitrairement. Ainsi, la Cour de Douai, dans un arrêt du 5 juillet 1886 (*Pand. fr.*, 1886. 1. 352: *Revue intern. du Droit marit.*, 1886-87, p. 258), avait décidé que la fin de non-recevoir ne s'appliquait pas quand c'était le second, remplaçant le capitaine, qui n'avait pas satisfait aux articles 435 et 436, C. com. V. observations de Ch. Lyon-Caen, sur cet arrêt, dans la *Revue critique de législation et de jurisprudence*, 1887, p. 625 et suiv.

ment, afin que le temps écoulé ne leur rende pas la preuve trop difficile. Chacune d'elles a le même délai pour agir et ainsi la négligence du capitaine ne peut plus compromettre les droits des différents intéressés.

Le délai d'un an court du jour de l'abordage et non du moment où chacun a connaissance de l'événement. On évite ainsi des contestations sans nombre. Du reste, le délai fixé est bien suffisant pour que chacun soit averti de l'abordage ainsi que du dommage qui en est résulté pour lui (1).

1029. Le nouvel article 436 est conçu en termes très généraux. Il s'applique donc certainement au cas de perte totale comme au cas d'avaries (2). Le lieu où l'abordage s'est produit est aussi indifférent, c'est-à-dire que la prescription annale est faite pour le cas d'abordage en pleine mer comme pour le cas d'abordage dans un port ou dans une rade (3).

1029 bis. Les chargeurs de marchandises se trouvent placés dans une très bonne situation si, comme cela paraît devoir être admis, on reconnaît que le capitaine les représente (n° 277) et que, par suite, il conserve leurs droits en exerçant une action en dommages-intérêts pour dommages causés à la cargaison par un abordage (4).

(1) Le projet de 1867 modifiait les articles 435-436 pour les actions nées de l'abordage, mais il posait une règle tout autre que celle de la loi du 24 mars 1891. D'après l'article 431 de ce projet, *sont non-recevables toutes actions en indemnité pour faits d'abordage, si la demande n'est pas faite en justice dans le mois de la connaissance acquise de l'événement par les intéressés.* Au reste, la demande formée par le capitaine ou le propriétaire du navire abordé devait conserver les droits des hommes de l'équipage, des tiers chargeurs, des passages et de tous autres intéressés. A défaut du propriétaire et du capitaine, chacun de ceux-ci avait le droit d'agir (art. 428).

(2) V. la note 3-4 de la page 161.

(3) Les expressions de l'ancien article 435, C. com., qui parlait de l'abordage *dans un lieu où le capitaine a pu agir*, avaient fait naître la question de savoir si la fin de non-recevoir des articles 435 et 436 s'appliquaient au cas d'abordage en pleine mer. M. de Courcy défendait la négative. V. de Courcy, *Questions de Droit maritime* (1re série), p. 211 et suiv. — L'opinion contraire avait prévalu dans la jurisprudence. V. aussi Deloynes, *op. cit.*, p. 211 et suiv.: Arth. Desjardins, VII, n° 1744.

(4) Cass., 7 nov. 1904, D. 1908. 1. 67; *Pand. fr.*, 1905. 5. 28; *Revue*

1030. Les anciens articles 435 et 436 n'étaient pas appliqués, aux actions en indemnité pour dommages causés aux personnes par un abordage (mort ou blessures). On s'en tenait alors aux règles du droit commun, c'est-à-dire que ces actions étaient soumises, soit à la prescription de trente ans, soit à celle de dix ou de trois ans, si le fait d'où résultait l'abordage constituait un crime ou un délit (art. 637 et 638, C. instr. crim.) (1).

Rien n'indique que le législateur de 1891 ait entendu rendre la situation des personnes ayant subi un dommage personnel moins bonne qu'elle ne l'était d'après les anciens articles 435 et 436, C. com. Par suite, les actions pour abordage, en cas de mort ou de blessures, ne sont pas soumises à la prescription d'un an (2). Si elles y étaient soumises, cette prescription s'appliquerait dans tous les cas, à l'exclusion de celles des articles 637 et 638, C. instr. crim. Sans doute, ces articles déclarent, sans distinguer, la même prescription de trois ou de dix ans applicable à l'action publique et à l'action civile. Mais il résulte avec certitude des motifs et du but de ces dispositions que la prescription de l'action civile doit être aussi courte que celle de l'action publique, non que la durée de la première doit être prolongée à raison de la durée de la seconde (3).

intern. du Droit marit, XX, p. 517 ; *Journal de jurisprud. de Marseille*, 1905. 2. 75.

(1) Bordeaux, 20 déc. 1853, *Journal de Marseille*, 1854. 2. 9 ; Trib. civ. de Marseille, 2 mai 1865. *Journal de Marseille*, 1865. 1. 58. — V. de Courcy, *Questions de Droit maritime* (1re série), p. 217 et suiv.

(2) Rennes, 19 avr. 1898, *Revue intern. du Droit marit.*, 1898-1899, p. 340 ; Cass , 13 mars 1900, S. et *J. Pal.*, 1900. 1. 257 ; D. 1903 89. Cet arrêt de rejet de la Chambre des requêtes, fondé sur des motifs inexacts la solution conforme à notre doctrine qu'il adopte. V., sur ce point la note suivante — V., en sens opposé, Arth. Desjardins, IV, n° 1746.

(3) On n'a pas voulu que la preuve d'un fait réprimé par la loi pénale pût encore être faite utilement au point de vue civil, quand, par suite de la prescription, la répression pénale est impossible. Il y aurait là, a-t-on pensé, une sorte de scandale. Il n'y a, au contraire, assurément aucun inconvénient à ce que la répression pénale demeure possible, alors que l'action civile est éteinte par la prescription. V., pourtant, Cass., 13 mars 1900, S. et *J. Pal.*, 1900. 1. 257 (note de Ch. Lyon-Caen). Cet arrêt admet bien que les actions en indemnité pour mort ou blessures ne se prescri-

1031. L'application de l'ancienne fin de non-recevoir des articles 435 et 436, C. com., au cas d'abordage causé par la faute du capitaine d'un vaisseau de l'État avait été écartée (1). Pour exclure l'application des anciens articles 435 et 436, C. com., on se fondait sur ce qu'aucun texte n'ayant étendu ces articles aux demandes tendant à faire établir la responsabilité de l'État à raison de la faute d'un de ses agents, il y avait lieu de ne pas appliquer à ces demandes les déchéances résultant des articles 435 et 436, C. com. (2). Si ces raisons étaient bonnes, elles ont conservé toute leur valeur, depuis la loi du 24 mars 1891, pour la prescription annale du nouvel article 436. Le résultat est, tout au moins, fort singulier : l'État se trouve plus mal traité qu'un propriétaire de navire de commerce ; à l'égard de l'État, la prescription applicable est celle de trente ans.

1032. La courte prescription de l'article 436 modifié par la loi du 24 mars 1891, comme, du reste, la fin de non-recevoir des anciens articles 435 et 436, est sans application à l'abordage fluvial (nº 999). Les actions nées d'un tel abordage sont soumises, à défaut de dispositions dérogeant aux principes généraux, soit à la prescription de trente ans (art. 2262, C. civ.), soit, en cas de délit ou de crime, à la prescription de trois ou de dix ans (art. 637 et 638, C. instr. crim. Cpr. nº 1018.

1033. Droit étranger. — De grandes divergences existent entre les lois des divers pays au sujet de la prescription et de la fin de non-recevoir admises en matière d'abordage maritime (3)

La loi *belge* du 21 août 1879 modifiée par la loi du 10 février 1908 (art. 259) a écarté toute fin de non-recevoir en matière d'abordage et soumis à la prescription d'un an après le jour de l'événement *toutes*

---

vent pas par un an en vertu de l'article 436 C. comm., mais il se fonde sur un motif erroné, en indiquant qu'il en est ainsi à raison de ce que l'action civile doit avoir la durée de l'action publique. Le principe est seulement que la durée de l'action civile ne doit pas dépasser celle de l'action publique.

(1-2) Conseil d'État, 2 mai 1890, D. 1891. 3. 104, *Journ. de jurisprud. commerc. et marit. de Marseille*, 1892. 2. 126.

(3) Ces divergences sont une cause fréquente de graves conflits de lois. V. nº 1053.

actions du chef de dommage causé par un abordage aux per-
sonnes ou aux choses.

Le Code de commerce *italien* (art. 665) admet que toutes actions
en réparation de dommages causés par un abordage sont non recevables, s'il n'a été fait une protestation ou réclamation dans les
trois jours, soit devant l'autorité du lieu de l'accident, soit à la première relâche. En ce qui concerne les dommages causés aux personnes, le défaut de réclamation dans les trois jours ne nuit pas aux
intéressés qui ne se trouvaient pas sur le navire, ou qui n'étaient
pas en mesure de manifester leur volonté. Les actions en réparation des dommages causés par un abordage se prescrivent par un
an à partir de la protestation ou de la réclamation à faire dans les
trois jours (art. 923). Ces dispositions sont reproduites dans le
Code de commerce *roumain* (art. 677, 939 et 943).

Le Code de commerce *portugais* (art. 673) admet aussi que les
réclamations pour pertes et dommages doivent être présentées
dans les trois jours à l'autorité de la localité où elles ont eu lieu ou
du premier port où le navire aborde, sous peine de ne pouvoir être
admises. L'absence de réclamation au sujet des dommages causés
aux personnes et aux marchandises ne préjudicie au droit des intéressés qui n'étaient pas à bord et qui se trouvaient empêchés de
manifester leur volonté.

Le Code de commerce *espagnol* (art. 835) contient des dispositions
semblables, sauf qu'il admet un délai de vingt-quatre heures à la
place de celui de trois jours pour les réclamations à faire. Le Code
argentin (art. 1268) adopte le même système en fixant le délai à cinq
jours.

Le Code de commerce *chilien* (art. 1319 3° et art. 1310) déclare
l'action en réparation du dommage résultant de l'abordage non
recevable quand le capitaine n'a pas fait une réclamation dans les
vingt-quatre heures ou n'a pas introduit une demande dans les
deux mois à compter de la protestation. Ces dispositions sont décla-
rées non applicables au cas où l'abordage cause la perte totale du
navire.

Le Code de commerce *allemand* (art. 901, 2°) soumet à une prescription d'un an toutes les actions d'indemnité pour abordage. Le

point de départ de ce délai est à l'expiration du jour où l'abordage a eu lieu.

Le Code de commerce *hollandais* (art. 742) admet une prescription de trois ans.

En *Grande-Bretagne*, il n'y a pas de fin de non-recevoir spéciale en matière d'abordage. Seulement, les capitaines sont dans l'usage de faire une déclaration à un officier public, soit au port de destination, soit au premier port de relâche : c'est cette déclaration qu'on désigne sous le nom de *note of protest*. Elle est complétée postérieurement par des déclarations plus détaillées. Mais ces formalités ne sont pas obligatoires (1).

1034. RÈGLES DE COMPÉTENCE EN MATIÈRE D'ABORDAGE. — Il importe de déterminer quels sont les tribunaux compétents pour connaître des actions en dommages-intérêts à raison des abordages maritimes. Il y a à résoudre à la fois une question de compétence *ratione materiæ* et une question de compétence *ratione personæ*. Le Code de commerce de 1807 ne contenait aucune disposition ni sur l'une ni sur l'autre de ces questions. Par des dispositions insérées dans l'article 407, C. com., une loi du 14 décembre 1897 a résolu la question de compétence *ratione personæ* (2).

Pour la solution de la question de compétence *ratione materiæ*, il faut tenir compte de ce que les actions en indemnité pour abordage peuvent, selon les cas, être exercées, soit contre un particulier, commerçant ou non-commerçant, soit contre l'État ou un de ses fonctionnaires. Les navires entre lesquels l'abordage a lieu peuvent, en effet, être, soit des navires de commerce (ce qui est le cas le plus ordinaire) ou des navires de plaisance, soit des vaisseaux de l'État (vaisseaux de guerre, bâtiments des douanes). Il sera parlé successivement de chacune de ces deux catégories de cas.

(1) Abbott, *op. cit.*, p. 325. Cpr. de Courcy, *Questions de Droit maritime* (4e série), p. 392 ; V. aussi de Courcy, *Réforme internationale du Droit maritime* p. 191 et suiv.

(2) Consulter, dans la *Revue de Droit international et de législation comparée* (2e série, tome III, pages 300 et suiv. ; 362 et suiv.; 507 et suiv.), les articles de M. de Paepe, intitulés *De la compétence à l'égard des étrangers dans les affaires maritimes et de la loi applicable à l'abordage*.

Quant à la question de compétence *ratione personæ* qui donnait naissance à d'assez grandes difficultés avant la loi du 14 novembre 1897, elle mérite d'être examinée avec d'autant plus d'attention que, selon une doctrine qui a beaucoup de partisans, la *lex fori* ou loi du tribunal saisi doit être appliquée pour résoudre certains conflits de lois (nos 1052 et 1053), de telle sorte que les solutions données aux questions de compétence peuvent ici influer sur le fond même du droit.

1035. Quand le navire dont le propriétaire ou le capitaine est actionné, est un navire de commerce, les tribunaux de commerce sont compétents (1). Il s'agit d'une obligation née d'un délit ou d'un quasi-délit commis dans l'exercice d'un commerce. En vertu de la *théorie de l'accessoire*, la juridiction commerciale a compétence pour connaître des obligations nées dans l'exercice d'un commerce, qu'elles soient contractuelles, quasi contractuelles, délictuelles ou quasi délictuelles (2) (3).

1036. La compétence commerciale existe même pour les actions intentées à raison de blessures ou de morts. On a parfois repoussé cette compétence, soit absolument (4), soit dans tous les cas où les

---

(1) Bordeaux, 13 fév. 1863, *Journal de Marseille*, 1863. 2. 78. Cet arrêt reconnaît la compétence commerciale, en se fondant sur ce qu'il s'agissait d'un abordage survenu dans les eaux maritimes. Mais il ne le constate sans doute que parce qu'on opposait une exception d'incompétence fondée sur ce qu'il s'agissait d'un abordage fluvial. Car, en quelque endroit que l'abordage ait lieu, en vertu de la théorie de l'accessoire, les tribunaux de commerce sont compétents, si le navire abordeur navigue dans un but commercial. — Cass, 11 juill. 1877. 1. 122 ; Rennes, 28 janvier 1902, D. 1908. 1. 67 ; *Journal de Marseille*, 1905. 2. 16 ; *Revue intern. du Droit marit.* — Arth. Desjardins, n° 1116.

(2) V. *Traité de Droit commercial*, I, nos 177 à 180.

(3) Dans les actions intentées à raison d'un abordage contre le capitaine, on peut invoquer, en faveur de la compétence des tribunaux de commerce l'article 634, 1° C com., selon lequel ces tribunaux sont compétents pour connaître des actions intentées contre les préposés des commerçants. Cette règle s'applique aux actions des tiers contre le préposé. Elle a été abrogée au moins pour les actions du préposant contre le préposé dont l'objet n'excède pas 1.000 francs dont connaissent les conseils de prud'hommes. L. 27 mars 1907 (art. 7 et 32). *Manuel de Droit commercial* (10e édit.). n° 1365.

(4) Bordeaux, 20 déc. 1853 ; Trib. civ. Marseille, 7 déc. 1864, *Journal de Marseille*. 1854. 2. 9 ; 1865. 1. 53.

personnes blessées ou tuées ne sont pas le capitaine, des officiers ou des gens de l'équipage (1). La vérité est que, dans tous les cas, les tribunaux de commerce sont compétents ; la *théorie de l'accessoire* conduit nécessairement à cette conséquence : il s'agit toujours de faits accomplis dans l'exercice d'un commerce, qu'ils causent des dommages à des biens ou à des personnes (2).

1037. Ce n'est pas, toutefois, à dire que le demandeur n'ait jamais l'option entre le tribunal civil et le tribunal de commerce. D'après une jurisprudence constante, très critiquable selon nous (3), quand un acte a le caractère civil pour l'une des parties et commercial pour l'autre, celle pour qui l'acte est civil a le choix entre le tribunal civil et le tribunal de commerce pour y porter son action. Si l'on admet cette solution, la personne lésée par un abordage, qui ne faisait pas acte de commerce, peut agir devant le tribunal civil contre le capitaine ou contre le propriétaire d'un navire de commerce. C'est là ce qui se présente notamment quand un passager, faisant un voyage dans un but étranger au commerce, est demandeur ou quand l'action est exercée par l'Etat à raison de dommages causés par un navire de commerce à un de ses vaisseaux (4).

1038. Mais il va de soi que les actions intentées à raison d'un abordage contre le capitaine ou contre le propriétaire d'un bâtiment de plaisance sont de la compétence exclusive des tribunaux civils. Il ne s'agit point alors d'un fait accompli dans l'exercice d'un commerce.

1039. Il ne suffit pas de résoudre la question de compétence *ratione materiæ ;* il faut encore se prononcer sur la question de compétence *ratione personæ*, c'est-à-dire déterminer quel est le tribunal compétent parmi les tribunaux civils ou parmi les tribunaux de commerce, pour connaître des actions en indemnité pour abordage. La loi du 14 novembre 1897, dont les dispositions forment le dernier alinéa de l'article 407, C. com., laisse au demandeur l'option entre plusieurs tribunaux.

(1) Caen, 2 févr. 1874, D. 1877. 2 44 ; Rouen, 7 août 1877, D. 1878. 2. 151. Cpr. Aix, 15 mars 1888, *Revue intern. du Droit marit* , 1889 90, p. 30.

(2) V. *Traité de Droit commercial*, I, n° 180.

(3) *Traité de Droit commercial*, I, n° 361.

(4) Cass., 11 juill. 1877, D. 1877. 1. 122.

Ces actions en indemnité pour abordage peuvent d'abord être portées devant le tribunal du domicile du défendeur ou, à défaut de domicile connu, devant le tribunal de sa résidence. Il y a là une application des principes du droit commun : il s'agit d'actions personnelles et la règle *actor sequitur forum rei* s'applique à ces actions (1).

Mais la loi du 14 décembre 1897 (dernier alinéa de l'art. 407, C. com.), accorde au demandeur la faculté de porter, s'il le préfère, son action en indemnité *devant le tribunal du port français dans lequel, en premier lieu, soit l'un, soit l'autre des deux navires, s'est réfugié* (2). En outre, *si l'abordage est survenu dans les limites des eaux soumises à la juridiction française* (3), *l'assignation pourra également être donnée devant le tribunal dans le ressort duquel la collision s'est produite.*

La loi du 14 décembre 1897 a été précisément faite pour conférer ainsi un choix au demandeur quant aux tribunaux pouvant être saisis par lui de sa demande. Avant cette loi, il régnait une grande incertitude sur le point de savoir si les actions en dommages-intérêts pour abordage pouvaient être portées devant un autre tribunal que celui du domicile ou de la résidence du défendeur (4). La compétence exclusive de ce tribunal devait, selon nous, être admise (5). Mais,

---

(1) Par suite, la compétence du tribunal du domicile ou de la résidence du défendeur était admise sans difficulté même avant la loi du 14 novembre 1897. V. Bordeaux, 23 février 1863. *Journal de jurisprud. de Marseille*, 1863, 2, p. 78. V. note 4-5 ci-après.

(2) Le port de refuge est ordinairement le port où le navire interrompant son voyage, s'est retiré pour échapper au danger qui le menaçait. Dans des circonstances exceptionnelles, le port de destination lui-même peut être considéré comme le port de refuge. Trib. comm , Fécamp, 26 février 1902. Rouen, 16 juillet 1902, D. 1903. 2. 141 ; *Revue intern. du Droit marit.*, XVIII, 800 ; Trib. comm. Honfleur, 22 juin 1904, *Revue intern. du Droit marit.*, XX, p. 224.

(3) Il faut entendre par là non pas seulement les eaux faisant partie du territoire français, mais encore la mer territoriale sur laquelle l'État français a, au moins, un droit de police. V. nᵒˢ 1042 et 1051.

(4-5) Avant la loi du 14 décembre 1897, la compétence d'autres tribunaux que celui du domicile du défendeur avait été souvent admise. On avait reconnu notamment compétence au tribunal le plus voisin du lieu du sinistre (Aix, 23 mai 1868, S. 1869. 2. 215 ; *J. Pal.*, 1869. 972), au tribunal

si, en droit, ce système était exact, on ne saurait nier qu'il avait des inconvénients pratiques très graves. Avec lui, les personnes lésées par un abordage étaient souvent dans la nécessité de porter leurs

du lieu où l'abordage s'est produit (Trib. comm. du Havre, 6 mars 1894, *Pand. fr.*, 1895. 2. 111 ; *Revue intern. du Droit marit.*, 1894-95, p 241). au tribunal où le navire du défendeur avait pu être arrêté (Caen, 1er octobre 1848, S. 1849. 2. 38) ; *Pand. fr. chr.*

Pour soutenir la compétence de ces tribunaux autres que celui du domicile du défendeur, on invoquait principalement, soit l'article 420, C. proc. civ., soit les articles 414 et 415, C. com.: Les arguments tirés de ces dispositions n'étaient pas, selon nous, bien fondés.

Ainsi, pour attribuer compétence au tribunal du lieu le plus voisin de l'accident ou du port où le navire abordeur est arrêté, on s'est prévalu de l'article 420. C. pr. civ. (Arth. Desjardins, V, n° 1117, p. 102). Cet article, disait-on, donne, en matière commerciale, au demandeur, le choix entre le tribunal du domicile du défendeur, celui du lieu où la promesse a été faite et la marchandise livrée, celui du lieu du paiement. L'article 420 vise spécialement le cas de vente, mais on s'accorde à lui donner une portée générale et à l'appliquer à toutes les obligations commerciales. Le paiement visé par cet article est, selon le sens large du mot, toute prestation qu'un créancier peut exiger de son débiteur. Quand un navire se réfugie dans un port, les personnes qui se prétendent lésées par l'abordage ont le droit de réclamer dans ce port le paiement d'une indemnité. Cela devait suffire pour attribuer compétence au tribunal du port dont il s'agit. — Ce même raisonnement était fait pour déclarer compétent le tribunal du lieu du sinistre ou du lieu le plus voisin.

Cette doctrine se heurtait à une objection décisive tirée des termes mêmes de l'article 420, C. pr civ. Sans doute il doit, par identité de motifs, bien qu'il paraisse ne viser que la vente, être appliqué à toutes les obligations commerciales contractuelles. mais il ne peut l'être aux obligations commerciales nées de délits ou de quasi-délits. Le mot *promesse* employé comme synonyme de contrat, qui se trouve dans un des alinéas de l'art. 420, C. pr. civ., y met un obstacle insurmontable. V. *Traité de Droit commercial*, I, n°s 393 et suiv.

On avait invoqué les articles 414 et 415, C. com , pour attribuer compétence au tribunal du port de destination du navire abordé ou du navire abordeur. Tout ce qu'impliquent ces articles par la fixation du lieu où se fait le règlement d'avaries c'est qu'en matière d'avaries communes, le tribunal du port de destination est compétent. Il ne s'agit pas, en notre matière, d'avaries de cette nature, sauf dans le cas tout exceptionnel visé plus haut (n° 1017).

La Cour de cassation et, avec elle, quelques cours d'appel et tribunaux de commerce, avaient reconnu, conformément à l'opinion que nous adoptions avant la loi du 14 décembre 1897, la compétence exclusive du tri-

actions devant un tribunal lointain, qui, à raison même de son éloignement, n'était pas à même de bien apprécier les faits. Les tribunaux auxquels on prétendait attribuer compétence, en dehors du tribunal du défendeur, et ceux auxquels s'applique l'article 407, dern. alin., C. com. (L. 14 décembre 1897), sont, au contraire, généralement bien placés pour statuer en connaissance de cause.

Aussi le projet de 1867 laissait-il déjà au demandeur une option entre plusieurs tribunaux (1) et, dans les pays étrangers, les lois ou la jurisprudence ne sont généralement pas favorables à la compétence exclusive du tribunal du domicile du demandeur en matière d'abordage (2).

1040. La nationalité des parties entre lesquelles s'élève le litige,

bunal du domicile du défendeur. Cass., 3 août 1892, *Pand. fr.*, 1893. 1. 239 ; *Revue internat. du Droit marit.*, VIII, p. 16 ; Trib. comm. Paimbœuf, *Revue intern. du Droit marit.*, p. 785 ; Rouen, 24 mars 1896, *le Droit*, numéro du 9 septembre 1896.

(1) Les articles 424, 425 et 426 de ce projet étaient ainsi conçus : « Art. 424. La demande est portée, soit devant le tribunal du port d'attache du navire abordeur, soit devant celui de tout port de destination où le navire abordeur sera entré en relâche, mais seulement si le navire n'est pas chargé. — Art. 425. Le navire abordeur peut être saisi pendant la durée de l'instance, à moins qu'il ne soit fourni caution suffisante fixée par le tribunal. — Art. 426. Si le navire abordeur est étranger et qu'il n'entre pas en relâche dans un port français, la demande est portée devant le tribunal du port d'attache du navire abordé. Le navire abordé peut être saisi dans tout port de l'Empire, même de la relâche, et la demande peut être portée devant le tribunal de ce port, à moins qu'il ne soit justifié que, d'après un traité international, un navire français ne pouvait être saisi et poursuivi en les mêmes circonstances dans le port de la nation à laquelle appartient le navire étranger ».

(2) L'article 675 du Code de commerce *portugais* dispose : « L'action « pour pertes et dommages résultant d'un abordage peut être portée tant « devant le tribunal du lieu où il s'est produit que devant celui du domi- « cile du propriétaire du navire abordeur, du port d'attache de ce navire « ou de l'endroit où il a été rencontré ». Le Code de commerce *italien* (art. 873) admet la compétence du tribunal du lieu de l'événement, du lieu le plus voisin ou du lieu de destination. Le Code de commerce *roumain* (art. 892) contient les mêmes règles.

V. aussi pour la *Belgique*, Trib. comm. Ostende, 20 nov. 1883, *Revue intern. du Droit marit.*, 1886-87, p. 50. V. pour la compétence exclusive du tribunal du domicile du défendeur, Cour d'appel mixte d'Alexandrie, 6 avril 1892, *Revue intern. du Droit marit.*, 1891-92, p. 599.

exerce sur la compétence une influence qui, à défaut de texte spécial concernant les actions pour abordage, est déterminée à l'aide des principes généraux.

Il va de soi que, par application de l'article 14, C. civ., les tribunaux de France peuvent être saisis d'une action en indemnité pour abordage par un demandeur français si le défendeur est étranger, alors même que celui-ci n'aurait en France ni domicile ni résidence et qu'on se trouverait en dehors des cas visés par la loi du 14 décembre 1897 (1). Malgré les termes de l'article 14, C. civ. (*obligations contractées*), on s'accorde à l'appliquer, même par *a fortiori*, quand il s'agit d'obligations nées de délits ou de quasi-délits commis par un étranger au préjudice d'un Français (2). Mais, selon la doctrine la plus répandue, dans les cas régis par l'article 14, C. civ., l'action ne doit pas être portée devant un tribunal quelconque. Elle peut l'être devant le tribunal du domicile du demandeur (3). Il ne paraît pas douteux que le demandeur français pourrait aussi porter son action devant l'un des autres tribunaux indiqués dans l'art. 407, C. com. Le défendeur étranger ne saurait se plaindre du choix du tribunal saisi lorsque ce tribunal est l'un de ceux devant lesquels l'action aurait pu être portée si le procès existait entre deux Français.

1041. Il peut se faire que l'action née d'un abordage soit exercée par un étranger contre un étranger. La jurisprudence française admet, en principe, l'incompétence des tribunaux pour connaître des procès entre étrangers (4), mais elle apporte à ce principe un certain nombre d'exceptions. Elle y déroge notamment pour les actions nées de délits ou de quasi-délits quand ces faits se sont passés en France. En vertu de cette jurisprudence, la compétence de nos tribunaux est incontestable pour connaître des actions entre étrangers

(1) La Cour de Paris a décidé que la loi du 14 décembre 1897 n'a pas abrogé les dispositions de l'article 14, C. civ., qu'elle crée une faculté nouvelle et non une obligation : Paris, 15 novembre 1900, D. 1901. 2. 123 ; *Pand. fr.*, 1901. 2. 173 ; *Revue intern. du Droit marit.*, XVI, p. 758.

(2) Cass., 13 décembre 1842, *Journal de Marseille*, 18. 422. 17 ; Trib. comm. Marseille, 17 mars 1857, *Journal de Marseille*, 1857. 1. 113.

(3) Aix, 28 février 1889, *Revue intern. du Droit marit.*, 1888-89, p. 660.

(4) V. *Traité de Droit commercial*, I, n° 408.

fondées sur un abordage qui s'est produit dans un port ou dans une rade de France. Ce sont là des parties du territoire national.

1042. Les tribunaux français sont aussi compétents même entre étrangers quand l'abordage a eu lieu dans la mer territoriale française. Quoique la mer territoriale ne soint pas une portion du territoire du pays dont elle borde les côtes, il est admis que les faits qui s'y passent relèvent de la juridiction du pays dont elles bordent les côtes (1).

1042 b. Mais doit-on admettre la compétence du tribunal du premier port de refuge même en cas d'abordage entre navires étrangers ayant eu lieu en haute mer?

L'incompétence du tribunal français du port de refuge est soutenue et a été reconnue par la Cour de cassation (2). Les tribunaux français, dit-on, en ce sens, sont en principe incompétents pour connaître des procès entre étrangers. Il est vrai qu'en matière commerciale, cette incompétence souffre exception ; les tribunaux français ont compétence pour statuer sur les procès entre étrangers dans le cas où le contrat a été conclu en France et la marchandise doit y être livrée ainsi que dans le cas où le prix doit y être payé. Mais dans ces cas visés par l'article 420, C. proc. civ., on peut dire qu'il y a une élection tacite de domicile en France. On ne peut invoquer une idée de ce genre lorsqu'il s'agit d'un abordage qui fait naître des obligations entre personnes qui n'ont pas contracté ensemble.

Il est très contestable que l'incompétence des tribunaux français pour les contestations entre étrangers doive être reconnue en principe (3). Mais, même en le reconnaissant, avec la jurisprudence, on

(1) C'est la solution admise en 1894 par l'*Institut de Droit international* dans les règles sur la définition et le régime de la mer territoriale votées dans sa session de Paris (art. 8, 1er alin.). V. *Annuaire de l'Institut de Droit international* (t. XIII, 1894-95, p. 330).

(2) Cass. civ., 5 juin 1905, S et P. 1905. 1. 305 (note de Ch. Lyon-Caen en sens contraire) ; D. 1906. 1. 121 ; *Pand. fr.*, 1906. 1. 23 : *Revue intern. du Droit marit.*, XXI, p. 11 ; *Journal de jurisprud. de Marseille*, 1905. 2. 83 ; Amiens, 29 mars 1906, *Revue internat. du Droit marit.*, XXI, p. 724 ; *Journal de jurisprud. de Marseille*, 1906. 2. 124.

(3) V. Glasson, *De la compétence des tribunaux français entre étrangers* (*Journal du Droit intern. privé*, 1885, p. 105 et suiv.).

doit, selon nous, admettre que le tribunal français du premier port de refuge est compétent pour statuer sur les actions relatives à l'abordage (1). Si l'article 420, C. proc. civ., admet que les procès en matière commerciale peuvent être portées devant d'autres tribunaux que celui du domicile du défendeur, c'est moins par suite d'une élection tacite de domicile qu'à raison de ce que ces tribunaux sont particulièrement bien placés pour juger (2) C'est là ce qui se présente justement pour le tribunal du port de refuge.

1042 *c.* Quand un vaisseau de l'État est compris dans un abordage, des actions en indemnité peuvent être exercées, soit contre l'officier commandant ce vaisseau, soit contre l'État lui-même comme civilement responsable (3). Quelle est alors la juridiction compétente? Est-ce la juridiction administrative ou la juridiction judiciaire? Cette question, qui s'élève spécialement dans le cas d'abordage, se rattache à une question plus générale : quand, à raison d'une faute attribuée à un fonctionnaire public, ce fonctionnaire ou l'État lui-même est actionné, la compétence appartient-elle à la juridiction administrative ou à la juridiction ordinaire? Sans entrer ici dans l'examen de cette question générale, qui est surtout du domaine du Droit administratif, il suffit d'indiquer qu'après bien des discussions, la compétence administrative a triomphé; elle appartient, quand l'État a agi comme puissance publique et à défaut de texte spécial

(1) Rennes, 28 janv. 1902, *Jurisprud. commerc. et marit. de Nantes*, 1902. 1. 315 ; *Revue intern. du Droit marit*, XVII, p. 550 ; *Journal de jurisprud. de Marseille*, 1905. 2. 16 ; D. 1908. 1. 67 ; Rouen, 16 juill. 1902, D. 1903. 2. 141 ; *Revue intern. du Droit marit.*, XVIII, p. 800 (c'est l'arrêt cassé par l'arrêt du 5 juin 1905 mentionné dans la note précédente). V. Paul Turgion, *De la compétence des tribunaux français en cas d'abordage entre navires étrangers (Revue internationale du Droit maritime*, XXII, p. 245 à 256).

(2) Si l'article 420, C. pr. civ, reposait sur l'admission d'une élection tacite de domicile, on ne voit pas pourquoi les règles de compétence consacrées par cet article ne s'appliqueraient pas aussi bien en matière civile qu'en matière commerciale.

(3) Conseil d'État, 16 mars 1900, S. et *J. Pal.*, 1902. 3. 64 ; D. 1901. 3. 57 ; *Revue intern. du Droit marit.*, XVIII, p. 142. Dans une action en responsabilité exercée contre l'État à raison d'un abordage, le ministre de la Marine peut représenter l'État. Aix, 30 nov. 1905, *Revue intern. du Droit marit.*, XXII, p. 472 ; *Journal de jurisprud. de Marseille*, 1906. 1. 364.

conférant la compétence aux tribunaux civils (1), au juge administratif de droit commun. Ce juge est, d'après l'opinion qui a prévalu,
le Conseil d'État.

Cette doctrine se fonde sur deux motifs principaux. Les tribunaux
de l'ordre judiciaire ne peuvent déclarer, en principe (2), l'Etat débiteur, quand il n'a pas agi comme personne privée. Autrement, le
principe de la séparation des pouvoirs serait violé ; car le plus souvent, le tribunal saisi a, dans les cas où il s'agit de la responsabilité
d'un fonctionnaire ou de l'Etat, à rechercher si celui-ci a ou non
méconnu les règlements administratifs qu'il avait à observer (3-4).

Il va, du reste, de soi, que, si l'on ne reconnaît pas la compétence
de la juridiction administrative, les tribunaux civils seuls pourraient

(1) Il y a des textes spéciaux de ce genre pour certaines actions en responsabilités concernant les transports par la poste. V. loi du 4 juin
1859, art. 3.

(2. Nous réservons les cas exceptionnels visés par des textes spéciaux.
V. la note précédente.

(3-4) Conseil d'Etat (arrêté sur conflit), 11 mai 1870, D. 1871. 3. 62 ; *Pand.
fr. chr.*; Conseil d'Etat (arrêté sur conflit), 1ᵉʳ mai 1872, *Journal de Marseille*, 1873. 2. 3 ; Paris. 9 juill. 1872, même recueil, 1873. 2. 159 ; Trib.
des conflits, 15 avr. 1873, D. 1873. 3. 57; Trib. des conflits, 17 janv. 1874.
Pand. fr. chr. Journal de Marseille, 18760. 2. 125. Dans la dernière
espèce, les héritiers d'un passager tué dans un abordage avaient agi en
indemnité contre l'armateur de ce navire et celui-ci recourait en garantie
contre l'Etat, propriétaire du navire abordeur. Le tribunal de commerce
de Marseille (9 juill. 1873, *Journal de Marseille*, 1874. 1. 39) s'était
déclaré compétent pour connaître même du recours en garantie. Le Tribunal des conflits a annulé le jugement, mais seulement au point de vue
de ce recours.

V au contraire, pour le cas où il s'agit d'un navire dont une colonie est
l'armateur, Cass., 3 août 1892, *Pand. fr.*, 1893. 1. 239 ; *Revue intern. du
Droit marit.*, 1892-93, p. 16.

Le dernier motif invoqué au texte implique que la compétence judiciaire
existe quand la responsabilité d'un fonctionnaire provient de faits personnels, de telle façon qu'il n'y a à apprécier ni décisions ni règlements administratifs : Trib. des conflits, 7 juin 1873, D 1874. 3. 4.

Dans l'ancien Droit, la question n'offrait pas de difficulté en cas
d'abordage. Valin (sur l'art. 12, liv. III, titre VII de l'Ordonnance de 1681)
prévoyait le cas où le navire abordeur était un vaisseau du Roi, et il
disait qu'on devait appliquer les mêmes règles que lorsque le navire abordeur appartenait à un particulier, c'est-à-dire que l'Amirauté était appelée
à en connaître.

être compétents à l'exclusion des tribunaux de commerce. Car, si l'Etat peut faire des opérations de commerce, à l'occasion desquelles la juridiction commerciale est compétente (1), il est certain qu'en tant qu'il fait naviguer des vaisseaux de guerre et prépose à leur direction des officiers de la marine militaire, il agit comme puissance publique et ne fait, par suite, aucune opération commerciale. Il en est généralement de même pour tous les navire de l'Etat, spécialement pour les embarcations de l'administration des douanes (2).

1043. Un dernier cas est à prévoir, c'est celui où des personnes lésées veulent agir, non contre l'Etat français, mais contre un Etat étranger à raison d'un abordage que les demandeurs allèguent avoir été causé par la faute du commandant d'un vaisseau de cet Etat. Les tribunaux du pays du demandeur sont incompétents. C'est là une conséquence de l'indépendance et de la souveraineté des Etats, admise par toutes les jurisprudences des pays de l'Europe (3).

Il a, pourtant, été soutenu que les tribunaux du demandeur ont compétence (4). On dit en ce sens que l'incompétence des tribunaux d'un pays à l'égard d'un Etat étranger existe bien lorsque la contestation porte sur un acte de souveraineté de cet Etat, mais non sur un acte fait par cet Etat agissant comme l'aurait pu faire un particulier (5).

(1) Par exemple, quand l'Etat exploite des chemins de fer, comme il le fait depuis 1878. V. *Traité de Droit commercial*, I, n° 210.

(2) Le projet de 1867 reconnaissait la compétence des tribunaux civils dans son article 427 ainsi conçu : « Si le navire abordeur, soit français, « soit étranger, est un bâtiment de guerre, une embarcation de la douane « ou autre appartenant à l'Etat, la demande est formée devant le tribunal « civil ». La *Note explicative*, jointe au projet, donne les motifs suivants de cette disposition : « La Commission a dû examiner, en ce qui concerne « les navires du gouvernement français, si la compétence administrative « doit céder le pas à la juridiction de droit commun ; la spécialité de « la matière et les intérêts du commerce ont fait pencher la balance en « faveur de l'affirmative ».

(3) De Cuvelier, *De l'incompétence des tribunaux nationaux à l'égard des gouvernements étrangers* (*Revue du Droit international*, 1888, p. 109 et suiv.).

(4) Arth. Desjardins, V, n° 1119.

(5) Laurent, *Principes de Droit civil international*, III, p. 83. — Le projet de 1867 admettait cette doctrine pour le cas d'abordage. V. note ci-dessus.

Cette distinction est fort contestable. Mais, même en l'admettant, on pourrait distinguer entre le cas où il s'agit d'un contrat conclu par un Etat et le cas où il est allégué qu'un Etat est tenu en vertu d'un délit ou d'un quasi-délit, comme cela a lieu en cas d'abordage. On peut dire, à la rigueur, qu'en contractant, un Etat consent à se soumettre à une juridiction étrangère. Mais l'idée d'un consentement tacite de ce genre est sans application possible au cas d'une action fondée sur un fait illicite tel qu'un abordage.

Dans des cas de cette sorte, les personnes lésées ne peuvent agir que devant les tribunaux compétents sur le territoire de l'Etat défendeur. Le plus souvent, on recourt à la voie diplomatique (1).

Mais le commandant d'un vaisseau d'un Etat peut-il, du moins, être personnellement actionné devant les tribunaux d'un autre Etat? Non; ayant agi dans l'exercice de ses fonctions, l'officier n'est responsable que devant les autorités de l'Etat qu'il représente (2).

1044. A l'inverse, il n'y a aucune difficulté à admettre la compétence de nos tribunaux pour connaître d'une action intentée par un Etat étranger contre le propriétaire ou le capitaine d'un navire de commerce à raison du dommage causé par un abordage à un vaisseau de cet Etat. Cela entraîne comme conséquence, qu'en appel, l'Etat, qui a triomphé en première instance dans les circonstances précédentes, peut être actionné comme intimé. Il n'y a pas là, bien qu'on en ait pu dire (3), une contradiction avec la doctrine de l'incompétence des tribunaux français à l'égard des Etats étrangers qu'on voudrait actionner devant eux. L'Etat étranger, qui a porté son action devant un tribunal de France, ne peut enlever à son adversaire le droit d'appel qui est une dépendance du droit de se défendre en justice.

1045. CONFLITS DE LOIS EN MATIÈRE D'ABORDAGE. — Les règles consacrées en France, en matière d'abordages, par le Code de com-

---

(1) V. les détails donnés sur l'affaire de l'abordage du *Sultan* et de la *Ville de Victoria* dans le *Journal du Droit international privé*, 1888, p. 226.

(2) Calvo, *Traité de Droit international*, I, § 621 ; A. Sorel et Funck-Brentano, *Précis de Droit des gens*, p. 590.

(3) Arth. Desjardins, V, n° 1119, p. 111.

merce, modifié par la loi du 24 mars 1891, diffèrent en plusieurs points de celles qu'adoptent les lois étrangères. Les divergences existent principalement à deux points de vue. D'abord, la loi française et les lois étrangères ne s'accordent pas sur les personnes qui doivent supporter les conséquences de l'abordage, soit quand il est douteux (n°s 1005 et 1009), soit quand il est causé par la faute commune des capitaines (n°s 101 et 101 *bis*). Puis, elles ne concordent ni sur les délais dans lesquels les actions pour abordage doivent être intentées ni sur le point de savoir s'il y a des formalités à remplir pour éviter un fin de non-recevoir contre ces actions et quelles sont ces formalités (n°s 1028 et 1033).

1046. Il va de soi que, si un abordage a lieu entre navires français dans les eaux maritimes intérieures françaises ou dans les eaux territoriales françaises et si un tribunal français est saisi, la loi française est applicable. La nationalité des navires, le lieu de l'accident, le tribunal saisi concourent pour empêcher qu'il n'y ait un conflit de lois quelconque. Mais il peut se faire qu'un abordage se produise entre navires étrangers ou entre un navire français et un navire étranger, qu'un abordage ait lieu en pleine mer ou dans les eaux étrangères. Si, comme cela est possible (1), un tribunal français est saisi d'une action à raison d'un tel abordage, des conflits de lois s'élèvent : il faut déterminer de quel pays le tribunal doit appliquer la loi. Cette question se pose à propos, soit des personnes responsables, soit de la prescription ou de la fin de non-recevoir opposable. De grandes difficultés peuvent naître aussi au sujet de la compétence.

Ces questions seront examinées au point de vue des solutions à admettre en France. Mais il va de soi qu'elles se présentent également devant les tribunaux étrangers. Quelques-unes des solutions admises par les lois ou par les jurisprudences étrangères seront seulement indiquées en note.

1047. Au sujet de la loi à appliquer quant à la question de savoir qui supporte les dommages causés par un abordage, une distinction capitale doit être faite selon que l'abordage a eu lieu dans les

_____

(1) V. n°s 1039 et 1040.

eaux intérieures d'un pays, ou en pleine mer, ou dans les eaux territoriales, soit de la France, soit d'un pays étranger.

1048. Quand l'abordage s'est produit dans les eaux françaises, il
faut appliquer la loi française, quelle que soit la nationalité des navires (1). C'est là une application des règles du droit commun. L'obligation de supporter les dommages provenant d'un abordage dérive,
soit d'un délit ou d'un quasi-délit (abordage fautif), soit de la loi
(abordage mixte). Or, les obligations délictuelles ou quasi-délictuel-
les et légales sont régies par la loi du pays où se sont passés les
faits d'où l'on prétend les faire résulter. Il faut que cette loi les
reconnaisse pour qu'on en admette l'existence. Les eaux maritimes
françaises, spécialement les ports et les rades, font partie du territoire national; c'est en France que se produisent les abordages qui
ont lieu dans un port français ou dans une rade française.

Il résulte de là : 1° qu'en cas d'abordage douteux, l'article 407,
3e alin., C. com., doit régir le cas où la collision a eu lieu dans les
eaux françaises, même entre navires étrangers ou entre un navire
français et un navire étranger ; 2° que, dans les mêmes circonstances de faits, les dommages doivent, en cas de faute commune, être
être répartis en proportion du degré de faute de chaque capitaine (2).

1049. En cette matière, nos tribunaux n'obéissent pas toujours
très exactement à la logique. Ils appliquent la loi française aux
abordages ayant eu lieu dans les eaux françaises conformément à ce

---

(1) Asser et Rivier, *Éléments de Droit international privé*, n° 112, p. 220.

(2) Une loi *anglaise* de 1862 (25 et 26, Victoria, chap. 63 contient dans
l'article 57 une disposition déclarant la loi anglaise applicable aux abordages ayant lieu dans les eaux anglaises. — Le Code de commerce *portugais* (art. 674 1°) décide que les questions concernant les abordages sont
régies dans les ports par la loi du lieu.

V. dans le même sens, pour l'*Allemagne*, jugement du *Reichsgericht*, du
5 juill. 1884, *Journal du Droit international privé*, 1887, p. 339 ; pour la
Belgique, jugement du tribunal de commerce d'Anvers, du 21 mars 1883,
Journal du Droit international privé, 1883, p. 35 ; jugem. du tribunal de
comm. d'Anvers, 6 juin 1885, *Revue intern. du Droit marit.*, 1885-86,
p. 253. Cpr., pour la *Norvège*, Cour suprême de Christianisme, 15 décembre 1905. *Revue internat. du Droit maritime*, XXIII, p. 128 ; pour le
Danemark, Trib. maritime de Copenhague, 1er décembre 1905. *Revue
int. du Droit marit.*, XXIII, p. 120.

qui vient d'être indiqué (n° 1048). Mais, quand ils sont saisis d'une action relative à un abordage ayant eu lieu dans les eaux d'un pays étranger, ils ont peine à ne pas appliquer aussi nos lois, dès que le défendeur est un Français. Outre qu'il y a là des solutions non concordantes, il est à craindre que, par une sorte de rétorsion, les tribunaux étrangers ne finissent par se refuser à appliquer la loi française à des abordages qui se sont produits dans les ports ou dans les rades de France (1).

1050. La difficulté relative à la loi à appliquer pour déterminer qui est responsable, est grande, lorsque l'abordage s'est produit en pleine mer.

Il est naturel, lorsque les deux navires sont de la même nationalité, d'appliquer leur loi nationale (2). En pleine mer, les navires ne peuvent être régis que par cette loi ; car, la pleine mer n'appartenant à aucun Etat (*res nullius*) et n'étant même soumise au droit exclusif de police d'aucun Etat, il n'y a pas de loi territoriale qui y soit applicable.

Mais que décider lorsque les deux navires entre lesquels s'est produit l'abordage en pleine mer, sont de nationalités différentes ? Par cela même que les bâtiments portent deux pavillons différents, on ne peut se borner à dire qu'on applique la loi du pavillon.

On a proposé d'appliquer la loi française comme loi du tribunal saisi de l'action (*lex fori*) (3). Cette loi s'impose, a-t-on dit, lors-

V. aussi, pour l'application de la *lex loci actus*, de Bar, *Theorie und Praxis des internationalen Privatrechts*, II, n° 327, p. 269.

(1) V. Arth. Desjardins, V. n° 1121, p. 117. Cpr. Tribunal hanseatique, 12 novembre 1906. *Revue int. du Droit marit*, XXII, p. 666.

(2) L'article 674 2° du Code de commerce *portugais* dispose, conformément à l'opinion admise au texte, que les questions concernant les abordages sont régies, en haute mer, entre navires de la même nationalité, par leur loi nationale.

V., pour l'application de la loi du tribunal saisi (*ler fori*). Cour de district de Pensylvanie, 5 avril 1905. *Revue intern. du Droit marit.*, XXI, p. 141.

(3) Asser et Rivier, *op. cit.*, n° 113. p. 220. Ces auteurs paraissent appliquer la *lex fori* même lorsque les navires sont de la même nationalité.

V., pour l'application de la *lex fori*, au cas d'abordage en haute mer entre navires de nationalités différentes, D. 1904. 2. 118 ; *Trib de l'Em-*

qu'on ne peut appliquer ni la loi du lieu de l'événement, ni celle du pavillon. On fait, du reste, observer qu'il est naturel de laisser un tribunal appliquer sa loi nationale ; c'est celle qu'il doit le mieux connaître.

Cette doctrine se heurte surtout à une objection pratique et l'on ne peut invoquer en sa faveur aucune raison de principe. Si les personnes lésées ont pour intenter leur action, en cas d'abordage, le choix entre les tribunaux de plusieurs pays, on laisse ces personnes déterminer par leur choix la loi à appliquer. Du reste, il n'y a pas, en général, de lien nécessaire entre le pays du tribunal saisi et la loi applicable. Parfois, nos tribunaux appliquent des lois étrangères : c'est là notamment ce qu'ils font lorsqu'à propos de questions d'état ou de capacité concernant des étrangers qui se trouvent en France, ils appliquent les lois du pays de ces étrangers, en s'inspirant par analogie de la disposition de l'article 3, C. civ., selon laquelle les lois sur l'état et sur la capacité suivent les Français en pays étranger.

On a soutenu, en écartant la *lex fori*, qu'il faut s'en tenir à la loi du pays de l'abordé, c'est-à-dire du demandeur (1). C'est lui, dit-on, qui est le plus digne de faveur. Mais ce système ne se rattache à aucun principe précis. Puis, il est possible que la loi du pays de l'abordé ne soit pas celle qui lui est le plus favorable.

Un système plus compliqué paraît plus satisfaisant. En principe, la responsabilité du capitaine d'un navire, en cas d'abordage ayant eu lieu en pleine mer, doit être fixée d'après la loi de son pavillon. Il n'y a de faute pour un capitaine que celle dont cette loi admet l'existence et il est rationnel qu'elle en détermine aussi les conséquences pécuniaires. Mais il serait inique qu'en invoquant la loi de son adversaire, le propriétaire d'un navire pût obtenir une indemnité à laquelle sa propre loi nationale ne lui donnerait pas droit. Aussi y a-t-il lieu d'admettre que la loi du pavillon du navire dont le propriétaire ou le capitaine est actionné, sert à déterminer qui supporte les dommages,

---

pire d'Allemagne, 10 novembre 1901. *Revue intern. du Droit marit.*, XVI, p. 523.

(1) Arth Desjardins, V, n° 1121.

sans que, toutefois, le demandeur puisse faire une réclamation que ne reconnaîtrait pas la loi nationale de son navire. Ainsi, le succès d'une demande, en matière d'abordage ayant eu lieu en pleine mer, est subordonné à la double condition qu'elle soit admise par la loi du pays du demandeur et par celle du pays du défendeur (1). On peut aussi formuler la même doctrine en disant qu'on s'attache à celle des deux lois qui est la plus favorable au défendeur (2).

Des applications de ce système en peuvent faire comprendre la portée pratique.

a. En cas d'abordage en pleine mer entre un navire *belge* et un navire *français*, si les causes de l'abordage demeurent douteuses, le propriétaire du navire *français* ne peut actionner celui du navire *belge*. Car la loi *belge* assimile l'abordage douteux à l'abordage fortuit. Le propriétaire du navire belge peut-il, du moins, agir contre celui du navire français, par application de l'article 407, 3e alinéa, C. com.? Il n'a pas ce droit que la loi belge n'admet point. Autrement il y aurait entre les deux parties une inégalité choquante.

b. Un abordage a lieu en pleine mer entre un navire *français* et un navire *norvégien* par suite de la faute commune des deux capitaines. Le propriétaire du navire *français* ne peut rien réclamer au

(1-2) Le Code de commerce *portugais* (art. 664 3°) consacre cette règle, en disposant : « En haute mer, entre navires de nationalités différentes, « chacun d'eux est obligé, conformément aux dispositions de la loi de son « pavillon, sans pouvoir recevoir plus que cette loi ne lui accorde ». Cette solution a été admise au Congrès international de Droit commercial de Bruxelles, en 1888, dans les termes suivants : « La loi du pavillon servira « à déterminer : ... 9° les obligations de chacun des navires poursuivis à « raison d'un abordage en mer et les indemnités dues par chacun de ces « navires. Néanmoins, les personnes qui se trouvent à bord d'un navire « engagé dans l'abordage, les propriétaires du corps et des facultés de ce « navire ne pourront obtenir des indemnités supérieures à celles qu'ils « seraient en droit de réclamer d'après la loi du pavillon de ce navire ni « des condamnations solidaires dans les cas où, d'après la loi de ce pavil-« lon, les débiteurs de ces indemnités n'en seraient pas solidairement « tenus ». L'Institut de Droit international a adopté la même solution en 1888 à sa session de Lausanne. Enfin, elle a été admise par le Congrès de Montevideo en 1884.

Le système de réciprocité, adopté au texte, est soutenu par de Bar *op. cit.*, II, n° 328, p. 211.

propriétaire du navire *norvégien*, parce que le Code maritime *norvégien* admet, en principe, qu'en cas de faute commune, chacun supporte son dommage. Le propriétaire du navire *norvégien* ne peut non plus rien réclamer au propriétaire du navire français, en se fondant sur notre jurisprudence selon laquelle, au cas de faute commune, les dommages sont supportés par les propriétaires en proportion du degré de faute de chaque capitaine. Autrement, le propriétaire du navire *norvégien* réclamerait ce que, dans une situation semblable, il n'aurait pas à payer selon sa loi nationale.

La règle admise doit être appliquée non seulement aux propriétaires des navires, mais aux propriétaires des marchandises formant la cargaison de chaque bâtiment. Il est naturel de supposer que ces différentes personnes ont entendu se soumettre aux lois du pays du navire sur lequel elles font transporter leurs marchandises ou sont transportées elles-mêmes.

1051. Il reste le cas où l'abordage a eu lieu dans *la mer territoriale* d'un pays. La difficulté qui s'élève est celle de savoir si l'on doit traiter ce cas comme celui d'un abordage en pleine mer ou comme celui d'un abordage dans les eaux intérieures.

On a prétendu qu'il y a lieu d'assimiler ce cas à celui d'un abordage en pleine mer (1). L'Etat, dit-on, n'est ni propriétaire ni même vraiment souverain de la mer territoriale. Il a seulement sur elle un droit de police et de surveillance nécessaire à la défense des côtes et à la protection des intérêts commerciaux. On ne saurait donc dire que l'abordage a eu lieu en pareil cas sur le territoire national.

Il est préférable de traiter les abordages ayant eu lieu dans la mer territoriale comme les abordages qui se produisent dans les eaux intérieures (2). Sans doute, un Etat n'a pas la propriété de la mer territoriale, comme il a celle de ses ports ou de ses rades ; il n'en est

---

(1) Cette opinion avait été adoptée par l'un des auteurs de cet ouvrage dans un projet concernant les conflits de lois en matière d'abordages, présenté en 1888 à l'Institut de Droit international à sa session de Lausanne.

(2) Cette solution a été admise en 1888 par l'Institut de Droit international dans sa session de Lausanne. V. *Annuaire de l'Institut de Droit international*. Cpr. Trib. civ. de Naples, 5 juin 1899.

pas non plus vraiment le souverain. Mais il a le pouvoir de faire des lois de police pour cette portion de la mer et ses tribunaux ont compétence pour les appliquer. Il y a, pour un Etat, un intérêt évident à ce qu'il ne se produise pas d'abordage dans ses eaux territoriales. Les lois de l'Etat dans la mer territoriale duquel un abordage s'est produit, servent à déterminer s'il y a lieu à une répression pénale, à raison d'une faute du capitaine qui a violé les règlements de police. La question de savoir s'il y a faute d'un capitaine et quelles en peuvent être les conséquences pécuniaires au point de vue civil, est liée à la question pénale.

1052. La question examinée dans les précédents paragraphes (nos 1047 à 1051), au sujet de la loi à appliquer pour déterminer qui est responsable des dommages causés par un abordage, est, selon nous, tout à fait distincte de celle de savoir quelle loi on applique pour fixer l'étendue de la responsabilité des propriétaires des navires à raison des fautes des capitaines qui ont causé l'abordage Il s'agit là d'un point relatif aux effets de l'acte par lequel le propriétaire d'un navire prépose à la direction de celui-ci, non d'une question d'abordage. Ce qui le prouve bien, c'est que la même question se pose au sujet de tous les actes licites ou illicites du capitaine (1). Il a été admis précédemment (2) que l'étendue de la responsabilité du propriétaire d'un navire se détermine d'après la loi du pavillon.

Il résulte de là spécialement que l'étendue de la responsabilité du propriétaire d'un navire, par suite d'un abordage ayant eu lieu dans les eaux françaises, n'est pas nécessairement régie par la loi française, bien qu'on doive se référer à cette loi pour déterminer qui supporte les dommages causés par cet abordage (nº 1048).

1053. Les différentes solutions admises (nos 1047 à 1051) peuvent s'appliquer sans peine quand l'abordage a eu lieu entre deux

(1-2) V., au surplus, nº 269, tome V. — V. en sens contraire, Rouen (1re chambre), 21 juin 1893. Cass., 20 juill. 1895, *Revue intern. du Droit marit.*, 1895-96, p. 294 ; S. et *J. Pal.*, 1895. 1. 305 ; Caen 23 juin 1897. *Pand. fr.*, 1898. 5. 26 ; *Revue intern. du Droit marit.*, XIII, p. 282 et suiv. ; Cass. 15 février 1905, S. et *J. Pal.*, 1905. 1. 209 ; D. 1908. 1. 137 ; *Pand. fr.*, 1905. 5. 31 ; *Revue intern. du Droit marit.*, XX, p. 605 ; *Journal de jurisprudence de Marseille*, 1905. 2. 100.

navires de commerce ou quand, l'abordage ayant eu lieu entre un navire de commerce français et un vaisseau d'un Etat étranger, c'est le propriétaire du premier qui est actionné. Mais des difficultés spéciales se rattachent au cas où c'est à l'Etat étranger qu'on veut s'en prendre à raison des dommages causés par son vaisseau. La fiction d'exterritorialité, en vertu de laquelle les vaisseaux d'un Etat étranger sont considérés comme des portions détachées du territoire national alors même qu'ils se trouvent dans les eaux d'un autre Etat, doit faire appliquer, en cas d'abordage, la loi du pavillon du vaisseau de l'Etat à l'exclusion de toute autre. Au reste, un Etat n'admet guère que sa responsabilité soit réglée par une autre loi que la sienne. En pratique, ce sont les tribunaux de l'Etat dont il s'agit qui sont compétents et, par suite, on arrive au résultat indiqué. Mais le plus souvent ces sortes de questions sont résolues par la voie diplomatique, et, par suite, il n'y a pas de règles précises à poser (1).

1054. Des conflits de lois s'élèvent également au sujet de la prescription ou de la fin de non-recevoir à admettre pour les actions nées de l'abordage. Ces conflits sont plus fréquents que ceux qui concernent les personnes obligées de supporter les dommages. La raison en est que les lois sont plus divergentes sur le premier point que sur le second ; toutes les législations concordent sur la détermination des personnes qui supportent les dommages dans les cas d'abordage fortuit ou provenant de la faute d'un capitaine (n° 1004 *bis*).

La jurisprudence française a toujours adopté, sur cette difficile question, un système très simple. Quel que soit le lieu où s'est produit l'abordage et quelle que soit la nationalité des navires, la jurisprudence admet que, dès qu'un tribunal français est saisi, il y a lieu d'appliquer la loi française comme *lex fori*. Avant la loi du 24 mars 1891, elle appliquait la fin de non-recevoir des articles 435 et 436,

---

(1) Sur l'abordage entre vaisseaux de guerre et navires de commerce en Angleterre, un ouvrage spécial a été publié en 1900 : *A Treatise on the subject of collisions between warships and merchant vessels according to english law,* *by* Matsumani (Traité des abordages entre vaisseaux de guerre et navires de commerce selon la législation anglaise).

C. com. (1) et, depuis la loi du 24 mars 1891, elle paraît favorable à l'application de la prescription annale de l'article 436, C. com. (2).

En faveur de cette doctrine, on se prévalait, avant la loi du 24 mars 1891, à la fois des principes généraux du droit et des motifs spéciaux de la fin de non-recevoir des anciens articles 435 et 436. Les lois qui créent les tribunaux, dit-on, déterminent aussi les conditions de la recevabilité des actions portées devant eux. On aurait conçu, sans doute, que les articles 435 et 436 eussent dérogé à cette règle à raison de la nationalité des navires, mais leur texte était général. On comprend, d'ailleurs, qu'ils n'aient pas fait de distinction. Quels que soient les pavillons des navires, il est toujours à redouter, si l'on tarde à agir, que le juge soit mis dans l'impossibi-

(1) Marseille, 8 mai 1861, *Journal de Marseille*, 1861. 1. 213; Aix, 29 janv. 1866, même recueil 1866. 1. 80; Aix, 27 fév. 1870, S. 1873. 2. 165; Montpellier, 31 mars 1873, Sir. 1873. 2. 165, et *Journal de Marseille*, 1873. 2. 141; Cass., 4 août 1875, *Journal de Marseille*, 1876. 2. 80; S. 1. 1876. 1. 56; *J. Pal.*, 1876. 124; Paris (3e chambre, 16 fév. 1882, *Journal du Droit intern. privé*, 1883, p. 115; Cass., 6 mai 1891, S. et *J. Pal.*, 1892. 1. 193; *Revue intern. du Droit marit.*, 1891-92, p. 7.

P. Deloynes, *Questions pratiques d'abordage maritime*; Sibille, *op. cit.*, p. 87, n° 108; Asser, *Das internationale Privatrecht* (traduction allemande de Max Cohn), p. 124 et 124, et *Éléments de Droit international privé* (trad. Rivier) n° 113.

Mais, en cas de demande d'exequatur formée devant un tribunal français, la fin de non-recevoir applicable est celle du tribunal étranger compétent, non la fin de non-recevoir des articles 435 et 436 : Aix, 9 fév. 1888, *Revue intern. du Droit marit.*, 1887-88, p. 683.

Avant la loi du 24 mars 1891, les partisans de l'application de la *lex fori* se divisaient sur un point d'une grande importance. Les uns ne se bornaient pas à exiger une protestation suivie d'une demande en justice, ils exigeaient encore que la protestation fût signifiée dans le délai de vingt-quatre heures fixé par les anciens articles 435 et 436, en reconnaissant seulement qu'en vertu de la règle *locus regit actum*, on pouvait, pour les formes de la protestation et de la signification, observer la loi du pays où elles étaient faites. Pour les autres, le délai à observer se rattachant aux formalités à remplir devait être régi par la loi applicable aux formes mêmes de la protestation, c'est-à-dire par la loi du pays où cette protestation était faite. V. Cass., 4 août 1875. *Journal de Marseille*, 1876. 2. 80; S. 1876. 1. 56; *J. Pal.*, 1876. 1. 24; Cass., 6 mars 1891, S. et *J. Pal.*, 1892. 1. 193 (note de Ch. Lyon-Caen); Deloynes, *op. cit.*, p. 51 et suiv.

(2) Rennes, 7 janvier 1908, *Revue intern. du Droit marit.*, XXIII, p. 614.

lité de distinguer avec certitude les dommages provenant de l'abordage de ceux qui résultent d'un événement de mer postérieur.

On pourrait, depuis la loi du 24 mars 1891, pour l'application de la prescription annale de l'article 436. C. com., ajouter que, selon une opinion très répandue, la prescription applicable à une action est régie par la loi du pays du tribunal devant lequel cette action est portée (1).

Selon nous, il n'y a pas lieu, en cette matière, à l'application de la *lex fori* (2). Les partisans de ce système dénaturent les principes généraux qu'ils invoquent. Sans doute, les conditions de la recevabilité d'une action sont celles que fixe la loi du tribunal saisi ; mais cela n'est vrai que des actes à accomplir devant le tribunal ou dans l'instance. Cela n'est plus exact quand il s'agit d'actes à accomplir en dehors de toute instance et ayant un caractère extrajudiciaire. Puis, il est fort contestable que la prescription soit, comme un moyen de pure forme, régie par la loi du tribunal saisi.

Au point de vue pratique, l'opinion qui applique la *lex fori* conduisait, avant la loi du 24 mai 1891, à des conséquences d'une rigueur excessive et parfois même iniques, lorsque le navire, dont le propriétaire forme la demande en dommages-intérêts, n'était pas français. Le capitaine de ce navire est étranger : il peut ignorer la loi française. D'ailleurs, par cela même qu'on reconnaît compétence en matière d'abordage à un grand nombre de tribunaux divers (n° 1039), le capitaine ne peut pas savoir par avance s'il saisira un tribunal de France ou un tribunal d'un autre pays. Ce n'est pas tout : on impose au capitaine, avec le système de la *lex fori*, une obligation parfois impossible à remplir. L'abordage peut avoir lieu la nuit, de façon qu'on ne puisse reconnaître le pavillon du navire abordeur ou, même de jour, ce navire peut s'échapper de telle sorte que le pavillon ne puisse être aperçu. Faudra-t-il donc, en attendant qu'il découvre

(1) V. l'arrêt de la Cour d'appel de Rennes cité à la note précédente. Cpr. Trib. civ. de Naples, 5 juin 1899, D. 1901. 2. 260.

(2) Cour de cassation de Belgique, 10 mai 1906, S. et J. Pal. 1907. 4. 17 ; *Revue intern. du Droit marit.*, XXI, p. 114. D'après cet arrêt, c'est la loi applicable au fond du droit qui sert à décider quelle fin de non-recevoir ou quelle prescription est applicable.

la nationalité du navire abordeur, que le capitaine du navire abordé remplisse les formalités prescrites par les lois de tous les pays maritimes du monde !

Les conséquences iniques du système adopté par la jurisprudence et par la plupart des auteurs avaient suggéré, à un savant auteur (1), une doctrine nouvelle dont il recommandait surtout l'adoption pour le cas où l'abordage a lieu en pleine mer. Elle consistait à laisser au juge le soin de décider si l'action avait été ou non exercée assez promptement ; il aurait décidé selon les règles de l'équité naturelle, en tenant compte de la possibilité ou de l'impossibilité de constater la cause du dommage et de la bonne ou de la mauvaise foi du demandeur (2). — On ne saurait nier que ce système ne soit très ingénieux et fort séduisant ; malheureusement, il ne nous semble pas fondé. Il est vrai que l'article 4, C. civ., en ordonnant au juge de statuer dans le silence de la loi positive, l'invite à suppléer par sa raison et par le droit naturel à l'absence de textes écrits et promulgués. Mais, précisément, en notre matière, il existe des dispositions, soit dans la loi française, soit dans les lois étrangères. Du conflit de ces lois naît la difficulté. C'est supprimer celle-ci et non la résoudre, selon nous, que d'autoriser le juge à faire abstraction des législations positives, pour appliquer les règles qui lui paraissent les plus conformes à l'équité et à la raison.

1055. Il faut, pour résoudre notre question actuelle, comme celle de la responsabilité (n°s 1047 à 1051), distinguer selon que l'abordage a eu lieu dans les eaux intérieures d'un pays, en pleine mer ou dans les eaux territoriales.

L'abordage a-t-il lieu dans les *eaux intérieures* d'un pays ? La loi de ce pays détermine la fin de non-recevoir ou la prescription applicable. Cette loi est appliquée pour fixer quelles personnes supportent les dommages causés par l'abordage ; il paraît simple et naturel de consulter cette même loi pour savoir si les actions en indemnité sont ou ne sont pas recevables (3).

(1) Notre très regretté maître. M. Labbé.
(2) La dissertation de M. Labbé peut être difficilement résumée ; il faut la lire dans son entier sous l'arrêt de la Chambre civile du 21 août 1874, S. 1875. 1. 47 ; *J. Pal.*, 1875. 241.
(3) De Bar, *op. cit.*, II, n° 328, p. 213.

Au reste, il y a sur la prescription une question générale de droit international privé très discutée, celle de savoir quelle loi doit être appliquée peur en fixer la durée. Le système le plus rationnel est celui d'après lequel on applique la loi du pays où s'est passé le fait donnant lieu à l'action (*lex loci actus*) (1). — La prescription n'est pas un simple moyen de procédure, mais un moyen touchant au fond du droit; le Code de procédure civile n'en parle point et le Code civil (art. 1234) la range parmi les modes d'extinction des obligations.

Il résulte de là que la prescription d'un an établie par l'article 436, C. com., s'applique aux actions nées d'abordages qui ont eu lieu dans les eaux françaises.

Lorsque l'abordage a eu lieu en pleine mer, la doctrine précédente est inapplicable. Aussi est-ce surtout dans ce cas qu'on peut être porté à adopter l'application de la *lex fori*. Mmême en ce cas, selon nous, il faut préférer à cette loi celle du pays auquel appartient le navire dont le propriétaire ou les chargeurs agissent en indemnité, Cela ne viole aucune règle de droit; on n'impose rien de rigoureux au demardeur en le contraignant à se conformer à la loi du pays du navire au point de vue des délais à observer et des formalités à remplir; c'est là loi que, en général, il doit le mieux connaître. L'application de la *lex fori* a toujours les inconvénients signalés précédemment (n° 1050) à raison de la pluralité des tribunaux compétents (2).

_____

(1) Cpr. les notions données sur la question générale, à propos de la prescription à appliquer en matière d'effets de commerce, *Traité de Droit commercial*, IV, n° 664.

(2) Le Congrès international de droit commercial de Bruxelles a, dans son projet de convention internationale recommandé à l'adoption de tous les Etats, admis une règle qui, sans tenir compte d'aucun principe déterminé, a pour but, en laissant une option étendue à ceux qui veulent conserver leurs droits à l'indemnité, de restreindre dans les limites les plus étroites les cas de déchéance. L'article 2 de ce projet de convention est ainsi conçu : « En cas d'abordage en mer, le capitaine et les intéressés conservent leurs droits en réclamant dans les formes et délais prescrits par « la loi du pavillon, par celle du navire débiteur ou par celle du premier « port où le navire aborde ».

Ce même système a été adopté par l'*Institut de Droit international* dans sa session tenue en 1888, à Lausanne.

1056. *Conflits de lois concernant la compétence en matière d'abordage.* — Ces conflits sont fréquents parce qu'il y a le plus souvent un certain nombre de tribunaux compétents. Mais évidemment leur solution ne tient pas aux principes du Droit maritime. Dans chaque pays, en l'absence de convention internationale, un tribunal apprécie sa compétence d'après sa loi, sans se préoccuper du point de savoir si, dans la même affaire, une loi étrangère n'admettrait pas la compétence d'un autre tribunal et si ce tribunal ne serait pas plus apte à juger le procès (1).

1057. Unification des lois sur les abordages maritimes. Convention de Bruxelles du 23 septembre 1910. — Les divergences des lois sur les abordages sont une cause de grandes complications ; les conflits de lois sont fréquents ; car tous les pavillons se heurtent sur toutes les mers. Aussi a-t-on souvent émis le vœu qu'une entente intervînt entre les nations, soit pour adopter des règles uniformes en matière d'abordage, soit pour trancher, tout au moins, à l'aide de principes identiques, les conflits de lois (2). Parfois aussi l'on a été jusqu'à réclamer la création d'une juridiction internationale pour connaître des questions d'abordage (3) (4).

Un pas important a été fait dans la voie de l'unification des lois sur les abordages maritimes dans les rapports internationaux. Une convention internationale signée à Bruxelles le 23 septembre 1910 par 24 Etats, mais non encore ratifiée (juin 1911) a consacré cette unification, sinon pour l'ensemble des règles concernant les aborda-

---

(1) De Bar, *Theorie und Praxis des internationalen Privatrechts*, II, n° 431, p. 453.

(2) Tels sont les deux buts que se sont proposés, en 1885 et 1888, les *Congrès internationaux de droit commercial d'Anvers et de Bruxelles* et l'*Institut de droit international* dans sa session de Lausanne.

(3-4) Le Congrès de droit maritime de Gênes, qui s'est tenu en 1892 à l'occasion des fêtes du quatrième centenaire de Christophe Colomb, a voté deux résolutions en ce sens. V. dans le *Bulletin de la Société de législation comparée*, 1893, p. 64 et suiv., une étude de M. Henri Fromageot. V. Salvatore Raineri, *Di una Corte marittima internazionale per giudicare in materia di collisione* (Gênes, 1900, *Mémoire présenté à la conférence internationale de droit maritime tenue à Paris*). V. aussi Matsunami, *A Treatise on the subject of collisions between warships and merchant wessels*, spécialement chapitre X, *Conclusion*, p. 276 à 307.

ges maritimes, du moins pour certaines de ces règles. Cette convention détermine qui supporte les dommages causés par un abordage, fixe la prescription applicable aux actions pour abordage, impose l'obligation réciproque d'assistance aux navires entrés en collision et définit les abordages maritimes auxquels seuls la convention est applicable. Voici en résumé les dispositions des dix-sept articles de cette convention :

Les dommages causés par un abordage fortuit ou douteux sont supportés par ceux qui les ont éprouvés (art. 1, alin. 1er). Si l'abordage est causé par la faute de l'un des navires, la réparation des dommages incombe à celui qui l'a commise (art. 3). S'il y a faute commune, la responsabilité des navires est proportionnelle à la gravité des fautes respectivement commises. Toutefois, si la proportion ne peut pas être établie, la responsabilité est partagée par parts égales. C'est dans les mêmes proportions que chaque capitaine et chaque propriétaire de navire sont tenus à l'égard des tiers ; la solidarité est exclue (1), sauf en ce qui concerne les dommages causés aux personnes elles-mêmes (morts ou blessures) (art. 4). Toute présomption légale de faute est écartée en matière d'abordage (art. 6, 2e alin.).

Les actions pour abordage ne sont soumises à aucune formalité spéciale (art. 6, 1er alin.). Mais une prescription de deux ans qui court à partir de la date de l'abordage, leur est applicable. Les actions en recours en cas de solidarité se prescrivent par un an à partir de la date du paiement par celui qui a payé la totalité des dommages-intérêts. La convention ne fixe pas les causes de suspension et d'interruption de ces prescriptions. Elle s'en remet à cet égard à la loi du tribunal saisi de l'action (art. 7).

La convention (art. 8) impose l'obligation d'assistance aux capitaines des navires entrés en collision dans les termes de la loi française du 10 mars 1891 (art. 4) (2). Elle déclare aussi que les

_____

(1) On veut par là éviter surtout les complications et les résultats singuliers auxquels donne lieu la solidarité par suite des clauses de non-responsabilité du propriétaire de navire à raison des fautes du capitaine et des gens de l'équipage. V. n° 1012 *bis*.

(2) Ainsi, la convention internationale de Bruxelles relative à l'abordage

capitaines sont tenus de se faire connaître réciproquement dans la mesure du possible les noms et les ports d'attache de leurs bâtiments ainsi que les lieux d'où ils viennent et où ils vont. Le propriétaire du navire n'est pas responsable de la contravention à ces dispositions. Les hautes parties contractantes dont la législation ne réprime pas ces infractions, s'engagent à prendre ou à proposer à leurs législatures respectives les mesures nécessaires pour que ces infractions soient réprimées (art. 9).

Un article de la convention donne à ces dispositions une étendue d'application très grande, par suite de laquelle elles régissent des accidents n'impliquant pas une collision : elles s'appliquent, en dehors du cas d'abordage, à la réparation des dommages que soit par exécution ou omission d'une manœuvre, soit par inobservation des règlements, un navire a causés soit à un autre navire, soit aux choses ou personnes se trouvant à leur bord (art. 13). Ainsi, la convention est étendue soit au cas où un navire par une fausse manœuvre cause un abordage entre deux autres bâtiments, soit au cas où par une fausse manœuvre ou, par l'inobservation des règlements, un navire cause l'échouement d'un autre. Mais la convention est sans application dès l'instant où il ne s'agit pas de rapports entre navires et leurs cargaisons ou leurs passagers. Elle est donc étrangère aux dommages causés à des objets fixes, comme les ouvrages d'art d'un port.

La portée de la convention est déterminée par plusieurs dispositions qui résolvent différentes questions.

Elle ne s'applique ni aux vaisseaux de guerre ni aux navires exclusivement affectés à un service public (art. 14). Par conséquent, elle est faite seulement pour les navires de commerce et pour les bâtiments de plaisance.

Afin d'éviter les complications, la convention admet que ses dispositions s'appliquent à tous les intéressés, quelle que soit leur

n'admet l'assistance obligatoire qu'en cas d'abordage entre les navires. Mais une autre convention de Bruxelles du 23 septembre 1910 relative au sauvetage et à l'assistance (art. 11) impose, même en dehors du cas d'abordage, à tout capitaine l'obligation de prêter assistance à toute personne, même ennemie, en danger de se perdre.

nationalité, par cela seul que tous les navires en cause sont
ressortissants aux Etats contractants (art. 12, 1er alin.). Ainsi,
dans le cas où cette dernière condition est remplie, les dispositions de la convention sont applicables même à l'égard des chargeurs et des passagers ne ressortissant pas à des Etats contractants. Toutefois deux restrictions sont apportées à la règle ainsi
posée. 1° A l'égard les intéressés ressortissant d'un Etat non
contractant, l'application des dispositions de la convention pourra
être subordonnée par chacun des Etats contractants à la condition
de réciprocité ; 2° quand tous les intéressés seront ressortissants du
même Etat que le tribunal saisi, c'est la loi nationale qui est applicable, à l'exclusion de la convention (art. 12). La nationalité des
intéressés et le pays du siège du tribunal concordent alors pour
faire appliquer la loi nationale.

Les dispositions de la convention ne sont faites que pour l'abordage *maritime*. Pour déterminer ce qu'on doit entendre par là, la
convention, s'attache non aux eaux dans lesquelles la collision s'est
produite, mais à la nature des bâtiments entrés en collision. On a
pensé que la règle posée était ainsi très précise et permettait d'échapper aux difficultés qui se rattachent à la distinction entre les eaux
maritimes et les eaux intérieures. Aux termes de l'article 1er de la
convention, les dispositions de la convention s'appliquent en cas
d'abordage survenu entre navires de mer ou entre navires de mer et
bateaux de navigation intérieure, sans qu'il y ait à tenir compte des
eaux où l'abordage s'est produit.

La convention a été conclue à Bruxelles entre 24 Etats. Mais il
pourra y avoir d'autres Etats qui y adhéreront, c'est une convention
ouverte : les Etats qui ne l'ont pas signée, seront admis à y adhérer.
L'adhésion se fera au moyen d'une notification faite au gouvernement belge et par celui-ci à chacun des gouvernements des Etats
contractants (art. 15). Il y a donc là une union internationale analogue à celles qui ont été constituées notamment pour la protection
de la propriété industrielle et pour celle des œuvres de littérature
et d'art.

SECTION III.

Du sauvetage et de l'assistance (1).

1058. Les risques de mer auxquels sont exposés les navires et leurs cargaisons, donnent lieu au *sauvetage* et à l'*assistance*. Il y a là deux faits impliquant également un secours donné à un navire et à la cargaison. Mais ces deux faits diffèrent en ce qu'en cas de *sauvetage*, le danger s'est produit avec toutes ses conséquences dommageables, tandis qu'en cas d'assistance, le péril est seulement menaçant et l'assistance a pour but d'y faire échapper le navire assisté. V. n° 1066.

Dans l'un et l'autre cas, du reste, il y a un service rendu et, à raison de ce service, une rémunération est due ou peut être due au sauveteur ou à l'assistant. Cette rémunération n'est pas la même dans le cas de sauvetage et dans le cas d'assistance (2).

Les principales questions à résoudre en cette matière sont les suivantes : 1° Qu'est-ce qui constitue le sauvetage ou l'assistance ? — 2° Une rémunération est-elle due au sauveteur ou à l'assistant et quelle est cette rémunération ? Y a-t-il des cas exceptionnels où aucune rémunération n'est due et quels sont ces cas ? — 3° Les règles admises dans les divers pays en cette matière, n'étant pas identiques, de quel pays faut-il appliquer la loi en matière de sauvetage ou d'assistance ? — 4° Une convention internationale conclue à Bruxelles

---

(1) Voir, sur le sauvetage et l'assistance, les ouvrages suivants : Burchard, *Bergung und Huelfeleistung in Scenoth* (Hanovre 1887, Helvig) ; Giambattista Benfante, *Il Salvamento e l'assistenza nel diritto marittimo* (Turin, 1889, Loescher) ; Lord Justice Kennedy. *a treatise on the law of civil salvage* (1907, 2ᵉ édition). V. note 2 de la page 203.

La différence faite, au point de vue de la rémunération, par la loi même, notamment en France et en Allemagne, entre le sauvetage et l'assistance, est critiquable. Elle n'est pas admise dans quelques pays, notamment en Grande-Bretagne et dans les pays scandinaves. Elle est repoussée dans la convention signée à Bruxelles le 23 septembre 1910. V. n° 1085.

(2) D'après les lois françaises, elle varie même pour le sauvetage selon les circonstances dans lesquelles le sauvetage se produit. V. n°⁸ 1059 et suiv.

en 1910 entre un grand nombre d'Etats, mais non encore ratifiée (juillet 1911), a pour but d'unifier un certain nombre de règles relatives au sauvetage et à l'assistance dans les rapports internationaux. Quelles sont les dispositions de cette convention ?

Sur le sauvetage, nous avons en France quelques textes légaux dont les principaux remontent à l'ancienne Monarchie (1). Sur l'assistance maritime, au contraire, nos lois ne renferment qu'une disposition légale, de date assez récente, relative à un point spécial (2).

Il sera parlé successivement du sauvetage, de l'assistance, des conflits de lois auxquels l'assistance et le sauvetage peuvent donner naissance, puis, des règles admises par la convention de Bruxelles de 1910.

1058 bis. Il y a là des matières dont l'importance pratique s'accroît continuellement grâce à la fois au développement de la marine à vapeur et à l'adoucissement des mœurs.

Les navires à vapeur sont un instrument plus commode pour le sauvetage et l'assistance que les navires à voiles qui peuvent être entravés par des vents contraires quand il s'agit de porter secours.

Au reste, les anciennes législations sont loin d'avoir encouragé ces genres de services. D'après les lois romaines (3), sans doute et vraisemblablement d'après les autres lois des peuples anciens (4), la propriété des choses sauvées d'un accident de mer était conservée à ceux auxquels elle appartenait avant le sinistre. Ceux qui cherchaient à s'approprier des objets sauvés d'un naufrage, étaient à Rome passibles de peines sévères. Constantin condamnait les prétentions du fisc dans les termes les plus élevés qui ont été souvent cités (5).

---

(1) Ordonnance de 1681, liv. IV, tit. 9, art. 6, 17 et 27 ; Déclaration du 15 juin 1735.

(2) *Loi du 10 mars 1891 sur les accidents et collisions en mer*, art. 4. Nous ne visons ici que les lois générales. Mais plusieurs dispositions concernant l'assistance maritime se trouvent dans le Code de justice militaire pour l'armée de mer. V. n° 1067 *b*.

(3) Callistrate, L, 7, Dig. XLVII, 9, *De incendio, ruinâ, naufragio*, etc... *Ne quid ex naufragiis deripiatur, vel quis extraneus interveniat colligendis eis multifariàm prospectum est.*

(4) Pardessus, *Lois maritimes antérieures au* XVIII⁰ *siècle*, I, pp. 33 et 48.

(5) Constantin, L. 1. — Code de Justinien, XI, 6, de naufragiis. — *Si*

Mais les idées avaient profondément changé au moyen-âge. Les habitants du littoral purent impunément s'emparer des choses échappées au naufrage (1). Ces habitants, dans certaines contrées, particulièrement sur les côtes de Bretagne, provoquaient eux mêmes des accidents pour s'approprier ensuite les épaves (2). On en arriva même à reconnaître sur ces choses des droits spéciaux aux seigneurs : c'était pour quelques-uns une source de revenus considérable (3). Des conciles (4) et des papes (5) réagirent contre ces

quando naufragio navis expulsa fuerit ad littus, vel si quando aliquam terram attigerit, ad dominos pertineat, fiscus meus sese non interponat. Quod enim jus habet fiscus in alienâ calamitate ut de re tam luctuosa compendium sectetur ?

(1) On croit qu'en Normandie, des principes plus humains furent admis ; car l'ancienne coutume de Normandie (art. 16) accordait au propriétaire des effets naufragés le droit de les réclamer pendant l'an et jour.

(2) Michelet, dans son *Histoire de France*, livre III, tableau de la France (édit. Lemerre, in-12, p. 97), s'exprime ainsi en parlant des côtes de Bretagne : « Il y a là pis que les écueils, pis que la tempête. La nature est « atroce, l'homme est atroce et ils semblent s'entendre. Dès que la mer leur « jette un pauvre vaisseau, ils courent à la côte, hommes, femmes et « enfants ; ils tombent sur cette curée. N'espérez pas arrêter ces loups ; « ils pilleraient tranquillement sous le feu de la gendarmerie. Encore s'ils « attendaient toujours le naufrage, mais on assure qu'ils l'ont souvent « préparé. Souvent, dit-on, une vache promenant à ses cornes un fanal « mouvant, a mené les vaisseaux sur les écueils. Dieu sait alors quelles « scènes de nuit ! On en a vu qui, pour arracher une bague au doigt d'une « femme qui se noyait, lui coupaient le doigt avec les dents ».

V. aussi Charles Le Goffic, *Gens de mer, Sur la côte*, les *Pilleurs d'épaves*, pp. 80 et suiv.

(3) Un vicomte de Léon disait : « J'ai là une pierre plus précieuse que celles qui ornent la couronne des rois ».

(4) Concile de Nantes (1127), concile de Latran (1179). V. Valin, introduction au tit. 6, livr. IV, de l'Ordonnance de 1681, *des naufrages, bris ou échouements*.

(5) Bulle d'Alexandre III, *in Cœnâ Domini* (XIIe siècle) et, à une époque bien postérieure (1566), bulle de Pie V, bulle *Cum nobis*. Cette dernière bulle, en même temps qu'elle excommunie, comme la précédente, ceux qui s'emparent des choses appartenant aux naufragés et les rejettent au rivage, ordonne qu'on porte secours à ceux-ci. V., pour des renseignements plus complets sur ces mesures prises par les conciles et par les papes, Gonzalez Tellez, *Commentaria perpetua in singulos textus quinque librorum decretalium Greggorii IX*, spécialement Ch. 3, X, *de raptoribus, prædonibus*, etc..., V, 17.

coutumes barbares : des traités y dérogèrent (1). Enfin, peu à peu, on reconnut le droit des naufragés à la conservation des objets qui leur appartenaient avant le sinistre et même on en arriva à encourager ceux qui, par leur secours, font échapper au péril les navires et leurs cargaisons ou en sauvent tout au moins les débris.

1059. Du sauvetage. — Différentes dispositions légales prévoient, sans le faire d'une façon très méthodique, trois cas de sauvetage entre lesquels il importe de distinguer, parce que les sauveteurs ne sont pas traités de la même façon dans ces trois cas. Ce sont : *a.* le sauvetage d'un navire naufragé ou échoué sur le rivage ; *b.* la prise de possession d'effets naufragés trouvés en pleine mer ou tirés de son fond ; *c.* le renflouement d'un navire naufragé en pleine mer ou à la portée des côtes ou à l'entrée d'un port de mer, sans qu'il en reste aucun vestige permanent à la surface des eaux. Chacun de ces trois cas doit être examiné séparément.

1060. *Premier cas de sauvetage.* — Il peut se faire qu'un navire et des marchandises soient échoués et trouvés sur le rivage (2). Le sauvetage s'opère alors par les soins des intéressés ou de l'administration de la marine représentée principalement par les administrateurs de l'inscription maritime (3) ; ceux-ci doivent se retirer devant les intéressés (4).

Les sauveteurs ne sont pas seulement remboursés de leurs frais, ils reçoivent encore une rémunération proportionnée au service rendu. Le montant en est fixé par l'administrateur de l'inscription maritime (5).

Si les navires et effets échoués ou trouvés sur le rivage ne sont pas réclamés dans l'an et jour de la publication qui en est faite, ils appartiennent à la Caisse des invalides de la marine (6).

---

(1) Des rois de France, spécialement Saint Louis, conclurent des traités avec des seigneurs pour remplacer les droits de ceux-ci sur les effets naufragés par des redevances pécuniaires. V. Valin, introduction au tit. 9 du liv. IV de l'Ordonnance de 1681.

(2) Ordonnance de 1681, liv. IV, tit. 9, art. 24 et 26.

(3-4) Ordonnance de 1681, liv. IV, tit. 8, art. 17.

(5) Ordonnance de 1681, liv. IV, tit. 9, art. 11.

(6) Ordonnance de 1681, liv. IV, tit. 9, art. 24 et 26. — D'après les textes

1061. *Deuxième cas de sauvetage*. — Ce second cas est prévu par l'article 27, livre IV, titre 9, de l'Ordonnance de 1681, qui est ainsi conçu : *Si, toutefois, les effets naufragés ont été trouvés en pleine mer ou tirés de son fond, la troisième partie en sera délivrée incessamment et sans frais, en espèces ou en deniers, à ceux qui les auront sauvés ; et les deux autres tiers seront déposés, pour être rendus aux propriétaires s'ils les réclament dans le temps ci-dessus* (1), *après lequel ils seront partagés également entre nous et l'amiral, les frais de justice préalablement pris sur les deux tiers*. Cette disposition est toujours en vigueur, sauf dans la dernière partie concernant les droits de l'Etat et de l'Amiral (2). Mais sa portée d'application a été quelque peu restreinte par une déclaration royale du 15 juin 1735 (n° 1062) qui est également encore applicable.

Il résulte du texte précité de l'Ordonnance que quatre conditions sont nécessaires pour qu'il y ait lieu de l'appliquer. 1° Il faut *qu'il y ait des effets naufragés*. Un navire est naufragé quand il a été abandonné de son équipage et qu'il erre à la merci des vents et des flots (3). 2° Les effets naufragés doivent avoir été *trouvés en pleine mer* ou *tirés de son fond*. La rencontre fortuite est un des éléments essentiels du sauvetage prévu par l'Ordonnance, de telle sorte qu'elle ne serait pas applicable au cas où le sauveteur aurait été appelé par les signaux de détresse d'un homme resté à bord du navire (4). Le mot *effets* est très général ; il comprend et les objets qui se trouvaient à bord et le navire lui-même. 3° *La trouvaille doit*

de l'Ordonnance, il devait alors y avoir partage entre le roi ou les seigneurs auxquels il avait cédé ses droits et l'Amiral.

(1) L'an et jour.

(2) V. L. 30 avrril, 13 mai 1791, art. 3, 5°.

(3) Rouen, 2 déc. 1840, *Recueil des arrêts de la Cour de Rouen*, 1840, p. 485 ; Aix, 23 mars 1868, D. 1870. 2. 78. Il a été parfois décidé que la présence d'un matelot resté à bord d'un navire empêche qu'il ne puisse être considéré comme une épave pouvant être l'objet d'un sauvetage, de telle sorte que le fait de le conduire au port constitue un acte d'assistance, non de sauvetage, Aix, 12 février 1903, *Revue inter. du Droit maritime*, XVIII, p. 642 ; *Journ. de jurispr. de Marseille*, 1903, 1.148. Cpr. Alger, 15 janvier 1905, *Revue intern. du Droit marit.*, XX, p. 896.

(4) Aix, 23 mai 1868, S. 1869. 2.126. V. note précédente.

avoir eu lieu en pleine mer et non sur les côtes (1). Le point de
savoir si les effets ont été trouvés *en pleine mer* est une question de
fait à trancher souverainement par les tribunaux (2). 4° Enfin, il
faut que les effets naufragés aient été amenés dans le port et mis à
l'abri du danger. Autrement, on ne peut pas dire que ces effets ont
été sauvés et, par suite, il n'y a pas sauvetage (3).

Lorsque ces différentes conditions sont réunies, le tiers est attribué
en nature aux sauveteurs. Aussi peut-on dire qu'il y a là un mode
d'acquisition spécial au Droit maritime (n° 165). A côté de l'attribution en nature, le texte de l'Ordonnance mentionne l'attribution en
espèces. Il faut bien, en effet, arriver à cette dernière quand,
la division matérielle n'étant pas possible, on doit recourir à une
licitation (4).

Le tiers ainsi attribué aux sauveteurs leur appartient sans aucune
déduction du fret des marchandises, des dépenses de l'armateur,
même de frais de vente ou, s'il y a lieu, de partage.

Quant aux deux autres tiers que l'Ordonnance attribuait au roi et
à l'amiral, ils appartiennent aujourd'hui à la Caisse des invalides de
la marine (5).

L'article 27 du livre IV, titre 9, de l'Ordonnance de 1681, est
complété par la loi du 26 nivôse an IV, selon laquelle *le droit de
sauvetage est des deux tiers des objets sauvés en pleine mer quand
ces objets sont des propriétés ennemies. Le tiers restant après déduction de tous les frais est versé dans la Caisse des invalides de la
marine.* Dans ce cas spécial, le droit des sauveteurs est donc augmenté ; il est double de ce qu'il est dans les cas ordinaires où il ne
s'agit pas de propriétés ennemies.

1062. *Troisième cas de sauvetage.* — Dans le troisième cas de
sauvetage prévu par une Déclaration du 15 juin 1735, la rémunération

(1) Alger, 22 nov. 1898, *Revue inter. du Droit marit.*, 1890-1891, p. 538.
(2) Rennes, 13 février 1900, 23 juillet 1906, D. 1901. 2.21 ; D et *J. P.*
1902. 2.10 ; D. 1908. 2.237.
(3) Arth. Desjardins, I, n° 95, p. 192 et 193.
(4) Il n'y a pas à tenir compte ici des règles spéciales de l'article 220,
dernier alinéa, C. com.; cette disposition est relative aux cas normaux où
les copropriétaires d'un navire veulent sortir de l'indivision.
(5) V. L. 30 avr., 13 mai 1791, art. 3, 5°.

accordée aussi à forfait aux sauveteurs est plus importante. Il s'agit du sauvetage s'appliquant à des navires naufragés en pleine mer ou à la portée des côtes et sans qu'il en reste aucun vestige permanent à la surface. Lorsque ces deux circonstances sont réunies, la Déclaration restreint la portée de la disposition de l'Ordonnance de 1681, qui, avant la Déclaration, s'appliquait même à cette hypothèse. C'est surtout pour le cas où les mêmes faits se produisent à la portée des côtes que les règles de la Déclaration de 1735 sont utiles et se justifient : un navire naufragé à la portée des côtes constitue un danger très grand pour la navigation. Il importe d'encourager au sauvetage de ce navire par les avantages accordés aux sauveteurs.

Un certain délai est laissé aux propriétaires pour entreprendre de sauver le navire et les marchandises. Ce n'est qu'à défaut par eux d'avoir agi que le législateur suppose qu'ils ont renoncé à la propriété du navire et en fait une attribution spéciale. Quand les propriétaires n'ont pas fait, dans le délai de deux mois à compter du jour du naufrage, leur déclaration qu'ils entendent entreprendre le *sauvement*, et faute d'y travailler, l'entreprise est concédée à des tiers qui ont droit aux huit dixièmes des effets sauvés. Les deux autres dixièmes que la Déclaration de 1735 attribuait par moitié au roi et au grand Amiral, appartiennent aujourd'hui à la Caisse des invalides de la marine (1).

1063. Tous ceux qui ont profité du sauvetage doivent contribuer, en principe, aux frais du sauvetage, y compris la rémunération due aux sauveteurs. Les propriétaires du navire sauvé et les propriétaires des marchandises ont donc à contribuer. Ils doivent le faire en proportion de la valeur des effets sauvés dans le lieu où le sauvetage est opéré (n° 929). Mais les propriétaires du navire, quand il y a sauvetage des marchandises, ont-ils à contribuer à raison du fret de ces marchandises qui, sans le sauvetage, aurait été perdu et qui est dû au moins en proportion de la distance parcourue en vertu de l'article 303, 1er al. ? On l'a nié (2), en se fondant sur ce que l'article 303,

---

(1) V. L. 30 avr., 13 mai 1791, art. 3, 5°.

(2) Trib. comm. Havre, 27 déc. 1887, *Revue intern. du Droit maritime*, 1887-88, p. 574 ; Cass., 14 mars 1904, S. et *J. Pal.* 1904. 1.257 (note en

C. com., parle de l'obligation de payer le fret proportionnel, sans faire mention de l'obligation pour le propriétaire de contribuer de ce chef aux frais de sauvetage. Il faut, au contraire, décider que le propriétaire du navire doit contribuer aux frais de sauvetage en proportion du fret qu'il touche (1). Cette obligation se déduit, dans le silence de la loi, des principes généraux du droit. Ceux qui ont profité du sauvetage doivent contribuer aux frais qu'il a causés. Or, le sauvetage ne profite pas seulement aux propriétaires des marchandises sauvées, mais encore au propriétaire du navire qui, en principe, n'aurait pas touché de fret, si toutes les marchandises avaient péri (art. 302, C. com.).

Les personnes sauvées n'ont pas à contribuer aux frais de sauvetage, malgré le profit qu'elles en ont tiré en conservant la vie sauve. Il serait bien difficile de fixer le montant de cet avantage pour chacune de ces personnes et, par suite, sa part contributive. Une disposition légale, dont l'équité ne serait pas douteuse, serait nécessaire pour que des frais de sauvetage pûssent être mis à la charge des personnes sauvées.

1064. Tous ceux qui ont coopéré au sauvetage ont à recevoir une part de la rémunération accordée. Mais il y a à déterminer quelles personnes doivent être considérées comme ayant coopéré au sauvetage et comment la répartition est faite entre elles.

Les personnes ayant droit à la rémunération pour sauvetage sont, outre le capitaine et les gens de l'équipage, le propriétaire du navire sauveteur. Ce navire a été l'instrument du sauvetage et l'emploi qui en a été fait à ce titre, l'exposait à des avaries.

En ce qui concerne la répartition, une décision ministérielle du 27 novembre 1826 l'a opérée de la façon suivante. Si le bâtiment est armé au mois ou au voyage, un tiers est attribué au propriétaire du navire et les deux autres tiers aux gens de l'équipage entre lesquels la répartition se fait proportionnellement à leurs salaires. Si l'armement est à la part, la répartition se fait entre le propriétaire du

sens contraire de Ch. Lyon-Caen) : *Pand. fr*, 1904. 1.467 ; *Revue intern. du Droit marit.*, XIX, p. 825: *Journ. de jurispr. de Marseille*, 1904. 2.37.

(1) De Courcy, dans la *Revue intern. du Droit maritime*, 1888-89, p. 406. V. note 2 de la page précédente.

navire et les gens de l'équipage en conformité des stipulations du contrat d'engagement.

1065. En matière de sauvetage, un privilège est admis au profit des sauveteurs dans le cas où ils n'ont pas droit à une part dans la propriété des objets sauvés (n° 1060). Une Déclaration royale du 10 janvier 1770 dispose : « Voulons que le sauveteur soit payé du tout « par privilège et préférence sur les premiers deniers qui provien- « dront de la vente des effets sauvés. » Cette disposition n'a été abrogée par aucune loi postérieure. Au reste, le privilège du sauve- teur peut se fonder sur l'article 2102 3°, C. civ., qui admet un privi- lège spécial pour *les frais faits pour la conservation de la chose* (1).

Le privilège existe-t-il pour la rémunération accordée au sauve- teur comme pour les frais proprement dits à lui rembourser ? On peut, dans un sens large, comprendre cette rémunération parmi les frais de conservation, et l'on arrive ainsi à admettre le privilège pour cette rémunération.

1066. DE L'ASSISTANCE (2). — D'après la législation française et selon les législations de la plupart des pays (3), il importe de distin-

(1) de Valroger, I, n° 86.

(2) V. sur l'assistance, de Courcy, *Questions de Droit maritime* (3ᵉ série), p. 1 à 46 ; Sainctelette, *Fragment d'une étude sur l'assistance maritime* (1885) ; Bernaert, l'*Assistance en mer* (1904). V. note 1 de page 195.

(3) DROIT ÉTRANGER. — La distinction entre le sauvetage (*Bergung*) et l'assistance (*Hülfeleistung in Seenoth*) est faite expressément par le Code de commerce *allemand* (art. 740). Cette distinction est, au moins implici- tement, admise par le Code de commerce *italien* sur la marine marchande (art. 134). V. article de M. Benfante sur le sauvetage et l'assistance dans la *Revue intern. du Droit maritime*, 1889-90, p. 567. V. aussi les Codes de commerce *hollandais*, art. 560 et 562, *portugais*, art. 681 et 682. Les Codes maritimes *scandinaves* (art. 224 et suiv.) comprennent sous un même nom le sauvetage et l'assistance. En *Grande-Bretagne*, le sauvetage et l'assistance sont compris également sous le nom unique de *Salvage*. V. Lord Justice Kennedy, *a treatise on the law of civil salvage* (2ᵉ édition, 1907, Londres). Dans les *pays scandinaves* et en *Grande-Bretagne* les mêmes règles s'appliquent quand se produisent des évènements compris sous ce nom unique, qu'il y ait assistance ou sauvetage au sens où l'on prend ces expressions dans les pays où on fait la distinction.

Il a été indiqué plus haut (note 1 de la page 195), que la distinction entre

guer l'*assistance* du *sauvetage*. Les dispositions concernant la rémunération du sauvetage sont sans application à l'assistance ; pour celle-ci, il n'y a jamais de rémunération à forfait fixée par des dispositions légales.

L'assistance est le secours prêté à un navire en péril. Elle ne suppose pas, comme le sauvetage, une perte ou une détérioration déjà accomplie. Le but de l'assistance est d'écarter le péril qui est plus ou moins menaçant. On peut dire en ce sens que l'assistance est une mesure préventive (n° 1058).

Les faits d'assistance sont d'une infinie variété. Quand un navire n'a pas échappé à l'action de l'équipage et n'est pas abandonné, le secours qui lui est porté, constitue une assistance, non un sauvetage (1). L'assistance peut consister notamment à remorquer un navire (2) ; c'est là un cas qui se présente souvent depuis le développement de la navigation à vapeur. Mais tout remorquage n'est pas une assistance ; pour qu'il ait ce caractère, il faut que le remorquage ait eu pour but de faire échapper le navire remorqué à un péril.

1067 *a.* L'assistance est, en principe, facultative ; il n'y a là qu'une obligation morale, un devoir. Cette absence d'obligation légale est conforme aux principes généraux de notre législation ; en règle, une personne est bien tenue légalement, sous la sanction civile des articles 1382 et 1383, C. civ., et sous des sanctions pénales diverses, variant avec les faits, de ne pas commettre d'acte dommageable à autrui, mais une personne n'est pas, au contraire, légalement tenue d'accomplir des actes avantageux à d'autres personnes, en empêchant celles-ci de subir un dommage dont elles sont menacées.

Cependant, comme il a été expliqué plus haut (n° 1020), au cas

le sauvetage et l'assistance, au point de vue de la rémunération, ne se justifie pas bien rationnellement.

(1) Aix, 28 juill. 1891, *Jour. de jurispr. de Marseille*, 1891. 2.216 : Trib. de comm. de Bruxelles, 18 janv. 1890, *Jurisprudence d'Anvers*, 1890, 1.247.

(2) Bordeaux, 20 mars 1904, S. et *J. Pal.* 1904. 2.231 ; *Revue int. du Droit maritime*, XX, p. 196 ; Conseil d'Etat, 14 juin 1907, D. 1908. 3.125 ; *Revue int. du Droit marit.*, XXIII, p. 787.

d'abordage, la loi du 10 mars 1891 (art. 4) impose, aux capitaines des navires entre lesquels l'abordage s'est produit, l'obligation d'assistance (1). Elle sanctionne cette obligation par des peines, mais elle n'attache pas au défaut d'assistance une présomption légale de faute contre celui qui n'a pas rempli cette obligation (n° 1022) (2). Il va ,de soi seulement que les juges peuvent toujours trouver une présomption de fait établissant la faute d'un capitaine dans la circonstance qu'à la suite d'un abordage, il n'a pas donné l'assistance que la loi lui impose.

Les raisons qui ont fait admettre l'assistance obligatoire en cas d'abordage et qui ont empêché de reconnaître le principe de l'obligation légale d'assistance en dehors de ce cas sont simples. La collision établit entre les navires une sorte de lien qui permet,

(1) DROIT ÉTRANGER. — Les législations peuvent, au point de vue du caractère facultatif ou obligatoire de l'assistance, être divisées en trois classes. Les unes ne font en aucun cas de l'assistance une obligation légale. Telle est la législation *belge* qui, par cela même qu'elle ne s'occupe pas de la question, la laisse sous l'empire des principes du droit commun. V. jugement du tribunal de commerce d'Anvers du 11 juin 1887, la *Belgique judiciaire*, 1887, p. 1133. V. *Pandectes belges*, V° *Assistance maritime* (article de M. Edmond Picard). — Les autres se bornent à imposer l'obligation d'assistance en cas d'abordage, comme le fait la législation française. V. loi des *Etats-Unis d'Amérique* du 4 septembre 1890 sur l'assistance en mer (*Revue internat. du Droit marit.*, VI, page 627); pour la *Grande-Bretagne, Merchant shipping Act*, art. 422.

Enfin, d'autres législations imposent l'obligation générale d'assistance même en dehors du cas d'abordage. V. Code de commerce *italien* pour la marine marchande. art. 120. Cet article indique que l'assistance doit être prêtée au navire en danger de se perdre, fût-il étranger ou ennemi (*anche straniera o nemica*). La même règle a été consacrée, dans les *Pays-Bas*, par le Code pénal de 1881 (art. 474) et en *Autriche* par un arrêté du Ministre du commerce du 1er décembre 1880. V. *Verordnung des Handelsministeriums betreffend die Pflicht der Schiffer zur Hulfeleistung in Seenoh* (l'analyse s'en trouve dans l'*Annuaire de législation étrangère*, 1881, page 264).

(2) On a allégué, pour ne pas admettre la présomption légale dont il s'agit dans la loi du 10 mars 1891, un motif quelque peu formaliste ne touchant en rien au fond : une disposition légale consacrant une présomption n'est pas bien à sa place dans une loi pénale.

DROIT ÉTRANGER. — Une présomption légale est attachée au défaut d'assistance en *Grande-Bretagne*, par le *Merchant shipping Act*, 1894, art. 422.

en général, facilement de constater qu'un navire avait la possibilité de venir au secours d'un autre. Mais il peut être très difficile de savoir avec certitude si, en dehors du cas d'abordage, le capitaine d'un navire a pu apercevoir les signaux de détresse qui lui étaient adressés d'un autre bâtiment. Aussi peut-on craindre que l'admission légale d'assistance en dehors du cas d'abordage ne donne naissance à beaucoup de difficultés en cas de poursuite exercée contre un capitaine pour inobservation de l'obligation d'assistance alors qu'il prétend n'avoir ni vu ni su qu'il était en situation de porter secours à un autre bâtiment.

1067 *b*. Au surplus ces règles ne s'appliquent qu'entre navires de commerce ou entre navires de commerce et bâtiments de plaisance. L'assistance légalement obligatoire est admise, même en dehors du cas d'abordage, entre navires de commerce et vaisseaux de guerre. Le Code de justice militaire pour l'armée de mer de 1858 contient sur ce point des dispositions spéciales. L'article 273 3° punit de la destitution tout commandant d'une portion quelconque des forces navales *qui a, sans motif légitime, refusé des secours à un ou plusieurs bâtiments amis ou ennemis implorant son assistance dans la détresse.* L'article 362 édicte la peine d'emprisonnement de six mois à deux ans contre *tout capitaine d'un navire de commerce français qui refuse de prêter assistance à un bâtiment de l'État dans la détresse.*

1067 *c*. Les questions diverses à résoudre dans les cas d'assistance facultative et d'assistance obligatoire, sont identiques et doivent être résolues de la même façon. Ces questions se rattachent surtout à la rémunération qui peut être due à l'assistant et au point de savoir si certaines circonstances ne doivent pas, à titre exceptionnel, faire exclure tout droit à cette rémunération.

1068. Il est certain que, si l'assistant a fait des dépenses pour venir au secours de l'assisté, celui-ci lui en doit le remboursement. Il y a là un acte de gestion d'affaires et, dans ces circonstances, apparaît spécialement l'intérêt qu'il y a à admettre l'obligation de rembourser au gérant les dépenses utiles, conformément à l'article 1375, C. civ. Sans la reconnaissance de cette obligation, l'assistance serait plus rare ; dans l'intérêt des navigateurs, il importe que la crainte d'un sacrifice pécuniaire de la part de l'assistant ne mette pas obstacle à l'assistance.

1069. Faut-il borner là les droits de l'assistant contre l'assisté? Le premier ne peut-il pas, au contraire, réclamer au second, outre le remboursement des dépenses, une rémunération? Deux cas sont à distinguer et la question ne peut donner lieu à controverse que dans le second cas. Tantôt il intervient entre l'assistant et l'assisté un contrat par lequel le second s'oblige à payer au premier une rémunération (c'est ce qu'on appelle le contrat d'assistance); tantôt aucun contrat de ce genre n'est conclu entre les intéressés.

1070. Le contrat fixant la rémunération peut être conclu, soit après que l'assistance a été donnée, soit avant qu'elle ne soit donnée (1). Quand il l'est avant, l'assisté s'est obligé en présence d'un péril plus ou moins grave; il peut alors résulter des circonstances (2) qu'il n'a pas contracté librement. Une demande en nullité pour violence, c'est-à-dire pour défaut de liberté du consentement de l'obligé (qui est l'assisté), peut alors être admise d'après les principes généraux du droit (art. 1111 à 1115, C. civ.) (3) (4). Le contrat pourrait aussi être annulé pour dol si l'assistant avait usé de manœuvres frauduleuses pour se faire promettre une rémunération exagérée. En dehors de ces cas, le contrat fixant la rémunération doit être respecté. Du reste, la ratification de la part de l'assisté est possible d'après les principes généraux du droit quand le péril a cessé (5) ou quand le dol a été constaté par l'assisté.

---

(1) Ce contrat est souvent conclu à l'aide des signaux que se font les deux navires. V. Valéry, *Des contrats par correspondance*, p. 58 et 59.

(2 Le juge a à examiner les circonstances de chaque espèce. Tribunal consulaire de France à Constantinople, 22 mai 1903, *Revue intern. du Droit marit.*, XIX, p. 601.

(3) Cass., 27 avr. 1887, *Pand. fr.*, 1887. 1. 159, Aix, 30 janv. 1890, *Revue intern. du Droit maritime*, 1887-88, p. 15; 1889-90, p. 486; S. 1887. 1. 172; *J. Pal.* 1887. 1. 914; Aix, 19 avr. 1893; *Revue intern. du Droit maritime*, 1893-94, p. 496, XX, p. 218: Trib comm. Havre, 21 février 1905, *Pand. fr.*, 1906. 2. 304.

(4) DROIT ÉTRANGER. — V. pour la nullité : C. *allemand*, art. 741 ; C. *italien* pour la marine marchande, art. 127 ; C. *hollandais*, art. 566.

(5) Trib. comm. Marseille, 15 octobre, 1900, *Journal de jurisprud. de Marseille*, 1901. 1. 118.

On peut aussi concevoir que la rémunération d'assistance a été exagérée, parce que l'assisté, étant assuré, peut se la faire rembourser par son assureur et, par suite, n'a pas hésité à promettre une rémunération trop élevée, en considérant que, grâce à l'assurance, elle ne restera pas à sa charge. Il pourrait même y avoir, entre l'assistant et l'assisté, une entente frauduleuse au préjudice de l'assureur. Cela ne rendrait pas le contrat nul ; mais il y aurait lieu, pour les tribunaux, si cette fraude était prouvée, de réduire l'indemnité due par l'assureur à l'assisté (1).

1071. En l'absence même de tout contrat fixant une rémunération, l'assisté est-il obligé d'e npayer une à l'assistant, de telle façon que les tribunaux puissent être saisis par celui-ci d'une action tendant à en faire déterminer le montant? Il y a lieu de résoudre cette question affirmativement. Mais, il faut le reconnaître, les principes généraux du droit sembleraient devoir faire refuser toute rémunération à l'assistant. Celui qui contribue à sauver les biens d'une autre personne accomplit un acte de dévouement. Il n'a droit à aucune rémunération pécuniaire ; il doit se contenter de la satisfaction du devoir accompli. Celui-là même qui accomplit un acte du même genre en vertu d'une obligation légale, comme cela a lieu quand l'assistance se produit en cas d'abordage entre les navires entrés en collision (L. 10 mars 1891, art. 4) (2), ne peut réclamer une rémunération que si la loi qui crée cette obligation, consacre le principe de la rémunération. On ne peut pas, pour résoudre la question dans un sens favorable à la rémunération, invoquer les principes ordinaires de la gestion d'affaires. D'après ces principes, le gérant n'a droit à aucune rémunération ; il ne peut réclamer que le remboursement de ses dépenses et même de ses seules dépenses utiles (art. 1375, C. civ.).

---

(1) Alger, 18 juin 1893, *Revue intern. du Droit maritime*, 1893-94, p. 496.

On peut dire que, dans le cas supposé, l'assisté a méconnu l'obligation résultant pour lui du contrat d'assurance maritime, d'agir comme si l'assurance n'existait pas. V., sur cette obligation de l'assuré, nos 1324, 1366, 1425.

(2) Douai, 25 juillet 1901, *Revue intern. du Droit marit.*, XVII, p. 27.

Mais il nous paraît bien difficile d'appliquer en mer ces principes rigoureux. Les risques y sont grands, les accidents fréquents et graves. Il y a un intérêt général à ce que les personnes qui sont en état de prêter leur assistance à d'autres, soient excitées à le faire par un intérêt pécuniaire auquel le commun des hommes est plus accessible qu'aux pures satisfactions morales. De plus, dans la pratique des autres nations, le droit à une rémunération est généralement admis. Si ce droit n'était pas reconnu en France, on risquerait d'arriver à une conséquence très fâcheuse : les armateurs de navires français ayant joué le rôle d'assistés seraient tenus à une rémunération quand ils seraient actionnés devant les tribunaux étrangers et, au contraire, les armateurs de nos navires ne pourraient rien réclamer devant nos tribunaux pour l'assistance prêtée par eux à des navires étrangers. Du reste, le plus souvent, c'est entre navires de commerce que les faits d'assistance se produisent ; dans les relations commerciales, les services ne se rendent pas d'ordinaire gratuitement (1).

D'ailleurs, la gestion d'affaires est sans doute gratuite, mais pourquoi cela serait-il une règle absolue alors que le mandat dont la gestion d'affaires se rapproche, peut être salarié? Les circonstances peuvent permettre de décider que le gérant d'affaires doit avoir droit à une rémunération. C'est ce qui se présente pour l'assistance maritime, d'après les considérations mêmes qui viennent d'être indiquées.

A défaut de tout contrat antérieur ou postérieur à l'assistance entre l'assistant et l'assisté, l'obligation de payer une rémunération pour le second ne peut être considérée que comme une obligation quasi-contractuelle (2).

(1) V. en faveur de la rémunération, trib. comm. Seine, 14 oct. 1891, le Droit, n° du 8 nov. 1891 ; Paris, 18 mai 1893, Annales de Droit commercial, 1894, p. 63 : Revue critiq. de législ. et de jurispr., Examen doctrinal de jurisprudence, 1892, p. 356, et Revue algér. et tunis. de législ. et de jurispr., 1893, 3e partie, p. 355 ; Paris, 18 mai 1893, S. et J. Pal., 1896. 2. 81 : Bordeaux, 6 juillet 1896, S. et J. Pal., 1899. 2. 202 ; D. 1897. 2. 91 : Rec. int. du Droit maritime, 1896-97, p. 437. V. aussi Sentence arbitrale rendue à Anvers le 14 mars 1901, la Loi, n° du 18 avril 1901.

(2) Elle se rapproche ainsi, au moins par sa cause, de l'obligation de

En l'absence de texte légal déterminant d'après quelles règles le montant de la rémunération d'assistance doit être fixé. c'est aux tribunaux à examiner, pour le déterminer, toutes les circonstances ; ils peuvent tenir compte notamment du péril couru par l'assistant de la valeur du navire assisté ainsi que de celle de la cargaison et de l'importance du résultat utile obtenu. Il ne saurait y avoir à cet égard de règle fixe et rigoureuse (1).

1072. En admettant qu'en l'absence même de toute convention, il est dû, en principe, une rémunération, la question de savoir si celle-ci ne doit pas être exclue dans certains cas s'élève.

a. La rémunération est-elle due quand l'opération n'a pas réussi ? Des Codes étrangers font du succès une condition de la rémunération (2). Un tel système se conçoit : il est analogue à celui qui est admis pour les avaries communes ; un résultat utile est une condition de la contribution (nos 886 et suiv.). Mais, en l'absence de texte, il paraît impossible d'exiger cette condition en matière d'assistance (3). Cela, du reste, pourrait avoir une fâcheuse conséquence : un capitaine hésiterait à donner son assistance en présence d'un péril de mer, dans la crainte de n'avoir pas droit à une rémunération par suite du défaut de réussite qui assurément peut être indépendant du fait de l'assistant.

Généralement, les contrats d'assistance sont conclus sous la condition expresse qu'il y aura un résultat utile, c'est ce qu'expriment les expressions anglaises, *no cure, no pay.* Ces contrats ont ainsi un

---

contribuer aux avaries communes, selon la doctrine que nous adoptons sur la cause de cette dernière obligation. V. n° 870.

(1) Trib. comm Marseille, 14 juillet 1901, *Journ. de jurisprud. de Marseille*, 1901. 1.361 ; Douai, 25 juillet 1901, *Revue int. du Droit marit.*, XVII, p. 27 ; Rouen, 21 mars 1906, *Revue int. du Droit marit.*, XXII, 17. Cpr. Codes de commerce *allemand*, art. 744 à 746; *portugais*, art. 681 et 682 : *hollandais*, art. 561 et 562 : Code *italien*, de la marine marchande, art. 120 et 121.

(2) DROIT ÉTRANGER. — V. C. de comm. *allemand*, art. 740, 2ᵉ alin. ; *italien*, pour la marine marchande, art. 120, 121 et 135 ; C. de comm. *hollandais*, art. 561 et 562 ; *portugais*, art. 681 et 682.

(3) Trib. comm. de Nantes, 24 janvier 1906, *Revue internat. du Droit marit.*, XXI, p. 750 ; Trib. comm. Marseille, 28 octobre 1904, *Journ. de jurispr. de Marseille*, 1905, 1. 28.

caractère aléatoire, en ce sens qu'en cas d'insuccès, il n'est pas dû de rémunération. Ce caractère aléatoire du contrat d'assistance doit avoir pour conséquence de rendre difficilement admissible la demande en nullité qui suppose la stipulation d'une rémunération excessive (1).

b. Faut-il que l'assistance ne résulte pas d'une obligation de service, de telle façon qu'aucune rémunération n'est due pour l'assistance donnée par un pilote ou par des navires organisés pour prêter secours à des bâtiments en péril ? Les diverses législations ne concordent pas sur ce point. Les unes exigent le caractère spontané de l'assistance (2), qui n'est pas requis par les autres (3). Le silence de nos lois ne permet pas de subordonner le droit à une rémunération à la spontanéité de l'assistance. Il n'y a réellement aucun motif pour refuser une rémunération à celui qui a prêté l'assistance par suite d'une obligation de service (4).

c. Il ne semble même pas qu'on doive exclure la rémunération lorsque l'assistance a été prêtée par un navire à un bâtiment appartenant au même propriétaire (5). Il n'est pas exact de dire que la question ne présente pas alors d'intérêt (6), que le fait même que les deux navires appartiennent à la même personne est un obstacle insurmontable à l'existence d'un droit à une rémunération, une personne ne pouvant pas avoir de créance contre elle-même.

Sans doute, cette solution ne peut être contestée quand aucune autre personne que le propriétaire des deux navires n'est en cause.

----

(1) Tribunal consulaire de France à Constantinople, 22 mai 1903, *Revue internat. du Droit maritime*, XIX, p. 601.

(2-3) V. Benfante, article dans la *Revue intern. du Droit maritime*, 1889-90, p. 569 et 570.

(4) Cass., 6 nov. 1855, D. 1856. 1. 255.

(5) Sainctelette, *op. cit.*, p. 19 ; O. Marais, article dans la *Revue internationale du Droit maritime*, XV, page 841 et suiv. V. Trib. comm. Nantes, 16 juillet et 31 décembre 1904, D. 1905. 5. 37 ; *Revue int. du Droit marit.* XX, p. 566 ; V., pourtant, Rouen, 11 avril 1900, D. 1901. 2. 225 ; *Pand. fr.*, 1902. 2. 193. Cpr. Tribunal de l'Empire d'Allemagne (*Reichsgericht*), 30 mai 1904, *Revue int. du Droit marit.*, XX, p. 411.

(6) V. Rouen, 11 avril 1900, *Pand. fr.* 1900. 2. 193 ; *Journ. de jurispr. commerc. et marit. de Marseille*, 1900. 2. 117 ; de Courcy, *op. cit.*, p. 34.

Mais la question s'élève quand il y a des tiers intéressés, ce qui est de nature à se présenter très fréquemment. Cela a lieu notamment quand le navire assisté a été assuré ou quand sur le navire assisté se trouvent des marchandises appartenant à d'autres personnes que le propriétaire du bâtiment (1). Il faut alors déterminer si une rémunération est due à l'assistant par l'assureur du navire assisté ou par les propriétaires des marchandises. L'affirmative se déduit de ce que l'assistance a profité à l'assureur et aux propriétaires des marchandises, en empêchant la perte du navire assisté et de sa cargaison (2). Dès lors, les motifs qui font admettre généralement que, par exception aux principes généraux, l'assistance maritime donne lieu à une rémunération, se présentent dans toute leur force. Il serait illogique et injuste que des tiers auxquels l'assistance a profité, fussent dispensés de rémunérer le service qui leur a été rendu, par le motif que les navires assisté et assistant ont pour propriétaire la même personne. Du reste, on paraît être d'accord pour reconnaître que cette circonstance de fait n'empêche pas que l'assureur du navire assisté et les propriétaires des marchandises formant la cargaison du navire assisté, soient tenus envers l'assistant du remboursement des dépenses occasionnées par l'assistance. Il n'existe aucune bonne raison pour admettre une solution différente en ce qui concerne la rémunération due pour assistance (3).

(1) Cpr. Aix, 7 décembre 1901, *Revue intern. du Droit marit.*, XVIII p. 312 ; *Journ. de jurisprud. de Marseille*, 1902. 1. 80 (ce journal donne la date du 17 décembre).

(2) V., pourtant, Trib. hanséatique, 21 novembre 1903, *Revue int. du Droit marit.*, XIX, p. 750.

(3) De cette solution d'une question d'assistance maritime on peut rapprocher une autre solution admise sans contestation en matière d'avaries communes. Quand un navire et sa cargaison appartiennent à la même personne, il ne peut être question d'avarie commune et de contribution à raison d'un sacrifice fait dans l'intérêt commun. On peut dire que si, contrairement à une opinion assez répandue, l'obligation de contribuer aux avaries communes ne dérive pas du contrat d'affrètement, du moins cette obligation présuppose un affrètement (n° 870). Il n'en est pas moins vrai que, dans le cas même où le navire et la cargaison appartiennent au même propriétaire, il y a lieu à contribution lorsque le navire et la cargaison appartenant au même propriétaire, ont été assurés. L'assureur profite alors du sacrifice qui a été fait pour le salut du navire et de la

Mais il faut, du moins, pour qu'il y ait assistance et, par suite, pour qu'il y ait lieu à rémunération, que ceux qui ont porté le secours soient indépendants du navire en péril. Autrement, en faisant des efforts pour faire échapper au danger le navire et la cargaison, ils ne font que remplir une obligation résultant de leur contrat même d'engagement; aussi ne peuvent-ils rien réclamer en sus des loyers convenus (1).

d. A raison même de la rémunération accordée à l'assistant, il arrive que des capitaines recherchent les occasions d'assister des navires; il en est qui montent de force sur d'autres bâtiments et imposent leurs services. Des lois étrangères ont prévu ce cas pour refuser, quand il se produit, à l'assistant tout droit à une rémunération (2). Une solution absolue n'est pas admissible chez nous en l'absence d'un texte; il appartient aux tribunaux, en considérant la conduite de l'assistant, de réduire et, dans les cas extrêmes, de supprimer la rémunération.

1073. A l'occasion de la rémunération d'assistance, il y a à déterminer, comme pour l'indemnité de sauvetage, qui doit la payer et à qui elle est due.

En général, la rémunération doit être payée par tous ceux qui ont profité de l'assistance. Il est donc certain que le propriétaire du navire et les propriétaires des marchandises doivent contribuer, chacun dans la mesure à fixer par le juge, au paiement de la rému-

cargaison; sans le sacrifice, il y aurait eu une perte donnant lieu à la responsabilité de l'assureur. V. note 1 de la page 15.

(1) L'article 740, alin. 3, du Code de commerce *allemand* et l'article 683 du Code de commerce *portugais* consacrent expressément cette solution. Elle résulte implicitement du Code de commerce *italien* sur la marine marchande; l'article 121 parle d'un navire qui a porté secours à un autre et, d'après l'article 128, le personnel de l'équipage est toujours obligé de travailler au salut du navire et de la cargaison. — V., pour la *Hollande*, jugement du tribunal de Rotterdam du 20 déc. 1884, *Journ. du Droit intern. privé*, 1887, p. 246; pour les *Etats-Unis d'Amérique*, arrêt de la Cour de district du Massachusetts du 5 mars 1877, *Journ. du Droit intern. privé*, 1877, p. 266.

(2) Codes de commerce *allemand*, art. 750, 1°; *hollandais*, art. 545 et 546; *portugais*, art. 683, n° 3. — V. aussi, pour l'*Allemagne*, loi du 17 mai 1874 sur les naufrages (*Strandungsordnung*), art. 12.

nération. L'assistance a, en effet, permis au premier de conserver son navire et de gagner le fret ; elle a conservé aux seconds leurs marchandises.

Mais doit-on faire contribuer à la rémunération d'assistance les personnes dont la vie a été sauvée grâce à l'assistance? Comme pour le cas de sauvetage proprement dit, la rémunération ne doit pas être admise (nº 1063). Outre que l'évaluation du service rendu serait à peu près impossible, on ne pourrait guère, pour fixer la part contributive de chacun, établir un rapport pécuniaire entre le service rendu à ceux dont le navire ou les marchandises ont été sauvés grâce à l'assistance et le service rendu à ceux qui ont eu, grâce à elle, la vie sauve. Cependant, au point de vue législatif, il serait à désirer que le service rendu aux personnes mêmes fût rémunéré (1). L'intérêt contribuerait à rendre plus fréquents les secours en mer.

1074. Tous ceux qui ont coopéré à l'assistance doivent profiter de la rémunération. Mais, comme il n'existe pas de disposition légale fixant le mode de répartition (2), les juges ont à la faire, en tenant compte des services rendus et des dangers courus par chacun (3). Dans le cas où il y a doute sur ces points, on est obligé de s'en tenir à la division par parts viriles.

Les personnes qui coopèrent à l'assistance, comme, du reste, au sauvetage (nº 1064), sont, d'ordinaire, le capitaine, les gens de l'équipage et le propriétaire du navire, en ce sens que son bâtiment a été exposé pour en faire échapper un autre à un péril.

Il est possible qu'il y ait plusieurs navires ayant participé à l'as-

---

(1) Le Code de commerce *allemand* (art. 748, 2ᵉ alin.), a adopté une sorte de système intermédiaire. Il n'accorde de rémunération à ceux qui ont sauvé des personnes qu'autant qu'en même temps il y a eu des objets sauvés. Ce système a été critiqué dans un article intitulé *Rettung von Menschenleben in Seenoth*, de M. Pappenheim, publié dans la *Zeitschrift für das gesammte Handelsrecht*, t. XXVII (nouvelle série), p. 427 et suiv. C'est ce système qu'on trouve aussi dans le *Merchant shipping Act*, 1894 (art. 544 et 545) ; Lord Justice Kennedy, *op. cit.*, p. 65.

(2) DROIT ÉTRANGER. — Des dispositions légales se prononcent sur la question dans plusieurs Etats étrangers. V. Codes de commerce *allemand*, art. 749 ; *portugais*, art. 688.

(3) Trib. comm. Marseille, 29 mars 1848, *Journ. de jurispr. de Marseille*, 1849, 1. 57.

sistance. La répartition se fait entre eux aussi en proportion des risques courus, des fatigues supportées, des services rendus. On en arrive seulement, quand on ne peut s'attacher à ces éléments pour déterminer l'importance du rôle de chacun, à faire la répartition par portions égales entre les navires qui ont donné leur assistance (1).

1075. L'assistant est-il créancier privilégié ? On a proposé une distinction entre la créance des frais faits par l'assistant et la créance de la rémunération proprement dite. Les frais ont été faits, en réalité, pour la conservation du navire assisté et de sa cargaison ; ils doivent donc être privilégiés sur le navire et sur les marchandises en vertu de l'article 2102 3°, C. civ. Mais, pour la rémunération, aucune disposition ne permet, dit-on, de lui attacher un privilège. Selon nous, la rémunération d'assistance peut être considérée comme comprise dans les frais de conservation. V. n° 1065 (2).

1076. Aucune disposition légale ne s'occupe de la prescription des actions nées du sauvetage ou de l'assistance ni n'admet de fin de non-recevoir en ces matières. Aussi y a-t-il lieu, pour ces actions, seulement à la prescription de trente ans (art. 2262, C. civ.). C'est une prescription d'une durée trop longue. Elle sera abrégée lorsque nos lois s'occuperont d'une façon complète de l'assistance maritime.

1077. DES CONFLITS DE LOIS EN MATIÈRE DE SAUVETAGE ET D'ASSISTANCE. — La diversité des lois en ces matières fait naître des

---

(1) DROIT ÉTRANGER. — Ces règles sont consacrées par les Codes de commerce *allemand*, art. 748 ; *portugais*, art. 687.

(2) Dans un certain nombre de pays, des dispositions légales accordent, soit un droit de rétention, soit un privilège, soit même ces deux garanties à l'assistant. V. Codes de commerce *allemand*, art. 751 ; *hollandais*, articles 548 et 549 ; la loi belge du 21 août 1879 ; art. 4, 6° ; Code *italien*, pour la marine marchande, art. 133 ; Code de commerce *italien*, art. 671,2° ; 673, 2° ; 675, 2° ; Codes maritimes *finlandais*, art. 167 ; *danois, suédois* et *norvégien*, art. 229, 268, 1° ; 276, 1° ; *portugais*, art. 578. En *Grande-Bretagne*, d'après le *Merchant shipping act* (art. 544, alin. 2), les sommes dues à raison du sauvetage des personnes (*salvage in respect of the preservation of life*), sont préférées sur le navire à toutes autres sommes dues pour le sauvetage. Il faut rappeler ici que le mot *salvage* comprend à la fois le sauvetage et l'assistance. V. ci-dessus note 3 de la page 203.

conflits quand les navires ne sont pas de la même nationalité ou quand, les navires portant le même pavillon, les faits de sauvetage ou d'assistance se produisent dans les eaux d'un pays auquel ces navires n'appartiennent pas (1). Les principales questions à résoudre concernent la loi à appliquer, soit pour déterminer s'il y a ou s'il n'y a pas obligation légale d'assistance, soit pour fixer la rémunération due à raison du sauvetage ou de l'assistance. Pour résoudre ces questions, il faut s'attacher, selon les cas, soit à la nationalité des navires ou de l'un d'eux, soit au lieu (eaux intérieures, haute mer, mer territorale) dans lequel l'assistance ou le sauvetage s'est produit.

1078. Pour savoir si l'assistance était obligatoire et si le défaut d'assistance constitue, par suite, un délit, il faut consulter la loi du pays dans les eaux duquel les faits se sont passés, lorsque le défaut d'assistance s'est produit dans les eaux intérieures d'un Etat. Peu importe, dans ces circonstances, que les navires appartiennent ou n'appartiennent pas au pays dont dépendent ces eaux intérieures. Les règles sur l'assistance obligatoire peuvent être considérées comme des règles de police applicables sans distinction de nationalité à tout ce qui se passe sur le territoire de l'Etat. On peut dire aussi que, pour décider si des faits constituent ou non des faits illicites (délits ou quasi-délits), il faut s'attacher à la loi du pays où ils se sont accomplis. V. analog. n° 1048.

1079. La question est plus difficile quand il y a défaut d'assistance en pleine mer. La difficulté provient de ce que la pleine mer, n'appartenant à aucun Etat, n'étant même soumise au droit exclusif de police d'aucun Etat, n'est régie spécialement par la législation d'aucun pays. Aussi est-il alors impossible de parler de l'application de la loi locale. Il y a lieu de s'en tenir à la loi du pavillon des navires quand ils ont la même nationalité. Comment des capitaines de navires se plaindraient-ils qu'on leur appliquât la loi du pays auquel ils appartiennent ?

Quand les navires sont de nationalités différentes, la loi de chaque

(1) Les conflits de lois qui s'élèvent à propos du sauvetage et de l'assistance, ont beaucoup d'analogie avec ceux qui se présentent à propos des abordages maritimes. Qu'il s'agisse d'assistance ou d'abordage, des complications résultent également de ce que les navires dont il s'agit ont deux nationalités différentes. V. n°⁸ 1845 et suiv.

navire doit servir à décider si le capitaine était tenu de l'obligation d'assistance et s'il y a un délit de sa part à ne pas y avoir satisfait. En pleine mer, les lois nationales de chaque bâtiment peuvent seules, à défaut de loi locale à appliquer, servir à fixer quelles sont les obligations du capitaine dans l'intérêt de la police des mers ou dans un but d'humanité.

1080. A raison du pouvoir de police que l'Etat riverain a sur la mer territoriale, il semble qu'en notre matière, comme dans celle de l'abordage (n° 1051), cette portion de la mer doit être assimilée aux eaux intérieures, non à la pleine mer, de telle façon que la loi du pays baigné par les eaux territoriales où les faits se sont produits doit être appliquée.

1081. Au point de vue des règles à appliquer à la rémunération due pour assistance, des distinctions analogues à celles qui ont été admises pour la solution de la question précédente, doivent être faites.

Cette rémunération est, selon les circonstances, due en vertu de la loi (1), d'un quasi-contrat (2) ou d'un contrat (3). Les obligations dérivant de ces trois sources sont, selon l'opinion la plus générale, régies par la loi du pays où s'est accompli le fait ou l'acte qui leur donne naissance *(lex loci)*. Aussi doit-on, quand l'assistance est donnée dans les eaux intérieures d'un pays, se référer à la loi de ce pays pour déterminer s'il y a lieu à une rémunération, quelle en est la nature et quel en est le montant (4).

1082. Mais, comme cela a été rappelé à propos de la question précédente (n° 1077), en pleine mer, il n'y a pas de *lex loci*. Quelle loi faut-il donc appliquer? A défaut de contrat fixant la rémunération et en l'absence de toute règle générale de droit pouvant servir à fixer la loi applicable, il paraît juste et utile de s'attacher à la loi du pays du sauveteur ou de l'assistant (5). C'est cette loi seule que ceux-ci

(1) V. n°s 1061 et 1062.
(2) V. n°s 1060 et 1071.
(3) V. n°s 1069 et 1070.
(4) Cpr. Trib comm. d'Anvers, 9 mars 1889, *Revue intern. du Droit maritime*, 1889-90, p. 112. V. n° 1048.
(5) C'est en ce sens que s'est prononcé le Congrès international de Droit

connaissent. Puis, la loi doit encourager le sauvetage et l'assistance, et le meilleur moyen d'atteindre ce but est d'assurer au sauveteur ou à l'assistant une rémunération conforme aux règles d'une législation dont il a ou est présumé avoir connaissance.

1083. Parfois, l'assistance commencée en pleine mer se termine dans les eaux intérieures d'un pays (c'est ce qui peut se produire surtout dans le cas devenu si fréquent du remorquage) ou, en cas de sauvetage, l'épave est ramenée dans un port par le sauveteur. Ces circonstances ne doivent pas faire modifier la solution précédente et conduire à admettre l'application de la loi de ce pays ou de ce port (**1**). On ignore, au moment où soit l'assistance sott le sauvetage commence, en quel pays l'assistance se termine, en quel pays l'épave est ramenée.

1084. Il peut y avoir plusieurs sauveteurs ou assistants appartenant à des nationalités différentes. Il est alors impossible de faire l'application d'une loi unique. On ferait, du reste, ainsi disparaître les avantages pratiques que présente, pour encourager le sauvetage ou l'assistance, l'application de la loi du sauveteur ou de l'assistant ; chacun ne connaîtrait pas par avance quelle est la rémunération à laquelle il aura droit.

1084 *bis*. Le droit de police qui appartient sur les eaux territoriales à l'Etat dont le littoral est bordé par ces eaux et l'intérêt même que le sauvetage et l'assistance présentent au point de vue de la police et de la sécurité de la navigation, doivent faire assimiler ici, comme en matière d'abordage (n° 1051), les eaux territoriales aux eaux intérieures. Cette assimilation a, du reste, été déjà faite plus haut (n° 1080) à propos d'un autre conflit de lois concernant l'assistance et le sauvetage (2).

---

commercial de Bruxelles de 1888 : « La loi du pavillon servira à détermi- « ner : 1° les indemnités dues au navire à raison de l'assistance en mer à « d'autres navires, alors même que cette assistance serait continuée dans « les eaux intérieures ».

(1) Cass., 6 mai 1884, S. 1884. 1. 337 ; *J. P.*, 1884. 1. 823 ; *Journal du Droit intern. privé*, 1884, p. 512. — V. la résolution du Congrès international du Droit commercial de Bruxelles reproduite à la note précédente.

(2) DROIT ÉTRANGER. — Le Code de commerce *portugais* a prévu les conflits de lois en matière *de sauvetage et d'assistance*. Il leur donne, dans

1085. Il y aurait assurément grande utilité à ce que les conflits de lois qui se produisent en matière d'assistance et de sauvetage fussent évités. C'est ce qu'a tenté de faire la convention internationale signée à Bruxelles le 23 septembre 1910 (1). Cette convention revêtue de la signature des représentants de 24 Etats, unifie, au moins dans les rapports internationaux des Etats contractants, un certain nombre de règles en matière de sauvetage et d'assistance. Elle a été signée le même jour que la convention pour l'unification de certaines règles en matière d'abordage dont l'analyse a été donnée plus haut (n° 1057). Comme celle-ci, elle n'est pas encore ratifiée (Juillet 1911).

Quelles règles consacre la convention de Bruxelles concernant le sauvetage et l'assistance qui comprend 19 articles ?

Pour écarter les difficultés nombreuses auxquelles a donné lieu dans la pratique le point de savoir s'il y a sauvetage ou assistance, la distinction entre ces deux sortes de services est exclue, de telle façon que les mêmes règles sont posées pour le sauvetage et pour l'assistance (art. 1).

Ces règles s'appliquent qu'il s'agisse du sauvetage et de l'assistance d'un bâtiment de mer par un autre bâtiment de mer ou de services de cette nature rendus par un bâtiment de mer à un bâtiment de l'intérieur ou à l'inverse. Il n'y a pas à tenir compte des eaux où ils ont été rendus (art. 1). La distinction entre les eaux maritimes et les eaux intérieures est, en effet, parfois difficile à faire.

Les actes d'assistance et de sauvetage sont d'une infinie variété. Aussi la convention n'a-t-elle pas fait une énumération de ces actes. Toutefois, à raison des difficultés fréquentes qui se sont présentées sur le point de savoir si le remorquage constitue un fait d'assistance, une disposition est relative au remorquage. Celui-ci n'est pas, en principe, un acte d'assistance ou de sauvetage. Aussi, le remorqueur

l'article 690, les solutions adoptées par nous. — Cet article 690 est ainsi conçu : « Le sauvetage ou l'assistance dans les ports, rivières et eaux territoriales, sera rémunéré conformément à la loi du lieu où le fait se produira ; en haute mer, d'après la loi de la nationalité du navire qui a opéré le sauvetage ou prêté l'assistance ».

(1) V., sur cette convention, Ch. Lyon-Caen. *De l'unification des lois maritimes. Sauvetage et assistance* (*Compte rendu de l'Académie des sciences morales et politiques* (1910, II, p. 906 à 922).

n'a-t-il pas droit à une rémunération spéciale d'assistance ou de sauvetage pour les services rendus au navire remorqué ou à sa cargaison. Il n'en est autrement que lorsque le remorqueur a rendu des services exceptionnels qui ne peuvent être considérés comme l'exécution du contrat de remorquage (art. 4). Cette solution se déduit bien de principes ; c'est celle que consacre la jurisprudence française. V. n° 1066.

Le principe de la rémunération de l'assistant ou du sauveteur est consacré. Mais il l'est seulement pour le cas où un résultat utile est obtenu (art. 1, alin. 1 et 2). Cette rémunération ne peut dépasser la valeur des choses sauvées (art. 2, alin. 2).

Afin d'éviter les abus commis par des capitaines qui imposent une assistance inutile dans le but de chercher à réaliser un gain, toute rémunération est refusée à ceux qui ont pris part à des opérations d'assistance et de sauvetage malgré la défense du capitaine. Il faut que cette défense soit raisonnable, c'est-à-dire que le capitaine dont elle émane ne la fasse pas alors que son navire est réellement en danger, dans le but d'échapper à l'obligation de payer une rémunération (art. 3).

A l'occasion de la rémunération, une question s'est assez souvent posée. Une rémunération est-elle due alors même que les actes d'assistance ou de sauvetage se sont passés entre navires appartenant au même propriétaire ? La convention (art. 5) admet l'affirmative. Comme cela a été dit plus haut (n° 1072 c', cette solution est très juste, et cela pour plusieurs raisons. D'abord, les cargaisons n'appartiennent pas le plus souvent aux propriétaires des navires. Puis, il se peut que les navires soient assurés auprès de compagnies différentes. Il est juste que l'assureur du navire sauvé ou assisté paie une rémunération puisque, grâce au sauvetage ou à l'assistance, cet assureur n'a pas à payer d'indemnité ou n'a à en payer qu'une moins élevée que celle qu'il aurait dû.

Le montant de la rémunération ne peut être fixé que soit par la convention des parties avant l'assistance ou le sauvetage ou bien après soit, à défaut de convention par le juge (art. 6, 1er alin.).

Mais la fixation du montant de la rémunération ne résout pas toutes les questions relatives à celle-ci. Parfois, il y a plusieurs capitaines ayant contribué au sauvetage et à l'assistance. C'est aussi la convention ou, à défaut, le juge qui la répartit entre les navires des sauveteurs ou des assistants (art. 6, 2ᵉ alin.). Qu'il y ait un seul ou plusieurs capitaines ayant coopéré au sauvetage ou à l'assistance, il y a une répartition de la rémunération à faire entre le propriétaire, le capitaine et les autres personnes au service de chacun des navires. Cette répartition est réglée par la loi nationale de chacun de ceux-ci. Art. 6, alin. 1.

Quand la rémunération est fixée par une convention, elle doit être, en principe, payée telle qu'elle a été stipulée. Mais cela n'est pas vrai d'une façon absolue. La convention a dû tenir compte des vices du consentement et elle a posé à cet égard quelques règles qui, sous certains rapports, sont tout à fait spéciales.

Elle distingue deux cas différents : a. Le contrat d'assistance a été conclu au moment et sous l'influence du danger. Dans ce cas, il se peut que le consentement du capitaine assisté n'ait pas été libre ou que l'assistant n'ait pas, à raison même de l'urgence des secours, apprécié justement l'importance de ceux-ci. Aussi, quand la rémunération convenue n'est pas équitable, l'une ou l'autre des parties peut demander la nullité du contrat d'assistance ou la modification de la rémunération. b. Le contrat peut n'avoir pas été conclu au moment et sous l'influence du danger. Il est possible, par exemple, que ce soit le propriétaire du navire en péril qui prévenu à terre de la situation de son bâtiment, ait conclu le contrat d'assistance ou que, le péril n'étant pas imminent, le capitaine se soit rendu à terre pour le conclure. Alors, pour que le contrat soit annulé ou modifié, il faut qu'il y ait eu dol ou réticence ou bien que la rémunération convenue soit, par suite d'une erreur, d'une façon excessive, hors de proportion avec le service rendu (art. 7).

Il est impossible, à raison de la grande variété des circonstances, de poser des règles précises sur la fixation de la rémunération d'assistance. La convention se borne, par suite, à formuler quelques règles qui pourront servir de guide au juge. D'après l'article 8 de la convention, *la rémunération est fixée par le juge selon les circonstances en prenant pour base : a) en premier lieu, le succès obtenu, les efforts et le mérite de ceux qui ont prêté secours, le danger couru par le navire assisté, par ses passagers et son équipage, par sa cargaison, par les sauveteurs et par le navire sauveteur, le temps employé, les frais et dommages subis, et les risques de responsabilité et autres courus par les sauveteurs, la valeur du matériel exposé par eux, en tenant compte, le cas échéant, de l'appropriation spéciale du navire assistant ;* b) *en second lieu la valeur des choses sauvées.* C'est à ces différents faits que le juge doit s'attacher aussi quand il y a plusieurs navires ou plusieurs assistants et que, par suite, il y a une répartition de la rémunération d'assistance à faire entre eux. V. art. 8, al. 2.

Il est arrivé que les sauveteurs avaient eux-mêmes rendu nécessaire par leur faute le sauvetage ou l'assistance. Il serait alors exorbitant qu'ils eussent droit à une rémunération tout comme si cette circonstance spéciale ne se présentait pas. Aussi le juge est-il alors investi du pouvoir de supprimer la rémunération ou d'en opérer la réduction. A ce cas, la convention (art. 8, 3e alin.) assimile celui où les sauveteurs ont commis des vols, des recels ou d'autres actes frauduleux.

Au reste, une rémunération n'est due que pour le sauvetage ou l'assistance des navires ou de leurs cargaisons. Le sauvetage des personnes ne donne lieu, en principe, à aucune rémunération (art. 9, 1er alin.). Il y a là l'accomplissement d'une obligation morale étroite et l'on serait choqué que le sauveteur d'une personne pût obtenir une rémunération. D'ailleurs, celle-ci serait très difficile à fixer.

Mais la convention n'enlève pas aux lois nationales la faculté d'aller jusqu'à admettre une rémunération pour le sauvetage des personnes (art. 9, 1er alin.).

Ce n'est pas tout. La convention elle-même reconnaît que les sauveteurs des personnes ont droit à une rémunération dans un cas qui se présente souvent et où l'on serait surpris qu'il en fût autrement. Fréquemment, à l'occasion d'un même accident, il y a sauvetage à la fois d'un navire ou de marchandises et de personnes. Il serait choquant que les sauveteurs de personnes ne fussent pas rémunérés, alors que ceux des choses le sont. Aussi, dans ces circonstances, les sauveteurs des personnes ont droit à une rémunération. Mais celle-ci n'est pas due par les personnes sauvées ; elle est prise sur le montant de la rémunération due par les propriétaires du navire et des marchandises sauvés (art. 9, 2ᵉ alin.).

L'action en paiement de la rémunération est soumise à une courte prescription : elle se prescrit par deux ans à compter du jour où les opérations d'assistance ou de sauvetage sont terminées. Quant aux causes de suspension et d'interruption de cette prescription, la convention ne les indique pas : elles sont déterminées par la loi du tribunal saisi de l'action. V. art. 10.

La convention contient une importante disposition (art. 11) relative à l'assistance obligatoire.

L'assistance maritime est d'ordinaire facultative, en ce sens qu'elle constitue seulement une obligation morale pour les capitaines. La convention de Bruxelles, relative à l'abordage, faisant une exception à cette règle, admet que l'assistance est légalement obligatoire entre les capitaines des navires entrés en collision. V. art. 8. On n'a pas voulu étendre le principe de l'assistance légalement obligatoire en dehors du cas d'abordage, parce qu'alors, de grandes difficultés pourraient s'élever sur le point de savoir si le capitaine qu'on prétend avoir manqué à cette obligeance, a pu apercevoir le navire en détresse ou voir les signaux qui étaient faits sur ce navire. Mais, cette considération n'a conduit à écarter l'assistance légalement obligatoire qu'en ce qui concerne les choses (navires ou marchandises). Pour des motifs supérieurs d'humanité, la convention relative au sauvetage et à l'assistance admet que l'assistance est légalement obligatoire à l'égard des personnes même en dehors du cas d'abordage. L'article 11 de cette convention dispose que *tout capitaine est tenu, autant qu'il peut le faire sans danger sérieux pour son navire, son équipage, ses passagers, de prêter assistance à toute personne, même ennemie, trouvée en mer en danger de se perdre.* D'après l'article 12, *les hautes parties contractantes, dont la législation ne réprime pas l'infraction à l'article précédent, s'engagent à prendre ou à proposer à leurs législatures respectives les mesures nécessaires pour que cette infraction soit réprimée.*

Cette obligation légale d'assistance imposée aux capitaines en dehors du cas d'abordage a fait craindre aux propriétaires de navires l'encourir une responsabilité pécuniaire pour le cas où les capitaines ne s'y soumettraient pas. Aussi, pour écarter toute résistance fondée sur la crainte de cette responsabilité, la convention (art. 11, 2e alin.) dispose que *le propriétaire du navire n'est pas responsable à raison des contraventions* à la disposition qui admet l'assistance obligatoire à la charge des capitaines. V., du reste, pour l'assistance obligatoire en cas d'abordage, une disposition semblable dans l'article 8, al. 3, de la Convention relative à l'abordage.

Au point de vue de sa portée d'application, la convention relative au sauvetage et à l'assistance contient des dispositions semblables à celles qui se trouvent dans la convention relative à l'abordage.

La convention *est sans application aux navires de guerre et aux navires d'État exclusivement affectés à un service public* (art. 14). Elle n'est donc faite que pour les navires de commerce et pour les bâtiments de plaisance. Les règles admises en France pour l'assistance entre les navires de commerce ou de plaisance et les vaisseaux de guerre ont été indiquées plus haut (n° 1067 *b*).

Les règles de la convention ne sont pas faites pour les législations nationales; elles ne s'appliqueront que dans les rapports internationaux. L'article 15 de la convention indique d'une façon précise ce qu'il faut entendre par là dans les termes suivants : *Les dispositions de la présente convention seront appliquées à l'égard de tous les intéressés lorsque soit le navire assistant ou sauveteur, soit le navire assisté ou sauvé, appartient à un État de l'une des hautes parties contractantes, ainsi que dans les autres cas prévus par les lois nationales. Il est entendu, toutefois : 1° qu'à l'égard des intéressés ressortissant d'un État non contractant, l'application desdites dispositions pourra être subordonnée par chacun des États contractants à la condition de réciprocité; 2° que, lorsque tous les intéressés sont ressortissants du même État que le tribunal saisi, c'est la loi nationale et non la convention qui est applicable.* Mais la disposition de la convention qui, même hors du cas d'abordage, rend l'assistance aux personnes légalement obligatoire pour les capitaines, a été considérée comme exceptionnelle, et l'on n'a pas voulu qu'elle fût applicable en dehors du cas où il s'agit de navires ressortissant aux États contractants. L'article 15 3°, dispose qu'elle ne s'appliquera qu'entre les navires de ces États. Les lois nationales peuvent, bien entendu, donner à l'obligation d'assistance une plus grande étendue, en l'admettant entre les navires d'un des États contractants et ceux d'un État non contractant.

La convention est, comme celle qui concerne l'abordage, une convention ouverte. Elle a été signée à Bruxelles par les délégués de 24 États. Mais c'est une convention ouverte ; elle crée une union internationale. Il est réservé aux autres États d'y adhérer dans l'avenir si bon leur semble. Aux termes de l'article 17, *les États qui n'ont pas signé la présente sont admis à y adhérer sur leur demande. Cette adhésion sera notifiée par la voie diplomatique au gouvernement belge et, par celui-ci, à chacun des gouvernements des autres parties contractantes; elle sortira ses effets un mois après l'envoi de la notification faite par le gouvernement belge.*

CHAPITRE VI.

DES ASSURANCES MARITIMES (1).

1086. Le contrat d'assurance maritime n'est pas un acte qui, comme l'affrètement, constitue l'exercice du commerce de mer, mais il a pour ce commerce une importance considérable. Sans lui, le commerce de mer n'aurait pas reçu son énorme développement :

(1) Code de commerce, art. 332 à 397 (les art. 334 et 347 ont été modifiés d'une façon profonde et l'art. 386 a été abrogé par la loi du 12 août 1885). — La matière faisait, dans l'Ordonnance de 1681, l'objet du livre III, titre VI. Les articles consacrés aux assurances maritimes dans les principaux Codes étrangers sont les suivants : Codes de commerce *hollandais* (art. 592 et 685) ; *allemand* (art. 782 à 905) ; *belge* du 21 août 1879 (art. 191 à 250) ; Codes de commerce *italien* de 1882 (art. 604 à 641) ; *roumain* (art. 616 à 653) ; *espagnol* (art. 737 à 805) ; *portugais* (art. 595 à 625) ; *chilien* (art. 1155 à 1250) ; *argentin* (art. 1216 à 1312) ; *mexicain* (art. 812 à 880) ; *japonais* (art. 650 à 676) ; Codes maritimes de *Finlande* (art. 171 à 233), de *Suède*, de *Danemark* et de *Norvège* (art. 230 à 266). Dans le *grand-duché de Luxembourg*, le titre du Code de commerce français consacré aux assurances maritimes a été remplacé, en vertu d'une loi du 16 mai 1891, par un titre relatif aux assurances non maritimes. Dans beaucoup de législations étrangères, il y a des dispositions sur les assurances non maritimes à côté des dispositions concernant les assurances maritimes. V. note 4, p. 129. — En *Grande-Bretagne* les assurances maritimes ont été pendant très longtemps régies par le droit coutumier *(common law)*. Une loi du 21 décembre 1906 (6 Edw. 7, ch. 41) intitulée *the marine insurance act*, 1906, a été faite sur les assurances maritimes. La rédaction de cette loi est due à Sir M. D. Chalmers, comme celle de la loi anglaise de 1882 sur les effets de commerce. Une loi anglaise de 1909 *(on act to prohibit Gambling on loss by maritime perils)*, prohibe spécialement les assurances contractées par des personnes qui n'ayant pas d'intérêt en risque contractent des assurances maritimes. Aux *États-Unis d'Amérique*, la matière des

beaucoup de personnes hésiteraient à exposer leurs capitaux en faisant naviguer des navires ou en faisant transporter des marchandises par mer, si elles n'avaient un moyen de se mettre à l'abri des dommages pécuniaires que les risques de mer, en se réalisant, peuvent leur causer.

Les anciens auteurs s'accordent à proclamer la grandeur des services rendus par l'assurance maritime. Valin, (*préface* du livre III, titre VI du *commentaire de l'Ordonnance de 1681*) dit, en parlant de ce contrat : « Il est si favorable que, sans son secours, le commerce par mer ne saurait se soutenir ». Pothier (n° 10, *Traité du contrat d'assurance*) exprime la même pensée : « L'usage de ce contrat est de la « plus grande utilité. Le commerce de mer qui, sans ce contrat, ne « se ferait que par un petit nombre de personnes qui auraient assez « de fortune pour courir les risques auxquels il expose, peut, par le « secours de ce contrat, être fait par toutes sortes de personnes, « même par celles qui ont le moins de fortune ».

1087. Entre les assurances maritimes et les différents contrats concernant le commerce de mer, il y a des liens si intimes, qu'on ne

assurances maritimes a conservé son caractère coutumier. Du reste, il n'appartient pas au pouvoir fédéral de légiférer sur elle plus qu'en principe, sur aucune matière commerciale.

Des ouvrages importants ont été faits sur les assurances maritimes. Nous citerons, en dehors des traités généraux de droit maritime, pour l'ancien Droit français : Emérigon, *Traité des assurances* : pour le droit français actuel ; J.-V. Cauvet, *Traité sur les assurances maritimes,* 2 vol. in-8 ; Emile Cauvet, *Traité des assurances maritimes,* 2 vol. in-8 ; Alfred Droz, *Traité des assurances maritimes, du délaissement et des avaries,* 2 vol. in-8; de Courcy, nombreuses brochures sur des questions spéciales et articles dans les *Questions de Droit maritime,* 4 vol. in 8; pour le droit *anglais :* Arnould, *On marine insurance,* 2 vol. in-8; F. Martin, *The History of Lloyd's and of marine insurance in Great Britain,* 1 vol. in-8 ; Mac Arthur, *The contract of marine insurance;* Paul Govare, *L'Assurance maritime anglaise* (1904). Ces ouvrages sont antérieurs à la loi de 1906 sur l'assurance maritime qui, dans une très large mesure, a confirmé les règles antérieurement admises par la coutume ; Sir M. D. Chalmers and Douglas Owen, *The marine insurance act,* 1906 ; pour le Droit *allemand,* Voigt, *Deutsches Sae-Versicherungsrecht* (1885); pour le droit *italien,* Vivante, *Traité théorique et pratique des assurances maritimes* (traduction Yseur, 1898) ; pour le droit des principaux Etats de l'Europe, Andersen, *die Seeversicherung* (1888).

peut comprendre les règles relatives à ces assurances sans connaître
les règles qui régissent ces contrats. Ainsi, la portée même de l'assurance du fret (n⁰ˢ 1130 et suiv.) ou des loyers des gens de mer
(n⁰ˢ 1147 et suiv.) ne peut être saisi qu'autant qu'on a étudié l'affrètement et l'engagement des gens de mer.

1088. Le contrat d'assurance maritime n'est qu'une variété du
contrat d'assurance. Ce contrat, considéré à un point de vue très
général, peut être défini : le contrat par lequel une personne (l'assureur) s'engage, moyennant une rémunération appelée, soit *prime*
ou *coût de l'assurance*, soit *cotisation* (1), à indemniser une autre
personne (l'assuré) du préjudice que celle-ci pourra éprouver par
suite de la réalisation de certains risques (2).

Les risques contre les conséquences desquels l'assuré peut être
garanti, sont d'une infinie variété. On peut faire assurer une maison
contre les risques d'incendie, des récoltes contre la grêle, des animaux contre les risques de certaines maladies contagieuses, des marchandises transportées contre les risques du transport, etc. Une
personne peut se faire assurer sur la vie ou contre les accidents (3).
Une personne peut contracter une assurance à raison de la responsabilité pécuniaire qu'elle peut encourir envers d'autres personnes (assurances de responsabilité civile) (4). Quand l'assurance a pour objet
des risques de mer, on lui donne le nom d'*assurance maritime*.

1089. Notre Code de commerce ne s'est occupé que des

---

(1) V. plus loin, sur le sens des deux expressions *prime* et *cotisation*,
n⁰ 1093.

(2) Les lois françaises ne définissent pas le contrat d'assurance. Mais on
en trouve des définitions dans des lois étrangères. Ainsi, d'après l'article 246 du Code de commerce *hollandais*, « l'assurance est un contrat
« par lequel l'assureur s'oblige envers l'assuré, moyennant une prime, à
« l'indemniser d'une perte ou d'un dommage ou de la privation d'un pro-
« fit espéré qu'il pourrait éprouver par suite d'un événement incertain ».
V. une définition analogue : loi *belge* sur les assurances du 11 juin 1874,
art. 1 ; Codes de commerce *italien*, art. 417 ; *hongrois*, art. 403 ; *chilien*,
art. 512 et 513 ; *argentin*, art. 492 ; Code civil *espagnol*, art. 1791.

(3) Ce sont les assurances de personnes, par opposition aux assurances
de choses.

(4) Cette responsabilité donnant lieu à des assurances peut être une responsabilité délictuelle (art. 1382 et 1383, C. com.) ou une responsabilité
dérivant d'un contrat, comme celle du dépositaire envers le déposant.

assurances maritimes. Cela s'explique par le fait qu'en 1807, les
assurances connues aujourd'hui et très répandues étaient inconnues.
Les choses ont bien changé depuis ; les assurances contre l'incendie et sur la vie ont reçu les plus grands développements (1)
et l'assurance a été appliquée à des risques très variés ; à chaque
instant on l'applique à des risques nouveaux (2). Le législateur
français n'a, pourtant, pas jusqu'ici jugé nécessaire de faire une loi
sur les assurances terrestres (3). Sur ce point il est demeuré en
retard sur beaucoup de législateurs étrangers (4). Il ne sera égale-

(1) Aussi nous consacrerons aux assurances non maritimes un volume, le
tome IX. de notre *Traité de Droit commercial.*

(2) Assurances contre le vol, contre le chômage involontaire, contre les
grèves, etc... On a fait surtout des applications diverses des assurances
dans les Etats-Unis d'Amérique. V. sur les assurances autres que les assurances maritimes aux Etats-Unis d'Amérique, en Grande-Bretagne et dans
les colonies et possessions anglaises, Biddle, *A Treatise on the law of
insurance,* 2 vol. in-8, Philadelphie, 1893.

(3) Pour combler cette lacune un projet de loi relatif au contrat d'assurance préparé par une commission extraparlementaire dont le rapport dû
à M. Lyon-Caen a servi d'exposé des motifs au projet de loi, a été déposé
à la Chambre des députés une première fois le 12 juillet 1904, puis une
seconde fois, après le commencement de la nouvelle législature, le 12 juillet 1906. Un rapport de M. Chastenet sur ce projet a été déposé à la
Chambre le 18 février 1907.

(4) Dans beaucoup de pays étrangers, il y a, au contraire, sur les assurances non maritimes, ou des lois spéciales ou des dispositions contenues
dans les Codes de commerce. V. notamment Codes de commerce *hollandais* (art. 246 à 308 et art. 686 à 695) ; *hongrois* (art. 453 à 514) ; *italien*
(art. 417 à 453) ; *roumain* (art. 448 à 477 ; *espagnol* art. 380 à 437) ; *portugais* (art. 425 à 462) ; *chilien* (art. 512 à 601) ; *mexicain* (art. 392 à 448) ;
argentin (art. 492 à 557) ; loi *belge* du 11 juin 1874 sur les assurances ; loi
luxembourgeoise du 16 mai 1891 sur le contrat d'assurance dont les dispositions remplacent le titre X, livre II du Code de commerce ; loi *allemande*
du 30 mai 1908 sur les contrats d'assurance ; loi *suisse* du 2 avril 1908 sur
le contrat d'assurance. — Un projet de loi sur le contrat d'assurance a été,
en *Autriche*, voté par la Chambre des députés du Reichsrath le 28 décembre
1909. — Il y a, en outre, dans quelques pays des lois spéciales relatives à
l'exercice de l'industrie des assurances, qui réglementent la surveillance de
l'Etat sur les entreprises d'assurances ou sur les entreprises ayant pour
objet certaines assurances ou qui édictent des règles spéciales sur la constitution et le fonctionnement des sociétés d'assurances. V. pour la
France, L. 24 juillet 1807, art. 66 2ᵉ alin., et D. 22 janvier 1868 ; L. 9 avril
1898 *concernant les responsabilités des accidents dont les ouvriers sont*

ment traité ici (1) que des assurances contre les risques de mer. Mais beaucoup de règles générales exposées dans ce chapitre sont, par analogie, appliquées à toutes les assurances.

1090 Il peut être parfois difficile de décider si une disposition du Code de commerce sur les assurances maritimes doit être étendue, par analogie, aux autres assurances. La règle générale à suivre est, pourtant, fort simple en elle-même : à défaut de texte, les dispositions sur les assurances maritimes ne régissent les autres assurances qu'autant qu'elles consacrent le droit commun. On peut considérer comme formant le droit commun les règles qui dérivent des caractères du contrat d'assurance considéré en lui-même, abstraction faite de la nature des risques (2). Quelques-unes des difficultés qui s'élèvent à cet égard, seront indiquées en note (3).

1091. ORIGINE DE L'ASSURANCE. — L'assurance maritime est un des contrats commerciaux les plus récents. Il ne paraît pas avoir été connu dans l'antiquité, spécialement des Romains (4). Sans doute,

victimes dans leur travail, art. 27 ; D. 28 avril 1899 ; L. 1905 *relative à la surveillance et au contrôle des sociétés d'assurances sur la vie et de toutes les entreprises dans les opérations desquelles intervient la durée de la vie humaine* ; pour la *Suisse*, loi du 25 juin 1885 concernant *la surveillance des entreprises privées en matière d'assurances* ; pour l'*Allemagne*, loi du 12 mai 1901 sur les *entreprises d'assurance privée (Gesetz über die privaten Versicherungsunternehmungen.)*

(1) La VIIᵉ partie de ce *Traité de Droit commercial* (tome IX) doit être consacrée aux assurances non maritimes.

(2) L'article 348 C. com. sur les causes de nullité de l'assurance maritime tenant aux vices du consentement de l'assureur est généralement appliqué à toutes les assurances. — Au contraire, la disposition de l'article 334 qui permet l'assurance maritime du profit espéré, n'est pas applicable en matière d'assurances terrestres. V. nº 1142. V. la note suivante.

(3) V., par exemple, la question de savoir si l'écrit est exigé comme pour l'assurance maritime, en vertu de l'article 332, C. com. (nº 1183), si la clause compromissoire et valable, dans les assurances non maritimes (nº 1210). V. la note précédente.

(4) L'opinion contraire a des partisans qui se fondent sur des textes législatifs et surtout sur des passages extraits d'auteurs d'œuvres littéraires. Consulter sur la question, dans le sens de notre opinion : Bergson, *Etudes sur le contrat d'assurance (Revue de droit français et étranger,* II. p. 378 et suiv.) ; Pardessus, *Lois maritimes antérieures au XVIIIᵉ siècle,* I, p. 72 et suiv. ; Frémery, *Etudes de droit commercial,* p. 281 et suiv. ; Emile Cauvet, *Traité des assurances maritimes* (introduction) ; Reatz, *Geschichte*

on trouve en Grèce et à Rome des contrats qui contenaient une sorte d'assurance ; c'est bien là ce qui avait lieu toutes les fois que les parties contractantes convenaient que les risques qui auraient dû, d'après les principes généraux du droit, être supportés par l'une d'elles, le seraient par l'autre ; ces conventions ont probablement donné l'idée de l'assurance (1). A ce point de vue, le prêt à la grosse, connu des Romains sous le nom de *nauticum fœnus*, doit être spécialement mentionné. C'est, en réalité, un prêt de consommation (*mutuum*) mélangé d'une assurance maritime (2). Le prêteur est une sorte d'assureur : il doit perdre le droit d'exiger, en tout ou en partie, le remboursement du capital prêté si le navire ou les marchandises de l'emprunteur périssent sur mer ou subissent des avaries ; mais il stipule, pour les cas d'heureuse arrivée, outre le remboursement de ce capital, des intérêts à un taux parfois élevé (*prime de grosse* ou *de profit maritime*). Il ne semble pas que, dans les temps anciens, on ait pensé à faire de l'assurance un contrat indépendant. Le prêt à la grosse, celui de tous les contrats ayant le plus d'analogie avec l'assurance maritime, en différait essentiellement en ce que, tandis que, dans l'assurance, l'assureur n'a aucun déboursé à faire, si le risque prévu ne se réalise pas, le prêteur à la grosse qui joue le rôle d'assureur, doit faire une avance. C'est évidemment là une

des europœischen Seeversicherungsrechtes, p. 18 et suiv.; Cresp., IV. p. 6 et suiv. ; Desjardins, VI, n° 1290, p. 10 et 11; Bensa, *Histoire du Contrat d'assurance au Moyen Age* (traduction de Jules Valery avec une introduction de J. Lefort) (1897). — Goldschmidt, *Handbuch des Handelsrechts* (3ᵉ édition), I, p. 357, note 73, ne nie pas absolument que l'assurance ait pu être pratiquée à Rome. Il insinue que la condition si fréquemment indiquée, *si navis ex Asiā venerit* peut s'appliquer à une assurance. — La doctrine, d'après laquelle les Romains auraient connu le contrat d'assurance, n'a guère été soutenue que par d'anciens auteurs trop préoccupés de rattacher toutes les institutions, même les plus modernes, au Droit romain. On peut citer en ce sens Loccenius, Grotius et Puffendorff.

(1) Beaucoup de textes du Droit romain font allusion à des conventions accessoires de ce genre relatives à la charge des risques. V. notamment, Dig. L. 1, *princip.* (XVIII, 6) ; L. 13, § 5 (XIX, 2) ; L. 1. § 35 (XVI, 3); L. 39 (XVII, 1).

(3) Cette idée est fort bien développée par Goldschmidt, *op. cit.* (3ᵉ édit.), I, p. 362 et suiv.

grande cause d'infériorité pour le prêt à la grosse. Elle a contribué
à rendre l'assurance beaucoup plus fréquente que le prêt à la grosse
et à ne faire ordinairement recourir à ce dernier contrat que dans
des cas exceptionnels d'urgence, en cours de voyage (1).

Au début même de son *Traité de contrat à la grosse aventure*,
Emérigon constate le lien existant entre le prêt à la grosse et l'assurance maritime : « Le contrat à la grosse et celui d'assurance ont
« une grande affinité. Ils paraissent souvent régis par les mêmes
« principes. Ce sont deux frères jumeaux auxquels le commerce
« maritime a donné le jour, mais qui ont chacun une essence et une
« nature particulières. On ne saurait disputer le droit d'aînesse au
« contrat à la grosse. Il jouit de certains privilèges dont le contrat
« d'assurance se voit privé : mais celui-ci a su acquérir un plus
« vaste empire, et sa noblesse, quoique moins ancienne, l'emporte
« parmi nous sur celle de l'autre » (2).

Les jurisconsultes et les historiens, qui nient l'origine romaine de
l'assurance maritime, cessent d'être d'accord quand il s'agit de déterminer l'époque précise de l'invention de ce contrat et de se prononcer sur les auteurs de cette invention. Les uns (ce sont les plus
nombreux) font naître le contrat d'assurance en Italie, d'autres en
Espagne, quelques-uns en Flandre ; d'autres enfin en attribuent
l'invention aux Juifs (3), qui, chassés de France sous Philippe le
Long, se seraient réfugiés en Italie, et auraient appris aux Italiens
la pratique de l'assurance maritime. Il ne paraît possible ni de fixer

(1) A propos du prêt à la grosse, nous aurons de très fréquents renvois
à faire aux règles relatives aux assurances maritimes. Les liens nombreux existant entre le prêt à la grosse et l'assurance maritime, avaient
contribué à faire demander par plusieurs Cours d'appel, lors de la
préparation du Code de commerce, qu'un seul titre fût consacré aux
deux contrats. V. sur ce point Locré, *Esprit du Code de commerce* (III,
p. 320 et 321).

(2) Il sera traité du prêt à la grosse dans le chapitre suivant, parce
qu'il peut être considéré comme un moyen de crédit maritime.

Ce contrat est devenu beaucoup moins fréquent encore depuis le développement de la navigation à vapeur et de la télégraphie électrique sous-
marine ainsi que depuis plusieurs modifications apportées à nos lois.

(3) Comme aussi l'invention de la lettre de charge. V. *Traité de Droit
commercial*, IV, n° 20.

la date précise de l'introduction de l'assurance maritime qui est due
à la coutume, non à une loi écrite, ni de déterminer qui en a été
l'inventeur. Il semble seulement que le contrat d'assurance maritime
a commencé à être connu au xive siècle, et qu'il a surtout été pratiqué d'abord en Italie, d'où viennent presque toutes les grandes institutions du Droit commercial. Les expressions les plus usitées en
matière d'assurances, telles que celles de *police*, de *prime*, de *ristourne*, etc..., ne constituent-elles pas, à part même toute raison
tirée des textes, un argument ou, tout au moins, une présomption
en faveur de l'origine italienne de l'assurance ?

Ce qui doit faire supposer que l'assurance maritime n'a été connue
qu'à partir du xive siècle, c'est que le Consulat de la mer et les
rôles d'Oléron n'en font pas mention (1), tandis que de nombreux
actes législatifs du xve et du xvie siècle en traitent assez longue-
ment (2). Il est certain que les assurances maritimes étaient connues avant que les lois écrites ne s'en soient occupées. On a des
traces d'assurances mutuelles antérieures à celles des assurances à
prime (3) et il paraît vraisemblable que l'assurance contre les risques de mer qui a été la première connue, a donné l'idée des assurances si variées appliquées à d'autres risques.

Le titre VI du livre III de l'Ordonnance de 1681 était consacré
aux assurances. La place donnée par l'Ordonnance au titre des
assurances est très critiquable au point de vue de la méthode ; il
précède le titre des avaries. Les rédacteurs du Code de commerce
ont, du reste, commis la même faute de méthode. Or, les assu-

(1) V. sur ces recueils, *Traité de Droit commercial*, 1, nos 23 et 24.
(2) On peut citer notamment l'*Ordonnance de Barcelone* de 1435, le
statut de Gênes de 1498. Le *Guidon de la mer*, rédigé à Rouen au xvie siècle, traite des assurances maritimes, à la différence du Consulat de la mer
et des rôles d'Oléron. C'est même là son objet principal. Cleirac, qui l'a
publié, dit sur ce point dans un avant propos : « Le traité intitulé le
« Guidon, est pièce françoise, et fut cy-devant tressé en faveur des mar-
« chands trafiquants en la noble cité de Rouen, et ce avec tant d'adresse
« et de subtilité tant desliée que l'autheur d'icelui, *en expliquant les con-
« trats ou polices d'assurances*, a insinué et faict entendre avec grand
« facilité tout ce qui est des autres contrats maritimes et tout le général
« du commerce naval. »
(3) V. sur la distinction entre les deux espèces d'assurances, n° 1093.

rances ayant pour but d'indemniser l'assuré des avaries particulières ou communes subies par la chose assurée, on ne peut bien
saisir les règles concernant les assurances que lorsqu'on est fixé
sur la nature des avaries, sur les classifications qu'on en fait et
sur les personnes qui, en l'absence de toute assurance, ont à les supporter. V. n° 358.

Le Code de commerce a reproduit presque complètement et souvent d'une façon textuelle les dispositions de l'Ordonnance de 1681.
Aussi ne faut-il pas s'étonner que les règles de la législation française sur les assurances maritimes soient, en plusieurs points importants, surannées. Des modifications, résultant de la loi du
12 août 1885, ont fait disparaître les dispositions les plus critiquées, en étendant notablement le nombre des choses auxquelles
peut s'appliquer l'assurance maritime (n°s 1128 et suiv.).

1092. AVANTAGES DE L'ASSURANCE. — Le contrat d'assurance
maritime offre un avantage évident pour l'assuré. Moyennant le
paiement d'une somme relativement faible, il est indemnisé du préjudice que lui causent des événements de mer. La prime que l'assuré
doit payer, vient réduire cette indemnité. Mais, comme il sera expliqué plus loin (n°s 1152 à 1154), l'assuré peut faire assurer la
prime elle-même (art. 342, C. com.). Il est vrai que, si aucun risque
ne se réalise, l'assuré a payé cette somme et ne reçoit rien de l'assureur. Mais il n'y a là qu'un sacrifice apparent dont les armateurs
se remboursent sur les affréteurs, les affréteurs sur les acheteurs
de leurs marchandises, par cela même que les armateurs d'un
navire assuré réclament un fret plus élevé, que les affréteurs se
font payer pour les marchandises assurées un prix plus fort. Du
reste, l'assuré a toujours eu le précieux avantage de jouir de la
sécurité.

L'assurance n'est pas avantageuse seulement pour l'assuré, elle
l'est également pour l'assureur et, par suite, les assurances maritimes sont l'objet d'une importante branche de commerce. Si un
assureur se bornait à assurer un seul navire ou une seule cargaison,
il serait exposé à éprouver, en cas de sinistre, un grave préjudice,
sans avoir la chance de réaliser un gain de quelque importance.
Aussi, généralement, les assureurs assurent-ils un grand nombre de

navires et de cargaisons. Comme, à moins de circonstances extraordinaires, la plupart arrivent à bon port, les primes payées aux assureurs leur permettent de payer les indemnités qu'ils doivent et leur
laissent souvent même un excédent qui constitue pour eux un bénéfice. Le bénéfice est généralement moins considérable pour les assurances maritimes que pour les autres. Cela provient sans doute
principalement de ce que les risques de mer se réalisent souvent et
de ce que des fraudes trop nombreuses sont pratiquées au préjudice
des assureurs maritimes. Le bénéfice de l'assuré est d'autant plus
probable que les risques dont se chargent les assureurs sont plus
disséminés. C'est là ce qui fait que généralement les assureurs ne
consentent pas à assurer un même navire ou une cargaison chargée
sur un seul bâtiment au delà d'une certaine somme. La *somme*
maxima fixé d'ordinaire par les statuts, forme ce qu'on appelle *le
plein* de chaque compagnie (1).

Par cela même que, pour avoir quelque chance de réaliser des
bénéfices, il faut assurer de nombreux navires et une grande quantité de marchandises (2), l'exercice du commerce des assurances
exige d'importants capitaux ; dans des circonstances exceptionnelles,
le nombre des sinistres peut être tel que les primes payées par les
assurés ne suffisent pas pour les indemniser de tous les dommages
qu'ils éprouvent. Cela explique qu'en général, le commerce des assurances est fait, non pas par des particuliers, mais par des sociétés,
dont les capitaux constituent une garantie pour les assurés.

L'assurance pratiquée par une seule personne ne peut convenir
qu'à une navigation peu développée. On n'en trouve que peu
d'exemples actuellement. Mais il existe encore, notamment au
Havre, à Saint-Malo, à Dieppe, des réunions ou cercles d'assureurs. Sans qu'il y ait entre eux une société, les membres de ces

---

(1) Ce ne sont pas les compagnies d'assurances maritimes seules qui ont
un *plein*. Les statuts des autres compagnies d'assurances, spécialement
contre l'incendie et sur la vie, en fixent également un.

(2) La multiplicité des assurances faites par un même assureur, n'est
point, en droit, de l'essence de l'assurance ; mais, en fait, on ne conçoit
plus guère qu'une seule assurance soit faite par une personne ou par une
société ; les risques de pertes seraient très grands et les chances de gains
très limitées.

cercles donnent mandat soit à l'un d'eux, soit à un tiers, de souscrire pour eux des assurances en déterminant la somme jusqu'à concurrence de laquelle chacun sera obligé. Chacun est tenu comme
s'il avait assuré séparément pour la somme indiquée. Aussi a-t-il
été souvent décidé qu'un jugement rendu contre les membres d'un
cercle d'assureurs peut être en dernier ressort à l'égard des uns et
susceptible d'appel pour les autres (1).

Le système d'assurance par l'État a des défenseurs, soit qu'on
veuille que l'État ait le monopole des assurances soit qu'on prétende qu'il est bon qu'il puisse faire des assurances concurremment
avec les sociétés: mais il ne semble pas que les partisans de ce
système l'aient jusqu'à présent proposé pour les assurances maritimes (2).

1093. ASSURANCES A PRIMES. ASSURANCES MUTUELLES. — On
distingue, pour toutes les sortes d'assurances, les compagnies d'assurances à primes et les compagnies ou associations d'assurances
mutuelles Les compagnies d'assurances maritimes à primes sont des
sociétés anonymes (3) qui se chargent des risques moyennant une
prime fixe. Elles sont, au point de vue des conditions de leur constitution et de leur fonctionnement, régies par la loi du 24 juillet 1867
et, en outre, par le décret du 22 janvier 1868, quand elles sont
anonymes. V. L. 24 juillet 1867, art. 66, 2e alin. (4).

Les compagnies ou associations d'assurances mutuelles ont un tout
autre caractère. Ce ne sont pas des sociétés proprement dites (5);
car leur but est, non de réaliser des bénéfices à répartir entre les

(1) Cette jurisprudence s'applique évidemment aussi au cas où l'assurance a été couverte par plusieurs compagnies non solidaires entre elles :
Cass., 20 mars 1860. D. 1860. 1. 273 ; Cass., 18 février 1863. *Pand. fr.
chr.* ; *Journ. de Marseille*, 1864. 2. 56. V. sur la question, Negrin, le
*Droit d'appel limité à 1.500 fr. surtout en matière d'assurances mari-
times.*

(2) Consulter sur ce point, de Courcy, *Essai sur les lois du hasard suivi
d'études sur les assurances*, p. 162 et suiv. ; de Courcy, *de l'assurance par
l'État* (chapitre II).

(3) En fait, toutes les sociétés d'assurances à primes maritimes sont des
sociétés anonymes, mais, en droit, ces sociétés pourraient revêtir une forme
autre que celle de l'anonymat.

(4) V. *Traité de Droit commercial*, III, nos 922 et suiv.

(5) V. *Traité de Droit commercial*, II, n° 34, 2°.

associés, mais de faire disparaître ou de réduire les pertes pécuniaires auxquelles leurs membres sont exposés par suite de la réalisation de certains risques. Elles consistent dans l'association d'un
certain nombre de personnes qui s'engagent réciproquement les
unes envers les autres à supporter en commun les risques dont
chacune est menacée. En matière maritime, ceux qui peuvent former
ainsi une association d'assurances mutuelles sont des propriétaires
de navires ou des chargeurs. Afin d'avoir droit à cette garantie réciproque, chaque mutuelliste acquitte une somme appelée *cotisation*.
Celle-ci sert à payer les dommages soufferts, à former un fonds de
réserve et à supporter les frais d'administration de la compagnie.
La cotisation n'est pas ordinairement invariable, mais un maximum
lui est assigné (1) ; elle est, en général, plus forte quand les sinistres ont été plus nombreux. Si le montant des indemnités à payer
est supérieur à celui des cotisations, les mutuellistes atteints par
un sinistre supportent le dommage pour l'excédent. Il en est de
même lorsque les cotisations sont fixes pour chaque année.

Dans les assurances à primes, les qualités d'assureur et d'assuré
sont tout à fait distinctes. Au contraire, dans les assurances mutuelles, chaque associé est à la fois assuré et assureur ; chacun assure
les autres mutuellistes et est en même temps assuré par eux.

Les compagnies d'assurances mutuelles maritimes sont régies par
l'article 66, 2e alin., de la loi du 24 juillet 1867 et par le décret du
22 janvier 1868 (art. 8 à 42). Ce décret s'applique, d'ailleurs, à
toutes les associations d'assurances mutuelles quelques risques
qu'elles aient pour objet.

1094. *Rareté des assurances mutuelles maritimes.* — Si les
assurances mutuelles contre les risques terrestres, spécialement
contre l'incendie et contre la grêle, sont nombreuses, il y a, au
contraire, fort peu d'assurances mutuelles maritimes. La cause de
cette rareté, c'est que la mutualité n'est équitable qu'à une condition
de fait essentielle qui ne peut que difficilement exister pour les risques de mer, à savoir l'égalité des risques. Associer des risques

(1) La variabilité de la cotisation n'est pas de l'essence de l'assurance
mutuelle.

très divers, c'est faire, comme on l'a dit, payer les bons pour les mauvais. Aussi généralement les assurances mutuelles ont-elles conduit à des procès (1). Les faits confirment notre opinion au sujet de cette cause de la rareté des assurances mutuelles maritimes. Il s'est parfois formé des assurances mutuelles entre les propriétaires de navires qui partent au printemps de nos ports de la Manche pour faire la pêche à Terre Neuve et en reviennent à l'automne ou entre les armateurs de certains quartiers maritimes. En Angleterre et dans les États-Unis d'Amérique, les assurances mutuelles maritimes sont plus fréquentes et réussissent mieux qu'en France, Cela provient de ce qu'il y a un plus grand nombre d'armements homogènes, tels que les cotonniers, les navires charbonniers des ports houillers, les bâtiments trafiquant avec l'Inde, avec l'Australie, etc. (2). Des publicistes ont soutenu qu'au contraire, c'est la grande diversité des risques de mer, qui rendrait, en matière maritime, les assurances mutuelles plus avantageuses que les assurances à primes. Grâce à cette diversité, disent-ils, il arrivera difficilement que tous les assurés soient atteints par un événement de mer. — Le fait est exact ; mais la conclusion qui en est tirée au point de vue des avantages de la mutualité dans les assurances maritimes, est fausse. La grande diversité des risques est une cause d'inégalité incompatible avec l'assurance mutuelle. L'expérience l'a prouvé, comme il a été dit plus haut.

1095. *Identité des règles applicables aux assurances à primes et aux assurances mutuelles.* — Du reste, quel que soit l'assureur, que ce soit un particulier (ce qui ne se rencontre plus guère) ou une société, que l'assurance soit mutuelle ou à prime, les règles à appliquer dans les rapports entre l'assureur et l'assuré sont toujours identiques (3), sauf la différence ordinaire entre la prime et

---

(1) Cependant, cela n'est pas vrai d'une façon absolue. Quelques sociétés d'assurances mutuelles créées en France ont réussi. Il en est ainsi de la société d'assurances mutuelles sur corps de vapeurs *Les Armateurs réunis*, ayant son siège à Marseille et fondée le 5 décembre 1885.

(2) De Courcy, *Essai sur les lois du hasard suivi d'études sur les assurances*, p. 185. V. Mac Arthur, *The contract of marine insurance, chapter XIII, Mutual insurance contracts*, p. 338 et suiv.

(3) L'application du principe posé au texte a été faite à plusieurs reprises à propos de l'article 432, C. com , qui soumet à la prescription de

la cotisation et l'absence de bénéfices à réaliser dans les assurances mutuelles. Il faut bien distinguer, du reste, la société ou association d'un côté et le contrat d'assurance de l'autre. Aussi ne sera-t-il fait par la suite aucune distinction, par cela même que nous n'avons à étudier ici ni les règles relatives à la société anonyme, ni les règles concernant les associations d'assurances mutuelles (1). Pour plus de simplicité, il sera toujours supposé que l'assurance est à prime : c'est, d'ailleurs, la seule espèce d'assurance visée par le Code de commerce.

1096. Malgré les grands avantages que présente l'assurance pour l'assuré, il s'en faut que tous les navires et toutes les marchandises transportées par mer soient assurés. Quand une compagnie de transports maritimes a un grand nombre de bâtiments, souvent elle n'en assure que quelques-uns. Les compagnies qui adoptent cet usage, ont le soin de tenir un compte spécial d'assurance ; elles y portent les sommes que chaque année elles mettent en réserve pour réparer les sinistres qui se produiraient. De cette manière, les naufrages d'une année malheureuse se répartissent sur une longue période de temps.

On dit de celui qui n'assure pas ou qui n'assure qu'en partie son navire, ses marchandises ou toute autre chose exposée aux risques de mer, qu'il est son propre assureur, *ipsius assecurator* ou *proprius assecurator*, selon les expressions employées par les docteurs italiens. De l'idée renfermée dans ces expressions, il y a à déduire une conséquence pratique importante dans le cas où la chose assurée n'est couverte par l'assurance que pour une partie de sa valeur (n° 1305).

1097. *Assurances sur corps et assurances sur facultés.* — Les assurances maritimes sont, comme cela sera expliqué, relatives à

cinq ans les actions dérivant du contrat d'assurance maritime ; il a été décidé que cette prescription régit les actions nées de l'assurance mutuelle, comme les actions nées de l'assurance à prime : Paris, 11 août 1860 ; Rennes, 22 janv. 1861, *Journ. de Marseille,* 1861. 2. 36 et suiv.

(1) V., sur ces deux sujets, qui, étrangers au Droit maritime, font partie du Droit commercial général, *Traité de Droit commercial,* II, n° 679 et suiv.; n° 922 et suiv.; n° 930 et suiv.

des objets assez divers : le nombre des choses pouvant être assurées contre les risques de mer était très limité avant la loi du
12 août 1885 (anciens articles 334 et 347, C. com.) ; le nombre de
ces choses a été beaucoup augmenté par cette loi. Mais les objets
principaux auxquels l'assurance maritime s'applique, ont toujours
été et sont encore les navires et les marchandises. Le Guidon de
la mer (1) disait : « Assurances se peuvent diviser par ce qu'aucu-
« nes se font sur la marchandise, autres sur le corps de la nef ».
On appelle *assurances sur corps* celles des navires et *assurances
sur facultés* celles des marchandises. La valeur des marchandises
transportées sur mer étant beaucoup plus considérable que celle
des navires, les assurances sur facultés sont plus nombreuses et
plus importantes que les assurances sur corps. Le véritable commerce par mer est celui des marchandises exportées ou importées
par mer : les navires ne sont que les instruments de ce commerce.

L'importance des assurances sur facultés explique comment on
trouve des compagnies d'assurances maritimes dans des pays sans
marine et sans littoral, tels que la Suisse, ou dans des villes autres
que celles du littoral. Paris est aujourd'hui la principale place d'assurances maritimes de la France ; toutes les grandes compagnies
d'assurances maritimes ont leur siège à Paris.

1098. *Importance des polices. Polices françaises.* — Pour connaître les règles qui régissent les assurances maritimes, il ne suffit
pas d'étudier les dispositions du Code de commerce, il faut aussi
examiner les clauses usuelles des *polices* (c'est-à-dire des écrits
constatant les contrats d'assurances) (2) les plus répandues. L'importance de ces polices se rattache à une cause qui mérite d'être
constatée. Les dispositions du Code de commerce sur les assuran-

---

(1) V. Pardessus. *Lois maritimes*, ch. II, p. 377 et suiv.

(2) Il y a une grande incertitude sur l'étymologie du mot *police*. Il paraît
venir de *polyptychum* (Littré, *Dictionnaire*, v° police), et *polyptique* veut
dire simplement écrit. — Cleirac, en commentant le *Guidon de la mer*,
émet l'avis de police vient du mot latin *pollicitatio* et que c'est un terme
italien ou lombard. On a prétendu aussi que le mot de police vient de
pollex, policis, qui indiquait un cachet et, par conséquent, un docu-
ment cacheté. V. Ducange, *Glossarium mediæ et infimæ latinitatis*, mot
pollex.

ces maritimes sont de deux sortes : les unes (et ce sont les plus nombreuses) sont purement interprétatives de la volonté des parties, comme, du reste, la plupart des dispositions de nos lois commerciales ; les autres sont impératives ou prohibitives. S'il ne peut être dérogé aux dernières, les premières peuvent être écartées par l'expression d'une volonté contraire. Ainsi, quelques articles du Code de commerce relatifs aux assurances maritimes sont devenus sans application par l'habitude où l'on est de les écarter par les clauses des polices (1).

Par suite de la même cause, malgré l'unification de la législation maritime, des usages locaux ont subsisté ou se sont formés quant aux points réglés seulement par des dispositions interprétatives.

Chaque port de quelque importance a eu ainsi ses polices, Paris a eu également les siennes. Ces polices excluent ou modifient les dispositions du Code de commerce. C'est ainsi que la connaissance des clauses des principales polices est indispensable et que nous devrons parfois les citer. D'ailleurs, le nombre des polices usitées en France a été assez notablement diminué dans les dernières années.

La grande diversité des polices dans un même pays a des inconvénients pratiques assez graves qui se produisent surtout lorsqu'une assurance est couverte par des assureurs de places différentes. Il est difficile qu'un négociant ait le temps de se livrer à l'étude comparative des diverses formules. Si un sinistre se produit, on se heurte à des contradictions sans nombre. Dans le cas où, pour éviter cela, l'assuré choisit la police qu'il connaît le mieux, d'autres inconvénients se présentent : aucun des assureurs n'a une connaissance complète de la police adoptée ; en cas de sinistre, il faut aller chercher au loin les éléments de la solution, en se renseignant sur les usages et sur la jurisprudence.

En 1865, les assureurs de Paris et de Marseille ont adopté une police unique pour les navires. En 1873, deux congrès d'assureurs ont eu lieu à Paris, et sont parvenus à rédiger deux polices, l'une sur corps (on y a pris pour type la police de Paris-Marseille), l'autre sur facultés. La police d'assurance sur corps ainsi arrêtée a été

---

(1) V. notamment art. 366, C. com. et ci-dessous, n° 1124.

adoptée à Paris, à Marseille, à Nantes et à Bordeaux ; elle y fonc-
tionne depuis le 15 juillet 1873. Pour les marchandises, la police,
rédigée en 1873 par le congrès d'assureurs, a été admise à Paris
et à Bordeaux pour les risques de longs cours. Ces polices qu'on
appelle *polices d'assurances françaises* se répandent de plus en
plus. Elles ont subi à plusieurs reprises des modifications motivées
par les inconvénients révélés des dispositions primitives ou par
des changements dans la législation. Nous citerons souvent les
dispositions de ces polices, en les rapprochant des dispositions du
Code de commerce auxquelles elles dérogent ou qu'elles complè-
tent (1). Mais ce qui complique singulièrement l'étude qu'on peut
faire des polices, c'est que souvent, des dérogations sont apportées à
leurs clauses d'ordinaire imprimées, de telle façon que certaines
règles appliquées en fait diffèrent et de celles que consacre la loi
et de celles mêmes qu'adopte le texte imprimé de la police.

(1) Les polices françaises d'assurances sur corps et sur facultés ont été
commentées article par article dans un ouvrage spécial de M. de Courcy
intitulé *Commentaire des polices françaises d'assurance maritime.* Deux
éditions de cet ouvrage ont paru, la première en 1874, la seconde en 1888.
V. Ytier et Rowfort, *Etude comparative des polices d'assurances maritimes sur facultés en usage sur la place de Marseille* (Marseille, 1886).

V. pour la *Belgique*, Hughe et Cruysmans, *Commentaire de la police
d'assurance maritime d'Anvers ; Pandectes belges,* vº *Assurance maritime,* Sect. *Police d'Anvers ;* pour l'*Italie*, Vallelma, *Commentaire de la
police italienne ;* pour la *Grande-Bretagne.* Commentaire de la police du
Lloyd dans l'ouvrage de Mac Arthur, *The policy of marine insurance
popularly explained ;* pour l'Allemagne, l'ouvrage de Vogt, *Das deutsche
Seeversicherungsrecht* (1885) contient un commentaire du titre du Code de
commerce allemand relatif aux assurances maritimes et de la police de
Hambourg de 1867 (*allgemeine Seeversicherungs-Bedingungen von* 1807).
V. la traduction du *règlement général sur les assurances de Hambourg,*
dans la *Revue du Droit international maritime,* XVI, pages 122, 261, 431,
518 et 745.

La police de Hambourg est admise dans toute l'Allemagne du Nord,
sauf à Brême, où il y a une police de 1875. — On a souvent fait des vœux
en faveur de l'adoption d'une police internationale unique pour les assurances maritimes. C'est un vœu d'une réalisation très difficile. Du moins,
les assureurs maritimes des principales places cherchent, depuis quelques
années, à s'entendre pour exclure des polices quelques clauses ou en insérer d'autres. V *Conférence internationale d'assureurs maritimes tenue à
Paris en 1900.* — On peut ainsi arriver à l'uniformité sur des points
d'une grande importance pratique.

Il faut observer qu'à raison même de la concurrence des compagnies étrangères, on assure souvent, en France même, aux conditions des polices de Londres, d'Anvers, d'Amsterdam, de Hambourg, de Brême, etc. (1).

1099. Il va de soi que la police se distingue nettement du contrat d'assurance, qu'elle ne fait que constater, mais, dans le langage usuel, on confond souvent l'un de ces mots avec l'autre et l'on désigne le contrat lui-même sous le nom de police (2). C'est là une interversion opposée à celle qu'on fait si souvent dans la pratique quand on appelle *contrat* l'écrit qui sert à constater une convention (3).

Au reste, le mot police s'emploie pour désigner les écrits destinés à constater les contrats d'assurances contre des risques quelconques. Ce mot était usité même autrefois pour désigner l'écrit relatif à d'autres contrats maritimes. Ainsi, l'Ordonnance de 1681 prenait l'expression *police de chargement* comme synonyme de *connaissement*. On dit encore en italien *polizza di carico*.

1100. Division. — L'étude de la matière des assurances maritimes sera divisée en quatre sections : *Section I.* De la nature et des éléments essentiels du contrat d'assurance maritime (*risques, chose assurée, prime*). Des personnes pouvant jouer le rôle d'assuré. — *Section II.* De la preuve de l'assurance maritime. Des formes et des énonciations des polices. — *Section III.* Des obligations de l'assureur (*action d'avarie et délaissement*). — *Section IV.* Des obligations de l'assuré et du privilège garantissant la créance de la prime.

Il y a, en matière d'assurance maritime, une prescription et des

___

(1) Il serait intéressant et utile d'avoir un recueil contenant les textes es polices d'assurances maritimes en usage sur les places les plus importantes de tous les Etats. Un recueil de ce genre a été publié sous le tre de : *Die See-Versicherungen-Policen der wichtigsten Seeplaetze der rde*. Malheureusement, cet ouvrage remonte à 1874 et n'est plus, par lite, au courant.

(2) Ainsi, l'on parle de cession de la *police* ou de constitution en gage de police, alors qu'évidemment, c'est l'assurance elle-même qui est cédée ou onnée en gage.

(3) V. Analog., ce qui, à propos de l'affrètement, est dit des sens du mot harte-partie, n° 620.

déchéances spéciales : il en sera traité à propos des obligations des contractants auxquelles elles se rattachent. Il y a aussi des causes de nullité ou de résiliation. Elles seront examinées à l'occasion des règles auxquelles elles servent de sanction.

SECTION PREMIÈRE.

De la nature et des éléments essentiels du contrat d'assurance maritime (risques, chose assurée, prime). Des personnes pouvant jouer le rôle d'assuré.

1101. Définition et nature du contrat d'assurance maritime. — L'assurance maritime est le contrat par lequel l'un des contractants (l'assureur) se charge des risques de mer auxquels une chose est ou sera exposée (1), et s'oblige envers l'autre contractant (l'assuré) à l'indemniser, en tout ou en partie, du préjudice que la réalisation de ces risques pourra lui causer, moyennant une somme appelée prime que celui-ci s'engage à payer à l'assureur (2).

1102. Les anciens auteurs ont beaucoup discuté sur le point de savoir à quel contrat usuel du Droit civil l'assurance se rattache. Ils y ont vu un louage, une société, une vente. Ainsi, Pothier (3) pré-

---

(1) L'emploi du présent et du futur correspond à ce que, selon les circonstances, les choses assurées, spécialement le navire ou les marchandises, sont déjà en mer ou sont seulement destinées à partir, au moment de la conclusion du contrat d'assurance.

(2) Les auteurs, tout en s'accordant sur le fond, donnent en la forme des définitions variées de l'assurance maritime. Stypmannus disait : *Assecuratio est conventio de rebus tuto aliundé transferendis pro certo præmio seu aversio periculi*. Le Guidon de la mer donne la définition suivante : « C'est un contrat par lequel on promet indemnité des choses qui « sont transportées par mer moyennant un prix convenu entre l'assuré « qui fait ou fait faire le transport et l'assureur qui prend le péril sur « soi et se charge de l'événement. » Emérigon se borne à reproduire cette définition.

La loi *anglaise* de 1906 sur l'assurance maritime donne de ce contrat la définition suivante : *A contract of marine insurance is a contract whereby the insurer undertakes to indemnify the assured, in manner and to the extent thereby agreed, against marine losses, that is to say, the losses incident to marine adventure*.

(3) Pothier, *Traité des assurances maritimes*, n° 4.

tendait que c'était une vente dans laquelle l'assureur vend à l'assuré sa décharge du péril. La vérité, déjà proclamée par Émérigon (1) et par Valin (2), est qu'il y a là un contrat ayant une nature propre. Du reste, la suppression de la distinction du Droit romain entre les contrats nommés et les contrats innomés (art. 1107, C. civ.), ôte tout intérêt pratique à la question (3).

1103. L'assurance maritime, comme toute assurance, rentre naturellement dans les grandes classifications des contrats faites par le Code civil (art. 1102 à 1106). Voici de quelles classes de contrats fait à ce point de vue partie le contrat d'assurance maritime.

C'est un contrat *synallagmatique parfait*, puisque des obligations naissent à la fois nécessairement à la charge de l'assureur et de l'assuré. Il a le caractère synallagmatique, alors même, ce qui arrive parfois, que l'assuré paie la prime au moment même de la conclusion du contrat (4). On a, pourtant, prétendu qu'alors, l'assurance est un contrat unilatéral (5). Cette doctrine ne serait exacte que si la seule obligation de l'assuré était celle de payer la prime. Sans doute, dans ce cas, l'obligation principale de l'assuré n'existe pas, puisqu'elle se trouve exécutée au moment même où elle prend naissance ; mais il y a d'autres obligations dont l'assuré est tenu

(1) Émérigon *(Traité des assurances,* chap. 1er. sect. II) s'exprime ainsi : Il est évident que l'assurance proprement dite n'est ni une vente, « ni un louage, ni une société, ni une gageure, ni rien de ce que cer- « tains docteurs ont imaginé. C'est un contrat tel qu'il a été créé par la « nature des choses. »

(2) Valin (Comment. de l'ordonnance de 1681, livre III, prolégomènes du titre VI).

(3) C'est l'étude du Droit romain poussée à l'extrême qui avait amené nos anciens auteurs à discuter cette question oiseuse. Cpr. analog., *Traité de droit commercial*, IV, n° 23.

(4) Arth. Desjardins, VI, n° 1291. Anciennement, la prime devait être payée avant la signature du contrat ou au moment de cette signature, de telle sorte que ce paiement était un élément essentiel de la formation du contrat. De là même paraît venir le nom de prime : elle devait être payée avant tout *(primo)*. D'après l'opinion courante réfutée au texte, il faudrait dire qu'alors, l'assurance était toujours un contrat unilatéral .V. note suivante.

(5) Toullier, VIII, n° 327 ; Pardessus, III, p. 310 ; Vincens, III, p. 207 ; Cresp et Laurin, III, p. 3.

(nos 1425 et suiv.) ; malgré leur caractère secondaire, elles suffisent pour conserver à l'assurance sa nature de contrat synallagmatique. Il faut conclure de là que si, comme nous l'admettons, la formalité des doubles prescrite par l'article 1325, C. civ., doit être observée en principe, quand l'assurance est faite par acte sous seing privé, il n'y a pas lieu de se contenter d'un seul exemplaire même lorsque la prime est payée au moment de la conclusion du contrat. V. n° 1178.

L'assurance maritime, comme tous les contrats synallagmatiques, est un contrat à titre onéreux : chacune des parties y poursuit un but intéressé. Il est *aléatoire* et non commutatif (art. 1964. C. civ.). Dans les contrats commutatifs, ce que fait ou donne l'une des parties est considéré comme l'équivalent de ce que l'autre lui donne ou fait pour elle ; dans les contrats aléatoires, cet équivalent consiste dans une chance de gain ou de perte résultant pour les parties d'un événement incertain (1). La prime reçue par l'assureur n'est pas l'équivalent de l'indemnité qu'il paie à l'assuré ; car, si les risques ne se réalisent pas, l'assureur n'a rien à payer et, s'ils se réalisent, l'indemnité est de beaucoup supérieure à la prime. La prime reçue par l'assureur est l'équivalent du risque dont il se charge, le prix du risque comme on le dit souvent. Réciproquement, l'indemnité payée par l'assureur n'est pas l'équivalent de la prime, elle est l'équivalent du risque qu'a couru l'assuré de payer la prime en pure perte au cas d'heureuse arrivée.

L'assurance est un contrat *consensuel* en un double sens. D'abord, ce n'est point un contrat réel ; la perfection n'en est pas subordonnée à l'accomplissement d'un fait matériel : le paiement préalable de la prime n'est pas exigé, comme il l'était autrefois (2). Puis ce n'est pas un contrat solennel ; aucune formalité n'est nécessaire pour sa validité ; l'écrit exigé par l'article 332, C. com., l'est seulement pour la preuve du contrat. V. n° 1176.

On a souvent dit que le contrat d'assurance est à la fois un contrat

---

(1) V. sur la conciliation des définitions des contrats aléatoires données par les articles 1104 et 1964. C. civ., Bufnoir, *Contrat et Propriété*, p. 459 et 460.

(2) V. note 4 de la page 245. On peut dire qu'à ce point de vue, l'assurance maritime était une sorte de contrat réel.

de bonne foi et un contrat *de droit strict* Ces expressions ne se prennent évidemment pas dans le sens où elles étaient prises à Rome, quand il s'agissait de la grande division en contrats de bonne foi (*bonæ fidei*) et contrats de droit strict (*stricti juris*). Dans notre droit, tous les contrats doivent être interprétés conformément à la bonne foi et aux usages (art. 1134, C civ.).

En disant que l'assurance est un contrat de bonne foi, on veut indiquer que l'assuré est tenu tout particulièrement d'instruire exactement l'assureur de toutes les circonstances qui peuvent lui faire apprécier la nature et l'étendue des risques qu'il prend à sa charge. Non seulement l'assuré ne doit rien déclarer de faux, mais encore il ne doit pas garder le silence sur des circonstances importantes à connaître de l'assureur pour apprécier les risques qu'il prend à sa charge. Il sera dit plus loin (n°s 1442 et suiv.) que la réticence entraîne la nullité de l'assurance, comme la fausse déclaration (art. 348, C. com.). En disant, au contraire, que l'assurance est un contrat de droit strict, on veut indiquer que l'assureur ne doit garantir que les risques mentionnés expressément dans le contrat Mais il n'en est pas moins vrai qu'on ne s'arrête pas au sens littéral des termes, qu'on considère l'intention des parties. Cela montre bien qu'à ce point de vue, l'assurance n'est pas régie par des règles qui diffèrent de celles qui s'appliquent aux contrats en général (1).

1104. *Caractère commercial du contrat d'assurance maritime.* — L'assurance maritime, comme, du reste, tous les contrats relatifs au commerce de mer, est un acte de commerce (art. 633, C. com.). Il a ce caractère à la fois pour l'assureur et pour l'assuré dans l'assurance à prime ; il l'a pour les mutualistes dans l'assurance mutuelle. En l'absence de toute distinction faite par l'article 633, C. com., il en est ainsi, selon nous, alors même que l'assurance ne se rattache pas au commerce de l'assuré ou des mutualistes, spéciale-

---

(1) Sur les points de vue auxquels on dit parfois que l'assurance est un contrat de bonne foi ou, au contraire, un contrat de droit strict. on peut consulter Emérigon, *op. cit.*, ch. Iᵉʳ, sect. V. Voyez aussi Aix, 24 juillet 1857, *Journ. de Marseille*, 1857.1.296 : Req. 21 juillet 1856, *Journ. du Pal.*, 1856, 2.270. — Cresp et Laurin, III, p. 187 et suiv.

ment quand elle est relative à un navire de plaisance ou à des meubles meublants à l'usage personnel de l'assuré (1).

Mais ces solutions ne sont généralement pas adoptées. Suivant
l'opinion la plus commune, 1° L'assurance maritime *à prime* est
toujours un acte de commerce pour l'assureur et ne l'est pour
l'assuré qu'autant qu'il l'a contractée pour les besoins de son commerce : 2° l'assurance *mutuelle* maritime n'est jamais un acte de
commerce, parce qu'elle n'entraîne jamais la réalisation de bénéfices pour les mutualistes (2) (3) (4).

1105. *Capacité nécessaire pour figurer comme assuré dans un
contrat d'assurance maritime.* — Du caractère commercial reconnu à l'assurance maritime il faut conclure que le tribunal de
commerce est compétent pour connaître des contestations qui y sont
relatives. Mais il est d'autres conséquences qu'il serait exorbitant et
contraire à l'esprit de nos lois de rattacher à ce même caractère.

On ne saurait admettre que les personnes auxquelles le commerce
est interdit (5), ne peuvent jouer dans une assurance maritime le
rôle d'assurés. Le but des dispositions légales, en prononçant des
interdictions, a été d'empêcher certaines personnes de faire des actes
de spéculation. A l'égard de l'assuré, l'assurance n'est point un acte
de cette sorte : c'est un acte de conservation et de prudence (6).

Il faut aussi, pour les mêmes motifs, reconnaître qu'un mineur
émancipé peut contracter une assurance maritime et que le tuteur
d'un mineur non émancipé peut en conclure une pour son pupille,
malgré la disposition de l'article 3, C. com. Des auteurs (7) s'en
tiennent, au contraire, au texte de l'article 3 qui vise, sans distin-

(1) V. *Traité de Droit commercial*, n° 162. V. Arth. Desjardins, VI,
n° 13.

(2) Demangeat sur Bravard, VI, p. 362. — V., pourtant, pour le caractère commercial de l'assurance *mutuelle*, Cass., 21 juill. 1856, D. 1856,
1. 323 ; S. 1857, 1. 106.

(3) Cpr., sur le caractère civil ou commercial des assurances *non* maritimes, *Traité de Droit commercial*, 1, n° 164.

(4) V. sur les tribunaux compétents *ratione personæ* en matière d'assurances maritimes, n° 1210.

(5) V. *Traité de Droit commercial*, I, n°s 212 et suiv.

(6) Cresp et Laurin, III, p. 328 et suiv.

(7) Cresp et Laurin, III, p. 325 et suiv.; de Valroger, III, n° 1342 ; Arth.
Desjardins, VI, n° 1300, p. 37 ; n° 1331, p. 133 et 134.

guer, les cas où il s'agit d'actes de commerce isolés concernant un mineur (1).

Il va, du reste, de soi que le mineur ou la femme mariée, autorisés à faire le commerce conformément aux articles 2 et 4, C. com., sont capables, par cela même, de conclure des assurances pour les besoins de leur commerce. Car l'autorisation générale qui leur est donnée, les habilite à faire tous les actes se rattachant à l'exercice de leur profession (2).

Malgré le caractère commercial qui lui est reconnu, le contrat d'assurance maritime doit être constaté par écrit (art. 332, C. com.), comme, du reste, généralement tous les actes concernant la navigation maritime.

1106. Eléments essentiels de l'assurance maritime. — L'assureur s'engage moyennant une prime (art. 342, C. com.) (3) à supporter les risques auxquels la chose assurée est exposée, en indemnisant l'assuré du préjudice que cause à celui-ci la réalisation de ces risques. Dans tout contrat d'assurance maritime, il y a ainsi trois choses essentielles : 1° des *risques* dont l'assureur se charge ; 2° une *chose assurée* qui est exposée à ces risques ; 3° une rémunération appelée *prime* (ou coût de l'assurance), que l'assuré s'engage à payer. On peut indiquer en résumé ces trois éléments de toute assurance en disant que l'assureur se charge de supporter des risques connus par la chose assurée, moyennant une prime. — Il sera traité successivement ci-après : des *risques*, de la *chose assurée*, de la *prime*.

1107. Des risques. — Il n'y a pas d'assurance sans risque. Il faut que la chose assurée à laquelle s'applique l'assurance, soit exposée aux risques de mer et que la réalisation de ces risques fasse éprouver un préjudice à l'assuré, à raison des droits qui lui appartiennent sur la chose assurée. Si une personne se faisait promettre une somme d'argent pour le cas de perte ou d'avarie d'une chose sur laquelle elle n'a aucun droit et dont, par suite, la perte ne sera pour elle la cause d'aucun dommage, il n'y aurait pas là une assu-

---

(1) Comp. Vivante, *Traité des assurances maritimes*, n° 71.

(2) V. *Traité de Droit commercial*, I, n°s 227 et suiv. ; n°s 252 et suiv.

(3) C'est la *cotisation* dans l'assurance mutuelle. V. n° 1093.

rance, mais une simple gageure ou un pari pour lequel toute action en justice serait refusée (art. 1965, C. civ.). Ce qui distingue essentiellement l'assurance du pari ou de la gageure, c'est que l'assuré court un risque dont la réalisation lui fera éprouver un préjudice pécuniaire que l'assurance a précisément pour but de réparer, tandis que celui qui ferait un pari tendant à faire payer une somme en cas de réalisation d'un risque de mer, aurait, dans le cas prévu, à toucher une somme d'argent sans qu'il éprouvât un préjudice, de telle sorte qu'il réaliserait un bénéfice.

Un tel contrat présenterait un grand danger. Il donnerait à la personne, jouant le rôle apparent d'assuré, à laquelle la somme serait promise, un intérêt à la perte de la chose. Aussi considère-t-on que, la prohibition de ces sortes de gageures étant édictée pour des motifs d'ordre public, il y aurait lieu de refuser en France l'action en justice même si elles avaient été faites dans un pays étranger où elles seraient admises (1).

1108. L'idée, selon laquelle il n'y a pas d'assurance valable sans risque couru par l'assuré, de telle sorte que les paris ou gageures relatifs aux risques de mer sont proscrits (2), s'exprime à l'aide de formules diverses : on dit, par exemple, *que le contrat d'assurance n'est qu'un contrat d'indemnité*, ou encore, *que ce n'est pas un moyen d'acquérir mais un moyen de conservation*. Straccha disait déjà au xvi° siècle : *assecuratus non quærit lucrum, sed agit ne in damno sit.*

Cette idée générale qui domine le contrat d'assurance maritime, est depuis longtemps admise. Emérigon, dans son *Traité des assurances* (chapitre Ier, section 1) (3), dit notamment que « l'assurance « par forme de gageure n'est pas une assurance véritable ; elle n'en « a que le nom ». Mais il constate qu'anciennement, en Angleterre (4) et en Italie, cette assurance improprement dite était admise.

---

(1) Pour employer l'expression dont on se sert souvent, il y a là une règle d'ordre public international ou absolu.

(2) Rennes, 7 décembre 1859, S. 1861. 2. 103.

(3) Cette section est intitulée : *le risque est-il de l'essence du contrat d'assurance ?*

(4) Georges II a défendu ces contrats. Une loi de 1909 (9 Edw. 7, Ch. 2)

1109. Le législateur français n'a formulé nulle part la règle générale dont il s'agit relative à ce caractère essentiel de l'assurance maritime, mais il en a tiré quelques conséquences et les dispositions qui, consacrant celles-ci, présupposent le principe dont elles constituent des applications (1). Le Code de commerce en avait tiré aussi un certain nombre de conséquences inexactes qu'a fait disparaître la loi du 12 août 1885 : mais, à côté de cela, il y a quelques conséquences logiques qui subsistent toujours (art. 357 à 359, C. com.).

Les conséquences du principe selon lequel l'assurance maritime n'est qu'un contrat d'indemnité, sont les suivantes :

a. Le contrat d'assurance est non avenu si la chose assurée n'est pas exposée aux risques de mer (art. 349, C. com.).

b. La somme assurée ne doit pas dépasser la valeur de la chose assurée (art. 357 et 358, C. com.).

c. On ne peut pas faire assurer par plusieurs contrats la même chose contre les mêmes risques pour une somme totale excédant la valeur de la chose assurée (art. 359, C. com.).

d. L'assurance est, en principe, nulle, si, lors de la conclusion du contrat, la chose assurée avait déjà péri ou, au contraire, était déjà arrivée à bon port (art. 365 à 368, C. com.).

Chacune de ces conséquences du principe est importante et doit être spécialement examinée.

1110. *a*. Il est fréquent qu'un contrat d'assurance soit conclu avant la mise en risques de la chose assurée, c'est-à-dire avant le départ du navire ou avant le chargement des marchandises. Si la chose assurée n'est pas postérieurement mise en risque, c'est-à-

---

édicte des peines contre les personnes (assuré et assureur) qui concluent un contrat d'assurance sans que l'assuré ait un intérêt en risques ainsi que contre le courtier qui sert d'intermédiaire pour la conclusion d'un tel contrat. Cette loi est intitulée *an act to prohibit gambling on loss by maritime perils*.

(1) Il arrive assez souvent au législateur de procéder de cette façon. C'est ainsi qu'aucun texte de nos lois ne proclame expressément la personnalité des sociétés de commerce ; mais plusieurs dispositions impliquent l'admission de cette personnalité par cela même qu'elles en font des applications. V. C. civ., art. 529; C. pr. civ., art. 69-6°.

dire si le navire ne part pas ou si les marchandises ne sont pas chargées par la suite, le contrat est annulé (art. 349, C. com.) (1). On dit qu'il y a *ristourne* (2) ou que l'assurance est *ristournée*, conformément aux expressions employées, du reste, dans tous les cas d'annulation de l'assurance. Peu importe que l'absence de départ ou le défaut de chargement provienne d'un cas de force majeure ou de la volonté de l'assuré.

On a exprimé souvent cette idée en disant que l'assurance est un contrat conditionnel (3) : il y a là une erreur de principe. La condition est un événement dont la volonté des parties fait, d'une façon plus ou moins arbitraire, dépendre le sort d'un acte (4). Or la mise en risques est un élément essentiel de l'assurance ; ce n'est pas la volonté des parties qui l'y introduit ; elle ne pourrait pas l'en exclure, à peine de faire dégénérer le contrat en gageure (5).

Mais on serait tenté de faire une objection contre la règle selon laquelle le défaut de mise en risques fait évanouir l'assurance ; on pourrait dire que, s'il en est ainsi, les principes généraux du droit sont méconnus, qu'en réalité, il n'y a pas de lien entre les parties, puisqu'il dépend de la volonté de l'assuré de faire évanouir le contrat. Cpr. art. 1174, C. civ. L'objection est facile à réfuter. Il n'est pas entièrement au pouvoir de l'assuré de rompre le contrat selon sa volonté ; il ne le peut qu'en renonçant à l'expédition maritime. Non seulement la décision du Code de commerce n'est pas contraire aux principes généraux du droit, mais encore elle se justifie par des

---

(1) Ce principe s'applique à toutes les assurances maritimes, à quelque chose qu'elles soient relatives. V., pour l'assurance du profit espéré (n°s 1138 et suiv.), Paris, 19 décembre 1893, *Pand. fr.*, 1894. 2. 232 ; *Journ. de jurisp. commerc. et marit. de Marseille.* 1894. 2. 129.

(2) Du mot italien *ristorno*.

(3) Emérigon, *op. cit.*, chap. 1, sect. 3: Pothiers, *op. cit.*, n° 5 ; Cresp et Laurin. III. p. 430 et suiv.

(4) V. Bufnoir, *De la condition en droit romain*, p. 50. V. ci-dessus, n° 153.

(5) S'il était vrai de dire que l'assurance est conditionnelle parce qu'il n'y a pas d'assurance sans mise en risques de la chose assurée, il faudrait, pour être logique, reconnaître à tout contrat le caractère conditionnel à raison de ce qu'un contrat suppose nécessairement l'existence, lors de sa conclusion, de la chose qui en est l'objet.

considérations pratiques d'une grande force. L'assurance n'est que l'accessoire d'une spéculation faite par l'assuré ou le navire ou avec les marchandises assurées ; il serait bien dur de maintenir l'assurance dans le cas même où l'assuré renonce à cette spéculation. Cela serait contraire même à l'intérêt bien entendu des assureurs. On hésiterait souvent à contracter une assurance si l'on devait être lié par elle, même pour le cas où la mise en risque prévue n'a pas lieu.

Dans ce cas, l'assuré ne doit sans doute pas la prime à l'assureur par cela même qu'il y a annulation de l'assurance ; mais, du moins, l'assuré doit, à titre d'indemnité, payer à l'assureur demi pour cent de la somme assurée (art. 349, C. com.) (1).

1111, b. On ne peut pas faire assurer une chose pour une somme supérieure à sa valeur. S'il en était autrement, l'assurance cesserait d'être un simple contrat d'indemnité ; pour l'excédent, l'assuré réaliserait un bénéfice en cas de sinistre, et, par conséquent, cela lui donnerait intérêt à la perte du navire ou des marchandises, ce qui présenterait un grave danger.

Dans l'usage, cette règle est loin d'être rigoureusement observée. La difficulté que présente l'estimation exacte des navires et des marchandises, fait que souvent, ils sont assurés pour une somme qui excède leur valeur réelle. Les polices d'assurances admettent même, à cet égard, une certaine tolérance (2). Celle-ci n'est pas critiquable depuis que l'assurance du profit espéré est autorisée par la loi du 12 août 1885 (art. 334 nouveau, C. com.) (3).

Qu'arrive-t-il lorsque l'assurance dépasse la valeur de la chose assurée ? Une distinction est faite par le Code de commerce entre le

(1) On peut rapprocher de cette indemnité le demi-fret ou faux fret, dû en cas de résiliation de l'affrètement par la volonté de l'affréteur. V. n°s 803 et 804.

(2) L'article 15 de la *police française d'assurance sur facultés* est ainsi conçu : « Nonobstant toutes valeurs agréées, les assureurs peuvent, lors « d'une réclamation de pertes ou d'avaries, demander la justification des « valeurs réelles et réduire, en cas d'exagération, la somme assurée au « prix coûtant, augmenté de dix pour cent, à moins qu'ils n'aient expres- « sément agréé une surélévation supérieure d'une quotité déterminée ».

(3) V. de Courcy, *Commentaire des polices françaises d'assurance maritime*, p. 320 à 323.

cas où l'exagération a été commise sans qu'il y eût fraude, c'est-à-dire mauvaise foi de l'assuré, et le cas opposé.

En cas de fraude (1), l'assurance est nulle ; la nullité n'existe qu'à l'égard de l'assuré, c'est-à-dire que l'assureur seul peut invoquer et faire prononcer cette nullité (art 355, C. com.). Mais, s'il s'en prévaut, il ne conserve pas le droit au paiement de la prime ; il peut seulement réclamer une indemnité du demi pour cent de la somme assurée. Cette dernière solution, n'est admise expressément par le Code que pour le cas où il n'y a pas fraude de la part de l'assuré (art. 358, C. com.) ; elle doit être étendue au cas de fraude (2). Il n'y a aucun motif de distinguer. C'est à tort que des auteurs (3) admettent que la prime entière est alors due à titre d'indemnité en cas d'heureuse arrivée et que l'assureur a l'avantage, en cas de sinistre, de ne pas payer d'indemnité. Il nous paraît aussi impossible d'admettre, comme on l'a proposé (4), que, malgré l'annulation de l'assurance, l'assureur garde la prime entière.

Dans le cas, au contraire, où il n'y a pas fraude de la part de l'assuré, le contrat demeure valable jusqu'à concurrence de la valeur réelle des choses assurées et, pour l'excédent, il y a *ristourne* ; la nullité peut être demandée aussi bien par l'assuré que par l'assureur. En outre, l'assureur reçoit la prime correspondant à la portion du contrat qui subsiste ; pour l'excédent, il touche non la prime, mais l'indemnité de demi pour cent de la somme assurée (art. 358, C. com.). La nullité partielle, par cela même que la loi ne distingue pas, s'applique aussi bien dans le cas où l'assureur a connu que dans celui où il a ignoré l'exagération. On ne peut se prévaloir contre cette solution pour le premier cas de ce que l'article 358 dispose que le contrat est valable jusqu'à concurrence de la valeur des effets chargés d'après l'estimation qui en est faite ou *convenue*. Ces derniers mots se réfèrent à une estimation opérée par justice ou à l'amiable lors de la contestation qui surgit après que la chose assurée a subi des avaries, non à une estimation faite dans la police

(1) Alger, 12 mars 1901, D. 1903. 1. 45.
(2) Laurin sur Cresp, p. 159 et suiv.
(3) Boistel, n° 1340.
(4) Arth. Desjardins, VI, n° 1447, p. 441.

d'assurance elle-même. Autrement, il serait loisible aux parties d'admettre les évaluations les plus exagérées grâce auxquelles l'assuré réaliserait des bénéfices contraires à la nature de l'assurance maritime. Mais il semblerait exorbitant que l'assureur qui, dans ces circonstances, est en faute comme l'assuré, pût, pour la partie de l'assurance frappée de nullité, réclamer à celui ci demi pour cent de la somme assurée.

D'après les principes du droit commun, on doit présumer la bonne foi (art. 2268, C. civ.); mais la preuve de la fraude peut se faire par tous les moyens (art. 1353, C. civ.) ; elle peut résulter des circonstances, spécialement d'une disproportion tellement grande entre la valeur réelle des choses assurées et leur estimation dans la police qu'elle exclut l'idée d'une simple erreur.

Les articles 357 et 358 ne s'appliquent textuellement qu'à l'assurance sur facultés, car ils parlent des *effets chargés* ; mais il n'est pas douteux qu'ils doivent, par analogie, être appliqués aussi aux assurances sur corps et à toutes les autres assurances maritimes. quel qu'en puisse être l'objet (1).

1112. *c.* On ne peut pas faire assurer plusieurs fois la même chose contre les mêmes risques, de façon à ce qu'au total, les assurances réunies dépassent l'entière valeur des choses assurées.

Il va de soi qu'au contraire, rien n'empêche de contracter, pour une même chose, plusieurs assurances portant chacune sur son entière valeur, lorsque chacune se réfère à des risques différents. Ainsi, une assurance peut s'appliquer aux risques de mer proprement dits, une autre aux risques de guerre.

Une assurance peut aussi être faite valablement pour une chose déjà assurée, si elle couvre les risques dans un autre temps ou dans un autre lieu que la première assurance.

1113. Par cela même que les compagnies d'assurances ont, d'après leurs statuts, *un plein*, c'est-à-dire qu'elles n'assurent point au delà d'une certaine somme sur un même risque (n° 1092), la pluralité des assurances est très fréquente.

Il peut arriver en fait que le montant des diverses assurances

(1) Aix, 26 décembre 1876, D. 1878. 5. 65. — De Valroger, IV, n° 1657. — V. pourtant Locré, *Esprit du Code de commerce*, t. IV, p. 167.

réunies excède la valeur de la chose assurée; on dit parfois alors qu'il y a *double assurance* (1). Qu'arrive-t-il en pareil cas? Une distinction doit encore être faite ici entre le cas où il n'y a pas eu fraude et le cas contraire. Le premier de ces cas a été seul prévu par l'article 359, C. com. : cet article commence en ces termes : s'il existe plusieurs contrats d'assurance *faits sans fraude*, etc.

1114. Quand il y a plusieurs contrats d'assurance faits sans fraude sur le même objet et que le premier en date assure son entière valeur, il subsiste seul. Les assureurs qui ont signé les contrats subséquents, sont libérés; ils ne reçoivent que le demi pour cent de la somme assurée. Si l'entière valeur de la chose n'est pas assurée par le premier contrat, les assureurs qui ont signé les contrats subséquents répondent de l'excédent, en suivant l'ordre des dates (art. 359) (2). Afin de faciliter l'application de cette règle, la loi prescrit de dater les polices, même de mentionner si elles sont souscrites avant ou après-midi (art. 332). Il va de soi que, quand les assurances sont souscrites en même temps ou (ce qui revient au même) quand on ne peut fixer la date respective de chacune d'elles, on les réduit proportionnellement au montant de chacune d'elles, si au total elles excèdent la valeur de la chose assurée.

1115. Il est possible qu'il y ait *fraude*, c'est à-dire que, pour échapper à l'annulation d'une assurance unique, plusieurs assurances soient contractées par une personne qui connaît l'exagération pour des sommes qui, au total, dépassent la valeur de la chose assurée. Dans ce cas, il faut appliquer la même sanction qu'en présence d'une assurance frauduleuse unique (n° 1111), c'est-à-dire annuler toutes les assurances même les plus anciennes en date; toutes font alors, en effet, partie d'une même combinaison frauduleuse (3).

1116. Au reste, sans même qu'il y ait fraude ou erreur, les mar-

---

(1) De Courcy, *De la double assurance* (*Questions de droit maritime*, 3ᵉ série, p. 353 et suiv.).

(2) L'application de la règle de l'ordre des dates donne naissance à différentes questions quand il s'agit, soit de polices *in quovis*, soit de polices d'abonnement (n° 1198).

(3) Laurin sur Cresp, III, p. 164, note 1°.

chandises peuvent être parfois l'objet de deux assurances sucessives contre les mêmes risques, conclues par deux personnes différentes. C'est ce qui arrive notamment quand, après qu'un commissionnaire, adressant à son commettant des marchandises achetées par lui, les a fait assurer avant leur départ, le commettant, recevant avis de leur expédition, les fait lui-même assurer. De deux choses l'une en pareil cas : ou le commettant se prévaut de la première assurance en date faite par l'expéditeur (le commissionnaire), et, par conséquent, la ratifie ; la seconde assurance doit alors être, soit réduite, soit complètement annulée, en vertu de l'article 359, C. com. ; ou, au contraire, le commettant n'invoque pas l'assurance antérieure faite par l'expéditeur ; alors, la seconde assurance doit seule produire ses effets. Dans ce dernier cas, le défaut de ratification de la première assurance doit faire traiter les choses comme si la seconde assurance en date avait été seule souscrite ; le commettant ne peut se trouver lié par une assurance qui a été conclue sans son ordre et qu'il n'a point ratifiée (1).

1117. L'article 359, C. com., qui pose la règle de l'ordre des dates, ne vise expressément, comme les articles 357 et 358, que l'assurance sur *facultés*. Mais il y a lieu, par identité de motif, d'appliquer cette règle, ainsi que toutes les solutions données pour la double assurance, aux assurances sur corps ou sur des objets quelconques (fret, profit espéré, etc.). Les anciens auteurs posent généralement la règle de l'ordre des dates, sans faire aucune

---

(1) De Courcy, *la Double Assurance* (*Questions de droit maritime*, 1ʳᵉ série, p. 353 et suiv.) ; Laurin sur Cresp. III, p. 166, note 3°. — L'article 790, C. allemand, adopte expressément la solution admise au texte qui ne ressort pas des termes de l'article 359 pris à la lettre. Le projet de 1867 (art. 368), imité sur ce point par le Code italien (art. 608), avait adopté un système différent. D'après lui, toutes les assurances conclues par divers représentants du même intérêt ayant agi sans fraude en l'absence de tout mandat, subsistaient. Les intéressés ne pouvaient sans doute recevoir plus que l'indemnité complète du dommage, mais ils avaient la faculté de s'adresser, à leur gré, à l'un quelconque des assureurs. Celui des assureurs qui avait payé l'indemnité, était subrogé au recours pouvant exister contre les assureurs de date antérieure.

exception pour l'assurance sur corps ou pour toute autre assurance (1) (2).

1118. Pour déterminer s'il y a double assurance, il ne faut pas, du reste,,s'attacher à l'apparence, mais bien considérer si, quelles que soient les expressions employées ou les choses présentées comme assurées, il n'y en a pas qui se trouvent assurées deux ou plusieurs fois. Quand une chose est deux fois assurée parce qu'elle a été assurée distinctement et que l'assurance de cette chose se trouve, en outre, comprise dans une autre, on dit qu'il y a *assurance cumulative*. V. art. 334, C. com. et n°s 1135 et 1139.

1119. Afin d'empêcher que la prohibition de la double assurance ne soit violée, la loi impose à l'assuré, au moins en cas de délaissement, l'obligation de déclarer toutes les assurances qu'il a conclues. V. art. 379, C. com. Cela paraît impliquer que les contrats subséquents ne sont pas nuls dès le principe, mais qu'on doit examiner, lors de la fin des risques, si les assurances doivent être exécutées (3),

---

(1) Emérigon, *op. cit*, chap. XVI, sect. 4. Cependant, l'Ordonnance de 1681 (livre III, titre VI, art. 24 et 25) ne visait aussi expressément, en parlant des effets chargés, que l'assurance sur facultés.

(2) Les auteurs modernes donnent presque tous une portée générale à l'article 359, C. com.: Em. Cauvet, I, n° 346 ; Laurin sur Cresp, III, p. 169, 0° ; Droz, I, n° 336 ; de Valroger, IV, n° 1672 ; Arth. Desjardins VII, n° 1501. Cependant, M. de Courcy, s'appuyant sur le texte de l'article 359, prétend que, pour les assurances sur corps multiples, il n'y a pas de règle absolue et que la solution à donner doit varier avec les circonstances (*Questions de droit maritime*, 1re série, p. 404 et suiv.); il cite deux exemples, dans lesquels il prétend montrer que le pripcipe de l'ordre des dates ne régit pas absolument les assurances sur corps. Mais, dans les hypothèses présentées par le savant auteur, l'exclusion de l'ordre des dates s'explique par diverses considérations : ou, en réalité, il n'y a pas assurance d'un seul objet, par cela même que chaque assurance porte sur une quote-part différente du navire, ou il y a défaut de pouvoir chez celui qui a contracté l'assurance. V., à cet égard, Em. Cauvet, *op. cit.*, n° 546 ; de Valroger, IV, n° 1672 ; Arth. Desjardins, VII, n° 1501.

(3) Cass., 21 avril 1865, D. 1865, I, 415 ; Trib. comm. Seine, 1er juin 1895, *la Loi*, numéro du 19 juillet 1895 ; Bordeaux, 17 février 1897, *Pand. fr.*, 1898. 2. 177 (note de M. Denisse) ; *Revue internationale du Droit maritime*, 1897-98, p. 287. — De Valroger, IV, n° 1669, Cp. Cass., 22 déc. 1874, D. 1876. 1. 65.

de telle façon qu'il y aurait plutôt résiliation que nullité des contrats antérieurs (1).

1120. La règle de l'ordre des dates n'étant pas une règle d'ordre public, les parties peuvent l'écarter pour y substituer toute autre règle, pourvu que cela ne conduise pas à faire réaliser un bénéfice à l'assuré, en le plaçant, en cas de sinistre, dans une situation pécuniaire meilleure qu'en cas d'heureuse arrivée. Ainsi, il pourrait être convenu, en retournant complètement la règle, que la seconde assurance en date aura effet à l'exclusion de la première ou que chaque assureur sera tenu proportionnellement à la somme assurée par lui (2), ou encore que l'assuré aura le droit d'agir pour le tout contre chacun des assureurs, sauf le recours de celui qui aura payé contre l'autre, pour arriver entre les assureurs à une répartition de l'indemnité proportionnelle à la somme assurée par chacun (3).

1121. La règle de l'ordre des dates ne s'applique évidemment pas au cas où la première assurance est entachée de quelque vice en entraînant la ristourne (par exemple, dans le cas de nullité pour fausse déclaration ou pour réticence prévu par l'article 348) (4). La seconde assurance doit alors sortir effet sans tenir compte de la précédente qui est non avenue

La même solution doit-elle être donnée dans le cas où, sans que la première assurance fût entachée d'un vice quelconque, les parties l'ont résiliée à l'amiable ? On l'a nié, en se fondant sur ce que la volonté des parties ne peut pas donner effet à une seconde assurance qui devrait tomber ou être réduite en vertu de l'article 359, C. com., par suite de l'existence d'une assurance antérieure en date (5). Mais cette opinion doit être écartée si l'on admet, comme

---

(1) V. Bordeaux, 17 février 1897, *Pand. fr.*, 1898. 2. 177; *Revue intern. du Droit maritime*, XIII, p. 287.

(2) Cpr., à propos des assurances terrestres, Colmar, 14 déc. 1849, D. 1852, 2. 21.

(3) Arth. Desjardins, VII, n° 1501. La police française d'assurance sur corps contient elle-même une dérogation à la règle de l'ordre des dates. V. art. 5, alin. 2.

(4) Cpr. Orléans, 7 janv. 1845, D. 1848. 2. 34; de Valroger, IV, n° 1670 ; Em. Cauvet, I, n° 353. V, en sens contraire, Arth. Desjardins, VII, n° 1500.

(5) Laurin sur Cresp, III, p. 168 en note 4°; Pardessus, II, n° 800.

il a été dit plus haut (n° 1119), que la question de savoir s'il y a
double assurance ne doit être tranchée que lors de la réalisation des
risques (1).

1122. DROIT ÉTRANGER. — La règle de l'ordre des dates en cas
de double assurance sans fraude est admise dans le plus grand nombre des pays. V. loi *belge* du 11 juin 1874 sur les assurances,
art. 14 ; Codes de commerce *allemand*, art. 788 ; *italien*, art. 426.
427 et 608 ; *roumain*, art. 451 ; *portugais*, art. 434 ; *hollandais*,
art. 252 ; *espagnol*, art. 399 ; *chilien*, art. 525 ; *argentin*, art. 500 ;
Codes maritimes *suédois, danois* et *norvégien*, art. 235. En *Grande-
Bretagne*, l'article 32 de la loi de 1906 sur l'asaurance maritime dispose qu'en cas de double assurance, l'assuré, à moins de stipulation
contraire dans la police, peut s'adresser aux assureurs dans l'ordre
que bon lui semble, mais qu'il ne peut recevoir une somme dépassant
la valeur susceptible d'être assurée. L'assureur qui a payé a une
action contre les autres pour faire répartir l'indemnité en proportion
de la somme assurée par chacun (art. 84). Aux *États-Unis d'Amérique*, la même règle est, en principe, consacrée par l'usage, mais,
dans la pratique, on l'écarte souvent pour lui substituer celle de
l'ordre des dates.

1123. CONFLITS DE LOIS.— La diversité même des règles admises
pour le cas de double assurance donne naissance à des conflits de
lois dans le cas où une chose a été assurée deux fois contre les
mêmes risques pour son entière valeur par deux polices souscrites,
l'une dans un pays où est admise la règle de l'ordre des dates et
l'autre dans un pays où est admise la règle du Droit anglais. Ainsi,
l'on peut supposer que des assurances maritimes ont été contractées en *France* et en *Grande-Bretagne*. Comment peut-on régler
alors les droits respectifs des parties ? Il faut distinguer le cas où
l'assurance *anglaise* est la première en date et le cas où c'est l'assurance *française* qui a la priorité.

Si la police *anglaise* est la première en date, l'assureur *anglais* est
seul tenu envers l'assuré, celui-ci ne peut pas agir contre l'assureur

(1) Cass., 22 déc. 1874, D. 1876. 1. 65 ; Droz, I, n° 342. L'opinion contraire avait été admise à tort dans notre *Précis de Droit commercial*, II,
n° 2066.

français qui est même protégé contre le recours de l'assureur anglais, grâce à l'article 359, C. com. L'assureur anglais ne peut se plaindre ; l'assuré ne lui a pas promis qu'une assurance contractée postérieurement conformément aux règles de la loi anglaise viendrait réduire sa responsabilité, grâce au recours qu'il aurait contre le second assureur.

Si, au contraire, la police d'assurance française est la première en date, l'assuré peut agir à son choix contre lui en vertu de l'article 359, C. com., où contre l'assureur *anglais* en vertu de la règle admise par le droit *anglais*. Si l'assureur *anglais* a été actionné, un recours lui appartient contre l'assureur français. L'assureur *français* ne peut se plaindre de ce qu'on lui applique, d'après l'article 359, C. com., la règle de l'ordre des dates par suite de laquelle il est seul tenu. Une assurance conclue après la sienne ne peut pas plus avoir pour effet d'améliorer sa situation que de l'empirer au point de vue de ses obligations envers l'assuré. Mais l'assureur *français* a-t-il un recours, quand il a payé, contre l'assureur *anglais*? L'assureur *français* n'en a certes pas de son chef; il ne peut invoquer contre l'assureur anglais la règle du droit anglais. Il semble seulement que l'assureur français peut invoquer le bénéfice de la subrogation en vertu de l'article 1251, 3°, C. civ., comme ayant payé une dette dont il était tenu avec un autre (1).

1124. *d.* Par cela même qu'il n'y a point d'assurances sans risques, le contrat devrait être nul au cas, soit où la chose assurée a déjà péri, soit où elle est déjà arrivée à bon port au moment où il a été conclu. Mais il peut y avoir une surprise et il serait bien rigoureux d'admettre la nullité de l'assurance lorsqu'au moment de la conclusion du contrat, l'assuré ignorait la perte ou lorsque l'assureur ignorait l'heureuse arrivée. Aussi, quand il y a perte ou heureuse arrivée

(1) Arth. Desjardins, VII, n° 1511 ; de Valroger, IV, n° 1677. — Consult., sur les conflits entre la loi anglaise et les lois admettant la règle de l'ordre des dates, *Journ. du Droit internat. privé*, 1894, p. 294 à 302. Dans l'espèce visée dans cet article, il s'agissait de réassurances. Mais, comme la réassurance n'est qu'une assurance d'une certaine espèce, la double réassurance est régie par les mêmes règles que la double assurance. V. n° 1159.

de la chose assurée, avant la conclusion du contrat, l'assurance n'est-elle nulle que dans deux cas :

a. Quand il est *prouvé* que l'assuré connaissait la perte déjà survenue ou que l'assureur connaissait l'heureuse arrivée. V. art. 366, 367 et 368, C. com., argument *a fortiori.* V. aussi n° 1125.

b. Quand, sans qu'il y ait une preuve proprement dite, il y a présomption légale qu'avant la signature du contrat, l'assuré était informé de la perte ou que l'assureur l'était de l'arrivée des objets assurés (art. 365, C. com.).

A cet égard, le Code de commerce établit une présomption appelée parfois présomption de la lieue et demie par heure. D'après l'art. 366, C. com., *la présomption existe, si, en comptant trois quarts de myriamètre par heure, sans préjudice des autres preuves, il est établi que, de l'endroit de l'arrivée ou de la perte du vaisseau ou du lieu où la première nouvelle est arrivée, elle a pu être portée dans le lieu où le contrat d'assurance a été passé avant la signature du contrat.*

Cette présomption est absolue (*juris et de jure*) ; elle ne peut donc être combattue que par l'aveu ou par le serment ; car il s'agit là d'une présomption sur le fondement de laquelle la loi annule un acte (art. 1352, C. civ.).

La présomption de l'article 366 n'est certainement plus d'accord avec la rapidité des communications : il ne faut pas une heure pour qu'une nouvelle bonne ou mauvaise parcoure aujourd'hui trois quarts de myriamètre (1). Si les polices laissaient la présomption de la loi s'appliquer, on n'annulerait pas des assurances maritimes dans des cas où, par suite de la rapidité des communications, l'assuré a pu connaître la perte ou l'assureur l'heureuse arrivée lors de la conclusion du contrat.

Aussi les polices françaises d'assurances sur corps et sur facultés écartent-elles la présomption de l'article 366, C. com., pour la

---

(1) V. de Courcy, *D'une réforme internationale du droit maritime,* p. 135 et suiv. ; *Commentaire des polices françaises d'assurance maritime.*

remplacer par des présomptions conventionnelles toutes différentes (1).

1125. Du reste, les parties ont la faculté de conclure une *assurance sur bonnes ou mauvaises nouvelles*. Dans ce cas, la présomption de l'article 366, C. com., est écartée ; pour l'annulation de
l'assurance, il faut qu'il soit *prouvé* que l'assuré avait connaissance
de la perte ou l'assureur de l'heureuse arrivée lors de la conclusion
du contrat (art. 367, C. com.). Mais la preuve rigoureuse de la connaissance acquise serait souvent très difficile. Aussi, dans l'usage,
admet-on que la preuve de la notoriété équivaut à celle de la connaissance personnelle (2).

Les assurances sur bonnes ou mauvaises nouvelles offrent assurément un certain danger pour les assureurs. Elles sont, pourtant,
assez fréquentes pour les marchandises. La raison en est que les
polices d'assurances sur facultés ne restent pas toujours à beaucoup
près entre les mains de l'expéditeur ou du destinataire ; elles cir-

---

(1-2) L'article 29, al. 1, 2 et 4 de la police française d'assurance sur corps,
est ainsi conçu : « Par application de l'article 365, C. com., l'assuré et
« les assureurs sont toujours présumés avoir reçu connaissance immédiate
« des nouvelles concernant le navire assuré qui sont parvenues au lieu
« où ils se trouvent respectivement, même à des tiers inconnus d'eux,
« par un journal, une lettre, une dépêche, un exprès ou de toute autre
« manière. — En conséquence, l'assurance est nulle s'il est justifié que la
« nouvelle de l'arrivée du navire ou d'un sinistre le concernant était con-
« nue, soit au lieu où se trouvait l'assuré avant l'ordre d'assurance donné,
« soit sur la place du domicile de l'assureur avant la signature de la
« police, sans qu'il soit besoin d'administrer aucune preuve directe de
« connaissance acquise de la nouvelle par l'assuré ou l'assureur. — Il est
« entièrement dérogé aux articles 366 et 367, C. com. ».

L'article 18, al. 1, de la police française d'assurance sur facultés, consacre une règle semblable dans les termes suivants : « les assurés et les
« assureurs sont toujours présumés avoir reçu connaissance immédiate
« des nouvelles concernant les choses assurées, qui sont parvenues au
« lieu où ils se trouvent respectivement. En conséquence, toute assurance
« faite après la perte ou l'arrivée des choses assurées est nulle, s'il est
« établi que la nouvelle de la perte ou de l'arrivée était parvenue, soit au
« lieu où se trouvait l'assuré avant l'ordre d'assurance donné, soit sur la
« place du domicile de l'assureur avant la signature de la police. Cette
« présomption est substituée à celle de la lieue et demie par heure, et il
« est dérogé à l'article 366, C. com. ».

culent avec les connaissements. Les acheteurs de marchandises
en cours de transport, les banquiers qui font des avances sur
elles, craindraient de recevoir trop aisément des polices ayant un
vice caché si la présomption de l'article 366, C. com., s'appliquait (1).

Cependant, ce qui diminue beaucoup l'utilité pratique des assurances sur bonnes ou mauvaises nouvelles, c'est que celui qui
expédie ou qui reçoit habituellement des marchandises transportées
par mer, a un moyen très simple d'éviter les surprises. Ce moyen
très usité consiste dans le recours à des *polices flottantes* ou
polices d'abonnement. V. n° 1197.

1126. La preuve de la connaissance acquise de l'événement entraîne
la nullité du contrat : cela va de soi, puisque la seule présomption
légale de l'article 366 a cette conséquence. En outre, l'auteur de la
fraude doit une indemnité à l'autre contractant : en cas de preuve
contre l'assuré, celui-ci paie à l'assureur une double prime ; en cas
de preuve contre l'assureur, celui-ci paie à l'assuré une somme
double de la prime (art. 368, C. com.). Le Code de commerce ne se
contente pas de cette sanction civile : il ajoute (art. 368) que celui
d'entre les contractants contre lequel la preuve est faite, sera poursuivi correctionnellement. Cela implique, suivant la jurisprudence,
qu'il peut être condamné comme coupable d'escroquerie (2). Mais
cette solution semble très douteuse : les caractères de l'escroquerie,
tels qu'ils sont indiqués par l'article 405, C. pén., ne se rencontrent
pas ici et le renvoi fait en termes vagues par le Code de commerce
à la loi pénale ne suffit pas pour permettre l'application d'une peine
déterminée.

---

(1) La police française d'assurance *sur facultés* seule admet la possibilité de l'assurance sur bonnes ou mauvaises nouvelles. Mais une notoriété résultant d'une publication dans un journal, en un lieu quelconque, est considérée comme équivalant à la preuve. L'article 18, 2ᵉ alin.,
de la police française d'assurance sur facultés, est ainsi conçu : « Même
« alors qu'il est stipulé que l'assurance est faite sur bonnes ou mauvaises
« nouvelles conformément à l'article 367, C. com., la notoriété résultant
« de la publication dans un journal avant la signature du contrat, tient
« lieu de preuve ». — V., sur cette clause, de Courcy, *Commentaire des
polices françaises d'assurance maritime*, p. 338 et suiv.

(2) Cass., 20 juillet, 1857, D. 1857. 1. 380.

1127. Quand l'assurance est faite pour le compte d'autrui, la bonne foi doit exister à la fois chez celui qui donne l'ordre et chez celui qui l'exécute. Si le commissionnaire connaissait la perte au moment où il conclut le contrat, celui-ci est nul, bien que le donneur d'ordre soit de bonne foi. Si l'assuré n'en a connaissance qu'après avoir donné l'ordre d'assurance, il doit en avertir promptement le commissionnaire pour l'empêcher de conclure l'assurance (1).

1127 bis. DROIT ÉTRANGER. — Les lois étrangères ont abandonné la présomption de l'article 366 du Code de 1807. La loi *belge* de 1879 (art. 219) annule l'assurance faite après la perte ou l'arrivée des choses assurées, s'il est prouvé qu'avant la signature du contrat l'assuré a dû être informé de la perte, ou l'assureur de l'arrivée des choses assurées (2). Pour le cas de mauvaise foi, l'article 220 reproduit l'article 368 du Code français, sans parler de poursuite correctionnelle. Les Codes *allemand* (art. 785) et *italien* (art. 430) n'établissent aucune présomption et exigent la connaissance acquise. Le Code de commerce *hollandais* (art. 597 et 598) admet que le contrat est nul au cas de simple présomption de la connaissance de l'avarie ou de l'heureuse arrivée. La présomption existe quand le juge reconnaît que, d'après les circonstances, il s'est écoulé un temps suffisant pour que l'assuré ait été instruit du dommage. En cas de doute, le juge peut ordonner que les assurés prêteront serment qu'ils n'avaient pas connaissance des dommages existant lorsqu'ils ont contracté. Le juge doit toujours permettre qu'une partie défère le serment à l'autre (art. 270 et 271).

1128. DE LA CHOSE ASSURÉE. — Le second élément essentiel de l'assurance maritime est une chose assurée, qui est exposée aux risques de mer que l'assureur prend à sa charge.

(1) L'article 29, alin. 2, de la police française d'assurance sur corps, dispose : « Quiconque, après avoir donné de bonne foi un ordre d'assu-« rance, apprend un sinistre concernant le navire avant d'être avisé de « d'exécution, est tenu de donner aussitôt contre-ordre, même par le télé-« graphe, à peine de nullité de la police, laquelle sera maintenue si le « contre-ordre ainsi donné n'arrive qu'après l'exécution ». Comp. Bordeaux, 3 août 1868, *Journ. de jurispr. de Marseille*, 1869. 2. 30.

(2) La loi *belge* a emprunté ces dispositions au projet français de 1867 (art. 370 et 371).

Quelles sont les choses auxquelles peut s'appliquer l'assurance maritime ? L'article 334, C. com., en fait une longue énumération. Celle-ci n'a pas un caractère limitatif ; car elle se termine par une formule générale : *l'assurance peut avoir pour objet... et généralement toutes choses estimables à prix d'argent sujettes aux risques de la navigation*. Mais à cette règle le Code de commerce (ancien art. 347), avant les modifications résultant de la loi du 12 août 1885, apportait des exceptions notables et nombreuses. Le système de notre Code, reproduit, du reste, de l'Ordonnance de 1681, était très restrictif, en ce que, d'après lui, beaucoup de choses susceptibles d'être estimées en argent et exposées aux risques de mer ne pouvaient pas être assurées. La loi du 12 août 1885, en modifiant les articles 334 et 347, C. com., a élargi le système du Code de commerce, de telle façon que le principe général contenu dans la formule de l'article 334 ci-dessus reproduite, est devenu absolument exact. Il importe, pour comprendre les progrès réalisés, de connaître la différence générale existant entre le système primitif du Code reproduit de l'Ordonnance de 1681 et le système nouveau résultant de la loi du 12 août 1885, sauf à indiquer ensuite les différences de détail.

Il a été dit plus haut (n°ˢ 1107 et 1108) que l'assurance n'est qu'un contrat d'indemnité. En conséquence, notre Code a dû prohiber toute assurance dont le résultat serait de faire réaliser un bénéfice à l'assuré ; mais le Code de commerce, comme l'Ordonnance de 1681, ne s'en est pas tenu là. Toutes les personnes ayant des intérêts exposés aux risques de mer se proposent, en général, non seulement de retirer leurs biens intacts de l'expédition maritime et ainsi de ne pas éprouver de perte proprement dite, mais encore de réaliser un bénéfice. En cas de sinistre, ces personnes éprouvent une perte proprement dite (*damnum emergens*) et sont en même temps privées d'un bénéfice sur lequel elles comptaient (*lucrum cessans*). Le Code de commerce avait, comme l'Ordonnance de 1681, consacré un système d'après lequel l'assuré pouvait bien être garanti contre les pertes, mais non pas contre les privations de gains. On a parfois exprimé cette idée d'autres manières. On a dit notamment que, dans notre législation, l'assurance ne pouvait que placer l'assuré dans la situation pécuniaire dans laquelle il se trouvait avant le départ. Le législateur avait cru, en adoptant ce système, tirer une conséquence logique de ce que l'assurance n'est qu'un contrat d'indemnité. Comme cela sera expliqué plus loin (n° 1133), il y avait là une véritable erreur.

Une idée générale qui sera vérifiée ci-après (n°s 1130 et suiv.), a dominé les réformes faites en 1885 relativement aux choses qui peuvent être assurées. Le législateur a entendu permettre aux intéressés de se faire assurer à leur gré, soit seulement contre les pertes qu'ils peuvent éprouver, soit à la fois contre les pertes et contre les privations de gain pouvant résulter des risques de mer. En d'autres termes, l'assuré peut, selon ses convenances, contracter des assurances qui le replacent, en cas de sinistre, simplement dans la situation pécuniaire où il était avant le départ, ou bien qui le mettent dans la situation pécuniaire où il se serait trouvé en cas d'heureuse arrivée, après la fin du voyage.

Pour déterminer les choses qui peuvent être assurées, il sera parlé successivement des différentes personnes ayant des intérêts exposés aux risques de mer ; à propos de chacune d'elles, il y aura lieu de déterminer quelles choses elle pouvait ou ne pouvait pas faire assurer avant la loi du 12 août 1885 et quelles choses elle peut faire assurer actuellement grâce aux modifications apportées par cette loi aux articles 334 et 347, C. com.

1129. Les personnes ayant des intérêts exposés aux risques de mer sont : 1° les propriétaires de navires ; 2° les propriétaires de marchandises ; 3° les prêteurs à la grosse ; 4° les passagers ; 5° les gens de mer ; 6° l'assuré comme tel ; 7° l'assureur.

Pour les deux dernières personnes seulement, les dispositions du Code de commerce relatives aux choses qu'elles peuvent faire assurer, n'ont point été modifiées par la loi du 12 août 1885.

1130. *Propriétaires de navires. — Choses qu'ils peuvent faire assurer.* — Le propriétaire d'un bâtiment de mer risque de perdre son bâtiment avec ses accessoires, ainsi que toutes ses *mises dehors* ou dépenses nécessitées par l'expédition entreprise (achat de charbon, loyers des gens de mer, achat de vivres et de munitions, etc.). Le propriétaire d'un bâtiment de mer ne se propose pas seule-

ment d'éviter ces pertes ; dans le cas où il a conclu des affrètements,
il a pour but de réaliser des bénéfices. Ceux-ci se produisent quand
le fret excède les dépenses de navigation et la déperdition de valeur
résultant de l'usure du navire. L'excédent du fret qui forme le bénéfice du propriétaire du navire, est le *fret net* (n° 172).

Il est facile de se rendre compte de la situation pécuniaire du
propriétaire du navire, soit en cas d'heureuse arrivée. soit en cas
de perte de son bâtiment.

En cas d'heureuse arrivée, le propriétaire du navire a un bâtiment
que la navigation a usé dans une certaine mesure, et qui, par suite,
a diminué de valeur ; de plus, il a supporté des dépenses ou mises
dehors. Il compense l'usure du navire et ces dépenses avec une partie du fret ; l'excédent ou *fret net*, s'il y a un excédent, forme, pour
lui, un bénéfice. En cas de perte du navire et des marchandises (1),
il perd le navire dans son état d'usure avec ses accessoires et les
mises dehors ou dépenses de navigation ; il est, en outre, privé du
fret net sur lequel il comptait (art. 302, C. com.).

Un exemple rendra ces idées plus claires. Supposons :

a. Un navire ayant au départ une valeur de.   .   201.000 fr.
b. Des mises dehors se montant à .   .   .   .   5.000 fr.
c. Un fret de.   .   .   .   .   20.000 fr.
d. L'usure du navire causée par le voyage équi-
      valant à .   .   .   .   1.000 fr.

Si le navire parvient à bon port, quelle sera la situation du propriétaire ? Il aura conservé un navire dont la valeur, par suite de
l'usure résultant du voyage, a été réduite à 200.000 fr. Le fret de
20.000 fr. lui servira à compenser cette usure et à payer les dépenses montant à 5.000 fr. de telle sorte que le fret net formant son
gain sera de 14.000 fr.

Si le navire et les marchandises viennent à périr, le propriétaire
perdra son bâtiment dans l'état d'usure où il serait, sans le sinistre,

---

(1) Pour plus de simplicité, il est supposé au texte que le sinistre le
plus grave se produit, qu'il y a perte totale du navire. Mais il est facile
de transporter les indications et raisonnements contenus au texte du cas
de perte totale aux cas, soit de perte partielle, soit de détériorations.

arrivé à destination, soit 200.000 fr. ; il perdra, en outre, les
5.000 fr. de dépenses que le fret ne pourra pas couvrir, puisqu'il
n'est pas dû (art. 302, C. com.) ; enfin, il sera privé du bénéfice consistant dans le fret net de 14.000 fr.

1131. Le Code de commerce admettait bien l'assurance du navire
d'après la valeur même qu'il avait lors du départ et l'assurance des
mises dehors (art. 334), mais non celle du fret à faire (c'est-à-dire
à gagner par le propriétaire du navire), de telle sorte que le propriétaire d'un navire ne pouvait se mettre à l'abri de la privation
de gain, résultant de ce qu'il ne touche point le fret sur lequel il
comptait (ancien art. 347). Ainsi, dans l'espèce indiquée plus
haut, le propriétaire du bâtiment aurait eu le droit de faire
assurer le navire pour 201.000 fr. ; les mises dehors pour 5.000 fr. ;
mais l'assurance du fret net de 14.000 fr. était prohibée.

Il a été supposé qu'il y avait une perte entière des marchandises
et du navire et, par suite, il a été dit que le propriétaire est privé de
tout droit au fret (art. 302, C. com.). Mais il y a des cas où le fret
n'est perdu qu'en partie pour celui-ci (nos 772 et suiv.). L'assurance
contre la perte partielle du fret était évidemment prohibée aussi bien
que l'assurance contre la perte totale.

1132. Les raisons alléguées pour justifier la prohibition de l'assureur du fret, se trouvent dans les anciens auteurs (1) et dans les
travaux préparatoires du Code de commerce (2). Elles peuvent être
résumées de la façon suivante.

Grâce à la défense de l'assurance du fret, le propriétaire d'un
navire est toujours intéressé à son heureuse arrivée, puisqu'en cas
de sinistre, si ses pertes sont réparées par l'assureur, du moins il
ne réalise pas le bénéfice sur lequel il comptait. Du reste, l'assurance
n'est qu'un contrat d'indemnité, qui ne doit pas faire réaliser de
bénéfices à l'assuré ; l'assurance du fret lui en procurerait un. On
ajoute enfin qu'on ne peut faire assurer que les choses qui existent
et non celles qui peuvent ne jamais exister ; le fret est du nombre de

(1) Emérigon, *Traité des assurances*, ch. 1, sect. 4 ; ch. 8, sect. 8, § 2 ;
Pothier, *Traité du contrat d'assurance*, n° 36.
(2) Locré, *Législation de la France*. Exposé des motifs de Corvetto
p. 453 ; discours de M. Challen au Corps législatif, p. 465.

ces dernières ; car, en cas de naufrage ou de prise. il n est dû, en principe, aucun fret (art. 302, C. com.)

1133. On a fini par reconnaître avec raison que les motifs donnés pour justifier la prohibition de l'assurance du fret, sont inexacts et que cette prohibition pouvait nuire à notre marine marchande (1).

Sans doute, la prohibition de l'assurance du fret, en laissant un découvert à l'assuré, devait le rendre prévoyant. Mais cela ne justifiait pas la prohibition ; avec l'idée dont on partait, il aurait fallu défendre absolument toute assurance ; celui qui est assuré devient ordinairement plus imprévoyant qu'il ne l'était antérieurement (2). D'ailleurs, les rédacteurs du Code de commerce ont bien répudié cette idée sur un autre point; ils n'ont point exigé, comme le faisait l'Ordonnance de 1681, qu'en principe, l'assuré conserve un découvert de 10 0/0 de la valeur de la chose assurée (3).

Contrairement à ce qu'on alléguait, le fret est une créance qui existe et dont le montant est même fixé dès le jour où il a été stipulé dans le contrat d'affrètement; seulement, comme toutes les choses exposées aux risques maritimes, le fret est exposé à périr en

(1) La démonstration en a été souvent faite. Elle l'a été d'une façon particulièrement remarquable dans un rapport présenté au Conseil d'Etat, en 1874 par M. G. Griolet, alors maître des requêtes sur un projet de loi devenu la loi du 12 août 1885.

(2) Le fait qu'une personne contracte une assurance, implique sans doute qu'elle a l'esprit de prévoyance, en ce sens qu'elle songe à se prémunir contre les conséquences pécuniaires d'un sinistre ; mais, une fois l'assurance contractée. l'assuré fait souvent moins d'efforts pour échapper aux risques qu'il n'en faisait antérieurement, parce qu'il sait que les dommages qu'il pourra éprouver seront réparés. Ainsi, l'on a souvent remarqué que les maisons assurées contre l'incendie brûlent dans une proportion plus forte que les maisons non assurées. que les accidents de mer se produisent proportionnellement plus souvent pour les navires assurés que pour les autres.

(3) Voici le texte des articles 18 et 19 du livre III. titre VI de l'Ordonnance : « Art. 18. Les assurés courront toujours risque du dixième des effets qu'ils auront chargés, s'il n'y a déclaration expresse dans la police qu'ils entendent faire assurer le total. — Art. 19. Et si les assurés sont dans le vaisseau, ou qu'ils en soient les propriétaires, ils ne laisseront pas de courir risque du dixième, encore qu'ils aient déclaré faire assurer le total. »

tout ou en partie, par suite de la réalisation de ces risques. Le fret est le fruit civil du navire (n° 98). Or, on n'a jamais contesté la validité des assurances contre les accidents pouvant empêcher de naître ou pouvant anéantir des fruits, pourvu, bien entendu, que l'assuré eût intérêt à leur naissance et à leur conservation. N'est-ce pas ainsi qu'on admet sans difficulté l'assurance des récoltes contre la grêle? On conçoit plus aisément encore l'assurance du fret que celle des récoltes; car à la différence des récoltes, la valeur du fret est connue à l'avance; le contrat d'affrètement en fixe le montant.

Le principe, selon lequel l'assurance est un contrat d'indemnité, ne justifiait pas non plus la défense de l'assurance du fret. Ce principe signifie seulement que l'assuré ne doit pas, au moyen d'un contrat d'assurance, rendre, en cas de sinistre. sa situation pécuniaire meilleure qu'en cas d'heureuse arrivée (n°s 1108 et suiv.). L'assurance du fret n'a pas ce résultat; grâce à elle, l'assuré se place seulement dans la situation où il aurait été sans le sinistre. D'ailleurs, l'idée même d'indemnité. comme le prouve l'article 1149, C. civ., paraît impliquer que celui qui a le droit d'être indemnisé, reçoit une somme d'argent représentant non seulement ses pertes (*damnum emergens*), mais aussi les gains ou bénéfices dont il a été privé (*lucrum cessans*).

La prohibition de l'assurance du fret, que ne justifiait, en réalité, aucun principe de droit, avait de graves inconvénients pratiques. Il y avait là une cause d'infériorité pour les compagnies d'assurances maritimes françaises et pour notre marine marchande. Les armateurs, n'ayant pas la faculté de se faire garantir contre toutes les conséquences qu'ont pour eux les risques de mer, pouvaient se décourager plus aisément. Ils avaient aussi parfois l'idée de contracter une assurance avec des compagnies étrangères dans le pays desquelles le fret pouvait être assuré, ce qui était naturellement nuisible aux compagnies d'assurances françaises. Un autre inconvénient pratique de la prohibition de l'assurance du fret a souvent été indiqué. En principe, le fret n'est payable qu'après l'arrivée du navire à destination. L'armateur ne peut pas toujours attendre jusqu'à ce moment; il a fort souvent besoin d'argent, soit pour payer les dépenses de l'expédition, soit pour faire de nouveaux armements. Que fait-il afin de s'en procurer ? Il tire sur le débiteur du fret une lettre de change et cherche à la faire escompter par un un banquier. Mais il se pouvait qu'il eût quelque peine à faire accepter cette traite à l'escompte car le banquier auquel elle est offerte exige de l'armateur qu'il justifie d'une assurance du fret, afin que le porteur de la lettre de change soit certain d'être payé, même en cas de perte des marchandises.

Du reste, afin d'arriver à l'assurance du fret, les intéressés employaient des moyens divers, grâce auxquels les inconvénients pratiques de la prohibition étaient, sinon supprimés, au moins fort atténués.

Le moyen le plus simple consistait dans la souscription de *polices d'honneur*. Les assureurs assuraient expressément et sans aucun détour, le fret à faire, puis ils s'engageaient sur l'honneur à ne pas se prévaloir de la nullité et, pour ne pas donner connaissance aux tribunaux de la violation de la loi, les parties déclaraient s'en remettre à des arbitres pour toutes les contestations qui pourraient naître entre elles par la suite. Ce moyen atteignait généralement son but; mais il y avait toujours à craindre qu'en cas de faillite de l'assureur, la nullité ne fût opposée par le syndic en qualité de représentant la masse des créanciers. En outre, comme l'assuré lui-même n'était pas légalement engagé, les polices d'honneur fixaient parfois des primes très élevées pour compenser le risque de l'inexécution.

On recourait à un moyen plus compliqué pour échapper à la prohibition de l'assurance du fret. Les parties peuvent convenir que le fret ne sera pas restituable, même en cas de sinistre (art. 302). V. n° 769. Mais on conçoit que les chargeurs résistent à l'admission d'une pareille clause : avec elle, ils sont exposés à payer un fret pour des marchandises qui n'arrivent point à destination. Aussi, afin de déterminer les chargeurs à accepter cette clause, les armateurs convenaient-ils avec eux que les chargeurs feraient assurer le fret, mais que les armateurs supporteraient la charge de la prime. De cette manière, l'armateur touchait le fret et payait la prime à tout événement, comme si le fret avait été assurable par l'armateur.

Quant au chargeur il ne risquait rien de consentir à ce que le fret ne fût pas restituable, puisque le montant lui était remboursé par l'assureur. Le chargeur pouvait faire ainsi assurer le fret non restituable sans violer la prohibition de l'article 347, C. com. ; car cette prohibition ne visait que l'assurance du *fret à faire* (c'est-à-dire à gagner) et non celle du *fret acquis*; le fret, dans l'espèce, devait bien recevoir cette dernière qualification, puisqu'il n'était pas restituable en aucun cas par l'armateur (1). V. n° 770.

1134. Depuis la loi du 12 août 1885, la prohibition de l'assurance du fret pour le propriétaire du navire n'existe plus. La disposition de l'article 347 qui l'édictait, est abrogée et l'article 334 modifié mentionne expressément le fret parmi les choses pouvant être assurées. Du reste, la formule générale citée plus haut (n° 1128), par laquelle se termine l'article 334, 1er alin., aurait suffi pour faire admettre la possibilité de l'assurance du fret.

Quelles choses peut donc faire assurer aujourd'hui le propriétaire d'un navire?

Il peut évidemment se borner à faire assurer, comme avant la loi du 12 août 1885, le navire et les frais d'armement ou mises dehors. Mais, alors, il est placé seulement à l'abri des pertes pécuniaires, il n'est pas garanti contre les privations de gains.

Il peut, pour être garanti même contre celles-ci, faire assurer : 1° le navire ; 2° ses mises dehors ; 3° le fret net. C'est même là le cas que paraît viser l'article 334, C. com., en indiquant qu'on peut faire assurer le *fret net*. Le propriétaire du navire arrive ainsi à être garanti dans la plus large mesure possible contre le préjudice pécuniaire pouvant résulter pour lui des risques de mer.

Une autre combinaison est certainement aussi mise à la disposition du propriétaire du navire. Il peut faire assurer le navire et le

---

(1) Une Déclaration du Roi du 17 août 1779 (art. 6) décidait que « *le fret acquis* pourra être assuré ». Nos anciens auteurs étaient fort embarrassés pour expliquer ce qu'il fallait entendre par là. « Puisque le Roi l'a permis, disait Emérigon, il faut nécessairement que la chose puisse être mise en pratique. » Ils étaient, en général, arrivés à reconnaître qu'il s'agissait de l'assurance du fret stipulé non restituable, conclue par l'affréteur : Emérigon, *op. cit.*, ch. 8, sect. 8, p. 3 et suiv. ; Pothier, *Traité du contrat d'assurance*, n° 36.

fret brut. Il arrive ainsi au même résultat qu'en faisant assurer les trois choses qui viennent d'être indiquées, par cela même que le fret brut est égal au montant des mises dehors et du fret net réunis.

Ces différentes choses peuvent, selon les convenances des intéressés et les circonstances, être assurées par une seule police ou par plusieurs polices distinctes.

1135. Mais, quelque extension qu'aient reçue les assurances que peut conclure le propriétaire d'un navire, il ne faut pas oublier que l'assurance n'est qu'un contrat d'indemnité. L'article 334, C. com., applique ce principe, en déclarant interdite toute assurance *cumulative*, c'est-à-dire qu'en faisant assurer différentes choses, l'assuré ne peut pas arriver à réaliser un bénéfice. Par suite, le propriétaire d'un navire ne peut pas faire assurer à la fois, outre son navire, le *fret brut* et les mises dehors. Les mises dehors seraient alors assurées deux fois. Car elles sont comprises dans le fret brut. Il est facile d'apercevoir que, s'il agissait ainsi, le propriétaire du navire serait placé, en cas de sinistre, dans une situation pécuniaire meilleure qu'en cas d'heureuse arrivée. En effet, en cas d'heureuse arrivée, il aurait touché le fret, mais il aurait dû supporter sur ce fret les dépenses de navigation. En faisant assurer le fret brut et ces dépenses, il n'aurait pas à supporter celles-ci, puisqu'il s'en ferait rembourser par l'assureur.

Qu'arrive-t-il si cette règle a été violée? On applique les mêmes sanctions qu'en cas de double assurance (nos 1112 et suiv.). D'après l'article 334, dern. alin., *dans tous les cas d'assurances cumulatives, s'il y a eu dol ou fraude de la part de l'assuré, l'assurance est nulle à l'égard de l'assuré seulement; s'il n'y a eu ni dol ni fraude, l'assurance sera réduite de toute la valeur de l'objet deux fois assuré. Si l y a eu deux ou plusieurs assurances successives, la réduction portera sur la plus récente.*

1136. DROIT ÉTRANGER. — La prohibition de l'assurance du fret est abandonnée depuis longtemps dans les pays étrangers. V. loi *belge* du 21 août 1879, art. 191; Codes de commerce *hollandais*, art. 593; *allemand*, art. 779; *italien*, art. 606, 3º; *roumain*, art. 618, 3º; *espagnol*, art. 743 7º; *portugais*, art. 597; *argentin*, art. 1157, 7o; *mexicain*, art. 818, 7o ; Codes maritimes *suédois*, *danois*, *norvégien*, art. 230 ; *finlandais*, art. 172. L'assurance du fret est admise en *Grande-Bretagne* par la loi de 1906 (art. 3), comme elle l'était antérieurement par la coutume (1). Elle l'est par celle-ci aux *Etats-Unis d'Amérique* (2). Cependant, la prohibition de l'assurance du fret est encore consacrée par le Code de commerce *chilien*, art. 1218.

1137. La prohibition de l'assurance du fret impliquait celle du prix de transport des passagers. Il y a là aussi un bénéfice sur lequel compte le propriétaire du navire et dont, par suite d'événements de mer. il peut être privé. Les motifs invoqués pour prohiber l'assurance du fret, s'appliquaient exactement à l'assurance du prix de transport des passagers. Mais, depuis la loi du 12 août 1885, le prix de transport des passagers qui n'est, après tout, qu'une variété du fret, peut être assuré, comme le fret lui-même (3). Du reste, la formule générale de l'article 334, C. com., relative aux choses qui peuvent être assurées contre les risques de mer, s'applique au prix de passage pour lequel il n'est fait aucune exception.

1138. *Propriétaires de marchandises.* — Les chargeurs qui expédient des marchandises à vendre au port de destination, ont pour but de réaliser un bénéfice; ils comptent que le prix payé par la personne qui achète la cargaison au port de destination, suffira non seulement à leur rembourser le coût de production ou le prix d'achat des marchandises, les frais de transport et les dépenses accessoires (droits de douane, droits d'octroi, etc.), mais qu'il y aura un excédent qui constituera précisément leur bénéfice. Ce bénéfice n'est pas certain ; car il peut se faire qu'au port de reste, les marchandises se vendent pour un prix inférieur ou seulement

---

(1) Arnould, *op. cit.*, I, p. 29 et suiv. ; Mac Arthur, *The contract of marine insurance*, p. 99.

(2) Parsons, *Laws of Business for all the states and territories of the Union*, p. 377.

(3) DROIT ÉTRANGER. — Afin d'éviter toute difficulté, des lois étrangères mentionnent expressément, pour la permettre, à côté de l'assurance du fret, celle du prix de transport des passagers. V. loi *belge* du 21 août 1879, art. 191 ; Codes de commerce *allemand*, art. 779 (*Ueberfahrts gelder*); *italien*, art. 606, 3°.

égal aux sommes déboursées pour les acheter et les faire transporter ou que la perte des marchandises mette obstacle même à ce
que la vente en ait lieu, aussi dit-on qu'il y a *bénéfice espéré*. En
conséquence, en cas de perte ou de prise des marchandises, un
chargeur perd tous les déboursés qu'il a dû faire (prix d'achat, fret
non restituable, etc.) et, de plus, il est privé du gain sur lequel il
comptait. Le Code de commerce, comme l'Ordonnance de 1681 (1),
restreignait la faculté pour le chargeur ou pour le destinataire de
contracter des assurances. Il pouvait bien faire assurer les divers
déboursés qu'il avait faits, mais non le profit espéré. Ainsi, par les
assurances que le Code de commerce autorisait, le chargeur pouvait être placé, en cas de sinistre, dans la situation où il était avant
le départ, non dans celle où il aurait été en cas d'heureuse arrivée.

Les raisons alléguées pour prohiber l'assurance du profit espéré,
étaient semblables à celles qu'on invoquait pour justifier la prohibition de l'assurance du fret à faire (n° 1132) ; on disait que le profit
espéré est une chose qui n'existe pas et peut ne jamais exister, que
l'assurance de ce profit serait une gageure faisant réaliser un gain à
l'assuré. Il était facile de réfuter ces raisons. L'assurance du profit
espéré ne viole pas la règle selon laquelle l'assurance maritime n'est
qu'un contrat d'indemnité, puisqu'elle place l'assuré, en cas de perte,
non pas dans une meilleure condition, mais dans la même situation
pécuniaire qu'en cas d'heureuse arrivée. On ne voit pas pourquoi
une personne ne pourrait pas faire assurer un gain sur lequel une
opération, entreprise par elle, lui donne le droit de compter. Cette
attente légitime existe quant au profit espéré, pour le chargeur,
comme, quant au fret, pour l'armateur. Du reste, rien n'est plus
facile en fait que de réaliser cette assurance ; il suffit d'assurer les
marchandises pour la valeur que ces marchandises ou des marchandises de même nature et de même qualité auront au port de destination.
C'est ainsi que cette assurance se pratique généralement dans les
pays étrangers où l'assurance du profit espéré est admise depuis
longtemps. V. n° 1140.

(1) Valin, sur l'article 15, livre III, tit. VI, de l'Ordonnance de 1681 ;
Émérigon, ch. 8, sect. 9.

Cette prohibition de l'assurance du profit espéré gênait les chargeurs et pouvait détourner bien des personnes du commerce d'exportation, par cela même qu'elle les empêchait d'obtenir une indemnité complète en cas de sinistre. D'ailleurs, on recourait souvent, pour assurer le profit espéré, à des polices d'honneur. Ces polices avaient les mêmes inconvénients que pour l'assurance du fret (n° 1133). On arrivait à peu près aussi d'une façon indirecte au même résultat en augmentant à forfait la valeur des marchandises au port de départ. Cette augmentation est tellement fréquente qu'on peut dire qu'il y a à cet égard, en France, une sorte d'usage établi : ordinairement on fait subir dans les polices une augmentation de dix pour cent à la valeur des marchandises au départ (1).

1139. L'assurance du *profit espéré* est expressément permise par l'article 334, C. com., modifié par la loi du 12 août 1885. Le profit espéré peut être assuré par l'assureur des marchandises. L'assurance du profit espéré se réalise alors en stipulant que les marchandises sont assurées pour une somme égale à la valeur de marchandises semblables au port de destination. Il peut y avoir aussi une assurance du profit espéré distincte de l'assurance des marchandises. Ainsi, le chargeur peut faire assurer distinctement : 1° les marchandises d'après leur valeur au départ ; 2° toutes les dépenses afférentes au transport ; 3° l'excédent probable sur ces deux sommes réunies du prix de vente au port de destination, excédent qui forme le bénéfice espéré.

Mais, à l'aide des différentes assurances qu'il contracte, le chargeur ne peut pas réaliser un profit. Il ne saurait donc faire assurer les marchandises pour la valeur de marchandises semblables au port de destination et, en outre, les dépenses afférentes au transport de ces marchandises jusqu'à concurrence du montant de ces dépenses : il y aurait assurance cumulative. Aussi faudrait-il, soit annuler toutes les assurances au cas de dol ou de fraude, soit procéder à une réduction conformément à la règle de l'ordre des dates, art. 334, dern. alin., C. com. V. analog , n° 1135.

1140. Il va de soi que le chargeur a aujourd'hui l'option. Il peut,

(1) V. n° 1140 et note 2 de la page 278.

adoptant le système ancien du Code de commerce, se borner à faire assurer ses marchandises pour la valeur qu'elles ont au départ (1) et les dépenses de transport y afférentes. S'il le préfère, le chargeur peut, à l'aide d'un des procédés indiqués plus haut (n° 1139), faire assurer le profit espéré.

En fait, l'assurance du profit espéré est moins fréquente que celle du fret. La raison en est simple : le montant du profit espéré n'est pas fixé à l'avance comme le fret l'est par la charte-partie ou par le connaissement. Par suite, l'assureur ne sait pas exactement quelle est l'étendue de ses obligations envers l'assuré. On ne peut la fixer qu'en connaissant le prix des marchandises semblables à l'état sain, ou, en cas de perte totale, en recherchant le cours de marchandises semblables à l'époque à laquelle on présume que les marchandises seraient parvenues à destination sans le sinistre. Du reste, il y a un usage qui réduit au moins l'utilité de l'assurance du profit espéré, c'est celui d'assurer les marchandises au prix coûtant augmenté de tant pour cent. Cet usage existait même avant que l'assurance du profit espéré fût permise par la loi du 12 août 1885, ce qui diminuait les inconvénients de la prohibition de cette assurance (2).

1141. Il a été supposé qu'il s'agit d'une assurance à contracter par le chargeur des marchandises Quant au destinataire, il a toujours été admis qu'il peut faire assurer les marchandises pour une somme égale au prix pour lequel il les a achetées. Ce prix, il risque de le perdre si les marchandises voyagent à ses risques comme constituant des corps certains (art. 1138 et 1583, C. civ.) ; il n'y a pas là pour lui de profit espéré. Mais, avant la loi du 12 août 1885, le destinataire qui avait acheté les marchandises expédiées par mer, ne pouvait pas les faire assurer pour le prix supérieur à son prix d'achat,

---

(1) Ou, ce qui évidemment revient au même, pour une somme fixe indépendante du profit espéré.

(2) D'après l'article 15 de la police française d'assurance sur facultés, « nonobstant toutes valeurs agréées, les assureurs peuvent, lors d'une « réclamation de pertes ou d'avaries, demander la justification des valeurs « réelles, et réduire, en cas d'exagération, la somme assurée au prix « coûtant, augmenté de dix pour cent, à moins qu'ils n'aient expressé- « ment agréé une surévaluation supérieure d'une quotité déterminée ». V. de Courcy, *Questions de Droit maritime* (2ᵉ série), p. 406 et suiv.

prix supérieur pour lequel il espérait les revendre, grâce à la hausse des cours lors de l'arrivée des marchandises à destination. Aujourd'hui, cette assurance serait possible, par cela même que, depuis la loi de 1885 (art. 334 nouveau, C. com.), l'assurance du profit espéré est permise.

1142. De l'admission de l'assurance du profit espéré en matière maritime, il ne faut pas conclure que cette assurance est permise en dehors des risques de mer. Ainsi, dans les assurances contre l'incendie, l'indemnité se calcule sur la valeur des choses assurées lors du sinistre. Il ne pourrait pas être convenu que l'indemnité comprendra le bénéfice que l'assuré comptait réaliser en vendant, à une époque postérieure au sinistre, les marchandises assurées. Une pareille assurance pourrait trop aisément créer, pour l'assuré, un intérêt à la perte. Puis, dans les assurances sur facultés, il y a une base certaine à laquelle on peut se référer pour apprécier le bénéfice espéré, c'est la valeur des marchandises semblables au port de destination. Dans les autres assurances, spécialement dans les assurances contre l'incendie, toute base de ce genre ferait défaut (1).

1143. Droit étranger. — L'assurance du profit espéré est permise dans les pays étrangers. Elle l'y a même été généralement avant de l'être en France par la loi du 12 août 1885. V. L. *belge* du 21 août 1879, art. 191 ; Codes de commerce *hollandais*, art. 596 ; *allemand*, art. 779 ; *italien*, art. 606 et 612 ; *roumain*, art. 624 ; *espagnol*, art. 743 et 748 ; *portugais*, art. 601 ; *argentin*, art. 1157,7° ; Codes maritimes de *Suède*, de *Danemark*, de *Norvège*, art. 230, de *Finlande*, art. 172. En *Grande-Bretagne*, l'assurance du profit espéré est admise par l'article 3 de la loi de 1906, comme il l'était, du reste, antérieurement par l'usage (2). Elle est aussi admise par l'usage aux *Etats-Unis d'Amérique* (3).

1144. *Prêteur à la grosse.* — Le prêteur à la grosse est, en cas

---

(1) Le Conseil d'Etat, en se prononçant sur le projet devenu la loi du 12 août 1885, qui lui avait été soumis, a, dans un avis du 30 décembre 1874, indiqué que l'assurance du profit espéré ne doit être permise qu'autant qu'il s'agit de marchandises transportées par mer. La loi *belge* sur les assurances du 11 juin 1874 (art. 1, 2e alin.) a pris le soin d'indiquer que « le profit espéré peut être assuré *dans les cas prévus par la loi* ».

(2-3) Mac Arthur, *op. cit.*, p. 66 ; Arnould, *op. cit.*, p. 35 et 36.

d'heureuse arrivée, remboursé de son capital et gagne le profit
maritime ou prime de grosse. Il est exposé, en cas de sinistre,
à perdre son capital (puisqu'alors, l'emprunteur ne lui en doit pas le
remboursement ou ne doit lui en rendre qu'une partie) et à être
privé, en tout ou en partie, du profit maritime qui devait constituer
pour lui un gain (art. 325 et 331, C. com.). Le prêteur à la grosse
pouvait bien, avant la loi du 12 août 1885, faire assurer le capital
prêté, mais non le profit maritime (art. 437). L'idée était toujours la
même : l'assurance ne doit pas faire réaliser un gain à l'assuré ; le
peu de fondement de cette prohibition, relative à l'assurance du
profit maritime en matière de prêt à la grosse, se démontre de la
même façon qu'en ce qui concerne la prohibition de l'assurance soit
du fret, soit du profit espéré. Valin ajoute seulement (art. 17, livre III,
titre VI) que le profit maritime, qui est toujours considérable, n'est
légitime qu'à cause du risque que court le prêteur de perdre tout.
Cette raison aurait dû conduire logiquement à défendre l'assurance
même du capital prêté.

Comme les autres prohibitions du même genre, celle de l'assurance du profit maritime ne pouvait que nuire au commerce de mer.
Ce commerce a besoin de beaucoup d'argent (n° 53) et il est assurément intéressé à s'en procurer au meilleur compte possible. Le
prêteur, qui ne pouvait pas, au moyen d'une assurance, échapper aux
risques de mer pour le profit maritime, exigeait un profit plus élevé
ou contractait une assurance à l'étranger, dans les pays où, depuis
longtemps, l'assurance du profit maritime était admise [1]. Souvent,
du reste, on faisait des polices d'honneur pour le profit maritime
ou l'on assurait les prêts en comprenant dans la somme assurée le
profit maritime avec le capital prêté sans faire aucune distinction [2].

1145. Depuis la loi du 12 août 1885, le prêteur à la grosse peut

[1] DROIT ÉTRANGER. — V. Loi *belge* du 21 août 1879, art. 191 ; Codes
de commerce *hollandais*, art. 193 ; *allemand*, art. 779 ; *italien*, art. 606 ;
roumain, art. 618 ; *espagnol*, art. 743 ; *portugais*, art. 597 ; *argentin*,
art. 1157 1°. Codes maritimes *suédois*, *danois* et *norvégien*, art. 230 ; *finlandais*, art. 171 ; loi *anglaise* de 1906, art. 10 ; en usage aux *États-Unis
d'Amérique*. Arnould, *op. cit.*, p. 39. Le Code *chilien* (art. 1218-4°) a maintenu la prohibition de l'assurance du profit maritime.

[2] V. de Courcy, *Questions de Droit maritime* (1re série), p. 102 et 340.

faire assurer le profit maritime aussi bien que le capital par lui prêté. Le nouvel article 334, C. com., mentionne expressément le profit maritime parmi les choses pouvant être assurées et la prohibition de cette assurance a disparu de l'article 347.

1146. *Emprunteur à la grosse.* — Si le prêteur à la grosse peut faire assurer le capital prêté et le profit maritime, l'emprunteur à la grosse au contraire, ne peut faire assurer la somme empruntée (1). L'article 347 le dit expressément (2) ; mais cela allait de soi (3) et aurait été admis, même dans le silence de la loi, comme conforme aux principes généraux qui régissent l'assurance. Pour l'emprunteur à la grosse, le capital prêté n'est pas en risque. Par cela même qu'en cas de perte, l'emprunteur à la grosse n'a rien à rembourser, il ne subit point de préjudice, et, s'il faisait assurer le capital prêté, il réaliserait un gain qu'il n'aurait pas obtenu sans le sinistre.

Mais l'emprunteur à la grosse a-t-il, du moins, le droit de charger, moyennant une prime convenue, un tiers d'acquitter, en principal et intérêts, la somme qu'il sera obligé de rembourser en cas d'arrivée à bon port ? (4) On pourrait voir dans cette convention une gageure, une assurance de choses dont l'emprunteur ne court pas les risques, puisque ceux-ci sont pour le prêteur.

1147. *Gens de mer.* — L'ancien article 347, C. com., défendait aux gens de mer de faire assurer leurs loyers. Cette disposition était en concordance avec celle de l'ancien article 258, C. com. (nos 439 et suiv.). Afin de donner aux gens de mer un intérêt pécuniaire à faire tous leurs efforts pour garantir le salut du navire, l'ancien article 258, C. com., les privait entièrement de leurs loyers même pour le temps antérieur au sinistre. S'ils avaient pu les faire assurer, le but de la loi eût été manqué ; les gens de mer, touchant de l'assureur une somme égale au montant des loyers que ne leur devait pas l'armateur, n'auraient plus eu d'intérêt pécuniaire au salut du bâtiment.

(1) Ni les marchandises achetées, ni les dépenses acquittées avec les sommes empruntées à la grosse.

(2) L'article 347, C. com., depuis la loi du 12 août 1885, ne contient plus que cette prohibition.

(3) de Courcy, *Questions de Droit maritime* (1re série), p. 420 et 421.

(4) Pardessus, II, no 768, p. 332.

1148. En fait, on ne réclamait pas contre la prohibition de l'assurance des loyers et les polices d'honneur n'étaient guère connues pour les loyers des gens de mer (1). Cependant, la prohibition a disparu de l'article 347 et le nouvel article 334 permet expressément aux gens de mer de faire assurer leurs loyers.

Quelle est exactement la portée de cette faculté nouvelle qui leur est conférée ?

Pour l'apercevoir, il faut se référer à l'article 258, C. com., modifié par la loi du 12 août 1885. D'après cet article, les gens de mer engagés au voyage ou au mois ont droit, en principe, à leurs loyers jusqu'au jour du sinistre. Ils peuvent exceptionnellement en être privés par les tribunaux, en tout ou en partie, soit quand la perte du navire est le résultat de leur faute ou de leur négligence, soit quand ils n'ont pas fait tout ce qui était en leur pouvoir pour sauver le navire, les passagers et les marchandises, ou pour recueillir les débris (nᵒˢ 436 et suiv.).

A quels loyers des gens de mer peut donc s'appliquer l'assurance contractée par les gens de mer engagés au voyage ou au mois ?

L'assurance peut s'appliquer aux loyers des gens de mer dûs jusqu'au jour du sinistre. C'est là une simple assurance de la solvabilité de l'armateur, puisque la créance des loyers pour le temps antérieur au sinistre subsiste. Mais on ne peut permettre aux gens de mer de faire assurer les loyers postérieurs à la perte ou à la prise dont, par suite du sinistre, ils sont privés. Autrement, l'assurance les placerait, en cas de perte ou de prise, dans une situation meilleure qu'en cas d'heureuse arrivée ; ils toucheraient de l'assureur une somme égale à ces loyers, sans avoir rendu les services corrélatifs qu'ils auraient eu à rendre pour recevoir les loyers de l'armateur au cas d'heureuse arrivée.

L'assurance peut-elle s'appliquer aux loyers dont les gens de mer sont privés par les tribunaux à raison de leur faute? Cette question se rattache à une difficulté plus générale qui s'élève sur les articles 351 et 352, C. com. : une personne peut-elle contracter une assurance maritime la garantissant même contre les conséquences de ses

_____

(1) V. de Courcy, *Questions de Droit maritime* (2ᵉ série), p. 932 et suiv.

fautes? D'après l'opinion générale fondée sur les articles 351 et 352, C. com., l'assurance maritime ne peut pas s'appliquer aux dommages causés par les fautes de l'assuré. Ainsi que nous chercherons à l'établir, l'assurance maritime peut comprendre les fautes de l'assuré, pourvu qu'elles ne soient pas intentionnelles ou lourdes (n° 1245). Il faut conclure de là que l'assurance peut s'appliquer aux loyers dont les gens de mer sont privés, lorsque leurs fautes n'ont pas l'un de ces deux caractères.

En dehors des gens de mer engagés au mois ou au voyage, on conçoit que des gens de mer engagés à profits éventuels contractent une assurance pour leurs loyers. D'après l'article 260, C. com., *les matelots engagés au fret sont payés de leurs loyers seulement sur le fret, à proportion de celui que reçoit le capitaine.* Les profits des gens de mer engagés à la part sont diminués ou disparaissent, même dans les cas de perte ou de prise (n° 411). On comprend que des gens de mer engagés au fret ou à la part contractent une assurance contre leur privation éventuelle de profit.

1149. DROIT ÉTRANGER. — Il s'en faut que l'assurance des loyers soit permise aux gens de mer dans tous les pays. Elle est autorisée par la loi *belge* du 21 août 1879, art. 191, et par le Code de commerce *roumain*, art. 618, 3°. Mais les Codes de commerce *hollandais*, art. 599, 1°; *allemand*, art. 780 : *italien*, art. 607, 1°; *espagnol*, art. 780, 3° ; *portugais*, art. 600, 1° ; *chilien*, art. 1218, 1° : le Code maritime *finlandais*, art. 193, la défendent. La loi *anglaise* de 1906 (art. 11) admet l'assurance des loyers soit du capitaine soit des gens de l'équipage. Avant cette loi, l'assurance des loyers du capitaine était permise à l'exclusion de l'assurance des loyers des gens de l'équipage (1).

1150. Les gens de mer n'exposent pas seulement leurs loyers aux risques de mer ; ils y exposent aussi leur vie. L'Ordonnance de 1681 (art. 10, livre III, titre VI) défendait *de faire aucune assurance sur la vie des personnes* (2). On invoquait, pour justifier cette

(1) Arnould, *op. cit*, I, p. 40 à 42.
(2) La portée de cette prohibition a donné naissance à une controverse. La prohibition de l'Ordonnance s'appliquait-elle exclusivement à l'assurance sur la vie des personnes exposées aux risques de la navigation ou avait-

défense, l'idée selon laquelle la vie d'une personne ne peut pas être estimée en argent : *nulla est æstimatio hominis liberi*. Cette idée a même été reproduite, lors de la discussion du Code de commerce, dans l'exposé des motifs du titre des assurances (1). Ce motif n'est pas exact : dans l'assurance sur la vie, on n'évalue pas la vie d'une personne, mais bien d'une façon approximative le dommage qui pourra résulter de sa mort pour les bénéficiaires de l'assurance. Du reste, aujourd'hui, la validité de l'assurance sur la vie n'est plus contestée (2). Des textes nombreux présupposent qu'elle est valable, en réglant différentes questions relatives à cette assurance (3).

Autrefois, quand les pirates étaient nombreux, l'un des plus graves dangers que les gens de mer couraient était celui d'être faits prisonniers. L'Ordonnance (livre III, titre VI, art. 11) permettait à ceux qui rachetaient les captifs de faire assurer le prix du rachat pour le cas où l'assuré faisant son retour périssait autrement que par la mort naturelle. On doit reconnaître qu'il y avait une singulière contradiction entre cet article 11 et l'article 10 qui prohibait l'assurance sur la vie. Valin le déclare et dit qu'il ne faut pas *s'amuser à chercher des motifs de différence pour les concilier; car, enfin, assurer le prix du rachat du captif, si, faisant son retour, il est tué ou noyé, c'est au fond assurer sa vie. Tenons-nous-en donc à dire que cela a paru juste au législateur et que cela suffit* (4).

elle une portée générale, de telle sorte que toute assurance sur la vie fût défendue ? Les termes absolus du texte paraîtraient devoir faire admettre la seconde solution. La première est soutenue par beaucoup d'auteurs. V. notamment Mornard, *Du contrat d'assurance sur la vie.*

(1) Exposé des motifs de Corvetto. V. Locré, *Législation de la France*, t. XVIII, p. 456 et 457.

(2) Elle l'a été pour la dernière fois devant la Cour de cassation par le procureur général Dupin devant la Chambre criminelle à propos du pourvoi de La Pommeraye condamné à mort pour empoisonnement de la femme sur la tête de laquelle il avait contracté des assurances sur la vie à son profit.

(3) V. notamment L. 5 juin 1850, art. 37; L. 24 juillet 1867, art. 66, 2e al.; L. 23 juin 1875, art. 6 ; L. 17 mars 1905 *relative à l'assurance et au contrôle des sociétés d'assurances sur la vie et de toutes les entreprises dans les opérations desquelles intervient la durée de la vie humaine.*

(4) Droit étranger. — *Espagne*. Le Code de commerce (art. 780, 2e)

1151. *Passagers*.— Il est certain que les passagers peuvent faire assurer les bagages qui sont transportés avec eux.

Ils peuvent contracter des assurances sur la vie comprenant les risques de mer ou des assurances spéciales contre ces risques. La prohibition de l'Ordonnance de 1681 (art. 10, livre III, titre VI) relative aux assurances sur la vie paraît bien leur avoir été applicable (n° 1091).

1152. *Assurés. Assurance de la prime.* — L'assuré comme tel, indépendamment de sa qualité de propriétaire du navire ou des marchandises, de prêteur à la grosse, etc., est exposé à subir une perte lorsque des risques de mer se produisent. En quoi cette perte consiste t-elle ? L'assuré touche une indemnité, mais, comme il est obligé de payer la prime, le préjudice qu'il éprouve ne se trouve pas réparé jusqu'à concurrence du montant de celle-ci. Sans doute, en principe la prime est payable en tous cas, mais, s'il y a heureuse arrivée, l'assuré la recouvre sur les bénéfices qu'il réalise, tandis qu'en cas de perte, il n'y a rien de semblable. On peut donc dire que la prime est exposée aux risques de la navigation. Ainsi, en supposant qu'une assurance soit faite pour 10.000 fr. moyennant une prime de 10 0/0, en cas de perte, l'assuré ne touchant, en définitive, que 9.000 fr., supportera le dommage jusqu'à concurrence de 1.000 fr. L'assuré peut-il contracter une assurance qui le garantisse contre cette perte? L'assurance de la prime ou du coût de l'assurance a toujours été autorisée (1) (art. 334 et 342, al. 2) La prime constitue une *mise dehors*, qui doit pouvoir être assurée, comme toutes les autres dépenses se rattachant à la navigation. Mais il va de soi qu'on ne peut cumuler l'assurance de la prime avec celle du fret

défend l'assurance sur la vie des matelots et des passagers. — *Allemagne*. Une loi du 11 juillet 1887 a appliqué le principe de l'assurance obligatoire aux assurances des gens de mer contre les accidents. V. *Annuaire de législation étrangère*, 1888, p. 307 et suiv. Il a été dit (n° 458) qu'en *France*, la loi du 9 avril 1898 sur la responsabilité des accidents du travail ne s'applique pas aux gens de mer. Le système de cette loi est remplacé pour les gens de mer par la caisse de prévoyance des marins français. L. 29 décembre 1905.

(1) Ordonnance de 1681, art. 20, livre III, tit. VI , Emérigon, ch. 8, art. 12.

brut ou des marchandises pour leur valeur au port de destination ;
le fret brut ou cette valeur comprend la prime d'assurance (nos 1135
et 1139).

1153. L'assuré peut faire assurer la prime par un autre assureur
que celui de son assurance principale. En multipliant les assurances
accessoires des primes, l'assuré peut arriver à rendre insignifiante la
perte qu'il éprouve. Par exemple, celui qui a conclu une assurance
de 10.000 fr. à raison d'une prime de 1.000 fr., fera assurer cette
prime moyennant une autre prime de 100 fr., cette prime de 100 fr.
pour 10 fr., la prime de 10 fr. pour 1 fr., etc.; en payant 111 fr. de
primes, l'assuré réduira, en cas de sinistre, sa perte à 1 fr. Mais le
total des primes qu'il aura à payer sera naturellement plus élevé que
la prime unique d'une assurance payable à tout événement.

1154. Si l'assuré peut faire assurer la prime par un tiers, peut-il
aussi la faire assurer par l'assureur auquel elle est due ? Jamais on
n'y a mis d'obstacle (1). Cependant, on serait tenté d'objecter en
théorie contre la légalité de cette assurance qu'avec elle, celui auquel
la prime est due s'engageant à la restituer, l'assurance devient un
contrat de bienfaisance, ce qui est contraire à son essence. A cela
on peut faire deux réponses : 1° Il y a, en réalité, là, deux assurances distinctes, de telle sorte que l'assureur réunit les deux qualités d'assureur du navire ou des marchandises, etc., et d'assureur de
la prime ; 2° S'il n'est pas dû de prime en cas de perte, en revanche,
en cas d'heureuse arrivée, la prime est plus élevée qu'elle ne le
serait sans l'assurance de cette prime (2). Parfois, un assureur assure
donc lui-même la prime de son assurance, la prime accessoire et
ainsi de suite à l'infini. On dit alors qu'il y a *assurance de la
prime et de la prime des primes à l'infini.* Cette assurance équivaut, en définitive, à celle dans laquelle il serait stipulé que la prime
ne serait due qu'en cas d'heureuse arrivée.

L'assurance de la prime et de la prime des primes n'est guère
usitée qu'en temps de guerre. Cela tient à ce qu'alors, à raison de
l'augmentation des risques (n° 1227), le taux des primes étant

---

(1) Emérigon, *op. cit.*, ch. 8, sect. 12, § 2.
(2) V. Pardessus, II, n° 790.

parfois très élevé, les assurés désirent davantage se mettre à l'abri de la perte que l'obligation de les payer leur ferait subir en cas de sinistre.

Du reste, une cause spéciale contribue à rendre souvent cette assurance inutile. Fréquemment, l'évaluation donnée dans la police d'assurance à la chose assurée, est exagérée. Il y a, à cet égard, une tolérance d'usage ; les assureurs ne font pas constater l'exagération dans la crainte de perdre leur clientèle et par respect parfois pour les polices d'honneur. Grâce à cette exagération tolérée, les assurés, touchant, en cas de sinistre, une somme supérieure à la valeur de la chose assurée, ont ainsi de quoi payer la prime sans éprouver de perte ou en éprouvant seulement une perte très minime.

1155. *Assurance conclue par l'assureur* ou *réassurance* (1). — L'assureur se trouve courir les risques auxquels sont exposées les choses de l'assuré, par cela même qu'il les a pris à sa charge. Aussi l'assureur peut-il à son tour contracter une assurance le garantissant contre ces risques (art. 342, al. 1, C. com.). C'est là ce qu'on appelle une *réassurance*. Les réassurances paraissent être très anciennes. On en trouve la trace dès le XVIe siècle (2) et l'Ordonnance de 1681 (art. 20, livre III, titre VI), comme le Code de commerce, les permettait expressément (3). Différentes causes rendent les réassurances assez fréquentes. Ainsi que cela a été dit (n° 1092), d'après leurs statuts, les compagnies ne peuvent pas assurer sur un même risque au delà d'une certaine somme, qui forme ce qu'on appelle *le plein* de la compagnie. Parfois, lorsqu'on demande à une compagnie d'assurer au delà de son plein, elle y consent, pour ne pas manquer une opération fructueuse ; mais en même temps, afin de se mettre en règle avec ses statuts, elle contracte une réassu-

(1) V. Victor Ehrenberg, *Die Rückversicherung* (1885) ; Louis Crémieux, *De la réassurance*.

(2) Manuscrit de Gênes (1370), Roccus, *de assecuratione*, n° 30.

(3) Emérigon, *op. cit.*, ch. 8, sect. 14, définit le contrat de réassurance dans les termes suivants : « La réassurance est un contrat par lequel, « moyennant une certaine prime, l'assureur se décharge sur autrui des « risques maritimes dont il s'est rendu garant. »

rance pour l'excédent de la somme assurée sur le plein (1). En outre, comme le taux des primes n'est pas identique partout, l'assureur peut vouloir faire un bénéfice en contractant une réassurance pour une prime inférieure à celle qu'il doit toucher, ce que l'article 342 l'autorise à faire (2). Enfin, l'on conçoit que l'assureur soit déterminé à conclure une réassurance uniquement par la crainte qu'il a de la réalisation des risques dont il s'est chargé, surtout s'ils ont augmenté depuis l'assurance (3) (4).

Il y a des compagnies qui font indifféremment des assurances ou des réassurances, tandis que d'autres, en beaucoup moins grand nombre, ont les réassurances pour spécialité.

1156. Le contrat de réassurance est régi par deux principes généraux :

a. Le contrat est simplement une variété de l'assurance maritime. Aussi lui applique-t-on les règles qui régissent le contrat d'assu-

---

(1) Il faut évidemment dans un cas de ce genre que la compagnie (assureur) prenne soin de se faire réassurer auprès d'une compagnie parfaitement solvable : autrement, elle risquerait de subir, en cas de sinistre, un dommage dépassant son plein par suite de l'inefficacité de son recours contre le réassureur.

(2) La prime de la réassurance peut parfois aussi être supérieure à la prime d'assurance (n° 1162); car, au moment de la réassurance, les risques peuvent être plus grands qu'au moment où l'assurance primitive a été faite. Cela peut se produire notamment quand une guerre est survenue dans l'intervalle.

(3) V. la note précédente.

(4) Une cause qui mérite d'être notée, a continué à multiplier le nombre des réassurances de toute espèce. On sait qu'il y a une quinzaine d'années, beaucoup de nouvelles compagnies d'assurances ont été créées ; parmi ces compagnies un assez grand nombre n'ont pas réussi et ont dû se dissoudre ; mais, avant leur dissolution, elles ont vendu leur *portefeuille*, c'est-à-dire l'ensemble de leur police, à d'autres compagnies. La jurisprudence a décidé avec raison que les assurés pouvaient ne pas tenir compte d'une cession de portefeuille et refuser de continuer l'assurance avec la compagnie cessionnaire ; l'assureur ne peut imposer à l'assuré de changer de débiteur. Aussi, les compagnies d'assurance dont la situation est mauvaise, opèrent-elles autrement ; elles font réassurer l'ensemble de leurs polices par une ou plusieurs compagnies et subsistent afin de continuer à toucher les primes. Ces réassurances en masse sont assez fréquentes. V. Rossy, *Des cessions de portefeuille et des réassurances générales* (1898).

rance (1). Cela explique que peu de dispositions du Code de commerce soient relatives spécialement à la réassurance (2). Seulement, à propos d'un certain nombre de règles posées pour l'assurance, il y a lieu de se demander comment elles s'appliquent aux réassurances (3).

b. La réassurance n'entraîne pas une novation : elle laisse subsister le contrat d'assurance primitif ; l'assureur réassuré reste toujours tenu envers le premier assuré ; à l'inverse, l'assuré n'a pas d'action directe contre le réassureur : pour l'assuré, la réassurance est *res inter alios acta.* Il serait, du reste, contraire aux principes généraux du droit de faire changer à l'assuré de débiteur sans son consentement (4). Il y a là une différence essentielle entre la réassurance et l'opération connue dans la pratique sous le nom de *cession de portefeuille.* V. note 4 de la page 288.

Il va de soi, du reste, que l'assuré peut accepter pour débiteur le réassureur. L'acceptation peut être expresse ou tacite ; elle entraîne novation (art. 1275, C. civ.) (5).

1157. Le premier principe rappelé (n° 1156 *a*) a notamment pour conséquence que la réassurance est un contrat d'indemnité. Par la réassurance, le réassuré ne peut pas, en cas de sinistre, être placé dans une situation pécuniaire meilleure qu'en cas d'heureuse arrivée. Une seule restriction est apportée pour des motifs pratiques à cette règle. V. n° 1162.

1158. Les conditions de la réassurance ne peuvent, en conséquence, être plus favorables pour le réassuré que ne le sont pour lui les conditions de l'assurance. Mais elles peuvent être semblables ou moins favorables.

L'assureur ne peut, par suite, comprendre dans la réassurance la

(1) Trib. comm. Marseille, 17 nov. 1887 ; Aix, 14 janv. 1889, *Revue intern. du Droit maritime,* 1887-88, p. 453 ; 1888-89, p. 536.

(2) V. art. 342, al. 2, art. 357 et 358, C. com.

(3) Nous faisons allusion notamment à la prescription quinquennale des actions nées de l'assurance (art. 432, C. com.) et aux règles relatives aux preuves à faire par l'assuré quand il agit contre l'assureur.

(4) Emérigon, ch. 8, sect. 14.

(5) V., pour l'acceptation tacite, Paris, 24 nov. 1894, *le Droit,* numéro du 16 janv. 1895.

prime de la prime quand il ne l'a pas assurée En effet, quand la prime de l'assurance est payable à tout événement, l'assureur ne risque point de la perdre. En comprenant dans la réassurance une prime qu'il a la certitude de gagner, l'assureur réaliserait, grâce à la réassurance, un bénéfice. Soit une assurance de 10 000 fr. pour une prime de 10 0/0. Au cas de perte totale, l'assureur payant 10.000 fr. et recevant à titre de prime 1.000 fr., ne perd, en réalité, qu'une somme de 9.000 fr. Il réaliserait un bénéfice s'il touchait, par suite de l'assurance de la prime des primes comprise dans la réassurance, une somme de 10.000 fr. (1).

1159. L'assurance ne peut être faite pour une somme excédant la valeur des choses assurées. Si cette règle est violée, on applique les mêmes solutions qu'au cas d'assurance exagérée. Les articles 357 et 358, C. com., visent, du reste, expressément la réassurance en même temps que l'assurance. S'il y avait plusieurs réassurances, il y aurait lieu, comme pour le cas de double assurance, à la nullité de tous les contrats ou à la réduction dans l'ordre des dates. V. art. 359 et ci-dessus, nos 1114 et suiv. (2).

1160. Il est possible qu'un assureur ait conclu plusieurs réassurances et qu'on constate postérieurement que la somme assurée principalement excède la valeur de la chose assurée. L'assurance principale est alors réduite. La somme à laquelle monte la réduction ne doit pas être répartie proportionnellement entre toutes les réassurances ; mais celles-ci doivent être, par cela même que ce sont des assurances véritables, réduites en suivant l'ordre des dates (art. 359, C. com.) (3).

1161. La réassurance peut ne porter que sur une portion de la somme assurée. Si elle était faite pour une somme supérieure à la somme assurée, il y aurait violation de la règle selon laquelle l'assurance n'est qu'un contrat d'indemnité.

1161 *bis*. L'assureur, s'il veut faire assurer la somme entière, doit-il en déduire la prime qu'il recevra de l'assuré ? Des auteurs

(1) Laurin sur Cresp, III, p. 440, note 1 ; Em. Cauvet, p. 336.

(2) V., sur les conflits de lois en matière de double réassurance, *Journ. du Droit international privé*, 1894, p. 294 à 302.

(3) Arth. Desjardins, VII, n° 1501, p. 141.

l'ont soutenu (1) ; ils se fondent sur ce que l'assureur, recevant alors la prime de l'assuré et ne la payant pas au réassureur en cas de sinistre, réaliserait un bénéfice. Cette opinion n'est pas exacte. Rien n'empêche l'assureur de faire assurer la somme entière comprise dans l'assurance principale, sans en déduire la prime à payer par l'assuré (2). Par là le réassuré ne s'enrichit pas ; mais, si la déduction de la prime de l'assurance principale était obligatoire, le réassuré, qui a lui-même à payer une prime au réassureur, éprouverait une perte pécuniaire qui ne serait pas réparée. Un exemple le fera aisément apercevoir. Soit une assurance faite pour une somme de 10.000 fr. moyennant une prime de 10 0/0, soit 1.000 fr. En cas de perte, l'assureur n'a à payer, en réalité, que 9.000 fr. S'il ne pouvait faire réassurer que ces 9.000 fr., il ne recevrait de son réassureur que cette somme moins la prime que nous supposons être aussi de 10 0/0 (900), soit 8.100 ; il perdrait 900 fr. Si, au contraire, l'assureur peut comprendre dans la réassurance la somme assurée entière, il paiera 10.000 fr. à l'assuré, recevra une égale somme du réassureur ; il recevra de l'assuré à titre de prime 1.000 fr., et paiera cette même somme au réassureur, en supposant que les primes d'assurances et de réassurance soient égales (n° 1162). Il ne gagnera pas, il évitera seulement toute perte.

1162. La prime de la réassurance peut être égale ou supérieure à a prime d'assurance ; elle peut aussi lui être inférieure (art 342, l. 2, C. com.). Dans ce dernier cas que vise expressément le Code de commerce, il est évident que l'assuré réalise un bénéfice équivalant à la différence des deux primes. Il y a là une dérogation au principe n° 1152). Mais cette dérogation s'imposait par des considérations pratiques impérieuses. Les circonstances qui se modifient entre la date de l'assurance principale et la date de la réassurance, amènent es changements dans le cours des primes. Ces changements peuvent être défavorables pour le réassureur qui paie pour la réassurance une

---

(1) V. Boistel, n° 1360, et, pour l'ancien Droit, Valin, sur l'article 20, vre III, titre VI, de l'Ordonnance de 1681 ; Pothier, *Traité du contrat assurance*, n° 35.

(2) Emérigon, ch. 8, sect. 14 ; Laurin sur Cresp, III, p. 440, note 1 ; m. Cauvet, I, p. 334 et suiv. ; Droz, I, n° 147.

somme supérieure à celle qui lui est payée par l'assurée. Par une juste réciprocité, on a dû admettre que, s'ils sont favorables, il peut en profiter.

1163. La réassurance peut être conclue avec toute personne ou société qui consent à réassurer, à l'exception toutefois de l'assuré. Autrement, la réassurance entraînerait une résiliation de l'assurance; l'assuré reprendrait à sa charge en qualité de réassureur les risques dont, par l'assurance, il s'était déchargé sur l'assureur.

1164. La réassurance s'applique d'ordinaire à un ou à plusieurs contrats d'assurance déterminés. Mais il y a aussi des *traités de réassurance* n'ayant pas ce caractère spécial. Il en sera parlé à propos des assurances *in quovis* et des *polices flottantes* ou *polices d'abonnement* auxquelles les traités généraux de réassurance se lient étroitement. V. n° 1198 *bis*.

1164 *bis*. DROIT ÉTRANGER. — La réassurance est admise dans tous les pays. Elle a, toutefois, été prohibée en *Grande-Bretagne* par une loi de 1745 (19 Geo. 2, c. 37, § 4), sauf pour le cas de mort ou d'insolvabilité de l'assureur. La prohibition ne fut levée qu'en 1864 (27 et 28 Vict. c. 56, § 1) (1). La réassurance maritime est admise expressément par la loi sur le timbre de 1891 (54 et 55 Vict. c. 39) et par la loi de 1906 sur l'assurance maritime (art. 9).

1165. *Reprise d'assurance.* — Il ne faut pas confondre avec la réassurance la *reprise d'assurance*. L'assuré peut craindre l'insolvabilité de son assureur : il peut faire assurer la solvabilité de celui-ci. L'assurance de la solvabilité a la plus grande analogie avec le cautionnement. Elle ne semble en différer qu'en ce qu'elle implique renonciation au bénéfice de discussion qui, du reste, n'est pas de l'essence du cautionnement (art. 2021, C. civ.).

Une précaution de ce genre, prise d'une façon directe par l'assuré, pourrait offenser l'assureur. Aussi a-t-on trouvé un moyen indirect d'atteindre ce but, c'est la *reprise d'assurance*. L'assuré transporte ses droits éventuels contre l'assureur à une personne qui s'oblige, en cas de sinistre, à payer à son cédant le montant du dommage que celui-ci aura éprouvé. L'assuré ne reçoit pas une double indemnité,

_____

(1) Arnould, *op. cit.*, p. 93 et suiv. ; Mac Arthur, *op. cit.*, p. 332 à 337.

car il est payé par celui qui a repris l'assurance et il ne peut plus agir contre l'assureur que le cessionnaire seul a le droit de poursuivre. Cette opération diffère profondément de la réassurance ; elle crée des rapports directs entre l'assuré et celui qui reprend l'assurance.

Des polices d'assurance contiennent des clauses expresses interdisant à l'assuré de faire reprendre l'assurance par un tiers et stipulant qu'au cas où cette prohibition serait méconnue, l'assurance serait résiliée. Dans ce cas, la reprise d'assurance, si la résiliation est invoquée, constitue une assurance directe et celui qui a repris l'assurance n'a pas d'action contre le premier assureur (1).

1166. L'énumération des choses pouvant être assurées, faite par l'article 334, C. com., n'est pas limitative ; la formule générale, par laquelle se termine le premier alinéa de cet article et qui vise généralement *toutes choses estimables à prix d'argent sujettes aux risques de la navigation*, le prouve (n° 1128). Il résulte de là que l'on peut faire assurer notamment des primes à l'importation, des primes à la navigation ou des compensations d'armement, des droits de commission à gagner (2), le profit espéré de la pêche (3). Ces différentes choses, mentionnées seulement à titre d'exemples, n'auraient pas pu être assurées avant la loi du 12 août 1885. Car l'assurance de ces choses tend à indemniser l'assuré de la privation d'un bénéfice, à le placer, en cas de sinistre, dans la situation pécuniaire où il se serait trouvé en cas d'heureuse arrivée. V. n° 1128.

1167. Conflits de lois relatifs aux choses qui peuvent ou non être assurées. — Les nombreuses divergences qui, avant la loi du 12 août 1885, existaient entre la loi française et les lois étrangères, au point de vue des choses dont l'assurance était permise ou prohibée, pouvaient donner naissance à des conflits de lois. Quand

____

(1) V. Pardessus, II, n° 589.

(2) V. spécialement, L. *belge* du 21 août 1879, art. 191 ; Code de commerce *allemand*, art. 783.

(3) Le propriétaire d'un navire peut faire assurer les dépenses qui pourront lui incomber en vertu des articles 262 à 269, C. com. V. Trib. comm. Marseille, 28 novembre 1905, *Revue intern. du Droit marit.*, XXI, p 473 ; *Journ. de jurisprud. de Marseille*, 1906. 1. 146.

des choses dont l'assurance était prohibé en France, comme le fret à faire et le profit espéré, étaient assurées dans un pays où l'assurance était permise, il y avait lieu de se demander si les tribunaux français devaient reconnaître la validité du contrat.

On avait soutenu la négative, en alléguant que les dispositions du Code de commerce de 1807, qui prohibaient l'assurance du fret, du profit espéré, etc., étaient des dispositions d'ordre public (1). Il nous semble qu'il était préférable de reconnaître que ces assurances devaient être considérées comme valables en France par cela seul qu'elles étaient relatives à un objet que la loi du pays dans lequel elles avaient été conclues permettait d'assurer (2). On ne devait certainement pas refuser le caractère de dispositions d'ordre public aux prohibitions de l'article 347. Mais il y a parmi les dispositions d'ordre public une grande distinction à faire : les unes ont un caractère tellement absolu que l'observation doit en être exigée même pour les actes passés hors du territoire français ; les autres ont un caractère contingent et ne s'appliquent qu'à un acte fait en France. De la première catégorie font partie les règles tenant à des principes de morale dont l'admission dans tous les États doit être souhaitée ; à la seconde catégorie appartiennent les règles provenant d'idées spéciales à la France, et dont l'observation doit être restreinte au territoire national (3). Il semble que l'article 347, C. com., était à placer parmi les dispositions de la dernière sorte ; les assurances qu'il prohibait étaient admises dans presque tous les pays étrangers.

Une autre question résultant des différences entre la loi française et les lois étrangères, s'élevait à propos de la réassurance. Lorsqu'une assurance était relative à une chose qui ne pouvait être assurée en France (fret à faire, profit espéré, etc...) et était conclue dans un pays où l'assurance en était permise, l'assureur pouvait-il, même en France, contracter une réassurance valable ? Si l'on admettait que l'assurance ayant l'un de ces objets n'avait, en France même, aucune

---

(1) Rennes, 4 déc. 1862, *Journ. de Marseille*, 1863. 2. 139 (il s'agissait dans l'espèce d'une assurance du fret faite en Angleterre) ; Bordeaux, 15 fév. 1859, même recueil, 1859. 2. 73.

(2) Em. Cauvet, n° 176.

(3) V. analog. *Traité de Droit commercial*, II, n° 1128.

valeur, il semble évident qu'on ne pouvait reconnaître la validité de
la réassurance ; aux yeux de la loi française, en pareil cas, l'assureur
avait voulu s'affranchir d'un risque qu'il ne courait réellement pas.
Mais, si l'on décidait, comme nous l'avons fait, que les assurances du
fret, du profit espéré, etc., conclues dans un pays où elles sont per-
mises, étaient valables en France, la réassurance elle même qui s'y
rattachait, devait être validée.

Ces conflits entre la loi française et les lois étrangères ne peuvent
plus, du reste, s'élever par suite des modifications apportées au
Code de commerce par la loi du 12 août 1885.

1168. Un autre conflit de lois est encore possible et doit, selon
nous, recevoir une tout autre solution. Il peut arriver qu'un contrat
d'assurance ait été conclu dans un pays dont la législation n'exige pas
que ce contrat soit restreint dans les limites d'un contrat d'indemnité.
Tout effet devrait être refusé à ce contrat par les tribunaux français.
L'ordre public est intéressé à ce qu'en aucun lieu, il ne puisse être
conclu d'assurance maritime donnant à l'assuré un intérêt pécuniaire
au sinistre, en le plaçant, en cas de réalisation des risques, dans une
situation meilleure qu'en cas d'heureuse arrivée. Il y a là une sorte
de jeu pouvant présenter un grand danger.

1169. Qui peut faire assurer une chose contre les risques
de mer ? — Les premiers mots de l'article 334, C. com. : *toute personne intéressée peut faire assurer le navire*, etc., répondent à cette
question (1).

(1) Les premiers mots de l'article 334 ne s'y trouvent que depuis les
modifications apportées à cet article par la loi du 12 août 1885. Ils tranchent péremptoirement la question agitée précédemment de savoir si le
propriétaire seul peut faire assurer sa chose. On avait essayé de soutenir
à cet égard le système le plus restrictif. V. J.-V. Cauvet, I, n° 135. La
question paraissait être née de l'article 332, C. comm., qui dispose que la
police d'assurance doit indiquer la qualité de *propriétaire* ou de commissionnaire de celui qui fait assurer. Mais cette disposition n'a pas cette
portée. L'article 332, en parlant de la qualité de propriétaire de celui qui
fait assurer, a pour but d'indiquer que la police d'assurance doit mentionner si l'assuré contracte pour son compte ou pour le compte d'autrui ;
cela résulte de ce que l'article 332 oppose celui qui fait assurer en qualité
de propriétaire à celui qui fait assurer en qualité de commissionnaire.
V. n° 1192.

L'assurance suppose que l'assuré a un intérêt à la conservation de la chose assurée, de telle façon que la perte de celle-ci doit lui faire éprouver une perte pécuniaire ou le priver d'un bénéfice. L'intérêt de l'assuré dérive du droit qu'il a sur la chose assurée, droit que les risques de mer, en se réalisant, détruisent en tout ou en partie.

Par suite, le propriétaire, le copropriétaire, l'usufruitier d'un navire, peuvent le faire assurer. Il en est de même, pour les marchandises, du chargeur ou du destinataire, selon que les marchandises voyagent aux risques de l'un ou de l'autre.

Par application du même principe, un créancier, ayant sur un navire un privilège ou une hypothèque, peut faire assurer sa créance ou, ce qui revient au même, le navire jusqu'à concurrence du montant de celle ci. La loi du 10 décembre 1874 (art. 17, avant-dern. alin.) permettait expressément aux créanciers hypothécaires de faire assurer le navire hypothéqué. Cette disposition n'a pas été reproduite dans la loi sur l'hypothèque maritime du 10 juillet 1885, qui a remplacé la précédente ; mais la solution que consacrait la loi de 1874, n'en est pas moins demeurée exacte, parce qu'elle résulte d'un principe général que formule actuellement l'article 334, C. com.

Cette faculté, pour les créanciers ayant hypothèque ou privilège sur un navire, existe alors même que le propriétaire de celui-ci l'a déjà fait assurer. Il n'y a pas là une double assurance, par cela même que les assurances sont conclues par des personnes différentes et pour des intérêts distincts.

En vertu d'une loi du 19 février 1889 (art. 2), les créanciers ayant un privilège ou une hypothèque exercent leur droit de préférence sur l'indemnité d'assurance due à leur débiteur. Cette règle s'applique en matière d'assurances maritimes (nos 1668 et 1712 *bis*) (1). Cela diminue l'utilité de l'assurance faite par les créanciers hypothécaires ou privilégiés, sans pourtant la faire disparaître. Ils se mettent, par l'assurance qu'ils contractent eux-mêmes, à l'abri des nullités dont, à leur insu, l'assurance du propriétaire peut être entachée et des causes de résiliation qui peuvent l'atteindre.

(1) V. Cass , juillet 1910, *S.* et *J. Pal.*, 1910, 1, 173 (note de Ch. Lyon-Caen).

1170. Un créancier chirographaire du propriétaire d'un navire a-t-il aussi le droit de contracter une assurance, soit pour sa créance, soit pour le navire, jusqu'à concurrence du montant de sa créance ? Il a été décidé qu'une telle assurance ne constitue pas une assurance maritime et que même elle est nulle (1). Pour lui refuser le caractère d'assurance maritime, on a dit que les risques de mer, en se réalisant, ne font pas périr la créance, à la différence de ce qui a lieu dans le prêt à la grosse ; aussi tout le monde reconnaît que le prêteur à la grosse peut faire assurer sa créance même quand, le prêt étant antérieur au voyage, elle n'est pas garantie par un privilège sur le navire (L. 10 juillet 1885, art. 39).

Selon nous, l'assurance conclue par les créanciers chirographaires du propriétaire d'un navire, est valable et constitue une assurance maritime (2). Sans doute, la perte du navire ne fait pas périr la créance ; mais elle peut entraîner l'insolvabilité du débiteur. Cela est spécialement vrai lorsque le propriétaire du navire a le droit de faire abandon du navire et du fret, parce que la créance est née d'un fait du capitaine (art. 216. C. com.) ; mais, cela n'est pas moins exact lorsque le débiteur est tenu sur tous ses biens Pour le créancier, le résultat pécuniaire est, en définitive, le même, que la créance cesse d'exister ou que le débiteur, par suite d'événements de mer, ne soit plus en état d'acquitter sa dette. On peut dire que l'insolvabilité du débiteur équivaut, en matière de créances, à ce que sont des détériorations pour des choses corporelles exposées aux risques de mer, et l'assurance maritime garantit l'assuré contre les détériorations

(1) Cass., 3 janv. 1876, S. 1876. 1. 105 ; *J. Pal.* 1876. 254 ; D. 1876. 1. 8 : Paris, 2 janv. 1877, S. 1878. 2. 26 ; *J. Pal.* 1878. 1120. — Ruben de Couder, *Dictionnaire*, v° *Assurance maritime*, n° 20.

Sir Mackenzie Chalmers admet qu'il n'y a pas là une assurance maritime dans ses notes sur l'article 5 de la loi *anglaise* de 1906. Il dit : *A. lends money to B., a small shipowner, whose solvency depends on the safe arrival of his ship, but the loan is not secured on the ship or freight. The loan is not at risk, and it has no insurable interest which can be covered by a marine policy.*

(2) de Courcy, *Questions de Droit maritime* (1re série), p. 269 et suiv. ; Arth. Desjardins, VI, n° 1338 ; Droz, I, n°° 60 et suiv. ; Boistel, n° 1319 ; Ch. Lyon-Caen, note sous l'arrêt de la Cour de Paris du 2 janv. 1877, S. 1878. 2. 26 ; *J. Pal.*, 1878. 1129.

aussi bien que contre la perte totale ou partielle. L'argument qu'on oppose ne serait décisif que si, par *choses sujettes aux risques de la navigation* (art. 334, C. com.), on entendait exclusivement les choses dont l'existence est menacée par ces risques. Mais il n'en est point ainsi : on ne donne pas ce sens restreint aux termes de l'article 334, C. com. Ainsi, souvent des titres de rente ou d'obligations transportés par mer sont assurés. Les créances constatées par ces titres, ne périssent certainement pas avec le navire qui les transporte ; elles subsistent malgré la perte du navire et des titres ; en remplissant les formalités prescrites et en observant les délais légaux, les titulaires peuvent même se faire délivrer des duplicatas. Jamais on n'a songé à contester la validité de ces assurances ; elles procurent aux assurés l'avantage de toucher *immédiatement* des assureurs le prix des titres perdus.

En réalité, il y a dans l'assurance conclue par les créanciers chirographaires une assurance de solvabilité et, comme l'insolvabilité peut provenir de risques de mer atteignant le navire du débiteur, l'assurance est maritime.

Au reste, si cette assurance n'était pas maritime, ce ne serait pas une raison pour qu'elle fût illicite et, par suite, nulle. Pour la validité d'une assurance, il suffit qu'il y ait des risques sérieux courus par l'assuré et pris par l'assureur à sa charge. C'est ainsi que personne ne doute de la validité des assurances de solvabilité, et l'assurance dont il s'agit est, comme cela vient d'être dit, une assurance de la solvabilité du propriétaire du navire.

Il y a quelque intérêt pratique à décider qu'une assurance, comme celle dont il s'agit, est de la classe des assurances maritimes. Ces assurances sont régies, sous certains rapports, par quelques règles spéciales. *a.* La clause compromissoire, interdite dans les autres contrats, même dans les assurances non maritimes, est valable dans les assurances maritimes (art. 332, C. com.) (1) : *b.* le délaissement, admis même en l'absence de toute convention spéciale en matière d'assurance maritime (art. 369 et suiv., C. com.), ne pourrait l'être dans les autres assurances qu'en vertu d'une stipulation expresse qui

(1) V. n° 1212.

n'est guère usitée ; *c*. en principe, les actions dérivant du contrat d'assurance maritime se prescrivent par cinq ans à partir de la date du contrat (art. 432, C. com.), tandis que les actions dérivant des autres assurances, sont soumises, sauf dérogation dans les polices, à la prescription de 30 ans qui ne court que du jour où ces actions sont nées (art. 2257, C. civ.).

1171. DE LA PRIME. — *La prime* que l'assuré doit payer à l'assureur, est le troisième élément essentiel au contrat d'assurance. C'est la rémunération des risques que l'assureur prend à sa charge : aussi est-elle parfois appelée *coût de l'assurance* (art. 342, al. 2, C. com.).

1172. La prime consiste ordinairement dans une somme d'argent qui est de tant pour cent de la somme assurée. Mais il n'y a là rien d'essentiel. La prime pourrait, à la rigueur, consister en marchandises ou dans un service quelconque rendu par l'assuré à l'assureur. Il y a même des cas dans lesquels, sans qu'une prime soit expressément stipulée, il y a, cependant, un sacrifice fait par l'assuré pour rémunérer l'assureur ; on dit alors que la prime est *implicite*. Par exemple, il arrive parfois qu'en affrétant un navire, l'affréteur consent à s'en rendre l'assureur ; le fret est alors moins élevé qu'il ne le serait sans cette assurance. La réduction du fret constitue pour l'affréteur la prime implicite. C'est, en définitive, comme s'il y avait eu une prime stipulée au profit de l'armateur et compensable avec le fret jusqu'à due concurrence (1).

La prime est ordinairement payable au domicile de l'assuré, qui est le débiteur (2).

1172 *bis. Fixation de la prime. Calculs des probabilités.* — Le

(1) On rencontre souvent une assurance sur corps avec prime implicite dans des affrètements faits par l'Etat pour le transport des troupes, des munitions de guerre et des vivres de campagne. L'Etat garantit l'armateur contre les risques de guerre. Aucune prime n'est directement payée, mais le fret est abaissé à raison de cette responsabilité assumée par l'Etat affréteur.

(2) Il résulte de là que, par application de l'article 420 al. 3, C. proc. civ., le tribunal du domicile de l'assuré est compétent pour connaître des contestations relatives à l'assurance maritime. Rouen, 11 août 1902, *Revue internat. du Droit maritime*, XVIII, p. 618.

montant de la prime est proportionné à la gravité des risques auxquels la chose assurée paraît exposée aux yeux de l'assureur. Il faut,
par suite, pour le fixer, tenir compte du voyage à faire, des mers à
parcourir, de l'âge du navire, de son mode de construction, des
matériaux dont il est fait. La personne du capitaine est parfois
aussi prise en considération à raison de l'influence qu'il peut avoir
sur le sort du bâtiment. Mais, d'ordinaire, dans les assurances sur
facultés, on ne considère pas, pour fixer le montant de la prime,
la nature des marchandises qui influe, pourtant, sur la gravité
des dommages que des événements de mer peuvent leur causer.
V. n° 1299.

La connaissance et l'appréciation des risques qui peuvent décider
un assureur à conclure ou à ne pas conclure une assurance, constituent les grandes difficultés du commerce des assurances. Alors même
que l'assureur est éclairé sur les diverses circonstances pouvant
influer sur les risques, une part considérable est encore laissée au
hasard. Il peut sans doute se livrer à des calculs connus sous le nom
de *calculs de probabilité ;* mais, comme ce nom même l'indique,
ces calculs ne sont qu'approximatifs (1) (2).

Les assureurs ne doivent pas se montrer trop faciles à accepter des
risques en concluant des assurances : une trop grande facilité à cet
égard les conduit parfois à chercher ensuite des difficultés pour ne
pas payer d'indemnité ou en payer une aussi peu importante que
possible, quand les risques se réalisent (3).

1173. Registre de classification des navires. Bureau
Veritas — Du moins, les assureurs ont à leur disposition un
moyen simple d'arriver à connaître l'âge du navire, son mode
de construction, son degré de solidité. Il ne faut pas croire qu'à ce

(1) La Fontaine a dit dans la fable de l'*Astrologue qui se laisse tomber
dans un puits* :

> Or, du hasard il n'est pas de science :
> S'il en était, on aurait tort
> De l'appeler hasard, ni fortune ni sort.

(2) V. de Courcy, *Essai sur les lois du hasard.*

(3) Emérigon dit en parlant des assureurs : « On les a comparés aux
femmes qui conçoivent avec plaisir et qui enfantent avec douleur ».

(4) V. n°° 540 à 546 et n° 459.

point de vue, les visites auxquelles les navires sont soumis aient quelque utilité. Sans doute il résulte de ces visites que les navires qui les ont subies sont en état de naviguer, mais il y a bien des différences parmi les navires pouvant tenir la mer; les visites du navire opérées conformément à la loi ne les font pas connaître.

Pour se renseigner, les assureurs du monde entier consultent principalement deux volumes publiés, l'un en Angleterre sous le nom de Registre de la navigation ou du *Lloyd* (1), l'autre en France (à Paris) sous le titre de registre du *Bureau Veritas* (2) ou registre de classification des navires. Le Lloyd anglais et le Bureau Veritas de Paris) sont deux grands établissements qui ont des experts dans les ports les plus importants du monde. Sur la demande des intéressés, ces experts visitent leurs navires et donnent à ceux-ci une note ou *cote* qui varie avec l'âge, le mode de construction, le degré de solidité des bâtiments. Cette *cote* est donnée en chiffres ou en lettres ayant une valeur conventionnelle déterminée. Les visites sont renouvelées à des époques périodiques (3).

Les registres de classification ne sont pas seulement utiles aux assureurs, ils le sont aussi aux chargeurs qui veulent être renseignés sur le navire sur lequel ils font transporter leurs marchandises; aux armateurs qui désirent que leurs navires soient bien cotés sur ces registres, pour pouvoir les fréter ou les assurer plus facilement et à des conditions plus avantageuses. Cela même explique que les propriétaires de navires soumettent, en général, volontiers leurs bâtiments aux visites des experts.

(1) V., sur le Lloyd anglais, Frédéric Martin, *The history of Lloyd* et spécialement le ch. XVIII intitulé : *Lloyd's Registry of shipping*.
(2) V. sur le *Bureau Veritas*. *Notice sur le Bureau Veritas, son origine, son organisation, son rôle dans le monde maritime*, de Courcy, *La protection de la vie des navigateurs*, p. 128 et suiv. — Le *Bureau Veritas* a été créé à Anvers en 1828, par Charles Ball sous le nom de *Bureau de renseignements sur les assurances maritimes*. Le siège social fut transféré à Paris après le bombardement d'Anvers. En 1870, les services techniques du *Bureau Veritas* furent, pendant le siège de Paris, transférés à Bruxelles où ils restèrent pendant quelques années.
(3) Il y a d'autres registres de classifications des navires, mais ils sont beaucoup moins répandus que ceux du *Lloyd* et du *bureau Veritas*.

1174. *Constatation officielle du cours des primes*. — Les courtiers d'assurances maritimes qui font le courtage des assurances (1), sont chargés de constater officiellement le cours des primes (art. 79, C. com.) (2). Dans l'usage, le cours légal des primes est constaté, soit à Paris, soit dans les principaux ports, deux fois par an, à l'ouverture de la saison d'hiver (le 15 octobre) et à l'ouverture de la saison d'été (le 15 avril..

Il est évident que les primes indiquées officiellement n'ont rien d'obligatoire ; on peut stipuler des primes plus ou moins élevées. Du moins, les constatations faites par les courtiers servent d'indications. Puis, c'est à elles qu'on se réfère lorsqu'une assurance est faite *au cours*, sans stipulation d'une prime déterminée.

SECTION II.

De la preuve de l'assurance maritime. — Des formes et des énonciations des polices.

1175. Comme généralement tous les contrats maritimes (3), l'assurance maritime doit être constatée par écrit (art. 332, 1er alin., C. com.). C'est cet écrit qu'on désigne sous le nom de *police* (2). V. n° 1098.

Cette prescription se justifie non seulement par les motifs généraux qui font exiger un écrit pour tous les contrats maritimes, mais encore par quelques raisons particulières. Les clauses du contrat d'assurance maritime sont parfois nombreuses et compliquées. A défaut d'écrit, il pourrait être difficile de constater d'une façon certaine ce dont les parties sont convenues. Aussi la même exigence se rencontre-t-elle dans un grand nombre de lois étrangères (4).

(1) V. *Traité de Droit commercial*, IV, n°s 1011 et suiv.

(2) D'après l'article 79, C. com., les courtiers d'assurances maritimes fixent le taux des primes pour les voyages de mer ou de rivière. En fait, le cours des primes pour les voyages de rivière n'est pas constaté officiellement.

(3) V. *Traité de Droit commercial*, I, n° 152 et III, n° 50.

(4) Loi *belge* du 11 juin 1874, *sur les assurances*, art. 25; Code de com-

1176. Comme pour les autres contrats maritimes, on a discuté. depuis l'Ordonnance de 1681 (livre III. titre VI, art. 2), sur le point de savoir si l'écrit est exigé *ad solemnitatem* ou seulement *ad probationem* (1). Conformément à ce qui a déjà été admis pour l'affrètement (n° 642), l'écrit est ici exigé seulement pour la preuve (2). Il faut en conclure que l'existence d'un contrat d'assurance et ses différentes clauses pourraient bien être prouvées par l'aveu ou par le serment; la preuve testimoniale et les présomptions de l'homme sont seules exclues. Comme l'article 332 ne fait aucune distinction, ces derniers moyens de preuve devraient, suivant nous, être écartés. alors même qu'il y aurait un commencement de preuve par écrit (3) ou qu'il s'agirait d'une somme n'excédant pas cent cinquante francs (4).

D'ailleurs, l'assureur sur corps, dans le cas où le contrat serait prouvé par l'aveu ou par le serment, ne serait pas placé dans une situation aussi bonne que si la preuve était faite par écrit. Il ne joui-

merce *italien*, art. 420 et 605. L'exigence d'un écrit était maintenue par le projet de 1867 (art. 350). Le Code de commerce *allemand* (art. 784) et le Code maritime *scandinave* (art. 232) admettent seulement qu'un écrit doit être rédigé si l'assuré le réclame.

(1) Emérigon considérait l'assurance comme un contrat solennel qui n'existait pas s'il n'y avait pas d'écrit (ch. 2, sect. 1). — Sous l'empire du Code de commerce, on peut citer dans le même sens un jugement du tribunal de Marseille du 2 déc. 1836 (*Journ. de Marseille*, 1836. 1. 129) qui refuse d'admettre le serment décisoire comme mode de preuve de l'assurance maritime.

(2) C'est l'opinion consacrée par la jurisprudence et admise par presque tous les auteurs. V. Valin, sur l'article 2, liv. III. tit. VI de l'Ordonnance : Pothier, *Assurances*, n° 99; Droz, I, n° 10 ; Em. Cauvet, n°s 465 et suiv. : J.-V. Cauvet, n° 280.

(3) Douai, 7 déc. 1858, *Journ. de Marseille*, 1859. 2. 35.— Pothier, *Assurances*, n°s 96 et 97 ; Vincent, t. III, p. 206 ; J.-V. Cauvet. n° 281; Em.Cauvet, n° 466. En sens contraire, Valin, sur l'article 2, liv III, tit. VI de l'Ordonnance; Pardessus, n° 792 ; Bédaride, n° 1016 ; Droz, I, n° 11; Boistel, n° 1310. V: la note suivante.

(4) V. les auteurs cités à la note précédente. — Ajouter dans notre sens, Cresp et Laurin, III, p. 223 et suiv. La loi *belge* sur les assurances du 11 juin 1874 (art. 25) exige un écrit, quelle que soit la somme assurée, mais admet expressément la preuve testimoniale pour le cas où il y a un commencement de preuve par écrit.

rait pas alors, comme cela résulte de l'artcle 192, 8°, C. com., du privilège qui, en principe, garantit la créance de la prime (1).

1177. L'écrit peut être indifféremment un acte authentique ou un acte sous seings privés (art. 332. 4e alin., C. com.). Il n'en a pas toujours été ainsi. Avant l'Ordonnance de 1681, l'acte sous seings-privés n'était pas admis. Un édit de 1657 avait même créé des offices de notaires greffiers des assurances chargés de rédiger des polices en chacun des sièges d'amirauté du Royaume avec privilège exclusif 2).

1178. Mais il ne semble pas qu'une preuve écrite quelconque, spécialement la correspondance ou les livres, pourrait être employée, à moins qu'on ne puisse y trouver un aveu extrajudiciaire (3). D'ordinaire, quand la loi parle d'écrit, elle vise seulement des actes authentiques ou sous seings privés. Argum. art. 1895, C. civ. (4).

Du reste, le Code de commerce (art. 332) énumère les mentions à insérer dans l'écrit dressé, et on ne conçoit guère que ces mentions soient faites dans une lettre missive ou dans un registre.

1178 *bis.* Il n'est pas douteux que les parties peuvent faire constater l'assurance par un acte passé par-devant notaire dans les formes prescrites par les lois du 25 ventôse an XI et du 12 août 1902 *sur le notariat* ou dresser un acte qu'elles signent, sans avoir recours à aucun officier public. Dans ce dernier cas, il y a lieu de se conformer à la formalité des doubles (art. 1325, C civ.) (5). Cette formalité est nécessaire même quand la prime est payée lors de la conclusion du contrat. Celui-ci n'en demeure pas moins, en effet, un contrat synallagmatique, par cela même que l'assuré est tenu d'autres obligations que celle de payer la prime (n° 1103) (6).

(1) Laurin sur Cresp, III, p. 337, note 83.
(2) V. Emérigon, ch. 21, sect. 4; Cresp et Laurin, III, p. 233 et suiv.
(3) Jules Valery, *Des contrats par correspondance*, nᵒˢ 281 et 282.
(4) V., pourtant, en faveur de l'admission des lettres missives comme formant une preuve par écrit, Em. Cauvet, II, n° 466.
(5) V. *Traité de Droit commercial*, III, n° 58 *ter*.
(6) Aucun auteur, sauf M. Arth. Desjardins (VI, n° 1291) n'admet cette solution absolue. Quelques-uns, en exigeant, en principe, que la formalité des doubles soit remplie, font exception pour le cas de paiement immédiat de la prime : Bonnier, *Traité des preuves*, n° 566 ; Droz, I, n° 17 ; Boistel,

1179. Dans l'usage, ce n'est pas généralement dans ces formes que sont dressées les polices. Elles le sont dans des formes toute spéciales tenant à ce que très souvent les assurances maritimes sont conclues par l'intermédiaire d'un courtier.

Les fonctions des courtiers d'assurances maritimes sont au nombre de trois (art. 79) (1) : 1º ils servent d'intermédiaires entre les assureurs et les assurés ; 2º ils rédigent les contrats ou polices d'assurances et en attestent la vérité par leur signature ; 3º ils constatent officiellement le cours des primes.

Pour les deux premières fonctions, les courtiers ont à subir le concours des notaires (art. 79, C. com.) (2).

Le Code de commerce n'indique aucune forme spéciale pour les polices rédigées par les courtiers. Dans l'usage, le courtier délivre à l'assuré la police signée de lui (courtier) et de l'assureur, sans que l'assuré donne sa signature. Préalablement, le courtier copie la police sur un registre spécial tenu par lui et dont il a le droit de délivrer des extraits. Il se conforme ainsi à l'article 69, livre III, titre VI de l'Ordonnance de 1681 qui n'a pas été abrogé, ainsi que cela résulte notamment des lois du 5 juin 1850 (art. 47) et du 23 août 1871 (art. 7).

Cette manière de procéder, selon laquelle on se passe de la signature de l'assuré, peut étonner. On est tenté d'objecter que tout acte sous seings privés doit être signé par chaque partie qui s'oblige ; que du reste, parmi les moyens de preuve, l'article 109, C. com., mentionne les bordereaux ou arrêtés d'un courtier *dûment signés par les parties* et qu'enfin, si l'on se passe de la signature de l'assuré, le courtier se trouve, pour ainsi dire, investi du pouvoir de créer le contrat, ce qui peut donner lieu à de graves abus.

nº 1311. Cpr. Rouen, 26 mai 1940, *Journ. de Marseille*, 1840. 2. 171. — D'autres, en plus grand nombre, écartent, sans faire aucune distinction, la formalité des doubles ; J.-V. Cauvet, I, nº 282 ; Em. Cauvet, II, nº 468. — Il faut reconnaître que la question ne présente pas un grand intérêt pratique ; car il est rare qu'une police soit dressée entre les parties sans l'intervention d'un courtier et, dans ce cas, l'on applique les règles spéciales posées au texte. V. nº 1179.

(1) V. *Traité de Droit commercial*, IV, nº 1012.

(2) V. *Traité de Droit commercial*, IV, nºs 1015 et 1016.

Il y a, cependant, là un usage constant dont la légalité n'est pas douteuse (1) ; en faveur de cet usage, oo peut invoquer des textes mêmes du Code de commerce et les besoins de la pratique. Cet usage, du reste, à le bien examiner, n'est pas contraire aux principes généraux du droit. L'article 79 dit que les courtiers attestent la vérité des polices par leur signature ; cela paraît impliquer qu'ici, cette signature a une force particulière. L'article 332 peut être invoqué dans le même sens ; il exige la mention dans la police du nom de l'assuré et non celle du nom de l'assureur. Cette différence ne se concevrait pas si l'assuré devait, comme l'assureur, signer la police. On peut ajouter que le Code de commerce (art. 192, 8°) va plus loin encore en donnant, aux extraits des livres des courtiers, qu'aucune des parties ne signe, la même force qu'à la police elle-même. Ces dispositions montrent qu'il y a là un usage spécial consacré par la loi et contre lequel on ne peut invoquer la disposition générale de l'article 109. Cet usage s'explique par le besoin de célérité. A raison même du *plein* des compagnies ou de leur refus d'assurer une somme élevée sur un seul navire, il faut souvent recourir à plusieurs compagnies pour que la chose assurée le soit pour son entière valeur. Les courtiers font couvrir alors l'assurance par plusieurs assureurs dont le premier est appelé l'*apériteur* de la police (2). Il faudrait, sans l'usage qui vient d'être indiqué, qu'à chaque adhésion d'un assureur nouveau, l'assuré intervînt pour signer ; il y aurait là une cause de perte de temps. On peut rattacher cette pratique à un mandat donné par l'assuré au courtier de traiter et de signer pour lui. La qualité d'officier public du courtier diminue les dangers de cet usage (3) (4).

Les polices d'assurances, rédigées par les courtiers dans les formes qui viennent d'être expliquées, sont des actes authentiques et font,

(1) Trib. comm. Marseille, 2 déc. 1874, *Journ. de Marseille*, 1875. 1. 69. — Pardessus, II, n° 793 ; Cresp et Laurin, III, p. 256 et suiv.; Em.-Cauvet, II, n°s 467 et suiv.

(2) Du mot latin *aperire* (ouvrir).

(3) Cass., Ch. civ., 24 déc. 1873, D. 1874. 1, 358 ; *Pand. fr. chr.*

(4) Parfois, il est admis que la remise à l'assuré de la police signée de l'assureur prouve que l'assurance a été conclue. Trib. comm. Nantes, 12 avril 1902, *Revue int. du Droit maritime*, XVIII, p. 344.

comme telles, foi jusqu'à inscription de faux. Les polices répondent, en effet, à la définition que l'article 1317, C. civ , donne de l'acte authentique (1). C'est à tort que ce caractère a été refusé aux polices dressées par les courtiers (2).

1180. Les notaires, qui ont avec les courtiers le droit de rédiger les polices (art. 79, C. com.), peuvent les dresser dans les mêmes formes qu'eux; ils n'ont pas besoin de se conformer aux dispositions des lois du 25 ventôse an XI et du 12 août 1902. La loi donne aux notaires un droit de concours avec les courtiers ; ces officiers publics ne seraient pas placés sur le même pied si l'on imposait aux uns des formalités plus compliquées qu'aux autres (3). Il va de soi que les polices reçues par des notaires, dans l'une des deux formes entre lesquelles l'option existe, sont des actes authentiques, comme celles que reçoivent les courtiers. Mais les polices dressées conformément aux lois du 25 ventôse an XI et du 12 août 1902 peuvent seules contenir une constitution d'hypothèque immobilière (art. 2127, C. civ.).

1181. En pays étranger, les polices peuvent être, soit dressées dans les formes voulues par la loi du pays en vertu de la règle *locus regit actum*, soit passées devant le Chancelier du Consulat de France en présence de deux témoins. Cette dernière forme est autorisée par l'article 25, livre I, titre IX de l'Ordonnance de 1681, d'après lequel *les polices d'assurances, les obligations à grosse aventure ou à retour de voyage et tous autres contrats maritimes pourront être*

---

(1) Aussi, dans l'ancien Droit français, l'on admettait communément qu'elles emportaient hypothèque générale. V. Emérigon, *op. cit.*, ch. 2, sect. 5 et 6 ; Valin, sur l'article 68, liv. III, tit. IV, de l'Ord. de 1681.

(2) V. dans le sens de l'opinion admise au texte : Em. Cauvet, II, n° 469 ; Cresp et Laurin, III, p. 259 et suiv. ; II, p. 50, note 29 ; Cass., 15 janv. 1873, P. 1874. 650. V. en sens contraire, J.-V. Cauvet, I, n° 282.

(3) Cass., 7 fév. 1833, *J. Pal.*, 1833. 1. 203 ; *Pand. fr. chr.* ; Boistel, n° 595 et 1311. De l'assimilation complète admise entre les notaires et les courtiers d'assurances maritimes, un jugement du tribunal de commerce de Marseille a tiré une conséquence même quant à la compétence, en décidant qu'un notaire peut, à raison d'une police d'assurance maritime dressée par lui, être actionné devant le tribunal de commerce comme un courtier; Trib. comm. Marseille, 31 août 1877, *Journ. de Marseille*, 1877. 4. 321.

passés en la Chancellerie du Consulat en présence de deux témoins qui signeront.

1182. L'exclusion de la preuve par témoins en matière d'assurance maritime entraîne comme conséquence qu'on ne peut prouver par témoins, ni contre ni outre le contenu aux polices. Aussi dresse-t-on, pour les modifications ou pour les additions, des écrits spéciaux appelés *avenants.* Le mot vient sans doute de ce qu'anciennement ces écrits commençaient par les mots suivants : ADVENANT (tel jour) *les parties conviennent*, etc.

1183. L'article 332, C. com., en exigeant un écrit pour constater les assurances maritimes, déroge aux règles consacrées par l'article 109, C. com., en matière d'actes de commerce. Aussi l'article 332 n'est-il pas susceptible d'extension aux assurances non maritimes. Il y a lieu d'appliquer à ces dernières assurances l'article 109, C. com., quand elles constituent des actes de commerce, et les dispositions des articles 1341 et suiv., C. civ., quand elles n'ont pas ce caractère (1). Il faut également tenir compte de ce que souvent, les assurances non maritimes sont des actes mixtes, ayant le caractère commercial à l'égard de l'assureur et le caractère civil à l'égard de l'assuré (2).

Dans l'usage, des polices sont dressées pour les assurances non maritimes. Mais des difficultés se sont élevés sur le point de savoir si, quand il s'agit de ces assurances, il ne peut pas être prouvé par témoins contre et outre le contenu à la police. D'après ce qui vient d'être dit, l'admission ou l'exclusion de cette preuve dépend de la nature civile ou commerciale du contrat d'assurance (3).

---

(1) Les règles de preuve à appliquer aux assurances non maritimes sont l'objet de controverses. V. spécialement pour l'assurance sur la vie, J. Lefort, *Traité du contrat d'assurance sur la vie*, I, p. 325 et suiv.

Dans le projet de loi sur le contrat d'assurance déposé en 1903 et en 1904 à la Chambre des députés (art. 16), il est admis que *le contrat d'assurance est rédigé par écrit, qu'il peut être passé par-devant notaire ou fait sous seing privé.*

(2) V., sur la preuve des actes mixtes, c'est-à-dire ayant le caractère civil pour l'une des parties et le caractère commercial pour l'autre, *Traité de Droit commercial*, III, n° 87.

(3) V., cependant, Toulouse, 29 juin 1883. Cet arrêt décide que l'arti-

1184. La confection des polices d'assurances maritimes est d'autant plus simple que, sur chaque place de quelque importance, il y a des polices imprimées par avance contenant les clauses les plus usuelles (n° 1098), de telle façon qu'il n'y a à écrire à la main que, soit les mentions variant nécessairement avec chaque assurance (noms des parties, somme assurée, nom du navire, nature des marchandises, date, etc.), soit les clauses très fréquentes dérogeant aux clauses usuelles imprimées ou les complétant (1).

1185. Il arrive parfois qu'entre les clauses d'une police il y a une contradiction. Quand cela se produit, il est naturel de faire prévaloir les clauses écrites à la main sur les clauses imprimées (2). L'attention des parties est d'ordinaire plus spécialement attirée sur les premières ; elles sont introduites dans la police pour déroger aux secondes quand elles n'ont pas pour but de les compléter.

1186. ENONCIATION DES POLICES. — Le Code de commerce (art. 332) ne se borne pas à exiger que l'assurance maritime soit rédigée par écrit; il indique encore les énonciations à insérer dans les polices comme il le fait, du reste, pour la *charte-partie* (art.273, C. com.) et pour le *connaissement* (art. 281) (3). Pour déterminer ces énonciations, le Code de commerce se réfère aux deux assurances les plus fréquentes, les assurances sur corps et les assurances sur facultés (4).

L'énumération des énonciations à faire dans les polices n'a pas de sérieuse utilité (5). D'abord cette énumération n'est pas limitative ;

cle 332. C. com., est applicable aux assurances terrestres et que l'article 109, C. com., doit être écarté. Il s'agissait de savoir si l'on peut prouver par témoins outre ou contre le contenu à la police.

(1) Il y a aussi des polices usuelles imprimées par avance pour les différentes sortes de polices d'assurances non maritimes.

(2) V. Trib. comm. Marseille, 10 juillet 1907. *Revue int. du Droit marit.*, XXIII, p. 389.

(3) V. ci-dessus, n°s 650 et suiv., n°s 697 et suiv.

(4) Avant la loi du 12 août 1885, qui a modifié notamment les articles 334 et 347, C. com., c'étaient là presque les seules assurances par suite des nombreuses prohibitions du dernier de ces articles.

(5) Le projet de 1867 (art. 350), tout en exigeant, comme l'article 332, C. com., la rédaction d'un écrit pour les assurances maritimes, était muet sur les énonciations à y faire.

d'après l'article 332, dernier alinéa, le contrat d'assurance exprime... *généralement toutes les autres conditions dont les parties sont convenues.* Par suite, des clauses non mentionnées par la loi peuvent se trouver dans une police. A l'inverse, quelques-unes des énonciations prescrites par l'article 332 peuvent faire défaut. Il y a lieu alors de rechercher quelles conséquences produit l'omission de chacune de ces énonciations. Mais il faut examiner avant tout en quoi celles-ci consistent: elles se réfèrent aux parties, à la chose assurée, aux risques, à la durée de l'assurance, et, en outre, à divers autres objets (date), etc.

1187 DATE. — *Le contrat d'assurance doit être daté du jour où il est souscrit. Il y est énoncé si c'est avant ou après midi* (art. 332).

L'exigence de la date a ici un caractère spécial à un double point de vue. D'abord, en règle générale, une date n'est exigée que dans les actes authentiques ; ici, la date est requise alors même que l'acte est sous seing privé, comme, du reste, cela a lieu pour la lettre de change (art. 110, C. com.), le billet à ordre (art. 188), l'endossement (art. 137, C. com.), le testament olographe (art. 970, C. civ.). En outre, dans les cas où l'indication de la date est prescrite, il suffit, en principe, que le quantième soit indiqué : pour les assurances maritimes, il faut, de plus, qu'il soit dit si la souscription est antérieure ou postérieure à midi.

L'indication du quantième est spécialement importante pour l'application de l'article 432, C. com., qui soumet, en principe, à la prescription de cinq ans à partir de la date du contrat d'assurance, les actions en dérivant. Mais on ne peut dire que la date est aussi exigée afin qu'on sache si les parties étaient capables de contracter. Car, à ce point de vue, le législateur aurait dû exiger la date dans les actes sous seings privés constatant un contrat quelconque, tandis qu'en principe, la date de ces actes n'est point exigée. .

La nécessité de la mention indiquant si l'assurance a été contractée avant ou après midi, se justifie par deux considérations principales : 1° quand il y a plusieurs assurances sur un même risque, conclues sans fraude pour une somme totale dépassant la valeur de la chose assurée, les premières en date subsistent seules jusqu'à ce

que cette valeur soit atteinte. Les assureurs subséquents sont libérés et ne reçoivent que demi pour cent de la somme assurée
(art. 359, C. com.), V. nos 1112 et suiv. ; 2° lorsqu'on veut savoir
si l'assuré avait connaissance du sinistre ou l'assureur de l'heureuse
arrivée lors de la conclusion du contrat et que, pour résoudre cette
question, il y a lieu d'appliquer la présomption de la lieue et demie
par heure (art. 365 et 366), il est indispensable de connaître l'heure
de la souscription de l'assurance. Si cette présomption a été écartée
par la police, comme c'est le cas ordinaire (nos 1124 et suiv.),
l'heure de la souscription est, tout au moins, utile à connaître pour
déterminer si la connaissance du sinistre ou de l'heureuse arrivée
était à ce moment parvenue dans le lieu où l'assurance a été faite.

1188 L'absence de date n'est pas une cause de nullité de l'assurance (1) ; il n'y a pas là un élément essentiel du contrat. Quand le
législateur veut qu'il y ait nullité pour défaut de date, il le dit.
V. art. 970, C. civ.

Mais s'il y a double assurance, on peut être embarrassé pour l'application de la règle de l'ordre des dates, quand, parmi les assurances, les unes sont datées et les autres ne le sont point. Il serait arbitraire de présumer que l'assurance non datée a été souscrite la
première ou la dernière. Il le serait plus encore de donner, comme
on l'a proposé (2), la préférence à l'assurance datée, en ce sens
qu'elle serait réputée avoir été souscrite la première ou la seconde
selon que l'assureur y aurait intérêt, c'est-à-dire selon qu'il y a heureuse arrivée ou réalisation de risques. Il faut laisser au juge la
faculté de décider d'après les circonstances quelle assurance a été
souscrite avant l'autre (3).

1189. Ce que la loi exige, c'est la date de chaque assurance et
non la date de la clôture de la police par le courtier (4) (art. 332).

(1) Pardessus, II, n° 794 ; J.-V. Cauvet, II, n° 290. V. pourtant Cresp et
Laurin, III, p. 315 et suiv.

(2) Pardessus, II, n° 794 ; Alauzet, V. n° 2006.

(3) Cass., 24 déc. 1873, S. 1874. 1. 160 ; J. Pal. 1874. 395 (note de
Ch. Lyon-Caen) ; D. 1874. 1. 358 ; Pand. fr. chr. : de Valroger, III,
n° 1339 ; Arth. Desjardins, VI, n° 1310.

(4) V. l'arrêt du 24 déc. 1873 cité à la note précédente ; Boistel, n° 1311 ;
de Valroger, III, n° 1339 ; Arth. Desjardins, VI, n° 1310, p. 66.

La remarque est surtout utile à faire, à raison de ce que souvent, une seule police contient plusieurs assurances (art. 333, C. com.), faites, soit les unes avant, les autres après midi le même jour, soit à des dates différentes. Le courtier clôture la police, en y apposant sa signature ; il peut le faire hors de la présence des parties et un certain temps après que les assurances ont été souscrites par les différents assureurs. La date de la clôture de la police et la date des assurances ne doivent donc pas être confondues.

Un très ancien abus se produit souvent. Le courtier, en clôturant la police, indique la date de la première assurance y contenue, afin de faire reporter toutes les assurances constituées par la même police au même jour ou à la portion du même jour (1). En pareil cas, toutes les assurances sont présumées avoir été conclues le même jour, mais toute personne y ayant intérêt peut prouver la date réelle d'une assurance comprise dans la police (2). C'est à tort qu'il a été soutenu que celui qui a commis la faute de ne pas faire dater exactement une assurance ne peut être admis à en prouver la date réelle, par exemple, pour obtenir la ristourne en vertu des articles 358 et 359, C. com. (3).

1190. La police ne doit contenir aucun blanc. La même prescription se retrouve pour les actes notariés (L. 25 ventôse an XI, art. 13) et pour les livres de commerce (art. 10, C. com.). On comprend facilement qu'on l'étende aux actes rédigés par des courtiers qui sont, en matière d'assurances maritimes, des sortes de notaires. Mais le législateur a été plus loin, puisque l'article 332 régit même les polices sous seings privés. On a voulu ainsi éviter des abus fréquents autrefois, mais qui paraissent avoir disparu.

1° Le notaire ou le courtier prenait une formule de police imprimée. Sans la remplir, il pliait sa feuille et sur le revers il mentionnait brièvement les conditions générales du contrat, l'objet assuré, le voyage, etc. ; il la présentait aux assureurs. Le premier qui souscrivait indiquait la somme pour laquelle il assurait, la prime et la date. Les autres ne faisaient qu'indiquer la somme qu'ils souscri-

(1) Cresp et Laurin, III, p. 303 et suiv.
(2) Boistel, n° 1312.
(3) Laurin sur Cresp, III, note de la p. 322.

vaient, à moins qu'ils ne convinssent d'une prime différente et de quelque clause particulière. Le courtier ou le notaire était mis ainsi en possession du blanc-seing des assureurs ; il était à craindre qu'il ne le remplît après coup conformément à l'intérêt de l'assuré. Les mesures prises dans l'ancien Droit (Ord. de 1681, art. 68, livre III, titre VI, et règlement du 29 mai 1778) pour empêcher cet abus, furent vaines (1).

2° Parfois, tout en rédigeant la police avant la signature, on laissait quelque vide qu'on pouvait remplir après coup dans un sens favorable à l'une ou à l'autre des parties.

L'existence de blancs n'entraîne pas la nullité de la police (2). Les parties qui ont ainsi contrevenu à l'article 332, ne sont frappées d'aucune peine. Il en est de même de l'officier public qui a dressé la police, à moins qu'il ne s'agisse d'un notaire ayant procédé dans les formes de la loi du 25 ventôse an XI (3).

1191. *Noms des parties.* — La police exprime *le nom et le domicile de celui qui fait assurer, sa qualité de propriétaire ou de commissionnaire.* L'indication du nom de l'assuré est nécessaire pour la preuve de l'assurance ; on ne conçoit pas que, dans un écrit constatant un contrat, on n'indique pas la personne qui s'oblige. D'après la manière dont se rédigent le plus souvent les polices (n° 1179), l'assuré ne les signe pas, tandis qu'elles portent la signature de l'assureur ; c'est ce qui explique, sans doute, que l'article 332 n'exige pas la mention du nom de ce dernier. — L'indication du domicile de l'assuré sert à mieux fixer son identité.

1192. *Assurance pour compte d'autrui.* — L'article 332 exige, en outre, que la police indique *la qualité de propriétaire ou de commissionnaire de l'assuré.* Cela signifie seulement qu'il faut déclarer si l'assuré contracte pour son compte ou pour le compte

---

(1) Cresp et Laurin, III, p. 278 et suiv. ; Labraque-Bordenave, *Traité des assurances maritimes,* p. 54, n° 126.

(2) Le règlement du 29 mai 1778 (art. 9 et 10) défendait de faire signer des polices non rédigées ou de laisser des blancs et déclarait (art. 11) que les contrevenants seraient punis d'amende et seraient *non recevables en toute action résultant des polices d'assurance.*

(3) La loi de Ventôse (art. 13) prononce seulement une amende de 100 francs contre le notaire contrevenant.

d'un tiers. Il a été, en effet, dit précédemment (n⁰ˢ 1169 et suiv.) que le droit de contracter une assurance n'appartient pas exclusive-ment au propriétaire de la chose assurée.

Il va de soi que l'assurance peut être contractée au nom d'un assuré qui n'intervient pas au contrat; il y a alors assurance par mandataire. Ce cas n'est pas visé par l'article 332 ; il n'est régi par aucune règle particulière, mais par les principes généraux du man-dat. La loi a en vue l'hypothèse très fréquente dans laquelle l'assu-rance est faite par une personne qui agit comme le fait d'ordinaire le commissionnaire en Droit commercial (1), c'est-à-dire en son nom personnel, mais pour le compte de l'assuré. On appelle parfois le commissionnaire qui seul intervient au contrat *preneur d'assu-rance* (2).

Ce cas est régi par des règles quelque peu spéciales. Ordinaire-ment, le commissionnaire, agissant en son nom et devenant seul créancier ou débiteur des tiers avec lesquels il contracte pour le compte du commettant, non seulement n'a pas besoin d'indiquer le nom de celui-ci, mais n'est pas même dans la nécessité de déclarer qu'il agit en qualité de commissionnaire. En matière d'assurances maritimes, il n'est pas exigé non plus que le commissionnaire men-tionne le nom du commettant, mais la loi veut, du moins, sans sanc-tionner la règle qu'elle pose par la nullité (3), qu'il indique qu'il contracte en qualité de commissionnaire. Cette exigence a été expli-quée par plusieurs considérations. L'explication la plus naturelle consiste à dire que l'assureur sait ainsi que l'assuré n'a pas d'inté-rêt en risque, ce qui certainement est important à connaître pour lui au point de vue de l'appréciation des risques. Néanmoins, dans la pratique, la loi n'est pas observée en ce point et il ne semble pas en être résulté d'inconvénients. On se borne, en général, surtout pour les assurances sur facultés, à indiquer dans la police que l'assurance est faite *pour le compte des intéressés ou pour le compte de la per-*

---

(1) V. *Traité de Droit commercial*, III, n⁰ 421, p. 311.

(2) Ce nom est donné, en général, à toute personne qui contracte avec l'assureur sans être pourtant assuré. Cela se présente dans des cas variés.

(3) Cfr. Rouen, 4 janv. 1899, *Revue internationale du Droit maritime*, XIV, p. 613.

sonne qui sera nommée au connaissement, ou encore plus souvent *pour le compte de qui il appartiendra* (1). Grâce à ces formules, en cas de siuistre, selon les circonstances, l'assurance peut être invoquée ou par celui qui lui-même l'a contractée ou par un tiers. Comme il faut toujours, ainsi que cela sera expliqué plus bas, que, pour obtenir une indemnité, celui qui agit contre l'assureur, justifie d'un préjudice souffert, cet usage n'a aucun inconvénient pratique, bien qu'il ne soit pas conforme aux dispositions du Code de commerce (2). L'usage qui est très répandu dans les assurances de marchandises, s'explique par les nécessités du commerce : souvent, au moment de la conclusion d'une assurance, la question de propriété des marchandises est indécise, parce qu'il y a des ventes conditionnelles, des ventes à livrer, des comptes en participation, etc. (2). Il serait, en définitive, à désirer qu'on effaçât de l'article 352. C. com., une disposition si souvent méconnue (3).

D'ailleurs, bien que notre Code ne l'indique pas expressément, il y a entre les règles qui régissent la commission ayant une assurance pour objet et les règles générales de la commission, des différences importantes touchant au fond. On ne fait pas, comme lorsqu'il s'agit d'autres actes, complète abstraction du commettant pour ne s'attacher qu'au commissionnaire. A beaucoup d'égards, on considère ces deux personnes ou même le commettant seul. Cela sera éclairci à propos de chacune des parties de la matière des assurances maritimes. Mais il peut être indiqué immédiatement que, si le commissionnaire seul doit la prime, le commettant a seul le droit de récla-

(1) V. sur les polices *pour le compte de qui il appartiendra,* nº 1.214 et 1.457 *bis.*

Il y a aussi des *réassurances* pour le compte de qui il appartiendra, Rouen, 25 avril 1900, *Revue internat. du Droit marit.,* XVI, p. 155.

(2) L'assurance pour compte de qui il appartiendra peut être invoquée par toute personne ayant intérêt à la conservation des marchandises. Cass., 27 juin 1899, S. et *J. Pal.* 1903. 1. 502.

(3) de Courcy, *D'une réforme internationale du Droit maritime,* pp. 102 et 103.

(4) Il y a des commissionnaires en assurance. Ce sont des personnes qui après avoir contracté une assurance sans indication des choses assurées, sollicitent des ordres d'assurances qu'elles exécutent en stipulant une commission. V. de Courcy, *Questions de Droit maritime* (1ʳᵉ série), pp. 380 et 381.

mer, en cas de sinistre, le paiement de l'indemnité. Les mêmes règles s'appliquent, du reste, que le nom du commettant ait été indiqué dans la police ou qu'il y ait été déclaré seulement que l'assurance était faite pour compte d'autrui, avec réserve pour celui qui fait assurer de faire connaître plus tard le nom de son commettant.

1193. L'assureur peut lui-même être représenté par une personne agissant au nom de l'assureur ou en son propre nom. Il n'y a aucune règle spéciale pour les assurances ainsi conclues et auxquelles, par suite, le Code de commerce ne fait même pas allusion.

Nos grandes compagnies de transports maritimes jouent souvent le rôle de mandataires des compagnies d'assurances par rapport aux chargeurs. Les compagnies maritimes ont reçu mandat des compagnies d'assurances d'assurer pour leur compte jusqu'à concurrence d'une somme déterminée, sans solidarité entre elles, les marchandises chargées sur leurs navires. L'assurance se conclut par une simple déclaration des chargeurs faite sur les connaissements. V. n° 1196.

1194. *Enonciations relatives à la chose assurée.* — Des indications de la police doivent être relatives à la chose assurée. Elles varient nécessairement avec cette chose ; elles sont notamment différentes selon que l'assurance est sur corps ou sur facultés et, dans ce dernier cas même, elles sont fort diverses selon les circonstances (n°s 1193 *bis* et suiv.).

1195. Lorsqu'il s'agit d'une assurance sur corps, la police doit exprimer, d'après l'article 332, le nom et la désignation du navire. L'indication du nom d'un navire est sans doute la meilleure manière de le distinguer ; mais cette indication ne peut être toujours suffisante par cela même que souvent plusieurs navires portent le même nom ; aussi l'article 332 prescrit-il d'exprimer la désignation du bâtiment, c'est-à-dire l'espèce à laquelle il appartient. Souvent, pour éviter toute confusion, on indique également le nom du capitaine. V. n° 1199.

D'autres indications concernant le navire assuré peuvent être nécessaires pour bien faire apprécier à l'assureur l'étendue des risques. Ainsi, la police doit indiquer si le navire est *chargé* ou *vide*, si, en cas de guerre, il est *accompagné*, c'est-à-dire s'il doit voyager sous escorte d'un vaisseau de guerre. Il y aurait lieu d'indiquer la nationalité du bâtiment, si cette nationalité devait exercer sur l'opinion du risque une certaine influence (1).

Des déclarations inexactes ou incomplètes sur ces différents points peuvent entraîner la nullité de l'assurance comme constitutives de la fausse déclaration ou de la réticence (art. 348, C. com.).

L'indication d'un navire sous un autre nom que son nom véritable n'a aucune conséquence, si, malgré cette inexactitude, les parties ont été d'accord sur le bâtiment assuré. Dans le cas contraire, il y a lieu d'appliquer les dispositions de l'article 348, C. com., qui prononce la nullité de l'assurance pour réticence ou pour fausse déclaration changeant le sujet du risque. La même distinction doit être naturellement faite en ce qui concerne les inexactitudes commises dans la désignation de l'espèce du bâtiment.

1195 *bis.* Dans les assurances sur facultés, les énonciations relatives aux marchandises assurées varient beaucoup. Parfois on désigne la quantité et la nature des marchandises, leurs marques, le nom du navire sur lequel elles sont ou seront chargées. Ces indications sont fournies par les connaissements, quand l'assurance a lieu après le chargement.

Mais on peut ne pas donner des indications aussi nombreuses et aussi précises. Souvent, l'assurance est faite sur facultés, quelles qu'elles soient, *en quoi qu'elles consistent ou puissent consister.* L'assuré ne connaît pas toujours lui-même la nature précise des marchandises qu'il veut faire assurer. Il peut s'agir notamment d'un commissionnaire qui doit recevoir de son commettant des marchandises dont il ignore la nature.

L'article 335, C. com., contient, au sujet de la désignation des marchandises, des prescriptions qui ne sont pas observées. Il ordonne de désigner dans la police les marchandises sujettes par leur nature à détérioration particulière ou diminution, comme blés ou sels, ou les marchandises susceptible de coulage. *Sinon,* d'après cet article, *les assureurs ne répondront point des dommages ou pertes qui pourraient arriver à ces mêmes denrées, si ce n'est, tou-*

_____

(1) V., sur les indications relatives au navire assuré, Cresp et Laurin, III, p. 354 et suiv.

tefois, que l'assuré ait ignoré la nature du chargement lors de la signature de la police. Ce qui fait que ces dispositions sont laissées de côté, c'est qu'il est tenu compte dans les polices des détériorations auxquelles, d'après leur nature, les marchandises sont exposées, au moyen de *franchises* ou déductions que l'assureur fait subir à l'indemnité à payer à l'assuré, de telle façon que l'assureur n'a pas d'intérêt à être exactement renseigné sur la nature des marchandises assurées, tant qu'à la suite d'un accident de mer, il n'y a pas lieu à la fixation d'une indemnité à payer par l'assureur à l'assuré. V. nº 1299.

Lorsque la nature des marchandises n'est pas indiquée, souvent, pour spécifier autant que possible les risques, on indique le navire sur lequel elles sont chargées. Mais cette indication même, comme cela va être expliqué, n'est pas indispensable. Il y a des polices d'assurances nombreuses dans lesquelles ne sont mentionnés ni la nature des marchandises ni même le nom du navire qui les transporte (nº 1197).

1196. *Assurances* in quovis *ou sur navire indéterminé.* — On appelle assurance *in quovis* ou *sur navire indéterminé* les assurances de marchandises faites sans désignation du navire qui les transporte. La fréquence de ces assurances provient notamment de ce que souvent, la personne à laquelle des marchandises sont adressées par mer; ignore le navire qui les transporte. Le Code (art. 337) n'autorise expressément les assurances *in quovis* que pour les chargements faits pour l'Europe d'une autre partie du monde, mais personne ne doute qu'il ne soit loisible de contracter des assurances de cette sorte aussi bien pour les chargements faits en Europe à destination d'une autre partie du monde ou faits dans un port européen pour un autre port d'Europe. Il est impossible d'apercevoir pour quel motif la faculté de faire des assurances *in quovis* n'existerait point, par exemple, pour des marchandises chargées d'Odessa pour Marseille ou à l'inverse (1).

L'assurance *in quovis* s'applique, en principe, au premier char-

---

(1) L'article 337, C. com., est considéré comme étant tombé en désuétude. V. de Courcy, *Questions de Droit maritime* (1re série), p. 277 et suiv.

gement opéré dans les conditions portées dans la police. En outre, le plus souvent, une clause oblige l'assuré à déclarer le nom du navire dès qu'il en a connaissance ; on appelle *avenant d'application* l'acte qui constate cette déclaration (1).

1197. *Polices d'abonnement, polices flottantes.* — Les assurances *in quovis* affectent parfois un caractère de généralité encore plus grand. C'est ce qui a lieu lorsqu'une personne fait assurer toutes les marchandises qu'elle recevra ou qu'elle expédiera, qu'elles soient chargées sur un navire quelconque, pourvu que le transport en soit effectué dans tel nombre de mois ou dans l'année ou dans tel nombre d'années qui suivront. Les polices sont alors appelées dans l'usage *polices flottantes* ou *polices d'abonnement.* Grâce à ces polices, les négociants qui expédient ou reçoivent par mer de nombreuses marchandises, n'ont pas à craindre d'être surpris par l'annonce d'un sinistre avant qu'ils aient pu contracter une assurance.

Dans les polices flottantes, une clause oblige ordinairement l'as-

(1) D'après l'article 7 de la police française d'assurance sur facultés, « si « l'assurance est faite sur navire ou navires indéterminés, l'assuré est « tenu de faire connaître aux assureurs le nom du navire ou des navires « et de leur déclarer la somme en risque, dès la réception des avis qu'il « aura reçus lui-même ou, au plus tard, dans les trois jours de cette « réception. »

V. sur la question de savoir si le défaut de déclaration dans le délai fixé entraîne la résiliation de l'assurance *in quovis,* de Courcy, *L'article* 7 *de la police française d'assurance sur marchandise. Un arrêt dangereux* (*Rev. intern. du Droit maritime,* 1886-87, p. 616 et suiv.).

Il y a un autre point important qui règle la police française relativement aux assurances *in quovis.* Une assurance de ce genre ayant été faite en prévision d'une opération projetée, il se peut que celle-ci ne se réalise pas. Il faudrait résilier une assurance sans objet. Mais on néglige de le faire. Il y aurait des inconvénients à laisser oublier la police pour en rappeler tout à coup le souvenir quand une partie ou un tiers la découvrira. Dans l'oubli du contrat, il pourrait arriver qu'une autre assurance fût conclue et qu'en cas de sinistre, le nouvel assureur invoquât, pour se décharger, l'antériorité de l'ancienne police. Pour éviter des inconvénients de ce genre, l'article 7, 2e alin., de la police française dispose : « Quand la « police n'a pas exprimé la durée pour laquelle elle est faite, elle ne peut « plus produire aucun effet au profit de l'assuré après quatre mois de la « date de la police, pour tout ce qui n'aura pas été chargé dans ce délai. »

suré à faire connaître à l'assureur les chargements dès qu'il en reçoit avis ou dans un délai très court après qu'il les a connus (1).

Les polices souscrites par les grandes compagnies de transports maritimes au profit des expéditeurs de marchandises, sont des polices *flottantes*, en même temps qu'elles sont souscrites par ces compagnies en qualité de mandataires des expéditeurs qui déclareront vouloir en profiter (n° 1193).

1198. L'application de la règle de l'ordre des dates, posée par l'article 359 pour le cas de double assurance (n°s 1112 et suiv.), peut donner lieu à quelque embarras lorsqu'il a été souscrit une police flottante ou d'abonnement. On peut se demander s'il faut considérer la date de la police à l'exclusion de toute autre. La question ne paraît pas susceptible de recevoir une solution unique ; elle doit varier avec les circonstances. Si l'assuré est le propriétaire même des marchandises, la date de l'assurance est celle de la police ; les chargements postérieurs appliquent seulement le contrat à un aliment déterminé. En conséquence, si une nouvelle assurance était souscrite pour ces marchandises, elle devrait être annulée comme étant postérieure en date. Si, au contraire, la police d'abonnement a été souscrite par un intermédiaire, par exemple par un consignataire, par un commissionnaire, etc., pour le compte de qui il appartiendra, le contrat ne se réalise pour le propriétaire qu'à la date du chargement. Aussi toute assurance conclue par lui antérieurement à cette dernière date, doit-elle valoir de préférence à la police d'abonnement (2).

---

(1) V. la note de la page précédente. — La déclaration d'aliment peut être faite par l'assuré même après la perte des marchandises, pourvu qu'il soit encore dans les délais et qu'il n'y ait pas fraude de sa part. Cpr. Trib. comm. Seine, 1er juillet 1899, *Revue intern. du Droit maritime*, XV, p. 63. Alger, 14 février 1906, *Revue intern. du Droit maritime*, XXI, p. 593. V. *Revue critique de législ. et de jurispr.*, 1905, p. 521.

Mais la déclaration d'aliment ne peut avoir d'effets quand le donneur d'ordre connaissait le sinistre inconnu de l'assureur au moment où il a chargé le commissionnaire de contracter l'assurance. Cfr. 7 janv. 1908, S. et *J. Pal.*, 1908, 1, 209 (note de Ch. Lyon-Caen); *Pand. fr.* 1908., 1.209; *Revue intern. du Droit marit.*, XXIII, p. 596.

(2) V. de Courcy, *Questions de Droit màritime* (1re série), p. 374 et suiv.; Laurin sur Cresp, III, note des p. 165 et 166. Cpr. Trib. comm.

1198 *bis*. Les assurances *in quovis* et les polices d'abonnement donnent lieu à des *traités de réassurances*. Une compagnie qui a fait un certain nombre d'assurances de cette sorte, peut craindre que ses différents assurés ne chargent des marchandises sur un navire pour une somme totale qui dépasse son plein, c'est-à-dire la somme qu'elle peut, d'après ses statuts, exposer sur un seul navire. Que fait-elle alors ? Elle conclut avec une autre compagnie un traité de réassurance qui ne s'applique pas à une assurance déterminée, mais à l'ensemble des assurances que conclura la compagnie réassurée. Il y a deux espèces de traités de réassurance : par les uns, le réassureur assure les marchandises couvertes par l'assurance principale pour le cas où les sommes assurées sur un même navire dépasseraient un certain chiffre et pour l'excédent seulement (1) ; par les autres, le réassureur prend à sa charge, d'une façon ferme, une portion déterminée par avance des sommes assurées sur un même navire, comme, par exemple, la moitié ou le quart (2).

Des difficultés se sont élevées sur le point de savoir s'il faut appliquer à ces traités de réassurance, comme aux réassurances se rattachant à une assurance déterminée, les règles du contrat d'assurance. Selon nous, les traités de réassurance ne sont qu'une variété des réassurances. Aussi doit-on admettre qu'un traité de réassurance peut, comme une assurance, contenir une clause compromissoire (3) et que les actions en résultant se prescrivent par cinq ans (4).

Marseille, 17 juill. 1877, *Journ. de Marseille*, 1877. 1. 300 ; Cass., 29 avr 1885, S. 1886. 1. 521 ; D. 1886. 1. 521.

(1-2) On peut dire que, dans le premier cas, il y a une réassurance (ou traité) d'*excédent*, dans le second cas une réassurance (ou traité) de *partage*.

V. de Courcy, *la Réassurance et les Traités de réassurance*. *Questions de Droit maritime* (4° série), p. 261 et suiv.

(3) V., cependant, Trib. comm. Seine, 8 janv. 1889, *le Droit*, n° du 21-22 janv. 1889.

(4) Aix, 14 janv. 1889, *Revue intern. du Droit maritime*, 1888-89, p. 536 ; Rennes, 9 juillet 1897 (infirmant le jugment du Tribunal de commerce de Nantes ci-après cité), *Jurisprudence commerciale et maritime de Nantes*, 1908. 1. 153. Cass., 19 juin 1900 ; *Pand. fr.* 1900. 1. 416 ; *Jurispr. commer.. et marit. de Nantes*, 1900. 1. 438.

V., en sens contraire, Trib. comm. Nantes. 24 déc. 1895, *Revue intern.*

1199. *Nom du capitaine.* — Ainsi que cela a été dit plus haut (nº 1195), le nom du capitaine est parfois indiqué dans les polices d'assurances, soit sur corps, soit sur facultés. Outre que le nom du capitaine sert à mieux préciser quel est le navire qui est l'objet des risques dans l'assurance sur corps ou le lieu des risques dans les assurances sur facultés, il importe souvent à l'assureur de connaître le capitaine, pour mieux apprécier ces risques; l'étendue en dépend quelque peu de l'habileté et de l'honnêteté de ce dernier. Cela est d'autant plus vrai que, presque toujours, l'assureur répond des fautes du capitaine, connues sous le nom de *baraterie de patron,* en vertu d'une clause de la police (art. 353, C. de com.). V. nºs 1230 et suiv.

Si le nom du capitaine était indiqué sans aucune addition, il serait à craindre qu'en cas de changement de capitaine, l'assureur ne soutînt que l'assurance est annulée par suite de la modification apportée à ses conditions. Cela serait surtout fâcheux en matière d'assurances sur facultés, car le changement de capitaine ne dépend pas alors de l'assuré. Aussi, au nom du capitaine mentionné dans la police, ajoute-t-on parfois la formule : *ou tout autre pour lui;* grâce à cette addition, les changements de capitaine ne peuvent avoir sur la validité de l'assurance aucune influence (1).

Cette clause permet le changement du capitaine sans que l'assurance en soit affectée, mais non l'indication d'un capitaine autre que celui qui commande réellement le navire, au moment où le nom du capitaine est indiqué dans la police. Malgré cette clause, on pourrait voir là une fausse indication de nature à entraîner la nullité de l'assurance en vertu de l'article 348, C. com. (2).

1200. *Assurance faite conjointement ou séparément sur corps et sur facultés.* — Généralement, l'assurance est faite, soit sur corps, soit sur facultés. Mais il arrive aussi qu'une même assurance porte à la fois sur un navire et sur son chargement, quand l'un et l'autre appartiennent à la même personne (3). Cette dernière assu-

du Droit marit., 1896-97. p. 299. — V. Ch. Lyon-Caen, *Examen doctrinal de la jurisprudence en matière de droit maritime. Revue critique de legisl. et de jurispr.,* 1897, p. 556 et suiv.

(1) Cpr. nº 651 à propos d'une clause semblable dans la charte-partie.
(2) Laurin sur Cresp, III, p. 364, note 120.
(3) Cette assurance n'est pas fréquente, par cela même qu'il est assez

rance peut être faite conjointement ou séparément (art. 355, C. com.). Elle est faite conjointement, quand une somme est assurée sans que la police indique quelle portion de cette somme est afférente au navire, quelle portion l'est au chargement ; elle est faite séparément dans le cas contraire. La distinction entre ces deux cas a une assez grande importance, spécialement quand l'assuré ne charge rien sur le navire.

Ainsi, soit une assurance faite conjointement sur un navire et ses facultés pour 200.000 fr. Si l'assuré ne charge rien, l'assurance portera sur le navire pour toute cette somme et, par suite, l'assuré aura le droit de réclamer, en cas de perte totale, l'intégralité de cette somme à titre d'indemnité, pourvu que son intérêt ne soit pas inférieur. Au contraire, en cas d'assurance faite séparément sur corps et sur facultés par moitié, à défaut de chargement, l'assurance ne vaudra pour le navire que jusqu'à concurrence de 100.000 fr.

1201. *Évaluation de la chose assurée.* — D'après l'article 332, C. com., la police exprime *la valeur ou l'estimation des marchandises ou objets que l'on fait assurer.* Cette évaluation n'est pas indispensable et, lorsqu'elle a été faite, elle ne lie pas les parties ; mais elle a l'avantage de délivrer l'assuré de la charge de prouver, en cas de sinistre, la valeur des choses mises en risque. V. n° 1418.

Le contrat d'assurance, pour ne pas dégénérer en gageure, ne doit pas faire réaliser un bénéfice à l'assuré (n° 1108). Aussi l'évaluation faite dans la police n'exclut-elle pas pour l'assureur la faculté de prouver que la valeur de la chose assurée était moindre et qu'elle a été exagérée par suite d'une fraude ou d'une erreur. L'article 336, C. com., paraît indiquer qu'en cas d'estimation contenue dans la police, une réclamation n'est possible qu'autant que l'exagération est frauduleuse ; mais il est corrigé sur ce point par l'article 358 qui suppose une rectification de l'estimation opérée, sans qu'il y ait dol de la part de l'assuré. La preuve peut se faire par tous les moyens ; elle entraîne la nullité de l'assurance ou seulement sa réduction, selon que l'évaluation exagérée a été faite de mauvaise foi ou par

---

rare dans les usages actuels qu'une même personne ait la propriété du navire et des marchandises formant la cargaison. V. Em. Cauvet, I, n°s 247 et 249.

suite d'une erreur (art. 357 et 338). Cette preuve contraire doit être admissible même lorsque la police contient les clauses : *valeur agréée* ou *vaille que vaille*. Il a été parfois décidé que l'effet de la dernière clause est d'exclure toute réclamation contre l'évaluation, sauf au cas de fraude de l'assuré (1). Cela paraît contraire à l'idée selon laquelle l'assurance maritime n'est qu'un contrat d'indemnité. La clause dont il s'agit doit, en vertu de cette idée, être destituée de tout effet, en ce sens qu'elle n'exclut pas la preuve contraire (2).

A défaut d'évaluation dans la police, l'assuré qui réclame une indemnité à la suite d'un sinistre, doit faire la preuve de la valeur de la chose assurée (art. 1315, C. civ.). La loi n'a point indiqué comment il est justifié de la valeur du navire. La justification peut être difficile à faire ; il n'y a pas, pour les navires, comme pour les marchandises, de cours auxquels on puisse se référer. L'évaluation se fait ordinairement en s'attachant à la valeur du bâtiment lors du départ (3), et les registres de classification des navires sont utile-

(1) Trib. comm. Nantes, 23 août 1865, *Journ. de Marseille*, 1866. 2. 27.

(2) Aix, 20 nov. 1858, *Journ. de Marseille*, 1858. 1. 122 ; Trib. comm. Seine, 26 nov. 1906, *Revue intern. du Droit marit.*, XXII, p. 891 ; Alger, 11 mars 1901, D. 1903. 2. 45.

En fait, comme cela a déjà été dit, les compagnies d'assurances ne réclament point contre des évaluations dont l'exagération est minime. L'article 15 de la police française d'assurances sur facultés admet une augmentation de 10 0/0. Elle reconnaît même que les assureurs peuvent agréer une surélévation supérieure d'une quotité déterminée : V. de Courcy, *Commentaire des polices françaises*, etc., p. 320 et suiv.

(3) Ce système d'évaluation allait de soi avant la loi du 12 août 1885. Il concordait avec la prohibition de l'assurance du fret. Avec ce système d'évaluation, l'assureur supporte les conséquences du dépérissement graduel du navire, bien qu'il ne provienne pas d'une fortune de mer. Mais cela s'expliquait par cette considération que, d'après notre loi, le fret ne pouvait être assuré ; une portion du fret représentait la perte causée par l'usure du navire. Si donc, en cas de perte du navire et du fret, le propriétaire n'obtenait que la valeur du navire au port de reste ou au moment du sinistre, il n'aurait pas été placé par l'assurance dans la situation où il était avant le départ. Comme l'assurance du fret est aujourd'hui admise, on devrait à la rigueur estimer le navire d'après sa valeur au lieu d'arrivée. Autrement, le propriétaire, recevant le fret qui compense en partie le dépérissement du bâtiment et une somme représentant la valeur de celui-ci, sans tenir compte de l'usure causée par le voyage, se trouverait réaliser un bénéfice : Émérigon, ch. 17, sect. 9 ; Valin, art. 15, liv. III,

ment consultés pour connaître les éléments essentiels à cette évaluation.

En ce qui concerne les marchandises, leur valeur se justifie à l'aide des factures et des livres ; à défaut, l'estimation en est faite suivant le prix courant au temps et au lieu du chargement, y compris tous les droits payés et les frais faits jusqu'à bord (art. 339, C. com.). Mais le prix courant doit être considéré à l'exclusion du prix d'achat, lorsque, l'achat ayant eu lieu depuis de longues années, il n'est pas vraisemblable que les parties aient considéré le prix d'achat (1).

Les règles posées par l'article 339, C. com., sur l'évaluation des marchandises assurées sont naturellement conçues d'après le système d'assurance du Code de commerce, selon lequel les marchandises ne pouvaient être assurées pour une somme supérieure à leur valeur au port de départ. Ces règles sont encore applicables quand l'assuré n'a pas usé de la faculté de faire assurer le profit espéré. S'il en a usé, il faut, pour l'évaluation, considérer le prix de marchandises semblables au port de déchargement. V. nos 1138 et suiv.

A propos de l'évaluation des marchandises, le Code de commerce a prévu deux cas tout spéciaux :

. a. Lorsque l'évaluation est faite dans la police en monnaie étrangère, l'objet assuré est réputé valoir le prix que cette monnaie vaut en monnaie de France, suivant le cours à l'époque de la signature de la police (art. 338) (2).

tit. VI de l'Ordonnance de 1681. Mais on tolère l'assurance du fret cumulée avec celle du navire d'après sa valeur au départ. V. C. de comm. allemand, art. 799.

(1) Trib. comm. de Marseille, 31 août 1866, *Journ. de Marseille*, 1886. 1. 293 (L'espèce de ce jugement est curieuse. Des balles de laine avaient été envoyées par un expéditeur français aux Etats-Unis d'Amérique, en 1864, pendant la guerre de sécession, pour confectionner des draps militaires. Les hostilités cessèrent à une époque où une partie seulement des balles était vendue. L'expéditeur fit revenir à Marseille ce qu'il en restait ; une baisse considérable s'était produite en Amérique et il comptait les vendre plus avantageusement en France. Il les fit assurer d'après le prix qu'elles lui avaient coûté en 1864. Le navire ayant péri avec toute sa cargaison, les assureurs contestèrent l'évaluation des laines, en soutenant que l'évaluation dépassait leur valeur au port d'expédition, et ils obtinrent gain de cause).

(2) Il y a eu autrefois des abus pratiqués à l'occasion de marchandises

b. Si l'assurance est relative à des marchandises venant d'un pays où le commerce ne se fait que par troc et que l'estimation n'en soit pas faite par la police, cette estimation est réglée sur la valeur des marchandises qui ont été données en échange, en y ajoutant les frais de transport pour le voyage d'aller (art. 340). Cette disposition ne s'applique guère; il n'y a plus que fort peu de pays, sauf en Afrique, où le commerce se fasse encore par troc (1).

1202 *Somme assurée.* — La police exprime aussi, d'après l'article 332, la somme assurée. Il est naturel qu'on indique le montant de l'obligation de l'assureur.

Il ne faut pas confondre la somme assurée avec la valeur de l'objet assuré. Car souvent l'assureur unique n'assure pas cet objet pour son entière valeur et, quand il y a plusieurs assureurs, il peut être stipulé que chacun d'eux assure pour une somme déterminée.

L'énonciation de la somme assurée n'est pas, en principe, nécessaire. Seulement, à son défaut, l'obligation de l'assureur est indéterminée. Mais les obligations, dont l'objet est indéterminé, ne sont pas pour cela nulles, lorsqu'il est possible d'en déterminer le montant (art. 1129, alin. 3, C. civ.), sans que cela dépende des parties; c'est évidemment ce qui a lieu dans l'espèce. Il est naturel de se référer à la valeur de la chose assurée; on doit supposer que l'assureur a entendu la couvrir entièrement à défaut de restriction expresse.

A propos des obligations de l'assureur, il sera expliqué dans la section suivante que l'assureur ne peut jamais être tenu au delà de la somme assurée. V. n° 1409.

1203. *Temps et lieux des risques.* — Un certain nombre d'énonciations à insérer dans la police ont pour but de déterminer le temps et les lieux dans lesquels les risques doivent se réaliser, pour que

expédiées des colonies en France. La livre valait dans nos colonies un tiers en moins que la livre de France. Des commerçants qui y avaient acheté des marchandises, ne tenaient aucun compte de cette différence et surélevaient ainsi abusivement leur évaluation dans les polices d'assurances. La Déclaration du 17 août 1779 (art. 16) avait déjà remédié à cet abus en exigeant la conversion en monnaie de France. V., sur ce point, Emérigon, *op. cit.*, ch. 9, sect. 8.

(1) V. Em. Cauvet, n°ˢ 395 et 396.

l'assureur en réponde. Aux termes de l'article 332, on doit exprimer dans la police : *le lieu où les marchandises ont été ou doivent
être chargées ; le port d'où ce navire a dû ou doit partir ; les ports
ou rades dans lesquels il doit charger ou décharger ; ceux dans
lesquels il doit entrer ; le temps où les risques doivent commencer
et finir.*

L'indication des lieux de chargement et de déchargement est indispensable dans les assurances sur facultés lorsque les marchandises
sont assurées pour un voyage déterminé ; car cette indication fixe
le voyage auquel l'assurance s'applique. Cette indication a son utilité même dans les assurances sur corps, afin de faire connaître à
l'assureur pendant quelle traversée le navire conservera sa cargaison ; le chargement influe souvent beaucoup sur les risques que
court le navire. V. nᵒˢ 1247 et suiv.

1204. *Assurance au voyage. Assurance à temps.* — Au point de
vue des lieux et du temps des risques, on peut distinguer *l'assurance au voyage, l'assurance à temps, l'assurance à temps et au
voyage.* V. nᵒˢ 1247 et suiv.

L'assurance est *au voyage*, lorsque, d'après la police, elle s'applique à un voyage déterminé, sans fixation de durée. A ce propos,
il importe de distinguer le *voyage réel du navire*, le *voyage assuré*
et le *voyage légal*. Le voyage *réel* est celui qu'accomplit le navire :
il est déterminé par le lieu de départ et par celui d'arrivée sans considération du temps où les risques doivent commencer ou finir pour
l'assureur. — Le voyage *assuré* est celui qui est fait par le navire
du lieu où les risques commencent à celui où ils cessent pour l'assureur ; le voyage assuré est donc fixé exclusivement par la convention
des parties. Il se peut qu'un seul voyage réel comprenne plusieurs
voyages assurés. — Le voyage *légal* est celui qui est indiqué par les
expéditions du navire, mais qu'en fait, le navire peut ne pas effectuer.

1205. *De la route.* — Il ne faut pas confondre la *route* avec le
voyage. La route n'est autre chose que le chemin suivi par le navire ; on
conçoit que, pour effectuer un même voyage, il y ait plusieurs routes.
Il va de soi qu'on pourrait dans la police ne pas se borner à indiquer
le voyage assuré, mais déterminer aussi la route à suivre. Le plus

souvent la route n'est pas précisée : les parties sont alors réputées avoir eu en vue la route la plus courte et la moins dangereuse habituellement suivie par les navires. En règle générale, cette route doit être parcourue *en droiture*, c'est-à-dire que l'assurance s'applique à un voyage fait sans arrêt dans les ports intermédiaires. Mais les polices contiennent parfois les clauses *de faire échelle, de dérouter, de rétrograder*.

La clause de *faire échelle* permet à l'assuré de faire entrer le navire dans les ports intermédiaires situés sur sa route. La clause de *dérouter* a une plus large portée que la précédente ; elle confère à l'assuré la faculté de dévier de la route convenue. Enfin, la clause de *rétrograder* implique la faculté de retourner en arrière. V. nº 720.

1206. *Assurance à temps.*— L'assurance est à temps (ou à terme) lorsque, sans se référer à un voyage déterminé, la police indique le nombre de jours ou de mois pendant lesquels les risques seront supportés par l'assureur (art. 363, C. com.). Mais on ne manque jamais alors, soit d'indiquer les mers dans lesquelles le navire naviguera, soit d'exclure de l'assurance la navigation dans certains parages.

Les assurances à temps sont fréquentes pour les marchandises ; les assurances résultant des polices flottantes (nº 1197) ont ce caractère. On recourt nécessairement aux assurances à temps pour les navires à vapeur et même pour les navires à voiles, lorsque l'assuré ne connaît pas les lieux de destination par avance, comme quand il s'agit d'un bâtiment armé pour la pêche ou dans les voyages de caravane. On appelle de ce dernier nom une expédition qui se compose de plusieurs petits voyages avec arrêts dans différents ports où le capitaine laisse et prend des marchandises jusqu'à ce qu'il ramène définitivement le navire au port de départ (1).

1207. Une assurance peut être un composé de l'assurance au voyage et de l'assurance à temps, en ce sens qu'il est possible que, dans la police, on fixe à la fois la durée de l'assurance et le voyage pour lequel elle est conclue (2). Cette assurance donne lieu à quelque dif-

---

(1) On recourait aussi à des assurances de cette sorte pour les bâtiments armés en course avant la Déclaration de Paris de 1856.

(2) On appelle en Angleterre les polices contenant des assurances de cette sorte *mixed policies* (Polices mixtes).

ficulté lorsque le voyage dure plus ou moins que le temps pour lequel elle a été faite. V. n° 1267.

1208. Lorsque l assurance est faite à temps, le point de départ des risques est habituellement déterminé dans la police ; ainsi l'on indique que l'assurance est faite pour une année qui partira du 1er mai à midi pour finir le 1er mai de l'année suivante à la même heure. Si la durée de l'assurance avait été indiquée sans fixation des deux termes extrêmes, il semblerait naturel de la faire partir du commencement de la journée (minuit) où elle a été conclue (1).

Pour les assurances au voyage, le Code (art. 341 et 328) détermine le moment précis où les risques commencent et celui où ils finissent pour l'assureur. Cette détermination légale ne s'applique qu'à défaut de dérogation dans la police ; en fait, il est presque toujours dérogé aux dispositions du Code. V. n°s 1248 et suiv.

1209. *Montant de la prime.* — Il va de soi que la police doit mentionner le montant de la prime ; celle-ci constitue l'un des éléments essentiels de l'assurance (n°s 1171 et suiv.). Si cette énonciation faisait défaut, il pourrait y être suppléé au moyen de l'aveu ou du serment ; mais la preuve testimoniale est exclue quand il s'agit de prouver outre le contenu à une police (n° 1182). A défaut de preuve du montant de la prime consentie, les tribunaux pourraient le fixer d'après le cours de la place où la police a été souscrite. V. Analog., n° 656.

Le mode de fixation de la prime n'est pas toujours le même. La prime peut être déterminée à un chiffre invariable pour le voyage, quelle qu'en soit la durée, elle peut être aussi fixée à tant par mois. Elle est ordinairement de tant pour cent de la somme assurée. Il peut y avoir deux primes distinctes, l'une pour l'aller, l'autre pour le retour ou, au contraire, la prime peut être unique pour l'un et pour l'autre ; elle est alors désignée sous le nom de *prime liée*. V. n° 1251.

Le taux de la prime dépend des circonstances diverses qui peuvent influer sur les risques. Il varie avec l'âge du navire, son mode de construction, la nature de la cargaison, les mers à parcourir, les ports à visiter, la saison, l'état de paix ou de guerre, etc.

_____

(1) V. de Courcy, *le commencement et la fin des risques dans l'assurance des navires.*

On peut concevoir que les parties aient entendu qu'il n'y aurait pas de prime. Alors, il n'y a pas assurance, mais une sorte de donation (1). Seulement, le silence de la police sur la prime n'implique pas qu'il n'en a pas été stipulé une. On a la faculté, comme il est dit précédemment, pour en prouver le montant, de recourir à l'aveu ou au serment (2).

1210. *Clause compromissoire.* — La compétence, soit *ratione materiæ*, soit *ratione personæ*, en matière d'assurances maritimes, est régie par les règles du droit commun. En conséquence, si l'on admet avec nous que le contrat d'assurance maritime est toujours un acte de commerce (n° 1104), les tribunaux de commerce sont compétents.

Parmi ces tribunaux, la compétence se détermine conformément à l'article 420, C. proc. civ. Il peut y avoir, en vertu d'une clause de la police, une attribution de compétence faite à un tribunal déterminé français ou étranger, spécialement, ainsi que cela a lieu très souvent au tribunal du siège de la compagnie d'assurance. En vertu d'une disposition formelle (art. 1, dern. alin.), la loi du 2 janvier 1902, *relative à la compétence en matière d'assurance*, qui déroge, pour les assurances, aux règles ordinaires de compétence, est inapplicable aux assurances maritimes.

Les parties peuvent même exclure la compétence des tribunaux en stipulant dans la police qu'elles soumettent leurs contestations à des arbitres (3) ; cette clause, d'après laquelle les parties s'en remettent à des arbitres pour des contestations à naître, est connue sous le nom de *clause compromissoire*. En l'autorisant dans les polices d'assurances maritimes (4), le Code de commerce déroge au droit

---

(1) Emérigon, ch. III, sect. XI.

(2) C'est donc à tort qu'on a soutenu que l'assurance est nulle à défaut de stipulation d'une prime dans la police : Pardessus, II, n° 322 ; Boistel, n° 1356.

(3) Le projet du Code de commerce soumis au Conseil d'Etat, admettait l'arbitrage *forcé* en matière d'assurance maritime. V. Locré, *Législation de la France*, XVIII, pp. 434 et 440.

(4) Le caractère exceptionnel de la disposition qui autorise la clause compromissoire dans les polices d'assurances maritimes, fait parfois contester la validité de cette clause, en soutenant que le contrat n'est pas une

commun. Cette clause est nulle selon la jurisprudence, dans tout autre contrat (1), même dans les assurances non maritimes (2), comme violant l'article 1006, C. pr. civ., qui exige que le compromis désigne les objets en litige, ce qui n'est assurément pas possible, lorsqu'on ne sait pas quelles contestations s'élèveront entre les parties et même s'il y en aura. Le législateur a pensé que, comme les contestations naissant du contrat d'assurance maritime sont toujours à peu près de la même nature, les parties qui y stipulent la clause compromissoire, comprennent la portée de leur convention, ce que l'on ne pourrait pas dire si cette clause était insérée dans les autres contrats (3) (4).

Par cela même que la réassurance n'est qu'une variété de l'assurance régie par les mêmes règles que celle-ci (n⁰ˢ 1155 et suiv.), la clause compromissoire peut être insérée dans une police de réassurance. Cela s'applique-t-il au cas devenu très fréquent où il s'agit d'un traité de réassurance, c'est-à-dire d'une réassurance applicable, non à des risques déterminés individuellement, mais à tous les risques que le réassuré prendra à sa charge (n° 1198)? On a nié la pos-

assurance maritime. Cass., 23 avril 1902, S. et *J. Pal.*, 1903. 1. 29 ; D. 1903. 1. 90; *Pand. fr.*, 1903. 1. 23 ; *Revue int. du Droit maritime*, XIX, p 343.

(1) Paris, 5 juill. 1894 (5ᵉ ch.), *Pand. fr.*, 1895. 5. 4; *la Loi*, n⁰ des 2-3 janv. 1895. La validité de la clause compromissoire est admise par quelques auteurs (Glasson et Albert Tissier, *Précis de procédure civile* (2ᵉ éd.), II, n° 1859, pag. 911 à 913). Elle est reconnue aussi par la jurisprudence *belge* ; Cour de cassation de Belgique, 17 fév. 1888, D. 1889. 2. 168. *V. Traité de Droit commercial*, I, n⁰ˢ 521 et 522.

(2) On ne peut appliquer par analogie, aux assurances non maritimes, les dispositions concernant les assurances maritimes, quand celles-ci dérogent aux règles du droit commun (n° 1090 : Cass., 7 mars 1888, D. 1889. 1. 32; *Pand. fr.*, 1888. 1. 406 ; jugement du juge de paix du IXᵉ arrondissement de Paris, 9 mars 1894; *Pand. fr.*, 1895, 2. 138 ; *le Droit*, n° du 11 avr. 1894.

(3) V. *Traité de Droit commercial*, I, n° 521. V. *op. cit.*, n° 522, sur des cas où des décisions judiciaires ont vu à tort une clause compromissoire.

(4) La raison ne paraît pas bien sérieuse. Ce qui est dit du contrat d'assurance peut s'appliquer à tout autre contrat déterminé. Le motif ne serait bon que pour expliquer la nullité d'une convention par laquelle deux personnes déclareraient que les contestations qui pourront s'élever entre elles, *quelles qu'elles soient*, seront réglées par des arbitres. V. note 1.

sibilité de l'insertion de la clause compromissoire dans un traité de
réassurance (1). Selon nous, elle est, au contraire, licite. Ces traités
sont des contrats de réassurance (n° 1198), or, dans ces contrats, la
clause compromissoire est admise. On prétend qu'il n'y a assurance
qu'autant qu'il y a déjà des objets assurés. Nous ne voyons pas sur
quoi peut se fonder une telle affirmation. Il est vrai qu'à l'époque à
laquelle le Code de commerce a été rédigé, on ne connaissait que des
réassurances s'appliquant à des risques précis dont le réassuré s'était
antérieurement chargé. Mais qu'importe ! Les polices flottantes et
les polices d'abonnement sont bien considérées comme des polices
d'assurances maritimes et, pourtant, elles sont relatives à des choses
qui ne sont pas déterminées par avance. Il y a contrat d'assurance,
que les choses soient déjà exposées aux risques de mer ou qu'elles
ne doivent y être exposées que par la suite ; l'assurance ne suppose
donc pas des choses déterminées individuellement par avance. Pourquoi n'en serait-il pas de même pour la réassurance ? En définitive,
le contrat renferme toujours les mêmes éléments ; les conditions en
sont seulement un peu modifiées par suite des besoins nouveaux du
commerce.

1211. L'assuré cherche parfois à se soustraire à la clause compromissoire en matière d'assurance sur facultés en actionnant l'assureur avec l'armateur devant le tribunal de commerce. On comprend
comment cela peut se réaliser lorsque les marchandises assurées ont
subi des avaries que l'assuré attribue à la faute du capitaine dont
l'armateur est responsable (art. 216, C. com.), faute qui est à la
charge de l'assureur en vertu d'une clause de la police (art. 353,
C. com.). On a parfois écarté l'exception d'incompétence fondée sur
la clause compromissoire, en invoquant la disposition de l'article 59,
C. proc. civ., d'après laquelle, lorsqu'il y a plusieurs défendeurs, la
demande peut être portée devant le tribunal du domicile de l'un
d'eux, ce qui implique qu'il suffit que le tribunal saisi soit compétent à l'égard d'un des défendeurs (2). Selon nous, l'assureur peut

(1) Trib. comm. Seine, 8 janv. 1889, *le Droit*, n° des 21-22 janv. 1889.
V. n° 1139.
(2) Trib. de comm. de Marseille, 19 oct. 1891, *Journal de jurisprudence
de Marseille*, 1892. 1. 17.

opposer la clause compromissoire, pour que le tribunal saisi se déclare incompétent à son égard (1). La règle de l'article 59, C. proc. civ., relative au cas où il y a plusieurs défendeurs, n'est applicable que lorsque le tribunal n'est pas incompétent à l'égard d'un des défendeurs *ratione materiæ*. Or, telle est la nature de l'incompétence du tribunal à l'égard de l'assureur, en présence de la clause compromissoire contenue dans la police. Au reste, s'il en était autrement, l'assuré aurait un moyen trop facile de se soustraire à l'application de la clause compromissoire contenue dans la police.

1212. Comme cela a été indiqué plus haut (no 1186), l'énumération de l'article 332, C. com., n'est pas limitative ; les parties peuvent insérer dans la police toutes autres stipulations, et ces stipulations sont valables, pourvu qu'elles ne soient pas contraires à quelque règle impérative ou prohibitive. Aussi n'était-il pas utile que le Code de commerce énumérât les mentions à insérer dans la police (2).

1213. Du reste, l'article 332, C. com., ne vise que les assurances sur corps et les assurances sur facultés, parce que ce sont les plus nombreuses ; il en était surtout ainsi avant la suppression des prohibitions de l'article 347, C. com., par la loi du 12 août 1885. Dans toutes les polices, à quelque chose que l'assurance soit relative, les énonciations doivent se référer aux mêmes points : aux parties, à la chose assurée, à sa valeur, à la somme assurée, au temps et aux lieux des risques, à la prime.

En fait, il n'y a de polices imprimées que pour les assurances sur corps et pour les assurances sur facultés.

1213 *bis*. *Polices à ordre et au porteur.* — Le navire et surtout les marchandises ne restent pas toujours, pendant toute la durée de l'assurance, la propriété de celui qui les a fait assurer pour son compte. Il est, par suite, fort utile que la police puisse se transmettre aux propriétaires successifs de la chose assurée. On peut dire qu'en règle générale, la transmission doit s'en opérer dans les formes des articles 1689 et 1690, C. civ.; car les polices sont d'ordinaire des titres de

---

(1) Aix, 23 mai 1892, *Revue intern. du Droit marit.*, 1891-92, p. 664 ; *Journ. de jurispr. de Marseille*, 1893. 1. 178.

(2) Le projet de 1867 était muet sur ce point.

créance à personne dénommée. Mais souvent les polices contiennent
la clause à ordre ou sont au porteur. La transmission de ces polices
se fait par endossement ou de la main à la main. Aucune disposition
expresse de la loi n'autorise à donner ces formes aux polices d'assurances maritimes. Cela n'en est pas moins licite ; car ces formes
peuvent être données à tous les titres de créance, même à ceux pour
lesquels aucune disposition légale ne les autorise expressément (1).
On ne peut donc pas tirer un argument en sens contraire de ce que
le Code de commerce a expressément autorisé les formes à ordre ou
au porteur, notamment pour le connaissement (art. 281, dern. alin.)
et pour le prêt à la grosse (art. 313, 1er alin.).

1214. La police d'assurance sur facultés contenant la clause très
usitée, *pour le compte de qui il appartiendra* (n° 1192), est une
police au porteur, en ce sens qu'elle est transmissible sans aucune
formalité de la main à la main. Mais, par cela même que le contrat
d'assurance maritime est un contrat d'indemnité et que celui-là seul
qui a éprouvé un préjudice doit pouvoir agir contre l'assureur, le
porteur de la police ne peut pas, comme le peut, en général, le détenteur d'un titre au porteur, exercer ses droits sans faire une preuve
spéciale : il doit prouver qu'il avait un intérêt en risque (2).

1215. Quand la police est à ordre, l'endossement en est soumis,
au point de vue des formes, aux articles 136 à 138, C. com., qui
s'appliquent, en général, en l'absence de toutes autres, à tous les
titres à ordre, bien que ces dispositions ne visent expressément que
les lettres de change.

Mais de graves difficultés s'élèvent quand il s'agit de décider si
l'endossement d'une police d'assurance est régi, au point de vue de
ses effets, par les mêmes règles que l'endossement de la lettre de
change et des effets de commerce à ordre en général. V., sur ces
difficultés, n° 1437.

1216. ENREGISTREMENT ET TIMBRE. — Les assurances maritimes
donnent lieu à la perception de droits d'enregistrement et de droits
de timbre au profit de l'Etat (3).

(1) V. *Traité de Droit commercial*, III, n° 98.
(2) Sur la preuve de l'intérêt à faire par l'assuré, n° 1417.
(3) V. sur cette matière, G. Demante, *Principes de l'enregistrement*

La loi du 22 frimaire an VII (art. 69, § n° 2) soumettait les actes et contrats d'assurances à un droit proportionnel *d'enregistrement* établi sur le montant de la prime. Ce droit était de 50 centimes en temps de paix et de 25 centimes en temps de guerre ; il fut doublé par la loi du 28 avril 1816 (art. 51, n° 2). Il n'était perçu, d'après la loi du 16 juin 1824 (art. 5), qu'autant qu'il était fait usage de la police en justice.

Mais ces dispositions ont été abrogées par la loi du 23 août 1871, pour les assurances contre l'incendie et pour les assurances maritimes. D'après cette loi (art. 6 et 7) et la loi du 30 décembre 1893 (art. 2) (1), il doit être perçu, indépendamment de l'usage qui est fait de la police, sur toute assurance maritime un droit de 52 centimes par 100 francs du montant de la prime et de ses accessoires. Cette taxe due par les assurés, est perçue pour le compte du Trésor par les sociétés et autres assureurs, courtiers ou notaires, qui ont rédigé des polices. La perception suit les sommes de 20 en 20 francs sans fraction. Moyennant cette taxe, la formalité de l'enregistrement est donnée gratis toutes les fois qu'elle est requise (2).

Les réassurances sont exemptes de la taxe établie par la loi du 23 août 1871 (art. 6, dern. alin.), à moins que l'assurance primitive, souscrite à l'étranger, n'ait pas été soumise au droit. La raison en est que, bien que la taxe soit proportionnelle à la prime, elle est destinée à atteindre le capital assuré. Or, malgré la réassurance, il n'y a toujours qu'un seul capital assuré.

Les polices sont, en outre, soumises à un droit de *timbre* de dimension (L. 5 juin 1850, art. 42 et suiv.). Les compagnies n'ont pas, pour les assurances maritimes, comme elles l'ont pour les

(4e édit.), II, p. 140 et suiv., n°s 529 et suiv.; Demasure, *Traité du régime fiscal des sociétés*, n°s 292 et suiv. ; n°s 298 et suiv.

(1) Cette loi a ajouté 4 0/0 au droit total actuel des taux dont la quotité comprend à la fois le principal et les décimes. Ainsi, en vertu de cette loi le taux de 0,50 0/0 de la loi du 23 août 1871 a été portée à 0,52 0/0.

(2) V. *Décret du 25 novembre 1871 faisant règlement d'administration publique pour la perception de la taxe établie par la loi du 23 août 1871 sur les contrats d'assurances maritimes et contre l'incendie* (art. 1 à 4).

autres sortes d'assurances, la faculté de s'acquitter de ce droit de timbre au moyen d'un abonnement.

Cette taxe et ce droit de timbre ne frappent pas les polices d'assurances maritimes conclues en pays étranger par des compagnies étrangères ou même françaises (1). Il n'y a pas de distinction à faire entre le cas où le navire assuré est français et celui où il est étranger (L. 23 août 1871, art. 6, 7 et 8).

A l'inverse, les assureurs étrrngers qui font en France des opérations d'assurance sont soumis aux règles de la loi du 23 août 1871 (art. 6 et 7) ; D. 25 novembre 1871 (art. 10).

1217. Après avoir traité des éléments essentiels et des formes de l'assurance maritime, il y a lieu d'en examiner les effets. Le contrat est synallagmatique ; il fait naître des obligations à la charge de l'assureur et à celle de l'assuré. Les obligations de l'assureur sont de beaucoup les plus importantes ; elles seront examinées dans la section III (nos 1218 et suiv.) ; les obligations de l'assuré le seront dans la section IV (nos 1425 et suiv.).

SECTION III.

Des obligations de l'assureur.

1218. La principale obligation dont est tenu l'assureur, est celle d'indemniser l'assuré des avaries causées à la chose assurée par les risques de mer. Sous le nom d'*avaries*, il y a lieu, conformément aux principes généraux posés plus haut (n° 859), de comprendre non seulement les dommages matériels, mais encore les dépenses extraordinaires faites pour les choses assurées ; parmi ces dépenses figure notamment la part contributive de l'assuré dans les avaries communes.

(1) Cass. ch. réunies, 28 mars 1895, S. et *J. Pal.*, 1895. 1. 293 ; D. 1895. 1. 417. *Pand. fr.*, 1895. 6. 17 ; cet arrêt est contraire à plusieurs arrêts antérieurs de la Chambre civile. V. Ch. civ. rej., 5 février 1884, S. 1885. 1. 385 ; P. 1885. 930 ; D. 1884. 1. 348 ; *Pand. fr. chr.*, Ch. civ. Cass., 23 mars 1892, S. et P. D., 1892. 1. 546 ; *Pand. fr.*, 1892. 6. 39 ; ces arrêts sont relatifs à la taxe établie par la loi du 23 avril 1871. V. dans le sens de la nouvelle jurisprudence, Demasure, *op. cit.*, n° 913.

1219. *Risques supportés par l'assureur.* — Toute avarie de la chose assurée ne doit pas être réparée par l'assureur. Les avaries provenant des risques ou fortunes de mer donnent seules lieu, en principe (1), à la responsabilité de l'assureur. On peut distinguer à cet égard trois grandes classes de risques : 1° ceux qui sont compris dans toute assurance maritime, sauf convention contraire ; 2° ceux qui n'y sont compris qu'en vertu d'une convention expresse ; 3° ceux qui en sont exclus nonobstant toute convention des parties.

1220. L'article 350 énumère les risques dont l'assureur répond sauf convention contraire (2). Mais l'énumération qu'il fait n'est pas limitative (3), ainsi que le prouve la formule générale qui le termine : *Sont aux risques des assureurs toutes pertes et dommages qui arrivent aux objets assurés... généralement par toutes les fortunes de mer.* On peut définir les *fortunes de mer*, les accidents qui arrivent sur mer, qu'ils soient produits par l'action des éléments ou par le fait de l'homme. Il n'est pas nécessaire que la mer soit la cause du sinistre ; il suffit, en général, quelle en soit le théâtre pour que l'assureur soit responsable envers l'assuré. L'ancien jurisconsulte italien Targa disait que l'assureur est responsable à raison de tout sinistre qui survient sur mer ou par la mer (*in mare o da mare*).

1221. Il résulte de cette définition des fortunes de mer qui sont seules à la charge de l'assureur, que les risques de terre ne sont pas supportés par l'assureur maritime. En principe, ces deux sortes de risques se distinguent par l'élément même sur lequel ils se réalisent. Mais, exceptionnellement, on traite comme risques maritimes, au point de vue de la responsabilité de l'assureur, les risques qui se réalisent à terre, quand ils sont la conséquence de risques de mer. Ainsi, les risques qui atteignent les marchandises, soit avant leur

---

(1) Cela n'est vrai que sauf clause contraire, et une clause contraire mettant à la charge de l'assureur maritime même des risques terrestres, est devenue fréquente pour les assurances sur facultés. V. n° 1211 *bis*.

(2-3) Les polices françaises d'assurances *sur corps* et *sur facultés* (art. 1), énumèrent aussi les risques dont l'assureur répond ; elles dérogent à plusieurs dispositions du Code de commerce. L'énumération qu'elles contiennent n'est, du reste, pas plus limitative que celle de l'article 350, C. com.

embarquement, soit après leur débarquement, sont des risques terrestres. Mais si, dans une relâche forcée, des marchandises sont
débarquées à raison des avaries du navire et qu'un incendie les
détruise à terre, il y a là un risque que supporte l'assureur sur
facultés.

Un navire est toujours sur mer, sauf quand il doit être réparé.
L'assureur d'un navire répond des accidents qui peuvent survenir
pendant qu'il a été mis à terre pour y faire des réparations provenant des risques de mer dont l'assureur est responsable.

1221 *bis*. Il va de soi que la limitation de la responsabilité des
assureurs aux risques de mer n'est admise que sauf clause contraire;
car il n'y a pas une démarcation impérative faite par la loi entre les
assurances maritimes et les assurances terrestres, de telle sorte qu'il
soit interdit à une compagnie d'assurances maritimes d'assurer pour
un navire ou pour des marchandises à la fois les risques de mer et
les risques non maritimes. Ainsi, il se peut que, lorsqu'un navire
doit naviguer à la fois dans les eaux intérieures et en mer, une même
police s'applique aux risques de ces deux espèces de navigations. Il
est possible aussi que, quand, ce qui est fréquent, des marchandises
doivent être transportées, pour arriver à destination, à la fois sur
mer et sur terre ou dans les eaux intérieures, l'assurance s'applique
aux risques auxquels les marchandises seront exposées indifféremment sur l'un ou l'autre de ces trois éléments. La dernière clause est
aujourd'hui très usuelle. Mais, à raison des règles posées par les
polices françaises d'assurances sur corps et sur facultés, les clauses
dont il s'agit dérogent aux clauses imprimées et doivent, par suite,
être écrites à la main comme clauses dérogatoires à celles des polices en usage. V. nᵒˢ 1242 à 1249 et 1250 à 1255.

1222. Les risques figurant dans l'énumération de l'article 350,
C. com., peuvent être divisés en deux catégories : les uns sont des
risques purement maritimes, les autres sont des risques de
guerre. Il importe de parler distinctement de ces deux catégories
de risques qui constituent également en un sens large et dans le
langage légal, des risques de mer.

1223. *Risques maritimes.* — Parmi les risques de mer proprement dits, par opposition aux risques de guerre sont compris *la*

tempête, le naufrage, l'abordage fortuit, les changements forcés de route, de voyage ou de vaisseau (1), *le jet* (2), *le feu* (art. 350, C. com.).* Il n'y a pas, en général, d'intérêt à donner une définition rigoureuse de chacun de ces événements ; car, dès l'instant que l'avarie est causée par une fortune de mer, l'assureur est, en principe, responsable. Cependant, pour quelques-uns de ces risques, des indications sont nécessaires. D'abord, selon les circonstances, l'assureur est ou n'est pas responsable. En outre, il sera expliqué plus loin que parfois, la nature de l'événement a une influence considérable sur les droits de l'assuré contre l'assureur. V. nos 1326 et suiv.

1224. *Abordage.* — L'article 350 ne fait mention que des pertes et dommages qui arrivent aux objets assurés par *abordage fortuit.* Il résulte évidemment de là qu'en principe, les assureurs ne répondent pas des dommages causés au navire ou aux marchandises par l'abordage provenant de la faute du capitaine du navire assuré. Il n'y a là qu'une application de la règle expliquée plus bas (n° 1230), selon laquelle, à moins de convention contraire, l'assureur ne répond pas des fautes du capitaine désignées sous le nom de *baraterie de patron* (art. 353, C. com.). Mais le Code de commerce reconnaît aussi, en ce qui concerne les navires, l'abordage *mixte* ou *douteux* (art. 407, al. 3 ; V. n° 1005). Les assureurs répondent des dommages causés par cet abordage, par cela même qu'il n'implique pas la faute du capitaine. Du reste, l'exclusion de la responsabilité de l'assureur, au cas d'abordage causé par la faute du capitaine du navire assuré, n'a qu'une importance pratique restreinte. Cette responsabilité a lieu le plus souvent, par cela même qu'ordinairement, les polices contiennent une clause mettant à la charge de l'assureur la baraterie de patren. V. n° 1235.

Au point de vue de l'assureur d'un navire ou de marchandises, on doit considérer comme un abordage fortuit celui qui est causé par la faute du capitaine d'un autre bâtiment. On peut dire qu'en général, a faute d'autrui constitue par rapport à nous un cas fortuit, pourvu

(1) V. nos 1255 et suiv., 1265.
(2) Cela n'est pas moins exact des autres avaries communes. Ainsi qu'il arrive parfois, le jet est pris ici comme type des avaries communes.

que la faute n'ait pas été commise par une personne dont nous
répondons (1).

1225. *Feu.* — L'incendie d'un navire peut provenir de causes
différentes. Il est causé : *a.* par un vice propre (par exemple, en cas
de combustion spontanée de marchandises) ; *b.* par un cas fortuit
(comme le feu du ciel) (2) ; *c.* par une faute du capitaine ou des
gens de l'équipage ; *d.* par l'ennemi.

L'article 350, C. com., indique, sans rien ajouter, le feu parmi les
risques dont l'assureur maritime répond. Il ne faut pas en conclure
que l'assureur est responsable à raison de tout incendie, quelle
qu'en soit la cause. Il faut, sur ce point comme sur les autres, com-
biner la disposition du Code de commerce avec les principes généraux admis en matière d'assurance maritime. Comme l'assureur ne
répond pas, en principe, des dommages provenant de la faute du
capitaine (n° 1230) ou du vice propre (n° 1237), l'incendie ayant une
de ces causes n'engendre pas la responsabilité de l'assureur. De
même, l'assureur ne répond pas de l'incendie causé par l'ennemi,
lorsque l'assurance ne s'applique pas aux risques de guerre (ce qui
suppose une clause dans la police, mais, au contraire, l'assureur
répond de cet incendie quand les risques de guerre sont compris
dans l'assurance (n° 1225).

L'assureur répondant, en général, de tous les risques qui se réalisent en mer, c'est à lui qu'incombe l'obligation de prouver la faute
du capitaine, cause de l'incendie (3). V. analog., pour le cas de vice
propre, n° 1243.

---

(1) L'article 1205, C. civ., déroge en partie à cette règle en matière de
solidarité entre codébiteurs.

(2) L'incendie provenant d'une faute des passagers est à traiter comme
incendie provenant d'un cas fortuit. V. n° 1224 *in fine.*

(3) Cette question de preuve a été très discutée. Emérigon (ch. XII,
sect. XVII) admettait que l'incendie n'était réputé fortuit qu'autant que
personne de l'équipage n'était sauvé. Des décisions judiciaires et des
auteurs, sous l'empire du Code de commerce, ont soutenu que l'assuré
doit prouver la cause fortuite de l'incendie. Mais l'opinion admise au
texte a triomphé : Marseille, 24 janvier 1861 ; Aix, 2 juin 1871, *Journ. de
Marseille*, 1861. 1. 69 et 1871. 1. 261 ; Trib. comm. Seine, 15 mai 1884, *la
Loi*, n° du 4 juin 1884. — Laurin sur Cresp., IV, 56 et 57 ; Em. Cauvet,
II, n° 1031.

1226. *Risques de guerre.* — L'article 350 indique les risques de guerre parmi ceux qui sont supportés par l'assureur; il mentionne spécialement les pertes et dommages qui arrivent aux objets assurés par *prise, déclaration de guerre, représailles.* Mais, d'après un usage général, les polices contiennent une clause déchargeant l'assureur de la responsabilité des risques de guerre (1).

Comment expliquer que l'Ordonnance (art. 26, livre III, titre VI) et, après elle, le Code de commerce (art. 350) aient compris les risques de guerre parmi les risques dont l'assureur maritime répond en principe, et qu'en fait, aujourd'hui les risques de guerre soient, en général, exclus de l'assurance par les polices ? Lors de la confection de l'Ordonnance et du Code, les guerres étaient tellement fréquentes que les parties devaient faire entrer l'état de guerre dans leurs prévisions. On stipulait alors généralement une augmentation de prime pour le cas de survenance de guerre. Aussi des difficultés s'élevaient-elles souvent sur le point de savoir s'il y avait vraiment état de guerre. Les guerres sont devenues beaucoup moins fréquentes et en même temps plus préjudiciables aux belligérants; puis, on a voulu éviter les anciennes difficultés relatives à l'état de guerre. Ce sont là les raisons qui expliquent que, d'après un usage constant, les risques de guerre sont exclus de l'assurance par une clause imprimée des polices en usage (2). Cette clause donne naissance à des difficultés de plusieurs sortes (3).

1226 *bis.* On peut tout d'abord se demander si une insurrection éclatant chez une nation peut être considérée comme constituant l'état de guerre et si, par suite, les déprédations commises par l'un des partis sont des risques de guerre ou si elles ne sont pas plutôt des faits de piraterie. L'intérêt de la question est grand par cela

---

(1) L'article 2 des polices françaises d'assurance sur corps et sur facultés dispose : « Les risques de guerre ne sont à la charge des assureurs « qu'autant qu'il y a convention expresse ».

(2) V. sur les clauses manuscrites qui dérogent à la clause imprimée, n° 1228 *bis.*

(3) Les difficultés concernant l'application de la clause excluant la responsabilité des risques de guerre dans les différentes espèces d'assurances ont été étudiées spécialement dans l'ouvrage de M. Paul Allaert, *De l'assurance des risques de guerre* (Thèse de doctorat, 1900).

même que les faits de piraterie ne sont pas ordinairement exclus par les polices (1), comme le sont les risques de guerre. Il est difficile de poser à cet égard des principes absolus : on peut seulement faire deux observations. D'abord, en règle générale, tout fait qui n'est pas accompli dans un but de brigandage doit être considéré comme un fait de guerre, s'il est inspiré par une pensée politique, fût-il accompli par une force ayant le caractère insurrectionnel. En second lieu, l'attitude des gouvernements neutres peut servir souvent à résoudre la question ; il y a lieu d'examiner s'ils ont reconnu aux partis en présence la qualité de belligérants (2). Ceux-ci alors peu-

(1) L'article 1er des polices françaises, comme l'article 350, mentionne expressément la piraterie.

Il faut remarquer que, depuis la Déclaration de Paris de 1856, l'on doit considérer comme des actes de piraterie les prises effectuées par les navires de commerce armés en guerre, quand ils sont munis de commissions émanant d'un gouvernement ayant adhéré à la Déclaration. Consulter, sur ce point, jugement du tribunal de commerce de Bordeaux du 8 août 1863, *Journ. de Marseille*, 1863. 1. 151.

(2) Il y a eu sur cette question des décisions qu'il n'est pas facile de concilier.

a. Marseille, 19 janv. 1824, *Journ. de Marseille*, 1824. 1. 235 (Ce jugement refuse de considérer comme acte de piraterie la capture d'un navire espagnol par les Colombiens révoltés contre l'Espagne. Il se fonde notamment sur ce « que les Colombiens, en état de révolte contre l'autorité légi- « time de leur souverain, ne dirigent leurs armements que contre le « pavillon de l'Espagne et les propriétés des sujets de cette puissance, sans « se livrer indistinctement à des déprédations envers toutes et se mettre « ainsi, à l'instar des pirates, hors du droit des gens ».

b. Aix, 27 juill. 1859. *Journ. de Marseille*, 1859. 1. 290. Arrêt confirmant un jugement de Marseille du 29 janv. 1858, *Journ. de Marseille*, 1. 236 (Cet arrêt admet que les risques de guerre exclus par les polices doivent s'entendre de la guerre que se font deux Etats et non de la lutte engagée entre deux partis qui se disputent le pouvoir. Il en conclut que les assureurs, malgré l'exclusion des risques de guerre, sont responsables de la perte des marchandises assurées, si le navire à bord duquel elles étaient chargées a été coulé bas par les coups de canon qu'échangeaient deux partis aux prises dans le port où il était ancré).

c. Trib. de commerce de Bordeaux, 8 août 1863, *Journ. de Marseille*, 1863. 2. 151 (Ce jugement a considéré comme un fait de guerre, non couvert en cette qualité par l'assurance, l'incendie d'un navire appartenant aux Etats du Nord (pendant la guerre de sécession) et des marchandises qui y avaient été renfermées, par un corsaire du Sud. Il faut se rappeler,

vent être considérés comme constituant chacun de leur côté un gouvernement légal (1).

Au reste, la guerre peut exister avant qu'une déclaration ne soit intervenue (2).

1227. L'exclusion des risques de guerre donne lieu à des difficultés plus graves et plus importantes lorsqu'il s'agit de les distinguer des risques provenant même d'événements de la nature (3). Ainsi l'on peut supposer qu'un navire, menacé d'être capturé ou détruit par le feu de l'ennemi, change ou accélère sa route afin d'échapper au danger et qu'il périt dans une tempête qui l'a assailli dans sa route nouvelle. Les assureurs qui ont exclu les risques de guerre, sont-ils tenus à raison de cette perte ? On peut dire, pour les assurés, qu'il y a eu changement forcé de route et naufrage, événements dont l'assureur répond (art. 350). En faveur des assureurs, on dira que le changement de route et le naufrage ont leur cause dans un fait de guerre dont l'assureur ne doit pas répondre (4).

pour bien comprendre cette décision, que les Etats-Unis d'Amérique n'ont pas adhéré à la suppression de la course en 1856).

d. V. aussi l'exemple des déprédations commises pendant l'insurrection de Carthagène en 1874 par des navires de la ville insurgée : de Courcy, *Commentaire des polices françaises d'assurances maritimes* (1re édition) p. 20 : (2e édition), p. 6 et suiv.

L'article 2 des polices françaises a pris soin d'indiquer qu'une stipulation expresse est nécessaire pour comprendre les *risques de guerre, hostilités, représailles, arrêts, captures et molestations de gouvernements quelconques, reconnus ou non reconnus.*

(1) V. sur la reconnaissance de la qualité de belligérants en cas d'insurrection, rapport de M. Arth. Desjardins dans l'*Annuaire de l'Institut de Droit international,* XVII, p. 71 et suiv. ; Résolutions adoptées, XVIII, pp. 228 et 229.

(2) Paris, 22 fév. 1881, *le Droit,* n° du 8 mars 1881. Mais il est à désirer que les hostilités ne commencent pas sans un avertissement préalable. V. Convention de La Haye du 18 octobre 1907 relative à l'ouverture des hostilités. V. aussi sur la question de savoir si une déclaration de guerre préalable est nécessaire pour qu'un Etat puisse commencer les hostilités, *Annuaire de l'Institut de Droit international,* t. XXI (1906), *Session de Gand,* p. 27 et suiv. ; p. 269 et suiv.

(3) On consultera avec profit sur ce difficile sujet une étude de M. René Verneaux, *l'assurance des risques de guerre en matière maritime,* insérée dans le *Journal du Droit international privé,* p. 467 à 493.

(4) Les difficultés concernant la distintion entre les risques de guerre et

La règle qui paraît devoir être posée, c'est qu'on ne doit considérer comme provenant de risques de guerre que les pertes et dommages ayant leur cause directe dans un événement de guerre (1). Si
l'on ne s'en tenait pas à cette règle très rationnelle, on arriverait à
réduire dans les limites les plus étroites, en cas de guerre, la responsabilité des assureurs ; car l'état de guerre augmente dans une
assez forte proportion même les risques ordinaires : quand une
guerre existe, beaucoup de ports sont fermés, beaucoup de phares
sont éteints, et, par suite, les accidents de mer sont plus nombreux.
Il serait d'autant plus injuste de décharger ainsi l'assureur de risques
n'ayant pas leur cause directe dans un événement de guerre que le
plus souvent, les primes sont plus élevées en temps de guerre qu'en
temps de paix (2).

les risques ordinaires ne sont pas spéciales aux assurances maritimes.
Elles se présentent aussi pour les assurances terrestres, parce que généralement, les risques de guerre en sont exclus. A l'occasion de la guerre de
1870-1871, beaucoup de questions de ce genre se sont élevées. Consulter
notamment Besançon, 13 juin 1871. S. 1871. 2. 65 et suiv. ; *Journ. Pal.*,
1871. 282.

La Cour de cassation reconnaît avec raison qu'elle n'a en cette matière,
aucun pouvoir, que les juges du fait apprécient souverainement s'il y a
eu ou non risque de guerre : Cass., 16 juill. 1872, S. 1873. 1. 247.

(1) V. dans ce sens, Trib. com. Bordeaux, 6 janv. 1840 ; Marseille, 15 fév.
1855 ; Rouen, 14 mars 1872, *Journ. de Marseille*, 1840. 2. 111 ; 1855. 1. 76 ;
1872. 2. 111 ; Bordeaux, 26 février 1900, *Revue intern. du droit marit.*,
XVI, p. 175.

(2) Durant la guerre de Crimée, il s'est produit un fait curieux relatif à
ce sujet. Un navire de Fécamp, l'*Iris*, avait été affrété, pour le transport
des vivres et des munitions, par l'Etat. Celui-ci s'était rendu garant des
risques de guerre ; une assurance avait été, en outre, contractée avec une
compagnie sous l'exception des risques de guerre. Un coup de vent arra-
cha le navire de devant Kamiesch, port de ravitaillement pour l'armée
française, et le poussa sous le feu des forts de Sébastopol qui le coulè-
rent. L'armateur actionna d'abord la compagnie d'assurances, en se fondant sur ce que l'ouragan avait été la cause première de la perte du bâtiment. Mais un arrêt de la Cour de Rouen du 2 av. 1856, S. 1856. 2. 221,
repoussa cette demande : selon lui, l'ouragan avait seulement mis le navire
en péril ; les coups de canon qui l'avaient coulé, étaient un risque nouveau qui avait été la cause directe de la perte. L'armateur actionna alors
l'Etat devant le ministre compétent et se pourvut ensuite contre la décision de celui-ci qui avait rejeté sa demande, mais le pourvoi lui-même fut
écarté. Le Conseil d'Etat déclara que la perte du navire était due à un

1227 *bis*. Droit étranger. — Des lois étrangères tenant compte de la pratique ont admis, contrairement à notre Code de commerce, que les risques de guerre ne sont pas compris dans l'assurance maritime, sauf clause contraire. V. L. *belge* du 21 août 1879, art. 201, 2e alin. ; Codes de commerce *italien*, art. 636 ; *portugais*, art. 604. Les risques de guerre sont, au contraire, compris, en principe, dans l'assurance d'après la loi *anglaise* de 1906 (art. 3, dern. alin.) (1) les Codes de commerce *hollandais*, art. 637 ; *allemand*, art. 820, 2 ; *espagnol*, art. 755 ; *argentin*, art. 1807.

1228. Quand un dommage a été subi par un navire ou par sa cargaison pendant la durée d'une guerre, si l'assureur actionné par l'assureur allègue qu'il y a eu un risque de guerre dont, en vertu d'une clause de la police, il ne doit pas répondre, c'est à l'assureur à en faire la preuve. Il y a là une simple application de la règle selon laquelle les accidents survenus sur mer donnent, en principe, lieu à la responsabilité des assureurs. V. Analog., n° 1220.

1228 *bis*. — Depuis quelques années, l'usage s'est répandu de comprendre, au moins dans les assurances sur facultés, en vertu d'une clause manuscrite, les risques de guerre parmi les risques dont l'assureur répond. Mais il est le plus souvent stipulé que les assureurs se réservent la faculté de faire cesser les effets de la clause relative à la responsabilité des risques de guerre dans un délai très court par une simple dénonciation et les assureurs s'empressent

simple risque de mer et qu'en conséquence, l'Etat qui n'avait garanti que les risques de guerre n'était pas tenu. L'assuré qui avait été garanti par deux assurances distinctes contre les risques de mer et contre les risques de guerre, ne put ainsi obtenir aucune indemnité. La situation singulière à laquelle était réduit l'armateur, tenait surtout à ce qu'à raison de l'existence de la juridiction administrative, il ne pouvait pas actionner ensemble et amener ainsi devant le même tribunal ses deux assureurs. Au fond, d'après la règle que nous avons adoptée au texte, on aurait dû admettre, dans l'espèce, qu'il y avait eu perte du navire par suite d'un risque de guerre et que l'Etat devait payer une indemnité à l'assuré. Car la cause directe de la perte était le feu des forts de Sébastopol et non l'ouragan qui avait poussé le bâtiment sous ce feu. Cpr. de Courcy, *Commentaire des polices françaises d'assurances maritimes*, 1re édition, p. 26 et suiv.; 2e édition, p. 18 et suiv.

(1) Les polices *anglaises* écartent le plus souvent les risques de guerre par la clause *free of capture and seizure*.

d'user de cette faculté quand une guerre maritime devient quelque peu menaçante (1).

1229. *Risques dont l'assureur ne répond pas, sauf clause contraire.* — Il y a des risques dont l'assureur ne répond pas, en principe, mais qui peuvent être mis à sa charge en vertu d'une clause de la police. Aux termes de l'article 353 *l'assureur n'est point tenu des prévarications et fautes du capitaine et de l'équipage, connues sous le nom de baraterie de patron, s'il n'y a convention contraire.*

1230. *De la baraterie de patron.* — La *baraterie de patron* consiste dans des fautes soit intentionnelles (fraudes) soit non intentionnelles du capitaine ou des gens de l'équipage qui ont pour conséquence de causer des avaries au navire ou aux marchandises (2).

Il est certain que pendant longtemps l'expression *baraterie de patron* n'a été employée que pour désigner les fraudes du capitaine (3). On l'emploie même dans un sens plus étroit pour désigner le crime du capitaine ou des gens de l'équipage consistant à détruire le navire (*Décret-loi disciplinaire et pénal pour la marine marchande de* 1852, art. 89 à 92). Mais, dès le xviie siècle au moins, cette expression a été usitée dans une acception plus large comprenant les fautes aussi bien que les fraudes (4).

(1) A raison de l'importance des risques de guerre, les assureurs maritimes, réunis à Paris dans une conférence internationale en 1900, ont admis une résolution d'après laquelle « les risques de guerre ne doivent « être acceptés que moyennant une prime spéciale avec faculté de résilia-« tion dans un délai conforme aux usages des différentes places ».

(2) Rouen, 5 novembre 1902, *Revue intern. du Droit marit.*, XVIII, p. 471.

(3) On discute sur l'étymologie de l'expression *baraterie de patron*. Selon Émérigon (*op. cit.*, ch. XII, sect. III), c'est là une expression barbare inconnue à l'antiquité, paraissant venir du mot *barat*, qui, dans la langue d'oïl, signifiait tromperie, fourbe, mensonge.

(4) Après avoir cité l'ancien sens restreint de l'expression (voir la note précédente), Émérigon (chap. XII, sect. III) ajoute : « Cependant, parmi « nous, le mot *baraterie* comprend le cas de simple faute tout comme celui « de dol ». Valin (sur l'art. 28, livre III, titre VI de l'Ordonnance de 1681) et Pothier (*Traité des assurances*, n° 65) expriment la même idée.

En anglais, le mot *barattry* a un sens plus étroit. V. le volume précédent, note 1 de la page 401.

En excluant la responsabilité de l'assureur quant à la baraterie de patron, le législateur a cru se conformer à l'intention probable des parties et déduire une conséquence logique de l'idée selon laquelle l'assureur maritime ne doit être tenu qu'à raison des risques de mer (1). Il n'a, d'ailleurs, sur ce point fait que reproduire la disposition de l'article 28, livre III, titre VI, de l'Ordonnance de 1673 (2). La disposition est critiquable. Il y a bien là un risque de mer, par cela même que l'armateur doit remettre la direction de son bâtiment à un capitaine pour le faire naviguer et que l'expéditeur de marchandises doit les confier au capitaine du navire sur lequel elles sont transportées (3). Aussi la plupart des Codes étrangers ont-ils, en retournant la règle de l'article 353, C. com., admis que l'assureur répond de la baraterie de patron, sauf convention contraire. V. n° 1236 *bis*.

1231. L'exclusion de la responsabilité de la baraterie de patron s'applique dans toutes les assurances maritimes, quel qu'en soit l'objet. Mais elle se comprend mieux dans les assurances sur corps que dans les autres. Dans les assurances sur corps, l'assuré est l'armateur et l'on peut, à la rigueur, reprocher à celui-ci le choix d'un mauvais capitaine (*culpa in eligendo*).

(1) C'est là l'explication donnée par Valin sur l'article 28, livre III, tit. VI, de l'Ordonnance de 1673 auquel correspond l'article 353, C. com. : « Par « la nature du contrat d'assurance, l'assureur n'est chargé de droit que « des pertes qui arrivent par cas fortuit, par fortune de mer, ce qui est « tout à fait étranger aux fautes que peuvent commettre le maître et les « mariniers ».

(2) Avant l'Ordonnance de 1681, le Guidon de la Mer (chap. V. art. 6; chap. IV, art. 1, 2 et 8) admettait que les assureurs répondaient de plein droit de la baraterie de patron, mais ce n'était qu'après discussion des biens du capitaine.

Hors de France, des règles diverses étaient admises. Le règlement des assurances d'Anvers (art. 4) défendait l'assurance de la baraterie de patron. D'après le Statut de Gênes, les assureurs n'étaient pas responsables de la baraterie proprement dite, mais de la faute du capitaine.

(3) Emérigon faisait très justement cette remarque. Il disait (chap. XII, sect. IIb) : « Il est vrai que ce n'est pas ici un dommage qui procède *ex* « *marinæ tempestatis discrimine* ; mais la baraterie n'est pas moins un « risque et un très grand risque maritime, puisqu'on est obligé de confier « son bien aux gens de mer qui peuvent oublier quelquefois les devoirs « de leur état ou qui, par imprudence, occasionnent des pertes ».

1232. La même règle s'applique aux fautes du capitaine, des gens de l'équipage (art. 353. C. com.) et du pilote ; celui-ci fait momentanément partie de l'équipage (1).

1233. Bien que l'article 353, C. com., ne fasse aucune distinction, les tribunaux doivent user de tempéraments dans l'application de cette disposition ; elle ne peut être interprétée comme excluant même les fautes les plus légères ; autrement, elle aurait pour conséquence de faire disparaître presque toujours la responsabilité de l'assureur ; il est rare qu'un accident arrive sans que le capitaine ait commis au moins quelque négligence (2).

1234. L'assureur, étant, en principe, responsable à raison de tous les dommages subis sur mer par la chose assurée, doit prouver la baraterie de patron, lorsqu'il allègue celle-ci, pour échapper à la responsabilité (3). V. analog., nos 1220, 1225, 1243.

1235. Il n'est point contraire à l'ordre public qu'une personne se décharge de la responsabilité des fautes de ses préposés. L'article 353, C. com., applique cette idée qu'il présuppose, en permettant de comprendre dans l'assurance maritime la baraterie de patron, même s'il s'agit d'une assurance sur corps (4).

De cette faculté de comprendre la baraterie de patron dans l'assurance sur corps, il a été déduit précédemment que le propriétaire d'un navire peut, par une clause du connaissement se décharger de toute responsabilité des fautes du capitaine envers l'affréteur. V. no 744.

En fait, toutes les polices contiennent la convention autorisée par l'article 353, C. com., quant à la baraterie de patron, mais elles y apportent d'ordinaire quelques restrictions très importantes (5).

(1) Laurin sur Cresp, III, p. 84 et 85.
(2) Laurin sur Cresp, III, p. 83.
(3) C'était déjà l'opinion admise par Emérigon. Il dit (chap. XII, sect. III, § 3) : « Celui qui allègue la baraterie doit en rapporter la preuve d'une « manière concluante ».
(4) Les anciens auteurs, spécialement Emérigon (chap. XII, sect. III), n'admettaient pas que la clause fût valable à l'égard du propriétaire du navire.
(5) La police française d'assurance sur facultés s'applique à la baraterie frauduleuse comme aux simples fautes. Cela se comprend : les chargeurs n'ont pas coopéré, en général, au choix du capitaine et ne répondent pas

Une raison pratique explique cet usage constant. Les événements maritimes présentent le plus souvent un mélange de l'action des éléments et de l'action de l'homme. Par suite, la nécessité de distinguer entre les évènements provenant de l'une ou de l'autre de ces causes serait une source de procès.

envers les tiers de ses fautes intentionnelles ou non. Mais il en est autrement de la police française d'assurance sur corps. L'article 4 de cette police dispose : « Les assureurs sont exempts, par exception et dérogation en « tant que de besoin à ce qui a été dit à l'article 1er, quant à la garantie de « la baraterie :

« 1° Des faits de dol et de fraude du capitaine ;

« De tous événements quelconques résultant de violation de blocus, de « contrebande ou de commerce prohibé ou clandestin ;

« Le tout, à moins que le capitaine n'ait été changé sans l'agrément de « l'armateur ou de son représentant et remplacé par un autre que par le « second ; . . . .

« 5° De toutes les conséquences qu'entraînent pour le navire les faits « quelconques du capitaine ou de l'équipage à terre ».

6° De tous recours exercés, par qui que ce soit, pour dommages éprouvés soit par les affréteurs, réclamateurs de marchandises, soit par les passagers ou l'équipage du navire, à raison de fautes quelconques du capitaine, de l'équipage ou du pilote.

7° De tous recours exercés pour faits de mort ou de blessures.

V., sur cet article, de Courcy, *Commentaire de la police française d'assurance sur corps*, p. 128 et suiv.

De toutes les restrictions apportées par l'article 4 de la police française d'assurances sur corps à la règle générale, admise par cette police, que l'assureur répond de la baraterie de patron, la plus importante est celle qui exclut de la responsabilité de l'assureur sur corps les recours des affréteurs ; l'assureur sur corps ne subit donc pas les conséquences de la responsabilité encourue à raison du transport des marchandises envers les affréteurs. Du reste, cette responsabilité, en tant qu'elle dérive des fautes du capitaine, est exclue pour le propriétaire du navire par les clauses de non-responsabilité devenues de style dans les connaissements Les assureurs sur facultés ont jusqu'ici consenti à accepter la responsabilité des fautes de toute nature du capitaine que les clauses de non-responsabilité laissent à la charge des affréteurs. Mais les assureurs sur facultés commencent à trouver qu'il est fort lourd pour eux de garantir les affréteurs même contre les fautes commerciales du capitaine. Ils voudraient arriver à ne plus les garantir que contre les fautes nautiques du capitaine. S'ils y parvenaient, les affréteurs chercheraient évidemment à restreindre les clauses de non-responsabilité des connaissements aux fautes nautiques du capitaine; si ce résultat pouvait être obtenu, les propriétaires des navires

Toutefois, la règle selon laquelle l'assureur ne répond pas des fautes de l'assuré (art. 352, C. com.), empêche d'admettre sans restriction que l'assurance puisse comprendre la baraterie de patron quand le propriétaire du navire en est en même temps le capitaine. V. n° 1245.

1236. Du reste, il ne faut pas exagérer la portée de la clause comprenant dans l'assurance la baraterie de patron. Elle rend l'assureur responsable non de tous les dommages sans exception, mais seulement des dommages dont, sans cette clause, il ne répondrait pas, à raison de ce qu'ils ont été causés pas la faute du capitaine ou des gens de l'équipage. A *fortiori* cette clause ne peut-elle donner à l'assuré le droit d'agir contre l'assureur en l'absence de tout préjudice éprouvé (1).

conserveraient à leur charge la responsabilité des fautes commerciales du capitaine que ne veulent pas assumer les assureurs sur corps. Une conférence internationale d'assureurs réunie à Paris en 1900, a décidé qu'il y avait lieu d'insérer dans les polices d'assurances sur facultés la clause suivante : « Les assureurs sur facultés ne prennent pas à leur charge les conséquences des clauses insérées dans les connaissements ou chartes-parties qui affranchissent l'armateur de sa responsabilité pour les fautes commerciales du capitaine et de l'équipage, telles qu'elles sont visées par la loi américaine, dite *Harter Act*, du 13 février 1893.— Les assureurs acceptent les clauses d'exonération visant les fautes nautiques dans la conduite du navire ». La Commission permanente internationale des assureurs maritimes constituée par la Conférence de 1900, s'est réunie à Paris le 22 octobre 1901. Elle a décidé que, pour que tous les intéressés soient prévenus et puissent prendre leurs précautions, la clause sus-indiquée ne serait insérée dans les polices d'assurances sur facultés qu'à partir du 1er janvier 1903. La rédaction de cette clause a été revisée et arrêtée dans les termes suivants : « Les assureurs sur facultés acceptent les clauses d'exonération insérées dans les chartes-parties et connaissements qui visent les fautes nautiques du capitaine et de l'équipage dans la conduite du navire, mais ils ne prennent pas à leur charge les conséquences des clauses insérées dans les chartes-parties et connaissements qui affranchissent l'armateur de sa responsabilité pour les fautes commerciales du capitaine et de l'équipage ». Mais jusqu'à présent ces résolutions n'ont reçu aucune exécution.

(1) C'est ainsi que l'assureur sur facultés, même garantissant la baraterie de patron, doit toujours être admis à prouver que les marchandises n'ont pas péri ou n'ont pas été chargées; Cass., 16 déc. 1889 ; *Pand. fr.*, 1890. 1. 284 ; *Revue int. du Droit maritime*, 1889-90, p. 465.

1236 *bis*. Droit étranger. — Beaucoup de législations étrangères ont admis la règle de l'article 353, C. com. ; Codes de commerce *italien*, art. 638 ; *roumain*, art. 630 ; *espagnol*, art. 750, 1° ; *portugais*, art. 604, 1° ; *chilien*, art. 1260, 2° ; *mexicain*, art. 831. D'autres lois, au contraire, admettent que la baraterie de patron est comprise de plein droit dans l'assurance maritime ; mais, d'ordinaire, ces lois apportent à ce principe quelques restrictions. La baraterie de patron est comprise dans l'assurance maritime par le Code de commerce *hollandais* (art. 637), à moins qu'il ne s'agisse d'une assurance sur corps (art. 640). D'après le Code de commerce *allemand* (art. 820, 6°), l'assureur répond des fraudes et des fautes du capitaine et des gens de l'équipage, mais seulement s'il en résulte un dommage pour la chose assurée (1). Le Code *chilien* (art. 1205, 11°) exclut bien la baraterie de l'assurance maritime, mais il déclare ne désigner sous ce nom que l'acte criminel du capitaine ou des gens de l'équipage, dont résulte pour le navire ou la cargaison un grave dommage. D'après la loi *belge* du 21 août 1879 (art. 207), une distinction est aussi faite, au moins pour le capitaine choisi par l'assuré, entre les fautes et les fraudes. Cet article dispose : « L'assu-
« reur est tenu des prévarications et fautes du capitaine, connues
« sous le nom de baraterie de patron, s'il n'y a convention con-
« traire. Il n'est pas tenu des prévarications du capitaine choisi par
« l'assuré, s'il n'y a convention contraire ». Le Code maritime
finlandais (art. 207, 6°) admet que la responsabilité de l'assureur s'étend à l'infidélité ou à la négligence du capitaine ou des gens de l'équipage. Les Codes maritimes *suédois*, *danois* et *norvégien* (art. 246) décident que l'assureur n'est pas déchargé de sa responsabilité par la raison que les dommages sont imputables au capitaine ou à l'équipage. En *Grande-Bretagne* et dans les *États-Unis d'Amérique*, l'assurance s'applique à la baraterie de patron et, dans ces pays, on désigne sous le nom de *barratry* les actes frauduleux

---

(1) Ainsi, l'assureur ne répond pas de la faute commise par le capitaine qui a contracté des dettes exagérées.

du capitaine ou des gens de l'équipage (1) ; *a fortiori* l'assurance comprend les actes de négligence (2) (3).

1237. *Du vice propre*. — Il faut rapprocher de la baraterie de patron *le vice propre*. Aux termes de l'article 352, *les déchets, diminutions et pertes qui arrivent par le vice propre de la chose... ne sont point à la charge des assureurs.*

On désigne sous le nom de *vice propre* (4) un principe inhérent à la chose assurée elle-même qui, indépendamment des accidents de mer, produit la détérioration ou la destruction plus ou moins rapide de cette chose (5).

Il est naturel de ne pas considérer l'assureur comme garant du vice propre ; il n'y a pas là, en réalité, un risque de mer (6). L'Ordonnance de 1681 (art. 29 du livre III, titre VI) contenait déjà la règle excluant le vice propre de l'assurance maritime. Elle est aussi consacrée par les lois des pays étrangers (7). Enfin, elle est admise par les polices d'assurances non maritimes (8).

1238. Le vice propre peut exister, soit pour le navire, soit pour les marchandises. Ainsi, il y a vice propre si le navire a un défaut de construction qui occasionne sa perte ou s'il avait subi avant le voyage assuré des avaries non réparées par suite desquelles il se dis-

---

(1) V., sur le sens du mot *barratry*, *The marine insurance act*, 1906, by sir M. Chalmers and Douglas Oven, p. 147, 163 et 164. V. en annexe à la loi de 1906, *First schedule Rules for construction of policy*.

(2) Mac Arthur, *op. cit.*, p. 130 et suiv. ; Arnould, *op. cit.*, II, p. 705 et suiv.

(3) Loi *anglaise* de 1906, art. 55 (2) (*a*).

(4) On dit en allemand *innerer Verderb*; en anglais *damage occasioned by the defects of the thing assured*; en italien, *vizio inerente alla cosa assicurata*.

(5) V. les mots *vice propre* dans l'article 103, C. com. ; Cpr. *Traité de Droit commercial*, III, n° 600.

(6) Les polices françaises d'assurances sur facultés (art. 3) et sur corps (art. 4, 2°) exemptent l'assureur de la responsabilité des dommages et pertes provenant du vice propre.

(7) DROIT ÉTRANGER. — V. notamment Codes de commerce *allemand*, art. 821, 1° et 3° ; *italien*, art. 615, 2° alin. ; loi anglaise de 1906, art.55 (6).

(8) Les lois étrangères qui s'occupent des assurances non maritimes, prennent soin d'en exclure le dommage résultant du vice propre. V. loi *belge* du 11 juin 1874, art. 18 ; C. de commerce *italien*, art. 645, 2° alinéa.

loque (1). Pour les marchandises, si la nature du vice propre varie avec leur espèce, du moins il consiste toujours dans un défaut ou dans un germe de corruption qui se développe pendant la traversée. C'est ainsi que les grains s'échauffent, que les liquides coulent ou s'évaporent, que les fruits fermentent, que les charbons sont l'objet d'une combustion spontanée, que les animaux meurent par suite de maladie, etc. (2). Il est facile de voir, par ces exemples, que le vice propre ne consiste pas toujours dans un défaut de la chose assurée; il consiste parfois dans un germe de détérioration ou de destruction tenant à la nature même de la chose assurée, quelque bonne qu'en soit la qualité.

1239. Il ne faut pas considérer comme un vice propre la vétusté du navire assuré (3). Un vieux navire court certainement plus de risque qu'un neuf; mais l'assureur a dû connaître, soit par la déclaration de l'assuré, soit par les registres de classification (n° 549), l'âge du bâtiment qu'il assurait, et il est probable qu'il en a été tenu compte pour la fixation de la prime. S'il n'a pas connu exactement cet âge, il y a, de la part de l'assuré, une réticence ou une fausse déclaration entraînant la nullité du contrat, en vertu de l'article 348, C. com. V. n° 1445.

1240. Parfois la perte ou la détérioration n'a pas une cause unique, mais provient à la fois du vice propre et d'une fortune de mer. Il appartient alors aux tribunaux d'apprécier dans quelle mesure chacune de ces causes a contribué aux avaries et de réduire, en conséquence, l'indemnité (4).

1241. Il résulte bien de l'article 352, C. com., que l'assureur sur facultés ne répond pas du vice propre des marchandises, ni l'assureur sur corps du vice propre du navire. Mais, si le vice propre du navire est la cause d'un dommage pour les marchandises, l'assureur de celles-ci est-il aussi dispensé d'en répondre ? On a dit pour l'affirmative que l'article 352 qui laisse à la charge de l'assuré les pertes

---

(1-2) La jurisprudence fournit les espèces les plus variées. V. de Courcy, *Questions de Droit maritime*, 1re série, p. 319 et suiv.

(3) Aix, 28 mars 1865, *Journ. de Marseille*, 1865. 1. 60.

(4) Bordeaux, 26 juin 1860, *Journ. de Marseille*, 1858. 2. 105. — Em. Cauvet, I, n° 438; Droz, I, n° 232.

résultant du vice propre, ne distingue pas entre le navire et les marchandises (1). Cela n'est pas admissible : le vice propre que vise la loi, est celui de la chose assurée ; à l'égard des facultés, on peut dire que le vice propre du navire est une fortune de mer (2).

Quand il s'agit d'une assurance de créance, il ne peut être question, à proprement parler, du vice propre de la chose assurée. Ce qui le remplace, c'est le vice propre de la chose affectée à cette créance ou de la chose du sort de laquelle la créance dépend (3).

1242. L'application de la disposition de l'article 352 sur le vice propre n'est pas toujours facile ; souvent, il n'apparaît qu'à la suite d'un accident de mer ; on peut alors être fort embarrassé pour savoir à quelle cause doit être attribuée la perte ou la détérioration. En principe, pour que l'assureur soit responsable, il faut que le développement du vice propre puisse être considéré comme la conséquence nécessaire de la fortune de mer qui l'a précédé. Autrement, c'est le vice propre qui est réellement la cause du dommage.

Il résulte de là que, si la marchandise arrive avariée par suite de retards éprouvés dans la traversée, l'assureur n'est pas responsable. Il ne garantit pas la durée de la traversée, mais seulement les événements extraordinaires de la navigation. Au contraire, si le vice propre se développait par suite d'une relâche forcée ayant pour but de réparer les avaries du navire, la responsabilité de l'assureur existerait (4).

1243. Lorsqu'un procès s'élève à l'occasion de la cause réelle de l'avarie, suppose-t-on le vice propre ou est-ce à l'assureur qui l'allègue à en démontrer l'existence ? Il faut distinguer entre l'assurance sur corps et l'assurance sur facultés.

(1) Em. Cauvet, I, n° 427.

(2) Bordeaux, 11 mai 1868, *Journ. de Marseille*, 1869. 2. 89. Droz, I, n° 231 ; Desjardins, VI, p. 331. Il semble que la question est tranchée dans notre sens par la police française d'assurances sur facultés. L'article 3 de cette police dispose : « Les assureurs sont exempts de tous dommages et pertes provenant du vice propre de la *chose* ».

(3) V., sur une question relative à un cas spécial, Bordeaux, 26 août 1887, *Rev. int. du Droit maritime*, 1887-88, p. 171, et les observations critiques de Ch. Lyon-Caen dans la *Revue critique de législ. et de jurisp.*, 1888, p. 350 à 353.

(4) Boistel, *op cit.*, n° 1377.

La détérioration ou la perte des *marchandises* doit être présumée le résultat d'un cas fortuit, lorsque l'assureur ne prouve pas le vice propre ou la faute d'où elle est provenue (1). Tout événement arrivé sur mer constitue, en principe, une fortune de mer à la charge de l'assureur (n° 1220).

Pour le *navire*, une distinction doit être faite. Lorsque les pièces constatant les visites réglementaires sont représentées (n°s 542 et suiv.), le navire est réputé être parti en bon état jusqu'à preuve du contraire (2) ; par suite, c'est à l'assureur à faire cette preuve, en démontrant l'existence d'un vice propre. L'absence des visites fait, au contraire, présumer le vice propre ; c'est à l'assuré à faire la preuve contraire (3). V. n° 1547.

1244. Si, en principe, l'assureur n'est pas garant du vice propre, est-ce à dire que même une clause spéciale de la police ne puisse pas le mettre à sa charge ? Cette question ne peut pas recevoir de

(1) Paris, 13 avr. 1874, D. 1876. 2. 215 ; Trib. de comm. de Marseille, 2 juin 1892, Aix, 11 mars 1902, *Revue intern. du Droit maritime*, 1892-93, p. 363 ; XVIII, p. 20 : Cass., 26 novembre 1900, S. et J. P., 1904. 1. 187 ; *Pand. fr.*, 1901. 1. 301 ; Cass., 9 décembre 1902, S. et *J. Pal.*, 1905. 1. 493 ; D. 1903. 1. 111 ; *Pand. fr.*, 1904. 1. 417 ; *Revue intern. du Droit marit.*, XVIII, p. 481 ; *Journ. de jurisprud. de Marseille*, 1903. 2. 34. — Laurin sur Cresp, IV, p. 15 et 66 : Desjardins, VI, n° 1408, p. 332. — Cependant, des décisions judiciaires et des auteurs mettent la preuve à la charge de l'assuré : Rouen, 9 févr. 1848, S. 1847. 2. 428 ; Marseille, 21 sept. 1860, *Journ. de Marseille*, 1860. 1. 342. — Émérigon, *op. cit.*, ch. XII, sect. 9, § 4 ; Pardessus, II, n° 773 ; Em. Cauvet, 1. 430. Ce dernier auteur (n° 422) nous paraît se contredire quand il décide qu'au cas d'incendie des marchandises, c'est à l'assureur à prouver la combustion spontanée.

(2 3) Ces solutions étaient admises par une jurisprudence constante et par tous les auteurs avant la loi du 17 avril 1907 *concernant la sécurité de la navigation*. Il n'y a aucune raison pour ne pas les maintenir sous l'empire de cette loi ; elle a modifié seulement les règles régissant les visites, sans en changer le principe même. — Bordeaux, 4 juill. 1859, D. 1860. 2. 83 ; Trib. de comm. de Nantes, 26 févr. 1890 ; du Havre, 9 mai 1890, 2 août 1892, Aix, 12 février 1902, *Revue int. du Droit maritime*, 1890-91, p. 286 et p. 163 ; 1892-93, p. 386 ; XVII, p. 559. — Em. Cauvet, I, n°s 443 et 447 ; Laurin sur Cresp, IV, pp. 65 et 66. — Sous l'empire de l'Ordonnance de 1681, la question de preuve en matière de vice propre était très discutée. V. Valin, *Commentaire de l'Ordonnance de 1681*, art. 29 et 46, liv. III, titre 6 ; Émérigon, chap. XII, sect. 38, § 3.

solution absolue : il y a lieu de distinguer entre le vice propre qui
se rattache à une faute de l'assuré et celui dont l'existence est indépendante de toute faute de sa part. Par cela même que l'assureur ne
peut se rendre garant de toutes les fautes de l'assuré, aucune clause
ne peut lui faire supporter les dommages provenant d'un vice propre
de la première sorte dans la mesure, tout au moins, où l'assureur
ne peut répondre des fautes de l'assuré ; rien ne l'empêche, au contraire, de garantir l'assuré contre ceux de la seconde sorte, bien que
la loi ne l'admette pas expressément (1).

1245. *Risques qui ne peuvent pas être mis à la charge de l'assuré.* — D'après les articles 351 et 352, C. com., l'assureur ne
répond pas des dommages causés par le fait ou par la faute de l'assuré. Il semble bien résulter de ces dispositions qu'en principe, tout
au moins, la faute de l'assuré exclut la responsabilité de l'assureur.
Il serait singulier qu'il en fût autrement, alors qu'en règle, l'assureur
ne répond même pas des fautes du capitaine (art. 353, C. com.). Il
y aurait là deux solutions ne concordant pas entre elles.

La convention contraire n'est-elle point possible ? ne peut-il pas
être stipulé par une clause de la police que l'assureur sera tenu à
raison même des dommages provenant de fautes de l'assuré ?

Tout le monde reconnaît que la convention contraire est impossible pour les fautes intentionnelles (ou fraudes) et pour les fautes
lourdes assimilées traditionnellement aux fraudes. Il est, en effet,
contraire à l'ordre public qu'une personne se décharge par avance
sur une autre des conséquences de son dol ou de sa faute lourde.
Aussi l'assurance de la baraterie de patron ne peut comprendre le
dol ni la faute lourde du capitaine, lorsque celui ci, étant propriétaire du navire, l'a fait assurer.

Mais faut-il aller jusqu'à admettre que l'assureur maritime ne peut

---

(1) Emérigon, chap. XII, sect. 9. — Em. Cauvet, I, n° 413. — V. aussi
de Courcy, *Commentaire des polices françaises d'assurance maritime*,
pp. 229 et suiv.

La loi anglaise de 1906 admet qu'une stipulation peut comprendre le
vice propre dans l'assurance. L'article 55 (5) de cette loi dispose sur ce
point : *Unless the policy otherwise provided, the insurer is not liable for
inherent vice or nature of the subject matter insured.*

pas sépondre, en vertu d'une clause formelle, même des dommages provenant des fautes légères de l'assuré? Cette question est discutée.

Selon l'opinion de beaucoup la plus générale (1), la convention contraire n'est pas admise par la loi même pour les fautes légères(2). On se prévaut en ce sens des termes des articles 351 et 352, C. com., qui ne font aucune distinction entre les fautes de l'assuré selon leur degré et qui, à la différence de l'article 353, C. com., ne réservent point la convention contraire. On fait aussi valoir que cette prohibition absolue de la loi s'explique par les dangers qu'il y aurait à permettre à l'assuré, en matière maritime, de se décharger de la responsabilité de fautes qui peuvent mettre en danger la vie des passagers et des gens de l'équipage. Des partisans de cette opinion vont jusqu'à prétendre que le Code de commerce n'a fait qu'appliquer ici une règle de droit commun, selon laquelle on ne peut, par aucune convention, se mettre par avance à l'abri de la responsabilité de ses fautes personnelles. Telle était l'opinion admise par les anciens auteurs (3).

Selon nous, une clause de la police peut mettre les fautes légères de l'assuré à la charge de l'assureur (4). La seule convention illicite est

(1) Arth. Desjardins, II, n° 276 ; VI, n° 1404.

(2) Nous avions nous-mêmes soutenu à tort cette opinion dans notre *Précis de Droit commercial* (n° 2147).

(3) Pothier, dans son *Traité du contrat d'assurance*, n° 65, s'exprime ainsi : « Il est évident que je ne puis pas valablement convenir avec quel-« qu'un qu'il se chargera des fautes que je commettrai ; ce serait une con-« vention qui inviterait *ad deliquendum* ». — Émérigon (chap. XII, sect. 2, 2, § 1) adopte la même doctrine à propos de l'article 27, liv. III, tit. VI, de l'Ordonnance de 1673 : « Il est donc certain que « les assureurs ne « répondent jamais des dommages et des pertes qui arrivent directement « *par le fait ou la faute de l'assuré* lui-même. Il serait, en effet, intolé-« rable que l'assuré s'indemnisât sur autrui d'une perte dont il serait l'au-« teur. Cette règle résulte des premiers principes. Elle est consignée dans « la loi *cum proponas* 3, *C. De nautico fœnore*. Elle est appliquée au con-« trat d'assurance par le *Guidon de la mer* (chap. 9, art. 3). Elle est répé-« tée dans nos livres. *Si casus evenit culpa assecurati, non tenentur asse-« curatores*. — C'est ici une règle générale à laquelle il n'est pas permis « de déroger par une règle contraire : nulla pactione effici potest ne dolus « præstetur, L. 27, § 3. Dig., *De pactis* (2 XIV...) ».

(4) J.-V. Cauvet, I, n° 952 ; de Courcy, *Questions de Droit maritime* (2e série), *les Limites de la responsabilité personnelle*.

celle qui, par avance, libère une personne de la responsabilité de son dol ou de ses fautes lourdes (1). Les jurisconsultes romains admettaient déjà cette doctrine. Elle est adoptée par Ulpien dans la loi 23 Dig. *De diversis regulis juris*, L 17 (2). L'autorité des anciens auteurs est ici sans valeur réelle ; par distraction, ils confondaient le dol et la faute, en citant, pour exclure les conventions mettant les fautes de l'assuré à la charge de l'assureur, des textes du Droit romain qui ne sont relatives qu'au dol (3). Il est vrai que l'article 352, C. com., ne réserve pas ici la convention contraire, comme le fait l'article 353 pour la baraterie de patron ; mais, pour que la convention contraire soit admise, il suffit qu'elle ne soit en opposition avec aucun principe général de droit. C'est ainsi que, bien que le même article 352, C. com., dispose sans réserve que l'assureur ne répond pas du vice propre, il est reconnu que le vice propre peut être compris dans une assurance maritime (n° 1244). Du reste, dans l'assurance contre l'incendie, l'assureur est garant des fautes de l'assuré d'après un usage très ancien, et cela même sans qu'une convention expresse soit exigée (4). Il y a beaucoup d'assurances, même aujourd'hui, qui ont pour but spécial de garantir une personne contre les conséquences de ses fautes (5). On ne voit pas pourquoi ce qui est licite dans les autres assurances serait illicite dans les assurances maritimes.

1245 *bis*. Droit étranger. — En *Belgique*, l'article 206, loi du 21 août 1879, exclut de l'assurance maritime la faute de l'assuré comme le fait l'article 352 de notre Code de commerce ; cela n'empêche pas des auteurs belges d'admettre la validité d'une clause

---

(1) V., sur cette question de principe, à propos de difficultés spéciales, le volume précédent, n° 749, et dans le tome III de notre *Traité de Droit commercial*, n°s 623 à 627.

(2) On lit dans cette loi... *excepto eo quod Celsus patat non valere si convenerit ne dolus præstetur.*

(3) Telle est la loi 27, § 3, Paul, Dig. *De pactis*, II, 14. V. note 3 de la page 357.

(4) Frémery, *Études de Droit commercial,* p. 342. Cet auteur écarte cette solution dans les assurances maritimes.

(5) Assurances contre la responsabilité des accidents industriels, assurances contractées par des cochers contre les accidents causés par eux, etc. V. Paris, 1er juillet 1845.

contraire (1). Le Code de commerce *allemand*, art. 821, 4°, décide aussi que l'assureur ne répond pas de la faute (*Verschulden*) de l'assuré. V., également, Code de commerce *hollandais*, art. 640 ; Code maritime *scandinave*, art. 248.

1246. La formule générale qui termine l'article 350 (*généralement par toutes les autres fortunes de mer*), permet d'ajouter à son énumération tous les événements qui réunissent les conditions exigées pour constituer des fortunes de mer (n° 1220), à moins qu'ils ne doivent être compris parmi les risques dont l'assureur ne répond qu'en vertu d'une convention expresse ou parmi ceux qui ne peuvent être mis à sa charge. On en est ainsi arrivé à admettre la responsabilité de l'assureur pour des accidents assez rares tenant aux circonstances spéciales de la navigation et à considérer comme risques maritimes des faits qui, en eux-mêmes, n'ont pas ce caractère, mais qui l'empruntent en quelque sorte aux événements de mer auxquels ils se rattachent (2). Par exemple, il est généralement admis que l'assureur répond des dommages causés à la coque du navire par la *piqûre des vers* qui infestent les mers du Sud et sont en grand nombre dans les ports (3); qu'il est aussi responsable de la mévente des marchandises en cours de voyage (4) et qu'il est même tenu à

---

(1) Jacobs, *le Droit maritime belge*, II, p. 329.

(2) Laurin sur Cresp, IV, p. 63.

(3) On a beaucoup discuté sur le point de savoir si la piqûre des vers est ou non un vice propre. Il paraît juste de la considérer comme un risque de mer, quand la coque n'était pas livrée à la vermine avant le départ du navire, mais a été envahie par elle pendant le cours du voyage, de telle sorte qu'elle doit être attribuée à l'influence des latitudes sous lesquelles a navigué le navire : Bordeaux, 14 avr. 1856 et 19 août 1862, *Journ. de Marseille*, 1856. 2. 71 et 1862. 2. 130. L'article 4, 3° de la police française d'assurance sur corps exempte l'assureur des dommages et pertes provenant de la piqûre des vers sur *les parties non protégées par un doublage métallique*. Le but de cette disposition est d'exciter les propriétaires de navires à prendre les précautions nécessaires pour éviter le mal ou pour le restreindre. Au reste, cette clause a perdu beaucoup de son importance pratique depuis que les navires à vapeur et un grand nombre de navires à voiles sont construits en fer ou en acier. Le Code allemand (art. 821, 2°) mentionne le dommage causé au navire par les vers parmi ceux dont l'assureur ne répond pas.

(4) Rennes, 18 janv. 1869, *Journ. de Marseille*, 1869. 2. 127.

raison de l'erreur du juge commise dans un règlement d'avaries (1).

1246 *bis. Assurance des recours des tiers contre l'assuré.* — En matière d'assurance sur corps, une importante question se pose relativement aux recours que peuvent avoir des tiers contre le propriétaire du navire assuré, sans que, du reste, le navire ait subi un dommage ni qu'une dépense extraordinaire ait été faite pour lui. Il s'agit de savoir si l'assureur est responsable envers l'assuré à raison des recours des tiers. Cette question se présente surtout quand (ce qui est le cas ordinaire) l'assurance comprend la baraterie de patron. Des tiers nombreux peuvent, en effet, avoir des recours à exercer contre le propriétaire du navire à raison des fautes du capitaine dont il répond. Il peut s'agir de dommages causés par la faute du capitaine à la cargaison de son navire, à un autre bâtiment, aux marchandises transportées par celui-ci, à des gens de l'équipage ou à des passagers du navire assuré ou d'un autre bâtiment. Le cas d'abordage est le cas le plus fréquent où la question peut s'élever. Il est possible qu'elle se pose dans des cas où la baraterie de patron n'est pas garantie par l'assureur. Ainsi, en cas d'abordage mixte ou douteux, si le dommage éprouvé par un des navires monte à 20.000 fr. et si le dommage éprouvé par l'autre s'élève à 10.000, le propriétaire du premier a le droit de recourir pour 5.000 fr. contre celui du second. On peut se demander si l'assureur de celui-ci est tenu de payer ces 5.000 fr., bien qu'il n'y ait pas assurance de la baraterie de patron.

Il est évident qu'une clause formelle de la police peut trancher la question de savoir si l'assureur répond des recours des tiers contre l'assuré (2) ; mais que décider lorsque la police est muette sur ce point ?

La responsabilité de l'assureur quant aux recours des tiers contre l'assuré a été soutenue (3). On a invoqué en faveur de cette opinion

(1) Aix, 14 déc. 1860 et 28 août 1868, *Journ. de Marseille*, 1861. 1. 84 et 1869. 1. 151.

(2) Elle est résolue spécialement par la police française d'assurance sur corps, art 3 et 4, 6° et 7°. V. de Courcy, *Commentaire des polices françaises d'assurance maritime.*

(3) Cass., 23 déc. 1857, S. 1858. 1. 153 et P. 1858. 559 ; 4 mars 1861, S. 1861. 1. 426 et P. 1861. 647 ; *Pand. fr. chr.* ; 12 fév. 1861, S. 1861. 1,

des arguments tout au moins très spécieux. L'assureur sur corps, dit-on, ne répond pas exclusivement des pertes matérielles par suite desquelles le navire n'est plus intact ; il répond aussi des dépenses extraordinaires faites pour la chose assurée (*avaries-frais*) qui n'a été nullement endommagée. Du reste, la responsabilité du propriétaire du navire a bien pour conséquence une perte matérielle, puisqu'elle peut amener, en vertu de l'article 216, l'abandon du navire aux tiers envers lesquels le propriétaire est responsable. On ajoute qu'en quelques cas, tout le monde admet que l'assurance s'applique aux recours des tiers et qu'il n'y a aucune bonne raison pour ne pas généraliser. Les cas cités sont les suivants : *a*. Quand une avarie commune se produit par suite du sacrifice d'une partie de la cargaison, le propriétaire du navire doit contribuer ; le chargeur des marchandises sacrifiées a un recours contre le propriétaire du navire et l'assureur sur corps en est certainement garant (1). — *b*. Quand, dans l'hypothèse prévue par l'article 234, C. com. (n°s 588 et 589), le capitaine a vendu des marchandises par suite d'une nécessité urgente, l'assureur sur corps est garant de la somme que le propriétaire du navire assuré doit rembourser aux chargeurs des marchandises vendues. — *c*. Enfin, l'assureur répond certainement des dépenses supplémentaires, telles que les loyers et les frais de nourriture des gens de l'équipage, que l'assuré doit payer par suite d'un arrêt, d'un changement de route ou de voyage survenu par le fait du capitaine.

Nous pensons, au contraire, qu'à défaut de clause expresse, l'as-

---

239, P. 1861. 824 ; Rouen, 17 janv. 1881, D. 1882. 2. 73 ; S. 1883. 2. 1 et *J. Pal.*, 1883, 78 (note en sens contraire de Ch. Lyon-Caen). Il y a pourtant quelques décisions judiciaires en sens opposé (V. note 2 de la page suivante). — de Valroger, IV, n° 1620 ; Arth. Desjardins, VI, n°s 1425 et 1425 *bis*. — Valin (Comment. de l'article 4, tit. VI, liv. III de l'Ordonnance) admettait cette doctrine : « Quant au propriétaire du navire assuré « qui a été obligé d'abandonner le navire et le fret pour se dispenser de « répondre en plein des faits du maître, quoique dans l'hypothèse son « assureur ne profite pas du navire, il n'est pas moins en droit de lui « demander le paiement de la somme assurée sur le navire. C'est la suite « de l'engagement qu'a contracté l'assureur en prenant pour son compte « la baraterie de patron ».

(1) Comp. Cass., 10 août 1871, S. 1871. 1. 113 ; P. 1871. 369.

sureur ne répond pas, en principe, des recours que peuvent avoir
des tiers contre le propriétaire du navire assuré (1). S'il est vrai que
l'assureur sur corps répond des *avaries-frais* ou dépenses extraordinaires qui ne supposent pas que le navire est endommagé, ce n'est
qu'autant qu'elles concernent le navire assuré. L'article 350 dit que
l'assureur est garant « de toutes pertes et dommages arrivés *aux
objets assurés* » (2). Mais certainement, il ne faut pas entendre cela
dans un sens trop étroit. Les dépenses extraordinaires de navigation concernant le navire assuré sont celles qui ont pour but, *soit de
réparer un dommage matériel, soit de le prévenir, soit de faire
parvenir à destination le navire, soit, enfin, de contribuer à un
sacrifice volontaire fait dans l'intérêt du salut commun.* Si cela est
exact, on s'explique que, dans les cas mentionnés par les partisans
de l'opinion contraire, l'assureur réponde des recours des tiers contre
l'assuré, sans qu'il y ait à en conclure qu'il doit toujours en être de
même. La considération tirée de ce que le recours des tiers peut
amener l'abandon du navire n'a pas de valeur sérieuse. On ne peut
en déduire la responsabilité de l'assureur. Autrement, il faudrait dire
que, si l'assuré n'use pas de la faculté d'abandon, l'assureur n'est
pas tenu ; cela serait fort singulier. L'abandon n'est, en définitive,
qu'un mode de libération ; l'assureur ne pourrait être tenu à raison
de l'abandon qu'autant qu'il serait responsable par suite de l'obligation qui y donne lieu (3).

(1) Boistel, *op. cit.*, n° 1379 ; de Courcy, *Questions de Droit maritime*
2ᵉ série), pp. 18 et suiv. ; Droz, nᵒˢ 198 et suiv., 245 et suiv. ; Em. Cauvet,
n° 471.

Marseille, 11 janv. 1831, *Journ. de Marseille*, 1831. 1. 26 ; Paris, 23 juin
1855, S. 1855. 2. 476 ; *J. Pal.*, 1856. 1. 308.

(2) L'article 26 du liv. III du tit. VI de l'Ordonnance n'était pas aussi
précis que l'article 350 du Code de commerce. Mais Emérigon et Pothier
donnent de l'article de l'Ordonnance une interprétation dont paraissent
bien s'être inspirés les rédacteurs du Code de 1807. Emérigon (*op. cit.*,
ch. 12, sect. I, § 1), dit : « Par fortune de mer on entend, en général, tout
« dommage qui arrive sur mer *à la chose assurée* ». Pothier (*Assurances*,
ch. 1, sect. 2, n° 49) n'est pas moins net, il dit : « L'assureur se charge
« par le contrat d'assurance, de tous les cas fortuits qui peuvent survenir
« par force majeure durant le voyage et causer à l'assuré une perte *dans
« les choses assurées ou par rapport aux dites choses* ».

(3) Em. Cauvet, *op. cit.*, n° 471, p. 553 et suiv.

On peut encore ajouter deux considérations en faveur de notre doctrine. D'abord, quand (ce qui est fréquent) la somme assurée est déterminée dans la police, d'après quoi est-elle fixée ? D'après la valeur du navire prise comme maximum. Cela ne se concevrait guère si l'assureur sur corps devait répondre du dommage causé, soit à d'autres navires, soit à la cargaison, soit à certaines personnes.

Enfin, dans les assurances contre l'incendie, il a toujours été admis que les recours des voisins et les risques locatifs ne sont compris dans l'assurance qu'en vertu d'une clause expresse. Pourquoi en serait-il autrement dans les assurances maritimes ?

Tout ce que nous venons de dire s'applique quand même, ce qui a presque toujours lieu (nos 1235 et 1236), l'assureur sur corps répond de la baraterie de patron. La clause qui la vise a uniquement pour effet d'écarter l'exception tirée de ce que la perte ou le dommage provient de la faute du capitaine, mais non d'étendre la responsabilité de l'assureur à des dommages ou à des dépenses ne concernant pas la chose assurée (1) (2).

(1) de Courcy, *Quest. de Droit maritime* (2ᵉ série), p. 18, *in fine* ; Droz, I, nᵒ 246, p. 291.

(2) La police française d'assurance sur corps s'occupe dans ses articles 3 et 4, 6ᵒ et 7ᵒ de la garantie des recours des tiers.

L'article 3 de la police française est ainsi conçu :

Art. 3. — Les risques de recours de tiers, autres que ceux qui seront exceptés par les 6ᵒ et 7ᵉ paragraphes de l'article 4, exercés contre le navire assuré pour faits d'abordage ou collision avec un autre navire, pour heurt de digues, quais, estacades, et généralement pour dommages causés à tous objets matériels, sont à la charge des assureurs pour les neuf dixièmes des dommages alloués et jusqu'au maximum des neuf dixièmes de la somme assurée.

L'assuré supporte le dixième des dommages.

Il lui est interdit de faire assurer ce dixième.

En cas d'infraction à cette interdiction, il supportera une réduction d'un second dixième, afin que l'intérêt du dixième soit rétabli.

Le capitaine, de l'avis conforme du consul de sa nation ou de l'agent des assureurs, est autorisé à traiter et transiger au mieux des intérêts communs, sur toutes réclamations exercées contre lui pour faits d'abordage.

L'article 4, 6ᵒ et 7ᵒ dispose :

Art. 4. — Les assureurs sont exempts, par exception et dérogation en tant que de besoin à ce qui a été dit à l'article 1ᵉʳ quant à la garantie de la baraterie.

1246 *ter*. DROIT ÉTRANGER. — Des lois étrangères tranchent la question. Le Code de commerce *allemand* (art. 820 et 821) exclut la responsabilité des recours des tiers pour l'assureur, sauf en cas d'abordage.

1247. TEMPS ET LIEU DES RISQUES. — Pour que l'assureur soit responsable envers l'assuré, il ne suffit pas qu'une avarie résulte d'un des risques compris dans l'assurance, il faut encore que cette avarie se soit produite dans le temps et dans le lieu des risques, c'est-à-dire dans le temps et dans un des lieux prévus par la police. Les assurances sont toujours limitées dans certaines conditions de temps et de lieu ; elles ne sont pas faites pour un temps illimité ou pour un voyage quelconque. Cela se comprend aisément. D'abord, les risques diffèrent d'étendue avec le voyage effectué et avec les mers parcourues ; aussi le taux des primes varie-t-il avec le voyage à faire, des assureurs refusent même d'assurer pour certains voyages. Ce n'est pas tout ; les marchandises ne sont exposées que pendant un certain temps aux risques maritimes. Quant aux navires, leur valeur diminuant graduellement par suite de l'usure, on ne concevrait, en ce qui les concerne, une assurance pour un temps illimité qu'autant que la somme assurée diminuerait graduellement. Dans le cas contraire, l'assurance ferait réaliser un bénéfice à l'assuré si les risques se réalisaient longtemps après la date de la police ; la somme assurée se trouverait dépasser la valeur du navire (1).

En considérant les assurances d'après les clauses relatives au temps et aux lieux des risques, on distingue à cet égard trois espèces d'assurances maritimes : 1° l'assurance au voyage ; 2° l'assurance à temps ; 3° l'assurance à temps et au voyage (n° 1204) (2).

6° De tous recours exercés, par qui que ce soit pour dommages éprouvés soit par les affréteurs, chargeurs ou réclamateurs de marchandises, soit par les passagers ou l'équipage du navire, à raison de fautes quelconques du capitaine, de l'équipage ou du pilote ;

7° De tous recours exercés pour faits de mort ou de blessures.

(1) V. de Courcy, *le Commencement et la fin des risques dans les assurances de navires* (1888).

(2) L'article 25 de la loi *anglaise* de 1906 sur l'assurance maritime fait cette distinction entre l'assurance au voyage (*voyage policy*), l'assurance à

1248. En cas d'assurance *au voyage*, les polices peuvent se borner à indiquer le port de départ et le port d'arrivée. Il importe, cependant, de fixer le moment précis à partir duquel les risques sont pour l'assureur au port de départ et celui où ils cessent d'être à sa charge au port d'arrivée. Le Code de commerce résout cette question : d'après les articles 328 et 341, il y a lieu de distinguer entre l'assurance sur corps et l'assurance sur facultés. Dans l'assurance *sur corps*, le temps des risques court *du jour que le navire a fait voile jusqu'au jour où il est ancré ou amarré au port et au lieu de sa destination.* Dans les assurances *sur facultés.* le temps des risques court *du jour que les marchandises ont été chargées dans le navire, ou dans les gabares pour les y porter, jusqu'au jour où elles sont délivrées à terre.* Il va de soi que ces dispositions doivent être entendues comme partant non pas du jour, mais du moment ou de l'heure où est intervenu un des faits qu'elles prévoient.

Les règles des articles 328 et 341, C. com., laissent à désirer sous certains rapports. Comme elles ne sont applicables que sauf convention contraire, les polices y dérogent presque toujours. V. n°s 1249 et 1250.

1249. Avec la règle posée par les articles 328 et 341, en cas d'assurances distinctes pour l'aller et le retour *d'un navire*, il s'écoule un certain temps pendant lequel le navire peut être exposé à des risques graves sans être assuré. Car, du jour où le navire est ancré au lieu de destination, l'assurance au voyage cesse, d'après ces dispositions et, pourtant, il est possible que le navire n'y trouve qu'un abri insuffisant. L'article 6 de la police française d'assurance sur corps a pour but d'éviter cet inconvénient, il est ainsi conçu : « Les risques de l'assurance au voyage courent du moment où le « navire a commencé à embarquer des marchandises, ou, à défaut, « de celui où il a démarré ou levé l'ancre, et cessent quinze jours « après qu'il a été ancré ou amarré au lieu de sa destination, à « moins qu'il n'ait reçu à bord des marchandises pour un autre

temps (*time policy*) et l'assurance au voyage et à temps (*a contract for both voyage and time*).

« voyage avant l'expiration des quinze jours, auquel cas les risques
« cesseront aussitôt (1) ».

1250. Dans les assurances *sur facultés*, d'après les articles 328
et 341, C. com., les risques qui ne cessent qu'après que les marchandises assurées sont déchargées à terre, ne commencent pas dès
qu'elles ont quitté la terre. Il y a là un défaut de concordance, par
suite duquel des marchandises ne sont pas couvertes par l'assurance
entre le moment où elles ont été enlevées de terre et le moment où
elles sont chargées. L'article 4 de la police française d'assurance sur
facultés a pour but de remédier à cet inconvénient de la règle légale ;
il dispose :

« Les risques courent du moment où la marchandise quitte la
« terre pour être embarquée, et finissent au moment de sa mise à
« terre au port de destination, tous risques d'allèges pour transport
« immédiat de bord à terre et de terre à bord étant à la charge des
« assureurs. — Les risques des dromes ne sont pas à la charge des
« assureurs, sauf convention spéciale (2) (3) ».

(1) de Courcy, *Commentaire des polices françaises d'assurances sur
facultés*, p. 68.

(2) de Courcy, *op. cit.*, p. 253 et suiv.

(3) En fait, de plus en plus, des clauses manuscrites des polices d'assurances sur facultés, dérogeant aux règles consacrées par les clauses imprimées, stipulent que les *facultés assurées sont couvertes depuis leur point
de départ dans l'intérieur jusqu'à leur arrivée au point extrême de destination*. L'assurance n'est plus alors une assurance purement maritime,
elle s'applique même aux risques des transports par terre à faire au début
ou à la fin du voyage. La police va parfois jusqu'à mettre à la charge de
l'assureur les risques courus par les marchandises séjournant dans les
magasins de la douane avant la mise en vente ou après l'arrivée à destination. L'assurance se trouve ainsi dénaturée ; en ce sens elle n'a plus, dans
les limites fixées par cette clause, rien de commun ni avec une assurance
maritime, ni avec une assurance contre les risques de transport. Il y a là
un fait curieux à constater ; il implique une sorte de fusion partielle entre
les assurances maritimes et les assurances terrestres.

Les assureurs maritimes voudraient que la clause qui étend leur responsabilité aux risques du séjour des marchandises en douane, fût écartée.
Ils font remarquer que cette extension fait sortir l'assurance maritime de
ses limites naturelles, qu'elle leur impose une responsabilité très lourde et
qu'en réalité, leur plein peut se trouver dépassé si de nombreuses marchandises assurées par eux sont réunies dans le même magasin de la

1251. Du reste, afin que le navire ou la cargaison ne demeure pas un seul instant sans être assuré, et qu'il n'y ait pas de difficulté, en cas de plusieurs assurances successives, sur le point de savoir auquel des assureurs l'assuré a le droit de s'adresser, on convient parfois que l'aller et le retour seront, au point de vue de l'assurance, considérés comme formant un seul voyage. L'assurance est alors appelée *assurance à prime liée*. Il va de soi que cette espèce d'assurance suppose, quand il s'agit de marchandises, que la même personne doit faire transporter des marchandises, sur un même navire à l'aller et au retour (1).

1252. Le Code de commerce ne s'est pas occupé du commencement et de la fin des risques dans les assurances au voyage autres que les assurances sur corps et sur facultés. Celles-ci sont, pourtant, assez nombreuses, surtout depuis que la loi du 12 août 1885 a augmenté beaucoup le nombre des choses qui peuvent être assurées.

Il est certain que les parties peuvent toujours dans la police résoudre cette question comme bon leur semble. Mais il importe de déterminer comment, dans le silence de la police, elle doit être résolue. Le plus simple paraît être alors d'admettre que, pour l'assureur, les risques commencent et finissent au moment où ils commencent pour l'assuré, c'est-à-dire au moment où l'assuré commence et cesse d'être exposé à perdre la chose assurée par suite de fortunes de mer.

Cette règle peut s'appliquer spécialement à l'assurance du fret; l'assureur est responsable du moment où le fret est en risque pour l'armateur, et la responsabilité de l'assureur cesse quand le fret est acquis, c'est-à-dire ne peut plus être perdu par suite de risques maritimes (2).

douane. A la conférence des assureurs maritimes tenus à Paris en 1900, la question a été examinée, mais elle n'a pas été trouvée assez mûre pour être résolue d'accord entre les assureurs des divers pays.

(1) L'article 356, C. com., résout une question spéciale à laquelle donne lieu l'assurance sur facultés à prime liée lorsqu'il n'est pas fait de chargement pour le retour ou lorsque le chargement de retour n'est pas complet.

(2) C'était la règle admise par le projet de 1867 (art. 354). V. Arth. Desjardins, VI, n° 1436.

DROIT ÉTRANGER. — Cette question est tranchée dans quelques pays

Quand le profit espéré est assuré au voyage avec les marchandises ou même séparément, il est difficile de ne pas admettre que cette assurance se limite de la même manière que celle des marchandises.

1253. L'assurance au voyage s'entend ordinairement du plus prochain voyage à entreprendre par le navire ou, s'il est déjà en mer lors de la conclusion du contrat, du voyage en cours. Si le voyage tarde à être entrepris, à défaut de clause spéciale établissant une prescription plus courte, le contrat n'est réputé non avenu qu'autant que la prescription de cinq ans de l'article 432, C. com., est accomplie (n°s 1316 et suiv.).

1254. Les *assurances à temps* sont faites pour un délai déterminé, par exemple, pour une année de navigation. La loi ne fixe pas le maximum de la durée des assurances à temps (1). Ces assurances sont très usuelles pour les navires à vapeur.

L'assureur n'est responsable que lorsque les risques se sont réalisés pendant le temps assigné à la durée de l'assurance. L'application de cette règle très simple peut donner lieu à des difficultés. Il est possible que le navire assuré à temps limité souffre un sinistre qui, ayant commencé pendant la durée de l'assurance, n'a amené sa perte qu'après son expiration. Il faut, pour savoir si l'assureur est responsable, rechercher si, avant la fin de l'assurance, le sinistre survenu pendant sa durée avait rendu certaine la perte du navire ou si la perte n'a été définitivement déterminée que par un fait postérieur (2).

1255. RUPTURE DU VOYAGE AVANT LE DÉPART. CHANGEMENT DE VOYAGE. — Comme l'assureur ne répond que des risques dont

---

étrangers par des dispositions légales. — La loi *belge* du 21 août 1879 (art. 195, 3e alin.), admet qu' « à l'égard de toutes autres choses (que le « navire et les marchandises), la responsabilité de l'assureur commence et « finit au moment où commencent et finissent pour l'assuré les risques « maritimes ». C'est la règle que nous adoptons au texte. V. aussi C. de commerce *allemand*, art. 825.

(1) La loi *anglaise* (art. 25, alin. 2) n'admet pas qu'une assurance maritime à temps puisse être faite pour plus de douze mois.

(2) Em. Cauvet, II, n° 86.

il s'est chargé, si le navire ne fait pas le voyage assuré, l'assurance est ristournée. L'assureur n'a donc pas alors droit à la prime (art. 350, C. com., argum. *a contrario*) ; mais, à titre d'indemnité, il reçoit un demi pour cent de la somme assurée (art. 349). On dit en pareil cas qu'il y a rupture de voyage avant le départ (1) ; les risques n'ont jamais commencé de courir à la charge de l'assureur. Les mêmes effets se produisent, que la rupture soit volontaire, c'est-à-dire qu'elle provienne de la volonté de l'assuré, ou qu'elle soit forcée, par exemple, qu'elle soit déterminée par l'état de blocus du port de destination connu avant le départ du bâtiment. V. n° 1110.

1256. Il peut arriver que le navire entreprenne le voyage assuré, mais qu'après le départ le voyage soit changé, c'est-à-dire que la destination du navire soit modifié.

Des règles différentes s'appliquent selon que le changement de voyage postérieur au départ est *volontaire* ou *forcé*. Cbn. art. 350 et 351, C. comm.

Le changement *volontaire*, c'est-à-dire provenant de la volonté de l'assuré ou du capitaine, a pour effet de résilier l'assurance ; les risques qui se produisent après le changement ne sont donc pas à la charge de l'assureur, mais, par cela même que celui-ci avait commencé à courir les risques, il a droit à la prime entière (art. 351) (2). Au contraire, si le changement est *forcé*, c'est-à-dire provient d'un cas fortuit ou de force majeure, le contrat subsiste pour l'avenir avec tous ses effets. On doit assimiler au changement forcé celui qui est dû à la volonté du capitaine, lorsque l'assureur a garanti la baraterie de patron. Mais la clause qui comprend dans l'assurance la baraterie de patron, ne s'appliquant pas aux faits de l'assuré lui-même, le changement de voyage ordonné par l'assuré doit, malgré cette clause, être traité comme un changement volontaire de voyage entraînant la résiliation du contrat (3).

---

(1) V. analog., art. 252 et 288, al. 3, C. com.

(2) On dit d'ordinaire que la prime d'assurance est *indivisible*, pour indiquer qu'elle ne peut pas être divisée et, par suite, due pour partie, mais qu'elle est due intégralement par cela seul que l'assureur a commencé à courir les risques.

(3) Cass., 7 fév. 1872, D. 1872. 1, 199.

DROIT COMMERCIAL, 4° édit.

1257. En cas de changement de voyage postérieur au départ, c'est à l'assuré à prouver que ce changement a été forcé. C'est là une application des principes généraux sur la preuve (art. 1315, C. civ.). Il faut, pour que le droit à indemnité existe, que le navire se soit rendu dans les lieux des risques, à moins que le changement de voyage n'ait été forcé. L'assureur opposant à l'action de l'assuré qu'il y a eu un changement de voyage et le prouvant, c'est à l'assuré à prouver que le changement a été forcé et que, par suite, son action doit réussir.

1258. Changement de route. — Le *voyage* se caractérise par le point de départ et par le point d'arrivée. La *route* est le chemin suivi pour aller du premier de ces points au second. V. n° 1205.

Le changement de route a, du reste, sur l'assurance les mêmes effets que le changement de voyage. Il faut aussi distinguer selon que le changement de route est *volontaire* ou est *forcé*.

Le changement *volontaire* de route entraîne la résiliation du contrat. Le changement *forcé* de route est, au contraire, à la charge de l'assureur, en ce sens qu'il laisse subsister le contrat pour l'avenir malgré l'aggravation des risques qui en peut résulter (art. 350 et 351, C. com.).

Le changement de route provenant de la volonté du capitaine est, du reste, assimilé au changement forcé de route, lorsque la police (ce qui est le cas le plus fréquent) s'applique à la baraterie de patron.

1259. A l'occasion des changements de voyage et de route, des questions fort graves s'élèvent. Lorsqu'il y a changement volontaire de voyage et qu'en même temps, la route est tout à fait différente de celle qui aurait dû être suivie pour faire le voyage assuré, il va de soi qu'en quelque endroit que se produise le sinistre, l'assureur n'est pas tenu envers l'assuré. Il est toujours vrai de dire que le sinistre ne s'est pas produit dans le lieu des risques. Mais souvent, la route est, au moins en partie, celle qui aurait dû être suivie pour faire le voyage assuré. Alors, deux hypothèses sont possibles : le sinistre peut se produire dans une partie de la route que le navire a suivie seulement par suite du changement de voyage ou, au contraire, dans la portion de la route qu'il devait prendre, alors même qu'il aurait fait le voyage assuré. Il va de soi que, dans le premier cas, l'assureur n'est pas tenu ; il y a eu à la fois changement de route et changement de voyage au moment où le sinistre est arrivé. Que décider dans le second cas ? On a soutenu que l'assurance ne doit être annulée qu'à partir du moment où le navire quitte la route commune aux deux destinations et qu'en conséquence, elle produit ses effets (1). En faveur de cette opinion, on fait observer que les risques n'ont pas été aggravés. Mais il faut, au contraire, admettre que, même dans ce cas, l'assurance est sans effet (2). L'article 351, en parlant distinctement du changement de route et du changement de voyage, indique clairement que le voyage peut être changé, encore que la route ne le soit pas ou ne puisse même pas l'être dans une portion plus ou moins étendue de son parcours ; il indique les conséquences du changement de voyage sans distinction. Le voyage a un caractère d'unité qui s'oppose à la division qu'on en fait dans l'opinion adverse. Du reste, l'assureur peut toujours dire que, s'il avait connu le voyage réel fait par le navire ou les marchandises, il ne les aurait pas assurés ou les aurait assurés à d'autres conditions.

1260. Cette solution peut faire naître des questions de preuve, qui, en fait, sont fort délicates. Il est très important, en cas de changement volontaire de voyage, de savoir à quel moment le changement de voyage s'est produit. L'intérêt de la question est grand. Le changement de voyage est-il antérieur au départ ? L'assurance est ristournée, et l'assureur n'a droit qu'à un demi pour cent de la somme assurée (art. 349, C. com.). Le changement volontaire de voyage est-il postérieur au départ ? L'assurance est sans doute aussi

---

(1) Trib. comm. Marseille, 23 juill. 1823, 27 sept. 1832, 29 oct. 1872, *Journ. de Marseille*, 1823. 1. 225 ; 1834. 1. 1 ; 1873. 1. 27.

(2) Bordeaux, 3 fév. 1829 ; Trib. comm. Marseille, 30 avr. 1852. Aix, 18 juill. 1872, *Journ. de Marseille*, 1829. 2. 142 ; 1854. 1. 142 ; Ch. civ. Cass., 23 août 1874, S. 1874. 1. 481 ; *J. Pal.*, 1874. 1225 ; D. 1875. 1. 161 ; *Pand. tr. chr.*

La doctrine paraît avoir toujours été unanime dans ce sens. Émérigon (ch. XIII, sect. 11 et 14) adoptait cette opinion, comme les jurisconsultes italiens. Casaregis déclarait l'assurance nulle *etiam si intra limites itineris destinati navis se contineat.* — V. Pardessus, II, n° 872 ; Laurin sur Cresp, IV, p. 72 et suiv.

résiliée ; mais, comme l'assureur a commencé à courir les risques, la prime entière est due. La question est simple quand la destination nouvelle est dans une direction opposée à celle du voyage assuré. Mais le doute est possible, dans le cas où elle est dans la même direction. Alors, ce sont, en général, les expéditions du navire qui servent à résoudre la question ; elles ne peuvent servir de rien quand le changement a lieu en cours de route ; il faut dans ce cas s'attacher aux circonstances.

1261. Le contrat, une fois rompu, ne peut revivre que par suite d'un nouveau consentement des parties. Aussi, quand un navire, après avoir quitté la route du voyage assuré, y revient sain et sauf, l'assurance ne reprend pas son cours à partir du moment où il y a retour à cette route et l'assureur ne répond pas des accidents qui pourraient survenir (1).

1262. *Raccourcissement et prolongation du voyage*. — Du changement de voyage on peut rapprocher le raccourcissement et la prolongation du voyage.

Quand le voyage est raccourci ou prolongé en vertu d'une décision prise avant le départ, le voyage est changé ; aussi y a-t-il lieu d'appliquer l'article 349 sur les conséquences de la rupture du voyage avant le départ (2) (n° 1255). Aussi semble-t-il qu'on doive décider que l'assurance est annulée lorsque le navire est parti d'un port intermédiaire plus rapproché du port de destination que le port d'où le navire devait partir (3).

---

(1) Emérigon, ch. XIII, sect. XVI.

(2) V., pourtant Paris, 6 avr. 1898, *Pand. fr.*,1898. 2. 350 ; *Revue intern. du Droit maritime*, XVI, p. 23. V. sur cet arrêt, *Revue critique de législ. et de jurispr.*, 1898, p. 470. Dans l'espèce, le navire étant parti pour un lieu plus éloigné. Aussi l'article 364, C. com., que l'arrêt vise à tort, n'était point applicable ; le contrat d'assurance était nul et, dès lors, la prime n'était pas acquise ; un demi pour cent de la somme assurée était seulement dû.

(3) Cette solution est rigoureuse. Des décisions judiciaires ont admis, au contraire, que, dans le cas prévu au texte, l'assurance produit ses effets, parce qu'il y a raccourcissement de voyage, Douai, 31 octobre 1901, *Revue internat. du Droit marit.*, XVII, p. 705 ; Paris, 17 mars 1905 ; Cass., 21 déc. 1906, D. 1907. 1. 343 ; *Pand. fr.*, 1907. 1. 237 ; *Revue internat. du Droit marit.*, XXI, p. 40 ; XXII, p. 598. Nous n'adoptons pas cette solution parce

Mais que décider lorsque le prolongement ou le raccourcissement est intervenu après coup? L'article 364 distingue : l'assureur est déchargé des risques, et la prime lui est acquise, si l'assuré envoie le navire en un lieu plus éloigné que celui qui est désigné par le contrat, quoique sur la même route. Au contraire, l'assurance a son entier effet, si le voyage est raccourci. Le motif fort contestable invoqué pour expliquer cette distinction, est que l'assuré est libre de faire courir moins de risques à l'assureur, non de lui en faire courir plus (1).

D'ailleurs, pour que le raccourcissement de voyage ne soit pas considéré comme un changement volontaire de voyage rompant l'assurance pour l'avenir, il faut que le port intermédiaire soit sur la ligne du voyage et que la police autorise l'assuré à faire échelle. Autrement, ou le voyage serait changé, ou l'assuré méconnaîtrait les conditions de la police (2).

1263. L'assurance à temps, commençant à une date et finissant à une autre, offre, en général, l'avantage d'écarter toutes les questions de changement de route et de voyage. Cependant, des questions de ce genre peuvent s'élever lorsqu'un navire a été assuré pour un certain temps avec indication de mers ou de parages, qui sont exclus de l'assurance. Lorsqu'un navire a été ainsi assuré, s'il part pour une mer exclue de l'assurance et périt dans une mer qu'il pouvait parcourir, on discute sur le point de savoir si l'assurance a été rompue par le changement de voyage. Il faut décider, comme dans l'assurance au voyage, que le seul fait du changement de voyage, indépendamment de tout changement de route, entraîne

que l'article 364, 2ᵉ alin., C. com., suppose, selon nous, un raccourcissement de voyage survenu *après* le départ.

(1) L'Ordonnance de 1861 (liv. III, tit. 6, art. 35 et 36) faisait déjà la distinction consacrée par l'article 364, C. com. — V. Emérigon, ch. XII, sect. 12 et 13.

(2) Paris, 16 août 1837, 18 avr. 1849, *Journ. de Marseille*, 1897. 2. 181 et 1849. 2. 137; D. 1849. 2. 163.

La distinction dont il s'agit est faite par la loi *belge* du 21 août 1879, dont l'article 218, 2ᵉ alin., est ainsi conçu : « l'assurance a son entier effet si le voyage « est raccourci, pourvu que le capitaine s'arrête dans un port d'échelle ».

la rupture de l'assurance. L'assureur peut toujours alléguer qu'il n'aurait pas souscrit l'assurance ou qu'il l'aurait faite à des conditions plus onéreuses pour l'assuré, s'il avait pu prévoir que le navire partirait pour des destinations comprises dans les mers ou dans les parages que la police a exclus (1).

1264. Changement de navire. — Lorsqu'il s'agit d'une assurance sur facultés, on peut dire que le navire désigné dans la police est le lieu des risques. Cela n'est pas moins vrai dans les assurances à temps que dans les assurances au voyage. Aussi le changement de navire a-t-il les mêmes effets, en ce qui concerne les marchandises, que le changement de voyage. A-t-il lieu avant le départ? Il entraîne la rupture de l'assurance avec obligation de payer, à titre d'indemnité, demi pour cent de la somme assurée (art. 349, analog.). Est-il opéré pendant le voyage? Il fait cesser l'assurance pour l'avenir seulement (art. 351), à moins qu'il ne soit pas volontaire (2) ou que, s'il est volontaire, l'assurance ne s'applique à la baraterie de patron (3).

Il ne peut être question de changement de navire dans les assurances *in quovis*, si ce n'est après le moment où il a été fait un avenant d'application. Jusque-là, l'on ignore sur quel navire sont chargées les marchandises auxquelles l'assurance s'appliquera.

1265. D'autres changements que ceux du voyage, de la route ou du navire peuvent se produire; il peut y avoir spécialement des changements dans la nationalité du navire, dans la personne du propriétaire ou du capitaine. Aucune disposition légale n'a prévu ces derniers changements pour en fixer les effets sur l'assurance. Aussi est-ce au juge à apprécier, dans chaque espèce, si, d'après les inten-

---

(1) Ch. civ. Cass., 8 août 1876, S. 1877. 1. 261 ; *J. Pal.*, 1877. 658 (l'un des auteurs de cet ouvrage avait adopté une opinion contraire dans une note placée sous cet arrêt) : D. 1877. 1. 109 (cet arrêt a cassé un arrêt de la Cour d'Aix du 24 janv. 1876 (*Journ. de Marseille*, 1876. 1. 88), qui lui-même avait confirmé un jugement du tribunal de commerce de Marseille du 18 mai 1875, même Recueil. 1875. 1. 238). — V., *dans notre sens*, Laurin sur Cresp, IV, p. 76 et suiv. ; *en sens contraire*, Em. Cauvet, II, n° 83.

(2) V. notamment art. 296 et 392, C. com.

(3) Marseille, 18 janv. 1844, 16 déc. 1859, *Journ. de Marseille*, 1844. 1. 128 ; 1859. 1. 350.

tions des parties, un de ces changements doit, quand il est volontaire, entraîner la résiliation du contrat (1).

Pour éviter toute difficulté en ce qui concerne le changement de capitaine, on ajoute parfois au nom du capitaine indiqué dans la police les mots : *ou tout autre pour lui* (n° 1199) (2). Quant au changement de propriétaire, il est souvent autorisé, soit par la forme même de la police, qui étant au porteur ou à ordre, est destinée à être cédée, soit par la clause *pour le compte de qui il appartiendra*, qui fait, en principe, assimiler la police à une police au porteur (n°s 1192 et 1214) (3).

1266. Quand l'assurance est à la fois à temps et au voyage (n° 1207), une difficulté s'élève dans le cas où le voyage n'est pas terminé à l'expiration du temps fixé; il y a lieu alors de rechercher si l'assurance se prolonge jusqu'à la fin du voyage. L'Ordonnance de 1681 prévoyait la question (livre III, titre 6, art. 35) et admettait cette prolongation avec augmentation proportionnelle de la prime (4). Aujourd'hui, à défaut de règle légale et de stipulation dans la police (5), il appartient au juge de rechercher l'intention des parties (6). Selon les cas, elles peuvent avoir voulu que l'assurance n'eût pas une durée

(1) V. Jacobs, *op. cit.*, II, n° 782.

(2) Le Code de commerce *italien* (art. 617) dispose expressément que le changement du capitaine ne fait pas cesser les effets de l'assurance.

(3) L'aliénation de la chose assurée et, par suite, la cession de la police, font naître différentes questions qui seront examinées à propos des personnes auxquelles l'indemnité d'assurance est payable et qui sont tenues de payer la prime. V. n°s 1621 et suiv., 1437 et suiv.

(4) L'article 35, livre III, titre 6, de l'Ordonnance de 1681, est ainsi conçu : « Mais, si le voyage est désigné par la police, l'assureur courra les risques du voyage entier, à condition, toutefois, que, si la durée excède le temps limité, la prime sera augmentée à proportion, sans que l'assureur soit tenu d'en rien restituer si le voyage dure moins ».

(5) Il y a parfois dans la police une clause stipulant que l'assurance sera prolongée si le navire est en mer ou relâche dans un port à l'expiration du temps assuré. Cpr. Cass., 19 juin 1900, S. et J. Pal., 1903. 1. 225 ; D. 1902. 1. 545 ; *Pand. fr.*, 1900. 1, 416 ; *Revue int. du Droit maritime*, XVI, p. 7 et 9. Trib. comm. Nantes, 27 mai 1905, *Revue intern. du Droit marit.*, XXI, p. 468.

(6) En *Grande-Bretagne*, d'après l'usage, l'assurance cesse à l'expiration du temps fixé, bien que le navire se trouve alors encore en mer.

dépassant le temps fixé ou que l'assurance durât pendant tout le voyage, quelle qu'en pût être la durée.

1266 *bis*. Dans les assurances à temps les risques sont réputés s'être réalisés dans le temps de l'assurance (art. 376, C. com.). Il est naturel de présumer aussi, en cas d'assurance au voyage, que les risques se sont réalisés dans le temps et dans le lieu de l'assurance, sauf preuve contraire (1).

1267. GÉNÉRALITÉS SUR LE DÉLAISSEMENT ET SUR L'ACTION D'AVARIE. — En supposant qu'une fortune de mer, dont l'assureur doit répondre, se produise dans le temps et dans le lieu des risques compris dans l'assurance, quelles sont les obligations de l'assureur envers l'assuré ou, en d'autres termes, quels droits l'assuré a-t-il contre l'assureur? L'obligation, pour l'assureur, de payer une indemnité proportionnée au dommage souffert, est la seule dont il soit nécessairement tenu. Mais, d'après une très ancienne coutume commerciale (2), consacrée par l'Ordonnance de 1681, par le Code de commerce et par toutes les lois maritimes modernes, l'assuré jouit d'un droit spécial, de celui de faire le *délaissement*.

Ordinairement, l'assuré conserve la propriété de ce qui peut rester de la chose assurée et réclame des dommages-intérêts à l'assureur. En prenant les choses à la rigueur, l'assuré ne doit avoir le droit de réclamer la totalité de la somme assurée qu'autant que la perte est totale et que la preuve de cette perte est faite. Mais parfois, sans qu'il y ait perte totale proprement dite, la chose assurée est tellement détériorée que l'assuré ne peut plus en faire l'usage auquel elle est destinée, de telle sorte que, pour lui, c'est comme s'il y avait perte totale ; parfois aussi, bien que la perte ne puisse pas être prouvée, elle est presque certaine ; enfin, il peut se faire que la fixation d'une indemnité exactement proportionnée au préjudice souffert entraînerait des complications qui en retarderaient beaucoup le paiement. Aussi, dans certains cas exceptionnels, l'assuré a-t-il la faculté,

---

(1) Cass., 13 janvier 1910, *le Droit*, n° du 9 juillet 1910.

(2) Le délaissement s'était introduit peu à peu dans les usages et il était complètement développé au xvi° siècle. V. Goldschmidt, *Lehrbuch des Handelsrechts* (3° édition), I, p. 377, note 130.

en abandonnant à l'assureur ce qui peut rester de la chose assurée, de lui réclamer la somme assurée tout entière, alors qu'il n'y a qu'une perte partielle ou que la perte totale n'est pas prouvée. Cet abandon fait par l'assuré à l'assureur est appelé *délaissement*. Les accidents de mer, à l'occasion desquels il est admis par la loi ou par les polices qui dérogent à la loi, reçoivent le nom de *sinistres majeurs* (1).

On dit souvent que l'assuré a deux actions contre l'assureur : *l'action d'avarie* (2), par laquelle il obtient seulement la réparation du préjudice souffert ; *l'action en délaissement* par laquelle, en abandonnant ce qui subsiste de la chose assurée, il obtient l'intégralité de l'indemnité d'assurance. On dit aussi dans le premier cas qu'il y a *règlement par avaries*. Au reste, même quand il y a un sinistre majeur, le délaissement ne constitue qu'une faculté pour l'assuré qui peut, s'il y trouve plus d'intérêt, opter pour le règlement par avaries.

1268. Dans les assurances non maritimes, la faculté de délaissement pour l'assuré n'existerait qu'en vertu d'une clause formelle de la police. Elle est souvent admise dans les assurances applicables à la navigation intérieure. Mais, en général, une clause expresse refuse à l'assuré la faculté de délaissement dans les assurances contre l'incendie. C'est, au contraire, l'assureur contre l'incendie qui se réserve souvent la faculté de prendre au prix de l'estimation des experts le sauvetage et les débris. Il y a là un moyen de contrôle des expertises qui, en fait, est rarement employé (3).

1269. Il sera parlé successivement : 1° du règlement par avaries ; 2° du délaissement ; 3° de l'avantage que peut avoir l'assuré à prendre l'un ou l'autre de ces partis ; 4° des règles communes à l'action d'avarie et au délaissement.

(1-2) On appelle parfois *avaries*, par opposition aux *sinistres majeurs*, les accidents de mer qui ne donnent pas lieu au délaissement. Mais, dans un sens large, le mot avaries comprend même les sinistres majeurs. V. n° 863 B.

(3) L'assuré se trouve ainsi intéressé à ce que la chose assurée ne reçoive pas, de la part des experts, une évaluation trop peu élevée. Sans cela, il est exposé à ce que l'assureur la prenne pour une somme qui n'en représente pas la valeur réelle.

1270. *Du règlement par avaries.* — Le *règlement par avaries* a lieu quand l'assuré conserve ce qui lui reste de la chose assurée et réclame seulement une indemnité proportionnée au dommage qu'il a souffert. Il ne faut donc pas confondre *le règlement par avaries* avec le *règlement d'avaries.* On désigne sous ce dernier nom l'ensemble des opérations ayant pour but de fixer en argent l'importance des avaries, de déterminer si les avaries sont communes ou particulières, et, dans le premier cas, de fixer la part contributive de chacun (nº 932). Le *règlement d'avaries* ne suppose pas, comme le *règlement par avaries*, un contrat d'assurance antérieur.

1271. L'action d'avarie est plus fréquente que le délaissement et forme le droit commun en matière d'assurances maritimes. Elle seule peut être exercée quand il n'y a pas sinistre majeur (art. 371, C. com.). Alors même qu'il y a sinistre majeur, le délaissement n'est pas obligatoire pour l'assuré, il peut opter pour l'action d'avarie. Enfin, cette action est seule admise quand les délais très courts accordés pour opérer le délaissement, sont expirés sans qu'il ait été fait (art. 373, C. com.).

1272. Le Code de commerce, qui a consacré d'assez nombreuses dispositions au délaissement (art. 366 à 389), a gardé le silence sur l'action d'avarie. Quand cette action est exercée, le point important est de déterminer d'après quelles règles doit être fixée l'indemnité due par l'assureur à l'assuré. Dans le silence de la loi, ces règles ne peuvent se déduire que des principes généraux qui régissent l'assurance maritime et du but de ce contrat. Les solutions à donner ont quelque peu varié en matière d'assurances sur facultés par suite des modifications résultant de la loi du 12 août 1885.

La fixation de l'indemnité donne lieu à des difficultés ou à des complications qui sont évitées dans le cas de délaissement, par cela même qu'alors, la somme assurée entière est due à l'assurée.

1273. Les règles à suivre pour la fixation de l'indemnité varient selon que les avaries sont particulières ou communes. En outre, à propos de chacune des deux espèces d'avaries, il y a à distinguer selon l'objet assuré : il faut résoudre, notamment, la question pour les assurances sur corps et pour les assurances sur facultés.

1274. *Avaries particulières. Assurances sur corps.* — Lorsque le navire subit des avaries particulières autres que des avaries-frais, on les répare habituellement autant que possible, afin de permettre au navire de continuer son voyage ou d'en entreprendre un nouveau. Mais, il se peut, soit que les réparations ne puissent pas être faites, soit qu'on estime qu'elles sont trop onéreuses pour le propriétaire ; on fait alors procéder à la vente du navire. Le règlement par avaries peut donc, en cas d'avaries particulières, avoir lieu dans deux cas différents, soit après la réparation, soit après la vente du navire ; ces deux cas doivent être examinés séparément.

1275. *Lorsque le navire a été réparé*, les frais des réparations doivent être remboursés par l'assureur à l'assuré, dans les limites de la somme assurée. Il en est de même au cas où les réparations n'ont pas encore été faites, mais doivent être opérées, de telle sorte qu'un devis en a été dressé. Toutefois, en principe, le remboursement n'est pas intégral. S'il l'était, l'assuré réaliserait un bénéfice, ce qui serait contraire à l'essence de l'assurance maritime (nᵒ 1108). Ce bénéfice résulterait de ce que, grâce aux réparations, le navire serait muni de pièces neuves remplaçant des pièces déjà en partie usées lors de l'accident. Aussi l'usage s'est-il établi, même en l'absence de stipulation dans les polices, de faire une déduction sur l'indemnité pour différence du neuf au vieux (1). Cette déduction a été pendant longtemps du tiers du montant des réparations. Mais, comme tout ne s'use pas ou ne se détériore pas également par l'usage, il y avait des objets, spécialement les ancres et les chaînes, pour lesquels la déduction était moins forte. C'est là un forfait destiné à éviter les difficultés d'évaluation. Ce forfait était mal établi et conduisait à des résultats trop favorables pour l'assuré quand le navire était vieux, trop défavorables, au contraire, pour lui, lorsque le navire était neuf. Aussi, à la déduction du tiers pour différence du neuf au vieux, la police française d'assurance sur corps a-t-elle substitué une déduction qui varie à la fois avec l'âge du navire et avec la matière dont il est fait (2).

1276. La dépense dont l'assureur doit tenir compte à l'assuré, est celle que, sans l'assurance, celui-ci aurait supporté définitivement.

(1) Il a déjà été question d'une déduction de ce genre à faire en matière de règlement d'avaries communes en dehors de toute assurance. V. nᵒ 940.
(2) V. *Police française d'assurance sur corps*, art. 20.

Aussi faut-il déduire du montant des frais de réparation le prix du vieux cuivre, du vieux doublage et généralement des débris divers à provenir du navire.

1276 *bis*. Dans quel ordre doivent se faire la déduction pour différence du neuf au vieux et la déduction du prix des vieux débris ? La déduction pour différence du neuf au vieux doit se faire sur le montant net des frais de réparation, c'est-à-dire sur le montant de ces frais après déduction préalable du prix des vieux débris (1). En réalité, les réparations n'ont coûté que les sommes payées pour elles sous cette déduction. Si l'on faisait la déduction pour différence du neuf au vieux sur le montant brut des frais de réparation, on réduirait outre mesure l'indemnité à payer par l'assureur qui, par suite, ferait un bénéfice (2).

1277. Il y a lieu, au contraire, d'ajouter aux frais de réparation proprement dits, certaines dépenses accessoires qui sont une suite nécessaire des avaries, tels que la nourriture et les salaires des gens de l'équipage pendant le temps qu'ont duré les réparations (3).

---

(1) Cette solution est, sauf quelques contradictions, adoptée par la jurisprudence : Cass., 15 mai 1876, S. 1876. 1. 141; *J. Pal.*, 1876. 1137 (note de Ch. Lyon-Caen); *Journ. de Marseille*, 1877. 2. 3. — *En sens contraire*, Trib. comm. Nantes, 8 nov. 1873, *Journ. de Marseille*, 1874. 2. 137.

(2) Un exemple rendra facilement compte de ce qui est dit au texte. Les frais de réparation sont de 9.000 fr., le prix des vieux débris est de 3.000 fr., et il y a lieu à une déduction de 1/3 pour différence du neuf au vieux. On commence par déduire 3.000 fr. (prix des vieux débris) de 9.000 fr., montant brut des frais de réparation, et des 6.000 fr. qui restent, on déduit le tiers, soit 2.000 fr., de telle sorte que l'indemnité à payer par l'assureur est de 4.000 fr. — Si la déduction par différence du neuf au vieux se faisait sur le montant brut des frais de réparation, cela donnerait 6.000 fr. dont on aurait à retrancher 3.000 fr. pour le prix des vieux débris. Ainsi, l'indemnité ne serait que de 3.000 fr.

(3) Cass., 4 nov. 1845, D. 1845. 1. 424. — Les polices des divers ports différaient sur cette question. Les polices de Nantes et de Bordeaux mettaient les salaires et la nourriture de l'équipage à la charge des assureurs, les polices du Havre et de Marseille les en déchargeaient. La police française de 1873 (art. 20) avait pris une moyenne, en faisant payer aux assureurs la moitié des vivres et des salaires, sauf dans un cas spécial prévu par l'article 18. Cette solution ne se justifie par aucun motif rationnel. La loi du 12 août 1885, qui admet l'assurance du fret, a amené un changement. Les vivres et gages sont une charge du fret. L'armateur est libre de

1278. *Lorsque les réparations des avaries particulières ne sont pas faites, mais que le navire est vendu*, le montant de l'indemnité ne doit pas consister dans la somme qu'auraient coûté les réparations fixées par les experts, mais dans la différence entre le prix de vente du navire avarié et la valeur du navire déterminée par la police. De cette somme il n'y a pas à faire une déduction pour différence du neuf au vieux, car cette déduction a pour but unique d'empêcher l'assureur de profiter de la plus-value résultant des réparations, et, dans ce cas, une plus-value de cette sorte ne peut pas exister, par cela même que le navire n'est pas réparé. Mais il doit être fait une autre déduction en vertu des principes généraux qui régissent les assurances maritimes. Ces assurances ne doivent pas être une source de bénéfices pour l'assuré (n° 1108). L'assuré réaliserait un bénéfice s'il recevait à la fois des assureurs la différence entre le prix de vente du navire avarié et sa valeur au départ avec les mises dehors et des affréteurs le fret brut ; car, en cas d'heureuse arrivée, l'assuré aurait dû payer les mises dehors avec le fret. Aussi doit-il déduire les mises dehors de la somme qu'il réclame à l'assureur.

Avant la loi du 12 août 1885, l'assurance ne pouvait pas placer en cas de sinistre l'assuré même dans la situation où il eût été après l'heureuse arrivée, c'est ce qu'impliquait notamment la prohibition de l'assurance du fret. Aussi devait-on déduire de la différence entre le prix du navire avarié et sa valeur fixée par la police, le montant du fret net, pour que l'assuré ne fût pas placé dans la situation où il se serait trouvé après le voyage terminé sans la survenance de l'accident (1).

---

faire assurer le fret ; il peut stipuler dans la police que les vivres et gages extraordinaires lui seront remboursés par les assureurs du fret. Ces dépenses, hors le cas prévu par les deux derniers alinéas de l'article 17 de la police où les assureurs les prennent à leur charge, ne sont pas supportées par les assureurs du navire, d'après l'article 20 de la nouvelle rédaction de la police française d'assurance sur corps.

(1) Les solutions adoptées au texte, surtout celle qui concerne la déduction de montant du fret, étaient très controversées. Pendant longtemps, jusqu'en 1856 environ, on admettait, en général, qu'il fallait procéder, en cas de vente du navire, de la même façon que lorsque les réparations

1279. Il n'a été parlé jusqu'ici que des avaries-dommages. Il peut y avoir des avaries-frais pour le navire, c'est-à-dire des dépenses occasionnées par des risques de mer et étrangères à des dommages matériels : tels sont des frais faits pour entrer, par suite de risques de mer, dans un port de relâche, pour y séjourner, pour en sortir.

étaient faites. Ainsi, l'assuré avait le droit de réclamer une somme égale à celle qu'auraient coûté les réparations avec déduction pour la différence du neuf au vieux. Cette solution est généralement condamnée. Lorsque le navire est vendu, le préjudice éprouvé par l'assureur ne consiste pas dans les dépenses qu'on aurait dû faire pour réparer le bâtiment, mais dans la différence entre le prix de la vente du bâtiment et sa valeur avant le sinistre, telle qu'elle est fixée par la police ou par des experts : Bordeaux, 11 fév. 1856, Trib. de comm. de Marseille, 23 sept'. 1856, *Journ. de Marseille*, 1856. 2. 49 et 268 (La Cour de Bordeaux admettait la déduction pour différence du neuf au vieux, tandis que le tribunal de commerce de Marseille la repoussait avec raison pour le motif donné au texte). La jurisprudence paraissait admettre, dans son dernier état avant la loi du 12 août 1885, que l'on doit déduire du montant de l'indemnité les mises dehors que le fret est destiné à supporter, afin que l'assuré ne réalise pas, grâce à l'assurance, un bénéfice en gardant le fret et en se faisant payer par l'assureur les dépenses qui doivent être acquittées à l'aide du fret : Bordeaux, 21 janv. 1861, Trib. comm. du Havre, 1er juil. 1861 (*Journ. de Marseille*, 1861. 2. 20 et *Journ. du Havre*, 1861. 1. 137). — Cette manière d'opérer n'était pas en parfait accord avec le système d'assurance que notre Code avait consacré. D'après lui, l'assuré ne pouvait être, grâce à l'assurance, placé dans la situation où il aurait été en cas d'heureuse arrivée. C'est là ce qui aurait eu lieu, s'il avait pu conserver le fret. — V. en ce sens, J.-V. Cauvet, II, n° 450 ; Droz, II, n° 635. Nous admettons au texte qu'avant la loi du 12 août 1885, il y avait lieu à la déduction du fret net et des mises dehors ; la déduction du montant du fret brut seul aurait eu le même résultat.

L'intérêt de la question se trouvait restreint par la disposition de l'ancien article 14 de la police française d'assurances sur corps. Dans quel cas procède-t-on à la vente du navire avarié au lieu de le réparer ? Généralement, dans les cas où il est atteint d'une innavigabilité relative qui en permettrait le délaissement. Or, quand l'assuré optait pour l'action d'avarie dans un cas de sinistre majeur, l'indemnité était limitée par la police à 75 0/0 de la somme assurée. Il y avait là une sorte de forfait par suite duquel l'on n'avait pas à examiner s'il fallait déduire les mises dehors ou même le fret. Les questions examinées au texte ne se posaient donc point, même avant la loi du 12 août 1885, sous l'empire de la police française d'assurances sur corps, tout au moins quand l'assuré avait opté pour l'action d'avarie, alors qu'il aurait pu délaisser.

L'indemnité à payer par l'assureur à l'assuré consiste dans le remboursement de ces frais.

1280. *Avaries particulières.* — *Assurances sur facultés* (1). — Pour la fixation de l'indemnité, il faut tenir compte de ce que, depuis la loi du 12 août 1885, les marchandises sont assurées, tantôt pour la valeur de marchandises semblables à destination quand l'assurance comprend le profit espéré, tantôt pour leur valeur au départ ou pour une somme fixe représentant une partie de cette valeur. Avant la loi du 12 août 1885, l'assurance du profit espéré étant défendue, c'était le second cas qui devait toujours se présenter, en laissant, bien entendu, de côté l'existence de polices d'honneur.

1281. Il peut y avoir des avaries-frais ou des avaries-dommages. Celles-ci consistent, soit dans une perte totale, soit dans une perte partielle des marchandises (perte de la moitié, du tiers, du quart, etc., des marchandises), soit, enfin, dans des détériorations qui diminuent la valeur des marchandises et non leur quantité. C'est spécialement en cas de détériorations qu'il importe de faire la distinction mentionnée précédemment entre le cas où l'assurance comprend et celui où elle ne comprend pas le bénéfice espéré. V. n° 1280 et n°s 1284 et suiv.

1282. En cas de *perte totale,* quand l'assurance est limitée à une certaine somme, l'assureur doit, en principe, payer à l'assuré cette somme entière.

Quand l'assurance est faite pour la valeur des marchandises au départ, l'assureur doit payer une somme égale à cette valeur Elles sont, dans les rapports entre les parties, considérées comme conservant toujours cette valeur. L'assureur ne peut pas se prévaloir de ce qu'elles valent moins au port de destination, ni l'assuré de ce qu'elles y ont un cours supérieur. Il en serait ainsi même si les marchandises avaient péri au port de destination à un moment où le contrat d'assurance durerait encore. Ainsi, l'assuré ne perd pas la valeur des marchandises au départ. Il ne perd pas le fret par cela même qu'il n'est pas dû en principe (art. 302) ou qu'il a pu le faire assurer s'il

---

(1) Henri Aubrun, *De la fixation de l'indemnité en matière d'avaries particulières dans les assurances sur facultés* (1902).

était payable à tout événement (n° 1133). Mais il est privé du béné-fice espéré, ce qui est conforme aux conditions mêmes de l'assurance dont il s'agit.

Quand l'assurance est faite d'après la valeur des marchandises à destination, l'assureur paie une somme représentant cette valeur. L'assuré est ainsi placé dans la situation pécuniaire où il aurait été en cas d'heureuse arrivée. Il ne peut pas dans ce cas être question de l'assurance du fret ; celui-ci est un des éléments de la valeur des marchandises à destination (n° 1138). Aussi y aurait-il assurance cumulative si l'on avait fait assurer à la fois les marchandises d'après leur valeur à destination et le fret (n° 1139).

On suppose toujours que l'assurance, quand elle est illimitée, est faite d'après la valeur des marchandises au port de départ (1).

1283. En cas de perte *partielle*, on applique à la partie les prin-cipes applicables au tout en cas de perte *totale*. L'assureur doit, par suite, payer à l'assuré une somme proportionnelle à la valeur des choses qui ont péri, calculée, soit sur la somme fixe assurée, soit sur la valeur des marchandises au départ ou à destination, selon que la somme assurée a été déterminée dans la police de l'une ou de l'autre de ces trois façons (2).

L'importance de la perte partielle se calcule en comparant le nombre des colis perdus au nombre total des colis chargés, si les marchandises sont divisées par colis d'égale importance. Autrement,

---

(1) Arth. Desjardins, VI, n° 1606.

(2) Il importe de se rendre un compte plus exact de la situation faite à l'assuré en cas de perte d'une partie des marchandises, quand le profit espéré n'est pas compris dans l'assurance. Soit 100 pièces de vin assurées pour 10.000 fr. Elles se seraient vendues au port de destination 20.000 fr., mais il aurait fallu payer 4.000 fr. de fret pour le transport et 1.000 fr. de droits de douane. Il y aurait donc eu 5.000 fr. de bénéfice pour le char-geur assuré. Mais 50 pièces ont péri dans le cours du voyage. L'assuré pourra vendre les 50 pièces parvenues à destination 10.000 fr. ; pour elles, il aura à supporter 2.000 fr. à titre de fret et 500 fr. de frais de douane, de telle sorte que son bénéfice sera de 2.500 fr. seulement. Pour les 50 pièces qui ont péri, il recevra de l'assureur la moitié de la somme assurée, soit 5.000 fr., et il n'aura à payer ni fret (art. 302) ni droits de douane. En résumé, pour les 50 pièces qui ont péri, il sera privé du béné-fice espéré, mais il recouvrera de l'assureur leur valeur au lieu et au temps du départ.

il faut comparer le poids des marchandises chargées au poids des marchandises arrivées à bon port. Mais le poids de ces marchandises peut avoir augmenté par la mouillure ou diminué par la dessiccation. Il faut alors, pour arriver à préciser l'importance de la perte, ramener les marchandises au poids qu'elles avaient lors du départ du navire (1).

1284. Le règlement de l'indemnité présente de plus grandes complications quand l'avarie consiste dans des *détériorations*. Le mode de détermination de l'indemnité diffère alors selon que l'assurance sur facultés comprend ou ne comprend pas le profit espéré.

Quand l'assurance comprend le profit espéré, c'est-à-dire s'applique à la valeur des marchandises au port de destination, le règlement de l'indemnité se fait *par différence*.

Le règlement par différence consiste à comparer au port de destination la valeur des marchandises avariées à la valeur qu'elles auraient eue à l'état sain. L'indemnité à payer par l'assureur est égale à la différence. Ainsi, des marchandises détériorées se vendent 70.000 francs à destination ; elles se seraient vendues 100.000 francs à l'état sain ; la différence qui est de 30.000 francs, doit être payée par l'assureur. De cette façon, l'assuré réalise le bénéfice sur lequel il comptait ou, du moins, celui qu'il aurait fait en cas d'heureuse arrivée.

Le règlement *par différence* n'était pas possible en France tant que, l'assurance du profit espéré étant défendue, les marchandises ne pouvaient pas être assurées pour leur valeur au port de destination (2). Alors, le règlement se faisait toujours *par quotité*. Depuis la loi du 12 août 1885 qui a permis l'assurance du profit espéré, il se fait ainsi seulement quand l'assurance a été conclue pour une somme déterminée ou pour la valeur des marchandises au départ, ce qui est le cas le plus fréquent.

Dans le *règlement par quotité*, on commence bien par prendre la différence entre le produit à l'état sain et le produit à l'état d'avarie au port de destination. Mais ce n'est pas à la différence entre ces deux

(1) Arth. Desjardins, VI, n° 1607.

(2) Cependant, le règlement *par différence* paraît avoir été pratiqué à Marseille jusqu'en 1821.

produits que l'indemnité d'assurance est égale. Cette différence sert
seulement à déterminer la proportion entre l'indemnité à payer et
la valeur des marchandises au départ ou la somme assurée, si
la police la fixe. Ainsi, supposons que le produit des marchandises à
l'état sain et au port de destination eût été de 100.000 francs, qu'il
soit de 50.000 francs à l'état d'avarie et que la somme assurée au
départ soit de 25.000 francs. On dira que la différence résultant de
la comparaison des deux produits au port de destination indique une
détérioration équivalente à la moitié de la valeur des marchandises.
En conséquence, l'assureur doit payer à titre d'indemnité la moitié,
non de 100.000 francs, soit 50.000 francs, mais de la somme assurée au départ, soit 12.500 francs.

1285. Pour obtenir la valeur des marchandises à l'état d'avarie,
on peut procéder de deux manières différentes, recourir à la vente
ou à l'expertise. Le premier procédé est évidemment celui qui donne
les résultats les plus certains (1).

1286. Au règlement par quotité se rattache une question qui a été
longtemps discutée : ce règlement se fait-il sur la valeur *au brut* ou
sur la valeur *au net* ; en d'autres termes, faut-il ne pas déduire ou
déduire, au contraire, du produit des marchandises à l'état sain et
de leur produit à l'état d'avarie, les dépenses dont la marchandise
est grevée, telles que le fret à acquitter, les droits de douane, les frais
de déchargement, etc...? Un exemple fera comprendre ces deux
manières d'opérer et montrera les conséquences différentes auxquelles
chacune d'elles conduit. Soit des marchandises assurées au départ
pour 100.000 francs ; il est constaté qu'elles auraient été vendues au
port de destination, et à l'état sain, 200.000 francs ; mais, comme elles
y arrivent avariées, elles ne valent que 100.000 francs. Elles sont
grevées de diverses dépenses (fret, droits de douane, etc...), montant
à 50.000 francs. Si l'on procède d'après la valeur *au brut*, on devra
dire que, la détérioration atteignant la moitié de la valeur à destina-

---

(1) Arth. Desjardins, VI, n° 1609. — L'article 12, al. 2, de la police française d'assurance sur facultés décide que l'assureur peut exiger la vente
aux enchères publiques de la partie avariée pour en déterminer la valeur.
D'après les usages, le même droit est reconnu aussi à l'assuré. V. de
Courcy, *Commentaire des polices françaises d'assurance maritime*, p.310.

tion, l'indemnité sera de 50.000 francs. Si l'on procède d'après la valeur *au net*, on constatera une détérioration des deux tiers (valeur à l'état sain 200.000 — 50.000 = 150.000 ; valeur à l'état, d'avarie 100.000 — 50.000 = 50.000, et, en conséquence, l'indemnité sera des deux tiers de 100.000, soit 66.666 francs.

La fixation de l'indemnité doit se faire d'après la valeur *au brut* (1). Car les dépenses dont sont grevées les marchandises, étant, en principe, les mêmes au port de destination, qu'elles y arrivent avariées ou non, sont proportionnellement plus élevées lorsqu'elles sont détériorées, et, par suite, en procédant d'après le produit net, on ferait supporter une partie de ces charges à l'assureur. Il ne doit pas avoir à les supporter dans l'assurance d'après leur valeur au départ. Du reste, s'il en était autrement, on arriverait à un résultat absurde dans le cas où les frais divers à déduire égaleraient le prix de vente des marchandises avariées. Leur valeur se trouvant réduite à rien, l'assureur devrait l'intégralité de la somme assurée, bien que les marchandises fussent peut-être vendues par l'assuré pour une somme assez importante.

(1) Le règlement au brut (et, par suite, à l'acquitté) est aujourd'hui admis en France sans contestation : Rouen, 2 juin 1862, *Journ. de Marseille*, 1862. 2. 192 ; Rennes, 4 fév. 1866, D. 1869. 1. 327 ; Rouen, 4 déc. 1868, *Journ. de Marseille*, 1869. 2. 165 ; Cass., 4 fév. 1869, D. 1869.1.327. — J.-V. Cauvet, II, n° 455 ; Frémery, *Etudes du Droit commercial*, p. 320 ; Em. Cauvét, II, n°s 299 et suiv. ; Pardessus, n°s 845 et 859 ; Droz, II, n°s 641 et suiv. : Boistel, n° 1386 ; Laurin sur Cresp, IV, p. 216 et suiv.; Arth. Desjardins, VII, n°s 1610 à 1670 *ter*. C'est ce système qui paraît également admis dans la plupart des pays étrangers. V. C. de comm. *allemand*, art. 879 ; Arnould, *On maritime insurance*, II, p. 829 : Dixon, *Law of shipping*, n° 640.

Mais la question du règlement au brut ou au net a été autrefois l'objet de vives discussions. Consult. notamment Marseille, 22 janv. 1846, *Journ. de Marseille*, 1846. 1. 148 (ce jugement admettant le règlement au net a été infirmé par un arrêt de la Cour d'Aix, du 3 juin 1846, même recueil, 1846. 1. 192 ; S. 1847. 2. 246). — La police française d'assurances sur facultés (art. 12, 3e alin.) s'est prononcée sur la question relativement à la déduction des droits de douane en faisant une distinction : « la quotité des avaries particulières est déterminée par la comparaison des valeurs à l'entrepôt, si la vente des marchandises avariées a eu lieu à l'entrepôt, et, par la comparaison des valeurs à l'acquitté, si la vente a eu lieu à l'acquitté ».

Cette question a été particulièrement agitée à propos de la déduction des droits de douane. On la formule, lorsqu'on la restreint à ces droits, dans les termes suivants : le règlement d'avaries particulières des marchandises entre l'assureur et l'assuré se fait-il d'après leur valeur *à l'entrepôt*, c'est-à-dire déduction faite des droits de douane, ou d'après leur valeur *à l'acquitté*, c'est-à-dire sans déduction de ces droits (1) (2)? Sauf stipulation contraire dans la police, la dernière solution doit être admise.

1287. *De la mévente.* — Parmi les avaries particulières dont l'assureur sur facultés répond, il faut évidemment comprendre la perte pécuniaire qui résulte de la *mévente* en cours de route. Il y a mévente en cours de route, lorsque, par suite d'accidents de mer, les marchandises sont vendues avant d'arriver au port de destination et cela pour un prix inférieur à celui pour lequel la vente y aurait été faite. L'assureur répond certainement du préjudice subi par l'assuré. Mais, comment doit-on alors fixer le montant de l'indemnité ? Des systèmes très divers ont été soutenus sur ce point. Ainsi l'on a proposé notamment, soit de régler l'indemnité comme si le navire était parvenu à destination, en comparant hypothétiquement ce qu'aurait valu la marchandise à l'état d'avarie et à l'état sain au port de destination, soit de faire payer à l'assureur la différence entre le produit de la vente opérée au port de relâche et la somme assurée (3), ou encore d'appliquer au capital assuré la différence entre la valeur des marchandises à l'état d'avarie dans le port intermédiaire et leur valeur à l'état sain prise dans le même lieu.

Toutes ces opinions ont le tort, ou de donner lieu à des calculs problématiques, ou de ne pas tenir compte de ce que l'assuré avait dû avoir en vue la vente des marchandises au port de destination. Il paraît plus rationnel de comparer le prix obtenu dans le port de

(1) Voir la note de la page précédente.

(2) La question se pose pour les droits *spécifiques* de douane et tous ont aujourd'hui en France ce caractère. Au contraire, elle ne se posait pas pour les droits de douane *ad valorem*. Comme ces droits diminuaient en proportion des avaries, la proportion entre la valeur des marchandises à l'état d'avarie et leur valeur à l'état sain demeurait toujours la même, qu'on opérât ou non la déduction de ces droits.

(3) C'est là le système du Code de commerce *allemand* (art. 881).

relâche au prix pour lequel, d'après le cours, les marchandiees se seraient vendues à destination. La différence est supportée dans la même proportion par l'assureur sur la somme assurée. Ainsi, des marchandises ont été assurées pour 40.000 francs au départ; elles ont été vendues dans un port de relâche 50.000 francs; leur prix eût été à destination de 100.000 francs. Il y a une perte de moitié par suite de la mévente. En conséquence, l'assureur est tenu de payer une indemnité de 20.000 francs (1).

Cette manière de procéder ne s'applique pas, quand les marchandises sont assurées avec le profit espéré. L'indemnité doit alors être égale à la différence entre le prix des marchandises au port de relâche et le prix qu'on en aurait obtenu au port de destination. Cette différence est, dans l'espèce supposée, de 50.000 francs.

1288. L'assureur supporte les avaries-frais relatives aux marchandises. En ce qui concerne ces avaries, il n'y a jamais lieu au règlement par quotité.

1289. *Assurance du fret.* — Le règlement par avaries peut s'appliquer à l'assurance du fret. Les avaries particulières du fret sont assez fréquentes. Elles résultent de ce que, par suite d'événements de mer, le fret n'est aucunement dû ou n'est dû qu'en partie (art. 302, 303, 296, etc., C. com.). V. nos 665 et suiv.; 772 et suiv.

On peut aussi considérer comme avaries particulières du fret les dépenses extraordinaires à supporter sur le fret, spécialement les frais de nourriture et les salaires dûs pendant des relâches forcées, les frais de rapatriement. Avant la loi du 12 août 1885, qui a permis l'assurance du fret (n° 1134), on se demandait si ces dépenses devaient être supportées par l'assureur sur corps (2). Aujourd'hui,

(1) Trib. comm. Nantes, 3 mai 1873, *Journ. de Marseille*, 1873. 2. 143, — Em. Cauvet, II, n° 310; Arth. Desjardins, VII, n° 1011. — Cette manière d'opérer ne s'applique pas sans difficulté, par cela même qu'on doit rechercher quel eût été le prix des marchandises au port de destination. Delaborde, dans le *Traité des avaries particulières sur marchandises* (n° 22 et suiv.), après avoir exposé toutes les opinions, déclare qu'aucune n'est exclusivement admissible et que la question doit se trancher d'après les circonstances.

(2) D'après la police française d'assurance sur corps antérieure à la loi

il n'est pas douteux qu'il y a là une charge de l'assureur du fret. A défaut d'assurance du fret, ces dépenses sont supportées par le propriétaire du navire sans recours contre l'assureur sur corps (1).

1290. *Avaries communes.* — Les assureurs répondent des avaries communes. Cela signifie qu'ils sont responsables : 1° envers celui dont le navire ou les marchandises ont été atteints par le sacrifice ou qui a fait la dépense extraordinaire ; 2° envers ceux qui souffrent un préjudice pécuniaire comme tenus de l'obligation de contribuer. Pour ces derniers, il y a une sorte d'avarie-frais. Les assureurs sont, dans ce cas, garants du recours d'un tiers, parce que ce recours a sa cause dans un acte fait par le capitaine dans l'intérêt commun (n° 1247).

1291. A raison des conséquences qu'ont les règlements d'avaries communes intervenus entre le propriétaire du navire et les propriétaires de la cargaison, on y appelle ordinairement les assureurs ; ils

du 12 août 1885 (art. 10), un terme moyen avait été admis, en ce sens que les dépenses extraordinaires dont il s'agit étaient supportées pour moitié par l'assureur sur corps. V. la note suivante.

(1) Depuis la loi du 12 août 1885, la police française d'assurance sur corps (art. 20), dispose que les dépenses en question sont considérées comme une charge du fret à supporter par celui qui l'a assuré : elles ne sont pas remboursées par l'assureur du navire, sauf dans le cas spécial prévu par l'article 17 de cette police. Cet article est ainsi conçu :

Art. 17. — Lorsque le navire a éprouvé des avaries à la charge des assureurs, et qu'il se trouve dans un port où les réparations seraient impossibles ou trop dispendieuses, les assureurs autorisent le capitaine, en ce qui les concerne, à s'y borner aux réparations jugées indispensables et à aller, au besoin avec l'aide d'un remorqueur, les compléter au port le plus convenable, où elles pourraient s'effectuer avec économie, lui donnant à cet égard les pouvoirs les plus étendus, et continuant de courir les risques sans augmentation de prime.

Le capitaine est notamment autorisé à ne point faire doubler son navire au port de relâche et à ajourner cette dépense, dans l'intérêt commun, à un moment plus opportun.

Pendant les trajets faits spécialement, en dehors des opérations commerciales du navire, pour aller au port de réparation et en revenir, la prime mensuelle ne court pas dans les assurances à terme ; les vivres et gages d'équipage et les frais de remorquage sont à la charge des assureurs.

Pendant le temps où le navire à vapeur séjourne dans le port de relâche, en attendant l'hélice, l'arbre de couche ou toute autre pièce du mécanisme qui lui est envoyée d'ailleurs, les assureurs prennent pareillement à leur charge les vivres et gages d'équipage et gratuitement les risques.

peuvent même y intervenir sans être appelés. D'ailleurs, les compagnies d'assurances maritimes importantes ont des agents chargés de les représenter dans les principaux ports ; souvent, un même agent représente à la fois plusieurs compagnies. Mais il se peut que, par suite de l'éloignement du lieu du règlement, qui est le port de reste, les assureurs n'y assistent pas. Le règlement opéré entre les propriétaires du navire et de la cargaison seuls est-il opposable même alors aux assureurs, de telle façon que les assurés puissent, en l'invoquant, réclamer une indemnité égale à la somme pour laquelle ils doivent contribuer d'après le règlement ? Il faut distinguer : le règlement au port de reste, fait en justice ou devant l'autorité compétente dans les formes prescrites par la loi (art. 414), lie les assureurs, comme s'ils y avaient été parties. Cette règle n'est pas écrite dans les lois ; elle est consacrée par une coutume commerciale constante (1). Dans un but de célérité facile à comprendre, les assureurs n'ont jamais été considérés comme des tiers au point de vue des règlements d'avaries. L'intervention de l'autorité compétente et l'accomplissement des formalités prescrites par la loi sauvegardent les intérêts des assureurs. Ceux-ci ne seraient pas admis à alléguer l'erreur du juge, puisque cette erreur est à leur charge (n° 1246). Mais, si, par fraude ou par négligence, l'assuré avait accepté un règlement erroné, il va de soi que l'assureur pourrait lui réclamer des dommages-intérêts qui seraient déduits de l'indemnité d'assurance (2). Au contraire, le règlement fait à l'amiable (3) ou ailleurs qu'au port de destination (4), n'est pas, sauf convention contraire, opposable à l'assureur qui peut en réclamer la revision.

(1) Aix, 20 janv. 1847, 4 août 1852, *Journ. de Marseille*, 1847. 1. 37 ; 1852. 1. 197 ; Bordeaux, 11 mai 1868, *Journ. de Marseille*, 1869. 2. 89.

(2) Montpellier, 25 mai 1849, *Journ. de Marseille*, 1849. 2. 34.

(3) Marseille, 27 août 1840, *Journ. de Marseille*, 1840. 1. 208.

(4) L'assureur n'est, en effet, tenu des avaries communes qu'autant qu'elles sont réglées selon la loi, et celle-ci prescrit de faire le règlement au port de reste (art. 414). Il en est autrement, si l'assureur a consenti à ce qu'il soit fait dans un autre lieu, et une telle convention est fréquente. Mais on ne pourrait opposer à l'assureur un règlement d'avaries communes fait dans un port intermédiaire dans lequel l'assuré et le capitaine sont convenus de terminer le voyage : Aix, 27 févr. 1865, *Journ. de Marseille*, 1865. 1. 85.

En fait, pour éviter les frais qu'entraînent les formalités judiciaires, il est presque toujours procédé amiablement au règlement d'avaries : les experts répartiteurs (ou dispacheurs) sont nommés par les intéressés eux-mêmes qui les investissent de mêmes pouvoirs que s'ils avaient été nommés par le tribunal ou par le consul et il y a dispense de l'homologation du règlement. Quand il en est ainsi, le plus souvent le règlement est fait ailleurs qu'au port du reste où les experts choisis ne résident pas. C'est ainsi que beaucoup de règlements d'avaries sont dressés à Paris.

Ces principes s'appliquent, du reste, aussi bien au cas où le règlement d'avaries communes a été fait devant un juge étranger qu'à celui où il l'a été devant un juge français (1) (2). La jurisprudence, comme il a été dit plus haut (n° 983), admet que la loi du port de reste sert à déterminer quelles avaries sont communes ou particulières et quel est le mode de contribution de chacun des intéressés. Cette règle est opposable aux assureurs qui ne peuvent pas invoquer la loi du pays où l'assurance a été faite, pour ne pas supporter la part contributive de l'assuré, sous le prétexte que, d'après cette loi, l'avarie est une avarie particulière. A l'inverse, les assureurs peuvent invoquer cette même règle, pour refuser de payer une indemnité à l'assuré qui soutiendrait que l'avarie, traitée comme particulière d'après la loi du port de reste, doit être considérée comme avarie commune à l'égard de l'assureur en vertu de la loi du pays où l'assurance a été conclue (3).

(1) Emérigon, ch. XX, sect. 2, § 5, Cpr. Marseille, 25 juin 1868, *Journ. de Marseille*, 1868. 1. 262. V. aussi, art. 839, C. de comm. *allemaad*.

(2) Il n'est pas admissible que l'assureur se refuse à rembourser à l'assuré le montant de la contribution mise à la charge de celui-ci par un juge étranger et payé de bonne foi par l'assuré. Aussi la solution admise au texte doit être adoptée, quelque opinion qu'on ait sur l'autorité des jugements étrangers en France.

(3) Nous avons admis ci dessus (n° 983), contrairement à la jurisprudence et à l'opinion des auteurs, que la loi du pavillon doit être appliquée aux avaries communes. Il est évident que, dans notre doctrine, cette loi seule s'applique dans les rapports entre assurés et assureurs. A ce point de vue spécial, notre système a de grands avantages pratiques. Avec lui, l'assureur sait à quoi il s'oblige, en tant qu'il doit répondre des avaries communes. Il ne le sait pas avec le système contraire, puisqu'on ne connaît pas nécessairement par avance le lieu de reste.

1292. La perte subie par l'assuré dont la chose a été sacrifiée est réduite par les sommes que ses cointéressés lui paient à titre de contribution. L'assuré peut-il, sans attendre ce paiement, réclamer à l'assureur le montant de la perte? Ne doit-il pas, au contraire, faire déduction des sommes qui lui sont dues à titre de contribution? La question offre un grand intérêt pratique au point de vue de la promptitude avec laquelle le paiement de l'indemnité peut être exigé de l'assureur ; elle est surtout importante lorsque, parmi les intéressés soumis à contribution, il y a un ou plusieurs insolvables. On peut dire, dans le but d'obliger l'assuré à la déduction des sommes qui lui sont dues à titre de contribution, que, si on ne l'admet pas, on transforme l'assurance en l'appliquant à la solvabilité des contribuables (1). Mais cette opinion n'est pas admissible ; l'assuré peut réclamer le montant de la perte sans tenir compte de ses droits contre les contribuables (2). L'assureur est responsable de toute perte ou dommage qui arrive aux objets assurés par fortune de mer (art. 350). Cela n'implique-t-il pas qu'il y a perte dès que l'objet assuré se trouve atteint par un risque de mer, sans qu'il y ait à se préoccuper du droit que peut avoir l'assuré de se faire indemniser, en tout ou en partie, du préjudice qu'il éprouve ?

L'assureur est subrogé aux droits de l'assuré nés à l'occasion du risque donnant lieu à l'action d'avarie (n° 1312). L'assureur est donc subrogé à l'action en contribution, de telle sorte que, si les contribuables sont solvables, la charge qu'il supporte se trouve diminuée d'une somme égale au montant de leurs parts contributives.

Les questions qui viennent d'être examinées, se présentent aussi bien dans les assurances sur corps que dans les assurances sur facultés. Mais les règlements d'avaries communes font naître deux questions spéciales à chacune de ces deux sortes d'assurances.

1293. Dans les assurances sur facultés, quand les marchandises

---

(1) Aix, 4 févr. 1858, *Journ. de Marseille*, 1858. 1. 66. — Laurin sur Cresp, V, p. 203 ; Em. Cauvet, I, n° 345.

(2) Il a été décidé en ce sens que, lorsqu'il s'agit de savoir si la perte est égale aux trois quarts et autorise, en conséquence, le délaissement (n° 1355), il faut tenir compte aussi bien des avaries communes que des avaries particulières : Bordeaux, 16 août 1869, *Journ. de Marseille*, 1869. 2. 179.

sont assurées pour leur valeur au port de destination, il va de soi que l'assureur doit rembourser à l'assuré le montant de sa contribution qui est calculée précisément sur la valeur des marchandises au même lieu (art. 417, C. com.). Ainsi, dans le cas où les marchandises valant au port de destination 200.000 fr. ont été assurées avec le profit espéré, si la contribution payée par l'assuré est de 10 0/0, soit 20.000 fr., celui-ci a le droit d'exiger de l'assureur le remboursement d'une somme égale.

Mais, quand l'assurance est faite pour une somme déterminée ou pour la valeur des marchandises au port de départ, des questions naissent à raison de ce que la base de la contribution aux avaries communes est la valeur des marchandises au port de destination (art. 417, C. com.). Ces questions se présentent, soit quand la valeur des marchandises au port de destination dépasse la somme assurée, soit, au contraire, quand la valeur des marchandises au port de destination est inférieure à la somme assurée. Ces deux cas doivent être distingués.

Premier cas. — La valeur des marchandises soumises à contribution dépasse au port de destination la somme assurée. L'assureur ne doit qu'une somme proportionnelle à cette dernière somme. La contribution proportionnelle est alors payée sur une somme supérieure à cette valeur. On pourrait être tenté de penser que l'assureur doit rembourser à l'assuré le montant de sa contribution, par cela même que telle est la perte que celui-ci éprouve. Cette solution ne doit pas être admise : les assureurs ne doivent jamais qu'une somme proportionnelle à la valeur assurée au départ. Les marchandises sont toujours réputées à leur égard conserver cette valeur et c'est, d'ailleurs, elle seule que l'avarie commune leur a conservée. Il est juste que l'assuré garde à sa charge la portion de la contribution qui correspond au bénéfice espéré ; car, c'est grâce à l'avarie commune qu'il a pu le réaliser. En conséquence, si l'on suppose des marchandises embarquées à Marseille, où elles ont été assurées pour 100.000 fr., et ayant à destination une valeur de 200.000 fr., puis une contribution de 10 0/0 due pour avarie commune, le montant de cette contribution sera de 20.000 fr. ; mais, l'assuré ne pourra réclamer à l'assureur que 10.000 fr. ; les 10.000 fr. d'excédent seront supportés par l'assuré, sans aucun recours contre son assureur (1). Autrement, du reste, on arriverait dans certaines circonstances à un résultat inique. Le propriétaire, dont les marchandises sont intactes grâce à l'avarie commune, pourrait, tout en faisant l'opération sur laquelle il comptait, toucher de l'assureur l'indemnité qui serait due en cas de perte entière. Ainsi, la valeur assurée étant de 20.000 fr. et les marchandises sauvées valant à destination (fret déduit) 40.000 fr., si la contribution était de 50 0/0, l'assuré obtiendrait de l'assureur 20.000 fr.

C'est à l'assureur du bénéfice espéré, s'il y en a un, à rembourser la contribution afférente à ce bénéfice. Sinon, elle est supportée par l'assuré.

Deuxième cas. — La valeur des marchandises est moindre au port de destination qu'au port de départ, et, par suite, elle est inférieure à la somme assurée. Faut-il tenir compte de la valeur des marchandises au départ pour laquelle elles ont été assurées ou de leur valeur inférieure à destination en proportion de laquelle elles ont contribué ? Ainsi, des marchandises embarquées à Marseille ont été assurées pour 200.000 fr. ; au port de destination, elles ne valent que 100.000 fr. L'assuré doit contribuer pour 10.000 fr., à raison de 10 0/0. Peut-il réclamer à l'assureur une contribution de 10 0/0 établie sur 200.000 fr., soit 20.000 fr. ?

Il a été soutenu que l'indemnité due par l'assureur se calcule sur la valeur des marchandises au port de départ, quand même elles n'ont contribué qu'en proportion d'une valeur inférieure par suite de la diminution qu'elles ont subie (2). En faveur de cette doctrine opposée à la nôtre, on fait valoir des arguments qui sont certes très

(1) L'article 9, 2e alinéa, de la police française d'assurance sur facultés consacre la solution admise au texte dans les termes suivants : « Si les contributions proportionnelles ont été payées sur une somme supérieure à la somme assurée, les assureurs ne doivent que la proportion de la somme assurée ». — Bordeaux, 29 déc. 1865, *Journ. de Marseille*, 1866. 2. 65 ; Cass., 10 août 1871, *Journ. de Marseille*, 1872. 2. 47 ; D. 1871. 1. 114. — Em. Cauvet, II, n° 348 ; Laurin sur Cresp, IV, p. 214 ; Arth. Desjardins, n° 1617, p. 378 ; Droz, II, nos 623 et 624 ; Pardessus, n° 859 ; Boistel, n° 1389.

(2) Laurin sur Cresp, IV, p. 215 ; Droz, II, n° 623.

spécieux. Dans les rapports entre l'assuré et l'assureur, dit-on, les marchandises sont toujours réputées conserver la valeur qu'elles avaient au port de départ, que cette valeur soit fixée ou non par la police. On applique sans peine ce principe contre l'assuré, lorsque les marchandises ont augmenté de valeur. N'est-il pas injuste et contradictoire de ne pas l'appliquer à son profit lorsque leur valeur a diminué ? On ajoute que c'est bien, du reste, là ce qui est admis en cas d'avaries particulières. En ce qui concerne l'indemnité due par l'assureur à raison de ces avaries, le calcul s'en fait sans tenir compte ni de la hausse ni de la baisse, de telle sorte qu'en cas de perte totale, l'assuré reçoit une somme parfois supérieure à la valeur qu'auraient eue les marchandises au port de reste ou qu'elles avaient au moment où la fortune de mer s'est produite.

Ce système doit être repoussé. L'assureur ne doit à l'assuré que la somme réellement déboursée par celui-ci à titre de contribution aux avaries communes (1). Autrement, l'assuré réaliserait un bénéfice, ce qui serait contraire à la nature de l'assurance maritime : ainsi, dans le cas supposé, l'assuré, qui aurait payé à titre de contribution 10.000 fr. seulement, en recevrait le double de l'assureur ! Il n'y a pas à tirer argument de ce qui se passe pour les avaries particulières. Quand il s'agit d'une avarie particulière, on doit ne tenir aucun compte ni de la hausse ni de la baisse. Le principe est, en effet, que l'assurance doit rétablir l'assuré dans la situation pécuniaire où il aurait été s'il n'avait pas entrepris l'opération. Mais, dans le cas qui nous occupe, il ne s'agit pas d'une indemnité destinée à réparer un dommage matériel subi par la marchandise ; elle est intacte, seulement elle est soumise à une contribution. Il s'agit donc du remboursement d'une dépense faite ou à faire par l'assuré. Du moment où l'assureur lui rembourse cette somme, l'assuré n'est-il pas dans la situation pécuniaire dans laquelle il aurait été, s'il n'y avait pas eu avarie commune ? Assurément, oui. De quoi donc l'assuré pourrait-il se plaindre ? Ce sont les principes qui conduisent nécessairement à donner deux solutions différentes dans le cas d'augmentation et dans le cas

(1) Parère, rapporté dans le *Journ. de Marseille*, 1822, 1. 369 ; Frémery, *Etudes de Droit commercial*, p. 318 : Em. Cauvet, II, n° 318 ; Arth. Desjardins, VII, p. 379.

de diminution de valeur des marchandises au port de destination (1).

1294. Quand les marchandises assurées sont les marchandises sacrifiées, l'indemnité à réclamer de l'assureur, si le profit espéré n'a pas été compris dans l'assurance, se fixe d'après la valeur des marchandises au départ, bien qu'elles aient diminué de valeur. Cette solution n'est nullement en contradiction avec celle qui a été précédemment admise (nº 1294), à l'égard de l'assuré qui est seulement contribuable. Il est nécessaire que l'assuré reçoive la somme assurée d'après la valeur des marchandises au départ pour qu'il soit placé dans la situation où il serait s'il n'avait pas entrepris l'opération. Du reste, dès l'instant où l'on reconnaît que le propriétaire des marchandises sacrifiées peut réclamer de l'assureur une indemnité entière en faisant abstraction de la contribution à laquelle sont soumis envers lui les autres intéressés à l'expédition (nº 1283), on arrive, en définitive, à traiter, dans les rapports entre l'assureur et l'assuré atteint par le sacrifice, les avaries communes comme des avaries particulières. Or, il est incontesté qu'à l'égard du règlement de ces avaries, les marchandises sont, dans les rapports entre l'assureur et l'assuré, considérées comme conservant toujours la même valeur.

1295. Une autre question est relative à l'assurance sur corps pour le cas où le propriétaire du navire est soumis à l'obligation de contribuer à une avarie commune. Ainsi que cela a été dit plus haut (nº 955), le propriétaire du navire contribue aux avaries communes en proportion de la moitié de la valeur de son bâtiment au port de destination et de la moitié du fret. Il est incontestable que l'assureur sur corps doit indemniser l'assuré pour la partie de la contribution afférente à la moitié du navire. Doit-il aussi l'indemniser pour la partie de la contribution qui correspond à la moitié du fret ?

Il faut, pour résoudre cette question, se placer successivement avant et après la loi du 12 août 1885.

Avant la loi du 12 août 1885, la raison de douter que l'assureur

(1) Em. Cauvet, p. 412.

sur corps fût tenu de la part de contribution afférente à la moitié du fret, provenait de la disposition de l'ancien article 347, C. com., qui prohibait l'assurance du fret. Cette objection n'était pas sérieuse ; malgré elle, il y avait lieu d'admettre que l'assureur sur corps devait payer au propriétaire du navire assuré le montant intégral de la contribution (1). La contribution dont le propriétaire est tenu en proportion de la moitié de la valeur du navire et de la moitié du fret, n'est pas due distinctement pour chacun de ces objets. C'est, comme cela a été expliqué (nos 954 et 955), le propriétaire du navire que la loi veut faire contribuer en formant un capital contribuable composé des deux éléments dont il s'agit. Il y a là une sorte de forfait. La loi ne fait contribuer le navire que pour la moitié de sa valeur, parce qu'elle impose, par contre, au propriétaire la contribution pour moitié du fret.

Depuis la loi du 12 août 1885, le fret peut être assuré (n° 1134). Il va de soi que, lorsqu'il y a à la fois une assurance du navire et une assurance du fret brut, la contribution afférente à la moitié du fret brut doit être supportée par l'assureur du fret, tandis que la contribution afférente à la moitié du navire l'est par l'assureur sur corps. Mais d'autres cas peuvent se présenter.

a. Le propriétaire du navire a fait assurer par trois assureurs distincts son navire, le fret net et les mises dehors. Dans ce cas, l'assuré a le droit de réclamer à l'assureur du navire la contribution y afférente et il ne peut obtenir de l'assureur du fret net que la contribution qui concerne le fret, en déduisant préalablement les mises dehors dont l'assureur supporte la contribution relative à la somme que celles-ci représentent.

b. Le propriétaire du navire n'a assuré que son bâtiment. On pourrait être tenté de décider que, le fret n'ayant pas été assuré, les parties ont entendu se placer sous l'empire de la législation antérieure

---

(1) Laurin sur Cresp, IV, p. 210 : Droz, II, nos 621 et 622 ; Pardessus, n° 859 ; Em. Cauvet, II, n° 322. — Aix, 24 juin 1829, Marseille, 11 fév. 1830, 16 mars 1882, *Journ. de Marseille*, 1829. 1. 172 ; 1830. 1. 129 ; 1882. 1. 12. — Il a, cependant, été parfois décidé que l'assureur sur corps ne doit que la part contributive afférente au navire : Marseille, 1er oct. 1828, *Journ. de Marseille*, 1828. 1. 241.

à la loi du 12 août 1885. La conséquence en serait que la contribution entière afférente au navire et au fret serait supportée par l'assureur sur corps. Mais il est plus conforme à l'esprit de la loi de 1885, qui permet l'assurance du fret, de considérer le propriétaire du navire comme étant demeuré son propre assureur pour le fret qu'il n'a point assuré et, par suite, de laisser à sa charge la portion de la contribution afférente au fret, en n'admettant de recours contre l'assureur que pour la portion de contribution afférente au navire (1).

1296. Des franchises. — Les polices d'assurances contiennent ordinairement des clauses qui restreignent la responsabilité de l'assureur ; ces restrictions portent la dénomination générique de *franchises.*

On peut distinguer des franchises de deux espèces principales. Par les unes, l'assureur n'est tenu de payer une indemnité qu'autant que l'avarie dépasse un tant pour cent de la valeur de la chose assurée. Par les autres, il est dispensé de supporter certaines avaries que l'assureur supporte. Il faut parler distinctement de ces deux sortes de franchises.

1297. En ce qui concerne les franchises de la première espèce,

____

(1) Les solutions que nous adoptons, sont conformes à celles qu'admet M. Arthur Desjardins, VII, n° 1619, p. 380 et 381. Le savant auteur conseille avec juste raison aux parties de s'expliquer dans la police sur cette question, spécialement sur la dernière.

La police française d'assurance sur corps (modifiée après la loi du 12 août 1885) n'a pas manqué de résoudre la question. L'article 20 de cette police renferme sur ce point la disposition suivante : « La contribution du fret « à l'avarie grosse n'est à la charge de l'assureur sur corps que si les assu « rés ont pris l'engagement de ne pas faire assurer le fret et que ce fret, « payé d'avance ou non, ne soit pas acquis à tout événement ». Cette disposition s'explique aisément. Il est toujours bon pour l'assureur que l'assuré conserve un intérêt pécuniaire à l'heureuse arrivée de son bâtiment. Il en conserve un quand il ne fait pas assurer le fret. Pour encourager le propriétaire du navire à agir ainsi, l'assureur sur corps stipule qu'il ne supportera la partie de la contribution afférente au fret que si le propriétaire du navire renonce à faire assurer le fret. Ainsi, le propriétaire du navire peut toujours, s'il le veut, ne pas supporter la part du fret dans l'avarie commune ; il n'a qu'à renoncer à le faire assurer. Mais une telle stipulation n'a évidemment une valeur sérieuse que si le fret n'est pas payable à tout événement. S'il l'est, l'assuré touche le fret, encore qu'il ne le fasse pas assurer.

l'article 408, C. com. (1) dispose qu'il ne peut y avoir de réclamation qu'autant que le dommage excède un pour cent de la valeur de la chose assurée ou des marchandises et du navire en cas d'avarie commune. Cette disposition, qui a pour but d'éviter les réclamations trop minimes, n'est presque jamais appliquée, parce que les polices admettent, en général, des franchises d'un taux plus élevé. Les usages sont, à cet égard, différents pour les assurances sur facultés et pour les assurances sur corps (2). Les franchises sont plus nombreuses et plus importantes dans les assurances sur facultés.

1298. Les risques auxquels les marchandises sont exposées, sont de deux sortes. Il en est qui menacent également toutes les choses transportées sur mer; puis, il en est d'autres qui varient avec la nature des marchandises. Ainsi, il est évident que l'eau de la mer, s'introduisant dans le navire par suite d'un accident, cause un plus grave dommage à un chargement de sucre ou de sel qu'à un chargement de marbre. On aurait pu diviser les marchandises en plusieurs classes et fixer les primes à un taux différent pour chacune d'elles. On suit un système de ce genre dans les assurances contre l'incendie. Par exemple, la prime d'assurance d'une maison varie selon qu'elle est en pierre ou en bois, couverte en tuiles ou en chaume. Mais, en matière d'assurances maritimes, on a toujours eu l'habitude de procéder autrement. Il pourrait être difficile d'évaluer les primes d'après les risques variant avec la nature des marchandises et surtout, l'on arriverait parfois, en suivant cette méthode, à élever les primes à un taux qui effraierait les propriétaires de marchandises et les détournerait de contracter une assurance. Aussi les primes sont-elles, en

---

(1) Il a été dit plus haut (n° 979) que, malgré sa place au titre des avaries, l'article 408 s'applique exclusivement dans les rapports entre assureur et assuré. Du reste, l'article 408, C. comm., est, en partie, la reproduction de l'article 47 (liv. III, tit. VI) de l'Ordonnance de 1681, qui se trouve dans le titre des assurances.

(2) Les clauses relatives aux franchises se trouvent dans les articles 10 et 11 de la police française d'assurance sur facultés et dans l'article 18 de la police française d'assurance sur corps. — En Grande-Bretagne, les clauses constituant les franchises formant ce qu'on appelle le *memorandum*. V. Mac-Arthur, p. 274 à 300; Sweet, *Law Dictionary*, v° *Memorandum*.

général, fixées à un taux uniforme à raison des risques généraux. Mais, pour tenir compte des risques spéciaux se rattachant à la nature des marchandises dont il s'agit, il est, pour la plupart des marchandises, stipulé au profit de l'assureur des franchises dont le taux varie avec la nature des marchandises et qui vont pour quelques-unes, d'après la police française, jusqu'à 15 0/0 de leur valeur. La nature des marchandises a ainsi des conséquences éventuelles ; les franchises contribuent à rendre sans application l'article 355, C. com. V. n° 1195.

1299. Selon la doctrine admise en France, les franchises ont deux effets différents. D'abord elles excluent l'action d'avarie lorsque le dommage n'atteint pas le taux fixé. Puis, lorsque ce taux est atteint ou dépassé, l'assuré ne peut réclamer que l'excédent du montant du dommage sur le taux de la franchise. Ainsi, en supposant des marchandises assurées pour 100.000 fr. avec une franchise de 10 0/0, d'abord, l'assuré n'aura rien à réclamer à l'assureur si le dommage subi est de 10.000 fr., ou d'une somme inférieure ; puis, si le dommage excède 10.000 fr., l'assureur ne remboursera que l'excédent du dommage sur cette somme. Grâce au second effet attribué aux franchises, l'assuré n'a pas d'intérêt à ce que l'avarie augmente pour toucher une indemnité complète. Ce second effet des franchises est, en outre, tout à fait conforme au but principal qu'elles ont dans les assurances sur facultés. Elles sont destinées à laisser à la charge de l'assuré la portion d'avaries attribuée à la nature propre des marchandises et à détruire, pour l'assureur, l'inégalité des risques résultant de l'égalité des primes. Ce but serait manqué, si le seul fait de l'augmentation de la perte obligeait l'assureur à répondre dans tous les cas du dommage qui devrait rester à la charge de l'assuré, parce qu'il provient de la nature intrinsèque des choses assurées (1).

Il y a des pays dans lesquels on ne donne aux franchises stipulées dans les polices que le premier des effets indiqués au texte. Il en est, en général, ainsi en Angleterre. Mais la concurrence internationale en matière d'assurances maritimes oblige très souvent les assureurs fran-

(1) Le double effet des franchises dans les assurances sur facultés résulte des termes de la police française d'assurance sur facultés. On y lit que les assureurs *ne paient que l'excédent de trois, cinq, dix, quinze pour cent*, etc.

çais à accepter le système anglais du remboursement intégral. Les franchises de la police française sont, du reste, exagérées pour certaines marchandises (1). La concurrence internationale oblige aussi parfois les assureurs français à réduire le taux des franchises fixé par la police française d'assurances sur facultés.

1300. *Règlements par séries ou par capitaux distincts.* — Les franchises, malgré les motifs qui les justifient dans les assurances sur facultés, auraient de graves inconvénients si, dans l'usage, on ne recourait aux *règlements par séries* ou *par capitaux distincts*. Le principal inconvénient des franchises consisterait en ce que, lorsque la valeur des marchandises assurées et très grande, la somme qui formerait pour l'assureur un découvert laissé à sa charge serait très élevée. Ainsi, une franchise de 10 0/0 sur 200.000 fr. empêcherait toute réclamation si le dommage n'atteignait pas plus de 20.000 fr. En outre, lorsque de plusieurs colis assurés un seul serait atteint par des risques de mer, la franchise serait, pourtant, calculée au profit de l'assureur sur le capital entier représentant l'ensemble de ces colis.

Pour parer à ces inconvénients, on divise souvent les marchandises assurées par une seule police en plusieurs séries distinctes dont chacune forme un capital particulier (2). C'est sur ce capital que se fait le calcul de l'indemnité réclamée et c'est à lui qu'est appliquée la franchise. Ainsi, supposons que 100 barriques d'eau-de-vie, chacune d'une valeur égale (soit 400 fr.), sont assurées pour une somme de 40.000 fr. avec une franchise de 10 0/0 ; il faudra que le dommage excède 4.000 fr. pour qu'une réclamation soit possible contre l'assureur. Mais on peut dans la police avoir divisé les barriques assurées en quatre séries. Chaque série représentant, par exemple, une valeur de 10.000 fr., la franchise ne sera que de 1.000 fr. ; par

(1) de Courcy, *Commentaire des polices françaises d'assurance sur corps,* p. 296 et suiv.

(2) La police française (art. 11, dern. alin.) vise la division des marchandises en séries, quand elle dispose : « La franchise est toujours calculée sur la somme assurée, divisée, s'il y a lieu, en séries ». L'article 12 (1er alin.) admet le règlement par séries pour les marchandises chargées autrement qu'en vrac.

cela seul que les barriques, faisant partie d'une même série, seront avariées pour une valeur dépassant cette dernière somme, une réclamation sera possible.

1301. Dans les assurances sur corps, les franchises sont moins importantes que dans les assurances sur facultés. Elles ont pour but unique d'éviter aux assureurs d'être obsédés par de petites réclamations. D'après un usage très répandu, la franchise est de 3 0/0 (1), et, en France, elle se déduit, sauf convention contraire, du montant des avaries qui excèdent cette quotité comme dans les assurances sur facultés (2).

En général, les franchises sont restreintes aux avaries particulières constituant des dommages matériels ; elles ne s'appliquent pas, au contraire, aux avaries-frais, ni, en général, aux avaries communes. Les raisons qui les font stipuler ne se présentent point pour ces avaries (3) (4). En outre, d'ordinaire, les franchises sont écartées dans le cas de délaissement.

---

(1) La police française d'assurance sur corps (art. 18) admet que les avaries ne sont payées par les assureurs que sous la déduction d'une franchise de **3** 0/0 de la somme assurée pour les avaries particulières ; 1 0/0 de la dite somme pour les avaries communes ; 1 0/0 de la dite somme pour les recours des tiers. En cas de concours de plusieurs sortes d'avaries, la franchise retenue ne peut être supérieure au maximum de 3 0/0. Ces franchises s'appliquent aux navires à voiles. Pour les navires à vapeur, la franchise d'avarie particulière est réduite à 2 0/0 ; les franchises d'avaries communes et des recours des tiers sont supprimées. V. note.

(2) Il en est autrement dans plusieurs pays étrangers, spécialement en *Allemagne*, en *Angleterre*, en *Hollande*.

(3) La police française d'assurance sur facultés (art. 11) parle des *avaries particulières matérielles*.

(4) Les avaries communes doivent être remboursées intégralement d'après la police française d'assurance sur facultés (art. 9, 1er alin,) ; mais la police française d'assurance sur corps (art. 18) admet, comme il a été dit plus haut (note 1), une franchise de 1 0/0 pour les recours des tiers et pour les avaries communes. C'est une disposition qui ne peut se justifier. « Quant à l'avarie commune, dit M. de Courcy, elle est toujours un accident « caractérisé, et la nature des choses ne me parait pas comporter la « déduction d'une franchise de 1 0/0 inconnue dans tous les pays du Nord ». Il a été fait droit à cette critique pour les navires à vapeur. Le dernier alinéa de l'article 18 de la police française d'assurance sur corps dispose : « Quant aux navires à vapeur, la franchise d'avaries particulières est

1302. Les polices ne se bornent pas toujours à stipuler des franchises partielles fixant le taux que l'avarie doit dépasser pour que l'assureur soit tenu envers l'assuré. Elles contiennent parfois des franchises d'une autre espèce, qui excluent tout droit de réclamation de l'assuré dans certains cas prévus. Dans ce nombre est la clause très usuelle d'après laquelle l'assureur ne répond pas des risques de guerre (n° 1225). Il y a aussi des clauses stipulant pour certaines marchandises d'une grande fragilité que l'assureur ne répondra des avaries subies par elles qu'autant qu'il y aura un accident caractérisé, par exemple, un abordage, un échouement, un incendie (1).

1303. *Clause franc d'avaries.* — Parmi ces clauses, se trouve la *clause franc d'avaries* dont le Code de commerce s'est occupé. L'effet de cette clause est de ne permettre à l'assuré d'agir contre l'assureur que dans les cas de sinistres majeurs, c'est-à-dire dans les cas où le délaissement est admis (2). Mais, d'après l'interprétation

---

« réduite à 2 0/0; les franchises *d'avaries communes* et de recours des « tiers sont supprimées ». V. de Courcy, *Commentaire des polices françaises d'assurance sur corps*, p. 125 et suiv.

(1) V. *Police française d'assurance sur facultés*, art. 10, alin. 1 et 2.

(2) Les effets de la clause *franc d'avaries* étaient fort discutés dans l'ancien Droit. Valin (sur l'art. 47, liv. III, tit. VI de l'Ordonnance) trouvait cette clause *dangereuse et naturellement injuste*. Il rappelait que, selon les auteurs italiens, elle ne devait pas s'étendre aux avaries extraordinaires et encore moins au jet fait pour éviter le naufrage, et il admettait qu'elle n'était licite que pour les petites avaries et les voyages de courte durée. Emérigon, ch. 12, sect. 45 et 46) et Pothier (*Assurances*, n° 163) décidaient que cette clause était licite et devait être interprétée en ce sens que l'assuré ne pourrait faire de réclamations à l'assureur que dans le cas de sinistres majeurs C'est cette dernière interprétation que consacre l'article 409, C. comm.

Les assureurs ont cherché à échapper au danger incontestable que la clause peut présenter pour eux. D'après l'article 19 de la police française d'assurance sur corps « en cas d'échouement suivi de remise à flot, tous « les frais à la charge du navire faits pour le renflouement, sont rembour- « sés sans retenue au prorata des sommes assurées, *même dans les risques* « *souscrits franc d'avaries* ». Cette clause de la police prévoit un cas spécial. Mais peut-être est-il possible, même dans le silence des polices, de généraliser l'idée qu'elle renferme, en décidant que le capitaine (ou le propriétaire du navire) peut, malgré la clause *franc d'avaries*, réclamer le remboursement des dépenses extraordinaires qu'il a faites pour restreindre, dans les limites du possible, les conséquences de la fortune de mer.

que donne le Code lui-même (art. 409) de cette clause, dès qu'un sinistre majeur s'est produit, l'assuré peut, malgré la clause *franc d'avaries*, aussi bien exercer l'action d'avarie, qu'opérer le délaissement. Cette action est, en effet, de l'essence du contrat d'assurance (n° 1368).

La clause *franc d'avaries* se justifie surtout quand il s'agit de marchandises tellement sujettes à détériorations que l'assureur peut craindre d'être soumis à d'incessantes réclamations.

1304. *Assurance sur bonne arrivée.* — Parfois, les polices vont encore plus loin. Ainsi, un navire peut être l'objet d'une *assurance sur bonne arrivée*. Dans cette assurance, toute réclamation de l'assuré est exclue, même en cas de sinistre majeur, si le navire n'est pas réduit à l'état de débris. Il est dangereux pour les assureurs de conclure de telles convention ; l'assuré se trouve intéressé par elles à la destruction du navire lorsqu'il a subi seulement des avaries légères. Aussi l'assurance sur bonne arrivée est-elle fort rare (1).

1305. *Assurance partielle.* — Il a toujours été supposé jusqu'ici, pour de simplicité, que la chose assurée l'avait été pour l'intégralité de sa valeur. Il arrive souvent que la somme assurée est inférieure à cette valeur. Dans ce cas, il y a lieu d'appliquer les règles posées précédemment pour le règlement par avaries, en tenant compte seulement de ce que l'assuré a conservé un découvert et est, par conséquent, resté son propre assureur pour l'excédent de la valeur de la chose assurée sur le montant de l'assurance. Aussi, dans tous les cas, quelque minime que puisse être le dommage, l'assuré le conserve à sa charge dans la mesure où il est resté son propre assureur. C'est la règle qu'on désigne sous le nom de *règle proportionnelle*. Si, par exemple, une cargaison de 100.000 fr. est assurée pour 50.000 fr. seulement et si une avarie n'atteint que 20.000 fr., l'assureur n'a à payer que 10.000 fr., par cela même

---

Cette opinion est défendue par M. Laurin sur Cresp., IV, p. 222 et 222. Elle est consacrée par la loi *anglaise* de 1906 (art. 26, 8°).

(1) L'article 22 1° de la police française d'assurance sur corps interdit les assurances sur bonne arrivée du navire. « Toute assurance faite contrairement à cette prescription réduit d'autant la somme assurée sur le « navire ».

que l'assurance n'est faite que pour la moitié de la valeur de la chose assurée.

Du reste, la convention contraire est possible, c'est-à-dire qu'il peut être stipulé que, l'assurance n'étant faite que pour une partie de la chose assurée, les avaries seront, pourtant, remboursées intégralement par cela seul qu'elles ne dépasseront pas la somme assurée.

1306. L'assuré doit notifier à l'assureur les avis qu'il reçoit d'accidents de mer ; cette notification doit être faite dans les trois jours de la réception de l'avis. La règle posée à cet égard par l'article 374, C. com , est commune, du reste, à l'action d'avarie et au délaissement ; le texte de l'article l'indique expressément en disposant : *dans le cas où le délaissement peut être fait et dans le cas de tous les autres accidents au risque de l'assureur*, etc... Cette obligation a pour but principal de mettre l'assureur à même de prendre les mesures nécessaires pour atténuer encore, s'il est possible, les conséquences du sinistre, notamment par un sauvetage.

Aucune forme spéciale n'est prescrite pour cet avis ; mais il semble résulter du mot *signification* employé par le Code de commerce, qu'un avis verbal ne serait pas suffisant.

L'avis doit être donné à l'assureur. En conséquence, un avis donné à la Chambre de commerce d'une ville déterminée et mentionné sur un registre, ne serait pas admissible, à moins qu'il n'y eût, à cet égard, une clause formelle dans la police (1).

Le défaut complet d'avis ou le retard mis à le signifier n'entraîne pas la nullité de l'assurance. Il peut seulement y avoir lieu de permettre à l'assureur de réclamer à l'assuré une indemnité, en vertu de l'article 1382, C. civ., à raison du préjudice résultant pour lui de la négligence de l'assuré, c'est-à-dire que l'assuré doit conserver à sa charge les pertes, frais et dommages qui auraient pu être évités par l'assureur, s'il avait reçu l'avis de l'accident dans le délai fixé par la loi. L'indemnité à payer par l'assureur peut se trouver ainsi diminuée par voie de compensation.

1307. En cas de délaissement, sous des sanctions sévères, le Code

(1) Sous l'empire de l'Ordonnance de 1681, on se contentait, en général, d'une déclaration insérée dans un registre tenu à la Chambre de commerce. V. Emérigon, chapitre XVII, section V.

de commerce exige la déclaration des autres assurances conclues par l'assuré (art. 379 et 380) (1). Par une singularité impossible à justifier, aucune obligation de ce genre n'est imposée à l'assuré en cas d'exercice de l'action d'avarie ; on ne peut suppléer au silence de la loi sur ce point. On ajouterait arbitrairement à la loi en imposant à l'assureur la même obligation dans le cas d'exercice de l'action d'avaries (2).

1308. Le délai du paiement de l'indemnité, qui est, pour le cas de délaissement, fixé par la loi (art. 382, C. com.) à défaut de stipulation dans la police, ne l'est pas, au contraire, pour le cas de règlement par avarie. Aussi, dans ce dernier cas, le paiement peut en être réclamé dès qu'il est justifié de l'avarie (3). Les polices dérogent seulement presque toujours à la règle, en accordant un délai après la remise des pièces justificatives (4).

1309. L'indemnité à payer ne subit pas toujours une réduction seulement à raison des franchises. On la réduit aussi parfois quand elle est payée avant l'époque fixée ; il y a alors *bonification* ou *escompte pour prompt paiement*. Sur certaines places, cette déduction se fait en vertu de l'usage en l'absence même de toute stipulation dans la police.

1310. L'assureur doit parfois les intérêts de la somme mise à sa charge à titre d'indemnité. Ceux-ci peuvent courir certainement du jour où l'assureur a été mis en demeure de payer après que les pièces justificatives lui ont été remises (5). En vertu de l'usage, il est possible qu'ils courent du jour même où l'indemnité est payable (6).

1310 *bis*. En principe, l'assureur est complètement libéré et n'est plus responsable des avaries qui peuvent survenir par la suite, quand il a payé une indemnité égale à la somme assurée (n° 1609). Dans

(1) V. n°s 1400 et suiv.

(2) V., pourtant, de Valroger, II, n° 1834.

(3) de Valroger, IV, n° 1856.

(4) V. *police française d'assurance sur corps*, art. 25 ; *police française d'assurance sur facultés*, art. 14. Le paiement doit, d'après ces polices, être fait trente jours après la remise des pièces justificatives.

(5) Bordeaux, 27 mars 1905, D. 1907. 1. 305 ; *Pand. fr.*, 1906. 2. 308 ; *Revue internat. du Droit maritime*, XX, p. 552.

(6) Trib. comm. Havre, 21 mars 1903, *Revue intern. du Droit marit.*, XIX, p. 35.

le cas opposé, l'assureur reste garant des accidents de mer jusqu'à concurrence de l'excédent de la somme assurée sur l'indemnité antérieurement payée, pourvu que ces accidents se produisent avant la fin de l'assurance.

1311. Le paiement de l'indemnité d'assurance ne produit pas toujours seulement la libération totale ou partielle de l'assureur. Quand l'accident provient de la faute d'un tiers, l'assureur est légalement subrogé aux droits de l'assuré contre le tiers qui a causé l'accident et, par suite, le dommage. Dans les assurances non maritimes, on discute sur le point de savoir si l'assureur est subrogé légalement à l'assuré, quant aux créances nées des accidents dont l'assureur est garant (1), en vertu de l'article 1251, 3°, C. civ., selon lequel *la subrogation a lieu de plein droit, 3° au profit de celui qui étant tenu avec d'autres ou pour d'autres au paiement de la dette, avait intérêt à l'acquitter*. Mais, en matière d'assurances maritimes la tradition est favorable à la subrogation légale (2), bien qu'il n'y ait pas de motif rationnel pour distinguer entre les différentes assurances. Il va de soi qu'une subrogation conventionnelle est également possible par la volonté de l'assuré (art. 1250, 1°, C. civ.) ; on comprend qu'on la fasse pour éviter toute difficulté (3).

1312. L'assureur n'en est pas réduit, du reste, à invoquer le bénéfice de la subrogation. Le fait du tiers auquel l'avarie est imputable,

---

(1) Demolombe. XXVII, n° 595.

(2) Pothier, *Traité du contrat d'assurances*, n°s 52, 65 et 165. Trib. comm., Marseille, 23 nov. 1860, *Journ. de Marseille*, 1860. 1. 317. — J.-V. Cauvet, I. n° 319.

(3) Trib. comm. Seine, 15 fév. 1883, *la Loi*, n° de mars 1883 ; Trib. comm. Seine, 12 juillet 1888, *Revue internat. du Droit maritime*, 1888-89, p. 614. V. en faveur de la subrogation légale et de l'action directe Trib. comm. Alger, 25 avril 1906 ; Alger, 16 mai 1907, *Revue intern. du Droit maritime*, XXII. p. 651 ; XXIII, p. 216. — L'action directe fondée sur les articles 1382 et 1383, C. civ., est admise aussi dans les assurances non maritimes. V. Cass., 22 déc. 1852, S. 1853. 1. 109 ; Chambéry, 5 fév.1881. — Cour d'assises du Jura, 28 juin 1884, S. 1885. 2. 219 ; *J. Pal.*, 1885. 1. 1253. L'action directe a, pour les assurances non maritimes, une importance plus grande si l'on reconnaît, conformément à l'opinion la plus commune, que, dans ces assurances, la subrogation légale n'est pas admise.

Consult. Pierre Pannier, *Des droits de l'assureur contre les tiers responsables de la réalisation des risques* (Thèse de Doctorat, 1906).

a été la cause du dommage subi par l'assureur, en ce sens qu'il a donné naissance à l'action d'avarie contre celui-ci. Aussi, en vertu du principe général des articles 1382 et 1383, C. civ., l'assureur a contre ce tiers, de son chef, une action directe (1).

1313. Malgré l'action directe fondée sur les articles 1382 et 1383, C. civ., l'assureur peut avoir intérêt à invoquer le bénéfice de la subrogation. L'action directe de l'assureur n'existe que contre ceux auxquels il peut reprocher un délit ou un quasi-délit commis à son préjudice. Or, comme généralement nous sommes obligés de nous abstenir d'actes dommageables aux autres personnes, non d'agir à leur profit, il faut, pour qu'il y ait délit ou quasi-délit, un fait actif ; une simple omission ne suffit pas. L'assuré a bien contre les personnes avec lesquelles il a contracté, une action pour omission de soins ; l'assureur peut être subrogé à cette action contre ces personnes ; mais il ne pourrait agir contre elles de son chef en vertu des articles 1382 et 1383, C. civ. Ainsi, l'assuré sur facultés a une action en indemnité contre le capitaine dont le défaut de soins a causé des avaries aux marchandises et, par suite, contre le propriétaire du navire civilement responsable ; l'assureur peut intenter cette action comme subrogé à l'assuré, mais l'assureur n'aurait pas de son chef, en pareil cas, d'action contre le capitaine ni contre le propriétaire du navire.

1314. Au contraire, l'assureur peut parfois avoir avantage à agir en vertu des articles 1382 et 1383, C. civ., plutôt que d'invoquer la subrogation. Ainsi, il peut se faire que, par la faute d'un capitaine étranger, un navire appartenant à des étrangers soit abordé. Si le navire a été assuré par une compagnie d'assurances française, on peut soutenir que, comme subrogée, elle n'a pas plus de droit que l'assuré ; elle ne peut donc actionner le capitaine étranger devant les tribunaux français (2) (3). Au contraire, le droit de la compagnie

(1) V. note 3 de la page 408.

(2) On a discuté, en effet, sur le point de savoir si le Français, cessionnaire de la créance d'un étranger contre un autre étranger, jouit du bénéfice de l'article 14, C. civ. La même question peut être discutée en cas de subrogation quand, le subrogeant et le débiteur étant des étrangers, le subrogé est un Français.

(3) Cass., 12 août 1872, *Journ. de Marseille*, 1873. 2. 181 ; Trib. comm. Seine, 15 fév. 1883, *la Loi*, n° du 2 mars 1883.

française d'agir devant nos tribunaux résulte avec certitude de l'article 14, C. civ., si elle agit de son chef en vertu des articles 1382 et 1383, C. civ.

1315. L'action directe, accordée à l'assureur contre les tiers auteurs du dommage, fait, en matière d'assurance sur facultés, naître une difficulté spéciale. Souvent, il est stipulé dans le connaissement que le propriétaire du navire ne sera pas responsable des fautes du capitaine envers l'affréteur. Celui-ci n'ayant pas d'action contre le propriétaire du navire, il ne peut être question pour l'assureur des marchandises qui a payé une indemnité à l'assuré d'agir contre lui en vertu de la subrogation légale ou d'une subrogation conventionnelle. Mais, l'assureur ne peut-il pas actionner le propriétaire du navire en vertu des articles 1382 et 1383, C. civ., en supposant, bien entendu, que le capitaine ait commis une faute *in committendo* (n° 1314)? On pourrait être tenté de résoudre cette question affirmativement, en faisant remarquer que la clause de non-responsabilité n'est pas opposable à l'assureur, par cela même qu'il n'agit pas, comme subrogé, en vertu du contrat d'affrètement. Le résultat serait bien contraire à l'intention des parties; elles ont voulu décharger le propriétaire du navire de la responsabilité des fautes du capitaine. Malgré la clause formelle du connaissement à cet égard, l'assurance des marchandises enlèverait donc au propriétaire du navire le bénéfice de la non-responsabilité.

On doit, selon nous, écarter ce résultat inique et fâcheux, sans méconnaître la nature de l'action de l'assureur qui, agissant de son chef, n'a pas à subir les moyens de défense opposables à l'assuré. Si l'assureur pouvait agir contre la compagnie de transport comme responsable des fautes du capitaine, celle-ci aurait un recours contre l'affréteur qui était convenu que la compagnie n'encourrait pas de responsabilité et qui, cependant, y a donné lieu en contractant une assurance ou contre le destinataire qui n'a pas plus de droit que l'affréteur. Le bénéfice même de l'assurance disparaîtrait pour l'assuré par suite de ce recours. L'assureur est, sinon un garant proprement dit, du moins une sorte de garant. Il ne peut former une demande qui, si elle réussissait, ferait subir un dommage à l'assuré qu'il a promis d'indemniser ou, si l'on veut, de garantir. La règle:

quem de evictione tenet actio, eumdem agentem repellit exceptio, est applicable à l'assureur dans ses rapports avec l'assuré. Grâce à cette règle, on évite de détruire l'effet de la clause de non-responsabilité dans le cas où le chargeur a contracté une assurance.

1316. Prescription. — L'action d'avarie est soumise à la prescription de cinq ans. Il en est d'ailleurs ainsi de toute action dérivant du contrat d'assurance (art. 432), autre que l'action en délaissement (1) ; la prescription quinquennale s'applique donc notamment à l'action en paiement de la prime.

Mais la prescription de cinq ans demeure étrangère aux actions qui se rattachent indirectement au contrat d'assurance sans en dériver. Elle ne s'applique donc pas à l'action en répétition de sommes indûment payées à la suite de déclarations fausses ou incomplètes (2).

La prescription de cinq ans court, d'après l'article 432, C. com., de la date du contrat. Il y a là une exception aux principes généraux du droit, d'après lesquels l'action de l'assuré n'aurait dû commencer à se prescrire qu'à partir du jour où l'indemnité d'assurance est devenue exigible (art. 2257, C. civ.), l'action en paiement de la prime du jour où celle-ci est échue. Cette dérogation s'explique surtout par le désir du législateur de mettre un terme aux contestations relatives aux événements de mer. Elle n'a aucun inconvénient pratique. Les contrats d'assurance ont presque toujours une durée bien inférieure à cinq ans, et ce laps de temps est suffisant pour comprendre la durée du contrat et le délai de la prescription.

1317. Mais cette règle de l'article 432 ne peut empêcher d'admettre que, dans le cas où l'assurance ne doit avoir effet qu'à partir d'une certaine date, la prescription ne court alors qu'à compter de celle-ci. Le contrat d'assurance n'existe réellement que lorsque cette date est arrivée ; il serait exorbitant de faire courir une prescription avant même que l'obligation à laquelle on l'applique ait pu naître (3).

---

(1) V. art. 373, C. com. et nᵒˢ 1394 et suiv.

(2) Trib. comm. Nantes, 16 septembre 1905, Rennes, 6 février 1907, *Revue internat. du Droit maritime*, XXII, p. 627 ; XXIII, p. 339.

(3) Arth. Desjardins, VIII, nᵒ 1700.

1318. Dans les polices flottantes ou d'abonnement, chaque application nouvelle à un chargement détermine le point de départ d'une prescription de cinq ans (1).

1319. Pour les assurances faites par période, par exemple à l'année, une prescription distincte doit courir pour les actions afférentes à chaque période (2).

1320. Par cela même que la réassurance est une assurance régie, en principe, par toutes les règles applicables à ce contrat, la prescription de cinq ans est faite pour les actions nées de la réassurance (3). Il en est ainsi spécialement de l'action d'avarie appartenant au réassuré contre le réassureur. A défaut de disposition spéciale suspendant la prescription de cette action jusqu'au jour où le réassuré lui-même a été actionné par l'assuré, elle doit courir de la date de la réassurance (4).

Ces solutions sont exactes même pour les traités de réassurance qui ne sont que des variétés de la réassurance se caractérisant par le fait qu'ils ne se rattachent pas à une assurance unique (n° 1198 *bis*) (5).

1320 *bis*. La prescription de cinq ans n'est pas suspendue au profit des mineurs. Il en est, du reste, ainsi de toutes les prescriptions de cinq ans ou d'une durée inférieure (6).

1321. FIN DE NON-RECEVOIR. — Il peut arriver que l'action d'avarie soit paralysée en vertu de l'article 435. Cette disposition

---

(1) Aix, 14 janv. 1889.

(2) Arth. Desjardins, VIII, n° 1700, p. 173 ; de Valroger, V, n° 2265.

(3) Cass., 3 déc. 1860, D. 1861. 1. 31 : *Pand. fr. chr.*

L'application de la prescription de cinq ans donne un intérêt à la question de savoir si un contrat constitue ou ne constitue pas une véritable réassurance. V. Trib. comm. Marseille, 17 nov. 1887 ; Aix, 14 janv. 1889 ; Paris, 13 déc. 1890, *Revue internationale du Droit maritime*, 1887-88, p. 453 ; 1888-89, p. 536 ; 1892-93, p. 516.

(4) Paris, 30 nov. 1887.

(5) Rennes. 9 juillet 1897. Cass., 19 juin 1900 ; *Pand. fr.*, 1900. 1. 416 ; *Jurisprudence commerciale et maritime de Nantes*, 1898. 1. 153 ; 1900. 1. 438.

(6) V. Paris, 10 juillet 1903, *Revue internat. du Droit marit.*, XX, p. 12 ; *Journal de jurisprud. de Marseille*, 1906. 2. 72.

déclare non recevables *toutes actions contre les assureurs, pour dommage arrivé à la marchandise, si elle a été reçue sans protestation.* Il faut que cette protestation soit, à peine de nullité, faite et signifiée dans les 24 heures et suivie d'une demande en justice dans le mois de sa date (art. 435, dern. alin., C. com.).

Il résulte des termes mêmes du Code de commerce qui parle *de la marchandise*, que cette fin de non-recevoir est applicable en matière d'assurances sur facultés, non d'assurances sur corps ou d'assurances d'autres choses (1). Elle n'est même pas admise sans distinction en matière d'assurances sur facultés : elle s'applique seulement aux avaries particulières et aux avaries communes, quand l'assuré est celui dont la chose a été atteinte par le sacrifice ou qui a fait la dépense extraordinaire. Mais la fin de non-recevoir doit être écartée :

a. Quand il y a eu perte totale ; une des conditions exigées pour qu'elle soit opposable, la réception des marchandises, fait alors nécessairement défaut.

b. Quand l'assuré, n'ayant pas eu ses marchandises endommagées par le sacrifice et n'ayant pas fait de dépenses extraordinaires dans l'intérêt commun, se borne à réclamer à l'assureur le montant de sa contribution à l'avarie commune. L'assuré n'ayant dans ce cas rien à réclamer au moment de la réception des marchandises, on ne comprendrait pas comment il serait exigé qu'il protestât dans les 24 heures.

1322. Cette fin de non-recevoir a suscité des critiques. Parfois, le réceptionnaire ne connaît pas l'assureur ; il est exorbitant dans ce cas de déclarer l'assuré déchu pour défaut de réclamation dans les 24 heures (2). Les assureurs paraissent généralement ne pas opposer alors la fin de non-recevoir. On peut, du reste, soutenir qu'en pareil cas, il y a une impossibilité qui doit faire écarter la nécessité d'une réclamation formée dans le délai fixé par l'article 435, C. com. (3).

---

(1) Laurin sur Cresp, IV, p. 207 et 208. Bordeaux, 7 mai 1839 ; Trib. comm. Marseille, 18 sept. 1840, *Journ. de Marseille*, 1840.2. 1 ; 1841.1. 49.

(2-3) de Courcy, *Questions de Droit maritime* (1re série), p. 196 et suiv. ; (4e série), p. 426.

Il ne faut pas confondre ce cas avec celui où l'assureur est connu du réceptionnaire, mais n'est ni présent ni représenté au lieu du déchargement. Dans ce dernier cas, la réclamation est possible, elle peut être faite et signifiée, soit au maire (art. 68, C. pr. civ.), soit, en pays étranger, à la chancellerie du consulat (1).

1323. Conformément aux principes généraux du droit, il peut être stipulé qu'une prescription plus courte que celle de cinq ans sera appliquée, mais elle ne peut être remplacée par une prescription de plus longue durée (2).

Quant à la fin de non-recevoir, rien n'empêche, soit de l'exclure complètement, soit de la soumettre à des conditions plus ou moins rigoureuses que celles de l'article 435, C. com. (3).

1324. Une difficulté s'élève sur le point de savoir si l'assureur peut avoir à opposer à l'assuré une autre fin de non-recevoir.

Il est possible que l'assuré n'ait pas fait le nécessaire pour conserver ses droits contre les tiers à raison de l'accident survenu. L'assureur se trouvant alors privé du bénéfice de la subrogation, ne peut-il pas invoquer contre l'assuré la règle de l'article 2037, C. civ., qui déclare la caution libérée lorsque, par le fait du créancier, la subrogation de la caution à ses droits est devenue impossible ?

On a soutenu que l'assureur peut se prévaloir de l'article 2037, C. civ. (4). Le bénéfice de la fin de non-recevoir établie par l'arti-

---

(1) Arth. Desjardins, VIII, n° 1736, p. 242 ; de Valroger, V, n° 2332.

(2) V. ce qui est dit, à propos du contrat de transport, des conventions relatives à la durée de la prescription, *Traité de Droit commercial*, III, n° 686.

A raison même de son caractère exceptionnel, la prescription quinquennale n'est pas applicable aux assurances non maritimes ; les actions qui en naissent sont soumises seulement à la prescription trentenaire. Mais, en fait, les polices d'assurances non maritimes établissent d'ordinaire une prescription beaucoup plus courte. V. *Journ. des assurances*, 1895, p. 51 et suiv.

(3) Il n'y a pas, en cette matière, de disposition analogue à celle de l'article 105, C. comm., V. *Traité de Droit commercial*, III, n° 662.

(4) J.-V. Cauvet, I, p. 334 et suiv. — C'est l'opinion que nous avons adoptée précédemment à tort. V. *Précis de Droit commercial*, II, n° 2246, et note 2 de la p. 423.

cle 2037 n'appartient sans doute pas à tous ceux qui ont droit à la subrogation légale. Il n'est accordé qu'à la caution et doit être refusé notamment au débiteur solidaire (1). Cela, toutefois, n'implique pas, dit-on, que le bénéfice de l'article 2037 doive être refusé à l'assureur. Il y a, en effet, entre l'assurance et le cautionnement la plus grande ressemblance. Ces deux contrats sont des contrats de garantie : l'assureur garantit l'assuré contre les dommages éventuels comme la caution garantit le créancier contre l'insolvabilité possible du débiteur principal. Cette solution est, d'ailleurs, très équitable. Elle se justifie particulièrement dans le cas très fréquent où l'assureur a garanti la baraterie de patron.

Selon nous, la fin de non-recevoir de l'article 2037, C. civ., doit au contraire être exclue en matière d'assurance maritime (2). Cet article prononce une déchéance et ne peut, par suite, être étendu par voie d'analogie. Du reste, entre un assureur et une caution, il y a des différences expliquant qu'en droit, l'assureur ne soit pas traité comme une caution, notamment quant à la fin de non-recevoir dont il s'agit. Le cautionnement est un contrat accessoire se rattachant au contrat principal d'où est née la dette garantie. En outre, la caution rend d'ordinaire au débiteur un service gratuit. A ce titre, la caution est très digne d'intérêt, et l'on comprend que la loi lui accorde des bénéfices divers. Au contraire, l'assurance est un contrat indépendant et l'assureur ne rend pas à l'assuré un service gratuit; celui-ci lui paie une prime. Par suite, on peut supposer, comme le fait la loi, que la caution ne se serait pas obligée si elle n'avait pas compté sur la subrogation aux droits du créancier, et il est équitable de déclarer la caution libérée quand, par suite du fait de ce créancier, la subrogation est devenue impossible. On ne saurait faire le même raisonnement à l'égard de l'assureur. Sans doute, la subrogation aux droits de l'assuré est avantageuse pour lui ; mais elle n'a pas dû être pour lui la cause déterminante de l'assurance ; ce que l'assureur prend en considération, c'est le montant de la prime fixé d'après les chances de réalisation des risques. D'ailleurs,

(1) Aubry et Rau, IV, § 429, p. 696 à 698.
(2) Cass., 2 mars 1886, S. 1887. 1. 17 ; *J. Pal.*, 1887. 1. 25 (note de Ch. Lyon-Caen); D. 1887. 1. 33 ; *Pand. fr.*, 1886. 1. 83.

les risques se réalisent parfois sans le fait d'un tiers ; il ne peut pas alors être question de subrogation. Comment l'assureur peut-il soutenir qu'il a compté sur elle et que, sans cela, il n'aurait pas conclu l'assurance ?

Le fait très ordinaire que la police met la baraterie de patron à la charge de l'assureur, implique que les parties ont porté leur attention sur le cas où des risques se réaliseraient par suite d'une faute du capitaine. Mais la clause relative à la baraterie de patron ne modifie point la nature du contrat d'assurance ; l'assureur ne devient pas une caution garantissant l'efficacité du recours de l'assuré contre le capitaine. Les avaries provenant de la faute du capitaine sont seulement assimilées aux avaries provenant d'un cas fortuit au point de vue de la responsabilité de l'assureur.

Mais il ne faut pas conclure de la non-application de l'article 2037, C. civ., au profit de l'assureur, que celui-ci ne peut pas échapper à toute responsabilité, en prouvant que l'assuré a rendu, par son fait, sa subrogation impossible aux droits de l'assuré contre les tiers. L'assuré n'est pas obligé seulement de payer la prime ; il est encore tenu de plusieurs obligations, notamment d'agir en cas de sinistre comme si l'assurance n'existait pas, c'est-à-dire de faire tout ce qui est en lui pour restreindre le dommage dans les limites les plus étroites possibles. C'est en vertu de cette obligation générale que l'assuré doit, d'après l'article 381, C. com., travailler au sauvetage des effets naufragés. V. aussi art. 388, C. com. Si l'assuré ne travaille pas au sauvetage ou n'y travaille que d'une façon insuffisante, il est responsable envers l'assureur, et l'indemnité à laquelle il a droit contre celui-ci peut être, par suite, diminuée.

Ce que le Code dit du sauvetage n'est qu'une application de l'obligation générale de l'assuré. De cette obligation il est naturel de déduire que l'assuré doit, en cas de sinistre, remplir toutes les formalités nécessaires pour conserver ceux de ses droits qui sont destinés à passer à l'assureur par l'effet de la subrogation. L'assuré contribue ainsi à diminuer l'indemnité qui lui est due par l'assureur ; ce que l'assuré touche des tiers auteurs du dommage vient en déduction de cette indemnité. Si l'assuré manque à cette obligation et perd ses droits contre les tiers, il est responsable envers l'assureur, et cette responsabilité entraîne la réduction ou la diminution de l'indemnité due à l'assuré (1) (2).

Au reste, l'assureur ne peut reprocher à l'assuré sa négligence et repousser l'action de celui-ci en tout ou en partie qu'autant que cette négligence a causé un préjudice à l'assureur. En bien des cas, le préjudice n'existe point, parce que l'assureur a, de son chef, indépendamment de la subrogation contre les tiers ayant causé le dommage, une action fondée sur les articles 1382 et 1383, C. civ. (n° 1313). Mais, parfois, il n'en est pas ainsi : l'assureur ne peut avoir contre ces tiers qu'une action dérivant de la subrogation et, s'il en est privé par suite de la négligence de l'assuré, l'assureur ne peut aucunement agir. C'est là ce qui se produit quand un tiers est responsable envers l'assuré à raison d'une simple omission et non d'un fait actif (n° 1314).

1325. Du délaissement. — Le délaissement a un caractère exceptionnel. Le *Guidon de la mer* (chap. VII) le qualifiait *d'extrême remède.* C'est seulement dans des cas déterminés, qu'on appelle cas de *sinistres majeurs,* qu'il peut être fait.

Il est facile d'apercevoir quels avantages généraux le délaissement présente pour l'assuré. Celui-ci touche la somme assurée entière, sans avoir à subir les lenteurs auxquelles donne lieu, dans le règlement par avaries, la fixation d'une indemnité proportionnée au dommage. Il est un cas où l'assuré attendrait indéfiniment pour toucher

(1) de Courcy, *Revue critiq. de législ. et de jurisp.*, 1887, p. 315 ; *Questions de Droit maritime* (4ᵉ série), p. 413 et suiv. ; Cruysmans, article dans la *Jurisprudence du port d'Anvers*, 1886. 2. 72.

(2) Des Codes étrangers plus récents que le Code français, ont eu le soin d'indiquer l'obligation générale de l'assuré que nous venons de mentionner et d'en déduire cette conséquence que l'assuré doit remplir toutes les formalités nécessaires pour la conservation des droits qui doivent passer à l'assureur. Loi *belge* sur les assurances du 11 juin 1874 (art. 17). D'ailleurs, à défaut de texte légal formel, les polices contiennent des clauses ayant précisément cette portée. Ainsi l'article 30, 2ᵉ alin., de la *police française d'assurance sur corps*, et l'article 19, 3ᵉ alin., de la *police d'assurance sur facultés*, disposent : « L'assuré est responsable de sa négligence à « prendre les mesures de conservation, ainsi que des obstacles qu'il apporterait à l'action des assureurs ».

une indemnité si le délaissement n'était pas admis, c'est celui du défaut de nouvelles ; par suite de l'impossibilité de prouver la perte, l'assuré ne pourrait rien réclamer à l'assureur.

Mais, en fait, le délaissement donne souvent lieu à des abus. L'assuré a intérêt à délaisser pour toucher la somme assurée, quand celle-ci excède la valeur de la chose assurée. L'assuré peut également vouloir se débarrasser sur l'assureur d'une spéculation qui paraît tourner mal. Aussi arrive-t-il que des assurés usent de moyens frauduleux pour faire croire qu'on se trouve dans un cas de sinistre majeur. Le délaissement ne peut se justifier d'une façon rationnelle que : 1° lorsque l'assuré est dépossédé de la chose assurée ; 2° quand la perte partielle ou la détérioration est assez grave pour empêcher l'assuré d'atteindre le but qu'il se proposait ; 3° quand il y a eu défaut de nouvelles pendant un temps assez long pour qu'il soit vraisemblable qu'il y a eu perte totale.

On peut présenter le délaissement comme reposant sur une fiction en vertu de laquelle, la chose assurée étant considérée comme ayant péri entièrement, l'assuré touche de l'assureur la somme assurée entière (1).

Le délaissement paraît être contemporain de l'introduction de l'assurance dans la pratique commerciale ; il était admis au XVIe siècle (2). Les législations maritimes modernes l'ont consacré ; il est connu en Grande-Bretagne sous le nom d'*Abandonment;* en Allemagne, on l'appelle *Abandon* et en Italie *Abbandono.*

1326. Malgré la similitude de sens qu'ont les deux mots dans le langage ordinaire, le *délaissement* et l'*abandon* constituent en droit maritime deux bénéfices entièrement différents. L'abandon du navire et du fret n'a aucun lien avec l'assurance ; c'est l'acte par lequel le propriétaire d'un navire, pour se libérer des obligations dont il est tenu à raison des actes ou des faits du capitaine, abandonne aux créanciers le navire et le fret. L'abandon est donc fait par un débiteur à ses créanciers. Le délaissement, au contraire, suppose essen-

---

(1) C'est bien à cette sorte de fiction qu'on fait allusion en Angleterre lorsqu'on indique que le délaissement est possible dans les cas de *constructive total loss*, V. 1374 *bis.*

(2) V. Goldschmidt, *Handbuch des Handelsrechts* (3e édition), I, p. 377.

tiellement une assurance ; c'est l'acte par lequel l'assuré, voulant toucher la somme assurée entière, bien qu'il n'y ait pas perte totale ou que celle-ci ne soit pas prouvée, abandonne à l'assureur ce qui peut rester de la chose assurée. Le délaissement est donc fait par un créancier (l'assuré auquel la somme assurée est due) à son débiteur (l'assureur qui la doit).

1327. A propos du délaissement, les quatre points suivants doivent être examinés :

1° *Quels sont les cas de sinistres majeurs ou cas dans lesquels le délaissement est possible ; 2° que doit comprendre le délaissement ; 3° quels effets produit le délaissement ; 4° quelles sont les formes du délaissement et dans quels délais doit-il être opéré, à peine de déchéance pour l'assuré ?*

1328. 1° DES CAS DE DÉLAISSEMENT. — Le Code de commerce (art. 369 à 371 et 375) énumère les cas de délaissement, et cette énumération est limitative, comme cela résulte de l'article 371, C. com., d'après lequel *tous autres dommages sont réputés avaries et se règlent entre les assureurs et les assurés à raison de leurs intérêts.* Du reste, l'énumération légale n'a qu'une importance pratique restreinte ; elle n'est pas impérative, mais interprétative. Elle ne reçoit donc son application que dans le silence de la police ; les parties peuvent, à leur gré, augmenter ou diminuer le nombre des cas où le délaissement sera possible. Ordinairement, les polices le diminuent ; il en est ainsi des polices françaises d'assurances qui, en même temps, substituent aux dispositions du Code de commerce, parfois obscures et interprétées sur quelques points d'une façon peu rationnelle par la jurisprudence, des clauses plus claires et mieux coordonnées (1).

Il est, néanmoins, toujours utile d'expliquer les dispositions du Code de commerce. Il est possible que les parties ne contractent pas aux conditions des polices françaises ou (ce qui se présente

---

(1) La *Police française d'assurance sur corps* détermine les cas de délaissement dans les articles 8 à 12 ; la *Police française d'assurance sur facultés* les énumère dans l'article 8. — V. de Courcy, *Commentaire des polices françaises d'assurances maritimes,* p. 72 à 105 et p. 248 à 266.

rarement) que la police soit muette sur les causes de délaissement.
Puis, comme on l'a fait justement observer (1), il a été dérogé par
les polices françaises aux articles 369 et suiv., C. com., plutôt en la
forme qu'au fond, et les termes substitués à ceux du Code de
commerce ont sur certains points pour but de dégager en quelque
sorte l'esprit de la loi, qui ne résulte pas bien clairement de ses
dispositions. Du reste, on ne saurait bien comprendre la portée
des clauses des polices ayant pour but principal de corriger les vices
de la loi, si l'on ne connaît les dispositions légales et les interpré-
tations parfois abusives qu'en a données la jurisprudence.

1329. D'après les articles 369 à 371 et 375, C. com., il y a *sept*
cas de délaissement :

1° La prise ; 2° le naufrage ; 3° l'échouement avec bris ; 4° l'innavigabilité par fortune de mer ; 5° la perte ou la détérioration des
effets assurés, si la détérioration ou la perte va au moins à trois
quarts ; 6° le défaut de nouvelles ; 7° l'arrêt d'une puissance étrangère ou du gouvernement français.

On a dit souvent que le Code admet *huit* cas de délaissement. On
arrive à ce chiffre, en s'attachant au texte de l'article 369 qui fait, de
l'arrêt par ordre d'une puissance étrangère et de l'arrêt par ordre du
gouvernement français deux cas distincts de délaissement (2). Cette
distinction est sans utilité : les mêmes règles s'appliquent, quel que
soit le gouvernement duquel l'arrêt émane. V. nos 1363 et suiv.

Le législateur ne paraît avoir visé que les assurances sur corps et
sur facultés, et cela se comprend en présence des dispositions prohibitives du Code de commerce (art. 347) que la loi du 12 août 1885
a fait disparaître (nos 1128 et suiv.). Il y a lieu de se demander si le
délaissement est admis dans les autres assurances, spécialement
dans les assurances du fret et du profit espéré et, s'il y est admis,
dans quels cas il est possible. V. nos 1371 à 1374.

Il sera parlé successivement des cas de sinistres majeurs admis

---

(1) Laurin sur Cresp, IV, p. 99 et 100.
(2) On lit dans l'article 369, C. com. : *le délaissement des objets assurés
peut être fait, en cas d'arrêt d'une puissance étrangère. — Il peut être
fait en cas d'arrêt de la part du gouvernement après le voyage commencé.*

par le Code de commerce (1), des clauses des polices françaises qui en restreignent le nombre et des cas où le délaissement est possible dans les assurances autres que les assurances sur corps ou sur facultés.

1330. *Défaut de nouvelles.* — Il arrive parfois que des navires se perdent au milieu des mers et qu'on n'a jamais, cependant, aucune preuve certaine de leur perte. A la rigueur, à défaut de cette preuve, l'assuré ne pourrait pas réclamer d'indemnité (art. 383, C. com.). Mais le législateur a admis que, lorsqu'un certain temps s'est écoulé sans qu'on reçût des nouvelles, la perte est légalement présumée et qu'en conséquence, le délaissement est possible (2). Il y a là, pour les navires et leurs cargaisons, quelque chose d'analogue à ce qu'est l'absence pour les personnes ; la mort de l'absent ne peut pas être prouvée, mais, afin de ne pas laisser en souffrance une foule d'intérêts divers, les choses sont traitées, au moins à certains égards, comme si l'absent était mort. Il n'y a qu'une analogie avec l'absence. En cas d'absence, les intérêts pécuniaires sont, en principe, réglés comme si l'absent était mort, mais ce règlement n'est pas définitif ; il a lieu provisoirement, sous la réserve de la preuve, soit de la vie de l'absent, soit de celle du jour de son décès (art. 131 et 132, C. civ.). Au contraire, quand les conditions exigées pour qu'il y ait défaut de nouvelles dans le sens légal sont réunies, le délaissement produit des effets définitifs, qui subsistent, quoiqu'on vienne à prouver l'existence du navire. Dès qu'au moment où le délaissement devient irrévocable (nº 1386), le défaut de nouvelles s'est prolongé pendant le laps de temps requis, aucun fait postérieur ne peut faire revenir sur ce qui a été fait. D'après l'article 385, 2ᵉ alin., C. com., « *l'assureur ne peut, sous prétexte du retour du navire, se dispen-* « *ser de payer la somme assurée* ».

1331. Pendant combien de temps faut-il que le défaut de nouvelles ait persisté pour que le délaissement soit possible ? Ce délai varie

(1) Les cas de sinistres majeurs sont examinés sans suivre rigoureusement l'ordre de l'énumération faite par le Code de commerce.

(2) Cette cause de délaissement paraît avoir été une des plus anciennes admises : *Ordonnance de Barcelone de* 1435 ; *Guidon de la mer,* chap. VII, art. 12 et 15.

selon que le voyage entrepris par le navire était un voyage de long cours ou un voyage au cabotage. Il est d'un an dans le premier cas, de six mois dans le second (art. 375, C. com.) (1). C'est à propos de cette distinction que le Code de commerce (art. 377) définit les voyages de long cours ; tous les autres voyages sont des voyages au cabotage (2).

Le point de départ du délai est soit le jour du départ du navire, si l'on n'a pas reçu de nouvelles, soit la date des dernières nouvelles (art. 375). On ne prend pas en considération la date de la réception des nouvelles, parce que l'existence du navire à cette date n'est pas prouvée. C'est pour une raison semblable qu'en matière d'absence, les délais après lesquels peut être prononcée la déclaration d'absence, courent de la date des dernières nouvelles, non de celle de la réception de ces nouvelles (art. 115 et 121, C. civ.).

1332. Les règles qui viennent d'être posées, s'appliquent sans peine à l'assurance au voyage. Dans l'assurance à temps, se pose une question spéciale que le Code de commerce a résolue. Comment peut-on savoir s'il doit être présumé que la perte a eu lieu pendant la durée de l'assurance ? On conçoit que l'assureur prétende qu'il n'est pas responsable, que, par suite, le délaissement ne peut pas lui être fait, parce que la perte est postérieure à l'expiration du temps de l'assurance. L'assureur échapperait à toute responsabilité s'il prouvait qu'il en a été effectivement ainsi. A défaut de cette preuve, la perte est réputée avoir eu lieu dans le temps de l'assurance, si c'est à cette période que se rapportent, par leur date, les dernières nouvelles (art. 376, C. com.) (3).

Cette règle reçoit application au cas où il y a eu deux assurances successives. Lorsqu'il y a défaut de nouvelles, la perte est présumée

(1) Ces délais ont été établis par une loi du 2 mai 1862, qui a diminué de moitié les délais admis par le Code de commerce. Ils sont encore trop longs avec la rapidité et la facilité actuelles des communications.
(2) Une loi du 14 juin 1854 a modifié l'article 377, C. comm., qui définit les voyages au long cours.
La disposition de l'article 377, C. comm., est reproduite dans la loi du 19 avril 1906 (art. 15) sur la marine marchande.
(3) La question était discutée sous l'empire de l'Ordonnance de 1681 : Valin, art. 58, liv. III, tit. VI ; Emérigon, chap. XIV, sect. IV, t. VII.

s'être produite pendant l'assurance en cours à la date des dernières nouvelles. C'est à l'assureur ayant fait cette assurance que, par suite, le délaissement peut être fait (1).

1333. En vertu du principe consacré par l'article 376, C. com., si l'assurance à temps limité a été conclue après le départ ou après la date des dernières nouvelles et si les délais de l'article 375 expirent sans autres nouvelles du navire, l'assurance est réputée n'avoir jamais existé entre les parties parce qu'elle est relative à un navire qui est considéré comme n'ayant plus existé lors de la conclusion du contrat; le délaissement ne peut pas plus être fait que l'assuré n'est obligé de payer la prime (2). L'article 376 suppose une assurance qui a commencé à produire ses effets.

1334. Pour qu'il y ait défaut de nouvelles dans le sens de l'article 375, C. com., il faut que personne n'ait reçu de nouvelles du navire. La présomption de perte serait détruite par des nouvelles reçues par un tiers aussi bien que par l'assuré ; car, quel que soit le destinataire, la réception de nouvelles établit toujours l'existence du navire à la date de celles-ci (3).

1335. L'absence de nouvelles pendant le temps requis pour permettre le délaissement, est un fait négatif absolu. A raison de ce

---

(1) de Valroger, VI, n° 1814 : Arth. Desjardins, VII, n° 1569.

(2) Paris, 19 déc. 1893, *Pand. fr.*, 1894. 2. 232 ; *Journ. de jurispr. comm. et maritime de Marseille*, 1894. 2. 184. La Cour de cassation a, cependant, cassé cet arrêt en se fondant sur les termes absolues de l'article 376, C. com., qui présume que la perte est arrivée pendant la durée l'assurance à temps : Cass., 3 mars 1896. S. et *J. Pal.*, 1896. 1. 505 ; D. 1897. 1.489 ; *Pand. fr.*, 1896. 1. 245 ; *Journ. de jurispr. de Marseille*, 1896. 2. 110. La Cour suprême a le tort, selon nous, de ne pas tenir compte de la règle rationnelle selon laquelle, en cas de défaut de nouvelles, le navire doit être présumé avoir péri lors de la date des dernières nouvelles. V. Rouen, 13 janv. 1897, D. 1900. 1. 153 (arrêt rendu après renvoi). Cpr. Bordeaux, 10 déc. 1890, *Revue internat. du Droit maritime*, 1890-91, p. 661. — Arth. Desjardins, VII, n° 1569, p. 278. Du reste, une fois que la mise en risque et la fortune de mer sont prouvées, on présume que celle-ci s'est produite dans le temps et dans le lieu des risques, sauf la preuve contraire à faire par l'assureur. Cass., 18 janv. 1910, *le Droit*, n° du 9 juillet 1910.

(3) Les nouvelles du navire sont exclusives du délaissement des marchandises pour défaut de nouvelles. Cpr. Trib. comm. Nantes, 18 janv. 1903, *Revue intern. du Droit marit.*, XVIII, p. 669.

caractère, il n'est pas susceptible de preuve. L'assuré n'a qu'à
déclarer qu'il n'a reçu aucune nouvelle du navire depuis la date qu'il
indique. C'est ce que suppose l'article 375, C. com. Il incombe à
l'assureur de démontrer, s'il veut échapper au délaissement, que des
nouvelles ont été reçues du navire depuis moins de six mois ou d'un
an par l'assuré ou par toute autre personne (1).

1336. *Naufrage.* — Le naufrage est l'accident qui réduit le
navire à l'état de débris (2), à l'exclusion, toutefois, de l'échouement
avec bris qui, d'après l'article 369, C. com., forme un cas de sinistre
majeur distinct (nos 1340 et suiv.). Accurse disait : *dicitur naufra-
gium quasi navis fractura a nave et frango.* Une Déclaration
royale du 15 juin 1735 (art. 5) avait défini le naufrage « la submersion du navire par l'effet de l'agitation violente des eaux, de l'effet
des vents, de l'orage ou de la foudre, de manière à ce qu'il s'abîme
entièrement ou que de simples débris en surnagent. » Cette définition n'a plus de valeur légale. Elle était, du reste, incomplète : il
peut y avoir naufrage sans submersion. C'est notamment ce qui a
lieu au cas d'abandon par son équipage d'un navire qui a perdu sa
mâture, ou dont la machine a fait explosion, de telle façon qu'il est
devenu ingouvernable. Dans ces cas, il y a vraiment une dépossés-
sion totale justifiant la faculté de délaissement (3).

Il va, du reste, de soi que, lors même qu'il y a submersion, elle
ne peut constituer le naufrage quand elle est momentanée. En cas
de difficulté, il appartient au juge du fait de décider si elle a ou non
ce caractère (4).

1337. Mais, dès l'instant où il y a sauvetage, il n'y a pas naufrage
permettant de délaisser. Si le délaissement est possible, ce ne peut
être qu'en vertu d'une autre cause, spécialement de la perte ou de la

---

(1) Cependant, *la police française d'assurance sur corps* (art. 8, dern.
alin.), admet que « l'assuré doit justifier de la non-arrivée ». D'après l'article 8, 3e alin., de *la police française d'assurance sur facultés,* « l'assuré
est tenu de justifier de la non-arrivée et de la date du départ ».

(2) V. Cass., 27 juill. 1857, D. 1858. 1. 392.

(3-4) V. sur ces points : Pardessus, II, n° 840 ; Em. Cauvet, I, nos 153
à 158 ; Laurin sur Cresp, p. 101 et suiv. ; de Courcy, *Questions de Droit
maritime* (2e série), p. 328 et suiv. ; de Valroger, IV, n° 1727 ; Arth. Desjardins, VII, n° 1538.

détérioration des trois quarts. Il serait exorbitant d'attacher la faculté de délaisser à certains événements, en faisant abstraction de leurs conséquences matérielles. Cette doctrine était celle de Pothier (1) et de Valin (2). Mais elle était déjà combattue par Emérigon qui attachait au fait d'un naufrage une sorte de présomption légale de perte (3). L'opinion d'Emérigon a aujourd'hui pour elle la jurisprudence de la Cour de cassation (4) et la doctrine de beaucoup d'auteurs (5). On invoque en sa faveur le texte de l'article 369, qui mentionne le naufrage parmi les cas de sinistres majeurs sans réserver le sauvetage. On fait aussi valoir qu'autrement, l'assuré pourrait ne pas travailler au sauvetage pour ne pas se rendre non recevable à délaisser.

Du reste, on ne peut apercevoir la portée de cette question spéciale qu'autant qu'on a pris parti sur la question générale de savoir à quel moment on doit se placer pour examiner si, d'après les circonstances, il y a naufrage. V. n° 1387.

1338. Le naufrage du navire assuré permet le délaissement de celui-ci. Le naufrage du navire est-il aussi une cause de délaissement des marchandises assurées, alors même qu'elles seraient demeurées intactes ? Déjà, cette question était discutée sous l'empire de l'Ordonnance de 1681 (6). La controverse a repris sous le Code de commerce. La jurisprudence est favorable au délaissement des marchandises assurées à raison du seul fait du naufrage du navire (7). Elle se fonde surtout sur ce que le Code de commerce, dans l'article 369, ne fait pas de distinction entre le navire et les marchan-

(1) Pothier, *Traité de l'assurance*, n° 116.
(2) Sur l'article 46, liv. III, tit. VI de l'Ordonnance de 1681.
(3) Emérigon, *op. cit.*, chap. XVII, sect. II, § 5.
(4) Cass., 20 janv. 1869., S. 1869. 1. 243 ; *J. Pal.*, 1869. 615 ; *Pand. fr.*, *chr.*
(5) Pardessus, III, n° 840 ; Arth. Desjardins, VII, n° 1538 ; de Valroger, IV, n° 1727.
(6) Valin (sur l'article 46, liv. III, tit. VI) se prononçait contre le délaissement des marchandises assurées. Il constate que sa solution ne concordait pas avec l'opinion commune. Emérigon, chap. XVII, sect. 2, § 5) admettait, au contraire, le délaissement des marchandises.
(7) Cass., 7 janv. 1857 ; D. 1858. 1. 115 ; 20 janv. 1869, S. 1869. 1. 243 : *J. Pal*, 1869. 615 ; D. 1860. 1361 ; *Pand. fr. chr.* — Em. Cauvet, n° 157.

dises. Selon nous, au contraire, le délaissement des marchandises suppose qu'elles-mêmes ont été atteintes par le naufrage et, par suite, il ne peut être question d'en opérer le délaissement quand elles sont intactes, alors même qu'il y aurait naufrage du navire (1). Quand il s'agit d'autres cas de sinistres majeurs, de l'innavigabilité (art. 391 et suiv) et de l'arrêt de puissance (art. 387 et 388), le Code de commerce distingue nettement, au point de vue du délaissement, le sort du navire et celui des marchandises. On ne voit pas pour quel motif on n'appliquerait pas la même distinction aux autres cas de sinistres majeurs, spécialement au naufrage. Autrement, le naufrage du navire permettrait au propriétaire de marchandises demeurées intactes de se décharger sur son assureur des conséquences mauvaises de la spéculation entreprise par lui résultant de la baisse des cours. On méconnaîtrait l'idée éminemment juste selon laquelle c'est la dépossession ou une détérioration équivalente par sa gravité qui justifie le délaissement.

1339. *Échouement avec bris*. — L'échouement est l'action d'un navire qui touche un bas-fond, un rocher, un écueil, le rivage, et s'arrête faute d'une quantité suffisante d'eau pour être maintenu à flot (2).

L'échouement peut provenir de causes diverses. Il peut y avoir échouement forcé, c'est-à-dire provenant d'un accident fortuit, comme la force du vent ou des vagues. L'échouement peut être volontaire, c'est-à-dire avoir lieu par la volonté du capitaine, dont le but est de faire échapper à un danger commun le navire et la cargaison (n° 913). Enfin, l'échouement peut provenir de la faute du capitaine ou des gens de l'équipage. Il est évident que, dans ce dernier cas, il ne peut être question ni du délaissement ni même de l'action d'avarie, à moins, ce qui, du reste, est le cas ordinaire, que l'assurance

---

(1) Boistel, n° 1347 ; Laurin sur Cresp, IV, p. 101 et suiv. ; Droz, II, n° 495 et suiv. ; Desjardins, VII, n° 1538 *bis* ; de Courcy, *Questions de Droit maritime* (2° série), p. 328 et suiv. — M. de Valroger, IV, n° 1730, rapporte la jurisprudence sans en faire la critique.

(2) Il n'y a donc pas échouement quand un navire heurte un bas-fond, sans cesser pour cela de flotter. Paris, 14 déc. 1899, *Revue int. du Droit marit.*, XVI, p. 11.

ne s'applique à la baraterie de patron, en vertu d'une clause de la police (nᵒˢ 1230 et suiv.).

1340. Les dispositions du Code de commerce (art. 369 et 389) se rattachent à l'interprétation de l'Ordonnance de 1681, qui avait prévalu. L'Ordonnance (art. 40, livre III, titre VI) admettait le délaissement en cas *de bris et d'échouement.* Valin décidait que l'échouement avec bris autorisait le délaissement, mais non le simple échouement sans bris, si le navire pouvait être relevé, radoubé et conduit à destination, Emérigon (chapitre XII, sect. XIII, § 2) critiquait la jurisprudence d'après laquelle l'échouement, fût-il sans bris, autorisait le délaissement, alors même que le navire était conduit à destination ; il prétendait que l'Ordonnance avait entendu seulement viser le cas *d'échouement avec bris.* Afin d'écarter cette jurisprudence exorbitante, une Déclaration royale du 17 août 1779 (art. 5) décida que le délaissement ne serait pas admis si le navire relevé continuait sa route jusqu'à destination.

Le Code de commerce vise expressément *l'échouement avec bris* et le comprend seul parmi les cas de délaissement, à l'exclusion de l'échouement simple.

Le mot *bris* a été la source de nouvelles difficultés, par cela même qu'aucun texte de loi n'en donne la définition. Il paraîtrait exagéré d'exiger, pour qu'il y ait bris dans le sens légal, que le navire lui-même fût brisé ; il suffit que, par suite de la fracture d'une partie essentielle du navire, celui-ci ne puisse plus naviguer [1], comme cela arrive par la rupture de la machine, si le navire n'a pas une voilure suffisante pour naviguer. Il est vrai que l'article 369 mentionne expressément l'innavigabilité et la perte des trois quarts parmi les causes du délaissement ; mais c'est sans doute pour indiquer que, lorsque le navire est innavigable, lors même qu'il n'y aurait pas un échouement avec bris ou un naufrage caractérisé, le délaissement peut avoir lieu. Au reste, des cas de délaissement ren-

---

[1] Aix, 9 mars 1859, Marseille, 13 oct. 1865 et 5 août 1869 ; Aix, 21 avr. 1871, *Journ. de jurispr. de Marseille,* 1859. 1. 138 ; 1865. 1. 308 ; 1870. 1. 286 ; 1872. 1. 48. — Laurin sur Cresp, IV, p. 106 et suiv. ; Ém. Cauvet, I, nᵒˢ 168 et suiv. ; Boistel, nᵒ 1402 ; de Courcy, *Questions de Droit maritime* (2ᵉ série), p. 338.

trent à la fois dans plusieurs dispositions de l'article 369, C. com.
On peut dire que sans doute le législateur a voulu permettre à l'assuré de toucher l'indemnité d'assurance sans attendre les résultats
d'une tentative hasardeuse de renflouement et sans être dans la nécessité de prouver qu'il y a, soit innavigabilité, soit perte ou détériora-
des trois quarts.

1341. En cas d'échouement avec bris, la faculté de délaisser subsiste-t-elle alors même que le navire peut être réparé et conduit
jusqu'au port de destination? On soutient qu'elle subsiste, en faisant
observer que l'échouement avec bris n'est pas l'innavigabilité, mais
une fortune de mer constituant par elle-même un sinistre majeur (1).
Du reste, on ne conteste pas qu'à raison de la facilité du renflouement, le juge peut décider qu'il n'y a pas réellement un échouement
avec bris. Selon nous, au contraire, dès que le navire peut être,
après échouement avec bris, réparé et conduit au port de destination, le délaissement n'est pas admis (2). La Déclaration de 1779
précitée excluait le délaissement dans ces circonstances au cas
d'échouement simple. Rien n'indique que le Code de commerce ait
repoussé cette solution si rationnelle pour le cas d'échouement avec
bris. L'article 389, 1er alin., C. com., la consacre pour le cas d'innavigabilité ; il serait incompréhensible qu'une solution opposée fût
admise au cas d'échouement avec bris. Il y a des motifs identiques
pour donner la même solution dans les deux cas. Au reste, il va de
soi que l'action d'avaries existe dans le cas prévu pour les avaries
causées par l'échouement.

1342. L'échouement avec bris du navire permet-il par lui seul le
délaissement des marchandises? Cette question est toute semblable
à celle qui se pose en cas de naufrage du navire, lorsqu'il s'agit de
savoir si le naufrage du navire est une cause de délaissement pour
les marchandises assurées (n° 1339). Il n'est pas admissible, pour
les motifs donnés à propos du naufrage, que l'échouement avec bris
du navire soit de plein droit une cause de délaissement des mar-

(1) Arth. Desjardins, VII, n° 1541, p. 204; Em. Cauvet, II, n° 168; de
Valroger, IV, n° 1729.
(2) Paris, 27 fév. 1841, *Journ. de jurispr. de Marseille*, 1841. 2. 59,

chandises (1). La question est, pourtant, généralement résolue dans un sens favorable au délaissement des marchandises (2), comme elle l'était déjà par la jurisprudence sous l'empire de l'Ordonnance de 1681 (3).

1343. *Innavigabilité par fortune de mer.* — A propos de ce cas de sinistre majeur que n'indiquait pas l'Ordonnance de 1681, le Code de commerce a nettement distingué entre le navire et les marchandises. On ne peut donc pas soutenir (cela serait contraire aux dispositions formelles du Code de commerce) que l'innavigabilité du navire suffit pour donner lieu au délaissement des marchandises, comme on soutient que le naufrage ou l'échouement du navire avec bris est une cause suffisante de délaissement pour les marchandises.

L'innavigabilité consiste dans la situation d'un navire qui n'est plus en état de tenir la mer. Mais, par cela même que les assureurs ne répondent pas du vice propre (nᵉ 1237), il faut que cet état provienne, soit d'un accident de mer, soit des fatigues de la navigation, pour qu'ils en répondent.

On a toujours distingué l'innavigabilité *absolue* et l'innavigabilité *relative* (4). La première existe lorsque le navire est tellement brisé ou détérioré qu'il est impossible de le réparer et de le faire ensuite naviguer avec sécurité ; on pourrait dire qu'alors, il y a *irréparabilité.* C'est évidemment à ce cas que fait allusion l'article 389, C. com., en excluant le délaissement à titre d'innavigabilité *quand le navire échoué peut être relevé, réparé et mis en état de continuer sa route pour le lieu de sa destination,* tout en réservant l'action d'avaries contre les assureurs pour les frais et avaries.

L'innavigabilité *relative* a un tout autre caractère : elle se présente quand, à en considérer l'état matériel, le navire est réparable, mais que l'impossibilité de le réparer provient de circonstances extrinsèques, par exemple du défaut de fonds et de crédit pour payer

(1) Laurin sur Cresp, IV, p. 109 et suiv.: Boistel, nᵒ 1402; de Courcy, *Questions de Droit maritime,* 2ᵉ série, p. 332 et suiv.

(2) Marseille, 28 sept. 1855, 14 août 1857, *Journ. de Marseille,* 1855. 1. 302; 1857. 1. 227. — Em. Cauvet, II, nᵒ 177 ; de Valroger, nᵒ 730.

(3) Valin critiquait vivement cette jurisprudence sur l'article 43, liv. III, tit. VI, de l'Ordonnance.

(4) Cass., 14 août 1876, D. 1877. 1. 314.

les ouvriers, du défaut de moyens matériels pour opérer les réparations. On peut aussi comprendre parmi les cas d'innavigabilité relative, celui où les dépenses seraient excessives ; car souvent, l'élévation des dépenses qu'il faudrait faire, tient à la cherté des matériaux et au prix de la main-d'œuvre dans le lieu où les réparations devraient être opérées.

Quand les dépenses sont-elles assez élevées pour qu'on puisse dire qu'il y a innavigabilité relative? Parfois, des tribunaux ont admis qu'il en est ainsi quand les dépenses atteignent les trois quarts de la valeur du navire. Mais il n'y a pas à cet égard de règle absolue ; le délaissement peut être admis même quand les dépenses sont inférieures aux trois quarts (1).

1344. Afin de faciliter la solution des questions litigieuses relatives à l'existence de l'innavigabilité, les capitaines sont dans l'usage de faire déclarer le navire innavigable par le consul ou par l'autorité étrangère. On dit alors que le navire est *condamné* (n° 136). Le Code de commerce fait dans plusieurs dispositions allusion à la déclaration d'innavigabilité (art. 237 (2) et 390). Mais cette formalité n'est pas nécessaire pour que le délaissement puisse avoir lieu. Le capitaine peut se borner à faire dresser un rapport d'experts ou même attendre que le délaissement soit refusé par les assureurs pour faire reconnaître l'innavigabilité par les tribunaux. Du reste, la déclaration préalable d'innavigabilité ou *condamnation du navire* n'a pas le caractère contentieux et, dès lors, l'autorité de la chose jugée n'y étant pas attachée, les tribunaux saisis d'une action en délaissement peuvent, malgré cette condamnation, refuser d'admettre le délaissement (3).

1345. L'innavigabilité du navire n'autorise pas, par elle seule, le délaissement des marchandises. Qu'importe aux propriétaires de la cargaison que le navire soit innavigable si, malgré cela, les marchandises parviennent à destination, fût-ce même par un autre bâtiment? Ils ne sont pas privés de leurs marchandises.

(1) Aix, 22 avr. 1874, *Journ. et jurispr. de Marseille*, 1875. 2. 156.
(2) V. n° 130.
(3) Cass., 27 avr. 1887, *Pand. fr.*, 1887. 1. 152; *Revue intern. du Droit maritime*, 1887-88, p. 10. — Arth Desjardins, VIII, n° 1548 *bis*.

Voici sur ce point quel est le système très rationnel consacré par le Code de commerce : quand le navire est déclaré innavigable, l'assuré sur le chargement doit en faire la notification à l'assureur dans les trois jours de la réception de la nouvelle (art. 390), comme, d'ailleurs, l'assuré doit faire connaître à l'assureur tous les accidents aux risques de celui-ci (art. 374, C. com.). Au reste, la déclaration d'innavigabilité n'est pas obligatoire (n° 1344). Le capitaine est tenu de faire toute diligence pour se procurer un autre navire, à l'effet de transporter les marchandises au lieu de leur destination (art. 391). Il est évident que les assureurs peuvent aussi faire, soit séparément, soit de concert avec le capitaine des démarches dans le même but (analog. art. 388, 2e alin.) (1).

Si l'on parvient à trouver un autre navire pour achever le voyage, le délaissement des marchandises n'est pas admis; l'assureur court les risques des marchandises chargées sur cet autre navire jusqu'à leur arrivée à destination (art. 392). Le changement de navire ne rompt pas l'assurance dans ce cas, parce que ce changement est forcé (n° 1265). En outre, l'assureur sur facultés est tenu des avaries subies par les marchandises, des frais divers occasionnés par leur emmagasinage, leur rechargement et de l'excédent du fret dû à raison du nouvel affrètement (art. 393). V, n° 678.

Mais, si le capitaine ou l'assureur n'a pu trouver de navire pour recharger les marchandises et les transporter au port de destination, le délaissement peut en être fait (art. 394). Le délai dans lequel il faut qu'un navire n'ait pu être trouvé, est de six mois ou d'un an à partir de la signification de l'avis de l'innavigabilité faite à l'assureur, selon l'éloignement du lieu où se trouvent les marchandises. Ces délais sont réduits à un mois et demi ou à trois mois quand les marchandises sont de nature à se détériorer promptement (Cbn. art. 394 et 387, C. com.).

(1) L'article 388, 2e alin., ne vise que le cas d'arrêt de puissance; mais il n'y a pas de raison pour restreindre à ce seul cas le droit pour les assureurs de faire ce qui est en eux pour restreindre le désastre et empêcher qu'il n'y ait sinistre majeur donnant lieu au délaissement. D'ailleurs, les textes sont loin de résister à cette solution. L'article 394 relatif à l'innavigabilité quant aux facultés se réfère à l'article 387, qui, lui-même, est visé par l'article 388.

D'après tout ce qui vient d'être dit sur l'innavigabilité, l'on voit
qu'en bien des cas, l'innavigabilité du navire se confond avec le
naufrage ou avec l'échouement accompagné de bris. Mais il est possible qu'il y ait innavigabilité, soit absolue, soit relative, sans qu'aucun de ces deux sinistres ne se soit produit. Cela explique l'utilité de
la mention spéciale de l'innavigabilité parmi les sinistres majeurs,
à côté du naufrage et de l'échouement.

1346. En ce qui concerne les marchandises, le défaut de fonds
qui empêche l'arrivée à destination dans les délais fixés par la loi
(art. 387 et 394), constitue toujours un cas d'innavigabilité relative. Mais il ne saurait en être toujours de même pour le navire.
On peut, en effet, dire que le propriétaire du navire aurait dû prévoir le manque de fonds et prendre les précautions nécessaires pour
y remédier. On conçoit, cependant, que le navire se trouve dans
un pays très lointain, qu'il soit impossible de faire parvenir des
fonds au capitaine qui ne trouve pas à emprunter et que le besoin
d'argent n'ait pas pu être facilement prévu. C'est seulement dans
des cas de ce genre qu'il peut être question du délaissement (1).

1346 *bis.* Il a été admis plus haut (n°ˢ 1339 et 1342), contrairement à la jurisprudence, que le naufrage ou l'échouement avec bris
du navire ne permet pas, par lui seul, le délaissement des marchandises. Mais ces événements, comme l'innavigabilité du navire, font
que les marchandises se trouvent arrêtées en cours de voyage. Aussi
faut-il appliquer, au point de vue du délaissement des marchandises,
les règles admises dans le cas d'innavigabilité et décider, en conséquence, qu'elles peuvent être délaissées lorsque le capitaine ne parvient pas à affréter un autre navire pour les y transborder dans les
délais des articles 387 et 394, C. com. (2)

1347. *Perte ou détérioration des trois quarts.* — Il se peut que
la chose assurée n'ait pas péri complètement et que, cependant, il en
reste une partie si minime ou qu'elle soit dans un état de détérioration tel qu'il ne soit plus possible d'en tirer l'usage et le profit sur
lesquels on comptait. A ce point de vue, le législateur considère

---

(1) V. Droz, II, n°ˢ 525 et suiv.
(2) Arth. Desjardins, VII, n° 1553, p. 230.

comme équivalent à une perte totale de la chose assurée la perte d'une quantité égale aux trois quarts au moins de sa valeur (1).

La *perte* et la *détérioration* diffèrent. Il y a *perte* quand la chose est diminuée matériellement : il y a *perte* des trois quarts, si, par exemple, sur 400 sacs de blé ayant chacun séparément une valeur égale, 300 ont été enlevés par la tempête et précipités dans la mer. La *détérioration* suppose, au contraire, que la chose assurée n'a pas diminué matériellement, mais a perdu par suite d'avaries qu'elle a subies, une partie de sa valeur ; il y a détérioration des trois quarts, si les 400 sacs de blé subsistent, mais que, par suite d'avaries, ils ne valent plus que 10.000 francs au lieu de 40.000.

Il se peut qu'il y ait à la fois perte d'une partie des marchandises et détérioration de celles qui subsistent. Il faut évaluer la partie perdue et la diminution de la partie détériorée, puis examiner si le total équivaut, au moins, aux trois quarts.

En admettant cette cause de délaissement, le législateur paraît avoir pensé surtout à l'assurance sur facultés, car dans le cas de perte du navire ou de détérioration des trois quarts, il y a, soit naufrage ou échouement avec bris, soit innavigabilité absolue ou relative. Mais, en l'absence de toute distinction, il n'est pas douteux que cette cause de délaissement s'applique aussi à l'assurance sur corps (2).

1348. La question capitale à résoudre, quand cette cause de délaissement est invoquée, est celle de savoir comment on doit s'y prendre pour déterminer si la perte ou la détérioration atteint au moins les trois quarts. Cette question doit être examinée séparément pour les marchandises ou pour le navire.

---

(1) L'Ordonnance de 1681 (art. 46, liv. III, tit. VI) parlait de *perte entière*. Sa disposition sur ce point avait fait naître des controverses très vives sur le point de savoir s'il fallait qu'il y eût perte totale. Valin se contentait d'un dommage ayant diminué la valeur des marchandises *de plus de moitié*. Emérigon (chap. XVII, sect. 2) s'en tenait au texte de l'Ordonnance. Le Code de commerce a tranché la difficulté. Il l'a fait si équitablement que les polices reproduisent à cet égard sa disposition. Mais l'application de l'article 369 sur la perte ou la détérioration des trois quarts est loin d'être toute simple. V. nos 1348 et suiv.

(2) Laurin sur Cresp, IV, p. 124.

1349. Dans les assurances sur facultés, pour savoir s'il y a perte des trois quarts au moins, on s'attache à la quantité ou au poids quand les divers objets compris dans l'assurance sont de même valeur. Ainsi, sur quatre sacs de blé de 100 francs chacun, trois ont péri ; il y a perte des trois quarts et, par suite, le délaissement est possible. On arriverait, du reste, en pareil cas, à un résultat identique, en s'attachant à la valeur de chaque objet. Mais si chacun des objets assurés n'a pas la même valeur, on doit considérer la valeur des choses perdues comparée à la valeur totale des choses assurées. Ainsi, quatre sacs de blé ont été assurés ; trois valent ensemble 50 francs et le quatrième 150 francs. Il suffit que ce dernier ait péri, pour qu'on puisse dire qu'il y a perte des trois quarts. Au contraire, on ne serait pas dans un cas de délaissement, s'il y avait perte des trois autres sacs de blé.

1350. Mais la détermination de la méthode à suivre quand il s'agit de la *détérioration* des marchandises est plus difficile. Des systèmes divers ont été proposés. On a notamment prétendu que l'on doit comparer la valeur des marchandises à l'état sain *au jour et au lieu du chargement* avec la valeur qu'elles auraient eue dans leur état d'avarie *à la même époque et au même lieu* (1). Cette manière de procéder a le grave inconvénient de rendre nécessaires des expertises conjecturales ; car elle implique des évaluations à faire dans un lieu et dans un temps autres que ceux où les experts procèdent. En outre, dans cette opinion, l'assuré qui éprouve une perte équivalant aux trois quarts, peut ne pas être indemnisé. Que lui importe la valeur qu'auraient au port de départ les marchandises détériorées ? Ce qui doit être considéré, c'est la valeur réelle des marchandises au lieu où elles se trouvent et où elles doivent être vendues.

On a soutenu qu'il faut comparer la valeur des marchandises *à l'arrivée*, à la *valeur assurée* (2). Ce système a, sans doute, le

---

(1) Pardessus, II, n° 845 ; Bédarride, IV, n° 1433 ; Em. Cauvet, II, n°s 152.

(2) Rennes, 29 août 1845, D. 1845. 4. 34 ; Rouen, 5 juill. 1858, D. 1859. 2. 22. — J.-V. Cauvet, II. p. 28 et suiv. : Droz, II, n° 554 ; Laurin sur Cresp, IV, p. 131 et suiv. — Cette opinion est celle qui avait été adoptée dans notre *Précis de Droit commercial* (1re édition du présent ouvrage, II, n° 2170.

mérite de la simplicité, mais il se heurte à une grave objection. La diminution de valeur des marchandises au port de destination peut tenir à des causes étrangères aux risques de mer, elle provient parfois des différences de cours résultant de la diversité des marchés. L'assureur n'a pas à répondre des conséquences dommageables de ces différences et on les lui fait supporter.

Le système le plus rationnel consiste, selon nous, à comparer la valeur des marchandises à l'état d'avarie à la valeur qu'elles auraient eue à l'état sain *au lieu d'arrivée*. De cette façon, le délaissement est possible si, à l'état d'avaries, les marchandises ne valent pas plus du quart de ce qu'elles auraient valu à l'état sain. Cette manière de procéder est analogue à celle qui est adoptée, en cas de règlement par avaries, pour la fixation de l'indemnité (nos 1284 et suiv.) (1).

Il n'y a évidemment pas lieu de tenir compte des détériorations causées par des risques auxquels s'appliquent des franchises (2).

1351. Pour le navire, la perte des trois quarts se confond évidemment avec l'innavigabilité absolue. Cela ne doit pas étonner : comme l'observation en a déjà été faite plus haut (n° 1340), un sinistre majeur peut parfois être rattaché à plusieurs des cas visés dans l'article 369, C. com.

Quant à la détérioration du navire, on en fixe l'importance en comparant la valeur du navire à l'état d'avarie à la valeur qu'il aurait à l'état sain. Mais comment apprécie-t-on la valeur du navire dans ces deux cas ?

La valeur du navire à l'état sain est celle pour laquelle il a été évalué dans la police. Pour savoir s'il y a perte ou détérioration des trois quarts, il faut considérer les dépenses qui seraient nécessaires pour le réparer ; le délaissement est admis si elles atteignent les trois quarts de la valeur agréée dans la police (n° 1352). Cette formule a depuis longtemps été adoptée par la jurisprudence (3). Elle est

(1) de Valroger, IV, no 1739.

M. Arth. Desjardins (VII, n° 1559, p. 251 à 253) expose les trois systèmes et déclare qu'il est difficile de faire un choix entre eux.

(2) Aix, 27 mai 1906, *Revue int. du Droit marit.*, XXIV, p. 209 ; *Journ. de jurispr. de Marseille*, 1908. 1. 235.

(3) Aix, 22 fév. 1870, S. 1871. 1. 152 ; *Journ. de Marseille*, 1870. 1. 173 ;

simple et se justifie aisément. L'évaluation du navire assuré dans la police est réputée représenter l'intérêt du propriétaire. Quant à la valeur vénale du navire avarié, elle s'élève ou s'abaisse selon que le coût des réparations est moins élevé ou plus élevé, de telle sorte que c'est le coût des réparations qui permet de fixer l'importance des détériorations.

Des dissidences se sont, pourtant, produites. On a soutenu qu'il faut comparer la valeur du navire détérioré à sa valeur au départ ou à sa valeur fixée par la police (1). Ce système n'est pas admissible : la diminution de valeur du navire au lieu d'arrivée peut tenir à des causes indépendantes des avaries.

Selon un autre système, il y aurait lieu de comparer la valeur du navire *au lieu de départ* avec la valeur qu'il aurait *au même lieu* à l'état d'avarie (2). Au point de vue pratique, ce dernier système est inapplicable. Comment des experts du lieu d'arrivée pourraient-ils fixer la valeur qu'avait au lieu de départ le navire détérioré ? Ils manquent d'autant plus pour cela des éléments nécessaires que, pour les navires, il n'y a par cela même qu'ils ne sont pas destinés à être vendus, ni marché ni cours.

1352. Dans la formule du système adopté (n° 1351), il a été supposé qu'il s'agit d'une police évaluée, mais la police peut être ouverte ; quel est alors le terme de comparaison remplaçant la valeur agréée ? Dans l'usage on s'attache à la somme assurée. Il y a là un expédient illogique conduisant à des résultats irrationnels : le délaissement peut ainsi être rendu admissible dans des cas où il n'y a pas, en réalité, détérioration des trois quarts. Ainsi, un navire ayant une valeur de 500.000 francs, est assurée pour 400.000 francs seulement dans une police ouverte. Avec le système qui vient d'être indiqué, le délaissement doit être admis si les dépenses à faire pour réparer le navire s'élèvent à 300.000 francs (3). Il serait moins simple sans

Cass., 8 mai 1872, S. 1872. 1. 182 ; Bordeaux, 23 août 1875, S. 1876. 2. 270 et D. 1877. 2. 314. Les auteurs adoptent, en général, la même solution : de Courcy, *Quest. de Droit maritime* (2e série), p. 363 et suiv. ; Laurin sur Cresp, IV, p. 124 et suiv. ; Em. Cauvet, II, nos 144 et suiv.

(1) Bordeaux, 5 avr. 1832, S. 1832. 2. 13. — Bédarride, nos 1435 et 1436.

(2) Cpr. Bordeaux, 26 fév. 1856, D. 1857. 2. 46.

(3) Le navire, on doit le supposer, a diminué de valeur. Autrement, le

doute, mais plus rationnel d'évaluer le navire, en recherchant la valeur qu'il avait au temps et au lieu du départ, en comparant à cette valeur le montant des dépenses à faire pour le réparer (1).

1353. Le montant des réparations à prendre en considération doit être la somme à payer pour les faire au port d'arrivée (2), non le prix qu'elles coûteraient au port de départ où le navire a été évalué quand la police n'est pas ouverte (3). Ce dernier système, qui a parfois été admis, doit être repoussé ; il serait singulier de calculer le prix des réparations d'après ce qu'elles coûteraient dans un lieu où elles ne doivent pas être faites (4).

1353 *bis*. Une autre difficulté est relative au moment où l'on doit se placer pour évaluer le prix des matériaux ; est-ce au moment du délaissement ou à celui du jugement qui en prononce la validité ? Les variations qui peuvent se produire dans les prix des matériaux, donnent à cette question un certain intérêt pratique. Il paraît naturel de se placer au moment du jugement ; car on doit présumer que les parties ont voulu que le prix *réel* des réparations fût pris en considération (5).

1354. Avec le système admis pour déterminer s'il y a détérioration du navire pour les trois quarts au moins, le prix des matériaux et la cherté de la main-d'œuvre influent sur l'admission du délaissement et l'on arrive ainsi à confondre pour le navire la détérioration des trois quarts avec un cas d'innavigabilité relative. Cela ne doit pas arrêter : il n'y a pas une séparation absolue entre les divers cas de délaissement (n° 1340) ; ainsi l'on peut souvent dire à la fois qu'il

---

propriétaire ne délaisserait pas un navire de 500.000 fr., pour ne toucher que 400.000 fr.

(1) V. en faveur du système critiqué au texte, Laurin sur Cresp, IV, p. 125. — V. contre ce système, de Courcy, *Questions de Droit maritime* (2ᵉ série), p. 3⋅8 et suiv. ; Arth. Desjardins, VII, n° 1562, p. 256 et 257.

(2) Aix, 21 fév. 1870, D. 1871. 2. 52. V. not. 4.

(3) V., pourtant, Trib. comm. Marseille, 16 juin 1869, *Journ. de Marseille*, 1869. 1. 247.

(4) Arth. Desjardins, VII, n° 1562, p. 257 ; de Valroger, IV, n° 1744.

(5) Cass., 31 août 1881, D. 1884. 1. 339. — Les polices parlent généralement des réparations *à faire*. C'est ce qui avait lieu dans l'espèce à l'occasion de laquelle a été rendu cet arrêt.

y a soit innavigabilité, soit perte des trois quarts, soit naufrage, etc. (1). Du reste, comme cela été indiqué plus haut (n° 1347),
en parlant de la perte ou de la détérioration des trois quarts, le législateur paraît avoir eu en vue surtout les marchandises et c'est pour
obéir à la généralité des termes de l'article 369, qu'on mentionne
cette cause de délaissement même à propos du navire. On peut, du
reste, faire observer que l'innavigabilité peut exister en dehors du
cas de perte ou de détérioration des trois quarts ; c'est là ce qui
se présente quand les réparations, quel qu'en soit le montant, ne
sont pas possibles dans le lieu où se trouve le navire et qu'il ne
peut pas quitter ce lieu pour aller se faire radouber ailleurs (2).

1355. Quels éléments doivent servir à fixer le montant des réparations dont le total doit s'élever aux trois quarts de la valeur
agréée du navire ?

Il faut y comprendre toutes les dépenses qui sont nécessaires pour
réparer le navire ; ainsi, l'on doit ajouter au coût de la réparation la
prime de grosse afférente au prêt sommes indispensables pour
l'opérer (3), les frais d'expertise (4) (5). Il faut tenir compte
de ce que la loi ne veut pas seulement une perte pécuniaire des
trois quarts, mais une perte ou détérioration matérielle pouvant
faire considérer l'objet assuré comme perdu au point de vue de
sa destination ou de son usage. Par application de cette idée,
l'on doit écarter du coût des réparations les sommes nécessaires
pour payer les salaires et la nourriture les gens de l'équipage et
généralement les frais de relâche (6), le montant d'une contribution
aux avaries communes due par l'objet assuré (7). Ces frais ou

(1) V. nos 1345 et 1347.

(2) Aix, 27 avr. 1876, *Journ. de Marseille*, 1876. 1. 251.

(3) Cass., 3 avr. 1849, S. 1849. 1. 707; D. 1849. 1. 178 ; Bordeaux, 27 fév.
1856, S. 1856. 2. 684 ; Cass, 18 juill. 1883, D. 1884. 1. 154.

(4) *En sens contraire*, Aix, 29 nov. 1856, *Journ. de Marseille*, 1869. 1.
224. Arth. Desjardins, VII, p. 259.

(5) Les polices s'expliquent parfois sur les dépenses à prendre en considération pour apprécier s'il y a détérioration des trois quarts. Cpr. Cass.,
6 janv. 1897, *Pand. fr.*, 1897. 1.364 ; *le Droit*, n° du 3 mars 1897.

(6) Rennes, 16 avril 1869, *Journ. de Marseille*, 1869. 2. 195 ; Cass.,
8 mai 1872, D. 1872, 1. 306; Rouen, 24 mars 1872, D. 1874. 2. 5.

(7) Pardessus, II, n° 845 ; Droz, I, n° 544.

dépenses peuvent seulement être l'objet d'un règlement par avaries.

.Par réciprocité, il n'y a pas à déduire des frais de réparation les sommes dues au propriétaire de la chose assurée pour contribution aux avaries communes. Il semble juste de ne pas faire non plus de déduction, ni pour différence du neuf au vieux (1), ni pour le montant des vieux matériaux (2). Ces deux dernières solutions sont aisées à justifier. Quand un règlement par avaries a lieu et que le navire doit être réparé, on fait une déduction pour différence du neuf au vieux, afin que l'assuré ne s'enrichisse pas. Mais, en cas de délaissement, les réparations n'étant pas faites, cette déduction n'a pas de raison d'être. Puis, ce que veut la loi, c'est que le navire puisse être délaissé quand il a subi une détérioration des trois quarts. La détérioration du navire, comme instrument de navigation et de commerce, n'est pas diminuée à raison de ce qu'il a été possible d'en tirer quelques débris et de les vendre. La déduction du prix des vieux matériaux ne se justifie que lorsqu'il y a à fixer le montant de l'indemnité due à l'assuré, ce qui est à faire en cas de règlement par avaries. V. n° 1276.

1356. Les réparations à faire après une fortune de mer peuvent être aggravées par la vétusté, la pourriture ou, d'une façon plus générale, par le vice propre. Doit-on, quand il s'agit de déterminer s'il y a détérioration des trois quarts, déduire une somme pour les réparations nécessitées par ces causes et n'admettre le délaissement que si le chiffre restant net après ces déductions atteint au moins les trois quarts? Il n'y a pas à faire de déduction (3). L'âge du navire a dû être connu de l'assureur. La prime a été fixée en conséquence. L'assureur n'a pas pu douter que le navire, tout en étant en état de navigabilité, n'était pas dans toute sa nouveauté. Seulement, il lui

---

(1) Bordeaux, 25 févr. 1856. S. 1856. 2. 684 ; D. 1857. 2. 46 ; Rennes, 5 avr. 1861, S. 1861. 2. 558. Cpr. Code de commerce *allemand*, art. 444.

(2) Rennes, 3 avril 1861. 2. 558. — Droz, II, n° 545. *En sens contraire*, Rennes, 22 juin 1869, S. 1869. 2. 301 ; D. 1870. 1. 295. — Em. Cauvet, l, n° 149 ; de Valroger, IV, n° 1746 ; Arth. Desjardins, VII, p. 260.

(3) Cass., 16 déc. 1868, D. 1869. 1. 219 ; Cass., 15 mars 1869, D. 1870. 1. 122. — De Valroger, IV, n° 1747 ; de Courcy, *Questions de Droit maritime* (2e série), p. 370 et suiv.

est, bien entendu, loisible de soutenir que la somme assurée dépassait la valeur réelle du bâtiment.

1357. Peu importe, du reste, que la détérioration des trois quarts n'apparaisse qu'après les réparations opérées. D'après le Code de de commerce, tout au moins, la perte et la détérioration des trois quarts constituent une cause de délaissement distincte de l'innavigabilité (1).

1358. Quand il s'agit de bâtiments à vapeur, les polices stipulent souvent que le règlement des avaries sera établi distinctement sur le corps et sur les machines. *La police française d'assurance sur corps de navires à vapeur* admet cette règle dans les clauses supplémentaires. Elle a ajouté que le délaissement du corps donnera lieu à celui des machines. L'accessoire suit le sort du principal ; la machine est alors sans emploi utile pour l'armateur et, comme on on l'a dit, il est difficile d'exiger de lui qu'il construise tout exprès un navire afin d'utiliser la machine. Parfois, l'armateur obtient que, réciproquement, le délaissement de la machine entraîne celle du navire. Cette clause rare est dangereuse pour l'assureur ; avec elle, l'armateur, selon son intérêt, délaisse le navire, alors qu'il pourrait être ramené à la voile ou remorqué (2).

1359. A la perte du navire, considérée comme cause de délaissement, se rattache une question qui se pose en cas d'abandon du navire et du fret. L'abandon autorise-t-il le délaissement, alors même qu'aucun cas de sinistre majeur spécial ne s'est produit ? On l'a soutenu, en disant que l'abandon entraîne la perte du navire, en ce sens que le propriétaire en est privé comme par une perte matérielle (3). Mais cette doctrine est mal fondée. L'abandon n'est pas une cause de délaissement, il résulte du fait de l'assuré ; or, l'assu-

---

(1) La *Police française d'assurance sur corps* (art. 10) donne une solution contraire, parce que, d'après cette police, la perte ou détérioration des trois quarts n'est pas admise comme cause de délaissement distincte de l'innavigabilité.

(2) de Courcy, *Commentaire des polices françaises d'assurance maritime*, p. 201 à 203.

(3) Marseille, 22 août 1856, *Journ. de Marseille*, 1856. 1. 253.

reur ne répond pas des dommages résultant du fait de l'assuré. V. art. 351, C. com. (1).

Mais il peut arriver que, dans un cas où il y a sinistre majeur, l'abandon ait lieu. Alors se présentent deux questions : 1° le délaissement et l'abandon peuvent-ils être faits en même temps ? 2° S'ils peuvent être faits, comment se combinent-ils l'un avec l'autre ? V. nos 1392 et 1393.

1360. Une question spéciale se présente aussi dans les assurances sur facultés. On se demande si le délaissement y est possible lorsque, par suite d'un événement de mer, les marchandises assurées ont été vendues en cours de voyage. C'est là ce qui a lieu notamment dans le cas de vente ordonnée par les autorités sanitaires ou dans les cas prévus par les articles 234 et 298, C. com. (nos 593 et suiv.). Des systèmes divers ont été soutenus. On a prétendu qu'en cas de vente des marchandises assurées, le délaissement n'est pas possible, parce qu'en parlant de la perte ou de la détérioration, le législateur n'a songé qu'à la destruction ou à la dégradation matérielle et n'a nullement prévu la perte ou dépossession résultant d'une vente (2). Mais les rédacteurs du Code de commerce ne semblent pas s'être placés sur un terrain aussi étroit, comme le prouve l'admission du délaissement en cas d'arrêt de puissance (art. 394, C. com). Dans une opinion intermédiaire, on reconnaît que la vente forcée des marchandises assurées peut permettre le délaissement, mais à la condition que le prix n'atteigne pas les trois quarts de la valeur agréée des marchandises (3), il y aurait alors une perte des trois quarts.

Les partisans de cette seconde doctrine ne vont pas assez loin. La vente forcée des marchandises entraîne la faculté de faire le délaissement, sans qu'il y ait à se préoccuper du montant du prix à

---

(1) Marseille, 8 août 1859 ; Rennes, 23 mai 1859 ; *Journ. de Marseille*, 1859. 1. 257 ; 1859. 2. 91 ; Paris, 28 août 1863, D. 1863. 1. 393. — de Courcy, *D'une réforme intern. du Droit maritime*, p. 44 et suiv. ; p. 224 et suiv. ; Laurin sur Cresp, IV, p. 136 et suiv. ; Droz, II, n° 567 ; de Sèze, *De la responsabilité des propriétaires de navires*, p. 259 et suiv.

(2) J.-V. Cauvet, II, p. 25 et 26.

(3) Arth. Desjardins, VII, n° 1558, p. 547.

en provenir (1). Il y a là, en effet, une perte au sens légal du mot, parce que l'assuré est dépossédé des marchandises et que son opération commerciale a, par cela même, avorté.

1361. *Prise.* — La prise est un sinistre majeur ; c'est même celui que l'article 369 mentionne en premier lieu dans son énumération. Elle consiste dans la capture du navire ou des marchandises. Elle est opérée, soit par un vaisseau de guerre ennemi ou par un corsaire, soit par un pirate. Dans le cas de capture par un pirate, on dit parfois qu'il y a *pillage* (art. 350, C. com.).

La prise autorise le délaissement parce que, si elle n'amène pas la destruction du navire ou de la cargaison, du moins elle entraîne, pour le propriétaire de l'un ou de l'autre, la dépossession.

Il va de soi que la prise opérée par un vaisseau de guerre a pour un corsaire ne donne lieu au délaissement qu'autant que les risques de guerre ne sont pas exclus de l'assurance (n° 1225). Quand ils en sont exclus, l'assuré n'a pas même l'action d'avarie. Au contraire, la capture opérée par des pirates, constitue un sinistre majeur, même au cas d'exclusion des risques de guerre, parce qu'il ne s'agit pas là d'un risque de ce genre.

La prise peut s'appliquer, soit à la fois au navire et aux marchandises, soit au navire seul, soit aux marchandises seules. Elle s'applique au navire et aux marchandises quand ils sont également ennemis ou quand le navire même neutre a été capturé comme tentant de violer un blocus. Elle s'applique au navire seul, quand le navire est ennemi et que les marchandises sont neutres, sauf dans le cas où elles constituent de la contrebande de guerre ; car *le pavillon ne confisque pas la marchandise.* Enfin, la prise ne peut avoir, en principe, pour objet que les marchandises quand elles sont chargées sur un navire neutre et constituent de la contrebande de guerre (2) ; à raison de ce dernier caractère des marchandises, il est dérogé à la règle, *le pavillon couvre la marchandise.*

(1) Aix, 5 mars 1855. *Journ. de Marseille.* 1855. 1. 231 ; Trib. comm. Nantes, 2 mars 1869, *Journ. de Marseille,* 1871. 2. 117 ; Trib. comm. de Marseille, 23 avr. 1875, *Journ. de Marseille,* 1875. 1. 183. — Laurin, IV, n° 138 ; de Courcy, *D'une réforme intern. du Droit maritime,* p. 149.

(2) Il est généralement admis, d'après les règlements établis par l'auto-

1361 *bis*. La prise du navire seul ne permet de délaisser que le navire. A l'inverse, la prise des marchandises seules n'autorise pas à faire le délaissement du navire. Il y a là des solutions sur lesquelles on est généralement d'accord et qui doivent être approuvées. Quand la loi vise un sinistre majeur, elle suppose que c'est la chose assurée qui en a été atteinte. Les solutions admises en cas de prise ne concordent pas avec celles que la jurisprudence consacre dans les cas de naufrage (n° 1339) et d'échouement avec bris (n° 1342).

1362. Il n'y a point à distinguer selon que la prise opérée en temps de guerre, est légale ou illégale (1). Dans le second comme dans le premier, il y a dépossession de l'assuré. L'espérance de la restitution d'une prise illégale ne peut suffire pour faire écarter le délaissement.

Mais, du moins, faut-il que la restitution ou la reprise du navire n'ait pas eu lieu avant le moment où l'on doit se placer pour déterminer si les conditions constitutives d'un sinistre majeur sont réunies? V. n° 1387.

1363. *Arrêt de puissance.*— On donne ce nom à l'obstacle qu'un gouvernement apporte à la sortie d'un navire. Une mesure de ce genre peut être fondée sur des motifs très divers. Ainsi un gouvernement arrête des navires dans un port, notamment pour empêcher la divulgation de certains secrets relatifs, par exemple, à des préparatifs militaires, pour procéder à des mesures d'instruction concernant un délit ou un crime, pour exercer des représailles contre une puissance étrangère (*embargo*). Il est aussi possible qu'on frappe de réquisition des navires étrangers pour leur faire effectuer des trans-

rité maritime, que le navire neutre est aussi capturé lorsque la contrebande de guerre forme les trois quarts de la cargaison. — La déclaration de Londres du 26 février 1909 relative au Droit de la guerre maritime, dispose dans son article 40 : *La confiscation du navire transportant de la contrebande de guerre est permise, si cette contrebande forme, soit par sa valeur, soit par son poids, soit par son volume, soit par son fret, plus de la moitié de la cargaison.*

(1) Par conséquent, il ne pourrait être soutenu qu'avant que le délaissement soit admis, il faut que la prise ait été déclarée valable par la juridiction compétente. Le fait de la saisie et de la capture constitue la prise au point de vue du délaissement.

ports ; on dit alors qu'il y a exercice du *droit d'angarie*. Ce droit est rarement exercé dans les usages actuels.

L'arrêt de puissance a toujours pour effet de retenir le navire plus. ou moins longtemps dans un port ; mais il n'entraîne pas la dépossession du propriétaire assuré. Cependant, si les effets de la mesure se prolongent, il y a pour celui-ci l'équivalent d'une dépossession. Aussi l'arrêt de puissance n'est-il pas, par lui seul, un cas de sinistre majeur. Pour qu'il prenne ce caractère, il faut qu'il se soit écoulé un certain temps sans que la mainlevée de l'arrêt ait été prononcé.

1364. L'assuré est tenu de signifier l'avis de l'arrêt de puissance comme, en général, celui des sinistres majeurs et de tous autres événements aux risques des assureurs, à l'assureur dans les trois jours de la réception de la nouvelle (art. 374 et 387) ; c'est à partir seulement de cette signification que court le délai après lequel le délaissement peut être opéré. Le délai est de six mois, si l'arrêt a eu lieu dans les mers d'Europe, dans la Méditerranée ou dans la Baltique ; d'un an, si l'arrêt a eu lieu en pays plus éloigné. Ces délais sont réduits à un mois et demi et à trois mois, en matière d'assurances sur facultés, lorsque les marchandises arrêtées sont périssables (art. 387). Ces délais sont excessifs avec la facilité actuelle des communications.

1365. L'article 369 semble établir une distinction entre l'arrêt opéré par ordre du gouvernement français et l'arrêt émanant d'une puissance étrangère, pour exiger seulement dans le premier cas qu'il soit prononcé après le voyage commencé. Mais cette distinction ne doit pas être faite : il faut toujours que le voyage *assuré* soit commencé pour que le délaissement soit possible, en ce sens qu'il est nécessaire que les risques aient alors commencé à courir à la charge de l'assureur (art. 370, C. com.).

Le voyage qui doit être commencé pour que le délaissement soit possible, est le voyage *assuré*, non le voyage *réel* (no 1024). On sait que les risques sont le plus souvent à la charge de l'assureur même avant le départ du navire par lequel le voyage *réel* commence. V. nos 1203 à 1208. Qu'importe que le voyage *réel* n'ait pas commencé lorsque l'arrêt de puissance intervient, si, à ce moment, l'assurance avait déjà commencé à produire ses effets ?

1366. L'assuré est tenu de l'obligation générale de faire ce qui est en lui pour restreindre le sinistre. Aussi doit-il chercher à obtenir la mainlevée de l'arrêt (art. 388, 1er alin.). L'assureur peut l'aider dans ses démarches ou faire des démarches isolées; il a intérêt à ce que l'arrêt soit levé, pour éviter le délaissement (art. 388, 2e alin.). Ainsi que cela a été dit plus haut (n° 1345), la disposition contenue dans l'article 388, 2e alin., doit être généralisée, en ce sens que, même en dehors du cas d'arrêt de puissance, l'assureur peut toujours faire des démarches ou des efforts personnels pour restreindre la gravité de l'avarie ou empêcher qu'une avarie ne devienne assez grave pour constituer un sinistre majeur.

1367. L'arrêt de puissance est une mesure qui peut être prise en temps de paix comme en temps de guerre (n° 1365). Dans le cas où l'arrêt a lieu en temps de guerre, il y a là un risque dont l'assureur ne répond point quand la police exclut les risques de guerre (n° 1226).

Il va de soi, du reste, que, même en temps de paix, l'arrêt de puissance ne saurait donner lieu au délaissement quand il a sa cause dans un fait exclusif de toute responsabilité des assureurs; il en est ainsi quand un navire est arrêté par ordre de puissance à raison de ce qu'il aurait introduit sur le territoire d'un État des marchandises prohibées (1). La contrebande n'est pas, en effet, un risque de mer à la charge de l'assureur maritime (2).

1368. CLAUSES DES POLICES FRANÇAISES D'ASSURANCES RELATIVES AU CAS DE DÉLAISSEMENT. — Les dispositions du Code de commerce relatives aux sinistres majeurs laissent beaucoup à désirer. Elles ont donné naissance à de nombreuses difficultés d'interprétation et permis à des prétentions exorbitantes de se produire et même de triompher dans la jurisprudence, notamment à celle d'après laquelle le naufrage ou l'échouement avec bris du navire autorise le délaissement des marchandises même demeurées intactes (nos 1339 et 1342). On n'aperçoit pas très nettement les idées géné-

(1) Laurin sur Cresp, IV, p. 122 et 123.
(2) L'article 3 de la *police française d'assurance sur facultés* dispose notamment « que les assureurs sont exempts de captures, confiscations et « événements quelconques, provenant de contrebande ou de commerce « prohibé ou clandestin ».

rales qui ont servi de guide au législateur de 1807 pour déterminer les cas de délaissement. Les assureurs, profitant de ce que les dispositions du Code de commerce ne sont pas impératives (n° 1329), ont cherché dans les polices à établir sur ce point un système rationnel. Les deux polices françaises d'assurances contiennent des dispositions fort bien coordonnées. Leurs rédacteurs sont partis de l'idée que le délaissement est légitime seulement lorsque l'assuré est, par suite d'une fortune de mer, dépossédé ou placé dans l'impossibilité de mener à fin la spéculation qu'il a entreprise (n° 1325). Les rédacteurs des polices ont spécialement voulu empêcher que l'assuré ne trouvât dans le délaissement un moyen de rejeter sur l'assureur les erreurs commises dans l'opération commerciale entreprise par l'assuré ou de se débarrasser d'un navire usé par l'âge (1). Ils n'ont admis, en aucun cas, que le sinistre majeur atteignant le navire soit, par lui seul, une cause autorisant à délaisser les marchandises. Par suite, pour indiquer les cas de sinistres majeurs admis par les polices françaises, il faut distinguer entre la police d'assurance sur corps et la police d'assurance sur facultés.

1369. La *police française d'assurance sur corps* (art. 8 à 13) admet seulement trois cas de délaissement (2). Le navire peut, d'après cette police, être délaissé :

1° Dans le cas *de défaut de nouvelles* (art. 8 de la police). La police réduit les délais du défaut de nouvelles fixés par le Code de commerce ; elle les abrège plus particulièrement pour les navires à vapeur. Cette abréviation se justifie par la facilité et la rapidité des communications.

Les rédacteurs de la police, voulant éviter les difficultés d'interprétation de l'article 369, en tant qu'il mentionne parmi les sinistres majeurs le naufrage et l'échouement avec bris (n°s 1337 et suiv.), n'ont admis le délaissement que dans deux autres cas (art. 9) :

(1) M. de Courcy, à plusieurs reprises, a très bien montré à quels abus donne facilement lieu un système trop large relatif aux sinistres majeurs et indiqué les principes dont un système rationnel doit être déduit : *Questions de Droit maritime*, 2ᵉ série, p. 289 et suiv. ; *D'une réforme internationale du Droit maritime*, p. 241 et suiv.

(2) de Courcy, *Commentaire des polices d'assurance maritime*, p. 72 à 112.

2º Dans le cas de *disparition* ou de *destruction totale du navire ;*

3º Dans celui d'*innavigabilité produite par fortune de mer.* Dans quels cas le navire est-il réputé innavigable ? Il l'est d'après la police : *a.* quand les dépenses à faire au navire pour réparation d'avaries (déduction faite de la valeur des vieux doublages et autres débris) dépassent les trois quarts de la valeur agréée du navire (art. 10) (1) ; *b.* quand il y a défaut de moyens matériels de réparation (art. 11) (2).

L'abandon du navire et du fret est écarté par une disposition formelle (art. 12, 3º), comme cause de délaissement.

1370. La *police française d'assurance sur facultés* admet quatre cas de sinistres majeurs. D'après l'article 8 de cette police (3), les marchandises peuvent être délaissées :

1º Dans le cas de *défaut de nouvelles.* Les délais légaux sont réduits comme dans la police d'assurance sur corps.

___

(1) Sur ce point la police française d'assurance sur corps adopte la règle admise par la jurisprudence et que nous avons nous-mêmes approuvée.

On ne doit tenir compte que des pertes ou détériorations qui détruisent ou altèrent la chose assurée dans sa substance même. Aussi, selon l'article 10, 2º alin., de la police, il n'y a lieu de faire entrer en ligne de compte pour le calcul des trois quarts que les réparations d'avaries résultant de fortunes de mer et prescrites par les experts pour la remise du navire en bon état de navigabilité. On ne peut notamment y comprendre aucun chiffre pour dépenses imprévues, gages et vivres d'équipage, primes de grosse, frais d'expertise, de procédure et de sauvetage, etc., non plus que pour opérations provisoires. V. ci-dessus, nº 1355. — D'après le même article 10, 3º alin., bien que les dépenses à faire dépassent les trois quarts, le délaissement n'est pas admis si le navire parvient à destination. L'action d'avarie seule peut alors être exercée.

(2) Il faut alors qu'il soit établi que le navire ne pouvait pas relever avec sécurité, au besoin par allègement ou par l'aide d'un remorqueur, pour un autre port où il eût trouvé les ressources nécessaires et, de plus, que les armateurs ne pouvaient pas faire parvenir au lieu de la relâche les pièces de rechange nécessaires qui y feraient défaut (art. 11, 1er alin.). Au contraire, ne peut être déclaré innavigable ni être délaissé aux assureurs le navire qui a été condamné en raison seulement du manque de fonds nécessaires au paiement des dépenses de réparations ou autres. Grâce au télégraphe, tous les ports du monde étant reliés à l'Europe, le capitaine peut toujours demander des fonds à l'armateur.

(3) V. de Courcy, *Commentaire des polices françaises d'assurance maritime,* p. 248 à 266.

2º Dans tous les cas d'*innavigabilité* du navire par naufrage ou autrement, si, après les délais fixés par la police, la marchandise n'a pas pu être remise à la disposition du destinataire ou de l'assuré ou, au moins, si le rechargement sur un autre navire prêt à la recevoir n'a pas été commencé dans les mêmes délais. Ceux-ci courent du jour où l'innavigabilité a été notifiée par l'assuré à l'assureur. Les délais sont de quatre mois si l'événement a eu lieu sur les côtes ou îles de l'Europe ou sur le littoral d'Asie ou d'Afrique bordant la Méditerranée ou la mer Noire, sur les côtes ou îles de l'océan Atlantique hors d'Europe ; de six mois si l'événement a eu lieu sur les autres côtes ou îles. Si l'événement a eu lieu sur un point avec lequel la navigation peut être interrompue par la glace ou par une cause de force majeure, le délai est prolongé du temps pendant lequel l'accès du lieu de l'événement a été notoirement empêché.

3º *Dans le cas de vente ordonnée ailleurs qu'aux points de départ ou de destination pour cause d'avaries matérielles provenant d'une fortune de mer à la charge de l'assureur* (1).

4º Dans le cas où, indépendamment de tous frais quelconques, *la perte ou la détérioration matérielle absorbe les trois quarts de la valeur*.

L'article 8 de la *police française d'assurance sur facultés* indique expressément qu' « aucun autre cas ne donne droit au délaissement » et qu'il est dérogé aux dispositions du Code de commerce, spécialement aux articles 369 et 375.

1371. Le Code de commerce, en traitant des cas de délaissement comme des autres sujets se rattachant aux assurances maritimes, n'a visé que les assurances sur corps ou sur facultés. Cependant, il n'est pas douteux que le délaissement doit être admis dans les assurances maritimes relatives à d'autres choses. Ces assurances sont devenues plus nombreuses depuis la loi du 12 août 1885.

Il y a lieu de déterminer, à défaut de dispositions légales, quand, dans le silence de la police, le délaissement peut avoir lieu à l'occasion de ces assurances.

(1) En pareil cas, le délaissement est-il possible même quand le prix de la vente atteint les trois quarts de la valeur ? Pour la négative, Marseille, 3 décembre 1907, *Journal de jurisp. de Marseille*, 1908. 1: 113.

1372. La créance du prêteur à la grosse peut être assurée. Le prêteur a la faculté d'opérer le délaissement de cette créance quand, par suite du défaut de nouvelles, l'emprunteur ne peut être contraint au remboursement. Il y a lieu aussi au délaissement pour perte des trois quarts. La difficulté est seulement de déterminer quand on peut dire que cette perte existe. Peu importe que la chose affectée au prêt soit perdue ou détériorée dans cette proportion, si la valeur en demeure encore suffisante pour l'acquittement de la dette par l'emprunteur (1). Le délaissement ne doit être admis que lorsque ni l'action réelle du prêteur, ni son action personnelle contre l'emprunteur, ne lui fait obtenir au total plus des trois quarts de la somme prêtée (2). Ainsi, le délaissement est possible lorsque le prêteur en est réduit à l'action réelle qui ne lui fait obtenir le remboursement que jusqu'à concurrence du quart, ou quand, tout l'actif de l'emprunteur consistant dans la chose affectée au prêt, la valeur de cette chose ne va qu'aux trois quarts de la somme prêtée. Il serait exorbitant d'admettre le délaissement quand, grâce à l'action personnelle, le prêteur est remboursé du quart au moins.

1373. Le délaissement est aussi possible dans l'assurance du *fret* (3). Ainsi, l'on conçoit que le propriétaire du navire, ne touchant pas de fret en cas de défaut de nouvelles, fasse le délaissement de la créance du fret.

L'armateur qui, par suite de la perte des trois quarts des marchandises due à une fortune de mer, perd les trois quarts du fret, peut également délaisser. Mais le naufrage ou l'échouement avec bris ne permet pas, par lui-même, de délaisser le fret, puisque celui-ci peut être dû si les marchandises sont sauvées. Cette solution est en concordance avec celle qui, contrairement à la jurisprudence, a été admise plus haut à propos du délaissement dans les assurances sur facultés. V. nos 1339 et 1342.

On ne saurait parler de délaissement du fret en cas de détérioration des marchandises atteignant les trois quarts par cela même que,

---

(1) Cpr. Cass., 9 mars 1869, D. 1869. 1. 463.
(2) Arth. Desjardins, VII, n° 1563, p. 263.
(3) V. sur le délaissement dans l'assurance du fret, Arth. Desjardins, VII, p, 297 et suiv

DROIT COMMERCIAL, 4e édit.   VI—29

malgré la détérioration, le fret est dû intégralement (art. 309 et 310, C. com.). V. nᵒˢ 759 et suiv.

L'innavigabilité ne saurait non plus permettre sans distinction le délaissement du fret alors même que les marchandises ne sont pas parvenues à destination. L'armateur touche alors un fret proportionnel ou fret de distance (art. 296, C. com.) (1). Le fret ne pourrait être délaissé que si le fret proportionnel dû n'atteignait pas au moins les trois quarts du fret stipulé.

L'abandon n'est pas plus une cause de délaissement du fret que du navire (nᵒ 1359).

Mais, la prise des marchandises est une cause de délaissement du fret. L'armateur peut avoir intérêt à le faire, par cela même que, l'espérance de la restitution n'excluant pas le délaissement (nᵒ 1362); il touche immédiatement de l'assureur une somme égale au montant du fret qui, selon qu'il n'y aura pas ou qu'il y aura annulation de la prise, ne sera pas ou sera dû.

Il semble plus difficile de comprendre comment l'arrêt de puissance pourrait autoriser le délaissement du fret même après les délais de l'article 387, C. com. Il a été sans doute dit qu'alors, le fret est légalement perdu (2). Mais nous ne reconnaissons pas qu'il y ait des faits ou événements auxquels la loi attache la faculté de délaisser, en faisant abstraction des résultats dommageables qu'ils produisent ou ne produisent pas. L'arrêt de puissance n'empêche pas que le fret ne soit dû; il met obstacle seulement à ce que le fret coure ou à ce qu'il soit augmenté (art. 300, C. com.) (3).

Du reste, il va de soi que toutes ces solutions ne s'appliquent qu'en cas de silence de la police. Les clauses de celle-ci doivent avant tout être consultée pour déterminer les cas de sinistres majeurs.

1374. On ne peut concevoir le délaissement du *profit espéré*. Si le profit espéré a été assuré par l'assureur sur facultés, celui-ci, quand le délaissement des marchandises lui est fait, recouvre sans difficulté tout ce qui peut être obtenu par la vente des choses délaissées. Si, au contraire, le profit espéré a été l'objet d'une assurance distincte,

(1) V. nᵒ 772.
(2) Arth. Desjardins, VII, p. 297.
(3) V. nᵒ 782.

l'assureur des marchandises ne peut être empêché d'en recouvrer le produit intégral ; l'assurance du profit espéré lui est étrangère et il peut même ne pas en connaître l'existence. Il est sans doute possible que les marchandises ne soient pas délaissées à l'assureur sur facultés. Mais il serait absurde que l'assuré pût délaisser, qu'il pût, sous le prétexte que le profit espéré est réduit des trois quarts, réclamer, par exemple, à l'assureur, les 100.000 francs assurés à titre de profit espéré, parce que l'assuré n'a réalisé qu'un bénéfice de 25.000 francs et allègue qu'il a perdu les trois quarts du bénéfice espéré, soit 75.000 francs.

1374 bis. DROIT ÉTRANGER. — La faculté de délaissement est admise dans tous les pays maritimes et, dans les pays où la législation est codifiée, les Codes énumèrent les cas de sinistres majeurs. Les énumérations concordent sur beaucoup de points. Mais, spécialement en cette matière, les clauses des polices, dérogeant souvent à la loi, ont une importance pratique très grande. V. n° 1328.

La loi *belge* du 21 août 1879 (art. 222, 224 et 235) s'est bornée à reproduire les dispositions du Code de commerce français. Aussi peut-on discuter encore en Belgique sur le point de savoir si, d'après la loi, le naufrage ou l'échouement avec bris du navire est une cause de délaissement pour les marchandises assurées, celles-ci fussent-elles demeurées intactes (1).

Les Codes de commerce *hollandais* (art. 663 et suiv.), *espagnol* (art. 784 et suiv.), *chilien* (art. 1283 et suiv.), *argentin* (art. 1232 et suiv.) admettent aussi les mêmes cas de sinistres majeurs que notre Code.

Le Code de commerce *allemand*, après avoir traité de la perte totale absolue (*absoluter Totalverlust*) (2), admet des cas de sinistres majeurs où, la perte étant seulement présumée, on dit qu'il y a *konstruktiver Totalverlust* (3). Ces cas sont ceux de disparition, de danger résultant de ce que la chose assurée a été frappée d'em-

(1) Jacobs, *op. cit.*, II, n° 845.
(2) Les articles 858 et 864 définissent ce qu'il faut entendre par perte totale pour chacune des choses qui peuvent être assurées.
(3) Ces expressions sont imitées de celles dont on se sert en Grande-Bretagne. V. plus bas, p. 452.

bargo, prise par une puissance belligérante, arrêtée par ordre de puissance, capturée par des pirates et non relâchée dans un délai qui, selon les distances, est de six, neuf ou douze mois. V. art. 861 à 863 du Code de commerce *allemand*.

Le Code de commerce *italien* (art. 632 et suiv.) et le Code de commerce *roumain* (art. 644 et suiv.) reproduisent l'énumération des cas de sinistres majeurs faite par le Code de commerce français. Ils considèrent comme innavigable le navire qui ne peut être radoubé ou qui ne pourrait l'être qu'en faisant des frais montant aux trois quarts au moins de sa valeur (art. 632 7º).

Les Codes maritimes *scandinaves* (art. 256 et suiv.) admettent le délaissement en cas de perte totale ou de déclaration de bonne prise et ils reconnaissent qu'il y a perte totale quand le navire ou les marchandises ont subi des avaries telles qu'il faut les considérer comme détruits par rapport à leur utilité et à leurs caractères primitifs. Ils réputent aussi la perte survenue dans les cas de défaut de nouvelles, d'arrêt de puissance. C'est la distinction du Code *allemand* entre la perte totale réelle ou absolue et la perte totale présumée.

Le Code maritime de *Finlande* (art. 214 et suiv.) admet également le délaissement, comme s'il y avait perte totale, quand les objets détruits ou avariés ne peuvent plus servir à leur destination, quand ils ont été capturés, quand il y a arrêt de puissance ou défaut de nouvelles.

En *Grande-Bretagne*, les règles antérieurement admises par la coutume (1) relativement au cas de délaissement, sont consacrées par la loi de 1906 (art. 57 à 61). On distingue la perte totale absolue (*actual total loss*) et la perte totale relative ou présumée (*constructive total loss*). L'intérêt de cette distinction consiste en ce qu'en cas de perte totale absolue, l'assuré peut réclamer la somme assurée entière sans avoir besoin de notifier le délaissement à l'assureur (art. 57), tandis qu'en cas de perte totale relative, une notification du délaissement (*notice of abandonment*) est nécessaire. Il y a perte totale absolue quand la chose assurée a entièrement péri ou quand elle est réduite

_____

(1) Arnould, *On marine insurance*, p. 344 et suiv. ; Mac Arthur, *The contract of marine insurance*, p. 145 à 153.

à un tel état qu'elle ne peut plus servir à l'usage auquel elle est destinée, qu'on ne saurait plus la désigner sous sa dénomination originaire (art. 57). La loi anglaise (art. 58) admet le délaissement pour défaut de nouvelles, mais en laissant au juge l'appréciation du délai raisonnable écoulé sans nouvelles et après lequel la perte totale peut être présumée. Il y a, au contraire, perte totale relative quand la chose assurée existe bien *in specie* ou qu'on a quelque espoir de la recouvrer, mais que les frais à faire pour la réparer ou la recouvrer seraient excessifs et dans les cas où la perte totale apparaît comme inévitable (art. 60). On considère que les dépenses seraient excessives quand elles dépassent la valeur qu'aurait la chose assurée après les réparations. La vente des marchandises en cours de voyage, à raison de ce qu'on ne peut trouver un autre bâtiment pour les transporter jusqu'à destination ou de ce qu'elles ne pourraient supporter un plus long voyage, constitue un cas de perte relative permettant le délaissement. En cas de perte totale relative, l'assuré a le droit ou de délaisser ou de traiter la perte comme une perte partielle (art. 61).

Dans les *États-Unis d'Amérique*, on fait la même distinction entre les deux sortes de pertes ; mais il est généralement admis que le délaissement est possible par cela seul que les frais de réparations à faire atteignent la moitié de la valeur qu'aurait le navire une fois réparé (1).

1375. Que doit comprendre le délaissement. — Le principe général est que le délaissement doit comprendre la chose assurée et ses accessoires (art. 372, 2e phrase, C. com.). L'assuré doit, en délaissant, se mettre dans la situation où il serait s'il y avait perte totale ; c'est même là ce qui justifie qu'il ait droit à la somme assurée entière.

Il importe d'appliquer spécialement ce principe aux deux grandes espèces d'assurances maritimes, c'est-à-dire aux assurances sur corps et aux assurances sur facultés. En ce qui concerne les premières, des modifications sont résultées quant aux choses à compren-

---

(1) Townsend, *A compendium of mercantile law*, nos 574 et suiv.

dre dans le délaissement, de l'abrogation de l'article 386, C. com.,
par la loi du 12 août 1885.

1376. Dans les assurances sur facultés, le délaissement doit comprendre les marchandises ou ce qui peut en rester. L'assureur devenant, comme cela sera expliqué à propos des effets du délaissement
(n° 1388), propriétaire de ces marchandises, ou de ce qui en reste,
peut les vendre pour son compte. De cette façon les chances de la
spéculation entreprise par l'assuré sont transmises à l'assureur.
Celui-ci peut donc éprouver une perte pécuniaire par suite de l'abais-
sement des cours.

Si, avant que le délaissement n'eût lieu, l'assuré avait encaissé
pour une partie des effets sauvés le produit de la vente, il devrait le
comprendre dans le délaissement.

Mais le délaissement ne peut s'appliquer qu'aux marchandises en
risque. Il ne saurait, par suite, être question d'y comprendre des
marchandises qui ont déjà été déchargées lors de l'événement constituant un cas de sinistre majeur (1).

Dans le délaissement doit être compris le droit à contribution
résultant d'une avarie commune antérieurement survenue. Autrement, l'assureur ne serait pas mis à la place de l'assuré. Celui-ci
pourrait s'enrichir contrairement au but de l'assurance et de la contribution aux avaries communes : l'assuré toucherait et de l'assureur
la somme entière assurée et des contribuables une somme due
par voie de contribution et représentant la valeur des choses sacrifiées dans l'intérêt commun.

Par des raisons analogues, l'assuré doit aussi comprendre dans le
délaissement le droit à indemnité pour dommage causé par un abordage aux marchandises assurées.

1377. Dans l'assurance sur corps, le délaissement doit porter sur
le navire assuré ou ses débris avec ses accessoires. Parmi ceux-ci se
trouvent spécialement le droit à contribution du propriétaire du navire
assuré à raison d'une avarie commune antérieure au sinistre majeur
et le droit à indemnité à raison d'un abordage. V. analog. n° 1376.

_____

(1) Il va de soi que, dans ce cas, la somme assurée à payer par l'assureur subit une diminution égale à la valeur des marchandises antérieurement déchargées. V. n° 1344.

1377 *bis*. Avant la loi du 12 août 1885, le délaissement devait comprendre avec le navire, aux termes de l'article 386, C. com., le fret des marchandises sauvées. L'obligation de délaisser ainsi le fret s'expliquait par deux idées. Le délaissement met l'assureur à la place de l'assuré quant au navire; l'assureur doit aussi lui être substitué pour le fret, qui est un accessoire, un fruit civil du navire. Du reste, l'ancien article 347, C. com., prohibait l'assurance du fret à faire ; cette prohibition n'aurait pas été respectée si le propriétaire du navire avait pu toucher de son assureur une somme représentant la valeur du navire et garder le fret. Il aurait été ainsi, grâce à l'assurance, placé, en cas de sinistre, dans la situation où il se serait trouvé en cas d'heureuse arrivée, ce qui eût été contraire au système d'assurance admis avant la loi du 12 août 1885 (n° 1128) (1). Au reste, l'application de l'article 386, C. com., donnait lieu à de nombreuses difficultés, spécialement pour la détermination précise de ce qu'il fallait entendre par marchandises sauvées (2).

1378. Le délaissement du navire ne comprend plus le fret des marchandises sauvées; l'article 386, C. com., a été expressément abrogé par la loi du 12 août 1885. Il y a là une conséquence pouvant être rattachée à la faculté reconnue au propriétaire du navire de faire assurer le fret (n° 1134). Il n'est plus vrai, par suite, de dire que l'assurance ne peut pas servir à placer, en cas de sinistre, l'assuré dans la situation pécuniaire où il aurait été en cas d'heureuse arrivée. Au reste, l'assurance du fret étant permise, il faut, quand le fret a été assuré, qu'en cas de sinistre majeur, l'assuré puisse le délaisser à l'assureur du fret, ce qui ne pourrait avoir lieu si le fret était à comprendre dans le délaissement fait à l'assureur sur corps.

Quand il n'y a pas d'assurance du fret, le propriétaire du navire doit être considéré, à l'égard de celui-ci, comme son propre assureur et, par conséquent, il conserve le fret tout en délaissant le navire. Cela

(1) En s'appuyant sur ces motifs de l'article 386, C. com., on pouvait soutenir qu'il était défendu de stipuler que le fret des marchandises sauvées ne serait pas compris dans le délaissement. V. notre *Précis de Droit commercial*, II, n° 2192.

(2) V. notre *Précis de Droit commercial*, II, n°s 2188 à 2190.

s'applique notamment au cas où, malgré le sinistre majeur ayant atteint le navire, des marchandises ont été sauvées, au cas où des marchandises ont été débarquées avant le sinistre dans un port de relâche, au cas où le fret a été stipulé non restituable ou payable à tout événement.

1379. L'article 386, C. com., était, avant la loi du 1er août 1885, appliqué, par identité de motifs, au prix de passage dû à l'armateur (analog. n° 237). Ce prix, par assimilation au fret, ne doit plus être compris dans le délaissement fait à l'assureur sur corps.

1380. D'après l'ancien article 386, C. com., le délaissement qui devait s'appliquer au fret, n'affranchissait pas la créance du fret des charges qui le grevaient, telles que les loyers des matelots, les frais de relâche, etc. Il va de soi que ces charges sont supportées aujourd'hui par le propriétaire du navire qui conserve le fret ou par l'assureur du fret auquel le délaissement est fait, depuis la loi du 12 août 1885.

1381. On a prétendu que dans le délaissement doit être comprise la prime ou la rémunération d'assistance accordée pour l'assistance donnée à un autre bâtiment (1). C'est là une solution inexacte (2). Cette prime ou rémunération ne constitue point un accessoire du navire ; elle est accordée aux sauveteurs pour les rémunérer du service qu'ils ont rendu ; elle a un caractère personnel.

1382. Il ne faut pas non plus admettre que le propriétaire du navire doit comprendre dans le délaissement les primes à la navigation ou les compensations d'armement qui lui sont dues, en vertu des lois du 7 avril 1902 et du 19 avril 1906 (n°s 29 à 33 et suiv.). Ces primes et ces compensations d'armement sont sans doute gagnées par le navire ; mais elles ont, pour les armateurs, un caractère personnel, par cela même qu'elles sont établies pour encourager le commerce des armements (3). En faveur de l'opinion contraire (4),

---

(1) Trib. comm. Marseille, 24 avr. 1863, *Journ. de Marseille*, 1863. 1. 121 ; Em. Cauvet, II, n° 343.

(2) Laurin sur Cresp. IV, p. 191, *note* ; Droz, II, p. 361 et suiv.

(3) de Courcy, *Questions de Droit maritime* (3e série), p. 81 et suiv.

(4) V. *Jugement arbitral rendu à Marseille*, le 19 août 1884 ; article de M. Denis Guillot dans *la Loi*, numéro du 17 juin 1884.

on avait fait valoir que les primes et les compensations d'armement, étant destinées à remédier à la baisse du fret, doivent être considérées comme un accessoire du fret et, par suite, délaissées avec lui. Mais, cet argument même ne peut plus être donné depuis que, par suite de l'abrogation de l'article 386, C. com., par la loi du 12 août 1885, le fret n'est plus compris dans le délaissement.

La solution admise n'est pas en contradiction avec celle d'après laquelle le fret doit être compris dans l'abandon fait aux créanciers en vertu de l'article 216, C. com. (n° 246) (1). Il y a là une faculté exceptionnelle pouvant nuire aux créanciers ; le propriétaire d'un navire ne doit être admis à en user qu'autant qu'il ne conserve aucun des bénéfices pouvant résulter pour lui de la navigation.

1383. *Indivisibilité de délaissement.* — L'assurance est indivisible ; elle porte sur la chose assurée en entier. Par suite, le délaissement lui-même est aussi indivisible (art. 372), c'est-à-dire que l'assuré n'a pas le droit de délaisser une partie seulement de la chose assurée et d'exercer l'action d'avarie pour le restant (2). Mais le délaissement ne s'étend qu'aux effets qui sont l'objet de l'assurance et du risque (art. 372). L'assuré ne pourrait donc pas, si l'assurance s'applique à tout le chargement, délaisser les marchandises de telle espèce et réclamer un règlement par avaries pour les marchandises de telle autre espèce. Il n'en est ainsi qu'autant que toutes les marchandises forment l'objet d'une assurance unique. Si plusieurs assurances distinctes avaient été faites sur des marchandises, fût-ce par le même chargeur, l'assuré pourrait prendre un parti différent pour chaque groupe de marchandises, délaisser les unes et régler par avaries pour les autres.

Il peut être difficile de décider si, pour les marchandises, il y a ou non plusieurs assurances. La difficulté se présente surtout lorsqu'il n'existe qu'une seule police pour des marchandises diverses. On peut la trancher en examinant si ces marchandises ont été assurées pour une somme unique ou si chacune de leurs catégories l'a été pour

---

(1) V. de Courcy, passage cité à la note 3 de la page 456.
(2) Voir une application du principe qui exclut le délaissement partiel, Trib. comm. Marseille, 14 juin 1894, *Revue int. du Droit marit.*, 1894-95, p. 85.

une somme distincte ; dans le second cas, il y a plusieurs assurances.

Il y a lieu d'appliquer les mêmes règles au cas où une police contient l'assurance du navire et de la cargaison (n° 1200). Ce cas est rare par cela même qu'en général, le navire et les marchandises qu'il transporte appartiennent à des personnes différentes.

Lorsqu'il y a plusieurs assureurs pour une seule chose, le délaissement doit être fait à chacun d'eux en proportion de la somme assurée par lui. De même, l'assuré qui a conservé un découvert, peut, tout en délaissant, conserver pour lui une partie de la chose assurée proportionnelle à celle dont il est resté son propre assureur. Ainsi, à la suite du délaissement, un état de copropriété se trouve établi entre l'assuré et l'assureur.

1384. Lorsque dans la police se trouve la clause de faire échelle, si des marchandises ont été déchargées en cours de route, le risque se réduit pour l'assureur à celles qui étaient à bord lors du sinistre donnant lieu au délaissement. L'assuré n'est pas tenu de délaisser les marchandises déchargées avant le sinistre. Mais, pour déterminer quelle est, en pareil cas, l'obligation de l'assureur, une distinction doit être faite. Lorsque les marchandises restées à bord ont une valeur inférieure à la somme assurée, l'assureur ne doit qu'une somme égale à cette valeur. Ainsi, l'on peut supposer une cargaison d'une valeur de 30.000 francs assurée pour cette même somme avec clause de faire échelle. Si, lors du sinistre majeur, des marchandises représentant le tiers de cette somme ont été antérieurement déchargées, l'assuré ne peut réclamer que 20.000 francs à l'assureur ; en même temps il n'a à délaisser que les marchandises se trouvant à bord lors du sinistre. Mais si les marchandises restées à bord du navire ont une valeur égale au moins à la somme assurée, toute l'indemnité doit être payée, malgré les déchargements antérieurement opérés ; l'assuré a pu user de son découvert comme il l'entendait (1). Il faut donc repousser l'opinion de quelques auteurs (2) qui sont d'avis que les assureurs se trouvent libérés envers l'assuré d'une somme proportionnelle à la valeur des marchandises déchar-

(1) Emérigon, *op. cit.*, chap. XVII, sect. VIII.
(2) Boistel, n° 1519 ; Droz, n° 592.

gées comparée à la somme assurée. Ils prétendent que, quand la
police ne spécifie pas les marchandises assurées, l'assurance s'applique à toutes les marchandises, mais que chacun des objets ainsi
compris dans l'assurance n'est garanti que partiellement par elle.

1385. Le délaissement doit être pur et simple, il ne peut pas être
conditionnel (art. 372) ; l'assureur aurait donc le droit de le refuser,
par cela seul que l'assuré voudrait le subordonner à une condition
quelconque et l'assuré, de son côté, pourrait protester contre toute
condition à laquelle l'assureur voudrait le soumettre. Ainsi, l'assuré
ne peut obliger l'assureur à accepter un délaissement pour défaut de
nouvelles sous la condition que le navire assuré lui sera restitué à la
charge par lui de rendre l'indemnité d'assurance, si l'on a des nouvelles du navire. Cela serait contraire au but même du délaissement
qui est de permettre un règlement prompt et définitif, indépendant
des événements postérieurs.

1386. *Moment où le délaissement devient irrévocable.* — L'assuré a l'option entre le délaissement et l'action d'avaries (n° 1267).
Il peut même revenir sur l'option qu'il a faite pour le délaissement
tant que celui-ci n'est pas devenu irrévocable. Il le devient, soit du
moment où il a été accepté par l'assureur, soit, s'il y a contestation,
du moment où il a été déclaré valable par jugement passé en force
de chose jugée.

L'acceptation peut être expresse ou tacite (1).

1387. L'irrévocabilité du délaissement subit, toutefois, quelque
restriction. Le délaissement est un acte de volonté ; la volonté de
l'assureur ou celle de l'assuré peut être affectée d'un des vices du
consentement qui, en général, rendent les actes nuls (art. 1109
et suiv., C. civ.) ; il y aurait lieu alors d'admettre la nullité du
délaissement. Il en serait ainsi dans les cas où l'assuré aurait usé
de dol, où le délaissement aurait été fait à raison d'un sinistre
qui ne s'était pas réellement produit, par exemple à raison d'une

---

(1) Les mesures de sauvetage prises par l'assureur ne constituent pas
une acceptation tacite. V. Cass., 23 avril 1903, S. et P. 1905. 1. 128 ;
D. 1903. 4. 407 ; *Pand. fr.*, 1904. 1. 438 ; *Revue int. du Droit marit.*,
XIX, p. 5.

prise imaginaire (1). Il y a alors nullité pour dol ou pour erreur (2).

Ne faut-il pas aussi reconnaître que le délaissement peut être résolu par suite du défaut du paiement de l'indemnité d'assurance ? Cette question sera examinée plus loin (n° 1394).

1387 *bis*. A quelle époque le juge doit-il, en cas de contestation, se placer, pour décider s'il y a eu réellement un sinistre majeur à raison duquel le délaissement doit être déclaré valable ? La question a une véritable importance pratique. Il peut y avoir, dans les faits, des changements tels, qu'un événement qui était apparu comme constituant un cas de sinistre majeur, n'en a plus à un moment donné les caractères. Ainsi, selon le moment auquel le juge doit se placer, le délaissement doit être admis ou, au contraire, exclu.

Des opinions très diverses sont défendues. Des auteurs soutiennent, en principe, que dès qu'à un moment donné le sinistre majeur a existé (3) ou dès qu'il y avait sinistre majeur lors de la signification du délaissement (4), celui-ci doit être admis malgré les faits postérieurs qui ont pu se produire. Ils appliquent notamment leur doctrine au cas de prise suivie de restitution. Selon nous, aucune de ces deux opinions n'est exacte ; il faut pour que le délaissement doive être validé, que les conditions constitutives du sinistre majeur existent au moment où le délaissement devient irrévocable par l'acceptation de l'assureur ou en vertu d'un jugement. Il serait exorbitant de reconnaître la faculté de délaisser, dans des cas où les faits prouvent qu'il n'y a pas eu sinistre majeur. Du reste, l'article 385, C. com., paraît bien confirmer cette doctrine. C'est après avoir indiqué le moment où le délaissement devient irrévocable, que l'article 385 dispose : *l'assureur ne peut, sous prétexte du retour du navire, se dispenser de payer la somme assurée.* Cette disposition ne vise que le cas de délaissement pour défaut de nouvelles. Mais il est impossible d'appliquer des principes différents aux divers cas de sinistres majeurs. On pourrait objecter contre ce système que l'ar-

---

(1) Trib. comm. Marseille, 8 juill. 1892, *Revue intern. du Droit maritime*, 1802-93, p. 112. — V. Em. Cauvet, II, n° 386.
(2) Arth. Desjardins, VII, n° 1591.
(3) Arth. Desjardins, VII, p. 180.
(4) Boistel, n° 1396 ; de Valroger, n°s 1717 et 1721.

ticle 381, C. com., admet qu'en cas de naufrage ou d'échouement avec bris, l'assuré doit, sans préjudice du délaissement à faire en temps et lieu, travailler au recouvrement des effets naufragés Cela paraît impliquer que, dès qu'il y naufrage ou échouement avec bris, le délaissement est possible malgré les faits postérieurs de sauvetage. Tel n'est pas le sens de cette disposition ; elle signifie seulement que la participation de l'assuré au sauvetage, qui constitue, pour lui, une obligation à l'égard de l'assureur, ne saurait permettre à celui-ci d'alléguer que l'assuré a, par sa conduite, renoncé à l'exercice de la faculté de délaisser ; mais il faut, pour qu'il en soit ainsi, qu'on ne puisse pas dire, en définitive, que, grâce au sauvetage, il n'y a pas naufrage ou échouement avec bris.

Il n'en est pas moins vrai, il faut le reconnaître, que notre système, offre un inconvénient. Avec lui, l'assureur a intérêt à contester le délaissement pour retarder le jugement ; cela peut laisser le temps à des faits nouveaux, destructifs du sinistre majeur, de se produire.

1388. *Effets du délaissement.* — Le délaissement a des effets multiples ; il transmet des droits à l'assureur et donne lieu à l'obligation corrélative pour lui de payer la somme assurée entière.

Par suite du délaissement, l'assureur acquiert les droits de l'assuré sur la chose assurée et ceux que l'assuré a acquis à l'occasion de cette chose. Comme, d'ordinaire. l'assuré est propriétaire de la chose assurée, c'est le plus souvent la propriété qui est transmise à l'assureur. Aussi doit-on comprendre le délaissement parmi les modes d'acquisition spéciaux au Droit maritime. V. n° 164.

Si l'assuré a quelque droit contre le capitaine ou contre des tiers qui, par leur faute, ont causé la perte ou la détérioration de la chose assurée, ces droits passent avec cette chose à l'assureur. Mais, pour être saisi à l'égard des tiers des créances de l'assuré, l'assureur n'a pas besoin de remplir les formalités de l'article 1690, C. civ. (1). Outre qu'un usage constant est établi en ce sens, on peut dire que les formalités de l'article 1690, C. civ., sont étrangères aux cas où

(1) Il résulte de là que les cessionnaires des créances de l'assuré contre des tiers seraient écartés par cela seul que le délaissement serait antérieur en date aux cessions.

une créance ne forme pas l'objet unique d'une cession, mais est comprise dans un ensemble de choses cédées, comme un des éléments de celui-ci.

Il va de soi que, comme dans le cas d'exercice de l'action d'avaries, l'assureur peut, en vertu des articles 1382 et 1383, C. civ., agir directement de son chef contre les tiers qui, par leur faute, ont causé le sinistre à l'occasion duquel le délaissement a été fait. V. nᵒˢ 1312 et suiv.

1389. L'assureur auquel le délaissement est fait par l'assuré est tenu de payer à celui-ci la somme assurée entière. La chose assurée est réputée avoir péri en totalité. Ainsi, grâce au délaissement, on évite les difficultés que fait naître souvent, en cas de règlement par avaries, la fixation d'une indemnité proportionnée au dommage souffert (nᵒ 1326).

Dans l'usage, quand il y a délaissement, on ne déduit même pas de franchises du montant de la somme assurée.

1390. A partir de quel moment le délaissement produit-il son effet translatif à l'égard de l'assureur ? L'article 384, C. com., semblerait impliquer qu'il ne le produit que pour l'avenir, en disposant que *les effets assurés appartiennent à l'assureur à partir du délaissement.* Cette disposition indique seulement le moment où le lien de droit se forme d'une façon définitive entre l'assuré et l'assureur. D'après la tradition, la transmission des droits de l'assuré à l'assureur remonte dans ses effets au jour où s'est produit le sinistre qui a permis le délaissement (1). A partir du sinistre, l'assureur est tenu de payer la somme assurée et de recevoir les objets assurés, si l'assuré les délaisse. Quand le délaissement a lieu, il y a en quelque sorte là l'accomplissement d'une condition qui rétroagit au jour où est né l'engagement (2). Cette rétroactivité a des conséquences pratiques de quelque importance à plusieurs points de vue : 1ᵒ le capitaine étant considéré comme le préposé de l'assureur à partir du jour du sinistre, l'assureur est de ce jour responsable des fautes du capitaine, alors même qu'il ne s'est pas rendu garant de la

(1) Paris (2ᵉ ch.), 18 déc. 1889, *la Loi*, nᵒ du 25 janv. 1890; Trib. comm. Marseille, 22 fév. 1907, *Revue int. du Droit marit.*, XXII, p. 641.

(2) J.-V. Cauvet, II, nᵒ 325 ; Em. Cauvet, II, nᵒ 379.

baraterie de patron (1) ; 2° c'est comme préposé de l'assureur que l'assuré travaille au sauvetage, celui-ci peut donc réclamer à l'assureur les frais faits par lui jusqu'à concurrence de la valeur des objets sauvés. V. art. 381, C. com. (2) ; 3° si ces objets sont vendus, l'assureur est créancier de l'acheteur et non de l'assuré qui est étranger à la vente (3) ; 4° quand un sinistre a atteint des marchandises dans un voyage d'aller, les assurances de retour sont annulées pour ces mêmes marchandises que l'on rapporterait, bien que le délaissement n'ait été signifié que pendant le retour (4).

Cependant, cette doctrine est contestée et cela dans deux sens opposés. Les uns ne font rétroagir le délaissement que jusqu'au jour de la signification du délaissement (5) ; les autres, au contraire, admettent la rétroactivité jusqu'au jour où l'assurance a été conclue (6). La première de ces opinions méconnaît l'idée selon laquelle la cause du délaissement existe dès que le sinistre majeur s'est produit. Quant à la seconde, elle a le tort de faire rétroagir les effets du délaissement à une date antérieure même à la cause qui permet de l'opérer (7).

La question de savoir jusqu'à quel moment les effets du délaissement se produisent dans le passé, est, du reste, tout à fait distincte de la question relative à la détermination du moment où le délaissement devient irrévocable, de telle façon que l'assuré ne peut plus revenir sur le parti qu'il a pris et réclamer un règlement par avaries.

1391. *Le délaissement est-il résoluble à défaut de paiement de*

---

(1) Trib. comm. Marseille, 14 mars 1839, *Journ. de Marseille*, 1839. 1. 198.

(2-3) Trib. comm. Marseille, 24 mai 1832, *Journ. de Marseille*, 1832. 1. 185. V. Paris, 18 juin 1889, *la Loi*, numéro du 23 janv. 1890.

(4) Trib. comm. Marseille, 26 juin 1326, *Journ. de Marseille*, 1826. 1. 167.

(5) Laurin sur Cresp, IV, p. 182 et 183.

(6) Arth. Desjardins, VII, n° 1592.

(7) Emérigon (*Traité des assurances*, chap. XVII, sect. VI, § 4) touche la question dans les termes suivants : « Le délaissement a un effet rétro- « actif vis-à-vis des assureurs, lesquels, jusqu'à la concurrence de l'intérêt « assuré, sont présumés avoir été, dès le principe, propriétaire de la chose « assurée ». On a invoqué ce passage pour ranger Emérigon parmi les partisans de la rétroactivité jusqu'à la date de la police. Mais la phrase d'Emérigon permet seulement d'affirmer qu'il admettait l'effet rétroactif, sans qu'on puisse dire jusqu'à quelle époque il l'admettait.

l'indemnité d'assurance? — Il se pourrait que l'assureur auquel le délaissement a été fait, ne payât, pourtant, pas à l'assuré l'indemnité d'assurance. L'assuré aurait-il le droit en ce cas de faire résoudre le délaissement? La question présente un intérêt pratique dans le cas de faillite de l'assureur. On a invoqué en faveur de la résolution du délaissement le principe général de l'article 1184, C. civ., et l'on a été jusqu'à comparer le délaissement à la vente (1). Mais cette doctrine ne paraît pas admissible. Le délaissement est, en règle générale, irrévocable à partir du moment où il a été soit accepté par l'assureur soit jugé valable (art. 385). Sans doute, les principes du droit commun doivent faire en quelques cas, d'ailleurs fort rares, admettre la nullité ou la résolution du délaissement (n° 1387). Mais, ces principes ne peuvent être invoqués ici ; le délaissement n'est pas un contrat régi comme tel par l'article 1184, C. civ. ; c'est un acte constituant une des conséquences du contrat d'assurance (2).

1392. *Combinaison du délaissement et de l'abandon du navire et du fret.* — Il a été admis plus haut (n° 1359) que l'abandon ne constitue pas par lui-même une cause de délaissement. Mais il est possible qu'on se trouve dans un cas de sinistre majeur et que le propriétaire du navire soit tenu envers des tiers à raison d'actes ou de faits du capitaine. Le propriétaire du navire peut-il, à la fois, faire abandon aux créanciers et délaissement à son assureur? On a soutenu que ces deux actes sont inconciliables (3). Si chacun de ces

(1) Trib. comm. Nantes, 4 sept. 1858, *Journ. de Marseille*, 1859. 2. 83. V. la note suivante.

(2) Rennes, 8 avr. 1859, *Journ. de Marseille*, 1859. 2. 83 (Cet arrêt infirme le jugement du tribunal de commerse de Nantes, cité à la note précédente).

(3) Trib. comm. Marseille, 27 juill. 1888, *Revue intern. du Droit maritime*, 1888-89, p. 438. Cpr. Cour de cassation de Turin, 17 juin 1905, *Pand. fr.*, 1907. 5. 10 ; *Revue int. du Droit marit.*, XXI, p. 378, Cet arrêt déclare nul l'abandon fait aux créanciers après le délaissement fait à l'assureur. — Jacobs, *le Droit maritime belge*, I, n° 78.

M. de Courcy (*Questions de Droit maritime*, 2ᵉ série, p. 197 et 198) admet que les principes rigoureux du droit devraient conduire à cette solution. Mais il reconnaît qu'elle déconcerterait les armateurs et jetterait dans leurs opérations une perturbation énorme. Il propose alors des solutions

actes est translatif de propriété, comment le propriétaire d'un navire assuré pourrait-il en transmettre par l'abandon la propriété aux créanciers, alors que, par l'effet du délaissement, cette propriété est déjà passée à l'assureur, ou, à l'inverse, comment, après qu'elle a été transmise aux créanciers par l'abandon (n° 252), pourrait-elle l'être par le délaissement à l'assureur? Cependant, l'opinion la plus générale, qui paraît exacte, reconnaît que l'abandon et le délaissement ne s'excluent pas et peuvent être faits à l'occasion du même navire (1). Du reste, la doctrine qui triomphe ne reconnaît pas que l'abandon de l'article 216, C. com., soit translatif de propriété.

Le délaissement est possible après l'abandon fait aux créanciers. Le délaissement a moins pour effet nécessaire de transférer la propriété du navire à l'assureur que de le mettre aux lieu et place de l'assuré (n° 1388). N'est-ce pas ainsi que l'assureur auquel le délaissement est fait se trouve ne rien acquérir quand il y a eu perte entière, prise ou défaut de nouvelles sans que le navire revienne ?

L'abandon n'est pas non plus exclu par le délaissement antérieur. Le délaissement ne peut être fait à l'assureur qu'avec les charges qui grèvent le navire, et l'on ne concevrait pas que, par suite du

---

d'expédient qui sont précisément celles qui sont adoptées au texte, de telle façon qu'en nous plaçant au point de vue purement pratique, nous pouvons invoquer l'autorité de M. de Courcy en faveur des décisions que nous adoptons.

(1) Marseille, 13 déc. 1859, Aix, 22 déc. 1860, le Havre, 6 avr. 1870, *Journ. de Marseille*, 1860. 1. 11; 1861. 1. 58; 1872. 2. 246. — Dans les espèces de ces décisions judiciaires, il s'agissait d'un abandon fait après délaissement ; mais le premier jugement cité indique nettement dans ses motifs que *l'abandon et le délaissement peuvent exister ensemble.* — Laurin sur Cresp, I, p 637 ; IV, p. 137 ; Arth. Desjardins, II, p. 101 et 102 ; J.-V. Cauvet, *Assurances maritimes*, II, n° 327 ; Demangeat sur Bravard, IV, p. 158 ; de Sèze, *op. cit.*, p. 244 et suiv. Ce dernier auteur arrive, en définitive, aux mêmes résultats que nous ; mais il a un point de départ quelque peu différent, par cela même qu'il ne considère pas l'abandon comme un acte translatif de propriété (n° 1678). V. aussi de Courcy, passage cité à la note précédente, sous la réserve que nous y faisons. Cpr. Cour de Gênes, 25 avril 1904, *Revue int. du Droit marit.*, XX, p. 653. Cet arrêt a été cassé par un arrêt de la Cour de cassation de Turin, 17 juillet 1905, *Revue int. du Droit marit.*, XXI, p. 378.

délaissement, le propriétaire du navire assuré se trouvât tenu sur
sa fortune de terre. Il serait exorbitant et contraire à l'intention
probable des parties, de considérer le délaissement comme impliquant une renonciation à la faculté d'abandon.

1393. Il ne suffit pas de reconnaître que le délaissement et
l'abandon ne sont pas incompatibles. Il faut encore, en supposant
qu'ils soient faits à propos du même navire, déterminer la situation
respective des créanciers et de l'assureur. Les créanciers sont étrangers à l'assurance, contrat conclu par le propriétaire du navire sans
leur participation. L'assurance ne leur profite pas (n° 241) (1) ; il est
juste qu'elle ne puisse pas non plus leur préjudicier. Aussi, sur le
fret et sur le navire, ils doivent être préférés à l'assureur : c'est à
eux que le fret et le navire appartiennent à l'exclusion de celui-ci.
Seulement, l'assureur ne doit pas non plus être lésé par l'abandon ;
aussi la valeur des débris sauvés et du fret compris dans l'abandon
est déduite sur le montant de l'indemnité à payer à l'assuré (2). En
définitive, la situation de l'assureur n'est pas empirée par suite de
l'abandon pas plus que celle des créanciers ne l'est par suite du
délaissement.

Par cela même que le navire reste aux créanciers auxquels il a
été abandonné, l'assureur ne pourrait pas évidemment, malgré le
délaissement, se livrer à l'exploitation de ce navire, comme il peut
le faire ordinairement (3). Mais l'assureur se trouve mis à la place
de l'assuré. En conséquence, s'il y a intérêt, il peut, comme l'aurait
pu faire l'assuré lui-même, révoquer l'abandon tant qu'il n'a pas été
accepté par les créanciers, à charge de payer toutes les dettes. Il va

(1) Cela n'est certain que pour les créanciers chirographaires de l'assuré.
Car les créanciers hypothécaires et privilégiés sur le navire ou sur les
marchandises sont admis à exercer leurs droits de préférence sur l'indemnité d'assurance afférente au navire ou aux marchandises, par application
de la loi du 19 février 1889 (art. 2). V. n°s 1712 *bis*.

(2) Cela n'est vrai que si le principe des créances est étranger aux risques des assureurs. Si l'action des créanciers dérivait, par exemple, d'un
abordage survenu pendant la durée de l'assurance, l'assuré n'aurait pas à
supporter la déduction dont il est question au texte. V. de Courcy, *loc,
citat.*, p. 199 et 200.

(3) C'est là une faculté dont les assureurs usent fort rarement. En général, ils ont intérêt à vendre le navire délaissé.

de soi que l'assureur pourrait également, une fois le délaissement opéré, faire l'abandon du navire et du fret, s'il n'avait pas déjà été opéré par l'assuré.

Tout ce qui vient d'être admis à propos du navire doit être étendu aux marchandises, si l'on reconnaît, comme nous l'avons fait (n° 277), que la faculté d'abandon existe au profit des propriétaires de marchandises à raison des actes du capitaine concernant celles-ci.

1394. DÉLAIS DANS LESQUELS DOIT ÈTRE FAIT LE DÉLAISSE-MENT. — Le délaissement a un caractère exceptionnel; aussi la loi veut-elle qu'il soit fait promptement à peine de déchéance. Les actions qui dérivent du contrat d'assurance, se prescrivent, en général, par cinq ans à partir du jour du contrat (art. 432). L'action en délaissement est éteinte après un laps de temps beaucoup plus court; il est, d'après la loi, de six mois, d'un an ou de dix-huit mois (1).

Le délaissement doit être fait aux assureurs dans le terme de six mois à partir du jour de la réception de la nouvelle de la perte arrivée aux ports ou côtes d'Europe, ou sur celles d'Asie ou d'Afrique dans la Méditerranée, ou bien, en cas de prise, de la réception de celle de la conduite du navire dans l'un des ports ou lieux situés aux côtes ci-dessus mentionnées; — dans le délai d'un an après la réception de la nouvelle de la perte arrivée, ou de la prise conduite en Afrique en deçà du cap de Bonne-Espérance ou en Amérique en deçà du cap Horn; — dans le délai de dix-huit mois après la nouvelle des pertes arrivées ou des prises conduites dans toutes les autres parties du monde (art. 373). Ces délais ont

---

(1) Il serait bon qu'il fût permis à l'assureur d'abréger les délais de l'article 373, en mettant l'assuré en demeure de faire le délaissement. L'assureur a un intérêt sérieux à ne pas attendre que le temps, continuant l'œuvre de la fortune de mer, achève de détruire l'objet qui lui est délaissé. Aussi le projet de 1867 disposait dans l'article 377 : « Sans attendre l'expi- « ration des délais ci-dessus, l'assureur peut sommer l'assuré de faire le « délaissement. Si l'assuré ne l'a pas fait dans le délai d'un mois, il n'est « pas recevable à le faire ». — L'article 227 de la loi *belge* du 21 août 1879 s'est approprié cette disposition du projet français.

été fixés par une loi du 3 mai 1862 qui a abrégé ceux que fixait primitivement le Code de commerce.

Ils ne courent pas du jour du contrat comme la prescription de l'article 432, C. com., mais de celui de la réception de la nouvelle du sinistre. En outre, ils ne sont pas fixes, ils varient avec la distance du lieu où le sinistre s'est produit. Le but de la loi a été de laisser à l'assuré le temps nécessaire pour se renseigner sur les caractères de l'accident et pour se décider en connaissance de cause entre le délaissement et le règlement par avaries. Aussi le délai court-il même avant que l'assuré sache exactement si l'accident a les caractères constitutifs d'un sinistre majeur (1).

1395. Le point de départ du délai donné pour délaisser est le même pour la réassurance que pour l'assurance ; la loi ne fait aucune distinction (2). Mais les parties agissent prudemment en convenant que le délai pour délaisser ne courra contre le réassuré qu'à partir du moment où son propre assuré lui aura fait le délaissement. Autrement, le réassuré peut n'être averti du sinistre par le délaissement qui lui est fait que dans les derniers jours du délai qui lui est accordé et n'avoir ainsi qu'un très court laps de temps pour opter entre le délaissement et le règlement par avaries (3).

Quand les délais de l'article 373 sont écoulés, le réassuré n'a plus que l'action d'avaries, bien que l'assuré ait fait le délaissement.

Au reste, pour que le réassuré ait l'option entre l'action d'avaries et le délaissement, il faut supposer que l'assuré a délaissé. Quand celui-ci a exercé l'action d'avaries, le réassuré ne peut pas évidemment

(1) Arth. Desjardins, VIII, n° 1585.
(2) Cass., 1er juin 1824, S. 1824. 1. 199. — de Valroger, IV, n° 1787 ; Desjardins, VII, n° 1585 ter. — V. au n° 1321, la solution donnée à une question analogue relative au point de départ de la prescription de cinq ans (art. 432, C. com.) en matière de réassurance. V. la note suivante.
(3) La loi *belge* du 21 août 1879 a écarté cette solution rigoureuse dans l'article 228 qui est ainsi conçu : « Dans le cas de réassurance, les assurés « doivent dénoncer le délaissement au réassureur dans le délai fixé par « l'article 57 de la loi du 20 mai 1872 relative à la lettre de change. Ce délai « commence à courir du jour de la notification du délaissement fait par « les assurés primitifs ». V. aussi C. de commerce *allemand*, art. 684, 3e alin.— C'est en ce sens que se prononçait Emérigon, ch. XIX, sect. XVI.

délaisser un navire ou des marchandises que l'assuré a conservés.

1396. Ce que doit faire l'assuré dans les délais fixés par l'article 373, c'est d'exercer l'action en délaissement. Il faut qu'avant l'expiration de ces délais, l'assuré ait formé une demande en justice tendant au paiement par l'assureur de l'indemnité entière avec offre de délaisser; une signification extrajudiciaire ne serait pas suffisante (1). L'article 431, C. com., dispose que *l'action en délaissement est prescrite dans les délais exprimés par l'article 373.*

Le délaissement fait après les délais, doit être repoussé sur la demande de l'assureur (art. 373 *in fine*); l'assuré demeure libre alors d'exercer l'action d'avarie, mais n'a plus qu'elle.

1397. FORMES DU DÉLAISSEMENT. — L'assuré qui veut faire le délaissement, est tenu de différentes obligations.

Il doit avant tout, comme, du reste, dans le cas où il y a règlement par avaries (n° 1306) signifier à l'assureur les avis des accidents qu'il a reçus dans les trois jours de leur réception (art. 374). Cette obligation a pour but principal de mettre l'assureur à même de prendre lui-même les mesures nécessaires pour atténuer encore, s'il est possible, les conséquences du sinistre, notamment par un sauvetage, par la mainlevée de l'arrêt de puissance (art. 374, 387, 390).

1398. Quant au moment où l'assuré peut faire la déclaration de délaissement, une option lui est laissé.

L'assuré peut d'abord, par l'acte même où il donne à l'assureur avis du sinistre, déclarer qu'il délaisse et sommer, par suite, l'assureur de lui payer la somme assurée dans le délai fixé par la police ou, à défaut de clause de la police, dans le délai fixé par la loi (art. 384. C. com.).

L'assuré peut aussi se borner à notifier l'avis du sinistre, il n'en conserve pas moins le droit de faire le délaissement dans les délais de l'article 373, C. com. On comprend qu'au moment où il signifie à l'assureur l'avis de l'accident, l'assuré ne soit pas encore fixé sur le point de savoir s'il y a sinistre majeur ou qu'il n'ait pas pris parti

---

(1) Em. Cauvet, II, n° 415.

sur l'option qu'il a à faire entre le délaissement et le règlement par avaries.

1399. Au reste, la déclaration de la volonté de délaisser n'est soumise à aucune forme spéciale. Il suffit que l'assuré manifeste, d'une façon suffisamment claire, la volonté de faire le délaissement (1).

1400. En faisant le délaissement, l'assuré est tenu d'une obligation dont le but est d'assurer l'observation des dispositions qui défendent de contracter des assurances pour une somme totale dépassant la valeur de la chose assurée (nos 1114 et suiv.). D'après l'article 379, *l'assuré est tenu, en faisant le délaissement, de déclarer toutes les assurances qu'il a fait faire, même celles qu'il a ordonnées et l'argent qu'il a pris à la grosse, soit sur le navire, soit sur les marchandises* (2).

Il importe que l'assureur sache s'il y a eu d'autres assurances faites sur le même navire ou sur les mêmes marchandises, car, à raison d'assurances antérieures, il peut avoir le droit de demander l'annulation ou la réduction de celle qu'il a souscrite (art. 357 et 359, C. com.). Et, afin que l'assureur soit renseigné d'une façon complète, l'assuré doit déclarer les assurances qu'il a fait conclure par un commissionnaire ou même celles qu'il a simplement donné l'ordre de conclure. Peu importe que les ordres de l'assuré n'aient pas été exécutés ; pour éviter les faux-fuyants, la loi veut que l'assuré déclare tout ce qu'il sait. Cette exigence, quant à la déclaration des assurances que l'assuré a ordonné de faire, n'existait pas sous l'empire de l'Ordonnance.

Il n'y a pas non plus à distinguer entre les assurances antérieures et les assurances postérieures à celle qui donne lieu au délaissement. A raison même du but de la loi, l'assuré doit déclarer, en cas d'assurance du navire, les assurances du fret ou des mises dehors ; en cas d'assurance des facultés, l'assurance du profit espéré (3). Il y a

(1) Trib. comm. Marseille, 11 févr. 1889, *Revue intern. du Droit maritime*, 1888-89, p. 690 ; Trib. civ. de Tunis, 28 nov. 1889, *Revue intern. du Droit maritime*, 1889-90, p. 701. — Cpr. Trib. comm. Seine, 9 mars 1887, même recueil, 1886 87, p. 694.

(2) Cette disposition est la reproduction presque textuelle de l'article 53, livre III, titre VI, de l'Ordonnance de 1681.

(3) Trib. comm. Marseille, 16 juill. 1851, *Journ. de Marseille*, 1851. 1. 301.

toujours à craindre des assurances *cumulatives*, qui, malgré l'apparence, violent la règle selon laquelle on ne peut contracter plusieurs assurances pour une somme totale dépassant la valeur de la chose assurée (nos 1135 et 1139).

Le prêt à la grosse équivaut à une assurance, en ce sens qu'en cas de sinistre, l'emprunter n'a rien à rembourser ; et, lorsqu'un navire ou une cargaison a déjà été affecté à un prêt de ce genre, l'assurance n'est possible que pour l'excédent de la valeur de la chose sur le montant de la somme empruntée. Aussi l'assuré doit-il déclarer les emprunts à la grosse faits par lui. Mais cela ne s'applique pas aux prêts à la grosse faits en cours de voyage postérieurement à l'assurance à l'occasion de laquelle le délaissement est fait (1).

1401. L'obligation de faire la déclaration des autres assurances reçoit une sanction qui varie suivant que la déclaration de l'assuré est *tardive, frauduleuse* ou *inexacte.*

Lorsque la déclaration est *tardive*, le délai donné à l'assureur pour payer qui court ordinairement du jour du délaissement (art. 382), est suspendu jusqu'au jour de la déclaration (art. 379). Lorsqu'elle est *frauduleuse*, l'assuré est privé du bénéfice de l'assurance (art. 380). Cela ne veut pas dire que l'assurance soit complètement nulle ; elle tient au point de vue des avantages en résultant pour l'assureur qui peut toucher la prime comme si le contrat était pleinement valable.

On doit prévoir un autre cas non mentionné expressément dans le Code. Il peut se faire qu'il y ait *inexactitude* sans fraude ; l'assuré peut alors rectifier les inexactitudes qu'il a commises ; mais, le délai du paiement ne peut courir qu'à partir du moment où ont été faites ces rectifications.

Du reste, la déclaration tardive ou inexacte n'a pour conséquence ni d'entraîner la nullité du délaissement (2) ni même de prolonger le délai donné à l'assuré pour faire le délaissement (art. 379). Le législateur ne veut pas qu'en retardant sa déclaration ou en y insérant par erreur des inexactitudes, l'assuré échappe à la déchéance

---

(1) de Valroger, IV, n° 1826.

(2) Aix, 20 mars 1906, *Revue intern. du Droit marit.*, XXII, p. 281 ; *Journ. de jurisprud. de Marseille*, 1906. 1. 359.

prononcée par l'article 373 contre celui qui ne délaisse pas dans un laps de temps fixé (1).

1402. Pour le cas où la déclaration frauduleuse se rapporte à un emprunt à la grosse qui a été dissimulé par l'assuré, l'article 380, C. com., dispose que *l'assuré est tenu de payer les sommes emprun-tées, nonobstant la perte ou la prise du navire.* Cette disposi-tion ne peut être prise à la lettre. Elle signifierait que l'assuré qui n'a pas déclaré à l'assureur un emprunt à la grosse, perd le béné-fice de ce dernier contrat, en ce qu'il est tenu de rembourser à tout événement la somme empruntée. Le manquement à une obligation existant à l'égard de l'assureur recevrait une sanction qui se rap-porterait à un contrat autre que l'assurance. Le législateur a peut-être voulu indiquer simplement que l'emprunt à la grosse, fait sur une chose déjà couverte par une assurance, est nul (2), mais cela n'a aucun trait à la matière à laquelle se rattache l'article 380, C. com.

1403. Si l'assuré n'a pas conclu d'autre assurance que celle qui donne lieu au délaissement et n'a fait aucun emprunt à la grosse, faut-il qu'il fasse une déclaration négative ? La question est discutée. On a fait surtout valoir, pour exiger une déclaration négative, que, sans cette déclaration, l'assureur ignorerait que les délais accordés pour le paiement de la somme assurée ont commencé à courir (3). Il paraît préférable de ne pas admettre la nécessité d'une déclaration négative. L'article 379 est une disposition qui entraîne des sanctions rigoureuses, on ne peut pas l'étendre ; or, cet article ne vise pas le cas où il y a une seule assurance : dans cette hypothèse, les motifs de la loi ne s'appliquent, du reste, point (4).

---

(1) Sous l'empire de l'Ordonnance, Valin (sur l'art. 53) et Pothier (*Assu-rances*, nº 140) soutenaient que le délaissement était nul bien qu'ayant été opéré dans les délais légaux, si, durant ces délais, l'assuré n'avait pas déclaré les assurances et les emprunts à la grosse. Emérigon (ch. XVIII, sect. V, § 3) s'élevait contre cette solution rigoureuse ; elle ne peut être soutenue aujourd'hui. V. Laurin sur Cresp, IV, p. 165 et 166.

(2) de Valroger, IV, nº 1827.

(3) Trib. comm. Marseille, 12 nov. 1820 ; 12 nov. 1824 ; 2 mars 1830, *Journ. de Marseille*, 1821. 1. 51 ; 1824. 1. 303 ; 1830. 1. 312. — de Valroger, IV, nº 1827.

(4) Laurin sur Cresp, IV, p. 16 et suiv.

1404. L'article 379, C. com., ne prescrit expressément la déclaration des assurances et des emprunts à la grosse qu'en cas de *délaissement*. La même déclaration est-elle exigée en cas de *règlement par avaries ?* On l'a soutenu (1). Il est certain que les motifs même de l'article 379, tirés des règles relatives aux doubles assurances (art. 359, C. com.), auraient dû logiquement faire imposer à l'assuré l'obligation qu'il consacre, qu'il y ait exercice de l'action d'avaries ou de l'action en délaissement; car ces règles s'appliquent quel que soit celui de ces deux partis que prenne l'assuré. Mais, dans le silence de la loi, il paraît impossible d'obliger l'assuré en cas de règlement par avaries, à faire une déclaration des autres assurances qu'il a conclues, sous les sanctions édictées par les articles 380 et 381, C. com. V. n° 1308.

1405. Comparaison du délaissement et du règlement par avaries. — Tout ce qui a été dit sur les effets du délaissement et sur ceux du règlement par avaries, permet de comparer les avantages que l'un ou l'autre présente pour l'assuré. Cette comparaison est d'autant plus nécessaire qu'en cas de sinistre majeur, l'assuré peut, à son choix, délaisser ou exercer l'action d'avaries. Ce droit d'option, qui existe même quand il y a dans la police la clause franc d'avaries (art. 409) (n° 1303), n'est pas perdu pour lui par cela seul qu'il a exercé l'action en délaissement ou celle d'avaries, tant que le délaissement n'est pas devenu irrévocable ou que le règlement d'avaries n'a pas été admis par une convention ou par un jugement ayant force de chose jugée (2).

---

(1) de Valroger, n° 1834.

(2) M. Laurin (sur Cresp. IV, p. 226) admet que l'action d'avaries peut bien être exercée par l'assuré qui a commencé par opter pour le délaissement, mais que la réciproque n'est pas vraie. La raison qu'il en donne, c'est que l'action d'avaries est moins avantageuse que l'action en délaissement. La solution nous semble inexacte en elle-même et l'argument erroné. Les renonciations ne se présument pas, et, quand même il serait vrai que l'action d'avaries est moins avantageuse pour l'assuré, on ne voit pas pour quelle raison l'exercice de cette action le ferait déchoir du droit de faire le délaissement s'il vient à changer d'avis. D'ailleurs, il est inexact de dire d'une façon absolue, comme le fait M. Laurin, que l'action d'avaries offre pour l'assuré moins d'avantages que l'action en délaissement. La vérité est

On ne peut pas dire d'une façon absolue et *a priori* que l'action d'avaries ou le délaissement constitue le parti le plus avantageux pour l'assuré. Selon les circonstances, il a plus d'avantage à prendre l'un ou l'autre de ces partis.

En cas de défaut de nouvelles, l'assuré a grand intérêt à délaisser, parce que, s'il voulait régler par avaries, il faudrait, pour toucher une indemnité de l'assureur, qu'il attendît d'être à même de faire la preuve de la perte, et il pourrait ne l'être jamais ou ne pouvoir faire cette preuve qu'après un très long délai.

Mais, en dehors du cas de défaut de nouvelles, pour apercevoir comment le délaissement ou le règlement par avaries offre plus d'avantages pour l'assuré, il faut considérer distinctement l'assurance sur facultés et l'assurance sur corps.

1406. *Assurances sur facultés.* — 1er cas. — 100 tonneaux de vin dont chacun vaut 200 fr., ont été assurés au départ pour 20.000 fr. ; 75 tonneaux ont péri sur 100 et 25 sont arrivés à l'état sain à destination. Il y a perte des trois quarts de la chose assurée. Si l'assuré délaisse, il touchera de l'assureur 20.000 fr. ; mais il ne pourra pas vendre les 25 tonneaux restants qui appartiendront à l'assureur et que celui-ci pourra vendre à son seul profit, à la charge de payer le fret, les droits de douane et de chargement. Au contraire, si l'assuré ne délaisse pas, il obtiendra de l'assureur par l'action d'avaries 15.000 fr. ; de plus, il vendra les 25 tonneaux qui lui restent. S'il les vend 7.000 fr. et touche, déduction faite du fret, des droits de douane, , 6.500 fr., il obtiendra en tout 21.500 fr. Dans ce cas, l'action d'avaries est plus avantageuse. Il peut seulement y avoir à tenir compte des franchises (nos 1296 et suiv.) qui en diminuent le bénéfice plus ou moins notablement d'après le taux de ces franchises.

2e cas. — 100 tonneaux de vin ont été assurés au départ pour leur valeur entière de 20.000 fr. Ils arrivent tous avariés et ne valent plus que 3.000 fr. Il y a détérioration de plus des trois quarts et, dès lors, le délaissement est possible. Si l'assuré le fait, il touchera

que, selon les circonstances, l'une ou l'autre de ces actions est plus avantageuse, ainsi que nous le prouvons dans la suite du texte.

20.000 fr. ; l'assureur vendra les tonneaux et recevra 3.000 fr. moins les frais à supporter. Si l'assuré opte pour l'action d'avaries, il recevra de l'assureur 17.000 fr. moins le montant des franchises et touchera le prix de la vente, soit 3.000 fr. avec déduction à faire des charges. Dans ce second cas, le délaissement offre plus d'avantages pour l'assuré.

1407. *Assurances sur corps.* — Dans l'assurance sur corps, avant l'abrogation de l'article 386, C. com., par la loi du 12 août 1885, l'assuré pouvait, en cas de sinistre majeur, avoir intérêt à régler par avaries. Il en était ainsi quand il y avait de nombreuses marchandises sauvées. En effet, en cas de règlement par avaries, l'assuré a toujours gardé le fret des marchandises, tandis qu'en cas de délaissement, d'après l'ancien article 386, le fret devait être délaissé avec le navire (1). Cet avantage de l'action d'avaries a disparu par suite de l'abrogation de l'article 386, C. com., grâce à laquelle l'assuré même qui délaisse n'a pas à comprendre dans le délaissement le fret des marchandises sauvées (nº 137) (2).

Mais l'assuré peut aujourd'hui préférer le règlement par avaries, s'il tient au navire, veut le conserver et le faire réparer pour continuer à le faire naviguer. Au contraire, il peut aimer mieux le délaissement pour échapper aux difficultés relatives à la fixation de l'indemnité et pour ne pas avoir à subir la déduction des franchises.

1408. RÈGLES COMMUNES AU DÉLAISSEMENT ET AU RÈGLEMENT PAR AVARIES. — Le délaissement et le règlement par avaries ne sont pas, à tous égards, régis par des règles différentes. Des règles communes leur sont applicables, spécialement au point de vue de la limite des obligations de l'assureur, des preuves à faire par l'assuré pour que l'assureur soit tenu envers lui, de la personne à laquelle l'indemnité

(1) Du reste, pour éviter que l'assuré n'eût pas trop grand intérêt à préférer l'action d'avaries au délaissement, la *police française d'assurance sur corps* (art. 22) décidait que, dans les cas de sinistres majeurs, quand l'assuré optait pour le règlement par avaries, l'indemnité due par les assureurs était limitée, au maximum, à 75 0/0 de la somme assurée. V. la note suivante.

(2) La clause de la police française d'assurance sur corps mentionnée à la note précédente a, par suite, été supprimée.

d'assurance est payable, des exceptions opposables par l'assureur.

1409. *Limite des obligations de l'assureur.* — Que le délaissement ait lieu ou qu'il y ait règlement par avaries, l'assureur ne peut être tenu de payer une somme supérieure à la somme assurée qu'a fixée la police (1). Ainsi, en supposant qu'un navire assuré pour 100.000 fr. subisse des avaries montant à 20.000 fr. qui ont été réparées, puis périsse postérieurement par suite d'un accident de mer, l'assuré ne peut réclamer à l'assureur que 100.000 fr., de telle façon que l'assuré supporte sans recours un préjudice s'élevant à 20.000 fr.

1410. Quand l'assurance est d'une somme limitée, l'assuré ne peut éviter de supporter un préjudice, dans le cas où la chose assurée périt après avoir subi des avaries qui ont été réparées, qu'en faisant assurer spécialement les dépenses afférentes aux réparations opérées en cours de voyage, de telle sorte qu'il en reçoive le remboursement de l'assureur si le navire venait à périr ou qu'en empruntant à la grosse la somme nécessaire pour payer les dépenses. L'emprunt à la grosse équivaut pour l'assuré à une assurance de cette somme, par cela même qu'en cas de perte du navire, il n'a pas à rembourser à son prêteur la somme empruntée.

1411. La règle limitant à la somme assurée les obligations de l'assureur s'applique, en principe, à l'assurance à temps comme à l'assurance au voyage. Mais, en cas d'assurances à temps, les accidents survenus dans un voyage pourraient laisser à l'assuré un découvert important pour les voyages suivants. Afin d'éviter ce fâcheux résultat pour l'assuré, l'article 16 de la *police française d'assurance sur corps* admet que, « dans les assurances à terme et « à prime liée, chaque voyage est l'objet d'un règlement distinct et « séparé et que chaque règlement est établi comme s'il y avait « autant de polices distinctes que de voyages. La somme assurée « est, pour chaque voyage, la limite des obligations de l'assureur ».

1412. Le principe selon lequel, dans les assurances d'une somme limitée, l'assureur ne peut être tenu au delà de la somme assurée,

---

(1) Cette règle est expressément consacrée par la *police française d'assurance sur facultés* (art. 13). La *police française d'assurance sur corps* (art. 15) admet implicitement la même règle, en y apportant une exception pour les assurances à terme et à prime liée. V. n° **1411.**

ne souffre-t-il pas des exceptions? On pourrait croire qu'il y a des
exceptions dans le cas de rachat opéré après la prise des choses assurées et dans le cas de sauvetage effectué par l'assureur après le
délaissement. Ces exceptions ne sont qu'apparentes. Les solutions
admises se justifient dans ces cas par des motifs prouvant qu'elles
sont tout à fait conformes au principe relatif à la limitation de l'obligation de l'assureur.

a. En cas de prise, l'assuré qui ne peut en donner avis à l'assureur,
peut opérer le rachat des choses assurées sans attendre les ordres
de celui-ci. Seulement, l'assuré doit alors signifier à l'assureur la
composition qu'il a faite, dès qu'il en a les moyens (art. 395). L'assureur a, dans ce cas, le droit d'opter entre deux partis, à la charge de
notifier à l'assuré son choix dans les vingt-quatre heures qui suivent
la signification de la composition. Il peut ou renoncer au profit de la
composition ou, au contraire, la prendre à son compte. Si l'assureur
prend le premier parti, il doit payer la somme assurée sans rien
pouvoir prétendre aux effets rachetés (art. 396). L'assureur est réputé
avoir renoncé au profit de la composition, quand il n'a pas notifié
son choix dans le délai de vingt-quatre heures (art. 396, dern. alin.).
Si l'assureur prend la composition à son compte, il paie le montant
de la rançon et il continue à courir les risques du voyage. Quand la
chose assurée périt postérieurement, il est tenu de payer la somme
assurée entière, bien qu'il ait déjà payé la rançon (396). Ce qui
explique cette solution, c'est qu'en réalité, dans ce cas, l'assureur
s'est obligé à acquitter la rançon et a formé avec l'assuré un nouveau
contrat d'assurance. Si l'assureur se trouve tenu au delà de la
somme assurée, c'est qu'il y a consenti.

b. Lorsqu'un navire assuré a fait naufrage, l'assureur paie la
somme assurée entière. Il peut se faire que l'assureur procède au
sauvetage et ne recouvre pas de quoi en supporter les frais. Il se
trouve avoir à les acquitter en sus de la somme assurée. Il n'y a pas
non plus là d'exception véritable au principe. Quand, à la suite d'un
naufrage, il y a délaissement, c'est en qualité de propriétaire des
objets assurés que l'assureur procède au sauvetage. Il se trouve ainsi
payer une somme dépassant la somme assurée, non à raison de ce
qu'il en est tenu comme assureur, mais par suite d'un acte fait par

lui-même comme étant devenu propriétaire des choses délaissées.

Il va de soi qu'au contraire, en cas de règlement par avaries, les frais du sauvetage ne doivent pas rester à la charge de l'assureur qui y a procédé. On ne saurait dire qu'il a agi comme propriétaire des choses assurées, puisque la propriété en reste alors à l'assuré.

1413 *Preuves à faire par l'assuré.* — En cas, soit de délaissement, soit de règlement par avaries, l'assuré doit, pour obtenir le paiement de l'indemnité d'assurance, s'il y a contestation, faire différentes preuves, en vertu de la règle, *actori incumbit probatio.* Il doit prouver : *a.* la mise en risque de la chose assurée ; *b.* la fortune de mer à raison de laquelle il agit contre l'assureur ; *c.* son intérêt ; *d.* la valeur de la chose assurée, au moins dans certains cas.

1414. *a. Preuve de la mise en risques.* — L'assuré doit prouver avant tout que la chose assurée a été exposée aux risques de mer.

Dans les assurances sur corps, le plus souvent le lieu de l'accident et la notoriété suffisent pour établir que le voyage a été entrepris. S'il est, par hasard, besoin de justifications, elles se font à l'aide des expéditions délivrées au port de départ et de toutes les pièces de bord.

1415. *Preuve du chargé.* — Dans les assurances sur facultés l'assuré doit prouver le chargement des marchandises, soit sur le navire désigné dans la police, soit sur un navire quelconque si l'assurance a été faite *in quovis.* Cette preuve appelée *preuve du chargé,* se fait ordinairement à l'aide du connaissement. Il a été dit précédemment (n° 705) que le connaissement fait preuve du chargé à l'égard des tiers spécialement des assureurs (art. 283, C. com.). Les conditions sous lesquelles le connaissement a cette force probante, ont été indiquées (n° 707). La preuve contraire peut, du reste, être faite par l'assureur, comme, en général, par les tiers contre lesquels le connaissement est invoqué. Il peut, en effet, se faire qu'il y ait eu une fraude consistant à constater, par un connaissement, un chargement qui n'a pas été réellement opéré. V. n° 708.

Si l'assurance a été faite avec désignation de l'espèce des marchandises assurées et si le connaissement contient la clause *que dit être* (n° 741), il faut que l'assuré produise, en outre, les factures et autres pièces de nature à prouver l'espèce, la quantité et la qualité des marchandises effectivement chargées.

D'ailleurs, il n'y a, en matière de preuve du chargement, aucune règle exclusive. Le juge est souverain appréciateur des pièces produites pour prouver le chargement ; ainsi, celui-ci pourrait être établi par les expéditions des douanes, par les manifestes, par la correspondance, etc., s'il n'y avait pas de connaissement ou si le connaissement était irrégulier. L'article 383 emploie des expressions très larges en parlant des *actes justificatifs du chargement.* Cet article ne vise que le cas de délaissement, comme, du reste, les autres dispositions du Code de commerce, mais il n'est pas douteux qu'il s'applique aussi au cas de règlement par avaries. La faculté qu'il laisse de prouver le chargement par tous les moyens, semble n'être que l'application de la règle selon laquelle un fait matériel peut se prouver de toutes les manières (1).

1415 *bis.* Cependant, des règles spéciales ont paru nécessaires pour les cas de perte de marchandises assurées et chargées pour le compte soit du capitaine, soit d'un homme de l'équipage ou d'un passager. Dans le premier cas, on ne devait pas admettre que le connaissement signé du capitaine seul ferait à son profit preuve du chargement ; autrement, il se serait créé un titre à lui-même : il serait à craindre

---

(1) Faut-il aller jusqu'à admettre que la preuve du chargé peut se faire par témoins ? La question est discutée. On a prétendu exclure ce genre de preuve (et, par suite, les présomptions de fait) en disant que cette exclusion constitue la règle générale en matière maritime, Laurin sur Cresp, IV, p. 169.

Nous ne croyons pas que cette doctrine soit exacte. Selon nous, tous les moyens de preuve doivent être ici recevables. Il s'agit de la preuve d'un simple fait, non d'un acte juridique, et les règles restrictives en matière de preuves ne concernent point les faits. La jurisprudence paraît favorable à notre opinion : Bordeaux, 20 août 1846 ; Trib. comm. Marseille, 20 juin 1851, Req. 18 fév. 1863, *Pand. fr. chr.* ; Trib. comm. Marseille, 8 mai 1876, *Journ. de Marseille,* 1847. 2. 41 ; 1851. 1. 88 ; 1864. 2. 57 ; 1876. 1. 164. Quelques décisions judiciaires assimilent la preuve du chargé à la preuve de l'accident de mer ; or, il est bien certain que celle-ci peut être faite par tous les moyens. Mais il faut reconnaître qu'entre un accident de mer et le fait du chargement, il y a cette différence que, du premier il n'est pas possible de se procurer une preuve écrite. V. art. 1348, 1er alin. et 3°, C. civ.

qu'il ne constatât dans son intérêt la réception à bord de marchandises qui n'ont jamais été chargées. Le capitaine doit alors à la fois justifier aux assureurs de l'achat des marchandises et en fournir un connaissement signé par deux des principaux de l'équipage (art. 344) (1). Si le connaissement signé, dans ce cas, du capitaine seul n'a aucune force probante, du moins il peut y être suppléé par d'autres documents (2). De même, la preuve de l'achat fait par le capitaine peut être fournie par tous les moyens (3).

Le législateur a craint la fabrication après coup de faux connaissement même lorsque le chargeur est un homme de l'équipage ou un passager. Aussi, l'article 345 prescrit-il de laisser alors un connaissement entre les mains du consul de France, et, à défaut, entre les mains d'un Français notable négociant ou du magistrat du lieu. Cette prescription n'est faite, d'après le texte formel de l'article 345, que pour les marchandises venant de l'étranger. Pour les marchandises chargées en France, les formalités de douane remplies lors du départ, peuvent servir à déjouer les fraudes.

1415 *ter*. Il se peut que, tout en reconnaissant le fait du chargement des marchandises assurées, l'assureur soutienne qu'elles ont été déchargées dans un port d'échelle avant le sinistre. Jusqu'à preuve du contraire, il est présumé qu'il en a été ainsi lorsque le connaissement prévoit ce déchargement. Dans le silence du connaissement sur le déchargement dans un port d'échelle c'est à l'assureur à établir qu'elles ont été déchargées ; il doit prouver la réalité

---

(1) Il faut bien remarquer que l'article 344 parle *de marchandises assurées et chargées pour le compte du capitaine sur le vaisseau qu'il commande.* Il y a lieu de conclure de là que, bien que le chargement n'ait pas été fait par le capitaine, si son intérêt est en jeu, l'article 344 s'applique.

L'article 344 exige spécialement la preuve de l'achat fait par le capitaine. La raison en est qu'il est à craindre que le capitaine ne parvienne à obtenir, par menace ou par ruse, la signature des deux principaux de l'équipage. V. Valin sur l'article 62, livre III, titre VI, de l'Ordonnance de 1681.

(2) Trib. comm. Marseille, 2 déc. 1853 et 10 déc. 1859, *Journ. de Marseille*, 1854. 1. 15 et 1859. 1. 301.

(3) Cpr. Aix, 30 janv. 1840, *Journ. de Marseille*, 1840. 1. 80.

de son allégation, par cela même qu'il élève une prétention contraire aux énonciations de cet acte (1).

1416. *b. Preuve de la fortune de mer.* — L'assuré doit prouver la fortune de mer à raison de laquelle il agit contre l'assureur. Les modes de preuve dépendent de la nature des événements dont il s'agit. Les événements de mer n'ont presque jamais pour témoins que le capitaine, les gens de l'équipage et les passagers. La preuve de ces événements et de leurs causes résulte ordinairement du journal de bord et du rapport de mer dûment vérifié, fait par le capitaine (art. 224, 242, 247). V. nos 605 et suiv. Il peut, du reste, être suppléé au registre de bord et au rapport de mer par des moyens de preuve quelconques : il s'agit de purs faits, non d'actes juridiques (2).

Il importe de connaître non seulement les sinistres en eux-mêmes, mais encore les causes qui les ont produits ; car selon la nature de ces causes, l'assureur est ou n'est pas responsable. On suppose, en principe, jusqu'à preuve contraire, que tout sinistre arrivé sur mer a sa cause dans un risque maritime dont l'assureur est responsable. C'est à l'assureur qui prétend qu'il ne répond pas, en vertu de la loi ou de la convention, d'un sinistre à raison de sa cause (fait de l'assuré, vice propre, risques de guerre, etc.), à prouver le fait allégué par lui. Seulement, il faut, dans les assurances sur corps, tenir compte de la présomption de vice propre résultant pour le navire de l'absence des certificats de visite. V. nos 547 et 1243.

1417. *c. Preuve de l'intérêt.* — L'assuré doit prouver son intérêt à la conservation des choses formant l'objet de l'assurance ; car, à défaut d'intérêt de l'assuré, l'assurance devient une gageure pour l'exécution de laquelle l'assuré n'a pas d'action contre l'assureur (n° 1107). Dans les assurances sur corps, l'assuré fait cette preuve au moyen de l'acte de francisation qui porte son nom ou de toutes

(1) Cpr. Rennes, 14 mai 1903, *Revue int. du Droit marit.*, XIX, p. 25; *Journ. de jurisprud. de Marseille*, 1903. 2. 91.

(2) Mais parfois, les polices indiquent de quelle manière doit être faite la preuve de certains événements. Il y a lieu alors de se tenir aux clauses dont il s'agit. Aix, 10 déc. 1902, *Revue int. du Droit marit.*, XIX, p. 197 ; *Journ. de jurispr. de Marseille*, 1903. 1. 87.

autres pièces, particulièrement d'un acte constatant la vente du navire faite à son profit. Dans les assurances sur facultés, le connaissement établit l'intérêt de celui qui en est le légitime porteur.

Dans les assurances pour compte d'autrui, le commettant, comme il sera expliqué plus loin (n° 1421), a le droit, à l'exclusion du commissionnaire, de toucher l'indemnité d'assurance. Il doit prouver l'ordre donné par lui au commissionnaire de contracter l'assurance. Autrement, on pourrait craindre que, par suite d'une connivence avec le commissionnaire, une personne pût arriver à toucher une indemnité, alors qu'elle n'avait, en réalité, aucun intérêt en risque. D'ailleurs, il peut y avoir un mandat tacite.

Cela, du reste, n'est pas absolu; l'assurance peut être conclue même par une personne qui n'a pas de mandat, si la personne intéressée donne sa ratification avant que le sinistre ne se produise (1). Cela ne présente aucun inconvénient.

Bien qu'au point de vue de sa transmission, la police *pour compte de qui il appartiendra* soit traitée comme un titre au porteur, la nature même du contrat d'assurance conduit à exiger du porteur réclamant une indemnité, la preuve de son intérêt dans la chose assurée, ce qui établit une différence entre cette police et le titre au porteur ordinaire (2). Car, en général, il suffit qu'une personne soit porteur d'un titre de cette nature pour qu'elle soit admise à exercer les droits qui y sont inhérents.

1418. *d. Preuve de la valeur de la chose assurée*. — Parfois, l'assuré a une quatrième preuve à faire, il doit prouver la valeur des choses assurées. Cette preuve n'est exigée qu'autant que la police ne contient pas une estimation de la chose assurée (*police ouverte*) (3). Lorsqu'elle en contient une (*police évaluée*) (4), c'est à l'assureur qu'incombe la charge de la preuve; il a à démontrer l'exagération de l'estimation pour faire, soit annuler, soit réduire l'assurance (art. 357 et 358, C. com.). V. n° 1201.

(1) V. Em. Cauvet, I, p. 64 et suiv.
(2) Trib. comm. Seine, 29 oct. 1894, *Revue intern. du Droit maritime*, 1894-95, p. 411.
(3-4) Ces expressions sont empruntées à la langue anglaise ; on distingue la *open policy* et la *valued policy*.

1419. Il va de soi que, conformément au droit commun, relativement à chacun de ces faits, l'assureur est admis à faire la preuve contraire. Mais, pour y arriver, il peut être nécessaire de se procurer des renseignements dans des pays éloignés, ce qui exige parfois d'assez longs délais. Par suite, les contestations peuvent durer longtemps. Afin de ne pas faire attendre l'assuré jusqu'à ce qu'elles soient terminées, le Code de commerce (art. 384, 2ᵉ al.) autorise les juges à ordonner le paiement provisoire de l'indemnité. Mais, comme il est possible que le bien fondé des allégations de l'assureur qui excluent sa responsabilité ou la restreignent, soit prouvé par la suite, l'assuré ne peut recevoir alors le paiement qu'à la charge de fournir une caution. Cette caution est libérée lorsque quatre ans se sont écoulés sans qu'il y ait eu de poursuite, bien que l'assuré demeure tenu de l'obligation de restituer la somme touchée par lui, en tout ou en partie selon les cas, jusqu'à l'expiration de la prescription trentenaire. Il est bien probable qu'alors, la contestation de l'assureur, si elle se produisait, serait mal fondée.

1419 bis. *Clauses déchargeant l'assuré du fardeau de la preuve.* — Au surplus, la police peut valablement dispenser l'assuré de faire ces différentes preuves, spécialement de prouver soit la mise en risques soit son intérêt. Cette stipulation est dangereuse ; elle pourrait parfois servir à déguiser des paris ; mais elle n'est pas illicite ; elle n'exclut pas la nécessité du chargement et de l'intérêt de l'assuré ; elle met seulement la preuve à la charge de l'assureur, c'est à lui, s'il ne veut pas payer d'indemnité, à prouver, soit qu'il n'y a pas eu de chargement, soit que l'assuré n'avait pas d'intérêt (1). Mais la clause excluant même la preuve contraire à faire par l'assureur, serait nulle. Avec cette clause on pourrait arriver, sous l'apparence d'une assurance, à faire une véritable gageure.

1420. Il faut aussi, par identité de motifs, reconnaître la validité

(1) Rouen, 21 août 1867, D. 1868. 2. 100, *Journ. de Marseille*, 1869. 2. 160. Laurin sur Cresp, IV, p. 173 et 174 ; Emérigon, ch. XI, sect. VIII. *Contrà*, Pothier (*Assurances*, nᵒ 144) et Valin (sur l'article 57, livre III-titre VI de l'Ordonnance). Le Code de commerce *allemand* (art. 885) consacre la doctrine admise au texte. Elle est combattue notamment par J.-V. Cauvet, I, nᵒ 268.

de la clause de la police de réassurance en vertu de laquelle le réassuré n'aura, pour obtenir une indemnité du réassureur, qu'à produire la quittance de la somme payée au premier assuré (1). On doit présumer que toutes les preuves nécessaires ont été faites par celui-ci. D'ailleurs, la preuve contraire est toujours possible de la part du réassureur. — Celui-ci n'est, du reste, pas lié par la clause dont il s'agit quand il y a eu mauvaise foi ou erreur grave de la part de l'assureur qui a payé une indemnité à l'assuré (2).

1421. A QUI DOIT ÊTRE PAYÉE L'INDEMNITÉ D'ASSURANCE. — L'indemnité d'assurance est payable à l'assuré originaire ou au porteur de la police, quand elle a été transmise dans les formes qui varient selon qu'elle est à personne dénommée, à ordre ou au porteur (n° 1213).

Quand l'assurance a été conclue pour le compte d'une autre personne par un commissionnaire agissant en son nom, le droit de toucher l'indemnité appartient au commettant, et le commissionnaire ne peut exercer ce droit qu'au nom de ce dernier. Il faut donc qu'après la survenance d'avaries, le nom du commettant soit révélé à l'assureur. Il y a là une dérogation aux règles générales de la commission selon lesquelles le commissionnaire n'a pas à révéler aux tiers avec lesquels il a contracté pour le compte du commettant, le nom de celui-ci (3). Ce qui rend la révélation du nom du commettant indispensable en matière d'assurance faite pour le compte d'autrui, c'est que celui qui réclame l'indemnité doit avoir eu un intérêt dans la chose assurée et en faire même au besoin la preuve. Autrement, l'assurance pourrait trop facilement dégénérer en gageure.

Il y a, du reste, d'autres points de vue qui justifient la nécessité de la révélation du nom du commettant après le sinistre. L'assureur n'est pas responsable du fait de l'assuré (art. 351). Si l'assuré n'était pas connu, on ne pourrait savoir si le sinistre lui est ou non impu-

---

(1) Emérigon l'admettait déjà, V. *Traité des assurances*, chap. XX, sect. IX. Cf. Rouen, 7 mars 1861, *Journ. du Havre*, 1862. 2. 145.

(2) Consulter sur cette clause, qui est de style dans les polices de réassurance, de Courcy, *Questions de Droit maritime*, 4ᵉ série, p. 264 et suiv.

(3) *Traité de Droit commercial*, III, n° 461.

table. De plus, l'article 379 exige, au moins en cas de délaissement, que l'assuré déclare toutes les assurances qu'il a faites ou fait faire, même celles qu'il a ordonnées (n°s 1400 et suiv.). Cette déclaration ne peut être complète que si elle émane de l'assuré lui-même ou d'une personne à laquelle il a donné, pour la faire, tous les renseignements nécessaires.

Il sera expliqué plus loin (n° 1434) que, si le commettant seul est créancier de l'indemnité, cela n'empêche pas que l'obligation de payer la prime pèse toujours sur le commissionnaire.

1422. L'existence d'hypothèques ou de privilèges sur le navire n'enlève pas au porteur de la police le droit de toucher de l'assureur l'indemnité d'assurance.

Il n'en a pas toujours été ainsi. La première loi sur l'hypothèque maritime (Loi du 10 décembre 1874, art. 17) admettait, tout au moins dans les cas de sinistres majeurs, que l'inscription d'une hypothèque maritime valait de plein droit opposition entre les mains de l'assureur, au paiement de l'indemnité ; l'assureur qui aurait payé cette indemnité à l'assuré n'aurait pas été valablement libéré ; c'était le créancier hypothécaire qui avait le droit de la toucher de l'assureur ; il exerçait sur cette indemnité son droit de préférence. Ce système a été abandonné par la loi sur l'hypothèque maritime du 10 juillet 1885.

Actuellement, en vertu de la disposition générale de la loi du 19 février 1889 (art. 2) qui est applicable aux assurances maritimes comme aux autres assurances (1), les créanciers hypothécaires et privilégiés sur le navire assuré ont le droit de toucher l'indemnité d'assurance de l'assureur en vertu d'une délégation que la loi sous-entend. Ils exercent ainsi leur droit de préférence sur cette indemnité. Mais le paiement de l'indemnité fait à l'assuré par l'assureur de bonne foi libère celui-ci. Les créanciers hypothécaires et privilégiés qui veulent éviter cette libération, ont donc à former une opposition au paiement de l'indemnité à l'assuré. V. n°s 1668 et 1669.

(1) Cass., 12 juillet 1910, S. et *J. P.*, 1910. 1. 473: *Pand. fr.*, 1910. 1. 473 (note de Ch. Lyon-Caen).
La question de l'application de la loi du 19 février 1889 à l'assurance maritime est controversée. V. n° 1712 *bis*.

Les mêmes règles s'appliquent aux créanciers privilégiés sur les marchandises en cas d'assurances sur facultés.

1423. Le Code de commerce ne fixe l'époque du paiement de l'indemnité que pour le cas de délaissement en laissant, du reste, la faculté de déroger dans les polices à la règle qu'il pose. Aux termes de l'article 382, C. com., *si l'époque du paiement n'est point fixée par le contrat, l'assureur est tenu de payer l'assurance trois mois après la signification du délaissement* (1). Pour le cas de règlement par avaries, aucune disposition légale ne fixe l'époque où, dans le silence de la police, doit être fait le paiement. Par suite, l'indemnité est exigible dès que l'indemnité est fixée ou à l'époque déterminée par la police.

1424. Lorsque la police est à personne dénommée et, qu'en conséquence, la cession a dû, pour être opposable aux tiers, être signifiée à l'assureur ou acceptée par lui dans un acte authentique (art. 1690, C. civ.) (2), il est certain que, l'assureur peut opposer au cessionnaire les exceptions opposables au cédant, sauf qu'il ne peut se prévaloir contre celui-ci, en cas d'acceptation, de la compensation qu'il eût pu avant l'acceptation opposer au cédant (art. 1295, C. civ.). En est-il de même, quand il s'agit d'une police à ordre ou au porteur, se trouvant entre les mains d'un tiers porteur, ou faut-il, par application des règles sur les effets de la transmission des titres à ordre ou au porteur, décider que l'assureur ne peut pas opposer au dernier porteur les exceptions opposables aux porteurs précédents et spécialement à l'assuré ? Cette question sera examinée à propos de l'obligation pour l'assuré de payer la prime et de la nullité de l'assurance pour cause de réticence ou de fausse déclaration de la part de l'assuré. V. n° 1457.

---

(1) Quand l'assureur conteste le délaissement, s'il est condamné, il doit les intérêts moratoires. Trib. comm. Marseille, 25 fév. 1901. *Journ. de jurispr. de Marseille*, 1901. 1. 191.

(2) C'est un cas rare, par cela même qu'on fait de la police un titre à ordre ou au porteur quand on suppose qu'elle sera l'objet d'une ou plusieurs transmissions.

SECTION IV.

Des obligations de l'assuré. — Du privilège qui garantit la créance de la prime.

1425. La principale obligation de l'assuré consiste à payer la prime ; mais ce n'est pas la seule (1). On peut dire, en effet, que l'assuré est tenu : 1º de payer la prime ; 2º de ne pas commettre de réticence et de ne pas faire de fausse déclaration dans la police (article 348) ou, autrement dit, de déclarer avec exactitude à l'assureur toutes les circonstances pouvant permettre à celui-ci d'apprécier les risques qu'il prend à sa charge ; 3º de faire, en cas de sinistre, différentes justifications ou preuves de faits essentiels à l'existence de son droit à une indemnité (art. 374, 379) ; 4º d'agir, en cas d'accident, comme si la perte devait être pour son compte, c'est-à-dire de faire tout ce qui est en lui pour éviter le dommage ou en restreindre l'importance (art. 381). Les deux dernières obligations ont déjà été examinées dans la section précédente, à propos des obligations de l'assureur, parce que l'assuré ne peut exercer ses droits contre l'assureur sans les exécuter. V. nos 1366, 1414 et suiv. Aussi ne sera-t-il question ci-après que des deux premières obligations.

1426. OBLIGATION DE PAYER LA PRIME. — Le montant de la prime est fixé librement par les parties dans la police et, en principe, il demeure invariable, quels que soient les événements postérieurs à la conclusion de l'assurance.

1427. Il va de soi que la prime n'est pas susceptible d'être réduite ou augmentée pour cause de lésion de l'une des parties. L'assurance est un contrat aléatoire et, dans les contrats aléatoires, la lésion

---

(1) M. Laurin sur Cresp, IV, p. 228, fait justement observer que les autres obligations de l'assuré ne sont que des conditions de l'exercice de ses droits ; il n'en est pas moins vrai que l'obligation de payer la prime n'est pas la seule dont soit tenu l'assuré. Aussi avons-nous décidé plus haut (nos 1103 et 1178 *bis*) que le contrat d'assurance est un contrat synallagmatique, soumis comme tel à l'article 1325, C. civ., alors même que la prime est payée au moment de la signature de la police.

n'est pas prise en considération. Du reste, dans notre droit moderne, la lésion est un vice dont il n'est tenu compte que dans les contrats commutatifs peu nombreux limitativement déterminés par la loi (art. 1118, C. civ.). Les anciens auteurs indiquaient formellement que la lésion n'avait aucun effet dans l'assurance, parce que, dans l'ancien Droit, la lésion d'*oultre moitié* viciait, en principe, tous les contrats (1).

1428. La survenance d'une guerre pendant la durée d'une assurance n'autorise pas l'assureur à réclamer une augmentation de prime, bien que la guerre ait pour conséquence d'augmenter même les risques purement maritimes. Cela résulte par argument *a contrario* de l'article 343, C. com., qui suppose une augmentation ayant lieu en vertu d'une stipulation.

La question de savoir si, en cas de survenance d'une guerre, la prime devait être augmentée, fut souvent discutée sous l'empire de l'Ordonnance. L'opinion la plus générale était en faveur de l'invariabilité de la prime. Mais le gouvernement intervint à plusieurs reprises, sous l'ancien régime, pour augmenter les primes à raison de la survenance de la guerre (2). D'ailleurs, dans l'ancienne France, où le plus souvent les polices comprenaient les risques de guerre, l'état de guerre ou l'état de paix avait, par cela même, sur le taux des primes une influence plus grande qu'aujourd'hui.

Au contraire, il en serait autrement si la police contenait une clause stipulant une augmentation de prime pour le cas de survenance d'une guerre (3). A défaut de fixation par la police du montant de cette augmentation, les tribunaux ordinaires sont seuls

(1) La lésion d'oultre moitié viciait tout au moins les contrats ayant des immeubles pour objet. V. Emérigon, *op. cit.*, chap. III, sect. III : Pothier, *Traité du contrat d'assurance*, nos 82 et 197.

(2) Emérigon, *op. cit.*, chap. III, sect. V.

(3) Cette clause est devenue rare par suite du petit nombre des guerres maritimes ; elle était, au contraire, d'usage sous l'empire de l'Ordonnance. de 1681. Elle faisait naître plusieurs difficultés. On discutait notamment sur les points suivants : 1° A quel moment pouvait-on dire qu'il y avait survenance de la guerre ? 2° Dans quelle proportion avait lieu l'augmentation de la prime ? 3° Par qui était-elle fixée ? 4° L'augmentation était-elle fixée en raison du voyage assuré ou prenait-on en considération l'état d'avancement du voyage au moment où la guerre éclatait ? V. Emérigon, chap. III, sect. V.

compétents pour en fixer le montant (art. 343, C. com.). Le recours au gouvernement sur ce point ne serait plus admissible comme il l'était sous l'ancienne monarchie (1).

1429. On concevrait, à l'inverse, que, dans une police souscrite en temps de guerre, il fût convenu que la prime sera diminuée en cas de conclusion de la paix avant la fin de l'assurance. Il y aurait lieu d'appliquer à la diminution de la prime, par analogie, la disposition de l'article 343, C. com., par cela même qu'elle ne fait que consacrer le droit commun (2).

1429 bis. La prime supplémentaire stipulée pour le cas de survenance d'une guerre est une *surprime* (3).

Actuellement les polices ne stipulent guère de surprime en prévision de la guerre. Mais il en est fixé souvent une pour le cas, soit de navigation dans certaines mer réputées particulièrement dangereuses, soit de prolongation de voyage (4).

1430. Pour que la prime soit due intégralement, il faut, en règle générale, que les risques aient, au moins, commencé à courir à la charge de l'assureur. Aussi, dans le cas où le voyage est rompu avant le départ, fût-ce par le fait de l'assuré, l'assurance est-elle annulée et aucune prime n'est-elle due. Il est vrai que, d'après l'article 349, l'assuré doit payer le demi pour cent de la somme assurée. Mais c'est là une sorte d'indemnité fixée à forfait, non une portion de la prime. Aussi est-il généralement admis que le privilège attaché par la loi à la créance de la prime (n° 1464), ne garantit pas la créance du demi pour cent (5).

---

(1) V. Emérigon, chap. III, sect. IV ; Pothier, *Assurances*, n°s 83 et 85.

(2) Sous l'ancienne Monarchie, des arrêts du Conseil ont à plusieurs reprises réduit les primes stipulées en temps de guerre à raison de la survenance de la paix. V. Pothier, *Assurances*, n° 86 ; Emérigon, chap. III, sect. VI.

(3-4) V. des exemples de surprimes dans les polices françaises d'assurances sur corps (art. 7 et 23) et sur facultés (art. 5). — Le taux des surprimes dues à raison de la navigation dans certaines mers, est constaté par les courtiers d'assurances comme le taux des primes.

(5) On peut rapprocher de l'article 349, dont la disposition est analysée au texte, les articles 288 et 291, qui, en cas d'affrètement, reconnaissent à l'affréteur le droit de rompre le contrat avant le départ et décident qu'en pareil cas, l'affréteur paie *en indemnité la moitié du fret convenu.* Ce

1431. Si, pour que la prime soit due, il est indispensable que les risques aient commencé à courir, cela suffit du moins pour qu'elle soit due intégralement. Aussi la prime ne subit-elle aucune réduction quand même, par suite de circonstances exceptionnelles, l'assurance cesse avant le temps fixé par la police. C'est en ce sens qu'on dit parfois que la prime est *indivisible*. V. art. 351 et 364, C. com.; V. nos 1256, 1258, 1264.

1432. Au reste, cette dernière règle ne met pas obstacle à ce que la prime ne soit due qu'à proportion du temps que dure le voyage, quand elle est fixée à tant par jour ou par mois. Générale-ment alors, toute période commencée est traitée, au point de vue de la prime, comme finie (1). Mais une exception est admise par le Code de commerce même au principe selon lequel la prime est due en entier dès que les risques ont commencé à courir à la charge de l'assureur, dans le cas d'assurance *à prime liée* (2). Par cela même qu'il n'y a qu'une prime pour l'aller et pour le retour, elle est due sans réduction, alors même que les marchandises ou le navire vien-nent à périr dans la traversée d'aller. Mais, si l'assurance a pour objet des marchandises pour l'aller et le retour, et si, le navire étant parvenu à destination, il n'y a pas de chargement de retour, ou si ce chargement n'est pas complet, l'assureur ne reçoit que les deux tiers de la prime convenue, sauf convention contraire (art. 356.) Aussi, l'assureur reçoit à la fois moins qu'il ne toucherait si l'assu-rance était maintenue et plus qu'il n'obtiendrait si l'assurance ces-sait pour la portion non effectuée du voyage.

L'application de la disposition de l'article 356 est très simple dans le cas où il n'est fait *aucun* chargement pour le retour. Elle est un peu plus compliquée quand ce chargement est seulement *incomplet*. Dans ce dernier cas, la prime est due entière pour le chargement qui a fait les deux trajets et l'assureur n'a droit qu'aux deux tiers de la

---

demi-fret, comme le demi pour cent de la somme assurée dans le cas prévu au texte, n'est qu'une indemnité fixée à forfait et, par suite, l'arma-teur ne peut se prévaloir pour ce demi-fret du privilège attaché à la créance du fret. V. n° 806.

(1) La police française d'assurances sur corps (art. 23, dern. alin.) con-sacre cette règle.

(2) V. sur l'assurance à *prime liée*, ci-dessus, n° 1209 et 1251.

prime sur la portion du chargement qui a fait seulement le voyage d'aller. Ainsi, en supposant qu'une assurance de marchandises soit faite pour une somme de 120.000 francs à raison d'une prime de 10 0/0 et que le chargement de retour ne soit que de 40.000 francs, l'assureur recevra : 1° la prime entière de 10 0/0 sur 40.000 francs, soit 4.000 francs ; 2° les deux tiers de la prime convenue sur 80.000 francs, soit 5.332 francs (1).

1433. La prime est due par l'assuré (contractant) et reste due par lui seul, alors même que la police à ordre ou au porteur se trouve entre les mains d'un tiers auquel elle a été transmise. La cession d'une police d'assurance opère une transmission des droits de créance du cédant au cessionnaire, non une transmission des obligations de l'assuré. En conséquence, en cas d'heureuse arrivée, si la prime n'a pas encore été payée, l'assureur n'a aucun droit contre le porteur de la police (2). Mais il y a lieu de se demander si l'assureur ne peut pas, pourtant, opposer à ce porteur la compensation, quand le porteur, par suite d'un accident de mer, réclame une indemnité à l'assureur. Cette question qui sera examinée plus loin, se rattache à la question de savoir qu'elles sont les exceptions opposables au porteur d'une police, spécialement quand cette police est au porteur ou à ordre. V. n°s 1438 et 1457.

1434. En cas d'assurance pour compte d'autrui, le commissionnaire seul doit la prime et cela même dans le cas où, soit dans la police, soit après la souscription, le commettant a été désigné (3).

(1) V. Boistel, n° 1366.

(2) Marseille, 31 août 1825 et 29 mai 1856, *Journ. de Marseille*, 1826. 1. 215 et 1856. 1. 172.

(3) La question de savoir par qui la prime est due en cas d'assurance pour compte d'autrui, est et paraît avoir toujours été discutée. Les principaux commentateurs de l'Ordonnance étaient en désaccord à ce sujet. Pothier (*Assurances*, n° 95) reconnaissait à l'assureur une action solidaire contre le commettant et le commissionnaire ; Valin (sur l'article 3, livre III, titre VI de l'Ordonnance) faisait des distinctions. Il admettait la même solution que Pothier lorsque le commettant était nommé après que les risques avaient commencé ; il décidait que le commettant seul était tenu de payer la prime quand il avait été nommé dans la police et donnait une solution toute spéciale pour le cas où le commettant était nommé après que la police avait été signée, mais avant que les risques eussent com-

C'est au commissionnaire que l'assureur a fait crédit quand la prime
n'a pas été payée immédiatement. Il n'y a aucun motif pour déroger,
sous ce rapport, aux principes généraux qui régissent la commission,
et d'après lesquels le commissionnaire ayant contracté en son nom
est seul obligé envers les tiers avec lesquels il fait des opérations
pour le compte du commettant (1). Il n'en serait autrement que si
une convention expresse avait mis le paiement de la prime à la
charge du commettant.

L'assureur ne peut-il pas, du moins, lorsque le commettant,
dont le nom a été révélé lui réclame une indemnité, lui
opposer à titre de compensation la dette de la prime ? Cette
question, analogue à celle qui se pose pour le tiers porteur de la
police (nos 1433 et 1438), sera résolue ci-après (no 1439).

1435. La prime est, comme toute autre dette, en principe, immédiatement exigible. Anciennement, la prime se payait lors de la signature de la police (2). C'est de cet usage même consacré par les textes
légaux que vient sans doute le nom de prime ; elle se payait avant
tout (*primo*) (3). Mais, depuis longtemps, cet usage est aban-

mencé. Valin constatait, du reste, que, d'après l'usage du commerce, le
commissionnaire était actionné par l'assureur en paiement de la prime.
Quant à Émérigon (ch. V, sect. IV, § 1), il considérait que l'assuré seul
était obligé de payer la prime.

La jurisprudence actuelle ne paraît pas bien fixée sur la question. Des
décisions judiciaires ont admis, comme nous, l'obligation du commissionnaire : Marseille, 31 août 1825 ; Bordeaux, 7 juin 1836, *Journal de Marseille*, 1826. 1. 215 et 1886. 2. 60 ; Trib. comm. Bordeaux, 17 juill. 1903 ;
Revue intern. du Droit marit, XIX, p. 726 D'autres décisions ont admis
que le commettant doit la prime quand son nom a été indiqué dans la
police (Aix, 5 juill. 1833, même journal, 1883. 1. 380) ou que le commissionnaire n'en est tenu qu'autant que le commettant ne la paie pas et que
l'assureur ne peut se faire payer au moyen de son privilège sur la chose
assurée (Trib. comm. Nantes, 19 mars 1861. *Journal de Marseille*, 1862.
2. 38). — Quant aux auteurs, ils admettent, à peu d'exceptions près, que
le commissionnaire seul doit la prime : Em. Cauvet, I, no 98 et suiv. ;
J.-V. Cauvet, I, no 23 ; Laurin sur Cresp, III, p. 14, note 2 : Arth. Desjardins, VII, no 1454.

Cette question n'est, du reste, pas spéciale aux assurances maritimes.
Elle se présente dans toute assurance pour compte d'autrui, quelques risques qu'elle ait pour objet.

(1) V. *Traité de Droit commercial*, III, no 479.

(2-3) L'Ordonnance de 1681 (livre III, titre VI) disposait : *La prime, ou*

donné (1) ; aujourd'hui, presque toujours, dans les assurances sur corps qui sont souvent des assurances à temps, l'assureur fait crédit de la prime à l'assuré pendant un an ou davantage (2). L'assuré peut, selon les conventions, ou se borner à s'obliger dans la police à payer la prime ou souscrire au profit de l'assureur un billet à ordre, c'est là ce qu'on appelle un *billet de prime*. Si le billet est à ordre, il reçoit l'application de toutes les règles applicables au cas de souscription de cette sorte d'effet de commerce. Aussi, à moins de clause formelle, la souscription de ce billet n'entraîne pas novation et laisse, par conséquent, subsister le privilège qui est attaché à la créance de la prime (nos 1460 et suiv.). La novation ne se présume pas plus en matière commerciale qu'en matière civile (art. 1273, C. civ.) (3).

Grâce au privilège de la prime, l'assureur peut sans avoir à craindre l'insolvabilité de l'assuré, accorder un délai pour le paiement de la prime (4).

1436. Il peut certainement être stipulé dans la police qu'en cas de sinistre, si la prime n'est pas encore payée, elle se compensera

coût de l'assurance, sera payée en son entier lors de la signature de la police... Valin faisait sur cette disposition les observations suivantes : « De droit et par le sens naturel du terme, la prime, qui est le coût de « l'assurance, devrait se payer comptant à l'assureur, et en entier lors de « la signature de la police. Cela se pratique, en effet, de la sorte dans les « pays étrangers et en quelques endroits du Royaume. Mais ici et en beau- « coup d'autres places, la prime ne se paie qu'après la cessation des « risques, c'est-à-dire qu'après qu'elle est acquise sans retour ; et cela est « tellement d'usage qu'il n'est pas nécessaire de l'exprimer dans la police. « A Marseille, sans stipulation contraire, la prime est exigible aussitôt « après la signature ».

(1) L'usage du paiement d'avance s'est maintenu pour les assurances contre l'incendie et sur la vie. Généralement, il est stipulé dans les polices d'assurances sur la vie qu'elles n'auront d'existence et ne produiront d'effet qu'après le paiement de la prime de la première année ou, si la prime a été fractionnée, de la fraction convenue de cette prime.

(2) Le contrat d'assurance conserve-t-il le caractère de contrat synallagmatique malgré le paiement de la prime fait au moment de la signature de la police ? V., sur ce point, nos 1103 et 1178 *bis*.

(3) *Traité de Droit commercial*, III, n° 41.

(4) Aussi, quand on demande la suppression du privilège qui garantit la créance de la prime les assureurs font valoir contre cette réforme que, si elle était réalisée, ils ne pourraient plus accorder de terme aux assurés pour le paiement de la prime, et qu'ainsi, la réforme nuirait aux assurés.

jusqu'à due concurrence avec l'indemnité due par l'assureur. En l'absence d'une telle stipulation dans la police, l'assureur et l'assuré peuvent aussi convenir postérieurement à la signature de la police que cette compensation aura lieu. Il y a dans ces cas une compensation conventionnelle. Si aucune convention n'a été faite à cet égard, il ne peut être question de compensation légale à raison du défaut de liquidité de la dette de l'assureur envers l'assuré (art. 1291, C. civ.).

Il y aurait lieu seulement à compensation facultative sur la demande de l'assureur. Mais, si un règlement d'avaries intervient entre les parties sans que la prime soit payée, la dette de l'assureur étant devenue liquide par suite de ce règlement, rien ne met plus obstacle à la compensation légale. Cette compensation peut, du reste, avoir lieu même pour des primes dues en vertu d'une police autre que celle à l'occasion de laquelle l'assureur doit une indemnité à l'assuré. L'identité de cause n'est pas exigée dans notre législation pour qu'il y ait compensation légale entre deux dettes (1).

1437. Les solutions qui viennent d'être données, s'appliquent aisément lorsque la police n'a pas changé de mains entre le jour où elle a été souscrite et celui où la prime doit être acquittée et l'indemnité d'assurance doit être payée et que l'assurance n'a pas été faite pour le compte d'autrui. Mais l'assureur peut-il opposer la compensation légale entre l'indemnité et les primes dues, quand la police a passé entre les mains d'un tiers porteur ou que, l'assurance ayant été faite pour le compte d'autrui, c'est le commettant qui réclame une indemnité à l'assureur? Ni le porteur de la police ni le commettant n'est à la fois créancier de l'indemnité d'assurance et débiteur de la prime; car, ainsi qu'il a été dit plus haut (nos 1433 et 1434), la transmission de la police transfère bien au cessionnaire la créance éventuelle d'indemnité de l'assuré contre l'assureur, mais non l'obligation de payer la prime; cette obligation continue de peser sur l'assuré originaire ou sur le commissionnaire. La compensation doit, pourtant, être admise, selon nous, dans les deux cas. Il est indispensable, pour plus de clarté, de les distinguer.

---

(1) L'identité des causes n'a été une condition de la compensation que dans l'ancien Droit romain, alors que la compensation n'était admise qu'en matière d'obligations de bonne foi. Gaïus, *Comment.* IV, § 61.

1438. *a*) Lorsqu'il s'agit d'un tiers porteur de la police, il se présente du chef de l'assuré (son cédant). Aussi le porteur ne peut pas avoir plus de droit à l'égard de l'assureur que n'en aurait l'assuré lui-même, si la police n'avait été l'objet d'aucune transmission. Cette solution, avec la raison qui la justifie, s'applique aisément lorsque la police est un titre à personne dénommée cessible dans les formes de l'article 1690, C. civ. Mais souvent, la police d'assurance maritime qui a été cédée est à ordre ou au porteur. Quand il s'agit de titres revêtant l'une de ces formes, on peut soutenir que le débiteur, étant réputé obligé directement envers le dernier porteur, ne peut, en général, opposer à celui-ci les exceptions qui eussent été opposables au porteur antérieur. En admettant que cette règle, consacrée par la tradition en matière de lettres de change et de billets à ordre (1), soit applicable à tous les titres à ordre et au porteur même autres que les effets de commerce (2), spécialement aux polices d'assurance maritime (3), elle devrait être écartée dans les circonstances prévues. L'exception que veut opposer l'assureur à l'assuré a sa cause dans le contrat d'assurance lui-même et l'assuré en a dû connaître l'existence par l'examen de la police indiquant que la prime n'a pas été payée. Le non-paiement de la prime est révélé par le contexte même de la police. On peut dire, du reste, que, par cela même qu'il agit contre l'assureur, le tiers porteur se soumet à l'obligation de payer la prime. S'il en était autrement, la cession de la police aurait pour effet de compromettre le droit de l'assureur à la prime, particulièrement dans le cas d'insolvabilité de l'assuré originaire ; le porteur de la police toucherait une indemnité complète de l'assureur et celui-ci ne recevrait qu'un dividende sur la prime qui lui est due (4).

1439. *b*) Quand un commettant pour le compte duquel l'assurance a été conclue, réclame une indemnité à l'assureur, la même

---

(1) V. *Traité de Droit commercial*, IV, nos 130 et suiv.

(2) V. *Traité de Droit commercial*, IV, n° 157.

(3) Cpr. plus loin, n° 1457.

(4) Marseille, 31 août 1825 ; Marseille, 29 mai 1856, *Journ. de Marseille*, 1826. 1. 215 et 1856. 1. 172. — Laurin sur Cresp, IV, p. 230 et suiv. ; Droz, I, p. 55 et suiv.

solution doit être admise. Sans doute, le commettant est créancier de l'indemnité et c'est le commissionnaire seul qui, en principe, doit la prime (n° 1434), de telle sorte qu'on serait tenté de dire que les deux dettes n'existent point entre les deux mêmes personnes, comme cela est exigé pour que la compensation légale ait lieu. Ce raisonnement n'est pas exact : le commettant, en exerçant une action contre l'assureur en vertu du contrat d'assurance, se soumet aux obligations inhérentes à ce contrat. Il ne peut le diviser pour en accepter les avantages, sans en supporter les charges (1).

1440. Mais les motifs que nous donnons pour admettre la compensation légale même à l'égard d'un tiers porteur ou d'un commettant, impliquent que la compensation ne peut s'appliquer qu'à la prime due à raison de la police dont le tiers porteur ou le commettant se prévaut. L'assureur ne pourrait opposer au tiers porteur ou au commettant la compensation à raison de primes qui sont dues par l'assuré *ex aliâ causâ*, c'est-à-dire en vertu d'autres polices ou à raison de toutes autres dettes de l'assuré envers lui (2). Une convention formelle insérée dans la police pourrait, bien entendu, étendre la compensation même à ces dettes (3).

1441. *Faillite de l'assureur ou de l'assuré.* — Par cela même que la prime ne se paie ordinairement pas lors de la conclusion du contrat, surtout dans les assurances sur corps (n° 1435), l'assuré peut être déclaré en faillite avant de l'avoir acquittée, comme l'assureur peut y être déclaré lui-même avant la fin des risques. L'article 346

(1) M. Em. Cauvet (I, n° 104) adopte, pourtant, la doctrine contraire. Il se borne à dire, en faveur de son opinion, que ce qui est dû au mandant ne peut pas être compensé avec ce qui est dû par le mandataire au tiers avec lequel il a traité, pas plus que ce qui est dû au mineur ne peut être compensé avec ce que doit le tuteur (L. 5, Dig. XVI, 2, *De compensat.*).

(2) Trib. comm. Le Havre, 31 mars 1875, *Journ. de Marseille*, 1876. 2. 93 ; 15 juillet 1902, *Revue internat. du Droit marit.*, XVIII, p. 337. Cette solution paraîtrait impliquer que la règle selon laquelle le débiteur ne peut opposer au porteur d'un titre à ordre les exceptions opposables aux endosseurs, régit les polices d'assurance à ordre.

(3) V. un exemple d'une telle stipulation dans la police française d'assurance sur corps (art. 26). Cpr. de Courcy, *Commentaire des polices françaises d'assurance maritime*, p. 161 et suiv. ; Laurin sur Cresp, IV, p. 230 et 231.

donne à l'assureur dans le premier cas et à l'assuré dans le second
le droit de demander caution ou la résiliation du contrat. Cette disposition se justifie aisément; il serait exorbitant que l'assuré restât
lié par le contrat, alors que la faillite de l'assureur l'empêcherait de
toucher une indemnité complète ou que l'assureur demeurât engagé
à indemniser l'assuré, quand la faillite de celui-ci mettra obstacle au
paiement intégral de la prime. On peut voir là une application du
principe général de l'article 1184, C. civ., sur la condition résolutoire sous-entendue dans les contrats synallagmatiques pour le cas
où l'un des contractants n'exécute pas ses obligations. Toutefois,
une petite modification est apportée aux règles consacrées par
l'article 1184, C. civ. D'après le droit commun, celui des contractants envers lequel l'autre contractant n'exécute pas ses obligations,
ne peut que réclamer en justice la résolution du contrat ou son exécution avec dommages-intérêts. L'article 346, C. com., laisse, en
outre, à la partie demeurée *in bonis* le droit de réclamer, si elle le
préfère, une caution.

Il n'est pas douteux que l'article 346 s'applique au cas de liquidation judiciaire comme au cas de faillite de l'assureur ou de l'assuré.
Outre qu'il y a identité de motifs, la liquidation judiciaire a, en principe, les mêmes effets que la faillite (L. 4 mars 1889, art. 24). On
reconnaît même généralement qu'il faut, au point de vue de l'application de l'article 346, assimiler la cessation de paiements à la faillite déclarée (1). Cette solution implique l'admission des *faillites de
fait* ou faillites virtuelles (2).

Lorsqu'il y a résiliation, l'assurance maritime étant un contrat
successif n'est pas réputée non avenue dans le passé ; il semble
juste que, tout au moins, la prime soit due en proportion du temps
pendant lequel l'assurance a subsisté (3).

D'après le texte même de l'article 346, C. com., le droit de
demander caution ou de faire prononcer la résiliation n'existe au

_____

(1) Trib. de paix d'Oran, 5 déc. 1894, *la Loi,* n° du 12 déc. 1894. — Laurin sur Cresp, IV, p. 114 en note. — V. aussi *Polices françaises d'assurance sur corps* (art. 27) *et sur facultés* (art. 61).

(2) V. *Traité de Droit commercial,* VII, n° 187 et suiv.

(3) V. art. 27 de la *Police française d'assurance sur corps.*

profit de l'une des parties qu'autant que la faillite de l'autre partie se produit avant la fin du risque. Une fois que le contrat a pris fin, la résiliation n'est plus possible et la demande d'une caution ne se justifierait pas.

Mais il semble juste d'assimiler au cas où, en réalité, les risques n'ont pas pris fin. celui où les parties ignoraient que le contrat d'assurance avait cessé. En matière d'assurance, les risques putatifs sont, en général, assimilés à des risques réels. Cette assimilation est admise quand il s'agit de la formation du contrat (art. 365) ; *a fortiori*, doit-elle l'être aussi lorsqu'il s'agit, soit de la résiliation, soit d'une modification apportée à ses effets (1) ; les risques ne doivent être considérés comme finis que lorsque la cessation en est connue.

Selon les règles du droit commun, une demande en justice est nécessaire pour faire prononcer la résiliation du contrat, à moins que les parties ne soient convenues de s'en dispenser (2).

L'article 346 paraît bien laisser au demandeur la faculté d'opter entre la résiliation et la réclamation d'une caution. Cela peut avoir un inconvénient : l'assureur peut prendre un parti différent selon que le risque lui paraît être ou n'être pas devenu mauvais par suite de circonstances postérieures à la conclusion du contrat. Aussi souvent les polices ne permettent de demander la résiliation du contrat qu'à défaut de caution fournie par le contractant failli (3).

---

(1) Bordeaux, 5 mars 1861 ; Marseille, 21 nov. 1861, *Journ. de Marseille*, 1861. 1. 179 ; 1862. 1. 113 ; 1862. 2. 54 Dans ce même sens, Laurin sur Cresp, IV, p. 114 en note. En sens contraire, Bédarride. t. III, n° 1180. — M. Laurin (*loc. cit.*) fait très exactement observer que le système opposé à celui que nous adoptons conduirait à des conséquences pratiques inadmissibles. Avec lui, un assuré de bonne foi, par exemple, serait obligé d'exécuter un contrat dont il aurait obtenu la résiliation en justice, alors qu'il aurait déjà conclu une autre assurance pour remplacer la première.

(2) Afin d'éviter des frais et surtout pour que les délais de procédure ne mettent pas les intéressés dans l'impossibilité matérielle de profiter de la disposition de l'article 346, la *police française d'assurance sur corps* (art. 27) dispense de la demande en justice, en décidant qu'en cas de sommation restée infructueuse faite au domicile de l'assuré d'avoir à payer ou à fournir caution valable dans les vingt-quatre heures, les assureurs peuvent annuler par une simple notification toute assurance en cours.

(3) *Sic, polices françaises d'assurance* (articles précités). — M. Boistel

1442. OBLIGATION DE DÉCLARER TOUT CE QUI CONCERNE LES
RISQUES. RÉTICENCES. FAUSSES DÉCLARATIONS. — Une importante
obligation de l'assuré est celle de déclarer à l'assureur, lors de la
conclusion du contrat, toutes les circonstances de nature à faire connaître à celui-ci la chose assurée et à lui faire apprécier exactement
les risques auxquels elle est soumise. Cette obligation se justifie
aisément : entre les deux contractants la situation n'est pas égale :
l'assureur prend à sa charge les risques afférents à un navire ou à
une cargaison que le plus souvent il n'a pas vu, à une expédition
maritime qu'il n'a pas conçue (1). Le Code de commerce ne fait pas
mention de cette obligation de l'assureur ; il la présuppose nécessairement, en la sanctionnant par la nullité du contrat d'assurance.
D'après l'article 348, C. com. (2), *toute réticence, toute fausse décla-*

(n° 1364) admet que l'option entre la résiliation et la dation d'une caution
appartient à la faillite, alors même qu'il n'y a aucune clause dans la police.
— Nous reconnaissons que cette solution est très rationnelle, qu'elle est
conforme aux dispositions des articles 120, C. com. et 1613, C. civ. ; mais
elle nous parait en contradiction manifeste avec le texte de l'article 346,
C. com.

En fait, le plus souvent, quand l'assureur est en faillite, l'intérêt commun des parties est favorable à la résiliation. La faillite de l'assureur
serait exposée, pour une prime parfois minime, à payer une indemnité
peut-être très importante. En outre, d'un côté, l'assuré ne recevrait qu'un
dividende et, d'un autre côté, il ne pourrait pas contracter une autre assurance valable (art. 359, C. com.).

(1) Aussi les anciens auteurs comparaient-ils souvent l'assureur à un
incapable qui a un besoin spécial de protection. Voici ce qu'on lit à cet
égard dans le *Guidon de la mer* : « L'assureur en tout se confie à la
« prud'hommie de son assuré ; car, nonobstant que le marchand chargeur
« expose sur sa police les pactions et conditions sous lesquelles il entend
« se faire assurer : toutefois, l'assureur lorsqu'il signe la somme, il n'entre
« en conférence verbale avec l'assuré, il lit seulement ce qui est écrit au-
« dessous du style d'icelle police, sans voir la sorte, la quantité, ny qua-
« lité des marchandises, suivant en cela la relation, prud'hommie et fidé-
« lité de son marchand chargeur, présuposant qu'il soit légal en sa trafique :
« s'il fait autrement, il ne faut trouver estrange perte arrivant si comme
« le pupille, la veuve, l'absent, qui ne peuvent ou ne doivent être trom-
« pés, l'asseuré forme ses deffenses et ses exceptions sur le dol et fraude
« de son asseuré, auxquelles il est recevable les prouvant ».

(2) L'article 348 n'a pas de correspondant dans l'Ordonnance de 1681. Mais
les commentateurs suppléaient à son silence et reconnaissaient que, plus
que dans tout autre contrat, le dol de l'assureur pouvait être une cause de

ration de la part de l'assuré, toute différence entre le contrat d'assu-
rance et le connaissement, qui diminueraient l'opinion du risque
ou en changeraient le sujet, annulent l'assurance (1).

1443. Dans tous les cas prévus de l'article 348, ou il n'y a pas de
concours de volontés ou, tout au moins, le consentement de l'assureur est considéré par la loi comme vicié : le consentement de l'assureur a été surpris par le dol de l'assuré ou est entaché d'erreur (2).
Mais, en matière d'assurance maritime, le Code de commerce ne se
borne pas à appliquer simplement les règles générales sur les vices
du consentement. Il y déroge d'une façon assez notable en ce qui
concerne le dol. Il se montre particulièrement sévère pour l'assuré,
à raison de la situation inégale dans laquelle se trouve l'assureur
(note 1, page 499). C'est cette sévérité qui fait parfois dire que l'assurance est un contrat de bonne foi, bien que, dans la législation
moderne, il n'y ait plus de contrats de droit strict. V. nº 1103.

nullité. Dans l'exposé des motifs du titre des assurances maritimes, Corvetto disait, à propos de l'article 348 : « Quoique cet article soit nouveau,
« il est moins une addition à l'Ordonnance qu'un sommaire des principes
« qu'elle avait consacrés ». L'article 348 a eu surtout l'avantage de couper
court à des controverses sur les conséquences des réticences ou des fausses
déclarations qui s'étaient élevées entre les anciens jurisconsultes. —
Pothier, *Traité des assurances*, nᵒˢ 191 à 196 ; Emérigon, *op. cit.*, chap. I,
sect. V, § 2 ; chap. XV, sect. III, § 3 : Valin, sur les articles 3 et 7,
livre III, titre VI de l'Ordonnance de 1681. Quelques-uns des points sur
lesquels ils étaient en désaccord, seront indiqués ci-après dans les notes.
    DROIT ÉTRANGER. — On trouve dans les lois étrangères des disposi-
tions, parfois même assez développées, qui adoptent des règles semblables
à celles que contient l'article 348 : Codes de commerce *allemand*, art. 810
à 815 ; *italien*, art. 429. V. la note suivante ; loi *belge* du 11 juin 1874 sur
les assurances (art. 9 à 11).
    (1) L'article 348 a d'autant plus d'importance qu'il est appliqué par ana-
logie aux assurances non maritimes, spécialement aux assurances sur la
vie. Le plus souvent, les polices reproduisent même le texte de l'article 348.
V. Chavegrin, *Etude sur les réticences et déclarations fausses ou inexactes
dans l'assurance sur la vie* (*Le Droit*, nº du 1ᵉʳ août 1889). Consult. Mau-
rice Quentin, *De l'opinion du risque dans le contrat d'assurance* (1893).
— Les textes de la loi *belge* et du Code *italien*, visés à la note précédente,
sont communs à toutes les assurances.
    (2) L'article 348 a eu surtout en vue le cas de dol de l'assuré. Ce n'est
pas à dire qu'il doive être écarté en cas d'erreur de l'assureur non accom-
pagnée de dol. V. nᵒ 1447.

1444. D'après le droit commun, le dol n'est une cause de nullité qu'autant qu'il est évident que, sans lui, la partie dont le consentement a été surpris, n'aurait pas contracté (art. 1116, C. civ.). C'est le dol que les commentateurs appellent *dolus dans causam contractui*, par opposition au *dolus incidens* qui a entraîné seulement des modifications dans les conditions du contrat. En outre, si l'on ne peut dire que l'emploi de manœuvres actives est toujours nécessaire pour qu'il y ait dol entraînant la nullité, du moins, il s'en faut que le seul fait du silence d'un contractant soit assimilé à des manœuvres caractérisées (1). Il n'en est pas ainsi dans les assurances maritimes. D'abord, le Code de commerce n'exige pas que le dol de l'assuré ait déterminé l'assureur à contracter, il suffit qu'il ait pu changer les conditions du contrat ; l'article 348 parle de la diminution de l'opinion du risque pour l'assureur. Puis, le Code met exactement sur la même ligne le silence gardé par l'assuré et la fausse déclaration (2).

1445. L'article 348 parle : *a.* de la *fausse déclaration*, *b.* de la *réticence*, *c.* de la *différence entre le contrat d'assurance et le connaissement*. Il exige, pour que l'assurance soit annulée à raison de ces faits, qu'ils diminuent l'opinion du risque ou en changent le sujet.

La fausse déclaration consiste dans la déclaration d'une circonstance contraire à la réalité (3). La réticence est le silence gardé par l'assuré sur une circonstance que l'assureur aurait eu intérêt à connaître pour bien apprécier les risques qu'il prend à sa charge.

Ce que l'article 348 entend par le sujet du risque, c'est la chose assurée elle-même. Il y a *changement du sujet du risque*, lorsque, par suite d'une fausse déclaration ou d'une réticence de l'assuré, l'assureur a cru que la chose assurée était une autre chose que celle

---

(1) Aubry et Rau, IV, § 343 *bis*, p. 503 et suiv. (5e édition).

(2) Pothier (*Traité du contrat d'assurance*, n° 196) fait une distinction entre la fausse déclaration et la réticence, en admettant que celle-ci ne concerne que le for de la conscience ou le for intérieur. Emérigon (chap. XV, sect. III, § 3) repousse toute distinction.

(3) L'ambiguïté sur la consistance et la valeur de l'objet assuré n'entraîne pas, comme le fait la fausse déclaration, la nullité de l'assurance. Cass., 11 déc. 1906, D. 1907.1. 343 ; *Pand. fr.*, 1907.1. 237 ; *Revue intern. du Droit marit.*, XXII, p. 598.

que l'assuré voulait faire garantir contre les risques de mer. Il y a *diminution de l'opinion du risque*, quand, par suite d'une de ces causes, l'assureur a cru les risques moindres qu'ils ne le sont en réalité. Il en peut être ainsi notamment en cas d'indications incomplètes ou inexactes données par l'assuré sur le tonnage, sur l'âge, sur le mode de construction du navire assuré. Toutefois, quand il s'agit d'un navire coté au *bureau Veritas*, les réticences ou les fausses déclarations ne peuvent vicier le contrat, par cela même que l'assuré a la possibilité de se renseigner facilement en consultant le registre de classification des navires (1) Mais il va de soi qu'il cesserait d'en être ainsi, si l'assuré avait déclaré faussement que le navire n'est pas coté sur ce registre : cette déclaration peut, en effet, déterminer l'assureur à ne pas faire de recherches dans le registre de classification.

Les cas dans lesquels l'article 348 peut être appliqué, sont d'une très grande variété. L'article 348 est fait pour toutes les assurances maritimes. Mais, en fait, l'application aux assurances sur facultés en est rare. Cela tient à ce que souvent, les indications inexactes relatives à la nature des marchandises ne peuvent pas exister par cela même que l'assurance est faite sur le chargement *en quoi qu'il puisse consister*. Mais il y a certainement lieu à l'application de l'article 348 aux assurances sur facultés comme aux assurances sur corps, si le voyage n'a pas été exactement indiqué, si le navire sur lequel les marchandises sont chargées, a été faussement désigné et dans beaucoup d'autres cas.

1446. En principe, la question de savoir si la réticence ou la fausse déclaration a les caractères nécessaires pour entraîner la nullité de l'assurance maritime, est une question de fait dont la Cour de cassation ne peut pas avoir à connaître. Il en serait, pourtant, autrement si le juge du fait avait décidé en thèse que la fausse déclaration ou la réticence portant sur telle circonstance n'est pas de nature à diminuer l'opinion du risque (2).

---

(1) Cpr. **Aix**, 8 août 1866, D. 1867. 5. 98 ; *Pand. fr. chr.* Cet arrêt décide qu'il n'y a pas réticence lorsque l'assuré ne déclare pas que le navire assuré a cessé d'être inscrit au registre du *bureau Veritas*.

(2) Cass., 10 nov. 1851, 5 avr. 1876, S. 1852. 1. 29 ; 1876. 1. 442 ;

1447. Il est certain que la nullité de l'article 348 s'applique toutes les fois que la réticence ou la fausse déclaration est entachée de mauvaise foi. Les expressions employées par la loi paraissent surtout viser ce cas. Le mot *réticence* paraît même plutôt impliquer une omission *intentionnelle* qu'une omission causée par négligence ou par ignorance. Mais il se peut que l'assuré, sans aucune intention frauduleuse, par suite d'une négligence ou de sa propre ignorance, commette une omission ou fasse une déclaration inexacte. Y a-t-il, même en ce cas, nullité de l'assurance? L'affirmative peut être déduite à la fois du texte de l'article 348 et des principes généraux du droit (1). Le Code de commerce ne distingue pas selon que l'assuré est de bonne ou de mauvaise foi. En outre, l'erreur de l'assureur sur le sujet des risques ou sur leur étendue est une erreur sur l'identité même de la chose assurée ou sur la substance. L'erreur

4 avr. 1887, D. 1887. 1. 241; *Pand. fr. chr.* — Arth. Desjardins, VII, n° 1463, p. 45.

(1) Cette solution était admise par les anciens auteurs. Emérigon (*op. cit.*, chap. I, sect. V, § 3) s'exprime ainsi : « L'assurance est nulle, si « l'assuré a omis, *même par inadvertance*, de déclarer quelque circons- « tance essentielle ». Les interprètes du Code de commerce enseignent aussi cette doctrine : Pardessus, II, n°s 383 et suiv.; de Courcy, *Questions de Droit maritime*, 1re série, p. 301 et suiv. ; Boistel, n° 1351 : G. Denis-Weil, *De la réticence commise sans fraude par l'assureur*, dans *le Droit*. n° des 9-10 août 1880.

La jurisprudence est aussi favorable à la même opinion : Bordeaux, 6 avr. 1835, *Journ. de Marseille*, 1835. 2. 164 ; Trib. com. Nantes, 12 juill. 1882, même recueil, 1863. 2. 40 : Cf. Ch. req., 1er déc. 1869, D. 1870. 1. 200 ; Paris, 3 fév. 1891, *Revue intern. du Droit marit.*, 1890 91, p. 646. Cela paraît plus certain dans le cas de fausse déclaration que dans celui de réticence; car alors, il y a presque toujours une faute à reprocher à l'assuré. On peut citer des décisions judiciaires qui ont refusé d'annuler l'assurance à raison d'une omission commise de bonne foi par l'assuré : Trib. comm. de Marseille, 16 sept. 1834, *Journ. de Marseille*, 1835. 1. 94.

L'article 348 est appliqué aux assurances autres que les assurances maritimes, spécialement aux assurances sur la vie (note 1 de la page 500). Quelques arrêts écartent l'application de cet article au cas où il y a bonne foi de l'assuré.

Enfin, plusieurs lois étrangères indiquent expressément qu'il n'y a pas à distinguer entre le cas de simple erreur et celui de dol : Loi *belge* sur les assurances du 11 juin 1874, art. 9 ; C. *italien* de 1882, art. 429 ; C. *allemand*, art. 813, 2e alin.

qui a l'un ou l'autre de ces objets, est, d'après le droit commun même, soit une cause qui, en mettant obstacle au concours des volontés, empêche le contrat d'exister, soit une cause de nullité dans les termes de l'article 1110, C. civ. Du reste, il n'est même pas exigé par l'article 348 que l'erreur porte sur la substance dans le sens de l'article 1110, C. civ. Il suffit qu'elle ait eu pour effet de diminuer sérieusement l'opinion du risque chez l'assureur, alors même qu'elle porterait sur une qualité non substantielle, susceptible de plus ou de moins, telle que l'âge du navire. Il y a là, en ce qui concerne l'erreur, une dérogation aux règles du droit commun. Ainsi, l'erreur, comme le dol, sont, en matière d'assurance, des causes de nullité dans des cas où ils ne seraient pas pris en considération dans les autres contrats.

1448. La réticence qui entraîne la nullité de l'assurance en vertu de l'article 348, C. com, est certainement celle qui se produit au moment du contrat. Mais doit-on aussi appliquer l'article 348 au cas où l'assuré garde, après la conclusion du contrat, le silence sur des faits qui se sont produits postérieurement et qui sont de nature à modifier pour l'assureur l'opinion des risques? La question se pose notamment quand l'assuré contracte des assurances postérieures pour son découvert ou des assurances accessoires, comme celle du fret ou du profit espéré, alors que l'assurance primitive avait été faite pour le navire ou pour les marchandises d'après leur valeur au port de départ. Des arrêts ont décidé que l'article 348 s'applique même à la réticence postérieure (1). Ils se fondent sur ce que l'ar-

(1) Cass., 13 juill. 1852, S. 1852. 1. 785; D. 1852. 1. 278; Cass., 4 avr. 1887, D. 1887. 1. 241; *Revue internationale du Droit maritime*, 1887-88, p. 6. Dans les espèces de ces arrêts, il s'agissait d'un propriétaire de navire qui, après avoir contracté une assurance sur corps, avait fait assurer le fret et contracté une assurance sur bonne arrivée (n° 1305). Le navire ayant péri, le premier assureur se refusa à payer cette indemnité; il alléguait que l'assuré avait commis à son égard une réticence, en ne lui déclarant pas l'assurance postérieure sur bonne arrivée, qui avait créé pour l'assureur un intérêt à la perte du bâtiment. La *police française d'assurance sur corps* (art. 23), afin d'éviter toute difficulté, interdit à l'assuré certaines assurances qui pourraient créer, pour lui, un intérêt à la perte et réduit d'autant la première assurance, lorsqu'il est contrevenu à ces inter-

ticle 348 ne fait pas de distinction et ils ajoutent que le contrat
d'assurance est un contrat continu, dont les conditions ne peuvent
être modifiées par l'assuré à l'insu et au préjudice de l'assureur
pendant la période des risques auxquels celui-ci a entendu se soumettre.

C'est là une doctrine mal fondée ; il ne peut être question de réticence postérieure à la conclusion du contrat (1) (2). Aucune disposition légale n'oblige l'assuré à tenir l'assureur au courant des faits
nouveaux qui sont de nature à augmenter pour celui-ci l'opinion des
risques. Du reste, l'article 348 parle de la nullité du contrat, et la
nullité ne peut résulter d'une circonstance n'existant pas au moment
où le contrat a été conclu. L'article 348 a toujours été présenté
comme fondé sur l'existence d'un vice du consentement de l'assureur (3) ; c'est au moment où le contrat se forme et à ce moment-là
seulement qu'un tel vice peut se produire. Cela n'implique point que
l'assuré ait le droit de changer à son gré l'objet même des risques.
Un pareil changement entraîne les conséquences déterminées par les
articles 351 et 352, C. com. V. nᵒˢ 1255 et suiv.

dictions par des assurances nouvelles. V. aussi Paris, 17 mars 1905, *Revue
intern. du Droit maritime*, XXI, p. 40.

Une clause ajoutée à la police française d'assurance sur corps stipule
que « l'assurance est frappée de nullité, mais seulement pour le temps
« restant à courir, si, pendant la durée des risques, il était contracté un
« emprunt hypothécaire sur l'intérêt assuré ».

(1) Trib. comm. Marseille, 16 déc. 1830 et 17 juill. 1838, *Journ. de Marseille*, 1830. 1. 297 et 1838. 1. 222. — de Valroger, article dans *le Droit*,
nᵒ du 1ᵉʳ juin 1889; Arth. Desjardins, VII, nᵒ 1463 *bis*, p. 47 et suiv.; Em.
Cauvet, I, nᵒ 497.

(2) DROIT ÉTRANGER. — La doctrine adoptée au texte est celle qui est
consacrée dans les pays étrangers. V. Code de commerce *allemand*,
art. 810 et 811; V. pour la *Grande-Bretagne*. Mac-Arthur, *op. cit.*, p. 5
et suiv., pour le *Brésil*, arrêt de la Cour de Rio-de-Janeiro du 13 juill.
1886, *Revue internationale du Droit maritime*, 1888-89, p. 91.

(3) C'est bien là l'idée développée dans l'exposé des motifs présenté au
Corps législatif sur le Code de commerce. On y lit le passage suivant :
« Quoique cet article (art. 348) soit nouveau, il est moins une addition à
« l'Ordonnance qu'un sommaire des principes qu'elle avait consacrés...
« L'assureur a le droit de connaître toute l'étendue du risque dont on lui
« propose de se charger ou dont il ne se chargerait qu'à des conditions
« différentes : ce serait, en un mot, le tromper. Dès lors, le consentement
« réciproque qui seul vient animer un contrat, viendrait à manquer ».

Du reste, rien n'empêche évidemment de stipuler dans une police que le défaut de déclaration de faits postérieurs déterminés, comme la conclusion d'assurances complémentaires, entraînera la résiliation de l'assurance (1). On comprend que l'assureur désire recevoir avis de faits de ce genre, notamment dans le but de contracter une réassurance s'il juge que les risques sont aggravés par suite de la survenance des faits nouveaux.

1449. Pour que la réticence ou la fausse déclaration rende l'assurance nulle, il n'est pas nécessaire que le fait non déclaré ou inexactement indiqué ait influé effectivement sur le risque, il suffit qu'elle ait diminué l'opinion du risque ou en ait changé le sujet (art. 348, alin. 2). Car il n'y a pas eu accord des volontés ou il y a eu, tout au moins, vice du consentement, dès l'instant que les parties ne se sont pas entendues sur la chose assurée et sur les risques. L'assureur peut toujours alléguer, quels que soient les faits postérieurs, que, s'il avait été renseigné d'une façon exacte et complète sur toutes les circonstances qu'il lui importait de connaître, il n'aurait pas consenti à l'assurance. Ainsi, un navire qui doit faire échelle, est assuré avec déclaration qu'il ne s'arrêtera dans aucun port intermédiaire ; alors même que le navire périrait dans la ligne des risques avant de s'être détourné de sa route pour s'arrêter dans un port d'échelle, l'assureur pourrait invoquer la nullité de l'assurance en vertu de l'article 348, C. com. De même, l'on peut supposer qu'en temps de guerre, un navire appartenant à des sujets d'une des nations belligérantes a été assuré comme s'il était neutre, et, par conséquent, non exposé à la prise. Quoique le navire périsse par suite d'un événement n'ayant avec sa nationalité et avec l'état de guerre aucun rapport, tel qu'un naufrage, l'assurance peut être annulée.

Des difficultés nombreuses peuvent s'élever sur le point de savoir si une réticence ou une fausse déclaration a dû diminuer l'opinion du risque pour l'assureur (2).

(1) On trouve des stipulations de ce genre notamment dans des polices d'assurance contre l'incendie. Cpr. note 1 de la page 504.

(2) V. sur le cas où l'assuré a laissé ignorer à l'assureur une assurance partielle antérieure, Douai, 18 juin 1897, *Pand. fr.*, 1898. 2. 45 ; *Revue internat. du Droit maritime*, XIII, p. 616 ; *Journ. de jurispr. de Mar-*

Il va de soi que ces difficultés se trouvent écartées quand les parties ont pris soin de stipuler dans la police que la réticence ou la fausse déclaration portant sur tel ou tel point sera une cause de nullité de l'assurance (1).

1450. A la réticence ou à la fausse déclaration, le Code (art. 348) assimile toute différence entre le contrat d'assurance et le connaissement qui diminuerait l'opinion du risque ou en changerait le sujet. Cela concerne seulement les assurances sur facultés. Le connaissement désignant les marchandises, le nom du navire, les points de départ et de destination, constate des faits qui ne peuvent être indiqués différemment dans la police. S'ils le sont autrement, il y a fausse déclaration ; s'ils sont passés sous silence, il est possible qu'il y ait réticence. En conséquence, le législateur aurait pu s'abstenir sans aucun inconvénient de prévoir ce cas qui rentre dans l'un des deux autres (2).

Il va de soi que cela n'est pas applicable quand l'assureur a vu le connaissement qui lui a été présenté lors de la conclusion du contrat d'assurance maritime ; il en a alors connu les énonciations et il a dû les prendre en considération.

1451. L'article 348 prononce la nullité de l'assurance sans s'expliquer sur la nature et sur les effets de cette nullité. Aussi y a-t-il sur ces points, à côté de solutions certaines, quelques questions douteuses.

Il est tout d'abord hors de doute que, dans aucun cas, même dans celui où l'opinion du risque a été seulement diminuée chez l'assureur,

---

seille, 1897. 2. 177. V., contre la solution de cet arrêt, *Revue critiq. de législ et de jurisprudence*, 1898, p. 472 (*Examen doctrinal de jurisprudence* par Ch. Lyon-Caen).

(1) Ainsi, une clause ajoutée à la police française d'assurance sur corps stipule que « toute hypothèque grevant l'intérêt assuré au moment de la « signature de la police, doit être déclarée dans ledit contrat, sous peine de « nullité de l'assurance ». V. Trib. comm. du Havre, 12 juin 1894, *Revue internat. du Droit maritime*, X, p. 325. Mais une pareille clause n'est pas susceptible d'extension : il n'y a pas nullité de l'assurance en présence d'un emprunt à la grosse fait sur le navire assuré par le capitaine. V. en ce sens, Trib. comm. du Havre, 12 juin 1894, *Revue internat. du Droit maritime*, X, p. 225.

(2) J.-V. Cauvet, I. n° 220.

l'assuré ne peut échapper à la nullité en offrant un supplément de prime. Comme cela a été déjà indiqué (n° 1449), l'assureur peut toujours prétendre qu'il n'aurait pas consenti à l'assurance, s'il avait été bien renseigné, alors même qu'une prime plus forte lui eût été offerte.

Cette solution est admise aujourd'hui sans contestation. Il n'en était pas de même avant le Code de commerce. Valin (1) paraissait reconnaître que, quand il y avait, pour l'assureur, diminution de l'opinion du risque, l'assuré pouvait se mettre à l'abri de la nullité de l'assurance en payant un supplément de prime.

1452. Qui peut demander la nullité ? Est-ce l'assureur seul ou bien est-ce également l'assuré ? La question ne paraît pas susceptible de recevoir une solution unique (2) ; il y a des distinctions à faire selon la cause de la nullité: la nature de la nullité n'est pas toujours la même. Il va de soi que, quand il y a dol de la part de l'assuré, celui-ci ne peut pas, en principe, obtenir l'annulation de l'assurance ; la nullité d'un contrat pour cause de dol est relative ; elle ne peut être invoquée que par l'assureur. Il en est de même quand la nullité peut être considérée, indépendamment de toute fraude, comme provenant d'une erreur sur la substance (art. 1110) ou sur quelque qualité ou circonstance accidentelle. Mais, au contraire, l'assuré, comme l'assureur, peut se prévaloir de la nullité du contrat qui est inexistant, lorsque l'assureur a commis une erreur

---

(1) Commentaire de l'Ordonnance de 1681, liv. III, tit. VI, art 3 et 7.

(2) L'*Exposé des motifs* présenté par Corvetto sur le titre des assurances paraîtrait, si on le prenait à la lettre, favorable à l'idée que, dans tous les cas où l'article 348 s'applique, il y a inexistence du contrat, ce qui impliquerait que l'assuré peut toujours, comme l'assureur, soutenir qu'il n'y a point de contrat. Voici comment s'exprimait Corvetto : « Le consentement « réciproque, qui seul peut animer un contrat, viendrait à manquer, le « consentement de l'assuré se porterait sur un objet, et celui de l'assureur « sur un autre ; les deux volontés, marchant dans un sens divergent, ne « se rencontreraient pas, et il n'y a cependant que la réunion de ces « volontés qui puisse constituer le contrat ». Ce raisonnement, qui est certainement fort exact pour le cas où il y a erreur sur le sujet du risque, ne saurait s'appliquer au cas où il y a diminution de l'opinion du risque. Dans le dernier cas, il n'y a pas absence de consentement ; il y a seulement consentement vicié.

sur l'identité de la chose assurée (*in ipso corpore rei*). Il en serait même ainsi dans le cas où cette sorte d'erreur aurait été provoquée par le dol de l'assuré ; qu'il y ait eu ou non fraude, il n'y a point eu concours des volontés, et, par conséquent, le contrat n'existe pas. Mais la fraude permet à l'assureur de réclamer des dommages-intérêts à l'assuré, si l'assureur a éprouvé une perte ou a été privé d'un gain. Il se peut qu'ainsi, l'assureur puisse obtenir une somme égale à la prime stipulée par lui ou même supérieure. Cette somme constitue une indemnité et non la prime. Aussi l'assureur ne peut-il invoquer, pour en garantir le paiement, le privilège attaché à la créance de la prime (art. 191 10°, C. com.).

1453. Il est certain qu'en cas de réticence frauduleuse ou de déclaration fausse faite de mauvaise foi, il n'y a pas lieu, comme au cas, soit d'exagération frauduleuse dans l'évaluation de l'objet assuré, soit d'assurance d'une chose que l'assuré savait perdue (art. 357 et 368), au paiement d'une double prime. Ce serait une sorte de peine civile que l'article 348 ne prononce pas, et les peines même civiles ne s'étendent pas d'un cas à un autre par analogie (1). On peut regretter que le législateur n'ait pas attaché une peine pécuniaire de cette sorte à la fraude dont il s'agit ; mais on ne saurait sans arbitraire suppléer au silence de la loi (2).

1454. Bien plus, la nullité de l'assurance semble devoir conduire à ce résultat que la prime n'est pas due et qu'en conséquence, si elle a été payée, elle peut être répétée (3). L'assureur n'a même pas droit à une indemnité d'un demi pour cent de la somme assurée (4). S'il y a quelque faute ou quelque fraude à reprocher à l'assuré, les

---

(1) Em. Cauvet, I, n° 531.

(2) de Courcy, *Questions de Droit maritime*, 1re série, p. 301 et suiv.

(3) Pothier, *Traité du contrat d'assurance*, n° 196.

(4) V., cependant, Laurin sur Cresp, III, note 72, p. 210. Cet auteur dit que le demi pour cent de la somme assurée (qu'il qualifie de pénalité) est dû sans distinction du cas où la personne a été ou non de bonne foi. Cette solution lui paraît découler forcément de l'économie des articles 357 et 358. — Ce que nous disons au texte nous paraît être une réfutation suffisante de cette doctrine. Les articles 357 et 358, C. comm., que notre regretté collègue invoque, nous paraissent absolument étrangers à la question, aussi bien que l'article 349, C. com.

dommages-intérêts à payer par lui à l'assureur sont fixés d'après les dispositions des articles 1149 et suiv , C. civ., ils ne le sont pas à forfait ; on ne peut pas, par annalogie, appliquer ici l'article 358, C. com., qui est une disposition exceptionnelle (1).

1455. Lorsque l'assureur invoque l'article 348 pour faire prononcer la nullité de l'assurance, il a plusieurs justifications à faire. Il doit prouver, s'il allègue la réticence : 1° le fait qu'il se plaint d'avoir ignoré ; 2° l'influence de la réticence sur l'opinion du risque. En cas de fausse déclaration, l'assureur doit démontrer : 1° l'inexistence du fait déclaré ; 2° son influence sur l'opinion qu'il s'est faite du risque. Il n'y a point à parler de la connaissance exacte du fait dont il s'agit par l'assuré. Car, comme cela a été dit plus haut (n° 1447), l'ignorance de l'assuré, qui le constitue en état de bonne foi, n'est pas exclusive de la nullité de l'assurance.

Au cas où l'assureur allègue une réticence, si l'assuré la nie et prétend avoir fait des déclarations complètes à l'assureur, il ne peut le prouver qu'au moyen de la police, de l'aveu de l'assureur ou du serment. L'emploi de la preuve testimoniale ou le recours à des présomptions de fait serait contraire aux principes généraux sur la preuve de l'assurance maritime (art. 332). Il s'agit là d'une preuve à faire *outre* le contenu de la police (2).

Du reste, la réticence ou la fausse déclaration de l'assuré ne devrait pas être prise en considération, s'il était démontré qu'en fait, l'assureur a eu connaissance de la circonstance non déclarée ou inexactement indiquée dans la police. Cette connaissance pourrait être présumée s'il s'agissait d'un fait connu, soit dans le public en

---

(1) On trouve dans différentes lois étrangères des dispositions formelles qui règlent le sort de la prime ; mais ces dispositions sont quelque peu divergentes. Le Code de commerce *allemand* (art. 811) reconnaît le droit de l'assureur à la prime entière, sans distinguer selon qu'il y a mauvaise foi ou erreur de l'assuré. La loi *belge* sur les assurances du 11 juin 1874 (art. 10 et 11) fait, au contraire, une distinction : d'après l'article 11, l'assureur conserve la prime en cas de fraude ou de mauvaise foi de l'assuré ; d'après l'article 10, l'assureur doit restituer la prime si l'assuré a agi de bonne foi. Le Code *italien* (art. 429, 3° alin.) n'admet aussi la conservation de la prime par l'assureur que si, de la part de l'assuré, il y a eu mauvaise foi.

(2) V. *Traité de Droit commercial*, III, n° 50. Cpr. art. 39 et 41, C. com.

général, soit à la Bourse. Il y a là, pour le juge, une question d'appréciation dans chaque espèce. Il va de soi qu'à cet égard, tous les moyens de preuve sont admissibles (1).

1456. L'article 348 s'applique évidemment à l'assurance pour compte d'autrui, comme à toute autre assurance. Il faut seulement remarquer qu'au point de vue des réticences et des fausses déclarations, le commettant et le commissionnaire se confondent, en ce sens que la fausse déclaration ou la réticence de l'un est réputée celle de l'autre. Aussi, la réticence du commissionnaire vicie-t-elle l'assurance comme si le commettant en était l'auteur, bien que celui-ci ait renseigné complètement le commissionnaire ; seulement, le commettant, lésé par la faute du commissionnaire, a, en pareil cas, un recours contre celui-ci. A l'inverse, peu importe que le fait non déclaré ait été inconnu du commissionnaire, s'il y a eu réticence du commettant qui ne le lui avait pas révélé pour que la déclaration en fût faite à l'assureur. Il n'y a, du reste, au point de vue de la nullité de l'assurance, d'après la doctrine admise plus haut (n° 1447), qu'à rechercher s'il y a eu erreur de l'assureur, en faisant abstraction de la cause qui a pu la produire.

1457. L'application de l'article 348, C. com., au cas où il s'agit d'une police à ordre ou d'une police au porteur, donne naissance à une difficulté. Celle-ci se rattache à la question de savoir si l'on doit appliquer à ces polices, comme aux effets de commerce, la règle selon laquelle les exceptions opposables aux endosseurs ne peuvent pas, en principe, être opposées au dernier porteur.

Quand il y a eu réticence ou fausse déclaration de la part de l'assuré, le vice qui entache par suite l'assurance, peut-il être invoqué par l'assureur contre le porteur de la police qui réclame le paiement de l'indemnité d'assurance, comme il aurait pu l'être contre l'assuré, si la police n'avait pas changé de mains avant le sinistre ?

La possibilité d'opposer à un porteur la nullité pour réticence ou

---

(1) Cela n'est point en contradiction avec ce qui est décidé dans le paragraphe précédent. Il ne s'agit plus de prouver une déclaration faite par l'assuré, mais de démontrer le fait matériel de la connaissance que l'assureur avait ou qu'il doit être présumé avoir eue, lors de la conclusion de l'assurance, de la circonstance dont il s'agit.

pour fausse déclaration est soutenue (1). On allègue en ce sens ou que la règle, *exceptio quæ obstabat giranti, non obstat giratario*, n'est vraie que pour les effets de commerce ou qu'elle ne l'est en matière d'assurance que pour les exceptions n'ayant pas leur cause dans un vice originaire du contrat. On fait valoir aussi qu'autrement, la situation de l'assureur dont le consentement a été vicié, serait empirée par la transmission de la police, que des fraudes seraient possibles ; l'assuré transmettrait la police, et ainsi, l'assureur serait privé du droit d'invoquer la réticence ou la fausse déclaration.

Il faut, selon nous, s'en tenir à la règle selon laquelle les exceptions opposables aux endosseurs ou aux porteurs précédents, en matière de titres à ordre ou au porteur, ne le sont pas au dernier porteur (2). Quand il s'agit des formes de l'endossement, on s'accorde généralement à appliquer à tous les titres à ordre les dispositions du Code de commerce relatives à la lettre de change (art. 136 à 138, C. com).

Il est logique et naturel d'appliquer aussi à tous les titres à ordre les règles de fond concernant les effets de l'endossement de ces titres. Parmi ces règles se trouve celle dont il s'agit. Il est arbitraire de faire à cet égard des distinctions entre les règles de forme et les règles de fond ; il est aussi arbitraire de distinguer entre les différentes exceptions. Du reste, on ne saurait parler des dangers de

---

(1) Trib. comm. Seine, 1er août 1882, *Journ. de jur. de Marseille*, 1872. 2. 180 ; Paris, 3 fév. 1891, S. et P. 1894. 2. 301 ; Cass., 31 juill. 1893, D. 1895. 1. 137 : S. et P. 1894. 1. 212. Mais, en faveur de l'admission de la règle spéciale concernant les exceptions non opposables au porteur pour tous titres au porteur. V. Cass., 9 nov. 1896, S. et *J. Pal.*, 1897. 1. 161. — Tissier sous Cass., 19 déc. 1892, S et P. 1895. 1. 225. Cet arrêt rejette le pourvoi formé contre l'arrêt de la Cour de Paris du 3 fév. 1891, en se fondant sur des motifs étrangers à la question. Cpr. Thaller, *Traité élémentaire de Droit commercial*, nos 1341 et 1342. V. aussi *Annales de Droit commercial*, 1896, p. 156 à 159, Champcommunal, *De la généralisation de la clause à ordre et de la clause au porteur*.

(2) Cpr. *Traité de Droit commercial*, IV, n° 157 ; Lyon-Caen dans la *Revue critiq. de législ. et de jurispr.*, 1892, p. 361 ; 1894, p. 489. V. Levillain, note dans le *Recueil de jurisprudence de Dalloz*, 1895. 1. 137 ; Louis Franck, *l'Assurance maritime et les Polices à ordre ou au porteur*, Revue internat. du Droit maritime, XIV, p. 412 et suiv.

la fraude. La règle relative aux exceptions non opposables au dernier porteur est écartée en présence d'un porteur de mauvaise foi (1). La doctrine opposée peut porter au crédit une fâcheuse atteinte. Il est facile de s'en rendre compte si l'on réfléchit que souvent les polices d'assurances sur facultés sont transmises à des créanciers gagistes auxquels les marchandises sont affectées, comme cela arrive dans le cas des traites documentaires (2). Du reste, l'assureur, s'il redoute l'application de notre règle, peut, soit refuser de signer une police au porteur ou à ordre, soit stipuler dans l'une de ces polices qu'il aura le droit d'opposer au dernier porteur de la police les exceptions qui étaient opposables à l'assuré originaire (3).

Il importe de remarquer que cette doctrine ne conduit nullement à reconnaître au porteur le droit d'agir en indemnité contre l'assureur quand il n'y a pas eu mise en risques, c'est-à-dire chargement de marchandises en matière d'assurance sur facultés. L'assureur peut se prévaloir à l'égard de toute personne du défaut de mise en risques. Car, en l'absence de risques, il n'y a pas de dommage éprouvé. Le porteur doit, comme l'assuré lui même, pour agir efficacement contre l'assureur, prouver son intérêt dans la chose assurée.

1457 bis. Ce qui vient d'être est dit certainement sans application au cas où il s'agit d'une assurance conclue par un commissionnaire. La réticence ou la fausse déclaration est opposable au commettant qui ne peut avoir plus de droit que le commissionnaire (n° 1456).

Si, avec nous (n° 1214), on considère la police souscrite *pour le compte de qui il appartiendra* comme une police au porteur (4), les solutions admises ci-dessus (n° 1457) sont applicables. Mais des auteurs se refusent à faire une différence entre le cas où l'assurance a été souscrite pour le compte d'une personne indiquée dans

(1) V. *Traité de Droit commercial*, IV, n° 131.
(2) V. *Traité de Droit commercial*, IV, n° 106.
(3) Il y a une stipulation de ce genre dans la police française d'assurance sur facultés (art. 26). V. n° 1440.
(4) Laurin, *Précis de Droit maritime*, p. 328. *Revue internat. du Droit marit.*, 1885-86, p. 602.

la police même et le cas où l'assurance a été souscrite pour le compte d'une personne qui sera déterminée par la suite, en vertu de la formule : *pour le compte de qui il appartiendra* (1). Selon eux, la personne qui se prévaut, en définitive, de la police, doit être considérée comme ayant joué dès l'origine le rôle de commettant. Il est difficile de comprendre comment il est possible de traiter la police pour le compte de qui il appartiendra comme une police souscrite par un commissionnaire et, cependant, de reconnaître que la transmission s'en opère par la simple tradition, parce qu'on la considère comme une police au porteur. Si elle a ce dernier caractère, les conséquences naturelles doivent en être déduites au point de vue des exceptions opposables au porteur aussi bien que du mode de cession. La forme et le fond sont ici, selon nous, indissolublement unis.

1458. L'article 348 ne s'occupe que des conséquences civiles des fausses déclarations, et, à cet égard, peu importe qu'elles soient le résultat d'une erreur ou d'une négligence ou qu'elles soient frauduleuses (n° 1147). Mais les fausses déclarations peuvent avoir aussi des conséquences pénales; elles constituent parfois un délit (2). Pour qu'il en soit ainsi, la fraude de l'assuré est un élément essentiel. Lorsque les fausses déclarations sont accompagnées de manœuvres, elles peuvent constituer une escroquerie (art. 405, C. pén.); il peut aussi y avoir faux ou usage de pièces fausses (art. 162, C. pén.), si l'assuré a produit, à l'appui de ses déclarations, un connaissement ou toute autre pièce contenant de fausses indications destinées à tromper l'assureur.

1459. Le Code de commerce, qui parle de la réticence et de la fausse déclaration de l'assuré et, par suite, des vices du consentement en résultant pour l'assureur, est muet sur les vices du consentement de l'assuré. Il faut en conclure qu'à cet égard, on doit s'en

---

(1) Cet idée est indiquée dans l'arrêt précité de la Cour de cassation du 19 déc. 1892, S. et P. 1895. 1. 225. Elle est soutenue avec beaucoup de force dans une note de M. Tissier placée sous cet arrêt.

(2) La loi *belge* du 11 juin 1874 (art. 11) dispose qu'en cas de fraude, l'assureur conserve la prime, *sans préjudice de l'action publique, s'il y a lieu.*

tenir aux principes généraux du droit. Cela se comprend. L'assuré
n'a pas besoin d'être protégé comme l'assureur: l'assuré connaît la
chose assurée et les différentes circonstances permettant d'apprécier
la nature et l'étendue des risques. Il y aurait nullité de l'assurance
s'il y avait dol de l'assureur dans les termes du droit commun (1). Il
faudrait donc que le dol de l'assureur eût déterminé l'assuré à contracter; il ne suffirait pas qu'il eût contribué à lui faire accepter des
conditions que, sans le dol de l'assureur, l'assuré n'aurait sans doute
point consenti à admettre. V. art. 1116, C. civ.

1460 Privilège de la créance de la prime. — Le Code de
commerce attache un privilège à la créance de la prime dans les
assurances sur corps. Aux termes de l'article 191, sont privilégiées... les dettes ci-après désignées : 10° *le montant des primes
d'assurances faites sur le corps, quille, agrès, apparaux, et sur
armement et équipement du navire, dues pour le dernier voyage.*
L'Ordonnance de 1681 n'indiquait pas que l'assureur maritime
eût un privilège sur le navire assuré. Elle supposait sans doute que,
conformément à un ancien usage, la prime se payait comptant. Des
interprètes en avaient conclu que l'assureur n'avait pas de privilège :
mais Émérigon (chap. III, sect. IX) repoussait cette solution. Il justifiait l'admission du privilège en disant « qu'on doit considérer que
« la prime des assureurs est comprise dans les frais d'armement ou
« de facture, elle fait donc en quelque manière partie de la chose
« assurée, qui, par ce moyen, est présumée valoir davantage. Par
« conséquent, le privilège que l'Ordonnance accorde au vendeur ou
« fournisseur de la chose doit être rendu commun à l'assureur,
« créancier de la prime ». — Pothier (*Traité des assurances maritimes*, n° 142) et Valin, sur l'article 16, livre I, titre XIV de l'Ordonnance de 1681, admettaient la même solution. Il faut remarquer,
en outre, que, d'après les principes généraux de l'ancien Droit français, l'assureur avait une hypothèque générale sur les biens de l'assuré, lorsque la police ayant été reçue par un notaire ou par un
courtier, constituait un acte authentique.

(1) V. un cas où il y avait dol de l'assureur Paris, du 20 déc. 1890, *le
Droit*, n° du 17 fév. 1891.

1461. Il résulte des termes de l'article 191-10° précités (n° 1460) que toutes les primes d'assurances dues à raison d'un même navire ne sont pas privilégiées. La loi, pour ce privilège, comme pour les autres privilèges maritimes, a voulu à la fois éviter l'accumulation des dettes privilégiées et, dans une certaine mesure, punir le créancier de sa négligence. Dans ce but, l'article 191-10° n'attache de privilège qu'au *montant des primes dues pour le dernier voyage* (1). Ces expressions (*dernier voyage*) manquent de clarté et donnent lieu à des difficultés dans les assurances, soit au voyage, soit à temps (2).

La loi vise-t-elle le voyage *réel* du navire ou le voyage *assuré ?* L'intérêt de la question est très grand. Si la loi s'est attachée ici au voyage assuré, il faudra décider que, dans le cas où il y aurait deux assurances distinctes pour l'aller et pour le retour, la prime de l'assureur du voyage d'aller ne serait pas privilégiée, après la fin du voyage d'aller, tandis qu'elle le serait si le législateur a considéré le voyage réel. Cette dernière solution semble préférable (3). Le législateur a trouvé juste et utile de traiter avec faveur l'assureur qui a couru les risques de la navigation à la suite de laquelle le navire est vendu. On ne voit pas pourquoi cette faveur n'existerait pas pour la navigation entière. Les autres créanciers de l'assuré ne peuvent légitimement se plaindre; peu leur importe qu'il y ait eu, pour le voyage réel, une seule assurance ou plusieurs. On peut, du reste, dire qu'autrement, l'assureur de la première partie du voyage serait traité d'une façon trop rigoureuse, qu'on ne lui reconnaîtrait qu'un privilège nominal. Il ne pourrait plus l'exercer après la fin du voyage réel et il ne pourrait pas

---

(1) De ce que le privilège de l'article 191, 10°, C. com., est attaché par la loi à la prime d'un voyage, on peut déduire qu'il n'y a pas de privilège pour la prime d'assurance d'un navire qui ne sort pas du port. Trib. civ. du Havre, 8 fév. 1902, *Revue intern. du Droit marit.*, XVIII, p. 37.

(2) Les mêmes expressions (*dernier voyage* ou *voyage*), employées par l'article 191 à propos d'autres privilèges que celui de l'assureur, font aussi naître des discussions entre les interprètes.

(3) Dufour, I, n° 223 à 225 ; Arth. Desjardins, I, n° 153 ; Demangeat sur Bravard, IV, p. 80. *V. en sens contraire*, Laurin sur Cresp, I, p. 113 et 114 ; Bordeaux, 5 mars 1861, D. 1862. 2. 54.

non plus le faire valoir en cours de voyage, par cela même qu'alors, le navire ne peut pas être saisi (art. 215. C. com.).

1462. La détermination du sens de l'expression *dernier voyage* a une importance spéciale pour les assurances à temps qui aujourd'hui sont très nombreuses (n° 1206). Si, pendant la durée d'une assurance de cette espèce, le navire assuré a fait plusieurs voyages, s'il a été désarmé et réarmé, l'assureur sera-t-il privilégié pour toute la prime ou seulement pour la portion de la prime correspondant au dernier voyage effectué depuis le plus récent armement? Les auteurs qui, à propos de l'assurance au voyage, admettent que l'article 191-10° se réfère, non au voyage *réel*, mais au voyage *assuré*, appliquent naturellement leur doctrine à l'assurance à temps limité et décident que la prime entière est privilégiée, parce que, dans cette sorte d'assurance, au point de vue de l'assureur, il n'y a, en réalité, qu'un seul voyage qui a la même durée que le contrat (1). Mais la question est plus embarrassante pour les interprètes qui, avec nous admettent que l'article 191-10° vise le dernier voyage réel. Parmi eux, il en est qui ne croient pas se mettre en contradiction avec eux-mêmes en décidant que, dans l'assurance à temps limité, la prime entière est privilégiée (2). Ils se fondent surtout pour le décider ainsi, sur ce que la prime, étant indivisible, est due pour le tout, par cela seul que le navire a commencé à naviguer et a fait même une seule traversée. Ils nous paraissent manquer de logique et invoquer une solution qui n'a aucun lien avec la question. L'article 191-10° ne distingue pas entre les différentes espèces d'assurances quand il restreint le privilège à la prime due *pour le dernier voyage*. Ces expressions se rapportent donc au dernier voyage *réel* pour l'assurance à temps limité comme pour l'assurance au voyage. L'argument tiré de l'indivisibilité de la prime, prouve seulement qu'elle est due intégralement par cela seul que le navire a commencé le voyage ; mais une

(1) V. Rouen, 26 mai 1840 ; Trib. comm. Bordeaux, 28 mars 1865, *Journ. de Marseille*, 1840. 2. 171 et 1865. 2. 124. La loi *belge* du 21 août 1879 (art. 5-12°) admet cette solution, mais comme l'avait fait le projet français de 1867, elle restreint, dans les assurances à temps limité, le privilège à la prime de la dernière année.

(2) Dufour. I. n° 225 ; Arth. Desjardins, 1, 153. V. les décisions judiciaires citées à la note précédente.

prime peut être due sans être privilégiée et ici, il s'agit de savoir, non si la prime est due, mais si elle est, pour le tout, garantie par le privilège (1).

1463. Pour qu'un voyage postérieur fasse disparaître le privilège de l'assureur garantissant la créance de la prime, il n'est certainement pas nécessaire que ce voyage réunisse les conditions indiquées par l'article 194, C. com. Cet article a pour but de déterminer sous quelles conditions le droit de suite des créanciers, privilégiés ou chirographaires, sur un navire est éteint en cas d'aliénation (n° 425 et suiv.). Or, dans l'article 191, il est question exclusivement des rapports des créanciers privilégiés, soit entre eux, soit avec les créanciers chirographaires ou hypothécaires, non des rapports des créanciers avec les tiers acquéreurs du navire 2).

1464. L'assureur n'est privilégié que pour la prime. En conséquence, il ne peut invoquer de privilège pour le demi pour cent de la somme assurée due dans les cas, soit de rupture du contrat d'assurance avant le départ (art. 349), soit de ristourne pour cause d'exagération de la valeur des choses assurées (art. 358). C'est là une indemnité fixée à forfait, non une portion de la prime (n° 1430).

1465. Comme pour les autres privilèges sur le navire, le Code de commerce indique comment doit être prouvée la créance privilégiée (art. 192, C. com.). Pour l'exercice de son privilège, l'assureur justifie du montant des primes par les polices ou par les livres des courtiers d'assurances (art. 192-8°) (3) ou des notaires (4). Une police, même sous seing privé, suffirait, puisque l'article 332, C. com., n'exige pas que les assurances maritimes soient faites par acte authentique (n° 1477) (5).

(1) Pau, 20 fév. 1888, S. et *J. Pal*, 1889. 1. 161 (en sous-note). Cass., 20 juill. 1898, S. et *J. Pal.*, 1899. 1. 161 (note de Ch. Lyon-Caen) : *Pand. fr.*, 1898. 1. 331 ; *Revue internat. du Droit marit.*, XIV, p. 5. — De Valroger, I, n° 69.

(2) Cass, 12 mai 1858, D. 1858. 1. 208 ; Marseille, 15 déc. 1855, *Journ. de Marseille*. 1856. 1. 18. Dufour. I, n° 227.

(3) V. sur le rôle important joué par les livres des courtiers à raison de la manière dont sont faites les polices dressées par eux. n° 1179.

(4) V. sur le droit des notaires de dresser des polices d'assurance maritime en concurrence avec les courtiers, n°° 1015 et 1178.

(5) Cass., 4 mai 1853, D. 1853. 1. 125 ; *J. Pal*, 1853. 2. 656.

1466. Ni le Code de commerce, ni aucune loi spéciale n'accordent expressément un privilège à l'assureur *sur facultés* pour la créance de la prime. On a parfois conclu du silence de la loi que la créance de la prime n'est pas privilégiée dans les assurances *sur facultés* (1) (2). Cela n'est pas admissible : dans l'ancien Droit, on ne distinguait pas entre les assurances sur corps et les assurances sur facultés au point de vue du privilège (3). Rien n'indique que les rédacteurs du Code de commerce aient voulu innover à cet égard. D'ailleurs, le prêteur à la grosse est privilégié pour le profit maritime qui lui est dû (article 320, C. com.) ; ce profit comprend une véritable prime due au prêteur qui joue en partie le rôle d'assureur de l'emprunteur. Il serait singulier qu'un privilège fût refusé au véritable assureur. Il doit, par *a fortiori*, lui être reconnu (4).

Presque tous les auteurs sont en ce sens (5) : mais il s'en faut de beaucoup qu'ils s'accordent sur les motifs à donner à l'appui de leur opinion. On a souvent, au lieu d'invoquer les arguments tirés de l'ancien Droit et de l'article 320, C. com., fait l'un des raisonnements suivants : 1° On a dit, en reproduisant l'argumentation d'Émérigon, que 'a prime de l'assurance *sur facultés* doit être privilégiée, comme la prime de l'assurance *sur corps*, parce qu'elle est comprise dans les frais de facture et fait partie de la chose assurée qui est présumée valoir davantage. Ce raisonnement n'est pas probant : il est vrai que la prime payée à l'assureur entre en ligne de compte dans la fixation du prix de toute chose assurée, que, par suite, l'assuré peut faire assurer la prime comme tous ses autres déboursés (art. 342, C. com.) ; mais, dans notre législation, en matière de meubles, les frais d'amélioration ne sont pas privilégiés, à la différence des frais

(1) Arth. Desjardins, I, n° 189.
(2) Trib. comm. Marseille, 19 mars 1856, *Journ. de Marseille*, 1856. 1. 172. — Em. Cauvet, I, n° 143 ; Droz. I, 184.
(3) Émérigon, chap. III, sect. VII ; Valin, sur l'article 16, liv. I, tit. XIV, de l'Ordonnance de 1681.
(4) Trib. comm. de Marseille, 28 oct. 1822 ; Aix, 16 mars 1857, *Journ. de Marseille*. 1822. 1. 353 ; 1857. 1. 81 (l'arrêt de la Cour d'Aix infirme le jugement du tribunal de commerce cité à la note 2.
(5) J.-V. Cauvet, I, n° 245 ; Laurin sur Cresp. I, p. 111 et suiv. ; IV, p. 239 et 240 ; de Valroger, I, n° 72 ; Boistel, n° 1369.

de conservation (art. 2102, 3°, C. civ.). 2° On le reconnaît dans une seconde explication ; mais on va jusqu'à prétendre que la prime est privilégiée dans les assurances sur facultés, parce qu'il y a là une dépense faite pour la conservation de la chose assurée (art. 2102-3°, C. civ.) ; le motif n'est pas exact. De deux choses l'une, ou les marchandises périssent ou elles arrivent à bon port. Dans le premier cas, on ne saurait dire que la chose assurée a été conservée ; l'assuré reçoit seulement de l'assureur une indemnité qui, dans une certaine mesure, en tient la place ; dans le second cas, l'assureur n'a certainement rien conservé ; ce n'est pas grâce à lui que les marchandises sont arrivées à destination sans accident (1) ; 3° enfin, on s'est borné à argumenter par analogie de l'article 191-10° (2). Cette dernière explication n'est pas non plus satisfaisante ; les privilèges ne s'étendent pas par analogie. L'argument tiré de l'article 320 est le seul vraiment décisif.

1466 bis. Le privilège de l'assureur sur facultés ne présente pas à beaucoup près autant d'avantages que celui de l'assureur sur corps : 1° D'abord, par cela même qu'il n'y a pas de droit de suite sur les meubles (art. 2119, C. civ.), le privilège de l'assureur ne peut pas être exercé à l'encontre d'un tiers acquéreur des marchandises assurées. Mais, du moins, le privilège subsiste sur le prix tant qu'il n'a pas été payé (3). A ces points de vue, la situation de l'assureur sur facultés ne diffère pas de celle de tous autres créanciers privilégiés sur les meubles ; 2° ce n'est pas tout ; le privilège de l'assureur sur facultés peut être inefficace en bien des cas. Ainsi, il est certain qu'il ne peut être opposé ni au commissionnaire auquel les marchandises assurées servent de gage pour ses avances (4), ni au tiers porteur d'une lettre de change à laquelle les marchandises assurées servent de provision (5).

1467. Ce qui vient d'être dit en faveur du privilège dans les assu-

<hr/>

(1) V. n° 1469, sur une conséquence à laquelle conduirait l'argument tiré de l'article 2102-3°, C. civ. et réfuté au texte.
(2) Trib. comm. Marseille, 28 oct. 1822, *Journ. de Marseille*, 1822. 1. 353.
(3) Laurin sur Cresp, IV, p. 239 et 240.
(4) Trib. comm. Marseille, 8 août 1865, *Journ. de Marseille*, 1865. 1. 265.
(5) Trib. comm. Marseille, 3 avril 1865, *Journ. de Marseille*, 1865. 1. 102.

rances sur facultés, doit être, par identité de raison, admis dans toutes les assurances maritimes, quel qu'en soit l'objet : spécialement, l'assureur du fret a un privilège sur la créance du fret (1). Ce privilège s'éteint avec la créance qui en est grevé ; c'est ce qui a lieu en cas de paiement du fret. V. analog. n° 328.

1468. Il va de soi que, pour les assurances autres que celle du navire, il n'y a pas à parler de la restriction du privilège à la prime du dernier voyage. Pour les choses assurées autres que le navire, il ne peut être question de plusieurs voyages successifs pour chacun desquels il est possible qu'une assurance distincte soit conclue.

Il y a des assurances sur facultés faites pour l'aller et le retour (art. 356, C. com.). Les marchandises formant la cargaison ne sont pas les mêmes au retour qu'à l'aller. Mais la prime est unique dans ces assurances et la stipulation de la police établit une sorte d'indivisibilité entre le retour et l'aller considérés comme formant un seul voyage ; aussi ne peut-on diviser la prime et le privilège qui la garantit porte-t il sur les marchandises de retour pour la totalité de son montant.

1469. Si l'on doit, malgré le silence de nos lois, admettre un privilège au profit de l'assureur sur facultés pour la prime, il est impossible, au contraire, d'aller jusqu'à reconnaître un privilège au profit de l'assureur dans les assurances terrestres. Sous ce nom, il faut comprendre même les assurances portant, soit sur des bâtiments de rivières, soit sur des marchandises transportées sur ces bâtiments. Une semblable extension du privilège de l'assureur violerait la règle fondamentale selon laquelle les privilèges, étant de droit étroit, ne peuvent être étendus par voie d'analogie (2). Cette solution ne serait évidemment pas exacte s'il était vrai de dire que l'assureur maritime est créancier privilégié parce qu'il contribue à la conservation de la chose assurée. Le privilège de l'assureur n'étant qu'une application de l'article 2102-3°, C. civ.,

---

(1) Arth. Desjardins, VII, n° 1459.

(2) Trib. comm. Marseille, 14 nov. 1860, 15 fév. 1861, *Journ. de Marseille*, 1860. 1. 316 ; 1861. 1. 194 ; Trib. comm. Seine, 5 juin 1886, *Gazette des Tribunaux*, n° du 18 juin 1886. — Pardessus, II, n° 591 ; Desjardins, VII, n° 1459 ; Ruben de Couder, *Dict.*, v° *Assurance terrestre*, n° 271.

il n'y aurait pas de raison pour ne pas accorder ce privilège à un assureur dans toutes les assurances. Mais l'opinion qui considère le privilège admis dans l'assurance maritime comme une application du privilège des frais de conservation, est inexacte et a été réfutée plus haut (n° 1466) (1).

(1) Le projet de loi sur le contrat d'assurance déposé à la Chambre des députés les 11 juillet 1904 et 12 juillet 1906 (rapport de M. Chastenet déposé le 12 février 1907) admet un privilège pour la créance de la prime dans toutes les assurances terrestres. D'après l'article 30 de ce projet, l'assureur a, pour la créance de la prime, un privilège sur la chose assurée. Il prend rang immédiatement après le privilège des frais de justice établi par l'article 2101, 1°, C. civ. Il n'existe que pour une somme correspondant aux primes des deux dernières années.

CHAPITRE VII.

DES DROITS DES CRÉANCIERS CHIROGRAPHAIRES
SUR LES NAVIRES. — DROIT DE SUITE.
DU PRÊT A LA GROSSE. — DE L'HYPOTHÈQUE MARITIME.
DES PRIVILÈGES SUR LES NAVIRES.
DE LA SAISIE ET DE LA VENTE DES NAVIRES (1).
DES CONFLITS DE LOIS RELATIFS AUX DROITS DES CRÉANCIERS
SUR LES NAVIRES.

GÉNÉRALITÉS.

1470. Les bâtiments de mer d'une personne, comme ses autres biens, servent de gage à ses créanciers (art. 2092, C. civ.), et ceux-ci n'ont pas les mêmes droits, suivant qu'ils sont des créanciers chirographaires, privilégiés ou hypothécaires. Pour déterminer la nature de ces droits, les conditions et les formes de leur exercice, on ne peut se borner à renvoyer aux règles du droit commun applicables en général, aux biens mobiliers ou immobiliers ; sur plusieurs points importants, la législation commerciale maritime a dérogé à ces règles. Ce chapitre sera consacré à l'étude des divers droits que les créanciers peuvent avoir sur les navires.

1471. Le Code de commerce, reproduisant en ce point les dispositions de l'Ordonnance de 1681, favorise, en matière maritime, spécialement les créanciers chirographaires. Il leur reconnaît, outre le droit de gage général fondé sur les articles 2092 et 2093, C. civ,, un droit de suite tout particulier sur les navires de leur débiteur

---

(1) C. com., art. 190 à 194, 196, 197 à 215, 311 à 331 ; L. 10 juill. 1885, décret du 18 juin 1886.

(n°s 1473 et suiv.). Quelque avantageux qu'il soit en cas d'aliénation d'un bâtiment, ce droit de suite ne constituerait pas toujours un avantage suffisant pour déterminer à faire crédit au propriétaire d'un navire. Du reste, il y a, surtout en matière maritime, des créances qui, à raison de leur cause, méritent un traitement spécialement favorable. Nos lois mettent donc à la disposition des propriétaires de navires (ou de leurs capitaines), deux moyens de crédit réel : *a. l'emprunt à la grosse ; b. l'hypothèque maritime.* En outre, elles admettent de nombreux privilèges sur les navires, en dehors même de ceux qu'établit le Code civil. Les créanciers chirographaires, privilégiés ou hypothécaires, ont, pour réaliser leur gage, le droit de saisir et de faire vendre le navire, afin de se payer sur le prix ; la saisie et la vente sur saisie des bâtiments de mer sont régies par des dispositions spéciales (1). Enfin, comme il y a encore de grandes divergences entre les lois des différents pays relatives aux droits des divers créanciers sur les navires, il s'élève à leur occasion, quand un navire est saisi et vendu dans un port situé hors du pays dont il porte le pavillon, de nombreux conflits de lois. Il peut y avoir des conflits de lois même quand le navire est saisi et vendu à son port d'attache ; ils naissent alors de ce que les droits des créanciers sont nés dans des lieux soumis à des législations différentes de celle du pays dont le navire porte le pavillon.

1472. Ce chapitre sera, en conséquence, divisé de la façon suivante :

Section I. DES DROITS DES CRÉANCIERS CHIROGRAPHAIRES SUR LES NAVIRES ET SPÉCIALEMENT DE LEUR DROIT DE SUITE. — *Section* II. DU PRÊT A LA GROSSE. — *Section* III. DE L'HYPOTHÈQUE MARITIME. — *Section* IV. DES PRIVILÈGES SUR LES NAVIRES. — *Section* V. DE LA SAISIE ET DE LA VENTE DES NAVIRES. — *Section* VI. DES CONFLITS DE LOIS RELATIFS AUX DROITS DES CRÉANCIERS SUR LES NAVIRES.

---

(1) Les règles relatives à la saisie et à la vente forcée des navires contenues dans les articles 197 à 215, C comm., ont été modifiées sur des points importants par la loi du 10 juillet 1885, qui traite à la fois de l'hypothèque maritime, de la saisie et de la vente sur saisie des navires.

SECTION Ire.

**Des droits des créanciers chirographaires sur les navires
et spécialement du droit de suite.**

1473. DROIT DE SUITE DES CRÉANCIERS CHIROGRAPHAIRES. — ORI-
GINE. — INCONVÉNIENTS. — En droit commun, les créanciers chirographaires ont un droit de gage général sur les biens de leur débiteur
(art. 2092 et 2093, C. civ.). Ce droit est fort précaire ; non seulement il ne renferme aucun droit de préférence, mais encore il
s'éteint, en l'absence de tout droit de suite, par suite des aliénations
à titre particulier faites par le débiteur. Les créanciers chirographaires ne peuvent atteindre les biens aliénés à titre particulier par
leur débiteur qu'exceptionnellement, soit au cas de fraude en exerçant l'action paulienne (art. 1167, C. civ.), soit au cas de faillite ou
de liquidation judiciaire de l'aliénateur, en invoquant les articles 446
et 447, C. com. Le législateur français a cru devoir fortifier le droit
de gage général des créanciers chirographaires, en tant qu'il porte
sur un navire. Sur les bâtiments de mer ces créanciers ont un droit de
suite, grâce auquel ils peuvent les saisir et les faire vendre, alors
même qu'ils ont passé entre les mains de tiers acquéreurs. La concession de ce droit de suite constitue une dérogation à deux principes fondamentaux de notre législation : *a.* il n'y a pas de droit de
suite sur les meubles (art. 2119, C. civ.) ; *b.* même sur les immeubles, un droit de suite n'existe qu'au profit des créanciers privilégiés
ou hypothécaires.

Le Code de 1807 n'a fait en ce point que reproduire les dispositions de l'Ordonnance de 1681 (liv. II, tit. 10, art. 1 et 2). Des
raisons variées ont été données pour expliquer la reconnaissance
d'un droit de suite sur les navires. Cet avantage a pour but d'augmenter le crédit des propriétaires de navires, il s'explique d'autant
mieux que souvent, les créanciers ne peuvent, en réalité, se faire
payer que sur le ou sur les navires de leur débiteur qui n'a pas d'autres
biens. Les biens mobiliers sont, en général, destinés à être trans-
mis, et un droit de suite établi sur eux aurait pour effet de mettre
obstacle à leur libre circulation, au détriment du commerce. Les

navires ne sont pas l'objet du commerce maritime, ils en sont l'instrument (n° 54), et ce commerce peut prospérer, encore que l'existence du droit de suite sur les navires gêne. quelque peu leur transmission.

Cependant, le droit de suite des créanciers chirographaires est généralement rejeté par les législations étrangères : elles se bornent à l'admettre au profit des créanciers privilégiés ou hypothécaires (1) ; le projet français de 1867 (art. 193) le supprimait aussi. Le droit de suite des. créanciers chirographaires a l'inconvénient d'entraver la transmission des navires. Il retarde nécessairement le paiement du prix de la vente : car, s'il est possible d'évaluer approximative-ment les dettes privilégiées qui sont peu nombreuses et de con-naître les dettes hypothécaires qui sont inscrites, on ne peut ni évaluer ni connaître facilement les dettes chirographaires. Les créanciers, qui ne se font pas donner de sûreté spéciale et aux-quels la loi ne confère pas de privilège, font crédit à la personne plutôt qu'à la chose, et l'on ne voit pas pourquoi le navire serait, à leur égard, autrement affecté que les autres biens du débiteur (2). Le droit de suite des créanciers chirographaires est surtout injusti-fiable pour ceux dont les créances ont des causes étrangères à la navigation. Il ne paraît pas douteux que le droit de suite des créan-ciers chirographaires soit destiné à disparaître de notre législation. Il existe encore, aussi faut-il examiner les règles qui le régissent. Malheureusement, le Code de commerce les a formulées d'une façon incomplète ou obscure.

Les questions principales examinées sont les suivantes : *au profit de quelles personnes le droit de suite existe t il ? quelle en est la nature et quels en sont les effets ? sur quel objet porte-t-il ? quelles causes en entraînent l'extinction ? comment s'exerce-t-il ?*

1474. *Créanciers auxquels appartient le droit de suite.* — Sur

---

(1) Droit étranger. — Codes de commerce *allemand.* art. 754 à 777 ; *italien*, art. 284 ; *portugais*, art. 574 et suiv. ; *hollandais*, art. 312 et suiv ; Codes maritimes *scandinaves.* art 267 et suiv.; *finlandais*, art. 11 à 15 ; loi *belge* du 21 août 1879, art. 3. — Maclacklan, *op. cit.* (édit. de 1876, p. 63).

(2) Ces motifs sont le résumé de ceux que contient *la note explicative sur le projet de revision du livre II du Code de commerce,* p. 5 et suiv.

les navires le droit de suite existe au profit des créanciers chirographaires, privilégiés et hypothécaires. Mais ce n'est pas à dire que ce droit ait absolûment la même nature pour ces trois classes de créanciers, et soit, à tous égards, soumis pour tous aux mêmes règles. Le droit de suite des créanciers chirographaires et des créanciers privilégiés est régi par le Code de commerce, il est assez précaire ; celui des créanciers hypothécaires a plus de force que celui des créanciers chirographaires ou privilégiés ; il n'est pas soumis aux causes d'extinction admises par le Code de commerce (art. 193 et 194) pour les derniers (nº 1493, 1º). Il n'est question dans cette *Section* que du droit de suite des créanciers chirographaires, qui est, du reste, régi par les mêmes règles que celui des créanciers privilégiés ; le Code de commerce s'occupe en même temps du droit de suite de ces deux classes de créanciers (art. 190, 193 et 194, C. com).

1475. On a nié l'existence du droit de suite des créanciers chirographaires (1). En faveur de cette opinion, on a fait surtout valoir que le Code ne consacre pas expressément le droit de suite de ces créanciers ; une disposition formelle serait, dit-on, d'autant plus nécessaire qu'il s'agit là d'un droit tout à fait exceptionnel. On a ajouté que l'article 193, C. com., qui s'occupe de l'extinction du droit de suite, ne parle que des privilèges : « Les privilèges *des créanciers seront éteints, etc* »

La jurisprudence (2) et presque tous les auteurs (3) ont, au contraire, admis avec raison que le Code de commerce reconnaît un droit de suite aux créanciers même chirographaires. L'Ordonnance de 1681 (4) le consacrait déjà et il leur est reconnu, sinon expressé-

(1) Cauvet, *Revue de législation*, III, p. 275 et suiv. ; Houzard, *Revue pratique du Droit français*, t. XXIII, p. 174 et suiv. — Cpr. Bordeaux, 22 août 1860, D. 1863. 1. 290 ; S. 1861. 2. 49 ; *J. Pal.*, 1866, 326.

(2) Rouen, 20 mai 1863, S. 1863. 2. 234 ; *J. Pal.*, 1864. 281 ; *Journ. de Marseille*, 1864. 2. 18 ; Cass , 16 mars 1864, D. 1864. 1. 161 ; Marseille, sentence arbitrale, 2 décembre 1901, *Revue intern. du Droit maritime*, XVIII, p. 361.

(3) Dufour, I, nºs 34 et suiv., Laurin sur Cresp, I. p. 89 ; Arth. Desjardins, 1, p. 206 ; Boistel, 3º édit., nº 1144, p. 884 et 885.

(4) Sur l'article 2, livre II, titre X, qui déclarait le navire affecté aux

ment, au moins implicitement, par le Code de 1807. L'article 190 dispose que les navires sont affectés aux dettes du vendeur, *et spécialement à celles que la loi déclare privilégiées*. Ces derniers mots impliquent qu'il y a d'autres dettes que les dettes privilégiées du vendeur de navire auxquelles le navire est affecté. Ce ne peuvent être que les dettes chirographaires du vendeur ; le Code de 1807 ne reconnaissait pas l'hypothèque sur les navires ; elle n'a été introduite dans la législation française que par la loi du 10 décembre 1874 remplacée par la loi du 10 juillet 1885. Quant à l'article 193 dont on invoque le texte dans l'opinion contraire, il ne peut constituer un argument décisif. S'il ne parle que des privilèges sur les navires, c'est par suite d'une négligence de rédaction amenée par une critique de la disposition correspondante du projet primitif du Code. Dans ce projet, l'article 193 était ainsi conçu : « Les droits des créanciers privilégiés *et autres* « seront éteints ». On fit remarquer que cette rédaction était vicieuse, en ce qu'elle pouvait faire croire qu'il s'agissait de l'extinction des créances elles-mêmes et non pas seulement du droit de suite ; on modifia la rédaction, mais, par inadvertance, on ne parla plus expressément que des privilèges.

1476. *A quels créanciers chirographaires appartient le droit de suite.* — Il n'appartient naturellement qu'à ceux qui sont devenus créanciers de l'aliénateur avant l'aliénation. Mais il faut tenir compte ici du système de publicité admis par notre législation : d'après ce système, l'aliénation des navires n'a pas d'effet à l'égard des tiers tant que la mutation en douane n'a pas lieu (n° 122). Il résulte de là que tous les créanciers de l'aliénateur qui le sont devenus avant la mutation en douane, fût-ce après l'acte d'aliénation, jouissent du droit de suite (1). Selon la doctrine adoptée précédemment (n° 126), cela devrait être admis même à l'égard des créanciers qui auraient contracté en connaissant l'aliénation.

1477. *Restriction du droit de suite aux bâtiments de mer.* —

dettes du vendeur, Valin disait : « Comme l'article ne distingue pas, il faut l'entendre de toutes dettes, tant simples, chirographaires qu'hypothécaires et privilégiées ».

(1) Cass., 3 juin 1863, D. 1863. 1. 289 : *Pand. fr. chr.*; Rouen, 31 juill. 1876, D. 1878. 2. 103.

Comme, en général, toutes les dispositions du livre II du Code de commerce, les articles 190, 193 et 194 relatifs au droit de suite ne sont faits que pour les bâtiments de mer. Au surplus, les conditions auxquelles les articles 193 et 194 subordonnent l'extinction du droit de suite, seraient d'une application impossible aux bâtiments de rivière (n° 1486). Ces bâtiments sont assimilés, en tous points, aux autres meubles (n°⁸ 88 et 89); ils ne sont donc l'objet d'aucun droit de suite même au profit des créanciers privilégiés et ils ne sont pas susceptibles d'hypothèque (1); on leur applique les articles 2119 et 2279, C. civ. Aussi est-ce notamment à propos du droit de suite que des questions relatives au point de savoir si des navires sont ou ne sont pas des bâtiments de mer, s'élèvent (2).

1478. *Aliénations donnant lieu au droit de suite.* — A l'imitation de l'Ordonnance de 1681, le Code de commerce (art. 190) ne parle, à propos du droit de suite, que de la *vente.* Cela s'explique, c'est là le mode d'aliénation le plus usuel ; mais il n'est pas douteux que toute autre aliénation à titre particulier donne également lieu au droit de suite. — Il résulte de la nature reconnue (n°⁸ 152 et 154) au contrat par lequel un entrepreneur s'oblige à construire un navire à forfait, que le droit de suite appartient aux divers créanciers de cet entrepreneur contre celui qui a fait la commande. Mais, comme le contrat n'est pas soumis à la mutation en douane qui suppose un navire francisé (n° 159, dans ce cas, les créanciers qui ont le droit de suite, sont ceux qui le sont devenus avant la date de la conclusion même de ce contrat.

Par exception à la règle générale qui vient d'être posée, la vente sur saisie (art 193) ne donne pas lieu au droit de suite, puisqu'elle en entraîne, au contraire, l'extinction (n° 1483), et, à ce point de vue, d'autres ventes doivent, selon nous, être assimilées à la vente sur saisie (n° 1484),

1479. *Nature du droit de suite.* — Ni l'Ordonnance de 1681, ni

(1) Bordeaux, 5 juill. 1870, S. 1870. 2. 327; *J. Pal.*, 1870. 190; D. 1871. 2. 138; Cass., 7 avr. 1874. S. 1874. 1. 205; *J. Pal.*, 1874. 518; D. 1874. 1. 289; *Pand. fr. chr.*

(2) V .notamment, Cass., 10 juill. 1838. S. 1888. 1. 430; *J. Pal.*, 1888. 1. 1058; D. 1889. 1. 187; *Pand. fr.*, 1888. 1. 460.

le Code de commerce ne déterminent la nature du droit de suite. Valin paraît dire qu'il y a là une application de l'action paulienne (1); cela n'est pas admissible : le droit de suite, à la différence de cette action, ne suppose ni la fraude du propriétaire du navire, ni son insolvabilité produite ou augmentée par l'aliénation du bâtiment. D'ailleurs, le Code de commerce (comme la grande Ordonnance) présente le droit de suite comme dérogeant à la nature mobilière reconnue aux navires. Or, l'action paulienne s'applique assurément aux actes portant sur des meubles comme aux actes portant sur des immeubles.

Quant il s'agit de créanciers privilégiés, le droit de suite n'est pas autre chose qu'un attribut du droit réel de privilège, attribut que la loi ne supprime pas pour les navires comme elle le fait pour les autres biens mobiliers, Quand il s'agit de créanciers chirographaires, le droit de suite conserve toujours le même caractère, c'est un des attributs des droits réels que la loi confère séparément à des personnes auxquelles, en réalité, aucun droit réel n'appartient. Le droit de suite, étant d'ordinaire l'un des attributs des droits réels, suppose un droit de préférence qui coexiste avec lui (2). Pour les créanciers chirographaires, le droit de suite existe sur le navire indépendamment de tout droit de préférence (3).

Grâce à ce droit de suite, sans qu'il soit besoin de prouver ni l'insolvabilité ni la fraude de l'aliénateur, les créanciers de celui-ci peuvent saisir et faire vendre le navire contre l'acquéreur dans les formes prescrites par les articles 197 à 215, C. com. Le tiers déten-

(1) Valin disait (sur l'art. 2, liv. II, tit. X de l'Ordonnance) : « Ce ne peut être que l'action révocatoire fondée sur ce qu'aux termes de cet article, l'acheteur n'a pu acquérir le navire à leur préjudice ». Il rattachait cette solution à l'idée qu'il ne pouvait pas s'agir de l'action hypothécaire, puisque les navires ne sont pas susceptibles d'hypothèques. Nous démontrons au texte qu'on peut expliquer la nature du droit de suite, même dans une législation qui n'admet pas l'hypothèque maritime, sans recourir à l'action paulienne.

(2) Aussi, en matière d'hypothèques et de privilèges, ne peut-il y avoir de survie du droit de suite au droit de préférence. V. Larnaude, *Revue critique de législation et de jurisprudence*, 1880, p. 193.

(3) Trib. comm. Marseille, 18 janvier 1902, *Revue inter. du Droit marit.*, XVIII, p. 205 ; *Jour. de jurispr. de Marseille*, 1902. 1. 147.

teur se trouve ainsi tenu des dettes de son auteur envers les créanciers même simplement chirographaires. Il va soi qu'il n'en est tenu que *propter rem*. Il y a des conséquences importantes à tirer de ce caractère de l'obligation du tiers acquéreur à propos des différents partis qu'il peut prendre en présence des poursuites des créanciers de son auteur, partis que le Code n'a pas nettement précisés. V. n° 1509.

1480. *Conflits entre les créanciers du vendeur et les créanciers de l'acheteur.* — L'existence du droit de suite des créanciers chirographaires de l'aliénateur peut donner naissance à des conflits. Il se peut qu'alors que ce droit de suite subsiste encore, l'acquéreur constitue des hypothèques sur le navire ou que des privilèges naissent de son chef. Le droit de suite permet-il aux créanciers chirographaires de l'aliénateur de passer avant les créanciers hypothécaires ou privilégiés de l'acquéreur ? Cette question est examinée plus loin. V. n° 1511 *bis*.

1481. *Causes d'extinction du droit de suite.* — Ce droit s'éteint évidemment avec la créance elle-même, puisque c'est un droit accessoire (art. 193, al. 1, C. com., cf. anal. art. 2180-1°, C. civ.); il y a alors une extinction indirecte ou par voie de conséquence. Il suffit à cet égard de renvoyer aux causes générales d'extinction des obligations. V. art. 1234 et suiv., C. civ.

Comme tous les droits qui sont le résultat de l'affectation d'un bien au paiement d'une dette (art. 2082, 2087 et 2114, C. civ.), le droit de suite est indivisible de sa nature ; en conséquence, il ne s'éteint que par suite de l'extinction totale de la créance qu'il garantit.

1482. Si le droit de suite ne s'éteignait qu'en même temps que la créance elle-même, ce droit aurait parfois une durée indéfinie qui constituerait une grave entrave à la transmission des navires. On a cherché à éviter ce résultat en admettant des causes d'extinction qui atteignent le droit de suite, encore que la créance subsiste ; on peut dire alors qu'il y a extinction directe du droit de suite. Le Code de commerce n'a indiqué que deux causes d'extinction de cette sorte (art. 193, 194 et 196). Ce ne sont pas les seules ; il y en a d'autres non mentionnées expressément dans la loi. V. n°s 1494 et suiv.

1483. *Vente en justice.* — L'article 193, al. 2, déclare en premier lieu, le droit de suite (1) éteint *par la vente en justice faite dans les formes établies par le titre suivant.* Il s'agit dans ce titre (tit. II, art. 197 à 215) de la saisie opérée par les créanciers et de la vente qui la suit. Par cela même qu'une vente sur saisie a eu lieu, le droit de suite est éteint, en ce sens que les créanciers de l'aliénateur ne peuvent plus inquiéter l'acquéreur. Mais il va de soi que les créanciers conservent leurs droits sur le prix non encore payé à leur débiteur (2).

Cette cause d'extinction du droit de suite sur les navires peut être rapprochée des dispositions du Code de procédure civile qui admettent la purge des hypothèques sur les immeubles par l'effet d'une adjudication sur saisie (art. 717, C. proc. civ.). La publicité, qui entoure la vente sur saisie, assure que le prix atteint le chiffre le plus élevé possible. Les créanciers, avertis par cette publicité, sont mis à même de prendre toutes les précautions nécessaires pour empêcher le paiement du prix entre les mains de leur débiteur. L'extinction du droit de suite par l'effet de la vente sur saisie se justifie encore par une autre considération. L'adjudicataire doit verser le prix dans le délai de 24 heures sans frais à la Caisse des dépôts et consignations (L. 10 juillet 1885, art. 30). Il serait inique que la loi, après lui avoir imposé cette obligation, le déclarât encore tenu envers les créanciers du saisi.

1484. *Ventes assimilées à la vente sur saisie.* — Par *vente en justice*, faut-il entendre exclusivement la vente faite après saisie ? Ne faut-il pas appliquer la disposition de l'article 193, al. 2, C. com., à d'autres ventes ordonnées par justice, telles que les ventes faites par un tuteur au début de la tutelle en vertu de l'article 452, C. civ., par un héritier bénéficiaire, par le curateur d'une succession vacante (art. 803 et 814, C. civ.), par le syndic d'une faillite (art. 486 et

---

(1) Nous avons expliqué ci-dessus (n° 1476) pourquoi l'article 193 parle des *privilèges* et comment on est autorisé à appliquer cet article au droit de suite en général.

(2) Le projet de 1867 le disait formellement pour le droit de suite des créanciers privilégiés. L'article 193, dern. alin., de ce projet disposait : « Néanmoins, les droits de préférence des créanciers subsistent sur le prix, « tant qu'il n'a pas été payé ou distribué ».

534, C. com.) ou par un liquidateur judiciaire, enfin aux ventes sur licitation opérées en vertu de l'article 220, C. com., quand les propriétaires ne s'entendent pas pour faire une licitation amiable ?

Il est certain que l'Ordonnance de 1681 (liv. II, tit. X, art. 2) n'admettait la purge du droit de suite que dans le cas de vente sur saisie ; elle parlait seulement de *la vente par décret* (1). Le Code de commerce est loin d'être aussi précis (2) ; il résulte du texte de l'article 193 que, pour que le droit de suite soit purgé de plein droit, il faut qu'il y ait à la fois vente en justice et vente opérée dans les formes établies par le titre suivant. Les ventes, au sujet desquelles s'élève notre question, satisfont à la première de ces conditions. Satisfont-elles toujours à la seconde ? Assurément, non. Elles n'y satisfont point, quand il est procédé à ces ventes par des courtiers maritimes (3), en vertu de la loi du 3 juillet 1861 (4). Mais, quand on ne recourt pas à ces officiers publics et que les formalités de la vente sur saisie sont observées, on ne voit pas pourquoi la purge ne résulterait pas des ventes ainsi opérées (5). Les auteurs (6), qui

(1) L'article 2 (liv. III, tit. X) de l'Ordonnance est ainsi conçu : *Seront, néanmoins, tous vaisseaux affectés aux dettes du vendeur…, si ce n'est qu'ils aient été vendus par décret.*

(2) Les modifications apportées, dans les travaux préparatoires, au texte de l'article 193, paraissent bien impliquer que les rédacteurs du Code de commerce ont entendu ne pas restreindre la purge opérée de plein droit au cas de vente sur saisie. Le projet primitif disposait : « L'affectation « cesse *s'il y a vente judiciaire* ». Sur les observations des tribunaux qui demandaient s'il y avait là une extension de l'Ordonnance, on substitua aux mots *vente judiciaire* les expressions de *décret interposé en justice dans les formes établies par le titre suivant.* Il y avait là assurément une consécration du système de l'Ordonnance. Mais le Conseil d'Etat adopta, en définitive, la rédaction actuelle dont la portée semble plus large.

(3) V. *Traité de Droit commercial*, IV, n° 1025. V. sur la compétence des courtiers maritimes pour les ventes de navires, Douai, 20 déc. 1872, S. 1873. 2. 141 ; D. 1873. 5. 150.

(4) Trib. comm. du Havre, 21 nov. 1893, *Revue inter. du Droit maritime*, 1894-05, p. 218.

(5-6) Dufour, *op. cit*, tit. II, n°s 328 et suiv.; Arth. Desjardins, I, n° 197. Lorsqu'il s'agit de la purge du droit de suite des créanciers hypothécaires, l'article 17, dern. alin., de la loi du 10 juillet 1885 l'admet en cas de licitation quand il a été procédé dans les formes prescrites par les articles 201 et suiv., C. com. Cette disposition, quoi qu'on ait pu dire, est

ont soutenu l'opinion contraire, pour restreindre l'article 193, al. 2, aux ventes sur saisie, nous paraissent avoir ajouté au texte de l'article (1) et avoir peut-être été induits en erreur par une analogie erronée tirée du droit commun (2).

Au surplus, il va de soi que les ventes ordonnées par justice qui n'entraînent pas purge par elles-mêmes, doivent être assimilées à des ventes volontaires et qu'elles entraînent, par suite, l'extinction du droit de suite sous les conditions multiples exigées pour que ces sortes de ventes aient cet effet. V. nᵒˢ 1485 et suiv.

1485. *Vente volontaire.* — A la différence de la vente sur saisie et de la vente en justice faites dans les formes établies par les articles 197 et suiv., C. com., la vente volontaire (ou, bien entendu, tout autre mode d'aliénation volontaire) d'un navire n'entraîne point par elle-même extinction du droit de suite appartenant aux créanciers privilégiés ou chirographaires. Cet effet ne se produit que postérieurement à la vente volontaire, lorsque plusieurs conditions

---

favorable à la doctrine admise au texte ; elle implique que la saisie n'est pas une condition essentielle de la purge. Car, s'il est possible qu'une licitation suive une saisie, cela n'est pas nécessaire et n'est pas exigé par la loi de 1885.

Demangeat sur Bravard, IV, p. 89 et 90 ; de Valroger, I, 93 ; Boistel, nᵒ 886.

(1) V. la note suivante.

(2) En droit commun, la vente d'un immeuble, soit appartenant à un mineur, soit dépendant d'une succession bénéficiaire ou vacante et licité en justice, n'opère pas la purge de plein droit quant aux hypothèques, comme le fait l'adjudication sur saisie (art. 717, C. proc. civ.). V. Aubry et Rau, III, § 293 *bis*, p. 834, note 14 *bis* (5ᵉ édit.). Aussi MM. Demangeat et Boistel (*loc. cit.*), en admettant que la vente sur saisie opère seul de plein droit la purge du droit de suite qu'ont sur les navires les créanciers privilégiés et hypothécaires, ne manquent-ils pas de faire remarquer qu'ils adoptent une solution conforme au droit commun. La comparaison est exacte en elle-même ; mais elle nous paraît toute superficielle et peu probante pour qui va au fond des choses. Comment se justifie, en droit commun, dans la matière des hypothèques, la distinction faite entre la vente sur saisie et toutes les autres ventes faites en justice ? Elle s'explique par cette considération que, dans la vente sur saisie seule, les créanciers sont liés à la procédure au moyen des sommations prescrites par les articles 692 à 693, C. proc. civ. On ne trouve aucune formalité de ce genre motivant une pareille distinction en matière de vente de navires sur saisie.

sont remplies. L'article 193, dern. alin., dispose que le droit de suite (1) est éteint... *lorsqu'après une vente volontaire, le navire aura fait un voyage en mer sous le nom et aux risques de l'acquéreur et sans opposition de la part des créanciers du vendeur.* Il résulte de cette disposition que trois conditions sont exigées pour qu'après une vente volontaire, le droit de suite soit éteint. Il faut : 1° que le navire ait fait un voyage en mer ; 2° que ce voyage ait été fait au nom et aux risques de l'acquéreur ; 3° que ce voyage se soit terminé sans opposition de la part des créanciers du vendeur.

Chacune de ces conditions doit être examinée ; le défaut d'une seule d'entre elles empêche l'extinction du droit de suite. Avant de les étudier en détail, il importe de se rendre compte du but de ces conditions et des idées générales qui peuvent servir à les expliquer.

Le navire qui a été vendu, est grevé d'un droit de suite que l'acquéreur veut purger, afin de payer son prix avec sécurité : or, les créanciers auxquels ce droit de suite appartient, ne sont pas connus. Les privilèges sur les bâtiments de mer, à la différence de l'hypothèque maritime, et, *a fortiori*, les créances chirographaires ne sont soumis à aucune formalité de publicité. Il s'agit de notifier aux créanciers l'aliénation du navire et de les mettre en demeure de se faire connaître sous peine de déchéance. Une interpellation individuelle est impossible, les créanciers privilégiés ou chirographaires ne sont pas connus. Aussi la loi a-t-elle organisé une sorte d'interpellation collective (2). Si les créanciers n'y répondent point en se faisant connaître, ils sont, en quelque sorte, réputés avoir renoncé à leur droit de suite et le navire est purgé, comme il l'est, en cas de vente sur saisie, par le seul effet de l'adjudication. Ces idées sont excellentes en elles-mêmes ; la manière dont le Code de commerce les a réalisées, laisse beaucoup à désirer (3). Les vices du système du

(1) Les expressions de l'article 193, C. com., sont défectueuses en tant qu'il parle de l'extinction des *privilèges* sur les navires. V., du reste, n° 1475.

(2) C'est ainsi qu'en cas de purge des hypothèques légales dispensées d'inscription et non inscrites, le Code civil (art. 2194 et suiv.) a dû prescrire des formalités ayant pour but une interpellation collective des créanciers auxquelles des hypothèques légales appartiennent sur l'immeuble dont il s'agit.

(3) Aussi les lois étrangères n'ont-elles généralement pas admis le sys-

Code résulteront bien de l'examen des trois conditions exigées pour l'extinction du droit de suite.

1486. 1° *Voyage en mer fait par le navire* (1). — L'Ordonnance de 1681 exigeait aussi que le navire eût fait un voyage en mer. Elle n'indiquait pas ce qu'on devait entendre par là. On décidait qu'il était satisfait à cette condition quand un navire était entré dans un port dépendant d'une autre amirauté (2). Ce système était vicieux : d'un côté, avec lui, un navire naviguant au long cours pouvait rester fort longtemps grevé du droit de suite, tandis que, d'un autre côté, en se rendant dans un port très rapproché, un navire pouvait échapper au droit de suite avec une rapidité dommageable aux créanciers. Les rédacteurs du Code de commerce ont voulu éviter ces deux inconvénients. Dans ce but, ils ont fixé la durée que doit avoir le voyage en mer pour amener l'extinction du droit de suite ; mais, voulant tenir compte de la diversité des espèces, ils n'ont pas pu poser de règle uniforme. L'article 194 distingue *trois* cas différents ; il est ainsi conçu : *Un navire est censé avoir fait un voyage en mer, lorsque son départ et son arrivée auront été constatés dans deux ports différents et trente jours après le départ, — lorsque, sans être arrivé dans un autre port, il s'est écoulé plus de soixante jours entre le départ et le retour dans le même port, — ou lorsque le navire, parti pour un voyage de long cours, a été plus de soixante jours en voyage sans réclamation de la part des créanciers du vendeur.*

1487. 1er cas. — *Un navire est censé avoir fait un voyage en mer lorsque son départ et son arrivée ont été constatés dans deux ports différents, et trente jours après le départ* (art. 194).

---

tème du Code de commerce français sur la purge du droit de suite après une aliénation volontaire et le projet de 1867 l'avait-il lui-même abandonné.

(1) C'est particulièrement à cette condition qu'il est fait allusion ci-dessus (n° 1477), quand il est dit que des conditions prescrites pour l'extinction du droit de suite sont d'une application impossible aux bâtiments de rivière.

(2) Telle était notamment l'opinion de Valin sur l'article 2, liv. II, tit. IV de l'Ordonnance de 1681. Il ne dérogeait à cette règle posée par lui que lorsqu'un navire se rendait d'une amirauté dans une autre pour se faire réparer.

Dans cette première hypothèse, quatre faits doivent se trouver réunis.

a. Le navire est parti d'un port. — Ce que la loi exige, ce n'est pas une sortie quelconque du navire, c'est une sortie dans le but de voyager. Il n'y aurait donc pas départ au sens de l'article 194, si un navire avait quitté un port dans le but d'aller se faire radouber ailleurs. Le départ est ici un des éléments du voyage en mer.

b. Le navire est arrivé au port de destination. — La loi n'entend pas parler d'une arrivée dans un port quelconque. Ainsi, en cas de relâche (1), il n'y a pas une arrivée entraînant l'extinction du droit de suite ; le voyage n'est pas terminé. Cette décision offre un certain intérêt pour les créanciers : les déclarations faites au port du départ leur font connaître le voyage projeté ; sur la foi de ces déclarations, ils prennent leur temps pour exercer leurs droits ; ils les perdraient sans avoir pu le prévoir, si une simple relâche constituait une arrivée du navire dans le sens légal du mot (2).

c. Constatation du départ et de l'arrivée du navire. — Cette constatation se fait en France au moyen d'un registre spécial d'entrée et de sortie des bâtiments dont la loi du 27 vendémiaire an II (art. 36) prescrit la tenue. A l'étranger il y a, en général, des modes de constatation analogues. Du reste, l'article 194 exige la constatation du départ et de l'arrivée du navire, sans se préoccuper de la manière dont cette constatation s'opère.

d. Expiration d'un délai de 30 jours depuis le départ du navire. — Comment faut-il entendre cette quatrième condition ? la loi a-t-elle voulu dire qu'il fallait que la navigation eût duré trente jours ou a-t-elle voulu indiquer seulement qu'il fallait que trente jours se fussent écoulés depuis le départ du navire, encore que le navire n'eût peut-être navigué que pendant un délai moindre ? La question présente un assez grand intérêt lorsque le voyage s'est effectué

_____

(1) Nous ne parlons que d'une relâche imprévue. Le motif de notre décision, indiqué dans la suite du texte, ne s'appliquerait point au cas où le navire s'arrêterait dans un port d'échelle déterminé par avance lors du départ. V. Dufour, *op. cit.*, II, nᵒˢ 448 et 449.

(2) V. sur l'importance de ce motif et la conséquence à en tirer, la note précédente.

entre deux ports voisins. Des auteurs, sans motiver leur opinion,
ont soutenu que le départ et l'arrivée doivent avoir lieu à trente
jours d'intervalle (1). Cette doctrine doit être repoussée. Le droit de
suite est éteint par cela seul que le navire a fait un voyage et qu'il
s'est écoulé trente jours depuis le départ (2). Pour que les créanciers n'aient pas le droit de se plaindre de la perte de leur droit de
suite, il suffit qu'un temps raisonnable pour l'exercer leur soit laissé.
Que leur importe à ce point de vue la durée de la navigation ? Avec
la doctrine précédente, contrairement au but certain de la loi, bien
des navires demeureraient indéfiniment grevés du droit de suite. Il
y a des bâtiments qui ne restent jamais trente jours en mer ; c'est
là un fait fréquent, surtout depuis que la vitesse des navires à
vapeur a beaucoup augmenté et que les navires à voiles eux-mêmes
ont été perfectionnés (3).

On doit même admettre que si, après avoir fait un voyage qui n'a
pas eu une durée de trente jours, le navire revient au port de départ
avant que ce délai soit expiré, le droit de suite est éteint dès qu'il
est écoulé. Rien dans le texte du Code n'implique qu'il faille que
les trente jours s'écoulent avant le retour du navire ; autrement, du
reste, bien des navires qui font un service régulier entre deux ports,
n'échapperaient jamais au droit de suite.

1488. 2e *cas*. — Il peut se faire qu'un navire parti d'un port
n'arrive pas dans un autre. Cela se présente notamment pour les
navires affectés à la pêche et pour ceux qui sont destinés à faire la
course (4). Du reste, indépendamment de la destination spéciale
d'un navire, des causes imprévues peuvent mettre obstacle à son

---

(1) Pardessus, II, n° 950, p. 541 ; Alauzet, III, n° 1074.

(2) Cresp et Laurin, I, p. 174 ; Dufour, II, n°° 451 et 453 ; de Valroger, I,
n° 116 ; Arth. Desjardins, I, n° 202 ; Demangeat sur Bravard, IV, p. 94.

(3) Les travaux préparatoires sont favorables à l'opinion admise au texte.
V. Locré, XVIII, p. 303 et 304, séance du Conseil d'Etat du 7 juillet 1807.

(4) Malgré l'abolition de la course opérée en 1856, il pourrait encore se
faire, dans des cas exceptionnels, que des navires de commerce français
fussent armés en guerre. Cela se présenterait en cas de guerre de la
France contre les Etats-Unis d'Amérique qui n'ont pas adhéré à la suppression de la course. V. *Traité de Droit commercial*, V, note 2 de la
page 3.

arrivée dans un port ; des accidents de mer et des risques de guerre ont parfois ce résultat (1).

Dans les hypothèses de ce genre, la condition du départ d'un port et de l'arrivée dans un port différent ne peut être remplie. Aussi le Code de commerce a-t-il subordonné, pour ces hypothèses, l'extinction du droit de suite à la double condition du voyage et de l'expiration d'un délai déterminé. Dans ce cas, le navire est censé avoir fait un voyage, au point de vue de l'extinction du droit de suite, *quand il s'est écoulé plus de 60 jours entre le départ et le retour au même port.* L'augmentation du délai se justifie aisément alors. Quand un navire entre dans un port de destination, il se produit à cette occasion des faits multiples qui, dans une certaine mesure, sont de nature à révéler aux créanciers la mutation de propriété après laquelle leur droit de suite s'éteint, s'ils ne le font pas valoir. Au contraire, rien de semblable ne peut exciter la vigilance des créanciers en ce qui concerne un navire qui revient avant d'avoir atteint un port de destination.

Comme nous l'avons décidé à propos du premier cas, on ne saurait admettre que la navigation doit avoir eu une durée de soixante jours. Il suffit de l'expiration de ce délai, quand bien même le navire serait rentré au port de départ avant qu'il soit écoulé. Autrement, la purge du droit de suite ne serait pas possible pour le plus grand nombre des bateaux de pêche, par cela même qu'en général, ils rentrent à leur port de départ au bout d'un très court délai 2).

Mais, comme cela a été dit précédemment (n° 1487), on se trouve dans le premier cas, non dans le second, quand un navire, après être arrivé dans un port autre que celui du départ, revient dans ce dernier.

1489. 3ᵉ *cas.* — Il y a (et il y avait surtout avant le développement de la navigation à vapeur et les progrès de la navigation à voiles) des navires qui, après un délai de soixante jours écoulé, ne

---

(1) Cela arrivait souvent à l'époque de la rédaction du Code de commerce ; alors, de nombreuses croisières anglaises, sillonnant les mers, faisaient la chasse à nos navires de commerce et les contraignaient à retourner, par mesure de sûreté, à leur port de départ.

(2) de Valroger, I, n° 120.

sont ni arrivés dans un port de destination, ni revenus au port de départ. Ce sont les navires faisant la navigation au long cours (1). Pour ces navires qui peuvent être encore en voyage soixante jours après leur départ, il suffit de l'expiration d'un délai excédant ce nombre de jours pour que le navire soit considéré comme ayant fait au sens légal un voyage en mer.

Mais, aujourd'hui, il y a beaucoup de navires qui, faisant des voyages de long cours, reviennent au port de départ sans dépasser ni atteindre le délai de soixante jours ; c'est ainsi qu'en six ou sept jours, nos paquebots transatlantiques vont du Havre à New-York. Ne faut-il pas admettre qu'alors, on rentre dans le premier cas prévu par l'article 194 et qu'après trente jours, le navire est réputé avoir fait un voyage en mer ? On l'a nié (2), en soutenant qu'il y a dans l'article 194 une règle absolue concernant les navires partis pour un voyage de long cours et que, si l'on faisait varier la règle à appliquer avec la longueur du voyage, les créanciers pourraient être facilement induits en erreur.

Nous croyons, au contraire, que, dès l'instant où il y a eu arrivée dans un port et expiration d'un délai de trente jours, on se trouve dans le premier cas de l'article 194 (3). Le but du législateur, en plaçant à part les navires naviguant au long cours, a été, dans l'intérêt des tiers acquéreurs, de permettre l'extinction du droit de suite, encore que le navire ne soit ni arrivé à destination, ni revenu au port de départ. La disposition spéciale de l'article 194 se retournerait contre les tiers acquéreurs, si l'on admettait que jamais le navire naviguant au long cours n'est réputé avoir fait un voyage en mer tant que soixante jours ne sont pas écoulés.

1490. 2° *Voyage sous le nom et aux risques de l'acquéreur.* — Cette seconde condition de l'extinction du droit de suite est empruntée, dans ses termes mêmes, à l'Ordonnance de 1681 (liv. II, tit. X,

---

(1) V. sur la définition de cette navigation art. 377, C. comm., et loi du 19 avril 1906 art. 15 ; ci-dessus, n° 990.

(2) Dufour, I, n° 468.

(3) Trib. comm. Marseille, 5 décembre 1902, *Revue intern. du Droit maritime*, XVIII, p. 546 ; *Journ. de jurispr. de Marseille*, 1903. 1. 95. Arth. Desjardins, I, n° 204 ; de Valroger, I, n° 121.

art. 2). Valin l'expliquait très clairement dans son Commentaire (1)
en disant : « Pour purger les dettes de son vendeur, il fallait néces-
« sairement que l'acquéreur fît faire un voyage au navire sous son
« nom et à ses risques ; qu'à cette fin, il déclarât, par un acte et au
« greffe de l'Amirauté, que le navire lui appartenait comme l'ayant
« acquis, et qu'en conséquence, il prît les expéditions du navire
« sous son nom ».

Que veut dire le Code de commerce en employant les expressions
mêmes de l'Ordonnance ? On a soutenu (2) qu'il n'y a pas de règle
absolue à poser, que le navire a voyagé sous le nom et aux risques
de l'acquéreur toutes les fois qu'il résulte des circonstances que les
créanciers ont pu ou ont dû connaître la mutation de propriété ; ce
serait donc au juge à apprécier dans chaque espèce. Ainsi, la mention du nom de l'acquéreur sur l'acte de francisation serait une
sorte de présomption de publicité qui, selon les cas, pourrait être
repoussée. A l'inverse, des assurances contractées par l'acquéreur,
des emprunts faits en son nom, des marchés conclus par lui, etc.,
pourraient être jugés suffisants.

Cette doctrine ne doit pas être admise. Avec elle, l'acquéreur
d'un navire ne saurait jamais s'il est à l'abri du droit de suite et de
nombreux procès s'élèveraient sur le point de savoir s'il y a eu des
faits donnant à la vente une publicité suffisante pour amener l'extinction du droit de suite. Il est vraisemblable que le Code de commerce, en reproduisant les termes mêmes de l'Ordonnance, a voulu
reproduire la même idée qu'elle et qu'il n'y a d'autres modifications à
la législation antérieure au Code que celles qui résultent des changements apportés aux formalités de publicité accompagnant les
mutations dans la propriété des navires.

Il faut que le navire ait fait un voyage en mer *aux risques* de
l'acquéreur. Cela ne veut pas dire assurément qu'il faut que l'acquéreur ait à supporter la perte du navire arrivée par cas fortuit, si elle
vient à se produire. Une pareille idée était inutile à exprimer ; car
il va de soi, d'après les principes généraux du droit (art. 1138 et

(1) Sur l'article 3, liv. II, tit. X, de l'Ordonnance.
(2) Article de M. Cauvet inséré dans la *Revue de législation*, III, p. 273
et suiv.

1583, C. civ.), que l'acquéreur supporte la perte ou les détériorations du bâtiment à partir de la conclusion de la vente. Cela signifie que l'acquéreur doit avoir rempli la formalité à la suite de laquelle il est tenu envers l'administration des diverses obligations qui incombent aux propriétaires des navires ; cette formalité est celle de la mutation en douane (n°s 120 et suiv.). Elle remplace celle qui, sous l'empire de l'Ordonnance, s'accomplissait au siège de l'amirauté.

Enfin, il faut que le voyage ait été fait sous le nom de l'acquéreur. C'est ce qui a lieu quand les expéditions (c'est-à-dire le congé et l'acte de francisation), ont été requises sous le nom de l'acquéreur (1).

1491. *Vente du navire en cours de voyage. Ses effets sur le droit de suite.* — Il résulte de la nécessité d'un voyage fait sous le nom et aux risques de l'acquéreur une conséquence importante que, du reste, le Code de commerce lui-même en a tirée dans l'article 196 : *la vente volontaire d'un navire en voyage ne préjudicie pas aux créanciers du vendeur.* Lorsqu'un navire est vendu en cours de voyage, après que les expéditions ont été délivrées au nom du vendeur, l'achèvement du voyage commencé ne peut entraîner l'extinction du droit de suite. Pour que le droit de suite s'éteigne, il faut alors que de nouvelles expéditions soient délivrées au nom de l'acquéreur et qu'un autre voyage soit entrepris dans les termes de l'article 194 (2).

---

(1) Cass., 16 mars 1864, S. 1864. 1. 111 ; *J. Pal.*, 1864. 531, D. 1864. 1. 162. — Req. 27 fév. 1877, D. 1877. 1. 209. — Les auteurs adoptent presque tous la doctrine à laquelle nous nous rangeons : Dufour, II, n° 367 et 381 ; Arth. Desjardins, I, n°s 205 et 206 ; Demangeat sur Bravard, IV, p. 96 et 97. — MM. Bédarride (I, n° 143) et de Valroger (I, n° 95, p. 179) se contentent de la mutation en douane. Cette opinion a le tort de s'écarter de l'interprétation donnée à l'Ordonnance dont le Code reproduit les termes.

(2) Tant que le voyage n'est pas achevé, la mutation en douane, condition essentielle de l'extinction du droit de suite, n'est pas possible, puisqu'elle comprend notamment une mention faite au dos de l'acte de francisation par le receveur des douanes du port d'attache (n° 120) et que cet acte doit se trouver sur le navire avec les autres pièces de bord, pendant le voyage (n° 552).

Voici ce que disait à ce sujet Valin (sur l'art. 3, liv. II, tit. X de l'Ordonnance) : « Tout ce que pourrait faire l'acquéreur, ce serait de faire enre- « gistrer son contrat au greffe de l'Amirauté avec déclaration qu'il entend « que le voyage soit continué à son nom et à ses risques ; mais cela ne

Le voyage doit être considéré comme commencé par cela seul qu'au moment de la vente, des expéditions ont été déjà délivrées au nom du vendeur et il n'est achevé que lorsque des expéditions l'ont été au nom de l'acquéreur (1).

L'achèvement du voyage commencé laissant intacts les droits des créanciers, ceux-ci peuvent ou exercer leur droit de suite ou, s'il y a eu aliénation frauduleuse, attaquer cette aliénation au moyen de l'action paulienne (art. 196). Ce dernier droit est absolument distinct du droit de suite, si bien qu'il peut lui survivre.

1492. 3° *Défaut d'opposition des créanciers.* — Il faut que le voyage en mer ait été fait sans réclamation de la part des créanciers du vendeur. Le voyage en mer fait aux risques et sous le nom de l'acquéreur interpelle collectivement les créanciers ; mis en demeure de se faire connaître, ils doivent, pour répondre à cette interpellation, former opposition entre les mains de l'acquéreur. Cette opposition conserve leur droit de suite ; aussi l'acquéreur qui paierait son prix au vendeur, demeurerait exposé aux poursuites des créanciers opposants. Il faut donc que l'opposition n'ait pas été faite pour que le droit de suite soit éteint.

Cette opposition n'est, du reste, soumise à aucune forme spéciale ; elle peut même être opérée sans l'autorisation du juge (2). Si elle

« serait pas notoire, comme les expéditions du navire, prises au nom du
« propriétaire vendeur sur la foi desquelles expéditions les créanciers ont
« le droit de se tenir tranquilles. sans aucun soupçon d'une pareille vente...»

(1) On a beaucoup discuté sur le point de savoir quand le voyage doit être considéré comme achevé : les opinions les plus diverses ont été soutenues. On a prétendu qu'un navire est en voyage tant qu'il ne rentre pas à son port d'immatricule et que, par suite il ne peut entreprendre le voyage destiné à le libérer qu'après être rentré dans ce port (Cresp et Laurin, I, p. 280). Ce système aurait de graves inconvénients pratiques : avec lui, les navires très nombreux qui ne rentrent jamais à leur port d'immatricule, seraient indéfiniment soumis au droit de suite. On a proposé aussi de décider que le voyage est achevé, quand le navire est revenu à son port de départ, quel qu'il soit (Pardessus, II, n° 950), ou quand il est parvenu au lieu de sa destination (Dufour. I, p. 368 et suiv.). Tous ces systèmes nous paraissent faire abstraction du but et des motifs de l'article 196 combiné avec les articles 193 et 194. V., en ce sens, de Valroger, I, n° 148.

(2) On ne peut pas étendre à notre cas la disposition de l'article 558, C. proc. civ. ; comme il est dit dans la suite du texte, il ne s'agit pas ici d'une saisie arrêt.

doit être signifiée à l'acquéreur, rien n'oblige à la signifier au vendeur. Il ne s'agit pas, en effet, ici, d'une véritable saisie-arrêt, mais d'une formalité ayant pour but de notifier à l'acquéreur l'existence des créanciers du vendeur, afin que l'acquéreur ne croie pas à tort pouvoir se libérer valablement entre les mains du vendeur (1).

L'opposition n'a pas besoin d'être formée avant le commencement du voyage en mer défini par l'article 194 ; il suffit qu'elle le soit avant la fin de ce voyage. Autrement, le but de la loi serait manqué ; les créanciers non avertis n'auraient pas le temps de former opposition (2).

1492 *bis*. Les effets de l'extinction du droit de suite ont été indiqués plus haut à propos de la vente faite en justice (n° 1483). Il y aura lieu plus loin (n°s 1500 et suiv.), en supposant, au contraire, que le droit de suite est conservé, d'examiner les règles qui en régissent l'exercice.

1493. La purge du droit de suite en cas de vente sur saisie est conforme aux principes du droit commun, et toutes les législations l'admettent. Mais le système du Code de commerce, relatif à l'extinction du droit de suite en cas de vente volontaire, est sous plusieurs rapports très critiquable. Aussi n'est-il pas admis dans les pays étrangers. Avec le système du Code de commerce français, la purge du droit de suite n'a pas lieu pour un navire qui ne fait point de voyage. Du reste, le fait d'un voyage est tellement normal dans l'existence d'un navire qu'il ne provoque guère l'attention des créanciers ; c'est un mode d'interpellation très imparfait. Il faut ajouter que, dans l'organisation de ce mode d'interpellation, la loi est obscure et compliquée. Il serait utile de la modifier.

Le projet de 1867 admettait, pour la purge du droit de suite des créanciers privilégiés (on sait qu'il ne reconnaissait pas ce droit aux créanciers chirographaires, n° 1473), un système plus simple et plus

---

(1) V. analog. loi du 19 fév. 1889, art. 2.

(2) Valin et Emérigon étaient en désaccord sur la question de savoir jusqu'à quel moment les oppositions des créanciers pouvaient être utilement faites pour la conservation de leur droit de suite. Emérigon adoptait l'opinion à laquelle nous nous rangeons (*Traité du contrat à la grosse*, ch. XII, sect. 2, § 1). Valin, au contraire, soutenait que les oppositions devaient être faites avant le départ du navire.

rationnel. D'après l'article 193 de ce projet, l'acheteur qui voulait purger les privilèges pouvant grever le navire, devait : 1° faire mentionner la vente sur l'acte de francisation ; 2° la faire publier dans le journal désigné pour les publications judiciaires de l'arrondissement du port d'attache ; 3° enfin, faire afficher l'acte de vente au mât ou à la partie la plus apparente du navire. Les créanciers, avertis par toutes ces formalités de publicité, devaient se faire connaître par une opposition notifiée, dans le mois de la publication et de l'affiche, tant au vendeur qu'à l'acheteur.

1493 *bis. Droit étranger.* — Le système du projet français de 1867 a été adopté par la loi *belge* du 21 août 1879 (art. 38). Le Code de commerce *italien* de 1882 (art. 678) admet l'extinction du droit de suite des créanciers privilégiés, qui, en cas de vente volontaire, n'ont pas actionné en justice l'acquéreur pour faire reconnaître l'existence de leurs privilèges, dans un délai de trois mois. Ce délai court à partir de la date de la transcription de l'acte de vente si, lors de cette transcription, le navire se trouvait au port d'attache, et à partir de la date du retour du navire, si, lors de la transcription, le navire était déjà en voyage.

Le Code de commerce *allemand* (art. 764) admet, en dehors du cas de vente sur saisie, l'extinction du droit de suite par l'effet de la vente faite par le capitaine en cas de nécessité extrême et en vertu de ses attributions légales (art. 530). Dans les autres cas d'aliénation du navire, l'acheteur a le droit de recourir à la procédure provocatoire pour amener l'exclusion des créanciers inconnus (art. 765).

En *Angleterre*, les privilèges sur les navires (*maritime liens*) subsistent, en principe, nonobstant la vente volontaire (1).

1494. *Application restreinte des articles 193 et 194.* — Il faut avoir soin de n'appliquer les articles 193 et 194 que pour le but en vue duquel ils ont été faits ; ils ne l'ont été que pour régler les conditions de l'extinction du droit de suite des créanciers privilégiés et des créanciers chirographaires. Il faut en conclure :

1° Qu'ils sont étrangers à l'extinction du droit de suite des créanciers hypothécaires qui n'est purgé que sous les conditions détermi-

(1) Abbott, *On ships and seamen* (p. 601 et 602) dit : *There seems to be no certain limit to the duration of a maritime lien.*

nées par la loi du 10 juillet 1885 (art. 18 et suiv.). C'est à ce point
de vue spécialement que, comme nous l'avons dit (nº 1474), le droit
de suite des créanciers hypothécaires est plus fort que celui des
créanciers chirographaires ou privilégiés ;

2º Qu'au cas où un navire a été vendu par une personne autre
que le propriétaire ou son mandataire, l'acquéreur même de bonne
foi ne peut repousser la revendication sous le prétexte que le navire
a fait un voyage en mer sous son nom et à ses risques sans opposition du propriétaire (1). La propriété ne peut en être acquise que
par la prescription trentenaire. V. nos 84 et 161 ;

3º Que la définition donnée par l'article 194 du voyage en mer
n'a de valeur qu'au point de vue de l'extinction du droit de suite.
Ainsi, il sera expliqué plus loin que souvent, l'article 191, C. com.,
en établissant des privilèges, ne les attache qu'aux créances nées
pendant le dernier voyage. Il n'est pas nécessaire alors, pour que
le privilège soit perdu, que le voyage postérieur réunisse les conditions déterminées par l'article 194 (2).

1495. *Causes d'extinction du droit de suite non indiquées par
le Code de commerce.* — La vente sur saisie et la vente volontaire
suivie d'un voyage en mer, aux risques et sous le nom de l'acquéreur, sont les seuls modes d'extinction directe du droit de suite
expressément mentionnés dans le Code de commerce. Il n'est,
cependant, pas douteux qu'en vertu des principes généraux du droit,
il n'y en ait d'autres. Bien que d'une importance pratique moindre
que les précédents, ils méritent d'être mentionnés. Ce sont notamment la *renonciation des créanciers*, la *prescription*, la *perte du
navire*, la *confiscation*, etc.

1496. *Renonciation au droit de suite.* — Il va de soi que les
créanciers peuvent renoncer à leur droit de suite (analog. art. 2180-2º
C. civ.). Cette renonciation, qui ne se présente presque jamais,
n'est soumise à aucune condition spéciale de forme. Il n'y a pas ici

(1) de Valroger, I, nº 113. *En sens contraire*, Pardessus, II, nº 618 ;
Dufour, II, nos 505 à 604. — Valin ne peut être invoqué dans aucune opinion ; il adoptait un système intermédiaire.

(2) Caen, 11 août 1861, *Journ. de Marseille*, 1862. 2. 56.

à opérer une radiation, comme à la suite d'une renonciation à une hypothèque (art 2157 et 2158, C. civ. et loi du 10 juillet 1885, art. 13 et 15) ; le droit de suite des créanciers privilégiés et des créanciers hypothécaires sur les navires n'est soumis à aucune publicité pour sa conservation et, par suite, aucune formalité spéciale de publicité n'est exigée pour en constater l'extinction.

1497. *Prescription du droit de suite.* — Il paraît aussi naturel d'admettre, par analogie de ce que décide, pour l'hypothèque immobilière, l'article 2180-4°, C. civ., que le tiers acquéreur peut prescrire le droit de suite. Cette prescription est accomplie quand il s'est écoulé trente ans depuis que le tiers acquéreur a été mis en possession du navire. On ne saurait, à défaut de dispositions spéciales, appliquer ici la prescription de dix à vingt ans, quand il y a titre et bonne foi (1). Le législateur ne paraît pas avoir songé à cette prescription en matière maritime ; la base de la distinction entre la prescription de dix et celle de vingt ans fait, du reste, défaut quand il s'agit de navires (n° 161). L'extinction du droit de suite après un voyage en mer sous les conditions des articles 193 et 194 rend évidemment d'une application bien rare, en notre matière, la prescription de trente ans.

1498. *Perte du navire.* — D'après les principes du droit commun, le droit de suite est nécessairement éteint en cas de perte du navire, il y a là une sorte d'application de la règle : *Re corporali extinctâ, pignus hypothecave perit* (2). A cette cause d'extinction se rattachent aux deux questions célèbres :

a. Un navire peut être l'objet de réparations que des détériorations rendent nécessaires : il peut se faire que ces réparations aient été si nombreuses qu'il ne reste presque aucune partie du navire primitif. Doit-on dire alors que le navire n'existe plus et décider, en conséquence, que le droit de suite est éteint ? La négative n'est

---

(1) Dufour (I, n° 338) paraît adopter une autre opinion. Car, visant le cas où la prescription suppose un titre, il dit que la mutation en douane remplace pour les navires la transcription. Cpr. art. 2180-4°, C. civ. — Cpr. Cass., 8 novembre 1887, S. 1890. 1. 310 ; *J. Pal.*, 1890. 1. 757 ; D. 1888. 1. 479.

(2) Marcianus, L. 8, Dig. *Quib. mod. pign. vel. hyp.* (XX-6).

pas douteuse ; c'est la forme particulière résultant des éléments divers dont le navire se compose, qui constitue son individualité ; tant que la forme subsiste de façon à ce qu'on puisse reconnaître le bâtiment, on ne saurait dire qu'il a péri et le droit de suite doit subsister (1).

b. Mais si, au lieu d'être l'objet de réparations plus ou moins nombreuses, un navire avait été démoli et qu'à l'aide de ses matériaux, on eût reconstruit un bâtiment, faudrait-il considérer celui-ci comme n'étant que le navire primitif et décider qu'il sera grevé des mêmes droits ? L'hypothèse paraît avoir été discutée entre les jurisconsultes romains (2). Il y a là une pure question de fait. Si les matériaux de l'ancien navire entrent, soit pour la totalité, soit pour une grande partie, dans la construction nouvelle, on peut dire que le même navire subsiste et que le droit de suite n'est pas éteint. Mais il n'en saurait être ainsi quand une faible partie seulement des anciens matériaux est employée à nouveau. Peu importe, du reste, que la destruction du navire ait été volontaire ou produite par un cas fortuit. Peu importe aussi qu'au moment de la démolition du bâtiment, le propriétaire ait eu ou n'ait pas eu l'intention d'en employer les matériaux à la construction d'un nouveau bâtiment. Sous peine de se heurter à des difficultés inextricables, il faut s'attacher au fait matériel seul (3).

1499. *Prise. Confiscation.* — A la perte matérielle du navire il y a lieu d'assimiler la perte légale qui se produit quand le propriétaire du bâtiment est dépouillé en vertu d'une règle, soit du

---

(1) On doit rappeler ici la discussion célèbre concernant le vaisseau de Thésée. Le vaisseau mythologique, sur lequel Thésée se rendit en Crète pour combattre le Minotaure et soustraire sa patrie à un horrible tribut, aurait été conservé, dit-on, pendant près de neuf siècles par les Athéniens. On dut naturellement y faire tant de réparations qu'aucune de ses parties n'était plus contemporaine de la fameuse expédition. Devait-on, pourtant, dire que c'était le même navire ? Les jurisconsultes ne paraissent pas avoir hésité à admettre l'affirmative, tandis que les philosophes soutenaient, avec Plutarque, la doctrine opposée. — Cpr. Alfenus. L. 76, Dig. *De judiciis* (V-1).

(2) L. 10, Dig. Ulp. (VII 8) et Paul, L. 83, § 5 (45-1), L. 98, § 8 (46 3). Cpr. Dufour, II, n°s 343 à 345.

(3) Arth. Desjardins, I, n° 193.

droit des gens, soit de la législation intérieure d'un État. Ainsi, la prise d'un navire opérée en temps de guerre amène l'extinction du droit de suite, pourvu que la prise soit légitime. Il en est de même de la confiscation du navire prononcée à titre de peine. Il y a lieu notamment à confiscation, lorsqu'un navire navigue sans congé (1), quand il transporte des marchandises prohibées (2), quand il est employé à la traite des nègres (3).

1500. *Ventes faites par l'autorité administrative.* — Dans quelques cas exceptionnels, l'administration se substitue au propriétaire d'un navire ainsi qu'à tous les ayants-droit et opère la vente du bâtiment. Cela se présente notamment lorsqu'un navire a été trouvé en pleine mer ou tiré de son fond. Le sauveteur, qui le conduit au port, a droit, à titre de récompense, au tiers des objets sauvés, tandis que les deux autres tiers continuent d'appartenir au propriétaire (n° 1061). Le sauveteur doit, dans les vingt-quatre heures, faire la déclaration de son sauvetage au bureau de l'inscription maritime. L'administration de la marine se saisit alors des objets sauvés et généralement elle fait procéder à la vente du navire. Cette vente entraîne l'extinction du droit de suite des créanciers. Les intéressés sont réputés avoir vendu par l'intermédiaire de l'administration et avoir renoncé à leurs droits sur le navire (4).

1501. *Mode d'exercice du droit de suite.* — Il va de soi que, tant que l'acheteur doit encore le prix au vendeur, les créanciers de celui-ci peuvent exercer contre l'acheteur l'action en paiement du prix dû à leur débiteur. Il y a là une faculté qui, dérivant de l'article 1166, C. civ., est étrangère au droit de suite et qui subsiste alors même que ce droit est éteint (5).

Le Code de commerce, qui s'est occupé des principales causes d'extinction du droit de suite, a, au contraire, gardé le silence sur la manière dont s'exerce ce droit. Il faut chercher à combler cette lacune. Pour le faire, on est naturellement conduit à se demander

---

(1) L. 27 vendémiaire an II, art. 5.
(2) L. 28 avril 1816, art. 41.
(3) L. 15 avril 1818, art. 1 ; L. 4 mars 1831, art. 5.
(4) V. Dufour, I, n° 363.
(5) Demangeat sur Bravard, IV, p. 99.

dans quelle mesure peuvent s'appliquer ici les dispositions du Code
civil sur l'exercice du droit de suite des créanciers hypothécaires et
privilégiés. Le droit de suite des créanciers chirographaires et privilégiés sur les navires est de la même nature que le droit des
créanciers hypothécaires (n° 1479). Il est donc à présumer que les
rédacteurs du Code de commerce ont entendu implicitement se
référer aux dispositions du Code civil concernant l'hypothèque
immobilière. On ne saurait invoquer ici les dispositions de la loi
sur l'hypothèque *maritime*, pour les appliquer par analogie. Si on
le faisait, on oublierait qu'il y a là une institution bien postérieure
au Code de commerce (elle n'a été introduite en France que par la
loi du 10 décembre 1874), à laquelle les rédacteurs du Code n'ont
pu, par suite, songer (1).

1502. Le Code civil, s'écartant de l'ancien Droit, n'exige pas que
le créancier hypothécaire actionne le tiers acquéreur de l'immeuble
hypothéqué en reconnaissance d'hypothèque. Il exige seulement que
le créancier hypothécaire qui veut exercer son droit de suite, fasse
sommation au tiers acquéreur de payer ou de délaisser et signifie
un commandement au débiteur (art. 2169, C. civ.). Il semble raisonnable de ne pas exiger non plus que les créanciers chirographaires ou privilégiés actionnent en reconnaissance de leur droit de
suite le tiers acquéreur du navire. Un commandement signifié au
vendeur et une sommation faite au tiers acquéreur doivent suffire (2).
Un procès intenté contre le tiers acquéreur ne devient nécessaire
que s'il conteste l'existence du droit des créanciers ou si les créanciers privilégiés ou chirographaires n'ont pas de titre exécutoire.
Tout commandement suppose un titre de cette nature. Pour se
procurer un titre exécutoire, ces créanciers doivent poursuivre le
débiteur et obtenir contre lui un jugement de condamnation.

(1) M. Arth. Desjardins semble, pourtant, adopter l'opinion contraire (I,
n°ˢ 221 et suiv). V. la note suivante.
(2) Demangeat sur Bravard, IV, p. 99 et 100 ; de Valroger, I, n° 103 ;
Arth. Desjardins, I, n° 210. Ce dernier auteur se fonde, comme nous, par
analogie, sur les dispositions du Code civil : mais il a tort de se prévaloir
aussi des dispositions de la loi du 10 décembre 1874. V. ci-dessus n° 1051
in fine. — Dufour (II, n° 398) tient, au contraire, pour la nécessité d'une
action en justice.

1503. *Partis à prendre par le tiers acquéreur*. — En matière d'hypothèques, le tiers acquéreur peut prendre plusieurs partis : il peut payer intégralement les dettes hypothécaires, les payer jusqu'à concurrence de son prix, purger, délaisser, se laisser exproprier.

Le tiers acquéreur d'un navire exposé à l'exercice du droit de suite des créanciers privilégiés ou chirographaires, peut opter entre ces divers partis. Il y a, cependant, doute pour la purge. V. n° 1505.

1504. Si le tiers acquéreur d'un navire paye les créanciers, il leur est légalement subrogé. Mais le bénéfice de la subrogation légale lui appartient en vertu de l'article 1251-3° et non de l'article 1251-2°, C. civ. (1). Cela n'a, du reste, pas d'intérêt ; la subrogation légale produit, dans tous les cas où elle est admise, des effets identiques.

1505. *De la purge*. — Le tiers acquéreur d'un immeuble peut offrir aux créanciers hypothécaires son prix ou une somme en représentant la valeur de l'immeuble. Si les créanciers acceptent cette offre, le droit des créanciers est reporté exclusivement sur le prix, encore que la somme payée soit inférieure au montant des créances ; on dit alors qu'il y a *purge*. Mais les créanciers ont la faculté, au lieu d'accepter les offres ainsi faites, de requérir la mise de l'immeuble aux enchères en surenchérissant (art. 2181 et suiv., C. civ.). La loi du 10 juillet 1885 (art. 18 à 22) admet une procédure analogue à l'encontre des créanciers ayant des hypothèques sur les navires. Le Code de commerce ne fait pas allusion à la procédure de purge en ce qui concerne les créanciers chirographaires ou privilégiés. Est-ce donc qu'il n'y a rien de semblable pour eux ? Les opinions sont très divisées sur ce point. On a soutenu que le tiers acquéreur d'un navire peut se libérer en offrant son prix aux créanciers privilégiés et chirographaires, mais sans aller jusqu'à reconnaître aux créanciers le droit de surenchérir (2). Cette opinion n'est pas admissible. Le droit de surenchérir est le correctif nécessaire de la faculté de purger ; là où ce droit n'existe pas au profit des créanciers, cette faculté ne saurait exister au profit des tiers acquéreurs. Aussi a-t-on proposé d'admettre à la fois la faculté

(1) Le premier de ces alinéas suppose que l'acquéreur d'un *immeuble* emploie le prix de son acquisition à payer les créanciers *hypothécaires*.

(2) Dufour, I, n°s 406 et suiv. ; de Valroger, I, n° 104.

de purger pour le tiers acquéreur d'un navire et la faculté de surenchérir pour les créanciers (1). Mais, dans le silence du Code, on ne
peut conférer au tiers acquéreur une faculté aussi exorbitante que
celle de la purge (2). Du reste, si on l'admettait, on se heurterait à
de nombreuses difficultés de détails sur les formalités à remplir et
sur les délais à observer ; on ne pourrait les déterminer qu'en tom-
bant dans l'arbitraire. Il n'est pas rationnel de se prévaloir en sens
contraire de ce que la purge est admise avec droit de surenchère au
profit des créanciers ayant une hypothèque maritime (L. 10 juillet
1885, art. 18 et suiv.). Une loi de 1885 ne peut servir à interpréter
et à compléter le Code de 1807 (n° 1500) (3). La conséquence du
système que nous croyons le seul juridique est grave ; il importe
de la faire ressortir. L'acquéreur peut sans doute offrir son prix,
mais les créanciers sont libres de ne pas l'accepter et de faire procéder purement et simplement à la saisie et à la vente du navire aux
enchères ; ils ne contractent aucune obligation à raison de cette
mise en vente. Il peut donc arriver que la mauvaise volonté d'un
créancier aboutisse à faire vendre le navire pour un prix inférieur à
celui pour lequel il a été antérieurement vendu à l'amiable.

1506. *Délaissement.* — Si l'acquéreur ne peut pas purger, il est
certain, au contraire, qu'il peut, quand il n'est pas obligé personnellement, délaisser comme le tiers acquéreur d'un immeuble hypo-

---

(1) Arth. Desjardins, I, n° 211.

(2) Demangeat, IV, p. IV, p. 100 et 101.

(3) V., cependant, Arth. Desjardins, I, n° 211. — Le très regretté et
savant auteur dit notamment que la réquisition de mise aux enchères doit
être faite par les créanciers chirographaires ou privilégiés dans les dix
jours de la notification des offres conformément à la loi du 10 décembre
1874 (loi sur l'hypothèque maritime qui a été remplacée par celle du
10 juillet 1885), et non dans les quarante jours par application du droit
commun. Qu'aurait donc décidé, quant à ce délai, le savant auteur, avant
la loi de 1874 ? Il aurait sans doute admis le délai de quarante jours seul
connu alors, puisque, l'hypothèque maritime n'existant pas ; il n'y avait
alors d'autre purge que celle des hypothèques immobilières. Comment la
loi de 1874 a-t-elle pu modifier un délai à l'égard des créanciers chirographaires et privilégiés dont elle ne s'occupe point ? M. Arthur Desjardins
devait évidemment maintenir son opinion sous l'empire de la loi du 10 juillet 1885 ; cette loi (art. 23) reproduit, sur le délai accordé pour surenchérir,
les dispositions de la loi de 1874 (art. 23).

théqué (art. 2172, C. civ.). La faculté de délaissement était déjà admise dans l'ancien Droit (1) ; rien n'indique que les rédacteurs du Code de commerce aient voulu la supprimer. Du reste, cette faculté dérive des principes généraux du droit ; elle existe nécessairement au profit de toute personne qui n'est tenue d'une obligation que *propter rem* (2). C'est assurément de cette façon qu'est tenu ordinairement le tiers acquéreur d'un navire envers les créanciers ayant le droit de suite contre lui.

1507. Le délaissement d'un immeuble hypothéqué se fait au greffe du tribunal civil de la situation de cet immeuble (art. 2174, 1er al., C. civ.). Le délaissement d'un navire doit se faire au greffe du tribunal du domicile du tiers acquéreur ; un navire n'a pas de situation fixe et l'on ne saurait sans arbitraire, en l'absence d'une disposition légale expresse, assimiler au lieu de la situation de l'immeuble le port d'attache du navire (3).

Le tribunal compétent est le tribunal civil non le tribunal de commerce ; le délaissement se lie à des questions d'exécution, pour lesquelles les tribunaux civils ont compétence, à l'exclusion des tribunaux de commerce (art. 442, C. proc. civ.) (4).

Comme pour les immeubles délaissés (art. 2174, 2e al., C. civ.), il est nommé, à la demande du plus diligent des intéressés, un curateur sur lequel la vente est poursuivie. Cette vente se fait dans les formes de la vente sur saisie (art. 197 et suiv., C. com.).

1508. Conformément à la doctrine généralement admise en matière de délaissement d'immeubles hypothéqués, le délaissement n'efface pas l'aliénation (5) ; le tiers acquéreur perd la détention et non la propriété. Il faut tirer de là notamment les conséquences suivantes :

a. Les créanciers opposants seuls ont le droit de se faire payer sur le prix. Les droits de ceux qui ont laissé s'accomplir le voyage

---

(1) Valin sur l'Ordonnance de 1681, art. 2, liv. II, tit. X.

(2) V. des applications de cette idée générale dans les articles 658, 802-1° et 2172 C. civ.

(3) Cpr. analog., n° 161.

(4) V. *Traité de Droit commercial*, I, n°s 374 et suiv.

(5) Aubry et Rau, III, § 287, p. 443.

et s'écouler les délais fixés par les articles 193 et 194, sont définitivement éteints. Le délaissement, ne résolvant pas la vente, ne peut les faire revivre (1).

b. Si le navire vient à périr avant l'adjudication à faire après le délaissement, le tiers acquéreur n'est pas libéré de l'obligation de payer son prix.

c. Si l'adjudication est faite pour un prix supérieur au montant des droits des créanciers qui ont conservé le droit de suite, l'excédent appartient à l'acheteur et non au vendeur.

1509. Le Code de commerce ne fixe pas le délai donné au tiers acquéreur pour délaisser ou pour payer. Le Code civil (art. 2169) accorde pour cela au tiers détenteur d'un immeuble hypothéqué trente jours à partir du commandement et de la sommation. Ce délai est celui qui doit s'écouler entre le commandement et la saisie immobilière pratiquée par un créancier sur son débiteur (art. 674, C. proc. civ.). Par analogie, on peut admettre que, comme c'est après vingt-quatre heures depuis le commandement qu'il peut être procédé à la saisie d'un navire sur le débiteur (art. 198, C. com), le tiers acquéreur d'un navire a ce même délai de vingt-quatre heures, à partir du commandement et de la sommation, pour délaisser ou pour payer.

1510. Aucun bénéfice de discussion n'est accordé au tiers acquéreur four faire discuter préalablement les biens du débiteur. On ne peut appliquer par analogie les dispositions des articles 2170 et 2171, C. civ., qui accordent le bénéfice de discussion au tiers acquéreur d'un immeuble hypothéqué. Ce sont là des dispositions exceptionnelles elles ne s'appliquent même pas, du reste, à l'égard de tous les créanciers hypothécaires, mais seulement à l'égard de ceux qui ont une hypothèque générale.

1511. *Distribution du prix*. — Quand la vente du navire a été opérée, soit sur le tiers détenteur, soit sur le curateur au délaissement, il y a lieu de procéder à la distribution du prix. Elle ne peut être faite régulièrement qu'autant que les délais donnés aux créanciers du

---

(1) Valin, sur l'article 2, liv. II, tit. X, de l'Ordonnance, adoptait la solution opposée.

vendeur pour former opposition (art. 193 et 194) sont expirés. Car, autant que ces délais ne sont pas écoulés, des créanciers peuvent survenir pour exercer leur droit de suite.

1511 *bis.* Si, le navire ayant navigué pour le compte de l'acquéreur, de nouvelles dettes ont été contractées, les créanciers de l'acquéreur pourront se faire payer sur le prix. Ils seront primés, en principe, par les créanciers du vendeur, par cela même que ceux-ci ont conservé leur droit de suite. Mais, si les créanciers de l'acquéreur sont privilégiés, ne doivent-ils pas primer ceux du vendeur ? On a soutenu la négative, en argumentant, par analogie, de l'article 2177, al. 2, C. civ. On a été jusqu'à dire : tout créancier du vendeur qui a conservé son droit de suite, fût-il simple chirographaire, doit passer avant les créanciers de l'acheteur même les plus privilégiés ; c'est seulement entre créanciers d'un même débiteur qu'on fait passer les privilégiés avant les chirographaires, et que, pour colloquer les différents privilégiés on observe l'ordre fixé par l'article 191, C. com. (1). Il est préférable d'admettre que les créanciers de l'acquéreur pour le dernier voyage peuvent se faire colloquer par préférence en vertu de l'article 191. L'opposition des créanciers du vendeur conserve seulement leur droit de suite contre le tiers acquéreur. Quant à la question du rang des divers créanciers, elle est réglée par l'article 191 ; cet article ne distingue nullement selon que le conflit s'élève ou non entre les créanciers du même débiteur (2).

Par identité de raison, les créanciers qui ont des hypothèques sur le navire du chef de l'acquéreur, priment, quand elles sont inscrites, les créanciers chirographaires du vendeur.

1511 *ter. Insuffisance des droits des créanciers chirographaires. Moyens de crédit réel.* — Les droits des créanciers chirographaires sur les navires, quoique plus forts que sur les autres biens, sont loin de leur donner une complète sécurité (n° 1471). Ils sont soumis à la loi du concours (art. 2092 et 2093, C. civ.) et leur droit de suite s'éteint facilement (art. 193 et 194, C. com.). Aussi,

(1) Demangeat sur Bravard, IV, p 102 et 103.
(2) Dufour, II, n°' 441 et 442.

pour avoir du crédit, est-il souvent nécessaire que le propriétaire d'un navire ou son capitaine puisse affecter le bâtiment à des créanciers. Cette affectation résulte, soit du *prêt à la grosse*, soit de l'*hypothèque maritime*. Il est traité de ces deux moyens de crédit maritime dans les deux sections suivantes.

SECTION II.

Du prêt à la grosse (1).

Généralités.

1512. Les expéditions maritimes sont à la fois coûteuses et dangereuses. Les propriétaires des navires ou leurs capitaines ont besoin de sommes importantes pour les armer, les équiper, les mettre en état de prendre un chargement, les réparer, s'il y a lieu, en cours de voyage. Les commerçants qui veulent affréter un bâtiment pour y faire transporter des marchandises, ont besoin de capitaux pour payer le prix de celles-ci et les frais du transport. Ces personnes n'ont pas toujours à leur disposition les fonds qui leur sont indispensables ; il leur faut alors recourir à l'em-

---

(1) Code de commerce (livre II, titre IX), art. 311 et 331. En plaçant le titre des *contrats à la grosse* avant les titres des *assurances maritimes* et des *avaries*, les rédacteurs du Code de commerce se sont conformés à l'ordre suivi dans l'Ordonnance de 1681. Cet ordre est vicieux à un double point de vue. D'abord, les dispositions concernant le prêt à la grosse ne peuvent être bien comprises que par celui qui connaît la théorie des avaries. Le prêt à la grosse met les avaries à la charge du prêteur ; pour saisir l'utilité et les effets de ce contrat, il faut donc savoir quelles personnes en son absence supportent les risques de mer. V., ci-dessus, n° 858 et suiv. Ensuite, à raison de sa grande importance, le contrat d'assurance mérite d'être placé avant le prêt à la grosse ; le Code est plus laconique sur le second que sur le premier contrat et l'on est obligé de faire, à propos du prêt à la grosse, de fréquents renvois aux règles des assurances. Nous n'avons pas suivi cet ordre qui serait plus vicieux encore dans un livre que dans un Code. — La mise au premier rang du prêt à la grosse s'explique peut-être par une considération historique : ce contrat est, comme cela est expliqué au texte (n° 1516), beaucoup plus ancien que l'assurance. — Emérigon a composé un célèbre *Traité des contrats à la grosse aventure*, qui fait suite à son *Traité des assurances*.

prunt. Pour rembourser.les sommes empruntées, les armateurs et
les chargeurs comptent sur le succès de leur entreprise ; parfois,
le navire ou la cargaison forme la partie principale de leur fortune.
Mais il peut se faire que, par suite des risques maritimes, la réussite
de l'expédition soit compromise, que le navire ou la cargaison périsse
en totalité ou en partie ou bien subisse des avaries qui en réduisent
la valeur. Les emprunteurs peuvent alors éprouver de grandes difficultés pour rembourser la somme prêtée. Un moyen leur est offert
d'échapper à ces difficultés : il leur suffit de ne s'obliger au remboursement que pour le cas où soit le navire, soit la cargaison arrivera au port de destination heureusement et sans avoir subi d'avaries. Le prêteur supporte dans ce cas des risques analogues à ceux
dont répond l'assureur maritime (1). Mais comment peut-on trouver
des prêteurs à des conditions pareilles ? On y parvient en leur conférant des avantages spéciaux. D'abord, le navire ou la cargaison,
dont le sort influe sur la créance du prêteur, lui est spécialement affecté,
de telle sorte que le prêteur a sur l'un ou sur l'autre (ou sur les deux
conjointement) un privilège qui lui permet de se faire payer avant
les autres créanciers de l'emprunteur au rang que la loi détermine (2).
Ensuite, pour le cas d'heureuse arrivée, l'emprunteur s'oblige à
payer, outre le capital, un intérêt qui est garanti par le même privilège que la somme prêtée elle-même. Le risque de perte se trouve
ainsi compensé pour le prêteur par la chance, pour le cas où l'expédition finit heureusement, de rentrer dans son capital augmenté d'un
intérêt, qui pouvait même, à raison du caractère aléatoire du prêt à
la grosse, dépasser le taux maximum fixé par la loi du 3 septembre
1807, avant la loi du 12 janvier 1886 admettant la liberté de l'intérêt
en matière de commerce (3).

1513. C'est au prêt dans lequel le prêteur supporte ainsi les ris-

(1) V., sur les rapports entre l'assurance et le prêt à la grosse, ci-après,
n°° 1605 et suiv.

(2) Le privilège du prêteur à la grosse n'est pas de l'essence de ce contrat, il y a même une sorte de prêt à la grosse dans lequel le privilège du
prêteur a été supprimé par la loi du 10 décembre 1874 sur l'hypothèque maritime (art. 27), confirmée sur ce point par la loi du 10 juill. 1885 (art. 39).

(3) Les notions générales sur le prêt à la grosse sont très bien développées par Cresp, II, p. 209 à 211.

ques de mer qu'on donne le nom de *prêt à la grosse aventure*, à raison même des risques courus par lui. On désigne aussi ce contrat sous les noms de *prêt à la grosse*, *contrat de grosse*, *prêt à retour de voyage* (1). Cette dernière dénomination, moins usuelle que les précédentes, est tirée de ce que souvent le remboursement n'est dû qu'en cas de retour du navire au port de départ. Le prêteur est appelé indifféremment *prêteur* ou *donneur à la grosse* et l'emprunteur *emprunteur* ou *preneur à la grosse*. — L'intérêt promis au prêteur, reçoit les noms variés de *profit maritime* (art. 311 et 334, C. com.), *change maritime*, *intérêt* ou *profit nautique*, *prime de grosse*.

1514. S'il est aisé de donner du contrat à la grosse une idée générale, il est difficile de le définir d'une façon précise et l'explication des règles qui le concernent est parfois assez ardue. La complication du sujet tient à deux causes principales. Le prêt à la grosse n'est pas un contrat simple : c'est un contrat formé, pour ainsi dire, du mélange de deux contrats, un prêt et une assurance maritime. En outre, comme cela sera expliqué plus loin (nos 1518 et 1519), ce contrat intervient dans deux circonstances différentes : l'emprunt est fait, soit avant le départ, par le propriétaire même du navire, par exemple pour subvenir aux frais d'armement, soit pendant le voyage par le capitaine, par exemple pour payer les dépenses de réparation, pour acheter des victuailles, du combustible, etc. Sous des rapports fort importants, le prêt à la grosse est soumis à des principes différents selon qu'il intervient avant le départ ou en cours de voyage. Cependant, le Code de commerce n'a pas fait nettement la distinction ; aussi est-on parfois embarrassé pour déterminer quelles sont les dispositions qui s'appliquent aux prêts à la grosse des deux

(1) On appelle le prêt à la grosse : en Allemagne, *Bodmerei* ; en Angleterre, *Bottomry* ou *respondentia*, selon que c'est le navire ou la cargaison qui est affecté au prêt ; en Italie, *prestito a cambio maritimo*. — Les mots *Bodmerei* ou *Bottomry* viennent des anciens mots *Bodem* et *Bottom*, qui signifient quille du navire ; souvent, c'est le navire qui est affecté au prêt. On trouve dans le langage français ancien, spécialement au xve et au xvie siècle, le mot *Bomerie* employé pour désigner le prêt à la grosse. Ce mot vient du mot flamand *Bome*, qui veut dire quille du navire. V. Émérigon, *op. cit.*, chap. 1, sect. II, § 2.

espèces et quelles sont celles qui ne concernent que l'un d'eux (1).

1515. Au surplus, nous pourrons être assez brefs sur ce sujet. D'abord, le prêt à la grosse est, à bien des égards, soumis aux mêmes règles que l'assurance maritime ; nous aurons donc souvent à faire de simples renvois aux explications données, à propos de l'assurance, dans le chapitre VI (2). Une considération pratique permet, du reste, de ne pas trop s'appesantir sur le prêt à la grosse : pour des raisons développées ci-après (nos 1518 et 1519), ce contrat tend à devenir de plus en plus rare.

1515 *bis*. Les notions générales, qui viennent d'être données, permettent de tracer le plan qui sera suivi. Il faudra avant tout rechercher quelle est l'origine du prêt à la grosse, quels en sont les divers caractères et les éléments essentiels. Ce contrat est soumis à des formes spéciales. Il exige chez les parties des conditions particulières de capacité. Il produit des effets consistant dans les droits du prêteur, dans les risques auxquels sa créance est soumise, dans les obligations de l'emprunteur que ces risques, quand ils se réalisent, font disparaître ou restreignent. Un prêteur à la grosse peut se trouver en conflit, soit avec d'autres prêteurs, soit avec des assureurs, si la chose affectée au prêt a été aussi assurée. Ces conflits méritent d'être spécialement examinés. Le contrat à la grosse est soumis à des causes de nullité ou de résiliation (*ristourne*) et les actions qui dérivent de ce contrat, s'éteignent par une prescription spéciale. Le contrat à la grosse a de nombreux points de ressemblance avec l'assurance maritime : il y a, pourtant, entre ces deux

---

(1) M. de Courcy (*Questions de Droit maritime*, 1re série, p. 30 et suiv.) s'est efforcé de montrer les différences existant entre les deux contrats.

(2) Lors de la confection du Code de commerce, la Cour de Rennes demanda que les titres des contrats à la grosse fût fondu avec celui des assurances sous ces trois divisions : 1º dispositions communes aux deux contrats ; 2º du contrat à la grosse ; 3º du contrat d'assurances. A raison des différences existant entre les deux contrats, la Commission de rédaction refusa de suivre cet ordre.

Il faut citer dans cet ordre d'idées l'article 643 du Code de commerce *portugais* selon lequel les dispositions de ce Code relatives aux assurances maritimes et aux avaries seront applicables au contrat à la grosse, lorsqu'elles ne sont pas contraires à son essence et qu'il n'y est pas dérogé.

contrats des différences notables et il est indispensable de les comparer.

Nous diviserons, par suite, l'étude de cette matière de la façon suivante : A. *Origine, nature, caractères, éléments essentiels du prêt à la grosse (choses qui peuvent être prêtées ou affectées à un prêt à la grosse, risques, profit maritime)*. — B. *Preuve et formes du contrat. Capacité et pouvoirs nécessaires pour emprunter à la grosse.* — C. *Des effets du prêt à la grosse. Droits du prêteur. Risques courus par lui. Obligations de l'emprunteur. Concours de plusieurs prêteurs à la grosse entre eux et de prêteurs à la grosse avec des assureurs.* — D. *De la prescription des actions résultant du prêt à la grosse. De la résiliation* (ou *ristourne*). — E. *Comparaison entre le prêt à la grosse et l'assurance maritime* (1).

A. — ORIGINE, NATURE, CARACTÈRES, ÉLÉMENTS ESSENTIELS DU PRÊT A LA GROSSE

1516. A la différence de l'assurance (n° 1091), le prêt à la grosse est un des plus anciens contrats maritimes (2) ; il était connu dans l'Inde ancienne (3), en Grèce (4) et spécialement à Rome. C'est au *nauticum fœnus* des Romains (5) que se rattache le prêt à la grosse du droit moderne. Il a seulement subi des modifications profondes. Le prêt à la grosse fait en cours de voyage au capitaine, le seul pratiqué encore quelque peu aujourd'hui (n° 1519), ne paraît pas

(1) L'hypothèque maritime a été introduite dans notre législation en grande partie à raison de l'insuffisance du prêt à la grosse comme moyen de crédit maritime. Les avantages que présente l'hypothèque maritime sur le prêt à la grosse sont indiqués dans le chapitre suivant. V. n° 1674.

(2) Consulter sur l'histoire du prêt à la grosse : Frémery, *Etudes de Droit commercial*, p. 244 à 262 ; Bernhard Mathias, *Das fœnus nauticum und die geschichtliche Entwickelung der Bodmerei* (1881) ; Arth. Desjardins, V, n°s 1133 et 1134. V. aussi Goldschmidt, *Handbuch des Handelsrechts* (3e édition), p. 55, 78, 86, 345 et suiv.

(3) V. Bernhard Mathias, *op. cit.*, p. 1 à 4 ; Pardessus, *Collection des lois maritimes*, etc..., t, VI, p. 385 et suiv.

(4) V. Caillemer, *Lettres de change et contrats d'assurances*.

(5) *De nautico fœnore*, Dig. (XXII, 2). — C. J. (IV, 33). — V. l'explication des textes du Droit romain dans Emérigon, *op. cit.*, chap. I, sect. 1.

avoir été connu des anciens avec les caractères spéciaux qu'il affecte actuellement (1). Ce contrat nous vient plutôt du moyen-âge et du commencement des temps modernes. En outre, la responsabilité du prêteur a subi une grande extension et, par suite de cette extension, le prêt à la grosse s'est de plus en plus rapproché de l'assurance maritime.

1517. On peut donner du prêt à la grosse la définition suivante : *c'est le contrat par lequel un des contractants prête à l'autre une somme d'argent, à la condition qu'en cas de perte ou de détérioration du navire ou de la cargaison ou d'un autre objet* (2) *sur lequel le prêt est fait, perte ou détérioration provenant d'une fortune de mer, le prêteur n'aura droit à aucun remboursement ou aura droit seulement à une restitution d'une somme inférieure à la somme prêtée, et qu'en cas d'heureuse arrivée, le prêteur aura le droit de réclamer, outre le capital, des intérêts (prime de grosse, profit maritime), pour la jouissance du capital et les risques courus* (3).

Ce contrat a avec l'assurance la plus grande analogie. « Ce sont, « dit Emérigon, deux frères jumeaux auxquels le commerce mari- « time a donné jour ». La ressemblance qui existe entre eux et qui peut faire penser que l'assurance a son origine dans le prêt à la grosse (n° 1091), a toujours été en s'accentuant. Le prêteur à la grosse joue le rôle d'assureur, en ce sens qu'il avance une somme à l'emprunteur que celui-ci, jouant le rôle d'assuré ne remboursera pas ou ne remboursera qu'en partie, si une fortune de mer se produit ; le profit maritime est l'équivalent de la prime d'assurance appelée aussi prime de grosse. La différence essentielle entre les

(1) Il sera appliqué plus loin (n°ˢ 1525 et suiv.) que le prêt à la grosse peut être fait, en général, sur toutes les choses exposées aux risques de mer ; celle-là même, sauf une exception (n° 1533) qui peuvent être assurées contre ces risques.

(2) Nous faisons allusion à ce que, dans ce prêt, il n'y a pas de personne obligée, tenue personnellement sur tous ses biens. V. ci-après n° 1519.

(3) Cette définition est, avec quelques variantes dans les termes, celle que donnaient Pothier (*Traité des assurances*, n° 1) et, d'après lui, Emérigon (*op. cit.*, chap. I, sect. II). Mais il faut noter qu'aujourd'hui, d'autres choses que le navire et des marchandises de la cargaison peuvent être affectées à un prêt à la grosse (n°ˢ 1530 et suiv.).

deux contrats, c'est que, dans l'assurance, l'assureur ne paie rien lors de la conclusion du contrat, et qu'il n'a même jamais rien à payer par la suite si aucun risque ne se réalise ; le prêteur à la grosse, au contraire, fait une avance à l'emprunteur, il se prive immédiatement d'un capital. C'est là un côté par lequel le prêt à la grosse est inférieur à l'assurance ; c'est aussi l'une des causes qui expliquent que souvent le profit maritime est plus élevé que la prime d'assurance.

Aussi, tandis que la responsabilité de l'assureur se traduit, en cas d'avarie, par l'obligation de payer une indemnité représentant la totalité ou une partie de la somme assurée, celle du prêteur se résout dans la perte totale ou partielle du droit de réclamer le remboursement de la somme avancée et le paiement du profit maritime.

On a dit que le prêt à la grosse n'est qu'une forme d'assurance. Un savant jurisconsulte (1) a même été jusqu'à proposer la définition suivante : « le contrat à la grosse est un genre particulier d'as- « surance, où l'assureur (appelé donneur) fait à son assuré (appelé « preneur) l'avance de l'indemnité de la perte ou du dommage qu'é- « prouverait en mer une certaine chose, sous l'affectation de cette « même chose au remboursement éventuel des fonds avancés et « moyennant une prime (appelée change ou profit maritime) que « l'assuré promet de payer, le cas échéant, à son assureur ».

Cette ingénieuse définition peut assurément éclairer beaucoup le sujet ; mais deux réserves doivent être faites. Tout d'abord, le contrat à la grosse n'est pas une pure assurance (2), il y a dans ce contrat un prêt et, grâce au privilège qui grève parfois la chose affectée, un moyen de crédit maritime assez puissant, presque le seul connu

---

(1) Cresp, *op. cit.*, t. II, p. 107.

(2) Nous pouvons invoquer contre cette assimilation exagérée ce que dit Émérigon notamment dans les deux passages suivants (Préliminaire) : « Le contrat à la grosse et celui d'assurance ont une grande affinité. Ils « paraissent souvent régis par les mêmes principes. Ce sont deux frères « jumeaux auxquels le commerce maritime a donné le jour, *mais qui ont* « *chacun une essence et une nature particulières* » (chap. I, sect. II). « Le contrat à la grosse est adopté dans toutes les places maritimes. Il « n'est ni une vente, ni une société, ni un prêt proprement dit, *ni une* « *assurance* ».

en France jusqu'à l'introduction faite dans notre législation par la loi du 10 décembre 1874, de l'hypothèque maritime. Aussi existe-t-il entre le prêt à la grosse et l'assurance maritime des différences multiples (n° 1606). La seconde réserve à faire, c'est que la définition ne peut s'appliquer qu'au prêt à la grosse le moins fréquent aujourd'hui, au prêt fait avant le départ et non au prêt fait au capitaine en cours de voyage qui se pratique encore quelque peu. Cette distinction entre ces deux prêts à la grosse est fondamentale.

1518. *Prêt à la grosse fait avant le départ.* — Le prêt à la grosse peut d'abord être fait au propriétaire lui-même qui a besoin de capitaux, notamment pour armer son navire, pour acheter peut-être une cargaison (1) ; il est alors généralement antérieur au départ (2). Le propriétaire emprunteur se trouve obligé personnellement ; il est tenu sur tous ses biens du paiement du capital et du profit maritime, comme il l'est, du reste, de toutes les obligations contractées par lui en personne (n° 204). Seulement, son obligation personnelle disparaît ou est réduite en cas de perte ou d'avaries de la chose affectée au prêt (n°s 1564 et suiv.). Il y a là, au point de vue du résultat obtenu, l'équivalent d'une assurance que le propriétaire aurait pu conclure. A ce cas on peut appliquer, sous la première réserve faite au numéro précédent, la définition précitée (n° 1517).

Mais le prêt à la grosse avant le départ, très répandu ancienne-ment, est devenu rare ; il n'est plus guère connu aujourd'hui. Il y a de cela plusieurs causes. D'abord, la nécessité de l'avance fait qu'on trouve souvent plus facilement à assurer un navire qu'à emprunter sur lui à la grosse. Puis, comme cela été dit plus haut, le prêteur exige, par cela même qu'il fait un déboursé, un profit mari-

---

(1) Nous supposons que le propriétaire du navire emprunte pour les besoins de la navigation. Est-ce à dire que le propriétaire d'un bâtiment ne puisse pas emprunter à la grosse dans tout autre but, par exemple pour faire construire une maison, pour doter sa fille, etc. ? C'est là une question discutée qui sera examinée plus loin (n° 1598).

(2) Il pourrait à la rigueur être postérieur. Du reste, l'emprunt à la grosse fait par le propriétaire lui-même, est toujours soumis aux mêmes règles, à quelque époque qu'il ait lieu : si on le qualifie de prêt à la grosse avant le départ, c'est qu'en général, il intervient à cette époque.

time souvent beaucoup plus élevé que ne l'est la prime d'assurance. Aussi les emprunts à la grosse multipliés seraient-ils une cause de ruine pour celui qui les ferait. Il faut ajouter que le prêteur avant le départ n'a pas une garantie sérieuse de remboursement dans le privilège que la loi lui concède. Celui qui prête ainsi ne peut être certain de ne pas avoir à subir le concours d'autres prêteurs. Aucune formalité de publicité ne révèle l'existence des privilèges pour prêts antérieurs au départ (1) et tous ceux qui, à quelque date que ce soit, ont prêté avant le départ viennent en concours sur la chose affectée à ces prêts. Du reste, le législateur en admettant l'hypothèque maritime, a fait une réforme qui a porté le dernier coup au prêt à la grosse antérieur au départ. Il a dû, pour ne pas entraver le succès de la nouvelle garantie, supprimer le privilège du prêteur à la grosse antérieur au départ, tout au moins quand c'est un navire susceptible d'hypothèque, c'est-à-dire de vingt tonneaux ou plus qui est affecté au prêt (2) ; ce privilège. en effet, aurait ôté à l'hypothèque maritime toute son utilité, par cela même qu'il l'aurait primée.

1519. *Prêt à la grosse fait en cours de voyage.* — Il peut se faire qu'en cours de route, il y ait à pourvoir à des frais de réparation d'avaries, à des achats de victuailles ou à d'autres nécessités urgentes. La loi (art. 234, C. com.), comme cela a été expliqué précédemment (nos 571 et suiv.), en prenant quelques précautions pour éviter les abus, reconnait alors au capitaine le pouvoir d'emprunter à la grosse, soit sur le navire, soit sur la cargaison. C'est là ce qu'on appelle le prêt à la grosse en cours de voyage.

---

(1) Il sera expliqué (n° 1549) que malgré les apparences, la formalité de l'enregistrement du prêt au tribunal de commerce, prescrite par l'art. 312, C. com , ne peut être considérée comme une formalité de publicité.

(2) Il résulte, selon nous, de ce motif même, malgré les termes généraux de l'article 39 de la loi du 10 juillet 1885 reproduisant ceux de l'article 27 de la loi du 10 décembre 1874, que le privilège du prêt à la grosse fait avant le départ existe encore quand la chose affectée au prêt ne peut pas être grevée d'une hypothèque maritime, c'est-à-dire, quand il s'agit, soit de la cargaison, soit d'un navire de moins de 20 tonneaux, soit de toute autre chose pouvant être affectée à un prêt à la grosse (art. 315, C. com.). V. en ce sens, Aix, 22 novembre 1876, *Journ. des tribunaux de commerce*, 1879, p. 348. V., en sens contraire, Arth. Desjardins, V. n° 1152, p. 212 ; Boistel, n° 1164.

L'analogie de ce contrat avec l'assurance, sans pouvoir être niée, est beaucoup moindre que celle du prêt à la grosse avant le départ. Comme on l'a dit exactement, il y a alors une sorte d'obligation réelle pesant sur le navire ou sur la cargaison. La somme prêtée et le profit maritime sont remboursables seulement sur les choses affectées au prêt et jusqu'à concurrence de ce qui en reste. Le capitaine n'est pas tenu sur ses biens, puisqu'il a contracté seulement au nom du propriétaire du navire (n° 273); quant au propriétaire du navire, il a la faculté d'abandon (n° 202). On ne saurait s'étonner que ce contrat soit régi par beaucoup de règles différentes de celles qui s'appliquent au prêt avant le départ : mais il n'est pas exact de dire, comme on l'a fait, qu'il n'y a personne d'obligé personnellement (1). Le propriétaire du navire pour le compte duquel le capitaine emprunte, est obligé ; seulement il a la faculté d'abandon, en vertu du principe général de l'article 216, C. Com.

Le prêt à la grosse en cours de voyage est le seul qui soit encore quelque peu répandu ; dans les législations de nombreux Etats, c'est même le seul admis (2). Ce prêt à la grosse lui-même tend à dispa-

(1) de Courcy, *Questions de Droit maritime*, 1re série, p. 25 et suiv.

(2) L'article 179 de la loi *belge* du 21 août 1879 dispose : « Le prêt à la « grosse ne peut être fait qu'au capitaine pour subvenir à des dépenses de « réparations ou autres besoins extraordinaires du navire ou de la car- « gaison pour remplacer des objets perdus par suite d'accidents de mer ». L'article 679 du Code de commerce *allemand* donne du prêt à la grosse une définition supposant essentiellement qu'il est consenti au capitaine en cours de voyage. Il en est de même des Codes maritimes *scandinaves* (art. 174) et *finlandais* (art. 122). Mais plusieurs Codes étrangers recon- naissent encore le prêt à la grosse antérieur au départ. V. Codes de com- merce *espagnol*, art. 720 et suiv. ; *hollandais*, art. 313, 6° et 9°, art. 570 et suiv. ; *italien*, art. 590 et suiv. ; *chilien*, art. 1168 et suiv., art. 835, 6° et 8° ; *argentin*, art. 1120 et suiv. Dans le projet français de 1867, le prêt à la grosse en cours de voyage était seul admis (V. *note explicative ur le projet*, p. 93 et suiv.).

Il faut bien comprendre quelle conséquence pratique résulte en droit, de la non-admission par la loi du prêt à la grosse avant le départ Dans les pays où il est exclu, rien n'empêche assurément que le propriétaire d'un navire faisant un emprunt convienne que la créance du prêteur sera sou- mise aux chances de la navigation ; mais cette créance n'est pas privilé- giée. Il y a alors un contrat aléatoire qu'on devrait appeler, dans le lan- gage des commentateurs du Droit romain, *fœnus quasi nauticum*. V. L. 5,

raître; les propriétaires de navires ont souvent aujourd'hui des
représentants dans les ports d'échelle les plus importants; ceux-ci
se chargent de remettre aux capitaines les sommes qui leur deviennent nécessaires par suite d'accidents imprévus ou bien, grâce à la
facilité et à la rapidité des communications, le capitaine peut donner
avis au propriétaire du navire des besoins qui se produisent et
celui-ci, à l'aide d'une traite tirée par le propriétaire du navire ou
par un autre moyen, fait avoir au capitaine la somme qui est
nécessaire (1).

1520. Nos anciens auteurs ont beaucoup discuté sur la nature du
contrat à la grosse: quelques-uns y ont vu un mélange de plusieurs
contrats. La vérité, déjà reconnue par Emérigon (2), c'est qu'il y a
là un contrat spécial qui se rapproche surtout de l'assurance et du
prêt.

1521. Ce contrat est à titre onéreux, puisque chaque partie se
propose de réaliser un bénéfice.

Il est aléatoire (C. civ., art. 1964) : le prêteur supporte les risques de la chose affectée au prêt; il a, en retour, la chance de recouvrer le capital avec un profit maritime élevé; l'emprunteur est

---

pr. Dig, *De nautico fœnore* (22. 3). On peut concevoir, du reste, que le
prêt à la grosse avant le départ étant admis par la loi, le prêteur ne soit
pas privilégié. C'est ce qui a lieu en France depuis l'introduction de l'hypothèque maritime.

(1) Il résulte de tout cela que l'assurance est infiniment plus répandue
que le prêt à la grosse et rend aujourd'hui au commerce de mer de beaucoup plus grands services. Il y a déjà longtemps qu'il en est ainsi, Emérigon paraît bien le dire dans le passage suivant de son Traité *(préliminaire)* : « On ne saurait disputer le droit d'aînesse au contrat à la grosse.
Il jouit de certains privilèges dont le contrat d'assurance se voit privé ;
mais celui-ci a su acquérir un plus vaste empire, et sa noblesse, quoique
moins ancienne, l'emporte parmi nous sur celle de l'autre ». V. Cresp. et
Laurin, *op. cit.*. p. 33 et suiv.

(2) Emérigon, *op. cit.*, chap. I, sect. II. Ce qui donnait lieu surtout à
de vives discussions sur la nature du prêt à la grosse, c'est qu'on se préoc-
cupait de justifier le profit maritime qui paraissait en désaccord avec la
prohibition ancienne de l'intérêt dans le prêt. V. ci-après, note I, p. 530,
Emérigon (*op cit.*, chap. I, sect. IV et V) consacre deux sections à l'exposé des différences entre le prêt à la grosse et le prêt ordinaire, la société,
l'assurance, etc.

exposé à avoir à faire ce paiement onéreux, mais il peut échapper
aussi à toute obligation ou son obligation peut être restreinte par
suite de la réalisation des risques de mer pour la chose affectée au
prêt.

Le prêt à la grosse est-il unilatéral ou synallagmatique ? La question n'offre d'intérêt qu'au point de vue de la formalité des doubles
prescrite par l'article 1325, C. civ. (1). Nos anciens auteurs (2) et
la plupart des auteurs modernes (3) y voient un contrat unilatéral.
C'est avec raison ; l'emprunteur seul est obligé en vertu du contrat
et il n'y a d'action qu'au profit du prêteur. Ce qui a trompé certains auteurs (4), c'est l'analogie qui existe entre le contrat à la
grosse et le contrat d'assurance ; ils ont assimilé le prêteur à l'assureur et ils ont dit que le premier, comme le second, était *tenu de
supporter les risques*. Il y a là une véritable confusion : le prêteur
supporte sans doute les risques, mais il n'est pas, par là, obligé au
sens ordinaire de l'expression ; seulement, son droit de créance
est exposé à s'éteindre, en tout ou en partie, par suite de certains
événements ; il court certains risques, ce qui ne veut pas dire que
le contrat a produit une créance de l'emprunteur contre le prêteur.
Ajoutons que les expressions de *lettre* ou de *billet de grosse*, qui
servent à désigner l'écrit dressé pour constater le prêt (n° 1540),
paraissent bien se rapporter à un contrat unilatéral.

C'est un contrat réel : comme tout prêt, il suppose la numération
des espèces faite à l'emprunteur (5) ; autrement, l'obligation de
rendre ne pourrait exister.

(1) Nous croyons que la formalité des doubles qui, en principe, n'est
pas exigée en matière commerciale, doit être observée même quand il
s'agit d'actes de commerce, si ce sont des actes qui, par dérogation à l'article 109, C. com., doivent être constatés par écrit. V. *Traité de Droit
commercial*, III, n° 58 *ter*.

(2) Pothier (*Assurances*, n° 3) ; Émérigon (*op. cit.*, ch. I, sect. II, § 4).

(3) Pardessus, t. II, n° 888 ; Arth. Desjardins, V. n° 1135 ; Boistel, n° 1428.

(4) Cresp et Laurin, II, p. 114 et suiv. ; de Courcy, *D'une réforme internationale du droit maritime*, p. 83.

(5) Émérigon (*op. cit.*, chap. I, sect. II, t. IV) disait que le prêt à la
grosse est un contrat *beaucoup plus réel que personnel*. Il prenait là le
mot réel en un sens spécial ; il faisait allusion à ce que le sort de la
créance du prêteur est subordonné à celui du navire ou de la cargaison.

1522. De même que tous les contrats maritimes (n° 107), le prêt à la grosse constitue un acte de commerce (art. 633, C. com) (1). Il a ce caractère à l'égard des deux parties, sans qu'il y ait à rechercher quelle est la profession habituelle, soit du prêteur, soit de l'emprunteur, et quel emploi celui-ci fait du navire ou des objets transportés. Par suite, les tribunaux de commerce sont compétents pour connaître des procès relatifs au prêt à la grosse. Mais, pour ce contrat comme pour les autres contrats maritimes, le Code de commerce déroge, quant à la preuve, à la règle générale de l'article 109 ; il exige même des formalités spéciales (n°s 1548 et suiv.).

Aucune des difficultés qui s'élèvent quand il s'agit de déterminer si un prêt est civil ou commercial (2), ne saurait donc se présenter pour le prêt à la grosse. Du reste, ces difficultés naissent surtout au point de vue du taux de l'intérêt (limitation à 5 0/0 ou liberté), et, en matière de prêt à la grosse, il a toujours été admis, à raison du caractère aléatoire de ce contrat, que les parties fixent librement au taux de l'intérêt ou profit maritime (n° 1512).

1523. Éléments essentiels du prêt a la grosse. — Dans le contrat à la grosse, on doit rencontrer, outre les conditions générales exigées pour l'existence de tout contrat (art. 1108 et suiv., C. civ.), quatre éléments essentiels, ce sont : 1° une *somme ou une chose prêtée* ; 2° une chose affectée au remboursement du capital et au paiement du profit maritime ; 3° des risques maritimes courus par la chose affectée au prêt et mis à la charge du prêteur ; 4° un profit maritime stipulé par le prêteur (3). Chacun de ces éléments du prêt à la grosse exige un examen spécial.

1524. 1° *Somme ou chose prêtée*. — Dans l'usage, on ne donne à la grosse que des sommes d'argent, mais rien ne s'opposerait, en

---

(1) L'article 633, C. com., paraît avoir voulu éviter tout doute sur le caractère commercial de l'acte pour les deux contractants. Il dispose : *La loi répute pareillement actes de commerce... Tout emprunt ou prêt à la grosse.*

(2) *Traité de Droit commercial*, IV, n° 694.

(3) Ces éléments essentiels du prêt à la grosse correspondent aux éléments essentiels de l'assurance maritime (n° 1106), sauf que, dans l'assurance, il n'y a pas de somme avancée, mais une somme que l'assureur s'oblige à payer à l'assuré (n° 1517).

droit, à ce que le prêt à la grosse eût pour objet, comme le prêt de consommation ordinaire, toutes autres choses fongibles, de telle sorte que l'emprunteur eût à en rendre de semblables où leur valeur en argent (1).

Si celui qui reçoit à la grosse certaines chose s'obligeait à les restituer *in specie*, il y aurait là ce qu'on appelle un louage à la grosse ; c'est là un cas qu'on ne rencontre pas dans la pratique (2).

1525. 2° *Chose affectée au prêt à la grosse.* — Il n'y a pas de prêt à la grosse sans une chose affectée au prêt. Du sort de cette chose exposée aux risques de mer dépendent l'existence et le montant de la créance du prêteur (n⁰ˢ 1564 et suiv.). C'est aussi, sur cette chose, tout au moins dans le prêt à la grosse fait en cours de voyage (3), que le prêteur à la grosse a un privilège pour le capital prêté et pour le profit maritime (4). Au premier point de vue, la chose affectée au prêt joue le rôle de la chose assurée en matière d'assurance. La réalisation de risques de mer atteignant la chose assurée donne lieu au paiement d'une indemnité égale ou inférieure à la somme assurée. De même, la réalisation de risques de mer pour la chose affectée au prêt libère, en tout ou en partie, l'emprunteur de l'obligation de rembourser la somme prêtée (5). La non-restitution

---

(1) V. Arth. Desjardins, V. n° 1136. — M. Boistel (n° 1431) exige que le remboursement à faire ait pour objet la somme à laquelle sont évaluées les choses prêtées. Il nous paraît y avoir là une exigence arbitraire. Dans le prêt de consommation ordinaire, il suffit que les choses prêtées soient des choses fongibles ; il n'est pas nécessaires que l'emprunteur ait à payer une somme d'argent. Pourquoi en serait-il autrement dans le prêt à la grosse ? Il n'est pas possible d'en donner une bonne raison. Au surplus, ce que nous disons n'a d'intérêt qu'en théorie. En pratique, on ne conçoit guère, quelles que soient les choses prêtées, que l'emprunteur ait à restituer autre chose qu'une somme d'argent. C'est toujours ce que supposaient nos anciens auteurs : Emérigon, *op. cit.*, ch. V, sect. IV, § 1.

(2) Emérigon, *op. cit.*, ch. IV, sect. XI ; Pardessus, II, n° 891 ; Cresp et Laurin, note de la page 353.

(3-4) V. n° 1518. Avant la loi du 10 décembre 1874 (art. 27), ce qui est dit au texte était vrai également pour le prêt à la grosse antérieur au départ.

(5) On peut (ce qui revient, du reste, au même), en se plaçant au point de vue du prêteur, dire que la réalisation des risques enlève, en tout ou en partie, au prêteur le droit de réclamer le capital et le profit maritime.

de la somme prêtée procure à l'emprunteur le même avantage que le paiement de l'indemnité d'assurance procure à l'assuré. Aussi, ce sont, en principe, les mêmes choses qui peuvent être ou qui ne peuvent pas être, soit assurées, soit affectées au prêt à la grosse.

En règle générale, toutes choses exposées aux risques de mer et ayant une valeur vénale peuvent être affectées à un prêt à la grosse, comme elles peuvent être assurées (art. 315 ; Cf. art. 334). Mais, de même qu'en matière d'assurance maritime, le Code de commerce apportait à ce principe, en matière de prêt à la grosse, de nombreuses exceptions. Cpr. anciens art. 318, art. 319 et ancien art. 347. Le principe restrictif du Code était, en général, pour le prêt à la grosse, l'objet des mêmes critiques que pour l'assurance. Aussi la loi du 12 août 1885 qui a augmenté le nombre des choses pouvant être assurées contre les risques de mer, a, sauf une exception (n° 1533), augmenté de la même manière le nombre des choses pouvant être affectées à un prêt à la grosse.

1526. D'après l'article 315, C. com., modifié par la loi du 10 juillet 1885, *les emprunts à la grosse peuvent être affectés : sur le navire et ses accessoires, sur l'armement et ses victuailles, sur le fret, sur le chargement, sur le profit espéré du chargement, sur la totalité de ces objets conjointement ou sur une partie déterminée de chacun d'eux.*

Les prêts les plus usuels sont les prêts *sur corps* et les prêts *sur facultés*, comme les assurances maritimes les plus nombreuses sont les assurances sur corps et sur facultés. Ainsi que le suppose l'article 315, on peut faire un prêt à la grosse sur le navire seulement ou seulement sur les accessoires du navire, par exemple sur les agrès et apparaux, c'est-à-dire sur tous les objets destinés à l'usage permanent du navire pendant la navigation ; ou sur l'armement et les victuailles, ce qui comprend l'artillerie du bâtiment, les munitions de guerre et de bouche. Mais il y a longtemps que cette décomposition ne se fait plus ; on ne connaît plus guère que le prêt *sur corps* et le prêt *sur facultés*.

Le *prêt à la grosse sur corps* ou prêt fait sur le navire affecte tous ses accessoires, c'est-à-dire les agrès, apparaux et victuailles (art. 320, 1er alin., C. com.). Pour des raisons spéciales expliquées ci-après (n° 1572 *bis*), le fret acquis par l'armateur se trouve compris dans cette affectation (art. 320, 2e alin., C. com.). Il résulte de l'article 315, C. com., qu'une convention formelle peut exclure les agrès et les victuailles. Le fret acquis pourrait-il aussi être soustrait à l'action du prêteur ? Cette question sera examinée à propos des droits du prêteur à la grosse (n° 1572 *bis*).

Le *prêt à la grosse sur facultés* peut porter sur la cargaison entière ou seulement sur une partie des marchandises qui la composent (art. 320, 3e alin., C. com.). L'emprunteur peut affecter les marchandises déjà chargées lors du départ ou celles qu'il n'a pas encore chargées et qu'il se propose d'acheter avec la somme empruntée, celles qui seront chargées dans des ports d'échelle. Bien plus, l'affectation peut être en quelque sorte déplacée et transportée sur de nouvelles marchandises. C'est là ce qui se présente, lorsqu'il s'agit d'un prêt *d'entrée et de sortie*, c'est-à-dire fait à la fois pour l'aller et le retour du même navire : après le déchargement et la vente des marchandises d'entrée au port de destination, ce sont les marchandises de sortie, chargées en retour pour le compte de l'emprunteur, qui sont affectées au prêteur.

1527. Le Code de commerce, avant les modifications faites par la loi du 10 juillet 1885, apportait deux classes de restrictions à la faculté d'affecter à un contrat de grosse des choses ayant une valeur vénale ; elles dérivaient des deux règles générales admises par le législateur et semblables à celles qui régissaient les assurances maritimes (n°s 1128 et suiv.).

a. Le prêt à la grosse ne peut pas être une source de bénéfices pour l'emprunteur. En d'autres termes, au moyen du prêt à la grosse, l'emprunteur ne peut pas être, en cas de sinistre, placé dans une situation pécuniaire meilleure qu'en cas d'heureuse arrivée. On peut dire à ce point de vue que le prêt à la grosse est pour l'emprunteur, comme l'assurance maritime pour l'assuré, un contrat d'indemnité.

b. Bien plus, si, grâce au prêt à la grosse, l'emprunteur pouvait être, en cas de sinistre, placé, grâce à l'emprunt, dans la même situation qu'avant le prêt, il ne pouvait pas être mis, d'après les dispositions du Code de commerce en vigueur avant la loi du 12 août

1885, en cas de sinistre, dans la même situation qu'en cas d'heureuse arrivée.

1527 *bis. a.* Du premier principe admis par toutes les législations, résultent les conséquence suivantes :

1. L'emprunteur à la grosse ne peut pas affecter à un prêt des choses dont la perte ne lui causerait aucun dommage, soit parce qu'il n'a aucun droit sur elles, soit parce qu'elles sont déjà garanties par une assurance ou affectées à un prêt. Cela ne doit s'entendre que du cas où la somme assurée ou déjà prêtée est égale à la valeur de ces choses ; si des marchandises déjà assurées ou affectées à un prêt avaient une valeur supérieure à la somme assurée ou prêtée, un prêt à la grosse pourrait être fait pour l'excédent (1).

2 On ne peut emprunter à la grosse une somme dépassant la valeur des choses affectées au prêt ; autrement, en cas de perte, l'emprunteur réaliserait un bénéfice. Ainsi, que l'on suppose un emprunt de 300.000 fr., fait sur un navire qui n'en vaut que 200.000 : en cas d'heureuse arrivée, l'emprunteur aurait à rembourser 300.000 fr. plus le profit maritime ; en cas de perte, il conserverait les 300.000 fr. et gagnerait la différence entre cette somme et la valeur de son navire.

Ce premier principe, avec les conséquences que nous venons d'en tirer, se justifie par une raison décisive : si le prêt à la grosse pouvait être fait pour une somme dépassant la valeur de la chose affectée ou porter sur des choses que l'emprunteur n'est pas exposé à perdre, celui-ci aurait intérêt à la perte de la chose affectée au prêt, cette perte lui faisant gagner, en partie ou même en totalité, la somme empruntée.

1528. Qu'arriverait-il si, en fait, le prêt était fait pour une somme excessive ? Le Code (art. 316 et 317) fait une distinction semblable à celle qu'il adopte pour les assurances exagérées (art. 357 et 358), V. ci-dessus. n° 1111. Lorsqu'il y a fraude de l'emprunteur, c'est-à-dire quand il connaissait la valeur inférieure de la chose affectée au prêt, le contrat est nul à l'égard du prêteur seulement. Celui-ci

---

(1) V., n°ˢ 1585 et suiv., les conflits, soit entre prêteurs à la grosse, soit entre prêteurs à la grosse et assureurs.

peut donc, selon qu'il y a intérêt, ou laisser le prêt à la grosse produire ses effets comme tel ou le faire annuler, de façon à ce qu'il ne vaille plus que comme prêt ordinaire. Dans ce dernier cas, le prêteur peut réclamer le remboursement du capital entier, même en cas de sinistre ; mais, par cela même qu'il n'a pas couru de risques, il n'a pas droit au profit maritime tel qu'il a été stipulé. Il peut seulement se faire payer des intérêts. Il paraît juste de les considérer comme des intérêts conventionnels courant du jour du prêt indépendamment de toute mise en demeure de l'emprunteur (1). Si, au contraire, il n'y a pas fraude, c'est-à-dire si l'emprunteur ignorait la valeur réelle de la chose affectée, le prêt n'est pas nul ; il peut seulement être réduit à la valeur des choses affectées et cela sur la demande de l'un ou de l'autre contractant. Par l'excédent, il y a prêt ordinaire ; la somme constituant un excédent est donc remboursable à tout événement. L'article 317 dispose que l'intérêt est dû au cours de la place ; il s'agit encore ici d'un intérêt conventionnel. La loi renvoie, quant à son montant, au cours de la place. Avant la loi du 12 janvier 1886, le taux ne pouvait être supérieur à 6 0/0, mais il n'en est plus ainsi depuis cette loi qui a admis la liberté de l'intérêt en matière de commerce.

1529. Dans le cas où l'emprunteur n'aurait aucun droit sur les choses exposées aux risques de mer, l'emprunteur n'a rien en risque. Aussi le prêt à la grosse est-il nul et le remboursement de la somme prêtée est-il dû immédiatement et intégralement, malgré les fortunes de mer qui atteignent ces choses. Il faut appliquer ici à toute la somme prêtée les dispositions des articles 316 et 317 relatives au cas où cette somme excède la valeur de la chose affectée au prêt (2).

---

(1) En stipulant un profit, le prêteur a suffisamment manifesté la volonté de ne pas laisser la somme prêtée improductive. Du reste, il résulte de l'article 317 qu'en cas de bonne foi de l'emprunteur, les intérêts sont dus au cours de la place, ce qui implique qu'il s'agit d'intérêts conventionnels. On ne voit pas pourquoi, en cas de mauvaise foi de l'emprunteur, il s'agirait seulement d'intérêts moratoires.

(2) On ne peut invoquer l'article 1965, C. civ., pour refuser au prêteur toute action en justice, car il ne s'agit pas ici d'une action tendant au paiement d'un gain fait par suite d'un jeu ou d'un pari. Pour que l'article 1965 fût applicable, il faudrait qu'il y eût mauvaise foi de la part du prêteur.

1530 *b*. Le second principe qu'admettait implicitement le Code français, avant la loi du 12 août 1885, par les applications qu'il en faisait sans le formuler, est que, par un emprunt à la grosse, l'emprunteur pouvait seulement, en cas de sinistre, être placé dans la même situation qu'avant le contrat et non dans la situation où il eût été en cas d'heureuse arrivée. En conséquence, le Code prohibait tous emprunts sur le fret à faire du navire, sur le profit espéré des marchandises (art. 318). Les motifs donnés pour justifier ces diverses prohibitions qui se trouvaient déjà dans l'Ordonnance de 1681 (liv. III, t. V, art. 4), étaient ceux-là mêmes qu'on alléguait pour expliquer les prohibitions correspondantes en matière d'assurances maritimes. Ils pouvaient se réfuter aussi de la même manière que ceux-ci (nos 1128 et suiv.). En cas de violation de ces prohibitions, le prêteur avait droit à tout événement au remboursement immédiat du capital et ne pouvait réclamer aucun intérêt (art. 318, 2e al.) (1). Autrement, l'emprunteur se serait enrichi injustement au détriment du prêteur.

1531. Du système du Code de commerce (ancien art. 318) emprunté à l'Ordonnance de 1681, d'après lequel l'emprunt à la grosse ne pouvait placer, en cas de sinistre, l'emprunteur que dans une situation pécuniaire où il était avant le départ, non dans celle où il eût été en cas d'heureuse arrivée, dérivaient les prohibitions de l'emprunt à la grosse sur le fret et sur le profit espéré des marchandises. Ces prohibitions ont disparu depuis la loi du 12 août 1885 ; le nouvel article 315, C. com., permet d'affecter ces deux choses à un prêt à la grosse, de façon que l'emprunteur est en cas de sinistre placé dans la situation pécuniaire où il aurait été en cas d'heureuse arrivée.

1532. Par suite des modifications apportées au système du Code de commerce par la loi du 12 août 1885, on peut affecter à un emprunt à la grosse, en général, les gains espérés, ceux qu'indique expressément l'article 315, C. com. (fret et profit espéré des marchandises) et tous autres gains de cette sorte, comme les produits

---

(1) Cette sanction se trouvait dans l'Ordonnance de 1681 (liv. III, tit. V, art. 3 à 5). — V. aussi loi *belge* du 21 août 1879, art. 181 ; Code de commerce *italien*, art. 503.

de la pêche à faire (1), les prises à opérer, les primes d'exportation (2). Cpr. nº 1166.

1533. Il est, toutefois, une prohibition que la loi du 12 août 1885 n'a pas fait disparaître, c'est celle de l'article 319, C. com., d'après lequel *nul prêt à la grosse ne peut être fait aux matelots ou gens de mer sur leurs loyers ou voyages.* Sur ce point, le Code de commerce est plus sévère que ne l'était l'Ordonnance de 1681. Celle-ci (liv. III, tit. Iᵉʳ, art. 4 et 5) défendait, en principe, l'emprunt sur les loyers des gens de mer (3), mais elle faisait exception à cette défense quand l'emprunt était fait en présence et du consentement du capitaine et quand la somme prêtée était inférieure à la moitié des loyers. Pour justifier la prohibition, Valin (sur l'art. 3, liv. III, tit V, de l'Ordonnance de 1681), disait : « Pour ce qui est des matelots, « on conçoit de quelle dangereuse conséquence il serait de leur permettre d'emprunter sur leurs loyers, puisque le gain de leurs « loyers les attache autant que la crainte de la mort à la conservation du navire ». On considérait, toutefois, que, dès l'instant où la somme empruntée n'atteignait pas la moitié des loyers, les gens de mer avaient un intérêt suffisant à ce que le navire ne pérît pas. Cette dernière considération était invoquée pour justifier la faculté exceptionnelle accordée par l'Ordonnance. En fait, il paraît qu'il n'en était fait aucun usage. Emérigon (chap. V, sect. 2, § 2) le constate et il dit : « Un tel commerce serait odieux ; il ne pourrait « convenir qu'à des cabaretiers et autres gens de cette espèce, qui « s'engraissent de la substance du pauvre ». Ces motifs ont encore décidé le législateur de 1885 à maintenir la défense d'affecter à un prêt à la grosse les loyers des gens de mer. Il semble que le maintien de cette prohibition ne concorde pas bien avec les modifications apportées par la loi du 12 août 1885 à l'article 258, C. com. (nᵒˢ 435 et suiv.) et avec la faculté conférée par cette loi aux gens de mer de

---

(1) V., pour la nullité d'un prêt à la grosse fait sur ces produits avant la loi du 12 août 1885, trib. comm. de Dunkerque, 7 déc. 1864, *Journ. de Marseille*, 1864. 2. 117.

(2) Arth. Desjardins, V. nᵒˢ 1160 et 1160 *bis*.

(3) La violation de cette prohibition entraînait pour le prêteur la confiscation de la somme prêtée et une peine de 50 livres d'amende.

faire assurer leurs loyers (art. 334, C. com.) (n°s 1147 et suiv.).

Au reste il n'est pas interdit aux gens de mer d'affecter à un emprunt à la grosse les marchandises qu'ils chargent pour leur compte. Sous ce rapport, ils sont traités comme tous les autres chargeurs.

1533 *bis*. DROIT ÉTRANGER. — Les lois étrangères, sans être aussi restrictives que l'était le Code français avant la loi du 12 août 1885, n'admettent, cependant, pas, en général, que toutes les choses dont l'assurance est possible, puissent être aussi affectées à un prêt à la grosse. Le Code de commerce *allemand* (art. 679 et 680) admet l'affectation du fret à faire, mais non celle du profit espéré des marchandises ou des loyers des gens de mer. Il en est de même de la loi *belge* du 21 août 1879 (art. 180 et 181), du Code de commerce *espagnol* (art. 725). Le Code de commerce *italien* de 1882 (art. 593) admet, au contraire, le prêt à la grosse sur le profit espéré (art. 594, 3e alin.), mais non sur les loyers des gens de mer (art 593, dern. alin.). Les Codes de commerce *hollandais* (art. 577 et 578), *portugais* (art. 628), *chilien* (art. 1190) prohibent le prêt à la grosse sur le fret à gagner, sur le profit espéré et sur les loyers des gens de mer. En *Angleterre* et aux *États-Unis d'Amérique*, les loyers des gens de mer seuls, comme en *Italie*, ne peuvent pas être affectés à un prêt à la grosse.

1534. 3° *Risques des choses affectées au prêt assumés par le prêteur*. — Il n'y a pas de prêt à la grosse si les choses affectées au prêt ne sont pas exposées aux risques de mer (1) et si le prêteur ne consent pas à s'en charger. Ce transfert des risques de l'emprunteur au prêteur est l'un des caractères qui distinguent essentiellement le prêt à la grosse du prêt ordinaire ; c'est lui qui justifiait la liberté laissée aux contractants quant à la fixation du profit maritime avant même que la loi du 12 janvier 1886 eût admis la liberté du taux de l'intérêt en matière de commerce. Il résulte de là que, si des choses qui ne sont pas encore en mer, sont affectées au prêt et ne sont pas exposées aux fortunes de mer, parce que le navire ne part pas ou parce que les marchandises ne sont pas chargées, il y a un prêt ordinaire et non un prêt à la grosse (art. 329). Cpr. n° 1110.

(1) Cass., 19 nov. 1872, D. 1873. 1. 153 ; *Journ. de Marseille*, 1874. 2. 23.

1535. *4° Profit maritime.* — Il ne peut y avoir de prêt à la grosse sans profit maritime, c'est-à dire sans une somme que l'emprunteur s'oblige à payer en sus du capital prêté en cas d'heureuse arrivée, pour le prix des risques dont s'est chargé le prêteur. A défaut de prime, il y aurait une donation faite à l'emprunteur pour le cas de perte de la chose affectée au prêt. Le prêteur perdrait alors son capital, sans avoir eu la chance de réaliser un bénéfice en cas d'heureuse arrivée. Ce profit peut être comparé à la prime d'assurance ; aussi le profit maritime est-il souvent appelé *prime de grosse*. Il est, comme la prime d'assurance, le prix des risques et varie avec leur étendue plus ou moins grande ; c'est précisément pour cela que les lois limitatives ou prohibitives de l'intérêt n'ont été appliquées au profit maritime qu'à des époques où les saines notions de droit étaient méconnues ou oubliées (1). Du reste, la liberté du

(1) En Droit romain, avant Justinien, le profit maritime était illimité, *Pauli Sententiæ*, III, XI, § 14. On admet généralement que Justinien a fixé le maximum du profit maritime à 12 0/0 par an, alors que celui de l'intérêt était, en principe, de 6 0/0 (Accarias, *Précis de Droit romain*, 2e éd., t. II, p. 1157, note 4). Cette limitation du profit maritime paraît résulter de la loi 26, Code de Justinien, *De usuris* (IV, 22). Mais des interprètes modernes ont donné de cette constitution une interprétation qui, si elle est exacte, prouve que, même dans le dernier état du Droit romain, les parties fixaient, comme bon leur semblait, le taux du profit maritime : V. Ihering, *Jahrbücher für die Dogmatik*, XIX, p 1 à 23 ; Bernhard Mathias, *op. cit.*, p. 29 et suiv. — Une célèbre décrétale du pape Grégoire IX, datée de 1236 et connue, à raison de son premier mot, sous le nom de décrétale *naviganti*, paraît avoir prohibé le prêt à la grosse comme ayant un caractère usuraire. Voici le texte de cette décrétale : *Naviganti vel eunti ad nundinas certam mutuam pecuniæ quantitatem, eo quod suscepit in se periculum, recepturus aliquid ultra sortem, usurarius est censendus.* D'anciens commentateurs ont donné de cette décrétale les explications les plus variées pour prouver qu'en réalité, elle ne prohibait pas le prêt à la grosse. V. leur exposé dans Émérigon, *op. cit.*, chap. I, sect. II. Émérigon finit par dire avec Molina qu'on pouvait indifféremment, au point de vue pratique, opter pour l'interprétation qu'on voulait. La décrétale dont il s'agit n'avait pas force de loi en France, puisqu'elle n'y avait pas été publiée. V. sur la décrétale de Grégoire IX, Arth. Desjardins, V. p. 162. — En Droit romain, il y avait une autre exception aux principes généraux relativement au profit maritime. Alors qu'en général, les intérêts n'étaient dûs en matière de prêt qu'en vertu d'une stipulation, un

taux de l'intérêt existe même en matière civile toutes les fois que le créancier est exposé, fût-ce en dehors d'un prêt à la grosse, à perdre sa créance par suite d'une événement aléatoire (1). V. art. 1976, C. civ.

1536. Le profit maritime est, en général, plus élevé que la prime d'assurance. Il y en a plusieurs motifs. D'abord, le profit maritime, par cela même qu'il y a eu un capital prêté, ne constitue pas seulement, comme la prime, le prix des risques, il représente aussi l'intérêt du capital avancé. En outre, il n'y a, en matière de prêt à la grosse, rien de semblable aux franchises (nos 1296 et suiv.) qui, diminuant l'indemnité due par l'assureur, ont pour conséquence de faire réduire la prime. Enfin, à la différence de la prime d'assurance, le profit maritime n'est pas payable à tout événement ; il ne l'est qu'au cas d'heureuse arrivée. C'est là, du moins, ce qui a lieu d'ordinaire, car il sera admis plus loin (no 1579) qu'il peut être stipulé que la prime de grosse sera payable à tout événement, comme l'est habituellement la prime d'assurance.

1537. Le profit maritime consiste habituellement, comme la prime d'assurance, dans une somme d'argent. Cette somme peut être, soit une somme fixe de tant pour cent pour tout le voyage, quelle qu'en soit la durée, soit une somme de tant pour cent par mois. Du reste, le profit maritime pourrait consister en autre chose qu'en de l'argent ; il pourrait consister notamment dans une part dans les bénéfices de l'expédition ou, comme la prime d'assurance, être implicite (2).

---

simple pacte suffisait pour que l'emprunteur dût un profit maritime, L. 5, § 1 et L. 7, Dig., *De nautico fœnore* (XXII, 2).

(1) Telle paraît avoir été aussi la doctrine admise en Droit romain, V. L. 5, Dig., XXII, 2, *De nautico fœnore*. Les commentateurs appellent généralement le prêt aléatoire visé au texte *fœnus quasi nauticum*. Il a de l'analogie avec le prêt à la grosse, en ce que la créance du prêteur est exposée à des risques, par suite desquels elle peut cesser d'exister. — V. sur le prêt aléatoire, *Traité de Droit commercial*, IV, no 677 et II, no 569.

(2) V. Émérigon, chap. III, sect. I, § 2 : Cresp et Laurin, II, p. 227 ; Arth. Desjardins, V. no 1136, p. 168.

B. — DE LA PREUVE ET DES FORMES DU PRÊT A LA GROSSE. DE LA CAPACITÉ ET DES POUVOIRS NÉCESSAIRES POUR EMPRUNTER A LA GROSSE.

1538. Le prêt à la grosse ne peut pas plus que les autres contrats maritimes (1), être prouvé par tous les moyens. D'après l'article 311. 1er alin., *le contrat à la grosse est fait devant notaire ou sous signature privée*. La portée de cette disposition soulève les mêmes difficultés qu'en matière d'assurances l'article 332 (2). En nous référant à ce que nous avons admis à propos de cette dernière disposition (n° 1176), nous devons décider que l'écrit est exigé ici non pas *ad solemnitatem*, mais *ad probationem*, dans le but d'exclure la preuve testimoniale et les présomptions de l'homme. Il faut en conclure que le prêt à la grosse pourrait être prouvé par l'aveu ou par le serment. Mais, à raison des formalités spéciales prescrites pour l'existence du privilège du prêteur à la grosse (n°s 1549 et suiv.), un prêt prouvé par l'un de ces deux moyens, ne permettrait pas au prêteur d'invoquer le privilège.

1539. Il suffit que l'acte de prêt à la grosse soit dressé en un seul exemplaire, par cela même que c'est un contrat unilatéral (n° 1521). Il devrait l'être en double exemplaire, si on lui reconnaissait le caractère synallagmatique (3). En fait, il est souvent, par crainte de perte, dressé en plusieurs exemplaires.

(1) V. n°s 107, 642, 1175.

(2) Valin et Emérigon étaient en désaccord sur la portée de la disposition de l'Ordonnance de 1681 (liv. III, art. 1, tit. V) qui exigeait un acte notarié ou un acte sous seing privé. Emérigon (chap. II, sect. I, § 1) admettait que cette disposition excluait complètement la preuve par témoins. Valin déclarait la preuve par témoins admissible pour les sommes ne dépassant pas cent livres.

(3) M. Laurin (sur Cresp, III, note 49. p. 124) prétend que l'article 1325, C. civ., par la force même des choses, ne peut trouver ici son application. La raison qu'il en donne, c'est que le contrat a été partiellement exécuté et qu'aux termes de la loi elle-même, le défaut de doubles ne peut plus alors être opposé. Il nous paraît y avoir là une erreur. La remise de la somme prêtée est une condition essentielle à l'existence du prêt, par cela même que c'est un contrat réel ; il n'y a pas là l'exécution d'une obligation résultant du prêt.

1540. La loi n'attribuant compétence à aucun officier public spécial pour dresser l'acte de prêt à la grosse, il faut en déduire que, quand on veut donner à cet acte un caractère authentique, l'on ne saurait s'adresser aux courtiers d'assurances (art. 79, C. com.) (1); on doit recourir aux officiers publics compétents pour donner, en général, l'authenticité aux actes, c'est-à-dire aux notaires ou, en pays étranger, aux chanceliers des consulats de France. En outre, à défaut de dispositions légales et d'usages contraires, les formes à observer sont les mêmes que pour tous les actes authentiques. V., pour les assurances maritimes, nos 1179 et 1180.

L'écrit ou acte dressé pour constater le prêt à la grosse est désigné dans l'usage sous les noms de *contrat de grosse, billet de grosse* (2), *lettre de grosse.*

1541. Comme, pour la charte-partie (art. 273), le connaissement (art. 281), la police d'assurance (art. 332), le Code de commerce indique les énonciations à insérer dans le contrat de grosse. D'après l'article 311, il énonce :

Le capital prêté et la somme convenue pour le profit maritime. — Il a été indiqué en quoi peut consister, soit le capital prêté (n° 1524), soit le profit maritime (n° 1535). Dans le cas où le profit maritime ne serait pas énoncé, on pourrait y suppléer, en se référant au cours du lieu dans lequel le prêt a été fait (3), s'il ne résultait pas des circonstances que le prêteur a entendu faire une donation (n° 1535).

Les objets sur lesquels le prêt est affecté. — On joint assez souvent à la désignation des objets affectés l'indication de leur valeur. Cette estimation n'est pas indispensable et elle n'est pas nécessairement tenue pour exacte ; elle n'a (n° 1583) d'effet qu'au point de vue de la preuve. Cpr. analog. ci-dessus, n° 1201.

Les noms du navire et du capitaine. — La première de ces désignations est indispensable quand la chose affectée au prêteur est un

---

(1) V., pourtant, Arth. Desjardins, V. p. 170 ; de Valroger, III, n° 972.

(2) Ce nom s'applique spécialement au cas où l'écrit a la forme d'un billet à ordre ou d'un billet au porteur.

(3) A raison de la rareté actuelle des prêts à la grosse, il n'est pas fréquent que le profit maritime ait un cours.

navire. Elle est, au moins, très utile, quand il s'agit de marchandises ; le navire est alors, sinon l'objet, au moins le lieu des risques. On peut, du reste, appliquer ici tout ce qui a été dit, en matière d'assurances, à propos des énonciations correspondantes (nos 1194 et suiv.). Cependant, une restriction doit être faite. Il y a des assurances dans lesquelles des marchandises sont assurées sans indication ni de leur nature, ni du navire sur lequel elles sont chargées (nos 1196 et 1197). Rien de pareil ne peut se rencontrer dans le prêt à la grosse ; comme, pour être remboursé, il faut que le prêteur prouve l'heureuse arrivée (n° 1583), il est indipensable que les indications contenues dans l'acte de prêt lui rendent la preuve possible (1).

Les noms du prêteur et de l'emprunteur. — On ne conçoit pas d'écrit dressé pour constater un contrat et muet sur les noms des parties. La loi n'exige pas, pour l'emprunteur à la grosse, qu'il soit indiqué, comme pour l'assuré, s'il agit pour son compte ou en qualité de commissionnaire (art. 332 ; V. n° 1192). Il paraît rationnel d'étendre cette exigence d'un contrat à l'autre : elle n'est pas, d'ailleurs, bien gênante : les formules usitées permettent de tourner facilement la loi (2).

Si le prêt a lieu pour un voyage, pour quel voyage et pour quel temps. — Ces indications ont une grande importance. Le voyage énoncé ne saurait être remplacé par un autre, sous peine d'amener la résiliation du contrat (n° 1604). Quand le prêt est fait pour un temps déterminé, la durée est très importante à fixer ; à l'expiration du délai, les risques cessent d'être pour le prêteur.

L'époque du remboursement. — Cette époque ne coïncide pas ordinairement avec celle de la cessation des risques ; un certain délai est, en général, accordé à partir de l'arrivée (n° 1560).

Il va de soi, bien que le Code de commerce ne l'indique pas, que le contrat de grosse doit être daté ; mais, à défaut de disposition spéciale, on ne saurait exiger, comme pour l'assurance, qu'il soit indiqué si le contrat est conclu avant ou après midi. La date peut

(1) Pardessus, II, 902.
(2) Cela n'a pas beaucoup d'importance pratique ; les emprunts ne sont guère faits que soit par le propriétaire du navire ou de la cargaison, soit par le capitaine.

être utile notamment quand la valeur de la chose affectée à plusieurs prêts successifs faits avant le départ, est inférieure au montant de ces prêts ; ce sont alors les derniers prêts en date qui sont ristournés.

Il paraît aussi devoir être admis que la clause compromissoire peut être insérée dans le contrat de grosse. Cette clause est sans doute, en principe, prohibée (1) et aucune disposition expresse ne l'autorise pour le prêt à la grosse comme pour l'assurance (n° 1210). Mais, en présence de l'analogie existant entre ces deux contrats, nous ne croyons pas pouvoir aller jusqu'à exclure dans le premier une clause licite dans le second.

Bien qu'il s'agisse, en définitive d'une obligation unilatérale ayant pour objet une somme d'argent, il n'y a pas lieu d'appliquer l'article 1326, C. civ. (2). Le prêt à la grosse est un contrat dont la loi a minutieusement déterminé les conditions de validité au point de vue de la forme. On ne peut pas y ajouter (3).

Du reste, les parties peuvent ajouter aux énonciations prescrites par l'article 311 telles autres qui leur conviennent, pourvu qu'elles ne soient contraires ni aux principes généraux du droit ni à l'essence du prêt à la grosse. V. analog. n°s 1186 et 1212.

1542. *Cession des droits du prêteur.* — Le prêteur à la grosse peut, comme tout créancier, transmettre ses droits à une autre personne. Le cessionnaire supporte, à la place du cédant, les risques des choses affectées au prêt. Les formes de la transmission varient nécessairement ainsi que ses effets avec les formes de l'acte constituant le contrat de grosse. S'il est à personne dénommée, il faut remplir les formalités de l'article 1690, C. civ., pour rendre la cession opposable aux tiers ; s'il est à ordre (art. 313, 1er alin.) (4), il se transmet par voie d'endossement ; enfin, s'il est au porteur, il se transmet par la simple tradition. Aucune disposition du Code de

---

(1) V. *Traité de Droit commercial*, I, n° 581.

(2) Boistel, n° 1428.

(3) V. analogie, pour la lettre de change et pour le billet à ordre, *Traité de Droit commercial*, IV, n°s 60 et 509.

(4) Tout titre de créance peut, du reste, renfermer la clause à ordre. V. *Traité de Droit commercial*, III, n° 97 Sous l'empire de l'Ordonnance, cela était admis pour le prêt à la grosse. bien qu'il n'y eût pas de texte formel.

commerce ne prévoit ce dernier cas, mais tous les titres de créance peuvent être au porteur ou revêtir la forme à ordre (1). C'est ainsi, du reste, que l'on reconnaît qu'une police d'assurance maritime peut être à ordre ou au porteur, bien qu'aucun texte spécial n'autorise à donner cette forme aux polices. V. n° 1213 *bis*.

1543. Si le billet de grosse est à ordre, la négociation de cet acte a les mêmes effets et produit les mêmes actions en garantie que celle des autres effets de commerce à ordre (art. 313, alin. 2). Des conséquences nombreuses peuvent être déduites de cette assimilation.

a. A défaut de paiement, le prêteur doit, à peine de déchéance, faire dresser le protêt et recourir soit contre l'un des endosseurs ou contre le prêteur lui-même soit contre tous, en notifiant le protêt et en assignant en justice dans la quinzaine de ce protêt (art. 165 et suiv., C. com.) (2). Mais, en matière de prêt à la grosse, une difficulté spéciale peut être soulevée quant à la date du protêt. En règle générale, le protêt doit être dressé le lendemain de l'échéance (art. 162, C. com.). Il semble tout simple au premier abord de dire qu'en notre matière, le protêt sera fait le lendemain du jour où la somme prêtée deviendra exigible. Cela peut s'appliquer sans peine quand le capital est remboursable à un jour fixe connu à l'avance. Il est très loin d'en être toujours ainsi. Dans le prêt fait au voyage, l'exigibilité n'a lieu qu'à l'arrivée du navire ou un certain nombre de jours après son arrivée. Ce n'est pas tout : des événements exceptionnels peuvent rendre le capital exigible avant l'époque fixée, c'est ainsi que le remboursement est dû immédiatement quand il y a résiliation du contrat, par suite du changement volontaire de voyage, de route ou de navire. Comment exiger du prêteur qui ignore ces événements, qu'il dresse le protêt le lendemain ? On ne peut sortir de difficulté qu'en admettant qu'il suffira au porteur du billet de grosse de faire dresser le protêt le lendemain du jour où il aura été instruit de l'événement qui rend le capital exigible (3). Mais, il faut reconnaître qu'il y a là

(1) V. *Traité de Droit commercial*, III, n° 97. En ce sens, Arth. Desjardins, V. n° 1149. En sens contraire, de Fresquet, *Cours de Droit maritime*, p. 158.

(2) V. *Traité de Droit commercial*, IV, n°⁵ 346 et suiv.

(3) Trib. comm. Marseille, 19 avril 1820, *Journ. de Marseille*, 1820. 1.

quelque chose de tout particulier, puisqu'en matière d'effets de
commerce, il est de règle que l'échéance ne peut être indéterminée,
en ce sens qu'elle ne peut spécialement se rattacher à un événement incertain qu'il ne dépend pas du porteur de faire arriver (1).

1544. *b.* Si l'emprunteur ne paie pas, le porteur du billet de
grosse peut agir en garantie contre l'endosseur (art. 313, 2e alin.) ;
mais le Code (art. 314) décide que cette garantie n'a pas lieu pour
le profit maritime, à moins que le contraire n'ait été expressément
stipulé (2). La garantie est ainsi restreinte au capital et, bien entendu,
aux frais du protêt et aux intérêts courus depuis le protêt (3).

Pourquoi la garantie ne s'étend-elle pas, en principe, au profit
maritime ? On en a donné deux raisons. On a dit d'abord que l'endossement n'est pas un cautionnement du contrat. Puis, on a ajouté :
si l'endosseur est un garant, du moins sa garantie ne doit pas
s'étendre au delà de ce qu'il a reçu ; or, il n'a reçu que le capital et
il serait injuste de l'obliger à garantir peut-être 15 à 20 0/0 du capital. Ces deux raisons sont mauvaises. Si l'endossement n'était pas
une sorte de cautionnement, il ne devrait pas plus donner lieu à la
garantie du principal qu'à celle du profit qui n'en est que l'accessoire. En négociant son billet à la grosse avant le retour, le prêteur
se décharge de tous les risques qui passent au bénéficiaire de l'endossement ; il reçoit ainsi, outre le capital déboursé par lui, la
décharge des risques que le porteur a pris sur lui. Du reste, la disposition de l'article 314 n'a pas de grands inconvénients, par cela
même qu'il peut y être dérogé par des clauses extensives de la
garantie (4).

On a prétendu que l'obligation de garantie ne peut, d'ailleurs,

138. — Cresp et Laurin, II, p. 320 et suiv. ; Boistel, n° 1429 ; Arth. Desjardins, V. n° 1148, p. 188.

(1) V. *Traité de Droit commercial*, IV, n°* 81 et 518.

(2) L'Ordonnance était muette sur la question ; elle était résolue par
Emérigon (*op. cit.*, chap. IX, sect. II) dans le sens même de la solution
que le Code a consacrée.

(3) Emérigon (*op. cit.*, chap. IX, sect. II).

(4) V. Cresp et Laurin, II, p. 316 à 318. — Le Code de commerce *italien*
de 1882 (art. 502) adopte la règle inverse de celle du Code français ; il décide que la garantie s'étend au profit maritime, sauf convention contraire.

dériver de l'endossement d'un billet de grosse qu'autant qu'il correspond à un prêt fait avant le départ. En cas de prêt fait en cours de voyage, il n'y a pas, dit-on, d'obligé principal, le capitaine n'est pas obligé et le propriétaire du navire a la faculté d'abandon ; comment y aurait-il, dit-on, un obligé accessoire (1) ? Il y a là une erreur provenant de l'exagération d'une idée exacte en elle-même. Il est vrai qu'en cas de prêt fait en cours de voyage, le propriétaire du navire pouvant, en vertu de l'article 216, abandonner le navire, il n'y a plus alors d'obligé personnel. Il est certain que le porteur d'un billet de grosse est exposé à ce que cet abandon lui soit fait et qu'il ne peut pas s'en prendre au prêteur de ce qu'il n'est pas remboursé ; l'abandon est, en quelque sorte, un risque inhérent au prêt à la grosse fait en cours de voyage. Mais, si l'abandon n'est pas fait, on ne voit pas pourquoi l'on écarterait l'obligation de garantie dans les termes où elle est admise par l'article 313 (2). Tout ce qu'on peut dire, c'est que cette obligation peut être bien plus rarement invoquée dans le prêt à la grosse fait en cours de voyage que dans le prêt antérieur au départ (3). Cpr. n° 1519.

1545. *c.* L'emprunteur ne peut opposer au cessionnaire les exceptions qu'il aurait eues contre le prêteur lui-même. Il est considéré comme obligé directement envers le porteur (4). Cela ne doit être, toutefois, admis qu'avec une restriction. Les énonciations du billet de grosse indiquent bien au porteur qu'il s'agit d'un contrat à la grosse. Il semble donc que l'emprunteur pourrait opposer tout au moins au porteur des exceptions se rattachant aux conditions d'existence ou de validité du prêt, par exemple, des exceptions tirées de ce que l'emprunteur n'avait pas d'intérêt en risque ou de ce que la

---

(1) de Courcy, *Questions de Droit maritime* (1re série), p. 36, 128 et 121 ; de Sèze, *De la responsabilité du propriétaire de navire et du prêt fait au capitaine en cours de voyage*, p. 135 et suiv.

(2) Arth. Desjardins, V, n° 1148, p. 147.

(3) Aussi le projet de 1867, qui n'admettait que le prêt à la grosse en cours de voyage, avait-il, pourtant, reproduit (art. 344) la disposition de l'article 313 relative à la garantie.

(4) V. sur les effets de l'endossement quant aux exceptions opposables au porteur, *Traité de Droit commercial*, IV, n°° 130 à 132, n° 519.

somme prêtée excédait la valeur de la chose affectée au prêt (1) (2).

1546. *d*. Les formes de l'endossement doivent être, à défaut d'une disposition spéciales, celles que la loi a déterminées pour la lettre de change (art. 137 et suiv., C. com.). Il en résulte qu'un endossement en blanc d'un billet de grosse ne vaudrait que comme procuration et que, par suite. l'emprunteur pourrait, à la suite d'un tel endossement, opposer au porteur les exceptions qui eussent été admises contre le prêteur (3).

1547. *e*. La forme à ordre donnée au billet de grosse entraîne-t-elle la substitution de la prescription de l'article 189, C. com., à la prescription admise pour le contrat à la grosse par l'article 432, C. com. ? C'est une question qui sera examinée plus loin (n° 1602).

1548. Formes spéciales du prêt a la grosse. — Le Code de commerce ne se borne pas à exiger que le prêt à la grosse soit constaté par écrit ; il entoure encore ce contrat de formalités spéciales. Ces formalités diffèrent selon que le prêt à la grosse est fait en France, soit au propriétaire, soit au capitaine, ou est consenti au capitaine en cours de voyage en quelque pays que ce soit.

1549. Quand il s'agit d'un prêt fait en France, le contrat doit être enregistré au greffe du tribunal de commerce dans les dix jours de sa date (art. 312) (4). Cette formalité. qui est prescrite aussi bien pour les actes notariés que pour les actes sous seing privé, n'a pas d'utilité réelle. Elle a pour but, dit-on, d'éviter les antidates ; mais les actes authentiques ne font ils pas par eux-mêmes preuve de leur date *ergà omnes* et les actes sous seing privé n'acquièrent-ils pas

---

(1) Bordeaux, 3 juin 1862, *Journ. de Marseille*, 1862, 2. 162 ; Aix, 2 mars 1865, même recueil 1865. 1. 68 ; Cass., 4 déc. 1866, S. 1867. 1. 128. Cpr. ce qui est dit des exceptions opposables au porteur d'une police d'assurance maritime à ordre, n° 1547.

(2) Laurin sur Cresp, II, p. 251, note 10. — Cpr. Code de commerce *allemand*, art. 686.

(3) Bordeaux, 5 fév. 1839, *Journ. de Marseille*, 1839. 2. 6. Cpr *Traité de Droit commercial*, IV, n° 142.

(4) En prescrivant cette formalité. les rédacteurs du Code de commerce ont voulu donner satisfaction à un vœu émis par Valin, *Commentaire de l'Ordonnance de 1681*, liv. I, tit. IX, art. 26 ; liv. III, tit. IV, art. 68. Mais Valin ne parlait que des contrats de grosse sous seings privés.

date certaine à l'égard des tiers seulement dans les cas déterminés par l'article 1328, C. civ. (1) ? On pourrait penser qu'il y a là une formalité de publicité destinée à révéler aux tiers l'affectation des choses sur lesquelles le prêt a été fait. Il n'en est rien : aucune disposition ne prescrit la communication au public des registres tenus dans les tribunaux de commerce. Du reste, les tiers intéressés ne sauraient où aller faire leurs recherches ; la loi n'a pas pris soin d'indiquer au greffe de quel tribunal de commerce l'enregistrement doit être opéré. Aussi l'enregistrement pourrait-il être opéré indifféremment au greffe du tribunal de commerce du domicile de l'emprunteur ou du domicile du prêteur ou du port d'attache du navire ou même au greffe de tout autre tribunal de commerce (2).

Le défaut d'enregistrement n'empêche pas le contrat de valoir comme prêt à la grosse ; il prive seulement le prêteur négligent du droit de faire valoir son privilège (art. 312 *in fine*). Le Code ne considère pas le privilège du prêteur comme étant de l'essence du prêt à la grosse. V. n° 1550.

Les termes généraux de l'article 312 impliquent qu'il régit tous les prêts consentis en France, qu'ils soient faits avant le départ au propriétaire ou même en cours de voyage au capitaine (3). Seulement, dans ce dernier cas, il y a, de plus, à remplir les formalités prescrites par l'article 234, C. com., pour les prêts faits en cours de voyage au capitaine. Depuis la loi du 10 décembre 1874, l'article 312 ne paraît même plus applicable d'une façon absolue qu'au prêt fait en cours de voyage ; comme cela a déjà été dit à plusieurs reprises, le privilège du prêteur à la grosse avant le départ a été supprimé par cette loi, tout au moins pour les navires de 20 tonneaux ou de plus de 20 tonneaux qui seuls sont susceptibles d'hypothèque. Comment appliquer alors au prêt une disposition ayant pour but unique la conservation du privilège ? Mais l'article 312

(1) Il est admis que l'article 1328, C. civ., ne s'applique pas, en principe, aux contrats commerciaux ; mais il faut remarquer qu'il s'agit ici d'un cas où la loi exige formellement un acte écrit qui doit alors être régi par les règles ordinaires. V. *Traité de Droit commercial*, III, n° 58 *ter*.

(2) Cass., 20 fév. 1844, *Journ. du Palais*, 1844. 54 ; S. 1844. 1. 199.

(3) Arth. Desjardins, V. p. 273.

continue à s'appliquer au prêt à la grosse même antérieur au départ quand il est fait, soit sur des marchandises, soit sur un navire de moins de 20 tonneaux (1).

1550. Quand il s'agit d'un prêt fait au capitaine en cours de voyage (2), comme cela a déjà été expliqué (nos 576 à 579), le législateur, pour éviter les abus de pouvoir, prescrit deux formalités. Il faut : 1° qu'un procès-verbal signé des principaux de l'équipage constate la nécessité de la dépense à faire (3) ; 2° qu'une autorisation d'emprunter soit donnée en France par le tribunal de commerce ou, à défaut, par le juge de paix, à l'étranger par le consul français ou, à défaut, par le magistrat du lieu (4).

Ces formalités servent au capitaine dans ses rapports avec l'armateur ; elles lui facilitent la preuve de la nécessité des dépenses. En

---

(1) Quelques auteurs, notamment Laurin sur Cresp (t. II, note 63 de la p. 258), se trompent donc selon nous, en déclarant sans aucune restriction que l'article 312 ne s'applique plus au prêt fait avant le départ. Cela ne serait vrai que si la loi du 10 décembre 1874 avait supprimé complètement le privilège du prêt à la grosse antérieur au départ. M. Arth. Desjardins (V, n° 1138, p. 173) n'admet l'opinion adoptée au texte que pour l'emprunt à la grosse fait sur les marchandises. Cela tient à ce qu'il décide que le privilège du prêteur à la grosse antérieur au départ est supprimé absolument, même pour les navires non susceptibles d'hypothèque comme étant de moins de 20 tonneaux. Cpr. Arth. Desjardins, V, n° 1152, p. 212.

(2) Cresp (II, p. 259) admet que les formalités de l'article 234 sont aussi obligatoires pour les cas où, en cours de voyage, l'emprunt est fait par le propriétaire même des choses affectées. Il y a là une erreur : comme le fait remarquer très bien M. Laurent sur Cresp (t. II, p. 259, note 44), l'article 234 vise seulement le cas d'un emprunt fait par le capitaine et les motifs de cette disposition, qui a pour but d'éviter les abus et de fournir au capitaine une preuve facile de la nécessité de l'emprunt, sont inapplicables au cas où l'emprunteur contracte pour son propre compte. V. n° 1552.

(3) Cette formalité n'est pas fort utile. Les principaux de l'équipage ne sont pas toujours bien renseignés ou se laissent influencer par le capitaine. Aussi le projet de 1867 (art. 143) la supprimait-il. V. la note 3 de la page suivante.

(4) Le Code de commerce *allemand* (art. 485) exige que la nécessité de l'emprunt soit constatée authentiquement, soit par le consul, soit, à son défaut, par l'autorité compétente du lieu du contrat, soit, à défaut de ceux-ci, par les officiers du bord. La loi *belge* du 21 août 1879 (art. 179, 2e alin.) se borne aussi à exiger une autorisation. V. analog. Code de commerce *italien* (art. 591). Il faut remarquer que ce Code prescrit de mentionner le prêt à la grosse sur l'acte de nationalité.

outre, l'existence du privilège du prêteur sur le navire est subordonnée à la confection du procès-verbal (art. 192-5°) (1). Mais l'absence d'un procès-verbal n'empêche pas le prêt à la grosse de produire tous ses effets entre les parties (2).

1551. Dans l'usage, afin que l'emprunt se fasse aux meilleures conditions possibles pour le propriétaire du navire, l'autorité compétente. en autorisant le capitaine à emprunter, prescrit le plus souvent de procéder à l'emprunt par voie d'adjudication, c'est-à-dire que, le public ayant été averti de l'opération à faire, la préférence sera donnée à celui qui offrira de prêter pour le profit maritime le moins élevé, mais il n'y a là rien de nécessaire (3).

1552. Les formalités de l'article 234, C. com., n'étant exigées que pour éviter les abus de pouvoir, sont inapplicables au cas où l'emprunt est fait par le propriétaire même du navire sur son bâtiment, fût-ce en cours de voyage (4).

1553. QUELLES PERSONNES PEUVENT PRÊTER OU EMPRUNTER A LA GROSSE. — Toute personne ne peut pas prêter ou emprunter à la grosse.

Le prêt à la grosse étant un acte de commerce (art. 633, C. com.), il faut pour y figurer être capable de faire un acte de commerce (5). Cette capacité n'est pas suffisante pour l'emprunteur. Il faut, en outre, en principe, que celui qui emprunte soit propriétaire de la

---

(1) Compléter ce qui est dit au texte par le n° 580. Il peut arriver que le prêteur à la grosse ait le privilège des frais de conservation en vertu de l'article 2102 3°, C. civ/

(2) Voilà encore un cas où le prêt à la grosse existe indépendamment du privilège. V. n°⁵ 1518 et 1549.

(3) Le projet de 1867 prescrivait de procéder au prêt par voie d'adjudication. L'article 339 de ce projet était ainsi conçu : « L'emprunt a lieu par « adjudication, aux conditions déterminées par le magistrat, à moins qu'à « raison des circonstances, il n'ait autorisé l'emprunt amiable. Si l'enchère « ouverte ne donne pas de résultat ou n'amène que des offres qui parais« sent trop onéreuses, le magistrat peut, d'office, sur la requête du capi« taine ou de tout intéressé, ordonner qu'il sera procédé à une nouvelle « enchère, ou autoriser un emprunt amiable ».

(4) Laurin sur Cresp, II, p. 259 ; Arth. Desjardins, V. p. 176, V. note 2 de la p. 588.

(5) V. les règles générales sur ce point dans notre *Traité de Droit commercial*, I, n°⁵ 217 et suiv.

chose affectée au prêt ou ait mandat du propriétaire. Cela résulte, soit de ce que l'emprunteur doit avoir un intérêt en risque, soit de ce que, la chose affectée devant être grevée d'un privilège, il ne serait pas concevable qu'une chose fût grevée d'un droit réel sans le consentement du propriétaire. Mais, pour les marchandises, en vertu de la règle *en matière de meubles possession vaut titre*, celui qui en est possesseur, spécialement qui est détenteur du connaissement, en est réputé propriétaire et peut, par suite les affecter à un prêt à la grosse (1).

Il résulte de ces principes que le propriétaire peut emprunter, avant le départ, sur le navire, mais qu'il ne pourrait le faire sur le chargement ; que le propriétaire de marchandises peut les affecter à un prêt à la grosse. Mais les emprunts à la grosse sur le chargement faits par les chargeurs ne se font plus dans la pratique (2).

1553 *bis.* Le capitaine ne peut pas, conformément aux principes généraux, emprunter à la grosse dans le lieu de la demeure de l'armateur (art. 232, C. com.). La loi exige, pour que le capitaine emprunte dans ce lieu, une autorisation authentique ou l'intervention du propriétaire (art. 234). Ce n'est pas à dire, pourtant, qu'un emprunt fait par le capitaine dans ce lieu serait nul, il vaudrait sans doute comme emprunt à la grosse, à l'égard du prêteur de bonne foi, mais le navire ne serait pas affecté par privilège au prêt ; il ne le serait, du moins, que pour la part de copropriété du capitaine avec sa part corrélative dans le fret (art. 234) (3). On ne peut assimiler le capitaine d'un navire au possesseur de bonne foi, il n'est qu'un simple détenteur. Du reste, la règle, *en matière de meubles possession vaut titre, est sans application aux bâtiments de mer* (n° 84). Aussi ne doit-on pas appliquer ici les solutions données pour le cas où des marchandises sont affectées à un prêt à la grosse par un possesseur de bonne foi. Cpr. n° 1553.

1554. Mais, en cours de voyage, le capitaine est réputé avoir

---

(1) de Valroger, III, n° 932, Arth. Desjardins, V, n° 1152, p. 213.

(2) de Courcy, *Questions de Droit maritime* (1ʳᵉ série), p. 28.

(3) L'article 234 ne contredit donc point la solution d'après laquelle les actes faits par le capitaine seul, même dans le lieu de la demeure de l'armateur sont valables à l'égard des tiers de bonne foi (n° 185).

reçu du propriétaire le mandat d'emprunter à la grosse en cas de nécessité. Il doit seulement remplir les formalités de l'article 234 (n°s 577 et 578). Ce pouvoir implicite peut sans doute être enlevé au capitaine par le propriétaire, mais, dans l'intérêt du commerce de mer, il faut admettre que cette restriction apportée aux pouvoirs du capitaine ne saurait être opposée aux tiers de bonne foi qui contractent avec lui. V. analog. n° 569 b.

Ce n'est pas seulement, du reste, sur le navire que le capitaine peut ainsi emprunter en cours de voyage, c'est sur la cargaison elle-même, bien que l'armateur n'en ait point d'ordinaire la propriété. Cette dérogation aux principes s'explique aisément. En présence d'un besoin imprévu, le capitaine peut ne trouver à emprunter qu'en affectant la cargaison en tout ou en partie ; il est de l'intérêt des chargeurs et des destinataires eux-mêmes que le prêt soit fait, car il est possible que, sans lui, le capitaine, manquant d'argent, ne puisse conduire le navire au port de destination (1). Il va de soi, du reste, que la charge de l'emprunteur doit peser, en définitive, sur le propriétaire du navire, puisque la somme empruntée sert à payer des dépenses qu'il doit seul supporter. En conséquence, en cas de vente des marchandises opérée par le prêteur, le propriétaire des marchandises vendues a un recours contre l'armateur. Ce recours est garanti par le privilège de l'article 191-7° qui porte sur le navire (2). V. analog., art. 298, C. com.

Il faut se garder de conclure de là que le propriétaire d'un navire peut, avant le départ, affecter à un prêteur des marchandises de la cargaison pour faire les dépenses nécessaires à la mise en état du

(1) La loi française laisse à l'autorité compétente toute liberté pour autoriser l'emprunt, soit sur le navire seul, soit sur le navire et la cargaison, soit sur la cargaison seule (n° 575). Le Code de commerce *allemand* (art. 681) contient des dispositions restrictives à cet égard Il distingue selon que le capitaine emprunte pour achever le voyage ou pour la conservation et le transport ultérieur de la cargaison ; dans le dernier cas, le capitaine ne peut emprunter que sur la cargaison ; dans les autres, la cargaison ne peut être engagée que si le navire ou le fret le sont en même temps, mais le capitaine peut emprunter isolément sur le navire ou sur le fret.

(2) Cpr. Trib. comm. Seine, 27 fév. 1889 et Paris, 22 nov. 1890, *Revue intern. du Droit maritime*, 1888-89, p. 662 ; 1890-91, p. 405.

navire. Un semblable prêt n'aurait aucun effet à l'égard des chargeurs ; le propriétaire sait qu'il doit pourvoir à tous les besoins de
la navigation avant le départ et il ne saurait imposer aux propriétaires de la cargaison la charge même d'une simple avance (1).

1555. D'après les principes qui régissent la copropriété des
navires, un emprunt à la grosse peut être fait sur un navire dans
l'intérêt commun, dès l'instant que la majorité des copropriétaires
est d'avis d'emprunter (art. 220, C. com.). V. nº 284.

1556. Le Code de commerce admettait dans un cas tout spécial
que, dans le lieu même de la demeure des copropriétaires, le capitaine pouvait, malgré leur résistance, emprunter à la grosse sur le
navire pour le pourvoir de ce qui est nécessaire à l'expédition
(art. 233). V. pour les détails, ci-dessus nºs 1534 et suiv. Mais, le
privilège du prêteur à la grosse avant le départ ayant été supprimé
par la loi du 10 décembre 1874, un capitaine pourrait ne trouver
que difficilement à emprunter à la grosse. La loi de 1874 (art. 28),
confirmée sur ce point par la loi du 10 juillet 1885 (art. 35), a, en
conséquence, supprimé la faculté donnée au capitaine d'emprunter
à la grosse en lui conférant, dans le même cas, celle d'emprunter
avec hypothèque sur les parts des récalcitrants. Dans l'espèce prévue par l'article 233, C. com., il s'agit de pourvoir à des dépenses
à faire pour le navire avant le départ. Aussi la cargaison ne peut-
elle être affectée alors par le capitaine à un emprunt à la grosse.
Mais, même depuis la loi de 1874, on peut soutenir que le capitaine
a le pouvoir, dans cette circonstance, d'emprunter à la grosse sur
un navire de moins de 20 tonneaux, par cela même que des navires
de ce tonnage ne peuvent pas être grevés d'une hypothèque maritime.

1557. En ce qui concerne les prêts à la grosse, on doit constater
qu'il n'y a pas de compagnies constituées spécialement pour les
faire (2) ; ils sont faits ou par des particuliers ou par des compagnies d'assurances.

(1) Trib. comm. de Marseille, 24 mai 1864, *Journ. de Marseille*, 1864. 1.
147. Ce jugement décide avec raison qu'il en est de même, au port d'armement, du capitaine qui ne peut avoir plus de droits que l'armateur.
V. Arth. Desjardins, V, p. 213.

(2) M. de Courcy (*Questions de Droit maritime*, 1re série, p. 56 men-

C. — DES EFFETS DU PRÊT A LA GROSSE. DROITS DU PRÊTEUR.
RISQUES COURUS PAR LUI. OBLIGATIONS DE L'EMPRUNTEUR. CON-
COURS DE PLUSIEURS PRÊTEURS A LA GROSSE ET DE PRÊTEURS
AVEC DES ASSUREURS.

1558. Les effets du prêt à la grosse consistent dans les obligations de l'emprunteur et dans la responsabilité du prêteur qui conduit à supprimer ou à restreindre les obligations de l'emprunteur.
La principale obligation de l'emprunteur (1) est celle de rembourser
le capital et de payer le profit maritime. Mais cette obligation est
détruite ou, au moins, réduite en certains cas, par cela même que le
prêteur doit supporter les risques de mer. C'est en ce sens que les
risques de mer sont supportés par le prêteur. Aussi, pour connaître
exactement les droits et les obligations des contractants, faut-il les
examiner, soit dans le cas où l'obligation de l'emprunteur existe
dans toute son étendue, soit dans le cas où elle est éteinte ou
réduite.

1559. HEUREUSE ARRIVÉE. — Le prêteur à la grosse ne peut, en
principe, exiger le remboursement intégral du capital et le paiement
du profit maritime entier qu'autant qu'il y a heureuse arrivée, c'est-
à-dire que la chose affectée au prêt a complètement échappé aux
risques dont le prêteur est responsable.

Il en est, toutefois, exceptionnellement de même quand, avant la
fin normale de ces risques, le prêt est *ristourné*, ce qui a lieu
quand, par le fait de l'emprunteur, la chose affectée au prêt est
exposée à d'autres risques que ceux dont le prêteur doit répondre
d'après le contrat de grosse, par exemple lorsque, le prêt étant fait

---

tionne la *Compagnie française des prêts à la grosse* fondée en 1853 ; cette
compagnie a cessé d'exister depuis très longtemps.

(1) Nous disons la *principale* obligation de l'emprunteur, car il y a
d'autres obligations accessoires. Telles sont l'obligation de faire des déclarations exactes permettant au prêteur d'apprécier les risques, celle de
prouver, conformément aux principes généraux, les événements de mer
qui sont allégués par lui pour éteindre ou réduire son engagement, etc.
V. n° 1584. Ces obligations correspondent à celles dont est tenu l'assuré
dans l'assurance maritime.

pour un voyage déterminé, il y a changement volontaire de voyage ou quand les marchandises sont volontairement rechargées sur un navire autre que celui qui avait été désigné. etc., Cpr. art. 324 à 326, C. com.

Le prêteur joue le rôle de demandeur, il lui incombe de prouver le fait sans lequel il ne serait pas créancier, c'est-à-dire l'heureuse arrivée (1) ou le fait de l'emprunteur qui a mis fin aux risques.

1560. Généralement, le paiement se fait au lieu où se trouve le navire quand le risque finit, bien que ce ne soit pas le terme du voyage, si aucun autre lieu de paiement n'a été convenu. Il se fait entre les mains du porteur régulier du contrat de grosse ou de son mandataire (2). Si personne ne se présente pour recevoir, l'emprunteur peut, soit faire le dépôt de la somme due dans les termes de la loi du 6 thermidor an III (3), quand le billet de grosse est à ordre ou au porteur, soit la conserver. En cas de dépôt l'emprunteur est dispensé de payer un intérêt quelconque et les fonds déposés ne sont pas à ses risques.

En principe, le remboursement est dû dès que le risque est fini ; le plus souvent, dans la pratique, un délai est donné à l'emprunteur par la convention ; il est juste de lui laisser le temps de se procurer de l'argent, notamment en recouvrant le fret, en vendant les marchandises, etc.

A défaut du délai accordé par la convention, le juge peut en accorder un à l'emprunteur (art. 1244, C. civ.) (4), à moins, toutefois, que le billet de grosse ne soit à ordre. Car, en matière de titres à ordre, aucun délai de grâce ne peut être accordé au débiteur (art. 157 et 187, C. com.).

1561. *Intérêts de terre du capital.* — Lorsque le capital et le

---

(1) Ce que nous entendons par là, c'est évidemment l'existence de la chose assurée lors de la fin du voyage, ou lors de l'expiration du temps fixé, selon que le prêt a été fait au voyage ou à temps.

(2) A Rome, un esclave accompagnant le navire était souvent chargé de recouvrer le montant du prêt : L. 4, § 1, Dig. (XXII, 2), L. 23, Dig. (XLIV, 7).

(3) V. *Traité de Droit commercial*, IV, n° 309.

(4) En règle générale, le juge peut accorder un terme de grâce en matière commerciale, comme en matière civile. V. *Traité de Droit commercial*, III, n° 40 et IV, n°ˢ 287 et 518.

profit sont devenus exigibles, deux questions se posent relativement aux obligations de l'emprunteur.

a. Le profit maritime étant le prix des risques cessait en principe, avant la loi du 12 janvier 1886, de courir avec eux, en tant que ce profit dépassait (ce qui était fréquent) le taux maximum fixé par la loi du 3 septembre 1807 (1). Le profit maritime était-il alors de plein droit remplacé par l'intérêt ordinaire (qu'on appelle souvent, par opposition au profit maritime, *intérêt de terre*) ?

On a soutenu que les intérêts de terre ne peuvent courir qu'à partir de la sommation (de la demande en justice, avant la loi du 7 avril 1900 modifiant l'art. 1153, C. Civ.) (2). Puisque, dit-on, ce ne sont pas des intérêts conventionnels, il ne peut s'agir que d'intérêts moratoires ; or, pour ces intérêts, la règle se trouve dans l'article 1153, C. civ. Il paraît plus juste d'admettre que l'intérêt de terre court de plein droit (3). Cette solution est conforme à l'usage commercial, et il ne faut pas oublier que l'article 1153, C. civ., en posant la règle qu'on rappelle, réserve *les usages spéciaux au commerce*. La doctrine opposée serait très rigoureuse, par cela même que le prêteur peut ignorer que le capital est devenu exigible.

Du reste, depuis qu'en vertu de la loi du 12 janvier 1886, la liberté du taux de l'intérêt existe en matière de commerce, il pourrait être valablement convenu que le profit maritime même supérieur à l'intérêt légal de 6 0/0 continuera de courir même après l'heureuse arrivée. Cette convention n'eût pas été possible avant la loi du 12 janvier 1886.

1562. *Intérêts du profit maritime.* — *b.* Mais le profit maritime produit-il lui-même des intérêts et, en cas d'affirmative, à partir de quel moment en est-il productif ? La difficulté provient des règles légales concernant l'anatocisme. Prohibé dans l'ancien Droit, l'anatocisme n'est permis par le Code civil (art. 1154) qu'autant qu'il

---

(1) C'était déjà la solution du Droit romain, L. 1, *Code de Justinien* (IV, 33).

(2) Pothier, *Contrat à la grosse*, n° 51. V. aussi Pardessus, II, n° 917.

(3) Emérigon, *op. cit.*, ch. III, sect. IV, § 1 ; Cresp et Laurin, II, p. 302 et suiv. ; Boistel, n° 1431 ; Arth. Desjardins, V, n° 1183.

s'agit d'intérêts dûs au moins pour une année entière ; en outre, les intérêts échus des capitaux ne produisent des intérêts sous cette condition que par une demande judiciaire ou par une convention spéciale. Si l'on applique cette disposition au profit maritime, il faut dire que non seulement il ne produit pas d'intérêts de plein droit, mais que, de plus, une convention ou une demande en justice ne peut lui en faire produire que quand, ce qui est rare, il est dû pour une année entière. Cette opinion a été soutenue ; nous la croyons seule exacte (1). On n'a pu la combattre (2) qu'en prétendant, ce qui est arbitraire, que le profit maritime, étant pour partie le prix des risques, ne constitue pas un intérêt. Les partisans de cette dernière opinion reconnaissent, du reste, qu'une convention ou une demande en justice (une sommation suffit depuis la loi du 7 avril 1900) est nécessaire pour que le profit maritime produise des intérêts.

1563. De même que la prime d'assurance, le profit maritime est dû par cela seul que les risques ont commencé à courir (n° 1431). Peu importe que le voyage entrepris n'ait pas été achevé par la volonté de l'emprunteur ou par toute autre cause. Mais la prime d'assurance est régie par deux dispositions qu'à raison de leur caractère exceptionnel, il ne paraît pas possible d'étendre au prêt à la grosse.

A. Quand, par suite de la rupture du voyage avant le départ, l'assurance est annulée, l'assureur reçoit, à titre d'indemnité, demi pour cent de la somme assurée (art. 549) (3). En cas d'annulation du prêt à la grosse pour défaut de mise en risques de la chose affectée au prêt, l'indemnité qui peut être due au porteur, n'étant pas fixée à forfait par la loi, doit être, conformément aux principes généraux, déterminée par le juge d'après les circonstances.

B. En cas d'assurance de marchandises pour l'aller et le retour, lorsque le navire étant parvenu à sa première destination, il ne se fait pas de chargement en retour ou si le chargement en retour

---

(1) Boistel, n° 1431. — V., pour l'ancien Droit, Pothier, *Contrat à la grosse*, n° 51.

(2) Emérigon, chap. III, sect. V, § 2 ; Cresp et Laurin, II, p. 307 ; Arth. Desjardins, V, n° 1183, p. 302.

(3) V. n° 1430.

n'est pas complet, l'assureur reçoit seulement les deux tiers proportionnels de la prime convenue, s'il n'y a stipulation contraire (art. 356) V. n⁰ 1432. Cette disposition déroge à la règle d'après laquelle la prime étant indivisible, est due en entier par cela seul que les risques ont commencé. En conséquence, dans le silence de la loi, il faut décider qu'en cas de prêt à la grosse d'entrée et de sortie, si le chargement n'a pas lieu ou n'est pas complet, la prime de grosse est, pourtant, due intégralement (1).

1564. Risques dont répond le prêteur a la grosse. — L'emprunteur n'est obligé de payer intégralement le capital prêté et le profit maritime qu'en cas d'heureuse arrivée. Il n'y a pas heureuse arrivée, lorsque les choses affectées au prêt ont péri ou ont subi, par suite de risques de mer, des avaries qui sont à la charge du prêteur. Le prêteur, suivant la nature et la gravité de ces avaries, n'a plus qu'une action réelle sur les débris ou peut agir contre l'emprunteur par une action personnelle, mais seulement pour une portion de la somme prêtée et du profit maritime.

Quelle doit être la cause des avaries et quelle doit en être la nature, pour que le prêteur en réponde ? Quelles sont les conséquences des avaries dont le prêteur est responsable sur ses droits et sur les obligations de l'emprunteur ? Telles sont les deux questions générales à résoudre. Elles correspondent à celles qui ont été examinées dans le chapitre précédent quand il s'est agi de déterminer les obligations de l'assureur (n⁰ˢ 1218 et suiv.).

1565. Le prêteur à la grosse, comme l'assureur maritime, ne supporte les avaries qu'autant qu'elles proviennent des risques de mer. Il y a lieu d'appliquer ici tout ce qui a été dit, à propos des assurances, sur la nature de ces risques. On entend par là les accidents arrivés sur la mer ou par la mer (art. 350). Les déchets, diminutions et pertes qui arrivent par le vice propre de la chose et les dom-

---

(1) Cresp, II, p. 230 ; Ruben de Couder, *Dict.*, v⁰ *Grosse aventure*, n⁰ 104. — V., en sens contraire, pour l'extension de l'article 356 ; Trib. comm. Marseille, 18 nov. 1846, *Journ. de Marseille*, 1846. 1. 19 : Laurin sur Cresp, II, p. 230, note 25. — Pour l'ancien Droit, Valin, sur l'art. 15, liv. III, tit. V et sur l'art. 6, liv. III, tit. VI de l'Ordonnance.

mages causés par le fait de l'emprunteur, ne sont pas à la charge du prêteur (art. 326, C. com.), Il est certain que le prêteur ne répond pas non plus de la baraterie de patron, sauf convention contraire (anal. art. 353).

1566. Il ne suffit pas, du reste, que des accidents de mer causent des avaries à la chose affectée pour que le prêteur en réponde, il faut encore que ces accidents se soient réalisés dans le temps et dans le lieu des risques (anal. nos 1247 et suiv.).

Le Code de commerce (art. 328) détermine, relativement aux prêts faits au voyage, quand les risques commencent et quand ils finissent pour le prêteur (no 1248), mais il ne paraît résoudre la question que pour le prêt fait avant le départ. Au reste, comme l'indique l'art. 328, la règle qu'il pose ne s'applique qu'à défaut de stipulation déterminant le temps des risques. Pour ce qui est du prêt fait en cours de voyage, les risques doivent être à la charge du prêteur à partir du moment même du prêt. Le navire ou la cargaison est, en effet, exposé dès lors aux risques de mer.

De ce que les risques doivent être réalisés dans le temps et dans les lieux convenus, il résulte qu'en cas de changement volontaire soit de route, soit de voyage, ou de changement volontaire de navire, quand les marchandises sont affectées au prêt, le prêteur cesse d'être responsable (art. 324, analog. art. 351). Aussi, dans ces cas, le capital et le profit deviennent-ils immédiatement exigibles (no 1559).

1567. L'exclusion de la responsabilité du prêteur, en ce qui concerne le vice propre, le fait de l'emprunteur, la baraterie de patron, a lieu certainement dans le prêt antérieur au départ. Doit-on donner la même solution pour le prêt fait en cours de voyage? On a soutenu que non et prétendu que, dans ce dernier prêt, toute avarie subie par la chose affectée est à la charge du prêteur, quelle qu'en soit la cause (1), En faveur de cette doctrine, on fait observer qu'en cas de prêt fait en cours de voyage, le propriétaire du navire, en faisant l'abandon du navire et du fret, se décharge des risques sur le prêteur, sans que celui-ci puisse invoquer, pour y échapper, le vice propre ou le fait de l'emprunteur.

(1) de Courcy, *D'une réforme internationale du Droit maritime*, p. 82 et suiv.; *Questions de Droit maritime* (1re série), p. 30 et suiv.

Cette doctrine n'est pas, selon nous, absolument exacte. On ne saurait, nous le reconnaissons, y opposer que l'article 326 ne fait pas de distinction entre les deux sortes de prêts à la grosse. Il y a des dispositions du Code de commerce qui ne distinguent pas et qui ne sont, pourtant, applicables qu'au prêt fait avant le départ (notamment les art. 328 et 331) ; ce sont seulement celles dont l'application au prêt fait en cours de voyage serait contraire aux principes qui régissent ce prêt, et il n'en est pas ainsi de la disposition de l'article 326. La vérité est qu'on doit rechercher quel parti prend le propriétaire du navire à l'égard du prêteur qui a traité en cours de voyage. Opte-t-il pour l'abandon du navire et du fret ? Il va de soi qu'alors, le prêteur se trouve répondre même du vice propre et du fait de l'emprunteur. Mais, si l'emprunteur ne fait pas l'abandon, il se trouve tenu personnellement envers le prêteur et il n'est pas admis à invoquer des avaries pour réduire cette obligation, à raison de ce qu'elles proviennent du vice propre ou de son fait. Il est facile de comprendre que l'emprunteur ait intérêt à ne pas faire l'abandon ; cela se présente quand, malgré l'avarie, la chose affectée au prêt a encore une valeur supérieure à la somme prêtée et au profit maritime réunis.

1568. Au point de vue de la responsabilité du prêteur, le prêt à la grosse s'est de plus en plus rapproché de l'assurance maritime. Dans le Droit athénien et dans le Droit romain, le prêteur ne supportait que la perte totale et peut-être la perte partielle (1). L'Ordonnance de 1681 (livre III, tit. V. art. 16) mettait à la charge du prêteur, en outre, les avaries communes et ne lui faisait supporter les avaries particulières qu'en vertu d'une convention spéciale. Le Code de commerce (art. 330), renchérissant encore sur l'Ordonnance, fait supporter par le prêteur les avaries particulières aussi bien que les avaries communes. Ainsi, le prêteur à la grosse encourt la même responsabilité que l'assureur.

(1) Valin, sur l'art. 2, liv. III, tit. V de l'Ordonnance et Pothier (*Prêt à la grosse*, n° 47) reconnaissaient qu'en cas de perte partielle causée par une avarie même particulière, le prêteur supportait la perte. Émérigon (chap. XI, sect. I, § 3) excluait, au contraire, la responsabilité du prêteur même en cas de perte partielle, dès que l'avarie était particulière. Consult. Frémery, *op. cit.,* p. 265 et suiv.

1569. Le Code de commerce a été bien loin dans l'assimilation entre le prêt à la grosse et l'assurance maritime et a, contrairement à l'intention probable des contractants, exagéré la responsabilité du prêteur. Il semblerait plus conforme à cette intention de la restreindre à la perte totale ou partielle et aux avaries communes, en excluant les détériorations et les dépenses extraordinaires. Le système du Code est surtout critiquable en ce qui concerne l'emprunt fait en cours de voyage. Il y a là une mesure de salut ; il ne faut pas décourager les prêteurs en leur imposant une responsabilité trop lourde (1).

1569 *bis*. Droit étranger. — Les lois étrangères se sont aussi, pour la plupart, écartées du Code français quant à l'étendue de la responsabilité du prêteur à la grosse. Le Code de commerce *allemand* (art. 690) admet que le prêteur à la grosse ne supporte ni les avaries grosses ni les avaries particulières ; il ajoute seulement que, si les objets affectés à l'emprunt sont devenus, par suite d'avarie grosse ou particulière, insuffisants pour désintéresser le prêteur à la grosse, le préjudice qui en résulte tombe à sa charge. La loi *belge* du 21 août 1879 (art. 187), adoptant les règles contenues dans le projet français de 1867. ne met à la charge du prêteur que la perte totale et les avaries communes, sauf convention contraire. — Le Code de commerce *italien* (art. 599 et 663) déclare le prêteur responsable de la perte totale, de la perte partielle, des avaries communes, *nonobstant toute convention contraire*, et des avaries particulières, mais seulement si, par suite d'une avarie particulière, les effets affectés au prêt ne suffisent pas à satisfaire le créancier. Il en est de même du Code de commerce *portugais* (art. 613).

1570. Pour le prêteur à la grosse, comme pour l'assureur, les effets de la responsabilité diffèrent selon qu'il y a, soit perte totale ou sinistre majeur, soit des avaries proprement dites.

1571. *Perte totale.* — En cas de perte totale, l'emprunteur est

---

(1) Le projet de 1867 (art. 345) décidait que le prêteur la grosse ne supporte pas les avaries particulières des choses affectées au prêt ; qu'il contribue aux avaries communes survenues postérieurement au prêt, si l'acte n'exprime pas que le prêteur en est affranchi.

complètement libéré envers le prêteur ; il n'a à payer ni le capital, ni le profit maritime (art. 325, C. com.) (1). Le prêteur n'a plus même d'action réelle, puisque rien ne subsiste de la chose qui lui avait été affectée.

1572. *Sinistres majeurs.* — Les sinistres majeurs, déterminés par la convention ou, à défaut, par le Code de commerce (art. 369 et suiv.) (2), doivent être assimilés à la perte. S'il reste des débris, le prêteur peut s'en faire rendre compte par toute personne qui en est dépositaire ou qui en a touché le prix. Il est payé sur eux, déduction faite des frais de sauvetage (art. 327). L'emprunteur échappe comme tel à toute action personnelle du prêteur ; il se pourrait seulement qu'il fût responsable envers le prêteur, parce qu'il aurait touché le prix des objets sauvés ou n'aurait pas fait le nécessaire pour sauver les débris.

Cette restriction du droit du prêteur aux débris, avec suppression de toute action personnelle contre l'emprunteur, correspond au délaissement en matière d'assurances. Il n'y a, toutefois, pas de délaissement proprement dit ; jamais, l'emprunteur ne transfère au prêteur la propriété de ce qui reste des choses affectées au prêt. Le prêteur a seulement le droit de se faire payer sur elles et, s'il y a un excédent, il appartient à l'emprunteur (3).

(1) L'article 325, C. com., ne parle que de la somme prêtée qui ne peut pas être réclamée. Il en est *a fortiori* ainsi du profit maritime qui est l'accessoire de cette somme. L'Ordonnance (art. 11, liv. III, tit. V) se servait d'une expression inexacte en disant qu'en cas de perte entière, tous contrats à la grosse demeurent *nuls*. La nullité suppose un vice entachant le contrat lors de sa conclusion. — Le Code de commerce *italien* emploie, au contraire, des termes très exacts en disant qu'en cas de perte entière, celui qui a reçu les deniers prêtés, est libéré (*è liberato*).

(2) L'article 327 ne parle que du cas de naufrage : mais on doit, par identité de motifs, l'appliquer à tous les cas de sinistres majeurs. — Il ne mentionne que le capital comme réduit aux effets sauvés ; il est évident que le profit maritime est réduit aussi dans la même mesure. — Cependant, il est soutenu que l'action personnelle subsiste en dehors du cas de naufrage avec perte entière. — V. Rouen, 25 mars 1868, D. 1869. 1. 454 ; Arth Desjardins, V, n° 1191. Les partisans de cette opinion ne veulent pas qu'on étende, par analogie, au prêt à la grosse, les règles de l'assurance maritime.

(3) Émérigon, chap. XI, sect. I ; Frémery, *Études de Droit commercial*, p. 279 et 280.

1572 *bis. Affectation du fret acquis.* — Lorsque la chose affectée au prêt est le navire, le prêteur n'a pas seulement un droit sur
ce qui en reste, il peut encore se faire payer sur le fret des marchandises sauvées ; le fret acquis (1) est considéré par la loi comme
affecté au prêteur avec le navire (art. 320, 1er alin.) (2). Cette règle
correspondait à l'ancien article 386, C. com., d'après lequel le fret
devait être compris par l'assuré dans le délaissement ; elle dérivait
de ce que le prêt à la grosse ne pouvait permettre à l'emprunteur
de se placer, en cas de sinistre, dans la même situation qu'en cas
d'heureuse arrivée, mais seulement dans celle où il était avant la
mise en risques. La convention qui aurait exclu le fret, aurait
donc été nulle comme l'était, selon nous, la convention qui aurait
exclu le fret du délaissement fait par l'assuré (3). Mais, depuis la
loi du 12 août 1885 qui permet d'affecter le fret à faire au prêt
à la grosse, l'affectation du fret acquis comme accessoire du
navire n'est qu'une interprétation de volonté que la convention peut
écarter.

1572 *ter. Avaries particulières.* — Sous l'empire de l'Ordon
nance, les avaries particulières n'étaient à la charge du prêteur
qu'en vertu d'une clause expresse qui était, du reste, très usuelle (4).

---

(1) Il s'agit du fret *acquis* et, par conséquent, l'article 320, 1er alin., ne
contredisait nullement la prohibition du prêt à la grosse sur le fret à
faire édictée, avant la loi du 12 août 1885, par le Code de commerce
(ancien art. 318).

(3) Le Code de commerce *allemand* (art. 681) décide, au contraire, que
l'emprunteur à la grosse sur les navires ne comprend le fret que s'il en
est fait mention ; il le considère comme s'étendant au fret quand l'emprunt
est fait sur le navire et sur la cargaison.

(3) Émérigon (*op. cit.*, ch. I, sect. IV) admettait cette solution pour le
prêt à la grosse. Il voyait même là une différence entre le prêt et l'assurance maritime. On sait qu'une déclaration de 1779 avait expressément
permis d'exclure le fret du délaissement à faire par l'assuré.

(4) Valin dit que cette clause se rencontrait dans tous les contrats à la
grosse. Émérigon (chap. VII, sect. I, § 1) dit, au contraire : « Parmi nous,
« je n'ai jamais vu de clause pareille, et les donneurs ne contribuent point
« aux avaries simples à l'exception de celles qui, occasionnées par l'inna-
« vigabilité ou l'échouement du navire, mettent l'emprunteur hors d'état
« de remplir ses engagements ». Il résulte de là que les usages n'étaient
pas identiques sur tout le littoral.

Le Code de commerce, se conformant à l'usage, a pour ainsi dire sous-entendu cette clause dans tous les prêts à la grosse. D'après l'article 330, alin. 2, C. com., *les avaries simples sont à la charge du prêteur, sauf convention contraire*. V. n° 1560.

Les avaries simples peuvent consister en une perte partielle, en détériorations et en dépenses extraordinaires ; dans tous les cas, elles sont supportées par le prêteur.

1573. *Affectation partielle*. — Les droits respectifs du prêteur et de l'emprunteur sur la chose affectée ne peuvent être bien fixés qu'autant qu'on sait dans quelle mesure est affectée la chose sur laquelle le prêt est fait. Il va de soi que la chose entière est affectée au prêt quand la somme prêtée est égale à la valeur de cette chose ; le prêteur peut alors se faire payer sur tout ce qui en reste. Il est aussi évident que, quand une portion seulement de la chose a été affectée au prêt, le prêteur n'a droit, sur ce qui reste, qu'à une partie proportionnelle de la somme prêtée. Ainsi, il a été fait un prêt de 50.000 fr. sur une cargaison de 100.000 fr. avec convention que la moitié seulement de la cargaison garantirait ce prêt. Si, par suite d'une avarie, il ne reste que 60.000 fr., le prêteur ne pourra réclamer que 30.000 fr., le surplus appartiendra à l'emprunteur qui concourra ainsi avec le prêteur. Mais, quand la somme prêtée est inférieure à la valeur de la chose affectée, si l'acte de prêt ne restreint pas expressément l'affectation à une part proportionnelle, faut-il admettre la même solution ou décider que la chose entière garantit le prêt ? Un exemple fera saisir le grand intérêt pratique de la question. 50.000 fr. ont été empruntés sur une cargaison de 100.000 fr., sans indication d'affectation d'une part déterminée. Par suite d'avaries, la cargaison ne subsiste plus que pour 60.000 fr. Si l'on admet que l'affectation est totale, le prêteur sera toujours créancier de 50.000 fr. ; il ne subira donc aucune perte. Si, au contraire, l'on admet qu'elle est partielle, le prêteur ne pourra exiger du prêteur que 30.000 fr., c'est-à-dire la moitié de la somme représentant la valeur de la chose affectée au prêt.

Les avis étaient déjà partagés sur cette question dans l'ancien Droit français (1) ; ils n'ont pas cessé de l'être. En faveur de l'affec-

(1) Valin tenait pour l'affectation partielle (sur l'art. 16, liv. I, tit. XIV,

tation totale (1), on fait remarquer qu'un débiteur ne peut jamais concourir avec son créancier sur le gage qu'il lui a donné. Mais cette doctrine ne doit pas être adoptée (2). Il y a, dans l'argument invoqué, un véritable cercle vicieux : si l'on admet l'affectation partielle, il en résulte que, dans la proportion de l'avarie, l'emprunteur n'est plus obligé ; on ne saurait donc parler du concours d'un débiteur avec son créancier sur le gage. Du reste, les principes généraux et les textes du Code peuvent être invoqués en faveur de l'affectation partielle. Le prêt à la grosse doit, en cas de doute, s'interpréter en faveur de l'emprunteur (art. 1162, C. civ.). En cas de prêts à la grosse faits avant le départ, les différents prêteurs concourent ensemble sur ce qui peut rester des choses affectées au prêt. S'il y avait une affectation totale, il ne pourrait être question d'un concours, les premiers prêteurs en date primeraient les suivants. L'article 331, C com., qui suppose qu'il y a, sur la chose affectée au prêt, un concours entre un prêteur à la grosse et un assureur, paraît encore confirmer cette solution (n° 1593). Elle a l'avantage de traiter les choses en présence d'un prêt partiel comme en présence d'une assurance partielle à laquelle on applique la règle proportionnelle (n° 1305). Cela n'est-il pas conforme au rapprochement fait par le Code entre les deux contrats ?

1574. *Avaries communes.* — Le prêteur à la grosse contribue aux avaries communes. Il peut se faire que l'avarie commune ait atteint une chose autre que celle qui est affectée au prêt ou cette chose même ; il importe de distinguer ces deux cas Dans le premier, la part contributive de l'emprunteur dans les avaries communes vient en déduction de la somme prêtée. Cela paraît très équitable ; en définitive, l'emprunteur s'étant déchargé des risques de mer sur le prêteur, c'est ce dernier seul qui profite du sacrifice volontaire

---

sur les art. 16, 17 et 18 du liv. III, tit. V de l'Ordonnance). Pothier (*Prêt à la grosse*, n° 49) et Emérigon (*Assurances*, chap. XVII, sect. XII) étaient partisans de l'affectation totale.

(1) Pardessus, II, n° 924 ; Bédarride, *Du commerce maritime*, III, n°ˢ 960 et suiv. ; Ruben de Couder, *Dict.*, v° *Grosse aventure*, n° 291.

(2) V. pour l'affectation partielle : Frémery, *op. cit.*, p. 254 et suiv. et p. 278 ; Cresp et Laurin, II, p. 369 et suiv.; Arth. Desjardins, V, n° 1192.

sans lequel il aurait perdu sa créance (1). Si donc un prêt de 100.000 fr. a été fait sur une cargaison d'une égale valeur, et que, par suite d'une avarie commune, elle ait à supporter une contribution de 10 0/0, la charge en incombera au prêteur envers lequel l'emprunteur ne sera obligé que pour 90.000 fr.

1575. Mais, si la somme prêtée est inférieure à la valeur de la chose affectée au prêt, le prêteur, au lieu de supporter l'entière part contributive afférente à cette chose, n'y contribue qu'en proportion de la somme prêtée comparée à la valeur de cette chose (2). Par conséquent, si, sur une cargaison de 100.000 fr., un prêt à la grosse de 50.000 fr. a été fait, et que la contribution soit de 10 0/0, le prêteur sera créancier de 45.000 fr. et non pas seulement de 40.000 ; il ne supportera donc que 5.000 fr., sur une contribution de 10.000 fr. Le prêteur qui n'a couru le risque de perte que pour 50.000 fr., ne doit pas contribuer à raison d'une somme supérieure. Autrement, il pourrait se faire qu'une contribution absorbât entièrement la somme due, bien qu'elle fût minime. Ainsi, en supposant un navire de 100.000 fr. affecté à un prêt de 5.000 fr., il suffirait que la contribution due à raison d'une avarie commune fût de 5 0/0, pour que l'emprunteur se trouvât libéré envers le prêteur ; cela serait exorbitant et peu équitable

1576. Quand il s'agit d'un prêt fait sur marchandises, en cas d'augmentation de valeur des marchandises assurées, le prêteur contribue-t-il à raison de leur valeur au port de départ ou de leur valeur au port de destination ? Il est naturel de présumer que le prêteur a entendu limiter sa responsabilité par la valeur des marchandises au moment du prêt. On ne se conformerait, ni à l'intention probable des parties, ni à la nature du contrat, en lui faisant perdre plus (3). Cpr. n° 1293.

1577. Il est possible, en cas d'avarie commune, que le sacrifice

(1) M. de Courcy fait observer que, pourtant, le sacrifice volontaire n'est pas toujours avantageux pour le prêteur.

(2) Le projet de 1867 (art. 345, in fine) le décidait formellement ainsi, en disposant : « Le prêteur contribue, à la décharge des propriétaires des « choses affectées au prêt, proportionnellement au montant de la créance ».

(3) De Valroger, III, n° 1141 ; Arth. Desjardins, V. n° 1200 D.

ait atteint précisément la chose affectée au prêt. En quoi consiste alors la responsabilité du prêteur? Les choses sacrifiées dans l'intérêt commun sont, à raison même de la contribution, réputées arrivées (art. 415 et 301, C. com.). En conséquence, l'emprunteur est tenu de payer le capital et le profit, sous la déduction de sa part contributive à l'avarie commune. Mais, comme, en réalité, la chose affectée au prêt est perdue, si le remplacement de cette chose par voie de contribution n'est pas opéré par suite de l'insolvabilité des contribuables, le prêteur doit en répondre ; le dommage provient d'une perte totale (1). En tous les cas, le prêteur doit couvrir l'emprunteur de sa contribution sur lui-même qui reste à la charge de celui-ci.

1578. Dans tous les cas où le prêteur cesse, en tout ou en partie, d'être créancier de l'emprunteur, il perd dans la même proportion son droit au capital et à la prime. Si donc il y a perte totale, il ne peut pas plus réclamer le profit maritime que la somme prêtée. S'il y a sinistre majeur. il peut se faire payer, mais seulement sur les débris, du profit comme de la somme prêtée. V. n° 1572.

En cas d'avaries, si le prêteur doit subir la déduction de l'avarie sur le capital et sur le profit, comment se fait cette déduction? L'avarie s'impute-t elle sur le principal de manière à réduire proportionnellement le profit maritime? Ou bien s'impute-t-elle sur les montants réunis du capital et du profit entier tel qu'il a été stipulé? Cette dernière solution est généralement admise (2). Le profit maritime est calculé sur le capital primitif et l'avarie est déduite de ce capital et de ce profit réunis. Ainsi, un emprunt à la grosse de 5.000 fr. a été fait pour un profit de 10 0/0 ; il y a une avarie s'élevant à 1.000 fr. Si l'on déduit sur ce capital et ce profit maritime réunis le montant de l'avarie, on arrive au résultat suivant :

Capital prêté. . . . 5.000 fr.

Profit à 10 0/0. . .   500   »
                     _____
                       5.500   »

A déduire pour l'avarie . 1.000   »

Reste. . . . .   4 500 fr. que l'emprunteur doit au prêteur.

(1) Frémery, *op cit.*, p. 263 et 264 ; Alauzet, IV, n° 1984.
(2) Cresp et Laurin, II, p. 387 et suiv. ; Bédarride, III, n° 994.

Si, au contraire, on déduisait l'avarie du capital en réglant le profit maritime en proportion, on trouverait :

Capital prêté. . . . . . 5.000 fr.
A déduire pour l'avarie. . . . . . 1.000 »

Reste. . . 4.000 »

Qui à 10 0/0 donnent pour profit
maritime . . . . 400 »

Total. . . 4.400 fr.

1579. *Profit maritime stipulé payable à tout événement*. — Si, en règle générale, le profit maritime, à la différence de la prime d'assurance, n'est dû qu'en cas d'heureuse arrivée, est-ce à dire qu'il ne pourrait pas être convenu que le profit sera, comme cette prime même, dû à tout événement ? Une pareille convention n'aurait rien d'illicite : elle aurait pratiquement le grand avantage d'abaisser beaucoup le taux du profit maritime (1). V. n° 1536.

1580. *Clauses restreignant la responsabilité du prêteur*. — Si le prêteur répond en principe, de la perte totale, des sinistres majeurs, des avaries communes ou particulières, est-ce à dire qu'une convention spéciale ne pourrait pas, en tout ou en partie, l'affranchir de cette responsabilité ? Il ne serait pas possible d'exclure tous les risques pour le prêteur ; autrement, il y aurait là un prêt ordinaire. On pouvait dire avant la loi du 12 janvier 1886 qu'il y aurait eu un prêt usuraire ; les risques courus par le prêteur justifiaient seuls la liberté de l'intérêt dans le prêt à la grosse. Depuis que toute restriction à la fixation de l'intérêt conventionnel en matière de commerce a été supprimée, une stipulation exclusive des risques pour le prêteur n'aurait pour effet que de mettre obstacle à l'existence du privilège du prêteur à la grosse par cela même qu'elle empêcherait qu'il y eût prêt à la grosse.

On peut, du reste, restreindre la responsabilité du prêteur à la grosse ; l'article 330, al. 2, reconnaît même la possibilité d'une convention déchargeant le prêteur des avaries particulières.

(1) Bien entendu, une convention de ce genre ne se comprend que pour le *profit*, puisqu'il est de l'essence du contrat de grosse que le *capital* soit perdu en cas de sinistre.

Pourrait-il être convenu que le prêteur ne contribuera pas aux avaries communes? La question est assez vivement discutée. En faveur de la validité de cette clause (1), on invoque des raisons spécieuses. Il est permis, dit-on, de stipuler dans une police d'assurance que l'assureur ne répondra pas des avaries communes ; la clause *franc d'avaries* (art. 406) qui restreint même encore plus la responsabilité de l'assureur, est très fréquente. Pourquoi en serait-il autrement dans le prêt à la grosse? Il n'est pas douteux, du reste (l'art. 330 est formel), que le prêteur puisse être déchargé des avaries simples ; il n'y a pas de bonne raison pour distinguer entre les avaries simples et les avaries grosses. Il faut, mais il devait suffire dans le système du Code de commerce auquel il faut toujours se reporter, qu'il y eût un aléa suffisant pour que le prêt à la grosse n'eût pas un caractère usuraire. On ajoute que cette solution est favorable au commerce de mer intéressé à ce que le profit maritime soit aussi peu élevé que possible ; si le prêteur se charge de risques moindres, il reçoit un profit maritime moins fort. La jurisprudence (2), ainsi qu'un grand nombre d'auteurs (3), condamne avec

---

(1) Cresp. II, p. 390 et suiv. ; de Courcy, *Quest. de Droit maritime* (1re série), p. 111 et suiv. — Rouen, sentence arbitrale du 2 fév. 1849, *J. Pal.* 1850. 1. 576.

(2) Aix, 25 nov. 1859, Trib. com. de Marseille, 6 mai et 30 avr. 1867, Aix, 20 nov 1867, *Journ. de Marseille*, 1860. 1. 158 ; 1867. 1. 161 et 200 ; 1868. 1 D. 1868. 202 ; 1. 193. — V. la note suivante.

(3) Pardessus, II, n° 895 ; Arth. Desjardins, V, n° 1199, p. 342 et suiv. ; Laurin sur Cresp, II, p. 393, note 105 ; Bédarride, n° 992; Boistel, n° 1430. Les auteurs et les arrêts (V. la note précédente) ne se bornent pas, en général, à invoquer les raisons tirées du texte du Code et des précédents que nous avons mentionnées seules. Ils donnent encore le motif suivant. Le prêteur, étant seul intéressé à la conservation de la chose affectée, ne peut se dispenser de contribuer. Autrement, le capitaine, en présence d'un danger, pourrait hésiter à faire un sacrifice indispensable. — Si l'on autorisait à limiter la responsabilité du prêteur, de telles stipulations auraient déguisé des prêts usuraires avant la loi du 12 janvier 1886. — Ces prétendus motifs rationnels n'ont, selon nous, aucune valeur et ne peuvent qu'affaiblir l'opinion à l'appui de laquelle on les invoque. Il suffit, pour les écarter, de rappeler, comme nous le disons au texte, d'abord que la clause litigieuse est certainement valable dans les polices d'assurance. Du reste, le prêteur, qui échapperait à la responsabilité des avaries communes, conserverait une responsabilité suffisante qui aurait exclu toute

raison cette opinion. Au point de vue rationnel, les arguments de la doctrine opposée ne peuvent sans doute être réfutés. Mais il s'agit seulement ici de savoir ce qu'ont voulu les rédacteurs du Code de commerce. Leur volonté semble bien résulter du texte même du Code et des précédents. L'article 330, qui met les avaries particulières à la charge du prêteur, en ayant le soin de réserver la convention contraire, ne fait aucune réserve de ce genre pour les avaries communes. L'absence de toute réserve, en ce qui concerne ces dernières avaries, paraît décisive, quand on constate que nos anciens commentateurs (1) étaient unanimes à déclarer nulle toute convention excluant la responsabilité du prêteur quant aux avaries communes.

1581. *Clauses extensives de la responsabilité du prêteur*. — A l'inverse, la responsabilité du prêteur pourrait-elle être étendue par la convention à des risques dont, en principe, d'après le Code, le prêteur n'est pas tenu ? Pourrait-on l'étendre, par exemple, aux avaries causées par le vice propre, par le fait de l'emprunteur ou résultant de la baraterie de patron ? Il faut appliquer, pour résoudre cette question, tout ce qui a été dit précédemment (nos 1229 et suiv.) de l'extension de l'assurance maritime à ces risques qui ordinairement ne sont pas à la charge de l'assureur (2).

1582. *Assurances se rattachant au prêt à la grosse*. — Par cela même que le prêteur à la grosse se charge des risques courus par la chose affectée au prêt, il peut contracter une assurance, faire assurer le profit maritime, comme le capital prêté (art. 334, C. com). Mais il n'en est ainsi pour le profit maritime que depuis la loi du 12 août 1885 (ancien art. 347). V. nos 1144 et 1145. Le prêteur à la grosse jouant le rôle d'un assureur (no 1091), on peut dire que les assurances contractées par lui sont des sortes de réassurances.

A l'inverse, l'emprunteur ne peut pas contracter une assurance

___

usure avant la loi du 12 janvier 1886, puisqu'il aurait à sa charge la perte totale et, en général, toutes les avaries particulières.

(1) Cpr. art. 12, liv. III, tit. V, Ordonnance de 1681 et Valin sur cet article ; Emérigon, chap. VII, sect. II ; Pardessus, II, no 894 ; Cresp et Laurin, II. p. 393.

(2) Emérigon, chap. VII, sect. I, § 3 ; Valin, sur l'art. 16, liv. III, tit. V de l'Ordonnance ; Pothier, *op. cit.*, no 46.

pour la somme empruntée ; il ne court pas le risque de perdre cette somme ; une semblable assurance l'enrichirait, c'est-à-dire le placerait en cas de sinistre dans une situation pécuniaire meilleure qu'en cas d'heureuse arrivée (art. 347). V. n° 1146.

1583 *Preuves à faire par l'emprunteur.* — L'emprunteur qui allègue un sinistre majeur ou une avarie pour se soustraire à ses obligations, se trouve dans une situation analogue à celle de l'assuré qui réclame une indemnité. Les faits à prouver par le premier sont, en général, les mêmes que ceux à prouver par le second et les moyens de preuve mis à sa disposition sont aussi semblables n°s 1413 et suiv.).

En conséquence, l'emprunteur doit prouver :

a. Que la chose affectée au prêt a été exposée aux risques de mer. Cela consiste, dans les prêts sur marchandises, à prouver *le chargé* ; il peut être prouvé par le connaissement ou par d'autres moyens (1). *b.* Que la valeur de la chose affectée au prêt n'était pas inférieure à la somme prêtée (art. 329). Cette preuve n'est à faire que lorsque le contrat de grosse ne contient pas d'estimation. Quand la chose affectée au prêt y est estimée, cette estimation est présumée exacte jusqu'à preuve contraire à faire par le prêteur. *c.* Que l'emprunteur était propriétaire de la chose affectée au prêt ou a agi pour le compte du propriétaire. *d.* Quand l'heureuse arrivée n'est pas prouvée par le prêteur (n° 1559), il ne peut pas obtenir le paiement intégral du capital prêté et du profit. Mais l'obligation de l'emprunteur disparaît-elle ou est-elle seulement restreinte et dans quelle mesure ? Cela dépend de la nature et de l'étendue des avaries, C'est à l'emprunteur à prouver la nature et l'importance des avaries ; lui seul est à même d'en établir l'étendue exacte.

1584. *Obligations de l'emprunteur outre celle de payer le capital prêté et le profit maritime.* — L'obligation de rembourser le capital et de payer le profit maritime est la principale dont est tenu l'emprunteur ; ce n'est pas la seule. L'emprunteur doit, ainsi que cela vient d'être indiqué (n° 1583), lorsqu'il veut échapper en tout ou partie à ces obligations, faire différentes preuves. Il est encore

(1) Cpr. Cass., 19 nov. 1872, D, 1873. 1. 153. — V. n°s 705 et 706.

tenu de l'obligation de faire au prêteur des déclarations exactes et de ne taire aucune des circonstances pouvant permettre à celui-ci d'apprécier les risques qu'il consent à prendre à sa charge, à peine de nullité du prêt, qui alors vaudrait comme prêt ordinaire ; il faut appliquer ici l'article 348 relatif à la réticence et à la fausse déclaration dans l'assurance maritime (nos 1442 et suiv.). Enfin, l'emprunteur, en présence d'un accident, doit faire tout ce qui est en lui pour en diminuer les conséquences, comme s'il avait à supporter celles-ci (no 1366) (1). Toutes ces obligations sont identiques à celles de l'assuré.

1585. PLURALITÉ DE PRÊTS A LA GROSSE SUR UN MÊME BIEN. CONCOURS D'UN PRÊT ET D'UNE ASSURANCE. — Pour plus de simplicité, il a été toujours supposé jusqu'ici qu'une même chose avait été affectée seulement à un prêt unique, mais il se peut que le navire ou la cargaison ait été affecté à plusieurs prêts à la grosse ou ait été l'objet à la fois d'une assurance et d'un prêt. Il peut y avoir alors des conflits, soit entre les prêteurs, soit entre les prêteurs et les assureurs. Comment ces conflits sont-ils réglés ?

1586. CONCOURS DE PLUSIEURS PRÊTS A LA GROSSE. — Un prêt à la grosse ne peut être valablement fait pour une somme excédant la valeur de la chose affectée au prêt. Il n'est donc pas possible de faire sur un navire ou sur une cargaison des prêts successifs dont le montant total excède sa valeur (2). En cas de contravention à cette règle, les prêts les derniers en date sont ristournés pour l'excédent (art. 359, C. com., analog.), c'est-à-dire que cet excédent est dû à tout événement et que l'emprunteur n'est tenu que de l'intérêt de terre. Mais il se peut qu'une chose ait été affectée à plusieurs prêts dont le montant total n'excède pas sa valeur au moment où ils ont été faits, et

(1) La loi *belge* du 21 août 1879 (art. 187, 2e alin.) dispose : « L'emprunteur doit faire toutes diligences pour prévenir ou atténuer le dommage, selon ce qui est prescrit à l'assuré à l'article 17 de la loi du 11 juin 1874 ».

(2) La règle posée au texte s'applique seulement aux prêts à la grosse faits avant le départ. Car, de même qu'après une assurance couvrant l'entière valeur de la chose assurée, un emprunt à la grosse peut être fait en cours de voyage, on ne voit pas pourquoi, après un prêt fait avant le départ pour une somme égale à la valeur de la chose affectée, un autre prêt ne pourrait pas avoir lieu durant le voyage.

que, par suite d'accidents de mer, cette valeur se trouve réduite au-
dessous du montant des prêts. Dans quel ordre les différents prêteurs
arrivent-ils à se faire payer sur la chose qui leur est affectée ? Pour
résoudre cette question, il y a lieu de distinguer quatre sortes de
conflits qui peuvent se présenter : *a*. les différents prêts ont tous été
faits avant le départ ; *b*. les uns ont été faits avant le départ, les
autres pendant le voyage ; *c*. tous ont été faits pendant le même
voyage à des dates différentes ; *d*. ils ont été faits chacun durant des
voyages distincts.

1587. *a*. Tous les prêts faits avant le départ, à quelque date que
ce soit, concourent Chaque prêteur a, en effet, un privilège d'égale
valeur (art. 191, avant-dernier alinéa) ou, dans le cas où le prêt
n'engendre pas de privilège (prêt auquel est affecté un navire de
moins de 20 tonneaux), tous les prêteurs sont des créanciers chirographaires. Il n'y a pas à tenir compte de la date de l'enregistrement des contrats opéré en vertu de l'article 312. Cela montre bien
que l'emprunt à la grosse fait avant le départ est un moyen de crédit
insuffisant et vicieux, puisque celui qui a ainsi prêté n'est jamais
certain que, par suite d'autres prêts, il n'aura pas à supporter le concours d'autres prêteurs.

1588. *b. c d*. Si, parmi les prêts à la grosse, les uns ont été faits
avant le départ et les autres durant le voyage, ou à des époques distinctes durant le même voyage ou pendant des voyages différents, la
règle est tout autre ; ce sont les derniers prêteurs en date qui sont
préférés. D'après l'article 323, *les emprunts faits pour le dernier*
voyage du navire sont remboursés par préférence aux sommes
prêtées pour un précédent voyage... Les sommes empruntées pen-
dant le voyage sont préférées à celles qui auraient été empruntées
avant le départ du navire et, s'il y a plusieurs emprunts faits pen-
dant le même voyage, le dernier emprunt sera toujours préféré à
celui qui l'aura précédé.

Ces solutions s'expliquent par cette considération que, le dernier
prêt étant présumé commandé par les besoins de la navigation, s'il
n'eût pas été fait, le gage affecté aux prêts antérieurs eût péri. On
peut dire des derniers prêteurs en date, par rapport aux prêteurs
précédents, *salvam fecerunt pignoris causam*. Il faut ajouter que,

dans les cas où le prêt à la grosse fait avant le départ n'est pas privilégié, le prêt à la grosse fait en cours de voyage jouissant seul d'un privilège, il va de soi que celui qui a fait ce dernier prêt soit préféré.

1589. Il se peut qu'un prêt ayant été fait pendant un voyage, la somme prêtée soit laissée à titre de continuation et de renouvellement du prêt pour un voyage suivant. La loi n'admet pas que cela soit l'équivalent d'un prêt nouveau ; en conséquence, le prêteur dont il s'agit serait primé par ceux qui auraient prêté à la grosse durant le voyage qui a suivi le prêt ainsi renouvelé (art. 323, 1ᵉʳ al.). Deux raisons justifient cette solution : avec une règle contraire, il y aurait à craindre des fraudes au préjudice des prêteurs du dernier voyage ; du reste, on ne peut pas dire, en réalité, que la somme prêtée pendant un voyage et laissée par renouvellement pour le voyage subséquent, a mis le navire en état de faire celui-ci.

1590. Bien que le Code n'ait pas expressément adopté les solutions suivantes, elles semblent impliquées par les motifs mêmes des solutions qu'il a consacrées :

a. Si plusieurs prêts à la grosse ont été faits dans le même lieu pour subvenir aux mêmes besoins (1), on n'a aucun égard aux dates respectives des contrats ; tous les prêteurs viennent en concours.

b. Un emprunt, fait en cours de voyage par le propriétaire pour ses besoins particuliers et non pour les besoins de la navigation, serait traité comme un emprunt fait avant le départ (2).

---

(1) Cela se présente spécialement quand un emprunt se trouve insuffisant après que l'exécution des travaux ou le règlement des comptes a fait connaître le chiffre exact de la dépense. Des difficultés pratiques s'élèvent souvent dans cette hypothèse. L'article 342 du projet de 1867 avait cherché à les éviter ; il était ainsi conçu : « Lorsque, le prêt à la grosse ayant été « adjugé avant l'exécution des travaux ou le règlement des comptes, la « dépense se trouve excéder le montant du prêt, le prêteur est préféré « pour fournir le complément à toutes les mêmes conditions sans nouvelle « adjudication. — S'il ne consent pas à fournir le complément, on pro- « cède à une nouvelle adjudication pour le complément, avec droit de « préférence en faveur du second prêteur. — Toutefois, si l'excédent à « emprunter dépasse un sixième, le premier prêteur peut requérir l'annu- « lation de son prêt et le remboursement, sans intérêt ni prime de grosse, « des fonds déjà avancés. — Dans ce cas, il est procédé à une nouvelle « adjudication pour la totalité des dépenses ».

(2) Pardessus, II, n° 919.

c. Un emprunt fait pendant le voyage sur le chargement, non pour les besoins de la navigation, mais pour augmenter la cargaison, ne doit jouir d'aucune préférence par rapport à d'autres emprunts faits avant le départ ou faits en cours de voyage à une date antérieure (1).

1591. *Conflit entre prêteurs à la grosse et assureurs.* — Dans quel cas se présente ce conflit ? Il faut évidemment supposer que la même personne (propriétaire de navire ou de marchandises) a fait sur le même navire ou sur la même cargaison tout à la fois une assurance et un emprunt à la grosse.

On ne peut pas faire une assurance et un emprunt à la grosse sur une chose pour une somme totale en excédant la valeur ; autrement, le propriétaire du navire ou des marchandises serait intéressé à la perte, comme s'il y avait plusieurs prêts ou plusieurs assurances sur un même objet pour une somme supérieure à sa valeur. Ainsi, supposons qu'une personne ait emprunté 50.000 fr. sur des marchandises valant pareille somme, elle ne pourra pas les faire assurer, et, à l'inverse, si elle a contracté une assurance pour cette somme, elle ne pourra pas emprunter à la grosse. Si un prêt et une assurance de 50.000 fr. chacun étaient possibles, en cas de perte, cette personne toucherait 50.000 fr. de l'assureur et serait dispensée de rembourser les 50.000 fr. qu'elle a empruntés. En cas d'heureuse arrivée, elle ne toucherait pas d'indemnité d'assurance et aurait à rembourser le montant du prêt.

S'il a été contrevenu à cette règle et que le montant cumulé de l'assurance et du prêt excède la valeur de la chose objet de l'assurance et du prêt, l'assurance est toujours ristournée de préférence, fût-elle même antérieure en date au prêt. On suit donc une règle toute différente de celle qui est appliquée aux assurances (n°s 1134 et suiv.) ou aux prêts cumulatifs (n° 1586). On en donne pour raison que le prêt est un contrat exécuté, tandis que l'assurance produit seulement une obligation conditionnelle à la charge de l'assureur et qu'il est de l'intérêt du commerce de mer qu'on puisse trouver facilement à emprunter des fonds.

(1) V. la note 2 de la page précédente.

Du reste, l'assurance n'est un obstacle qu'au prêt à la grosse fait avant le départ ; elle n'empêche nullement, quel que soit le montant de la somme assurée, de faire des emprunts en cours de voyage. Ces emprunts sont, en effet, contractés dans l'intérêt des assureurs eux-mêmes; ils ont pour cause des événements de mer engageant leur responsabilité.

1592. Mais rien n'empêche de faire avant le départ une assurance et un emprunt à la grosse sur un même objet, quand il y a un aliment suffisant pour ces deux contrats. Si, les marchandises valant 40.000 fr., il a été emprunté sur elles 20.000 fr., on peut faire assurer les 20.000 fr. restant ou, à l'inverse, on peut, après avoir assuré ces marchandises pour 20.000 fr., emprunter à la grosse 20.000 fr. sur elles. Il va de soi qu'alors, si la chose affectée ne subit aucune fortune de mer, l'assureur n'a rien à payer à l'assuré et que celui-ci est tenu de rembourser le capital prêté avec le profit maritime. Il est évident aussi qu'en cas d'avaries, l'assureur paie à l'assuré une indemnité proportionnelle à la somme assurée et que, dans la proportion de la somme prêtée à la valeur de la chose affectée, l'emprunteur est dispensé de restituer.

S'il y a sinistre majeur et s'il reste seulement des débris, comment sera réglé le conflit entre le prêteur et l'assureur ? L'un sera-t-il préféré à l'autre ? Ou bien viendront-ils en concours au marc le franc de leur intérêt en risque ? Ainsi, supposons un navire d'une valeur de 500.000 fr. ; un ou plusieurs assureurs l'ont assuré jusqu'à concurrence de 450.000 fr. ; le propriétaire, pour le mettre en état de partir et pour acheter des victuailles, a emprunté à la grosse 50.000 fr. ; il y a sinistre majeur et les débris produisent 50.000 fr. Que recevra, soit le prêteur à la grosse, soit l'assureur ?

La question a été tranchée de deux façons tout à fait différentes par l'Ordonnance de 1681 et par le Code de commerce. L'Ordonnance (livre III, titre V, art. 18) accordait la préférence au prêteur en disposant : *s'il y a prêt à la grosse et assurance sur le même chargement, le donneur sera préféré aux assureurs sur les effets sauvés du naufrage, pour son capital seulement* (1). Le Code de com-

---

(1) Valin critiquait cette disposition qu'il trouvait injuste pour l'assureur. Emérigon la défendait au contraire (chap. XI, sect. III, § 1).

merce admet, au contraire, le concours du prêteur et de l'assureur.
L'article 331 dispose : *S'il y a contrat à la grosse et assurance sur
le même navire ou sur le même chargement, le produit des effets
sauvés du naufrage est partagé entre le prêteur à la grosse, pour
son capital seulement, et l'assureur, pour les sommes assurées, au
marc le franc de leur intérêt respectif, sans préjudice des privilèges établis par l'article 191.*

La solution du Code est préférable (1) L'idée ancienne selon
laquelle le prêt est plus digne de faveur que l'assurance, n'est pas
exacte ; le second de ces contrats rend au commerce de mer des services bien plus grands que le premier : il n'est pas, comme celui-ci,
une cause de dépenses onéreuses par l'élévation du taux de la prime.
En outre, le prêteur à la grosse est une sorte d'assureur. Quand
deux assurances distinctes ont été faites sur une chose, chacune
pour une partie de la valeur de la chose assurée, les deux assureurs
concourent sur les débris de la chose assurée. Le concours est aussi
admis entre deux prêteurs à la grosse qui, avant le départ, prêtent
chacun une somme représentant une portion de la valeur de la chose
affectée. Pourquoi le concours serait-il exclu entre un prêteur et un
assureur? Mais ce concours ne peut plus être admis quand il s'agit
d'un prêteur à la grosse sur un navire n'ayant plus de privilège en
vertu de la loi du 10 juillet 1885 (art. 36). Dans l'espèce prévue par
l'article 331, C com., l'assureur est devenu propriétaire par le délaissement. A quel titre le prêteur à la grosse n'ayant pas de privilège
réclamerait-il un droit de concours avec l'assureur ? (2)

1593. La solution donnée par l'article 331 paraît bien impliquer
que, lorsqu'un prêt à la grosse est fait pour une somme inférieure à
la valeur de la chose affectée, cette chose reste libre pour l'excédent,
de telle sorte qu'en cas d'avaries, le prêteur supporte le dommage
proportionnellement au rapport existant entre la valeur de la chose
affectée et la somme empruntée, et que l'emprunteur concourt avec
le prêteur pour l'excédent. On ne concevrait pas que l'emprunteur

(1) C'est la solution que défendait déjà Valin, en critiquant l'Ordonnance.
(2) V. Laurin sur Cresp, II, p. 368, note 97.
Les anciens principes subsistent quand il s'agit d'un prêt à la grosse
sur facultés.

pût conférer à un assureur ou à un second prêteur un droit qu'il n'aurait pas conservé. V. n° 1573.

1594. Le concours entre le prêteur à la grosse et l'assureur n'est, du reste, admis, en ce qui concerne le premier, que pour le capital prêté, non pour le profit maritime. La raison en est que le naufrage, ou d'une façon plus générale, le sinistre majeur prive le prêteur de tout droit au profit.

1595. En établissant le concours entre le prêteur à la grosse et l'assureur, le Code vise uniquement le prêt fait avant le départ. En cas de prêt fait en cours de voyage, le prêteur est préféré à l'assureur (1). L'article 331 paraît bien, du reste, consacrer implicitement cette décision, en réservant les privilèges de l'article 191. La préférence accordée ainsi au prêteur est conforme aux principes généraux ; celui qui prête en cours de voyage rend service aux assureurs ; car il contribue par son prêt à la conservation et à l'heureuse arrivée du navire ou de la cargaison.

1596. *Du privilège du prêteur à la grosse.* — Le privilège accordé au prêteur à la grosse pour le contrat consenti durant le voyage, ne lui appartient qu'autant que le prêt a été fait pendant le dernier voyage (art. 191-7°). A ce point de vue, ce privilège est traité comme celui de l'assureur pour la prime d'assurance (article 191-10°).

Que faut-il entendre ici par dernier voyage? La question est la même que celle qui se pose à propos du privilège de l'assureur (n°s 1461 et suiv.). Elle doit être tranchée de la même manière, c'est-à-dire qu'il faut considérer non pas le voyage pour lequel le prêt a été fait, mais le voyage réel du navire. En conséquence, le prêt à la grosse fait pour l'aller demeurerait privilégié même après le retour, tant qu'un nouveau voyage ne serait pas entrepris (2).

1597. Il résulte de l'absence de toute distinction dans l'article 191-7° que, dès l'instant où le prêt a été fait pour les besoins du bâtiment,

---

(1) Alger, 9 mars 1902, *Revue intern. du Droit marit.*, XX, p. 34.

(2) Bordeaux, 9 août 1887, *Revue intern. du Droit marit.*, 1887-88, p. 561. — Demangeat sur Bravard, IV, p. 52.

le privilège existe, qu'il s'agisse d'un prêt ordinaire ou d'un prêt à la grosse (1).

Il ne paraît pas non plus douteux que, si exceptionnellement l'emprunt était contracté en cours de voyage par le propriétaire même du navire, le privilège existerait (2). L'article 191-7° ne parle, il est vrai, que du prêt fait *au capitaine*, mais cela tient à ce que c'est là le cas de beaucoup le plus fréquent. Que l'emprunt soit fait par le capitaine ou par le propriétaire, dès l'instant où la cause de l'emprunt est la même, le même privilège doit exister.

1598. En ce qui concerne le privilège garantissant le prêt à la grosse antérieur au départ (art. 191-9°), il y a lieu, dans les cas où il existe encore, selon nous, de ne l'admettre que pour le prêt fait pour les besoins de la navigation à faire. Quelques auteurs (3) ont soutenu, pourtant, que le prêt est privilégié, alors même que le propriétaire emprunte dans un but tout à fait étranger à ses besoins, par exemple pour construire une maison, pour doter sa fille, etc... Tout ce qu'on peut dire en faveur de cette doctrine, c'est que l'article 191-9° ne fait aucune distinction fondée sur la cause du prêt, mais le silence de la loi n'est pas décisif. La destination des sommes prêtées peut seule justifier l'existence du privilège. Comment concevoir que le législateur ait attaché un droit de préférence à un prêt, quelle que soit sa cause, par cela seul que le navire de l'emprunteur a été affecté au prêteur ? Cela ne serait ni rationnel ni conforme aux précédents (4).

1599. Les privilèges des prêteurs à la grosse peuvent se trouver en conflits avec d'autres privilèges. Leur rang qu'indique, quand il

(1) de Valroger, I, n° 36.
(2) de Valroger, I, n° 39.
(3) de Courcy, *Questions de Droit maritime*, 1re série, p. 35 et suiv. ; *D'une réforme internationale du Droit maritime*, p. 84 et suiv.; Boistel, n° 1425.
(4) Valin et Emérigon paraissent d'accord pour exiger la destination maritime de la somme prêtée ; Valin, sur l'art. 16, liv. I, tit. XIV de l'Ordonnance : Emérigon, chap. VI, sect. III. — V. de Sèze, *op. cit.*, p. 78 et suiv. ; Arth. Desjardins, V, n° 1156, p. 228 et suiv. — Si la solution contraire à la nôtre était exacte, il y aurait là une hypothèque plutôt qu'un privilège. M. de Courcy l'a senti ; car il se plaît à substituer l'expression d'hypothèque à celle de privilège pour le prêt fait avant le départ.

s'agit de navires, l'article 191 sera détérminé dans la section IV de ce chapitre (nᵒˢ 1706 et suiv.). D'ailleurs, pour les cas où une même chose a été affectée à plusieurs prêts à la grosse, les rangs respectifs des divers prêteurs entre eux ont été fixés ci-dessus (nᵒˢ 1586 et suiv.).

1600 Il serait possible, bien que cela semble très rare, que l'emprunteur à la grosse constituât un gage ou une hypothèque, soit sur des choses non exposées aux risques de mer, soit sur un autre navire que celui dans l'intérêt duquel le prêt est fait. Cette hypothèse, que les lois modernes ne prévoient pas, est mentionnée dans les textes du Droit romain (1). Si elle se présentait encore, il faudrait donner la solution de la loi romaine. Voici en quoi elle consiste : le prêteur à la grosse ne peut invoquer la garantie accessoire qui lui a été concédée qu'en cas d'heureuse arrivée ; en cas de perte, il n'est pas créancier, et dès lors, cette garantie ne lui appartient pas (2).

D. — DE LA PRESCRIPTION DES ACTIONS RÉSULTANT DU PRÊT A LA GROSSE, DE LA RÉSILIATION DU PRÊT (OU RISTOURNE).

1601. PRESCRIPTION. — L'Ordonnance de 1681 n'admettait pas de prescription spéciale pour les actions résultant du prêt à la grosse. On en concluait qu'elles n'étaient soumises qu'à la prescription de 30 ans (3). C'était là un délai beaucoup trop long ; les rédacteurs du Code, l'ont abrégé en admettant la même prescription dans le prêt à la grosse que dans l'assurance maritime. D'après l'article 432, *toute action dérivant d'un contrat à la grosse ou d'une police d'assurance est prescrite après cinq ans, à compter de la date du con-*

---

(1) L. 6, Paul, Dig., XXII, 2, *De nautico fœnore.*

(2) Si l'on admet cette solution très rationnelle il faut condamner les décisions contenues dans un arrêt de la Cour de Rennes, du 21 nov. 1860, *Journ. de Marseille*, 1861. 1. 49. Cet arrêt a déclaré nul comme prêt à la grosse un prêt fait sur un navire avec obligation du capitaine sur tous ses biens. N'est-il pas, pourtant, naturel d'interpréter ce prêt en ce sens, non pas qu'en cas de perte même du navire, le prêteur pourra se faire payer sur tous les biens du capitaine, mais qu'en cas d'heureuse arrivée du navire, le prêteur pourra saisir même ses autres biens ?

(3) Emérigon, *op. cit.*, chap. IX, sect. III

trat. Ce délai, par exception aux principes généraux du droit, court de la date du contrat et non de celle de l'exigibilité de la somme prêtée. V. n° 1316.

1602 La prescription de cinq ans de l'article 432 est-elle applicable même au cas où le billet de grosse est à ordre? On peut ne pas apercevoir, au premier abord, l'intérêt de cette question. Si la prescription de l'article 432 est écartée, il y a lieu certainement à la prescription admise pour les billets à ordre par l'article 189, C. com., et cette dernière prescription est aussi quinquennale. Mais les deux prescriptions de cinq ans n'ont pas le même point de départ, celle de l'article 432 court de la date du contrat, celle de l'article 189 court du jour du protêt (1). La question est délicate. Il semble qu'on doive faire prévaloir la prescription de l'article 432 (2). Le Code établit cette prescription sans distinguer selon la forme de l'écrit constatant le contrat de grosse et l'obligation de l'emprunteur; le silence de l'article 432 sur ce point est d'autant plus significatif que ce titre est très souvent à ordre. La cause indiquée dans le titre avertit suffisamment le tiers porteur que le billet a été souscrit pour un prêt à la grosse; il ne pourrait alléguer une surprise.

Il va de soi que la prescription quinquennale n'est opposable au porteur d'un billet de grosse qu'autant qu'il a conservé ses droits et ne peut pas être déclaré déchu en vertu des articles 313, 162 et suiv., C. com., combinés.

1603. Lorsque le billet de grosse est au porteur, aucune difficulté ne s'élève quant à la prescription : il est certain que l'article 432 doit être appliqué : l'article 189 est fait pour les effets à ordre seuls : on doit appliquer aux billets au porteur, soit la prescription de 30 ans, soit une prescription moindre qui varie avec la cause de la dette constatée par le billet (3).

1604. NULLITÉ. RÉSILIATION. — Le prêt à la grosse est, d'après les principes développés dans tout le cours de ce chapitre, soumis à des causes de nullité ou de résiliation assez nombreuses et qui

---

(1) L'une et l'autre prescription de cinq ans peuvent, bien entendu, être interrompues, spécialement par l'exercice d'une action en justice.

(2) Laurin sur Cresp, II, p. 419, note 119.

(3) V. *Traité de Droit commercial*, IV, n° 779.

correspondent à celles qui sont admises dans l'assurance maritime. Ainsi, il y a nullité pour réticence ou fausse déclaration de la part. de l'emprunteur (art. 348, analog.), il y a ristourne totale pour défaut de mise en risques, ristourne partielle lorsque la somme prêtée dépasse la valeur de la chose affectée (n° 1586). Il y a ristourne seulement pour l'avenir quand les conditions des risques sont modifiées après le départ volontairement par l'emprunteur qui charge les marchandises sur un autre navire que le navire convenu, qui fait entreprendre au bâtiment un autre voyage que le voyage convenu ou lui fait suivre une route autre que celle qui a été désignée dans le contrat de grosse.

Dans les divers cas où le prêt à la grosse est ristourné rétroactivement, il subit une transformation dans sa nature : il perd son caractère aléatoire et subsiste comme prêt ordinaire, de telle sorte que, quel que soit l'événement, le prêteur a toujours droit au remboursement du capital prêté avec l'intérêt de terre seulement. Cet intérêt était nécessairement l'intérêt au maximum du taux admis par la loi (6 0, 0) avant la loi du 12 janvier 1886. Depuis cette loi, cet intérêt est celui qui est admis par l'usage dans le lieu où le prêt a été fait. A défaut d'un usage existant, on ne peut que s'en référer au taux de l'intérêt légal en matière commerciale fixé à 5 0/0 par la loi du 7 avril 1900 (art. 1).

E. — COMPARAISON ENTRE LE PRÊT A LA GROSSE ET L'ASSURANCE MARITIME.

1605. Il a été dit, à bien des reprises, dans le présent chapitre que certaines règles régissent à la fois le prêt à la grosse et l'assurance. Il y a donc entre les deux contrats de grands points de ressemblance ; à côté de cela, il y a aussi entre eux quelques différences assez notables. Il importe de présenter le tableau des points de ressemblance et des points de différence. Cette comparaison ne pouvait évidemment être faite d'une façon complète qu'après l'étude séparée des deux matières.

1606. *Ressemblances entre le prêt à la grosse et l'assurance.* -
Les deux contrats se ressemblent aux points de vue suivants :

1° Il y a dans les deux contrats une personne qui se charge des
risques de mer auxquels est exposée une chose appartenant à une
autre : c'est l'assureur dans l'un, le prêteur dans l'autre.

2° Il y a un prix des risques, la prime d'assurance ou le profit
maritime.

3° Les choses qui peuvent ou qui ne peuvent pas être assurées
ou affectées à un prêt, sont, en principe, les mêmes. V., cependant,
n° 1607.

4° Le prêt à la grosse ne doit pas être, pour l'emprunteur, une
cause d'enrichissement, pas plus que l'assurance ne peut en être
une pour l'assuré.

5° La responsabilité du prêteur est, en principe, la même que
celle de l'assureur ; l'un et l'autre répondent des avaries simples et
des avaries communes.

6° La loi exige de l'emprunteur, comme de l'assuré, une bonne
foi spéciale, en annulant le contrat pour cause de réticence ou de
fausse déclaration.

7° L'emprunteur peut ristourner le contrat comme l'assureur, en
ne faisant pas partir le navire ou en ne chargeant pas la cargaison.

8° La prescription de cinq ans s'applique aux actions résultant,
soit du prêt à la grosse, soit de l'assurance, et cette prescription
court de la date du contrat (art. 432, C. com.).

1607. *Différences entre l'assurance et le prêt à la grosse.* —
A côté de ces ressemblances, on peut signaler les différences principales qui suivent :

1° Les loyers des gens de mer qui peuvent être assurés, ne
peuvent être affectés à un prêt à la grosse. V. n°s 1147 et suiv.,
n° 1533.

2° Le prêteur fait une avance qui, selon le cas, ne lui est pas res-
tituée du tout ou ne lui est rendue qu'en partie. L'assureur ne
remet rien à l'assuré lors de la conclusion du contrat ; il n'est obligé
envers lui au paiement d'une indemnité que si des avaries se produisent.

3° Par suite, en cas d'avaries, l'emprunteur, à la différence de l'assuré, ne joue pas le rôle de demandeur, mais celui de défendeur. L'un et l'autre ont, du reste, à faire les mêmes preuves.

4° Le profit maritime, à la différence de la prime d'assurance, n'est payable ordinairement qu'en cas d'heureuse arrivée.

5° Les courtiers d'assurances maritimes ne sont pas compétents pour dresser des actes de prêt à la grosse. Le courtage des prêts à la grosse est libre (n° 1540).

6° Les franchises admises dans les assurances sont inconnues dans le prêt à la grosse (n° 1536).

7° Les assureurs peuvent certainement stipuler qu'ils ne répondent pas des avaries communes. La validité de cette stipulation n'est généralement pas admise dans le prêt à la grosse au profit du prêteur (n° 1580).

8° En cas de rupture du voyage avant le départ par le fait de l'assuré, l'assureur reçoit, à titre d'indemnité, demi pour cent de la somme assurée (art. 349). En semblable hypothèse, le prêteur a droit à une indemnité fixée par les juges (n°s 1550 et 1563)

9° L'assureur à prime liée reçoit les deux tiers de la prime si le navire ne fait pas de retour (art. 356), tandis que l'entier profit maritime est dû au prêteur à la grosse, quoique le navire ne revienne pas (n°s 1550 et 1563).

10° Au point de vue de la nature des contrats, on peut faire les remarques suivantes. L'assurance est un contrat consensuel et le prêt à la grosse un contrat réel. Il est évident que l'assurance est un contrat synallagmatique, tandis que les opinions sont divisées sur le point de savoir si le prêt à la grosse a le même caractère (n° 1521).

Ces différences sont beaucoup moins nombreuses que celles qui existaient dans l'ancien Droit français (1). Les deux contrats se sont de plus en plus rapprochés. V. n°s 1568 et suiv.

(1) Emérigon (op. cit., ch. I, sect. IV) comptait jusqu'à 13 différences entre les deux contrats.

SECTION III

De l'hypothèque maritime (1).

Généralités.

1608. En général, tous les biens peuvent être hypothéqués ou donnés en gage. Jusqu'à la loi du 10 décembre 1874, il n'en était pas ainsi en France des bâtiments de mer. Une raison de droit rendait impossible l'hypothèque des navires, une raison de fait empêchait de les donner en gage. Les immeubles seuls sont susceptibles d'hypothèque dans notre Droit moderne (art. 2118, C. civ.), et les navires sont rangés parmi les meubles (art. 190, al. 1, C. com.). En droit, rien ne s'opposait sans doute à la constitution en gage des navires. Mais comment le propriétaire d'un navire aurait-il recouru à ce moyen de crédit réel? Le gage n'a d'effet à l'égard des tiers qu'autant que le créancier gagiste a été mis en possession de la chose qui lui est affectée et en est resté possesseur (art. 2076, C. civ., art. 92, C. com.). Celui qui a besoin d'argent pour pourvoir son navire de tout ce qui est nécessaire à l'expédition qu'il veut entreprendre, ne peut assurément pas le condamner à l'immobilité en en transmettant la possession à son créancier.

1609. Il est vrai qu'on a toujours pu affecter un navire à un créancier en recourant à un emprunt à la grosse; mais c'est là un moyen de crédit insuffisant sous bien des rapports. D'abord, la personne qui fait un prêt à la grosse avant le départ est exposée à subir le concours de tous ceux à qui le propriétaire du navire empruntera dans les mêmes conditions (n° 1587). Cette personne n'a aucun moyen de savoir si le navire n'est pas déjà affecté à un prêt; la formalité de l'article 312 n'est pas une véritable formalité de publi-

---

(1) Loi du 10 juillet 1885 et décret du 18 juin 1886. — La loi de 1885 a remplacé la loi du 10 décembre 1874, entrée en vigueur le 1er mai 1875. Nous citerons parmi les commentaires de ces lois : Mallet, *L'hypothèque maritime au point de vue théorique et pratique ;* — J. Alauzet, *Commentaire de la loi sur l'hypothèque maritime ;* — Crouvès, *De l'hypothèque sur les navires* (1889).

cité (n° 1549). Puis, la créance du prêteur est menacée par toutes les fortunes de mer qui peuvent frapper le navire ou la cargaison (n°s 1564 et suiv.). Enfin, à raison des risques que supporte le prêteur, le profit maritime est parfois très élevé et peut, par suite, devenir une cause de ruine pour l'emprunteur.

1610. L'insuffisance de l'emprunt à la grosse comme moyen de crédit réel, et l'impossibilité d'hypothéquer ou de donner en gage les navires étaient fort gênantes pour l'industrie maritime ; elle a besoin d'importants capitaux (n° 1512). Aussi avait-on eu recours à des détours pour se procurer les ressources indispensables. A défaut d'un gage direct et ostensible qui, en fait, était impossible, on déguisait le contrat de gage sous les apparences d'une vente. L'armateur, qui voulait emprunter et auquel son prêteur réclamait une garantie réelle, vendait son navire au prêteur, qui, de son côté, reconnaissait par une contre-lettre que la vente apparente était un contrat de gage et s'engageait à laisser à l'emprunteur la libre disposition du navire et à lui retransférer la propriété de celui-ci si la somme empruntée était remboursée à l'échéance (1).

La validité de cette opération simulée était contestable ; on pouvait soutenir qu'elle contenait une violation des dispositions des articles 2078, C. civ., et 93, C. com., qui prohibent le pacte commissoire (2). Mais, en laissant même de côté toute question de légalité, cette pratique avait de graves inconvénients ; ils résultaient principalement de ce que les contre-lettres ne sont pas opposables aux tiers (art. 1321, C. civ.), tandis que les tiers peuvent s'en prévaloir contre les parties (3) :

(1) On a dit qu'il y avait là une sorte de retour à l'une des garanties réelles les plus anciennes du Droit romain, l'aliénation fiduciaire (*mancipacio fiduciæ causâ*). L'analogie est évidente. Mais, dans cette forme primitive du crédit réel, il n'y avait rien de déguisé.

(2) La jurisprudence reconnaissait la validité de l'opération : Rennes, 2 juin 1864, Cass., 9 juill. 1877, *Pand. fr. chr.* : Caen, 7 fév. 1878, *Journ. de Marseille*, 1864. 2. 102 ; 1875. 2. 178 ; 1878. 2. 168.

(3) Cpr. *Traité de Droit commercial*, III, n° 273, ce qui est dit du moyen usité pour constituer en gage en matière commerciale des titres nominatifs avant la loi du 23 mai 1863. Ce moyen est encore employé pour les titres nominatifs des sociétés dans lesquelles le transfert de garantie n'est pas admis.

a. L'acte simulé de vente étant transcrit en douane, le créancier gagiste considéré comme acheteur, était réputé propriétaire à l'égard des tiers ; par suite, il répondait de tous les engagements contractés par le capitaine pour le navire. Il avait sans doute la faculté de se libérer de ses obligations par l'abandon du navire et du fret ; mais, en faisant cet abandon, il renonçait à la garantie qui lui avait été donnée.

b. Par application du même principe, si le créancier, abusant de la qualité de propriétaire qui lui avait été fictivement conférée, vendait le navire même avant l'échéance ou après avoir été payé, le débiteur, s'étant dépouillé de sa propriété, ne pouvait pas revendiquer le navire contre le tiers acquéreur.

1611. La vente simulée n'était pas le seul moyen employé pour échapper à l'impossibilité de fait, s'opposant à la constitution en gage du navire avec mise en possession du créancier gagiste. On recourait encore à d'autres moyens. La constitution de gage était mentionnée sur le registre du bureau des douanes du port d'attache du navire, des décisions avaient admis qu'il y avait là une formalité de publicité qui équivalait à la mise en possession du créancier gagiste (1). Cette solution n'était pas juridique ; la mise en possession du créancier gagiste est exigée par la loi sans qu'elle admette aucun équivalent. Le créancier gagiste a un privilège et, en matière de privilèges, tout est de droit étroit ; l'on ne peut modifier les conditions légales de leur existence et les étendre ainsi par voie d'analogie. Du reste, ce moyen était moins fréquemment employé que la vente simulée du navire.

1612. Dans cette situation, notre législation maritime présentait une véritable lacune ; il n'y avait pas de moyen de crédit réel suffisant et sûr mis à la disposition des armateurs. On avait pu dire, en faisant allusion à l'impossibilité d'affecter réellement les navires à la garantie des créanciers, que les bâtiments de mer étaient hors la loi. Cela pouvait contribuer à mettre obstacle au développement de la marine marchande française. Pour remédier au mal, la loi du

---

(1) Trib. comm. Marseille, 30 mai 1855, *Journ. de jurpr. de Marseille*, 1885. 1. 477.

10 décembre 1874 a introduit dans notre législation l'hypothèque sur les navires ou hypothèque maritime.

1613. L'hypothèque sur les navires avait existé anciennement. En Droit romain, les navires, comme les autres meubles (1), pouvaient être hypothéqués. Il en fut de même dans les pays de Droit écrit. Dans ceux des pays de coutumes, où l'hypothèque sur les meubles était admise, les navires en étaient susceptibles ; mais, en général, dans ces pays, l'hypothèque ne conférait qu'un droit de préférence. Cependant, on paraît avoir admis dans quelques-uns l'hypothèque sur les navires même avec le droit de suite. Un édit d'octobre 1666 décida que les navires, étant des meubles, ne pouvaient pas être hypothéqués ; l'Ordonnance de 1681 consacra cette règle ; elle a subsisté jusqu'à la loi du 10 décembre 1874. V. nº 80 (2).

1613 *bis*. DROIT ÉTRANGER. — Bien avant 1874, l'hypothèque maritime avait été adoptée dans plusieurs pays étrangers ; dans quelques-uns elle ne l'a été que postérieurement à notre loi du 10 décembre 1874.

D'hypothèque maritime était admise notamment déjà en *Grande Bretagne* (*merchant shipping act* de 1862, art. 66 à 83 (3), en *Hollande* (Code de commerce, art. 315 et suiv.), en *Portugal* (Code de 1833, art. 1302) (4), en *Prusse* (Loi du 24 juin 1861) et dans plusieurs Etats de l'Allemagne (5), en *Autriche* (Loi du 7 mai 1879),

---

(1) Dig. L. 9, § 1, *De pignoribus et hypothecis*, XX, 1.

(2) L'hypothèque maritime figurait dans le projet de 1867, art. 311 à 336.

(3) Les dispositions légales concernant l'hypothèque maritime (*mortgage of ship*) se trouvent maintenant dans le *merchant shipping act* de 1894 (art. 31 à 46).

(4) Dans le Code de commerce *portugais* de 1888, les dispositions concernant l'hypothèque se trouvent dans les articles 584 à 594.

(5) Endemann, *Handbuch des deutschen Handels-Wechsel-und Serechts*, p. 229 et suiv., article de M. Schrœder. — Oldenbourg (L. 3 avril 1876) ; Mecklembourg (L. 28 mars 1881), Lubeck (L. 18 janv 1882), Hambourg (L. 27 avr. 1885), Brême (L. 15 déc. 1887). On discutait en Allemagne sur le point de savoir si, dans les Etats allemands où l'hypothèque maritime est admise, les navires peuvent aussi être constitués en gage. Dernburg, *Preussisches Privatrecht*, I, p. 876, note 12. Cpr. nº 1675.

Depuis le 1er janvier 1900, en *Allemagne*, l'hypothèque maritime est régie, au point de vue du fond, par le Code civil (art. 1259 à 1272) et, au

en *Hongrie* (Loi XVI-1879), dans les *États-Unis d'Amérique*, etc.

L'hypothèque maritime a été introduite en *Belgique* (Loi du 21 août 1879, art. 25 à 36) et en *Italie* (C. de 1882, art. 485 à 490). En *Italie*, l'hypothèque maritime est désignée sous le nom de gage naval (*pegno sulla nave*) ; on n'a pas voulu employer l'expression d'hypothèque, afin de ne pas déroger, du moins en la forme, à la règle selon laquelle les meubles ne peuvent pas être hypothéqués. Le code de commerce *italien* de 1865 (art. 194, 195 et 287) admettait déjà le gage naval ; seulement, pour obéir à la règle légale qui exige la mise en possession du créancier gagiste, ce code prescrivait qu'un gardien de navire fût désigné ; ce gardien pouvait être le capitaine quand il n'était pas le propriétaire du bâtiment. Cette condition gênante a été supprimée dans le Code de 1882. On peut dire ainsi que le gage naval n'est pas autre chose que l'hypothèque maritime (1). L'hypothèque maritime a été admise par les Codes de commerce *roumain* (art. 495 à 500), *argentin* (art. 1351 à 1367), par la loi *danoise* du 1er avril 1892 sur l'enregistrement des navires (art. 46 à 56) ; en *Espagne,* l'hypothèque maritime est régie par une loi du 21 août 1892 (2).

1614. Au point de vue juridique, une dérogation a été ainsi apportée au principe fondamental du Droit français moderne qui exclut toute hypothèque sur les meubles (art. 2118, C. civ.). Cette dérogation ne s'explique pas uniquement par des considérations d'utilité pratique ; elle se justifie même théoriquement : les deux principaux motifs, qui ont fait exclure l'hypothèque sur les meubles, ne s'appliquent point aux navires. Pourquoi, en effet, les meubles ne peuvent ils pas être hypothéqués ? Il n'y a pas de droit de suite sur eux (2119, C. civ.), et, à défaut de droit de suite, l'hypothèque serait une garantie réelle très précaire pour le créancier. En outre, il n'y a pas de système hypothécaire satisfaisant sans publicité ; or, le défaut de situation fixe des biens mobiliers est un obstacle à l'or-

---

point de vue de la forme, par la loi du 20 mai 1900 sur la juridiction gracieuse (art. 100 à 124).

(1) Consulter sur ce point le discours prononcé par M. Mancini, le 25 janvier 1882, à la Chambre des députés italienne.

(2) V. *Annuaire de législation étrangère*, 1894, p. 319.

ganisation de formalités de publicité efficaces ; on ne saurait en quel lieu en prescrire l'accomplissement, pour que les tiers pûssent en avoir facilement connaissance. Sur les navires, le droit de suite est admis par le Code de commerce au profit des créanciers privilégiés et même chirographaires ; il ne pouvait y avoir d'inconvénient à l'admettre au profit d'une nouvelle classe de créanciers. Puis, bien que les navires changent souvent de place, ils ont une sorte de domicile légal, leur port d'attache ou d'immatricule. C'est dans ce lieu que s'accomplissent les formalités de publicité pour les actes relatifs à la translation de la propriété des navires (nos 120 et suiv.) ; il est fort simple de faire remplir au même lieu les formalités de publicité pour les hypothèques.

L'admission d'hypothèque sur les navires est une confirmation de l'idée d'après laquelle les bâtiments de mer, bien qu'ils fassent partie de la classe des meubles, sont, sous des rapports multiples, traités comme des immeubles (nos 81 et suiv.).

1615. Le législateur avait voulu imprimer à la marine marchande une grande impulsion, en fournissant des moyens de crédit au propriétaire du navire, au capitaine en cours de voyage, au constructeur, et encourager ainsi à la fois l'industrie des armements et celle des constructions navales. Il ne paraissait pas avoir atteint son but à la suite de la loi du 10 décembre 1874. Le nombre des hypothèques maritimes constituées depuis la mise en vigueur de cette loi, était infime. On attribuait en partie cet insuccès aux imperfections reprochées à la loi de 1874. Aussi, dès 1876, des propositions tendant à modifier cette loi ont été faites à la Chambre des députés. La loi de 1874 a été modifiée et remplacée par la loi du 10 juillet 1885. Comme cela sera indiqué plus loin (n° 1676), les résultats de la loi nouvelle n'ont pas été sensiblement meilleurs.

1616. Nous étudierons les règles de la loi du 10 juillet 1885, en ayant soin d'indiquer les modifications principales apportées par elle à la loi du 10 juillet 1874 et les motifs allégués pour les justifier. L'étude de cette matière sera divisée de la façon suivante :

§ 1. *Des navires qui peuvent être hypothéqués. Des causes et de la constitution de l'hypothèque maritime.* — § 2. *De la publicité de l'hypothèque maritime.* — § 3. *Des effets de l'hypothèque mari-*

*time. — § 4. Résultats de l'introduction en France de l'hypo-
thèque maritime. Statistique.*

§ 1er. — DES NAVIRES QUI PEUVENT ÊTRE HYPOTHÉQUÉS. DES CAUSES ET DE LA CONSTITUTION DE L'HYPOTHÈQUE MARITIME.

1617. L'hypothèque n'est admise que sur les bâtiments de mer.
Aux bâtiments de rivière on applique la règle générale selon laquelle,
dans notre législation, les meubles ne sont pas susceptibles d'hypothèque. A ce point de vue, notamment, il importe de distinguer ces
deux espèces de bâtiments, V. nos 88 à 90 *bis*. Mais des tentatives
ont été faites à plusieurs reprises pour introduire dans nos lois l'hypothèque *fluviale* (1). Il est incontestable que l'hypothèque *fluviale*
serait moins utile que l'hypothèque *maritime*, par cela même que la
navigation fluviale a besoin de capitaux moins considérables que la
marine marchande. Mais ce n'est pas cette considération qui a em-

(1) Une pétition adressée en 1882 au Sénat avait pour but de faire
admettre l'hypothèque des bâtiments de rivière (*Note remise par le Crédit
foncier de la Marine à MM. les sénateurs*). Le Sénat n'y a pas fait droit ;
mais la commission a émis le vœu que le gouvernement cherchât les moyens
d'organiser cette hypothèque) Rapport de M Barne, session 1883, n° 111 et
Journ. officiel. 1883, *Documents parlementaires, Sénat,* p. 569 et suiv.).
Une proposit on de loi sur le *régime hypothécaire de la battellerie fluviale*
a été présentée à la Chambre des députés le 21 février 1895, par M. Plichon
(*Journ officiel,* 1895, *Documents parlementaires, Chambre,* p. 215 et
suiv.) : Rapport déposé à la Chambre des députés le 16 décembre 1896
(*Journ. officiel,* 1896, *Documents parlementaires, Chambre,* p. 1627 et
suiv.) ; Rapport supplémentaire déposé à la Chambre des députés le
5 juin 1897 (*Journ. officiel,* 1897, *Documents parlementaires, Chambre,*
p. 1359 et suiv). V. sur la proposition de loi, séance de la Chambre des
députés du 17 décembre 1899.

En *Allemagne,* la loi du 15 juin 1895 sur les rapports privés se rattachant à la navigation intérieure (*Binnenschiffahrt*) a réglementé l'hypothèque sur les bâtiments de l'intérieur (tit. X). Les dispositions de cette
loi sont remplacées, depuis le 1er janvier 1900, par celles des articles 1259
à 1272 du Code civil et par celles des articles 100 à 126 de la loi du 20 mai
1898 sur la juridiction gracieuse (*freiwillige Gerichtsbarkeit*).

L'hypothèque fluviale existe en *Hollande* (Code de commerce *hollandais,*
art. 315 et 250) et en *Belgique* (L. 21 août 1879 modifiée par la loi du
10 février 1908, art. 262).

pêché jusqu'ici l'admission de l'hypothèque fluviale. Il n'y avait, jusqu'à une époque récente, pour les bâtiments de rivière rien de semblable au port d'attache et à la mutation en douane (1) ; il faudrait, pour rendre ces bâtiments susceptibles d'hypothèque, organiser un mode de publicité pour les actes en transmettant la propriété. C'est ce que ne manquent pas de faire les propositions relatives à l'hypothèque fluviale.

Il est, du reste, intéressant de remarquer qu'il y a une certaine tendance à l'admission de l'hypothèque sur les meubles qui ne peuvent en fait être donnés en gage à raison de ce que la dépossession du débiteur offrirait les plus graves inconvénients pratiques (2). Cette tendance se révèle non seulement par l'admission de l'hypothèque maritime et par les propositions concernant l'hypothèque fluviale, mais encore par les lois sur les warrants agricoles (L. 30 avril 1906) (3) et sur le nantissement des fonds de commerce (L. 17 mars 1909) (4). Le gage n'est, en définitive, dans ces différents cas, qu'une hypothèque mobilière, par cela même qu'il n'exige pas le dessaisissement du débiteur.

1618. Tous les bâtiments de mer même ne peuvent pas être hypothéqués ; la loi du 10 juillet 1885 (art. 36) n'est faite que pour les navires de 20 tonneaux et au-dessus. Quand un navire n'atteint pas un certain tonnage, sa construction et son armement n'exigent pas des capitaux assez importants pour qu'un appel au crédit soit nécessaire et, d'ailleurs, un très petit navire n'a pas assez de valeur pour qu'une hypothèque établie sur lui puisse être considérée comme une garantie sérieuse (5). Il y a là une des dispositions assez nombreuses

(1) En exécution de la convention relative à l'immatriculation et au jaugeage des bateaux de navigation intérieure passée, le 4 février 1898, entre la *France*, l'*Allemagne*, la *Belgique* et les *Pays Bas*, un décret du 1er avril 1899 a été rendu sur l'immatriculation et le jaugeage de ces bateaux.

(2) *Traité de Droit commercial*, III, n° 287. V. Ad. Coste, *L'hypothèque mobilière et l'organisation du crédit mobilier* (Mémoire présenté le 13 août 1889 à l'*Association française pour l'avancement des sciences*).

(3) *Traité de Droit commercial*, III, n° 406 *bis* et suiv.

(4) *Traité de Droit commercial*, III, n° 285 et suiv.

(5) DROIT ÉTRANGER. — Le Code de commerce *hollandais* n'admet l'hypothèque que sur les navires de 10 *lastes* au moins. La loi *belge* du

dans nos lois qui ne s'appliquent qu'aux navires d'un certain tonnage. Cpr. art. 620, C. proc. civ. V. nᵒ 91.

Pour déterminer si un navire est ou non susceptible d'hypothèque, c'est le tonnage brut et non le tonnage net qui doit être pris en considération (1). Le tonnage net n'est distingué du tonnage brut que pour la perception des droits de jauge et autres ainsi que pour celle des primes à la construction et des compensations d'armement (L. 19 avril 1906, art. 1 et 4).

1619. *Causes de l'hypothèque maritime.* — L'hypothèque maritime ne peut être établie que par convention (art 1, loi de 1885) ; elle n'est jamais ni légale, ni judiciaire, à la différence de l'hypothèque immobilière (2). Le législateur a voulu favoriser le crédit maritime ; or, à ce point de vue, l'hypothèque conventionnelle seule peut être utile. Les hypothèques légales des incapables (art. 2121, 1ᵒ et 2ᵒ, C. civ.), par leur généralité et leur caractère occulte (article 2135, C. civ.), nuisent au crédit, loin de lui servir ; les autres hypothèques légales (art. 1017, C. civ., art. 490, C. com), si elles n'ont pas d'aussi graves inconvénients, ne peuvent, du moins, que restreindre le crédit des débiteurs. Quant à l'hypothèque judiciaire, elle n'est pas une sûreté en vue de laquelle on prête à un débiteur ; rien ne garantit par avance qu'il aura à l'échéance, quand un jugement sera rendu contre lui, des biens que cette hypothèque pourra frapper utilement (3). Elle a même des inconvénients graves et nom-

21 août 1879 reconnait la possibilité d'hypothéquer les bâtiments de mer du plus faible tonnage.

(1) Trib. comm. Nîmes, 7 décembre 1900 ; arrêt de Nîmes, 22 avril 1901, *Revue intern. du Droit maritime*, XVI, p. 505 et 639. Cpr Pallain, *Les Douanes françaises*, I, nᵒˢ 970 à 972. V. aussi Circulaire du Directeur général des Douanes du 6 octobre 1888.

(2) DROIT ÉTRANGER. — On trouve la même exclusion dans la plupart des législations. V. loi *belge* du 21 août 1879 (art. 25) ; Code de commerce *italien* (cela résulte de ce que ce Code admet le gage (*pegno*) et non l'hypothèque maritime). Le Code de commerce *portugais* (art. 586) admet, au contraire, expressément que l'hypothèque maritime peut être légale.

(3) On peut ajouter aussi un autre motif donné par le regretté M. Grivart, dans son rapport sur la loi de 1874 fait à l'Assemblée nationale : « En « matière commerciale surtout, l'utilité de l'hypothèque judiciaire est bien « faible, car les créanciers impayés ont presque toujours le moyen de la

breux qui en ont fait demander la suppression pour les immeubles, toutes les fois qu'il a été question de réformer le régime hypothécaire.

1620. L'hypothèque peut être constituée, soit sur le navire entier, soit sur une portion du navire (art. 3 et 4). Ce dernier cas peut se présenter assez souvent, par cela même que la copropriété des navires est fréquente (n° 279).

Quand la propriété est démembrée, l'hypothèque peut être établie, soit sur la pleine propriété, soit sur la nue propriété, soit sur l'usufruit.

1621. A un tout autre point de vue, l'hypothèque peut être constituée sur un navire déjà construit ou sur un navire en construction (art. 5) (1). Le législateur a cru utile de mentionner expressément la faculté d'hypothéquer un navire en construction, afin qu'il ne puisse pas être soutenu qu'on ne saurait hypothéquer une chose qui n'existe pas encore. L'hypothèque sur un navire en construction peut être utile sous plusieurs rapports. V. n°s 157 et 1629.

1622. Au point de vue du temps où l'hypothèque était constituée, la première loi sur l'hypothèque maritime (du 10 décembre 1874) distinguait encore l'hypothèque constituée avant le départ par le propriétaire et l'hypothèque constituée en cours de voyage par le capitaine. Cette dernière hypothèque, qu'on appelait, pour des raisons indiquées plus loin (n° 1646) *hypothèque éventuelle*, était régie par des règles spéciales : elle a été supprimée par la loi du 10 juillet 1885.

1623. *A quoi s'étend l'hypothèque maritime.* — Elle s'étend, à moins de convention contraire, au corps du navire, aux agrès, apparaux, machines et autres accessoires (art. 4). Il y a là une application de la règle *accessorium sequitur principale.* On peut dire que ces accessoires du navire jouent à son égard le rôle des

« faire tomber en provoquant la faillite et en la faisant remonter jusqu'à « l'origine de la cessation des paiements, c'est-à-dire à une époque anté- « rieure au jugement en vertu duquel l'inscription a été prise ». V. art. 446, C. com.

(1) DROIT ÉTRANGER. — L'hypothèque sur un navire en construction est admise formellement aussi par la loi *belge* du 21 août 1879 (art. 26, 2e alin) et par le Code de commerce *italien* (art. 486).

immeubles par destination par rapport aux immeubles par nature auxquels ils se rattachent (art. 2118 et 2133, C. civ) (n°ˢ 93 à 97).

Si, comme cela résulte du texte même de la loi (art. 4), une clause expresse peut exclure ces divers accessoires, en tout ou partie, de l'affectation hypothécaire, une hypothèque ne pourrait pas être établie séparément sur eux Dès qu'ils cessent d'être considérés comme des dépendances du navire, ils doivent être traités comme des meubles ordinaires et, dès lors, ils ne sont pas susceptibles d'hypothèque (1).

1624. Il semble juste de décider que l'hypothèque frappe la créance en contribution à une avarie commune appartenant à l'armateur contre les intéressés à l'expédition (2) : cette créance représente bien réellement la partie du navire qui a été atteinte par le sacrifice volontaire.

1625. Faut-il aussi admettre que l'hypothèque frappe la créance du fret dû au propriétaire du bâtiment? La négative doit être admise. Lorsque la loi veut que le fret soit considéré comme un accessoire du navire, elle l'indique expressément (art. 216, 271, ancien article 386, C. com.). Du reste, comme on l'a dit souvent à propos d'autres questions que celle-ci, le fret est un fruit du navire et, selon les principes généraux, le propriétaire d'un bien hypothéqué en conserve la libre jouissance et a, malgré l'hypothèque, la libre disposition des fruits. Il est vrai qu'en matière immobilière, il vient un moment où les fruits immobilisés sont atteints par l'hypothèque (art. 2176, C. civ., art. 682 et 684, C. proc. civ.) ; mais, à défaut de disposition fixant le moment où le fret serait considéré comme une dépendance du navire à l'égard des créanciers hypothécaires, on ne peut rien admettre de semblable en matière maritime (3). V. n° 1760.

1626. L'hypothèque peut-elle être encore exercée sur l'indem-

---

(1) C'est ainsi que les immeubles par destination sont hypothéqués avec l'immeuble par nature auquel ils se rattachent, mais ne pourraient pas être hypothéqués séparément.

(2) Laurin, *Cours élémentaire de Droit commercial*, n° 1262 *bis*.

(3) Millet, *op. cit.*, p. 51; Arth. Desjardins, V, n°ˢ 1210 et 1242; Laurin, *op. cit.*, n° 1262 *bis. En sens contraire*, Vidal Naquet, *Saisie et ventes judiciaires des navires*, p. 71.

nité due par l'assureur du navire ? Sur cette question que résolvait la loi de 1874 (art. 17), la législation a varié. Actuellement, le créancier hypothécaire peut exercer son droit de préférence sur l'indemnité d'assurance que la loi du 19 février 1889 (art. 2 considère, aussi bien que le prix du navire vendu, comme une représentation de celui-ci (1). V. n° 1668.

1627. *Qui peut constituer une hypothèque maritime.* — Le propriétaire ayant la capacité d'aliéner a seul, en principe, le droit de constituer une hypothèque sur le navire ou sur sa part de copropriété (art. 3, L. de 1885 : art. 2124, C. civ.). Mais le propriétaire du navire peut donner mandat de l'hypothéquer. Le mandat doit être spécial ; un mandat d'hypothéquer sans indication des biens qui peuvent être grevés serait nul (art. 3). Il y a là une aggravation de l'article 1988, C. civ., d'après lequel un mandat d'hypothéquer devrait être suffisant, par cela même que cet article se contente d'un mandat exprès.

1628. Cette règle s'applique au capitaine. Bien qu'investi de pouvoirs très étendus, particulièrement en cours de voyage, le capitaine ne peut pas, en vertu de sa seule qualité, faire un emprunt hypothécaire (n°s 568 et 574) ; il lui faut, comme à toute autre personne, en principe, un mandat spécial. Il n'y a d'autre exception à cette règle que celle qui est contenue dans l'article 233, C. com., modifié par l'article 35 de la loi du 10 juillet 1885 (2). V. n°s 534 et suiv. Sauf dans ce cas particulier, le capitaine ne peut pas hypothéquer le navire s'il n'a un mandat spécial de le faire.

1629. *Hypothèque constituée sur un navire en construction.* — Le principe, d'après lequel le propriétaire seul ou son mandataire muni d'un mandat spécial peut hypothéquer, s'applique au navire en construction, comme au navire déjà construit. Aussi, pour déterminer qui peut hypothéquer le navire en construction, il faut rechercher à qui le navire appartient pendant qu'il est sur le chantier ; une distinction est à faire entre le cas de construction *par économie* et celui de construction *à forfait* (ou à *l'entreprise*) (3).

---

(1) Cass., 12 juillet 1910, S. et *J. Pal.*, 1910. 1. 473 ; *Pand. fr.*, 1910. 1. 473 (note de Ch. Lyon-Caen).
(2) Reproduction de l'article 28 de la loi du 10 décembre 1874.
(3) V. sur le sens de ces expressions, n°s 148 et suiv.

En cas de construction par économie, le propriétaire est le constructeur ; il peut utilement, s'il a besoin de capitaux pour terminer la construction du navire, offrir une hypothèque qui subsiste après qu'il est achevé.

En cas de construction à forfait, il a été admis précédemment (n° 192) qu'il y a une vente à livrer quand les matériaux (ce qui est le cas ordinaire) ont été fournis par le constructeur, que le constructeur demeure propriétaire jusqu'au jour de l'achèvement du navire et qu'il en est ainsi alors même que l'armateur fait des avances au constructeur au fur et à mesure de l'avancement du navire (1). En conséquence, le constructeur seul peut, même en ce cas, établir une hypothèque sur le navire en construction. Cette hypothèque subsiste après qu'il est terminé et peut être opposée à l'armateur qui est l'ayant-cause du constructeur en qualité d'acheteur ; la vente à livrer qui intervient en cas de construction à forfait entre l'armateur et le constructeur, n'est pas une vente conditionnelle (n°s 153 et 154). Ainsi, l'hypothèque établie sur un navire en construction peut permettre au constructeur de se procurer les capitaux nécessaires pour son travail. Elle peut aussi, en cas de faillite du constructeur avant l'achèvement, permettre à l'armateur, qui a fait des avances et qui ne peut pas revendiquer les parties déjà terminées, de rentrer dans ses avances, en échappant à la loi du dividende (n° 156).

Afin d'éviter les contestations auxquelles peut donner lieu la question de savoir qui est propriétaire du navire en cas de construction à forfait, particulièrement quand il est fait des avances successives, on agit avec prudence en faisant intervenir à l'acte de constitution d'hypothèque à la fois le constructeur et celui qui a fait la commande du navire.

1630. *Hypothèque établie sur une part indivise.* — Sous l'empire de la loi du 10 décembre 1874, tout copropriétaire d'un navire pouvait constituer une hypothèque sur sa part sans le consentement des autres copropriétaires (2). La loi de 1885 a repoussé cette solu-

(1) Il est évident que, lorsque les matériaux ne sont pas fournis par le constructeur, il y a louage d'industrie et que la propriété du navire appartient durant la construction à celui qui en a fait la commande. V. n° 151.

(2) Il y avait là une dérogation à l'article 1860, C. civ., lorsque la copropriété impliquait une société entre les communistes. V. n° 298.

tion (1). D'après l'article 3, dernier alinéa, de cette loi, *dans le cas où l'un des copropriétaires voudrait hypothéquer sa part indivise, il ne pourra le faire qu'avec l'autorisation de la majorité, conformément à l'article 220, C. com.* Cette disposition exceptionnelle se justifie par une considération pratique. Des hypothèques constituées par chaque copropriétaire sur sa part indivise, parfois pour des besoins purement personnels, pourraient rendre impossibles ou difficiles par la suite la constitution des hypothèques sur le navire entier dans l'intérêt commun. V. n° 235.

Il va de soi que le navire entier peut aussi être hypothéqué lors même qu'il appartient à plusieurs personnes par indivis. C'est alors l'armateur gérant ou titulaire qui hypothèque le bâtiment pour les besoins de la navigation avec l'autorisation de la majorité telle qu'elle est établie par l'article 220, C. com. Le navire entier est aussi hypothéqué par le capitaine avec l'autorisation de justice dans le cas prévu par l'article 233, C. com. V. n°s 534 et suiv.

Quand une hypothèque a été constituée sur une part indivise d'un navire, de notables dérogations sont, au point de vue des effets du partage et du droit de saisie des créanciers des copropriétaires, apportées aux règles du droit commun. V. n° 1656.

Il va de soi que les hypothèques constituées sur une part indivise d'un navire ne se conçoivent pas quand celui-ci appartient à une société constituant une personne morale ; il n'y a pas alors indivision : le navire appartient à la société, c'est au nom de la société seulement qu'il peut être grevé d'hypothèque.

1631. *Formes de la constitution de l'hypothèque maritime.* — L'hypothèque maritime ne doit pas nécessairement, comme l'hypothèque immobilière, être constituée par un acte passé par-devant notaire (art. 2127, C. civ.). Elle doit seulement être constituée par écrit ; l'acte constitutif peut être un acte sous signatures privées (art. 2, 1er alin.) (2) et *a fortiori* un acte authentique quelconque

---

(1) C'est là une dérogation à la règle contenue dans l'article 2124, C. civ. Car chaque copropriétaire peut aliéner sa part indivise sans avoir besoin du consentement des autres. V. n° 302.

(2) Un acte sous seing privé suffit aussi, d'après le Code de commerce *italien* (art. 48). En *Grande-Bretagne*, il y a des formules en blanc pour

passé, soit en minute, soit en brevet. Ainsi, un procès-verbal de conciliation, qui ne peut contenir une constitution d'hypothèque immobilière (art. 54, C. pr. civ.), pourrait conférer une hypothèque
maritime.

Quand l'acte constitutif d'hypothèque est sous seing privé, il doit
être fait en deux exemplaires, bien qu'il ne s'agisse pas d'un contrat
synallagmatique. Cela résulte, non d'une disposition expresse de la
loi, mais des articles 8 et 9 d'après lesquels un des originaux de
l'acte sous seing privé doit rester entre les mains du receveur des
douanes qui a opéré l'inscription de l'hypothèque, tandis que l'autre
exemplaire est rendu à celui qui a requis l'inscription.

L'authenticité, n'étant pas exigée pour l'acte de constitution de
l'hypothèque maritime, ne l'est pas non plus pour l'acte contenant
mandat de constituer l'hypothèque ; un acte sous seing privé est
nécessaire, mais suffisant. En règle générale, les formes exigées,
soit *ad solemnitatem*, soit *ad probationem*, par un acte, le sont aussi
pour le mandat relatif à cet acte.

1632. L'acte constitutif d'hypothèque peut être à ordre. En ce
cas, l'endossement emporte la transmission du droit hypothécaire
(art. 12). La loi spéciale a ainsi tranché pour l'hypothèque maritime
une question qui a été discutée pour l'hypothèque terrestre et que,
du reste, la jurisprudence, à défaut de texte de loi, a résolue dans le
même sens en ce qui concerne celle-ci.

Une objection a souvent été faite contre la transmission des hypothèques par l'effet de l'endossement Comment, a-t-on dit, les intéressés peuvent-ils savoir à quelle personne faire les notifications
concernant l'hypothèque, alors que, par suite des endossements successifs, le titulaire de l'hypothèque peut changer à chaque instant?
La réponse est simple. L'hypothèque, soit terrestre, soit maritime
(nos 1635 et suiv.), doit être rendue publique par une inscription
pour être opposable aux tiers. L'inscription doit mentionner que le
titre est à ordre. Toutes les notifications (spécialement les notifications à fin de purge) sont valablement faites au créancier, premier

la constitution d'hypothèques maritimes comme pour les assurances maritimes. Un modèle d'acte de constitution d'hypothèque (*mortgage*) est
joint au *merchant shipping act* de 1894 (*Schedules, Form* B).

bénéficiaire de l'acte que l'inscription aura seul désigné, tant que le porteur ne se sera pas fait connaître par une mention faite en marge de cette inscription (1).

1633. Bien que la loi spéciale n'en dise rien, il faut, par identité de raison, reconnaître qu'on pourrait constituer une hypothèque pour garantir une obligation au porteur. La cession de l'obligation emporterait, comme celle d'une créance à ordre (n° 1632), la transmission de l'hypothèque au cessionnaire (2).

1634. *Droits d'enregistrement.* — Les droits établis par la loi de 1874 ont été modifiés par la loi de 1885.

La loi de 1874 faisait une distinction entre l'acte authentique et l'acte sous seing privé contenant constitution d'hypothèque. L'acte authentique était laissé sous l'empire des règles du droit commun et soumis, en conséquence, immédiatement au droit proportionnel de 1 0/0 (L. 22 frimaire an VII, art. 69, § 3, n° 3). Au contraire, d'après l'article 2, alinéa 2, de la loi de 1874, l'acte sous seing privé n'était passible que d'un droit fixe de 2 francs (3). Il n'était soumis à un droit proportionnel qu'en cas de procès et sur le montant de la condamnation. On avait appliqué ainsi à l'acte sous seing privé contenant constitution d'hypothèque le système de la loi du 11 juin 1859 (art. 22) sur les marchés et traités réputés actes de commerce (4). Le motif donné pour expliquer cette différence faite entre l'acte authentique et l'acte sous seing privé, était tiré de la force exécutoire du premier. Grâce à elle, a-t-on dit, le créancier hypothécaire qui veut saisir le navire, n'a pas besoin de recourir à la justice, de telle sorte que, si l'acte authentique n'était soumis à un droit proportionnel qu'en cas de procès, il ne paierait jamais qu'un droit fixe. Il n'y a rien de semblable pour l'acte sous seing privé.

(1) Cass., 8 mai 1878. D. 1878. 1. 241 (note de notre regretté collègue, M. Beudant). — *Revue critique de législation et de jurisprudence*, 1878, p. 705 et suiv., art. de M. Pascaud, *Les obligations à ordre, leur validité, leurs avantages.*

(2) C'est ce qui est, du reste, généralement admis pour l'hypothèque immobilière. V. *Recueil de jurispr. de Dalloz*, 1872. 1. 319 ; 1882. 1. 106. — De Valroger, III, n° 1236.

(3) Ce droit était de 3 francs, d'après certains auteurs. V. G. Demante, *Principes de l'enregistrement*, II, n° 477 *bis.*

(4) V. *Traité de Droit commercial*, I, n° 98.

Cette distinction était contraire aux règles du droit fiscal, selon lesquelles les actes juridiques sont soumis à ces droits variant avec leur nature, non avec la forme des écrits qui les constatent. D'après l'article 2, 2e alin., de la loi de 1885, *le droit d'enregistrement de l'acte constitutif d'hypothèque, authentique ou sous seing privé, est fixé à un franc par mille francs des sommes ou valeurs portées au contrat*.

§ 2. — DE LA PUBLICITÉ DE L'HYPOTHÈQUE MARITIME.

1635. L'hypothèque maritime est, comme l'hypothèque immobilière, soumise à des formalités de publicité sans lesquelles elle ne produit pas ses effets à l'égard des tiers. La loi spéciale n'apporte, à la différence du Code civil, aucune exception au principe, par cela même qu'il n'y a pas d'hypothèques maritimes légales (n° 1619). En outre, bien qu'en beaucoup de points, la loi de 1885 ait fait des emprunts au Code civil (art. 2148 et suiv.), les règles sur la publicité des deux espèces d'hypothèques ne sont pas absolument identiques. Elles étaient, toutefois, plus différentes selon la loi de 1874, qu'elles ne le sont d'après la loi de 1885.

1636. Les hypothèques immobilières sont rendues publiques au moyen d'une inscription prise au bureau de la conservation des hypothèques dans l'arrondissement duquel l'immeuble hypothéqué est situé (art. 2146, C. civ.). C'est par une formalité semblable que se conserve l'hypothèque maritime ; mais elle n'est pas opérée par les mêmes fonctionnaires. Ce sont les receveurs des douanes qui sont chargés de procéder à l'inscription de l'hypothèque maritime. Il était naturel de confier à l'Administration des douanes la conservation des hypothèques maritimes ; c'est auprès d'elle que s'accomplissent les formalités de publicité concernant la mutation de propriété des bâtiments de mer (1). Le receveur compétent est celui

(1) Cependant, on avait proposé de confier la conservation des hypothèques maritimes, soit aux conservateurs des hypothèques terrestres, soit aux greffiers des tribunaux de commerce. Le motif indiqué au texte a fait préférer les receveurs des douanes. En *Belgique*, cette fonction est remplie par le conservateur des hypothèques terrestres d'Anvers art. 8. L.

du lieu de la construction ou celui du lieu dans lequel le navire a été immatriculé, selon qu'il s'agit d'un navire en construction ou d'un navire construit et francisé. Pour les chantiers de construction établis en dehors du rayon maritime, des décrets déterminent le bureau des douanes dans la circonscription duquel ils doivent être compris (art. 6). V. D. 25 août 1885 (1).

1637. Celui qui requiert une inscription doit représenter au bureau du receveur des douanes un des originaux du titre constitutif d'hypothèque, s'il est sous seing privé ou reçu en brevet ou une expédition, s'il en existe minute (art. 8, al. 1) Un exemplaire de 'original, dans les deux premiers cas, reste déposé au bureau de la recette des douanes.

Au titre présenté sont joints deux bordereaux dont l'un peut être porté sur le titre. Ces bordereaux contiennent (art 8, correspondant à l'art. 2148, C. civ.) : 1º les noms, prénoms et domiciles du créancier et du débiteur et leur profession s'ils en ont une ; 2º la date et la nature du titre ; 3º le montant de la créance exprimée par le titre ; 4º les conventions relatives aux intérêts et au remboursement ; 5º le nom et la désignation du navire hypothéqué, la date de l'acte de francisation ou de la déclaration de sa mise en construction ; 6º une élection de domicile par le créancier dans le lieu de la résidence du receveur des douanes. Il va de soi, bien que la loi

---

21 août 1879). C'est ce même fonctionnaire, du reste, qui est chargé de la transcription des actes d'aliénation de navires. En *Grande-Bretagne*, c'est le *registrar of shipping* qui a ces attributions.

(1) Une circulaire du Directeur général des douanes en date du 22 juillet 1885 renferme des explications détaillées sur la loi du 10 juillet 1885 et sur les formalités à remplir par les receveurs des douanes. En principe, les seuls receveurs des douanes compétents sont les receveurs principaux Aussi les navires attachés antérieurement à un bureau subordonné et sur lesquels on peut constituer hypothèque, doivent être préalablement immatriculés au port de la principalité. Mais des recettes de douane principales ayant été transformées en bureaux subordonnés, on a conservé aux receveurs de ces bureaux le droit de recevoir les inscriptions hypothécaires : Lois de finances du 18 décembre 1886, art. 8 ; du 26 février 1887, art. 7. En exécution de l'article 37 de la loi du 10 juillet 1885, un décret du 18 juin 1886 a fixé les droits à percevoir par les employés de l'Administration des douanes chargé du service des hypothèques maritimes.

spéciale n'en dise rien, qu'en outre, si la créance est indéterminée, l'inscription doit en contenir l'évaluation (analog. art. 2148-4°, C. civ.).

Les deux bordereaux doivent être signés du requérant. Il n'y a rien de pareil pour les bordereaux d'inscription d'hypothèque sur les immeubles. Cette formalité a été prescrite pour suppléer au défaut de garantie que peut présenter l'acte constitutif sous seing privé ; mais, en l'absence de toute distinction faite par la loi, la signature du requérant doit être exigée, lors même que cet acte est authentique (1).

Le receveur des douanes copie sur un registre spécial le contenu aux bordereaux. C'est en cela que consiste l'inscription. Une fois qu'elle est faite, le receveur des douanes remet au requérant l'expédition du titre, s'il est authentique, et l'un des bordereaux au pied duquel il certifie avoir fait l'inscription (art. 9).

1638. L'inscription est, depuis la loi du 10 juillet 1885, la seule formalité de publicité exigée pour rendre l'hypothèque maritime opposable aux tiers. Il n'en était pas de même d'après la loi du 10 décembre 1874. Il fallait, en vertu de l'article 6 de cette même loi, quand le navire hypothéqué était francisé, que le receveur des douanes fît mention de l'inscription au dos de l'acte de francisation. Deux formalités de publicité étaient ainsi requises pour l'hypothèque maritime comme pour la transmission de la propriété des navires (n° 121). L'acte de francisation étant au nombre des pièces de bord (art. 225, C. com.), on pouvait, alors que le navire était en cours de voyage, connaître son état hypothécaire, sans avoir besoin de s'adresser au port d'attache. Cela avait une grande utilité pour ceux qui étaient sollicités par le capitaine de lui faire un prêt sous la garantie d'une hypothèque. La loi de 1885 n'exige plus la mention de l'inscription au dos de l'acte de francisation. Le motif principal, qui avait fait exiger cette mention, a disparu : la loi de 1885 n'admet plus la faculté, pour le propriétaire, d'autoriser le capitaine à constituer des hypothèques en cours de voyage. En outre, l'on a trouvé que cette formalité présente des inconvénients et offre même quelque

(1) Mallet, *op. cit.*, p. 68.

danger. La nécessité de la mention au dos de l'acte de francisation empêchait le propriétaire de constituer une hypothèque au port d'immatricule sur un navire qui avait quitté ce port. Puis, elle faisait connaître la situation hypothécaire du propriétaire au capitaine et à toutes les personnes auxquelles le dépôt des pièces de bord doit être fait d'après nos lois. Enfin, il pouvait se faire qu'une inscription déjà prise dût être renouvelée pendant que le navire était en voyage. Comment alors satisfaire à la loi en mentionnant l'inscription nouvelle sur l'acte de francisation ? Il fallait pour cela attendre le retour du navire (art. 11. L. de 1874). Mais le créancier pouvait ignorer que le navire était revenu et être ainsi victime d'une omission qui ne pouvait lui être reprochée (1).

1639. L'inscription est nécessaire, en Droit maritime, comme en Droit civil, pour la conservation du droit de préférence et du droit de suite que, sans elle, les créanciers ne peuvent invoquer contre les tiers. En outre, selon la loi de 1874 (art. 17), l'inscription avait un autre effet tout spécial qu'elle ne produit plus sous l'empire de la loi du 10 juillet 1885 ; dans les cas déterminés par la loi de 1874, l'inscription valait opposition entre les mains de l'assureur débiteur de l'indemnité d'assurance V. n° 1665.

1640. *A partir de quel moment et jusqu'à quel moment l'inscription peut être utilement prise.* L'inscription peut être prise à partir de la constitution de l'hypothèque, et, en principe général, elle continue à pouvoir l'être tant que l'hypothèque subsiste. La loi spéciale n'indique aucune cause mettant obstacle à la prise des inscriptions ; aussi faut-il appliquer ici les règles générales du Droit civil et du Droit commercial. De là résultent les conséquences suivantes :

a) la faillite ou la liquidation judiciaire du propriétaire ou l'acceptation de sa succession sous bénéfice d'inventaire est un obstacle à la prise d'inscription d'hypothèque maritime (art. 2146, C. civ. et 448, 1er alin., C. com.).

(1) DROIT ÉTRANGER. — La mention au dos de l'acte de francisation n'est point exigée en *Belgique* (L. 21 août 1879, art. 8), ni en *Grande-Bretagne*. Elle l'est, au contraire, en *Italie* (Code de commerce, art. 485 et 486). V. aussi loi *allemande* du 17 mai 1898 sur la *Juridiction gracieuse*, art. 120 (*Annuaire de législation étrangère*, 1899, p. 96 et suiv.).

b) Les inscriptions prises même avant le jugement déclaratif peuvent être annulées dans les conditions de l'article 448, 2° alin , C. com. Il s'agit là de règles de la faillite et de la liquidation judiciaire (1).

c) En cas d'aliénation du navire, l'hypothèque maritime ne peut plus être utilement inscrite pour la conservation du droit de suite. Mais à partir de quel moment, dans ce cas, les inscriptions ne peuvent-elles plus être utilement prises ? Dans le silence de la loi, il paraît rationnel de reconnaître aux créanciers de l'aliénateur le droit de s'inscrire non pas seulement jusqu'au jour de l'acte d'aliénation mais jusqu'à celui de l'accomplissement des formalités de la mutation en douane. Tant que ces formalités n'ont pas été accomplies, la propriété du navire n'est pas sortie des mains de l'aliénateur, à l'égard des tiers ; parmi celui-ci l'on comprend ses créanciers (analog. art. 6, 1er alin., L. 23 mars 1855). Il est, du reste, admis que des hypothèques constituées par l'aliénateur même après l'aliénation, mais avant la mutation en douane, sont opposables au tiers acquéreur. Il ne servirait à rien de reconnaître en pareil cas le droit des créanciers, si on ne les autorisait pas à accomplir les formalités de publicité indispensables pour sa conservation.

Du reste, ce qui vient d'être décidé ne s'applique évidemment pas aux navires hypothéqués avant leur francisation. Les aliénations de ces navires ne sont pas soumises aux formalités de la mutation en douane ; elles sont parfaites par elles-mêmes, même à l'égard des tiers. En conséquence, sur les navires non encore francisés, des inscriptions peuvent être prises du chef de l'aliénateur, seulement jusqu'au jour où l'aliénation a acquis date certaine (art. 1328, C. civ.). Ce cas est, du reste, rare ; on n'aliène guère des navires non encore francisés.

1641. La loi spéciale n'a pas plus que le Code civil indiqué la sanction des règles relatives aux mentions à faire dans l'inscription ; elle a entendu, par son silence s'en référer aux solutions admises à cet égard à propos de l'article 2148, C. civ. (2).

(1) Aussi sont-elles applicables, alors même qu'on n'admettrait pas que la loi de 1885 doit être complétée à l'aide des dispositions de nos lois concernant les hypothèques sur les immeubles. V. n° 1673.

(2) Aubry et Rau, III, § 276, p. 571 et suiv. (5e édition) ; Paul Pont, *Traité des privilèges et des hypothèques*, II, n° 959.

1642. Les formalités de publicité reçoivent quelques modifications quand le navire hypothéqué est en cours de construction ou quand l'hypothèque est constituée sur un navire acheté à l'étranger avant son immatriculation en France. — Elles en recevaient aussi, d'après la loi de 1874, quand une hypothèque était constituée par le capitaine en cours de voyage. Ces dernières modifications ont disparu depuis la mise en vigueur de la loi du 10 juillet 1885 ; mais il n'est pas sans intérêt de les rappeler (n° 1646).

1643. *Formalités de publicité pour l'hypothèque constituée sur un navire en cours de construction.* — Quand le navire est en cours de construction, il n'a ni port d'attache ni acte de francisation. Aussi les formalités de publicité sont-elles remplies au bureau du receveur du port de construction. Même sous la loi de 1874, elles consistaient seulement dans une inscription prise à ce bureau. Pour la rendre possible, une déclaration préalable doit y être faite ; elle indique la longueur de la quille du navire et approximativement ses autres dimensions ainsi que son port présumé. Elle mentionne aussi l'emplacement de la mise en chantier du navire (art. 5).

Par cela même que le navire en construction n'a pas encore de nom, l'inscription ne peut que contenir ces mêmes indications destinées à l'individualiser autant que le permet son état d'inachèvement, avec mention de la date de la déclaration de construction (art. 8, 5°) (1).

1644. L'hypothèque établie sur un navire en construction subsiste une fois qu'il est armé et francisé. Alors il a un port d'attache, et c'est à la recette des douanes de ce port que doivent être concentrées toutes les inscriptions y relatives. Autrement, l'état hypothécaire du navire ne pourrait pas être connu facilement d'une manière complète des tiers intéressés. C'est là ce qui explique les dispositions de l'article 7, 1er et 2e al., ainsi conçues : *Tout propriétaire d'un navire construit en France, qui demande à le faire admettre à la francisation, est tenu de joindre aux pièces requises à cet effet un état des inscriptions prises sur le navire en construction ou un certifi-*

_____

(1) L'indication de la date de la déclaration de construction remplace l'indication de la date de l'acte de francisation qui doit être contenue dans les inscriptions d'hypothèques sur des navires francisés.

cat qu'il n'en existe aucune. — Les inscriptions non rayées sont reportées d'office, à leurs dates respectives, par le receveur des douanes sur le registre du lieu de la francisation, si ce lieu est autre que celui de la construction,

Il se peut aussi qu'après avoir été francisé, un navire change de port d'immatricule. Les inscriptions non rayées sont pareillement reportées d'office, par le receveur des douanes du nouveau port où il est immatriculé, sur son registre et avec mention de leurs dates respectives (art. 7, 3e alin.).

1645. *Hypothèque constituée sur un navire français en pays étranger.* — Lorsqu'une hypothèque est constituée sur un navire en pays étranger, elle n'a, comme si elle l'était en France, d'effets à l'égard des tiers que du jour de l'inscription sur le registre de la recette principale des douanes du port d'immatricule (art. 33, 2e al.). Mais il est possible que des hypothèques soient constituées sur un navire acheté en pays étranger avant qu'il soit immatriculé en France. Il suffit alors qu'elles soient inscrites par le consul français sur le congé provisoire de navigation, sauf à les reporter ensuite sur le registre de la recette des douanes du lieu où le navire sera immatriculé. Ce report est fait sur la réquisition du créancier, qui doit produire un bordereau à l'appui (art. 33. V., sur l'hypothèque constituée en pays étranger sur un navire français, n° 179.

1646. *Hypothèque constituée en cours de voyage sous l'empire de la loi du 10 décembre 1874.* — La loi de 1874 admettait l'hypothèque constituée en cours de voyage par le capitaine. Des règles spéciales régissaient cette hypothèque appelée *hypothèque éventuelle*, notamment au point de vue des formalités de publicité (art. 26, L. de 1874).

Le propriétaire, qui voulait se réserver la faculté d'hypothéquer son navire en cours de voyage, devait, avant le départ du navire, déclarer, au bureau du receveur des douanes du port d'immatricule la somme pour laquelle il prétendait pouvoir user de ce droit. Cette déclaration était mentionnée sur le registre du receveur et sur l'acte de francisation, à la suite des inscriptions déjà existantes. Le propriétaire pouvait faire usage de cette faculté ainsi réservée, soit par lui même, soit par un mandataire, spécialement par le capitaine. Les hypothèques réalisées en cours de voyage étaient constatées sur l'acte de francisation. Cette constatation était faite en France et dans les pessessions françaises par le receveur des douanes ; à l'étranger, par le consul de France. Il devait, en outre, en être fait mention sur un registre spécial qui devait être conservé pour qu'on pût y recourir, au cas de perte de l'acte de francisation par naufrage ou autrement avant le retour du navire. A défaut de consul, la loi (art. 26) chargeait un officier public du lieu de la constitution d'hypothèque de remplir ces formalités, mais cette disposition ne pouvait pas avoir de portée pratique, par cela même que la loi française n'est point obligatoire pour les fonctionnaires étrangers.

Les hypothèques ainsi constituées prenaient rang à partir de leur inscription sur l'acte de francisation. Au retour du navire à son port d'immatricule, elles étaient inscrites sur le registre de la recette du bureau avec rappel de leur date réelle. Mais, si l'acte de francisation n'indiquait point qu'il avait été fait usage de la faculté de constituer des hypothèques en cours de voyage, sur la présentation de cet acte, après le voyage accompli, la mention de la réserve faite avant le départ était supprimée par voie de radiation (art 26, dern. alin.).

Ces formalités expliquaient bien la dénomination d'*hypothèques éventuelles*. Cette dénomination avait été donnée aux hypothèques constituées en cours de voyage, en les considérant avant leur constitution, à partir du jour de la déclaration faite sur le registre de la douane par le propriétaire antérieurement au départ.

La loi de 1885 modifiant la loi de 1874 n'admet plus l'hypothèque éventuelle. Les raisons alléguées pour la supprimer étaient nombreuses. L'hypothèque éventuelle n'a guère d'utilité pratique ; le prêt à la grosse fait en cours de voyage est universellement connu et est plus avantageux à raison du privilège qui y est attaché. Elle avait, en outre, de graves inconvénients. D'abord, elle rendait nécessaire, pour l'hypothèque constituée avant le départ, la mention au dos de l'acte de francisation. Puis, le système de publicité organisé pour l'hypothèque éventuelle était d'une exécution très difficile. Cette hypothèque, quand elle était réalisée en cours de voyage, devait être mentionnée sur l'acte de francisation et inscrite sur un registre spécial tenu par le consul de France, ou, à défaut, par l'officier **public**

du lieu. L'inscription sur ce registre spécial était indispensable pour
le cas de perte de l'acte de francisation ; il constituait alors le seul
moyen de prouver la réalisation de l'hypothèque. Pourtant, la loi
française ne pouvait astreindre les fonctionnaires étrangers à tenir
des registres de ce genre. Enfin, alors qu'une hypothèque de cette
sorte pouvait être constituée, le propriétaire était dans l'impossibilité d'hypothéquer son navire qui n'était pas au port d'attache. —
On peut constater qu'il avait été fait un usage très restreint de la
faculté consacrée par l'article 26 de la loi de 1874. Du 1er mai 1875
au 10 juillet 1885, il y a eu seulement dix réserves d'hypothèques
en cours de voyage mentionnés sur les registres des receveurs
des douanes, pour une somme de 638.000 fr. La statistique officielle n'indique pas pour quelle somme il a été fait usage de ces
réserves.

L'hypothèque constituée en cours de voyage est admise par la loi
anglaise (*merchant shipping Act* de 1894, art. 39 à 46) et par le
Code de commerce *italien* (art. 484), qui admet même qu'en cas de
nécessité, le capitaine a le pouvoir, en remplissant certaines formalités, soit d'emprunter à la grosse, soit de contracter un emprunt
hypothécaire. La loi *belge* de 1879 admet l'hypothèque constituée
en cours de voyage par le capitaine. Elle décide qu'alors, l'inscription est faite sur le vu d'un télégramme. Elle produit tout ces effets
légaux à condition que, dans les trois mois à compter de l'inscription du télégramme, l'acte de constitution d'hypothèque soit présenté au conservateur des hypothèques pour être soumis à inscription. *L. belge*, art. 1.

1647. *Du renouvellement des inscriptions.* — Les inscriptions
une fois prises, ne conservent pas leurs effets indéfiniment. La loi
(art. 11) les soumet à l'obligation du renouvellement, comme les
inscriptions d'hypothèque immobilière (art. 2154, C. civ.). Le délai
du renouvellement était réduit par la loi de 1874 (art. 11) de 10 à 3 ans
pour les hypothèques maritimes. Cette réduction de délai avait été

---

(1) V., sur les différences, à ce point de vue, entre la loi française et la
loi anglaise, Mallet, *op. cit.*, p. 52 et suiv. Les dispositions du *Merchant
shipping act.* de 1894 se trouvaient déjà dans le *Merchant shipping act* de
1854 (17 et 18 Victoria, chap. 104).

admise parce que, avait-on dit, les prêts maritimes sont, en général, faits pour un moindre temps que les prêts civils, de telle sorte qu'en prescrivant le renouvellement tous les 10 ans, on ne serait arrivé à aucun résultat pratique, l'hypothèque se trouvant éteinte avant l'expiration de ce délai par suite de l'extinction de la créance (1). La loi de 1885 (art. 11) a adopté, pour le renouvellement, le délai de dix ans admis pour les inscriptions d'hypothèques immobilières par l'article 2154, C. civ. On a reconnu que le délai de trois ans était trop court, alors que des prêts hypothécaires peuvent être faits à des propriétaires de navires par des sociétés de crédit avec stipulation de remboursement en un grand nombre d'annuités.

Comme le Code civil, la loi spéciale est muette sur le moment jusqu'auquel le renouvellement est nécessaire. Il faut donc sur ce point s'en référer aux solutions admises en droit commun. Les mêmes difficultés peuvent s'élever pour l'hypothèque maritime et pour l'hypothèque terrestre (2).

1648. *De la mainlevée. De la radiation.* — Du reste, au lieu de laisser les inscriptions perdre leurs effets par suite du défaut de renouvellement, on peut en faire opérer la radiation. La radiation ne peut être opérée qu'en vertu, soit d'un jugement en dernier ressort ou passé en force de chose jugée, soit d'un acte authentique de consentement à la radiation donné par le créancier ou son cessionnaire justifiant de ses droits ; c'est cet acte qu'on appelle une *mainlevée*. Sur ces points les articles 14 et 15, 1er alin., de la loi spéciale ne font que reproduire l'article 2157, C. civ. La loi est donc plus exigeante, au point de vue de la forme, pour l'acte de radiation que pour l'acte de constitution d'hypothèque. Le premier doit être authentique, le second peut être sous seing privé (n° 1631). Cette différence se justifie : il n'y a pas, en général, aussi grande urgence à radier une inscription opérée qu'à constituer une hypothèque. En outre, une

---

(1) Bien des objections ont été faites contre l'obligation du renouvellement. V. Billette, *L'hypothèque maritime et ses conséquences* ; du même auteur, *Revision de la loi du 10 décembre 1874.* V. la réponse critique à ces deux brochures dans deux articles de Ch. Lyon-Caen, insérés dans la *Gazette des tribunaux*, n°s des 1er et 2 avril 1875.

(2) V. Aubry et Rau, III, p. 612 et suiv. (5e édition).

inscription opérée à tort en vertu d'un acte falsifié n'a pas de graves conséquences ; on la fait annuler et le dommage causé disparaît. Au contraire, par une radiation opérée à tort, un créancier inscrit perd son rang irrévocablement à l'égard des créanciers qui prennent des inscriptions avant que la sienne soit rétablie.

Le receveur constate la radiation sur l'acte constitutif de l'hypothèque qui lui doit être communiqué, s'il est sous seing privé ou passé en brevet (art. 15 dern. alin.).

Le tribunal compétent pour connaître d'une action en radiation de l'hypothèque maritime est celui du port d'immatricule actuel de ce navire, que ce soit le port d'immatricule originaire ou le nouveau port d'immatricule à la recette des douanes duquel l'inscription d'hypothèque a été reportée en vertu de l'article 7 de la loi du 10 juillet 1885 (1). L'action en radiation est une action réelle qui, comme telle, est de la compétence du tribunal du lieu où est situé l'objet litigieux. C'est au port d'immatricule actuel que se trouvent tous les éléments relatifs à l'hypothèque, c'est là que le navire a sa situation légale et il serait singulier de reconnaître la compétence du tribunal du port d'attache primitif du navire avec lequel celui-ci n'a plus aucun rapport.

1648 *bis.* Les actes de mainlevée d'hypothèque maritime sont soumis à un droit de 20 centimes en principal par 1.000 francs du montant des sommes faisant l'objet de la mainlevée. Ce droit réduit a remplacé en vertu de la loi du 13 juillet 1907 le droit de 20 centimes par 100 francs antérieurement applicable aux actes de mainlevée d'hypothèques maritimes comme d'hypothèques immobilières (L. 28 avril 1893, art. 19) (2). On avait constaté que l'élévation de ce droit détournait de donner des mainlevées d'hypothèques maritimes. Ainsi, souvent la situation hypothécaire des navires n'apparaissait pas telle qu'elle était réellement et le Trésor était privé de ce chef d'une perception.

1649. *État des inscriptions.* — Les tiers intéressés à connaître

_____

(1) Bordeaux, 25 février 1907, *Revue intern. du Droit maritime*, **XXIII**, p. 350.

(2) Cass., 26 octobre 1903, S. et *J. Pal.*, 1904. 1. 365 ; D. 1904. 1. 201 ; *Pand. fr.*, 1904. 6. 10 ; *Revue intern. du Droit maritime*, **XIX**, p. 515.

a situation hypothécaire d'un navire, s'adressent au receveur qui doit leur délivrer un état des inscriptions subsistantes ou un certificat qu'il n'en existe aucune (*certificat négatif*) (art. 10, V. anal., art. 2196, C. civ.). Ces tiers sont spécialement d'autres créanciers auxquels des hypothèques sont offertes et des tiers acquéreurs d'un navire (1).

1650. Les receveurs des douanes, comme les conservateurs des hypothèques, répondent des fautes qu'ils peuvent commettre (art. 2197, C. civ.). Mais, bien que, en principe, l'État soit responsable des fautes des agents des douanes (L. 23 août 6 octobre 1791, titre XIII, art. 19), il ne répond pas des fautes que les receveurs des douanes commettent au point de vue de la conservation des hypothèques maritimes (art. 37, dern. alin., L. de 1885, reproduisant l'art. 30, alin. 2, L. de 1874) (2). La raison en est qu'alors, ils remplissent un service privé et non un service public. Mais, afin de donner une garantie aux tiers lésés par les faits des receveurs des douanes, la loi spéciale (art. 30, 1er alin.) a décidé que leur cautionnement serait augmenté à raison de leurs nouvelles fonctions (3).

§ 3. — DES EFFETS DE L'HYPOTHÈQUE MARITIME.

1651. L'hypothèque maritime produit des effets semblables à ceux de l'hypothèque immobilière : elle confère au créancier un droit de préférence et un droit de suite (art. 2114, C. civ.).

---

(1) Sous l'empire de la loi de 1874, il fallait aussi mentionner parmi les tiers ayant intérêt à se faire délivrer un état des inscriptions les assureurs du navire dans les cas visés par l'article 17 de cette loi. V. n° 1665.

(2) L'irresponsabilité de l'État n'a été admise, dans la loi du 10 décembre 1874, par l'Assemblée nationale qu'après discussion.

(3) Le décret du 18 juin 1886 (art. 5), reproduisant les dispositions du décret du 23 avril 1875, rendu pour l'exécution de la loi du 10 décembre 1874, en conformité de l'article 30 de cette loi, dispose que le cautionnement des receveurs des douanes chargés du service de l'hypothèque maritime sera augmenté d'un dixième. Cette augmentation n'offrirait pas, si les hypothèques maritimes devenaient nombreuses, une garantie sérieuse aux intéressés. Il est vrai que l'article 6 du décret réserve une revision du taux des cautionnements à l'expiration d'une période de cinq ans. L'application restreinte qui a été faite de l'hypothèque maritime (1676), a rendu cette revision inutile jusqu'ici.

1652. Du droit de préférence. — L'hypothèque maritime donne au créancier dûment inscrit un droit de préférence; il passe sur le prix du navire avant les créanciers chirographaires, mais il ne vient qu'après les créanciers privilégiés (art. 191, dern. alin., C. com., ajouté par la loi du 10 juillet 1885, art. 34). Aussi, pour que l'hypothèque maritime constitue une sûreté sérieuse, a-t-on dû supprimer le privilège du prêteur à la grosse avant le départ (art. 39), tout au moins sur les navires qui peuvent être hypothéqués, c'est à-dire sur les navires de 20 tonneaux au moins (n° 1518). Mais le privilège du prêt à la grosse fait en cours de voyage subsiste : il importe de faciliter ce contrat qui est destiné à pourvoir à des besoins urgents et constitue souvent une sorte de mesure de salut. On peut ajouter que, quand ce prêt suit la constitution d'hypothèque, il contribue à la conservation du gage du créancier hypothécaire.

1653. Les rangs des créanciers hypothécaires se déterminent par les dates des inscriptions (art. 10) Si plusieurs hypothèques maritimes sont inscrites le même jour, elles viennent en concours, nonobstant la différence des heures des inscriptions (art. 10, 2e alin.; Cpr. art. 2147, C. civ.).

1654. Le rang de préférence déterminé par la date de l'inscription, n'est pas seulement garanti à l'hypothèque pour le capital de la créance, il l'est aussi pour les intérêts de deux années en sus de l'année courante. L'article 13 de la loi de 1885 n'a fait à cet égard que reproduire la formule obscure de l'ancien article 2151, C. civ. A raison même des difficultés que faisait naître cette formule (1), une loi du 17 juin 1893 a modifié l'article 2151 C. civ., en disposant que le créancier hypothécaire a droit d'être colloqué pour trois années seulement au même rang que pour le capital. L'article 13 de la loi de 1885 n'a, au contraire, subi aucun changement (2). Du reste, il va de soi qu'on doit, par analogie, admettre aussi en matière

(1) Aubry et Rau, III (4e édition), § 285, p. 419 et suiv. ; III 5e édition), § 285, p. 634 et suiv. et note 8 *bis*, p. 685. Il est étonnant que les rédacteurs de la loi de 1874, puis ceux de la loi de 1885, aient reproduit textuellement la formule de l'ancien article 2151 ; M. Valette avait écrit à la commission de l'Assemblée nationale, pour la prémunir contre la reproduction d'un texte obscur.

(2) Il y a eu là négligence de la part du législateur de 1893.

maritime, conformément à la disposition de l'article 2151, C. civ., que, pour les intérêts autres que ceux garantis pour la première inscription, il peut être pris des inscriptions particulières portant hypothèque à compter seulement de leur date.

1655. Du DROIT DE SUITE. — L'hypothèque maritime renferme le droit de suite comme, en général, tout droit réel, spécialement comme l'hypothèque sur les immeubles ; les créanciers hypothécaires conservent donc le droit de saisir et de faire vendre le navire, en quelques mains qu'il passe et de se faire payer sur le prix au rang qui leur appartient d'après l'ordre de leurs inscriptions (art. 17, 1er alin. ; analog. art. 2166, C. civ.).

Les créanciers hypothécaires ne sont pas les seuls créanciers auxquels un droit de suite appartient sur les navires. Les créanciers privilégiés, ou même chirographaires, ont aussi un droit de suite, (nos 1473 et suiv.). Il ne faut pas confondre les droits de suite de ces deux classes de créanciers. Ils ont, sans doute, au fond la même nature ; seulement, celui des créanciers privilégiés et chirographaires est très fragile ; il s'éteint quand le navire a fait un voyage en mer sous le nom et aux risques du nouveau propriétaire sans opposition des créanciers (art. 193 et 194, C. com.). Il n'en est pas de même du droit de suite des créanciers hypothécaires ; il dure, en principe, aussi longtemps que l'hypothèque qui le renferme et ne prend fin que par les causes qui entraînent l'extinction du droit de suite en matière d'hypothèques sur les immeubles. Il en résulte qu'en cas de vente volontaire, la purge seule, à l'exclusion du voyage en mer, peut éteindre le droit de suite des créanciers hypothécaires. V. n° 1474.

1656. *Hypothèque établie sur une part indivise. Règles spéciales.* — Des dérogations notables sont apportées par la loi spéciale aux principes généraux du droit pour le cas où l'hypothèque est constituée sur une part indivise dans un navire. Ces dérogations, déjà contenues en partie dans la loi de 1874, ont été accentuées par la loi de 1885.

Quand une hypothèque est établie sur une portion indivise d'un immeuble, il ne peut être question d'un droit de suite que lorsque l'immeuble est adjugé à un tiers non copropriétaire. Car, lorsqu'il

est adjugé à un copropriétaire autre que celui qui a constitué l'hy
pothèque, celle-ci est résolue, par application du principe de l'article 883, C. civ. Ce n'est pas tout : la part indivise d'un copropriè-
taire ne peut être saisie par ses créanciers personnels avant le
partage ou la licitation que chacun d'eux a, du reste, le droit de
provoquer s'il le juge convenable (art. 2205, C. civ.). La vente sur
saisie d'une portion indivise se ferait dans de très mauvaises conditions; l'adjudicataire serait exposé à une éviction pour le cas où
l'immeuble serait placé dans le lot d'un copropriétaire autre que
celui du chef duquel la saisie et la vente ont été opérées. — La loi
de 1885 déroge, pour l'hypothèque constituée sur une part indivise
d'un navire, à la fois aux articles 883 et 2205, C. civ.

La copropriété des navires étant fréquente (n° 279), le législateur
a pensé qu'il était utile que chaque copropriétaire pût hypothéquer
sa part. Il ne le pourrait que difficilement en fait, si l'hypothèque
constituée par lui était exposée à la cause de résolution résultant du
principe du partage déclaratif (art. 883, C. civ). Il y aurait en effet,
là une garantie si précaire pour le créancier que les prêteurs la trouveraient rarement suffisante. Aussi, les hypothèques constituées
durant l'indivision continuent elles de subsister même après le partage ou la licitation, par dérogation à l'article 883, C. civ. Le législateur a ainsi sacrifié les inconvénients des recours entre copropriètaires après le partage ou la licitation à l'intérêt du crédit des
copropriétaires durant l'indivision. Il n'avait, en 1874, pas cru,
toutefois, devoir faire ce sacrifice pour le cas où l'indivision résultait de l'ouverture d'une succession ou de la dissolution d'une communauté. L'égalité entre les copartageants, avait-on pensé, pourrait
être rompue si les recours étaient inefficaces par suite de l'insolvabilité de celui qui a constitué l'hypothèque, et cette égalité est surtout désirable dans les partages de communauté et de succession
(art. 18, 2e alin., L. de 1874).

La loi de 1885 (art. 17, 3e alin.) a admis une dérogation à l'article 883, C. civ., *dans tous les cas*, c'est-à-dire quelle que soit la
cause de l'indivision à laquelle le partage ou la licitation met fin. Il
était d'autant plus naturel de généraliser ainsi la dérogation que,
selon la loi de 1885, une hypothèque ne peut être établie même sur

une part indivise dans un navire sans le consentement de la majorité des copropriétaires (art. 3, al. 3). Aussi peut-on dire que, par avance, les copropriétaires de celui qui a constitué l'hypothèque sur sa part indivise ont consenti à subir les effets de cette hypothèque à leur égard, c'est-à-dire le droit de suite après la cessation de l'indivision (1). Il ne tiendrait même qu'aux propriétaires de stipuler que, par dérogation à la règle légale, une portion indivise ne pourrait être hypothéquée que du consentement de tous les copropriètaires.

Le créancier ayant hypothèque sur une part d'un navire peut ainsi, soit avant, soit après le partage, saisir la part qui lui a été hypothéquée. Après le partage, c'est le droit de suite qu'il exerce, si le navire est placé dans le lot d'un copropriétaire autre que son débiteur ou adjugé à un tiers. Toutefois, la loi prive le créancier de son droit de suite, pour le restreindre à un droit de préférence sur la partie du prix afférente à l'intérêt hypothéqué, lorsque la licitation s'est faite en justice dans les formes déterminées par les articles 201 et suiv., C. com. Il semble y avoir là une application spéciale du principe de l'article 29 de la loi de 1885, qui reconnaît qu'une vente judiciaire purge le droit de suite.

1656 bis. En principe général, le créancier ayant hypothèque sur une part d'un navire ne peut saisir et faire vendre que cette part. Il en est, toutefois, autrement lorsque plus de la moitié du navire se trouve hypothéquée. Le créancier peut alors, après saisie, le faire vendre en totalité, à la charge d'appeler à la vente les copropriétaires (art. 19, 2ᵉ alin.). En hypothéquant le navire, la majorité est réputée avoir autorisé la licitation. A la rigueur, on aurait compris qu'il suffit que la moitié du navire fût hypothéquée, puisque, d'après l'article 220, 3ᵉ alin., C. comm., les propriétaires formant la moitié de l'intérêt total du navire peuvent exiger la licitation (2).

(1) On peut rapprocher de la disposition de l'article 17, 3ᵉ alin., de la loi du 1ᵉʳ juillet 1887, la loi du 31 décembre 1910 qui, par une addition faite à l'article 2125, C. civ., décide que l'hypothèque consentie par tous les copropriétaires d'un immeuble indivis conserve son effet quel que soit ultérieurement le résultat de la licitation ou du partage.

(2) Une difficulté s'est élevée sur le point de savoir si, quant aux créan-

1657. *Mode d'exercice du droit de suite.* — La loi spéciale est muette sur le mode d'exercice du droit de suite. Il semble naturel c'appliquer par analogie, à cet égard, les dispositions du Code civil, relatives à l'exercice du droit de suite par les créanciers ayant hypothèque sur un immeuble. Une action en justice n'est donc pas nécessaire ; un commandement fait au débiteur et une sommation au tiers détenteur d'avoir à payer ou à délaisser suffisent (art. 2169, C. civ).

L'acquéreur a l'option entre plusieurs partis : 1° le paiement de toutes les dettes hypothécaires exigibles ; 2° le paiement de certains créanciers jusqu'à concurrence de son prix, avec le bénéfice de la subrogation (art. 1251-3°, C. civ.) ; 3° le délaissement ; 4° la purge ; 5° la faculté laissée au créancier de saisir et vendre le navire.

Il est vrai que la loi spéciale ne mentionne pas le délaissement du navire hypothéqué. Mais il y a là une faculté qui va de soi pour toutes les personnes obligées seulement *propter rem*.

Il ne peut être question du bénéfice de discussion (art. 2170 et suiv., C. civ.). Ce bénéfice n'est pas accordé, d'après le Code civil, au tiers acquéreur contre le créancier ayant une hypothèque spéciale, et c'est là toujours le caractère de l'hypothèque maritime, par cela même qu'il n'y a pas sur les navires d'hypothèque judiciaire ni d'hypothèque légale (n° 1619).

1658. *De la purge.* — La loi spéciale s'est occupée de la purge des hypothèques maritimes et a modifié, en ce qui la concerne, quelques règles du Code civil relatives à la purge des hypothèques sur les immeubles.

Il est d'abord évident qu'il ne peut y avoir ici qu'une purge des hypothèques inscrites, par cela même qu'il n'y a point sur les navires d'hypothèques légales au profit des incapables, il ne saurait être question d'une purge des hypothèques non inscrites et dispensées d'inscription (art. 2193 et suiv., C. civ.).

Dans la procédure à fins de purge, deux points sont à distinguer :

---

ciers chirographaires, il suffit que leur débiteur soit copropriétaire de moitié pour qu'ils aient le droit de saisir sur le navire entier. V. n° 1744.

il y a des formalités que le tiers détenteur doit remplir pour purger ; il y a des formalités à observer par le créancier qui, n'acceptant pas les offres du tiers détenteur, veut requérir la mise aux enchères.

1659. D'après le Code civil, la première formalité à remplir par le tiers acquéreur qui veut purger est la transcription de l'acte d'acquisition (art. 2181). Aucune disposition de la loi de 1885 ne prescrit au tiers détenteur de faire opérer la mutation en douane qui correspond, pour les navires, à la transcription en matière immobilière (n° 126 *bis*). Mais les principes généraux suffisent pour la faire exiger : d'après la solution admise ci-dessus (n° 1640), des inscriptions d'hypothèques peuvent être prises sur un navire du chef du propriétaire précédent, tant que la mutation en douane n'a pas été opérée. En conséquence, c'est seulement après avoir rempli cette formalité que le tiers acquéreur est certain de connaître tous les créanciers hypothécaires qui ont le droit de suite contre lui et auxquels il a, dès lors, intérêt à faire les notifications à fins de purge.

1660. L'acquéreur qui veut purger, doit ensuite, avant la poursuite ou dans le délai d'une quinzaine (substitué au délai d'un mois de l'article 2183, C. civ.), notifier à tous les créanciers inscrits sur les registres du port d'immatricule, au domicile élu dans les inscriptions : 1° un extrait de son titre indiquant seulement la date et la nature de l'acte, le nom du vendeur, le nom, l'espèce et le tonnage du navire et les charges faisant partie du prix ; 2° un tableau, sur trois colonnes, dont la première contiendra la date des inscriptions ; la seconde, le nom des créanciers ; 3° la troisième, le montant des créances inscrites (art. 18, L. de 1885, Cpr. art. 2183, C. civ) (1). Cette notification doit contenir constitution d'avoué (art. 18, *in fine*). L'acquéreur doit déclarer par le même acte qu'il est prêt à acquitter

---

(1) Il est à remarquer que ce tableau des inscriptions renseigne mieux les créanciers sur leur situation respective que le tableau analogue dont parle l'article 2183, C. civ.; cela vient de ce que, lors de la purge des hypothèques immobilières inscrites, il peut y avoir des hypothèques légales dispensées d'inscription que rien ne révèle encore aux créanciers touchés par la notification. Au contraire, comme il n'y a d'autres hypothèques maritimes que des hypothèques conventionnelles toutes également soumises à l'inscription, le tableau est *complet*.

sur-le-champ les dettes hypothécaires, jusqu'à concurrence seulement du prix, sans distinction des dettes exigibles ou non exigibles
(art. 19, L. de 1885, Cpr. art. 2184, C. civ.).

1661. Les créanciers sont mis, par les notifications, en demeure
d'accepter les offres qui leur sont faites ou de surenchérir en portant
le prix à un dixième en sus et en donnant caution pour le paiement
de ce prix et des charges (art. 20, L. de 1884, Cpr., art. 2185, C.
civ.). La réquisition de mise aux enchères signée du créancier doit
être signifiée à l'acquéreur dans les dix jours des notifications (art.
21, L. de 1885, Cpr., art. 2185, C. civ., qui fixe un délai de quarante jours) ; elle doit contenir assignation devant le tribunal civil
du lieu où se trouve le navire, ou, s'il est en cours de voyage, du
lieu où il est immatriculé, pour voir ordonner qu'il sera procédé
aux enchères requises (art. 21, L. de 1885, Cpr., art. 832, C.
proc. civ.).

La vente aux enchères a lieu, à la diligence, soit du créancier qui
l'a requise, soit de l'acquéreur, dans les formes établies pour les
ventes sur saisie dans les articles 197 et suiv. (art. 22, L. de 1885,
Cpr. art. 2187, C. civ.).

1662. *Purge opérée de plein droit* — Les formalités de la purge
ne sont utiles au tiers acquéreur qu'à la suite d'une aliénation volontaire. La vente judiciaire d'un navire purge les hypothèques par elle-
même, c'est-à-dire que les créanciers, après une vente de cette
nature, ne peuvent plus surenchérir et en sont réduits à leur droit
de préférence sur le prix stipulé dans la vente (art. 29, L. de 1885).
La vente ayant été alors précédée d'une large publicité, on doit
croire que le navire a atteint le plus haut prix possible (*Analog.*
art. 717, C. proc. civ., et. à propos du droit de suite des créanciers privilégiés et chirographaires, art. 193, 1er al., C. com.).

Que faut-il entendre ici par vente *judiciaire* ? Est-ce seulement
une vente faite dans les formes des articles 23 et suiv. de la loi de
1885 ? N'est-ce pas, au contraire, toute vente faite avec autorisation
et avec intervention de justice ? La question peut se poser pour les
ventes de navires appartenant à des mineurs ou faisant partie d'une
succession bénéficiaire ou pour les ventes autorisées après faillite et
opérées par des courtiers maritimes. Il est certain que l'article 29

se borne à parler de ventes judiciaires, sans indiquer dans quelles formes spéciales elles doivent avoir été faites pour entraîner de plein droit la purge. Mais on peut invoquer dans le sens de l'application de l'article 29 aux seules ventes judiciaires faites dans les formes des articles 23 et suiv., à la fois la loi de 1885 elle-même et des dispositions du Code de commerce En cas d'adjudication d'un navire indivis, l'article 17, dernier alinéa, de la loi spéciale n'admet la purge à l'égard des créanciers ayant hypothèque sur une part indivise qu'en cas de vente faite dans les formes des articles 23 et suiv. de la loi de 1885. Or, la disposition correspondante de la loi de 1874 avait été présentée dans les travaux préparatoires de la loi comme une application de l'article 24 de cette loi qui admettait la purge de plein droit en cas de vente judiciaire d'un navire (1). Enfin, pour que le droit de suite des créanciers privilégiés et chirographaires soit éteint, l'article 193, 1er al. C. com., exige une vente faite dans les formes établies par le titre II du livre II du Code de commerce (n° 1484). Comment le droit de suite des créanciers hypothécaires s'éteindrait-il plus facilement (2) ?

1663. *Droits des créanciers hypothécaires sur les indemnités d'assurance.* — C'est sur les prix des navires que les créanciers hypothécaires exercent ordinairement leur hypothèque. Mais les navires sont souvent assurés. En cas de sinistre majeur ou d'avaries, les créanciers hypothécaires peuvent-ils exercer leur droit de préférence sur l'indemnité d'assurance ? Cette question, qui a une grande importance pratique à raison de la fréquence des accidents de mer, a été tranchée différemment par les lois de 1874 et de 1885, enfin la loi du 19 février 1889 (art. 2) a posé une règle générale nouvelle

---

(1) « Ce n'est là, du reste, dit le rapporteur M. Grivart, que l'application
« tion du principe général consacré par l'article 24 du projet du loi. »

(2) Mallet, *op. cit.*, p. 99 (Cet auteur ne présente même pas la question comme douteuse). — En sens contraire, jug. du Trib civil de Boulogne-sur-Mer, du 24 février 1885 (*Le Droit* du 20 septembre 1883). (Dans l'espèce de ce jugement, il s'agissait de la vente d'un navire opérée après faillite avec autorisation du juge commissaire, par le ministère d'un courtier maritime.)

concernant les droits des créanciers hypothécaires sur les indemnités d'assurance, règle générale qui paraît, bien que le contraire ait été soutenu, applicable aux créanciers ayant une hypothèque sur un navire relativement à l'indemnité d'assurance maritime. Il est indispensable de connaître les phases successives par lesquelles notre législation a passé sur ce point.

1664. La question qui vient d'être indiquée à propos de l'hypothèque maritime, se pose pour l'hypothèque terrestre, quand l'immeuble hypothéqué a été assuré et vient à être soit détruit en tout ou en partie soit détérioré par un incendie. Jusqu'à la loi du 19 février 1889 (art. 2), aucune disposition légale ne la tranchait expressément pour cette dernière hypothèque. La jurisprudence décidait que les créanciershypothécaires ne pouvaient exercer leur droit de préférence sur l'indemnité d'assurance, qui formait le gage commun de tous les créanciers de l'assuré, de telle façon que cette indemnité était distribuée au marc le franc entre tous ces créanciers (1). Cette indemnité n'est pas, disait-on, une somme destinée comme le prix à représenter le bien ; elle est payée en retour des primes acquittées par l'assuré et du risque qu'il courait de les payer sans rien recevoir de l'assureur. Afin de remédier aux inconvénients qu'offrait cette jurisprudence pour les créanciers hypothécaires, les actes de constitution d'hypothèque contenaient ordinairement à leur profit une cession de la créance d'indemnité. Pour éviter que l'assureur ne payât entre les mains du débiteur assuré et que d'autres créanciers de l'assuré ne fissent saisie-arrêt entre les mains de l'assureur, les créanciers devaient signifier cette cession à l'assureur (art. 1690, C. civ.). La même question se posait pour les créanciers privilégiés et devait être tranchée de la même façon que pour les créanciers hypothécaires.

1665. Le législateur avait cru devoir, en 1874, trancher expressément la question pour l'hypothèque maritime. Afin de donner plus de consistance et de solidité à cette hypothèque, la loi du 10 décembre 1874 avait, contrairement à la solution de la jurisprudence relative à l'hypothèque sur les immeubles, admis, au moins dans cer-

(1) Cass., 20 déc. 1859, S. 1860. 1. 23 ; Douai, 3 janv. 1873, S. 1873, 2. 274.

tains cas, la subrogation de l'indemnité d'assurance au navire, même en l'absence de toute convention spéciale (1).

L'article 17 de la loi de 1874 consacrait deux règles dérogeant aux solutions admises par la jurisprudence pour l'hypothèque immobilière.

a. Les hypothèques maritimes, en l'absence même de toute convention spéciale à cet égard, s'exerçaient, dans l'ordre des inscriptions, sur le produit des assurances faites par le débiteur pour le navire hypothéqué.

b. L'inscription de l'hypothèque valait opposition au paiement de l'indemnité d'assurance. Les assureurs se seraient donc exposés à payer deux fois si, nonobstant une inscription, ils s'étaient acquittés entre les mains de l'assuré. Le but de cette seconde règle était d'éviter des frais ; sans elle, disait-on, des oppositions auraient été nécessaires et auraient été d'autant plus coûteuses que parfois, un navire est assuré par plusieurs compagnies ; il aurait, par suite, fallu faire plusieurs significations d'opposition.

Il résultait de là que, pour savoir s'ils pouvaient payer l'indemnité à l'assuré ou s'ils avaient à s'en abstenir, les assureurs devaient réclamer au receveur des douanes du port d'immatricule un état des inscriptions ; ils ne payaient avec sécurité qu'autant qu'il leur était délivré un certificat négatif (n° 1649).

Au reste, cette sorte de subrogation de l'indemnité d'assurance au navire au profit des créanciers hypothécaires n'était pas admise dans tous les cas ; elle ne l'était que dans les cas de sinistres majeurs (2) (3).

(1) Ce n'est pas la seule de nos lois qui reconnaissait, avant la loi du 19 février 1889, la subrogation de l'indemnité d'assurance à la chose dans l'intérêt de certains créanciers : la loi du 28 mai 1858 (art. 10) admet que les porteurs de récépissés et de warrants ont, sur les indemnités d'assurance dues en cas de sinistres, les mêmes droits et privilèges que sur la marchandise assuré. V. *Traité de Droit commercial*, III, n° 373.

(2-3) La loi de 1874 (art. 17) n'admettait expressément la subrogation de l'indemnité au navire *qu'en cas de perte ou d'innavigabilité*. Mais il ne fallait pas s'attacher rigoureusement à ces expressions : l'intention du législateur paraissait bien avoir été d'admettre la subrogation de plein droit dans tous les cas de sinistres majeurs, pour l'exclure seulement dans les cas d'avaries. Il fallait donc appliquer l'article 17 à tous les sinistres majeurs. Il y a lieu, du reste, de remarquer que l'on peut ranger

Pourquoi la loi de 1874 faisait-elle cette distinction entre les sinistres majeurs et les avaries? Cela s'expliquait par des considérations
pratiques, non par des raisons de principe. On n'avait pas voulu,
en favorisant les créanciers hypothécaires, créer des embarras aux
assureurs, en les obligeant à vérifier l'état hypothécaire du navire à
chaque règlement d'avaries. Grâce à la disposition limitative de l'article 17 de la loi de 1874, dans les cas ordinaires d'avaries, les assureurs pouvaient payer directement l'assuré sans avoir à s'inquiéter
des hypothèques grevant le bâtiment (1).

La disposition de l'article 17 était inapplicable aux privilèges maritimes. Aussi, sur l'indemnité d'assurance, les créanciers hypothécaires passaient avant les créanciers privilégiés, qui étaient traités
comme les créanciers chirographaires et concouraient avec eux.
V. nos 1666 et 1712 *bis*.

1666. Malgré le caractère très limité des dispositions de l'arti-

tous les cas de sinistres majeurs sous les noms de perte et d'innavigabilité
(nos 1352 et suiv.).

Suffisait-il qu'il y eût sinistre majeur pour que les créanciers pûssent
exercer leurs droits sur l'indemnité d'assurance? Ne fallait il pas, en outre,
que l'assuré eût fait le délaissement à l'assureur, de telle sorte que l'article 17 ne s'appliquait point au cas où l'assuré agissait par l'action d'avaries? On a soutenu qu'il fallait qu'il y eût délaissement. V. Ad. Billette,
Révision de la loi du 10 décembre 1874, p. 36 et 37; Bédarride, n° 252.
Cette opinion ne paraît pas admissible; quelle que fût l'option faite par
l'assuré, dès qu'il y avait sinistre majeur, les créanciers hypothécaires
pouvaient exercer leurs droits sur le produit des assurances. Aucune allusion n'est faite dans le texte de l'article 17 à la nécessité du délaissement.
Puis, avec la doctrine contraire, les créanciers hypothécaires auraient été
à la discrétion de leur débiteur: ils auraient ou n'auraient point eu leur
droit de préférence sur le produit de l'assurance, selon que leur débiteur
aurait opté pour le délaissement ou pour l'action d'avaries. V. en ce dernier sens. Laurin, *Cours élémentaire de Droit commercial*, nos 1260 et 1261;
Mallet, p. 86 ; Boistel, p. 901, note 2.

On peut citer, pour établir que l'article 17 de la loi de 1874 s'appliquait à
tous les cas de sinistres majeurs, le passage suivant du rapport de M. Grivart à l'Assemblée nationale : « Quant aux assureurs, ils n'auront pas à
« souffrir de la subrogation légale, pourvu qu'il n'en résulte pas, pour eux,
« l'obligation de vérifier, à chaque règlement d'avaries, l'état hypothé-
« caire du navire et de mettre en cause les créanciers inscrits. Or, le pro-
« jet de loi leur donne à cet égard toute satisfaction *en limitant la subro-
« gation au cas de sinistres majeurs, perte ou innavigabilité.* »

(1) V. la note précédente.

cle 17 de la loi de 1874, elles avaient été vivement critiquées.

Voici un résumé des principales critiques dirigées contre l'article 17. La subrogation de plein droit est une cause de gêne pour les assureurs. Aucune indemnité ne peut plus être payée avec sécurité par eux sans une vérification de la situation hypothécaire du navire assuré. Les propriétaires de navires même non grevés d'hypothèqve doivent produire un certificat négatif, c'est une formalité gênante qui peut causer des retards dans le recouvrement des indemnités. Il y a peut-être même des cas où les assureurs payant l'assuré sur la production d'un certificat négatif, ne sont pas valablement libérés. Ce n'est pas tout : il est à craindre que les créanciers ne comptent sur l'attribution légale de l'indemnité d'assurance qui leur est faite, alors que les polices à renouveler chaque année expirent avant le remboursement du prêt. La faculté, pour le créancier hypothécaire, de se faire céder, lors de la constitution d'hypothèque, la créance éventuelle d'indemnité, garantit pleinement les assureurs. On ajoutait une autre considération. Si la loi de 1874 subrogeait l'indemnité d'assurance au navire à l'égard des créanciers hypotécaires, il n'y avait aucune disposition du même genre au profit des créanciers privilégiés, ceux-ci se trouvaient ainsi primés sur cette indemnité par les créanciers ayant hypothèque. Les créanciers privilégiés étaient sacrifiés (nº 1665).

Les craintes que la loi de 1874 a inspirées aux assureurs, étaient telles que les compagnies d'assurances françaises avaient décidé d'insérer dans leurs polices sur corps la clause suivante : « La condition « de la validité de la présente police est que le navire ne soit pas « grevé d'hypothèque maritime actuelle ou éventuelle.— Il est inter- « dit, à peine de nullité de la police, pour les risques à courir, de « faire, pendant la durée des risques, aucun emprunt hypothécaire « sans le consentement des assureurs. » — L'insertion de cette clause dans les polices avait fait accuser les assureurs de se coaliser pour mettre en interdit la loi de 1874. Ils ont protesté contre cette intention : pour expliquer la clause nouvelle, ils ont dit qu'elle n'était qu'une application faite à un cas particulier de l'article 348, C. com., sur la réticence. L'armateur donne moins de soins à un navire hypothéqué qu'à un navire non hypothéqué ; le premier étant ainsi plus exposé à se perdre, l'assureur a intérêt à savoir si le navire est grevé d'hypothèque.

Selon nous, l'article 17 de la loi de 1874 n'offrait pas tous les inconvénients qu'on lui attribuait. La nécessité de réclamer un état des inscriptions n'était pas une gêne sérieuse et l'assureur qui payait l'indemnité à l'assuré sur la production d'un certificat négatif, était toujours libéré (1).

1667. Cependant, touché des critiques dirigées contre l'article 17 de la loi de 1874, le législateur n'a pas reproduit les dispositions de cet article dans la loi de 1885 (2). En supprimant ces dispositions, il a entendu laisser à cet égard l'hypothèque maritime sous l'empire des règles du droit commun telles qu'elles étaient admises pour l'hypothèque sur les immeubles (n° 1664). Par suite, dans l'intervalle de temps qui s'est écoulé entre la loi du 10 juillet 1885 et celle du 19 février 1889, les solutions suivantes ont dû être admises :

a. L'inscription d'une hypothèque maritime ne valait pas opposition entre les mains de l'assureur. C'était au créancier hypothécaire, s'il voulait éviter que l'indemnité d'assurance ne fût payée à l'assuré, à former une saisie-arrêt entre les mains de l'assureur.

b. Les créanciers hypothécaires ne pouvaient pas faire valoir leur droit de préférence sur cette indemnité.

c. S'ils voulaient avoir droit à l'indemnité d'assurance à l'exclusion des autres créanciers, il fallait qu'ils se la fissent céder par leur débiteur. Ils avaient alors à remplir les formalités prescrites par l'article 1690, C. civ.

Ces solutions s'appliquaient aux créanciers privilégiés comme aux créanciers hypothécaires.

---

(1) V., sur le dernier point, *Gazette des Tribunaux*, n° des 1er et 2 avril 1875, article de Ch. Lyon-Caen.

(2) Aussi la clause de nullité de l'assurance pour le cas où le navire serait hypothéqué sans que cela ait été déclaré (n° 1066) a été supprimée dans les police d'assurances sur corps de navires à vapeur. On a cru devoir la laisser subsister dans les polices d'assurances de voiliers. Les propriétaires de navires à voiles présentent, en général, moins de garanties que les propriétaires de navires à vapeur. Le fait que le navire est hypothéqué rend le propriétaire plus indifférent à la réussite de son entreprise et augmente, par conséquent, les risques de l'assureur.

1668. Aucune disposition légale visant l'hypothèque maritime n'a expressément, depuis la mise en vigueur de la loi du 10 juillet 1885, écarté pour cette hypothèque ces solutions. Mais ont-elles été modifiées par les dispositions générales de l'article 2 de la loi du 19 février 1889? (1) Nous le croyons, mais cette doctrine a été contestée.

L'article 2 de la loi du 19 février 1889 est ainsi conçu :

Les indemnités dues par suite d'assurances contre l'incendie, contre la grêle, contre la mortalité des bestiaux ou les autres risques, sont attribuées, sans qu'il y ait besoin de délégation expresse, aux créanciers privilégiés ou hypothécaires suivant leur rang.

Néanmoins, les paiements faits de bonne foi avant opposition, sont valables (2).

Cet article subroge, en principe, dans *toutes* les assurances, l'indemnité à la chose assurée au profit des créanciers hypothécaires et privilégiés. Il modifie ainsi les solutions antérieurement admises par la jurisprudence (n° 1664). La règle nouvelle peut, sans aucun doute, être invoquée, notamment en matière d'assurances sur facultés, par les créanciers ayant des privilèges sur les marchandises assurées. Doit-on appliquer aussi l'article 2 de la loi du 19 février 1889 en matière d'assurances sur corps au profit des créanciers ayant des hypothèques ou des privilèges sur le navire assuré ?

On a soutenu que cette disposition est étrangère aux assurances maritimes sur corps. La loi spéciale du 10 juillet 1885, en ne reproduisant pas l'article 17 de la loi du 10 décembre 1874, a supprimé complètement la subrogation de l'indemnité d'assurance au navire assuré au profit des créanciers hypothécaires. Les inconvénients de cette subrogation l'ont fait abandonner. Il serait singulier, dit-on, que le législateur de 1889 l'eût rétablie, sans même en faire mention.

(1) La loi dans laquelle se trouve cet article, s'occupe aussi (art. 1) de la restriction du privilège du bailleur de fonds rural dans l'intérêt du crédit du fermier.

(2) Consulter sur cette disposition une brochure de MM. A. Darras et E. Tarbouriech, *De l'attribution en cas de sinistre des indemnités d'assurance,* etc. (1890).

On peut, du reste, invoquer ici la règle, *generalia specialibus non derogant*.

Selon nous, il faut, au contraire, en appliquant l'article 2 de la loi du 19 février 1889 aux assurances sur corps, admettre que l'indemnité est subrogée au navire et que, par suite, les créanciers hypothécaires et privilégiés peuvent exercer sur cette indemnité leur droit de préférence, au rang même où ils pourraient l'exercer sur le prix du bâtiment (1). Les termes de l'article 2 de la loi de 1889 sont aussi généraux que possible ; il y est parlé des assurances contre l'incendie, contre la grêle, contre la mortalité des bestiaux ou *les autres risques*. Il n'est pas fait d'exception pour les assurances maritimes sur corps. On ne peut pas alléguer que le législateur n'a pas pensé à ces dernières assurances. Un incident des travaux préparatoires prouve le contraire. Le texte soumis au Sénat parlait des indemnités dues par les *compagnies d'assurances*. La mention de ces compagnies a été effacée sur les observations suivantes du rapporteur (2) : « Nous avons « remarqué qu'il pouvait y avoir des assurances qui n'étaient pas « l'œuvre de compagnies, des assureurs qui n'étaient pas constitués « en compagnie ; *cela a lieu notamment pour les assurances* « *maritimes.* » Au reste, le motif principal qui a fait omettre dans la loi du 10 juillet 1885 la disposition de l'article 17 de la loi du 10 décembre 1874, ne se présente nullement pour faire exclure l'application de la loi du 19 février 1889 (art. 2) à l'hypothèque maritime. Les assureurs alléguaient qu'ils avaient la crainte d'être obligés de payer deux fois l'indemnité due par eux et que la disposition de l'article 17 était de nature à produire de fâcheuses lenteurs dans le paiement des indemnités d'assurances. Ces craintes se rattachaient à ce que, d'après la loi de 1874, l'inscription valait opposition, de telle façon qu'avant de payer une indemnité au propriétaire du navire assuré, l'assureur devait se faire délivrer un état des inscriptions par le receveur des douanes. La loi de 1889 n'admet point que

---

(1) Cass., 12 juillet 1910, S. et *J. Pal.*, 1910. 1. 423. *Pand. fr.*, 1910. 1. 473 ; (note de Ch. Lyon-Caen). Darras et Tarbouriech, *op. cit.*, p. 15 et suiv.

(2) M. Labiche. — V. *Journ. officiel, débats parlementaires, Sénat,* 1883, p. 188.

'inscription d'une hypothèque vaut opposition ; elle exige une opposition formelle entre les mains de l'assureur (1) et elle reconnaît expressément que, en l'absence d'une opposition, le paiement de l'indemnité faite de bonne foi par l'assureur à l'assuré, est libératoire pour celui-ci (2).

L'exclusion de la subrogation en matière d'assurance sur corps conduirait à des résultats divers très choquants. A raison de la fréquence des risques de mer, la subrogation de l'indemnité est plus utile aux créanciers hypothécaires et privilégiés dans les assurances maritimes sur corps que dans toutes autres assurances, et, pourtant, le bénéfice leur en serait refusé. Ce n'est pas tout. Personne ne saurait soutenir que les créanciers ayant un privilège sur des marchandises transportées par mer, ne peuvent pas l'exercer sur l'indemnité d'assurance. Ne serait-il pas vraiment singulier de donner pour les assurances sur corps une autre solution que pour les assurances sur facultés ?

Mais il importe de reconnaître que l'application de la loi du 19 février 1889 (art. 2) à l'assurance maritime sur corps a des conséquences pratiques très graves. La situation des propriétaires de navires peut s'en trouver profondément changée. On a toujours reconnu que l'indemnité d'assurance peut être conservée par le propriétaire du navire en cas d'abandon fait par lui en vertu de l'article 216, C. com. (n° 241). Dès l'instant où l'on admet la subrogation de l'indemnité d'assurance au navire au profit des créanciers hypothécaires et privilégiés, il cessera d'en être ainsi dans la plupart des cas. Car il y a presque toujours sur un navire, sinon des hypothèques, au moins des privilèges, par cela même que ceux-ci sont très nombreux. Ainsi, l'indemnité d'assurance étant attribuée aux créanciers hypothécaires et privilégiés, ne restera presque jamais au propriétaire de navire. En présence de ce résultat on peut trouver qu'il eût été préférable de laisser l'assurance maritime sur corps en dehors de la loi du 19 février 1889 et de régler la matière, après un examen de la question par une loi spéciale.

(1-2) L'opposition exigée ici n'est pas une véritable saisie-arrêt. Elle peut être faite dans des formes quelconques. Elle peut être faite par lettre ou même verbalement : Toulouse, 27 mai 1890. — Darras et Tarbouriech, *op. cit.*, n° 67.

1669. Il importe, du reste, de bien constater les différences profondes qui séparent le système consacré par la loi du 19 février 1889 (art. 2) de celui qu'avait adopté la loi du 10 décembre 1874 (art. 17).

a. La subrogation est admise aujourd'hui, que l'indemnité soit due à raison d'avaries ou de sinistres majeurs. Elle n'avait lieu d'après la loi de 1874 (art. 17) que dans les cas de sinistres majeurs. *b.* La subrogation a lieu au profit des créanciers privilégiés, comme des créanciers hypothécaires (1). La loi de 1874 ne s'était occupée que de ces derniers (n° 1665 *in fine*). *c.* Selon la loi de 1874, l'inscription valait opposition au paiement de l'indemnité d'assurance. Il faut, en vertu de la loi de 1889, qu'une opposition soit faite (n° 1668) (2).

1669 *bis.* Les créanciers hypothécaires et privilégiés qui ont droit à l'indemnité d'assurance, ne peuvent exercer leur droit qu'autant qu'ils savent qu'une assurance a été contractée et qu'ils connaissent le nom de la compagnie d'assurance. Sans cela, ils ne peuvent former opposition au paiement de l'indemnité d'assurance à l'assuré et ils risquent que l'assureur de bonne foi se libère entre les mains de l'assuré. Aussi le droit attribué aux créanciers hypothécaires et privilégiés implique, pour l'assuré, l'obligation de déclarer qu'il est assuré par la compagnie dont il indique le nom. Cette déclaration doit avoir lieu sur la demande du créancier faite lors de la conclusion du contrat ou, tout au moins, lors du sinistre qui donne lieu à l'application de la loi du 19 février 1889 (art. 2).

1670. Malgré la subrogation consacrée par la loi de 1889, les créanciers hypothécaires ou privilégiés peuvent avoir intérêt à faire assurer, soit leur créance, soit le navire, jusqu'à concurrence du montant de leur créance. Cet intérêt existe pour eux à raison de ce que le navire peut ne pas être assuré par le propriétaire ou de ce que l'assurance conclue par lui peut être expirée ou frappée de

(1) V. ci-après n° 1712 (en note) les observations relatives à l'application de l'article 2 de la loi du 19 février 1889 aux créanciers ayant privilège sur le navire assuré.

(2) Une proposition de loi votée par la Chambre des députés et soumise au Sénat, modifiait la loi du 19 février 1889, en admettant que l'inscription de l'hypothèque valait opposition. Cette proposition de loi a été l'objet d'un rapport déposé au Sénat le 20 juillet 1893, mais elle n'a pas été votée.

nullité. La loi du 10 décembre 1874 (art. 17) reconnaissait expressément aux créanciers hypothécaires le droit de faire assurer le navire de leur chef. À défaut de disposition spéciale consacrant actuellement le droit, pour les créanciers hypothécaires ou privilégiés, de faire assurer le navire ou leur créance, on peut déduire ce droit de la règle générale de l'article 334, C. com., selon laquelle *toute personne intéressée peut faire assurer le navire... et généralement toutes choses estimables à prix d'argent sujettes aux risques de la navigation*. V. n° 1169.

1671. L'assurance contractée par les créanciers ne peut être pour eux une source de bénéfices et les placer en cas de sinistre dans une situation meilleure qu'en cas d'heureuse arrivée. Ils ne peuvent donc pas réclamer une indemnité à leurs propres assureurs et se faire payer par leur débiteur ou exercer leur droit de préférence sur l'indemnité due à celui-ci en vertu des assurances qu'il a contractées. Aussi l'article 17, 3e al., de la loi 1874, décidait-il que l'assureur des créanciers était *subrogé à leurs droits contre le débiteur*. Il fallait ajouter évidemment, en prévision du cas où ce débiteur aurait fait assurer le navire, que cet assureur était subrogé aux droits que les créanciers avaient contre les assureurs de leur débiteur en vertu de l'article 17, 1er al. Ces droits se rattachaient, comme un accessoire, aux droits des créanciers contre le débiteur lui-même. Cette disposition de l'article 17 de la loi de 1874 a disparu de nos lois, mais la subrogation légale qu'elle consacrait paraît devoir être encore admise en vertu de la règle générale de l'article 1251-3°, C. civ. Le débiteur et les assureurs peuvent être considérés comme étant obligés ensemble envers le créancier hypothécaire ; l'assureur du créancier qui paie l'indemnité, acquitte une dette dont il est tenu avec l'assureur du débiteur et avec ce dernier lui-même. V. n° 1311.

1671 *bis.* DROIT ÉTRANGER. — Les lois des divers pays ne s'accordent pas à admettre au profit des créanciers privilégiés et hypothécaires la subrogation de l'indemnité au navire assuré. L'article 34 de la loi *belge* du 21 août 1879 dispose : « En cas de perte ou d'innavigabilité du navire, les droits du créancier s'exercent sur les « choses sauvées ou sur leur produit, alors même que la créance ne « serait pas encore exigible. — L'inscription de l'hypothèque vaut

« opposition au paiement de l'indemnité d'assurance. Dans le cas
« d'indemnité d'avaries concernant le navire, le créancier hypothé-
« caire pourra intervenir pour la conservation de ses droits ; il ne
« pourra les exercer que dans le cas où l'indemnité, en tout ou en
« partie, n'aurait pas été ou ne serait pas employée à la réparation
« du navire. » Cette disposition ne fait, d'ailleurs, qu'appliquer à
l'hypothèque maritime les règles que la loi *belge* du 16 décembre
1851 (art. 10) a consacrées pour l'hypothèque terrestre. Les Codes
de commerce *portugais* (art. 594) et *argentin* (art. 1301) ne permettent aux créanciers hypothécaires d'exercer leurs droits sur l'indemnité d'assurance que dans le cas de perte ou d'innavigabilité. En
Grande-Bretagne, une subrogation n'est admise par la loi en aucun
cas.

1672. L'hypothèque maritime est une garantie dont la solidité est
diminuée par les risques de mer. La subrogation de l'indemnité au
navire assuré protège les créanciers hypothécaires contre le préjudice résultant de la réalisation de ces risques. Mais une autre cause
pourrait restreindre la garantie que présente l'hypothèque maritime.
Si un navire est vendu à des étrangers, de façon à ce qu'il perde sa
nationalité française, l'exercice de l'hypothèque est impossible ou,
tout au moins, est rendu très difficile par suite de son changement
de nom et de port d'attache. Cependant, la loi de 1874 ne restreignait
nullement le droit pour le propriétaire d'un navire hypothéqué de le
vendre à des étrangers. La loi de 1885 (art. 33), pour augmenter la
sécurité des créanciers hypothécaires, interdit la vente volontaire
d'un navire hypothéqué faite à un étranger, soit en France, soit à
l'étranger (n° 132) (1). Cette interdiction reçoit une double sanction.
D'abord, tout acte fait en fraude de cette prohibition est nul; puis, le
vendeur est passible des peines édictées par l'article 408, C. pén.,
contre l'abus de confiance, sauf application de l'article 463, C. pén.,

(1) Il s'agit seulement, d'après les motifs de la loi, d'une vente qui doit
faire perdre à un navire français sa nationalité. Aucune disposition légale
ne met donc obstacle à ce que le propriétaire d'un navire hypothéqué en
vende à un étranger une partie inférieure à la moitié; alors, en effet, le
navire demeure français. V. n° 56.

sur les circonstances atténuantes (1). Mais, il va de soi que cette interdiction avec ces sanctions rigoureuses rend, non impossible, mais seulement improbable, la vente à des étrangers d'un navire hypothéqué. La nullité doit être prononcée par les tribunaux français, mais il n'est pas à compter évidemment qu'elle le soit par les tribunaux du pays étranger dont le navire qui a cessé d'être français, porte le pavillon.

Tout en approuvant l'interdiction prononcée par la loi de 1885 (art. 33) quant à la vente vo'ontaire d'un navire hypothéqué faite à des étrangers, on doit reconnaître que cette interdiction ne concorde pas bien avec la liberté laissée au copropriétaire d'un navire français de le rendre étranger en vendant sa part à des étrangers, fût-ce sans le consentement de ses copropriétaires. L'hypothèque se trouve ainsi mieux protégée que la propriété même. V. n° 302.

1673 Il résulte de tout ce qui a été dit dans les paragraphes précédents, qu'un grand nombre de règles qui régissent l'hypothèque sur les immeubles, sont applicables à l'hypothèque maritime Mais, sur beaucoup de points, la loi spéciale est muette. Doit-on alors appliquer à l'hypothèque maritime les dispositions qui, sur ces points, régissent l'hypothèque sur les immeubles? Dans plusieurs pays étrangers, cette règle a été expressément admise par la loi (2). A défaut de renvoi général fait par notre loi spéciale de 1885 aux dispositions relatives à l'hypothèque sur les immeubles. on ne peut admettre une telle extension qu'autant que ces dispositions sont conformes aux principes généraux du droit et ne sont pas en contradiction avec les règles du Droit maritime. On peut faire de cette doctrine de nombreuses applications.

(1) Il a été reconnu qu'un consul de France peut s'opposer à la substitution d'un pavillon étranger au pavillon français pour un navire hypothéqué et qu'en conséquence, une indemnité ne peut être, à raison du dommage causé par cette opposition, réclamée à l'Etat français : Conseil d'Etat, 1er août 1890, *le Droit*, n° du 13 août 1890.

(2) V. Codes de commerce *portugais* (art. 585) et *argentin* (art. 1367). En *Belgique*, à propos de l'article 140 de la loi du 21 août 1879 (devenu l'article 34 de cette loi revisée par la loi du 10 février 1908) de nombreux orateurs ont déclaré, à la Chambre des représentants, que la loi *belge* du 16 décembre 1851 sur les hypothèques terrestres doit servir à compléter les dispositions relatives à l'hypothèque maritime.

a. L'article 2131, C. civ., qui, par dérogation à l'article 1188, C. civ., admet la déchéance du bénéfice du terme en matière de dette hypothécaire, lorsque la sûreté est diminuée même sans le fait du débiteur, ne peut être appliqué quand il s'agit d'une hypothèque maritime (1).

b. L'article 2128, C. civ., ne s'applique pas aux hypothèques constituées en pays étranger sur des navires français. C'est, du reste, ce qui sera exposé plus loin avec détail, à propos des conflits de lois concernant l'hypothèque maritime (2). V. n° 1795.

Mais il ne faut pas se méprendre sur la portée de la règle dont deux applications viennent d'être indiquées. Elle ne concerne que les dispositions des lois ayant trait directement aux hypothèques sur les immeubles, mais non les dispositions comprises dans d'autres matières et touchant aux hypothèques. Ainsi, les dispositions du Code de commerce sur la nullité des constitutions d'hypothèque faites durant la période suspecte (art. 446 et 447), les dispositions du Code civil (art. 2146) et du Code de commerce (art. 448) sur les événements qui arrêtent le cours des inscriptions s'appliquent aux hypothèques maritimes (3). V. n° 1640.

1674. L'exposé des règles relatives à l'hypothèque maritime fait ressortir aisément les avantages que cette garantie réelle présente, comme moyen de crédit, sur le prêt à la grosse. Les principaux de ces avantages sont les suivants :

a. L'hypothèque maritime garantit un prêt ordinaire. La créance à laquelle elle est attachée, à la différence de celle du prêteur à la grosse, subsiste malgré les risques qui atteignent le navire.

b. Le rang du créancier hypothécaire est déterminé par la date de

---

(1) V., pourtant, trib. comm. de Nantes, 4 juill. 1885, *Journ. de jurispr. de Marseille*, 1886. 2. 118 ; *Revue intern. de droit marit.*, 1885-86, p. 623 Crouvès, *op. cit.*, n° 11. V. observations de Ch. Lyon-Caen, *Revue crit. de législ. et de jurispr.*, 1887, p. 632 et suiv.

(2) Ch. Lyon-Caen, *Etudes de Droit international privé maritime*, p. 27 et suiv.

(3) Caen, 24 fév. 1892, *Revue intern. de Droit marit.*, 1892-93, p. 40. V. aussi les observations de Ch. Lyon Caen dans la *Revue crit. de législ. et de jurispr.*, 1893, p. 276 et suiv.

V. *Traité de Droit commercial*, VII, n° 285 *bis* et 369.

l'inscription ; il ne peut être modifié en rien par des hypothèques inscrites postérieurement. Les prêteurs à la grosse sont, suivant les cas, primés par les prêteurs à la grosse postérieurs ou subissent le concours de ceux-ci. V. nos 1585 et suiv.

c. Le droit de suite du créancier hypothécaire est plus persistant que celui du prêteur à la grosse qui s'éteint dans les conditions déterminées par les articles 193 et 194, C. com. V. nos 1481 et suiv. ; 1655.

1675. Avant la loi de 1874 qui a introduit l'hypothèque maritime en France. les navires pouvaient être constitués en gage. Il n'est pas douteux que le gage est encore possible pour les navires de moins de 20 tonneaux qui, d'après la loi du 10 juillet 1885 (art. 3), ne peuvent pas être hypothéqués. Mais la constitution en gage d'un navire de 20 tonneaux au moins peut-elle encore avoir lieu, bien que ce navire puisse être grevé d'hypothèque ? On peut en douter. La règle générale de notre législation est que les biens peuvent être, soit hypothéqués, soit constitués en gage, mais non être affectés réellement au profit des créanciers de l'une ou de l'autre façon d'après la volonté des parties. Cependant, selon nous, la constitution en gage d'un navire est demeurée possible en droit même depuis l'admission de l'hypothèque maritime (1). Les lois de 1874 et de 1885 ont reconnu cette nouvelle sûreté réelle, sans supprimer le gage, et il est de principe que tous les biens meubles peuvent être donnés en gage. En admettant l'hypothèque maritime, nos lois n'ont pas enlevé aux navires leur caractère mobilier (2).

§ 4. — RÉSULTATS DE L'INTRODUCTION EN FRANCE DE L'HYPOTHÈQUE MARITIME. — STATISTIQUE.

1676. Malgré les avantages que peut présenter l hypothèque maritime, il y a là une institution qui s'est jusqu'ici fort peu développée en France.

(1) Cpr. Cass., 11 fév. 1885, D. 1885. 1. 148. V. observations de Ch. Lyon-Caen dans la *Revue crit. de législ. et de jurispr.*, 1886, p. 349.

(2) Cette solution a été admise en *Belgique* par la Cour d'appel de Bruxelles dans un arrêt du 14 avr. 1888, *Revue intern. du Droit marit.*, 1888-89, p. 83.

Du 1er mai 1875 au 31 décembre 1908, c'est-à-dire en 33 ans 1/2, d'après la statistique officielle (1), il a été constitué 5.428 hypothèques maritimes pour une somme de 997.796.266 fr. 71 cent. Ces chiffres se décomposent de la façon suivante :

1905 hypothèques ont été constituées sur des navires en cours de construction pour 713.376.538 fr. 47 (2) ; 3382 hypothèques ont été établies sur des navires francisés pour 285.364,789 fr. 67 cent. De 1875 à 1885, il avait été constitué 10 hypothèques en cours de voyage pour 658.000 francs. La loi de 1885 n'admet plus ces hypothèques (n° 1646).

Les hypothèques maritimes ne sont pas devenues sensiblement plus nombreuses depuis la loi du 10 juillet 1885 qu'elles ne l'étaient sous l'empire de la loi du 10 décembre 1874. Cela prouve bien que le petit nombre des hypothèques maritimes n'était pas dû aux imperfections reprochées à la loi de 1874 et corrigées en 1885 (n° 1615). Il tient à des causes plus profondes. En France, on s'intéresse généralement peu aux choses de la mer, et les capitalistes ne placent pas volontiers leurs capitaux dans les entreprises maritimes. Du reste, la nature des choses qu'on ne peut changer fait que l'hypothèque sur les navires constitue une garantie moins solide que l'hypothèque sur les immeubles.

SECTION IV

Des privilèges sur les navires (3).

1677. *Généralités.* — L'intérêt du commerce de mer a fait établir de nombreux privilèges sur les navires. Le Code de 1807, plus complet que l'Ordonnance de 1681 (4), les énumère et les classe

---

(1) *Bulletin de statistique et de législation comparée* publié par le Ministère des finances, 1892, 1, p. 617 : 1901, 2, p. 260. Le bulletin publie, en général, chaque année une statistique des hypothèques maritimes.

(2) La plupart de ces hypothèques ont été inscrites au profit de l'État faisant construire des navires par l'industrie privée et voulant ainsi être assuré du remboursement de ses avances en cas de faillite du constructeur (1250 hypothèques pour 492.188.833 fr. 71 cent.).

(3) Code de commerce, art. 191, 192, 193, 194 et 196.

(4) Livre 1, titre XIV, art. 16 et 17. Valin et Émérigon (*Traité des con-*

(art. 191), en déterminant avec précision les créances auxquelles ils sont attachés ; il indique, en outre (art. 192), les justifications ou preuves à faire par chaque créancier qui veut exercer un privilège et, à défaut desquelles, les créances dépourvues de privilège demeurent chirographaires.

Le législateur a été, dans cette matière, préoccupé de deux idées principales : il a voulu d'abord augmenter le crédit du commerce de mer, en concédant des privilèges sur les navires d'une façon assez large ; puis, en même temps, il a cherché à éviter que les privilèges ne s'accumulassent sur un seul navire ; cette accumulation aurait pu pour l'avenir faire perdre tout crédit au propriétaire ou au capitaine.

La nature des créances auxquelles des privilèges sont attachés, a depuis longtemps conduit à distinguer, au point de vue qui nous occupe, les navires qui ont déjà et les navires qui n'ont pas encore navigué : les privilèges qui grèvent les uns et les autres, ne sont pas exactement les mêmes. V n°ˢ 1679 et suiv. La nécessité de restreindre le nombre des privilèges qui peuvent être exercés à la suite d'une vente sur saisie, a fait, en outre, admettre que certaines créances ne sont privilégiées qu'autant qu'elles sont nées, soit durant le dernier voyage qui a précédé cette vente, soit immédiatement avant, soit après ce dernier voyage (1). Ainsi, en principe, les privilèges ne subsistent jamais pendant plusieurs voyages et, peu à peu, en naviguant, un navire se débarrasse en quelque sorte des privilèges qui le grevaient précédemment.

Les privilèges sur les navires sont, pour la plupart, fondés sur l'une des causes qui justifient les autres privilèges mobiliers, généraux ou spéciaux, c'est-à-dire sur des idées d'humanité, sur une constitution de gage tacite, sur la mise ou la conservation d'une valeur dans le patrimoine du débiteur.

---

trats à la grosse, chap. XII) ne considéraient pas l'énumération de l'Ordonnance comme limitative ; ils y ajoutaient des privilèges non mentionnés par elle. Le Code de commerce s'est inspiré de leurs décisions.

(1) Le Code ne définit pas ce qu'il faut entendre, à ce point de vue, par voyage. Aussi de grandes difficultés s'élèvent elles à ce sujet. V. ci-dessus, n°ˢ 1461, 1462, 1485 et suiv., 1596.

1678. Il importe d'examiner chacun des privilèges indiqués par l'article 191 dans l'ordre de leur énumération, qui est celui de leur classement (art. 191, 1ᵉʳ alin.). A propos de chacun d'eux, le mode de preuve de la créance privilégiée, tel qu'il est fixé par l'article 192, sera indiqué (1).

Pourquoi donc le Code de commerce (art. 192, C. com.) a-t-il, pour l'exercice des privilèges sur les navires, exigé que les créances privilégiées fussent prouvées par certains moyens déterminés? Cela peut surprendre, à raison même de ce que ces créances sont commerciales. Mais l'article 192 se justifie par deux considérations. Il s'agit de prouver, non seulement l'existence de la créance, mais encore sa date précise, puisque la question de savoir si elle est née ou non pendant le dernier voyage a sur l'existence du privilège une influence décisive ; la preuve testimoniale présenterait, à ce dernier point de vue surtout trop d'incertitude. En outre, il importe que le règlement des créances privilégiées sur les navires puisse se faire promptement, et cela ne serait pas possible si l'existence de ces créances pouvait donner lieu à des contestations jusqu'au dernier moment (2).

En l'absence des moyens de preuve indiqués par l'article 192, C. com., le privilège ne peut pas être exercé (3), mais la créance peut être prouvée comme créance chirographaire.

1679. Au premier rang des créances garanties par un privilège sur les navires, l'article 191 mentionne *les frais de justice et autres faits pour parvenir à la vente et à la distribution du prix.*

---

(1) Les dispositions de l'article 192 sont de droit nouveau ; l'Ordonnance ne contenait aucune disposition sur les modes de preuve des créances privilégiées.

(2) Ces raisons sont celles mêmes qui étaient données dans la Note explicative sur le projet de loi de 1867 pour maintenir l'article 192 du Code de 1807. — Du reste, il y a des créances privilégiées pour lesquelles la loi n'exige aucune justification spéciale; il faut en revenir, pour elles, à la règle générale de l'article 109, C. com. V. nᵒˢ 1692, 1694 et suiv.

(3) Rouen, 26 novembre 1902, *Revue intern. du Droit maritime*, XVIII, p. 498. — On ne peut même admettre des équivalents aux formalités prescrites par l'article 192, C. com., pour la preuve de chaque créance privilégiée. **Bordeaux**, 20 mai 1901, *Revue intern. de Droit maritime*, XVII, p. 31.

Le privilège dont il s'agit, comme le privilège général des frais de justice de l'article 2101-1°, C. civ. (1), est fondé sur cette idée qu'il est équitable, de rembourser, avant tout, les avances faites par un créancier dans l'intérêt commun des autres (2). Ainsi, le privilège de l'article 191-1° appartient à celui qui, en faisant saisir le navire, l'a mis sous la main de la justice ; à celui qui a fait procéder à la vente nécessaire pour convertir en argent le gage commun : à celui qui a fait sommation aux créanciers de produire leurs titres, afin d'arriver à la distribution du prix (art. 213) C. com,) et a eu des frais à supporter. Le privilège n'appartient pas, au contraire, à celui qui a fait des frais à raison de procédures introduites dans son seul intérêt personnel. Ainsi, le créancier qui fait des frais pour obtenir un titre exécutoire ou pour produire ses titres, conformément à l'article 213, C. com., n'a point le privilège des frais de justice ; ces frais s'ajoutent à la créance et viennent sur le navire, au même rang que celle-ci, si elle est privilégiée (art. 214, 2ᵉ al.) (3).

L'article 191-1° ajoute aux mots *frais de justice* les mots *et autres*. Il est probable qu'il désigne par là les frais extraordinaires que peuvent occasionner des incidents de procédure (Cpr. art. 714, C. proc. civ. (4). V. nᵒˢ 1781 et suiv.

(1) Dans le silence même de l'article 191, le privilège des frais de justice aurait dû être admis sur les navires, par cela même que le privilège créé, pour ces frais, par l'article 2101-1°, C. civ., est un privilège général. V. nᵒˢ 1716 et 1717.

(2) Cass., 15 décembre 1897, *Pand. fr.*, 1898. 1. 264 ; *Revue intern. du Droit maritime*, XX, p. 325.

(3) Les solutions données au texte sont conformes à celles qui sont admises sur l'article 2101-1°, C. civ. — L'article 675-1° du Code de commerce *italien* dit d'une façon expresse qu'il s'agit de frais faits dans l'intérêt commun.

(4) Aussi l'article 192-1° ne parle-t-il plus que des frais de justice : Laurin sur Cresp, I, p. 92 ; de Valroger, I, n° 17 ; Arth. Desjardins, I, n° 107. — Une autre interprétation des mots : *et autres*, est adoptée par quelques auteurs. V. Bédarride, I, nᵒˢ 56 et 73 ; Demangeat sur Bravard, IV, p. 35. Ces auteurs prétendent que ces mots font allusion aux frais que doit faire l'adjudicataire sur saisie pour avoir la libre disposition du navire dans certaines circonstances particulières. On cite notamment un cas où l'adjudicataire n'avait pu se faire remettre les expéditions du navire qu'en payant les droits dus à la Caisse des invalides de la marine sur les salai-

1680. Les frais de justice sont constatés par le tribunal compétent représenté par son président (art. 192-1°). Ce tribunal est le tribunal civil, puisque la saisie et la vente du navire se poursuivent devant ce tribunal (n° 1754) (art. 192-1°) (1).

1681. Au second rang viennent, d'après l'article 191-2°, *les droits de pilotage, remorquage, tonnage, cale, amarrage et bassin ou avant-bassin*. Ces différents droits doivent être payés pour mettre en sûreté le navire dans le port. Ce sont des frais conservatoires.

Les droits de pilotage sont dûs aux *pilotes lamaneurs* ou *locmans* lors de l'entrée ou de la sortie d'un port (n°s 594 et suiv.). Les pilotes *hauturiers* (n° 594) ont le privilège des gens de mer qui n'est classé qu'à un rang postérieur (art. 191-6°). Notre privilège garantit aussi bien les indemnités exceptionnelles dues, en cas de tempête et de péril évident, aux pilotes ou en cas d'avaries subies par la chaloupe d'un pilote en abordant un navire en mer (2), que les taxes de pilotage fixées par les tarifs. Il devrait être admis au profit de celui qui fait accidentellement fonction de pilote lamaneur comme au profit du pilote de profession (3).

Les droits de remorquage, qui sont les droits dûs aux remorqueurs, n'étaient pas privilégiés d'après le Code de commerce (4).

---

res des gens de l'équipage. — Il semble y avoir là une erreur : ces frais sont acquittés par l'adjudicataire dans son intérêt personnel et non dans l'intérêt commun ; on ne voit pas, par suite, à quel titre ils seraient privilégiés.

(1) L'article 192 3°, C. com., parle aussi des dettes désignées par le n° 1 de cet article, et dispose que ces dettes sont constatées par des états arrêtés par le président du tribunal de commerce. Il paraît y avoir là une erreur, puisque ces dettes sont déjà visées par l'article 192-1° : Dufour, I, n° 279 ; Arth. Desjardins, I, n° 177. Quelques auteurs donnent, pourtant, un sens à l'article 192 3°, en le référant aux frais *autres* que les frais de justice mentionnés dans l'article 191-1°.

(2) Décret du 12 décembre 1806, art. 43 et 46.

(3) Dufour, I, n° 87 ; Demangeat sur Bravard, IV, p. 39 ; Arth. Desjardins, I, n° 113.

(4) Les droits de remorquage n'étaient privilégiés sous l'empire du Code de commerce que lorsque le remorquage s'appliquant à un navire en péril, avait le caractère d'un acte d'assistance. Le privilège était alors celui des frais de conservation admis par l'article 2102-3° C. civ. V. n°s 1066 et 1075.

Ils ont été déclarés tels par une loi du 11 avril 1906 qui ajoute ces droits dans l'énumération de l'article 191-2º, C. com. A l'époque de la confection du Code de commerce, le remorquage était peu usité, par cela même qu'on ne peut guère y procéder qu'avec des bâtiments à vapeur. Le remorquage n'avait guère lieu qu'en cas de démâtage d'un navire. Le motif qui justifie le privilège attaché au droit de pilotage, de tonnage, etc., explique aussi que les droits de remorquage soient privilégiés. Ces droits sont parmi les frais faits pour l'entrée du navire dans un port.

Les droits de tonnage sont des droits divers proportionnels au tonnage du navire. Il y avait autrefois des droits de ce genre frappant les navires étrangers important des marchandises en France (nº 7). Actuellement, il y a parmi les droits de tonnage des droits de qua perçus, au profit de l'Etat, sur tous les navires venant de l'étranger ou des colonies françaises (Loi du 30 janvier 1872, art. 6, modifiée par les lois du 23 décembre 1897 et du 23 mars 1898) (nº 21). Il y a aussi des droits de tonnage ayant un caractère local et perçus au profit des villes et des chambres de commerce à raison des dépenses faites par elles pour l'amélioration et le développement des ports (nº 21).

Les droits de cale sont des taxes perçues par les propriétaires des cales de construction et de réparation pour le chargement et le déchargement des marchandises (1).

Les droits d'amarrage sont acquittés à raison de ce que les navires entrés dans le port sont attachés (amarrés) à des anneaux se trouvant le long des quais ou à des bouées.

Les droits de bassin ou *d'avant-bassin* peuvent être perçus pour le séjour d'un navire dans les enceintes fermées par des portes où les navires sont maintenus à flot.

Le Code de commerce ne veut pas que les privilèges des voyages précédents s'accumulent sur le navire. Aussi peut-on déduire de l'esprit général du Code que les différents droits mentionnés dans l'article 191-2º, C. com., ne sont privilégiés que lorsqu'ils sont dûs

---

(1) V. sur les droits de cale les détails donnés par Arth. Desjardins, I, nº 117. En fait, on ne perçoit plus des droits de cale dans nos ports.

à raison de l'entrée du navire dans le port où il est vendu, non à raison de frais de même nature dûs pour l'entrée dans le même port ou dans d'autres ports, durant des traversées précédentes (1).

1682. Selon l'article 191-2°, les droits de tonnage et autres sont constatés par *les quittances légales des receveurs.* Le Code de commerce paraît supposer que ces droits ont été acquittés par une personne qui ne doit pas les supporter définitivement et qui, pour se les faire rembourser, se présente comme créancier privilégié sur le navire. Mais le Trésor public ou la personne créancière, individu ou personne morale (État, ville, chambre de commerce, etc...) pourrait aussi faire valoir le privilège de l'article 191-2°, s'il n'y avait pas eu déjà un paiement fait par un tiers. Les quittances préparées par le receveur, serviraient alors à constater le montant de ces droits.

1683. Le troisième rang est assigné par l'article 191-3°, *aux gages du gardien et frais de garde du bâtiment, depuis son entrée dans le port jusqu'à la vente.*

Quand un huissier procède à la saisie d'un navire, il doit établir un gardien (art. 200, *in fine*). La créance du gardien pour son salaire rentre dans les frais de justice visés par l'article 191-1°, ce n'est pas du gardien judiciaire, par suite, qu'il est ici question (2). L'article 191-3° suppose qu'après l'entrée du navire au port, on a congédié l'équipage et on a, comme cela se fait d'ordinaire, placé à bord un gardien chargé à la fois de garder le bâtiment et de faire les manœuvres qui pourraient devenir nécessaires. Le gardien veille sur le gage commun ; son salaire est rangé parmi les frais de conservation ainsi que les frais causés par les mouvements qu'il a dû faire faire au navire (3).

1684. Le montant des gages du gardien est fixé par un état arrêté par le président du tribunal de commerce (art. 192-3°).

(1) Cass., 18 décembre 1899, S. et *J. Pal.*, 1902. 1. 115 ; D. 1901. 1. 377 ; *Pand. fr.*, 1900. 1. 238 ; *Rev. intern. du Droit maritime*, XV, p. 400.

(2) Dufour, I, n°s 90 et suiv. ; Demangeat sur Bravard, IV, p. 42, texte et note 3 ; Arth. Desjardins, I, n° 119. Laurin sur Cresp, I, p. 93, est au contraire, d'avis que les frais du gardien judiciaire même ne viennent qu'au troisième rang.

(3) Trib. civ. du Havre, 16 mai 1873. *Journ. de Marseille*, 1874. 2. 135.

1685. Le quatrième rang appartient *au loyer des magasins où se trouvent déposés les agrès et les apparaux* (art. 191-4°).

Quand un navire doit séjourner dans un port, on enlève le plus souvent une partie de ses agrès et apparaux, les ancres, les voiles, etc., pour les placer dans des magasins. Le locateur, en les mettant à couvert, a permis de conserver, pour la vente, ces accessoires du navire, avec toute leur valeur : il y avait donc lieu de lui accorder un privilège. D'après le droit commun (art. 2102-1°, C. civ), le locateur ne devrait être privilégié que sur ces objets placés dans les magasins ; le Code de commerce le déclare privilégié même sur le corps du navire. Les agrès et les apparaux se vendent, en général, avec le navire pour un prix unique ; grâce à la disposition de l'article 191 4°, il n'est pas utile de faire une ventilation qui pourrait parfois être difficile. Le locateur ne pourrait même pas invoquer l'article 2102-4°, C. civ. pour se faire payer sur les agrès et les apparaux, à un rang préférable à celui que lui assigne l'article 191-4° ; il n'en serait autrement que dans le cas exceptionnel où la vente des accessoires du navire serait faite séparément (1).

1685 *bis.* La créance du locateur, comme celle du gardien, est arrêtée par le président du tribunal de commerce (art. 192-3°).

1686. Au cinquième rang viennent *les frais d'entretien du bâtiment et de ses agrès et apparaux, depuis son dernier voyage et son entrée dans le port* (art. 191-5°). Quand un navire rentre au port, il a souvent besoin de réparations d'entretien, sans lesquelles il serait difficile de le vendre à de bonnes conditions ; les frais d'entretien sont privilégiés, parce qu'ils ont empêché le gage commun de diminuer de valeur.

Le privilège s'exerce sur le prix entier du navire vendu avec ses accessoires, sans qu'il y ait à distinguer selon que les frais d'entretien ont été faits pour la coque du navire ou seulement pour ses agrès et apparaux (analog. n° 1685). Dans l'un et l'autre cas, il est vrai de dire que le prix du navire en est augmenté.

La loi ne vise que les réparations faites *depuis le dernier voyage.*

---

(1) Dufour, I, n° 97 ; Arth. Desjardins, I, n° 124 ; Demangeat sur Bravard, IV, p. 44.

Pour les réparations opérées à la suite d'un voyage précédent, il n'y aurait pas de privilège. Quant aux frais des réparations faites pendant le dernier voyage, ils ne viennent qu'au septième rang (n° 1688) (1).

1686 *bis*. Les créances pour réparations d'entretien sont constatées par des états arrêtés par le président du tribunal de commerce (art. 192-3°).

1687. Au sixième rang viennent *les gages et loyers du capitaine et autres gens de l'équipage employés au dernier voyage* (art. 191-6°) (2). Dans le chapitre consacré aux gens de mer, l'on a déterminé les créances garanties par ce privilège et le sens spécial qu'a ici l'expression *dernier voyage* (n°ˢ 377 et suiv.). Il a été aussi expliqué que ce privilège ne grève pas seulement le navire, qu'il frappe aussi le fret (n° 380). V. n° 387 sur le mode de preuve des loyers des gens de mer au point de vue de l'exercice du privilège.

1688. Le septième rang *appartient aux sommes prêtées au capitaine pour les besoins du bâtiment pendant le dernier voyage et au remboursement du prix des marchandises par lui vendues pour le même objet* (art. 191-7°). Le capitaine peut, en cours de voyage, pour le cas de nécessité, se procurer les sommes indispensables aux besoins du navire, soit en empruntant sur le navire ou sur les marchandises, soit en vendant une partie de la cargaison (n°ˢ 571 et suiv.), Celui dont les marchandises ont été vendues a le droit de s'en faire rembourser le prix par le propriétaire du bâtiment (n° 585). Le prêteur et ceux dont les marchandises ont été ainsi vendues, ont sauvé le gage commun ; il est juste que la loi leur accorde un privilège, pourvu que le prêt ou la vente ait eu lieu durant le dernier voyage.

Il a été parlé, à propos du prêt à la grosse, du privilège appartenant aux prêteurs pour avances faites durant le dernier voyage

(1) Dufour, I, n° 101 ; Arth. Desjardins, I, n° 123 ; Cresp et Laurin, I, p. 95 ; de Valroger, I, n° 24. C'est par suite d'une erreur que Bédarride (I, n° 66) admet que les dépenses d'entretien pendant le dernier voyage rentrent dans l'article 191-5°.

(2) L'Ordonnance donnait la préférence aux gens de mer sur tous les autres créanciers Valin admettait, pourtant, qu'il fallait faire passer avant eux quelques créanciers qu'il indiquait ; c'est précisément à ceux-ci que le Code donne la préférence.

(nos 1596 et suiv.). La loi met sur la même ligne les chargeurs dont les marchandises ont été vendues par le capitaine pour les besoins du navire et leur privilège est, en règle générale, régi par les mêmes principes que celui des prêteurs. Il y a, toutefois, quelque difficulté sur le rang à assigner aux chargeurs.

Lorsque plusieurs prêts sont, durant le même voyage, faits sur le même navire dans des ports différents, les derniers prêteurs en date sont préférés (art. 323) (1), par dérogation à la règle de l'article 191, avant-dernier alinéa, selon lequel *les créanciers compris dans chacun des numéros du présent article viendront en concurrence et au marc le franc, en cas d'insuffisance du prix.*

Faut-il appliquer la disposition de l'article 323, lorsque les marchandises des différents chargeurs ont été vendues dans des ports différents pour subvenir aux besoins du navire ? On a soutenu que es chargeurs sont réputés avoir prêté le prix de leurs marchandises vendues et qu'en conséquence, il faut leur appliquer l'article 323 comme aux prêteurs (2). Il paraît plus exact de faire concourir tous les chargeurs (3). La règle générale se trouve dans l'article 191, avant-dernier alinéa ; l'article 323 qui y déroge, parle seulement des prêteurs. Les chargeurs, dont les marchandises ont été vendues, ressemblent sans doute à des prêteurs ; mais ce ne sont pas des prêteurs volontaires. Il serait exorbitant que le capitaine déterminât les rangs des chargeurs par l'ordre dans lequel il vendrait les marchandises. Du reste, quand le propriétaire fait abandon du navire et du fret aux chargeurs dont les marchandises ont été vendues, la perte se répartit au marc le franc entre les chargeurs (art. 298. V. n° 587). S'il en est ainsi dans le cas d'un navire dont le propriétaire fait abandon, pourquoi en serait-il autrement dans le cas où le navire est vendu et où le prix est insuffisant ? *Ubi eadem ratio, ibi idem jus esse debet.*

Il peut y avoir conflit entre prêteurs et chargeurs. Cela se présente

---

(1) Il y a là une règle qu'on formule souvent ainsi en latin : *sic erunt novissimi primi et primi novissimi.*

(2) Émérigon. chap. XII, sect. IV ; Bédarride, I, n° 84.

(3) Dufour, I, n° 136 ; de Valroger, I, 43 ; Demangeat sur Bravard, I, p. 54 ; Boistel, 3e édit., n° 1131.

quand, dans le même voyage, on a employé pour les besoins du navire à la fois des sommes empruntées et des sommes provenant de la vente de marchandises. Comment classer entre eux les prêteurs et les chargeurs ? On divise la somme afférente à ces deux classes de créanciers en deux parts proportionnelles à leur montant, puis on répartit chaque part entre les prêteurs et les chargeurs, d'après les distinctions faites précédemment (1).

Le capitaines et les autres gens de l'équipage passent, en principe, avant les prêteurs et les chargeurs (n° 1687). Cela paraît juste. En quelque endroit qu'eût été vendu le navire qui ne pouvait continuer le voyage, le capitaine et les gens de l'équipage eussent pu se faire payer de leurs loyers sur le navire. Du reste, les gens de mer contribuent encore plus que les prêteurs et les chargeurs à l'heureuse arrivée du bâtiment. Mais le capitaine a le droit de renoncer à son rang à l'égard des prêteurs ou des chargeurs. Une renonciation de ce genre peut s'induire de ce qu'il s'oblige personnellement envers eux au remboursement (n° 389) (2).

Au lieu d'emprunter ou de vendre des marchandises, le capitaine pourrait obtenir un crédit de ceux qui lui feraient des fournitures pour le navire. Les fournisseurs doivent alors être traités comme des prêteurs. Ils ont, comme ceux-ci, contribué à la conservation du gage commun.

Par suite entre plusieurs créanciers pour fournitures, les derniers en date doivent être préférés (3).

1689. Le mode de constatation de la créance privilégiée, tel qu'il est prescrit par les articles 234 et 192-5°, a été indiqué en ce qui concerne les prêteurs et les chargeurs (n° 580). Pour ce qui est des créanciers pour fournitures faites durant le voyage, il semble rationnel de les traiter de la même manière, c'est-à-dire d'exiger un état arrêté par le capitaine et un procès-verbal de l'équipage. Les dispositions de l'article 192-3°, relatives aux fournitures faites par le navire

(1) Dufour, I, n° 137 ; Demangeat sur Bravard, IV, p. 54.
(2) Rennes, 13 nov. 1886, *Revue intern. du droit maritime*, 1887-88, p. 24.
(3) Trib. civ. Havre, 8 février 1902 ; Rouen, 26 novembre 1902 ; *Revue intern. du Droit maritime*, XVIII, p. 37 et p. 498.

avant le départ, ne peuvent pas être appliquées aux fournitures faites à crédit pendant le voyage (1).

1690. Le huitième rang est attribué aux *sommes dues au vendeur, aux fournisseurs et ouvriers employés à la construction, si le navire n'a point encore fait de voyage* et aux *sommes dues aux créanciers pour fournitures, travaux, main-d'œuvre, pour radoub, victuailles, armement et équipement, avant le départ du navire, s'il a déjà navigué* (art. 191-8°).

Cette disposition accorde des privilèges à trois classes de créanciers ; ce sont : *a.* le vendeur du navire ; *b.* les fournisseurs et ouvriers employés à la construction du navire ; *c.* ceux qui ont fait des fournitures pour un navire avant son départ. — Des difficultés graves s'élèvent pour le privilège du vendeur. Il importe, pour en saisir la portée, de traiter d'abord des deux autres privilèges.

1691. *Privilège des ouvriers et fournisseurs.* — Les ouvriers employés à la construction et ceux qui ont fait des fournitures pour cette construction, ont mis, en tout ou en partie, le navire dans le patrimoine du débiteur commun. Il est juste que ces créanciers soient privilégiés (2). Mais, afin de ne pas surcharger les navires de privilèges, le Code de commerce n'admet le privilège des ouvriers et fournisseurs qu'au cas où le navire saisi et vendu n'a pas encore navigué.

Rien dans le texte de la loi n'implique, du reste, que le même privilège doive être refusé à ceux qui ont fait des *fournitures pour l'armement et l'équipement* lorsque le navire est saisi avant d'avoir pris la mer (3).

1691 *bis.* Le privilège des ouvriers et fournisseurs employés à la construction existe sans difficulté en cas de construction *par économie ;* les ouvriers, comme on le sait, traitent alors directement avec celui qui fait construire pour son compte et doit, par suite, être

---

(1) Trib. comm. Marseille, 18 janvier 1902, *Revue intern. du Droit marit.,* XVIII, p. 205 ; *Journ. de jurispr. de Marseille,* 1902, 1. 147. — De Valroger, I, nos 41 et 55.

(2) On peut rapprocher ce privilège de celui qu'établit l'art. 2103-4°, C. civ., au profit des architectes, entrepreneurs, maçons et autres ouvriers.

(3) Dufour, I, nos 151 et 152 ; Demangeat sur Bravard, IV, p. 64.

propriétaire du navire une fois construit comme il l'est des matériaux. Si, au contraire, comme cela a lieu aujourd'hui le plus souvent, la construction se fait à forfait (1), une grave question se pose. Les ouvriers ont assurément un privilège qu'ils peuvent faire valoir sur le navire tant que l'entrepreneur en a la propriété. Mais, une fois que l'armateur en est devenu propriétaire, le privilège peut-il être exercé à son encontre? La question offre un grand intérêt pratique. Si les ouvriers et fournisseurs n'ont pas de privilège, ils n'ont plus rien à réclamer à l'armateur quand il a payé l'entrepreneur. Au contraire, s'ils ont un privilège, ils peuvent saisir et faire vendre le navire au préjudice de l'armateur, même après que celui-ci a désintéressé l'entrepreneur. La question ne se présentait pas souvent à l'époque à laquelle la plupart des constructions de navires se faisaient par économie. Cependant, une Déclaration du 16 mai 1747 décida que les fournisseurs et les ouvriers employés à la construction ne pourraient agir que par voie de saisie arrêt contre le propriétaire du navire, de telle sorte qu'il n'était pas exposé à payer deux fois. Que faut-il admettre actuellement (2)? Trois opinions se sont produites.

Dans la première, l'on soutient que les ouvriers n'ont jamais de privilège, quand même ils auraient ignoré que la construction se faisait à forfait (3). Les partisans de cette doctrine prétendent que la Déclaration de 1747, n'ayant pas été abrogée, est toujours en vigueur et ils invoquent aussi l'article 1798, C. civ. Mais on peut facilement réfuter ces arguments. La Déclaration de 1747 ne fut pas enregistrée dans tous les parlements (4). Aussi les plus célèbres de nos anciens commentateurs n'en tenaient-ils pas compte (5). Quant à

(1) Nous supposons aussi exclusivement le cas où les matériaux sont fournis par l'entrepreneur ; c'est le seul pratique. V. n° 152.

(2) La question a été posée au n° 154.

(3) Ce système n'est plus guère soutenu. V. Dageville, t. II, p. 690. Rennes, 7 mai 1818, *Journ de Marseille*, 1823. 2. 189. — Le projet de 1865 adoptait ce système (art. 191 10°, 2e alin.).

(4) Ainsi, les parlements de Bretagne et de Normandie enregistrèrent la Déclaration de 1747 ; celui de Bordeaux en refusa l'enregistrement.

(5) Valin (sur l'art. 17, liv. I, tit. XIV de l'Ordonnance) admettait bien que les ouvriers n'avaient aucun privilège sur le navire, si le propriétaire avait payé le prix convenu à l'entrepreneur ; mais il faisait une distinc-

l'article 1798, C. civ., il ne régit que les cas dans lesquels les ouvriers n'ont pas, de leur propre chef, un privilège sur les choses faites à l'entreprise ; en invoquant cet article, on résout la question par la question.

Dans une seconde doctrine, on applique l'article 1798, C. civ., mais en le limitant au cas où les ouvriers ont su que la construction avait lieu à forfait (1) ; quand ils ont cru qu'elle se faisait par économie, on admet à leur profit le privilège. — Cette opinion est sans doute équitable, mais on ne saurait invoquer en sa faveur aucun principe de droit. Elle peut donner lieu à beaucoup de difficultés de fait, et ses partisans sont fort embarrassés lorsqu'il s'agit de décider si la présomption doit être pour les ouvriers ou contre eux.

Une troisième doctrine, qui prévaut actuellement avec raison, reconnaît aux ouvriers et aux fournisseurs le privilège de l'article 191-8° sans distinction, c'est-à-dire même dans le cas où ils ont su que la construction avait lieu à forfait. Il faut, en faveur de cette solution, remarquer que l'article 191-8°, en admettant le privilège, ne s'attache nullement à la manière dont la construction a eu lieu.

tion contraire à la Déclaration de 1747, car il ajoutait : « Tout cela s'en tend, néanmoins, s'ils ont su que l'ouvrage était à l'entreprise et qu'ils n'avaient affaire qu'à l'entrepreneur ». Émérigon (*Prêt a la grosse*, ch. XII sect. II) faisait aussi une distinction analogue, mais se montrait plus formaliste que Valin : il exigeait, pour que les ouvriers n'eussent pas de privilège, qu'on les eût avertis. « Ils doivent jouir, disait il, du privilège à « eux accordé, à moins que dans le principe on ne les ait avertis en due « forme que, s'ils n'ont pas soin de se faire payer par l'entrepreneur, ils « n'auront aucun privilège sur le navire ».

(1) Ce système était celui de Valin. V. la note précédente. Il est soutenu par Dufour, nᵒˢ 173 et suiv. ; Bédarride, I, nᵒˢ 101 et suiv. — Bordeaux, 4. 18. 19 août 1856, Marseille, 19 fév. 1857, 15 déc. 1865, *Journ. de Marseille*, 1856. 2. 171, 174, 175 ; 1857. 1. 34 ; 1866. 1. 33. — Douai, 11 déc. 1886. — En ce sens, loi *belge* du 21 août 1879, art. 4-10°, 2ᵉ alin.

(2) Rennes, 23 juill. 1873 et 21 avr. 1874. L. 1874. 2. 26 et 212 ; *J. Pal.*, 1874, 208 et 991 ; Cass., 17 mai 1876, S. 1877. 1. 337 ; *J. Pal.*, 1877, 881 ; D. 1878. 1. 97 ; Cass., 10 juill. 1888, S. 1888. 1. 430 ; *J. Pal.*, 1888. 1. 1058 ; D. 1889. 1. 107 ; *Pand. fr.*, 1888. 1. 460 ; Cass , 27 oct. 1890. S. 1890. 1. 528 ; *J. Pal.*, 1890. 1. 1270 ; D. 1891. 1. 72 ; *Pand. fr.*, 1891. 1. 110 ; Cass., 31 oct. 1900 ; *Pand. fr.*, 1901. 1. 513 ; *Revue intern. du Droit marit.*, XVI, p. 474. — Delamarre et Lepoitvin, VI, p. 274, nᵒ 124 ; Demangeat sur Bravard, IV, p. 65 et suiv. ; Arth. Desjardins, I, nᵒ 144 ; Boistel, nᵒ 1134.

Le silence du Code sur ce point est d'autant plus significatif qu'à l'époque de sa rédaction, comme aujourd'hui, les constructions de navires ne se faisaient que très rarement par économie. D'ailleurs, si l'on part de l'idée admise par nous d'après laquelle il y a dans la construction à forfait une vente à livrer qui n'est pas conditionnelle (n° 154), on ne voit pas comment les fournisseurs et ouvriers qui ont le privilège sur le navire inachevé appartenant à l'entrepreneur, ne le conserveraient pas, alors que la propriété en est passée à l'armateur. Celui-ci est, en qualité d'acheteur du navire, l'ayant-cause à titre particulier de l'entrepreneur.

1692. La loi n'a établi aucun mode spécial de constatation pour les créances des fournisseurs et ouvriers employés à la construction ; elles peuvent donc se prouver par tous les moyens (art. 109, C. com.). L'article 192-6° est fait pour d'autres créances (n° 1693) et ne saurait s'appliquer à celles dont il s'agit (1).

1693. La loi (art. 191-8°) place aussi au huitième rang, *les sommes dues aux créanciers pour fournitures, travaux, main-d'œuvre pour radoub, victuailles, armement et équipement, avant le départ du navire, s'il a déjà navigué.* — Les réparations ont contribué à conserver le navire et à permettre de le vendre pour un meilleur prix. La loi suppose des réparations faites avant le départ qui a précédé le dernier voyage. Les sommes dues à raison des réparations faites durant ce voyage lui-même, sont privilégiées à un rang supérieur, au septième (art. 191-7° ; n° 1688). La raison en est que les dépenses faites durant le dernier voyage ont servi à sauvegarder le gage commun.

En parlant du privilège pour frais de radoub, etc., l'article 191-8° suppose un navire qui a déjà navigué. Est-ce à dire que si, par hasard, des frais de cette nature étaient faits avant que le navire saisi eût pris la mer, le privilège n'existerait pas? Cela n'est pas admissible. Si le texte du Code de commerce vise le cas où le navire n'a pas navigué, c'est qu'il a prévu le cas le plus ordinaire ; il est rare

---

(1) Req. 17 mai 1876, S. 1877. 1. 337. — Le projet de 1867 (art. 192-6°) déclarait l'article 109, C. com., applicable.

assurément qu'un navire, qui n'a pas fait de navigation, ait besoin d'être réparé (1).

1694. Pour les fournitures dont parle l'article 191-8°, l'article 192-6° exige trois justifications spéciales ; il faut : 1° que les mémoires, factures ou états soient visés par le capitaine ; 2° qu'ils soient arrêtés par l'armateur ; 3° qu'un double en soit déposé au greffe du tribunal de commerce avant le départ du navire, ou, au plus tard, dans les dix jours après son départ (2).

L'article 192-6° ne vise pas les ouvriers auxquels des frais de réparation sont dûs. Aussi y a-t-il lieu de leur appliquer l'article 109, C. com., comme aux ouvriers employés à la construction (n° 1692).

1694 *bis*. Les créances de fournitures se rapportent le plus souvent à un navire déterminé. Mais il peut en être autrement ; parfois, les fournitures sont faites pour l'ensemble des navires appartenant à un armateur. La créance peut-elle être garantie par un privilège portant sur tous les navires dont il s'agit ? Il semble que le privilège n'existe pas alors ; il ne peut être invoqué sur un navire que pour une créance se rattachant à ce navire (4). Il n'en serait autrement que si l'on avait fait une ventilation permettant d'établir pour quelle somme les frais de fournitures se sont appliqués à chaque navire (5).

1695. *Privilège du vendeur*. — L'article 191-8° place aussi au huitième rang le *vendeur du navire*. C'est celui-ci qui a mis le bien dans le patrimoine du débiteur. En accordant un privilège au vendeur la loi commerciale applique les principes du droit commun (art. 2102 4° et 2103-1°, C. civ.). Mais la disposition de l'arti-

---

(1) Il se peut qu'un navire n'ayant pas navigué soit resté longtemps dans le port et ait besoin d'être radoubé.

(2) Le but de ces formalités est de bien arrêter le montant de la créance privilégiée, de lui donner date certaine et de l'entourer d'une certaine publicité.

(3) V. Rouen, 26 novembre 1902, *Revue intern. du Droit maritime*, XVIII, p. 498.

(4-5) Bordeaux, 20 mai 1901 ; Trib. comm. Alger, 22 mai 1908, *Revue intern. du Droit maritime*, XVII, p. 31 ; XXIV, p. 237. Cpr. Cass., 9 fév. 1886, D. 1886, 1. 400 ; *Pand. fr.*, 1888. 1. 374.

cle 191-8° relative au vendeur de navire est obscure et donne lieu à
de grandes difficultés.

1696. Une première question naît du texte de l'article 191-8°. Cet
article met sur la même ligne les sommes dues aux vendeurs, fournisseurs, ouvriers employés à la construction, *si le navire n'a point
encore fait de voyage.* Il résulte assurément de cette disposition,
comme il a été dit, que les fournisseurs et employés à la construction n'ont plus de privilège, dès que le navire a fait un voyage. Faut-
il dire aussi que le vendeur n'est privilégié qu'autant que la vente a
précédé tout voyage du navire? On pourrait le soutenir, en s'attachant au texte de l'article 191-8°. Cela n'est pas admissible, on ne
voit pas pourquoi le privilège serait refusé au vendeur d'un navire
ayant déjà fait un voyage. Que le navire soit neuf ou non au moment
de la vente, le vendeur l'a toujours mis dans le patrimoine de l'acheteur et mérite, par suite, la même faveur. Cette solution doit d'autant plus être adoptée qu'elle est conforme aux principes généraux
du droit (art. 2102-4° et 2103-1°, C. civ.), et que, d'ailleurs, elle
était admise déjà dans l'ancien Droit, malgré le texte de l'Ordonnance sur lequel a été copié l'article 191-8° (1).

1697. Une autre question relative au privilège du vendeur de
navire est celle de savoir s'il n'est pas soumis à une cause spéciale
d'extinction. Trois opinions sont soutenues.

D'après l'une, il n'y aurait aucune cause d'extinction spéciale au
privilège du vendeur de navire (2). En parlant du cas où le navire

---

(1) L'article 17, liv. I, tit. XIV de l'Ordonnance, était relatif aux privilèges établis sur les navires ayant déjà navigué. Cet article était ainsi
conçu : « *Si le navire vendu n'a point encore fait de voyage, le vendeur,*
« *les charpentiers, calfateurs et autres ouvriers employés à la construc-*
« *tion..., seront payés par préférence à tous créanciers, et par concur-*
« *rence entre eux* ».

(2) Voici ce que disait en ce sens Valin, sur l'art. 17 (liv. I, tit. XIV de
l'Ordonnance), cité à la note précédente : « Mais, sous prétexte qu'il n'est
« point parlé du vendeur dans l'article précédent, s'ensuit-il que le ven-
« deur, au retour du voyage du navire qu'il a vendu, ne doive pas entrer
« en concurrence, tout de même pour le reste du prix qui lui est dû, avec
« les créanciers pour le radoub, victuailles et équipement avant le départ.
« Je ne le pense nullement, et c'est pour cela que, sur l'article précédent,
« je l'ai admis à concourir avec eux. En effet, où serait la raison de diffé-

n'a point encore fait de voyage, l'article 191-8°, dit-on, ne vise que les fournisseurs et ouvriers employés à la construction. Quant au vendeur, il garde son privilège, que le navire ait ou n'ait pas navigué depuis la vente ; il est exposé seulement, comme tous les créanciers privilégiés, à perdre son droit de suite, quand le navire ayant été vendu par l'acheteur a fait un voyage sous le nom et aux risques du nouvel acquéreur, en vertu des articles 193 et 194, C. com.

Il n'est pas possible, en présence du texte de l'article 191-8°, de soutenir que le privilège du vendeur subsiste quand le navire a fait un voyage depuis la vente ; un voyage postérieur à la vente entraîne l'extinction du privilège. Il est vrai qu'alors, on entend les mots, *si le navire n'a point encore fait de voyage*, dans deux sens différents selon qu'il s'agit du privilège des ouvriers et fournisseurs ou du vendeur. Mais mieux vaut encore cela que de supprimer complètement ces mots en tant qu'ils se réfèrent au vendeur.

Est-ce à dire que tout voyage fait par le navire après la vente fasse perdre au vendeur son privilège? On a voulu quelquefois appliquer ici les articles 193 et 194, C. com. Mais ces dispositions concernent le droit de suite des créanciers du vendeur ; elles ne sont pas relatives au droit de préférence (n° 1494) et ce dernier droit est seul ici en question. Comme l'article 191-8° ne définit pas ce qu'il faut entendre par voyage, il y a lieu d'en conclure que tout voyage, quelle qu'en soit la durée, amène l'extinction du droit de préférence de vendeur (1). Il ne faut pas s'étonner de ce que ce droit de suite s'éteigne moins facilement que le droit de préférence ; pour les navires, le droit de suite n'a rien d'exceptionnel ; il appartient, à la différence du droit de préférence, à tous les créanciers, même simplement chirographaires.

1697 *bis*. Quelque exacte que soit cette dernière doctrine; elle est fort rigoureuse et elle conduit, on doit le reconnaître, à un

« rence ? » En ce sens : Marseille : 19 fév. 1821, *Journ. de Marseille*, 1821. 2. 75. — Demangeat sur Bravard, IV, p 59 et suiv.; Boistel, n° 1140.

(1) Cass., 4 janv. 1886. S. 1886. 1. 65 ; *J. Pal.*, 1886. 1. 140 (note de Ch. Lyon-Caen) ; D. 1886. 1. 113 ; *Pand. fr.*, 1886. 1. 58 (note de M. Ruben de Couder). — Arth. Desjardins, I, n° 140; Dufour, I, n° 183 ; Laurin sur Cresp, I, p. 105 et 106. — On peut invoquer en ce sens l'opinion d'Emérigon (*Prêts à la grosse*, chap. XII, sect. IV)

résultat assez singulier. D'un côté, le vendeur ne peut pas, en fait, exiger de l'acheteur le paiement du prix tant que l'acheteur n'a pas fait faire un voyage en mer au navire pour le purger du droit de suite des créanciers du vendeur ; l'acheteur risquerait de payer deux fois D'un autre côté, le vendeur qui ne se fait pas payer le prix avant le départ, perd son privilège en vertu de l'article 191-8°, C. com. (1).

Le vendeur peut éviter cette situation difficile en offrant à l'acheteur, pour qu'il paie le prix avant le départ, une caution pour les dettes qui ne seraient pas connues ; il peut aussi se faire constituer par l'acheteur une hypothèque sur le navire (2). D'ailleurs, la rigueur de la solution est bien atténuée si l'on reconnaît, comme il semble juste de le faire, au vendeur du navire, outre le privilège établi par cet article, le privilège de droit commun consacré par l'article 2102-4°, C. civ. Ce privilège subsiste même après le voyage du navire ; mais il est moins avantageux que le privilège de l'article 191-8°, C. com, : car il permet au vendeur de se faire payer seulement après tous les créanciers ayant un privilège fondé sur une cause maritime (3). V. n° 1721.

1698. D'après l'article 192-6°, *la vente du navire doit être constatée par un acte ayant date certaine*. Que signifie cette exigence

---

(1) de Valroger, I, n° 59. Aussi le projet de 1867 (art. 191-8° ne soumettait pas le privilège du vendeur du navire à une extinction résultant d'un voyage postérieur à la vente.

(2) Il est assurément singulier qu'un vendeur, malgré le privilège attaché à la créance du prix, ait intérêt à se faire constituer pour elle une garantie conventionnelle par l'acheteur. Cela ne peut se présenter que lorsque le privilège du vendeur est perdu par suite d'une cause qui laisse subsister l'hypothèque. C'est ainsi qu'avant la loi du 17 mars 1909 relative à la vente et au nantissement des fonds de commerce, sous l'empire de la loi du 1er mars 1878, le vendeur d'un fonds de commerce se faisait souvent constituer le fonds en gage, pour avoir le privilège du créancier gagiste en cas de faillite ou de liquidation judiciaire de l'acheteur, alors qu'en vertu de l'article 550, dern. alin., C. com., le privilège du vendeur était perdu.

(3) Cette opinion, généralement admise aujourd'hui, était celle d'Emérigon (chap. XII, sect. IV, *op. cit.*). Dufour, I, n°s 194 et suiv. ; Laurin sur Cresp, I, p. 109 ; Arth. Desjardins, I, n° 141. V., en sens contraire, de Valroger, I, n° 61.

de la date certaine ? Il ne peut être question ici d'éviter une anti-
date ; le vendeur aurait, au contraire, intérêt à postdater la vente,
pour qu'elle fût considérée comme postérieure au voyage : la nécessité d'une date certaine peut servir à éviter les antidates, non les
postdates. Le législateur a sans doute voulu que la vente, en vertu de
laquelle le vendeur prétend exercer son privilège, eût date certaine
avant la saisie. Il importe qu'un saisi ne puisse pas, d'accord avec
un compère, passer un acte qui donnerait à ce dernier la qualité de
vendeur et lui permettrait d'exercer un privilège au préjudice
d'autres créanciers (1).

1699. Le privilège, soit de l'article 191-8°, C. com., soit de l'article 2102-4°, C. civ., n'est pas la seule garantie accordée au vendeur d'un navire. Il jouit, en outre, des garanties appartenant,
d'après le droit commun, à tout vendeur d'effets mobiliers. Il a
donc : 1° un droit de rétention sur la chose vendue, si la vente a été
faite sans terme (art. 1612 et 1613, C. civ.) ; 2° un droit de revendication, pourvu que la vente ait été faite sans terme, que le navire
soit encore en la possession de l'acheteur et que l'action soit exercée
dans la huitaine de la livraison (art. 2102-4°, C. civ.) ; 3° un droit
de résolution (art. 1654, C. civ.). Par cela même que la loi maritime n'a en rien dérogé à la loi civile, le vendeur de navire jouit de
ces garanties.

1700. La faillite ou la liquidation judiciaire de l'acheteur a-t-elle
quelque effet sur les différentes garanties appartenant au vendeur de
navire ? Une distinction est à faire entre les garanties résultant du
droit commun et celles qui sont consacrées par le Code de commerce. Les premières sont perdues pour le vendeur en vertu de
l'article 550, dern. alin , C. com. Quant aux secondes, aucune disposition ne les atteignant, elles subsistent malgré la faillite ou la
liquidation judiciaire de l'acheteur (2).

---

(1) Demangeat sur Bravard, IV, p. 62. — La loi *belge* du 21 août 1879
(art. 5-10°) exige non seulement que l'acte de vente ait date certaine, mais
encore qu'il ait été rendu public par inscription sur le registre du conservateur des hypothèques.
(2). L'art. 550, C. com., vise le privilège de l'art. 2102-4°, C. civ., et non
celui de l'art. 191-8°, C. com.; les déchéances sont de droit étroit ; **Arth.**

1701. A l'action résolutoire accordée au vendeur de navire se rattache une difficulté.

L'action résolutoire subsiste même à l'égard d'un tiers-acheteur de bonne foi ; l'article 2279, C. civ., ne régit pas les navires comme les autres meubles corporels (n° 184). Mais ne faut-il pas, du moins, admettre que l'action résolutoire ne peut survivre au privilège qui s'éteint par le voyage du navire en vertu de l'article 191-8° ? On le soutient ; l'extinction du privilège doit, dit-on, entraîner celle des droits analogues par lesquels le vendeur aboutirait au même résultat que par l'exercice du privilège. On argumente en ce sens, par analogie, de l'article 7 de la loi du 23 mars 1855, qui établit un certain lien, quand il s'agit d'immeubles, entre le privilège et l'action résolutoire (1) (2). Il nous paraît arbitraire, d'admettre, dans le silence de la loi, que l'action résolutoire s'éteint nécessairement avec le privilège. La survie de l'action résolutoire a des inconvénients incontestables ; mais ne se produisaient-ils pas dans notre droit, avant la loi de 1855, en matière immobilière ? n'a-t-il pas fallu une disposition de cette loi pour couper le mal dans sa racine ? Et n'est-il pas vraiment singulier d'invoquer une loi faite en 1855, pour interpréter le Code de commerce de 1807 (3) !

Desjardins, I, n° 141 ; Dufour, I, n° 148 ; Demangeat sur Bravard, IV, p. 63 ; de Valroger, I, n° 63 ; Renouard, *Traité des faillites*, II, p. 264. — Cette solution est, en droit positif, très logique ; mais, au point de vue législatif, elle ne saurait guère se justifier. Le vendeur d'un navire, en cas de faillite de l'acheteur, n'est pas plus digne de faveur que le vendeur de tout autre bien mobilier. V. note 2 de la page 693.

(1) Laurin sur Cresp, I, p. 108 et 109 ; Arth. Desjardins, I, n° 141 ; Dufour, I, n°s 143 et suiv. ; de Valroger, I, n° 62. V. la note suivante.

(2) On peut rapprocher de la solution rejetée au texte celle qui a été admise par certains tribunaux de commerce avant la loi du 17 mars 1909 ; ils décidaient que l'action résolutoire du vendeur d'un fonds de commerce ne pouvait pas être exercée à l'encontre des tiers acquéreurs contre lesquels l'exercice du privilège ne pouvait plus avoir lieu. V. *Traité de Droit commercial*, III, n° 250 *bis*. D'après la loi du 17 mars 1909 (art. 2), l'action résolutoire ne peut être exercée au préjudice des tiers par le vendeur d'un fonds de commerce après l'extinction de son privilège.

(3) Du reste, les auteurs dont nous combattons l'opinion, ne privent le vendeur de l'action résolutoire qu'à l'égard des créanciers ayant acquis des privilèges sur le navire, en vertu de l'article 191, du chef de l'acheteur. V. les auteurs cités à la note 1.

1702. Au neuvième rang viennent, d'après l'article 191-9°, *les sommes prêtées à la grosse sur le corps, quille, agrès, apparaux, pour radoub, victuailles, armement et équipement avant le départ du navire.* — Il s'agit ici du privilège établi au profit de celui qui a fait un prêt à la grosse avant le départ. Le privilège du prêt à la grosse antérieur au départ a été supprimé par la loi du 10 décembre 1874 (art. 28), dont la loi du 10 juillet 1885 (art. 39) a reproduit la disposition. Mais il a été dit plus haut (n° 1518) que, bien que faite par la loi en termes absolus, cette suppression ne peut pas être considérée comme complète, que le privilège existe encore pour le prêt à la grosse antérieur au départ, quand le navire affecté, au prêt, ayant moins de vingt tonneaux, n'est pas, aux termes de la loi de 1885 (art. 20), susceptible d'hypothèque. — V., sur les formalités à remplir pour la conservation de ce privilège, n° 1549.

1703. Le dixième rang est attribué au *montant des primes d'assurances faites sur le corps, quille, agrès, apparaux et sur armement et équipement du navire, dues pour le dernier voyage* (art. 191-10°). Tout ce qui concerne ce privilège a été étudié à propos des assurances (n°s 1460 et suiv.).

1704. Enfin, l'article 191-11° déclare privilégiés au onzième rang *les dommages-intérêts dûs aux affréteurs, pour le défaut de délivrance des marchandises qu'ils ont chargées, ou pour remboursement des avaries souffertes par lesdites marchandises par la faute du capitaine ou de son équipage.* — Les règles concernant ce privilège des affréteurs ont été exposées à propos du contrat d'affrètement (n° 1811).

L'article 191-11° indique le privilège des affréteurs, sans dire s'il existe seulement pour les dommages-intérêts dûs pour le dernier voyage. Mais cette restriction paraît s'imposer. Comment les affréteurs des voyages antérieurs seraient-ils privilégiés, alors que les créanciers qui passent avant eux d'après l'article 191, ne le sont qu'autant que leurs créances ne sont pas nées durant un voyage ayant précédé le dernier ?

1705. Les dommages-intérêts dûs aux affréteurs sont constatés par les jugements ou par les décisions arbitrales qui sont intervenus (art. 192-9°).

La justification de la créance de dommages-intérêts pourrait-elle aussi résulter d'une transaction conclue entre les affréteurs et l'armateur? On a soutenu l'affirmative, en disant que la transaction équivaut à un jugement (1). Mais cette opinion n'est pas exacte ; par cela même qu'il s'agit d'un privilège, on ne peut admettre d'équivalent (2). On abuse, dans l'opinion contraire, de l'article 2052, C. civ., selon lequel *les transactions ont entre les parties l'autorité de la chose jugée en dernier ressort*

1706. RÈGLES GÉNÉRALES SUR LE RANG DES PRIVILÈGES. — Comme cela a été dit ci-dessus (n° 1678), l'ordre des privilèges établis sur les navires par l'article 191, C. com., est celui de leur énumération dans cet article (art. 191, 1er alin.).

En principe, les créanciers compris dans chacun des numéros de l'article 191 viennent en concurrence, et au marc le franc, en cas d'insuffisance du prix (art. 191, av.-dern. alin.). Toutefois, cette règle n'est pas absolue ; elle souffre deux exceptions : 1° en cas de plusieurs prêts faits durant le même voyage dans différents ports, les derniers prêteurs en date sont préférés aux premiers (art. 323, C. com. ; n°s 1588 et 1589) ; 2° un créancier ayant un privilège ne peut pas concourir avec ses propres créanciers. Aussi, bien que la loi mentionne dans le même numéro (8°) de l'article 191, le vendeur de navire, les fournisseurs et ouvriers employés à la construction, il est certain que le vendeur ne peut passer qu'après ceux-ci.

1707. Les privilèges sur les navires ne sont soumis à aucune formalité de publicité analogue à celle qui est prescrite pour la conservation des hypothèques maritimes. Cette publicité aurait, pourtant, été utile et possible dans un grand nombre de cas (3).

---

(1) Dufour, I, n° 326.

(2) Demangeat sur Bravard, IV, p. 83 ; Arth. Desjardins, I, n° 190 ; de Valroger, I, n° 75.

(3) Nous avons prouvé (n° 1549) que les formalités prescrites par l'article 312, C. com., pour l'existence du privilège du prêteur à la grosse avant le départ (ce privilège n'existe plus que pour les navires de moins de 20 tonneaux), ne sont pas, malgré les apparences, des formalités de publicité. On pourrait plutôt qualifier ainsi celles qui sont prescrites par l'article 192-6° relativement aux fournitures pour l'armement, l'équipement et les victuailles du navire.

1708. Le rang assigné par la loi aux privilèges sur les navires leur est accordé pour les intérêts de la créance privilégiée comme pour le capital et pour les frais (art. 214, 2ᵉ alin., C. com.). Il n'y a, pour les intérêts des créances garanties par un privilège sur navire, aucune restriction analogue à celle qui est admise pour les intérêts des créances hypothécaires (Loi du 10 juillet 1885, art. 13). Voir ci-dessus nº 1654 (1).

1709. ASSIETTE DES PRIVILÈGES. — Il va de soi que les privilèges portent sur le navire et ses agrès et apparaux (nº 94). Mais il n'est pas facile de déterminer leur assiette à tous égards.

1710. Trois questions principales se posent relativement à l'assiette même des privilèges : *a*. En cas de sinistre, portent-ils même sur les débris du navire ? — *b*. S'étendent-ils au fret du navire ? — *c*. S'exercent-ils de plein droit, quand le navire a été assuré, sur l'indemnité d'assurance à l'encontre des créanciers hypothécaires et chirographaires ?

1711. *Débris du navire*. — On soutient que les privilèges de l'article 191 n'existent point, en cas du sinistre, sur les débris du navire (2). En faveur de cette solution, on dit que l'on ne peut donner le nom de navire aux fragments qui le composaient. On fait aussi observer que l'hypothèque terrestre ne s'étend pas aux matériaux de la maison détruite et que, par analogie, on doit dire la même chose du navire réduit à l'état de débris. Enfin, l'on invoque l'article 260, C. com., duquel il résulte que les gens de mer engagés au fret n'ont de privilège que sur le navire et non pas sur ses débris.

Il semble plus juste de reconnaître l'existence du privilège sur les débris (3). Les créanciers ayant un privilège sur un meuble, le con-

---

(1) En matière d'immeubles, on discutait sur le point de savoir si l'article 2151, C. civ., s'appliquait aux privilèges comme aux hypothèques. La loi du 17 juin 1893, qui a remplacé l'ancien article 2151 par une disposition nouvelle, a résolu la question dans le sens affirmatif.

(2) Dufour, I, nº 225 ; Desjardins, I, nº 166.

(3) Emérigon, *op. cit.*, chap. XII, sect. VII; Pardessus, II, nº 955 ; de Valroger, I, nº 77. — Il faut seulement rappeler ici que sur les débris il y a, en cas de délaissement, concours entre le prêteur à la grosse antérieur au départ et l'assureur (art. 331, C. com.). V. la note 1 de la page suivante.

servent assurément sur ses débris, quand il est détruit. Pourquoi
en serait il autrement des navires ? Il est impossible d'en donner
une bonne raison. Il n'y a aucune analogie à tirer de ce que l'hypothèque constituée sur une maison ne grève pas, en cas de destruction, les matériaux en provenant. La raison spéciale qui justifie
cette solution incontestable, ne se présente pas pour les navires ;
l'hypothèque grevant un immeuble ne peut s'appliquer aux objets
mobiliers immobilisés qui le composaient, après qu'ils ont été rendus à leur nature mobilière primitive. Quant à la disposition de
l'article 260 relative aux matelots engagés au fret elle s'explique
par un motif particulier : ils sont associés aux risques de l'opération,
on conçoit qu'en cas de sinistre, ils perdent leur privilège (n° 441).
Du reste, les partisans de l'opinion contraire ne peuvent en tirer
toutes les conséquences logiques ; ils admettent sur les débris la
persistance de quelques-uns des privilèges de l'article 191 (1).

1712. Privilèges sur le fret. — Les privilèges existant sur le
navire ne paraissent pas devoir être nécessairement admis sur le
fret (2) ; ce n'est pas là un accessoire du bâtiment comme les agrès
et apparaux (V. n° 98). En droit commun, les diverses créances
qui, comme le fret pour les navires, constituent des fruits civils
pour les biens grevés de privilèges, ne sont nullement atteints par
eux. On ne saurait dire pourquoi il en serait autrement en matière
maritime. Du reste, tout est de droit étroit quand il s'agit de privilèges, et l'on ne peut pas plus étendre le nombre des objets sur
lesquels la loi les établit que celui des créances qu'ils garantissent
Cpr. n° 1625.

---

(1) Ainsi, M. Arth. Desjardins, 1, n° 166, reconnaît que sur les débris
sont privilégiés outre les frais de sauvetage, les frais de justice, de garde
et de magasinage (parce que sans ces frais le gage n'est pas réalisable), les
loyers des matelots engagés au voyage ou au mois par application de l'article 259, les droits des assureurs et ceux des prêteurs à la grosse. Il ne
paraît donc écarter sur les débris que le vendeur, les ouvriers ou fournisseurs et les affréteurs.

(2) Le Code de commerce *allemand* (art. 746) admet expressément que les
privilèges sur le navire s'étendent au fret du voyage auquel se rattache la
créance privilégiée. V. aussi Codes maritimes *danois, suédois et norvégien,* art. 268.

Il y a des cas exceptionnels dans lesquels des dispositions légales formelles admettent l'extension des privilèges au fret ; il en est ainsi pour les privilèges des gens de mer (art. 271) (nº 1387), des affréteurs (art. 280) (nº 811) et des prêteurs à la grosse (art. 320). Il est rationnel d'attribuer sur le fret à ces privilèges les mêmes rangs que sur le navire. Mais, dans le silence de la loi, on ne peut exiger, pour leur exercice sur le fret, les justifications qui ne sont prescrites textuellement par l'article 192 qu'en ce qui concerne le navire (nº 387). La nature du contrat dont est née la créance privilégiée sert à déterminer si les preuves par témoins et par présomptions sont ou non exclues.

1712 *bis*. Privilèges. Indemnité d'assurance. — Les créanciers ayant un privilège sur un navire peuvent l'exercer sur l'indemnité d'assurance, en vertu de la loi du 19 février 1889 (art. 2) (nº 1422) (1). Cette subrogation de l'indemnité d'assurance au navire au profit des créanciers privilégiés est de droit nouveau ; elle s'applique aux assurances maritimes, comme à toutes autres assurances (nºs 1422 et 1668) (2). En vertu de la loi de 1889, les paiements faits de bonne foi à l'assuré avant opposition sont valables. V., sur l'obligation pour le débiteur de déclarer l'assurance qu'il a contractée et le nom de l'assureur, nº 1669 *bis*.

Les créanciers privilégiés ont, du reste, la faculté de faire assurer eux-mêmes le navire jusqu'à concurrence du montant de leurs créance ou cette créance elle-même. V. analog. nºs 1670 et 1671. Les créanciers privilégiés sont ainsi traités de la même manière que les créanciers hypothécaires (3).

---

(1) V. Paris, 21 juillet 1896, *Revue intern. du Droit marit.*, XII, p. 265 ; Douai, 6 février 1902, D., 1902. 2. 477 ; *Revue intern. du Droit maritime*, XVIII, p. 292 ; Cass., 12 juillet 1910, S. et *J. Pal.*, 1910. 1. 473 ; *Pand. fr.*, 1910. 1. 473 (note de Ch. Lyon-Caen).

(2-3) La question de savoir si les privilèges sur le navire peuvent être exercés sur l'indemnité d'assurance due au propriétaire du bâtiment assuré, a toujours été discutée. Les anciens auteurs étaient en désaccord. Valin (liv. I, tit. XII, art. 3 de l'Ordonnance) décidait, tout au moins pour les ouvriers et pour les fournisseurs, que leur privilège portait sur l'indemnité d'assurance, parce que *le navire est représenté par le produit de l'assurance que l'assureur doit payer*. — Emérigon (chap. XII, sect. VII, § 2) décidait, au contraire, en réfutant la doctrine de Valin, que les privi-

1713. C\uSES D'EXTINCTION DES PRIVILÈGES. — Les privilèges
sur les navires peuvent s'éteindre par toutes les causes d'extinction
communes aux sûretés réelles accessoires garantissant les créances.

léges existant sur le navire ne portaient pas sur l'indemnité d'assurance.
L'opinion qui triomphait avant la loi du 10 décembre 1874, refusait tout
droit de préférence sur l'indemnité aux créanciers privilégiés. V., pourtant,
Dufour, I, n° 263. Mais, depuis la loi de 1874 sur l'hypothèque maritime, un
nouvel élément s'était mêlé à la question. L'article 17 de cette loi permettait, dans les cas de sinistres majeurs, aux créanciers hypothécaires d'exercer leurs droits sur l'indemnité d'assurance (n° 1665). Ne résultait-il pas de
cette disposition nouvelle que les créanciers privilégiés avaient un droit de
préférence sur cette indemnité ? On l'avait soutenu (Laurin sur Cresp, I,
p. 183). Il n'est pas concevable, disait-on, que les créanciers hypothécaires aient plus de droits que les créanciers privilégiés ; la loi de 1874 (article 17) est donc applicable, par. *a fortiori*, aux privilèges. Cette doctrine était
inexacte. Même sous l'empire de la loi de 1874, les créanciers privilégiés
n'avaient aucun droit sur l'indemnité d'assurance : Ch. Lyon-Caen, *Revue
crit. de législ. et de jurispr.*, 1877, p. 143 et 1881, p. 611 : Arth. Desjardins,
I, p. 144 et 145 ; Boistel, n° 1320. Cette loi avait pour objet exclusif l'hypothèque sur les navires ; elle ne s'était occupée (art. 29) des privilèges que
pour prononcer la suppression du privilège pour le prêt à la grosse antérieur au départ. On ne peut, en matière de privilèges, étendre une disposition légale par voie d'analogie. L'idée, d'après laquelle l'hypothèque ne
peut donner plus de droits que le privilège, est sans doute exacte en
matière immobilière ; le privilège n'y est, en effet, qu'une hypothèque
privilégiée. Elle n'est pas vraie en matière maritime ; les privilèges ne
sauraient être qualifiés d'hypothèques maritimes privilégiées. Ces deux
classes de droits sont régies par des principes différents sous bien des
rapports. On peut même indiquer des points de vue certains sous lesquels
l'hypothèque maritime est plus avantageuse que les privilèges. Ainsi, elle
confère un droit de suite qui ne s'éteint pas, comme le droit de suite des
créanciers privilégiés, par l'effet d'une vente volontaire suivie d'un voyage
fait dans les conditions déterminées par les articles 193 et 194, C. civ.
(n° 1474). Les partisans de l'opinion contraire ne pouvaient pas, du reste,
appliquer complètement aux privilèges l'article 17 de la loi de 1874. Cet
article renfermait une disposition d'après laquelle l'inscription de l'hypothèque valait de plein droit opposition entre les mains des assureurs. Il
ne pouvait certainement y avoir rien de pareil pour les privilèges, par cela
même qu'ils ne sont soumis ni à l'inscription ni à aucune autre formalité
de publicité. Si les créanciers privilégiés avaient eu un droit de préférence
sur l'indemnité d'assurance, ils auraient été obligés, à la différence des
créanciers hypothécaires, pour éviter le paiement entre les mains de l'assuré, de former opposition entre les mains des assureurs.

Depuis la loi du 19 février 1889, une grave objection existe, au point de vue

Par conséquent, ils s'éteignent par suite de l'extinction même des obligations qu'ils garantissent (art. 2180-1°, C. civ.). En outre, il y a, pour les privilèges sur les navires, des causes spéciales d'extinction. Il faut bien distinguer, en ce qui les concerne, le droit de suite du droit de préférence.

1714. Le droit de suite des créanciers privilégiés, qui, d'ailleurs, appartient aussi aux créanciers chirographaires, s'éteint par les mêmes causes que le droit de suite de ces derniers créanciers (nos 1474, 1481 et suiv.). Le droit de préférence prend plus facilement fin à raison de la volonté qu'a eue le législateur de ne pas laisser les privilèges s'accumuler sur les navires. On peut dire qu'en principe général, les privilèges d'un voyage *n'enjambent pas sur l'autre.* Si l'on met de côté les privilèges de l'article 191, 1°, 2°, 3°, qui s'appliquent à des frais ayant précédé immédiatement ou ayant accompagné la vente sur saisie toutes les créances auxquelles un privilège est attaché par l'article 191, cessent d'être privilégiées quand le voyage avant lequel ou pendant lequel elles sont nées, a été suivi d'un autre voyage. La loi exige, en effet, que ces créances, pour être privilégiées, soient nées, les unes pendant le dernier voyage, les autres avant le dernier voyage. Il importe donc de déterminer à quelles conditions l'on peut dire d'un navire qu'il a fait un voyage empêchant que le voyage auquel se rattachent les privilèges dont il s'agit soit le *dernier.* Le Code n'a donné sur ce point aucune définition. C'est là une cause de grand embarras.

Il est certain comme cela a déjà été dit ci-dessus (nos 1463 et 1697), qu'il n'est pas nécessaire que le navire ait fait un voyage réunissant les conditions indiquées dans les articles 193 et 194. Ces dispositions concernent l'extinction du droit de suite et sont même

législatif, contre la subrogation dont il s'agit au profit des créanciers privilégiés. En cas d'abandon, il est reconnu que le propriétaire du navire n'a pas à abandonner l'indemnité d'assurance (n° 241). Avec la subrogation des créanciers privilégiés, l'indemnité d'assuranec ne restera jamais ou presque jamais au propriétaire du navire ; elle sera absorbée en totalité ou presque en totalité par les créanciers privilégiés dont il existe généralement un très grand nombre par cela même qu'un privilège est attribué à presque toutes les créances ayant une cause maritime.

communes aux créanciers privilégiés et aux créanciers chirographaires (1).

Il ne semble pas y avoir de règle absolue à poser sur le sens des mots *dernier voyage* dans l'article 191. Ils ont été précédemment interprétés pour les privilèges des gens de mer (n° 385), de l'assureur (n°s 1461 et 1462) et du prêteur à la grosse (n° 1596). Pour ces deux derniers, nous l'avons entendu dans le sens de *voyage réel*. Il semble juste de prendre ce mot dans la même acception pour les autres privilèges. C'est le sens naturel ; il est, de plus, conforme au but de la loi ; elle a voulu à la fois laisser aux créanciers un temps suffisant pour exercer leurs droits et éviter l'accumulation, nuisible au crédit, de privilèges sur un même navire.

1715. Le voyage est déterminé par les expéditions antérieures au départ. Mais il est possible que le navire ne se conforme pas à ces expéditions et fasse, avant de revenir, un voyage qui n'y était pas mentionné. Les privilèges qui n'existent que pour le dernier voyage, seraient-ils alors éteints ? On le soutient (2). Cela nous semble bien rigoureux pour les créanciers privilégiés qui peuvent ainsi être trompés dans leur légitime attente. Nous croyons que les créanciers, qui ont peut-être contracté sur la foi des expéditions indiquant un voyage, ne peuvent être exposés à perdre leur droit par la volonté du capitaine ou du propriétaire du navire (3).

1716. *Privilèges sur les navires non mentionnés dans le Code de commerce.* — L'énumération de l'article 191 n'est pas limitative (4). Les navires peuvent être grevés de privilèges que cet article ne mentionne pas, mais qui doivent être reconnus, soit en vertu des

---

(1) Arth. Desjardins, I, n° 153 ; de Valroger, I, n° 42, Laurin sur Cresp, I, p. 104. — V. Trib. civ. Aix, 29 déc. 1886, *Revue intern. du Droit maritime*, 1887-88, p. 198.

(2) Boistel, n° 1139.

(3) Arth. Desjardins, I, n° 137 ; Dufour, I, n° 122 ; Demangeat, t. IV, p. 52. Cpr. Rouen, 26 novembre 1902, *Revue intern. du Droit maritime*, XVIII, p. 498.

(4) Le projet de 1867 supprimait, comme l'a fait la loi de 1874, le privilège du prêteur à la grosse avant le départ et ajoutait trois privilèges nouveaux à ceux qu'énumère l'article 191. Il les attachait : 1° aux frais et indemnités de sauvetage ; 2° aux sommes avancées pour la construction ; 3° aux dommages-intérêts dûs pour cause d'abordage.

principes du droit commun, soit en vertu de textes spéciaux non
reproduits par le Code de commerce.

1717. Tout d'abord, les privilèges généraux de l'article 2101,
C. civ. (1), doivent incontestablement être admis sur les navires.
Ils portent sur tous les biens, meubles ou immeubles, du débiteur ;
aucune disposition n'exclut les navires. Les considérations d'humanité, qui justifient ces privilèges, exigent qu'on leur donne la plus
grande extension.

Il y a aussi quelques privilèges spéciaux sur les navires non énumérés par l'article 191, C. com.

1717 *bis.* Les frais de sauvetage sont privilégiés : outre qu'il
existe des textes anciens non abrogés consacrant ce privilège (Ord.
de 1681, livre IV, titre IX, art. 25 et 26 ; Déclaration du 10 janvier 1770 ; loi des 9-13 août 1791, art. 5 et 6), on peut dire qu'il y
a là une application allant de soi du privilège pour frais de conservation (art. 2102-3°, C. civ.) (2). V. n° 1065.

1718. N'y a-t il pas aussi quelques privilèges spéciaux du Code
civil (art. 2102) ou du Code de commerce qui s'appliquent aux navires, encore qu'il n'en soit pas fait mention dans l'article 191 ? Quels
sont-ils ? Le privilège de l'article 2102-4°, C. civ., peut, comme cela a
été dit précédemment (n° 1697 *bis*), être invoqué par le vendeur,
quand le privilège de l'article 191-8° est perdu, à raison de ce que le
navire a fait un voyage postérieurement à la vente (2). V. n° 1772.

On a cité deux autres privilèges, le privilège du créancier gagiste
et celui du commissionnaire (art. 95, C. com).

Les navires qui n'ont pas un tonnage de 20 tonneaux au moins, ne
peuvent pas être hypothéqués, mais peuvent être donnés en gage.
V. n° 1675. Le créancier, auquel un navire a été donné en gage, doit
être privilégié, conformément à l'article 2102-2°, C. civ.

Pour les navires même de 20 tonneaux au moins, la même solution est aussi exacte (3). Ainsi, les navires de 20 tonneaux au moins

---

(1) Il en est de même du privilège de l'article 549, C. de com., et des
privilèges généraux établis par des lois spéciales.

(2) Cpr. Rennes, 13 nov. 1886, Alger, 11 mars 1908 ; *Revue intern. du
Droit maritime,* XXIV, p. 73.

(3) Trib. civ. Marseille, 3 juill. 1891, *Journ. de jurispr. de Marseille,*
1892. 2. 160 ; *Revue intern. du Droit maritime,* 1892-93, p. 561.

peuvent être, soit hypothéqués, soit donnés en gage (1), selon les convenances des intéressés. Il y a là assurément une singularité au point de vue de notre législation qui ordinairement ne reconnaît pas qu'un même bien peut, selon la volonté des parties, être hypothéqué ou donné en gage. Le gage n'a pas, d'ailleurs, grande importance pratique pour les navires ; la forme simulée qu'affecte le plus souvent le nantissement des navires (n° 1610), doit empêcher le créancier gagiste de se prévaloir de son privilège à l'encontre des autres créanciers. Considéré à leur égard comme propriétaire du bâtiment, il ne saurait invoquer un privilège qui suppose chez lui la qualité de créancier.

Le consignataire du navire qui fait des avances au capitaine, doit il être admis à jouir du privilège accordé par l'article 95, C. com., au commissionnaire dans le cas où le consignataire ne peut pas se prévaloir des privilèges de l'article 191, 5° et 7° ? Il y aurait là une concession très équitable assurément (2) ; elle ne paraît pas pouvoir être admise (3). Les auteurs qui restreignent le privilège de l'article 95 au commissionnaire-vendeur (4), n'ont pas à discuter la question ; ils repoussent le privilège par cela même que le consignataire d'un navire n'est pas un commissionnaire-vendeur (5). Selon nous, le privilège de l'article 95 existe au profit de tout commisaionnaire qui a fait des avances à son commettant, quelle que soit l'opération dont celui-ci l'a chargé (6). Avec cette opinion, la difficulté est plus sérieuse. Le privilège de l'article 95 doit, néanmoins, être refusé au consignataire d'un navire ; bien qu'il ait la qualité de commission-

---

(1) La faculté d'hypothéquer les navires résulte de la loi de 1885 ; celle de les constituer en gage résulte de l'article 2072, C. civ., par cela même que les navires n'ont pas cessé d'être classés au nombre des meubles. — Il y a, du reste, deux manières d'affecter un immeuble à un créancier, l'hypothèque et l'antichrèse (art. 2072, 2085 et suiv., 2118, C. civ.). L'antichrèse ne peut pas avoir un navire pour objet.

(2) Valin l'admettait (liv. II, tit. X, art. 3 de l'Ordonnance). — V. aussi, Marseille, 26 oct. 1869, *Journ. de Marseille*, 1869. 1. 313.

(3) Arth. Desjardins, I, n° 163 ; de Valroger, I, n° 85. Cpr. Trib. civ. Seine, 18 déc. 1895, *Revue intern. du Droit maritime*. XII, p. 27.

(4) V. *Traité de Droit commercial*, III, n° 495.

(5) Boistel, n° 1142.

(6) V. *Traité de Droit commercial*, III, n° 495.

naire, il ne satisfait pas à une condition essentielle exigée par l'article 95 : il n'a pas le navire en sa possession.

1719. Il n'y a dans nos lois aucune disposition accordant d'une façon générale un privilège à tous ceux qui sont créanciers pour une cause se rattachant à la navigation maritime (1). En conséquence, ceux de ces créanciers qui n'ont pas de privilège et au profit de qui une hypothèque n'a pas été constituée, ne priment pas les créanciers chirographaires même pour cause étrangère à la navigation ; ils concourent avec eux. Telle est, par exemple, la situation des créanciers d'indemnité pour cause d'abordage. Telle est aussi la situation même des créanciers auxquels la loi accorde des privilèges sur les navires, quand ils ne sont pas à même de faire les justifications prescrites par l'article 192, C. com.

1720. Le Code de commerce a classé avec précision les privilèges établis par l'article 191, mais il n'y a aucune règle écrite dans la loi quant au rang des privilèges généraux de l'article 2101, C. civ., par rapport aux privilèges spéciaux, ni des privilèges du créancier gagiste et des créanciers pour frais de sauvetage par rapport aux privilèges de l'article 191. Aussi deux questions se posent : 1° Quel est, sur les navires, le rang des privilèges généraux par rapport aux privilèges spéciaux ? 2° Quel est le rang des privilèges spéciaux entre eux, selon qu'ils sont établis par l'article 191 ou par d'autres dispositions légales ?

La première de ces questions est difficile ; le conflit entre privilèges spéciaux et privilèges généraux, même sur les biens mobiliers autres que les navires, n'est pas réglé par la loi et donne lieu à une controverse. Le Code civil s'est borné à attribuer sur les immeubles la préférence aux privilèges généraux (art. 2105) ; on a proposé d'appliquer la même règle lorsqu'il s'agit de biens mobiliers. Si l'on admet cette solution, il n'y a aucune raison de ne pas préférer aussi sur les

---

(1) Le Code de commerce *allemand* attache un privilège à toutes les créances nées d'actes juridiques accomplis par le capitaine en vertu des pouvoirs que la loi lui accorde comme tel, indépendamment de toute procuration spéciale (art. 764, 8°). — Ce Code désigne sous le nom de *Schiffsglaeubiger* (qui signifie mot à mot créanciers de navire) les créanciers auxquels il reconnaît des privilèges sur le navire.

navires les privilèges généraux. Mais l'opinion qui paraît triompher et que nous croyons exacte, fait passer, en principe, sur les biens mobiliers, les privilèges spéciaux avant les privilèges généraux, sauf les frais de justice (1). Doit-on étendre cette solution aux navires ? On a prétendu que l'article 2105, C. civ., même dans cette doctrine, doit être appliqué, par analogie, aux bâtiments de mer (2). Pourquoi, dit-on, l'article 2105, a-t-il pu, sans inconvénient, donner sur les immeubles la préférence aux privilèges généraux? C'est qu'à raison de la grande valeur des immeubles, le prélèvement du montant de créances modiques, comme celles que garantissent les privilèges généraux, ne peut nuire sérieusement aux créanciers à privilèges spéciaux. Or, la valeur souvent énorme des navires doit avoir le même résultat.

Nous estimons, au contraire, que, sur les navires, comme sur les autres biens mobiliers, le premier rang doit être, en principe, attribué aux privilèges spéciaux. A moins que le contraire ne résulte du texte ou de l'esprit de la loi, il faut appliquer aux navires les dispositions relatives aux meubles (nos 80 et suiv.). Il n'y a pas ici de texte dérogeant à cette règle et l'esprit de la loi n'implique pas que le classement habituel des privilèges sur les meubles doive être renversé. La disposition de l'article 2105, C. civ., ne s'explique pas seulement par la grande valeur des immeubles et la modicité des créances garanties par des privilèges généraux ; elle se justifie aussi par le fait que ces créances n'étant admises sur le prix des immeubles qu'à défaut ou en cas d'insuffisance du mobilier, il arrive souvent que les sommes réclamées sur les immeubles se trouvent notablement réduites. Rien de pareil ne peut être admis assurément pour les navires. D'ailleurs, avec l'opinion contraire, on arriverait à cette conséquence fâcheuse de faire passer des personnes dont les créances n'ont avec la navigation aucune relation avant celles dont les créances ont une cause maritime. Par exemple, on placerait les gens de service (art. 2101-4°, C. civ.) avant les gens de mer (3)!

---

(1) Valette, *Traité de privilèges et des hypothèques*, p. 160 et suiv.

(2) Laurin sur Cresp, I, p. 138 (Cet auteur dit que le navire, pouvant être hypothéqué, est, à l'égard des créances privilégiées, un immeuble. Il y a là une exagération évidente). Arth. Desjardins, I, p. 311.

(3) de Valroger, I, n° 87.

1721. La seconde question est relative au rang respectif des privilèges spéciaux énumérés par l'article 191 et des autres privilèges spéciaux admis sur les navires. Nous n'avons reconnu, en dehors de l'article 191, que les privilèges du vendeur, des frais de sauvetage et du créancier gagiste, dans le cas très exceptionnel où celui-ci a été mis en possession du navire. Il paraît juste de placer les frais de sauvetage aussitôt après les frais de justice, puisqu'ils ont contribué à la conservation du gage commun. Mais il est conforme à l'esprit de la loi qui a voulu spécialement favoriser les créances énumérées dans l'article 191, de faire passer les privilèges qu'il consacre avant tous autres privilèges résultant du droit commun (1).

1722. Les créanciers privilégiés tenant leur privilège du droit commun, ont un droit de suite sur le navire, comme les créanciers dont les privilèges sont établis par la loi maritime. Une solution contraire ne se concevrait pas, alors que le droit de suite appartient sur les bâtiments de mer même aux créanciers chirographaires (n° 1475) (2).

SECTION V.

De la saisie et de la vente des navires (3).

1723. Généralités. — Les bâtiments de mer, comme tous les autres biens, peuvent être saisis par les créanciers chirographaires, hypothécaires ou privilégiés, qui veulent en faire opérer la vente et se faire payer sur le prix. L'article 197, C. com., ne fait qu'appliquer le droit commun en disposant : *tous bâtiments de mer peuvent être saisis et vendus par autorité de justice* (4). Mais le législateur a

---

(1) Consulter en sens divers : de Valroger, I, n° 87 ; Laurin sur Cresp, p. 138. Arth. Desjardins, I, n° 169. Le Code de commerce *italien* de 1882 (art. 666) décide que les créances, auxquelles des privilèges sont attachés par la loi maritime, sont préférées à toutes autres créances garanties par des privilèges généraux ou spéciaux sur les meubles établis par le Code civil.

(2) V., pourtant, Laurin sur Cresp, I, p. 130.

(3) Code de commerce, liv. I, tit. II, art. 197 à 215, modifiés par la loi du 10 juillet 1885, art. 23 à 32

(4) Aussi la disposition de l'article 197, C. com , était-elle inutile, et le projet de 1867 la supprimait-il. Les rédacteurs du Code de commerce ont

dû, pour empêcher qu'une saisie ne jetât le trouble dans les intérêts
du commerce de mer, déclarer le navire insaisissable dans certaines
circonstances (art. 215, C. com.). Le Code de commerce a, en outre,
déterminé les formes de la saisie et de la vente des navires et posé
les règles concernant la collocation des créanciers et la distribution
du prix entre eux. Ce sont là les objets du titre II du livre II du Code
de commerce (art. 197 à 215). Les formes de la saisie et de la vente
des navires, reproduites de l'Ordonnance de 1681, étaient surannées, compliquées et coûteuses ; aussi ont-elles été assez profondément modifiées par la loi sur l'hypothèque maritime du 10 juillet
1885, qui a abrogé plusieurs dispositions du Code de commerce
(art. 201 à 207).

1724. Les dispositions de ce titre, comme, en règle générale,
toutes celles du livre II, concernent les seuls bâtiments de mer, à
l'exclusion des bâtiments de rivière (n° 88) (1). Ces derniers sont
soumis aux dispositions concernant la saisie de tous les autres meubles
corporels ou *saisie-exécution* avec quelques modifications légères
(art. 620, C. pr. civ.), Cpr. art. 531, C. civ. L'importance des bâtiments de mer en fait soumettre la saisie et la vente à des formes plus
compliquées que celles de la saisie ordinaire des meubles ou saisie-
exécution.

Ces dispositions sont appliquées aux bâtiments de plaisance comme
aux navires de commerce. V. n°s 91 *bis* et 1740.

1725. Il sera traité successivement ci-après :

a. *Des restrictions au droit de saisie des navires.*

b. *Des formes de la saisie et de la vente des navires, de la collocation des créanciers et de la distribution du prix.*

été entraînés à énoncer cette application des principes généraux du droit,
parce qu'elle était déjà faite par l'Ordonnance de 1681 (liv. I, tit. IVX,
art. 1).

(1) Dufour, II, n° 843; Demangeat sur Bravard, IV, p. 109 et 110; Laurin
sur Cresp, I, p. 50 et 102 ; de Valroger, I, n° 216 ; A. Vidal-Naquet, *Saisie
et vente judiciaire des navires.* Cpr. Bordeaux, 5 juill. 1870, S. 1870. 2.
327; *J. Pal.*, 1870. 1170; D. 1871. 2. 138.

a. DES RESTRICTIONS AU DROIT DE SAISIE DES NAVIRES.

1726. Il va de soi que les navires sont insaisissables dans tous les cas où les autres biens mobiliers sont frappés d'insaisissabilité. La nature des choses fait que les articles 581 et 592, C. pr. civ., qui déterminent quelles choses sont insaisissables, sont d'une application très rare pour les navires. Mais, en outre, dans l'intérêt du commerce de mer, le législateur a dû en admettre l'insaisissabilité dans des cas spéciaux que détermine l'article 215, C. com.

1727. *Navires se trouvant en mer, en rade, au port.* — Un navire ne peut assurément être saisi quand il est en mer. Plusieurs dispositions anciennes du Code de commerce étaient incompatibles avec une pareille saisie : il y était parlé souvent du lieu où le bâtiment est *amarré* (anciens art. 202, 203 et 204, C. com.). Il en est de même de certains articles de la loi du 10 juillet 1885 (art. 27). Au contraire, la saisie d'un navire se trouvant au port est, en principe, possible.

1728. Cette différence admise entre le navire en mer et le navire se trouvant au port donne lieu à une difficulté. Faut-il, au point de vue de la saisie, assimiler le navire se trouvant en rade au navire se trouvant en mer ou, au contraire, au navire se trouvant au port ?

En faveur de l'insaisissabilité (1), on a dit que la plupart des dispositions du Code de commerce sur la saisie supposent un navire *amarré* dans le port, que les raisons qui s'opposent à la saisie d'un navire en pleine mer, existent à peu près au même degré pour le navire en rade, que, dans l'un et l'autre cas, il serait impossible (ou, tout au moins, dangereux) pour l'huissier, de se présenter à bord, que les personnes disposées à se rendre adjudicataires ne pourraient pas facilement visiter le bâtiment.

Malgré la force de ces considérations, il semble plus juste d'admettre qu'en rade, comme dans un port, les navires peuvent être saisis (2). Les causes qui rendent la saisie impossible en mer, ne

(1) Dufour, II, nᵒˢ 622 et 623 ; Demangeat sur Bravard, II, p. 106 ; de Valroger, I. nᵒ 152.

(2) Arth. Desjardins. I, nᵒ 222. — V. Trib. civ. Tunis, 25 déc. 1893, *Revue intern. du Droit maritime,* 1894-95, p. 106.

font que la rendre difficile en rade. On ne peut étendre par voie d'analogie l'insaisissabilité qui est nécessairement exceptionnelle. Du reste, le Code de commerce n'emploie pas exclusivement des expressions faisant allusion au navire se trouvant dans un port. L'article 204 parle du lieu où le navire est *gisant ou flottant ;* ce dernier mot paraît viser le navire en rade ; il se trouvait dans l'Ordonnance de 1681 (livre I, titre XIV, art. 5) et était ainsi entendu par Valin (1).

1729. Le navire se trouvant même au port ou en rade, ne peut pas toujours être saisi. L'article 215 déclare qu'en principe, le *navire prêt à faire voile n'est pas saisissable.* Il est évident que, malgré les expressions de l'article 215, il régit les navires à vapeur ; elles s'expliquent par l'époque de la rédaction du Code de commerce. Au reste, l'article 215, 2e alin., donne du navire prêt à faire voile une définition qui convient aux deux sortes de navires : *le bâtiment est censé prêt à faire voile lorsque le capitaine est muni de ses expéditions pour son voyage.*

L'intérêt général du commerce exige alors le sacrifice du droit de saisie. Quand un navire est prêt à faire voile, la saisie nuirait non seulement au propriétaire, mais encore à tous ceux dont les intérêts se rattachent au navire : elle entraînerait la rupture de l'engagement des matelots et l'arrêt des marchandises des chargeurs. V. analog., pour la contrainte par corps du capitaine et des gens de l'équipage, art. 231, C. com. Ces considérations avaient fait admettre la même règle ou une règle analogue dans les anciennes lois maritimes (2) ; on la retrouve avec des variantes dans les lois étrangères. V. n° 1741.

(1) Valin s'exprime ainsi sur l'article de l'Ordonnance indiqué au texte « Ces mots *gisant ou flottant* font voir qu'il n'est pas nécessaire qu'un « vaisseau soit amarré à quai pour pouvoir être saisi valablement et qu'il « peut l'être tout de même quoique flottant, c'est-à-dire hors du havre, « étant à flot ou sur ses ancres. »

(2) *Consulat de la mer,* chap. 283. L'Ordonnance de 1681 (liv. I, t. XIV, art. 18) ne défendait pas, en principe, comme le Code de commerce, la saisie du navire prêt à faire voile ; les intéressés pouvaient, malgré la saisie, le faire naviguer en donnant caution jusqu'à concurrence de l'estimation qui serait faite de la portion saisie. Le Code de commerce revient à la doctrine du Consulat de la mer.

1730. Le Code ne laisse pas aux juges le soin de déterminer ce qu'il entend par *un navire prêt à faire voile*. D'après l'article 215, *le bâtiment est censé prêt à faire voile lorsque le capitaine est muni de ses expéditions pour son voyage*. Les expéditions sont les pièces de bord nécessaires pour la navigation (acte de francisation, congé, rôle d'équipage (1), manifeste, acquits-à-caution, etc.), art. 226, C. com. V. n°⁵ 550 et suiv.

1731. La définition de la loi doit être prise à la lettre. En conséquence, la saisie serait possible, alors même que le chargement serait complet, si le navire n'était pas muni de ses expéditions (2).

Mais les créanciers peuvent-ils former au bureau des douanes opposition à la délivrance des expéditions? On a soutenu que ce droit leur appartient et que l'Administration des douanes qui délivre les expéditions malgré l'opposition, peut être condamnée envers les créanciers à des dommages-intérêts (3). Cela ne saurait être admis, les créanciers ne peuvent former opposition à la délivrance des expéditions (4). Avec le système contraire, le but de la loi serait manqué : par une opposition, les créanciers arriveraient toujours à empêcher la délivrance des expéditions, et ainsi, le navire ne serait jamais insaisissable en vertu de l'article 215, C. com.

1732. A l'inverse, la saisie ne peut avoir lieu, par cela seul que les expéditions ont été délivrées au capitaine, alors même que le navire est empêché de sortir.

Un navire est empêché de sortir par des causes très diverses. Un cas de force majeure peut mettre obstacle à sa sortie. On peut supposer aussi que le capitaine du port ne délivre pas le *billet de sortie* sans lequel le navire ne peut quitter le port ; il n'y a là qu'une mesure de police intérieure ; le billet de sortie ne figure pas parmi

---

(1) Dunkerque, 14 mars 1901; Douai, 25 juillet 1901, *Revue intern. du Droit maritime*, XVI, p 776 ; XVII, p. 30.

(2) L'Ordonnance de 1681 ne définissait pas ce qu'on devait entendre par navire *prêt à faire voile*. Valin disait qu'on devait considérer comme tel le navire en chargement.

(3) Bédarride, I, n° 257.

(4) Rouen, 2 fév. 1841, S. 1841. 2. 261 ; Trib. comm. Marseille, 20 fév 1885, *Journ. de jurispr. de Marseille*, 1855. 1. 103. — Demangeat sur Bravard, IV, p. 109 ; Arth. Desjardins, I, n° 224.

les expéditions dont il faut que le navire soit muni, pour être ins i-
sissable comme étant prêt à mettre à la voile (1).

1733. En l'absence de toute distinction faite par l'article 215, il y
a lieu de l'appliquer au cas même où le navire part sur lest. L'article 215 ne distingue pas (2).

1734. Mais, faut il aussi appliquer l'article 215 au cas où le navire
est sur le point de partir, non pour faire un voyage de commerce,
mais pour aller se faire radouber dans un port? La négative nous
paraît devoir être admise. On ne donne pas d'expéditions à un navire
qui quitte un port pour se faire réparer; il n'est donc jamais prêt à
mettre à la voile dans le sens de l'article 215. On a objecté, il est
vrai, que l'article 215 statue seulement sur le cas le plus fréquent,
sans vouloir priver du bénéfice de l'insaisissabilité le navire qui, en
raison du voyage à faire ou à continuer, n'a pas besoin d'expéditions.
Mais, avec ce système, on ouvre la porte aux difficultés que l'article 215 a voulu écarter par sa définition. En outre, on méconnaît les
motifs de la loi qui ne paraissent pas exister lorsque le navire ne
part pas pour un voyage (3).

1735 Par *a fortiori*, le navire une fois parti, ne peut pas, sauf
certaines restrictions (nᵒˢ 1737 et 1737 *bis*), être saisi, même dans un
port d'échelle ou de relâche, au moins pour les dettes antérieures au
départ, tant qu'il n'a pas terminé son voyage. A défaut de définition,
c'est au juge à apprécier si le voyage doit être réputé achevé et si, en
conséquence, le droit de saisie renaît pour les créanciers (4).

1736. L'insaisissabilité du navire prêt à mettre à la voile n'est pas
absolue : l'article 215 autorise la saisie *à raison de dettes contractées
pour le voyage qu'il va faire*. L'exception faite pour des dettes de

(1) Demangeat sur Bravard, IV, note 4, p. 108 ; Dufour, I, nᵒ 831 ; Laurin
sur Cresp, I, p. 163 ; Arth. Desjardins, I, p. 379.

(2) Marseille, 3 janvier 1867, *Journ. de jurispr. de Marseille*, 1867, 1,
123. Cpr. Trib. civ. de Tunis, 25 oct. 1893, *Revue intern. du Droit marit.*,
1894-95, p. 110.

(3) Trib. civ. du Havre, 13 juin 1884, *Gazette du Palais et du Notariat*,
numéro du 20 août 1884.

(4) Arth. Desjardins, I, nᵒ 225. Cpr. Cour de Catane, 7 juill. 1884, Cour
de Gênes, 4 mars 1885, *Revue intern. du Droit maritime*, 1885-86, p. 69
et 409.

cette sorte est très équitable (1). On ne peut reprocher aux créanciers leur négligence ; leurs créances ont pris naissance peu de temps
avant la délivrance des expéditions. En outre, n'est-ce pas précisément grâce à ces dettes que le navire est prêt à faire voile ? Il serait
injuste que les créanciers souffrissent de l'état dans lequel ils ont
contribué à le placer.

1737. Cette exception ne doit être appliquée qu'avec une distinction au navire se trouvant dans un port de relâche ; il peut certainement être saisi pour les dettes contractées dans ce port même ou en
cours de route (2), mais, il ne saurait l'être pour les dettes contractées avant la mise à la voile, au port de départ. Il serait contraire au
but de la loi que ces dettes permissent d'arrêter le navire pendant
toute la durée du voyage. C'était aux créanciers à être sur leurs
gardes et à user de leur droit avant le départ.

1737 *bis*. La saisie est aussi possible, par application des mêmes
idées, pour les dettes nées durant le voyage, spécialement pour les
indemnités d'abordage et pour les frais et rémunération d'assistance (3).

1737 *ter*. D'ailleurs, le désir du législateur d'éviter qu'une saisie
puisse troubler une expédition maritime est tel que, même pour
dettes contractées pour le voyage à faire, la saisie n'est pas permise,
si le débiteur donne au créancier une garantie lui assurant que le
départ du navire ne lui causera pas de préjudice pécuniaire. D'après
l'article 215, *même dans ce cas, le cautionnement de ces dettes
empêche la saisie* (4).

La caution dont il s'agit doit s'obliger, non pas à représenter le

(1) Aussi est elle généralement admise par les lois étrangères. V. n° 1741.
(2) Trib. civ. Dunkerque, 14 mars 1901 : Douai, 25 juillet 1901, *Revue
intern. du Droit aritime*, XVI, p. 776 et XVII, p. 30. Dufour, II, n° 850.
Demangeat sur Bravard, IV, p. 109 ; de Valroger, I, n° 216.
(3) Trib. civ. Dunkerque, 14 mars 1901 ; Douai, 25 juillet 1901, *Revue
intern. du Droit maritime*, XVI, p. 776 ; XVII, p. 30.
(4) Le Code admet qu'un cautionnement peut éviter la saisie exclusivement dans le cas où des créanciers voudraient la pratiquer sur un navire
prêt à faire voile pour dettes contractées pour le voyage. Cette disposition
avait été généralisée dans le projet de 1867 ; d'après l'article 222 de ce projet, *dans tous les cas* le débiteur aurait pu faire lever la saisie en donnant
caution de payer la créance motivant la poursuite.

navire aux créanciers à l'époque indiquée par les expéditions comme
devant être celle de son retour, mais à payer les dettes qu'elle garantit (1). Elle est donc tenue envers les créanciers, quand même le
navire périrait par suite d'un accident de mer ou subirait des avaries. Autrement, comme on l'a dit, les créanciers se trouveraient,
sans leur consentement, transformés en quelque sorte en prêteurs à
la grosse, c'est-à-dire en créanciers dont les créances sont liées au
sort du navire.

1738. Le Code de commerce ne s'est pas occupé spécialement de la saisie conservatoire des navires : il faut, par suite, appliquer à cette saisie, les règles générales, notamment celles des articles
172, C. com. et 417, C. proc. civ. (2). L'article 215 empêche même
cette sorte de saisie pour un navire prêt à faire voile. Il ne fait pas
de distinction. Du reste, une saisie conservatoire aurait les mêmes
inconvénients qu'une saisie destinée à conduire à la vente forcée (3).

La saisie conservatoire est fréquente à la suite d'un abordage.
V. n° 1737 *bis.*

1739. Ni l'article 215, ni aucune autre disposition de nos lois ne
restreignent le droit de saisir les marchandises d'une cargaison En
conséquence, elles peuvent être saisies même après qu'elles ont été
chargées sur le bâtiment et bien que cette saisie puisse retarder le
départ et nuire ainsi aux autres chargeurs et aux gens de mer (4).

---

(1) La caution qui libère, en s'obligeant, le navire de la saisie a le droit
de recourir non seulement contre le propriétaire du bâtiment, mais encore
contre toutes les personnes qui ont tiré avantage du cautionnement, spécialement contre les affréteurs : Cass., 10 août 1875, S. 1876. 1. 121.

(2) Si le président du tribunal de commerce devant lequel un procès est
porté, est compétent pour autoriser la saisie conservatoire, le tribunal civil
a seul compétence pour statuer sur les questions de validité et de mainlevée de la saisie : Cass., 11 nov. 1885, D. 1886. 1. 168 ; Trib. comm. du
Havre, 16 octobre 1894, *Revue int. du Droit maritime*, 1894-95, p. 439. —
Il n'y a là qu'une application des principes généraux. V. *Traité de Droit
commercial.* I, n° 418 *quater.*

(3) Trib. civ. Havre, 13 juin 1884 (*Gazette du Palais et Notariat*, n° du
20 août 1884).

(4) Aussi des lois étrangères n'admettent-elles pas, en principe, que des
marchandises déjà chargées sur un navire puissent être saisies : *Code de
commerce portugais*, art. 401, 2e alin. En *Allemagne*, en vertu des règles
générales posées dans les articles 712, 713 et 745 du Code de procédure

1740. Les dispositions de l'article 215, C. com., s'appliquent certainement aux navires de commerce. Régissent-elles aussi les navires de plaisance ? Il y a quelque doute à cet égard. On peut dire, pour écarter l'insaisissabilité des navires de plaisance, que celle-ci n'a été admise que dans l'intérêt du commerce. Mais il va de soi que la question ne se pose même pas, que l'article 215 est sans application aux navires de plaisance si l'on admet que le livre II du Code de commerce ne concerne que les navires de commerce. V. n° 91 *bis*.

1741. Droit étranger. — Le principe de l'insaisissabilité du navire prêt à mettre à la voile est consacré par la plupart des lois étrangères. Il est admis spécialement en *Italie* (C. de com., art. 881), en *Allemagne* (C. de com., art. 482), en *Roumanie* (C. de com., art. 904), en *Portugal* (C. de com., art. 491, al. 1), en *Espagne* (C. de com., art. 584), au *Chili* (C. de com., art. 843), dans la *République argentine* (art. 870). En outre, le Code de commerce *espagnol* (art. 584) n'admet la saisie pour les créances non privilégiées qu'au port d'attache du navire.

1742 On discute sur le point de savoir si l'article 215, C. com., s'applique aux navires étrangers se trouvant dans les eaux françaises, comme aux navires français. Cette question sera examinée plus loin à propos des conflits de lois concernant les droits des créanciers sur les navires. V. n°ˢ 1798 et 1799.

1743. *Insaisissabilité des navires de l'État et des navires y assimilés.* — Il n'a été parlé que de l'insaisissabilité des navires de commerce qui constitue une exception et qui est seule visée par l'article 215, C. com. Mais, pour sauvegarder les intérêts des États, certains navires sont considérés comme ne pouvant être saisis. Leur insaisissabilité résulte, soit de règles du Droit des gens dérivant des usages, soit des clauses spéciales des traités (1). D'après les usages

civile, les créanciers ne peuvent saisir et vendre les marchandises que sous les conditions sous lesquelles le propriétaire pourrait se faire remettre les marchandises par le capitaine ou par l'armateur.

(1) Consulter sur ce sujet, dans la *Revue int. du Droit maritime,* 1892-93, p. 717 et suiv. ; 1893-94, p. 91 à 100, une étude de M. Max Mittelstein intitulée *De la saisissabilité des navires.*

internationaux, les vaisseaux de guerre d'un Etat ne peuvent être saisis dans les eaux d'un autre Etat ; ils sont traités comme des portions flottantes du territoire de l'Etat dont ils portent le pavillon. On reconnaît le même privilège aux navires d'un Etat qui ne sont pas armés pour le combat, mais qui sont des dépendances de la marine de guerre, comme les navires qui servent au transport des troupes et des munitions ou des vivres, même à tous les navires d'un Etat servant à un but quelconque (but scientifique, pose de câbles sous-marins, transport des dépêches). On s'entend même pour étendre le privilège de l'insaisissabilité aux navires ayant à bord des souverains et des ambassadeurs étrangers dont ceux-ci ont la libre disposition. Mais on n'admet généralement pas que les navires privés échappent à la saisie quand même ils sont employés à un service de l'Etat, par exemple au transport des dépêches. Il y a seulement des traités qui stipulent cet avantage au profit des navires postaux. La France a spécialement conclu un certain nombre de traités contenant une clause de ce genre (1).

1744. *Navire appartenant à plusieurs personnes par indivis.* — Le droit de saisie et la restriction qui y est apportée par l'article 215, C. com., pour les navires prêts à mettre à la voile, s'appliquent au cas où le navire appartient à plusieurs personnes par indivis, comme au cas où le navire a un propriétaire unique.

Les créanciers de chacun des copropriétaires peuvent saisir et faire vendre la part de leur débiteur, et, en principe, cette part seulement. L'article 2205 C. civ., ne régit pas les navires comme les

_____

(1) V. Aix, 3 août 1885 (*affaire du Solunto*), *Journ. Droit internat. privé*, 1885, p. 554. — V. aussi dans ce journal, 1885, p. 515 et suiv. l'article de M. Guillibert, *De l'insaisissabilité dans les rapports internationaux des navires affectés au service postal.* — La saisie même des navires postaux est, toutefois, possible pour contravention aux lois de douanes : Trib. civ. Marseille, 27 mai 1887, *Revue intern. du Droit maritime*, 1886-87, p. 305.

Il n'y a de traités conclus par la France et relatifs à l'insaisissabilité des paquebots-poste qu'avec la Grande-Bretagne (Traité du 30 août 1890) et l'Italie (Traité du 4 mars 1869, art. 6, reproduit par un règlement arrêté entre les administrations postales de France et d'Italie les 18-20 novembre 1875, art. 14).

immeubles (1). D'après cet article, *la part indivise d'un cohéritier dans les immeubles d'une succession ne peut être mise en vente par ses créanciers personnels, avant le partage ou la licitation qu'ils peuvent provoquer, s'ils le jugent convenable, ou dans lesquels ils ont le droit d'intervenir.* Cette disposition n'a rien d'exorbitant pour les créanciers, puisqu'il ne tient qu'à eux de provoquer le partage ou la licitation, par application de l'article 1166, C. civ. Mais les créanciers d'un des copropriétaires du navire ne peuvent pas plus que lui-même (art. 220 *in fine*, C. com.) demander la licitation, sauf s'il est copropriétaire de la moitié au moins. Il eût donc été injuste de ne pas laisser à ces créanciers le droit de saisir la part de leur débiteur dans le navire. Cette solution, déjà admise avant 1874, a été confirmée par la loi du 10 décembre 1874 (art. 18), comme elle l'est par l'article 17 de la loi du 10 juillet 1885 qui a remplacé le précédent.

Mais, par exception, le créancier, ayant une hypothèque sur plus de la moitié d'un navire, a droit de le saisir et de le faire vendre en entier (L. 10 juillet 1885, art. 17, reproduisant la loi du 10 décembre 1874, art. 18, n° 1656). Cette disposition a donné naissance à une question relative aux droits des créanciers chirographaires. Pour qu'un créancier chirographaire d'un copropriétaire de navire puisse le saisir et le faire vendre en entier, faut-il que ce propriétaire ait la copropriété de plus de la moitié ou suffit-il qu'il ait la copropriété de la moitié ? Il a été jugé qu'il suffit que le débiteur ait la copropriété de la moitié (1). En ce sens on a invoqué l'article 220, 2e al., C. com., qui permet au copropriétaire pour moitié de demander la licitation du navire (n° 304). Mais, cette opinion est mal fondée et l'on doit admettre qu'un créancier chirographaire ne peut saisir le navire entier que lorsque son débiteur a la copropriété de plus de la

---

(1) Des auteurs soutiennent, du reste, que l'article 2205, C. civ., ne s'appliqué qu'au cas où il s'agit d'une masse indivise et non pas seulement d'un immeuble indivis : Aubry et Rau, V (4e édit.), § 581, p. 15, note 18- Demangeat sur Bravard, IV, note 2 de la page 111.

(1) Douai, 8 mai 1883, S. 1886. 1. 261 ; *Revue intern. du Droit maritime*, 1885-86, p. 120.

moitié du navire (1). On confond, dans l'opinion opposée, la licitation et la saisie.

La licitation d'un bâtiment de mer peut être désirable par suite du défaut d'entente entre les copropriétaires. D'après les principes du droit commun (art. 815, C. civ). chaque propriétaire même de la part la plus minime devrait pouvoir demander la licitation. Le législateur a écarté en matière maritime la règle que nul n'est tenu de demeurer dans l'indivision, mais, il n'a pas cru pouvoir aller jusqu'à exiger que celui qui réclame la licitation soit propriétaire de plus de la moitié du navire. Le créancier d'un copropriétaire pourrait assurément provoquer la licitation du navire, par application de l'article 1166, C. civ.; exerçant le droit de son débiteur, ce créancier pourrait agir par cela seul que son débiteur serait propriétaire de la moitié du navire. Mais, il ne s'agit pas d'un créancier demandant la licitation au nom de son débiteur; il s'agit d'un créancier prétendant saisir le navire et le faire vendre en entier, exerçant, par conséquent, un droit propre. A défaut de disposition spéciale, il est naturel de s'en tenir à la règle générale de l'article 220, 1er al. La prépondérance est reconnue à la majorité pour ce qui concerne l'intérêt commun du navire, et la majorité se détermine par une portion d'intérêt dans le navire excédant la moitié. Un copropriétaire, n'ayant pas dans le navire une portion dépassant la moitié, ne peut, en s'obligeant, conférer à un créancier le droit de saisir et de faire vendre le navire entier. Du reste, si l'on admettait que le créancier du copropriétaire de moitié peut saisir le navire entier, on arriverait à une conséquence vraiment choquante. Cette solution ne serait possible que pour les créanciers chirographaires. Car, comme il a été dit précédemment pour les créanciers hypothécaires, la loi du 10 juillet 1885 (art. 17) reproduisant, du reste, sur ce point une disposition de la loi du 10 décembre 1874 (art. 18), décide que, pour qu'ils aient le droit de saisir et de faire vendre le navire entier, il faut qu'ils aient hypothèque sur plus de la moitié du navire. On serait ainsi, dans

---

(1) Cass., 31 mars 1886, *Revue intern. du Droit maritime*, 1886-87, p. 7; S. 1886. 1. 261; *J. Pal.*, 1886. 1. 626; D. 1886. 1. 313; *Pand, fr.*, 1886. 1. 119; Amiens, 24 juillet 1887, *Revue intern. du Droit maritime*, 1887-88. p. 672.

l'opinion contraire à la nôtre, amené, comme on l'a fait justement remarquer, à ce bizarre résultat que les créanciers chirographaires seraient plus favorisés que les créanciers hypothécaires.

1745. L'article 215, C. com., s'applique, quand le navire est prêt à faire voile, à chacune des portions indivises du navire appartenant à plusieurs copropriétaires.

L'Ordonnance de 1681 n'admettait pas, en règle générale, l'insaisissabilité du navire prêt à faire voile. Mais, dans le cas spécial où un navire indivis était saisi pour une portion par les créanciers du copropriétaire de cette portion, elle donnait aux autres communistes le moyen de détourner la saisie. D'après l'article 18, livre 1, titre XIV, de l'Ordonnance de 1681 « les intéressés au navire dont on « saisit quelque part, lorsqu'il sera prêt à faire voile, pourront le « faire naviguer, en donnant caution jusqu'à concurrence de l'esti- « mation qui sera faite de la portion saisie » (1). Il est évident que, dans le cas d'indivision, la faculté illimitée pour le créancier personnel d'un copropriétaire de saisir la portion de celui-ci a des inconvénients particulièrement graves.

b. Des formes de saisie et de la vente des navires, de la collocation des créanciers et de la distribution du prix.

1746. *Procédure de la saisie et de la vente des navires.* — Les formes de la saisie et de la vente des navires sont réglées par le Code de commerce modifié par la loi du 10 juillet 1885. Les formes prescrites par le Code de 1807 étaient compliquées et surannées. Le Code les avait empruntées à l'Ordonnance de 1681, sans tenir compte de ce que le système général de procédure auquel elles se rattachaient à l'origine, avait subi de profondes modifications. Ces formes étaient empruntées à la fois à la saisie-exécution et à la saisie-immobilière telle que cette dernière sorte de saisie était réglée dans l'ancien Droit, sous le nom de décret forcé. Aussi, comme pour les immeubles, on disait anciennement que les navires pouvaient être

---

(1) V., sur la disposition de l'Ordonnance de 1681, Dufour, II, nos 825 et suiv.

décrétés par autorité de justice. Au contraire, l'édit d octobre 1666 avait décidé que les navires ne seraient saisis, vendus ou adjugés, ni les deniers en provenant distribués, que de la manière dont on en usait à l'égard des autres meubles. C'est l'Ordonnance de 1681 qui abandonna cette idée pour consacrer celle qu'a adoptée aussi le Code de commerce.

Le législateur de 1807 a cru que la grande valeur des navires devait empêcher de les soumettre aux formes simples de la saisie-exécution. On pouvait lui reprocher d'avoir sacrifié à l'intérêt des propriétaires des navires celui des créanciers qui ont toujours avantage à la prompte et économique réalisation du gage. En 1885, on a tenu compte de ce reproche ; les formalités de la saisie et de la vente forcée des bâtiments de mer ont été modifiées par la loi du 10 juillet 1885 sur l'hypothèque maritime (1).

1747. La saisie, préliminaire de la vente judiciaire, comprend : 1° le commandement ; 2° le procès-verbal de saisie destiné à cons-tater la mise du navire sous la main de la justice ; 3° la dénoncia-tion du procès-verbal au saisi ; 4° la transcription du procès-verbal de saisie ; 5° la dénonciation, s'il y a lieu, de la saisie aux créan-ciers hypothécaires inscrits ; 6° l'assignation du saisi et des créan-ciers inscrits devant le tribunal qui doit ordonner la vente du navire.

1748. *Du commandement.* — La saisie d'un navire, comme la plupart des autres saisies, doit être précédée d'un commandement fait en vertu d'un titre exécutoire constatant une créance liquide et

---

(1) On avait bien souvent réclamé la revision du Code de commerce en cette matière. Le projet de 1867 (art. 195 à 222) le modifiait en des points essentiels. En 1874, lors de la discussion de la loi sur l'hypothèque mari-time, l'on pensa à reprendre la réforme de la procédure de saisie et de vente des navires. Le rapport présenté à l'Assemblée nationale qualifie cette réforme d'urgente ; il l'écarte seulement, en alléguant le mandat limité de la commission. La réforme a été réalisée par la seconde loi sur l'hypothèque maritime du 10 juillet 1885. C'est même le désaccord entre les deux Chambres sur une question de compétence relative à la vente sur saisie des navires qui a surtout contribué à retarder pendant plusieurs années le vote de cette loi. V. n° 1754 *in fine.*

En *Belgique,* la saisie des navires est régie par une loi du 4 septembre 1908, qui a remplacé le titre II du livre II du Code de commerce français.

exigible (Cpr. art. 583, 626, 637 et 673, C. pr. civ. et art. 198, C. com.). Le commandement doit être fait dans les formes ordinaires des commandements en matière de saisie-exécution ; car le navire est un bien mobilier. Le commandement doit contenir notification du titre et élection de domicile dans le lieu où doit se faire l'exécution (art. 584, C. pr. civ.). L'huissier qui fait le commandement, ne se fait pas plus assister de témoins qu'en matière de saisie-immobilière (art. 673, C. proc. civ.).

La saisie ne peut être pratiquée que 24 heures après le commandement (art. 198, C. com.) (1). Dans le silence de la loi sur ce point, il faut reconnaître que, d'après les principes généraux, il conserve son efficacité pendant trente ans (art. 2262, C. civ.) (2).

En ce qui concerne la personne à qui le commandement doit être fait, le Code a adopté un système nouveau (art. 199). S'il s'agit d'une des créances *qui sont susceptibles d'un privilège sur le navire aux termes de l'article 191*, le commandement peut être fait au capitaine du navire. Au contraire, *s'il s'agit d'une action générale à exercer contre le propriétaire,* selon les expressions de l'article 199, 1er al., le commandement, conformément au droit commun, doit être fait à la personne du propriétaire ou à son domicile. Cette distinction s'explique. Quand la créance est du nombre de celles auxquelles l'article 191 attache des privilèges sur le navire, le capitaine connaît les circonstances dans lesquelles elle a pris naissance et son montant ; nul n'est donc plus à même que lui de soulever des contestations, s'il y a lieu. Il n'y a rien de pareil dans le cas où il s'agit, au contraire d'une créance chirographaire.

Ce motif paraît devoir conduire à traiter à ce point de vue comme

(1) En matière de saisie-exécution, le délai est d'un jour. V. art. 583, C. proc. civ. Par suite, il ne se compte pas d'heure à heure, comme pour la saisie d'un navire : Dufour, II, no 642 ; Arth. Desjardins, I, no 232 ; de Valroger, I, no 160.

(2) Dufour, II, no 642 ; Arth. Desjardins, I, no 232 ; Laurin et Cresp, I, p. 141 et suiv. En matière de saisie immobilière, le commandement est périmé au bout de 90 jours (art. 674, C. proc. civ.) Il est fâcheux que ce délai n'ait pas été admis en matière de saisie de navire. Il n'y a pas du reste non plus de délai spécial pour la péremption du commandement en matière de saisie exécution.

créances privilégiées, les créances auxquelles la loi attache des privilèges, bien que les privilèges étant éteints (1), les créances ne soient plus que chirographaires.

Les créances hypothécaires ne sont pas traitées autrement que les créances chirographaires. C'est donc à la personne du propriétaire ou à son domicile que le commandement doit être signifié pour les créances hypothécaires.

Du reste, on reconnaît généralement que, bien qu'il s'agisse d'une créance rentrant dans l'énumération de l'article 191, le commandement doit être signifié au propriétaire, s il demeure sur les lieux. On peut déduire de différentes dispositoins du Code de commerce que le capitaine ne représente le propriétaire du navire que hors du lieu de la demeure de celui-ci (art. 223). V. nos 527 et suiv. Au contraire, pour les créances non privilégiées, la signification du commandement au capitaine n'est pas admise alors même que le propriétaire ne demeure pas sur les lieux. L'article 201, C. com., qui prévoit ce dernier cas, parle de la notification du procès-verbal de saisie, non de la signification du commandement.

1749. *Procès-verbal de saisie.* — Après l'expiration du délai du commandement (24 heures), le créancier qui n'a pas reçu satisfaction, peut faire procéder à la saisie. L'huissier qui procède à la saisie doit, d'après les principes généraux de la procédure, en dresser procès-verbal. A cet effet, l'huissier, conformément au droit commun (art. 585, C. proc. civ.), se transporte dans le navire accompagné de deux témoins. Les énonciations que le procès-verbal doit contenir sont indiquées par l'article 200. L'huissier y énonce : *les noms, profession et demeure du créancier pour qui il agit ; le titre en vertu duquel il procède ; la somme dont il poursuit le paiement ; l'élection de domicile faite par le créancier dans le lieu où siège le tribunal devant lequel la vente doit être poursuivie et dans le lieu où le navire saisi est amarré ; les noms du propriétaire et du capitaine ; le nom, l'espèce et le tonnage du bâtiment.*

---

(4) de Valroger, 1, n° 158 ; Dufour, II, n° 653 ; Arth. Desjardins, n° 232.

Il fait l'énonciation et la description des chaloupes, canots, agrès, ustensiles, armes, munitions et provisions (1).

Comme dans toutes les saisies-exécutions, l'huissier établit un gardien (art. 199, *in fine*) auquel, conformément à l'article 599, C. proc. civ., il est laissé copie du procès-verbal de saisie qu'il doit signer sur l'original et la copie.

A défaut de règles spéciales posées dans le Code, les seules énonciations dont l'omission peut entraîner la nullité de la saisie, sont les énonciations substantielles.

Il y a à signaler, au point de vue du procès-verbal de saisie, plusieurs différences entre la saisie d'un navire et la saisie-exécution :

1° Le procès-verbal ne contient pas, comme en matière de saisie-exécution (art. 586, C. proc. civ.), itératif commandement. Cela tient à ce que la saisie d'un navire ne se pratique pas en la demeure du saisi.

2° Le procès-verbal de saisie ne contient pas l'indication du jour de la vente comme en matière de saisie-exécution ; car la fixation de ce jour appartient, comme en matière de saisie-immobilière, au tribunal.

1750. Quand le procès-verbal de saisie a été dressé, le navire est placé sous la main de justice. Dans la phase de la procédure qui s'ouvre alors, la loi du 10 juillet 1885 a introduit des formalités empruntées à la saisie des immeubles. Le Code de commerce se bornait à exiger la dénonciation du procès-verbal de saisie au débi-

---

(1) Tous ces accessoires doivent être considérés comme compris dans la saisie, alors même qu'ils auraient été omis dans le procès-verbal. V. Dufour, II, n° 666 ; Arth. Desjardins, I, n° 234. — Valin (sur l'art. 2, liv. I, tit. XIV de l'Ordonnance) adoptait cette solution en principe ; il exceptait, toutefois, la chaloupe et le canot. Il se référait dans sa décision aux textes du Droit romain, qui ne considèrent pas le canot et la chaloupe comme des accessoires du bâtiment : Dig. L. 29 (XXXIII, VII). L. 44 (XXI, II). Mais aujourd'hui, on reconnaît généralement que le canot et la chaloupe sont de véritables agrès du navire. V. n° 95. Il faudrait, toutefois, ne pas considérer comme frappés par la saisie, des agrès et apparaux séparés du navire, si l'on n'avait pas eu le soin de le mentionner dans le procès-verbal. Alors, on ne peut pas dire que l'adjudicataire a dû compter sur eux.

teur (ancien art. 201, C. com.). La loi du 10 juillet 1885, prescrit, en outre, la transcription du procès-verbal de saisie (Cpr. art. 24, 1er alin., L. de 1885 et art. 678, C. proc. civ.) et la dénonciation de la saisie aux créanciers inscrits, s'il y en a (art. 24, 2e alin., de 1885).

Ce sont ces emprunts faits à la procédure de saisie-immobilière qui font naître la question générale de savoir si, sur les points sur lesquels la loi spéciale est muette, il y a lieu d'appliquer les règles du Code de procédure civile relatives à la saisie des immeubles. V. spécialement nos 756 et suiv.

1751. *Dénonciation au propriétaire du procès-verbal de saisie. Assignation.* — Il faut donner connaissance de la saisie au propriétaire du navire (qui est le saisi). Il faut aussi l'appeler en justice ; car il est nécessaire que la vente soit ordonnée par un tribunal et qu'il y soit procédé devant l'un de ses membres, à moins que le tribunal n'en ordonne autrement (art. 26, L. de 1885 (1). La loi (art. 23, L. du 10 juillet 1885) (2) prescrit donc deux formalités : *a.* la notification du procès-verbal de saisie, *b.* la citation en justice du saisi, afin de faire procéder à la vente.

1752. A qui et dans quel délai doivent être signifiés le procès-verbal de saisie et la citation en justice? Il résulte de l'article 23 de la loi de 1885 que quatre cas différents sont à distinguer :

1° *Le propriétaire du navire saisi a son domicile, ou tout au moins, sa résidence dans le ressort du tribunal devant lequel doit se poursuivre la vente.* — C'est à lui, à sa personne ou à son domicile, que sont signifiés le procès-verbal de saisie et la citation en justice (art. 23, 1er alin.).

2° *Le propriétaire du navire saisi n'est pas domicilié dans le ressort du tribunal.* — La dénonciation du procès-verbal de saisie et la signification de la citation en justice sont faites au propriétaire en la personne du capitaine du bâtiment saisi ou, en son absence, en la personne de celui qui représente le propriétaire ou le capitaine (art. 23). Les représentants du propriétaire peuvent être, notam-

---

(1) V. n° 1768.
(2) L'article 23 de la loi de 1885 correspond, avec quelques différences de détail, à l'article 201, C. com., que cette loi a abrogé.

ment, le consignataire du navire ou le subrécargue ; ceux du capitaine, le second, les gens de l'équipage.

3° *Le propriétaire du navire saisi n'est pas domicilié dans le ressort du tribunal et n'y est pas représenté, mais il a en France son domicile ou sa résidence.* — Les significations se font alors au propriétaire à son domicile ou à sa résidence.

4° *Le propriétaire du navire saisi n'a, en France, ni domicile ni résidence et, de plus, n'y est pas représenté.* — Les citations et significations sont données au parquet du Procureur de la République près le tribunal civil où se poursuit la vente, conformément à l'article 69-9°, C. proc. civ. (art. 23, dernier alinéa, L. de 1885).

1753. Le délai dans lequel doivent être signifiés le procès-verbal de saisie et la citation devant le tribunal, varie selon qu'ils le sont au propriétaire lui-même ou à un de ses représentants (capitaine ou autre).

Quand la signification est faite au propriétaire lui-même, elle doit avoir lieu dans les trois jours qui suivent la clôture du procès-verbal de saisie (art. 23, 1er alin.). Quand, au contraire, la signification est faite au représentant du propriétaire, le délai de trois jours est augmenté d'un jour par cinq myriamètres de distance entre le domicile du propriétaire et le lieu de la saisie, sans que ce délai puisse dépasser un mois. Cette augmentation de délai, dont le principe est emprunté à l'ancien article 201, C. com., ne s'explique pas facilement. On n'aperçoit pas pourquoi le saisissant a un délai plus long pour faire les significations, lorsqu'elles sont faites à des personnes résidant dans le lieu de la saisie. Les significations aux représentants n'offrent aucun avantage, si les délais accordés pour les faire sont aussi longs que si elles devaient être faites au propriétaire saisi lui-même. Ce qu'il aurait fallu augmenter, c'est le délai accordé au propriétaire saisi pour comparaître, afin que le représentant, après avoir reçu les significations, ait le temps d'avertir ce propriétaire et d'obtenir ses instructions (1).

Quand la signification doit être faite au domicile réel du proprié-

(1) Des auteurs ont cherché, pourtant, à expliquer l'augmentation de délai dont il s'agit. V. Arth. Desjardins, I, n° 235 et V, n° 1241 ; Dufour II, n° 686.

taire qui n'est pas domicilié dans le lieu de la saisie et n'y a pas de représentant, le délai est augmenté d'un jour par cinq myriamètres de distance entre ce domicile et le lieu du siège du tribunal (analog. art. 24, al. 1). Il faut, en effet, que le saisissant ait le temps de s'adresser à un huissier du domicile du saisi.

Enfin, il n'y a pas d'augmentation de délai dans le cas où la signification est faite au parquet du Procureur de la République (art. 23, 3e alin.).

1754. *Tribunal compétent.* — Quel est le tribunal devant lequel la citation doit être faite et qui est, par suite, compétent pour ordonner la vente (n° 1768) ? C'est le tribunal civil du lieu de la saisie. L'article 23, 1er al., de la loi de 1885 le décide expressément.

Sous l'ancienne Monarchie, la compétence appartenait aux amirautés (n° 49). Le Code ne se prononçait pas expressément sur la question de compétence ; elle a été tranchée dans le sens de ta compétence des tribunaux civils, à l'exclusion des tribunaux de commerce, par un avis du Conseil d'Etat du 29 avril 1809. Cette attribution de compétence se justifie théoriquement. La saisie ne peut être opérée qu'en vertu d'un titre exécutoire qui est, soit un jugement d'un tribunal de commerce, soit un jugement d'une autre juridiction ou un acte authentique constatant un contrat. Or, les tribunaux de commerce ne peuvent connaître ni de l'exécution de leurs jugements (art. 442, C. proc. civ., ni *a fortiori* de l'exécution de jugements ou d'actes n'émanant pas d'eux (1). Du reste, en faisant allusion à l'intervention des avoués dans la procédure de la vente sur saisie (art. 204), le Code de commerce paraissait écarter la compétence des tribunaux de commerce, par cela même que ces officiers ministériels n'existent qu'auprès des tribunaux civils.

Le projet de 1867, sans méconnaître la valeur de ces raisons théoriques, attribuait compétence aux tribunaux de commerce, conformément aux vœux du commerce maritime. On a souvent constaté que le prétoire des tribunaux civils est peu favorable aux ventes des navires, que le public maritime ne se rend pas à ces ventes, que, par suite, les navires saisis ne sont pas vendus pour un prix qu'ils

---

(1) V. *Traité de Droit commercial*, I, n° 374.

atteindraient dans un milieu commercial, que l'intervention des avoués a pour effet d'augmenter les frais. La même modification aux règles de compétence du Code de commerce avait été admise par la Chambre des députés dans le projet de loi sur l'hypothèque maritime; mais le Sénat maintint la compétence des tribunaux civils. C'est ce désaccord qui a beaucoup retardé le vote de la loi du 10 juillet 1885. La Chambre a fini par se ranger à l'opinion du Sénat (1).

1755. *Transcription du procès-verbal de saisie.* — Le procès-verbal de saisie doit être transcrit au bureau du receveur des douanes, soit du lieu où le navire est en construction, soit du port d'attache du navire. Cette transcription doit être opérée dans un délai de trois jours à partir de la date du procès-verbal de saisie. Si le bureau du receveur des douanes n'est pas dans le ressort du tribunal où se poursuit la vente, le délai de trois jours est augmenté d'un jour par cinq myriamètres de la distance entre ce bureau et le lieu où siège le tribunal. Il faut que le saisissant ait le temps nécessaire pour faire parvenir à ce bureau le procès-verbal de saisie à transcrire (art. 24, 1er alin).

Cette formalité de la transcription a été empruntée par la loi du 10 juillet 1885 à la procédure de saisie-immobilière (art. 678, C. proc. civ.) Seulement, pour la saisie des navires, la transcription n'a pour objet que le procès-verbal de saisie, alors que, pour la saisie des immeubles, elle comprend aussi la transcription de l'exploit de dénonciation de la saisie. Il y a également des différences au point de vue des délais dans lesquels la transcription doit avoir lieu. Cpr. art. 678, C. proc. civ., et art. 24, L. 10 juillet 1885 (2). Enfin, il n'y a pas de délai spécial après lequel la saisie d'un navire transcrite cesse de produire ses effets, tandis que, d'après une disposition ajoutée à l'article 693, C. proc. civ., par la loi du 2 juin 1841, *la saisie immobilière transcrite cesse de plein droit de produire son effet si, dans les dix ans de la transcription, il n'est pas intervenu une adjudication mentionnée en marge de cette transcription.*

Le but de la transcription est, comme en matière de saisie-immo-

(1) V. Arth. Desjardins, V, n° 1241.
(2) Il va de soi que, si le receveur ne peut procéder à la transcription, l'article 679, C. proc. civ., doit être appliqué.

bilière, de faire connaître aux tiers que le bien saisi a été placé sous la main de justice ; c'est une formalité de publicité.

1756. La loi du 10 juillet 1885, en prescrivant la transcription du procès-verbal de la saisie des navires, n'en indique pas les effets. Aussi des difficultés se sont élevées sur le point de savoir si les effets de cette transcription sont les mêmes que ceux de la transcription de la saisie d'un immeuble qui sont indiqués par le Code de procédure civile. Ces difficultés se sont présentées au point de vue, soit de la constitution d'hypothèque opérée après la transcription, soit de l'extension de l'hypothèque au fret.

1757. Il est certain que les effets des deux transcriptions sont semblables en ce qui concerne les aliénations que pourrait faire le saisi après que la saisie a été transcrite. Selon l'article 686, C. proc. civ., *la partie saisie ne peut, à compter du jour de la transcription de la saisie, aliéner les immeubles saisis, à peine de nullité.* Le propriétaire d'un navire saisi ne peut pas non plus l'aliéner valablement après que la saisie a été transcrite. La transcription est une formalité de publicité (n° 1754). Tant que la saisie n'a pas été rendue publique par la transcription, les tiers doivent croire que le saisi a conservé intact le droit de disposer du navire. Quand la transcription a eu lieu, la mise du navire sous la main de justice est portée à leur connaissance.

1758. Le propriétaire saisi qui ne peut plus aliéner valablement, peut-il constituer une hypothèque valable sur le navire même après la transcription de la saisie ?

En matière de saisie immobilière, il est généralement admis que l'hypothèque est encore possible après cette transcription (1). Cette solution se déduit du rejet de deux amendements proposés lors de la discussion de la loi du 2 juin 1841 et tendant à interdire au saisi la constitution d'hypothèque (2).

On a soutenu que le navire saisi peut être aussi valablement hypothéqué après la transcription de la saisie, bien que l'aliénation n'en

---

(1-2) Aubry et Rau III, (5e édit., § 266, pp. 457 et 458; Boitard et Colmet-Daage, II, n° 931 ; Garsonnet et César-Bru, *Traité de procédure*, (2e édit., IV, n° 1545). V. *en sens contraire*, Glasson et Albert Tissier, *Précis théorique et pratique de procédure civile*, II, n° 1353.

soit plus possible. En ce sens, on allègue que la loi de 1885 a assimilé la saisie des navires à celle des immeubles, qu'à partir de la clôture du procès-verbal de saisie, le navire saisi est considéré par la loi comme un immeuble (1).

Selon nous, cette solution est inexacte ; le navire saisi ne peut pas plus être valablement hypothéqué qu'il ne peut être valablement aliéné après la transcription de la saisie (2). Rien n'autorise à dire que le législateur a entendu établir une assimilation entre les deux saisies, en attachant des effets identiques à une même formalité. On exagère singulièrement en disant que le navire devient, aux yeux de la loi, un immeuble une fois que le procès-verbal de saisie a été dressé. La vérité est qu'ici, au point de vue des formalités à accomplir, comme cela arrive aussi pour certaines règles de fond (nos 80 et suiv.), la loi applique aux navires des dispositions qui, en principe, sont restreintes aux immeubles.

Les solutions admises pour les effets de la transcription d'une saisi immobilière, ne peuvent être étendues à la transcription de la saisie d'un navire quand elles sont des dérogations aux principes du droit commun. Tel est bien le caractère de la solution selon laquelle le propriétaire d'un immeuble saisi qui ne peut plus l'aliéner valablement après la transcription de la saisie, conserve, pourtant, le droit de le grever d'hypothèques. En principe, en effet, pour pouvoir hypothéquer un bien, il faut pouvoir l'aliéner (art. 2124, C. civ.). En ce qui concerne les immeubles, les créanciers chirographaires auxquels nuit une hypothèque constituée après la transcription de la saisie, auraient pu éviter ce préjudice en obtenant contre leur débiteur un jugement de condamnation emportant hypothèque judiciaire (art. 2123; C. civ.). Mais, comme il n'y a pas d'hypothèque judiciaire sur les navires (no 1619), les créanciers chirographaires n'auraient pas le moyen, en actionnant en justice leur débiteur, de se mettre à l'abri des hypothèques constituées par lui sur son navire après la transcription de la saisie.

(1) Vidal Naquet, *Saisie et vente judiciaire de navires*, p. 43 et 71.
(2) Cass., 6 nov. 1893, S. et *J. Pal.*, 1894. 1. 225 (note de Ch. Lyon-Caen) ; D. 1895. 1. 273 ; *Pand. fr.*, 1894. 1. 455 ; *Revue intern. du Droit maritime*, 1893-94, p. 143 ; *Journ. de jurispr. de Marseille*, 1894. 2. 74.

1759. A la précédente question s'en rattache une autre : les hypothèques constituées sur le navire saisi avant la transcription de la
saisie, peuvent elles être inscrites même après cette transcription
jusqu'à celle de l'adjudication ? En matière de saisie-immobilière, ce
droit est reconnu aux créanciers hypothécaires. Mais, il doit leur être
refusé en matière de saisie du navire (1). — Si les créanciers hypothécaires antérieurs à la transcription de la saisie d'un immeuble
peuvent inscrire leur hypothèque après cette transcription, tant que
l'adjudication n'a pas été transcrite, c'est que les créanciers ayant
reçu hypothèque après la transcription de la saisie ont ce droit ;
ceux qui ont reçu une hypothèque avant, doivent en jouir à plus
forte raison. En matière de saisie de navire, ceux auxquels une
hypothèque a été constituée après la transcription, ne peuvent l'inscrire, puisque cette hypothèque est nulle, selon nous (n° 1758). Au
reste, il est conforme aux principes généraux et il est rationnel que
le droit de prendre des inscriptions soit arrêté au moment où la
constitution d'hypothèque n'est plus possible. V. art. 3 et 6, 1er al.,
L. 23 mars 1855.

1760. En matière de saisie-immobilière, la transcription de la
saisie immobilise les fruits civils à l'égard des créanciers hypothécaires et privilégiés (art. 685, C. proc. civ.), de telle façon qu'ils
exercent leur droit de préférence sur les fruits comme sur le prix de
l'immeuble. Faut-il décider de même, en matière de saisie de
navire, qu'à partir de la transcription, le fret, qui est un fruit civil
du navire, est atteint par le droit de préférence des créanciers hypothécaires ou privilégiés ? On l'a soutenu (2), en invoquant la prétendue assimilation des deux saisies. Cette sorte d'immobilisation du
fret ne saurait, selon nous, être admise, par cela même que l'assimilation dont il s'agit n'est nullement faite par la loi de 1885
(n° 1758) (3). V. n° 1625.

1761. Dans la huitaine de la transcription du procès-verbal de
saisie, le receveur des douanes doit délivrer un état des inscriptions

---

(1) V. l'arrêt du 6 nov. 1893 cité à la note de la page précédente.
(2) Vidal-Naquet, *op. cit.*, p. 71.
(3) Arth. Desjardins, V, n°s 1210 et 1242.

hypothécaires au créancier saisissant (art. 24, 2ᵉ al.) (1). Dans un délai qui est, en principe, de trois jours à partir de la délivrance de cet état, le créancier saisissant doit dénoncer la saisie aux créanciers inscrits aux domiciles par eux élus dans leurs inscriptions avec l'indication du jour de la comparution devant le tribunal civil (art. 24, 2ᵉ al.). Quand le lieu de la résidence du receveur des douanes où les élections de domicile doivent avoir été faites (L. 10 juillet 1885, art. 8-6°) ne se trouve pas dans le ressort du tribunal qui doit connaître de la saisie et de ses suites, le délai de trois jours est augmenté à raison d'un jour par cinq myriamètres (art. 24, al. 2 .

La dénonciation de la saisie fait connaître aux créanciers inscrits la saisie dont le navire est l'objet et, par elle, ils deviennent partie à la procédure.

Mais, la loi de 1885 n'exige pas, comme le fait le Code de procédure civile (art. 693, 1ᵉʳ alin.) en matière de saisie-immobilière, que mention des notifications soit faite en marge de la transcription de la saisie. Aussi, ne doit-on pas admettre que les effets attachés à cette mention se produisent. D'après l'article 693, 2ᵉ al., C. pr. civ., du jour de cette mention, la saisie ne peut plus être radiée que du consentement des créanciers inscrits ou en vertu du jugement rendu contre eux. Quand il s'agit d'un navire, la saisie peut être radiée du consentement du seul créancier poursuivant ou en vertu d'un jugement rendu contre lui seul.

1762. Comme il a été dit (n° 1764), la dénonciation de la saisie faite aux créanciers inscrits doit contenir l'indication de la date de la comparution devant le tribunal civil qui aura à décider qu'il sera procédé à la vente du navire (art. 24, 2ᵉ al.). Le créancier hypothécaire n'est pas, du reste, tenu de constituer avoué; il faut seulement qu'il ait la possibilité d'assister à l'audience. Conformément à la règle générale de l'article 72, C. pr. civ., le délai de comparution est de huitaine. Mais, quand le bureau de la recette des douanes ne se trouve pas dans le lieu où siège le tribunal, le délai est augmenté à raison d'un jour par cinq myriamètres (art. 24, 3ᵉ al) En aucun cas, le

---

(1) Aucune disposition n'autorise à augmenter ce délai à raison de la distance existant entre le domicile du créancier saisissant et la recette des douanes. V., pourtant, Vidal-Naquet, p. 74.

délai ne peut dépasser les termes fixés par les deux derniers paragraphes de l'article 23 (art. 24, 3e al.). Cela implique que le délai ne peut être supérieur à un mois.

1763. *Le tribunal fixe par son jugement la mise à prix et les conditions de la vente* (art. 25). — En matière immobilière, la mise à prix est fixée par le poursuivant dans le cahier des charges qu'il a la mission de rédiger et qui doit être déposé au greffe du tribunal (art. 690, C. proc. civ.), et, s'il la fixe à une somme trop élevée empêchant de trouver des amateurs, il est lui-même déclaré adjudicataire (art. 706, C. proc. civ.). En matière de saisie de navire, c'est le tribunal qui fixe la mise à prix, de telle façon que l'adjudication ne peut pas, faute d'enchères, être prononcée au profit du saisissant. Cette fixation est assurément plus difficile, à raison de la nature du bien dont il s'agit, pour le tribunal civil qu'elle ne l'aurait été pour le tribunal de commerce, si la compétence de celui-ci avait été reconnue. V. n° 1734.

La loi de 1885 ne prononce pas le nom de *cahier des charges*. Il faut, pourtant, que les clauses et conditions de la vente, en dehors même du montant du prix, soient déterminées avant l'adjudication. Aucune disposition n'impose, comme en matière de saisisie-immobilière (art. 690, C. proc. civ.), au poursuivant l'obligation de le rédiger et de le déposer au greffe. D'après le texte de l'article 25, c'est le tribunal qui fixe les conditions de la vente, comme le montant de la mise à prix (1).

1764. L'adjudication est précédée de formalités de publicité destinées à appeler les enchérisseurs ; puis, il est procédé à l'adjudication. Les formalités que prescrivait le Code de commerce (anciens art. 202 à 206), étaient compliquées et occasionnaient des pertes de temps et d'argent (2). La loi de 1885 les a beaucoup simplifiées.

1765. *Publicité antérieure à l'adjudication.*— Toute distinction fondée sur le tonnage des navires a été écartée par la loi de 1885 (3).

(1) V., pourtant, Vidal-Naquet, *op. cit.*, p. 79 et suiv.

(2-3) Le Code de commerce distinguait, au point de vue de la publicité et des formes de l'adjudication, selon que le navire avait ou n'avait pas plus de dix tonneaux. Quand le navire avait plus de dix tonneaux, les for-

Quinze jours au moins avant la vente, il doit y avoir une apposition d'affiche et une insertion de cette affiche dans un des journaux imprimés au lieu où siège le tribunal et, s'il n'y en a pas, au chef-lieu du département (art. 26). En outre, les affiches doivent être apposées au grand mât ou sur la partie la plus apparente du bâtiment saisi, à la porte principale du tribunal devant lequel on procédera, dans la place publique et sur le quai du port où le bâtiment est amarré, ainsi qu'à la Bourse de commerce, s'il y en a une (art. 27). Les annonces et affiches doivent contenir les indications déterminées par l'article 28 (1).

malités étaient les suivantes (anciens articles 202 à 206). Le saisissant faisait faire à la Bourse et dans la principale place publique du lieu où le navire était amarré une première criée (annonce à son de trompe ou de tambour) et des publications indiquant les conditions de la vente (anciens articles 202 et 204). Avis de cette criée était inséré dans un des journaux du lieu où siégeait le tribunal. Puis, des affiches contenant les mêmes indications que les criées étaient apposées dans les deux jours au grand mât du bâtiment saisi, à la porte principal du tribunal devant lequel on procédait, dans la place publique et sur le quai du port où le bâtiment était amarré, enfin à la Bourse de commerce (ancien article 203). Huit jours au moins après la première criée, au jour fixé pour l'audience, le juge-commissaire faisait une première adjudication aux enchères; celle-ci n'était pas définitive. Les mêmes formalités étaient répétées une seconde et une troisième fois de huit jours en huit jours et la troisième adjudication était seule définitive (anciens articles 205 et 206). Quand le navire était d'une capacité de dix tonneaux ou au-dessous, la procédure, sans différer essentiellement, était plus simple et, par suite plus rapide. 1° Les criées ou publications avaient lieu, non de huitaine en huitaine, mais trois jours consécutifs ; 2° l'affiche n'était apposée qu'au grand mât du bâtiment et à la porte du tribunal : 3° aucun avis n'était inséré dans les journaux ; 4° il n'y avait qu'une seule adjudication (ancien article 207). L'adjudication était faite, à l'extinction des feux, au plus offrant et dernier enchérisseur (ancien article 206). Les enchères étaient faites par les avoués, intermédiaires nécessaires des parties devant les tribunaux civils. Le juge pouvait, au lieu de prononcer l'adjudication définitive, accorder une ou deux remises de huitaine. Cette faculté pouvait être fort utile, notamment quand le juge croyait que le navire allait être vendu beaucoup au-dessous de sa valeur. Grâce à elle, le législateur avait pu se dispenser d'admettre la faculté de surenchère après l'adjudication définitive, faculté reconnue en matière d'adjudication d'immeuble sur saisi (art. 708, C. proc. civ.).

(1) L'article 28 de la loi du 10 juillet 1885 est ainsi conçu : *Les annonces et affiches devront indiquer : les noms, profession et demeure du pour-*

Comme en matière immobilière (art. 697, C. proc. civ.), le tribunal peut ordonner, à raison des circonstances, des publications extraordinaires (art. 26, al. 1).

1766. En principe, la vente du navire saisi se fait à l'audience du tribunal civil du lieu de la saisie. Mais, il peut y avoir intérêt, pour le saisi et pour les créanciers, à ce qu'il soit procédé ailleurs à la vente. C'est là ce qui se présente notamment quand le lieu de la saisie est un petit port de commerce où il est à craindre qu'il n'y ait peu d'enchérisseurs et que, par suite, le gage ne se réalise à un prix peu élevé. Aussi le tribunal du lieu de la saisie a-t-il le pouvoir d'ordonner que la vente sera faite devant un autre tribunal civil. Le tribunal peut même décider que la vente sera faite, soit en l'étude et par le ministère d'un notaire, soit par un courtier maritime, ou dans tout autre lieu du port où se trouve le navire saisi art. 26).

Le tribunal du lieu de la saisie qui peut faire vendre le navire à l'audience des criées d'un autre tribunal, doit pouvoir le faire vendre aussi à la bourse d'une autre ville (1). Mais, le tribunal désigné ne peut, à son tour, en désigner un autre ou déléguer un courtier (2).

1767. Il est procédé, au jour fixé, à l'adjudication aux enchères, conformément aux règles des articles 705 et 706, C. proc. civ. Les enchères sont donc faites par ministère d'avoué.

Il n'y a plus qu'une seule adjudication. La loi de 1885 a supprimé les adjudications provisoires et les remises successives organisées par le Code de commerce (3).

1768. L'effet principal de l'adjudication est de transférer à l'adjudicataire la propriété du navire avec celle de ses accessoires.

---

suivant ; les titres en vertu desquels il agit ; le montant de la somme qui lui est due : l'élection de domicile par lui faite dans le lieu où siège le tribunal civil et dans le lieu où se trouve le bâtiment ; les nom, profession et domicile du propriétaire du bâtiment saisi ; le nom du bâtiment et, s'il est armé ou en armement, celui du capitaine ; le mode de puissance motrice du navire, à voiles ou à vapeur, à roues ou à hélice ; s'il est à voiles, son tonnage légal ; s'il est à vapeur, les deux tonnages légaux, brut et net, ainsi que le nombre de chevaux nominaux de sa machine motrice ; le lieu où il se trouve ; la mise à prix et les conditions de la vente ; les jour, lieu et heure de l'adjudication.

(1 2) Arth. Desjardins, V. p. 483 et 484.

(3) V. note 2-3 de la page 732.

En outre, l'adjudication entraîne la purge du droit de suite des créanciers chirographaires et privilégiés (art. 193 et 197, C. com.), ainsi que des créanciers hypothécaires. L'article 29 de la loi de 1885 dispose : *la surenchère n'est pas admise en cas de vente judiciaire.* Cette disposition exclut aussi bien la surenchère du sixième admise au profit de toute personne par l'article 708, C. proc. civ., en matière d'adjudication d'immeuble sur saisie, que la surenchère du dixième spéciale au cas de purge sur aliénation volontaire. A ce point de vue, on peut dire qu'on applique les règles relatives aux ventes mobilières qui ne peuvent, en principe donner lieu à aucune surenchère. Il en était déjà ainsi avant la loi du 10 juillet 1885. Mais l'exclusion de la surenchère du sixième s'expliquait mieux sous l'empire du Code de commerce ; le juge pouvait, en effet, accorder une ou deux remises de huitaine quand il croyait que le navire allait être vendu pour un prix inférieur à sa valeur (1).

L'exclusion de toute surenchère s'applique-t-elle aux ventes faites en justice autres que les ventes sur saisie ? Cette question sera examinée plus loin (n° 1787).

On peut encore ajouter aux effets de l'adjudication sur saisie le droit pour l'adjudicataire de congédier le capitaine du navire dans les conditions de l'article 208, C. com. V. nos 512 à 515.

1769. En matière immobilière, lorsque la mise à prix n'est pas couverte, le tribunal prononce l'adjudication au profit du saisissant (art. 706, 2e alin., C. proc. civ). Cela ne s'applique pas en matière de saisie de navire, puisque la mise à prix est fixée par le tribunal et non par le poursuivant (n° 1763). Mais, *si, au jour fixé par la vente du navire il n'est pas fait d'offre, le tribunal déterminera par jugement le jour auquel les enchères auront lieu sur une nouvelle mise à prix inférieure à la première et qui sera déterminée par le jugement* (L. de 1885, art. 25). L'adjudication aux enchères sur rabais, ainsi ordonnée par le tribunal, doit évidemment être précédée des formalités de publicité prescrites par les articles 27 et 28 de la loi du 10 juillet 1885.

1770. Comment le prix de l'adjudication est-il acquitté ? Selon

_____

(1) V. note 2-3 *in fine* des pages 732-733.

l'article 209, 1er alin., C. com., l'adjudicataire d'un navire devait payer le prix dans les 24 heures ou le consigner, sans frais, au greffe du tribunal de commerce (1). Mais, l'ordonnance du 3 juillet 1816 (art. 2-1º) disposait que le prix consigné en vertu de l'article 109, C. com., devait être versé à la Caisse des dépôts et consignations (2). La loi de 1885 (art. 30, 1er alin.) prescrit de verser le prix, sans frais, à la Caisse des dépôts et consignations, dans les 24 heures. L'adjudicataire ne peut donc plus opter entre le paiement et la consignation. L'article 209, 1er alin., C. com., qui n'est pas l'objet d'une abrogation expresse, est abrogé comme étant en contradiction avec les dispositions de la loi du 10 juillet 1885. V. l'article 39, dern. alin., de cette loi.

1771. *Folle enchère.*—Quand l'adjudicataire ne consigne pas son prix dans les 24 heures, il y a lieu à folle enchère (L. 10 juillet 1885, art. 30, derniers mots et art. 209, 2e alin., C. com), si les créanciers ne préfèrent contraindre l'adjudicataire au paiement par les voies ordinaires Parmi celles ci, ne figure plus, depuis la loi du 22 juillet 1867 (art. 1 et 2), la contrainte par corps que visait expressément l'article 209, 1er alin., C. com.

Tous ceux qui sont liés à la poursuite (saisi, saisissant et autres créanciers) peuvent poursuivre la folle enchère (3). Il est généralement reconnu que la poursuite débute par un commandement fait à l'adjudicataire d'avoir à remplir les conditions de l'adjudication (analog. art. 735, C. proc. civ.). Vingt-quatre heures après ce commandement, si l'adjudicataire n'exécute pas ses obligations, les formalités de publicité (insertion et affiches) prescrites par les articles 26 à 28 de la loi du 10 juillet 1885 doivent être remplies (4). L'insertion doit

---

(1) Cette disposition ne concordait pas avec l'attribution de compétence faite au tribunal civil en matière de saisie de navire. V. nº 1754.

(2) Comme une ordonnance ne peut modifier une loi, la portée exacte de la disposition de l'Ordonnance de 1816 donnait lieu à difficulté. V. en sens divers, Arth. Desjardins, I. nº 248 et Laurin sur Cresp, I, p. 153.

(3) Arth. Desjardins, I. nº 248, p 416. Valin paraît réserver au saisissant le droit de faire procéder à la revente à la folle enchère ; mais Valin déclare qu'il y est obligé si les autres créanciers le requièrent.

(4) Les formalités indiquées dans l'article 209, 2e alin., C. com , se trouvent modifiées par la loi de 1885.

être faite et les affiches doivent être apposées trois jours francs au moins avant l'adjudication.

Quant aux effets de l'adjudication sur folle enchère, ils sont déterminés par le droit commun. V. art. 740, C. proc. civ. En conséquence, l'adjudication sur folle enchère résout la propriété acquise à l'adjudicataire ; ses obligations sont éteintes jusqu'à concurrence de la somme payée par le nouvel adjudicataire. Le fol enchérisseur est donc tenu de la différence, si le prix de l'adjudication sur folle enchère est inférieur au prix de la première adjudication. Il est aussi obligé de payer les intérêts et les frais. Si, au contraire, le prix de la seconde adjudication dépasse celui de la première, l'excédent profite, non au premier adjudicataire, mais aux créanciers ou, quand ils sont désintéressés, au saisi.

1772. *Procédure postérieure à l'adjudication sur saisie. Collocation des créanciers. Distribution du prix.* — Le prix de l'adjudication est destiné aux créanciers du saisi. Qu'ont-ils à faire pour exercer leurs droits sur le prix ? Comment sont-ils colloqués ? Comment se fait la distribution du prix ?

Jusqu'à la loi du 10 juillet 1885, la procédure à suivre pour parvenir à la distribution du prix entre les créanciers, était réglée par les articles 213 et 214, C. com., qui n'apportaient que quelques dérogations aux règles du Code de procédure civile sur la distribution par contribution. La loi du 10 juillet 1885 (art. 30 à 32) a établi un nouveau système de distribution qui se rapproche de la procédure d'ordre réglée par les articles 747 et suiv., C. proc. civ. La loi nouvelle renvoie à plusieurs articles du Code de procédure concernant la procédure d'ordre, et c'est aux dispositions de ce Code relatives à la procédure d'ordre qu'il paraît naturel de se référer pour résoudre les questions sur lesquelles la loi de 1885 est muette.

1773. La procédure à suivre est, du reste, la même, qu'il y ait ou non des créanciers inscrits sur le navire (1). La loi de 1885 ne fait aucune distinction. L'article 213, C. com., est donc abrogé comme étant contraire aux dispositions de cette loi.

_____

(1) Vidal-Naquet, *op. cit.*, p. 136 et suiv.

1774. En matière d'ordre après vente d'un immeuble sur saisie, le Code de procédure civile, modifié par la loi du 21 mai 1858, organise une tentative d'ordre amiable qui précède l'ordre judiciaire. Il y a aussi, après l'adjudication d'un navire sur saisie, une tentative de règlement amiable qui, lorsqu'elle réussit, clôture la distribution. C'est seulement lorsque les créanciers ne peuvent pas s'entendre qu'il y a lieu à un règlement et à une distribution judiciaires.

1775. Les créanciers privilégiés ou chirographaires qui veulent participer à la distribution du prix, doivent former opposition à la délivrance du prix. Ile peuvent la former avant l'adjudication. Une fois que celle-ci a eu lieu, ils n'ont que trois jours pour la faire (art. 212, C. com.). Il y a là une disposition très rigoureuse que rien ne justifie ; il n'y aurait aucun inconvénient à laisser les oppositions se produire jusqu'au moment où est faite la distribution du prix (1).

Au reste, l'article 212, C. com., ne s'applique pas aux créanciers hypothécaires. L'article 25 de la loi du 10 décembre 1874 admettait que l'inscription valait opposition. Cette disposition n'est pas reproduite dans la loi de 1885 ; mais la dispense d'opposition pour les créanciers hypothécaires paraît encore résulter des dispositions de cette loi, spécialement de l'article 17 (2).

A défaut de disposition spéciale déterminant entre les mains de qui les oppositions doivent être faites, il paraît naturel de distinguer selon qu'elles sont formées avant ou après l'adjudication. Avant l'adjudication, elles sont signifiées au greffe du tribunal qui connaît de la vente. Après l'adjudication, elles peuvent l'être, soit au greffe du tribunal civil, soit entre les mains de l'adjudicataire, s'il n'a pas encore consigné son prix, ou à la Caisse des dépôts et consignations quand le prix y a été déposé (3).

Le créancier qui n'a pas fait une opposition dans le délai de trois jours, perd le droit d'en faire une (art. 212, C. com.) ; il n'est pas

---

(1) Dufour, II, n° 803 ; Arth. Desjardins, I, n° 250. — V. la discussion à laquelle a donné lieu l'article 212, C. com., lors de la confection du Code de commerce, Locré *Législation de la France*, XVIII, p. 320 et suiv.

(2) Vidal-Naquet, *op. cit.*, p. 146 et 147.

(3) de Valroger, I, n° 202.

appelé à la distribution ; mais, il n'est déchu qu'à l'égard des opposants ; il demeure créancier. Aussi, s'il reste un excédent après le
paiement des opposants, le créancier retardataire peut le réclamer.
Quand il y a plusieurs créanciers, ils doivent être payés sur ce
qui reste du prix, comme s'ils avaient formé opposition en temps
utile (1).

1776. *Règlement amiable*. — Dans les cinq jours qui suivent le
versement du prix de l'adjudication à la Caisse des dépôts et consignations, l'adjudicataire doit présenter requête au président du tribunal civil pour faire commettre un juge chargé de procéder au
règlement amiable (art. 30, 2e alin.). A défaut de l'adjudicataire, il
semble que rien ne s'oppose à ce que la requête soit faite par un
des créanciers (arg. art. 750, C. proc. civ.).

Quand le juge-commissaire a été désigné, l'avoué de celui qui
poursuit la procédure requiert du juge l'ouverture du règlement. Le
juge-commissaire fixe les jour, lieu et heure de la comparution des
créanciers devant lui, afin qu'ils s'entendent à l'amiable sur la distribution du prix. La convocation doit être publiée et affichée. L'af-
fichage a lieu dans l'auditoire du tribunal et l'insertion est faite dans
un des journaux imprimés au lieu du siège du tribunal ou, à défaut,
dans l'un de ceux qui sont imprimés dans le département (art. 30,
3e alin.). Mais ces formalités de publicité n'ont pas d'utilité réelle.
Quand elles sont accomplies, les créanciers privilégiés et chirographaires ne sont plus, en vertu de l'article 212, C. com., dans les
délais pour former opposition.

Le délai de la convocation est de quinzaine, sans augmentation à
raison de la distance (art. 30, 4e alin.).

Au jour fixé pour la comparution, les créanciers doivent se présenter devant le juge-commissaire qui a des fonctions semblables à
celles que le Code de procédure civile (art. 751) confère au juge-
commissaire en matière d'ordre. Il n'y a pas là, d'ailleurs, une ins-

(1) Arth. Desjardins, I, n° 250, p. 422 ; Demangeat sur Bravard, I,
p. 144. — V., en sens contraire, Dufour, II, n° 806. — Valin admettait la
dernière opinion (sur l'article 14, liv. I, tit. XIV de l'Ordonnance de 1681).

tance judiciaire. Aussi les avoués n'y interviennent-ils que comme mandataires ordinaires des parties (1).

Si les créanciers s'entendent, le juge-commissaire dresse un procès-verbal de la distribution du prix par règlement amiable. Il ordonne la délivrance par le greffier aux créanciers utilement colloqués des bordereaux ou mandements de collocation, sans lesquels la Caisse des dépôts et consignations ne pourrait pas payer. Sur la présentation d'un extrait de cette ordonnance, le receveur des douanes radie les inscriptions. Ces solutions ne sont pas consacrées par des dispositions expresses de la loi de 1885, qui, par une grande singularité, ne prévoit pas le cas où le règlement amiable réussit ; on est autorisé à les admettre par analogie des règles de l'ordre amiable que le législateur de 1885 a certainement prises comme modèle (2).

1777. Comme en matière d'ordre, le règlement amiable suppose le consentement de tous les créanciers (3). La tentative de règlement amiable échoue donc lorsqu'il y a une minorité opposante, fût-ce d'un seul créancier ou quand il y a des créanciers absents.

Quand, pour une cause quelconque, le règlement amiable a échoué, le juge-commissaire dresse un procès-verbal des prétentions et des contredits des créanciers. Il n'a pas, comme en matière d'ordre, à dresser un règlement provisoire qui clôt la procédure s'il n'est pas attaqué dans les délais fixés par la loi (art. 755, C. pr. civ.).

Dans la huitaine de la date de ce procès-verbal, chacun des créanciers doit déposer au greffe une demande en collocation contenant constitution d'avoué avec titre à l'appui (art. 31, 2e alin.). Les créanciers ne reçoivent pas une sommation de produire ; ils doivent savoir que, d'après la loi, en cas d'insuccès de la tentative de règlement amiable, ils ont à produire leurs titres et à faire connaître définitivement leurs prétentions.

L'expiration du délai de huitaine n'est pas indiquée par la loi comme entraînant déchéance contre les créanciers non produisants.

---

(1) Arth. Desjardins, nº 1247, p. 490. — Cpr. Cass. Ch. crim. 28 mars 1879, S. 1879. 1. 235.

(2) Arth. Desjardins, nº 1247, p. 490.

(3) Trib. civ. d'Abbeville, 4 juin 1883, D. 1884. 3. 16 (note de M. Glasson).

Aussi semble-t-il qu'on doit leur reconnaître le droit de produire jusqu'au règlement définitif opéré par le tribunal civil (1).

1778. L'instance judiciaire proprement dite commence; c'est le tribunal qui est chargé de statuer et de procéder au règlement. Le créancier le plus diligent cite les autres créanciers à comparaître devant le tribunal civil pour qu'il soit statué sur les demandes en collocation et qu'il soit procédé au règlement (art. 31). Les créanciers cités sont à la fois ceux qui ont produit et ceux qui ont été déjà cités dans la phase de la tentative de règlement amiable (2).

C'est le tribunal qui doit examiner les titres présentés à l'appui des productions, trancher les contestations, ordonner les radiations d'inscription et établir l'état de collocation. Il y a là un règlement d'ordre fait à l'audience semblable à celui auquel il est procédé quand il y a moins de quatre créanciers inscrits sur un immeuble qui a été l'objet d'une adjudication sur saisie (art. 773, C. proc. civ.) (3).

Le jugement doit être signifié dans les trente jours de sa date à avoué pour les parties présentes et aux domiciles élus pour les parties défaillantes. Ce jugement n'est pas susceptible d'opposition (art. 32).

1779. Mais, le jugement contenant le règlement peut être frappé d'appel; la loi suppose, dans l'article 32, qu'il a été fait usage de cette voie de recours.

Le délai d'appel est de dix jours à compter de la signification du jugement. Ce délai est augmenté d'un jour par cinq myriamètres de distance entre le siège du tribunal et le domicile élu dans l'inscription ou, à défaut d'élection de domicile, du domicile réel (art. 32, 1er al.).

Comme en matière d'ordre, l'acte d'appel contient l'assignation et l'énonciation des griefs à peine de nullité (art. 32, 2e al.).

Pour ce qui est de la procédure à suivre devant la Cour d'appel, la loi de 1885 (art. 32, 3e al.) déclare applicable les articles 761, 763 et 764 et la disposition finale de l'article 762, C. proc. civ.

(1) Arth. Desjardins, V, n° 1248, p. 491.
(2) Arth. Desjardins, V, n° 1248, p. 491 ; de Valroger, V, p. 359.
(3) Quand il y a beaucoup de créanciers, cette procédure est très longue et très coûteuse.

Selon cette dernière disposition, *l'appel n'est recevable que si la somme contestée excède celle de* 1.500 *francs, quel que soit le montant des créances des contestants et des sommes à distribuer.*

Cependant, l'article 761, 1er al., C. proc. civ., ne peut être littéralement appliqué : il dispose que l'audience est poursuivie à la diligence de *l'avoué commis* et, en notre matière, il n'y a pas d'avoué commis ; son rôle est rempli par l'avoué de la partie la plus diligente.

Dans les huit jours qui suivent l'expiration du délai d'appel et, s'il y a appel, dans les huit jours de l'arrêt, le juge-commissaire reprend son rôle qui avait cessé par suite du défaut d'entente des créanciers lors de la tentative de règlement amiable. Il doit, en conformité du jugement ou de l'arrêt, dresser l'état des créances colloquées en principal, intérêts et frais. Ce règlement définitif est dénoncé à tous les créanciers colloqués (art. 767, C. proc. civ.).

Les intérêts des créances utilement colloqués cessent de courir à l'égard du saisi (art. 32, avant-dern. al.). Les dépens des contestations ne peuvent être pris sur les deniers à distribuer, sauf les frais de l'avoué le plus ancien ; les frais sont à la charge du contestant ou du contesté qui succombe (art. 32, avant-dernier al.).

Sur l'ordonnance du juge-commissaire, le greffier délivre des bordereaux de collocation exécutoires contre la Caisse des dépôts et consignations dans les termes de l'article 770, C. proc. civ. La même ordonnance autorise la radiation par le receveur des douanes des inscriptions des créanciers non colloqués. La radiation est opérée sur la demande de toute partie intéressée (art. 32, dern. al.).

1780. Les collocations doivent être faites conformément aux règles posées par l'article 214, C. com , complété par l'article 191 du même Code (dern. al., ajouté par les lois du 10 décembre 1874, art. 27, et du 10 juillet 1885, art. 34). Il y a ainsi lieu de colloquer successivement : 1° les créanciers privilégiés dans l'ordre fixé par l'article 191, C. com. ; 2° les créanciers hypothécaires ; 3° les créanciers chirographaires opposants au marc le franc de leurs créances ; 4° les créanciers qui n'auraient pas fait opposition ou produit leurs titres dans les délais légaux.

1781. *Incidents de la saisie des navires.* — Comme toute autre saisie, la saisie des navires peut donner lieu à des incidents, c'est-à-dire à des demandes qui viennent compliquer la procédure en en arrêtant ou en en suspendant le cours. Le Code de procédure civile a consacré un titre entier aux incidents de la saisie-immobilière (art. 718 à 748). Le Code de commerce, à propos de la saisie des navires, ne s'est occupé que des demandes en distraction. A la différence du projet de 1867 (art. 199, 206 à 209), la loi du 10 juillet 1885 a gardé aussi le silence sur les incidents. Il importe d'examiner si les incidents de la saisie-immobilière peuvent se produire au cours de la saisie d'un navire et, en cas d'affirmative, quelles règles de procédure leur sont applicables.

1782. *Demandes en distraction.* — Une demande en distraction est une demande en revendication de tout ou partie de l'objet saisi ; ainsi, un tiers forme une demande en distraction, quand il prétend qu'il a la propriété du navire ou d'une portion indivise du navire excédent la moitié (1), qu'il en est usufruitier, que des agrès et apparaux lui appartiennent et ont été seulement loués par lui au saisi. Mais un affréteur ne pourrait former une demande en distraction par cela même qu'il n'a pas de droit réel sur le bâtiment.

Les demandes en distraction sont formées en même temps contre le saisissant et contre le débiteur saisi (art. 608 et 725, C. proc. civ.). Elles sont formées et notifiées au greffe, parce que le saisissant et le saisi sont réputés y avoir élu domicile. Après la formation de la demande, le demandeur a trois jours pour fournir ses moyens et le défendeur (c'est-à-dire le saisissant) trois jours pour contredire. La demande est portée à l'audience sur un simple acte d'avoué à avoué (art. 211) ; il importe, pour ne pas retarder la vente, que ces sortes de demandes soient promptement jugées ; elles le sont par le tribunal entier et non par le juge-commissaire qui n'a aucun pouvoir de juridiction contentieuse.

(1) Arth. Desjardins, I, n° 237 ; Laurin sur Cresp, I, p. 148. Valin admettait, au contraire, que le copriétaire d'un navire pour la part la plus minime pouvait former une demande en distraction ; sur l'art. 11, du liv. I, tit. XIV de l'Ordonnance de 1681, il suppose qu'une demande en distraction est formée par le copropriétaire pour un quart du navire saisi ; il décide qu'alors, le navire ne peut être mis en adjudication que pour les trois quarts.

Les demandes en distraction doivent être formées avant l'adjudication (art. 210) ; alors seulement elles valent comme telles et produisent tous leurs effets : le jugement, qui donne gain de cause au
demandeur, fait considérer la saisie comme non avenue en totalité ou
en partie, de telle sorte qu'il n'y a point d'adjudication ou que, tout
au moins, le saisissant peut modifier la mise à prix (Cpr. art. 727,
C. proc. civ.).

Cependant, si la demande en distraction est formée après l'adjudication, elle n'est pas sans effet, elle vaut comme opposition (art. 210).
La loi veut que cette demande tardive ne puisse pas amener l'éviction de l'adjudicataire. Ce n'est pas à dire que le demandeur soit
traité comme un simple créancier ; il peut prélever sur le prix une
portion correspondant à la valeur de sa chose. Il passe ainsi, en principe, avant tous les créanciers (1). Il faut que le juge-commissaire
tienne compte de cette règle spéciale qui modifie les principes généraux sur la collocation des créanciers.

Le délai de trois jours depuis l'adjudication, après lequel les oppositions ne sont plus admises, s'applique-t-il aussi aux demandes en
distraction qui, n'étant formées qu'après l'adjudication, valent seulement comme opposition ? On a soutenu que ces demandes peuvent
être formées utilement avec cet effet restreint tant que le prix n'a
pas été distribué, en se prévalant surtout de ce qu'il s'agit ici d'un
propriétaire et non d'un créancier (2). Cette doctrine ne saurait être
adoptée (3) : dès l'instant où la loi dit que la demande en distraction
formée après l'adjudication ne vaut que comme opposition, cela
implique qu'elle doit être soumise, quant à ses conditions comme
quant à ses effets, aux règles des oppositions faites par les créanciers.
Peu importe que l'opposant se présente comme créancier ou comme
propriétaire ; l'article 212, C. com., ne distingue pas.

---

(1) Le demandeur en distraction pourrait parfois être primé par certains créanciers privilégiés, spécialement par ceux qu'énumère l'article 191
dans ses cinq premiers numéros. Il s'agit là de frais qui souvent ont profité
à ce demandeur lui-même.

(2) Dufour, II, nos 795 à 800 ; Demangeat sur Bravard, IV, p. 142 et 143.

(3) Arth. Desjardins, I, n° 238 ; Laurin sur Cresp, I, 149 ; de Valroger, I,
n° 198. — C'était l'opinion de Valin, sur les art. 11 et 14, liv. I, tit. XIV de
l'Ordonnance.

1783. *Des demandes en nullité.* — Dans le silence de nos lois sur ces demandes, il semble rationnel de les assimiler aux demandes en distraction quant à leurs formes et quant au délai dans lequel elles doivent être formées. C'est aussi le tribunal entier, non le juge-commissaire qui statue sur ces demandes.

1784. Les dispositions des articles 743 et suiv., C. proc. civ., sur la conversion de l'adjudication d'immeuble sur saisie en adjudication volontaire, sont inapplicables en cas de saisie d'un navire. Le tribunal civil n'a pas compétence pour ordonner une vente volontaire d'un bâtiment de mer.

1785. *Ventes par autorité de justice autres que les ventes sur saisie.* — Les ventes sur saisie ne sont pas les seules ventes qui puissent avoir lieu par autorité de justice. Mais nos lois ne se sont pas spécialement occupées des ventes de navires faites par autorité de justice autres que les ventes sur saisie.

1786. Les ventes des navires appartenant à des mineurs ou compris dans une succession soit bénéficiaire soit vacante, doivent être faites dans les formes des articles 197 et suiv., C. com. Il est de principe général que les ventes des meubles se font en ces différentes circonstances dans les formes prescrites pour les ventes faites après une saisie-exécution (art. 945, 986, 1000, C. proc. civ.).

Quant aux ventes de navires compris dans l'actif d'un failli (article 486) ou d'un commerçant mis en liquidation judiciaire, ce sont des ventes ordonnées par la justice consulaire ; il y est donc procédé par des courtiers maritimes, à moins que le tribunal ne désigne d'autres officiers publics pour cette opération.

1787. Il a été dit plus haut (n° 1768) que la vente sur saisie d'un navire ne peut donner lieu à aucune surenchère. Cette exclusion de toute surenchère s'applique-t-elle aux ventes faites d'autorité de justice autres que les ventes sur saisie (n° 1786)? Cette question est née des termes de l'article 24 de la loi du 10 décembre 1874 et de l'article 29 de la loi du 10 juillet 1885. L'article 24 de la loi de 1874 disposait : *la réquisition de mise aux enchères n'est pas admise en cas de vente judiciaire.* L'article 29 de la loi de 1885 dispose : *la surenchère n'est pas admise en cas de vente judiciaire*

~ On a soutenu que ces dispositions ne concernent que la vente sur saisie (1). En ce sens, on se prévaut de l'ancien Droit dans lequel le *décret* seul empêchait la surenchère. Il y a, au contraire, lieu selon nous, d'admettre que la surenchère n'est jamais possible dès l'instant où il y a eu vente faite par autorité de justice (2). L'article 29 précité est conçu dans les termes les plus généraux (3). Puis, si l'on admettait qu'une surenchère est possible, on ne pourrait arriver sans arbitraire à déterminer quelle est cette surenchère, tout au moins quand il ne s'agit pas de créanciers hypothécaires, car la loi n'a organisé de surenchère que pour ceux-ci.

SECTION VI.

Des conflits de lois relatifs aux droits des créanciers sur les navires (droit de suite des créanciers privilégiés et des créanciers hypothécaires, hypothèque maritime, privilèges sur les navires) (4).

1788. A l'occasion des droits des créanciers chirographaires, hypothécaires et privilégiés sur les navires, de nombreux conflits de lois s'élèvent. Ils tiennent aux grandes différences existant en cette matière entre les lois des divers Etats.

(1) de Valroger, III, n° 1296; V, p. 357.

(2) Trib. civ. Boulogne, 24 février 1883, *Journ. de jurispr. de Marseille*, 1884. 2. 76 (Dans l'espèce, il s'agissait d'une vente de navire opérée après faillite par un courtier maritime). Arth. Desjardins, V, n° 1246, p. 487.

(3) Dans le jugement cité à la page précédente, la question se posait à propos de l'article 24 de la loi du 10 décembre 1874, puisqu'en 1883, cette loi qui a été abrogée et remplacée par la loi du 10 décembre 1885, était en vigueur.

(4) Consulter sur ces questions : Ch. Lyon-Caen, *Etude de Droit international privé maritime* (1883) ; Wautrain Cavagnari, *Dell'efficacia del diritto di pegno o d'ipoteca sulla nave secondo il diritto internazionale* (Gênes, 1882) ; Pasquale Fiore, *La nave commerciale nei suoi rapporti col diritto internazionale* (La Legge, 1882, n° 9, journal publié à Rome ; Contuzzi, rapport présenté au *Congrès du commerce et de l'industrie de Paris*, en 1889 ; de Bar, *Theorie and Praxis des internationalen Privatrechts*, II, § 321 à 323, p. 195 à 202 ; Wagner, *Handbuch des Seerechts ;* Meili, *das internationale Civil-und Handelsrecht*, II, p. 367 et suiv.

Il importe surtout de déterminer si ces conflits doivent être résolus de la même manière que les conflits similaires qui se présentent pour les biens mobiliers autres que les bâtiments de mer. A cet égard, les opinions sont très divergentes. Mais, ainsi que nous l'avons indiqué à plusieurs reprises déjà, en matière maritime, nous croyons qu'il y a généralement lieu d'appliquer, pour résoudre les conflits dont il s'agit, *la loi du pavillon*, c'est-à-dire la loi du pays auquel le navire appartient, dont il porte le pavillon, à l'exclusion de la loi du tribunal devant lequel est portée la question (*lex fori*) et de la loi du pays où le navire est saisi et vendu (*lex rei sitæ*), lois qui, en fait, se confondent presque toujours, parce que le tribunal compétent est d'ordinaire celui du lieu où se trouve le navire. V. sur l'application de *la loi du pavillon* à différents conflits, nos 86, 268, 584, 983, 1047 et suiv., 1077 et suiv.

Mais il n'y a pas une question unique qui doit recevoir une seule solution ; il y a des questions multiples qui peuvent recevoir parfois des solutions diverses. Du reste il s'en faut que tout le monde soit d'accord pour résoudre de la même façon tous les conflits de lois qui s'élèvent à propos des droits des créanciers sur les navires. Il faut, par suite, examiner séparément chacun des principaux conflits.

1789. *Droit de suite; hypothèque maritime; privilèges.* — Les créanciers chirographaires n'ont pas partout, comme en France, un droit de suite sur les bâtiments de mer ; l'hypothèque maritime n'est pas admise dans toutes les législations ; les créances privilégiées ne sont pas les mêmes dans tous les pays ; le classement des privilèges sur les navires et le mode de preuve des créances privilégiées sont aussi régis par des règles souvent divergentes. D'après

V. aussi, dans la *Revue intern. du Droit maritime* les articles suivants : Louis Franck, *Droit comparé et conflit des lois*, XI, p. 250 à 281 ; H. Fromageot, *Études des conflits de lois relatifs aux droits réels sur les navires*, XVII, p. 518 à 527 ; Lefebvre, *Des conflits de lois en matière de propriété de navire, d'hypothèque et d'autres droits réels*, XX, p. 796 à 806. — Peu de Codes ont prévu ces questions. V. Code de commerce *portugais*, art. 488. — Ces questions ont occupé des congrès et des associations scientifiques. V. *Actes du Congrès international de Droit commercial*, *Bruxelles*, 1888 ; *Annuaire de l'Institut international*, 1885, p. 123 et suiv.

le principe adopté relativement aux biens mobiliers, en général, pour déterminer s'il y a lieu d'admettre le droit de suite, quelles créances sont privilégiées, quel est le rang des privilèges, si les hypothèques ont pu être établies sur le navire, il faudrait consulter la loi du pays où le navire est saisi ou vendu. On applique, en effet, aux meubles, quand il s'agit de savoir de quels droits réels ils peuvent ou non être grevés, la *lex rei sitæ* (1). Faut-il adopter le même principe pour les navires? On l'a soutenu. Cette opinion, en faveur de laquelle il y a de nombreuses décisions judiciaires (2), s'appuie sur une argumentation spécieuse. Les navires sont, dit-on des meubles (art. 190, 1er al., C. com.); et, dans le silence de la loi, il faut leur appliquer les mêmes règles qu'aux autres biens mobiliers. Aucune disposition légale n'écarte pour les navires, en cas de conflit de lois, la *lex rei sitæ*. Si, d'ailleurs, l'on n'appliquait pas aux navires se trouvant dans les eaux d'un Etat les lois de cet Etat, les nationaux, qui y contractent avec le capitaine ou le propriétaire du navire, pourraient être victimes des erreurs les plus graves et les plus excusables ; ils peuvent légitimement ignorer les lois étrangères.

Nous ne pouvons adhérer à cette doctrine. Selon nous, le lieu de la saisie et de la vente du navire ne doit pas être pris en considération ; en quelque lieu que se trouve un navire, c'est à la loi du pays de ce navire (ou *loi du pavillon*) qu'on doit se référer pour savoir : *a.* s'il est l'objet d'un droit de suite au profit des créanciers chiro-

---

(1) Asser et Rivier, *Eléments du droit international privé*, § 13, p. 89 et suiv.

(2) Aix, 9 déc. 1870, S. 1871. 1. 115 ; Caen, 12 juill. 1870, S. 171. 2. 57; *J. Pal.*, 1871. 267 ; Cass., 19 mars 1872 et 25 nov. 1879, S. 1872. 1. 238 ; 1880. 1. 257 ; Marseille, 13 juin 1874, *Journ. de Marseille*, 1875. 270 ; Cour de Bruxelles, 27 déc. 1879, *Belgique judiciaire*, 1880, p. 145 ; Haute Cour de justice d'Angleterre, 28 nov. 1902, *Revue intern. du Droit maritime*, XVIII, p. 711. Dufour, II, n° 818 ; Demangeat sur Bravard, IV, p. 147 ; Laurent, *Le Droit civil international*, t. VII, n°s 385 et suiv. -- MM. Dufour (I, n° 65) et Arth. Desjardins (I, n° 104) admettent que, si la créance est née dans un pays étranger où le droit de suite n'existe pas, ce droit ne peut pas être exercé en France. Ils croient que le lieu dans lequel le contrat a été conclu implique de la part du créancier renonciation au droit de suite. Nous ne pouvons admettre que le lieu du contrat ait une influence sur les droits qui grèvent un navire. Du reste, les renonciations ne se présument pas.

graphaires (1), *b.* quels privilèges existent sur le navire (2), *c.* quel est le rang des divers privilèges, *d.* si le navire a pu être valablement grevé d'hypothèque (3).

Sans doute, les biens mobiliers sont, en principe, régis par la loi du pays où ils se trouvent (*lex rei sitæ*), encore qu'ils appartiennent à des étrangers. Seulement, il y a des points de vue multiples auxquels les navires ne sont pas traités comme les autres biens mobiliers, mais comme des immeubles, ou même, dans une certaine mesure, comme des personnes (nos 54 et 81). Il est vrai qu'on ne doit pas multiplier arbitrairement les différences à faire entre les navires et les autres biens mobiliers, mais il ne faut pas non plus les restreindre par une interprétation littérale et étroite des textes. Les lois concernant les biens mobiliers en général, ne sont pas inapplicables aux navires seulement dans le cas où un texte formel de la loi les écarte ; elles le sont encore lorsque les motifs de la loi générale n'existent pas pour les navires : *Cessante ratione legis, cessat lex.* N'est-ce pas ainsi qu'on s'accorde à ne pas appliquer aux navires la règle : *en matière de meubles possession vaut titre* (art. 2279, C. civ.), et, pourtant, aucune disposition légale n'exclut cette règle pour eux (n° 84). Les raisons qui font admettre l'application de la *lex rei sitæ* (expressément par la loi de certains pays et implicitement par la loi française), n'existent pas pour les navires, et il y a les plus grands avantages à l'écarter pour eux, afin d'appliquer *la loi du pavillon.*

Comment peut-on justifier la *lex rei sitæ* pour les biens mobiliers en général ? La plupart de ces biens, destinés à être vendus, for-

(1) Levillain, *Ventes volontaires de navires nationaux à des étrangers,* n° 75 (*Journal du Droit intern. privé,* 1897, p. 258) ; Surville et Arthuys, *Cours de Droit international privé* (3e édition), n° 555. V. en *sens contraire,* Weiss, *Traité de Droit international privé,* IV (1re édition), p. 315.

(2) V. Cass., 19 mars 1872, S. 1872. 1. 238 ; Cass., 20 novembre 1879, S. 1888. 1. 2657 ; Aix, 9 décembre 1870, S. 1871. 2. 115 ; Trib. civ. du Havre, 13 février 1904, *Revue intern. du Droitmaritime,* XIX, p. 854.

(3) Labbé (note placée sous un arrêt de la Cour de Caen du 12 juillet 1870), S. 1871. 2. 57 ; *J. Pal.,* 1871 269 ; Clunet, Mémoire inséré dans la *Belgique judiciaire,* 1880, p. 145 ; *Journ. du droit international privé,* 1882, p. 179 ; Surville et Arthuys, *op. cit.,* n° 556. V. note 2 de la p. 697.

ment l'aliment du commerce. Il n'y aurait aucune sécurité pour les
transactions si des meubles se trouvant dans un pays pouvaient être
régis par les lois étrangères les plus diverses, par cela seul qu'ils
n'appartiennent point à des nationaux, car il n'existe aucun signe
extérieur pouvant révéler aux tiers la nationalité des propriétaires
de biens mobiliers. Rien de tout cela n'est vrai pour les navires. Ils
ne sont pas destinés à être vendus, ils sont un instrument, non un
objet de commerce. A la différence des autres meubles, ils ont une
sorte de siège légal, leur port d'attache ou d'immatricule avec lequel
ils ont un lien permanent. Leur nationalité est connue par l'acte de
nationalité que le capitaine doit avoir à bord (n° 1599); elle se manifeste même par un signe extérieur, le pavillon national. Comment
l'application de la loi du pavillon du navire dans un pays étranger
où il se trouve, pourrait-elle donc être une cause d'erreurs et de
dommages pour les habitants de ce pays ? Loin d'avoir des inconvénients, l'application de la loi du pavillon a d'énormes avantages
au point de vue du crédit ; avec elle, les droits des créanciers ne
varient pas avec le pays dans lequel le navire est saisi et vendu. Si
l'on admettait l'opinion contraire, le droit de suite des créanciers
chirographaires, les privilèges sur les navires; l'hypothèque maritime, seraient des garanties peu sérieuses; elles s'évanouiraient, par
cela seul que le navire serait saisi dans un pays où ces droits ne
sont pas admis (1). L'admission de la *loi du pavillon* est nécessaire
dans l'intérêt du crédit maritime.

1789 *bis*. On ne saurait certes dire que la théorie de la loi du
pavillon soit admise dès maintenant partout ; mais elle tend beaucoup à se répandre. Elle a été adoptée par des congrès internationaux et par des associations scientifiques ; elle a été consacrée
par les lois de plusieurs pays et, soit en France, soit dans des pays
étrangers, quelques décisions judiciaires l'ont adoptée.

(1) M. de Bar qui n'admet pas que la *loi du pavillon* doive être appliquée pour résoudre les conflits de lois dont il s'agit, critique, pourtant,
les décisions qui ont refusé de reconnaître sur un navire saisi et vendu en
France, les privilèges et hypothèques ayant valablement pris naissance en
pays étranger. Il considère qu'il y a là des droits acquis qui ne peuvent
disparaître qu'en présence d'autres droits reconnus par la *lex rei sitæ*.
V. spécialement de Bar, *op. cit.*, II, p. 196.

En 1885, l'*Institut de Droit international*, dans sa session de Bruxelles, a voté notamment les résolutions suivantes :

La loi du pavillon doit servir à déterminer :

1° . . . .

2° *Quels sont les créanciers du bâtiment qui ont ou qui n'ont pas le droit de suite, dans le cas où il est aliéné ;*

3° *Si le navire est susceptible ou non d'être hypothéqué ;*

4° *Quelles sont les créances garanties par un privilège maritime ;*

5° *Quels sont les rangs des privilèges sur le navire* (1).

Le *Congrès international de Droit commercial*, réuni à *Bruxelles* en 1888, a adopté les mêmes principes, en votant les résolutions suivantes :

Art 1er. *La loi du pavillon servira à déterminer :*

1° *Les droits réels dont le navire est susceptible ;*

2° *Les modes d'acquisition, de transmission et d'extinction des droits réels, ainsi que les formalités à remplir pour ces acquisition, transmission et extinction . . .* (2) ;

3° *Les conditions de l'existence, de l'exercice et de l'extinction du droit de suite ;*

4° *Les créances privilégiées sur le navire et leur rang.*

Le Code *portugais* de 1888 s'est prononcé aussi pour la loi du pavillon dans son article 488, qui renferme notamment les dispositions suivantes :

Les questions relatives à la propriété du navire, aux privilèges et hypothèques qui le grèvent, sont régis par la loi de la nationa-

(1) V. *Annuaire de l'Institut de Droit maritime*, 8e année, p. 123 et suiv.

(2) La fin du texte voté par le Congrès de Bruxelles contient une dérogation à la règle ainsi posée, en visant le n° 7 des résolutions. Cet alinéa indique que *La loi du pavillon servira à déterminer : les pouvoirs du capitaine pour pourvoir aux besoins présents du navire, l'hypothéquer, le vendre, contracter un emprunt à la grosse*, SAUF A SE CONFORMER, QUANT AUX FORMALITÉS PRÉALABLES ET A LA FORME DES ACTES, SOIT A LA LOI DU PAVILLON, SOIT A LA LOI DU PORT OU S'ACCOMPLISSENT CES FORMALITÉS.

lilé qu'aura le navire au moment où le droit, objet de la contestation, aura été acquis.

§ 1. Il en sera de même pour les contestations relatives à des privilèges sur le fret ou sur le chargement du navire (1).

Parmi les solutions qu'ont consacrées différentes juridictions dans divers pays en appliquant la loi du pavillon, les principales sont les suivantes :

a. La loi du pavillon sert à déterminer quels privilèges grèvent le navire (2). Par suite, bien que la loi française ne reconnaisse plus sur le navire le privilège du prêteur à la grosse antérieur au départ (3) (L., 10 décembre 1874, art. 27 et L. 10 juillet 1885, art. 39), ce privilège peut être invoqué sur un navire étranger saisi et vendu en France, si la loi du pavillon de ce navire admet le privilège dont il s'agit (4).

b. Le classement des privilèges doit être fait conformément à la loi du pavillon du navire (5).

c. La loi du pavillon sert à décider si un navire est ou non sus-

_____

(1) Dans le silence de nos lois, nous ne saurions admettre en France la solution concernant le chargement. Il se compose de marchandises, choses mobilières, qui doivent être traitées comme tous les autres meubles et recevoir, par suite, l'application de la *lex rei sitæ*, au point de vue des privilèges qui peuvent les grever et du classement de ces privilèges.

(2) Trib. comm. Anvers, 5 mars 1886, *Revue intern. du Droit marit.*, 1886-87, p. 201 ; *Jurisprudence du port d'Anvers*, 1886. 1. 194, Cour du district sud de New-York, 29 juin 1887, *Revue intern. de Droit maritime*, 1887-88, p. 367. V., en *sens contraire*, Cour de Bruxelles, 24 déc. 1887, *le Droit*, n° du 7 avr. 1888. — Surville et Arthuys, *Cours de Droit intern. privé* (3e édition), n° 561. V. aussi les arrêts cités à la note 5 autres que celui de la Cour de Copenhague.

(3) Tout au moins sur les navires de vingt tonneaux ou moins. V. n° 1518 et note 2 de la page 564.

(4) Rouen, 7 mai 1888, *Revue intern. du Droit maritime*, 1888-89, p. 248. — V. en sens contraire, Aix, 22 nov. 1876, Trib. comm. Marseille, 4 avril 1881, *Journ. de jurispr. de Marseille*, 1877. 1. 166 ; 1882. 2. 10.

(5) Cour de Copenhague, 21 août 1889, *Revue intern. du Droit marit.*, 1891-92, p. 589. V., au contraire, en faveur de la loi du lieu de la saisie et de la vente, Trib. de l'Empire d'Allemagne (*Reichsgericht*), 25 novembre 1890, *Journ. du droit intern. privé*, 1892, p. 1043 ; Trib. supérieur hanséatique, 26 avr. 1894, *Revue intern. du Droit maritime*, 1894-95, p. 269. V. dans ce dernier sens, de Bar, II, *op. cit.*, § 321, p. 199.

ceptible d'hypothèque. Ainsi, un navire belge qui ne jauge pas 20 tonneaux se trouvant en France, le créancier auquel il a été hypothéqué, peut y invoquer son hypothèque, bien que la loi française n'admette d'hypothèque que sur les navires de 20 tonneaux au moins (L. 10 juillet 1885, art. 36) (1).

d. C'est aussi la loi du pavillon qui est applicable pour déterminer les effets de l'hypothèque. Ainsi, le créancier hypothécaire est ou n'est pas admis à exercer son droit sur l'indemnité d'assurance selon que la loi du pavillon reconnaît ou ne reconnaît pas la subrogation de l'indemnité d'assurance au navire. De même, les causes d'extinction du droit de suite, qu'il s'agisse des créanciers hypothécaires ou autres, sont fixées par la loi du pavillon. Mais, au sujet de l'application de la loi du pavillon aux effets de l'hypothèque maritime, plusieurs difficultés se présentent. V. n°s 1789 *ter* et 1789 *quater.*

Il ne faut, pourtant, pas se faire d'illusion sur le triomphe définitif de la théorie de la loi du pavillon ; il est difficile d'espérer que cette théorie soit dans un avenir prochain adoptée partout. L'admission de cette loi se heurte à la plus vive résistance dans le plus important des États maritimes ; en *Grande-Bretagne*, on ne veut pas abandonner la loi de la situation du navire (*lex rei sitæ*); en fait, elle se confond d'ordinaire avec la loi du tribunal saisi (*lex fori*), loi qui, on le sait, a, pour presque tous les conflits des lois, les préférences marquées de la jurisprudence et des jurisconsultes anglais. Tant que cette résistance ne cessera pas, le triomphe de la loi du pavillon n'est pas possible ; en ces matières, la réciprocité s'impose ; comment consentirait-on en France à y appliquer aux navires anglais la loi du pavillon si, en Angleterre, la loi du pavillon est écartée lorsqu'il s'agit de navires français ? Ces raisons expliquent que le projet de convention international arrêté par le congrès de Bruxelles, en 1888, et soumis par le gouvernement belge aux gouvernements des États maritimes, n'ait pas obtenu leur adhésion.

(1) Avant l'introduction de l'hypothèque maritime en France, il avait été décidé, au contraire, qu'une hypothèque ne pouvait pas être invoquée sur un navire étranger saisi et vendu dans un port français, bien que l'hypothèque fût admise par la loi du pavillon : Cass., 19 mars 1872. S. 1872. 1. 238 ; *J. Pal.* 1872. 1. 560; D. 1874. 1. 463.

1789 *ter*. Le droit de suite des créanciers ayant hypothèque sur un navire français, comme, du reste, le droit de suite des créanciers privilégiés et chirographaires s'éteint en cas de vente sur saisie du bâtiment (L. 10 juillet 1885, art. 29 ; C. com., art. 193, 2ᵉ al.). Cela s'applique certainement quand un navire français est vendu en France dans les formes prescrites par la loi française. Mais y a-t-il aussi extinction du droit de suite en cas de vente sur saisie d'un navire français dans les formes de la loi du pays étranger où le navire se trouve ? Ce dernier cas se réalise nécessairement quand la vente sur saisie d'un navire français est faite dans un pays étranger. Car, ainsi que cela sera dit plus loin (nº 1797), les formes de la vente sur saisie sont régies par la loi du pays où cette vente a lieu.

Il a été admis que la purge du droit de suite est opérée par cela seul qu'il y a eu vente sur saisie pour laquelle on a observé les formalités et conditions prescrites par la loi du pays où elle a été faite (1). Autrement, dit-on, un navire français vendu sur saisie à l'étranger ne trouverait pas facilement d'acquéreur. Celui-ci continuerait à être menacé d'éviction par cela même que le droit de suite subsisterait nécessairement.

L'inconvénient du défaut de purge est certain. Mais cela ne suffit pas pour faire admettre que la purge résulte d'une vente entourée d'autres formalités que celles de la loi française. Celle-ci a admis la purge du droit de suite comme résultant de la vente sur saisie, parce qu'elle a considéré que les formalités organisées par elle donnent à la vente une telle publicité que les créanciers ont été avertis et mis à même de faire valoir leurs droits. Il est possible que les formalités prescrites par la loi étrangère n'offrent pas les mêmes avantages et, du reste, le fait qu'elles sont accomplies en pays étranger, a nécessairement pour conséquence d'empêcher, en fait, qu'elles ne donnent à la vente sur saisie la même publicité que des formalités accomplies en France. D'ailleurs, pour la purge du droit de suite des créanciers privilégiés et chirographaires, le Code de commerce (art. 193) vise la vente en justice *faite dans les formes établies par le titre suivant.*

---

(1) Rennes, 23 mars 1908, *Revue intern. du Droit maritime.* XXIV, p. 203 et suiv. Cpr. Bordeaux, 25 février 1907, même Revue, XXIII, p. 350.

Il y a donc lieu d'admettre que la vente sur saisie d'un navire français faite en pays étranger dans les formes voulues par la loi de ce pays, ne purge pas le droit de suite des créanciers (1). Cette solution paraît, du reste, constituer une conséquence logique de la règle admise plus haut (n° 1789) selon laquelle les effets de l'hypothèque maritime et des privilèges sont déterminés par la loi du pavillon du navire.

1789 *quater.* Selon la règle admise plus haut, un navire anglais qui a été donné en *mortgage*, conformément à la loi anglaise, doit être considéré en France comme grevé de ce droit (2) et ce droit a en France sur le navire anglais qui se trouve dans les eaux françaises, au moins en principe, les effets qu'y attache la loi anglaise. Mais parmi ces effets il en est un qui est contraire à une disposition prohibitive des lois françaises. Le créancier *mortgagiste* quand il n'est pas payé à l'échéance, est considéré comme devenant propriétaire du navire qui lui est affecté. Aussi peut-il en disposer librement (3). Le *mortgage* a ainsi de plein droit un effet qui est semblable à celui que produit le pacte commissoire défendu en France (art. 2078, C. civ. et article 93 dern. alin . C. com.).

Un créancier *mortgagiste* a-t-il le droit d'invoquer ces effets du *mortgage* en France sur un navire anglais ? On le lui refuse en alléguant que ces effets sont contraires à une règle d'ordre public admise en France, celle qui prohibe le pacte commissoire et qu'un acte, eût-il été fait en pays étranger, ne saurait avoir en France des effets contraires à l'ordre public français (4).

(1) Ch. Lyon-Caen dans la *Revue critique de législ. et de jurispr.*, 1909, p. 594.

(2) Trib. civ. Saint-Nazaire, 26 décembre 1903, *Journ. de jurispr. de Marseille*, 1905. 2. 7. Il en devait être ainsi même avant l'admission de l'hypothèque maritime dans la législation française. V. n° 1789.

(3) *Merchant shipping Act*, 1894, art. 36.

(4) La même question se pose naturellement quand on veut faire produire au *mortgage* sur un navire anglais les effets dont il s'agit dans tout autre pays que la France, si la législation de ce pays prohibe le pacte commissoire. V., pour l'opinion indiquée au texte, Cour d'appel de Gênes, 15 mars 1906, *Pand. fr.*, 1907. 5. 40 ; Bruxelles, 28 juin 1907, *Revue int. du Droit maritime*, XXI, p. 812 ; XXIII, p. 251.

Cette doctrine ne paraît pas exacte (1); le *mortgage* constitué régulièrement sur un navire anglais, doit produire en France même l'effet de rendre le créancier propriétaire à défaut de paiement à l'échéance de la dette garantie et de lui permettre de disposer du navire. La disposition prohibant le pacte commissoire qui est alléguée pour faire refuser en France cet effet au *mortgage*, a sans doute le caractère d'une disposition d'ordre public, mais elle n'a ce caractère que pour les contrats conclus en France. A l'égard des contrats conclus dans un pays où cette prohibition n'est pas admise, la disposition de la loi française est sans application quand même le pacte commissoire est invoqué en France. Le but de la prohibition est notamment de protéger le débiteur au moment où il emprunte et où le besoin d'argent pourrait le faire consentir à des stipulations qui lui seraient très préjudiciables, il pourrait notamment être ainsi entraîné avec une grande facilité à consentir par avance à perdre, en cas de non paiement, au profit de son créancier, la propriété d'un bien d'une valeur notablement supérieure au montant de sa créance. Ce pacte constituerait alors une convention usuraire. Quand le législateur du pays où le contrat est conclu n'a pas jugé utile de protéger les débiteurs par une prohibition de ce genre, on ne voit pas comment se justifierait une protection accordée au débiteur postérieurement par la loi d'un pays où le contrat est appelé seulement à produire ses effets (2). Au reste, quand il s'agit des lois limitatives du taux de l'intérêt conventionnel dont on rapproche, à raison de l'identité du but les dispositions défendant le pacte commissoire, on reconnaît généralement que ces lois ne sont pas applicables aux prêts consentis en dehors du pays pour lequel elles ont été faites ou ayant pour objet des sommes à employer dans un autre pays (3).

1790. *Changement de nationalité du navire.* — La nationalité d'un navire peut changer comme celle d'une personne. Si un navire,

---

(1) Consult. Trib. de Gênes, Cour de cass., de Turin, 10 décembre 1906, *Revue intern. du Droit maritime*, XXII, p. 714 et 718.

(2) Il résulte des motifs donnés au texte que la solution admise serait inapplicable dans le cas où le *mortgage* aurait été consenti sur un navire anglais dans un pays où le pacte commissoire est prohibé.

(3) V. *Traité de Droit commercial*, IV, n° 698.

sur lequel existait le droit de suite des créanciers chirographaires, un privilège ou une hypothèque, change de nationalité et se rattache désormais à un pays dont la loi n'admet pas ces droits, ceux-ci vont-il s'évanouir aussitôt? Cette solution serait exorbitante. Qu'il s'agisse d'un navire ou d'une personne, un changement de nationalité ne peut, même en l'absence de toute fraude, enlever des droits acquis (1). Peu importe que la loi du nouveau pavillon prescrive, pour la conservation des droits dont il s'agit, des formalités autres que la loi du pavillon primitif. Il va de soi seulement que, si le créancier ne remplit pas ces formalités dans le nouveau pays auquel se rattache son navire, son droit peut être perdu ou l'exercice en peut être paralysé. C'est ainsi que des hypothèques immobilières valablement acquises pourraient être perdues en cas de confection de nouveaux registres prescrits par une loi nouvelle, si ces hypothèques n'y étaient pas portées (2).

Cela montre bien que les créanciers ayant hypothèque sur un navire peuvent avoir un grand intérêt à ce que le navire hypothéqué ne change pas de nationalité. Aussi s'explique-t-on que le législateur français ait, dans la loi du 10 juillet 1885 (art. 33), interdit, sous des peines sévères, au propriétaire d'un navire hypothéqué, de le vendre de façon à ce qu'il perde la nationalité française. V. n° 1672.

1790 *bis*. Si un changement de nationalité ne doit pas faire perdre des droits acquis sur le navire aux créanciers du propriétaire, de celui-ci, peut-il leur faire acquérir des droits nouveaux? On pourrait le soutenir, en admettant que la loi du nouveau pavillon s'applique seule dorénavant aux droits des créanciers même antérieurs au changement de nationalité. Ainsi, les créanciers chirographaires, qui n'auraient pas le droit de suite sur un navire étranger, se trouveraient l'acquérir si ce navire devenait français (3). Mais, cette solution n'est pas admissible. Les droits des créanciers doivent être fixés au moment

---

(1) L'article 488, § 2, du Code de commerce *portugais* dispose : *le changement de nationalité ne portera aucun préjudice aux droits acquis antérieurement sur le navire, sauf l'effet des traités internationaux.*

(2) V. de Bar, *op. cit.*, II, § 322, p. 201.

(3) Cette opinion avait été adoptée à tort par un des auteurs de ce traité (*Études de Droit international privé*, n° 24). V. de Bar, *op. cit.* II, § 322, p. 201, note 35.

où leurs créances prennent naissance. En décidant qu'un changement de nationalité peut avoir pour effet de leur conférer de nouveaux droits, on risque de porter atteinte à des droits acquis par d'autres personnes. On ne voit pas, du reste, comment les créanciers pourraient se plaindre ; ils ne peuvent compter sur un changement de nationalité du navire pour que leurs droits soient augmentés (1).

1791. *Extinction du droit de suite. Effets de l'hypothèque.* — Les motifs donnés (n° 1789) en faveur de la loi du pavillon, doivent encore la faire appliquer, quand il s'agit de savoir comment le droit de suite des créanciers chirographaires ou privilégiés s'éteint, quels sont les rangs des créanciers privilégiés et quels sont les effets de l'hypothèque, notamment quant aux droits des créanciers hypothécaires sur l'indemnité d'assurance, enfin si l'hypothèque frappe le fret (2).

1792. *Preuves des créances privilégiées.* — Quelle loi sert à déterminer les modes de justification des créances privilégiées (3) ? L'article 192, C. com. indique les preuves à fournir pour l'exercice des privilèges sur les navires. Faut-il l'appliquer même aux navires étrangers saisis et vendus dans un port de France ?

On admet encore généralement l'application de la loi du lieu de la vente, par conséquent celle de la loi française (art. 192), même aux navires étrangers. C'est en vertu de cette théorie qu'on veut spécialement exiger que les formalités des articles 234, 192-5° soient observées, même par le capitaine d'un navire étranger qui emprunte en cours de voyage, pour que le prêteur puisse exercer le privilège de l'article 191-7° sur le navire vendu en France.

Cette solution n'est pas admissible. La loi du pavillon doit, au moins en principe, servir à fixer les modes de justification des créances privilégiées. Autrement, il n'y aurait pas de sécurité pour les créanciers privilégiés (4). Ignorant par avance le pays dans lequel le

(1) Levillain, *Ventes volontaires de navires nationaux à des étrangers*, n° 76 (*Journ. du Droit international privé*, 1897, p. 261).
(2) de Bar, *op. cit.*, II, § 321, p. 200. — Bordeaux, 2 juill. 1888, *Pand. fr.*, 1890. 5. 37 ; *Journ. de jurispr. de Marseille*, 1892. 2. 3.
(3) V. R. de Bévotte, *De la règle locus regit actum et du conflit des lois relatives à la forme des actes en Droit maritime* (1895).
(4) Rouen, 10 mai 1905, *Revue intern. du Droit maritime*, XXI, p. 293.

navire pourra être dans l'avenir saisi et vendu, ils n'auraient jamais la certitude d'avoir rempli toutes les formalités qui seront exigées d'eux pour la justification de leurs créances. Avec un tel système, la reconnaissance sur un navire étranger des privilèges admis par la loi du pavillon deviendrait une lettre morte. Spécialement, en ce qui concerne l'emprunt à la grosse fait par un capitaine en cours de voyage, l'application de la loi du pavillon aux formalités à remplir est surtout naturelle si l'on admet que cette loi sert à fixer les pouvoirs du capitaine (1). Les formalités ont ici avec les pouvoirs du capitaine un lien intime, leur but est notamment d'empêcher que le capitaine ne les dépasse ou n'en abuse. Au reste, il résulte de l'article 234, C. com., que le législateur français tient à ce que les capitaines de navires français, empruntant à la grosse dans un port étranger, observent les formalités prescrites par la loi française. N'est-il pas naturel, par une juste réciprocité, qu'on admette que les capitaines des navires étrangers observent les formalités prescrites par la loi du pavillon de leur navire, alors même qu'ils empruntent à la grosse en France (2) ? V. du reste, nº 584.

1793. A plusieurs reprises, s'est posée la question de savoir si, l'article 192-4°, C. com., qui décide que les loyers des gens de mer sont justifiés par les rôles d'armement et désarmement, s'applique aux matelots étrangers engagés sur des navires français. Les avis sont très partagés (3). Selon nous, l'article 192-4° est inapplicable aux marins étrangers. La disposition de cet article a un lien intime avec l'inscription maritime française à laquelle ne sont pas soumis en France les étrangers. Il y a ici un mode de justification tenant à

(1) V. sur cette question, de Bar, *op. cit.*, II, § 325, p. 203 et suiv.
(2) Bordeaux, 1er avril 1889, *Pand. fr.*, 1889. 2. 145 ; *Journ. de jurispr. de Marseille*, 1892. 2. 3 (Cet arrêt admet qu'un emprunt à la grosse contracté en cours de voyage, en pays étranger, par le capitaine d'un navire anglais en route pour un port français, est valable s'il a été contracté en conformité de la loi anglaise). Alger, 9 mars 1904, D. 1906. 2. 150 ; *Revue intern. du Droit maritime*, XX, p. 34. V. la solution admise par le Congrès de Bruxelles de 1888 (note 2 de la p. 751).
(3) V., *pour l'application de l'art.* 192-4°, C. com., Aix, 9 déc. 1870, *Journ. de jurispr. de Marseille*, 1871. 1. 73 ; D. 1874. 2. 175 ; *en sens opposé*, Trib. civ. Marseille, 13 juin 1874, 31 déc. 1881, *Journ. de jurispr. de Marseille*, 1875. 2. 8 ; 1882. 2. 26.

la condition de la personne du créancier. Aussi l'article 192-4°,
C. com., devrait-il ne pas être appliqué aux matelots étrangers faisant même partie de l'équipage d'un navire français. En ce qui les
concerne, il doit suffire qu'on se soit conformé à la loi du pays où
ils ont été engagés, en vertu de la règle *Locus regit actum.*

1794. *Formalités de publicité concernant les hypothèques
maritimes.*— Partout, les hypothèques sont soumises à des formalités de publicité, mais, elles ne sont pas identiques dans tous les
Etats. Elles consistent, soit seulement dans une inscription opérée
sur des registres spéciaux tenus au port d'attache, soit à la fois dans
cette inscription et dans une mention faite au dos de l'acte de nationalité. Faut-il, pour savoir quelles formalités ont dû remplir les créanciers hypothécaires afin de conserver leurs droits, se référer
à la loi du lieu de la vente du navire ou à la loi du pavillon ? La première de ces lois a des partisans (1). On dit en sa faveur que l'hypothèque est un droit réel faisant partie du statut réel et qui ne peut
dès lors être exercé en France et consacré par un juge français que par
application et en conformité des lois françaises. Cette doctrine doit
être repoussée. Toutes les raisons données précédemment à propos
d'autres conflits de lois en matière maritime doivent faire prévaloir
la loi du pavillon (2) ; il faut et il suffit toujours que l'hypothèque
maritime a été rendue publique conformément à la loi du pays du
navire. On a peine à concevoir même comment la doctrine contraire
pourrait être appliquée ; elle se heurterait à des difficultés très graves ou à des impossibilités. Un créancier hypothécaire, ne sachant
point par avance le pays dans lequel le navire sera saisi et vendu
un jour, serait bien embarrassé pour remplir les formalités nécessaires à l'exercice futur de son hypothèque. L'hypothèque deviendrait de cette manière une garantie illusoire. D'ailleurs, les regis-

---

(1) Trib, civ. Marseille, 8 avril 1894 ; et Aix, 23 mai 1876, S. 1880. 1. 257
J. Pal., 1880, 603 (cet arrêt a été cassé par l'arrêt cité à la note suivante).
— Laurent, *Le Droit civil international*, n° 892 ; Weiss, *Traité de Droit
international privé*, IV, p. 318 et suiv.

(2) Ch. civ. cass., 25 nov. 1879, S. 1880. 1. 257 ; *J. Pal.*, 1880, 603 ;
Grenoble (arrêt rendu après renvoi), 11 mai 1881, S. 1881. 2. 225 (Conclu-
sions de M. l'avocat général Sarrut reproduites par *la Loi*, n° du 23 mai
1881) ; Surville et Arthuys, *op. cit.*, n° 558.

tres d'inscription ne sont ouverts que pour les navires du pays;
comment veut-on donc qu'une hypothèque constituée sur un navire
étranger soit inscrite en France sur les registres de l'administration
des douanes?

1795. *Des hypothèques maritimes constituées en pays étranger.*
— L'article 2128 du Code civil contient sur les hypothèques terrestres constituées en pays étranger la disposition suivante : *les contrats passés en pays étranger ne peuvent donner d'hypothèque sur
les biens de France, s'il n'y a des dispositions contraires à ce principe dans les lois politiques ou dans les traités.* Faut-il appliquer
cette disposition aux hypothèques constituées sur des navires en
pays étranger? La négative doit être admise. L'article 2128 n'a été
fait évidemment que pour les hypothèques terrestres, les seules connues en France jusqu'à la première loi sur l'hypothèque maritime
de 1874. Les dispositions contenues dans le titre des hypothèques
du Code civil, ne peuvent être étendues à l'hypothèque maritime
qu'autant qu'elles constituent des applications du droit commun
(n° 1673). Or, l'article 2128 est contraire au droit commun et ne
peut même pas être justifié rationnellement (1). D'après les principes généraux du droit, un acte passé à l'étranger produit en France
tous les effets dont il serait susceptible, s'il avait été fait en France,
à l'exception de la force exécutoire; l'établissement d'une hypo-

(1) L'article 2128, C. civ., s'explique seulement par l'histoire : les rédacteurs du Code civil ont rattaché la constitution d'hypothèque à la force
exécutoire, parce que, dans l'ancien Droit français, tout acte notarié
emportait de plein droit hypothèque sur tous les biens du débiteur. —
Consulter, sur le caractère exceptionnel de l'article 2128, le discours prononcé par M. Valette à l'assemblée législative, le 26 décembre 1850
(*Mélanges de Droit, de Jurisprudence et de Législation* de M. Valette,
publiés par MM. Herold et Lyon-Caen, t. II, p. 573 et suiv.).
(En notre sens, Cass., 25 nov. 1879, S. 1880. 1. 257 ; J. Pal., 1880. 603
(Cet arrêt écarte l'application de l'article 2128 pour les navires étrangers).
Nous croyons que les motifs donnés au texte conduisent à l'exclure même
pour les navires français grevés d'hypothèques en pays étranger. — La
Cour d'Aix, dans son arrêt précité du 22 mai 1876, S. 1880. 1. 257, avait
appliqué l'article 2128 au navire étranger sur lequel une hypothèque avait
été constituée hors de France. V. la note suivante. Consult. en notre sens
Weiss, *Traité de Droit international privé*, IV (1re édition), p. 296 à 300;
Surville et Arthuys, *op. cit.*, n° 2, p. 753.

thèque sur un bien est indépendant de la force exécutoire. La loi du
10 juillet 1885 (art. 2) contient une preuve de cette dernière idée ;
elle reconnaît qu'une hypothèque maritime peut être constituée dans
un acte sous seing privé. Ce n'est pas tout : l'article 33 de cette loi
suppose une hypothèque constituée en pays étranger sur un navire
français ; sans faire la moindre allusion à la disposition de l'article 2128, C. civ., qui aurait pour conséquence de rendre une
telle hypothèque sans effet en France, il admet que, comme l'hypothèque constituée en France, elle produit ses effets à dater de l'inscription (1).

1796. L'exclusion de l'article 2128, C. civ., en matière d'hypothèque maritime produit des conséquences sur la portée desquelles
il ne faut pas se méprendre. Ainsi, l'hypothèque constituée sur un
navire en pays étranger, doit être considéré, comme le grevant valablement en France, si ce navire est français ou même si ce navire
est étranger, pourvu que, dans ce dernier cas, le navire étranger soit
susceptible d'être hypothéqué d'après la loi de son pavillon.

Cette hypothèque doit produire en France tous les effets qui sont
étrangers à la force exécutoire. Ainsi, le créancier auquel une hypothèque maritime a été constituée en pays étranger, peut se faire colloquer sur le prix à son rang d'inscription. La collocation des créanciers n'a rien de commun avec la force exécutoire. C'est ainsi que
des créanciers munis d'un simple acte sous seing privé, se font colloquer dans un ordre ou dans une distribution par contribution. Mais,
si le créancier auquel une hypothèque a été constituée en pays
étranger, veut saisir le navire en France, il doit se procurer un titre
exécutoire en faisant rendre un jugement contre son débiteur par un
tribunal français.

Il a été parfois décidé que le créancier n'a qu'à faire rendre exécutoire l'acte passé en pays étranger, conformément aux articles 2123,
C. civ. et 546, C. proc. civ. (2). Il y a là, en théorie, une

(1) Aussi ne comprend-on plus guère, depuis la loi du 10 juillet 1885, le
doute soulevé sous l'empire de la loi du 10 décembre 1874.

(2) Des arrêts ont admis que l'acte de constitution d'hypothèque doit
être rendu exécutoire en France et qu'il en est ainsi même lorsqu'il
s'agit d'une simple demande en collocation : Cass. 25 nov. 1879, Grenoble,

erreur. Les articles invoqués n'exigent un jugement français que pour rendre exécutoires en France les jugements des tribunaux étrangers. Pour les actes passés à l'étranger, il n'y a pas d'autre règle que celle de l'article 2128, C. civ., à laquelle le Code de procédure civile (art. 546) renvoie (1). A défaut de traité (2) ou de loi politique, le créancier ne peut donc obtenir un titre exécutoire qu'en faisant rendre un jugement contre son débiteur en vertu de l'acte étranger.

1797. *Formes de la saisie et de la vente.* — Les formes de la saisie et de la vente des navires ne sont pas les mêmes dans les divers pays. Il va de soi que, pour déterminer la loi à appliquer à ces formes, il ne faut prendre en considération ni la nationalité du navire, ni celle du créancier saisissant, ni le pays dans lequel a été accompli l'acte (contrat ou fait illicite) d'où est née la dette à raison de laquelle la saisie est opérée. Les formes de la saisie, de la vente et de la distribution du prix sont réglées par la loi du pays de la saisie et de la vente (3); c'est là une application de la règle *locus regit actum*, et il est évident qu'en cette matière, cette règle a un caractère obligatoire ; car la volonté des parties qui pourrait écarter l'application de cette règle, n'a aucune action sur les formes de le saisie et de la vente forcée. On ne peut même pas concevoir, du reste, le plus souvent

11 mai 1881, S. 1881. 1. 257 ; 1881. 2. 225 ; Bordeaux, 2 juill. 1888. *Pand. fr.*, 1890. 5. 37 : *Revue internat. du Droit marit.*. 1888-89, p. 406 ; *Journ. de jurispr., de Marseille*, 1892. 2. 3.

(1) Glasson et Albert Tissier. *Précis de procédure civile* (2ᵉ édit.), II, nᵒ 1155.

(2) Les conventions internationales qui règlent les conditions suivant lesquelles les jugements rendus dans un pays peuvent être rendus exécutoires dans un autre, ne parlent pas ordinairement des actes authentiques. Il en est autrement de la Convention conclue, le 8 juillet 1899,. entre la France et la Belgique, pour régler la compétence judiciaire, l'autorité et l'exécution des décisions judiciaires, des sentences arbitrales et des *actes authentiques*. D'après l'article 16, les actes authentiques, exécutoires dans l'un des deux pays, peuvent être déclarés exécutoires dans l'autre par le président du tribunal civil de l'arrondissement où l'exécution est demandée.

(3) Bordeaux, 20 août 1883, *Journ. du Droit international privé*, 1884, p. 190 ; Rennes, 23 mars 1908, *Revue internat. du Droit maritime*, XXIV, p. 203.

qu'il soit possible, dans un pays, de remplir les formalités prescrites pour la saisie, la vente et la distribution du prix, par la législation d'un autre pays.

Cependant, cette règle ne saurait être admise sans restriction. Il y a, en matière de saisie de navire, des formalités qui se rattachent intimement à la nationalité du bâtiment, à tel point qu'un obstacle insurmontable s'oppose à ce qu'on les remplisse en France pour d'autres navires que des navires français. Il y a lieu nécessairement d'écarter ces formalités pour les navires étrangers saisis dans les eaux françaises. Cela s'applique spécialement à la transcription du procès-verbal de saisie : cette transcription doit être faite au bureau du receveur des douanes du port d'attache du navire (n° 1755) (1). Elle ne peut être faite en France lorsque le navire saisi est un navire étranger qui, comme tel, n'a pas sur notre territoire de port d'attache. Il ne saurait non plus être question de faire opérer cette formalité au port d'attache du navire situé dans un pays étranger. Il se peut qu'on ne connaisse pas dans ce pays la formalité de la transcription de la saisie, puis un fonctionnaire étranger ne saurait être obligé de remplir une formalité prescrite par la loi française. Cpr. n° 1646. Au reste, la transcription du procès-verbal de saisie est une formalité de publicité (n° 1755) et, certes, une transcription faite en pays étranger à l'occasion d'une saisie de navire opérée en France, ne rendrait aucunement public sur le territoire français le fait de la mise du navire sous la main de justice.

1798. *Insaisissabilité.* — L'article 215, C. com., déclare, en principe, insaisissable les navires prêts à mettre à la voile (n°s 1724 et suiv.). Cette insaisissabilité existe-t-elle même pour les navires étrangers se trouvant dans un port de France ? L'affirmative est généralement admise (2). Elle se fonde avant tout sur ce que l'arti-

---

(1) Trib. civil du Havre, 2 mai 1902, *Revue intern. du Droit maritime*, XVII, p. 730.

(2) Trib. civ. de Nice, 25 juin 1883. S. 1883. 2. 232 ; *J. Pal.*, 1883. 1. 1120 ; Aix, 28 nov. 1883, S. 1884. 2. 46 ; *J. Pal.*, 1884. 1. 313 ; D. 1884. 2. 198. Dufour, II, n° 846 ; Demangeat sur Bravard, IV, p. 110 ; Arth. Desjardins, I, n° 226 ; de Valroger, I, n° 215 ; Laurin sur Cresp., I, p. 162 ; Boistel, n° 1170, p. 871 ; Weiss, *Traité de Droit international privé*, IV, p. 315 et 316. — Avant la loi *belge* du 4 septembre 1908 *relative à la saisie des*

cle 215, C. com., ne fait pas de distinction entre les bâtiments français et les bâtiments étrangers. L'insaisissabilité des navires prêts à mettre à la voile n'a pas été, ajoute-t-on, consacrée seulement en faveur des propriétaires du navire, mais aussi dans un but de protection pour les intérêts divers qui se rattachent aux expéditions maritimes; ces intérêts peuvent être des intérêts français : c'est là ce qui se présente lorsque des chargeurs français font transporter des marchandises sur un navire étranger. Du reste, en règle générale, c'est la loi du pays où un bien mobilier se trouve qui sert à décider s'il échappe ou non à la saisie.

Il est préférable d'admettre encore ici l'application de la loi du pavillon. Par suite, un navire étranger, prêt à mettre à la voile dans un port de France, serait saisissable, s'il n'y avait pas, dans la législation du pays de ce navire, une disposition semblable à celle de l'article 215. Celui qui contracte avec le propriétaire d'un navire doit s'informer de la nationalité du bâtiment (comme chaque contractant doit se renseigner sur la condition de son cocontractant), afin de connaître la loi qui le régit notamment au point de vue de la saisie. Il importe que le droit de saisie des créanciers ne puisse pas exister, périr et renaître selon les hasards des voyages qu'entreprend le navire (1). On ne peut contester qu'avec notre doctrine, des intérêts français pourront être compromis par une saisie tardive. Mais cela ne nous semble pas décisif; en affrétant des navires étrangers, en y chargeant des marchandises, les Français doivent savoir qu'ils ne seront pas protégés par la loi française; ils ne peuvent ignorer, sans une grossière négligence, la nationalité du bâtiment auquel ils confient leurs marchandises. Loin d'être fâcheux, ce résultat semble excel-

---

navires, l'article 215, C. com., était en vigueur en *Belgique* avec tout le titre II du livre II du Code de commerce. L'insaisissabilité des navires même étrangers prêts à faire voile était généralement admise. Trib. civ. Gand, 18 juillet 1900, *Revue intern. du Droit maritime,* XVI, p. 863 : Jacobs, II, p. 624.

(1) Rouen, 3 août 1891, *Journ. de jurispr. de Marseille,* 1893. 2. 38 ; *Journ. du Droit intern. privé,* 1892, p.1000 ; Trib. civ. du Havre, 12 mars 1904 ; *Pand. fr.,* 1904. 5. 42 ; *Revue intern. du Droit maritime,* XX, p. 44 ; *Journ. de jurispr. de Marseille,* 1904. 2. 76. — Louis Renault, *Revue critique de législation et de jurisprudence,* 1884, p. 72.

lent ; s'il était bien établi, il pourrait contribuer à faire donner plus souvent par les expéditeurs de marchandises la préférence aux navires français et, en faisant profiter nos navires d'une plus grande part dans la navigation de concurrence, à restreindre la décadence de notre marine marchande.

1799. Droit étranger. — Dans les pays étrangers très nombreux où une disposition légale déclare insaisissable le navire prêt à mettre à la voile, on peut aussi se demander si l'insaisissabilité existe pour les navires de commerce des autres Etats. Dans plusieurs, la jurisprudence tranche cette question affirmativement (1).

Dans beaucoup d'Etats de l'Amérique du Sud, une faveur spéciale est faite par la loi aux navires étrangers : ils sont insaisissables pour dettes nées hors le territoire qu'elle régit (2). Cette faveur est destinée à attirer les navires étrangers dans les ports du pays et à développer ainsi les relations maritimes. Elle est exorbitante, en ce qu'elle permet à un débiteur de soustraire à l'action de ses créanciers une partie de leur gage ; les personnes qui font des prêts à des capitaines de navire se dirigeant vers les pays soumis à ces codes, courent des risques particuliers. Aussi des dispositions de ce genre qui se trouvaient dans les anciens Codes de commerce *espagnol* de 1829 (art. 605) et *portugais* de 1833 (art. 1213), auxquels les Codes de l'Amérique du Sud les avaient empruntées, ont-elles disparu dans les nouveaux Codes *espagnols* de 1885 et *portugais* de 1888.

1800. Conflits de lois en matière de privilèges et d'hypothèques sur les navires. Projet de convention internationale. — Dans le but de faire cesser les conflits de lois en matière de privilèges et d'hypothèques sur les navires, des efforts sont faits pour conclure une convention internationale. Un projet a été arrêté, sans être signé, pour être soumis aux gouvernements des différents

(1) V., pour l'*Italie*, l'arrêt du 4 mars 1885 rendu par la Cour d'appel de Gênes. — V., pour l'*Allemagne*, de Bar, *op. cit.*, II, n° 396, p. 229. Cet auteur décide en termes généraux que la loi du pays où se trouve un navire, doit être consultée pour décider s'il est ou s'il n'est pas saisissable.

(2) Codes de commerce du *Chili*, art. 844 ; *argentin*, art. 568 ; *brésilien*, art. 482 ; de l'*Uruguay*, art. 1042 ; du *Pérou*, art. 568 ; du *Vénézuéla*, art. 490.

Etats à la Conférence de Bruxelles de septembre 1910 dans laquelle ont été signées les deux conventions relatives l'une à l'abordage, l'autre au sauvetage et à l'assistance maritimes. V. nos 1057 et 1085.

Ce projet de convention recourt à deux procédés différents pour l'hypothèque et pour les privilèges.

Pour l'hypothèque, il pose la règle qui doit servir à résoudre les conflits entre les lois restées divergentes. Pour les privilèges, le projet contient des règles uniformes destinées à régir les rapports internationaux.

L'article premier adopte, pour l'hypothèque, le principe de la loi du pavillon. Il est ainsi conçu : « Les hypothèques, mortgages, « gages sur navires régulièrement établis d'après les lois de l'Etat « contractant auquel le navire est ressortissant, et inscrits dans un « registre public soit du ressort du port d'enregistrement, soit d'un « office central, seront respectés dans tous les autres pays contrac- « tants et y produiront le même effet que dans le pays dont le « navire porte le pavillon ».

Les autres articles du projet de convention concernent les privi- lèges. Ils déterminent les seuls privilèges admis dans les rapports entre les Etats contractants, fixent leurs rangs respectifs, indiquent les causes qui en entraînent l'extinction et les modes de preuve des créances privilégiées.

FIN DU TOME SIXIÈME.

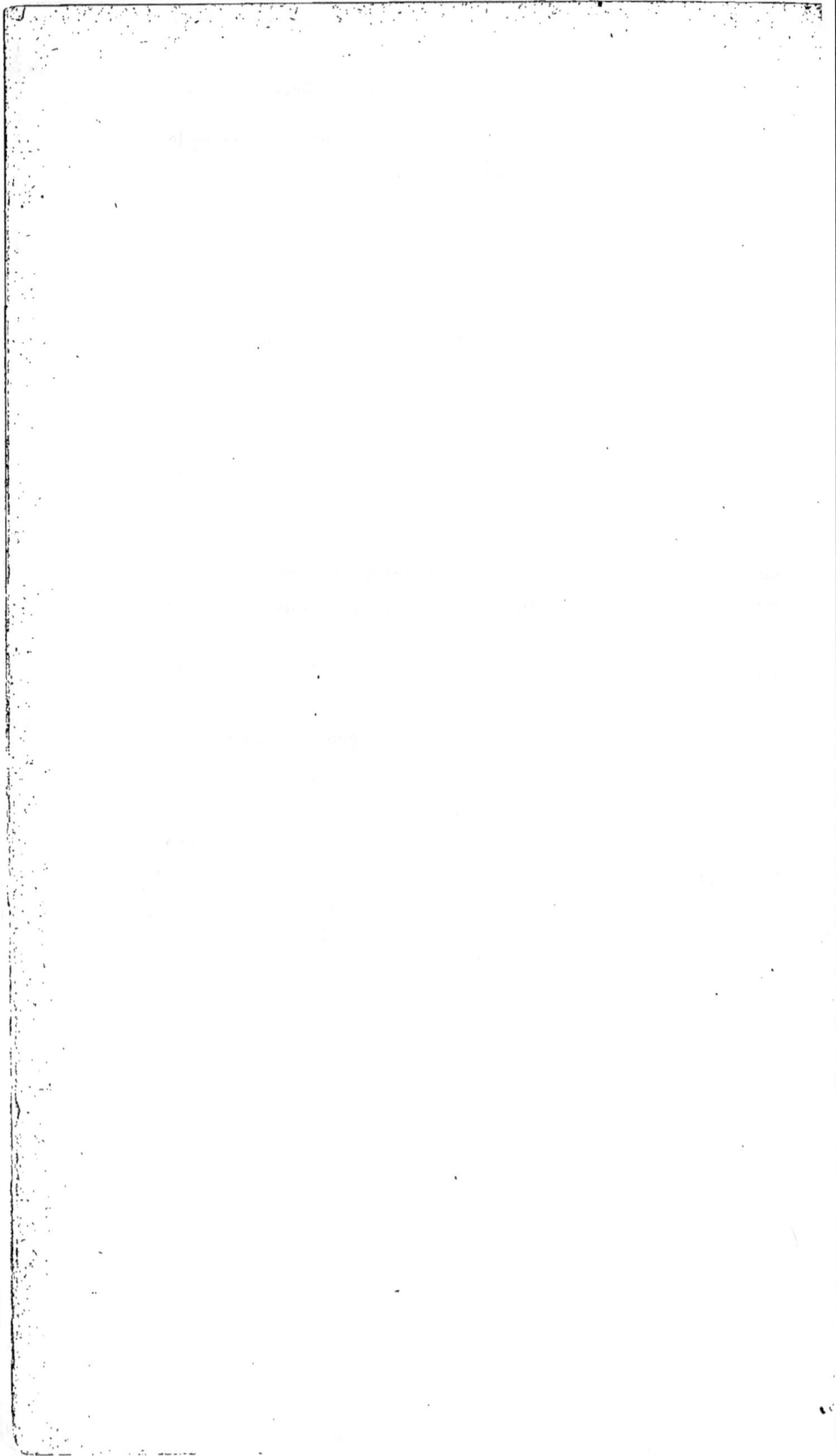

TABLE DES MATIÈRES

DU TOME SIXIÈME.

———

TABLE

des principaux textes expliqués dans les deux volumes
consacrés au Droit maritime.

———

Les chiffres qui suivent les numéros des articles, se réfèrent
aux paragraphes.

CODE DE COMMERCE.

ART.		ART.	
374.	1306, 1364, 1397.	**409.**	1303.
375.	1331 et s.	**410.**	891 et s., 901 et s.
376.	1332 et s.	**411.**	903.
377.	99, 100.	**412.**	892.
378.	1398.	**413.**	892.
379.	1400 et s.	**414.**	969-970, 984.
380.	1401 et s.	**415.**	936 et s.
381.	1366, 1425.	**416.**	972.
382.	1423.	**417.**	942, 955, 961, 1293.
383.	1415 et s.	**418.**	948, 952.
384.	1390, 1419.	**419.**	946.
385.	1330, 1887 *bis*, 1391.	**420.**	906.
386.	619, 1377 *bis*, 1380.	**421.**	907.
387.	1365.	**422.**	908 *bis*.
388.	1366.	**423.**	887.
389.	1341.	**424.**	888.
390.	1345.	**425.**	889 et s.
391.	1345.	**426.**	909.
392.	1264.	**427.**	909 *ter*.
393.	677-678.	**428.**	976.
397.	859, 861.	**429.**	973.
398.	867, 966.	**430.**	161.
399.	985.	**431.**	1396.
400.	874 et s.	**432.**	980, 1316 et s., 1601 et s.
401.	955.		
402.	948.	**433.**	400-408, 820 et s., 839, 981.
403.	918, 920, 988 et s.		
404.	985.	**434.**	406.
405.	894, 990.	**435.**	813 et s., 839, 980, 1028, 1321 et s.
406.	786, 860.		
407.	1000 et s.	**436.**	1028-1032.
408.	979, 1297.	**633.**	105, 358, 641, 1104.

CODE CIVIL.

ART.		ART.	
87-92.	469 *ter*.	**1784.**	191 *bis*.
883.	311.	**1798.**	1691.
1153.	1561.	**1998.**	178.
1154.	1562.	**2037.**	1324.
1384.	178, 189 *ter*, 191-192, 521-522.	**2128.**	1795-1796.
		2265.	161.
1780.	353.	**2279.**	84.

LOIS SPÉCIALES.

Loi du 27 vendémiaire an II

ART.	
17.	120 et s.

Loi du 10 juillet 1885 sur l'hypothèque maritime

ART.	
1.	1619.
2.	1631, 1634.
3.	182, 568, 1620, 1627, 1630.
4.	1620, 1623 et s.
5.	154, 157, 1621, 1629, 1643.
6.	1636.
7.	1644.
8.	1631, 1637, 1643.

ART.	
9.	1661, 1637 *in fine*.
10.	1649, 1653.
11.	1647.
12.	1632.
13.	1654.
14.	1648.
15.	1648.
16.	1649.
17.	311, 1655, 1656, 1744, 1775.
18.	1660.
19.	1656, 1660.
20.	1661.
21.	1661.
22.	1661.
23.	1751-1754.
24.	1755, et s. 1761-1762.

(1) Cet article a été rendu sans objet par cela même que la loi du 12 janvier 1886 a admis d'une façon générale la liberté du taux de l'intérêt conventionnel en matière de commerce.

TABLE ANALYTIQUE

Des matières contenues dans les deux volumes consacrés au Droit maritime (t. V et VI)

Les chiffres indiquent les numéros des paragraphes qui ne contiennent qu'une série pour les deux volumes (t. V, nᵒˢ 1-857; t. VI, nᵒˢ 858-1800). Quand un chiffre est précédé de la lettre *p.*, il se réfère à la page du volume indiqué.

(1) Au n° 252 il est indiqué que deux conventions ont été arrêtées à Bruxelles en 1909, l'une sur l'abordage, l'autre sur le sauvetage et l'assistance. Il ne s'agissait là que de projets. Ils ont été transformés en conventions signées le 23 septembre 1910. Ces deux conventions ne sont pas encore ratifiées (octobre 1911).

LIBRAIRIE GÉNÉRALE DE DROIT ET DE JURISPRUDENCE

20, RUE SOUFFLOT (5e ARRt) PARIS

LES LOIS COMMERCIALES
DE L'UNIVERS

RECUEIL COMPRENANT L'ENSEMBLE DES TEXTES RELATIFS AU DROIT COMMERCIAL,
AVEC DES RÉFÉRENCES AU DROIT CIVIL,
AUX LOIS D'ORGANISATION JUDICIAIRE ET A LA PROCÉDURE

Textes originaux et commentaires avec traduction française
en regard par de nombreux collaborateurs de tous pays

Directeur :

M. Charles LYON-CAEN

Membre de l'Institut de France,
Professeur de Droit Commercial à la
Faculté de Droit de l'Université de Paris,
Doyen honoraire.

Secrétaire de la rédaction :

M. Henri PRUDHOMME

Juge au Tribunal Civil de Lille,
Secrétaire Général de la Société Générale
des Prisons.

Rédacteurs en chef :

MM. Paul CARPENTIER

Avocat à Lille, Bâtonnier de l'Ordre

et

Fernand DAGUIN

Avocat à la Cour d'Appel de Paris,
Secrétaire Général de la Société
de Législation comparée,
Associé de l'Institut de Droit International.

40 volumes grand in-8 renfermant environ 22.400 pages

PRIX de la SOUSCRIPTION à L'OUVRAGE COMPLET : Chaque volume,

Broché	**43 fr.**
Reliure soignée en demi-chagrin avec coins	**45 fr.**
Chaque volume acheté séparément, broché	**52 fr.**
Relié	**55 fr.**

PRIX DE L'OUVRAGE COMPLET

Broché, 1.720 francs — Relié demi-chagrin, 1.800 francs.
Payable au fur et à mesure de sa publication.

AVIS IMPORTANT

Les institutions juridiques qui ont apparu comme les plus parfaites au moment de leur mise en vigueur, vieillissent au fur et à mesure que se transforment les besoins des peuples et les conditions générales d'existence des civilisations. Aussi un ouvrage tel que celui que nous mettons en vente constituerait-il une œuvre morte, s'il ne se renouvelait constamment par la reproduction des textes les plus récents. Nous en avons, en conséquence, prévu dès à présent la continuation par des suppléments annuels, que nos souscripteurs pourront se procurer moyennant un faible abonnement. Les *Lois Commerciales de l'Univers* se compléteront donc à mesure que le besoin s'en fera sentir par des *Archives Commerciales*, dont nous ferons connaître le plan dès l'achèvement de notre publication.

Quatre volumes, qui seront promptement suivis de plusieurs autres, sont actuellement en vente, ce sont : les vol. IV, Brésil ; VI, Chili et Paraguay ; XXIII, Suède et Norvège ; XXVIII, Pays-Bas et Colonies Néerlandaises.

Pour les volumes à paraître ultérieurement, voir la couverture
de notre catalogue.

LAVAL. — IMPRIMERIE L. BARNÉOUD ET Cie

---

(1) Au n° 61 d lire le remorquage au lieu de le pilotage.

www.ingramcontent.com/pod-product-compliance
Lightning Source LLC
Chambersburg PA
CBHW030009220326

41599CB00014B/1752